吉林大学哲学社会科学学术文库

美国刑法评解

上

REVIEW ON

AMERICAN CRIMINAL

LAW

李立丰　著

社会科学文献出版社
SOCIAL SCIENCES ACADEMIC PRESS (CHINA)

渐行渐远，渐无书

当学术沦为职业（代序）

"学院生活是场疯狂的赌博。"[1]

入市：学者的宿命

学者，首先是作为人存在的。

人，需要生存，特别是在这样一个几乎什么都可以用金钱购买的年代。于是，固守某种清念潜心研究，似乎成为一种奢望。学者需要学会在这样一个推崇交换的社会生存，别无他选。

这个世界，越来越像一个大"市场"。

不管多么扭捏和惆怅，学者，和这个世界的其他人一样，彻底投身于这个无比庞大的交易体系，将自己作为商品，通过某种形式的价值体系进行评估和兜售，从而换取生存所需的资源。

无比简单，无比现实。

游戏，似乎从开始就注定了要沿着这种规则进行，没有例外。在这个意义上，学者（姑且假定存在这样一个群体）和其他人一样，从步入社会的那一刻开始，就注定了要面对这铁一般的戒律。

于是，入世，或者更为直白一些，入市，就成为每个人的宿命。无论是，或者不是学者。

---

① 〔德〕马克斯·韦伯：《入世修行：马克斯·韦伯脱魔世界理性集》，王容芬、陈维纲译，天津人民出版社，2007，第 11 页。

贩卖自己：以学术的名义

其实学者是可悲的。

学者除了自己，一无所有。

在残酷的生存压力面前，如何更好地贩卖自己，就成了学者更好地生存的不二法门。既然入市，既然是一种职业，学者自然需要兜售学问。不卖学问、敝帚自珍的自是极少。偶有几位特立独行的学人，最终也不免被招安的命运。

或许对什么是职业，有种种抑或高尚、抑或低俗的解读。[①] 但无法否认职业选择与安身立命之间的密接关联。虽然职业不能完全与生计等同，但二者的实质无异。

从这个意义上而言，贩卖自己，更具体来说，贩卖自己的思想或者理念，就成为学者的职业。

学者的职业是学术，学术的目的或许有很多，但其中肯定包括相当程度现实意义的考量。因此，从宏观上认为，学术已经成为学者与各种欲念满足之间的纽带，并不为过。

现实面前，学术或许永远都将不再会是学者的存在理由和终极理想，相反，仅仅沦为谋生的一种手段。

人性当中有很强烈的比较情结。

商品社会中交易的基本前提，就是不同商品的存在性与可比较性。现代社会的一大弊端，就是为人类这种与生俱来的比较欲念提供即时、全面的信息支持。包括学者在内的每个人，每时每刻都在自愿或者不自愿地比较，以及被比较着。

于是，在商品经济社会的场域中，人性与现实，特别是个人能力的有限性与丛林法则的普适性，诡异而完美地结合起来。

---

① "表面上看，办公室里的人要更高贵一些，幸运一些，但这只是假象。实际上，人们更孤独，更不幸。事情就是这样，智力劳动把人退出了人的群体。" 参见〔德〕卡夫卡《卡夫卡口述》，赵登荣译，上海三联书店，2009，第5页。

"不学有术"：学术职业化的今生与来世

作为一个人群存在的学者，身上最后一丝所谓尊严，已被学术的职业化毫无温情地扯去。

生存面前，人人平等。

职业化本无可厚非。问题在于，直到今天，中国的学术职业化，几乎没有任何行之有效的游戏规则。

选择学术作为职业的人会发现，自己仿佛被置身于一个蛮荒时代的角斗场。生存便是一切，没有规则就是唯一的规则。

这是一道何等奇异的风景?!

多见的似乎是"学"与"术"的渐行渐远，昌明的似乎已不再是"学"，"术"却愈发地大行其道起来。

学术的职业化很难说是学术的悲哀，或许，只是我们对学术有过一些不切实际的奢望而已。①

---

① "图书市场上有一件怪事，别的商品基本上是按质论价，唯有图书不是。同样厚薄的书，不管里面装的是垃圾还是金子，价钱都差不多。"参见〔德〕叔本华《悲喜人生：叔本华论说文集》，范进等译，天津人民出版社，2007，总序。

目录
C O N T E N T S

下

导　言

　　《美国刑法评解》一书，并非对于"美国刑法"（假设这一概念存在）的简单描摹或重述，体例编排和内容设置杂糅了成文法、判例、州法律指导意见及各国学者的相关评述，叙事基本上建立在中国研究者的观察角度之上。毋宁说，这是一本解读"美国刑法"的工具书。在越来越多的人可以直接使用英文文献的当下，希望本书，可以在某种程度上减少"100 个读者眼中就有 100 种美国刑法"的庞杂之感。至少，也可以作为各位读者批判的对象或者标靶，成为后来者脚下的铺路石，抑或前进路上"此路不通"的指示牌。

　　为了帮助读者诸君更高效地使用本书，结合本书的写作体例及特点，按照章节的大致排序，对于本书中出现的基本观点，概述如下。

　　犯罪的存在意义，绝非仅为立法者、司法者或者评论者提供单纯理论探讨或者解释的素材。相反，刑法规定犯罪的目的，也就是犯罪存在的意义，在于为刑罚适用提供标准与根据。在特定文化语境当中，羞辱刑的客观属性表现为其所独具的所谓"表达机制"，其本身似乎并不属于一种单独存在的刑罚方式。如果说刑罚是社会公众所表达的，对特定行为进行道德谴责的仪式的话，那么羞辱刑就是这个仪式中最具核心特质的部分。刑罚固有的"污名"属性，或者可谴责性，才是犯罪的核心特征。犯罪的污名属性，实际上是行为人以及行为人存在的社会都能理解的一种否定性评价。毕竟"只有在一个道德充分的法律系统中，可责性才能扮演刑罚适用的看门人"。[1] 由于刑罚根据是刑法的灵魂，可以认为，刑法的核心特质在于，只有在行为人具

---

[1]　John Robinson, "Crime, Culpability, and Excuses," *ND J. L. Ethics & Pub. Pol'y* 10 (1996): 1.

有道德可责性时，对其实施的行为才可以发动刑罚权。虽有不准确之嫌疑，但姑且可以在美国刑法语境下，得出如下等式：羞辱刑＝污名＝刑罚＝犯罪＝刑法。

"人类迷信权威——圣经、伟大学者、导师甚至法官。法学者，尤其容易成为权威性的宪法、成文法、案例以及法律原则的俘虏。在没有根据支持的情况下，寸步难行。"① 在这个意义上，法学理论更像是宗教，而非科学。在美国所奉行的实用主义指导下，对任何理论的一味坚持，都会因为缺乏现实的佐证而显得苍白。相较而言，在极度"痴迷"精密理论建构的日本，以东京大学法学研究科为代表的"判例"研究派，颇值得玩味。美国刑法传统中缺乏或者不重视哲学分析，即对犯罪层级及具体界定方面的哲学反思，很少有人系统性地反思犯罪成立的充分必要条件。虽然也有人主张《模范刑法典》（The Model Penal Code）的所谓"德国血统"，但事实上，美国刑法奉行的精致的实用主义，将许多原本极其复杂的理论问题轻而易举地技术性化解了。例如，美国刑法中就不存在大陆法系中的所谓"罪数问题"，通过一行为一罪的简单加总，结合《联邦量刑指南》（The United States Sentencing Guidelines）的计算方法合理厘定刑期，从而在基本满足法律适用目的的同时，避免了对于法律适用过程的过度解读。

人类社会选择适用刑罚，保证其基本价值与道德理念，并根据特定文化与社会背景，为刑罚实施设定实体性与程序性的前提与保障措施，这就是刑事实体法与刑事程序法。由此，对于美国刑法（乃至所有刑法）的一个基本判断，便是所有犯罪论本身无法解决的问题，都可以通过刑罚论加以解决；所有刑罚论本身无法解决的问题，都可以通过程序法解决；所有程序法本身无法解决的问题，都可以通过证据法加以解决；所有证据法本身无法解决的问题，都可以通过宪法学解决。

对于美国刑法的研究，必须放置在美国宪法的语境之下，这些对于美国人来说已属自觉的体验，却是为很多中国研究者忽视的重要研究前提。众所周知，"在美国，出现的政治问题，很少不是或迟或早作为一个司法

---

① George P. Fletcher, "What Law Is Like," *SmuL. Rev.* 50 （1997）：1599.

问题解决的"。① 民主体制如何能够容忍一群未经选举产生的法官，挑战甚
至推翻经民主选举产生的官员所做出的决定？答案即在于美国联邦法院，
特别是联邦最高法院所具有的司法审查权，或者所谓违宪审查权。以"美
利坚合众国诉卡罗琳产品公司案"（*United States v. Caroleno Products Co.*）
中的注解四的创新解读为标志，美国的司法审查进入了全新阶段。② 一方
面，司法审查为民主机制试图通过公开辩论的方式解决思想问题提供了逻
辑分析的范式；另一方面，美国的司法审查也出现了"异化"的趋势，即
目前美国社会中很多具有巨大分歧的敏感问题，都被最终演化成了宪法问
题并交由司法审查机制解决。

对于美国联邦法院相关判例的理解，必须重视影响联邦最高法院最终
态度的决定性机制，即著名的"5∶4原则"。代表不同利益集团、不同政
治理念、不同文化诉求的大法官之间，会就具体问题展开合纵连横。需要
清楚地认识到，大法官不是索居白色大理石神殿之神。他们也是人，而他
们对自己特定立场的包装工具，便是宪法解释过程中究竟是依靠文本还是
立法原意。

必须承认，美国联邦最高法院所奉行的宪法理念，具备两个关键特
征：程序优于实体，州权优于联邦权。简单来说，如果没有程序法与方法
论这两大抓手，对美国刑法学的宪法语境的讨论就没有任何实际意义。

在程序法层面，对抗式庭审模式与证据规则结合，共同构成了美国刑

---

① 一位英国评论家说："合众国的人民，与现存的任何其他民族相比，更充分地受到了法律
意识的熏陶。"广义地说，为美国独立而进行的斗争是一种法律斗争；或者说，它至少是以
解决法律问题的名义发动起来的。那场引起革命的冲突，主要是由对英国宪法所决定的殖
民地地位的解释的不同而引发的。Barry Friedman，"The History of the Countermajoritarian
Difficulty，Part Four：Law's Politics，" *U. Pa. L. Rev.* 148（2000）：971.

② *United States v. Carolene Products Co.*，304 U. S. 144（1938）的注解四，在美国宪法发展历
史当中一直发挥着十分重要的作用。准确地说，注解四明确了美国联邦最高法院司法审
查的标准。因为当时美国正处于罗斯福新政时期，因此对与经济政策相关的立法通常采
取较为宽松的"理性标准审查"，即只要求美国国会或者各州的经济立法与合法的国家利
益之间具有合理性。而对其他类型的立法，即明显违反宪法规定的立法、试图干扰政治
程序的立法以及歧视少数族裔特别是那些没有力量通过政治手段维护自身利益的少数
族裔的立法，美国联邦最高法院则采取十分苛刻的"严格审查标准"（Strict Scrutiny
Standard）。参见 Larry Alexander and Lawrence B. Solum，"The People Themselves：Popular
Constitutionalism and Judicial Review，" *Harv. L. Rev.* 1118（2005）：1594。

事审判的程序背景。美国刑法案件的审理进程宛如一出跌宕起伏的大戏，检方或者辩方都竭尽所能在法官或者陪审团面前"表演"得更为可信，使其相信自己的故事。根据相关法律规定，联邦司法体系中，是否对被告人所犯重罪提起公诉必须由大陪审团决定，而检察官只能决定是否对轻罪发起公诉。美国联邦最高法院通过判例，要求刑事审判过程中，检方必须用充分的事实证据，排除合理怀疑地证明被指控犯罪的所有实质构成要素。对排除合理怀疑这一刑事审判所特有的证明标准，美国司法实践中，一般不建议像"压倒性证明标准"（Preponderance Evidence Rule）那样，适用数字化的认定方式。换句话说，肯定不能说99%地肯定，便可排除合理怀疑。而陪审员也被称为所谓"事实认定者"（Fact Finder）。但这并不意味着法官失去了其在庭审过程中的作用，这种作用就在于运用证据规则，控制呈现在陪审团面前的具体证据，从而间接地影响陪审团对事实的判断。如果说陪审员是事实认定者，那么法官就是法律解读者。但考虑到不当解读可能会产生的巨大违宪风险，宣读法律指导意见的法官与其说是"解读"的主体，倒不如说是"宣读"的主体。

在方法论层面，"除了很少的几个自然法学者之外，现在已经很少有人单独地通过抽象的概念来讨论法律了"。[①] 对于人们耳熟能详的所谓实用主义，首先应当将其理解为一种方法，其次是关于真理是什么的发生论。特别值得一提的是，实用主义与资本主义之间并不具有全然的对应性，因为"如果从杜威教授所做的最准确而系统的阐述来理解，我相信实用主义是社会主义"。[②] 总而言之，"实用主义不代表任何特别的结果。它不过是一种方法"。[③]

美国法的主体已经不再是所谓判例法，相反，成文法业已成为美国法的主导性法源。虽然尚未出现统一的刑法典，但各州大多参考了《模范刑法典》，后者最为实质的影响在于提醒美国民众，包括刑法学者，应如何

---

① Gary Minda, *Postmodern Legal Movements: Law and Jurisprudence at Century's End* (New York: New York University Press, 1995): 382.

② 转引自孙有中《美国精神的象征——杜威社会思想研究》，上海人民出版社，2002，第251页。

③ 〔美〕威廉·詹姆士：《实用主义》，陈羽伦、孙端禾译，商务印书馆，1979，第29页。

看待一部完整统一的刑法典在刑事司法体系中所起的作用。而这被称为"《模范刑法典》信仰"。值得一提的是，判例法并非在任何一个国家都可以随心所欲地被加以采用，其运用需要如下几个前提条件：一是严格的法院登记制度；二是及时、准确、全面的判决发布制度；三是树立法官，尤其是较高层级法院法官的绝对权威。简单来说，法官援引不援引判例，援引哪一个判例，以及判例的哪一个部分，并不是随意为之，但也绝不是循规蹈矩地照本宣科。

犯罪中的犯意概念，是作为表征犯罪所具有的道德否定评价属性的载体存在的。"无论是从犯罪震慑，还是犯罪报应的角度而言，不考虑犯意都是不正确的。"① 可以将美国刑法中的犯意概念视为不断向前流淌，但本质仍未曾改变的河水当中的一部分。就自然犯而言，虽然不能说道德上的恶都是刑法上的恶，但是可以说刑法上的恶都是道德上的恶。在自然犯的场域当中，道德可责性所关注的"善"和刑事可责性所关注的"对"之间是一致的，二者发生了融合。动机被定义为远期的犯意，而犯意则是即时的动机。"早期的犯意不过是一种总体上的非道德性动机。"②《模范刑法典》对犯意的规定就体现了上述理念。其所具有的两大创新点在于：首先，《模范刑法典》将刑法当中众多的犯意概念简化到四种；其次，《模范刑法典》采用了要素分析模式。但从司法解读的角度来看，四种犯意概念之间的区别并不明显，因此解读过程中可能出现的种种混淆会在很大程度上抵消《模范刑法典》犯意规定的初衷。从文化、历史背景以及法律传统出发，美国司法体系事实上是将"自由意志论"作为基本的政策依据。从逻辑的角度，如果要满足较高层级犯意，就应首先满足较低层级犯意。例如，具有明知心态的犯罪行为人也应该同样具有轻率或者过失的心态。但这显然与现实情况，特别是人们对相关概念的认知不符。如果对每种刑法禁止的行为，分别立法设定实施者实施该种行为时的心态，在起诉的时候分别让检方加以证明，显然不切实际且代价高昂。

刑法道德属性的淡化，亦即表征刑法道德属性的犯意概念的边缘化。

---

① Herbert L. Packer, "Mens Rea and the Supreme Court," *Sup. Ct. Rev.* (1962): 107.
② Francis B. Sayre, "Criminal Attempts," *Harv. L. Rev.* 41 (1928): 821.

严格责任不是罪过责任的对立物，而是罪过责任的合理补充。罪过责任是严格责任的基础，严格责任是罪过责任在某种极端情况下最大限度的实现。定罪的严格责任是指在缺少可责性的情况下将原本可能因缺乏可责性而不被认为是犯罪的行为加以犯罪化的情况。量刑的严格责任是指在缺少可责性的情况下增加被告人可能被处以的法定刑的情况。从实然的角度出发，犯意要求边缘化已经从一个过程谱系被缩减为严格刑事责任本身。因此，犯意要求边缘化与犯罪过失之间的关系，其实就是严格刑事责任和犯罪过失之间的关系。"因为刑法和需要保护利益之间的不对称性，侵权或许可以作为一种支援，在刑法的专属领地当中寻找到自己的一席之地。"①为了应对风险，美国各级立法机构通过取消犯罪构成中的犯意要素，打击危害社会的危险行为，继而提升公共福祉。从实然的状态来看，美国司法实践目前在判断某一成文法犯罪是否属于公益犯罪时，仍然采用的是折中的混合模式，即在适用"危险性"以及"不常见性"标准的基础上，在某些情况下同时适用法定刑等标准。但丧失了道德否定评价的刑法，可能就真的不再是"刑法"了。

行为，是犯罪成立的前提与基础条件。美国刑法的一个基本原则，就是"一行为一犯罪"。首先，如果不存在错误行为，就不存在犯罪；其次，危害行为和责任之间存在一致性，从而使得每个行为成为单独的犯罪。在这个意义上，刑法才需要具备"事先的充分、合理告知"与"事后的公平判决"两大要素的"合法性原则"。② 在美国刑法当中，行为与所谓"自愿行为"具有同一性。自愿与行为相关，而意志则与行为人相关。虽然自愿性是行为的本质属性，但显然，情节（随附情状）与结果并不具有这一本质属性。对因果关系的判断，一般认为应全部由陪审团认定。近因，亦即所谓法律上的因果关系，才是该当研究的重点。但这里需要区分的一对概念，就是原因与条件。美国刑法，乃至侵权法中的因果关系，都包括必要条件以及近因原则两个层级的判断，这就是美国法中与因果关系相关的事实判断与法律判断。可以将介入性因果关系视为因果关系法律判断的实

---

① Larry Alexander, "Negligence, Crime, and Tort: Comments on Hurd and Simons," *B. U. L. Rev.* 76 (1996): 301.

② 参见 Joshua Dressler, *Understanding Criminal Law* (New York: Lexis Law Pub., 2001): 39。

质问题。美国刑法一般认为，只有行为才具有介入性，这种介入行为，在时间维度上，必须出现在危害行为与危害结果之间。除了上述时间条件之外，介入性因果关系的成立，还需要具有介入性因素的"原发性"条件。

目前的美国刑法，从逻辑上分析，对犯罪成立与否的争论可以从所谓"构成外"与"构成内"两个层面加以归纳。在大多数美国学者看来，区分抗辩事由，可以反映对不同行为的道德判断。

美国刑法中的所谓未完成罪，所指的并非一种犯罪形态，而是指一种责任类型。以未遂为例，未遂的概念来自既遂犯罪，两者的基本区别在于前者缺乏危害结果。未遂，是典型犯罪的一种异形，属于标准完整责任在过程意义上的纵向发展样态。美国刑法学界将未遂区分为针对危害结果的"相对未遂"和针对危险结果的"直接未遂"。对具体对应的完成罪的固定与合理认定，是认识未遂这一未完成罪的前提与根据。某些预备，可以等同于未遂。这属于程度问题。如果犯罪预备十分接近犯罪成立，尽管仍然需要其他行为才会导致犯罪成立，但其预备行为仍然可以等同于未遂。《模范刑法典》放弃了传统的接近性未遂认定标准，而采取了所谓"实质性测试标准"，实质上将侧重关注行为人还有什么没有做，转移到了行为人已经做了什么。总体上，美国刑法中的未遂和包括德国刑法在内的大陆法系国家的未遂存在显著区别。对普通法而言，已经构成未遂的犯罪人，不可以通过所谓放弃犯罪而避免责任。

在大陆刑法理论中，共犯是所谓"绝望之章"。在美国刑法中，共犯则是所谓"羞愧之章"。美国刑法中共犯法的最大问题，即在于其没有区分不同参与人的可责性。较于正犯，共犯的客观特征即为缺乏目标犯罪的实行行为，因此很多学者认为，现行共犯法的合理性，在于将共犯责任视为正犯责任的一种"衍生责任"。总体来说，对共犯责任加以正当化，其实是在打击犯罪与放纵该当可责者之间做出平衡。归根结底，是如何通过设定共犯构成要件，尽可能在共犯责任中保障、践行个人责任。对此，在美国学界，存在两种理论解释，分别是代理人责任及放弃个人参与原则。《模范刑法典》否认共犯责任需要因果关系，甚至承认试图帮助正犯的行为人，都可以该当共犯责任。对共犯针对正犯所实施目标犯罪的犯意要求，不仅在联邦法院层级存在"了解说"与"意图说"的争议，各州法院也存在很大分歧。学者总结，多数州适用《模范刑法典》的规定，要求共犯必须有推动或促进实质犯罪的意图。1946 年，美国联邦最高法院在著名的"平克顿诉美利坚合众国案"（*Pinerton v. United States*）① 中确立了所谓"平克顿规则"，明确提出，一个共谋者应当对共同共谋者为了推进共谋而实施的所有可合理预见的实体犯罪承担责任。联邦最高法院认为，共谋者针对结果的意图，对共谋犯罪来说是具有实质性的。共谋责任的轻刑化，以及共犯责任的个别化，将成为未来美国刑法理论与实践发展的盖然趋势。

为了解决量刑恣意的问题，包括联邦在内的全美大部分司法区，开始通过适用《联邦量刑指南》实现量刑的规范化。对于死刑问题，美国联邦最高法院明确提出，死刑成文法，尤其是法定加重情节必须符合"明确且客观的标准"，从而为陪审团的死刑量刑提供明确且具有可操作性的指导，限制其自由裁量权。对何谓"明确且客观的标准"，可以将其理解为"三步走"的判断方式。首先，法定加重情节本身是否含混、模糊、语焉不详；其次，如果法定加重情节较为模糊，立法机构是否对此进行过立法解释；最后，此种立法解释是否充分。同时，还将申请联邦人身保护令作为各州刑事司法救济程序的补救措施。一般情况下，申请者只有在已经穷尽了其所在州能提供的所有救济措施的情况下，才可以向联邦法院申请人身保护令。但如果申请者仅仅是根据该州法律所设定的某种程序主张相关权利，并不得认为其已经穷尽了州法提供的所有救济手段。只有在该州不存在有效的审后救济程序，或者虽然存在某种救济措施却无法有效保障申请人该当的宪法权利的情况下，才可以不考虑所谓穷尽该州救济措施的规定。

从希腊悲剧开始，对正义的否定与背叛，对正义的追逐与实现，就一直被视为戏剧的核心要旨。"或许应该能够从关于法律的流行文学当中获得某些社会公众对法律的一般认知。"② 死刑，本身就是一个被拟制出来的象征性符号。早期移民社会的经济窘困性使得北美地区的监狱等监管改造

---

① *Pinerton v. United States*, 328 U. S. 640 （1946）.

② Richard A. Posner, "Law and Literature: A Relation Reargued," *Va. L. Rev.* 72 （1986）: 1351.

设施建设远远滞后于同时期犯罪的发展速度。换句话说，在数量充裕、设施完善的监狱出现之前，当时的北美社会除了死刑之外并没有大规模使用监禁刑或者经济刑的可能性与可行性。饶有意味的是，事实上，在此之前的很长一段时间内，美国一直存在所谓死刑执行的巡回演示，以起到震慑作用。美国联邦死刑还呈现出某种独特的"矛盾性"，一方面美国联邦政府不断通过立法的方式增加联邦死刑犯罪的类型与数量，另一方面又试图通过程序设计等方式保证联邦死刑适用免遭社会公众的指摘与诟病。

　　美国的联邦司法体制，决定了大量犯罪，特别是所谓传统的自然犯罪，如杀人、强奸、抢劫等，是在非联邦层级，借由各司法区，特别是各州的相关立法定罪处罚的。在理论上，没有可能，也没有必要穷尽研究美国各司法区相关立法的些微差别。考虑到篇幅的限制，本书以加利福尼亚州为例，结合其立法、司法实践以及学界评述，做一"片面"之介绍。在对美国刑法中典型个罪的介绍过程中，都将采取从立法文本入手，结合相关有权法律指导意见的研究模式。在此基础上，结合判例与学界观点，探讨个罪的各个实质要素（或称实体要素）的实然与应然边界，从而最大程度还原相关犯罪立法与司法的本来样态，进而为中国的刑法研究者提供可供信赖的基础资料。

　　非常遗憾的是，本书对于美国刑法中个罪的研究，在数量和范围上十分有限，希望读者诸君可以从为数不多的若干个罪的分析当中，把握其中呈现出的一般特征，特别是本书的分析方法与研究路径。另外需要说明的是，本书在写作过程中，结合相关论述的内容需要，对于美国联邦等不同司法区典型判例的主要内容乃至全文作为注释多有引用，旨在打破长期以来国内学界"判例法研究不研究判例"的怪圈。然而，鉴于不同司法区判例书写格式以及翻译过程中技术处理等因素，难免存在体例无法完全统一之处，还请读者诸君多多理解。书中错讹之处，文责自负。期待得到各位的批评。

第一章

美国刑法与刑法理论

　　"在任何社会当中，作为一种社会现象存在的'犯罪'（Crime），往往会导致恐慌与愤怒，进而催生如何解决犯罪问题的急迫需求。"① 例如，殖民地时代，北美康涅狄格纽黑文地区官方获悉有母猪产下怪胎，即认定一定有人冒天下之大不韪，犯下了与母猪媾和之死罪。而被指控犯下此罪的托马斯·霍格（Thomas Hogg）则辩称，自己根本没有做过此等秽事。于是当地官员责令霍格到猪圈当中为两头母猪抓痒。产下怪胎的母猪对霍格的举动反应"亲密"，而另外一头母猪则对此无动于衷。根据这一证据，霍格被认定罪名成立。② 又例如，2004 年 4 月美国 ABC 电视台披露，美军在伊拉克阿布格莱布监狱内虐囚。③ 在特定的时空条件

---

① Hyman Gross, *A Theory of Criminal Justice* (London: Oxford University Press, 1979): 1.

② 参见 Lawrence M. Friedman, *Crime and Punishment in American History* (New York: BasicBooks, 1993): Preface。

③ 根据相关国际组织的调查，包括美军与中情局在内的美国情报机构工作人员，对大约 5000 名被监禁的恐怖主义犯罪嫌疑人系统性地实施了下列刑讯手段：水刑，强制裸体同时迫使被监禁者做举手投降状，以受压迫体位长时间站立，反复用被监禁者的头部撞击墙壁，殴打、掌掴及踢打身体或者脸部，在十分狭小的房间内囚禁几个月，强制裸体长达几周或者几个月，剥夺睡眠同时以大的噪声或者音乐对其反复加以刺激，强制低温，用冷水泼或者将其囚禁在冷水池当中仅仅露出头部，长时间佩戴沉重的脚镣手铐，威胁对被囚禁者的家人不利，强制剃须剃发，在三天到一个月的时间内不给被监禁者提供固体食物，等等。参见 Daniel Kanstroom, "'Law, Torture, and the Task of the Good Lawyer' Mukasey Agonistes," *B. C. Int'l & Comp. L. Rev.* 32 (2009): 121。

下①，这种令人发指的酷刑是否构成犯罪，也非毫无争议。

透过万花筒般的社会万象，为何某种特定行为②被视为"犯罪"，或者不被认为是"犯罪"？导致行为"犯罪化"或者"非犯罪化"的理论根据为何？如何确定对特定行为加以"犯罪化"的价值判断及其理论根据具有正当性？假设对特定行为的犯罪化存在理论根据，是否需要对行为人适用刑罚？如果要对行为人适用刑罚，需要依据何种程序？适用何种刑罚？如何执行？③ 这些，实乃各国刑法实践与理论需要回答的问题。

---

① 日本作家村上春树在美国普林斯顿大学访学期间，曾在校园里经历了一次"反战示威"。有些学生抗议美国在中东的屠杀时，一个支持战争的团体攻击了这群示威者，砸烂了他们的标语。战争的气氛似乎无处不在。村上在首次参加波士顿马拉松时注意到，在长跑的起点，马萨诸塞州那个平和的小镇霍普金顿甚至还有这么个余兴节目：鼓励大家挥起一把大锤砸烂一辆上面写有"萨达姆"的汽车，一美元一锤，获得的收入归镇上的奖学基金。参见〔美〕杰·鲁宾《洗耳倾听：村上春树的世界》，冯涛译，南京大学出版社，2012，第171页。

② 因为美国宪法第一修正案保护表达自由，在美国"因言获罪"的情况并不多见，从而基本上建构起行为刑法，而非行为人刑法的基础。当然，早期美国法律也存在例外规定。例如，一部1798年的法律，就曾将批评总统的言论视为犯罪，法官在其中也没少推波助澜。而到1800年大选的时候，由于被认为有悖第一修正案及美洲新大陆的自由精神，该法即被选民废止。参见〔美〕安东尼·刘易斯《美国宪法第一修正案简史》，徐爽译，法律出版社，2010，第6页。与美国的言论自由相关的问题，还可参见〔美〕安东尼·刘易斯《批评官员的尺度：〈纽约时报〉诉警察局长沙利文案》，何帆译，北京大学出版社，2011。

③ 历史上，北美殖民地曾将大量财产犯罪作为死刑犯罪处理。根据学者的调查，这一时期，在达拉威尔盗窃5英镑的人将被处死。马里兰更是对盗窃12便士以上财产的盗窃犯适用死刑。参见 Stuart Banner, *The Death Penalty: An American History* (Cambridge: Harvard University Press, 2003): 5. 另据学者考证，当时甚至还有将偷渡者油烹的记载。参见 Allan D. Johnson, "The Illusory Death Penalty: Why America's Death Penalty Process Fails to Support the Economic Theories of Criminal Sanctions and Deterrence," *Hastings L. J.* 52 (2001): 1101. 与此类似，北美地区还曾经效法英国，对受到公众谴责的罪犯，如杀死丈夫的妻子或者杀死主人的奴隶等，专门设计了现在看起来十分残酷的死刑执行方式，如火刑以及分尸等，以最大限度延长死刑执行时间，增加被执行者遭受的痛苦。对此，可参见美国派拉蒙影业公司1995年出品，曾荣获多项奥斯卡奖的影片《勇敢的心》(*Brave Heart*)。影片主人公在反抗英王起义失败后被残忍地分尸处死，而其在弥留之际高呼"自由"的形象，更将当时英国死刑执行方式的残忍映衬得刀刀见骨。

第一节　犯罪、刑罚与刑法

　　每年，大多数国家都会公布过去一年本国的犯罪情况。[①] 但这并不意味着每个国家对犯罪的理解及界定毫无差别。[②] 一方面，什么是犯罪似乎不言而喻。但另一方面，犯罪又是一种极度抽象的法律概念。美国刑法[③]

[①] 例如，日本法务省每年公布的《犯罪白书》，就包括"犯罪动向"、"犯罪者的处遇"、"青少年犯罪与青少年犯罪人的处遇"、"各种犯罪人的处遇"、"犯罪被害人"、"女性犯罪与违法行为"以及"全球化与刑事政策"等 7 编，内容十分详尽。历年的《犯罪白书》，可参见日本法务省网站。

[②] 例如，1790 年，英国武装运输船"博爱号"（Bounty）发生叛变，叛变者挟持了 12 名妇女以及 6 名波利尼西亚男子，到偏远的"皮特凯恩岛"（Pitcairn Islands）开辟全新的殖民地。在随后的若干年间，曾有若干批次外人到访此地。在一名短暂停留的博学之士帮助下，1910 年，"皮特凯恩岛"上的居民开始正式采用一套群体规则。但在他们看来，这套规则主要规范的是参观者的行为，自己可以不受此束缚。他们自己适用的那套行为规范，在很多方面都僭越了正式的群体规范。例如，禁止已婚者通奸、与未婚者私通、窃盗、殴斗等规范，极少得到落实。一名曾经在岛上短期生活过的人称，"犯罪多发，法律荡然无存，所有人都投机取巧——如果说有任何形式的限制，就是对此类行为的自身厌恶"。事实上，大部分民主国家都依法严惩的奸淫幼女行为，在"皮特凯恩岛"却"蔚为风尚"。正如一名调查人员所说的那样，"皮特凯恩岛上的任何一个女孩，我的意思是所有女孩，百分之百，都曾受过性虐待的伤害"。大多数女性都声称不仅仅受过一个人的伤害，很多人在学前就已经沦为性犯罪的受害人。参见 Paul H. Robinson and Sarah M. Robinson, *Pirates, Prisoners, and Lepers: Lessons from Life Outside the Law* (Lincoln: The University of Nebraska Press, 2015), Chapter 6（或〔美〕保罗·罗宾逊、莎拉·罗宾逊《海盗、囚徒与麻风病人：关于正义的十二堂课》，李立丰译，北京大学出版社，2018，第 124 页）。如果说上述脱法社会中的特定规则缺乏代表性的话，那么可以经常让人慨叹的日本环境清洁问题为例再次加以说明。事实上，确保环境整洁的办法，除了提高国民素质之外，更包括重刑化的处遇原则。日本制定了如《废弃物处理法》《关于包装容器分类回收与促进再商品化的法律》《家电回收法》《食品回收法》等法律规范废弃物的投放与处理。其中，《废弃物处理法》规定：胡乱丢弃废弃物的自然人，将被处以 5 年以下惩役，并处 1000 万日元以下罚金；如果是法人，则将被罚 3 亿日元以下罚金。参见「廃棄物の処理及び清掃に関する法律」（昭和 45 年法律第 137 号）。

[③] 在学习和研究美国法时，人们常常喜欢使用"英美法系"一词，好像美国法和英国法的关系总是非常密切。许多美国律师也似乎倾向于认为美国私法的古老的英国根基是他们作为职业律师尊严的一个主要因素。但是，美国法律并不像我们，甚至一些美国人所认为的那样具有英国性。人们所认为的美国法和英国法的一体性掩盖了许多东西，正如它所揭示的那么多。参见秦前红、刘新英《美国民事诉讼法的宪法渊源及其成因与启示》，《法学评论》2001 年第 6 期，第 138 页。事实上，通常被认为隶属于同一普通法系的英美刑法几乎不能等量齐观，而是存在十分明显的区别。也就是说，起码从实然 （转下页注）

通说观点一度将犯罪定义为"依法该当刑罚的社会危害行为"。①针对这种"形式化"的犯罪概念②，亨利·哈特（Henry M. Hart）③ 曾提出，"将犯

（接上页注③）的层面来看，并不存在一个"英美刑法"的概念范畴或与其对应的法律体系。根据美国学者的相关介绍，英国刑法与美国刑法的区别主要体现在如下几个方面。第一，法典化。英国刑法依然未进行法典化，虽然英国法律委员会有一个将其刑法全面法典化的宏伟计划，但近期实现是不大可能的。相反，美国刑法绝大部分都是以法典形式存在的，自 1962 年《模范刑法典》最后草案公布以来，美国大约 2/3 的州制定了现代刑法典。第二，重罪与轻罪。1967 年《刑事法案》制定公布后，英国刑法摒弃了所有重罪与轻罪之间的区别，然而，美国刑法却依然有重罪与轻罪之分，这种分类不仅是形式的划分，它常常影响实体刑法与刑事司法的内容。第三，犯罪分级。英国刑法并不将犯罪正式分级，但在美国刑法的实践中分级却被广泛采用，美国《模范刑法典》规定，为了刑罚的目的，所有重罪都可被分成三级，如谋杀是一级重罪、杀人是二级重罪、过失杀人是三级重罪。然而这种分类方式究竟有多大意义尚值得探讨。英国刑法一直认为，一些犯罪仅仅是其他更基础型犯罪的加重形式，如引起身体实际损伤的殴打罪，依照《侵犯人身权利法案》（1861 年）第 47 条的规定，它显然是英国普通法上殴打罪的加重形式，没有必要分级对待。第四，谋杀重罪规则。英国 1957 年《谋杀罪法案》第 1 条取消了该规则，而美国一些州却将此规则保留了下来，甚至《模范刑法典》中也有规定，"故意地或明知地或者在对人的生命价值显然漠视的情况下疏忽地致人死亡构成谋杀重罪"。并且，"这种疏忽或漠视在下列情况下将被推定成立：在实施抢劫、强奸、纵火、夜盗、绑架或犯重罪后逃逸的犯罪中，如果行为人参与了该犯罪或者是该犯罪的共犯以及实施该犯罪未遂"。但是该规则在刑事司法中的应用受到很大限制。第五，强奸罪的构成要件。英国刑法不再要求使用暴力或以暴力相威胁是强奸罪的构成要件，但是美国许多州在规定强奸罪时暴力因素仍然是必要的构成要件之一，《模范刑法典》也做了类似规定。第六，未遂。美国许多州采用《模范刑法典》的选择，即将"实质性的阶段"作为衡量犯罪未遂的标准，这一标准已被英国立法会在刑法改革时取消，英国刑法现今采用的是是否"不仅仅是在做犯罪准备"的标准来判定是否属于犯罪未遂。第七，未完成罪与"中止辩护"。英国刑法上并无对未完成犯罪的"中止辩护"，但是美国《模范刑法典》却以不同形式规定了这一辩护理由，规定了犯罪未遂的"中止辩护"、教唆犯罪的"中止辩护"、犯罪共谋的"中止辩护"。参见〔美〕斯蒂芬·休特《有宪限制与无宪限制——美国刑法与英国刑法比较》，王文华译，《法学杂志》2004 年第 4 期，第 89 页。

① 参见 Rollin M. Perkins and Ronald N. Boyce, *Cases and Materials on Criminal Law and Procedure* (Eagan: Foundation Press, 1982): 12。

② 例如，密歇根州法典，即 MCLS § 750.5（2006）规定："犯罪"意味着不是作为民事违法而禁止的作为或者不作为，而对其应处以如下的一种或者几种刑罚：

（a）监禁。

（b）非民事罚金。

（c）褫夺官爵。

（d）剥夺在本州获得信任、荣誉或者利润的资格。

（e）其他的惩戒。

③ 亨利·哈特（Henry M. Hart），1904～1969 年，美国著名法学家，曾长期在哈佛大学法学院执教，在刑法学、法哲学等领域发挥过重要作用。

罪视为立法者规定为'犯罪'的观点，并未突出犯罪概念的本质特征，因此无法成立"。①

那么，犯罪的实质特征是什么？②

有美国学者认为，对犯罪本质的理解，应该从相关司法程序入手，将那些适用较为严苛程序审理的案件界定为刑事案件，这些刑事案件所针对的具体行为就是犯罪。③ 还有学者认为犯罪与所谓"社会危害性"紧密相关。④

---

① Henry M. Hart, "The Aims of the Criminal Law," *Law & Contemp. Probs.* 23 （1958）：401.

② 在大陆法系刑法理论中，经过前后约 100 年的争论，立足于个人主义及自由主义之上的"法益侵害说"逐渐获得了通说的地位。"刑法就是一部法益保护法"的观念在刑法学界获得了普遍认同。例如，日本著名刑法学者前田雅英就曾提出，"刑法是为了更好地保护大多数国民的利益而统制社会全体的手段，故国民的利益受到侵害是违法性的原因。因此，首先应将违法行为定义为'导致法益的侵害或者危险（一定程度以上的可能性）的行为'"。参见阎二鹏、吴飞飞《帮助犯因果关系检讨——以共犯处罚根据论为视角》，《法治研究》2012 年第 8 期，第 76 页。反观中国刑法学研究的问题之一即在于，刑法学研究并不讨论犯罪的本质，或者很少讨论犯罪的本质问题，而认为应该将其交由犯罪学考察。例如，以张明楷教授为代表的很多学者认为刑法学是刑法哲学与刑法解释学的统一体。参见张明楷《刑法学》，法律出版社，2007，第 1 页。其在刑法学教材中，虽然将世界范围内各国刑法关于犯罪的立法规定，总结为"法律后果说"、"成立条件说"（德日刑法）、"诉讼程序说"（英美刑法）、"反社会性说"（苏俄刑法）以及"综合说"等等，却对中国刑法中犯罪的本质既未归类，也未定性。参见张明楷《刑法学》（上），法律出版社，2016，第 85 页。但笔者认为，在不讨论犯罪本质的情况下进行的刑法学研究，无疑建立在某种未定的状态基础上，从而缺乏进行有效价值判断的可能。而这种做法与所谓"实质解释说"之间是否存在某种潜在的内在联系，恐怕不太容易撇清。如此一来，正如霍姆斯所言，"如果法律的目的是防止这种意外的发生，就应将意外用枪支致死直接规定为犯罪，而不是把试图盗窃时的意外致死定为谋杀；如果法律这样做的目的是防止盗窃，还不如每 1000 个小偷抽签吊死 1 个"。转引自张颖玮《霍姆斯刑法思想评析》，《中国刑事法杂志》2001 年第 5 期，第 17 页。

③ 姑且不说这种观点颠倒了实体与程序之间的逻辑关系，就其本身而言，诚如德雷斯勒所言，在哈特等学者发表类似观点之后，民刑程序之间的明显界限已经开始消弭，因此已经很难单纯依据程序是否繁复严苛来确定行为的性质。参见 Jushua Dressler, *Understanding Criminal Law* （New York：Lexis Law Pub.，2001）：3.

④ "犯罪一般是指不仅侵犯个人权利，更重要的是给社会带来危害结果的行为。"转引自李居全《浅议英美刑法学中的行为概念——兼论第三行为形态》，《法学评论》2002 年第 1 期，第 102 页。这一点也出现在我国刑法学研究当中。很多人都将我国刑法第 2 条关于危害性的规定，视为我国刑法中犯罪的本质特征。但这种观点显然只考虑了"有"与"无"的问题，而没有考虑"多"与"少"的问题。尤其是在存在侵权法的情况下，这种单纯考虑所谓社会危害性的看法，显然如李海东教授所言，"在思维过程中是诡辩的，也不符合基本的形式逻辑"。此外，陈兴良教授等人主张将"实质危害性"从注释刑法学排除等观点，参见李居全、胡学相《犯罪概念的哲学思考》，《中国法学》2004 年第 2 期，第 126 页。

《模范刑法典》将刑罚适用作为犯罪的本质属性，并将其用来作为区分罪与非罪的根本标准①，不一而足。当然，还有学者采取兼容说，即主张犯罪具有两种以上的实质性特征。②

美国学界不同学者对犯罪定义及其本质的看法流变，概括如表1所示。

表 1 美国学界关于犯罪定义的不同学说及代表人例举

	法定说	修正法定说	规范说	新说
代表人物	保罗·韦尔博·泰彭（Paul Wilbur Tappen）[a]	埃德温·萨瑟兰（Edwin H. Sutherland）[b]	索尔斯坦·赛林（Thorsten Sellin）[c]	伊恩·泰勒（Ian Taylor）[d]
犯罪定义	被司法机关认定为违反刑法的行为	具有社会危害性，且被立法机关规定了刑罚处遇的行为	违反社会规范的行为	该当处罚的社会越轨行为

资料来源：转引自 Stephen E. Brown，Finn-Aage Esbensen and Gilbert Geis，*Criminology，Explaining Crime and Its Context*（New York：Anderson，2010）：28。

注：a. 保罗·韦尔博·泰彭（Paul Wilbur Tappen），1911~1964年，美国著名犯罪学家、刑法学者。b. 埃德温·萨瑟兰（Edwin H. Sutherland），1883~1950年，20世纪美国最具影响力的犯罪学家之一。c. 索尔斯坦·赛林（Thorsten. Sellin），1896~1994年，瑞典籍犯罪学家，曾长期在美国宾夕法尼亚大学担任刑法学教授。d. 伊恩·泰勒（Ian Taylor），1944~2001年，英国裔社会学家、犯罪学家。

断然采取某种绝对的学说，认定具有某种特征的行为即为犯罪，无疑十分冒险。但需要强调的是，以《模范刑法典》为代表，美国刑法主

---

① 《模范刑法典》第1.04条规定：本法典或者本州其他制定法规定应当处以〔死刑或〕监禁刑的犯罪，为实质犯罪。参见〔美〕美国法学会《美国模范刑法典及其评注》，刘仁文等译，法律出版社，2005，第8页。换句话说，以"美国法学会"（The American Law Institute）为代表的通说观点认为被处以罚金、没收或者其他民事制裁的行为，是不属于实质犯罪的违法行为。

② "犯罪是在缺乏正当性事由或者免责事由的情况下，故意违反刑法（判例法或者刑事成文法）而被作为重罪或者轻罪加以惩罚的行为，在未经根据排除合理怀疑标准证明之前，任何人不得被推定有罪。" Paul W. Tappen，*Delinquent Girls in Court：A Study of the Wayward Minor Court of New York*（New York：Columbia University Press，1947）：100.

流观点强调犯罪与刑罚之间存在必然关系的看法[1]，绝非等义重复那么简单。讨论犯罪的本质属性，其实牵扯到犯罪的存在意义，以及认定犯罪的标准两大问题。犯罪的存在意义，绝非仅为立法者、司法者或者评论者提供单纯理论探讨或者解释的素材。相反，刑法规定犯罪的目的，也就是犯罪存在的意义，在于为刑罚适用的厘定提供标准与根据。反观以张明楷教授为代表的中国学者认为，本体刑法学即刑法解释学[2]，这种观点在强调体系自足性与一致性的大陆法语境中看似无问题，却并未指明解释的最终目的或者落脚点，或者干脆故意回避掉了。在这里，日本学者松原芳博所主张的"构成要件不是解释的出发点，而是解释的终点"[3]，就显得颇有深意。

对此，一个直接的问题就是，刑法解释单单是为了体系的自足，还是为了最终刑罚的适用以及适用程度的正当性？毕竟刑法体系的自足与刑罚适用之间，不存在必然的对应关系。换句话说，不存在剥离刑罚，特别是剥离具备正当性，获得社会普遍接受或认可的刑罚适用根据，单纯考察刑法概念或者核心特征的可能性。曾有美国学者通过实证研究提出，"僭越社群正义体感的法律规则，绝非很多学者或政策制定者所误认为的那样毫无代价可言。相反，如果刑事执法活动所依赖的规则或实践所导致的罪责判断未能践行正义，或者根本就是不公正的，那么整个刑事司法体制都将在犯罪控制的效度方面遭受损失。想要提高效率，刑事司法体制就必须根据其所适用的社群的普遍正义判断践行正义。唯如此，刑事司法体制才能建构起道德可信性，才能驾驭社会及规范影响的实质效力"。[4]

---

[1] 所谓传统观点或主流观点认为，犯罪是指违反刑法而需要接受处罚的行为。上述主流观点的优势在于，可以为刑事被告人提供切实的宪法保护。参见 Douglas N. Husak, "Retribution in Criminal Theory," *San Diego L. Rev.* 37（2000）: 959。

[2] "刑法学的本体是解释论，亦即，在妥当的法哲学原理、刑事政策的指导下，基于社会生活、联系具体案例，对刑法规范做出解释（实定刑法的解释学），发现刑法的真实含义。"参见张明楷《刑法学》（上），法律出版社，2016，第1页。

[3] 相关解释与论说参见〔日〕松原芳博『刑法総論』日本評論社、2013、第3章。

[4] Paul H. Robinson and Sarah M. Robinson, *Pirates, Prisoners, and Lepers: Lessons from Life Outside the Law*（Lincoln: The University of Nebraska Press, 2015）: 116.

最终体现为刑罚适用的犯罪，以及作为这种犯罪存在载体的刑法本身，体现的又是一种特定文化背景下、特定时空条件下的特定价值判断。① 换句话说，刑罚固有的"污名"（Stigma）属性，或者可谴责性，才是犯罪的核心特征。② 正如约舒华·德雷斯勒（Joshua Dressler）③ 教授所言，"与刑罚相伴生的侮辱性社会标签，或者该当谴责的属性，可以被用来区分民事与刑事司法"。④ 强调犯罪"污名"属性的观点，实质上是在强调犯罪所固有并投射给刑法的道德属性。⑤ 这一观点，也得到了当代实证研究

---

① 我国学者曾指出，包括宪法在内的美国法律解释方法虽各不相同，但每一种方法论背后基本上都围绕着相同的元素进行解释，这就是法律文本的含义、立法者意图、司法判例和价值判断。无论上述哪种情况，总会涉及法官的价值判断，这是无法摆脱的现实。只要是对文字语言的解释，解释者必然会将解释建立在自身的价值判断之上，关键是这种价值是否符合人类的整体价值和社会进步的价值观。参见范进学《美国宪法解释方法之要素分析》，《北方法学》2011 年第 1 期，第 106 页。

② 大致说起来，所谓"污名"可以指代行为人存在缺陷、人格发展不完全。而污名也使得社会成员之间存在一定的界限，并形成不同的群体。污名具有明显的社会与心理功能，尽管愤怒与傲慢是其通常所导致的结果，但其最为通常导致的结果是所谓的羞辱。有学者将羞辱定义为"通过将某人的道德缺陷暴露在社会面前，将其弱点以一种奇怪且无法抗拒的方式加以恐怖展现的过程"。污名通常情况下具有两种认识论或者意识形态的根据：首先，对那些因为自己选择而从事错误行为的人，不应该投入过多的社会、经济以及政治资源；其次，这一社会决定应该能够反映基于道德立场而对社会进行的分层。从理论上来讲，对一个人的污名化过程，从对其逮捕以及定罪的时候就已经开始了，这些都是具有制造羞辱效果的公开事件。而在当其从监狱中被释放出来的时候，会再次经历所谓污名化的过程。"即使对那些服刑期满被释放的人来说，也要背负不可信的标签。"包括褫夺政治权利在内的判决后刑罚，都旨在确保监禁刑的污名一直存在，或者不被忘记。类似的措施还有诸如防止其获得工作、获得公共房屋以及其他防止其重新融入社会政治经济生活的措施，都具有侮辱性质。从某种程度来说，因为犯罪标签而无法养家糊口都可以被视为一种最大程度的羞辱。参见 Regina Austin，"The Shame of It All：Stigma and the Political Disenfranchisement of Formerly Convicted and Incarcerated Persons，" *Colum. Human Rights L. Rev.* 36（2004）：173。

③ 约舒华·德雷斯勒（Joshua Dressler），1947~，美国著名刑法学家，俄亥俄大学教授。

④ Jushua Dressler，*Understanding Criminal Law*（New York：Lexis Law Pub.，2001）：1.

⑤ 值得一提的是，日本有学者坚持法律与道德二元论。例如，西原春夫教授坚持"法与道德二元主义"，即以欲望充足原理和欲望抑制原理为理论基础，以法与道德作用的不同领域为视角，认为，法律与道德两者都立足于欲望充足原理（即满足人们的欲望），具有共通性。但是，西原先生认为，二战后日本一味地强调保护人们的权利与自由（满足欲望）的做法并不妥当。与欲望充足原理相并列，有必要设置制止欲望无限扩张的欲望抑制原理，道德规范便是这一原理的体现。所以在法秩序之外，还有一个与之并列的道德秩序的存在。参见周长军、谢鹏《刑法与道德的视界交融——西原春夫刑法理论国际研讨会综述》，《山东警察学院学报》2008 年第 4 期，第 40 页。

的证明，"道德可责性——行为人①需要为其实施的错误行为承担责罚的程度——才是人们在评价刑罚是否适当时所考虑的因素，而不是如阻遏未来发生犯罪，或确保危险分子远离人群等什么其他考量"。②

需要强调的是，主张刑法的本质属性即在于其所承载的道德否定评价③这一说法，并不是绝对无条件适用的。在政治术语中，刑法是用来解救潜在以及实际社会争端的规范化系统。刑法一度成为道德需要，并作为一种形态化的方法来解除对个人合法利益保护的集体化义务，检查失范行为，同时也是一个雷场，充斥着道德危机，对无辜者的误判，对嫌疑人、

---

① 虽然和大陆法系刑法类似，传统美国刑法也可被纳入"行为刑法"或"行为人刑法"一类，即在实体刑法中只关注实施危害行为的行为人的可责性，但美国刑法作者在刑事实体法领域开展对被害人行为之于行为人犯罪与刑罚作用的影响的研究。因而这一向度的研究并非以对潜在犯罪被害人权利的保护为立场，从而使某些非罪行为犯罪化或者加重某些犯罪行为之刑罚，在重视个体权利保护的美国，以被害人为视角的刑法理论，存在增加国家刑罚权、扩充犯罪圈之主张。这种主张典型地体现在性侵犯罪领域。如自20世纪80年代以来美国就将婚内配偶之间、同性之间的强制性行为视为强奸罪，同时规定女性亦可以成为强奸罪之犯罪主体。除性侵犯罪圈被扩大以外，在美国也出现了一种对较为普遍的行为的犯罪化——仇恨犯罪（Hate Crime）。这是以被害人行为应否以及如何消除或减轻行为人刑事责任为中心来展开的。在诸多主张被害人行为能够消除或者减轻行为人刑事责任的理论中，由维拉·伯格森（Vera Bergelson）教授提出的以附条件权利原则为支撑的被害人比较责任，成为近年来美国以被害人为视角而展开的刑法理论研究中的一个备受关注也极具争议的话题。在实体刑法中主张被害人应当介入的观点，因先天存在不足，注定弥补亦无益。至少在被害人行为可以影响刑事责任成为共识的当下，企图适用同一理论解决所有不同性质被害人行为类型之于行为人刑事责任作用的做法，注定是失败的尝试。首先，刑法参照侵权法之比较过错原则依据不足；其次，附条件权利原则能够为被害人同意、正当防卫和挑衅免除或减轻行为人刑事责任提供统一依据的观点，不具有实际效果；再次，扩大作为部分正当化事由的被害人行为范围较为困难；最后，将被害人过错区分为部分正当化事由和部分责任减轻事由没有依据。参见王焕婷《Vera Bergelson 的比较责任理论及批判》，《中国刑事法杂志》2016年第2期，第113页。这种观点，显然与我国刑法学界有些学者主张的所谓"被害人教义学"存在暗合之处。国内学界的正反论点这里不多置喙。

② Paul H. Robinson and Sarah M. Robinson, *Pirates, Prisoners, and Lepers: Lessons from Life Outside the Law* (Lincoln: The University of Nebraska Press, 2015): 58.

③ 刑法不仅提供社会控制，而且提供对错误行为的适当谴责，而且必须是道德上的谴责。因为道德谴责对行为和其所处的环境具有微妙的应对性，公众也希望刑法可以以一种同样的方式具有细致的反应，符合公众预期的刑法所提供的对错误行为的道德谴责并不比合法原则内部组成部分的冲突更具有病态，因为其符合合法性的期待。参见 William J. Stuntz, "The Pathological Politics of Criminal Law," *Mich. L. Rev.* 100 (2001): 505。

被告人和罪犯的不适当处遇，腐败以及警察权力的滥用等。[1] 换句话说，并不是所有违反道德的行为都需要用刑法处理，而目前很多犯罪行为也似乎并不必然违反一般道德。虽然可以将后者称为当代刑法的一种"异化"，但不可否认，强调刑法道德否定评价属性的观点，其隐含的前提便是作为"加害者"的国家，与作为"受害者"的被告人之间，存在道德观念上的平等性。毕竟"只有在一个道德充分的法律系统中，可责性才能扮演刑罚适用的看门人"。[2]

刑罚，或刑法所特有的这种道德否定评价属性[3]，在刑法与其他部门法的区分方面，体现得尤为明显。对此，可以通过事实上存在重合关系的刑法与侵权法之间的界分加以证明。[4] "美国的法官和评论者从作为两个独立范畴的刑法和民法出发，将侵权法视为两者之间的中间地带。"[5] 从纵向维度来看，根据美国刑法的通说，犯罪过失作为美国刑法犯意的最末层级，与其相密接的就是所谓的严格责任。[6] 应该说，严格责任不是罪过责

---

[1] 参见 Paul Roberts, Paul Robinson, "Philosophy, Feinberg, Codification, and Consent: A Progress Report on English Experiences of Criminal Law Reform," *Buff. Crim. L. R.* 5 (2001): 173。

[2] John Robinson, "Crime, Culpability, and Excuses," *ND J. L. Ethics & Pub. Pol'y* 10 (1996): 1。

[3] 我国也有学者认为，由于刑法最原始、最基本的社会功能是维护秩序，所以必须在秩序形成规律中反思刑法的概念。刑法是对道德与政治的双向继承和超越。通过分析犯罪与刑罚的概念，说明刑法是以道德为基础、以政治为调控的。中国的死刑问题及经济犯罪的死刑问题，在于刑法的道德性与政治性的关系倒置。参见刘远《刑法的道德性与政治性》，《华东政法大学学报》2007 年第 5 期，第 47 页。

[4] 参见李立丰《美国法的"刑"与"非刑"》，《环球法律评论》2009 年第 2 期，第 99 页。我国也有学者认为，我国刑法，如修正案中，就存在让许多其他学者大加赞赏的道德原则之表征。如修正案中"怜老恤幼"之传统道德原则的体现，无非是社会公众对老人和未成年人犯罪，能够从情感上予以一定程度的接受和理解，予以从宽处罚不至于从情感上采取抵制态度。并因此认为，正是从这个意义上说，立法机关在刑法修订过程中亦兼及在引领我们现时代的新道德上颇下了功夫。参见肖世杰《法律的公众认同、功能期许与道德承载——对刑法修正案（八）的复眼式解读》，《法学研究》2011 年第 4 期，第 145 页。

[5] 参见 Kenneth Mann, "Punitive Civil Sanctions: The Middle Ground Between Criminal and Civil Law," *Yale L. J.* 101 (1992): 1795。

[6] 有学者曾经讨论过多种不同的严格责任，并且认为很明显还存在其他类型的严格责任，参见 Douglas N. Husak, "Varieties of Strict Liability," *Can J. L. & Jurisprudence* 8 (1995): 189。

任的对立物，而是罪过责任的合理补充。罪过责任是严格责任的基础，严格责任是罪过责任最大限度的延伸。"严格责任并不与罪过相对立，而是罪过责任的一种，只是罪过的具体形式究竟是故意还是过失不明确而已。"① 而根据《模范刑法典》取代犯罪分析出现的要素分析模式（Element Analysis）②，更从制度上将这样的一种观点加以合理化。根据要素分析模式，针对犯罪构成的不同实质要素，需要建构各自不同的专门"犯意"（Mens Rea）要素，因此，"当根据立法机关的明示，针对犯罪中一个或者几个实质要素不需要证明犯意要素时，就可以将其称为严格责任犯罪"。③但该犯罪仍然存在需要犯意要素的实质要素。并且，不要求证明并不意味着不存在。从这个意义上来说，可以适当地认为，严格责任犯罪构成了犯罪的边际状态。④

一般认为，从形式上来看，严格责任犯罪和侵权的设定目的不同，严格责任更多的是为了震慑和阻遏，而侵权责任更多的是为了补偿；两者导致的后果也不同，前者可能导致身体刑，如监禁等，而后者基本上都是财产上的补偿；另外，还存在其他程序上的差别，如诉讼的提起方不同、审理的程序不同等。⑤ 但这种观点也会遭遇难题，如美国历史上最为详尽的未成年人犯罪与保护法，即《2006 年亚当·威尔士儿童安全保护法》（The Adam Walsh Child Protection and Safety Act of 2006）⑥ 规定，对罹患精神疾病，服刑期满也无法改变其暴力性犯罪倾向，或者针对未成年人实施

---

① 闫显明、冯建军：《英美刑法中的严格责任制度及其借鉴意义》，《武汉理工大学学报》（社会科学版）2001 年第 4 期，第 330 页。

② Richard G. Singer and John Q. La Fond，《刑法》（注译本），王秀梅等注，中国方正出版社，2003，第 67 页。

③ 行为人如果实施了法律禁止的行为，或处于法律规定的状态中，或导致了法律否定的结果，司法机关即使让其承担刑事责任，也无须证明行为人的主观心理状态。参见骆梅芬《英美法系刑事法律中严格责任与绝对责任之辨析》，《中山大学学报》（社会科学版）1999 年第 5 期，第 115 页。

④ 参见李立丰《美国刑法犯意研究》，中国政法大学出版社，2009，第 56 页。

⑤ 参见 Kenneth Mann, "Punitive Civil Sanctions: The Middle Ground Between Criminal and Civil Law," *Yale L. J.* 101 (1992): 1795。

⑥ U. S. C. § 16911.

性犯罪倾向的联邦罪犯，得对其在刑罚执行完毕后，继续施加民事限制措施。[1] 这就意味着，即使以是否剥夺人身自由为标准，也无法有效区分民事与刑事制裁。当然，法经济学派则认为，刑法的本质，可以通过刑事执法所具有的经济学意义上的效率性加以理解。[2] 具体而言，实体刑法和实体侵权法之间的主要区别，来自刑事制裁和侵权制裁的社会成本，以及两种实体法所规制的潜在行为的社会利益。即便如此，法经济学领军人物理查德·波斯纳（Richard Posner）[3] 也承认，尽管刑法通常通过道德层面而非经济层面来加以考虑，但具有很深的经济逻辑性。即便如此，大多数情况下学者关注的仍是刑事程序法的经济学分析[4]，立法者与司法者并不经常根据经济学语言来进行刑法学问题的研讨，因此，只能用隐性的经济学术语说明、帮助解释法律结构，包括刑法。[5] 值得一提的是，即便是在法学院，包括刑法在内的课程讲授也往往在白纸黑字的法律条文之外，大量掺杂道德问题的研讨及讲授。[6]

对此，恰恰可以通过刑法所独具的否定性评价功能加以说明。刑法与侵权责任的实质区别，在于前者独具的道德否定性评价功能。杰罗米·霍

---

① 参见 Leading Cases，"Necessary and Proper Clause-civil Commitment：*United States* v. *Comstock*，"*Harv. L. Rev.* 124（2010）：279。

② 参见 Richard A. Posner，"An Ecnominc Theory of the Criminal Law"，*Colum. L. Rev.* 85（1985）：1193。事实上，从方法论上看，以波斯纳为代表人物的经济学分析流派从法律的实证领域进入规范领域，旨在以经济学的术语方法替换传统法学的术语方法，以经济学的规范标准替换传统法学的规范标准，以"财富最大化"替换正义。这种强硬态度被称为"替代论"，又被比喻成"经济学帝国主义"，极富挑战性和争议性，也引发了当代美国法学对法律规范标准的热烈讨论。参见成凡《波斯纳法理学的三位一体：实用主义·经济学·自由主义》，《学术研究》2003 年第 2 期，第 62 页。

③ 理查德·波斯纳（Richard Posner），1939~，美国著名法学家，法经济学派主要旗手，曾担任美国联邦第七巡回上诉法院法官。

④ 参见 Frank Easterbrook，"Criminal Procedure as a Market System，"*J. Legal Stud.* 12（1983）：289。

⑤ 参见 Richard A. Posner，"An Ecnomic Theory of the Criminal Law，"*Colum. L. Rev.* 85（1985）：1193。

⑥ 参见 Debra Moss Curtis，"Everything I Wanted to Know About Teaching Law School I Learned from Being a Kindergarten Teacher：Ethics in the Law School Classroom，"*BYU Educ. & L. J.* 2006（2006）：455。

尔（Jerome Hall）[1] 提出，刑法建立在道德可责性基础上的观点，非常具有说服力。其优势在于，可以通过价值判断这一标准，区分刑法与侵权法等其他部门法。换句话说，刑法的核心特质在于，只有在行为人具有道德可责性时，对其实施的行为才可以发动刑罚权。[2] 但在侵权法当中，道德可责性并不具有核心意义，除了不道德行为之外，很多价值中性行为同样可以造成重大损失。但是在刑法当中，决定刑罚权是否发动、如何发动的关键，与其说关注损失的多少，还不如说更关注行为人的道德可责性。[3] 在这个意义上，道德可责性应被视为刑事责任的核心，刑法与其他部门法

---

[1] 杰罗米·霍尔（Jerome Hall），1901~1992年，美国刑法学家，在刑法哲学、刑法学与其他学科的关系研究方面享有盛誉。

[2] 需要强调的是，刑罚或者刑法本质与道德可责性之间的逻辑关系是，前者为后者的充分条件，后者为前者的必要条件，易言之，触犯刑法，该当刑罚的行为，势必该当道德可责性，反之亦然，不具备道德可责性的行为，不能被认定为触犯刑法，更不能被适用刑罚。但并不是所有具有道德可责性的行为，都属于违反刑法的犯罪行为。这一观点在我国刑法中也可以适用。例如，我国有学者曾举例称，甲驾驶出租车在大街上揽客，乙将一大量失血并已昏迷的老人抱上车，说是自己撞伤的，要求甲驱车前往医院抢救。当车行驶十分钟之后，乙要求停车，找借口离开。甲等候三十分钟后，见已经到了深夜，怀疑乙已经逃逸，便将重伤老人弃于附近大街。第二天交警发现老人尸体，经法医鉴定是失血过多而死亡。检察机关以故意杀人罪对甲和乙提起公诉，法院最后对乙做了故意杀人的有罪判决，宣布甲无罪。正如该学者所言，我国法院的判决是妥当的。在上述案件当中，就出租车司机而言，尽管被害人身在其车厢之内，在事实上他对被害人的生死具有排他性支配，但是这种排他性支配的取得并不是基于出租车司机本人的意愿而形成的，而是由于乘客带人上车这种极为偶然的原因形成的，实际上，就像是自己的院子里突然有一个受伤的人闯进来了一样。同时，对被害人之死而言，出租车司机也不具有控制危险源的地位。控制危险源地位的形成，必须是基于法律规定、职务、职业的要求或者是先行行为的要求。在本案当中，出租车司机在法律上并没有救死扶伤的义务，同时被害人所处生命垂危的危险状态也不是出租车司机本人的先前行为所造成的。因此，本案当中，出租车司机的行为尽管在道义上应当受到强烈谴责，但是和自己主动剥夺他人生命的杀人行为相去甚远，不构成故意杀人罪。参见黎宏《"见死不救"行为定性分析——兼论不真正不作为犯的作为义务的判断》，《国家检察官学院学报》2011年第8期，第72页。

[3] 惩罚制度并非单纯由有限的一国之内的刑事法律技巧所组成，其中最为引人注意的部分应属外在的身体上的侵害。在每一种惩罚手段所意图剥夺的各种权利当中，自由权、财产权和生命权，均存在对人性尊严的严重剥夺。这些惩罚是令人羞愧的，它通常也含有使人丢脸的意味。剥夺人性尊严的痛苦强弱不一，有时候显得比较轻微，却是微观法律的制裁体系中的主要部分。然而，最重要的问题已经不是惩罚手段是否强烈，而在于这些方法是否能够奏效。参见〔美〕迈克尔·瑞斯曼《看不见的法律》，高忠义等译，法律出版社，2007，第66页。

的区分，也应建构在刑法独具的道德属性基础之上。①

下面，谨以霍尔的相关学说为视角，对美国刑法的道德属性加以论述。②

在霍尔看来，刑罚必须从现实且道德的层面与人性加以合并理解。以刑事责任为例，作为一种规范性概念，其与意志自由行为相对应，并由此赋予行为人承担责任的道德正当性。换句话说，如果某种道德可责性受到刑法的承认，那么其势必会被用来作为佐证行为人刑事责任的根据。在这个意义上，首先，刑罚承载了某种"公"意义上的良善功能，即适用刑罚可以强化、公示社会群体的善恶观感；其次，适用刑罚可以在一定时期内防止特定行为人再度实施犯罪；最后，适用刑罚可以教化、改造犯罪人。③

这种对刑法道德属性的追问，与之前诸如格林威尔·威廉姆斯（Glanville Williams）④ 等传统普通法学者提出的犯罪定义截然不同。事实上，美国法学界，特别是在小奥利弗·温德尔·霍姆斯（Oliver Wendell Holmes Jr.）⑤ 出版《普通法》（*The Common Law*）一书之后，一直都强调刑法与侵权法的兼容。霍姆斯希望通过建构客观责任体系，整合刑法与侵权法。在这些学者看来，从形式上来看，刑法与侵权法之间的界限，堪比在一块本来完整的蛋糕上随意切出的一刀。长期以来，强调犯罪的道德属性，一直是区分刑事责任与侵权责任的关键。英国学者威廉·布莱克斯通（William Blackstone）⑥ 等人提出，刑事责任与侵权责任的区分主要体现为：首先，法律概念上的区分；其次，相应危害的区分；最后，立法目的的不同。⑦ 但这种侧重于形式区分的观点，显然缺乏实质切割的功能。在此

①　参见 Alvin K. Klevorick，"Legal Theory and the Economic Analysis of Torts and Crimes," *Colum. L. Rev.* 85 (1985)：905。

②　参见李立丰《基于道德立场的追问：杰罗米·霍尔刑法学思想评述——兼评〈刑法基本原则〉》，《云南大学学报》2009 年第 2 期，第 149 页。

③　参见 Jerome Hall，"Psychiatry and Criminal Responsibility," *Yale. L. J.* 65 (1956)：761。

④　格林威尔·威廉姆斯（Glanville Williams），1911~1997 年，威尔士籍法学家，英国当代刑法学先驱。

⑤　小奥利弗·温德尔·霍姆斯（Oliver Wendell Holmes Jr.），1841~1935 年，美国法学家，曾担任美国联邦最高法院大法官。

⑥　威廉·布莱克斯通（William Blackstone），1723~1780 年，英国法学家、政治家、《英国法释义》（*The Commentaries on the Laws of England*）的编者。

⑦　参见 Jerome Hall，"Interrelations of Criminal Law and Torts：I," *Colum. L. Rev.* 43 (1943)：765。

基础上，从道德立场出发，霍尔进行了进一步的追问。在他看来，刑法的基本诉求是确保公正，因此，刑罚的轻重应与行为人的道德可责性相适应。道德可责性，又是犯意建构的基础。从这个意义上，对道德可责性的坚持，就成为其批驳霍姆斯所持客观责任论的有力武器。在霍尔看来，理想中的刑法，应该为惩罚犯罪人提供道德正当性依据，换句话说，行为人在实施危害行为时，必须基于故意或者是"轻率"（Recklessness）的犯罪心态。也就是说，刑罚存在的根据与其所承载的道德可责性直接相关。①

霍尔认为，霍姆斯所坚持的实证主义观点，完全消解了刑法的道德基础。同时，霍尔还将其对刑法的道德解读，贯彻至诸如事实认识错误等具体刑法问题之中。在很多法哲学家看来，实证法本身并无明晰的界定，换句话说，对实证法的具体判断或者界定，实际上与判断者的视角或者价值取向相关，而不同判断者的价值取向或者视角，显然无法绝对趋同。另外，常识告诉我们，只要判断或者调查具有"经验"②属性，由此产生的结论就足以用来作为反映事实本身的一种映射。事实上，即使很多自然科学的概念，也往往具有某种描述性。无论如何，因为人类对客观事实的认识十分有限，因此任何价值判断都必然存在实验的成分。如果接受约翰·杜威（John Dewey）③的观点，认为在价值判断的过程当中，将那些不可或缺的概念理解为实质性概念，将那些可有可无的概念理解为非实质性概念，那么就必须进一步追问一个更加困难的问题，即确定何谓"不可或缺"。霍尔认为，如果要充分理解法哲学家的上述观点，就必须明了美国刑法理论的发展现状以及与之伴生的法律文化，这暗示着并不存在所谓的绝对真理。换句话说，对刑法基本原则或概念的理解难免会出现种种错误或者缺陷。在很大程度上，当代实证主义法学似乎与老派实证主义有很多共同之处，即都认为应将道德作为无关要素而加以排除。霍尔认为，美国

---

① 参见 Herbert Wechsler, "General Principles of Criminal Law," *Colum. L. Rev.* 49 (1949): 3。

② 波斯纳主张，其所坚持的实用主义，是"经验的"。他认为，实用主义对"事实"感兴趣，进而希望得知不同行动方式的操作、特性和可能产生的效果。这就"要求理论符合观察，符合'事实'，而不是符合周围的其他的原则"。参见〔美〕理查德·A. 波斯纳《超越法律》，苏力译，中国政法大学出版社，2001，第 7 页。

③ 约翰·杜威（John Dewey），1859~1952 年，美国哲学家、教育家，美国实用主义的著名代表人物。

刑事司法实践当中大量适用的所谓"理性人标准"① 违反了道德原则，因为根据这一理念，行为人所需要担负的道德义务并不是由案件的具体事实所决定的，而是由其他人针对相关事实的观点所决定。②

霍尔坚决反对严格责任，认为严格责任已经严重地干扰了若干重大社会问题的合理解决。同时，他还认为，随着程序以及执行机制的完善，可以将传统由严格责任负责解决的问题交由行政体系，而非刑事司法体系来加以解决。霍尔将道德与刑法实质等同的观点贯穿其刑法学理论的始终。例如，在对犯罪人可责性的分析过程当中，霍尔提出，过失行为本身并不具有可责性。根据《模范刑法典》，除非法律明文规定，否则被告人仅需对其过失致人死亡或者致人严重身体伤害的行为承担刑事责任，而无须对过失造成的财产损失承担刑事责任。过失行为所代表的是"疏忽大意"（Inadvertence），因此必须与自愿实施的危害行为加以区分，故意造成危害结果的行为人在着手时，就已经预见到了危害结果发生的可能。霍尔提出，在大多数普通法地区，包括交通肇事致人死亡等过失行为，只有在能够证明行为人具有"轻率"心态时，才可以追究其刑事责任。然而，必须承认，过失在美国刑事司法体系中十分常见。另外，虽然美国大多数司法区③都规定，只有在严重过失的情况下，行为人才需要承担过失刑事责任④，但这些司法区对过失概

---

① 有学者戏谑，美国刑法"判例汇编和制定法中'合理的'一词使用之多，堪比超市里全部食品货架上摆放的食物里所含的盐"。转引自谷永超《英美刑法的理性人标准及其启示》，《中国刑事法杂志》2017 年第 4 期，第 132 页。

② 参见 Jerome Hall, "Concerning the Nature of Positive Law," *Yale. L. Sch.* 58 （1946）: 4。

③ 所谓"司法区"（Jurisdiction），在美国刑法中含义相当复杂，虽然在常态表达当中大致与州相当，但除此之外，联邦本身也属于一种司法区，而且在联邦司法区内部，还可以分为联邦上诉法院管辖的司法区以及联邦地区法院管辖的司法区，各州内部也包括不同的司法区，除此之外，美国军方的司法管辖也较为复杂。为了避免不必要的困扰，这里对此不做详述。但需要牢记的是，各司法区的刑事司法程序或者做法往往不同，而这种区别的存在往往超越了单纯的各州的物理界线。本书所指的司法区，其范围仅为美国各州、美国联邦与美国军事管辖区。

④ 反观英国法，最早在 16 世纪的杀人案件中，就开始承认过失刑事责任。到了 19 世纪，开始坚持行为人对其行为所造成的死亡结果的过失，应当属于严重或者刑事过失。在 19 世纪早期，英国刑事司法实践，一般在涉及父子或船长与船员之间的致死案件中，普遍承认存在过失。和普通法谋杀罪中的所谓恶意具有针对客观行为的主观色彩不同，英国法中的过失一般被认为是客观的。参见 Jeremy Horder, "Gross Negligence and Criminal Culpability," *Univ. of Toronto L. J.* 47 （1997）: 495。

念的界定却十分含混。与此相对，在大陆法系国家，仅在例外情况下，才惩罚没有造成实际危害结果的过失行为。对此，仍然可以将其视为一种社会价值判断。显而易见，对同一道德问题，人们会有不同的解读，但基本上，都会接受基于自由意志造成社会危害的行为人具有刑事可责性。[①]

在此基础上，认定"精神失常"（Insanity）[②] 抗辩与刑事责任之间的逻辑关系就显得相对简单。犯意是刑事责任的成立前提，而精神失常则意味着犯意的缺失。[③] 又例如，早期普通法对诸如"迷醉"（Intoxication）的态度较为严苛，这种态度似乎得到了对醉酒机理研究的科学证明。但霍尔认为，需要将其纳入具体的语境进行重新解读。换句话说，虽然刑事责任的总体原则要求惩罚故意或者轻率实施犯罪的行为人，但是因为饮酒并不一定会导致醉酒，而醉酒也不一定会导致产生社会危害，故对那些严重醉酒，但未造成危害后果的行为人不应加以责罚。只有在行为人饮酒之前，根据以往的经验足以预见如果大量饮酒会让自己具有社会危险性的情况，才可以对其加以惩罚。也就是说，"自愿迷醉"不能作为免责理由。[④]

霍尔对刑法与道德之间关系的检视，并不局限于美国刑法，他还针对其他国家，特别是大陆法系国家刑法与道德之间的关系进行了研究。例如，霍尔提出，德国新刑法典将刑事责任建构在道德过错基础之上，但同时也承认疏忽大意过失属于主观过错。对疏忽大意过失是否可以作为刑事

---

① 有学者提出，过失与故意一样，应被视为刑事责任的合理根据。因此从形式逻辑来看，首先，人应承担避免侵害社会利益的道德义务；其次，凡是违反这一义务的人都该当刑事处罚；最后，过失造成社会危害的行为人违反了上述义务。因此，过失行为人该当刑事责任。虽然这一观点在逻辑上并无太大问题，但其前提是否成立却的确存疑。具体而言，避免侵害社会利益的道德义务是否绝对成立，在多大程度上违反道德义务构成刑事责任等都亟待明确。参见 Jerome Hall，"Negligent Behavior Should Be Excluded from Penal Liability," *Colum. L. Rev.* 63（1963）：4。

② 值得一提的是，国内也有人将其翻译为"精神耗弱"，但从日本刑法中的相关表述来看，精神耗弱多指并未完全丧失认识能力或控制能力的异常情况，与彻底丧失刑法意义上的认识或控制能力的精神失常，应该存在一定差别，故本书采"精神失常"的译法。特此说明。

③ 参见 Jerome Hall，"Mental Disease and Criminal Responsibility," *Colum. L. Rev.* 45（1945）：5。

④ 参见 Jerome Hall，"Intoxication and Criminal Responsibility," *Harv. L. Rev.* 57（1944）：7。

责任基础这一问题，在美国法当中多有讨论，很多美国学者不承认过失所导致的刑事责任。但在霍尔看来，应该将从社会危害性追溯道德过错性的法律体系，与单纯关注过错这一道德理念的法律体系相区别。德国刑法显然将疏忽大意过失也作为一种道德过错加以看待，因此，尽管普通法的刑法理论一般从形式上，根据是否会导致刑事制裁，以及是否具有严格程序法要求来区分民法与刑法，但除此之外，德国法还试图为刑法寻找到一个坚实的道德基础。①

当然，对霍尔所秉持的道德立场，美国刑法学界也存在不同声音。有观点认为，刑法理论不应仅关注界定概念及据此得出的结论，同时其还需要对比分析用来解释上述概念的具体理论观点。哈特就曾批驳霍尔，认为后者将犯意作为刑事责任的核心观点无法成立。在哈特看来，霍尔提出的不同犯罪之间的犯意存在不同，但是不同犯罪所具有的共同属性是行为人自愿从事了法律所禁止的道德过错行为的观点是错误的。哈特认为，刑事可罚性与道德规范之间并不存在必然的联系，甚至对特定犯罪而言，社会公众对其所进行的价值判断可能存在显著差异。另外，如果坚持刑法的道德属性，那么对"正当化事由"（Justification）或者"免责事由"（Excuse）的分析就会面临困境，如：杀死一个无辜的人是否具有正当性？如果杀死一个无辜的人可以挽救两个人的生命，那么这样的一种行为是否具有正当性？如果只有杀死别人才能保全自己的生命，那么这样的行为人是否可以据此免责？② 这个看似无解的问题，正是迈克尔·桑德尔（Michael Sandel）③ 的《公正：该如何做是好？》（*Justice：What's the Right Thing to Do?*）④ 一书及衍生出来的公开课为何风靡一时的真正原因。

对此，霍尔认为，对人性的理解，即自由选择说抑或是因果决定论，所决定的其实是关于对刑罚的不同理解。从经验科学的视角，刑罚似乎是

---

① 参见 Jerome Hall, "Comment on Structure and Theory," *Am. J. Comp. L.* 24 （1976）：4。

② 参见 Jerome Hall, "Comment on Justification and Excuse," *Am. J. Comp. L.* 24 （1976）：638。

③ 迈克尔·桑德尔（Michael Sandel），1953~，哈佛大学政治哲学教授，社群主义的代表人物。

④ 除了这门公开课的视频之外，相关内容还可参见〔美〕迈克尔·桑德尔《公正：该如何做是好？》，朱慧玲译，中信出版社，2012。

一种情绪上的反应，即某特定群体的报应性情感。①

同时，这种区分也必须被纳入对因果关系的理解当中。② 特别是从"功利主义"（Utilitarism）诞生以来，法律与政治、道德或者社会之间的区分愈发明显。杰里米·边沁（Jeremy Bentham）③ 首次将功利主义纳入刑法研究的视界当中，而其精确化设定刑罚的努力也催生了建构某种纯粹道德科学的努力。霍尔认为，必须要采取对策避免这种情况的出现。首先，道德理念是可以改变、不断完善的。其次，在建构法律模型的过程中考量道德因素并不会使这种努力白费。简而言之，道德不仅仅决定哪些行为可以被社会认定为犯罪，还决定需要对这样的行为人施加何种处遇方式。④

因此，虽然将适用刑罚处遇的行为视为犯罪的做法无异于等义重复，但如果可以刻画刑罚的本质属性，就可以将刑罚的本质属性视为犯罪的本质属性。虽然可以依据惩罚对象的不同，将刑罚划分为不同种类⑤，但所有种类的刑罚都具有某种共同的特质，即与权利剥夺相伴生，对行为人"名誉"或者"尊严"的"侮蔑"。当然，"名誉"或者"尊严"的"侮蔑"仍然需要进一步定义才能加以明确。但这并不意味着刑罚或者犯罪的道德属性，特别是其所具有的这种"污名性"会陷入循环定义的死结当中。犯罪的污名属性，实际上是一种行为人以及行为人存在的社会都能理解的否定性评价。⑥ 换句话说，犯罪将会导致行为人的社会评价降低，同时，这种降低具有公开的社会属性。

---

① 在美国历史上曾名震一时的某连环杀人案中，据传格里法官是这样对帕克做出判决的："在欣斯代尔县一共只有 7 名民主党人，而你，你这个贪吃的狗杂种，你竟然一次就吃掉了他们当中的 5 个！作为对这种蓄意减少本州民主党人口的行为的警告……我决定判处你死刑。"参见〔美〕科林·埃文斯《证据：历史上最具争议的法医学案例》，毕小青译，生活·读书·新知三联书店，2007，第 53 页。

② 参见 Jerome Hall, "Psychiatry and Criminal Responsibility," *Yale. J. L.* 65 （1956）：761。

③ 杰里米·边沁（Jeremy Bentham），1748～1832 年，英国法理学家、功利主义哲学家、经济学家和社会改革者。

④ 参见 Jerome Hall, "Criminology and a Modern Penal Code," *J. Am. Inst. Crim. L. & Criminology* 27 （1936）：1。

⑤ 刑罚大致可以区分为如下几种对权利的剥夺：生命（死刑），自由（监禁刑），肉体安全（肉刑），财产（罚金与没收）以及尊严（羞辱刑）。参见 Aaron S. Book, "Shame on You: An Analysis of Modern Shame Punishment as an Alternative to Incarceration," *Wm. & Mary L. Rev.* 40 （1999）：653。

⑥ 参见 Dan M. Kahan, "What Do Alternative Sanctions Mean?" *U. Chi. L. Rev.* 63 （1996）：591。

将污名作为犯罪核心属性的观点，可以通过"羞辱刑"（Shaming Punishments）本身在美国刑事司法过程中的流变，特别是近一时期的兴起，对其窥以一斑。[①]

一 刑罚根据的道德属性

虽然刑罚的存在与适用，对犯罪乃至刑法而言具有实质性的决定意义，但刑罚本身仍然需要建立在特定的正当性基础之上。刑罚根据是刑法的灵魂，[②] 其关乎定罪和量刑的正当性问题。如果刑罚理论不够成熟，缺少一贯理论的话，那么刑法和刑事程序之间本来应该具备的相关性也将不复存在，从而使得这个问题的研究前景变得十分黯淡。针对刑罚正当性的争论在美国刑法学界具有"悠久且光荣"的历史。[③] 当然，对同一个事物，从不同的视角出发可以得出不同的印象。同样的材料基于不同的理念和考量，可以建构出不同形态的成品。在美国社会中，刑罚构建包括刑罚的实现方式，虽然受到特有的文化历史传统的影响，但仍然需要服务于特定的目的。

一般认为，刑罚的根据无外乎报应与预防两大类。[④] 所谓"报应"（Retribution），其主要着眼于过去：行为人因为实施了犯罪，该当刑罚，这本身就有价值，因此不需要进一步证明刑罚适用对未来的好处。这一般被认

---

① 首先，从殖民地时期到 19 世纪，北美地区的羞辱刑一直大量存在。其次，羞辱刑亦一度被监禁刑、罚金刑等替代。而目前，随着私营监狱及监禁刑等替代刑的出现，羞辱刑再度兴起。参见 Dan Markel, "Are Shaming Punishments Beautifully Retributive? Retributivism and the Implications for the Alternative Sanctions Debate," *Vand. L. Rev.* 54 （2001）：2157。

② 刑罚，无论其本质如何，都应当被认定为代表了刑法的定义性特征。参见 Douglas N. Husak, "Retribution in Criminal Theory," *San Diego L. Rev.* 37 （2000）：959。

③ 参见 Paul H. Robinson and John M. Darley, "The Utility of Desert," *Nw. U. L. Rev.* 91 （1997）：453。

④ 当然，对刑罚根据，学者还会提出其他不同的，诸如"教化"（Rehabilitation）等看法，但本人认为，因为"报应"与"预防"属于一种具有对偶性的对立性概念，因此逻辑上可以涵盖其他相关刑罚根据。换句话说，除此之外的刑罚根据，都可以从本质上被划入报应或预防一类。本书主要立足点为刑法的本体论，即犯罪论部分，因此从论述便宜性角度出发，对此并不过多涉及。但值得一提的是，在我国古代刑事司法实践中，对罪犯的所谓教化也存在相关个例，如大家耳熟能详的汤显祖在遂昌任职时有名的两个举措，一曰"除夕遣囚"，一曰"纵灯观囚"。参见《环球人物》杂志社编《丰饶的苦难：中国古代文人传奇》，商务印书馆，2013，第 154 页。

为所指的是报应或者"正当的该当性"的观点。① 对此，通说认为，应严格区分"可责性"（Culpability）② 和"错误性"（Wrongdoing）。与可责性实质相关的是犯意，与错误性实质相关的是行为。报应主义的该当性依据的是犯意（包括过失）、行为以及两者之间的关系。可以将美国刑法中此二要素与报应主义该当性的关系理解为：根据行为要素的相对严重程度对其加以排列，根据犯意的相对严重程度对其加以排列，最终根据这两部分的比例衡量报应刑的轻重。乔治·弗莱彻（George P. Fletcher）③ 等人详尽发展了这个观点，可以将其观点称为"报应主义该当性的二元论"。④ 根据二元论，可责性是刑事责任的必要基础，而且，具有正当性的报应刑程度取决于可责性的类型。当然，从二元论角度出发又可以做进一步细分，例如，根据主观性的报应原则，只有行为人的主观犯意和刑罚该当性相关。换句话说，只要犯意相同，无论犯罪是否既遂，行为人都应被处以相同刑罚。与此相对，根据客观报应主义，即使行为人实施犯罪造成的危害结果并非如其所愿，如错将自己的儿子当成敌人杀死，仍应对其做与犯罪实际结果相当的惩罚。但一般认为，"和主观的报应主义相比，'客观的报应主义'（Objective Retributivism）看起来似乎和既存的法律与道德直觉更加一致"。⑤ 需要指出的是，随着美国工业化进程的发展，很多人认为，相较之后大量出现的行政犯罪及严格责任犯罪，报应主义理论已经过时。很多学

① 参见 Paul H. Robinson and John M. Darley, "The Utility of Desert," *Nw. U. L. Rev.* 91 (1997)：453。

② 报应论认为刑罚的正当性在于其对行为人道德可责性的追究。换句话说，当且仅当行为人该当某种刑罚的时候，才可以对其适用这种刑罚。相比之下，功利论则仅仅主张应该在适用刑罚的收益超过成本的情况下才可以适用。报应论的核心理念，即主张只有在行为人具有该当性的情况下才可以对其适用刑罚，是一种较为含混的表达。适当的报应理论只有在适当地明确表达了对犯罪的否定，并且重新肯定被罪犯所否定的价值的情况下，才具有适当性。参见 Dan M. Kahan, "What Do Alternative Sanctions Mean?" *U. Chi. L. Rev.* 63 (1996)：591。

③ 乔治·弗莱彻（George P. Fletcher），1939~，美国著名刑法学家，哥伦比亚大学教授。

④ Michael S. Moore, "Prima Facie Moral Culpability," *B. U. L. Rev.* 76 (1996)：319. 在他看来，弗莱彻区分了错误行为和"归责"（Accountability），并且提出"可责性"和"归因"之间的不同应被限制在对错误行为的责任基础判断上。因此，如果行为人所实施的行为具有正当性，行为人就不具有可责性。

⑤ Michael S. Moore, "The Independent Moral Significance of Wrongdoing," *J. Contemp. Legal Issues* 5 (1994)：237.

者公开质疑美国刑法理论时至今日仍在坚持报应主义的意义。①

针对刑罚根据，美国刑法理论中除了报应主义之外，还有其他理论，在美国刑法理论当中，报应主义的主要竞争理论就是所谓的功利理论。"功利主义"有的时候被称为"结果主义"（Consequentialism），该理论认为，惩罚业已发生的犯罪，其正当性在于这样做在未来的有用性。具体而言，所谓未来的有用性是指"避免，至少是减少未来的犯罪"。② 从历史的源流上来看，美国刑法理论当中的功利主义，可以直接追溯到英国法学家布莱克斯通，尤其是他在犯罪论中对危害公共利益的普通法犯罪的讨论。功利主义认为，刑法的功能在于保护公共利益免受危害，而功利主义的民主前提要求代议制立法机构通过立法界定公共利益。③ 功利主义关注的是"刑法规定的精确性、前瞻性以及公共性所带来的有效性及威慑性最大化"。④ 也就是说，只有在刑法明确应禁止的行为类型的情况下，司法者才可以判断是否有必要对其适用刑罚，才可以理性分析、判断如何在不同犯罪，以及同一犯罪的不同危害层级之间，合理分配刑罚资源。

很多学者认为，随着犯罪法定化以及"法官立法"的实质消亡，美国刑法的立法者开始倾向于放弃一罪一犯意的立法模式，而采取类型化、层级化的立法规定。这样做显然是在追求控制犯罪的功利主义目标，弱化之前占据统治地位的报应主义立场。⑤ 随着"法律实证主义"（Legal Positivism）的出现，为了让社会福祉整体上免受犯罪行为的威胁，"在 19 世纪中期，出现了不要求犯意，仅仅惩罚特定危害行为的严格责任"。⑥ 如果坚持传统功利主义，则会导致极端观点，否认行为人主观犯意及刑事司法政策的相关

---

① 参见 Gerald Leonard，"Towards a Legal History of American Criminal Theory：Culture and Doctrine from Blackstone to the MPC，" *Buff. Crim. L. R.* 6（2003）：691。

② Paul H. Robinson and John M. Darley，"The Utility of Desert，" *Nw. U. L. Rev.* 91（1997）：453.

③ 参见 Guyora Binder，"Punishment Theory：Moral or Political，" *Buff. Crim. L. Rev.* 5（2002）：321。

④ Dan M. Kahan，"The Theory of Value Dilemma：A Critique of the Economic Analysis of Criminal Law"，*Ohio St. J. Crim. L.* 1（2004）：643.

⑤ 参见 Richard G. Singer，"The Resurgence of Mens Rea：I-Provocation，Emotional Disturbance，and the MPC，" *B. C. L. Rev.* 27（1986）：243。

⑥ Francis B. Sayre，"Public Welfare Offenses，" *Colum. L. Rev.* 33（1933）：55.

性，试图通过减少被视为一种"疾病"的犯罪，来提升社会福祉。由此，部分美国刑法学者曾经担心，结果主义或者功利主义的刑法，会将刑法降格为一种"检疫体系"，在这个体系当中，道德可责性以及刑罚适当性将让位于一种"疫学"的隔离措施。正如有学者所提出的那样，"现在的法就是这样的，而杰出的学者支持、粉饰并且试图捍卫它"。① 对此，另外一些美国学者尖锐地指出，"疫学"隔离暗示的刑罚理论呈现出一种"病态"，不是因为其原始，而是因为其所彰显的结果主义特征，这种观点存在根本性缺陷。20 世纪美国刑罚理论盛行结果主义，虽然这可能是无心之失，但在客观上造成了不小的混淆和损害。虽然在理论上偶有激辩，但美国刑法理论并没有纠缠于"主义"之争，而是从司法实践的需要出发，十分自然甚至是公然地对不同的理论加以调和适用。尽管可能出现理论的冲突，甚至导致体系不能自足，但这并没有成为这种潮流的一种阻碍。

经历了两百多年的论战之后，包括目的论和道义论这两派观点都已发展到了极致，但同时又无法彻底说服或者消灭对方。大体而言，学者、立法者以及负责制定当时已广为适用并有约束力的量刑原则的量刑委员会，就"综合"理论的这种或那种修正观点达成了共识，而这种理论以罕有的气量将人们之前以为相互之间完全不协调的诸多因素结合在了一起。② 例如，"作为当代美国刑法理论主流思想代表的《模范刑法典》，其可责性建构模式所反映的是'结果主义'、'法律实证主义'和'政治民主主义'（Political Liberalism）的杂糅，这反映出一种剥离刑法道德控制属性的观点"。③ 但这种思潮也仅仅是相对性的④，《模范刑法典》的起草者并没有一并拒绝罪过

① Stephanos Bibas, "Judicial Fact-finding and Sentence-enhancements in a World of Guilty Pleas," *Yale L. J.* 110 (2001): 1097.

② 〔美〕马库斯·德克·达博：《积极的一般预防与法益理论——一个美国人眼里的德国刑法学的两个重要成就》，杨萌译，徐久生校，载陈兴良主编《刑事法评论》第 21 卷，北京大学出版社，2007，第 444 页。

③ H. L. A. Hart, *Legal Responsibility and Excuses*, in *Punishment and Responsibility: Essays in the Philosophy of Law* (London: Oxford University Press, 1968): 28.

④ 作为法典起草人之一的保罗·罗宾逊教授后来指出，有效的犯罪控制，要求法典制定者具备大众共有的公正直觉。换句话说，刑法典有必要追求道德可信度的公共感知与体会。反之，刑法的道德权威性，也在塑造人们的这种道德直觉，规范着人类的行为。参见〔美〕保罗·罗宾逊《为什么刑法需要在乎常人的正义直观？——强制性与规范性犯罪控制》，王志远译，载陈兴良主编《刑事法评论》第 29 卷，北京大学出版社，2011，第 148 页。

要求而倾向于严格责任。

在讨论美国刑法的功利主义，尤其讨论功利主义与刑法道德属性之间关系的时候，必须要提及的还包括功利主义的一个分支，即法经济学派的犯罪分析模式。19 世纪末到 20 世纪早期，很多美国学者和法官开始反思罪过概念。其中较有代表性的观点认为，"罪过，或者可责性与所有刑法问题相关。犯意问题的研究也成为检验其他刑法理论，尤其是后来出现的刑法的经济学解读的试金石"。① 可以说，法经济学派的致命软肋，就在于无法充分地解释犯意原则，从而使得其所提倡的所谓"最优化理论"面临很大威胁。对刑法的经济分析持批判观点的学者认为，刑法的经济分析缺乏批判报应主义内在价值的能力。②

刑法中功利主义和报应主义所表征的，是基于不同前提产生的不同观点之间的抗争。在面对问题时，最重要的就是选择研究向度，即研究方向应该主要集中于回溯性的考问和争辩，还是面向实际问题的务实解决？从实然的角度而言，在刑罚根据问题上，美国刑法体现出明显的"实用主义"倾向，即强调经验性的"向前"的研究维度，基本上是一种二元论基础上的折中论。虽然从前提角度来看，报应主义与功利主义很难兼容：功利主义根据的是功利性，报应主义根据的是认识论上的道德指导，两者不可调和。③ 但美国刑法通说认为，从刑罚适用的实际出发，为了提升公民对刑法的认同与自觉遵守，刑法应该建立在社会公众对该当性，即报应性的认识之上，只有这样，从功利主义角度通过适用刑罚减少犯罪，才可以

---

① Jeffrey S. Parker, "The Economic of Mens Rea," *Va. L. Rev.* 79 (1993): 741.

② 参见 Dan M. Kahan, "The Theory of Value Dilemma: A Critique of the Economic Analysis of Criminal Law," *Ohio St. J. Crim. L.* 1 (2004): 643。

③ 康德曾言，"人不应成为刑罚适用的工具，而应成为刑罚适用的目的"。这属于经典德国刑法理念，且被很多大陆法系国家所采信。参见 Vicki C. Jackson, "Constitutional Dialogue and Human Dignity: States and Transnational Constitutional Discourse," *Mont. L. Rev.* 65 (2004): 15。虽然美国宪法并没明确人类尊严权，但尊严也和美国宪法并不冲突。美国宪法中有若干与此相关的规定：(1) 禁止残忍且不寻常的刑罚，这也意味着不应将刑罚适用视为工具；(2) 正当程序保障条款，其所关注的不仅仅是刑事程序的最终目标，还包括禁止刑罚滥用的禁止性规定；(3) 平等保护条款，也意味着保障人类尊严。参见 Mohammed Saif-Alden Wattad, "The Meaning of Guilt: Rethinking Apprendi," *N. E. J. on Crim. & Civ. Con.* 33 (2007): 501。

获得民意支撑，获得正当性。功利性的计算需要建立在刑罚报应性基础之上。从这个意义，应该，也一定需要采取折中主义。

因此，可以认为，基于报应与预防的基本考量，人类社会对特定危害行为适用所谓"刑罚"，并以此为基础建构起一整套刑罚体系。刑罚与其他规制措施的最大不同在于，刑罚，或者说刑法，具有强烈道德否定评价属性。例如，一个弗吉尼亚州的陪审团，曾在一起死刑案件的判决过程中，认定被告人该当死刑的根据之一，即在于其对自己的杀人行为并未表达过任何悔意。[1]

宏观意义上，刑法在犯罪论意义上与道德评价对接的关键概念，即为"犯意"。犯意的存在，一方面可以用来区分罪与非罪，另一方面还可以用来作为评价特定犯罪行为背离道德标准程度的根据。

刑法在刑罚论意义上与道德评价对接的理念在于，刑罚本身必然带有的道德否定评价属性，即耻辱性。随着人类社会文明的进步，被告人或者犯罪人的权利保护开始受到重视，特别是随着诸如法人犯罪等非典型犯罪的滥觞[2]，刑罚的耻辱属性开始减弱。但这种减弱并不能用来作为否定刑

---

[1] 参见 George P. Fletcher, "Punishment, Guilt, and Shame in Biblical Thought", *ND J. L. Ethics & Pub. Pol'y* 18（2004）：343。

[2] 早在 20 世纪初，美国联邦最高法院通过"纽约中央及哈得逊河公司诉美利坚合众国案"，即 *New York Central & Hudson River R. R. Co.* v. *United States*, 212 U. S. 481（1909），建构了法人刑事责任的理念。有学者认为，法人责任制违反了美国刑法的理论结构。因为刑事责任的前提在于，行为人的行为具有道德可责性。这就是为什么未成年人、无行为能力人、精神失常者一般被认为不应当承担刑事责任的原因。而公司作为"拟制的人"，显然无法具有责任能力。总之，法人与自然人不同，法人对其雇员的行为不应承担因果关系责任，更为重要的是，公司法人的行为不具有所谓的故意性。参见 Manuel Velasquez, "Debunking Corporate Moral Responsibility," *Bus. Ethics Q.* 13（2003）：521。但也有很多学者坚持刑法的道德属性，认为虽然在某种程度上，法人与自然人存在某些差别，但认定法人的道德责任却没有任何问题。具体观点可参见 John Hasnas, "The Century of a Mistake: One Hundred Year of Corporate Criminal," *Am. Crim. L. Rev.* 46（2009）：1329。在过去的数十年当中，美国刑法学界提出了四种法人罪责的模式，以替代对犯意原则造成严重冲击的代理责任模式。具体来说，这四种法人罪责模式包括：（1）预防型法人罪责模式（Proactive Corporate Fault, PCF），这种观点认为，当法人所采取的措施不足以防止犯罪行为发生时，公司法人的责任就产生了；（2）应对型法人责任模式（Reactive Corporate Fault, RCF），这种观点强调应当根据法人在违法犯罪行为发生后的应对机制来认定罪责，也就是说，如果发现了犯罪但未采取足够的阻止及矫正措施，就可认定公司法人存在罪过；（3）企业伦理模式（Corporate Ethos, CE），认为法人刑事 （转下页注）

罚道德否定评价属性的根据。相反，"羞辱刑"的再度兴起，也从一个别样的层面反证了美国刑法中刑罚，抑或是刑法的道德属性。[①]

二　羞辱刑

虽然表现方式不同，但可以将美国目前的所谓羞辱刑，分为如下 4 类："公开羞辱"（Stigmatizing Publicity）、"文字羞辱"（Literal Stigmatization）、"自我贬低"（Self-debasement）以及"主动忏悔"（Contrition）。"公开羞辱"最为直接，主要是将犯罪人的身份或者状态公布于众，如通过报纸或电视、广播节目将教唆卖淫的犯罪人的名字加以公告。"文字羞辱"是指通过特定文字形象引发人们对特定人的奚落或者嘲讽，如要求被告人穿着印有特定文字的 T 恤衫，或要求酒驾者在保险杠上粘上写有"我因酒驾被判刑"字样的不干胶贴。[②]"自我贬低"则包括判令遭前夫骚扰的妇女向骚扰者脸上吐痰等等。"主动忏悔"有两种形式，一种是要求行为人以第一人称公开自己的罪行，并且表示悔罪；另外一种形式具有仪式性，例如马里兰州要求青

（接上页注②）责任的要求就是认定其存在系统性鼓励代理人从事犯罪行为的公司文化传统；（4）企业经营政策模式（Corporate Policy, CP），认为基于组织性理论的发展，法人的行为不可能仅仅是个人行为的结果，而是将个人的决定融入了组织性文化与结构当中，而选择和决定通过企业经营政策来实现的，因此，可以从企业经营政策角度入手，认定其是否存在罪责心态。参见 William S. Laufer, "Corporate Bodies and Guilty Minds," *Emory L. J.* 43（1994）：648。毫不夸张地说，在美国，法人可以构成任何罪。从理论上说，法人犯罪甚至可以包括谋杀罪和强奸罪。参见〔德〕赫尔曼、〔苏〕阿苏勒《联邦德国和美国刑法中的若干问题》，周密、王世洲编译，《中外法学》1991 年第 1 期，第 74 页。例如，根据负责的公司官员原则，公司官员可以对所谓的公益犯罪或者行政犯罪承担刑事责任。参见 Cynthia H. Finn, "The Responsible Corporate Officer, Criminal Liability, and Mens Rea: Limitations on the RCO Doctrine," *Am. U. L. Rev.* 46（1997）：543。与此相对，德国刑法中一般不承认法人犯罪，进而催生建立在"行为人刑法"理念基础上的行为无价值理论。相关介绍，参见〔德〕乌尔斯·金德霍伊泽尔《刑法总论教科书》（第六版），蔡桂生译，北京大学出版社，2015，第二章。

① 也有学者对此持反对意见，认为虽然不能说道德理论对我们理解刑事责任的基础问题没有任何益处，但这种作用的内容和范围远不如其所宣称的那么大。对此，我们可以采取两种解决办法。第一，我们可以放弃统一的关于刑事责任的理论，代以更为零散的、特殊的、存在于我们法律系统当中的关于刑事责任的理论；第二，将行为作为组建新的理论体系的基础，认为刑事责任的基础并不在于选择或道德，而在于行为。在其看来，第二种选择更具可操作性。参见 R. A. Duff, "Virtue, Vice, and Criminal Liability: Do We Want an Aristotelian Criminal Law?" *Buff. Crim. L. R.* 6（2002）：147。

② *Goldschmitt v. State*, 490 S2d 123（Fla Dist Ct App 1986）。

少年犯罪人如果要获得自由，就必须在获得受害人同意的情况下，俯首叩地表示悔恨。[①]

很多人或许会感到奇怪，在美国，居然存在这样做的法官？然而，事实上，大量美国法官在日常司法审判中，普遍适用此类处遇措施，如要求犯罪人在自家住宅附近竖立警示性标识[②]、在犯罪地身着写有罪行的纸板长

---

① 参见 Dan M. Kahan, "What Do Alternative Sanctions Mean?" *U. Chi. L. Rev.* 63 (1996)：591。

② 参见"伊利诺伊州诉格林·梅耶案"（*People* v. *Meyer*），本案的判决书如下：

THE PEOPLE OF THE STATE OF ILLINOIS, Appellee

v.

GLENN W. MEYER, Appellant

Docket No. 80672

伊利诺伊州最高法院

176 Ill. 2d 372；680 N. E. 2d 315；1997 Ill. LEXIS 43；223 Ill. Dec. 582；65 A. L. R. 5th 695

1997 年 4 月 17 日最终裁定

麦克摩罗（Mcmorrow）法官代表全体法官发表意见，另外，米勒（Miller）法官、首席大法官黑佩（Heiple）、比尔兰蒂克（Bilandic）法官表示了部分附议、部分反对的意见。

判决

麦克摩罗法官的意见：

本案涉及的唯一问题是，根据《统一矫治法》（The Unified Code of Corrections）Section 5-6-3（b），法官是否有权判令被告人在其个人农场所有通道张贴"警告！这里住着暴力犯，贸然进入，后果自负！"字样的醒目告示，并将其作为判处被告人假释的前提条件。上诉法院维持原判。但伊利诺伊州最高法院推翻了这一判决，同时认为，一审判决超越了法官的应有权限，相关假释条件也不存在合理性。

背景

经审理，陪审团认定，被告人格林·梅耶（Glenn Meyer）殴打罪名成立。一审法院查明，1995 年 2 月 25 日，被害人盖里·梅森（Gary Mason）前往被告人的农场，退还之前购买的一些汽车零件。后来，梅森与被告人就产品质量问题发生了争执。在此期间，被告人用拳头击打被害人的鼻子和眼睛，导致被害人身受重伤。

在量刑听证会上，控辩双方针对被告人的加重情节与减轻情节各自提交证据。检方传唤了证人提姆·贝尔福德（Tim Belford），贝尔福德证明，1986 年 9 月自己代表银行，前往被告人的农场索要拖欠贷款，虽然被告人最终支付了欠款，却同时殴打了自己，并要求自己从农场中滚出去。但对这一殴打行为，审理该案的陪审团认定被告人殴打罪名不成立。除此之外，检方传唤的证人亨利·德埃尔（Harry Dyel）证明，1990 年自己前往被告人的农场处理其所提出的索赔申请，被告人认为自己处理拖沓、办事不力，并殴打了自己，导致躯干、上臂、脸部以及头部受到重创，经审理，被告人被判定殴打罪名成立。最后，梅森为自己所受伤害出庭作证。

另外，被告人也召来几名证人，就可能的减轻情节出庭作证。私人执业的社工建伍·福斯特（Kenwood Foster）作证，被告人自 1991 年秋季开始，就前往其处进行心理辅导与咨询。福斯特证明，曾有好几位医生确诊被告人罹患严重的忧郁症，（转下页注）

（接上页注②）据他所知，被告人长期服用抗抑郁药物来抑制病情。根据他的经验，被告人在面临特定的压力，如自己或者亲人受到威胁时，就会出现行为异常。同时，被告人可能还将某些行为误认为威胁，并引发应激反应。除此之外，被告人的3个朋友证明，被告人在其所居住的社区当中口碑甚好，乐于助人。

被告人36岁的妻子玛丽·梅耶（Mary Meyer）作证，被告人上有老母、下有幼儿，全部依靠被告人照顾。玛丽在当地中学供职，家里需要被告人来支撑农场经营，否则，一家人的生活将陷入极端困顿。同时，玛丽证明，被告人长期罹患精神抑郁，并且一直在寻求医疗救治。被告人提供了当地民众20多封请愿信，证明被告人在地方上口碑甚好。除此之外，被告人还提供了1989年以来被告人的数份精神状况评估报告，这些报告都认定，被告人患有严重的抑郁症。

在评估了所有证据之后，法院认定，从被告人的实际情况，诸如需要照顾农场及病重老母，被告人已经62岁，如果剥夺人身自由可能会对其造成负面影响等几个方面考虑，未判处被告人监禁，而是酌情判决被告人30个月假释。

法院将被告人的假释条件设定为：（1）支付9615.95美元的赔偿金；（2）支付7500美元罚金；（3）每月支付25美元假释管理费；（4）定期进行精神、心理评估与治疗；（5）1年监视居住；（6）假释期间在自己农场的进出口处放置内容为"暴力犯罪人"的警示牌。针对警示牌，法院的补充规定包括：被告人需要在1995年11月8日之前，在自己农场的所有入口处，竖立4英尺×8英尺（1英尺＝0.3048米。——编者注）的警示牌，警示牌的内容必须清晰可辨，内容为"警告！这里住着暴力犯，贸然进入，后果自负！"

被告人对一审判决提出了上诉，认为法院对其适用的假释条件违法。上诉法院根据《统一矫治法》Section 5-6-3（b）认定，一审要求被告人竖立的警示牌对假释来说具有合理性，因此维持原判。被告人依法（Supreme Court Rule 612, i. e., 134 Ill. 2d R. 612）提出上诉。

分析

本案争议的唯一问题在于，一审法院要求被告人在其住所四周竖立警示牌，并将其作为假释条件的做法是否合法。被告人认为，这一做法违反了《统一矫治法》的相关要求。该法在Section 5-6-3（b）当中列明，在16种法定情况下，法官可以适用假释，除此之外，法官还有权从被告人的教化或者犯罪的本质角度，依据自由裁量权，厘定合理的假释条件。被告人坚持认为，竖立警示牌的做法不符合伊利诺伊州假释或者刑罚的条件，并不具有合理性，这一假释条件属于违法设定的羞辱刑。

检方认为，尽管竖立此种警示牌具有羞辱被告人的可能，但法官适用这一措施的目的并非羞辱被告人。检方以及检方之友"全美权利与责任联盟"（The American Alliance for Rights and Responsibilities）认为，适用此类假释条件可以教化被告人，并且可以保护公众利益，因此具有正当性。

检方认为，这种警示可以防止可能的受害人激怒被告人，同时还可以减少访客的数量。而且，通过竖立警示牌的方式强化被告人的行为违法性，可以达成教化的目标。在检方看来，法院所适用的假释条件经过了仔细设计，符合法律的规定。

总体而言，法官在设计被告人的假释条件时，具有较大的自由裁量权。参见 *People v. Harris*, 238 Ill. App. 3d 575, 606 N. E. 2d 392, 179 Ill. Dec. 560（1992）。然而，尽管法官在设定假释条件时具有自由裁量权，但并非毫无限制。参见 *Harris*, 238 Ill. App. 3d p. 581。

（转下页注）

（接上页注）《统一矫治法》Section 5-6-3（b）当中所列明的 16 种假释条件，并不包括本案所涉及的竖立警示牌。而法官有权在合理的情况下设定新的假释条件。参见 *People v. Ferrell*，277 Ill. App. 3d 74，79，213 Ill. Dec. 646，659 N. E. 2d 992（1995）。在本案中，法院认定，即使法官适用的假释条件并非法定，只要其具有合理性，并且与犯罪的本质或者教化被告人之间具有合理联系，即具有合理性。参见 *People v. Hubble*，81 Ill. App. 3d 560，37 Ill. Dec. 189，401 N. E. 2d 1282（1980）；以及 *People v. Dunn*，43 Ill. App. 3d 94，1 Ill. Dec. 855，356 N. E. 2d 1137（1976）。因此，可以据此评价本案要求竖立警示牌，是符合法律规定的。

《统一矫治法》Section 1-1-2 规定：

本法的目的包括：

（a）保证刑罚与罪行相适应，同时应允许在这个过程中，考量行为人个体可教化程度的差别；

（b）震慑、预防犯罪；

（c）防止恣意定罪或者量刑；

（d）帮助行为人重归正常社会生活。

根据立法意图，法官一直承认，应通过教育犯罪人，而不是单纯地重罚犯罪人，实现假释目的。参见 *People v. Lowe*，153 Ill. 2d 195，180 Ill. Dec. 90，606 N. E. 2d 1167（1992）；*In re G. B.*，88 Ill. 2d 36，430 N. E. 2d 1096，58 Ill. Dec. 845（1981）；*People v. Molz*，415 Ill. 183，113 N. E. 2d 314（1953）。从保护公众利益的角度出发，定罪量刑也成为假释的目标之一。参见 *People v. Cozad*，158 Ill. App. 3d 664，110 Ill. Dec. 376，511 N. E. 2d 211（1987）。

但是本庭认为，竖立此种警示牌的做法，实际上不仅无法达成教育被告人的目的，而且会干扰教育被告人的目标，因此违反 Section 5-6-3（b）中列明的假释条件的观点是成立的。

田纳西州最高法院在"田纳西州诉波尔丁案"〔即 *State v. Burdin*，924 S. W. 2d 82（Tenn. 1996）〕中，也否定了类似羞辱性的标识处遇，认定其不具有合理性。在该案中，被告人被要求在自己的宅邸前竖立"警告！这里居住着一名已决的猥亵儿童犯，家长注意！"字样的警告牌。

田纳西州成文法与伊利诺伊州成文法类似，也规定了一种开放性的假释条件。允许法官在满足惩罚犯罪人，同时不会不当剥夺其自由、限制其民主权利的情况下，自行设定假释条件。

审理"波尔丁案"的法官认定：在缺乏规范性的立法研究，且理论思辨结果不确定的情况下，使用羞辱性假释条件的结果无法确定。在被告人住宅周围竖立这样的标识，显然会影响被告人以及对其负有监管职责的人的正常生活，虽然也存在产生正面效果的可能性，但在很多情况下可能是适得其反。

与此类似，在"伊利诺伊州诉约翰逊案"〔即 *People v. Johnson*，174 Ill. App. 3d 812，124 Ill. Dec. 252，528 N. E. 2d 1360（1988）〕中，伊利诺伊州的一个上诉法院也警告，适用效果不明的非常规假释手段可能造成不当后果。"约翰逊案"的被告人因为酒驾，被要求在该地报纸上刊登自己被监禁的照片以及自己的一份致歉信。上诉法院推翻了这一判决，认定其不具有正当性。特别值得一提的是，审理"约翰逊案"的法官认定，惩罚的目的当中不包括对行为人的侮辱或者嘲讽。相反，法院认定《统一矫治法》Section 5-6-3.1 的目的在于帮助罪犯教化自己，避免未来犯罪。"法院无法确定此种公开所能造成的精神或者心理后果。而其所可能产生的负面结果，显然与对被告人的教化目标相去甚远。"参见 *Johnson*，174 Ill. 3d p. 815。

（转下页注）

时间罚站①等等。更加令人感到困惑的是，在"伊利诺伊州诉格林·梅耶案"与"美利坚合众国诉肖恩·格曼特拉案"中，伊利诺伊州与加利福尼

（接上页注）我们支持"约翰逊案"的观点，根据包括："非常规的'戏剧性'假释条件将会弊大于利"。参见 *Johnson*，174 Ill. App. 3d p. 817。我们认定《统一矫治法》Section 5-6-3（b）并没有授权法院可以将竖立此种警示牌作为假释的条件。这种假释条件，因为公开宣告罪行，显然羞辱了被告人，从而违反了 Section 5-6-3（b）的规定。最后，这样的一种警示标志对居住在这一房屋内的其他无辜者也会造成不好的影响。

本案中，将竖立招牌的方式作为假释条件的做法超越了合法范围，因此，缺乏合理性，并且很有可能与教化被告人的目标背道而驰。基于上述原因，我们认为，一审法院的做法违反了法律规定，僭越法定职权。这一判决不具有合理性。因为这一不合理的假释条件已经适用于被告人，因此现要求马上终止适用这一假释条件。在此，本庭判定上诉法院的判决无法成立，应被推翻。一审判决中相关的部分同样无法成立。

米勒法官、黑佩法官、比尔兰蒂克法官部分附议、部分反对了上述判决。

反对意见

米勒法官的意见：

我同意多数派法官所提出的，要求被告人在住宅附近竖立警示标志并将其作为假释前提的做法无法成立的观点。但多数派法官不考虑对被告人其他刑罚的看法显然不妥。我认为应全案撤销原判，重新进行量刑听证。因为被本院所撤销的假释条件与假释期限相关，如果要否定假释条件，就应该让法官重新考察针对被告人所应适用的法定刑。

① 参见美国第九巡回上诉法院的"美利坚合众国诉肖恩·格曼特拉案"（*United States* v. *Shawn Gementera*）。本案的判决书如下：

UNITED STATES OF AMERICA，Plaintiff-Appellee，

v.

SHAWN GEMENTERA，Defendant-Appellant.

No. 03-10103

UNITED STATES COURT OF APPEALS FOR THE NINTH CIRCUIT

379 F. 3d 596；

2004 U. S. App. LEXIS 16349

2004 年 5 月 11 日本案于加利福尼亚州旧金山进行口头辩论，并提出相关司法文书。

判决结果：维持原判

巡回上诉法院法官奥·斯卡兰的意见：

本案所涉问题在于，法官要求被假释的邮件盗窃犯，手持上书"我偷了邮件，这是我的惩罚"的标语，在邮局门口站一天的假释条件是否合法。

I

2001 年，被告人肖恩·格曼特拉（Shawn Gementera）因为盗窃邮件被当场抓获，后其与检方达成诉辩交易，以换取较轻的罪名指控。被告人被指控违法盗窃邮件（18 U. S. C. § 1708）。被告人案发时年仅 24 岁，却已前科累累。其中包括寻衅滋事破坏财物等轻罪、两次无证假释、殴打他人、持有吸毒工具、在未经所有人同意的情况下偷开他人车辆等。

2003 年 2 月 25 日，美国加州北区联邦地区法院认定被告人罪名成立，根据《联邦量刑指南》，这一罪名的刑期为 2 至 8 个月监禁。被告人被判处 2 个月监禁，同时判处其 3 年监管条件下释放。同时还规定了具体的假释条件，包括 100 小时社区服务，以及之前所提到的羞辱性假释条件。

（转下页注）

（接上页注①）尽管在庭审的过程中，法院明确承认此种假释条件具有羞辱被告人的可能，但被告人并未质疑这一条件的合宪性，也未要求法院解释适用这一条件的目的。

后来，被告人提出申请，要求改变这一假释条件。经过协商，法官将假释条件修改为要求被告人在一天内身穿两面写有上述文字或者标语的宣传板，在法院所指定的邮局前面从事社区劳动。

II

被告人首先认为，要求其穿戴侮辱性标识的做法违反了《量刑改革法》（The Sentencing Reform Act），参见 18 U. S. C. § 3583 (d)。该法承认联邦地区法院有权设定任何其认为适当的假释条件，但这些条件必须满足合法目的，即 18 U. S. C. S. § 3553 (a) (1) (2)，(b)，(c)，(d) 所设定的目的。其次，不能在法定范围，即 § 3553 (a) (2)，(b)，(c)，(d) 之外剥夺罪犯的民主权利；最后，需要满足法定，即 28 U. S. C. S. § 994 (a) 的政策性要求。

必须从震慑、保护以及教化这 3 个目的，考察刑罚适用条件的合法性。参见 *United States v. Rearden*，349 F. 3d 608，618（9th Cir. 2003）；以及 *United States v. T. M.*，330 F. 3d 1235，1240（9th Cir. 2003）。尽管"假释"与"监管条件下的释放"存在区别〔参见 18 U. S. C. § 3583（规定有条件释放）以及 18 U. S. C. § 3563（规定假释条件）〕，但两者实质相通，在很多情况下，对入监服刑者的释放条件会参考假释的条件。参见 *United States v. Hurt*，345 F. 3d 1033，1035（9th Cir. 2003）；*United States v. Pinjuv*，218 F. 3d 1125，1131（9th Cir. 2000）；*United States v. Bee*，162 F. 3d 1232，1234–1235（9th Cir. 1998）。尤其是当考察假释的条件可以用来作为满足教化以及公共安全的双重目标的情况下。参见 *United States v. Consuelo-Gonzalez*，521 F. 3d 259，265（9th Cir. 1975）。

联邦地区法院在使用上述条件方面具有极大的自由裁量权。当然，这一自由裁量权也需要受到一定的限制，即必须可以满足特定的合法目的。首先，刑罚适用的目标是否合法；其次，刑罚适用条件与这些目标之间是否具有合理联系。参见 *United States v. Terrigno*，838 F. 2d 371，374（9th Cir. 1988）。

A

被告人提出，法官判定其所需要承担刑罚的目的，即羞辱本身不符合法律规定。参见 18 U. S. C. § 3553 (a)。因为审理本案的法官就曾经在庭审过程中指出，被告人需要认识到，自己的行为为社会所否定，而这也正是其该当羞辱的原因所在。无疑，在邮局前面，在众人的注视下，背负特定内容的牌子，是一种侮辱。

但在联邦巡回上诉法院看来，这一点无法成立，因为联邦地区法院在审理的过程中承认，刑罚本身就具有或者就应该具有羞辱性。但羞辱本身不是重点。因此，似乎可以认为，联邦地区法院的目的是通过这样做教育被告人，并且保障公众的利益。针对盗窃邮件这样的一种犯罪，法院希望通过使用这样一种条件警告被告人，这不属于一种没有受害人的犯罪。因此，尽管被告人站在邮局门前的时候一定会感觉到耻辱，但这样做可以让其切实地感觉到自己行为的错误性。这要比长时间监禁更具有报应效果。并且对其他可能从事这一犯罪的人来说，也具有某种震慑的效果。因此，从总体上来看，羞辱的做法可以满足报应、震慑以及防卫等合法目标。

B

被告人还认为，即使目标合法，判决与教育被告人的目标之间也不具有合理联系。参见 *Consuelo-Gonzalez*，521 F. 2d p. 262（即使一审法官在设定刑期以及假释条件时有非常大的自由裁量权，但其对刑期以及自由裁量权的考量，也必须与立法目的之间存在合理联系）。

（转下页注）

（接上页注）在评价假释以及监管情况下的释放条件时，必须强调合理性联系标准十分灵活，这种灵活性是必需的，原因在于不存在具有确定性的教育手段。即便如此，美国司法实践还是承认，公开道歉等可以满足教化犯罪人的目标。参见 Gollaher v. United States，419 F. 3d 520，530（9th Cir. 1969）（一个公认的准则是，行为人改过自新的第一步就是认识到自身的过错）。

在之前的判例中，两名谎报病假的警官被要求在当地报纸以及警方通讯上刊登详尽的致歉信，这两名警官认为这样做违反了宪法第一修正案。但法院认为这一条件符合教化等刑罚目的。

格曼特拉认为，羞辱刑不具有教化的属性，往往会导致行为人退而转入亚文化社会，或者遭受心理伤害。

犯罪，以及其所伴随的刑罚，几乎一定会导致耻辱及尴尬。参见 United States v. Koon，34 F. 3d 1416，1454（9th Cir. 1994）（事实上所有被判决重罪成立的行为人都遭受到身体上的凌辱与污名，并因此被其所在的社会所排斥）。实际上，单纯的判决本身，就具有污名的意味。因此，如果特定的刑罚具有污名属性，不能当然地作为反对其存在的根据。相反，这样的一种感觉实际上代表着行为人对自己错误行为的认知。

尽管地区法院所使用的此种羞辱刑本身较为残酷，且容易导致社会歧视以及污名化的危险，但如果转而选择让罪犯去学校演讲，很可能导致其产生自己臭名远扬的误解。整体上，羞辱刑意味着社会群体对特定的行为人表达否定评价之后，又开始对其表示接纳的意味。

III

格曼特拉还认为一审判决违反了宪法第一、第五、第八以及第十四修正案。

就宪法第八修正案而言，国家行使刑罚权，必须符合文明社会的基本要求。参见 Trop v. Dulles，356 U. S. 86，100，2 L. Ed. 2d 630，78 S. Ct. 590（1958）。

只有在《权利法案》出台时，就被认定为残忍且不寻常的刑罚，才可以被认定为违反宪法第八修正案。参见 Ford v. Wainwright，477 U. S. 399，405，91 L. Ed. 2d 335，106 S. Ct. 2595（1986）。在殖民时代，更为严苛的羞辱刑十分普遍。参见 Smith v. Doe，538 U. S. 84，97-98，155 L. Ed. 2d 164，123 S. Ct. 1140（2003）。

截至目前，还没有任何判例认定羞辱刑违反宪法第八修正案。

格曼特拉指出在"威廉诉佐治亚州案"〔Williams v. State，234 Ga. App. 37，505 S. E. 2d 816（Ga. App. 1998）〕中，一名教唆鸡奸的罪犯被要求在 10 天内，每天晚 7 点到晚 11 点，在其实施教唆犯罪的街道，举着一个牌子，牌子的内容为，"这里是犯罪多发地点"。当然，采取这一措施之前需要通知警方，并由警方负责提供相关保护。但终审法院认为，虽然原审法官的创制非常具有新意，但这一假释条件却将该罪犯置于危险的境地，从而违反宪法。

反对意见

霍金斯（Hawkins）法官的意见：

在"加利福尼亚州诉海克勒案"〔People v. Hackler，13 Cal. App. 4th 1049，16 Cal. Rptr. 2d 681，686-687（Cal. Ct. App. 1993）〕中，法官要求盗窃两打啤酒的行为人在出门时，身着一件写有如下内容的 T 恤衫，前面为"我的犯罪记录加上两打啤酒等于 4 年徒刑"，后面为"我因为盗窃而犯下重罪，并正在假释期"。加州的量刑体系与《联邦量刑指南》体系类似：要求适用合理的假释条件，从而帮助改造罪犯，以及保护公共安全。但在本案中，法院推翻了这一假释条件。法院认为，相关假释条件与被告人（转下页注）

亚州对类似处遇措施的态度，截然相反。的确，从直觉上来看，羞辱刑似乎是残忍的，而废除刑罚的公开执行，也一直被认为是刑罚理论的重大进步之一。但是就目前美国法院所适用的羞辱刑而言，尽管对此也存在种种顾虑情绪，但美国法学界却认为，不应对羞辱刑采取全然否定态度。就连

（接上页注）的犯罪之间并无必然联系，这就表明适用上述假释条件的用意在于公开羞辱被告人，而非为了帮助其改邪归正。

与"海克勒案"类似，本案所涉及的假释方式也并不是为了教化格曼特拉，而是对其加以羞辱。这一做法显然违反了《量刑改革法》。参见 Springer v. United States，148 F. 2d 411，415–416（9th Cir. 1945）（要求将行为人无偿献血作为假释条件）。

"贝林格诉佐治亚州案"〔Ballenger v. State，210 Ga. App. 627，436 S. E. 2d 793（Ga. Ct. App. 1993）〕认定，法官要求酒驾的罪犯佩戴具有反光装置的腕环，并将其作为假释条件的判决合法。在我看来，本案中持反对意见法官的看法显得更为具有说服力。在本案中，布莱克伯恩（Blackburn）法官认为，相关假释条件无疑就是为了羞辱行为人。而这显然无法与教化的目标兼容。

与"海克勒案"以及"贝林格案"类似，本案的假释条件也只是为了羞辱格曼特拉，而不是为了教育或者防止其今后实施犯罪。一审法院的做法，就是让其在每日人来人往的邮局前，作为盗窃邮件的罪犯遭受侮辱。后来，格曼特拉提出申请，要求取消这一条件。他认为，这样的一种羞辱刑不具有作为假释条件的合法性。一审法院是在得知被告人上述主张之后才改变了对羞辱刑的定性，认为其不仅仅用来羞辱犯罪人，同时还可以实现震慑以及教化犯罪人的目标。

尽管多数派法官最初似乎接受了联邦地区法院的认定，但后来也承认，这一做法与羞辱刑无异，具有残忍性，容易导致罪犯遭到社会排斥以及污名化的可能，但同时，多数派法官又承认，这一做法可以实现更大的社会利益，从而应该支持。换句话说，多数派法官认为，一审法官的目的不仅仅是羞辱对方，更可以实现多元价值与目标。但《量刑改革法》以及相关判例无法证明，应对监管条件下的释放，即假释做整体理解，而非个案理解。或者认为，与其他刑罚目标共存伴生的情况下，羞辱刑就丧失了其本来具有的耻辱属性。参见 United States v. Eyler，67 F. 3d 1386，1393–1394（9th Cir. 1995）（法官在量刑方面行使的任何自由裁量，都必须与《量刑改革法》当中列明的相关目标相一致。从这个角度来看，似乎即使某种刑罚本身违法，但可以通过与其他具有正当性刑罚适用的结合而获得正当性）。因为缺乏相关判例的佐证，这样的一种观点无疑是颇具"创新性"的。对主要目标就是羞辱被告人的刑罚，不应加以支持。

我认为，本案涉及的做法违反了《量刑改革法》，从而应该推翻这一判决。另外，这样做也显然不符合刑事政策的应然发展方向。民主社会应该在其有权行为的范围与其实际从事的行为之间保持距离。但本案中涉及的做法显然与此不符。多数派法官对此的支持态度，使我们回想起殖民地时期的野蛮刑罚方式。如果这样做的话，很容易在现行刑法体系当中植入对他人权利不加尊重的因子。参见 Ballenger，436 S. E. 2d p. 796（Blackburn，J. Dissenting）。

我认为应该推翻一审判决，全案发回重审，同时告知一审法院，羞辱刑在美国刑事司法体系当中没有立足之地。

《纽约时报》等美国的主流媒体也认为在特定情况下，羞辱刑值得一试。[①]这种争议恰恰反映出羞辱刑本身所具有的高度复杂性与争议性。

（一）羞辱刑的定义与属性[②]

在刑法中，对所谓"耻辱"的理解，是从主观与客观两个视角切入的。

持主观说的学者认为，"耻辱是一种包括尴尬、凌辱以及其他类似心理感受的过程"。[③] 从这个意义上，耻辱是一种导致自己在他人眼中出现负面评价的感受，例如被排斥、无价值等。[④]

持客观说的学者则认为，羞辱刑建立在人与社会以及文明的密切联系基础上。在人类社会早期，社会（或社群）与生命是同义词。当时，最重

---

① 参见 James Q. Whitman, "What Is Wrong with Inflicting Shame Sanctions?" *Yale L. J.* 107 (1998): 1055。

② 参见 Michael S. Moore, "A Natural Law Theory of Interpretation," *S. Cal. L. Rev.* 58 (1985): 279。

③ 参见 Raffaele Rodogno, "Shame and Guilt in Restorative Justice," *Psych. Pub. Pol. and L.* 14 (2008): 142。

④ 20 世纪 90 年代，很多学者开始试图区分"罪过"（Guilt）与"耻辱"（Shame）。有观点认为两者的共同点包括：都属于一种道德判断；都涉及自知与自我意识意义上的情感体验；都涉及负面体验的情感；都包含内在的归责；都发生在人类社会当中；等等。而两者的不同点在于：一般情况下行为人对自身感到耻辱，而对自己从事的行为感到罪过；耻辱是他人眼中的一种真实或者虚拟的感受，而罪过则是行为人的一种内心感受；耻辱通常是非理性的，而罪过则通常情况下是一种理性的自觉。其具体区分可以参见表 2。

表 2 "耻辱"与"罪过"之间的区别

项目	羞耻	罪过
评价标准	主观/普适	客观/相对
压力程度	痛苦程度较高	痛苦程度较低
现象学	自贬/无价值感/无力感/渺小感	紧张/悔恨/歉疚
自我运转	观察者与被观察者之间的分离	观察者与被观察者之间的统一
对自我的影响	对自身价值产生了负面影响	不会对自身价值产生影响
其他人的关注	会关注他人对自身的评价	考察他人的行为
行为倾向	躲避/逃避/退缩	坦白/抱歉/修复

资料来源：转引自 Raffaele Rodogno, "Shame and Guilt in Restorative Justice," *Psych. Pub. Pol. and L.* 14 (2008): 142。

的刑罚之一就是将犯罪人从社会中驱逐出去，这无疑等同于剥夺生命。① 在这个意义上，所谓羞辱刑的客观目的，无外乎让社会成员公开自觉地关注行为人的"恶"的言行，并以此作为惩罚行为人相关言行的根据。② 换句话说，羞辱刑所体现的，是社会集体对行为人的一种道德否定，也就是说，国家作为社会的代表，向作为有机体的社会群体表达对特定行为人的道德否定。③

应该承认，主观说与客观说的侧重点不同，很难在剥离对方的情况下单独存在。④ 但同时，必须强调羞辱刑的客观属性。决定羞辱刑客观属性的根据在于羞辱刑的特定文化语境。⑤ 在特定文化语境当中，羞辱刑的客观属性表现为其所独具的所谓"表达机制"（Expressive Mechanism）。⑥ 换句话说，与法相关的，并不仅仅是具体法益的得失，通过法律行为，还可以表达出某种意境。这一点在刑法方面体现得尤为明显。⑦ 刑罚所表达的是社会不允许或者禁止某种行为。这并不仅仅简单地通过对行为人造成痛

---

① 参见 Aaron S. Book, "Shame on You: An Analysis of Modern Shame Punishment as an Alternative to Incarceration," *Wm. & Mary L. Rev.* 40 (1999): 653。

② 参见 Stephen P. Garvey, "Can Shaming Punishments Educate?" *U. Chi. L. Rev.* 65 (1998): 733。

③ 参见 Donna DiGiovanni, "The Bumper Sticker: The Innovation That Failed," *New Eng. L. Rev.* 22 (1988): 643。

④ 在刑事审判过程中，一般并不要求行为人真心对其行为感到悔过，仅仅需要陪审团对其做出有罪判决，并不会考虑行为人的主观感受。但是在量刑的过程中，行为人的情感或者心理态度又会发挥作用。也就是说，会考察行为人是否会对自己的行为感到悔恨。这意味着，虽然刑法当中存在过错或者可责性之类的表述，但并没有实际上要求行为人真的认罪。对执法人员或者司法人员而言，其从事的仅仅是一份工作，这就好像我们在观看一出哈姆雷特的戏剧那样，我们都知道哈姆雷特内心的矛盾感受，但是我们不知道是否特定扮演哈姆雷特的演员会真的感同身受。参见 George P. Fletcher, "Punishment, Guilt, and Shame in Biblical Thought," *ND J. L. Ethics & Pub. Pol'y* 18 (2004): 343。

⑤ 羞辱是一种文化概念，或者与耻辱制裁有效性相关的人类学概念。因为从社会接触或者人类学角度，羞辱刑需要建立在类似的道德或者价值判断基础上，换句话说，羞辱刑是一个文化意义上的概念，其对特定文化背景的依赖是不可避免的。参见 Toni M. Massaro, "Shame, Culture, and American Criminal Law," *Mich. L. Rev.* 89 (1991): 1880。

⑥ 参见 James Q. Whitman, "What Is Wrong with Inflicting Shame Sanctions?" *Yale L. J.* 107 (1998): 1055。

⑦ 从某种程度上而言，刑罚是一种语言。而刑罚所具有的这种公开的谴责属性，也被视为刑法与其他部门法的区别之一。参见 Henry M. Hart, "The Aims of the Criminal Law," *L. & Contemp Probs.* 23 (1958): 401。

苦来禁止特定行为的发生，而是借此表达出社会的一种谴责：社会希望通过惩罚此类犯罪，明确地表达对该行为的否定态度。[①]

羞辱刑所具有的上述"表达机制"在现实当中的作用过程为："第一，羞辱是对行为人言行信息的一种披露；第二，相关信息的披露表达出对这种言行的一种道德反感；第三，披露信息的方式必须被羞辱刑的适用对象所知，换句话说，秘密八卦某人的丑事，算不上对其的一种羞辱；第四，目睹此类羞辱刑的人必须相信，被羞辱的行为或者观点是错误的"。[②] 有学者还在此基础上对羞辱刑的表达机制加以丰富，以白领犯罪为例，提出了著名的"信号理论"。[③] 其主要兴趣不在于对罪犯的羞辱效果——当然也不会绝对将它排除在效果接受范围之外——而在于公众，因为公众借助适当的具有刑罚性质的羞辱获得了再保险，并且相信，即使有人违反了规范，规范仍然是有效的。[④]

对此，也存在一定的反对意见。一方面，持反对意见的学者认为，羞辱刑的表达机制缺乏深层次的哲学反思与验证；[⑤] 另一方面，羞辱刑的表

---

① 参见 Chad Flanders, "Shame and the Meanings of Punishment," *Clev. St. L. Rev.* 54（2006）：609。

② 参见 Eric A. Posner, Symbols, "Signals, and Social Norms in Politics and the Law," *J. Legal Stud.* 27（1998）：765。也有学者认为，羞辱刑的作用过程就是国家、犯罪人和社会公众之间关于刑罚意义上的共通的符号传播互动过程，是国家对社会的法律和舆论的富有效率的双重控制，具有隔离、规范的确认和名誉恢复的功能。从身体刑到犯罪信息的公开披露是古代羞辱刑的现代流变形式。参见李立景《诉诸舆论的司法：耻辱刑的现代流变及启示》，《南京师大学报》（社会科学版）2006 年第 5 期，第 11 页。

③ 针对白领犯罪，适用羞辱刑非常契合信号理论的相关原理。如果对白领犯罪的惩罚能够足够公开，并且引发公众的反感，那么人们就会拒绝和其进行交易，拒绝与其交流。其逻辑性在于：（1）行为人如被标识为品性恶劣，则会被认定为不可靠且不值得合作；（2）即使因为此类行为人具有某种特长，与其进行交易有利可图，很多人仍会敬而远之，从而彰显自己的良好品性，而这，对品性恶劣的行为人名誉损害太大，在这个过程中，国家方面所需要支付的代价要远远低于监禁等刑罚。参见 Eric Rasmusen, "Stigma and Self-fulfilling Expectations of Criminality," *J. Law & Econ.* 39（1996）：519。

④ 〔美〕马库斯·德克·达博：《积极的一般预防与法益理论——一个美国人眼里的德国刑法学的两个重要成就》，杨萌译，徐久生校，载陈兴良主编《刑事法评论》第 21 卷，北京大学出版社，2007，第 444 页。

⑤ 诸如黑格尔等人的著作对此往往语焉不详，而是用所谓"否定""集体理性"等代之。参见 Samuel H. Pillsbury, "Evil and the Law of Murder," *UC Davis L. Rev.* 24（1990）：437。

达机制与传统的刑罚根据存在矛盾。[①] 虽然无法否认上述反对意见的有力性，但从实然角度来看，羞辱刑的存在仍然具有其自身的正当性。

美国刑事司法中羞辱刑的必要性根据在于传统刑罚方式，即监禁刑的实际没落。[②] 虽然美国司法实践中存在监禁刑的多种替代解决方案[③]，但羞辱刑因为其本身具有成本低[④]、刑罚适用效果明显、与假释的密接程度高

---

① 很多人认为，通过刑罚否定犯罪的观点缺乏内在的连贯性。如果所谓刑罚的公开性是其核心属性，那么为什么不单纯对犯罪进行公开的口头谴责？如果主张刑罚具有报应属性或者震慑属性，那么可以直接或者间接地涵盖犯罪公开性所包括的道德否定评价。主张犯罪公开性需要面对的另外一个挑战，在于意志自由理论的悖论。以震慑说为例，该当惩罚的是行为人的自由意志与自由选择，而所谓刑罚的公开性，则与行为的结果或者行为人的选择没有关系。哈特曾经提出，刑罚公开性说属于一种过时的陈腐学说，并将这种强调刑罚道德属性的观点视为一种类似于宗教牺牲的观点。参见 H. L. A. Hart，"Social Solidarity and the Enforcement of Morality," *U. Chi. L. Rev.* 35（1967）：1。

② 导致美国监禁刑失势的根本原因主要在于两点。首先，监禁成本高企。20 世纪 90 年代，美国被监禁的罪犯人数超过 200 万，并且有逐年递增的趋势。虽然美国人口仅占世界人口的 5%，但被监禁人却占到世界被监禁人数的 25%。除了监禁人员数量的增加，监禁期限的延长也导致了诸如健康维持等费用的增加。罪犯享有免费医疗的宪法权利。随着被监禁者年龄的增加，监禁成本会急剧攀升。例如在亚利桑那，过去 10 年监狱的健康成本支出增加了 78%。这也折射出一个具有全局性的问题。参见 Dan M. Kahan，"What Do Alternative Sanctions Mean?" *U. Chi. L. Rev.* 63（1996）：591。其次，很多人认为，包括环境、经济、生物、心理以及其他内在或者外在的因素都会影响一个人的行为方式。因此从实质来说，单纯的监禁很难达到真正改造犯罪人的效果。正是这些外在因素对行为人的影响，才导致对行为人未来危险性的改造变得非常困难。参见 Robert Blecker，"Heaven or Hell? Inside Lorton Central Prison：Experiences of Punishment Justified," *Stan. L. Rev.* 42（1990）：1149。

③ 较为典型的监禁刑替代措施除羞辱刑之外，还包括具有实验性的替代措施，如"暂不执行制度"（Furlough Programs）、"社区服务制度"（Community Service Sentences）、"监视居住制度"（Home Surveillance Systems）、"休克式假释制度"（Shock Probation）、"强制慈善捐款"（Forced Charitable Contributions）、"化疗"（Chemical Therapy）、"强制绝育"（Forced Birth Control）以及"强制阉割"（Court-Ordered Castration）等。参见 Toni M. Massaro，"Shame，Culture，and American Criminal Law," *Mich. L. Rev.* 89（1991）：1880。

④ 一种反对意见认为，羞辱刑的成本被低估了。虽然表面上看，政府在适用羞辱刑时，需要付出的成本较低，但是羞辱刑的成本还包括隐形成本，如社会民众关注这种羞辱刑而浪费的本来可以用来生产的时间，换句话说，无法一概地评价羞辱刑与监禁刑的成本。参见 Matthew D. Adler，"Expressive Theories of Law：A Skeptical Overview," *U. Pa. L. Rev.* 148（2000）：1363。还有人认为，因为对成本和收益的界定存在不同的解读，因此对羞辱刑的成本收益分析并不成立。参见 Sandeep Gopalan，"Shame Sanctions and Excessive CEO Pay," *Del. J. Corp. L.* 32（2007）：757。

等优势，成为近一时期美国刑罚改革的突破点之一。[①] 更为重要的是，相较于其他替代刑，羞辱刑本身所具有的鲜明道德属性，使其具有继续存在的核心价值。[②]

（二）羞辱刑的成立条件与适用类型

在讨论美国现行刑法中的羞辱刑时，必须首先明确其与传统实体"羞辱刑"之间是否存在区别。[③] 具体而言，美国现行刑事司法实践当中的羞

[①] 例如，美国羞辱刑研究权威卡汉教授（Dan M. Kahan）认为，和监禁刑相比，羞辱刑在表达社会否定评价方面更为有力。损害行为人声誉，可以达到刑法震慑与报应的双重目标。在这个意义上，羞辱刑的执行可以由整个社会共同完成，政府则无须对此花费任何成本。在行为人有充足经济资源的情况下，羞辱刑与其他相对较弱的法律制裁，如罚金等合并使用，效果往往非常好。一般而言，对大多数没有直接实施危害社会行为，且本身不具有实际危险性的罪犯，一般民主社会需要的，仅仅是宣泄某种情绪，达成某种公平正义的印象，而不是将这些被告人关进监狱，或者看到这些所谓"病人"（社会处遇学派的观点认为犯罪人都是病人，因此不需要对其判处包括监禁在内的刑罚）支付罚金。参见 Dan M. Kahan, "What Do Alternative Sanctions Mean?" *U. Chi. L. Rev.* 63 (1996)：591。

[②] 有学者认为，刑罚的本质不仅仅是一种让行为人遭受痛苦的方式，而且代表了一种特定的社会道德评价。换句话说，并不是所有的痛苦都会伴随某种社会价值或者道德判断，当涉及剥夺人身自由的时候，这种道德谴责的意味显然十分明显，但当涉及罚金的时候，道德谴责的意味就变得逐渐消逝。换句话说，只要你有钱，就可以花钱来购买实施特定行为的权利。与此类似，社区服务等惩罚措施是否具有道德否定评价意味也颇为模糊。恰恰是这样的一种道德意味的模糊，导致对很多人来说，替代刑在政治上是不正确的。参见 John R. Lott, Jr., "Should the Wealthy Be Able to 'Buy Justice'?" *J. Pol Econ* 95 (1987)：1307。

[③] 有学者总结，北美殖民地时期所适用的羞辱刑包括"公开劝诫"（Public Admonishments）、"认罪"（Confessions）、"挂牌示众"（Sign Wearing）、"刺字"（Branding）、"断肢"（Maiming）等。除此之外，当时所适用的肉刑也往往公开执行。参见 Courtney Guyton Persons, "Sex in the Sunlight: The Effectiveness, Efficiency, Constitutionality, and Advisability of Publishing Names and Pictures of Prostitutes' Patrons," *Vand. L. Rev.* 49 (1996)：1525。到了 18 世纪后期，马萨诸塞法院超过 1/3 的判决都涉及公开适用的羞辱刑。参见 Linda Kealey, "Patterns of Punishment: Massachusetts in the Eighteenth Century," *Am. J. Legal Hist.* 30 (1986)：163。这一阶段羞辱刑的形式，包括责令被告人穿着侮辱性字样的衣衫、佩戴颈手枷（即通过木枷将行为人的头及手束缚起来的做法），以及其他公开道歉或者忏悔的方式。参见 Scott E. Sanders, "Scarlet Letters, Bilboes and Cable TV: Are Shame Punishments Cruel and Outdated or Are They a Viable Option for American Jurisprudence?" *Washburn L. J.* 37 (1998)：359。

辱刑是否具有独自适用的可能①，还是仅仅作为刑罚执行条件，或者刑罚执行条件的条件而存在。②

这一区分十分必要，也十分重要。一方面，如在联邦层级 1984 年《量刑改革法》（The Sentencing Reform Act，简称 SRA）是羞辱刑存在及适用的主要法源（Authority）。③ 从这一法律的条文来看，似乎只能将羞辱刑视为"监视条件下的释放条件"的一类，换句话说，羞辱刑本身似乎并不属于一种单独存在的刑罚方式。也恰恰因为此种理解，美国很多司法区在判例中认为，将羞辱刑作为假释条件的做法构成了刑罚权的滥用，从而将其加以排除。④ 然而，禁止以羞辱为假释条件的做法，显然使得各州丧失

---

① 在某些情况下，法官会针对某些轻罪单独适用羞辱刑，或者对重罪并科羞辱刑。例如，某法官判令小偷小摸的犯罪人，在其所实施盗窃的商店之外站立 7 天，每天 8 小时，同时还需要在身上挂着写有"我从这家商店偷了东西，不要重蹈覆辙，否则下一个站在这里的就是你！"的醒目宣传板示众。参见 Michelle Pia Jerusalem，"A Framework for Post-Sentence Sex Offender Legislation：Perspectives on Prevention，Registration，and the Public's 'Right' to Know，" *Vand. L. Rev.* 48（1995）：219。

② 目前美国大部分羞辱刑是作为假释或者监视居住适用条件存在的。在这个意义上，如果将假释理解为刑罚的一种，则羞辱刑属于刑罚适用的条件。如果将假释或者监视居住理解为刑罚适用的条件，则羞辱刑就应该被视为刑罚适用条件的适用条件。

③ 18 U. S. C. §§ 3551–3566，3671–3673（2000）；28 U. S. C. §§ 991–998（2000）. 本法的设定目的在于解决相同情况下，不同联邦法官对具有类似情况的犯罪人处刑差别极大的问题。本法主要规制监禁、假释以及监视条件下的释放条件这几个大问题，要求只能对被判处监禁的行为人适用监视居住，通常情况下只能对被判处 1 年以上监禁的行为人适用监视居住。除此之外，法官得根据自由裁量权，对处刑较轻的行为人适用监视居住。对监视居住，存在所谓法定条件与酌定条件。18 U. S. C. §§ 3583（d）规定：法院可以在满足下列条件的情况下，为监视居住设定额外的条件：
（1）与 Section 3553（a）（1）、（a）（2）（b）、（a）（2）（c）以及（a）（2）（d）所设定的条件存在合理联系；
（2）其对民主权利的剥夺不得多于 Section 3553（a）（2）（b）、（a）（2）（c）以及（a）（2）（d）当中所剥夺的程度；
（3）必须符合量刑委员会根据 28 U. S. C. §§ 994（a）所设定的相关政策考量。
参见 Dan Markel，"Wrong Turns on the Road to Alternative Sanctions：Reflections on the Future of Shaming Punishments and Restorative Justice，" *Tex. L. Rev.* 85（2007）：1385。

④ 据不完全统计，目前加利福尼亚州、佛罗里达州、佐治亚州、伊利诺伊州、纽约州以及田纳西州对作为假释条件的羞辱刑是否具有合法性做出了判断，只有很少几个州认定其具有合法性。除此之外，俄勒冈州上诉法院认定，这一问题不属于自身的管辖范围。参见 Phaedra Athena O'Hara Kelly，"The Ideology of Shame：An Analysis of First Amendment and Eighth Amendment Challenges to Scarlet Letter Probation Conditions，" *N. C. L. Rev.* 77（1999）：783。

了对那些不该服刑但又不仅仅应该假释的行为人的惩罚手段。对此，最为简单的解决办法，就是将羞辱刑视为刑罚的一种，而并不是假释的条件。① 通过这种做法，可以将焦点从羞辱刑作为假释条件是否具有合法性，转移到这种制裁的道德及社会谴责的正当性上来。②

从理论层面分析，羞辱刑的成立必须满足如下几个条件③。第一，被判处羞辱刑的行为人必须属于某个可以被识别的特定组别，如宗教或者道德群体。④ 第二，羞辱刑的形式与程度必须足以贬低受刑人在这一社会结构当中的地位。第三，受刑人所在社会的成员可以理解羞辱刑的适用目的，并且因此排斥受刑人。第四，受刑人必须由衷地担心遭到其他社会成员的排斥。第五，除极刑外，必须存在某种让受刑人重归社会的方式。⑤

简而言之，如果说刑罚是社会公众所表达的，对特定行为进行道德谴责的仪式的话，那么羞辱刑就是这个仪式中最具核心特质的高潮部分。如果承认羞辱刑属于实体刑种类这一理论前提，那么就可以将其作为实体刑

---

① 例如，审理"美利坚合众国诉肖恩·格曼特拉案"的多数派法官就认为，该案涉及的羞辱刑是"一揽子"刑罚处遇的一部分，因此符合美国刑法理念，能够实现刑罚设定的目标。2004 年，联邦第九巡回上诉法院维持了原判，认为监视居住的本质与其他所有刑罚一样，都会令被告人产生某种程度的耻辱感。参见 Toni M. Massaro，"Shame, Culture, and American Criminal Law，" *Mich. L. Rev.* 89 (1991)：1880。

② 参见 Stephen P. Garvey，"Can Shaming Punishments Educate?" *U. Chi. L. Rev.* 65 (1998)：733。

③ 参见 John Hagemann，"Is There a Place for Shame? Hiding from Humanity：Disgust, Shame, and the Law by Martha C. Nussbaum，" *S. D. L. Rev.* 50 (2005)：494。

④ 强调行为人与特定群体之间关系的相对确定性与可识别性，其根据即在于，羞辱刑所具有的客观以及主观属性，都要求其适用对象与其所处环境之间具有相对稳定性。事实上，导致美国羞辱刑一度销声匿迹的原因，亦在于随着工业化进程的扩展，美国传统稳定社会结构崩解，特别是人员流动性增强。有学者调查，从 1790 年到 1830 年，美国人口急剧膨胀，以宾夕法尼亚地区为例，其人口数量从 1750 年的 12 万人增加至 1790 年的 43 万人。除此之外，这一时期人员流动性也急剧增加。这两种原因导致殖民地成员之间的紧密联系被打破。参见 Aaron S. Book，"Shame on You：An Analysis of Modern Shame Punishment as an Alternative to Incarceration，" *Wm. & Mary L. Rev.* 40 (1999)：653。

⑤ 参见 Toni M. Massaro，"Shame, Culture, and American Criminal Law，" *Mich. L. Rev.* 89 (1991)：1880。

罚谱系的一个末端加以认定。[①]

从美国的司法实践来看，羞辱刑的具体表现形式颇多，但限于其所标榜的民主体制与法治思想，故并非毫无限制，在整体上可以大致划分为"被动的信息披露"[②] 与"主动的表达悔罪"[③] 两大类。

（三）民主语境下羞辱刑的存在根据

很多学者认为，羞辱刑侵犯了人的尊严，违反了民主社会的基本价值。[④] 但另一方面，连这些学者也必须承认，刑罚本身必然具有辱没犯罪人的属性。因此，一方面惩罚犯罪人，另一方面又保留其尊严的命题即使不是伪命题，也仅仅是一种程度上的渲染。也就是说，如果某种刑罚方式因为侵犯个人尊严而丧失正当性，也只能是因为其突破了民主社会对刑罚适用剥夺尊严所能够容忍的底线而已。

在这个意义上，民主社会中羞辱刑的存在与适用是否具有正当性，在很大程度上与传统的刑罚根据无涉，而是与民意的接受程度有关。

---

① 当代刑罚大致分为五种，如剥夺生命（死刑）、剥夺自由（监禁）、剥夺身体安全与完整（肉刑）、剥夺财产（罚金）以及剥夺尊严（羞辱刑）。显然，这样区分多少存在重合。例如，将罪犯投入监狱的做法显然会对其名誉造成羞辱。但是某些刑罚包含的羞辱成分要高于其他目的。砍掉某些人的肢体或者器官的肉刑，目的也是羞辱。很多情况下，不涉及肉体伤害的纯粹羞辱刑的分析需要面临更大的问题。例如，如果让行为人站在法庭的外面，手持宣称其犯罪的牌子几个小时，和让其在监狱里面待几个月相比，哪个更为暴力？参见 James Q. Whitman, "What Is Wrong with Inflicting Shame Sanctions?" *Yale L. J.* 107（1998）：1055。

② 较为典型的，是规定性犯罪人信息披露制度的所谓"梅根法"（Megan's Laws）。但目前广泛适用的，是类似于要求犯罪人站在邮局门口，拿着一个写着"我偷了邮件，这是我的惩罚"的牌子这种具有羞辱性的信息公开方式。参见 James Q. Whitman, "What Is Wrong with Inflicting Shame Sanctions?" *Yale L. J.* 107（1998）：1055。

③ 即要求犯罪人在地方媒体上刊登包括其照片等个人信息的案情介绍以及悔罪声明等做法。例如，辛辛那提的一名法官要求一名公司经理为其公司污染地下水的行为，在当地报纸刊登广告致歉；一名贪污20万美金的明尼苏达州女性除了被判处10年监禁之外，还被要求在其生活的社区刊登致歉信；俄亥俄州的一名在摸彩中作弊取胜的农民被要求公开致歉，承认自己是骗子；等等。参见 Cass R. Sunstein, "On the Expressive Function of Law," *U. Pa. L. Rev.* 144（2000）：2021。

④ 对相关学说的梳理，参见 Stephen P. Garvey, "Can Shaming Punishments Educate?" *U. Chi. L. Rev.* 65（1998）：733。

　　民意显然是现代社会无法回避的一个重要概念范畴。现代民主国家所标榜的重要进步就在于"无差别地"赋予一般民众表达自身观点，并且通过这种表达直接或者间接地改变社会进程的权利。这种表达或者改变理论上应该被纳入法治的轨道当中进行。正如孟德斯鸠所说的那样，原始时代，人生而自由、平等，"社会让人们失掉了平等，只有通过法律才能够恢复平等"。①

　　虽然将一人一票理解为民主会被诟病为庸俗简单，但从考据学的角度，如果将民主理解为普选与三权分立，将共和体制理解为全体人民或部分人民拥有最高权力的体制，② 那么在作为三权之一的司法权行使过程中，体现这种"民主"，自然十分正常，更是民主政治的合理结论。这就不难理解，为什么在 18 世纪美国建国之父之一托马斯·杰弗逊（Thomas Jefferson）③ 所宣称的英王乔治的独裁统治罪名之一，即剥夺了北美人民的陪审权，而法国大革命的成果之一就是推动了针对严重刑事犯罪的陪审。④ 这就不难理解，为什么在司法权被高高在上的君主滥用时，人民会将已被蚕食殆尽的陪审权作为武器，用司法中所发出的"大多数"人的声音加以反抗。事实上在独立战争之前，北美殖民地的陪审团和大陪审团，就使得被英王用作压制工具的"诽谤法"实质失效。17 至 18 世纪，在英国曾有几百人因为"诽谤"而被判有罪，但同一时期，北美殖民地只有不超过 6 起同类指控，其中只有 2 起罪名成立。⑤ 从实质意义而言，这种对民意的描摹或者表达一定是失真的，民意与其拟制过程当中所存在的结构性问题决定了这种失真将无法根本消除。如果承认拟制的"民意"对刑事审判的

① 〔法〕孟德斯鸠：《论法的精神》，张雁深译，商务印书馆，1987，第 114 页。

② 与此相对应，君主政体意味着只有一个人统治国家，只不过遵循业已确定的法律，至于专制政体非但毫无法律与规章，而且由独自一人按照自己的意志以及变化无常的情绪领导国家的一切。参见〔法〕孟德斯鸠《论法的精神》，张雁深译，商务印书馆，1987，第 10 页。

③ 托马斯·杰弗逊（Thomas Jefferson），1743～1826 年，律师、政治家，美国《独立宣言》主要起草人，曾任美国第三任总统。

④ 参见 Bron McKillop, "Review of Convictions After Jury Trials: The New French Jury Court of Appeal," *Sydney L. Rev.* 28（2006）: 343。

⑤ 参见 Albert W. Alschuler and Andrew G. Deiss, "A Brief History of the Criminal Jury in the United States," *U. Chi. L. Rev.* 61（1994）: 867。

重要影响力，那么不仅从根本上动摇了司法独立、罪刑法定的基本原则，而且被拟制民意的失真效应容易造成对具体案件当事人权利的不当侵害。造成这种两难局面的根本原因其实是学界关注焦点的误置。问题并不在于目前聚讼纷纷的民意应不应该对刑事司法产生影响，而在于被拟制的民意如何减少失真，如何在成本相对较低的情况下合法进入现行刑事司法的体制内，同时抗衡体制外拟制民意对刑事审判所产生的不当影响。①

在美国刑事司法实践当中，大体上由陪审团决定罪的有无，法官会根据《联邦量刑指南》（The Federal Sentencing Guidelines）② 或者各州量刑指南的规制，行使其自由裁量权。但这并不意味着量刑过程中拟制民意的缺失。一方面，部分法官需要经由选举获任，故不会超脱民意恣意裁判；另一方面，即使对那些无须经历选举，而是根据指定产生的法官，也会受到经验等实质的外在因素③，以及诸如量刑程序等制度因素的掣肘，对此问题，可参见后文中对美国刑事陪审制度的分析。④

---

① 参见李立丰《政治民主与司法"独裁"悖论的制度破解：以日本裁判员制度为视角》，《比较法研究》2015 年第 3 期，第 155 页。

② 1980 年，明尼苏达州率先制定量刑指南，之后宾夕法尼亚州和华盛顿州等州纷起效仿，促使美国国会于 1984 年通过了《量刑改革法》，并创立了"美国量刑委员会"（The Sentencing Commission），希望设计出先进的制度体系，有效促进法院和陪审团之间的相互作用，实现所谓量刑的诚信，通过限制处罚实施相似罪行的相似罪犯时普遍存在的量刑偏离，来寻求量刑的合理性与一致性，以及希望通过对不同犯罪适用差异适当的判决，来寻求量刑均衡。最终美国《联邦量刑指南》于 1987 年生效并开始适用。参见彭文华《美国联邦量刑指南的历史、现状与量刑改革新动向》，《比较法研究》2015 年第 6 期，第 92 页。值得一提的是，虽然美国很多州都规定了自己的量刑指南，但大体上与《联邦量刑指南》结构、内容类似。

③ 霍姆斯的名言，"法律的生命始终不在于逻辑，而在于经验"。受限于经验、传统等外力因素，所谓的自由裁量权，其实并不"自由"。有美国学者指出，"即使法官是自由的时候，他也仍然不是完全自由的。他不得随意创新，他不是一位随意漫游、追逐他自己的美善理想的游侠，他应从一些经过考验并受到尊重的原则中汲取启示。他不得屈从于容易激动的情感，屈从于含混不清且未加规制的仁爱之心，他应当运用一种以传统为知识根据的裁量，以类比为方法，受到制度的纪律约束，并服从社会生活中对秩序的基本需要"。〔美〕本杰明·卡多佐：《司法过程的性质》，苏力译，商务印书馆，2002，第 88 页。

④ 事实上，1796 年的弗吉尼亚州刑法典首次规定，陪审团在重罪案件中享有量刑的自由裁量权。后来，肯塔基州、佐治亚州与田纳西州也都出现了类似的陪审团量刑规定。至今，在重罪案件中，仍然有 6 个州，即阿肯色州、肯塔基州、密苏里州、俄克拉何马州、得克萨斯州以及弗吉尼亚州，允许陪审团决定被告人的刑期。参见 Jenia Iontcheva, "Jury Sentencing as Democratic Practice," *Va. L. Rev.* 89 （2003）：311.

总之，借由刑罚乃至刑事司法程序所加功的道德污名属性，刑法获得了只有借助道德才足以表达的独特价值取向。这不会导致如博登海默等美国学者所担心的"危险感与不安全感"，① 更不会僭越刑法与道德的界限，抑或强调刑法对道德的过分介入、随舆论左右摇摆、一味讨好民意等问题②的发生。

第二节　美国刑法理论

作为权威的表征和载体，林林总总的法学理论是在进行法学研究时所必须面对的。对美国刑法问题的研讨，自然也不能例外。刑法理论被定义为一种"探索犯罪和刑罚的哲学基础的努力"。③ 任何一种犯罪化理论，都属于对刑法功能的一种推定。④ 在讨论"处罚什么"之前，逻辑上首先需要讨论"为什么要处罚"。对此，一派学者认为，刑法具有特殊性，特别是从报应主义以及刑法的道德维度来看，更是如此。另外一种功能主义观点则认为，刑法和其他部门法并不存在实质区分。还有一派学者持中间调和的观点。⑤

---

① 博登海默认为，"愈来愈多的模糊的、极为弹性的、过于广泛的和不准确的规定引入法律制度（特别是政治、刑法领域）中，这意味着放弃法律。这种状况必然会使人们产生危险感与不安全感"。参见〔美〕E. 博登海默《法理学—法哲学及其方法》，邓正来、姬敬武译，华夏出版社，1987，第 223 页。

② 我国有学者认为，从刑法哲学上来说，刑法的归刑法，道德的归道德，而不是强调刑法对道德的介入，才是刑法在对待道德问题上的恰当之道。在"道德恐慌"阴影下，刑法切忌随舆论左右摇摆，一味讨好民意。否则，仅凭所谓的"民意"而贸然将见危不救等有违道德的行为入罪，可能会降低道德的格位而弱化了道德，并会招致人们对刑法的诘责。参见俞飞《"道德恐慌"阴影下，刑法不能承受之重》，《东方法学》2012 年第 1 期，第 123 页。

③ George P. Fletcher, "The Fall and Rise of Criminal Theory," *Buff. Crim. L. R.* 1 (1998): 278.

④ 例如，早在 20 世纪 90 年代，美国著名刑法学家保罗·罗宾逊教授就曾提出，刑法具有三种主要的功能：第一，规范功能，即定义和规定被刑法所禁止或要求的行为，这种行为准则为社会成员规定了以刑罚为代价的必须从事某种行为或者避免实施某种行为的要求；第二，归责功能，即设定了刑事责任的最低限度条件，标志着从禁止到判决的转变，通常将充分具有可责性来作为判决这种谴责的保证；第三，衡量功能，刑法必须衡量犯罪的相对严重程度，以及行为人的相对可责性，而这，从总体上决定了刑罚适用的程度。参见 Paul H. Robinson, "A Functional Analysis of Criminal Law," *Nw. U. L. Rev.* 88 (1994): 857。

⑤ 参见 Tatjana Hörnle, "Theory of Criminalization: Comments on A. P. Simester/Andreas von Hirsch: Crimes, Harms and Wrongs. On the Principles of Criminalisation. Hart Publishing: Oxford and Portland, Oregon. 2011," *Crim. L. & Phil.* 10 (2016): 301。

对美国刑法理论，对如上述观点的争鸣进行判断之前，需要明确如下几个基本前提。

首先，和自然科学不同，法学理论研究是需要在其所处特定文化背景中进行的。从这个意义上而言，法学是特定文化的产物，在不存在全球文化背景一致的情况下，也不可能存在放之四海而皆准的法学理论。从这个意义上而言，笔者坚持在法学研究过程当中的"本土"话语。

其次，由于法学理论对事实情态描述的近似性和人为拟制性，不会存在绝对结论性的法学观点。即使在可控制的范围内，也不会出现像自然科学当中诸多定理那样的相对确定的结论。相反，法学理论的一个本质特征就是不存在否定，而只存在交替或者妥协。在不同的时空条件、文化背景中，甚至是在同一时空条件、同一文化背景之中面对不同的情况或者问题的时候，不同的理论之间要么融合要么取代。

最后，一般认为，美国刑法理论远不成熟。诚如乔治·弗莱彻所言，直到18世纪末，美国学者才开始严肃讨论针对僭越社会规范的行为施以刑罚的目的问题。[①]

在这个意义上，法学理论更像是宗教[②]，而非科学。[③]

作为美国刑法源流的英国法，早期对罪犯的处遇方式并不被冠以刑法

---

① 参见 Steven R. Morrison，"Toward a History of American Criminal Law Theory，" 32 *U. La Verne L. Rev.* 47（2010）。

② 美国著名法学家弗莱彻教授提出，西方的伟大宗教都是建立在圣经之类的文本基础上的，而法律是基于宪法、法律和案例的权威。神父、牧师以及拉比争论的是宇宙的起源及其文本建立的基础，正如律师依赖于具有权威性的来源来说明其观点一样。尽管圣经和其他文本当中的神圣教义和推理之间存在很大的张力，权威也必须让位于常识和推理。在法律论断当中，立法者必须解读其权威性来源，而解读无疑采用过去的材料作为推理和常识判断的基础。参见 George P. Fletcher，"What Law Is Like，" *SmuL. Rev.* 50（1997）：1599。

③ 著名美国刑法学家胡萨克自嘲，当学生知道自己的专业是刑法的时候，他们会认为他们可以回答某些简单的问题。他们向我描述了发生在他们朋友身上的事情，希望我会告知他们法官对此案审理的大致方向。例如，胡萨克经常被问及法律如何处理使用或者销售少量毒品特别是大麻的问题。法律会对这些人如何处理？约有1500万美国人经常使用毒品，而本科生是这种毒品消费的主力。他十分肯定，学生知道谁在吸食大麻。而很多使用者也销售毒品。尽管经常被问及这些问题，尽管胡萨克熟知毒品政策，但他不得不承认没有任何信心来回答这个问题。参见 Douglas Husak，"Is the Criminal Law Important？" *Ohio St. J. Crim. L.* 1（2003）：261。

学说的称号，而是被称为"对国王的抗辩的学说"。这一观点最早由英国著名法学家布莱克斯通提出，从而教育英国的统治阶级以一种理性、预防的观点认识刑法，如"弱化令状以及以律师工作为中心的观念，取而代之的是，应为英国提供一种十分清晰且逻辑严谨的实体刑法"。① 这一实体刑法的理论前提在于，推定公利和私利区分的可能性，以及社会契约论的成立。布莱克斯通这种公共视角的、功利主义的观点，成为美国近代主流刑法学说的核心。一般认为，刑法理论的目的，就是建构起一整套契合集体正义观的基本原则，为此，学者必须不断调整自己所提出的刑法理论，从而催生能够更好反映上述基本正义观念的刑法原则。反过来，这些刑法原则必须具备可操作性，必须能够服务于具体的刑法条文。②

　　事实上，从美国法律形成的历史过程来看，实用主义的品格就已经体现得十分明显。17 世纪早期殖民地法律便奠定了美国法灵活、充满创造力的基本特性。18 世纪殖民地法律则进一步从英国法中汲取养料（见表 3）。③在此两者的基础之上在 19 世纪上半期形成了美国法。美国法形成的这几个

① 从 13 世纪到 16 世纪，在当时的英国司法实践中，可以将犯罪和侵权行为都纳入侵犯国家和平秩序的大范畴当中。虽然对所有侵犯这种秩序的行为，英国司法机关都可以加以惩处，但区分的关键点在于，在对犯罪行为的起诉和上诉过程当中，法院会对违法者加以惩罚，严重者通常会被判处死刑，但无须向受害者支付赔偿金。在侵权行为的书面令状当中，除了对侵权者施加监禁和罚款以外，法院还往往要求其向受害者支付赔偿金。换句话说，犯罪与侵权之间的区别，并不是两种不法行为之间的区别，在大多数情况下，同样的错误可以作为犯罪或侵权行为起诉。这种区别也不是针对受害人产生的。受害人可以自由选择起诉犯罪或侵权行为，并且对犯罪行为，当受害人担心报复或者选择不起诉时，皇家法庭会代表国王起诉犯罪分子。最好将这种概念上的区别，理解为提供给受害人的如下几种选择：（1）重罪控告；（2）侵害令状；（3）重罪起诉；（4）侵害起诉。前两项是受害人自发提起的诉讼，后两项是皇家法庭代表国王的行动，当然通常出于保护受害人的需要。第（1）、第（3）和第（4）选项所针对的是犯罪行为。参见 David J. Seipp，"The Distinction Between Crime and Tort in the Early Common Law，" *B. U. L. Rev.* 76 (1996)：59。

② 参见 Paul H. Robinson，"Causing the Conditions of One's Own Defense：A Study in Limits of Theory in Criminal Law Doctrine，" *Va. L. Rev.* 71 (1985)：1。

③ 根据美国法律史学者的观点，北美殖民地人民并没有把普通法全部照搬过来，他们仅仅采纳了他们所处的不同环境没有要求他们舍弃的那些成分。"不应将英国的普通法笼统地变成美国的普通法。我们的先辈带来了它的一般原则，并主张这是他们固有的权利。可是，他们把它带到这里，仅仅采纳了适用于他们情况的那一部分。"的确，在美国法形成时期的一项主要任务是，让普通法适合于大西洋彼岸的形势。参见〔美〕伯纳德·施瓦茨《美国法律史》，王军等译，法律出版社，2007，第 18 页。

阶段有机地联系在一起，彼此相互依赖，以本土法为线索，构成了贯穿始终的整体，没有 17 世纪的大胆创新就不会有日后的美国法，没有 18 世纪的积累也不会有日后的美国法。从 17 世纪早期殖民地时期开始，美国人民便根据自己的理想和本土的实际情况建构自己的法律。① 在 18 世纪全面继受英国法时期他们也仍然坚持了可适用性原则。独立之后对可适用性原则的强调更是随处可见。可以说对法律本土资源的继受贯穿了整个美国法的发展阶段。唯有如此，美国人民才有可能在借鉴外来法基础上从无到有地缔造自己的本土法。②

表 3　殖民地时期北美地区刑事实体法的来源

单位：%

殖民地	英国	本土	《圣经》
罗德艾兰	86.2	12.9	0.9
弗吉尼亚	81.1	18.9	—
普利茅斯	59.0	36.7	4.3
马里兰	54.6	43.6	1.8
马萨诸塞	41.2	20.0	38.8
康涅狄格	38.8	21.2	40.0
纽墨文	34.8	22.4	42.8
总百分比	56.5	25.1	18.4

资料来源：转引自韩铁《新英格兰殖民地刑事司法重点的转移》，《史学月刊》2010 年第 11 期，第 92 页。

美国刑法理论肇始于 1804 年创刊的《肯塔基州刑法评论》（*A Review of the Criminal Law of the Commonwealth of Kentucky*）。早期美国刑法理论基本上照搬英国的刑法理论。如约翰·罗素（John Russell）③ 关于犯罪及违

---

① 长期以来英国在确立海外宪法结构的时候注重实效远胜于教条主义。他们极少尝试出口预先包装好的殖民地政治模型，而宁愿"顺应时势，期待当地演变出一种稳定的政府形式"。当时，讲究实际不是美国特有的长处，诚如彼得·盖伊（Peter Gay）所言，信奉实用性"本身终究是一种观念，一种有着漫长而光荣历史的观念"。参见〔美〕迈克尔·卡门《自相矛盾的民族——美国文化的起源》，王晶译，江苏人民出版社，2006，第 18 页。

② 参见曾尔恕、郭琛《本土法和外国法：美国的经验》，《政法论坛》2000 年第 2 期，第 137 页。

③ 约翰·罗素（John Russell），1792~1878 年，英国政治家、法学家，曾担任英国首相并进行过刑事司法改革。

法行为的学说，最早就出现在英国，只是后期补充了美国学者对本土案件的评论而已。整个 19 世纪，美国学者一直沿袭布莱克斯通的刑法学说。①到了 20 世纪，美国刑法理论开始出现观点争鸣，产生了诸如客观主义和主观主义等不同观点。这些不同观点都可以在历史上找到相应的影子。实际上，在任何一个特定的时间段，这些观点都在相互作用。每个阶段都会出现特定的一贯的但在不同的历史阶段显得并不一致的观点。②

　　19 世纪见证了"公"的观点的扩张，实际上已经将道德逐出了刑法。③ 20 世纪伊始，虽然对犯罪的"治疗处遇"理论仍然举步维艰，但已经逐渐为美国刑法学者所关注。在刑法领域，这些改良者倾向于"矫治"（Corrections）和"处遇"（Treatment），但在那个时期，研究重心还没有转向实体刑法典。新的行为科学确信遗传以及环境因素是导致社会问题的根源，从而怀疑个人的自由意志，并因此怀疑行为人是否可以自由选择自己的行为。到了 20 世纪 30 年代，改良主义者非常极端地转向这种科技导向的犯罪观以及与之相关的犯罪预防，而很少关注可责性与报应性。④ 同样

---

①　有观点认为，普通法在布莱克斯通四卷本的《英国法释义》中达到了巅峰，甚至说，在其影响下，在 18 世纪晚期，大陆法和普通法曾经存在过统一的刑法理论。参见〔美〕乔治·弗莱彻《美国刑法理论的形成》，蔡爱惠译，王世洲校，《中外法学》2009 年第 2 期，第 267 页。

②　参见 Gerhard O. W. Mueller, *Crime, Law and the Scholars* (Portsmouth: Heinemann Educational, 1969): 163。

③　美国学者威廉·纳尔逊（William E. Nelson）曾经指出，美国马萨诸塞州刑事司法的重点，在美国革命后约 30 年里发生了重大变化，即从殖民地时期以起诉道德罪和宗教罪为主，变成了在 1800~1810 年以起诉侵犯人身和财产的罪行为主。这也被他看成是美国现代刑法观开始形成的重要标志之一。参见韩铁《新英格兰殖民地刑事司法重点的转移》，《史学月刊》2010 年第 11 期，第 91 页。

④　我国曾有学者总结，第二次世界大战以来，伴随着资本主义危机的日益加深，"预防性刑法"在美国风靡一时，其基本观点为，犯罪是一种纯生物学和纯生理学的现象。某些个人、种族由于存在生理上和心理上的"缺陷"，最容易"感染犯罪的传染病"，甚至"命中注定"迟早要实行犯罪。因此，对社会来说，主要危险不是具体的犯罪行为，而是"必将实行犯罪行为的""具有潜在危险的"的行为主体，即所谓"社会危险分子"，主张可以在没有法律根据和没有罪过的条件下适用刑事镇压方法，既然"社会危险分子"是"命中注定"的，因而极难"矫正"和"改造"，所以必须对其采用"特殊"的"改造"和"惩罚"手段。或者"从肉体上加以消灭"，或者实施阉割、剥夺生殖机能，或者判处"从一日至终生"的"不确定刑"，等等。参见张德政《美国法学中的"预防性刑法"》，《法学研究》1964 年第 3 期，第 37 页。

在这个时期，以哥伦比亚大学教授赫伯特·维彻斯勒（Herbert Wechsler）①为首的美国学者开始了法典化运动。20 世纪 40 年代，法经济学研究发端。② 改革试图将“新处遇主义”（New Treatmentism）纳入刑法当中。在此之后，包括刑法学领域在内的美国法理论研究进入到了一个日益多元的时代，用理查德·波斯纳的话来说，从 20 世纪 60 年代开始，温和的民主主义和温和的保守主义演变成现在的马克思主义、女权主义、左翼虚无主义、无政府主义、经济政治民主主义以及原教旨主义等等。一般认为，在很大程度上，美国法学学者人口学构成的变化，导致了刑法学理论的多元。其中最具代表性的，就是从 20 世纪 60 年代末开始，大量的女性以及有色人种研究者进入法学界，③ 甚至开始出现从受害人角度开展研究的理论动向。④ 刑法，和其他部门法一样，现在已经成为一门交叉学科，刑法解释中越来越多地融入其他学科领域，如精神病学、法医学、心理学以及社会学的专门知识。⑤

具体到美国刑法学研究领域，在这一时期，刑法理论发展的主要动力不是来源于《模范刑法典》和联邦最高法院的判决，而是法哲学学者的反思。⑥ 刑法理论在 20 世纪 70 年代中期开始衰落。如有的学者指出的那样，这一时期美国刑法理论研究陷于僵化，罪魁祸首就是《模范刑法典》，在其看来，《模范刑法典》试图为艰深的刑法问题提供一种法典化的标准答

---

① 赫伯特·维彻斯勒（Herbert Wechsler），1909~2000 年，美国著名法学家，曾担任美国法学会负责人，主导《模范刑法典》的创制工作。

② 参见〔美〕理查德·A. 波斯纳《超越法律》，苏力译，中国政法大学出版社，2001，第465 页。

③ Richard A. Posner, "The Decline of Law as an Autonomous Discipline: 1962 – 1987," *Harv. L. Rev.* 100（1987）: 761.

④ 受被害人学理论以及被害人权利保护运动的影响而产生的美国被害人刑法理论，以新的视角审视刑法基本命题，其既关涉犯罪圈的限缩与扩张，也包括对刑罚的正当性命题的审视。整体来看，美国被害人刑法理论发展具有以下几个特点：保护被害人权利的立场和谴责被害人的立场并存；被害人行为之于行为人犯罪与刑罚影响根据具有同一性；主张扩张被害人行为影响行为人刑事责任适用范围。参见王焕婷《以被害人为视角的美国刑法理论》，《江西警察学院学报》2016 年第 4 期，第 64 页。

⑤ 参见 M. Varn Chandola and Anoop Chandola, "A Cognitive Framework for Mens Rea and Actus Reas: The Application of Contactics Theory to Criminal Law," *Tulsa L. J.* 35（2000）: 383.

⑥ 参见 Richard Wasserstrom, "Strict Liability in the Criminal Law," *Stan. L. Rev.* 12（1960）: 731.

案，从而窒息了理论探究。到 20 世纪 70 年代末期，美国各州的刑法改革热情开始消减。《模范刑法典》催生新立法的作用开始穷竭，反而成为教授刑法的范例。对诸多理论问题似乎不再具有思考的必要。[①]

到了 20 世纪 80 年代中期，问题就变得更为明显。虽然新的理论范式不断萌发，但很少出现成形的刑法理论。法经济学研究方法得到了很多人的支持，但似乎看不到用其研究所谓罪与罚这样古老命题的前景。虽然对刑法的经济学分析，据说在 18 世纪贝卡利亚（Beccaria）[②] 和边沁的著作当中，"就已经有了一个很高的起点"，但从当代美国刑法研究的角度来看，经济学分析方法的回归标志，当数 1968 年著名经济学家盖瑞·贝克（Gary Becker）[③] 就犯罪和刑罚问题所发表的经济分析论文。[④] 此后，虽然美国学界有关刑法的经济学分析渐趋热络，研究范围覆盖刑罚的确定性与严酷性之间理想的交易模型、罚金与监禁的比较经济学特性、法律强制与刑事程序的经济性，以及包括死刑在内的刑罚的震慑功能及预防功能[⑤]，然而，就实体刑法以及犯罪定义，却很少有经济分析加以涉及。[⑥]

这个时期唯一重要的刑法运动就是女权主义刑法学。以苏珊·埃斯琪（Susan Estrich）[⑦] 为代表的学者，通过研究强奸等性犯罪中刑法对女性的歧视，引入"受殴打妇女综合征抗辩"（Battered Women's Syndrome Defense），从而扩展了正当防卫的适用范围。[⑧] 值得一提的是，刑法理论的衰落伴生着侵权法理论的兴起，对此，后文将有所涉及。

---

① George P. Fletcher, "The Fall and Rise of Criminal Theory," *Buff. Crim. L. Rev.* 1 (1998): 275.

② 切萨雷·贝卡利亚（Cesare Beccaria），1738~1794 年，意大利经济学家、法理学家和刑罚改革者。

③ 盖瑞·贝克（Gary Becker），1930~2014 年，美国著名经济学家、社会学家，芝加哥学派代表人物。

④ 参见 Gary Becker, "Crime and Punishment: An Economic Approach," *J. Pol. Econ.* 76 (1968): 169。

⑤ 参见 Steven Shavell, "Criminal Law and the Optimal Use of Nonmonetary Sanctions as a Deterrent," *Colum. L. Rev.* 85 (1985): 1292。

⑥ 参见 Richard A. Posner, "An Economic Theroy of the Criminal Law," *Colum. L. Rev.* 85 (1985): 1193。

⑦ 苏珊·埃斯琪（Susan Estrich），1952~，美国法学家、女权主义者。

⑧ Susan Estrich, "Rape," *Yale L. J.* 95 (1986): 1087.

综上，可以清晰地发现，基于前提假设和现实情况的不统一，美国刑法学者往往在两种不同的观点之间游离，在一个循环上升的过程当中尽力采取一种折中的路径前行。这里需要强调的是，对立的观点即使产生于不同的直接前提，也可以在不同的直接前提之间寻找共同的间接前提，这种共同前提的存在，是不同的理念或者论点可以交锋的平台和必要条件。正如美国著名刑法学者乔治·弗莱彻所说的那样，"不能低估在学术领域存在反对意见的重大意义。实证主义者需要攻击自然法的墨守成规，自然法学派需要攻击实证主义者的道德反复，经济学派需要攻击传统理论缺乏效率这一弱点，反过来，如果没有法经济学这样一个适当且有影响的对立面，矫正主义的存在就没有意义"。①

客观来说，对美国刑法理论研究的梳理，极为必要，也极为复杂。但必须指出的是，相对所谓"学派之争"，美国学者更喜欢追逐联邦最高法院等各级法院的司法判例。对此，一种较为合理的解说便是强调判例与社会权力结构、社会价值结构的依赖性，在美国所奉行的实用主义指导下，对任何理论的一味坚持，都会因为缺乏现实的佐证而显得苍白。这一点，在极度"痴迷"精密理论建构的日本，以东京大学为代表的"判例"研究方法，颇为值得玩味。②

相较于大陆法系刑法学犯罪本体论的"高度发达"，美国刑法的"理论性"似乎不足。大陆法系国家，在刑法解释方面，存在"因果行为论"（the Causalist School）与"目的行为论"（the Goal-oriented School）。前者

---

① George P. Fletcher, "The Fall and Rise of Criminal Theory," *Buff. Crim. L. Rev.* 1（1998）: 275.

② "日本东京大学法学部的刑法学科自小野清一郎以来便形成一个传统，就是大约每 3 个月，东京大学的教授等理论研究者和包括最高裁判所的法官在内的实务人士都会举办一次判例研讨会，已经坚持半个多世纪了。从这里也可以看出，日本刑法学界对司法实务、对判例的重视程度。正是不断地从司法实务和判例中吸收营养，才能使刑法理论不断地发展和创新。"参见〔日〕山口厚《从新判例看刑法》，付立庆等译，中国人民大学出版社，2009，序言。这一点也在后来笔者与曾任日本刑法学研究会会长的东京大学法学研究科山口厚教授（现为日本最高裁判所判事）对谈时获得确证。笔者曾做访问学者的早稻田大学刑法学研究科，也会定期举办类似的研讨会，虽然并非固定与法官对谈，但讨论的议题仍然以判例研讨为主。

可以追溯至李斯特（Franz von Liszt）①、拉德布鲁赫（Gustav Radbruch）②
等刑法学家，主要主张对结果的非价，即"结果无价值"，是对背离理想
行为的因果解说。③ 结果无价值理论将行为视为引发法律禁止结果的有意
的身体举动，同时将分析的目标锁定在可责性，认为故意及过失皆属于可
责性的组成部分。因果行为论否定指导行为的主观意愿，将行为单纯理解
为自愿行为所引发的因果过程，从而割裂了行为人故意与其所引发的外在
因果关系之间的必然联系。④ 目的行为论，主要发端自汉斯·韦尔策尔
（Hans Welzel）⑤ 的理论，而其前提在于目的导向的自愿行为。如果说因果
行为论属于所谓结果无价值⑥，那么目的行为论则属于行为无价值。韦尔

_____

① 法兰兹·冯·李斯特（Franz von Liszt），1851~1919 年，德国法学家，在刑法学、法律史
学等方面建树颇高。
② 古斯塔夫·拉德布鲁赫（Gustav Radbruch），1878~1949 年，德国法学家、政治家，在刑
法哲学领域影响颇大。
③ 参见 J. R. du Plessis，"Hans Welzel's Final-Conduct Doctrine—An Importation from Germany We
Could Well Do Without," *S. AFR. L. J.* 101 （1984）：301。
④ 参见 Stanislaw Pomorski，"Reflections on the First Criminal Code of Post-Communist Russia,"
Am. J. Comp. L. 46 （1998）：375。这种观点认为，一般来说，在讨论所谓因果关系的时
候，需要根据所谓"条件说"认定事实因果关系，在此基础上适用所谓"近因"标准进
行法律因果关系测试。这意味着从形式上可以将因果关系表述为：行为—因果关系—结
果。值得一提的是，在这个表述中，是没有被告人的犯意要素的。换句话说，心态并无
导致危害结果发生的因果效力。参见 Kimberly Kessler Ferzan，"The Unsolved Mysteries of
Causation and Responsibility," *Rutgers L. J.* 42 （2011）：347。
⑤ 汉斯·韦尔策尔（Hans Welzel），1904~1977 年，德国著名刑法学家。
⑥ 想象一下这样的场景，被告人手里拿着一张印有黑点的纸片在法庭上呼喊，"这不公平，
这是不对的。我什么都没有做，只是被抽签选中来接受惩罚"。显然，在这个故事当中，
运气成了责任的决定要素。我们或许会叹口气，说，幸好我们的司法体系不是建立在运
气之上的。然而，这或许是种错觉。运气的确在我们的司法体系当中发挥着某种作用。
例如，假设 A 以杀人的故意向 B 开枪，那么可能发生如下的情况。（1）子弹打中了 B 并
且杀死了他。A 犯有谋杀罪。（2）子弹打中了 B，而恰巧在同时 C 的子弹也打中了 B，因
此不存在条件类型的因果关系，法院仍然很可能认定 A 的谋杀责任。（3）一只大鸟挡住
了子弹的去路，因此，子弹完全没有打中 B。A 仅仅犯有谋杀未遂的责任。（4）一只大
鸟挡住了子弹的去路，子弹反弹，没有击中 B 但是击中了 C，A 仅仅针对 C 承担谋杀责
任。尽管在每种情况中，A 都基于相同的故意从事了类似的行为，但可能构成不同的犯
罪，这完全是因为出现了影响其他行为人或者行为的因素。在这个意义上，理解我们所
生活的这个世界，并不比上面被抽中承担刑事责任的被告人的世界更为安全。但是在我
们的世界和上述被告人的世界之间的确也存在不同。这个被命运抽中的被告人并没有做
什么错事，而 A 是选择成为谋杀犯的。问题不是在没有理由的情况下被惩罚，而是有的
时候行为人没有因为其所从事的事情而被加以惩罚。人生一定包括某种程度 （转下页注）

策尔认为，应当从认识论，即目的或意图的角度认识犯罪。犯罪的定义，应当遵从犯罪构成符合、违法、有责三阶层。结果无价值与行为无价值二者在具体的分析过程中，存在一定差异，例如，未遂，如果从因果行为论角度来看，属于并未产生法律上危害结果的因果过程，但从目的行为论的角度来看，即便没有发生意图的结果，但未遂依然属于朝向意图行为的萌芽行为。结果无价值与行为无价值这两种理论的共同之处在于，都试图从抽象、一贯的立场来解释所有的犯罪行为。和普通法系相比，大陆法系在刑法原理与抽象原则方面，显然更为重视。二者之间的区分，是一种体系性的自始区分。大陆法系建立在古希腊哲学"排中律"（Excluded Middle）①、演绎推理、规范建构的基础上，因此，强调一般原则与体系性。而大陆法系刑法也反映出类似的大陆法系特征，而目的行为论因为可以更好地解释犯罪，因此被日本、德国、意大利、西班牙以及许多拉美国家所采用。和大陆法系不同，普通法系国家往往缺乏针对犯罪的总体理论。在普通法系国家，司法者和学者往往并不关注以一种总体上的详尽方式解释犯罪的成立与否。美国刑法传统中缺乏或者不重视哲学分析的现象，即对犯罪层级及具体界定方面的哲学反思，很少有人系统性地反思犯罪成立的充分必要条件。② 然而，还是需要明确犯罪的共同要素及基本的原则框架，这也就是后面将要提到的犯罪成立所需要的主客观要素，以及正当化事由之缺

（接上页注⑥）的运气。对何时出生、性别、种族以及当时的身体条件、智力水平、经济社会地位，我们没有任何的话语权。除了这种构成性的运气之外，运气也存在于我们行为的结果当中。我们抓住了球，错过了火车，或者击中了目标，都包括一定程度的运气成分。社会心理学家倾向于认为，如果说控制行为人目标完成的因素完全是外在的，而成功的可能性是很微小的或者目标的达成是偶然的，就可以认定行为人对目标的完成属于运气，也就是说，如果行为人不能控制自己的成功或者成功的频率是不可预测的，行为人的成功就可以归因于运气。例如，如果风将球托起（外力）并且奇迹般地将球送入球员的手中。然而，很明显地，幸运地拿到球的球队不可能仅仅因为这种不太可能的事情的发生而放弃这场胜利。如此一来，为什么运气对刑法构成了问题呢？参见 Kimberly D. Kissler, "Comment: The Role of Luck in the Criminal Law," *U. Pa. L. Rev.* 142（1994）: 2183。

① "排中律"（Excluded Middle），是著名哲学命题，意为不应同时否认一个命题及其否定，即对一个命题及其否定不能持两不可之说。排中律还被当作逻辑语义的规律，即任一语词或语句在同一上下文中应表达某一思想或不表达这一思想。

② 参见 L. A. Zeibert, "Philosophical Analysis and the Criminal Law," *Buff. Crim. L. R.* 4（2000）: 101。

失。虽然如此，前面提到的报应主义与功利主义，还是会在很大程度上影响犯罪理论。① 在美国刑法中，基于实用主义立场，往往不会单纯贯彻其中之一，而是会交融适用。②

　　一个值得关注的现象便是，美国为代表的普通法国家的刑法，长期以来保持与德国刑法的"绝缘状态"。然而，自 1962 年《模范刑法典》定稿成型以来，越来越多的美国学者开始对德国刑法理论表现出浓厚的兴趣。特别是乔治·弗莱彻在其所著《反思刑法》（*Rethinking Criminal Law*）③ 一书中，十分成功地将德国刑法的基本话语体系导入美国刑法理论及概念准则之中。大多数美国刑法学者最为熟知的德国刑法理论概念，莫过于其所独具的"阶层式"责任体系。尽管可能对这一体系的德国血统不甚了了，但美国刑法判例汇编、教科书乃至法官撰写的判词中，对此都多有体现。④ 肇始于 20 世纪初的德国犯罪论体系，区分 3 个层次的追问：是否满足所有法定的"犯罪成立要件"（Tatbestandsmäßigkeit），是否具备"违法性"（Rechtswidrigkeit），以及是否"可责"（Schuld）。根据这一犯罪成立体系，在确定行为人刑事责任时，首先需要认定被告人的行为是否该当刑法对特定犯罪的分则界定，例如，是否故意造成了他人的死亡结果，进而满足了刑法中关于故意杀人罪的法律界定。接下来，进入下一阶段，即违法性判断的层面，而这在美国刑法中，被称为"正当化事由"。这个阶段，考察的是行为的"违法"（Rechtswidrig）问题。最终，如果行为的确满足了特定犯罪的法律界定，同时具备违法性，那么就需要进行第三阶段同时

---

① 参见 Michele Cotton, "Back with a Vengeance：The Resilience of Retribution as an Articulated Purpose of Criminal Punishment," *Am. Crim. L. Rev.* 37（2000）：1313。

② 参见 Julian Hermida, "Convergence of Civil Law and Common Law in the Criminal Theory Realm," *U. Miami Int'l & Comp. L. Rev.* 13（2005）：163。

③ 参见 George P. Fletcher, *Rethinking Criminal Law*（Columbus：Little，Brown and Company，1978）。国内译本可参见〔美〕乔治·弗莱彻《反思刑法》，邓子滨译，华夏出版社，2008。

④ 在这个意义上，国内很多人对美国刑法理论存在明显的误读，例如，有人认为，在合理性原则的影响下，美国不存在德国"阶层式"法律论证模式，转而以"平面式"法律论证模式替代。参见蔡曦蕾《美国刑法理论视野下正当事由与宽宥事由的宏观探析——区分之理、存在之据与影响之果》，载陈兴良主编《刑事法评论》第 26 卷，北京大学出版社，2010，第 366 页。

也是最后一个阶段的调查，主要确定行为人对其所从事的符合犯罪构成且不法的行为所承担的刑事责任问题。对此，美国刑法秉持其一贯的程序主义范式，主要考察的是被告人能否提起所谓"免责事由"，例如，被告人虽然没有主张自卫等正当化事由抗辩，却提出自己属于精神失常，也就是说，因为缺乏控制力，或者无法认知自己行为的罪错性，从而无须承担刑事责任。长期以来，美国刑法理论一直停滞不前，纠缠于结果主义/功利主义与报应主义，相较于贝卡利亚及边沁时代，并未进步太多。至于犯罪理论，在美国刑法中更是形同虚设，对刑法功能的研究，整体上依然偏于孱弱。①

但这一不足并未导致美国刑事司法的瘫痪，或者人权保障的缺失。虽然美国刑法与大陆法系刑法，乃至同属普通法系的英国刑法存在诸多前提差异，无法简单比较，但这并不弱化，甚至从某个层面彰显了美国刑法的研究价值。**在美国刑法语境下，对此，或许可以稍显偏激地认为，所有犯罪论本身无法解决的问题，都可以通过刑罚论解决；所有刑罚论本身无法解决的问题，都可以通过程序法解决②；所有程序法本身无法解决的问题，都可以通过证据法解决；所有证据法本身无法解决的问题，都可以通过宪法学解决。**

---

① 参见 Markus Dirk Dubber, "Theories of Crime and Punishment in German Criminal Law," *Am. J. Comp. L.* 53（2005）：679。国内译文中类似的观点，参见〔美〕马库斯·德克·达博《积极的一般预防与法益理论——一个美国人眼里的德国刑法学的两个重要成就》，杨萌译，许久生校，载陈兴良主编《刑事法评论》第 21 卷，北京大学出版社，2007，第443 页。

② 美国著名刑法学家卡迪什（Kadish）曾根据自身长期教学经验，在一篇论文中模拟过一段师生对话，学生从其见习经验出发，质疑实体刑法学的有用性，认为司法实践中关注的大多数是程序法，极少涉及实体法问题。这种看法在很大程度上契合了本书作者的主张。当然，卡迪什教授对这种看法也给予了一定批判。在其看来，且不说学生会在法学院就读期间系统学习其所认为重要的程序法等知识，更为重要的在于，在刑法适用过程中，如果不了解犯意等犯罪构成要素，以及诸多抗辩事由，显然根本无法应对。虽然普通刑事审判过程与实体刑法看似关系不大，但这正是检察官、律师等诉讼参与人对实体刑法的运用结果。更何况在重大复杂案件中，往往需要仰仗诸如共谋、重罪谋杀等实体法原则才能得到解决。参见 Sanford H. Kadish, "Why Substantive Criminal Law—A Dialogue," *Clev. St. L. Rev.* 29（1980）：1。

第三节　小结

人类社会选择适用刑罚，保证其基本价值与道德理念，并根据特定文化与社会背景，为刑罚实施设定实体性与程序性的前提与保障措施，这就是刑事实体法与刑事程序法。随着民主与多元价值观的推进，刑事实体法与刑事程序法逐渐出现异化，即逐渐价值无涉，且倾向于技术的绵密与复杂。这也是为什么有些美国刑法学者会提出所谓"核心意义上的刑法，边缘意义上的刑法，以及例外意义上的刑法"[①] 的原因。但这并不意味着作为刑事法根基的刑罚及其适用可以剥离其应该具有的道德属性。只要人类社会还存在，那么其对成员最极端的否定评价，就一定需要建立在社会核心价值信念的基础之上。从这个意义上而言，道德作为刑罚，乃至刑法根本属性的看法，是成立的。

[①] 这种观点认为，刑法可以分为三个部分：核心意义上的刑法、边缘意义上的刑法，以及例外意义上的刑法。核心意义上的刑法关注个人权利与国家利益的保护，典型的犯罪包括危害公民生命权、健康权、财产权以及妨碍公共利益或者公共秩序的犯罪，如叛国罪，或者贿赂犯罪。核心意义的犯罪通常情况下要求较高层级的犯意，而这也符合一般的直觉判断，即如盗窃、强奸或者叛国等犯罪不可能是过失心态。对所谓核心意义上的刑法提供最佳解读的是所谓法律形式主义。这一理论关注狭义的权利，即狭义的自由，以及民主。在狭义刑法之外，还存在其他层次的犯罪，即所谓公益犯罪。这类犯罪包括对生命、健康与安全的一般保护的问题，同时，要求的可责性层级较低。对此，较为适当的理论是所谓的功利理论。但和一般的功利理论不同，刑法在这一问题上仅仅关注对个人自由的保护。对个人基本需求的满足以及保障最终都是为了帮助公民实现自己的选择与人生计划。这种保护对所有人而言是平等的，因此其也反映出一种平等主义的自由观。以上两个层级虽然涵盖了刑法绝大部分层面，但并不是所有层面。除此之外，还应包括所谓的例外性规定。即使被告人违反刑法规定，并且具有可责性，在特定情况下，对其加以惩罚仍然不公平。换句话说，社会群体的道德价值可能会超越刑事可责性的一般规定。参见 Shai Lavi, "Justice, Plurality, and Criminal Law: A Review of Alan Brudener's Punishment and Freedom: A Liberal Theory of Penal Law," *New Crim. L. R.* 14 (2011): 439。

第二章

美国刑法的研究语境

2010 年 11 月底，最高人民法院发布了《关于案例指导工作的规定》。对这一中国案例制度建构过程中的标志性事件，有学者提出，终于有可能产生中国的"马伯里诉麦迪逊案"了。① 对这种说法可从多重面向加以解读②，但其中固有的意味之一，却在于对"马伯里诉麦迪逊案"这一判例

---

① 刘哲玮：《美国联邦最高法院先例形成过程探析——兼论对我国案例指导制度之启示》，《中国法律》2011 年第 3 期，第 297 页。

② 2015 年 6 月，《〈最高人民法院关于案例指导工作的规定〉实施细则》出台，最高人民法院负责人也撰文表示，"案例指导制度是中国特色社会主义司法制度的重要组成部分"。参见周强《发挥案例指导作用、促进法律统一正确实施》，载胡云腾主编、最高人民法院案例指导工作办公室编《中国案例指导》（总第 1 辑），法律出版社，2015，序言。但根据前述《〈最高人民法院关于案例指导工作的规定〉实施细则》第 10 条，各级人民法院审理类似案件参照指导性案例的，应当将指导性案例作为裁判理由引述，但不作为裁判依据引用。这种似是而非的暧昧态度，印证了案例指导制度在我国适用所遭遇的尴尬处境。也有最高人民法院的法官表示，应当区分"指导性案例"（专指依据《最高人民法院关于案例指导工作的规定》编选的并经最高人民法院审判委员会讨论决定后公开发布的案例）和所谓"具有指导作用的案例"（单位或个人编选的对理论研究或者司法实践具有指导价值的案例，也可以称之为民间版的指导性案例）。全国法院在审理与指导性案例类似的案件时，应当参照指导性案例。所谓"应当参照"，就是必须参照的意思。参见胡云腾《一个大法官与案例的 38 年情缘》，《民主与法制》2017 年第 20 期，第 13 页。但也有学者指出，指导性案例的"参照力"是一个多维的概念，应该在类型划分的基础上对其做多维的解读。而其又将指导性案例区分为"法条重述型指导性案例"、"释法型指导性案例"以及"造法型指导性案例"，类型不同，适用的方法及效果也不同。参见瞿灵敏《指导性案例类型化基础上的"参照"解读：以最高人民法院指导性案例为分析对象》，《交大法学》2015 年第 3 期，第 86 页。我国当前并无明确的判例制度，但实际上存在"近似判例制度"，如案件请示批复制度是有实无名的判例制度，案例选编公告制度是心照不宣的判例制度，案例指导制度是欲言又止的判例制度，这些制度有诸多不足。参见魏胜强《为判例制度正名——关于构建我国判例制度的思考》，《法律科学（转下页注）

的极大推崇。

"马伯里诉麦迪逊案"（*Marbury v. Madison*）① 之所以具有如此大的影响力，一方面在于美国联邦最高法院通过本案对美国宪法第 3 条与第 6 条②的扩张性解读，开创性地提出，联邦法院有义务审查国会制定的法律，并确保这些法律与宪法之间不存在矛盾与冲突。更为重要的原因在于借由"马伯里诉麦迪逊案"，美国联邦最高法院建构了"司法审查"（Judicial Review）③ 制度，由此，美国联邦最高法院牢牢地掌握了美国社会中包括

（接上页注②）（西北政法大学学报）》2011 年第 3 期，第 182 页。总体来说，美国式的判例研究在我国往往难以继续深入的原因在于，判例制度能否建立并不仅仅取决于决策层的决断，也不完全是一个在法律共同体内如何形成相关共识的问题。在我国现行的司法体制内，一方面，既有的司法解释、上下级法院之间的请示答复、法院内部文件等机制，都可能部分地提供某种统一法律适用的功能，发挥对判例制度的替代作用；另一方面，缺少诸如纯粹的法律审级、系统的判决公开和成熟的案例评析方法等支撑判例制度成立的程序性、技术性条件。司法判例制度在当下中国的建构将是一个长期渐进的演化过程。虽然作为建构判例制度的过渡环节，有关"指导性案例"及其他促进法律统一适用的司法文件目前正在起草之中，但一些相关的制度设计能否得到通过，形成文件之后是否真的能够在司法实践中得到推行等问题依然存在。解决如何立足于中国当前的实际情况，找到某种真正具有可行性的制度建构途径，这个问题绝非易事。参见王亚新《判例研究中新的视角及方法探求》，《昆明理工大学学报》（社会科学版）2011 年第 1 期，第 33 页。

① *Marbury v. Madison*，5 U. S.（1 Cranch）137（1803）.

② 美国宪法第 3 条规定，"第 1 款，合众国的司法权属于最高法院以及由国会随时下令设立的低级法院。最高法院和低级法院的法官，如果尽忠职守得以继续任职，并应在规定时间获得服务报酬，此项报酬在他们继续任职期间不得减少。第 2 款，司法权适用的范围如下：一切基于本宪法、合众国法律以及根据合众国权力所缔结的及将缔结的条约而产生的普通法的及衡平法的案件；一切涉及大使、其他使节及领事的案件；一切有关海事法和海事管辖权的案件；以合众国为当事人的诉讼；两个州或数个州之间的诉讼；一州与另一州的公民之间的诉讼；一州公民与另一州公民之间的诉讼；同州公民之间对他州让与土地所有权的诉讼；一州或其公民与外国或外国公民或国民之间的诉讼"。美国宪法第 6 条规定，"本宪法生效前所负的一切债务和所签订的一切契约在本宪法生效后对合众国仍然有效，其效力一如邦联时代。本宪法及依照本宪法所制定之合众国法律以及根据合众国权力所缔结或将缔结的一切条约，均为全国的最高法律；即使与任何一州的宪法或法律相抵触，各州的法官仍应遵守。任何一州宪法或法律中的任何内容与之抵触时，均不得违反本宪法"。

③ 保障美国联邦最高法院掌握话语权的主要武器即所谓"司法审查"。司法审查是指法院通过具体个案，对涉案成文法或者相关公务行为的"合宪性"进行审查，从而影响立法或者执法活动。司法审查虽然强调的是一种"合宪性"审查，但事实上却在美国宪法出台之前就已经存在。根据有些学者的考证，很多州在 1787 年美国制宪会议之前，就已经开始了实质意义上的"司法审查"，当时美国 13 个州中已有 7 个州通过审查相 （转下页注）

死刑在内的重大问题的话语权，更为美国刑法研究预设了话语背景。①

所谓"语境"，是指理解美国刑法的话语背景。换句话说，一切法律规制与运行都在这些话语背景所设定的框架内进行。不理解这些语境，将无法从实质上理解美国刑法的基本样态。

以判例为视角的美国刑法研究，首先必须纳入美国宪法语境当中加以考虑。但吊诡的是，美国实体刑法缺乏有意义的宪法约束，却是一种常态。② 尽管在美国，刑事程序法被充分地宪法化。甚至在某种意义上，美国刑事程序和宪法性的刑事程序成为了同义词。③ 但实体刑法中的犯罪论和刑罚论，实际上并没有受到宪法的严格检视和考察。有学者形容，在实体刑法方面，美国联邦最高法院往往态度暧昧，持"不粘锅"的态度。④

和加拿大等将刑法宪法化的普通法国家相比，美国的做法显然相当保守，其在宪法中规定的唯一实体犯罪是叛国罪。虽然《权利法案》当中对刑事被告人的程序性权利多有保障，却没有对无罪推定、个人责任、刑罚比例性原则等实体性刑法原则加以规定。⑤ 另外，美国联邦最高法院处理的，不

（接上页注③）关法律的合宪性，调整甚至否定立法。这些州的法院认为，州宪法是该州的基本法，其效力优先于其他州法，因此，所有与州宪法冲突的其他立法，都应做出相应的调整。而法院掌握着如何解读刑法的权力。相信后来美国联邦最高法院采用的司法审查，也在很大程度上借鉴了这些地方上的实践措施。参见 Saikrishna Prakash & John Yoo, "The Origins of Judicial Review," *U. Chi. L. R.* 70 (2003): 887。

① 一直以来，围绕司法审查的合法性与正当性，存在大量的反对声音。包括美国历史上的知名人士，如托马斯·杰弗逊、亚伯拉罕·林肯（Abraham Lincoln）等都担心由法官（甚至是未经选举的法官）来独掌近乎专断的认定权不仅缺乏合法性，而且极容易导致司法擅断。例如，杰弗逊就曾不无嘲讽地提出，"宪法就像司法机关手里玩弄的蜡泥，可以任由其捏成想要的形状"。不仅如此，因为美国宪法中并没有司法审查的明确规定，美国联邦最高法院的司法审查权面临的更大挑战在于其合法性，特别是合宪性的来源。一般认为，司法审查权的根据在于三权分立结构以及宪法的合理推定。参见 Randy E. Barnett, "The Original Meaning of Judicial Power," *S. Ct. Econ. Rev.* 12 (2004): 115。

② 有美国学者指出，美国宪法对美国刑法的影响并没有人们所想的那么显著。参见〔美〕斯蒂芬·休特《有宪限制与无宪限制——美国刑法与英国刑法比较》，王文华译，《法学杂志》2004年第4期，第88页。

③ 参见 William J. Stuntz, "The Pathological Politics of Criminal Law," *Mich. L. Rev.* 100 (2001): 505。

④ 以乔治·弗莱彻为首的很多美国学者认为，美国联邦最高法院与实体刑法之间并不存在任何纠缠的空间。参见 Mordechai Kremnitzer, "Constitutionalization of Substantive Criminal Law: A Realistic View," *Isr. L. Rev.* 33 (1999): 720。

⑤ 参见 George P. Fletcher, "The Meaning of Innocence," *Univ. of Toronto L. J.* 48 (1998): 157。

仅包括死刑之类的重大刑法问题①，还涉及美国社会生活中几乎所有重要事项，如民权、同性恋等问题，甚至连谁当总统都是由联邦最高法院那 9 位法官说了算。② 导致这种"矛盾"出现的根本原因在于美国联邦最高法院宪法理念的两个关键特征：程序优于实体、州权优于联邦权。③ 事实上，现实生活中的大量具体犯罪，是被州法所规制的，这种治安权力，被广泛认为是各州固有的核心权力，联邦司法不应介入。这多少可以解释，为什么美国至今都没有形成一个涵盖联邦与各州的统一刑法典了。④

虽然联邦最高法院仅在死刑等个别实体刑法问题上明确表态，但不能否认美国联邦最高法院在实体刑法理论与实践方面的决定性作用。因为事实上，在过去的几十年当中，联邦刑事权力得到了很大的发展，尤其是在 20 世纪 80 年代末，美国国会为了应对暴力犯罪的剧增，以及公众对犯罪问题的严重关注，将劫持汽车、涉及武器犯罪等上升至联邦刑法层级。同时，美国国会还试图通过刑事立法设定联邦犯罪，来规范其他社会问题，诸如抚养儿童、身份欺诈等。《1994 年暴力犯罪控制与执法法案》（Violent Crime

① 根据统计，2011 年至 2012 年，美国联邦最高法院总共审理了 84 起案件，其中 82 起案件通过"调卷令"（Writ of Certiorari）提起，1 起案件通过"上诉司法管辖"（Appellate Jurisdiction）提起，1 起案件通过"初审管辖"（Original Jurisdiction）提起。84 起案件中，包括 56 起民事案件（占 67%），19 起刑事案件（占 23%），8 起人身保护令（Habeas Corpus）案件（占 10%），1 起案件涉及州际管辖问题（占 1%）。72 起案件属于审查美国联邦巡回上诉法院的判决，10 起案件审查各州最高法院的判决，1 起案件审查加利福尼亚州法院的原判，1 起案件属于直接审理。参见王昶《美国联邦最高法院 2010—2011 年度回顾》，《法律文献信息与研究》2011 年第 4 期，第 8 页。
② 参见 Bush v. Gore，531 U.S. 98（2000）。2000 年美国总统大选候选人布什与戈尔相持不下，最终求助于美国联邦最高法院，后者做出了对布什有利的判决。国内的相关介绍，可参见何帆《大法官说了算：美国司法观察笔记》（增订版），法律出版社，2016。
③ 参见 Markus Dirk Dubber, "Toward a Constitutional Law of Crime and Punishment," Hastings L. J. 55（2004）：509。
④ 《剑桥美国法律史》在阐述 19 世纪的美国刑法史时认为，尽管从美国宪法批准到第一次世界大战结束的漫长的一个多世纪的时间里，全国范围的先进的资本主义经济已经出现，但是美国的国家机制和国家的刑事司法体系却没有得到充分的发展。国家的功能，包括刑事司法，依然还是以地方为主，而地方政府从来就未能成为现代国家暴力的垄断者，也未能使法治具有确定性，因为它们受到了太多私人司法的影响，诸如决斗、棒击、拳脚相加、法外治安团体、陪审团、控辩交易等等。因此，直到 20 世纪初，美国的刑事司法制度和通常人们所说的西方国家随着资本主义经济和民族国家的发展而出现的以法治为基础的正式的、理性的、具有现代意义的刑事司法体系相比，还有一定的距离。参见韩铁《新英格兰殖民地刑事司法重点的转移》，《史学月刊》2010 年第 11 期，第 102 页。

Control and Law Enforcement Act of 1994)① 不仅增加几十项新的联邦犯罪，同时扩展了既有联邦犯罪的适用范围，其中大多涉及暴力犯罪，如在国际机场使用暴力、使用大规模杀伤性武器、为恐怖分子提供物质支持等等。② 有学者统计，20 世纪末，联邦犯罪的数量就已经超过 3000 项。③ 而随着近些年来美国打击恐怖主义犯罪的势头上升，目前，联邦犯罪的数量显然不止于此。这就意味着，虽然美国联邦最高法院在刑事实体法方面采取不作为的消极态度，但包括联邦巡回上诉法院以及联邦地区法院在内的各级联邦法院，仍然可以在审理数目庞大的联邦犯罪时，借助司法审查权，发展出一系列相关刑法原则与刑法理念。

除此之外，以判例为视角的美国刑法研究还必须被纳入程序法以及方法论语境之中加以讨论。简单来说，如果没有程序法与方法论这两大抓手，对美国刑法学宪法语境的讨论就没有任何实际意义。对此，将在后文相关部分加以详细论述。

第一节　美国刑法研究的宪法语境

一　美国的司法审查机制

阿历克西·德·托克维尔（Alexis de Tocqueville）④ 曾十分尖锐地提出，"在美国，出现的政治问题，很少不是或迟或早作为一个司法问题解决的"。⑤ 这句近似箴言的话语，其实彰显着美国宪法学中的一个难题，即如何梳理美国联邦最高法院与民选产生的立法机关之间的关系。正如美国宪法权威学者所提出的那样，民主体制如何能够容忍一群未经选举产生的法官，挑

---

① 42 U. S. C. § § 136.

② 参见 Sara Sun Beale, "Too Many and Yet Too Few: New Principles to Define the Proper Limits for Federal Criminal Jurisdiction," *Hastings L. J.* 46 (1995): 979。

③ 参见 Hon Roger J. Miner, "Crime and Punishment in the Federal Courts," *Syracuse L. Rev.* 43 (1992): 681。

④ 阿历克西·德·托克维尔（Alexis de Tocqueville），1805~1859 年，法国贵族、历史学家、政治家、社会学家。曾撰写《论美国的民主》（*De la démocratie en Amérique*）等经典著作。

⑤ 参见〔美〕伯纳德·施瓦茨《美国法律史》，王军等译，法律出版社，2007，第 5 页。

战甚至推翻经民主选举产生的官员所做出的决定？① 半个世纪过去了，这一问题仍然被视为美国宪法学研究的核心问题之一。具体而言，作为一种事实，美国法官通过司法审查②获得的巨大权力，是否篡夺了立法或者行政的权力，一直是一代代学者试图回答的问题。③ 考察美国刑法的宪法语境，特别是司法审查制度背景下的刑法理论及刑法适用，最为典型的事例，莫过于美国宪法语境下的死刑合宪性问题。

（一）美国司法审查制度的流变

一般认为，"马伯里诉麦迪逊案"④ 建构了当代美国司法审查制度的基本雏形。⑤ 美国联邦最高法院在本案中，首次明确了自己享有所谓司法审查权，即推翻违反宪法的联邦法律的权力。⑥

时任美国联邦最高法院首席大法官的瑟古德·马歇尔（Thurgood Marshall）⑦ 借由"马伯里诉麦迪逊案"提出，美国宪法第 3 条赋予法院享有涉及外交事务、州际争端的管辖权及受理上诉案件的审查权。在马歇尔看来，只有法院才应该有权决定立法是否合宪。理由非常简单，第一，任何法律都不得与宪法相冲突，但因为美国宪法的制定模式，必须对其进行司法审查。第二，马歇尔认为，法官曾经宣誓捍卫宪法，因此应该被赋予

---

① 参见 Barry Friedman, "The History of the Countermajoritarian Difficulty, Part One: The Road to Judicial Supremacy," *N. Y. U. L. Rev.* 73（1998）: 333。

② 司法审查，一般认为包括如下两个层面的含义：（1）法院有权认定个案所适用成文法的合宪性判断，这一判断必须为其他政府部门所遵守；（2）任何政府部门的行为都必须受到司法审查的制约。

③ 参见 Herbert Wechsler, "Toward Neutral Principles of Constitutional Law," *Harv. L. Rev.* 73（1959）: 1。

④ *Marbury* v. *Madison*, 5 U. S.（1 Cranch）137（1803）.

⑤ 参见 Edward L. Rubin and Malcolm Feeley, "Federalism: Some Notes on a National Neurosis," *UCLA L. Rev.* 41（1994）: 903。

⑥ 将"马伯里诉麦迪逊案"作为美国司法审查制度的正式发端并不是没有任何争议的。据相关学者考证，1794 年美国联邦最高法院在"美利坚合众国诉耶鲁托德案"（*United States* v. *Yale Todd*）中就已经开始司法审查联邦法律的合宪性了。"马伯里诉麦迪逊案"之前，美国联邦最高法院至少进行过 5 起类似的司法审查。参见 Keith E. Whittington, "Judicial Review of Congress before the Civil War," *Geo. L. J.* 97（2009）: 1257。

⑦ 瑟古德·马歇尔（Thurgood Marshall），1908~1993 年，首位担任美国联邦最高法院大法官的非洲裔美国人。

进行司法审查的权力。第三，马歇尔根据宪法第 3 条第 2 款提出，司法部门有权力确定法律的适用范围，事实上根据这一规定，对所有和宪法有关的案件都可以进行司法审查。第四，马歇尔认为司法活动中法官解读法律再正常不过，这就要求法官在日常案件审理过程中解读宪法。第五，马歇尔认为宪法的至上性也保证了司法审查的正当性。[①]

但从历史考察的角度来看，实质意义上的司法审查制度并非美国所独创，而是大体上借鉴自英国的相关传统。[②] 美国制宪会议的代表们，也几乎都赞成这一做法。换句话说，在从形式上确立司法审查制度的"马伯里诉麦迪逊案"出台前，这一制度其实早已经被较为充分地讨论过了。[③] 例如，虽然没有证据证明 17 世纪或者 18 世纪的法官，将自己判决相关法律是否违宪的做法称为所谓"司法审查"，[④] 但在《联邦党人文集》（*Federalist Papers*）[⑤] 当中，这些建国之父们认为应该保持宪法的稳定性与至上性，从而使得美国的民主体制免受政党更迭或者人事变迁的影响。[⑥] 这为联邦最高法院的权力扩张埋下了伏笔。宪法赋予司法机关审理案件、处理纠纷的权力，这一规定暗含着让司法机关适用法律，包括宪法的意思。反之，如果其他政府部门的做法违反了宪法，法院当然不能袖手旁观。由此，通过司法审查，可以限制立法与执法滥权，确保重要道德、政治与法律原则的独立性。[⑦] 换句话说，美国宪法起草酝酿之初，就有让联邦最高法院监督

---

① 参见 Danielle E. Finck, "Judicial Review: The United States Supreme Court Versus the German Constitutional Court," *B. C. Int'l & Comp. L. Rev.* 20（1997）: 123。

② 对美国的司法审查制度源自英国的观点，也存在有力的反驳，即认为如果美国的缔造者们想照搬英国的做法的话，为什么还要劳神建构一部新的宪法？种种迹象表明，这些缔造者们想建构一部具有自己特点的宪法。参见 G. Edward White, "The Lost Origins of American Judicial Review," *Geo. Wash. L. Rev.* 78（2010）: 1145。

③ 参见 Shawn Gunnarson, "Using History to Reshape the Discussion of Judicial Review," *B. Y. U. L. Rev.* 1984（1994）: 151。

④ 参见 Philip Hamburger, "A Tale of Two Paradigms: Judicial Review and Judicial Duty," *Geo. Wash. L. Rev.* 78（2010）: 1162。

⑤ 汉译本可参见〔美〕汉密尔顿、〔美〕杰伊、〔美〕麦迪逊《联邦党人文集》，程逢如等译，商务印书馆，1980。

⑥ 参见 Rebecca L. Brown, "Accountability, Liberty, and the Constitution," *Colum. L. Rev.* 98（1998）: 531。

⑦ 参见 Herbert Wechsler, "Toward Neutral Principles of Constitutional Law," *Harv. L. Rev.* 73（1959）: 1。

各州立法机构的意图，这也是法官后来通过判例获得司法审查权的根据。从这个意义上来讲，司法审查甚至可以被视为美国建国之初，联邦与州权力洗牌过程的一部分。①

概言之，虽然根据普通法传统，法官不应该是披着法袍的政客，更不应该是哲学家或者媒体面前的名人，② 但美国制定的《1789 年司法法案》（The Judiciary Act of 1789）规定，联邦法院可以对各州司法机关的判决进行审查，这显然表明美国国会希望联邦法官，特别是联邦最高法院大法官能扮演某种政治角色的明确意图。③ 随着美国联邦最高法院司法审查权进一步得以稳固，借由"斯科特诉桑德福德案"（Dred Scott v. Sandford）④，联邦法院开始对州法进行司法审查。⑤

概括起来，以美国联邦最高法院为代表的司法审查活动发展到 19 世纪末已经基本成形。⑥ 但随着美国联邦最高法院独占宪法的解释权，必然的问题随之出现，即司法审查以何种形式进行？基于何种取向？能否获得其他权力部门的接受与认可？

最初，美国联邦最高法院的司法审查活动往往关注于调整经济活动，但这一趋向在 19 世纪末出现了根本性的变革，此后，美国联邦最高法院对宪法的解读方式，转而倾向于对公民个人权利的保护。⑦ 应该说，这种转向符合民主的基本原则。通常情况下，民主被理解为规制政治竞争的程序性保证，司法审查不仅可以用来保障公民合理质疑公权力的权利，也有助于保护社会中无法通过立法改变自身权利分配现状的弱势群体。

---

① 参见 Gordon S. Wood，"The Origins of Judicial Review Revisited, or How the Marshall Court Made More out of Less，" *Wash. & Lee L. Rev.* 56（1999）：787。

② 参见 Craig S. Lerner and Nelson Lund，"Judicial Duty and the Supreme Court's Cult of Celebrity，" *Geo. Wash. L. Rev.* 78（2010）：1255。

③ 参见 Maeva Marcus，"Is the Supreme Court a Political Institution?" *Geo. Wash. L. Rev.* 72（2003）：95。

④ 参见 *Dred Scott v. Sandford*，60 U. S. 393（1857）。

⑤ 参见 D. Brooks Smith，"Judicial Review in the United States，" *Duq. L. Rev.* 45（2007）：379。

⑥ 参见 Larry D. Kramer，"The Supreme Court 2000 Term, Foreword：We the Court，" *Harv. L. Rev.* 115（2001）：4。

⑦ 参见 David M. Gold，"The Tradition of Substantive Judicial Review：A Case Study of Continuity in Constitutional Jurisprudence，" *Me. L. Rev.* 52（2000）：355。

从历史的发展脉络来看，虽然美国司法审查制度不断趋于强化，[①]
但这绝不意味着美国司法审查的发展过程毫无波折。历史上，曾经有数
位美国总统宣称自己才享有解读宪法的权力，其中就包括著名的罗斯福
总统。在罗斯福新政时期，事实上一直到1936年，美国联邦最高法院还
一直坚守政治与法律的分野，并因此推翻了罗斯福总统的很多新政措施。
这使得罗斯福总统认识到，必须对美国联邦最高法院加以改革，从而保
证自己摆脱大萧条的努力能够成功。在诸多选项当中，罗斯福选择了
"掺沙子"，即增加美国联邦最高法院大法官人数。[②] 虽然最后的结果未
能尽如人意，但自此，美国联邦最高法院的行事风格开始发生显著转变。
具体而言，这一时期美国联邦最高法院实际上对政府，特别是行政部门
及立法部门的决定采取了默认、不干涉的态度，同时采取较为宽松的所
谓"理性标准审查"（Rational Basis Scrutiny）。到了20世纪50年代，联
邦最高法院的司法解读获得了新的发展方向，即保护少数族裔的根本权
利。[③] 这一时期，华伦大法官（Earl Warren）在"布朗诉教育委员会案"
（Brown v. Board of Education）[④] 中的观点，以及"美利坚合众国诉卡罗琳
产品公司案"（United States v. Carolene Products Co.）中的注解四，标志着
美国司法审查发展的新阶段。

但到了20世纪60年代末70年代初，面对汹涌而至的司法审查申请，
美国联邦最高法院根本无力应对。这也导致到了20世纪70年代末，美国

---

① 例如，根据目前仍然适用的《1925年法官法》，对司法审查，美国联邦最高法院几乎享
有完全的自由裁量权。根据本法，通过申请调卷令，几乎所有案件都可以被提交给美国
联邦最高法院进行司法审查。从这个意义上来讲，美国联邦最高法院决定进行司法审查
的根据，已经不再是对该案件拥有管辖权，而是该案件有进行司法审查的价值。这也导
致了另外一个后果，即对大多数申请人来说，被驳回申请调卷令，意味着相关案件司法
救济之路的彻底终结。参见 Scott Graves and Paul Teske，"State Supreme Courts and Judicial
Review of Regulation，" Alb. L. Rev. 66（2003）：857。

② 罗斯福总统试图给美国联邦最高法院大法官中"掺沙子"的做法影响极其深远，在1937
年宪法改革运动之后，美国不同政治派别就开始试图通过将相关案件提交给联邦最高法
院，并通过影响联邦最高法院的人员构成达成自己的政治目的。参见 Laurence H. Tribe，
"The Puzzling Persistence of Process-Based Constitutional Theories，" Yale L. J. 59（1980）：
1063。

③ 参见 Michael Kent Curtis，"History Teaching Values：William E. Nelson，Marbury v. Madison：
The Origins and Legacy of Judicial Review，" Green Bag 2d 5（2002）：239。

④ Brown v. Board of Education，347 U. S. 483（1954）.

联邦最高法院开始收紧司法审查的标准。①

（二）美国司法审查的特征及基本适用范式

根据学者的总结，美国的司法审查具有几个基本特点：第一，联邦最高法院在解读宪法方面具有最高权力，没有人或机构有权力推翻美国联邦最高法院做出的宪法解释；第二，所有法院都有权力解读宪法和其他法律，换句话说，司法解释权并非美国联邦最高法院所独享；第三，司法审查的结果是特定法律的合宪性与否，这样的一种认定将通过普通法系中的"遵从先例"（Stare Decisis）原则影响到将来出现的类似案件；第四，如前所述，基于美国的联邦制政体，各州法院在行使司法审查权时，不仅可以适用美国宪法，还可以适用该州的宪法；第五，除法院之外，任何机关或者个人都无权宣称某项法律违宪，即司法审查权是司法机关独享的权力；第六，法院对是否启动司法审查机制享有最终的决定权；第七，法院在进行司法审查时，无须受到太多司法程序的限制。②

因此，从概念厘定的层面总结，美国的司法审查其实是一种二元基础上的择一过程。具体而言，司法审查本身需要在司法擅断或者宪法至上之间进行选择。如果说司法审查绝非司法擅断，那么就需要进一步追问，司法审查本身的价值取向是维持宪法至上还是维持人民至上。如果说司法审查追求的是宪法至上，那么就必须保证司法审查的主体，即法官，能够克服主观偏见客观地适用宪法。同时，在具体的案件中，宪法条文的语言表述具有充分的解读可能性。如果说司法审查制度追求的是民意或者社会一般民众的认同，就必须保证存在宪法条文所承载的宪法价值，与此同时，这些价值具有穿越时空的普遍适用性，可以一代代地加以传承。③

正是基于上述矛盾的冲突与妥协，以联邦最高法院为代表的美国司法机关，在解读宪法的过程中，一般存在如下几种范式。

---

① 参见 Patrick M. Garry, "Judicial Review and the 'Hard Look' Doctrine," *Nev. L. J.* 7 （2006）: 151。

② 参见 Philip P. Frickey and Steven S. Smith, "Judicial Review, the Congressional Process, and the Federalism Cases: An Interdisciplinary Critique," *Yale L. J.* 111 （2002）: 1707。

③ 参见 Sotirios A. Barber, "Judicial Review and the Federalist," *U. Chi. L. Rev.* 55 （1988）: 836。

1. "文脉主义" (Contextualism)[①]

文脉主义解读范式否认单独的概念本身具有意义。换句话说，对任何两个不同的人来说，同样的一个句子具有的意味绝不相同。事实上，即使对同一个人来说，同样一种表述，在不同时期的解读可能都会不同。因此，文脉主义者呼吁在解读宪法时，对任何一个概念，都必须根据其所处的更为宏观的语言结构，以及用词的意图来加以判断。

从这一角度而言，坚持文脉主义宪法解读的学者认为，概念或者范畴并没有绝对、一致的参照。概念或者范畴的特定意义随着语境、随附情状以及使用者的经验乃至读者内心的变化而变化。从这个意义上说，独立的宪法条文个体本身没有客观的意义或者真正的意义。文脉主义者相信，不能将概念孤立于其所存在的文本，对其单独加以考虑。文脉主义的理论基础在于，如果不考虑法律文本而关注所谓立法原意，就会导致宪法解释权的滥用，甚至遭到相关利益团体的人为操纵。[②] 从实质层面判断，文脉主义具有相当程度合理性，因为所谓立法原意非常难以把握，文脉主义主张，宪法文本不应该关注立法者的主观意图，而是应该关注普通人是否能够准确理解宪法条文，法律（包括宪法）含义的判断，绝对不应依据国会议员的个人理解，而应当依据法律文本及对法律文本所使用概念或范畴的通常理解。因此文脉主义坚持，宪法文本才应该是唯一有效的宪法法源。[③]

极端的观点带来的或许是深刻，但绝对不是全面，也不意味着在现实社会当中的可适用性。极端的文脉主义当然不具有实践意义，因为如果遵守严格的文脉主义，所谓宪法解读根本无从展开。从这个意义上来看，极

---

① 参见 Michael S. Moore, "A Natural Law Theory of Interpretation," *S. Cal. L. Rev.* 58 (1985): 279。文脉主义，又被称为语境主义，一般被理解为，解读主体使用不同的工具，包括字典定义以及解释规则，认定成文法中具体概念或者某一条款含义的解读方法。参见 Lori L. Outzs, "A Principled Use of Congressional Floor Speeches in Statutory Interpretation," *Colum. J. L. & Soc. Probs.* 28 (1995): 297。

② 美国联邦最高法院前大法官雨果·布莱克曾提出，宪法是"我的法律圣经"，他"珍视宪法的每一个字，从第一个字到最后一个字"，他为对宪法最轻微之要求的最小背离都感到悲痛。参见〔美〕莫顿·霍维茨《沃伦法院与正义的追求》，信春鹰、张志铭译，中国政法大学出版社，2003，第 191 页。

③ 参见 William N. Eskridge, Jr., "Dynamic Statutory Interpretation," *U. Pa. L. Rev.* 135 (1987): 1479。

端的文脉主义甚至可以被认为是一种认识论上的怀疑主义，根本无法附着解读者可以发现的其他客观属性。

司法审查过程中，文脉主义一度成为美国联邦最高法院的主导宪法解读范式。[①] 但时势更迭，特别是随着联邦最高法院大法官构成的变化，文脉主义解读范式的主导地位也渐趋动摇。

2. "原意主义"（Intentionalism）

相对文脉主义解读范式，一部分美国学者认为，应当将探求立法机构在制定宪法时的立法意图，作为司法审查中宪法解读的基本范式。原意主义解读范式偏重考察宪法的立法目的和立法历史，从而弄清立法机构在立法时选择使用特定概念究竟基于何种意图。通过这种考察，厘定立法时立法者的精确意图，或者通过分析立法历史和立法目的，确认立法者如何通过立法确定特定法律规定的实际目的。

从动态视角，可以将原意主义解读范式细分为静态意义上的原意主义和动态意义上的原意主义。

所谓静态的原意主义，不考虑可能影响成文法的后续情势变更，也不考虑社会环境的改变。这样的一种观点多为所谓的法经济学派所持有。法经济学派应用公共选择理论，建构一种可以用来重构立法者意图的解释模式。使用这一解读模式，实际上就是假设当下的案件如果发生在立法时，法官应该如何判决。[②]

动态的原意主义分析范式，是适用哈特的法律目的理论来判断成文法的意义。[③] 所谓动态的意图理论，不关注立法者的具体立法过程，而关注立法者试图通过立法解决的具体问题。这种解读方式，可以让解读者明确其通过解读成文法所需要解决的具体问题，与立法者当初通过立法需要解决的问题是否具有实质类似性。这种模式通过需要关注的具体问题范围，所关注的

---

① 马歇尔大法官在"马伯里诉麦迪逊案"中的解读方法就属于所谓"文脉主义"。参见 Robert C. Post and Reva B. Siegel, "Equal Protection by Law: Federal Antidiscrimination Legislation After Morrison and Kimmel," *Yale L. J.* 110 (2000): 441。

② 参见 Richard T. Bowser, "A Matter of Interpretation: Federal Courts and the Law," *Campbell L. Rev.* 19 (1997): 209。

③ 参见 Paul Campos, "That Obscure Object of Desire: Hermeneutics and the Autonomous Legal Text," *Minn. L. Rev.* 77 (1993): 1065。

问题与解读者目前所遇到问题的类似性，从而厘定宪法解读的范围与方式。

历史上，原意主义也一度成为美国各级法院的主流解读模式。以美国联邦最高法院为例，其在 1988 年到 1989 年间共审结了 123 起案件，在其中的 53 起案件当中，大法官解读宪法或者成文法时参照了立法历史。[①] 当然，后续这一趋势也出现了反复。[②]

但无论如何，在美国司法实务当中，采用原意主义解读范式往往需要满足下列条件[③]：

条件一：立法之后出现了立法时不可预见的情况；

条件二：出现不可预见情况，使得如果继续按照字面理解该法律，将会导致与立法初衷相背离的结果；

条件三：排除立法机构因为情势变更，不再倾向于继续适用该法的可能性；

条件四：法院可以发现能够体现立法意图的最佳解读方式。

不可否认，原意主义解读范式具有很多优点，如避免案件审理结果明显不合理、发现法律制度存在的错误、明确立法者的真正意图、在存在政治纷争的情况下选择合理的解读路径等等。但和文脉主义一样，原意主义解读范式也需要面对十分尖锐的指控。首先，原意主义解读范式往往缺少确定性。立法机构由多人组成，而法院缺乏专门探究立法者立法意图的途

---

① 参见 Lori L. Outzs，"A Principled Use of Congressional Floor Speeches in Statutory Interpretation，" *Colum. J. L. & Soc. Probs.* 28（1995）：297。

② 某些人认为应该减少对立法历史的适用，甚至完全放弃。在他们看来，法院适用立法历史几乎是任意的。甚至连联邦最高法院大法官对立法历史的参考实际上也是在减少。到了 1989 年，联邦最高法院审结的 65 起案件中，有 10 起案件并没有参照立法历史。到了 1990 年，在联邦最高法院审结的 55 起案件中未援引立法历史的达到了 19 起。因此，很多人表示，参照立法历史很快就会成为例外而不是原则。参见 Stephen Breyer，"The 1991 Justice Lester W. Roth Lecture：On the Uses of Legislative History in Interpreting Statutes，" *S. Cal. L. Rev.* 65（1992）：845。

③ 参见 Paul Campos，"That Obscure Object of Desire：Hermeneutics and the Autonomous Legal Text，" *Minn. L. Rev.* 77（1993）：1065。

径和方法。① 根据政治学基本理论，立法通常是各种利益集团、各种政治势力妥协的产物，因此不太可能出现十分明确且集中的立法意图。其次，原意主义解读范式容易遭人诟病为违反民主原则，变相授权法院借由探究立法意图，实际篡夺立法机构修正成文法的权力。法学理论界与实务界对此往往持批评的态度。很多学者都指摘原意主义解读范式的恣意性。② 还有人认为，从法律文本之外寻找法律的意义不符合宪法的规定，事后寻找立法意图，就好像在黑暗中狩猎一样。包括美国联邦最高法院在内的司法机关，通常情况下不承认自己有权修正立法机构制定的法律。③ 宪法的至上性决定了曲解宪法即可被视为修正宪法，而后者则是立法机构独享的权力。在民主社会当中，法官显然很难规避分权理论这一壁垒。

3. 折中主义

从对文脉主义和原意主义解读范式的正反意见分析可以看出，美国法院在宪法解读范式上，经历的正是一条自觉或者不自觉的折中主义道路。从最开始偏向文脉主义范式到后来的偏向原意主义范式，再到事实上的折中主义范式。从理论自足的角度来看，折中论永远都是痛苦的，也是存在缺陷的。

但另一方面，从实然的角度，连宪法本身也是立法者之间的妥协，即使宪法条文看起来明晰、毫无含混之处，但宪法文本本身不能也无法说明宪法制定过程中，特别是各方为了达成各自目的，在遣词造句方面做出了何种妥协。因此，只有考察立法历史，才可以为解读者更好理解宪法提供一个完整的话语背景。这是不是说，一个守法的公民一定不能仅仅读法律文本，还要考察所有的报告、听证、辩论，才能更为适当地对其加以理

---

① 参见 Kenneth A. Shepsle, "Congress Is a 'They', Not an 'It': Legislative Intent as Oxymoron," *Int'l Rev. L. & Econ.* 12 (1992): 239。

② 有学者就认为，立法者固然有自己的意图（不论参与立法的各部门和个人之间有没有形成统一的意见），可是法律一旦颁布实施（接受阅读），法律文本（作品）和立法者（作者）之间"固有"的附属关系也就消解了。法律文本的解释因此不可能还原或"固定"立法意图（包括立法者本人有时候对法律文本的解释）；相反，解释要不断地参照阅读在先的其他解释，在无穷尽的阅读的延宕中获取正当性和权威性的资源。参见冯象《木腿正义》，北京大学出版社，2009，第 27 页。

③ 参见 Orrin Hatch, "Legislative History: Tool of Construction or Destruction," *Harv. J. l. & Pub. Pol'y* 11 (1988): 43。

解？但，又有谁有时间和精力这样做呢？

文脉主义唯一关注的，仅仅是成文法本身，而不是其他与立法相关的历史资料。但非常令人好奇的就是，尽管文脉主义解读范式一直否认立法历史，却在同时大量地使用字典。换句话说，法官在使用字典方面，并没有任何的倾向性，例如，对字典的类型、出版时间等并无特别的选择理由。从对立法历史的痴迷到对字典的沉溺，美国成文法解读范式似乎永远是一个没有尽头的死循环。坚持对成文法应进行文脉主义解读的观点认为，在任何情况下从文本转向立法历史都违反了分权原则。然而，对字典的迷信使得文脉主义也无法逃脱这样一种批评，因为如果不参照立法历史的话，其会有更大的机会以及自主权来寻找和其自身偏好相一致的字面含义，而不是求助于民主选举的立法机构。

在解释法律的时候，法官首先应当关注的就是法律的文本，因为成文法是国会借由合法程序所固定下来的最终合意。但是当法律的文本规定较为含混的时候，法官必须援引立法历史，特别是国会立法记录。这是立法者有意留存下来、说明自身立法缘由的官方记录，而文脉主义所依据的字典或者其他材料显然缺少类似的合法性。因为成文法中所适用的相关概念本身无法传达明确的信息，因此需要借由议会辩论或者听证材料来对其加以澄清。[1]

在现实的层面，在"雪佛兰诉自然资源保护协会案"（*Chevron v. Natural Resources Defense Council*）[2] 中，美国联邦最高法院自我限制了对成文法的解释权，承认只能解读规定明确、不存在模糊之处的成文法。这就意味着，如果成文法规定得较为含混，司法机关则需要在可能的情况下求助于其他权力机关的介入。

除了上诉三种典型的宪法解读范式，还存在其他的解读范式，如：有学者提出，宪法的某些规定非常具有弹性，从而可以从这些有弹性的宪法规定中发展出不同解读，有必要要求联邦最高法院在司法解释时严格遵守宪法；还有人提出所谓规范性解读的观点，强调解读者，即法官应为自己

---

[1] 参见 Peter J. Henning, "Foreword: Statutory in Interpretation and the Federalization of Criminal Law," *J. Crim. L. & Criminology* 86 (1996): 1167。

[2] 参见 *Chevron v. Natural Resources Defense Council*, 467 U.S. 837 (1984)。

的解读行为承担个人责任；等等。①

在这里，顺便需要提到的是，目前我国刑法学界聚讼纷纷的所谓教义学与实质解释论，实质上十分类似于上面提到的所谓文脉主义及原意主义，特别是动态的原意主义。但必须提请读者注意的是，在不存在违宪性审查的制度设计前提下，讨论文脉主义与原意主义，抑或是教义学与实质解释论，都是缺乏制度基础的空谈，充其量只是解读者自身为达成特定解释目的而扯起的"皇帝新装"而已。

二 美国联邦最高法院司法审查过程中的"5∶4原则"

美国联邦最高法院由 9 名大法官组成，但在极少数情况下，最高法院的合议庭组成人员可以少于 9 人，但最少不应低于 6 人。② 在势均力敌的

① 参见 Robert C. Post and Reva B. Siegel，"Equal Protection by Law：Federal Antidiscrimination Legislation After Morrison and Kimmel，" *Yale L. J.* 110（2000）：441。

② 截至 2020 年美国联邦最高法院的 9 名大法官依照职位及资质，简介如下：

1. 小约翰·G. 罗伯茨（John G. Roberts，Jr.），美国联邦最高法院首席大法官，1955 年出生于纽约州水牛城。1976 年罗伯茨毕业于哈佛大学，获文学学士学位，1979 年，毕业于哈佛大学法学院。1979 年至 1980 年，罗伯茨曾担任美国第二巡回上诉法院弗雷德利法官的法律助理。1980 年，罗伯茨出任美国联邦最高法院大法官伦奎斯特的法律助理。1981 年至 1982 年，罗伯茨担任美国总检察长特别助理。1982 年至 1986 年，担任里根总统白宫办公室助理律师。1989 年至 2003 年，担任美国司法部副总检察长助理。1986 年至 1989 年，以及 1993 年至 2003 年，罗伯茨在华盛顿特区担任执业律师。2003 年，罗伯茨被任命为美国哥伦比亚特区联邦巡回上诉法院法官，后经布什总统提名，于 2005 年底出任美国联邦最高法院首席大法官。

2. 克莱伦斯·托马斯（Clarence Thomas），美国联邦最高法院大法官。1948 年，托马斯出生于佐治亚州。托马斯从圣十字大学获得文学学士学位，并于 1974 年毕业于耶鲁大学法学院。1974 年托马斯开始在密苏里州执业，至 1977 年，托马斯担任密苏里州总检察长助理。1977 年至 1979 年，出任某大型企业法律顾问。1979 年至 1981 年，托马斯担任参议院丹佛斯的法律顾问。1981 年至 1982 年，托马斯担任美国教育部民权事务部副书记。1982 年至 1990 年，托马斯担任美国平等就业保障委员会主席。1990 年，托马斯被提名担任哥伦比亚特区联邦巡回上诉法院法官。1991 年，布什总统提名其出任美国联邦最高法院大法官。

3. 史蒂芬·G. 博瑞尔（Stephen G. Breyer），美国联邦最高法院大法官，1938 年出生于加利福尼亚旧金山。博瑞尔自斯坦福大学获得文学学士学位，牛津大学获得文学学士学位，哈佛大学法学院获得法学学士学位。1964 年，博瑞尔担任美国联邦最高法院大法官古德伯格的法律助理。1965 年至 1967 年，担任美国总检察长负责反垄断事务特别助理。1973 年，担任负责水门事件的政府特别律师团成员。1974 年至 1975 年，担任美国参议院司法委员特别顾问。1979 年至 1980 年出任该委员会主席。1967 年至 （转下页注）

（接上页注②）1994 年，博瑞尔还曾执教于哈佛大学法学院及哈佛大学肯尼迪行政学院，并曾担任过悉尼大学、罗马大学的客座教授。1980 年至 1994 年，博瑞尔被提名担任美国第一巡回上诉法院法官。1994 年克林顿总统提名其担任美国联邦最高法院大法官。

4. 小萨缪尔·安东尼·阿里托（Samuel Anthony Alito, Jr.），美国联邦最高法院首席大法官，1950 年出生于新泽西州。毕业于普林斯顿大学，曾于 1976 年担任美国第三巡回上诉法院罗纳德法官的法律助理，并于 1977 年至 1981 年担任新泽西州政府律师。1981 年至 1985 年，担任美国司法部总检察长助理。1985 年至 1987 年，阿里托担任美国司法部副总检察长。1990 年，阿里托被提名担任美国第三巡回上诉法院法官。2006 年，布什总统提名其担任美国联邦最高法院大法官。

5. 索尼亚·索托梅尔（Sonia Sotomayor），美国联邦最高法院大法官，1954 年出生于纽约，1976 年以全校第一名的成绩毕业于普林斯顿大学，获得文学学士学位。1979 年毕业于耶鲁大学法学院，在校期间还曾担任《耶鲁法律评论》编辑。1979 年至 1984 年，索托梅尔担任纽约郡政府律师。1984 年至 1992 年，担任纽约郡某知名律师事务所合伙人。1992 年至 1998 年，索托梅尔被提名担任纽约南部美国地区联邦法院法官。1998 年至 2009 年担任美国第二巡回上诉法院法官。2009 年，奥巴马总统提名其担任美国联邦最高法院大法官。

6. 艾琳娜·卡干（Elena Kagan），美国联邦最高法院大法官，1960 年出生于纽约。1981 年毕业于普林斯顿大学，获得文学学士学位。1983 年，毕业于牛津大学，获哲学硕士学位。1986 年，卡干毕业于哈佛大学法学院，并担任《哈佛大学法律评论》编辑。1986 年，卡干担任美国联邦最高法院大法官马歇尔的法律助理。1989 年至 1991 年，卡干就职于华盛顿某知名律师事务所。1991 年，卡干担任芝加哥大学法学院教授。1995 年至 1999 年，卡干出任克林顿总统的法律顾问，负责国内法律事务部分咨询。1999 年，卡干开始在哈佛大学法学院执教，并于 2003 年担任哈佛大学法学院院长。2009 年，奥巴马总统任命其为美国总检察长，2010 年提名其担任美国联邦最高法院大法官。

7. 尼尔·高萨奇（Neil M. Gorsuch），美国联邦最高法院大法官，1967 年出生于科罗拉多州丹佛市。1987 年毕业于耶鲁大学，获文学学士学位。1990 年毕业于耶鲁大学法学院，获得法学博士学位，并从英国牛津大学获得哲学博士学位。曾担任哥伦比亚特区联邦巡回上诉法院法官助理，还曾担任美国联邦最高法院前大法官肯尼迪的助理。1995 年至 2005 年，担任私人执业律师。2005 年至 2006 年，进入美国司法部担任助理检察官，后被提名担任美国第十巡回上诉法院法官。2017 年 4 月 10 日，特朗普总统提名其接替于任上过世的斯卡利亚大法官，出任美国联邦最高法院大法官。

8. 布莱特·卡瓦诺（Brett M. Kavanaugh），美国联邦最高法院大法官，1965 年出生于华盛顿。毕业于耶鲁大学，先后获得文学学士与法学博士学位。担任过美国联邦最高法院前大法官肯尼迪的助理，后转为私人执业。2001 年开始步入政坛，担任美国总统特别顾问。2018 年由时任美国总统特朗普提名，接替退休的肯尼迪大法官，出任美国联邦最高法院大法官。

9. 艾米·科尼·巴雷特（Amy Coney Barret），美国联邦最高法院大法官，1972 年出生于路易斯安那。1994 年在罗德学院获得学士学位。1997 年获得圣母大学法学院法学博士学位。1998 年任美国联邦最高法院安东宁·斯卡利亚大法官助理。2002 年开始在圣母大学法学院执教。2017 年，被任命为美国第七巡回上诉法院法官。2020 年，获时任美国总统特朗普提名担任美国联邦最高法院大法官。

上述内容参见"美国联邦最高法院网站"，http://www.supremecourt.gov/about/biographies.aspx，最后访问日期：2021 年 1 月 15 日。

情况下，下级法院的判决将具有约束力。根据美国宪法，总统提名的联邦最高法院大法官，经过参议院多数表决通过即可获任。在担任大法官期间，如果言行端正，则可终身任职。除此之外，大法官可以主动或者遭遇弹劾在生前退休。[①]

美国联邦最高法院的职能在于确保美国社会的法治化，防止政府行为的任意性，防止权力过分集中，避免制度性腐败发生。[②] 1787 年美国宪法确立联邦法官得享有终身制的初衷，也在于保证司法权免受政党轮替或人事更迭的影响。与此形成鲜明对比的是，美国立法及行政部门每隔几年就会进行人员调整与人事变动。但在另一方面，恰恰因为终身制的存在，联邦法官特别是联邦最高法院大法官的自由裁量权失去了可见的外部约束[③]，而其内部的决策动机与决策方式，就成为考察美国联邦最高法院司法审查运作机制的关键所在。所谓关键，并不否定特定政治立场总统在提名最高法院大法官时的政治考量，但相对任期有限的总统而言，能够在任内等到提名最高法院大法官的机会，也非必然的大概率事件，况且总统提名也仅仅是大法官选任的第一步。用句通俗的话形容，虽然没有总统提名绝对当不上联邦大法官，但有了总统提名，最终因为各种利益博弈的结果，与这一宝座失之交臂者，亦大有人在。在这个意义上，提出大法官的内在决策动机与决策方式极为重要。

从形式上来看，法官在进行司法审查时，有时会将宪法解读控制在宪法字面范围之内，有时却又将其扩展至宪法的字面含义之外。在某种程度上，宪法本身是否具有实体正当性也是存疑的。换句话说，在司法审查与

---

① 参见 Bradley W. Miller, "A Common Law Theory of Judicial Review," *Am. J. Juris.* 52 (2007)：297。

② 参见 Philip B. Kurland, "Judicial Review Revisited：'Original Intent' and 'The Common Will'," *U. Cin. L. Rev.* 55 (1987)：733。

③ 但有学者通过对美国联邦最高法院的历史考察，发现联邦最高法院与主流民意之间一直保持着密切的对应关系，很少做出背离民意的选择，更不会长期背离民意。从这个意义上，联邦最高法院一直是人民手中的傀儡，而人民，牢牢地控制着联邦最高法院的所有举动。参见 Jenna Bednar, "The Dialogic Theory of Judicial Review：A New Social Science Research Agenda," *Geo. Wash. L. Rev.* 78 (2010)：1178。

实质正义之间没有对等关系。[①] 在承认法官终身制的情况下，实际影响美国联邦最高法院对具体问题态度的变量只有两个。首先，同一法官，针对同一问题的态度发生了改变。其次，如果同一法官针对同一问题的态度自始至终保持一致，那么，不同大法官之间的合纵连横就成为影响联邦最高法院最终态度的决定性机制，这就是著名的 5∶4 原则。

事实上，在决定关乎美国社会重大发展方向或者价值取向的敏感问题时，一方面因为法官本身对宪法的理解不同，另一方面也是出于尽快解决问题的功利主义考虑，因此往往出现的都是 5 票对 4 票的表决结果。大体上美国联邦最高法院大法官的分野，根据的是其对宪法解读态度的 "保守" 或者 "民主"。而要辨别某位美国联邦最高法院大法官是保守派还是民主派，大可不必去考证其在个案中的相关观点，因为绝大多数情况下，共和党总统提名的联邦最高法院大法官基本上都属于保守派，而民主党总统提名的联邦最高法院大法官则可以划入民主派一类。但如果细细考证的话，包括现在这一届美国联邦最高法院大法官的构成，往往是保守派略占上风。[②]

这种相对优势的哲学在美国联邦最高法院审查死刑案件的合宪性方面体现得尤为突出。其中，最为典型的莫过于 1972 年联邦最高法院审理的 "弗尔曼诉佐治亚州案"（Furman v. Georgia）[③]。9 名美国联邦最高法院大法官罕见地分别发表了意见，并且最终以 5∶4 的表决结果，认定当时佐治亚州的死刑相关立法，在死刑的量刑方面赋予了法官太过宽泛的自由裁量权，因此违反了宪法第八修正案中禁止 "残忍且不寻常的刑罚" 的规定。这一判决导致全美死刑判决暂停，也正是因此，当时全美 629 名死刑候刑者获得减刑。

众所周知，"弗尔曼诉佐治亚州案" 并未彻底终结美国死刑的适用，导致美国联邦最高法院在死刑问题上态度出现反复的理由固然很多，但不

---

① 参见 Louis Michael Seidman, "A Contextual Judicial Review," *Cardozo L. Rev.* 32（2011）: 1143。

② 例如，伯格大法官领导下的联邦最高法院，就被认为由一个弱势的民主派以及 5 名持实用主义观点的保守派所组成。在很多问题上，这一时期的联邦最高法院始终在对实用主义者所表示的反对意见做出妥协。参见 William S. Fields, "Assessing the Performance of the Burger Court: The Ascent of Pragmatism," *Mil. L. Rev.* 129（1990）: 211。

③ 参见 *Furman v. Georgia*, 408 U. S. 238（1972）。

可否认的是，1975 年一直反对适用死刑的威廉·道格拉斯（William Douglas）[①] 大法官退休，而接替他的约翰·保罗·史蒂文斯（John Paul Stevens）[②] 大法官却对死刑的适用持赞成态度。这本身就可以推翻"弗尔曼诉佐治亚州案"中两派观点间微妙的力量对比。除此之外，波特·斯图尔特（Potter Stewart）[③] 大法官和拜伦·怀特（Byron R. White）[④] 大法官虽然在"弗尔曼诉佐治亚州案"中最终支持了当时死刑适用方式的质疑，但他们的态度是暧昧甚至是软弱的。换句话说，在各州修改了相关法律的情况下，他们的态度可能会出现转变。

即便如此，绝大多数美国联邦最高法院大法官就特定问题的态度并不会轻易发生改变，因此，如果某位大法官可以较为灵活地在观点较为固定的法官之间合纵连横，就能在很大程度上实际控制美国联邦最高法院对这些问题的最终看法。在过去几十年当中，很好扮演这一角色的大法官，非桑德拉·戴·奥康纳（Sandra Day O'Connor）[⑤] 莫属。美国联邦最高法院前大法官奥康纳在联邦最高法院当中以意见左右摇摆而闻名。1992 年，她的关键 1 票帮助联邦最高法院维持了其在 1973 年所肯定的堕胎合法性；在 2000 年美国的总统大选诉讼战中，也是她的关键 1 票，让联邦最高法院驳回了戈尔要求在佛罗里达州重新进行计票的请求，确保布什入主白宫。据不完全统计，在 1994 年至 2005 年期间的美国联邦最高法院所有 5∶4 表决结果的判例当中，奥康纳站在多数派一边的概率高达 75%。[⑥]

---

① 威廉·道格拉斯（William Douglas），1898～1980 年，是历史上任职时间最长的美国联邦最高法院大法官之一，持积极支持公民权利的自由派立场。
② 约翰·保罗·史蒂文斯（John Paul Stevens），1920～2019 年，于 1975 年至 2010 年间担任美国联邦最高法院大法官，十分注重维护刑事被告人的正当权益。
③ 波特·斯图尔特（Potter Stewart），1915～1985 年，1958 年至 1981 年间担任美国联邦最高法院大法官，在刑事司法改革、民权等领域颇有建树。
④ 拜伦·怀特（Byron R. White），1917～2002 年，1962 年至 1993 年间担任美国联邦最高法院大法官，曾是美式足球运动员。
⑤ 桑德拉·戴·奥康纳（Sandra Day O'Connor），1930～2023，美国首位联邦最高法院女法官，1981 年至 2005 年在职，后因为照顾罹患阿尔茨海默病多年的丈夫毅然辞职。
⑥ 参见〔美〕杰弗里·图宾《九人：美国最高法院风云》，何帆译，上海三联书店，2010。此后，国内对美国联邦最高法院大法官的相关介绍开始骤增，例如，中国法制出版社就曾组织出版过美国联邦最高法院大法官传记译丛，现已出版了苏特、史蒂文斯、伦奎斯特、斯卡利亚以及布莱克门等 5 位大法官的传略，除此之外，法律出版社、北京大学出版社等国内其他出版机构也推出过类似的译介，限于篇幅，这里不一一列举。

2005 年，随着联邦最高法院首席大法官伦奎斯特①病逝，以及奥康纳的辞职，长达 11 年未变的美国联邦最高法院大法官组成出现了前所未有的改变机会。通过考察其对同性恋、宗教以及堕胎等敏感问题的态度，布什总统先后提名罗伯茨以及阿里托担任美国联邦最高法院大法官。这两个人的提名及通过代表着几十年来保守派人士试图掌控美国联邦最高法院努力的阶段性胜利。② 虽然民主党候选人奥巴马当选总统以及苏特大法官等退休，但民主派大法官的数量并没有发生变化。目前，美国联邦最高法院保守派与民主派法官之间的力量对比依然维持在 5∶4 的水平，保守派略占优势。这种优势并未因为著名保守派大法官安东宁·格雷戈里·斯卡利亚（Antonin Gregory Scalia）③ 的意外离世而发生逆转，因为时任共和党籍总统唐纳德·特朗普（Donald Trump）④ 提名的依然是偏保守派。但现在美国联邦最高法院大法官的组成还没有形成一个稳定的局面，特别是很难像之前那样，单纯依据"保守派"抑或是"自由派"的标签简单预测某位大法官在具体个案中的判决结果，因此要在这个时候预测之前出现的 5∶4 或者 6∶3 的表决结果，是否会因为大法官人选的更迭而发生改变是不切实际的。⑤

以饱受争议的死刑适用合宪性为例，虽然像美国联邦最高法院首席大法官罗伯茨以及阿里托大法官等在一般民众的眼中偏于保守，偏于支持死刑的适用⑥，但在大法官队伍没有最终稳定下来之前，美国联邦最高法院会相当慎重地处理死刑之类的敏感案件。

---

① 威廉·哈布斯·伦奎斯特（William Rehnquist），1924~2005 年，1972 年至 2005 年担任美国联邦最高法院大法官，立场偏于保守派，与奥康纳法官曾是同班同学。

② 参见 Miguel Schor，"Squaring the Circle：Democratizing Judicial Review and the Counter-Constitutional Difficulty," *Minn. J. Int'l L.* 16（2007）：61。

③ 安东宁·格雷戈里·斯卡利亚（Antonin Gregory Scalia），1936~2016 年，1986 年至 2016 年担任美国联邦最高法院大法官。

④ 唐纳德·特朗普（Donald Trump），1946~，美国企业家、电视人，共和党籍政治家，第 45 任美国总统。

⑤ 以针对死刑案件的审理为例，即便伦奎斯特或者奥康纳等大法官的态度也并没有一以贯之，他们在某些案件中站在多数派一边，而在某些案件当中又站在少数派一边。由此例子不难看出，预测未来美国联邦最高法院大法官之间博弈结果的困难程度。相关介绍可参见李立丰《民意与司法：多元维度下的美国死刑及其适用程序》，中国政法大学出版社，2013。

⑥ 参见 Erwin Chemerinsky，"The Rehnquist Court and the Death Penalty," *Geo. L. J.* 94（2006）：1367。

三　美国司法审查制度存在的前提与受到的批判

针对美国司法审查制度的反思与评判，需要从其建构的前提入手。对前提的追溯是无穷尽的，如果对此不加以控制，那么这样的追逐是不可能的，也是无意义的。因此，较为可行的研究路径，应该是在需要且可能控制的范围之内，对相关刑法研究的直接前提加以固化，并以此为基础展开分析。①

（一）美国司法审查制度的理论前提

事实上，在思考所谓司法审查问题的时候，需要意识到一个至关重要的前提性问题，即谁有权决定在美国社会当中哪些问题是根本性的重要问题？

美国司法审查制度依赖于三权分立理念。应该说，美国宪法的缔造者采取的是一种实用主义的分权哲学，即在宪法当中对分权理论，以及立法、行政及司法的精确界分未做规定。② 虽然一般认为总统代表行政、议会代表立法、法院代表司法，但三权之间的相互制衡又模糊了这一界限，例如，总统通过否决法案可以实质行使立法权，参议院对相关提名的通过与否实质上在行使行政权，议会在弹劾时又在行使行政及司法权等等。

相对其他机关的规定，美国宪法对司法机关的规定多少显得有些语焉不详。对司法机构的权力与义务分配，虽然存在不同意见，但学者一般都认为，法院审查其他政府部门的行为是否符合宪法的权力十分重要。从这个意义上来讲，法院所享有的司法审查权已经成为司法的标签。③

美国宪法结构特别重视限制政府权力的初衷，进一步支持了司法审查制度的存在。④ 同时，对司法审查制度的历史考察证明，宪法的起草者已

---

① 参见李立丰《美国刑法犯意研究》，中国政法大学出版社，2009，第66页。

② 参见 Samuel W. Cooper, "Considering 'Power' in Separation of Powers," *Stan. L. Rev.* 46 (1994): 361。

③ 参见 Laura E. Little, "Envy and Jealousy: A Study of Separation of Powers and Judicial Review," *Hastings L. J.* 52 (2000): 47。

④ 根据传统三权分立学说，法官应该消极地适用法律。但美国的缔造者们并未全部照搬这一理论，而这也为日后法官享有司法审查权提供了摆脱传统分权模式窠臼的法理基础，因为宪法本身并未明确法官适用法律的机制，因此很有可能导致法官拒绝适用法律的情况出现，从而事实上改变三权的分立状态。

经意识到承认司法审查的必要性。① 从分权与制衡的角度来看，首先，司法审查可以保护对民主来说至关重要的基本权利，如言论自由、政治参与等权利；其次，司法审查可以将问题集中于宪法层面，从而使得各方面都有机会参与其中；最后，如约翰·罗尔斯（John Rawls）② 所言，司法审查为民主机制试图通过公开辩论的方式解决思想问题提供了逻辑分析的范式。③ 换句话说，司法审查的存在根据就在于维护分权机制、防止立法擅断、抵御来自政治利益群体的压力等等。④ 正如有学者提出的那样，司法审查如果运用适当，将有助于美国宪法践行自然法的理念。虽然从形式上来看，司法审查存在被指摘以宪法的名义篡夺立法权的可能，但动机不能作为指摘司法审查本身合法性的借口。⑤ 相反，从民主运行的机制来看，因为大部分联邦法官得终身任职，不用为某些政治利益而曲意逢迎，因此要比立法者更适合捍卫宪法原则。⑥

正是由于美国司法审查制度与三权分立政治制度之间存在如此密切的对应关系，很多学者认为，司法审查可以为政治少数派提供抵御多数暴政的工具，而美国联邦最高法院的司法审查权只能针对个案被动地启动，并且这种权力并非毫无限制，而是在事实上受到权力制衡的控制。⑦ 在存在政治上的竞争关系时，司法的独立性更具可能性。而政治上的竞争也可以

---

① 《联邦党人文集》为司法审查提出了三点支持意见：（1）司法审查不等于司法擅断或者司法主导；（2）司法审查的实质在于宪法至上性的拓展；（3）宪法的至上性确保了人民凌驾于政府之上。参见 Saikrishna B. Prakash and John C. Yoo, "The Origins of Judicial Review," *U. Chi. L. Rev.* 70（2003）：887。

② 约翰·罗尔斯（John Rawls），1921～2002 年，美国政治哲学家，曾担任哈佛大学教授，写过《正义论》（*A Theory of Justice*）等法理学名著。

③ 参见 Joseph M. Farber, "Justifying Judicial Review：Liberalism and Popular Sovereignty," *Cap. U. L. Rev.* 32（2003）：65。

④ 参见 Frank B. Cross, "Shattering the Fragile Case for Judicial Review of Rulemaking," *Va. L. Rev.* 85（1999）：1243。

⑤ 参见 Robert P. George, "Colloquium Natural Law：The Constitution, and the Theory and Practice of Judicial Review," *Fordham L. Rev.* 69（2001）：2269。

⑥ 参见 Scott M. Noveck, "Is Judicial Review Compatible with Democracy?" *Cardozo Pub. L. Pol'y & Ethics J.* 6（2008）：401。

⑦ 参见 Malvina Halberstam, "Judicial Review, A Comparative Perspective：Israel, Canada, and the United States," *Cardozo L. Rev.* 31（2010）：2393。

限制司法人员个人的政治倾向。[1]

总而言之，当法院能够价值无涉地扮演民主体制中不同政治力量的居中裁判者角色时，司法审查就具有正当性。

（二）美国司法审查制度之反思与批判

目前美国学界针对司法审查制度本身的合法性及其适用范围存在诸多不同意见。

例如，美国著名宪法学家亚历山大·比克尔（Alexander Bickel）[2]，就曾将司法审查形容为美国民主机制中的一种"异化了"的存在。[3] 之所以将司法审查称为"异化"，是因为目前美国社会中很多具有巨大分歧的敏感问题，最终都被衍化成了宪法问题并交由司法审查机制解决。但事实上，上述敏感问题中的绝大多数都属于道德问题，或者是与宗教信仰相关的问题。很多人都质疑马歇尔大法官在没有宪法根据、没有历史根据的情况下建构司法审查制度。如果真的如此，那么司法审查似乎可以被认为是美国法律当中最大的异类。诸如死刑、堕胎、安乐死、同性恋等等问题不仅涉及美国社会的道德底线，而且还涉及为数众多的公民个体的基本权利与实际生活。从这个角度来说，由非民选的少数几位大法官通过司法审查方式决定上述重大社会问题，显然与所谓民主机制不能兼容。换句话说，这样的一种解决方式与民治的理念相去甚远。

美国司法审查机制经常被批评为反民主。而民主派人士往往批判司法审查是一群未经选举的法官，跳过民选机制执行法律。换句话说，通过非民选的法官来拟制民意的做法非常蹩脚。事实上，即使法官是民选出来的，当其做出的判决有违一般民意时，唯一能够改变判决的做法，只能是通过十分苛刻的程序修改宪法。即使这些法官日后因此落选，但其决定也

---

[1] 参见 Matthew C. Stephenson, "'When the Devil Turns...': The Political Foundations of Independent Judicial Review," *J. Legal Stud.* 32（2003）：59。

[2] 亚历山大·比克尔（Alexander Bickel），1924~1974 年，美国著名宪法学家，坚持司法权限制论。

[3] 参见 Ronald C. Den Otter, "Democracy, Not Deference：An Egalitarian Theory of Judicial Review," *Ky. L. J.* 91（2002/2003）：615。

将在一段时间甚至很长时间内影响人们的生活。①

另外，因为美国宪法中并未明确规定所谓司法审查制度，因此很多学者直接质疑司法审查制度本身存在的正当性。② 恰恰因为宪法没有规定，因此最佳的宪法解读方案只能是由民选机关负责。但美国司法审查制度却恰恰相反，有权最终确定宪法含义的联邦法官不仅享有终身制，更为重要的是未经选举产生。和民选官员不同，联邦法官几乎可以完全不用考虑自己的退场机制。同时因为宪法本身的模糊性，联邦法官解读宪法时不可避免地要加入解读者的价值判断，这就使得判断法官是否滥用权力变得更加难以辨识。因此就有学者主张，干脆彻底取消联邦最高法院的司法审查权，这种观点固然前卫，但绝非没有市场。

与之形成鲜明对比的是，很多知名学者对上述指摘颇不以为然，甚至有些学者还试图为司法审查寻找正当性。例如有人提出，法官主导的司法审查可以确保政治上的平等，总的来说，相较于立法与行政机关，司法机关更适合扮演对社会道德至关重要的决断角色。③ 除此之外，还有学者认为，司法审查可促进公众参与政府管理，有助于促进司法寻求和解、协作及稳定的本质。更为重要的是，司法审查的运行具有内在连贯性与可操作性。④

长期以来美国宪法学理论都在试图解决法官未经选举产生与民主责任之间的矛盾关系。对此，有学者表示支持，认为这或许反映出对民主责任概念的理解存在偏差。在其看来，之所以很多美国联邦最高法院的大法官对司法审查心安理得，理由就在于他们将责任的对象视为针对某些目标，而非针对某些人。和人相比，法官应该更为重视基本的价值理念。一个选民将过多的宪法考虑纳入自己投票行为的社会，是一个超越了司法审查的社会。⑤

因此，目前美国学界主流观点是，在承认司法审查必要性的前提下，

---

① 参见 Matthew D. Adler, "Judicial Restraint in the Administrative State: Beyond the Countermajoritarian Difficulty," *U. Pa. L. Rev.* 145 (1997): 759。

② 参见 Joyce Lee Malcolm, "Whatever the Judges Say It Is? The Founders and Judicial Review," *J. L. & Politics* 26 (2010): 1。

③ 参见 Owen M. Fiss, "Objectivity and Interpretation," *Stan. L. Rev.* 34 (1982): 739。

④ 参见 Tsvi Kahana, "The Easy Core for Judicial Review," *J. of Legal Analysis* 2 (2010): 227。

⑤ 参见 Cass R. Sunstein, "Naked Preferences and the Constitution," *Colum. L. Rev.* 84 (1984): 1689。

主张对其加以限制，即将某些不可能短时期解决的问题，排除出单纯依赖相对多数法官意见的控制范围。[①]　还有学者主张，只有在立法存在明显错误时，联邦最高法院才可以适用司法审查。[②]　至于司法审查制度内部存在的技术性难题，如不同层级法院对宪法解读不一致，可通过普通法系中的"遵从先例"原则加以规避。[③]

（三）终究悲哀的"歌颂"：美国联邦最高法院的"神化"与"异化"

美国宪法，乃至美国宪政，特别是其司法的独立性，一直是可供"膜拜"的所谓"范本"。

但需要注意的是，"许多国家不会像美国人那样，对打着纳粹旗帜穿街过巷之类的极端政治表达保持宽容态度，这是因为，美国人受自身历史影响，具备欧洲人无法拥有的个性，那就是：'根深蒂固的社会和历史乐观主义'"。[④]

这种"美国宪法的拜物教"可以说是"历史终结论"在全球宪法学内的一种表现。在这种胜利主义的论调下，美国宪法被请上神坛，塑造为偶像。[⑤]　这种偶像化的突出表现是，不去正视美国宪法及其修正案文本规定的模糊性，不去谈及相关法律文本制定过程中不同利益集团的博弈与妥协，一味为美国宪法辩解甚至开脱。例如，认为"宪法第十四修正案的起草者，并未直接指明宪法是否允许种族隔离，只含混说了句'平等保护'，让后人根据当时的社情民意确定这句话的含义。制宪先贤们选择原则表述，而非精确界定，自有其良苦用心。他们这么做，是为避免后人受制于过于精确的条文。因为条文愈是细致，时代气息愈是浓厚，一旦时过境

---

① 参见 Larry Alexander, Frederick Schauer, "On Extrajudicial Constitutional Interpretation," *Harv. L. Rev.* 110 (1997): 1359。

② 参见 Wallace Mendelson, "The Influence of James B. Thayer upon the Work of Holmes, Brandeis, and Frankfurter," *Vand. L. Rev.* 31 (1978): 71。

③ 参见 Ruth Colker and James J. Brudney, "Dissing Congress," *Mich. L. Rev.* 100 (2001): 80。

④ 〔美〕安东尼·刘易斯：《批评官员的尺度：〈纽约时报〉诉警察局长沙利文案》，何帆译，北京大学出版社，2011，第302页。

⑤ 田雷：《美国宪法偶像的破坏者》，《读书》2013年第6期，第51页。

迁，反而成为阻碍后人与时俱进的枷锁。一部巨细靡遗的宪法，显然无法垂范久远"。① 按照这种理解，种族隔离如果在当时的"社情民意"看来是适当的，也不违反宪法的本意。

这种奇怪的逻辑根本不考虑美国宪法及其修正案中所谓人权保障部分的规定曾经长期被束之高阁②，曾经长期被公然忤逆③，曾经长期被阳奉阴违。④ 但这种对美国宪法及其缔造者的神化多少有些一厢情愿的味道。

美国建国者是伟人，但不是超人。⑤ 就像本杰明·富兰克林（Benjamin Franklin）⑥ 对闪电的物理原理的了解可能还不如当代中学生那么深一样，

① 〔美〕安东尼·刘易斯：《批评官员的尺度：〈纽约时报〉诉警察局长沙利文案》，何帆译，北京大学出版社，2011，第60页。

② "宪法第一修正案问世后的一个多世纪，最高法院几乎未就言论自由和出版自由保护问题做出过判决。"〔美〕安东尼·刘易斯：《批评官员的尺度：〈纽约时报〉诉警察局长沙利文案》，何帆译，北京大学出版社，2011，第80页。

③ "1917年，美国加入第一次世界大战。国内民意沸腾，爱国热情泛滥，根本容不下任何反战声音。许多与德国相关的名称或销声匿迹，或改弦易辙。连'德国泡菜'也被改称为自由泡菜，德国音乐家贝多芬的作品被禁止演奏，在这种政治气氛下，国会通过了《防治间谍法》，这部法律规定，当美国处于战时状态，'凡诱使或试图诱使海、陆军官兵抗命、不忠、叛变或拒不服从'，以及'蓄意妨碍政府征兵'的行为，将被视为犯罪，最高可判处20年监禁。随后，数以百计的人因为发表所谓'反战言论'而被追诉，即使是对政府政策无伤大雅的批评，或者关于和平主义的讨论，也难逃《防治间谍法》的法网。法官会指示陪审团，只要他们认定被告人有'不忠'之语，就可以直接定罪。"〔美〕安东尼·刘易斯：《批评官员的尺度：〈纽约时报〉诉警察局长沙利文案》，何帆译，北京大学出版社，2011，第83页。

④ 《权利法案》中不得剥夺表达自由的墨迹未干，联邦党人控制的国会就通过了《1798年诽谤法案》（Sedition Act of 1798），该法规定："对政府、参众两院或者总统发表任何虚假、抹黑或者恶意言论，意图破坏其名誉，使其遭受贬损，或者煽动国民对其仇恨的行为都该当2年以下监禁，并处2000美元罚金。"立法显然针对的是当时由麦迪逊等人组织的反对党，而其立法很明显没有将担任副总统的杰弗逊纳入保护范围之内。换句话说，鼓动美国民众对副总统仇恨的行为将得不到任何刑罚处罚。更为有意思的是，这部法律在约翰·亚当斯总统任期结束时自动失效。参见 Pierre N. Leval, "Strangers on a Train: Make No Law: The Sullivan Case and the First Amendment by Anthony Lewis," *Mich. L. Rev.* 91 (1993): 1138。

⑤ 〔美〕布鲁斯·阿克曼：《美利坚合众国的衰落》，田雷译，中国政法大学出版社，2011，第49页。

⑥ 本杰明·富兰克林（Benjamin Franklin），1706~1790年，美国政治家、物理学家，曾多次进行过闪电实验，并发明避雷针。但就其是否真正实施过上述实验，也存在很大争议，很多现代物理学家认为，按照其所描述的实验方法，正常人必将遭雷劈身亡。相关介绍，可参见〔美〕汤姆·麦克尼科尔《电流大战：爱迪生、威斯汀豪斯与人类首次技术标准之争》，李立丰译，北京大学出版社，2018。

美国宪法的缔造者不能也不会预见到日后社会的巨大发展与变化。① 因此美国宪法及其修正案本身并无任何 "超人" 之处。不仅如此，"今天，都对宪法心存敬畏，甚至想当然地以为 18 世纪的美国也是如此。事实却远非想象"。② 以 "《纽约时报》诉沙利文案"（*New York Times Co. v. Sullivan*）③ 所涉及的美国宪法第一修正案中 "表达自由权" 为例，其强调所谓 "批评官员的尺度"，当然大体与所谓 "言论自由权" 相关，并一再演绎宪法起草者如何高瞻远瞩，仿佛其在几百年前就已发现这一条款会被此般理解一样。但颇为讽刺的是，有美国学者通过考察立法史，提出可以肯定的是，首先，所谓 "表达自由" 主要关注点应该是出版自由，而非言论自由。这是因为在英国殖民统治时期，存在所谓 "事先审查" 制度，因此在美国建国者看来，出版自由不仅仅是一种民主权利，更应该被理解为美国独立战争的必然结果。与此同时，出版自由与言论自由之间不具有等价性。事实上，言论自由在美国建国之初并不是一个宪法问题。④ 但另一方面，直到今天，出版自由权的含义仍未明确，而当初根本被无视的言论自由权却备

---

① 例如，我们无法想象美国宪法的缔造者可以预见，21 世纪的美国某知名电信公司决定屏蔽一宣扬堕胎组织的群发短信，虽然后来迫于压力改变了这一决定，但仍然宣称自己有权决定可以传播哪些短信。这是否侵犯了用户的言论自由权？事实上，随着科技的进步，几乎每个有手机的人都成为一个潜在的记者，我们经常能够见到博主围绕某些事实差别很大的问题相互攻击。而一方面，这导致的结果就是，攻击的程度或者破坏与日俱增；另一方面，这些问题也越来越无法通过司法活动加以解决。参见 Jeffrey Rosen，"A Biography of the 1st Amendment," *Montana Lawyer* 33（2008）：26。

② 〔美〕安东尼·刘易斯：《批评官员的尺度：〈纽约时报〉诉警察局长沙利文案》，何帆译，北京大学出版社，2011，第 57 页。

③ *New York Times Co. v. Sullivan*，376 U. S. 254（1967）。1960 年 3 月 29 日，《纽约时报》刊登了一则 "评论性广告"，旨在为马丁·路德·金博士争取非洲裔美国人选举权、结束美国南部种族隔离的斗争寻求经济支持，但广告中相关描述与事实多有出入，引发了当地警察局长提起诉讼，指控《纽约时报》及广告中列明的几位非洲裔美国民权人士侵犯名誉权。在很多学者看来，美国联邦最高法院对 "沙利文案" 所做判决关乎 "表达自由权"，因此极具历史意义。参见 Fred D. Gray，"The Sullivan Case：A Direct Product of the Civil Rights Movement," *Case W. Res.* 42（1992）：1223。

④ 参见 C. Edwin Baker，"Press Rights and Government Power to Structure the Press," *U. Miami L. Rev.* 34（1980）：819。类似的情况还包括，美国宪法并没有明确规定教师的教学自由。美国的教学自由是由法院透过一系列的判例所确立的。在多数案件中，法院会援引宪法第一条修正案来保护教师的教学自由。参见陈运生《从美国的判例看教师的教学自由及其限度》，《比较教育研究》2011 年第 9 期，第 50 页。

受关注。① "《纽约时报》诉沙利文案"集中体现了美国宪政制度中一个根深蒂固的吊诡之处。拥有一部宪法，并依赖其自始未变之本质，为这个瞬息万变的社会，注入安定之力。宪法的生命之所以能恒久延续，源自法官们在适用与解释上的不断创新，以适应制宪先贤们未能预测到的社会变迁。②

虽然美国宪法及其修正案本身相较于其他成文法，并无任何特别之处，但必须承认，美国宪法发展至今，遵循的是一种非常独特且无法复制的经验论模式。"宪法时刻不是一个转瞬即逝的时刻，美国宪政体制内，最终确定下来的宪政结果通常要经过十数年乃至数十年的时间验证。"③ 在这个过程中，扮演重要角色的，即是享有"司法审查权"的联邦最高法院。

1803 年，在"马伯里诉麦迪逊案"中，美国联邦最高法院首席大法官马歇尔宣布，宪法含义应由最高法院确定，他写道："必须强调的是，决定法律是什么，是司法部门的职权和责任。"杰弗逊总统猛烈抨击了马歇尔的判决意见。他说，如果联邦最高法院越俎代庖，代替其他政府分支确定宪法含义，首席大法官必将使司法分支沦为专制独裁的机构。无论如何，"马伯里诉麦迪逊案"之后，宪法究竟是何含义，最终变成司法系统说了算。④ 对司法审查权本身的正当性，一直存在争议，如前所述，甚至有人将其称为"美国民主的异化"。对这种"异类"⑤，固然可以后天赋予其正当性，如人为赋予非民选产生的大法官民意代表的地位⑥，人为拟制

---

① 一般来说，美国联邦最高法院都没有对媒体的言论自由进行独立界定，只是通过判例保证媒体消息来源的秘密性，保证记者探访罪犯的权利，保证记者出庭聆讯的权利，等等。参见 David A. Anderson, "The Origins of the Press Clause", *UCLA L. Rev.* 30 (1983): 455。

② 〔美〕安东尼·刘易斯：《批评官员的尺度：〈纽约时报〉诉警察局长沙利文案》，何帆译，北京大学出版社，2011，第 193 页。

③ 〔美〕布鲁斯·阿克曼：《美利坚合众国的衰落》，田雷译，中国政法大学出版社，2011，第 59 页。

④ 〔美〕安东尼·刘易斯：《批评官员的尺度：〈纽约时报〉诉警察局长沙利文案》，何帆译，北京大学出版社，2011，第 58 页。

⑤ 〔美〕亚历山大·M. 比克尔：《最小危险部门——政治法庭上的最高法院》，姚中秋译，北京大学出版社，2007，第 18 页。

⑥ "法院违宪审查的权力，并无假定司法权高于立法权的含义。仅假定人民的权利是在两者之上，仅意味着每逢立法机构通过立法表达的意志如与宪法所代表的人民意志相违，法官应受后者，而非前者的约束，应根据根本大法进行裁决，而不是根据非根本法裁决。"〔美〕汉密尔顿、〔美〕杰伊、〔美〕麦迪逊《联邦党人文集》，程逢如等译，1980，第 393 页。

联邦最高法院大法官与社会民众的道德一致性①，等等。或许质疑一项业已存在且运行百年的司法实践措施的正当性并不明智，但这并意味着不能批评、检视这一司法活动的整个运行过程。

以"《纽约时报》诉沙利文案"为例，可以从如下几个方面发现美国联邦最高法院所享有的司法审查权在实际运行过程中的异化。

首先，联邦最高法院在行使司法审查权过程中对宪法第一修正案的解读并没有遵守"最低限度主义"。因为最高法院大法官由总统任命，且任职终身，因此无法推定这些大法官的道德水准就一定高于行政官员或者立法者，乃至普通人。② 因此，在涉及复杂的情事或伦理问题足以导致意见分裂时，最高法院尤其应避免原则性裁决。为避免错判或不当判决带来不可预料的后果，司法机关应寻求一个狭窄的理由裁决案件，避免清晰的规则和终局性的解决方案，即就事论事地解决具体问题，而将原则问题留给民意机关协商解决。③ 但借由司法审查权，大法官们发现了自己的权力貌似没有边界，而其也乐于为自己行使绝对权力辩护。例如，雨果·布莱克（Hugo Black）④ 大法官曾指出，在民权保护领域，司法克制"毫无意义"。⑤ 但颇具反讽意味的是，似乎可以套用霍姆斯大法官在"艾布拉姆斯诉美利坚合众国案"（*Abrams v. United States*）⑥ 中所持的不同意见，"如果你对自己的预设前提和个人能力深信不疑，并一心追求一个确定结果，自

---

① 美国著名法理学家罗纳德·德沃金认为，美国宪法始终处于道德解读之中，只要这种道德解读建立在对历史文本理解的基础上，与宪法结构设计保持一致，与以往宪法解释保持连贯性，那么，这种宪法解读就是正当的，或者说，针对立法的司法审查也就是正当的。〔美〕罗纳德·德沃金：《自由的法：对美国宪法的道德解读》，刘丽君译，上海人民出版社，2001，第 29 页。

② 例如现任美国联邦最高法院大法官托马斯就曾被指控在里根政府任职期间性骚扰其特别助理，这一事件在其被提名担任联邦最高法院大法官期间曾在美国掀起轩然大波。参见 Clarence Thomas, *My Grandfather's Son: A Memoir* (New York: HarperCollins Publishers, 2007): 21。

③ 〔美〕凯斯·R. 桑斯坦：《就事论事——美国最高法院的司法最低限度主义》，泮伟江、周武译，北京大学出版社，2007，第 65 页。

④ 雨果·布莱克（Hugo Black），1886~1971 年，1937 年至 1971 年担任美国联邦最高法院大法官。

⑤ 任东来、胡晓进等：《在宪政舞台上——美国最高法院的历史轨迹》，中国法制出版社，2007，第 313 页。

⑥ *Abrams v. United States*, 250 U. S. 616 (1919).

然会借助法律为所欲为，扫除一切反对意见"。① 虽然这一表述本来意指执法者，但当权力毫无限制时，司法者对这一"褒奖"似乎也当之无愧。"《纽约时报》诉沙利文案"所鼓吹的言论自由也导致了相当大的争议，有时甚至导致了悲剧的发生。

其次，联邦最高法院在行使司法裁量权的时候过程不透明，缺乏可预测性。司法审查本身因为缺乏公众参与，无法提升社会中政治参与的质量。② 以"《纽约时报》诉沙利文案"为例，虽然通过本案，联邦最高法院支持了公民的言论自由权，但有学者尖锐地提出，无论司法审查具有何种好处，都是以丧失人民进行自我管理的经验为代价的，因此长期来看，司法审查权不利于民主社会的健康运行。③ 因为缺乏制衡与监督，同一法官在类似案件中意见反复，前后不一④，致命的是，基于特定的政治立场或者价值取向，美国联邦最高法院大法官之间的相互影响也饱受诟病⑤，更为关键的是，这种影响几乎完全处于暗箱状态，某些学者就通过大法官去世后交由图书馆收藏的日记，获知了"《纽约时报》诉沙利文案"最终判决结果产生的"幕后交易"。⑥

---

① 转引自〔美〕安东尼·刘易斯《批评官员的尺度：〈纽约时报〉诉警察局长沙利文案》，何帆译，北京大学出版社，2011，第95页。

② 参见佟德志主编《宪政与民主》，江苏人民出版社，2007，第57页。

③ 〔美〕克里斯托弗·沃尔夫：《司法能动主义》，黄金荣译，中国政法大学出版社，2004，第34页。

④ 曾有律师当着霍姆斯大法官的面，援引其在1907年"帕特森诉科罗拉多州案"中的判决意见，但话音未落，已经90岁高龄的霍姆斯大法官突然插话："写那些话时我还年轻，马卡姆先生，现在，我已经不这么想了。"〔美〕安东尼·刘易斯：《批评官员的尺度：〈纽约时报〉诉警察局长沙利文案》，何帆译，北京大学出版社，2011，第116页。

⑤ "罗斯福新政期间，这四位保守派大法官经常私下会晤，相互配合，积极反对新政措施，被自由派讥讽为四大黑暗骑士。"〔美〕安东尼·刘易斯：《批评官员的尺度：〈纽约时报〉诉警察局长沙利文案》，何帆译，北京大学出版社，2011，第117页。对美国联邦最高法院大法官在案件裁判中著名的5∶4规则，除了之前的介绍，还可参见李立丰《民意与司法：多元维度下的美国死刑及其适用程序》，中国政法大学出版社，2013，第51页。

⑥ 对布伦南大法官来说，获得多数派法官的支持显然非常重要。虽然华伦大法官和怀特大法官曾经表示支持布伦南大法官的意见，但布莱克、道格拉斯以及谷德伯格大法官宣称媒体拥有批评公权力的绝对豁免权。由于布伦南大法官无法接受可以毫无限制地故意诬陷政府官员的做法，因此如果要获得话语权，布伦南必须赢得剩下的5位法官中的4位的支持。他认为赢得哈兰大法官的支持至关重要，哈兰的人生颇具传奇性，而 （转下页注）

再次，美国联邦最高法院的异化与神化是同一问题的两个方面。虽然司法审查权与美国联邦最高法院大法官的遴选方式共同作用，为联邦最高法院的异化提供了内在条件，但如果没有学界、媒体、民众对联邦最高法院的神化这一外在环境，显然无法实现。对此，美国联邦最高法院心知肚明，因此其往往在非常恰当的时间点做出倾向性明显的判决。联邦最高法院选择在 1964 年，借由"《纽约时报》诉沙利文案"实现其对"表达自由权"的重新界定，这种时间维度的耦合绝对不是如《批评官员的尺度：〈纽约时报〉诉警察局长沙利文案》一书的作者①或者某些

（接上页注⑥）其广泛的人脉关系有助于帮助自己获得支持。另外一个问题在于如何避免亚拉巴马州法院对这一案件进行再审。如果按照其早先设定的判断公式，那么就需要将该案再审，需要让亚拉巴马州陪审团去证明行为人具有实际的恶意，而其所导致的结果可能更差。布伦南似乎认为再审是不可接受的，而且也认识到了建构规则的宪法意义。而其初稿的结论是推翻原判，从而排除了任何其他意见的可能性。然而，这一结果，使得获得哈兰的支持变成不可能。但是让人感到吃惊的是，哈兰法官这个时候提交过一封备忘录，认为不能将该案发回重审，因为原告无法证明宪法所要求的实际恶意标准。布莱克曾经私下警告布伦南他不认为哈兰会坚持这一观点，因为这一观点与哈兰所奉行的联邦主义思想背道而驰，布莱克的观点从某种程度上是正确的。因为在哈兰发现自己的观点被用来作为排除本案再审的根据的时候，他就改变了自己的看法。布伦南提出了新的建议，如要求上级法院承担检查案件审理记录的义务，从而确保故意捏造的证据足以支持起诉方所承担的明确且令人信服的责任。但哈兰显然不买账，更为糟糕的是，克拉克被哈兰所说服，而怀特支持布伦南的看法也开始动摇。道格拉斯与谷德伯格大法官突然提出了一种解决方案，他们认为或许可以接受布伦南的观点，但是需要注明其所支持的更为极端的媒体保护倾向。但好景不长，布莱克又将这两个人拉了回来。因此布伦南似乎无法赢得 5 票，因此虽然判决会被推翻，但不会就诽谤法案提出任何的救济措施。案件最终的审理结果多少出乎意料，因为克拉克法官本来想独自撰写意见，但后来提出自己将无保留地支持布伦南，条件是其必须提出最高法院要本着有效司法运转的原则审查证据的充分性。克拉克这样做的原因无从得知，但加上斯图尔特，布伦南终于凑够了 5 票。惊喜出现在最后一刻，哈兰法官致电布伦南，提出自己将无保留地支持布伦南的观点。参见 Pierre N. Leval, "Strangers on a Train: Make No Law: The Sullivan Case and the First Amendment by Anthony Lewis," *Mich. L. Rev.* 91 (1993): 1138。

① "过去，法官仅把言论自由看作个人免受政府控制的诉求之一，这些诉求还必须服从社会利益需要，如今，汉德却把言论自由当作最大的社会利益。那些被政府官员们深恶痛绝的批评意见，反而是赋予政府合法性的权力之源。1970 年，若不是汉德的传记作家杰拉尔德·冈瑟旧事重提，此案早已被人们遗忘。汉德在这起判决中的判决意见，具有里程碑式的意义，这是美国法官首次在判决书中阐述言论自由和出版自由的意义。"〔美〕安东尼·刘易斯：《批评官员的尺度：〈纽约时报〉诉警察局长沙利文案》，何帆译，北京大学出版社，2011，第 84 页。

学者①所形容的那般偶然。就在"《纽约时报》诉沙利文案"审结不到一年，美国民权运动的高潮，同时也是实质性的突破，《1965 年选举权法》（The Voting Rights Act of 1965）② 即告出台。③ 不禁要问，如果所谓言论自由等民众权利需要靠美国联邦最高法院大法官来加以确认或者推动，那么为什么宪法第一修正案出台后联邦最高法院对此未有任何判例？

唯一合理的解释，恐怕不可能是联邦最高法院在民权运动中的积极引领，而只能是顺应时势。④ 固然不能用"投机"来对此加以形容，但即使没有"《纽约时报》诉沙利文案"，相信联邦最高法院也会在 20 世纪 60 年代选择其他的案件为自己存在的正当性正名。对此，有美国学者不无辛辣地指出，历史的教诲是，当大法官想去探究某个时期所有最炙热的政治问题并投身其中时，结果是于事无补。当它在政治争论的边缘而非政治争论的中心运作时，当它轻轻地推拉这个国家而非试图统治它时，最高法院才得以取得了它那些最伟大的成就。⑤

美国联邦最高法院的存在根据与其运行模式决定了其所具有的异化本质与异化倾向。这一点无法通过大法官们看似"颠扑不破"的判词来加以掩饰，更不能用其在一个个历史关头的"精彩表演"来加以神化。

---

① 汉德的观点在之后的很长时间都未被重视，然而，因为一场美丽的近乎虚幻的邂逅，汉德法官得以有机会在火车上偶遇霍姆斯大法官，才使整个事件峰回路转。在这次会面过程当中，汉德作为一名年轻的地区法官，非常大胆直率地向霍姆斯法官阐述了自己所主张的言论自由权对民主社会的重要性。在后来两人的通信过程当中，汉德渐渐说服了霍姆斯接受这一观点。参见 Gerald Gunther, "Learned Hand and the Origins of Modern First Amendment Doctrine: Some Fragments of History," *Stan. L. Rev.* 27（1975）: 719。

② 52 U.S.C. § 10101.

③ 《1965 年选举权法》采取了一系列创新机制来确保选举权免受种族歧视问题的干扰。这一法案在很大程度上改变了宪法第十五修正案的执行模式，使其不再依赖于联邦法院，而更多地倚重于司法部。参见〔美〕布莱恩·兰斯伯格《终获自由：〈1965 年选举权法〉幕后的司法战》，李立丰译，上海三联书店，2017，第 2 章。

④ 第二次世界大战后，美国国内追求平等、反对歧视的民权运动势不可挡，冲击着美国的政治和社会生活，最终也将最高法院卷入其中。20 世纪 50 年代末，在种族平等、性别平等、政治选举和刑事司法等领域中，沃伦法院自由主义的司法能动判决，为美国带来了一场史无前例的权利革命。参见任东来、颜廷《探究司法审查的正当性根源：美国学界几种司法审查理论述评》，《南开大学学报》2009 年第 2 期，第 25 页。

⑤ 〔美〕罗伯特·麦克洛斯基：《美国最高法院》（第三版），任东来等译，中国政法大学出版社，2005，第 269 页。

　　大法官不是索居白色大理石神殿之神，他们，也是人。

　　他们也会有意含糊其词①，也会在现实面前低头②；他们不具有任何优于常人的价值观③，更没有决定历史发展进程的魔力。④

　　大法官们或许发表过很多真知灼见⑤，但如果没有权力，这些意见或许会和人类历史上出现过的大多数真知灼见一样湮灭在历史的尘埃当中。但可怕的是，保证大法官们"名垂青史"的权力既缺乏公认的正当性，也缺乏其所津津乐道的"程序限制"。

　　或许，还需要时间，才能更为客观地评价联邦最高法院的历史价值与历史地位。但有一点可以肯定的是，如果将美国宪法或者联邦最高法院的大法官们奉上神坛，那么结果即使不是悲剧，也一定不是大家所乐见的喜剧。

---

①　"这正是霍姆斯行文的特点：含义语焉不详，道德立场骑墙。一方面，他说吉洛特的声明拖沓冗长，属于可以放纵不管的无害言论；另一方面，他又转入宿命论立场，认为民主政体下的人民应当做好准备，因为有朝一日，社会主流可能接受无产阶级专政的政体。"参见 Pierre N. Leval, "Strangers on a Train：Make No Law：The Sullivan Case and the First Amendment by Anthony Lewis," *Mich. L. Rev.* 91（1993）：1138。

②　"最高法院已开始为那些以国家安全为托词的说法，悄然设置各类例外性规定。在这个问题上，最高法院必须恢复过去捍卫第一修正案的坚定立场。"〔美〕安东尼·刘易斯：《批评官员的尺度：〈纽约时报〉诉警察局长沙利文案》，何帆译，北京大学出版社，2011，第297页。

③　如果对全体美国人而言，这些价值真的是基本的，那么，多少代表多数人意志的立法机构为什么就一点都没有感受到这些基本价值的制约呢？实体价值应由代议机关来判断，法院不能越俎代庖。〔美〕约翰·哈特·伊利：《民主与不信任》，朱中一等译，法律出版社，2003，第93页。

④　理想模型中，只有在"政治市场出现系统失灵"时，最高法院才可以介入。这种失灵既可以表现为民主政治的胜利者堵塞政治变革的渠道，维护既得利益，限制政治对手成功的机会；也可以表现为"多数暴政"，代议制民主全面且故意地敌视或拒绝承认少数群体的利益，拒绝给予他们平等的保护。斯坦福大学教授保罗·布莱斯特曾经评论道，这个任务本身是不可能完成的。参见顾佳《司法审查正当性新的证成路径及其困难》，《厦门大学法律评论》总第11辑，厦门大学出版社，2006，第297页。

⑤　"如果我们想确定一种思想是不是真理，就应让它在思想市场的竞争中接受检验。也仅有真理，才能保证我们梦想成真。无论如何，这正是美国宪法的基本理论。"参见霍姆斯大法官对"艾布拉姆斯诉美利坚合众国案"异议节选。转引自〔美〕安东尼·刘易斯《批评官员的尺度：〈纽约时报〉诉警察局长沙利文案》，何帆译，北京大学出版社，2011，第95页。

第二节　美国刑法研究的程序法语境

如果说美国刑法是一部大戏，那么保证这出大戏能够精彩演出的前提条件之一，即在于存在一个能够充分体现其魅力的舞台，而这个舞台，就是刑事程序。[①]

刑事责任的突出特征在于，刑法授权国家剥夺行为人的自由、财产甚至生命。而这非常有可能导致错误地剥夺当事人的上述权利。美国刑事程序的设计目的，即在于减少此种危险。无罪推定、"排除合理怀疑"（Beyongd a Reasonable Doubt）的证明标准、要求陪审团一致做出有罪判决等，都已成为美国刑事程序法的突出特征。在某种程度上，这种做法在打击犯罪与保证无辜者不受惩罚之间，出现了具有针对性的倾斜。实际上，美国宪法所保护的禁止违法搜查[②]、扣押，受陪审团审理，知情，禁止自

---

①　因为本书着重从实体法角度探讨美国刑法的基本问题，因此仅从介绍层面对美国刑事司法的一般过程加以概括。事实上，相较于刑事实体法，美国学者更注重研究刑事程序法，其成果也更多。

②　此类判例在美国刑事程序法中形成了不同的序列，这里仅通过"明尼苏达州诉迪克森案"（*Minnesota v. Dickerson*）做简要例证，本案的判决书如下：

MINNESOTA, PETITIONER

v.

TIMOTHY DICKERSON

SUPREME COURT OF THE UNITED STATES

508 U. S. 366; 113 S. Ct. 2130; 124 L. Ed. 2d 334; 1993 U. S. LEXIS 4018; 61 U. S. L. W. 4544; 93 Cal. Daily Op. Service 4134; 93 Daily Journal DAR 7077; 7 Fla. L. Weekly Fed. S 373

1993 年 3 月 3 日庭审辩论

1993 年 6 月 7 日审结

主审法官：怀特大法官在判决第一、第二部分，代表全体法官发表意见。在判决的第三、第四部分，史蒂文斯大法官、奥康纳大法官、斯卡利亚大法官、肯尼迪大法官与苏特大法官附议，首席大法官伦奎斯特对此部分表示了部分赞同意见，布莱克姆大法官与托马斯大法官附议。

意见撰写：怀特大法官

判决

本案中，联邦最高法院主要考察宪法第四修正案是否允许警官通过触碰身体的方式查获违禁品。

（转下页注）

（接上页注②）

I

1989 年 11 月 9 日晚，两名明尼阿波利斯（Minneapolis）地方警官在有警方标识的巡逻车内正常训练。晚 8 点 15 分，一名警官注意到被告人出现在摩根大街北侧的一栋公寓附近。该警官之前数次接到投诉，并且根据搜查令对该建筑物进行过搜查，知道该建筑物是臭名昭著的毒窟。根据一审证实的事实，当时被告人朝警车走来，但就在其发现警车，并与一名警官对视之后，旋即转身，朝相反的方向走去。这引起了警方的怀疑，警官注意到被告人走进了该建筑物附近的一个小巷。因为被告人这种躲避警方的行为，以及其刚刚离开公认的贩毒场所，警方决定叫住被告人，对其进行进一步的调查。

警方将车开进小巷，要求被告人停步，并进行了触碰拍打式搜身。虽然没有发现武器，但是发现被告人的尼龙夹克内有轻微的凸起。警方的证言是："在我拍打被告人身体前部时，感觉到了某种凸起，非常轻微的凸起。我用手指触摸，有些滑，感觉是玻璃纸包装的粗制块状可卡因。"参见 Tr. 9（Feb. 20, 1990）。

警官接下来将手伸进被告人的夹克内侧，发现了一小包塑料袋包装的块状可卡因，重量约为 1/5 克。被告人因此被捕，并在海尼平郡（Hennepin County）地区法院以持有违禁物品罪受审。被告人认为可卡因这一物质不能作为证据依法采信。一审法院认为，警方的行为根据"泰利诉俄亥俄州案"，即 Terry v. Ohio, 392 U.S. 1, 20 L. Ed. 2d 889, 88 S. Ct. 1868（1968），叫住被告人的目的是调查其是否从事犯罪行为，因此认定警方为了确定是否有武器而进行的搜身，是正当的。最后，根据"明摆着"（Plain View）原则，在合法搜查物品的时候，如果发现了明摆着的违禁品，可以合法扣押，因此，一审法院认定警方扣押可卡因的行为，不违反宪法第四修正案："对法院来说，警官适用何种感觉感知违禁品并没有区别。警方可以通过嗅觉感知酒后驾驶，或感知车内的大麻味道。而拉开枪栓的声音足以让警员马上有所反应。经验积累的触觉，和人类其他感觉一样可靠。所谓'明显感觉'和'明摆着'的视觉一样，可以支持对扣押的合法性要求。"参见 App. to Pet. for Cert. C-5。

被告人被认定有罪，之后，其提出上诉。

上诉审理过程中，明尼苏达州上诉法院推翻了一审判决。上诉法院同意一审法院的部分结论，即叫住被告人，对被告人搜身的动作，符合"泰利诉俄亥俄州案"的要求，理由是警方合理确信被告人从事犯罪行为，并可能携带武器，具有危险性。然而，上诉法院认定，警官扣押可卡因的行为，突破了"泰利诉俄亥俄州案"允许的范围。也就是说，上诉法院不承认将"明显感觉"作为搜查令的例外。参见 469 N. W. 2d 462, 466（1991）。

明尼苏达州最高法院维持了上诉法院的判决。和上诉法院一样，最高法院认定，叫停及搜身，根据"泰利诉俄亥俄州案"都有效，但是对可卡因的扣押则无效。最高法院拒绝将"明摆着"原则扩展到"明显感觉"，理由是触觉严重侵犯了个人隐私，而这也是宪法第四修正案的核心。参见 481 N. W. 2d 840, 845（1992）。看起来，该州最高法院采取的是将警方在为了查获武器而搜身的过程中通过触觉获得的违禁品，作为一个类型整个认定违法。最高法院还提到，即使承认所谓"明显感觉"例外，本案的事实也严重超过了"泰利诉俄亥俄州案"能够允许的范围。Id., pp. 843, 844, n. 1。因为记录显示，警官是在确定相关物品不是武器之后，才进一步进行的扣押。联邦最高法院批准了调卷令。参见 506 U. S. 814（1992），从而解决了联邦法与州法在此类问题上的冲突现状。本庭支持明尼苏达州最高法院的判决。

（转下页注）

（接上页注）

Ⅱ

A

宪法第四修正案，借由宪法第十四修正案，使得"马普诉俄亥俄州案"，即 *Mapp v. Ohio*，367 U. S. 643，6 L. Ed. 2d 1081，81 S. Ct. 1684（1961）的判决结果可适用于各州，保障"人民的人身、住宅、文件和财产不受无理搜查和扣押的权利，不得侵犯。除依照合理根据，以宣誓或代誓宣言保证，并具体说明搜查地点和扣押的人或物，不得发出搜查和扣押状"。联邦最高法院也曾多次强调，在没有法官事先批准的情况下，任何超越司法程序的搜查或扣押，本身就违反宪法第四修正案，对此，仅仅存在少数被良好界定的例外规定。参见 *Thompson v. Louisiana*，469 U. S. 17，19-20，83 L. Ed. 2d 246，105 S. Ct. 409（1984），引自 *Katz v. United States*，389 U. S. 347，357，19 L. Ed. 2d 576，88 S. Ct. 507（1967）；*Mincey v. Arizona*，437 U. S. 385，390，57 L. Ed. 2d 290，98 S. Ct. 2408（1978）；亦参见 *United States v. Place*，462 U. S. 696，701，77 L. Ed. 2d 110，103 S. Ct. 2637（1983）。"泰利诉俄亥俄州案"所承认的一个例外规定是，当警方观察到异常事件，根据其经验可以合理认定犯罪行为马上就要发生时，警方可以短暂留置嫌疑人，并通过合理的调查，查证相关的怀疑。Id.，p. 30；参见 *Adams v. Williams*，407 U. S. 143，145-146，32 L. Ed. 2d 612，92 S. Ct. 1921（1972）。

"泰利诉俄亥俄州案"进一步提出，"当警官具有正当性地相信被怀疑的人可能在很近的范围内获得武器，对警官或其他人具有危险性"，可以从事接触式搜身，从而确定其是否携带武器。392 U. S. p. 24. 有限搜查并不是为了发现犯罪证据，而是为了让警官在不用担心个人安全的情况下，继续进行调查。*Adams*，supra，p. 146. 相反，保护性搜查虽然允许在没有搜查令的情况下进行，并且可以仅仅根据合理怀疑，而非盖然性理由，但其必须严格限制在发现可能伤害其及其他人的武器这一范围内。参见 *Terry*，supra，p. 26；亦参见 *Michigan v. Long*，463 U. S. 1032，1049，77 L. Ed. 2d 1201，103 S. Ct. 3469，and 1052，n. 16（1983）；*Ybarra v. Illinois*，444 U. S. 85，93-94，62 L. Ed. 2d 238，100 S. Ct. 338（1979）。如果保护性搜查的范围超过了确定嫌疑人是否持有武器，就不能再根据"泰利诉俄亥俄州案"获得正当性，扣押的相关物品，也不能作为合法证据。参见 *Sibron v. New York*，392 U. S. 40，65-66，20 L. Ed. 2d 917，88 S. Ct. 1889（1968）。

这些原则，建构在 25 年之前，同一时期，联邦最高法院还针对"泰利诉俄亥俄州案"做出了判决。本案涉及的问题，是警方根据"泰利诉俄亥俄州案"执行搜身的过程中，是否可以扣押这一过程中感觉到的不具有威胁性的违禁品。联邦最高法院认定，只要在"泰利诉俄亥俄州案"的范围内，是可以扣押违禁品的。

B

起码在特定情况下，联邦最高法院已经认定，在执行"泰利诉俄亥俄州案"类型的搜身时，可以扣押查获的违禁品。例如，在"密歇根州诉隆案"〔即 *Michigan v. Long*，463 U. S. 1032（1983）〕中，警方接近了一名将车开到水沟里，且明显表现出迷醉状态的驾驶者。在该人尝试再次进入该车的时候，警方发现车内地板处有刀，警方暂时控制了该人，进行了搜身，之后检查了车辆内部，查看是否有其他武器，结果发现了装有大麻的开口罐子，并且将其扣押。联邦最高法院认定，这一扣押符合"泰利诉俄亥俄州案"的要求。首先，在路上临检的时候，如果警方根据具体事实合理怀疑驾驶者持有武器，具有危险性，就不仅可以搜查该人，还可以搜查车辆。463 U. S. p. 1049. 当然，对车辆的保护性搜查，仅限于其中所藏武器对警官及其他人造成威胁的情况，因此，（转下页注）

（接上页注）搜查的地点仅仅限于可能放置或藏匿武器的地点。如果在从事此类搜查的过程中，警方发现了凶器之外的违禁品，当然不能当作没有看到，宪法第四修正案也不要求排除此类证据。Id., p. 1050; accord, *Sibron*, 392 U. S. pp. 69-70; Id., p. 79.

　　这就是长期以来被适用的所谓"明摆着"原则。参见 *Long*, supra, p. 1050; 亦参见 *United States v. Hensley*, 469 U. S. 221, 235, 83 L. Ed. 2d 604, 105 S. Ct. 675（1985）。根据这一原则，如果警方合法地处于发现相关物品的位置，且相关违禁品直接明显，如果警方可以合理接触该物品，则可以在没有搜查令的情况下扣押该物品。参见 *Horton v. California*, 496 U. S. 128, 136-137, 110 L. Ed. 2d 112, 110 S. Ct. 2301（1990）; *Texas v. Brown*, 460 U. S. 730, 739, 75 L. Ed. 2d 502, 103 S. Ct. 1535（1983）。然而，如果警方在不进一步调查的情况下，没有盖然性理由相信明摆着的物品是违禁品，也就是说该物品的违禁属性并非直接明显，就不能根据"明摆着"原则合法扣押该物品。参见 *Arizona v. Hicks*, 480 U. S. 321, 94 L. Ed. 2d 347, 107 S. Ct. 1149（1987）。

　　联邦最高法院认定，这一原则明显适用于警官在从事合法搜查的过程中，通过触觉发现的违禁品。所谓"明摆着"原则的合理性在于，如果违禁品放在众目睽睽之下，并且被警方以合法的方式观察到，就不会侵犯对隐私的合法预期，因此不属于宪法第四修正案所规定的搜查。参见 *Illinois v. Andreas*, 463 U. S. 765, 771, 77 L. Ed. 2d 1003, 103 S. Ct. 3319（1983）; *Texas v. Brown*, supra, p. 740。在这种情况下，虽然没有搜查令就进行了扣押，但显然当时寻求法官发出搜查令，是不现实的，也无法实现宪法第四修正案的立法目的。参见 Hicks, supra, pp. 326-327; *Coolidge v. New Hampshire*, 403 U. S. 443, 467-468, 469-470, 29 L. Ed. 2d 564, 91 S. Ct. 2022（1971）。这一理论，也可以适用于通过触觉发现违禁品。如果警方合法地拍打嫌疑人的外衣，发现了直接明显的物品，就没有扩大侵犯已经被之前合法搜查武器所侵犯的隐私。如果该物品是违禁品，根据"明摆着"原则，虽然没有搜查令，但对该违禁品的扣押，仍然合法。

Ⅲ

　　被告人也没有质疑警方根据"泰利诉俄亥俄州案"，有权暂时留置他，并且搜身。因此，争议的问题在于，当警官获得盖然性理由，相信夹克内的凸起是违禁品时进行的搜查，是否符合"泰利诉俄亥俄州案"的要求。地区法院并未明确这一问题。App. to Pet. for Cert. C-2. 虽然地区法院也承认，警方在搜查的时候，并不认为该物品是武器。Id., p. C-5, 而这一点也得到了上诉法院的肯定，参见 469 N. W. 2d p. 464。在审查了案卷之后，明尼苏达州最高法院认定，警方的证言证明，其并未直接认识到该凸起物是块状可卡因。参见 481 N. W. 2d p. 844。相反，警方是在分析了被告人口袋里的物品之后，才知道物品的属性，而这个时候，警方明知口袋里没有武器。Ibid.

　　根据该州对案卷的调查，显然其认定警官的行为超过了"泰利诉俄亥俄州案"所设置的严格限制。参见 *Terry*, 392 U. S. p. 26。在警方执行合法搜查，但是扣押了其他物品的情况下，法院必须认识到这里存在的危险性，即警方会扩大授权，将特定的搜查令作为宽泛的搜查令适用。参见 *Texas v. Brown*, 460 U. S. p. 748。在本案中，警方在明知被告人没有携带武器，而其在身上携带的物品不会对警方及其他人造成危险的情况下，仍然扩大搜查范围。392 U. S. p. 29. 因此突破了"泰利诉俄亥俄州案"的范围。Id., p. 26, 而这种做法早已经被联邦最高法院所否定。*Michigan v. Long*, 463 U. S. p. 1049, n. 14; *Sibron*, 392 U. S. pp. 65-66。

（转下页注）

证有罪，禁止双重告诉等权利，都可以归于普通法时期布莱克斯通的一句名言，"宁可错放 10 个有罪的人，不可错捕 1 个无辜的人"。这反映出普通法的传统看法，即在防止滥用国家暴力与防范犯罪人造成的危险中间，前者更应受到侧重。个人可以通过安装报警装置、组织互助机构、雇用私人保安来捍卫自己的安全，但是面对政府权力的滥用，公民个人往往显得无能为力。①

对很多并不熟悉美国刑事程序的人来说，最直观，也是最生动的一课，可能来自某些脍炙人口的影视或者文学作品。以影片《杀死一只知更鸟》（*To Kill A Mocking Bird*）为例，片中，罗宾逊被指控强奸了一个白人女孩。白人律师芬奇（Atticus Finch）不畏美国南方腹地几乎无处不在的种族歧视氛围，铁肩担道，为求助无门的黑人罗宾逊担任辩护律师。芬奇律师并没有太多时间准备辩护，同时，他需要面对的是一个几乎完全孤立无援的境遇。芬奇不仅仅无法从受害人那里得到任何的有价值信息，甚至连自己的家人都受到了白人暴民的威胁、敌视。芬奇律师处于一种空前孤立的尴尬境地，更为重要的是，他并没有时间和足够的资源收集对罗宾逊有利的事实证据。事情发生的时候，只有当事人双方在场，如何能够证明究竟发生了什么？就是在这种毫无希望的情境之下，作为一名出色律师，芬奇的职业敏感与职业素养在交叉质证以及庭审辩论环节体现得淋漓尽致、近乎

（接上页注）在"亚利桑那州诉海克斯案"〔即 *Arizona v. Hicks*，480 U. S. 321，94 L. Ed. 2d 347，107 S. Ct. 1149（1987）〕中，联邦最高法院认定，警方在搜查其他物品的时候，所扣押的盗窃的音响不属于合法证据。尽管警方当时合法地进入被告人居住的房屋，但只有将音响的序列号交给专业人士查证之后，才能建构起该音响是盗窃而来的盖然性理由。因为音响本身违法属性并不强烈，因此对该物品的扣押，并不属于"明摆着"原则适用的情况。该案和本案的事实非常类似。尽管警官感觉到被告人夹克内凸起的物品时，完全合法，但该物品是否违法的属性，并非直接明显。相反，只有在进一步搜查的情况下，才能确定该物品的性质，而这种进一步的搜查行为，突破了"泰利诉俄亥俄州案"的范围。因为警官进一步搜查被告人夹克内部的行为违反宪法，因此查获的违禁品同样违宪，不能作为证据使用。*Horton*，496 U. S. at 140.

IV

基于上述理由，维持明尼苏达州最高法院的判决。

① 参见 John Hasnas，"The Century of A Mistake：One Hundred Years of Corpopate Criminal Liability，" *Am. Crim. L. Rev.* 46（2009）：1329。

完美。针对少得可怜且对己方当事人全然不利的事实，芬奇展开了自己逻辑缜密、几乎无可辩驳的逻辑推理，让一个具有通常理性的人，包括你我在内，怀疑罗宾逊是否真的实施了强奸，以及在强奸的过程当中殴打了玛利亚，换句话说，玛利亚是否在说谎。① 很明显，芬奇运用自己敏锐的嗅觉，令人信服地向包括陪审团在内的所有人证明，一个左手丧失功能的人无法用双手紧紧扼住玛利亚的脖颈，也很难伤害到受害人的右眼。如果这一逻辑推理成立，罗宾逊是否通过暴力手段实施了性侵害，就高度存疑。如果陪审团是公正的话，几乎一定无法排除合理怀疑地认定罗宾逊就是实施了相关侵害行为的行为人。之所以能够产生如此戏剧化的庭审效果，除了戏剧渲染的成分之外，在很大程度上与美国独特的刑事司法体系、刑事证据规则与刑事案件的庭审模式有关。

如前所述，作为联邦制国家，美国的司法体系分为联邦司法体系（见图 1）与各州独立的司法体系两个层级。两个司法体系之间保持着很大意义上的相互独立性，同时依据特定的规则，特定案件或者特定犯罪人可以在两个司法体系之间进行转移。

---

① （芬奇对当地的警长泰特就其赶到事发地所看到的事实进行质证）

泰特：受害人头部遭人殴打，其手臂存在遭人殴打后的瘀伤，并且受害人的左眼呈现淤血症状……（经过回忆和纠正）……芬奇先生，我想起来了，被害人是右眼受伤……受害人还向我看了她受伤的颈部，在她的颈部有手印，应该说是被人扼颈之后所呈现出来的典型特征……

（芬奇接下来对受害人的父亲就其对事发时所看到的事实进行质证）

鲍伯：我看到我的女儿倒在地板上……

（芬奇随即递给鲍伯一支笔和一张纸，让鲍伯把自己的名字写在上面，鲍伯用自己的左手签下了自己的名字，这时，鲍伯似乎意识到了什么）……

鲍伯：阿提格斯·芬奇一定在搞什么鬼，他要打我的主意，法官大人你要对像芬奇这样的家伙加些小心……

（芬奇接下来对宣称自己被害的玛利亚进行了质证，玛利亚一口咬定被告人汤姆·罗宾逊借受自己雇佣做工的机会试图强奸自己，并且自己还在这个过程中遭到了罗宾逊的殴打。同时，玛丽亚承认自己的父亲酗酒，并且在酒后会变得脾气暴躁……在质证的最后阶段，芬奇对被指控实施了强奸行为的罗宾逊进行质证，在质证的过程当中，芬奇让被指人接住自己递过去的一杯水，罗宾逊用右手接住了杯子，事后证明，罗宾逊的左臂早已残疾）罗宾逊：我的左手不听使唤。我十二岁的时候左手被卷进了棉机。我左臂所有的肌肉都已经萎缩了……以上对白为根据《杀死一只知更鸟》影片翻译后进行的总结。准确译文可参见同名小说的中译本。

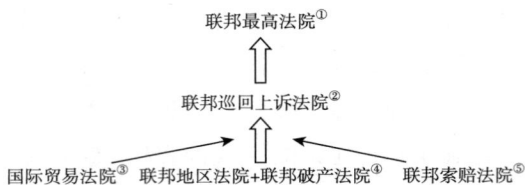

图 1 美国联邦司法体系

资料来源：根据相关资料绘制。详细内容可参见 Dean J. Champion et al., *Criminal Courts*: *Structure*, *Process*, *and Issues*（New Jersey：Prentice Hall，2011）。

注：①联邦最高法院还可以受理各州最高法院提交的与联邦法相关的问题。

②美国联邦巡回上诉法院（The U. S. Court of Appeals for the Federal Circuit），共 12 个，负责其辖区范围内联邦地区法院及特定联邦行政机构提起的上诉，除此之外，还有权审理涉及专利权，以及美国国际贸易法院及美国联邦索赔法院审理的案件。对联邦地区法院的终审结果，当事方有权提起上诉。对在法定时限内提出的上诉，联邦巡回上诉法院通常情况下会组织由 3 名法官组成的合议庭加以审理。和很多国家一样，美国的联邦巡回上诉法院审理也只是"法律审"，即不采信新证据，必须推定联邦地区法院对事实的认定是正确的。如果必须对事实加以确认，也只能将全案发回，或者交由特定联邦机构开展调查。大多数情况下，联邦巡回上诉法院审理结果，即维持或推翻原判的结果，会以书面形式体现。案情重大时，联邦巡回上诉法院的所有在席法官会"集体出庭"（en banc），共同裁决。当然，像美国联邦第九巡回上诉法院那样规模较大者，也可能会在内部事先分配成为两三个大合议庭，以解决审理效率问题。

③美国国际贸易法院（The United States Court of International Trade），前身为美国关税法院（The United States Customs Court），位于纽约，主要负责处理涉及国际贸易及关税的纠纷与救济。

④美国联邦地区法院（The U. S. District Courts），共 94 个，享有几乎所有联邦管辖案件的初审权，一般采取法官独任制审理。每个联邦地区法院的司法管辖区，同时设有一个"联邦破产法院"（The Bankruptcy Court），该法院享有除了刑事案件之外几乎所有案件的管辖权，一旦向破产法院提出诉讼，其他本由联邦或州司法系统管辖的问题，都必须移交至破产法院。

⑤"联邦索赔法院"（The United States Court of Federal Claims），于 1982 年创设，法官由总统提名，任期 15 年。主要负责审理涉及复杂事实认定及成文法解读的退税案件，值得提出的是，对此，联邦地区法院同样享有管辖权。除此之外，联邦索赔法院还负责审理涉及政府合同的纠纷，以及涉及印第安人、普通公民及军人向美国联邦政府申请赔偿或补偿方面的诉讼。

除此之外，还包括不能明确纳入上述阶层体系中的特殊类型联邦法院，如美国联邦军事法院①及美国武装力量上诉法院②、美国联邦老兵索赔

---

① "美国联邦军事法院"（Courts-Martia），主要是指根据联邦法之一——《统一军事司法法典》（The Uniform Code of Military Justice，UCMJ），对违反该法的美国军方人员加以审判的司法机关，也可以在美军占领区临时代理司法职能，法官一般由军人担任。

② "美国武装力量上诉法院"（The United States Court of Appeals for the Armed （转下页注）

上诉法院①、美国联邦税法法院②及相关联邦行政机构或委员会。

奉行联邦制的美国，各州的司法体系虽然与联邦司法体系的大体结构类似，但仍然各具特色，下面，仅以加利福尼亚州司法体系为例，对其加以说明（见图 2）。

加利福尼亚州最高法院①

⇑

上诉法院②

⇑

初审法院③

图 2　加利福尼亚州司法体系

资料来源：转引自 Dean J. Champion et al. , *Criminal Courts*：*Structure*，*Process*，*and Issues*（New Jersey：Prentice Hall，2011）：11。

注：①"加利福尼亚州最高法院"（The Supreme Court of California），为该州最高司法机构，其判决对加州境内各个州法院均具备约束力，为终审法院，由 7 名法官组成，对死刑案件、司法风纪案件享有管辖权，同时还享有对所有适用州法案件的任意管辖权。

②加州法院系统内的上诉法院共有 6 个，共计 1055 名法官，负责审理民事案件、非该当死刑的刑事案件以及行政案件，同时对未成年人实施的案件具有任意管辖权。

③加州法院系统内的初审法院分布于该州的 58 个郡县，共计 1500 余名法官，负责审理侵权案件及案值不超过 25000 美金的不动产纠纷、小额诉讼等案件。

从历史发展的过程来看，美国刑事案件的基本审理程序，在几百年间并未出现实质性变革，和传统普通法刑事司法程序相比，基本保持一致。根据布莱克斯通的研究，普通法时代的刑事司法从程序上来看，基本上依照如下阶段顺序展开：逮捕、羁押及假释、公诉、传召、提审、认罪、审

（接上页注②）Forces），负责美军现役人员及该当《统一军法典》管辖人员的上诉审，法官由总统提名的非军方人员担任，任期 15 年。在其之下，还有中间层级的上诉法院，分别包括"陆军上诉法院"（The Army Court of Criminal Appeals）、"海军及海军陆战队刑事上诉法院"（The Navy-Marine Corps Court of Criminal Appeals）、"海岸警卫队刑事上诉法院"（The Coast Guard Court of Criminal Appeals）以及"空军刑事上诉法院"（The Air Force Court of Criminal Appeals）。

① "美国联邦老兵索赔上诉法院"（U. S. Court of Appeals for Veterans Claims），主要负责对"老兵诉请委员会"（The Board of Veterans' Appeals）的决定做出监督、审查。

② "美国联邦税法法院"（United States Tax Court），主要负责审理围绕联邦所得税所产生的纠纷或争端。

理与有罪认定、宗教忏悔①、定罪量刑、推翻原判、赦免或宽恕、判决执行。当然，这一完整连续的司法程序设计属于一种理想设计，明显侧重于被告人的宪法权利保障，甚至似乎可以为此牺牲掉司法审理的效率等其他考量。但现实却是大量刑事案件会因为各种原因无法走完全部程序。例如，根据相关法律规定，联邦司法体系中，是否对被告人所犯重罪提起公诉必须由大陪审团决定，而检察官只能决定是否对轻罪提起公诉。② 这一机制决定了某些案件永远不会被提起公诉，更不会进入后续的司法程序之中。毕竟，上述程序中的一部分，并不属于宪法强制的权利保障措施，相反，刑事犯罪被告人甚至可以通过放弃特定宪法权利来换取特定利益，因此才会在刑事诉讼过程中大量出现短期羁押、改变指控及诉辩交易（Plea Bargin）等情况。③

如果说美国联邦与各州司法体系属于刑法案件审理的"硬件"④，那么证据规则与庭审模式就可以被理解为美国刑法适用的"软件"，并且在很大程度上，这些无形的部分才真正决定了美国刑法实际适用的最终结果。

---

① 所谓"宗教忏悔"，是指通过牧师，犯有特定罪行的被告人可以通过背诵圣经等宗教行为，获得罪刑的减免。参见 Jeffrey K. Sawyer, "'Benefit of Clergy' in Maryland and Virginia," *Am. J. Leg. Hist.* 34（1990）：49。

② 据学者总结，美国联邦和各州的刑法典，把各式各样的犯罪现象分为重罪和轻罪两大类，某些州把犯罪分成重罪和轻罪后，还加上轻微犯罪作为补充。其区分重罪和轻罪的标准是：犯罪人被关在监狱里还是关在地方看守所里，以及犯罪人被判处什么样的刑罚。一般认为，所谓重罪是指被判处死刑，或者判处监禁，其期限一般超过 1 年的罪犯。重罪犯要在监狱中服刑。重罪分为如下 7 种：谋杀、强奸、抢劫、严重行凶、怀着犯罪的意图侵入住宅、偷窃、偷窃汽车。以上 7 类犯罪由美国联邦调查局逐年在它的正式犯罪报告中予以公布。参见陈朱承《谈谈美国刑法中的罪和刑》，《国外法学》1985 年第 1 期，第 19 页。

③ 参见 Kyle Graham, "Facilitating Crimes: An Inquiry into the Selective Invacation of Offenses Within the Continuum of Criminal Procedures," *Lewis & Clark L. Rev.* 15（2011）：665。

④ 通常情况下，个案当事人通过向美国联邦最高法院申请所谓"调卷令"，并在后者同意调取州法院案件后，实现个案在州司法体系与联邦司法体系之间的管辖权流转。联邦最高法院同意调取各州法院审结的案件之后，会针对案件的法律部分进行审查，从而确定州法官在案件审理过程当中是否存在可以导致案件改判或者发回重审的法律错误。一般来说，美国联邦最高法院 9 名法官当中的 4 人联署即可批准申请调卷令。限于美国联邦最高法院法官人数较少，因此绝大多数调卷申请都被驳回，据不完全统计，2009 年美国联邦最高法院仅批准大致 80 到 150 起申请，而同时期的申请则多达 8241 件，批准率约为 1%。参见 Melanie Wachtell and David Thompson, "An Empirical Analysis of Supreme Court Certiorari Petition Procedures," *Geo. Mason U. L. Rev.* 16（2009）：237。

```
┌─────────────┐                    ┌─────────────┐
│ 一方提出调卷令申请 │                    │ 形式不符合要求  │
│ 书记员进行形式审查 │                    └─────────────┘
└─────────────┘
      │
  ┌───────┐                          ┌───────┐
  │ 审核通过 │                          │ 拒绝调卷 │
  └───────┘                          └───────┘
      │
┌─────────────┐
│ 大法官会议就是否同 │
│ 意调卷进行表决   │
└─────────────┘
      │
  ┌───────┐
  │ 批准调卷 │
  └───────┘
      │
┌─────────┐      ┌─────────┐
│ 正式审理程序 │ ◄──  │ 简易审理程序 │
└─────────┘      └─────────┘
      │
┌─────────────┐
│ 控辩双方整理争论焦 │
│ 点，书记员排期   │
└─────────────┘
      │
┌─────────┐
│ 开庭审理  │
└─────────┘
      │
┌─────────────┐
│ 大法官会议做出判  │
│ 决，分配意见撰写  │
└─────────────┘
      │
┌─────────────┐
│ 意见撰写完毕，大法 │
│ 官签字确认     │
└─────────────┘
      │
┌─────────┐                         ┌─────────┐
│ 开庭宣判  │ ──────────────────────► │ 案件审结 │
└─────────┘                         └─────────┘
```

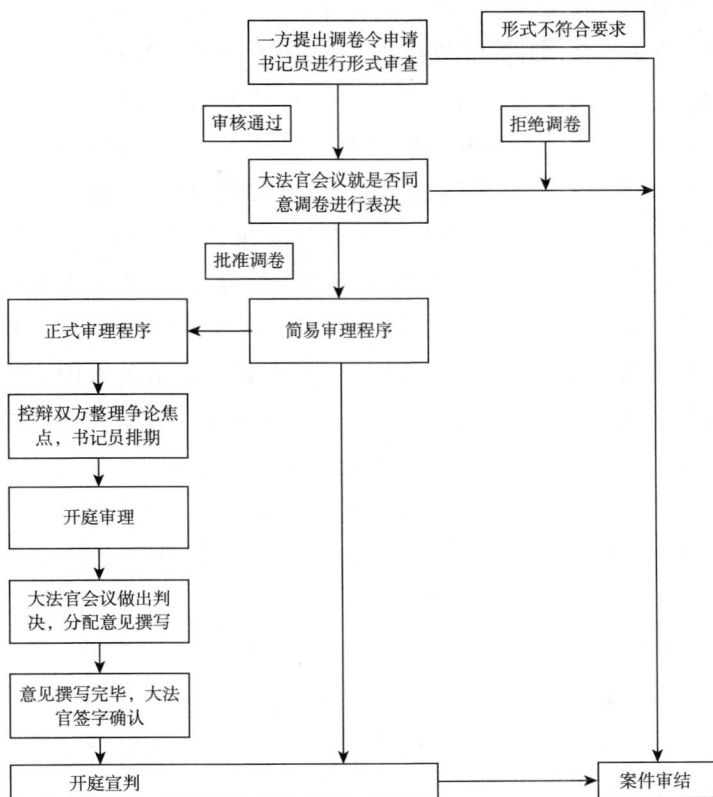

图 3　美国联邦最高法院的案件受理、审理程序

注：在案件遴选方面，美国联邦最高法院实行的是许可上诉制度，当事人并不必然享有最高法院司法保护的权利。换言之，是否受理这些申请，受理哪些申请，完全属于最高法院大法官自由裁量的范畴。首席大法官的助理将结合申请材料，挑选出其认为不值得审理的案件，列入"死亡"清单，而将其他案件列入讨论清单。这两份清单经过首席大法官确认后，将呈交给其他大法官。其他大法官也会在其助理的建议下，对"死亡"清单中的案件加以表态。只要有 1 位大法官认为该案值得审理，则该案从"死亡"清单中脱离出来，进入讨论清单。另外与通常美国刑事案件审判过程不同的是，联邦最高法院的庭审过程往往相对较为简略。尤其是律师发言的时间被一再缩减，从 20 世纪中叶开始，大法官开始压缩律师的发言时间，沃伦法院时代从各方发言不超过 3 小时减为 1 小时，而 1972 年，伯格主导下的联邦最高法院又做出新规则，将发言时间限定在半小时内。由于大法官问问题、插话的时间都包括在律师发言时间之内，所以这实际上表明大法官们在有意地压缩开庭审理的时间。而当有的律师抱怨时间太短时，伦奎斯特大法官的回应是："现在关于开庭审理的规则非常合适。"可见，对相当一部分大法官来说，开庭审理是可以省略的过程。参见刘哲玮《美国联邦最高法院先例形成过程探析——兼论对我国案例指导制度之启示》，《中国法律》2011 年第 3 期，第 297 页。

刑事审判的关键即在于证据。庭审律师通过收集、准备、出示以及质证等环节将案件事实呈现在事实裁判者，即陪审团面前，从而使其相信或者质疑检方的指控。为了规范证据的使用，防止人为操纵证据，经过长期的总结，1975 年美国出台了《联邦证据规则》（Federal Rules of Evidence）①，用来规范诉讼当事人在案件审理过程中对证据的使用。虽然有权建构各自独立的证据规则，但美国各州基本上都部分或者全部采取了《联邦证据规则》的相关规定。② 证据规则的实际意义固然是为了保持对抗式庭审模式的公平与效率，但更为重要的是，赋予了法官控制案件进程乃至结果的技术性手段。众所周知，美国重大刑事案件多由陪审团审理，而陪审员也被称为所谓"事实认定者"。但这并不意味着法官失去了其在庭审过程中的作用，这种作用就在于运用证据规则，控制呈现在陪审团面前的具体证据，从而间接地影响陪审团对事实的判断。而《联邦证据规则》以及各州的证据规则，的确也赋予了法官控制证据进出案件审理过程的权力。

美国刑事案件的审理模式属于"对抗式庭审模式"（Adversary System）。所谓"对抗式庭审模式"，是指一种与所谓"纠问式庭审模式"（Inquisitorial System）相对应的诉讼模式，控辩双方在中立的第三方，如陪审团或法官面前提出案件事实及诉讼主张，并由后者进行判断③，而非像纠问式庭审模式那样，由法官占据主导地位，积极主导案件审理。

正是这种对抗式庭审模式的本质属性，才导致了美国刑事案件的审理进程宛如一出跌宕起伏的大戏，检方或者辩方都竭尽所能在法官或者陪审

---

① 《联邦证据规则》（Federal Rules of Evidence），主要解决证据的关联性及其限制、拒绝证言权、证人、意见证言和专家证言、传闻证据、证真和识别等证据能力，以及举证负担、说服负担等证明负担问题，国内对此研究，可参见王进喜《美国〈联邦证据规则〉条解》，中国法制出版社，2012。

② 参见 Christopher B. Mueller, Laird C. Kirkpatrick, *Evidence*, *Aspen Treatise Series*（New York：Aspen Publishers, 2009）：2。

③ 参见 Sandra Beatriz, *The Discourse of Court Interpreting：Discourse Practices of the Law, the Witness and the Interpreter*（Amsterdam：John Benjamins Publishing, 2004）：31。

团面前"表演"，使其相信自己的"故事"。① 有人曾经说过："陪审团由
12 名成员组成，其任务就是对诉讼双方谁有更好的律师做出裁决。"② 同
时，刑事被告人得有权保持沉默，不自证有罪，检方必须排除合理怀疑地
证明被告人有罪，等等。

　　对抗式庭审模式与证据规则之间互相结合，共同构成了美国刑事审判
的程序背景。除此之外，陪审团审理模式更是承载了针对刑事案件的民意
拟制与表达功能，这点对美国刑法的存在与适用来说至关重要。限于篇
幅，本书仅结合陪审制与排除合理怀疑的证明标准，对美国刑事司法程序
问题窥以一斑。

一　美国陪审制度概述③

（一）美国陪审制度的发展历史

　　美国宪法第 3 条第 2 款规定："除弹劾案外，一切犯罪由陪审团审
判。"这是 1789 年美国宪法规定的为数不多的保障个人权利的条款之一。
1791 年，美国通过宪法第六修正案，规定"被告人享有由犯罪行为发生地
的公正陪审团予以迅速和公开审判的权利"。

　　事实上在宣布独立之前，1774 年第一次大陆会议制定的《权利宣言》
当中就呼吁陪审团享有审判权。有 12 个州在制宪会议之前制定了宪法，这
12 部宪法唯一的共同点就在于明确规定刑事被告人受陪审团审判的权利。
在制宪会议上，保障被告人受陪审团审判的权利，也成为联邦党人和反联
邦党人之间最为一致的共识。

　　美国宪法起草者对陪审团的广泛接受，在很大程度上源于独立战争之

---

① 之所以强调所谓"表演"的概念，是因为有实验结果证明，普通人的判断往往会受到被
告人脸部特征的影响。大约 40% 的人认为塌鼻子、深眼窝的被告人有罪；只有 29% 的人
认为蓝眼睛、娃娃脸的被告人有罪。很多人忽视了犯罪证据的复杂性、单凭被告人的脸
部特征就草草做出了自己的决定。参见〔美〕理查德·怀斯曼《怪诞心理学：揭秘不可
思议的日常现象》，路本福译，天津教育出版社，2009，第 138 页。
② 〔美〕科林·埃文斯：《证据：历史上最具争议的法医学案例》，毕小青译，生活·读
书·新知三联书店，2007，第 247 页。
③ 相关内容参见〔美〕阿尔伯特·阿斯楚兰《美国刑事陪审制度简史》，李立丰编译，《社
会科学战线》2010 年第 11 期，第 227 页。

前陪审团在抵制英国统治过程中所扮演的积极角色。与 17 世纪的情况不同，18 世纪北美殖民地的刑事陪审已经变得十分普遍。但需要指出的是，不同的殖民地在陪审团使用问题上差别巨大。例如，在新英格兰殖民地当中，一个极端是罗得岛，通常在危害超过酗酒罪以上所有刑事审判中使用陪审团。另一个极端就是纽黑文地区，该地区试图用神意法来取代英国法，从而事实上废止了陪审团制度。例如，在独立战争之前，陪审团使得殖民地的诽谤法事实上处于失效的状态。在英国，17、18 世纪共有几百人因为诽谤而获罪，而同时期，北美殖民地诽谤罪的指控却不超过 6 起，最终也仅有 2 起被判罪名成立。除此之外，北美殖民地的陪审团也制约了其他英国法的适用。当时马萨诸塞的英国总督就抱怨，当地陪审团所参与的审判是由被告人的同伙，至少是对被告人持友好态度的人所进行的非法交易。① 有鉴于此，后期英国统治者开始限制北美地区陪审团的权限，例如当时的英国国会就曾经恢复了亨利八世（Henry Ⅷ）② 时代的法律，将被指控犯有叛国罪的殖民地居民递解回英国进行审判。③

而也正是由于这一原因，1776 年《独立宣言》当中直接挞伐了英王乔治三世（George Ⅲ）④ 剥夺北美人民受陪审团审判权的种种行径。15 年之后，宪法第六修正案承诺，在所有的刑事审判当中，美国人民都享有受到陪审团审判的权利。

（二）美国陪审团的构成变迁

学界一般将美国宪法的权利配属分为两类，即分配政府权力的结构性权利以及对个体的保障性权利。⑤ 巧妙的是，享有受陪审团审判权既是刑事被告人的权利，也是民治的一种体现。也就是说，美国宪法第六修正案

---

① 参见 Stephen Botein, *Early American Law and Society* (New Yrok: Random House, 1983): 57。

② 亨利八世（Henry Ⅷ），1491~1547 年，1509 年登基，都铎王朝第二任君主，英格兰与爱尔兰的国王。

③ 参见 Edmund Burke, *Letter to the Sheriffs of Bristol* (Columbus: Little Brown, 1889): 189-192。

④ 乔治三世（George Ⅲ），1738~1820 年，1760 年登基，在位期间经历"七年战争"、"北美独立"及抗击拿破仑等重大历史事件，最终因疯病失明而死。

⑤ 参见 Akhil Reed Amar, "The Bill of Rights as a Constitution," *Yale L. J.* 100 (1991): 1183。

中对陪审团审判权的规定，兼顾或者融合了上述两种基本的权利分配模式。

近些年，美国很多学者开始强调宪法起草者所表征的精英主义，而陪审团制度同时也被认为是这些精英所建构的民主化试验的重要一环。① 但吊诡的是，最初美国陪审团的体系设计，显然无法满足时下的一般"民主""平等"理念。当时每个州都将充当陪审员的权利赋予男性，除佛蒙特州之外，其他州中只有有产阶级或者纳税人才可以充当陪审员，有 3 个州同时仅仅允许白人成为陪审员，而马里兰州则取消了无神论者的陪审员资格。②

1. 早期美国陪审制度对白人男性的限制性规定

在英国，尽管陪审员的资格没有像竞选下院议员那样严苛，但是有产的要求仍然使得 3/4 的成年男性不能成为陪审员。然而，在美国，因为土地价格低廉并且存量较大，情况就显得与英国完全不同。即使在全民的投票权成为现实之前，已经有至少过半数的成年白人男性可以参加选举，绝大多数有选举权的人同时有资格成为陪审员。

《1789 年联邦司法法》（The Judiciary Act of 1789）③ 将陪审员资格的厘定权从联邦法院转移到了州。在大多数情况下，各州对陪审员资格的规定参考其对选举权的规定。然而，很多州又规定了额外的要求，诸如智力、品行之类，还包括特别的要求，诸如纳税或者持有财产。

到了 19 世纪早期，美国经历了选举权从针对有产者到针对成年白人男性的普选制的变革。④ 但这种对选举权要求的民主化，并没有伴生对陪审

---

① 例如参见 Jennifer Nedelsky, *Private Property and the Limits of American Constitutionalism：The Madisonian Framework and Its Legacy*（Chicago：University of Chicago Press, 1990）：35-38。

② 南卡罗来纳州、佐治亚州和弗吉尼亚州不承认黑人的选举权，参见 Albert Edward McKinley, *The Suffrage Franchise in the Thirteen English Colonies in America*（Philadelphia：University of Chicago Press, 1905）：475-476。

③ 《1789 年联邦司法法》（The Judiciary Act of 1789），是指美国第一届国会于 1789 年通过的一项联邦立法，主要根据美国宪法相关规定，建构起美国的联邦司法系统，从而为现在的美国司法体制奠定了基础。法案在很大程度上是强调联邦权力的联邦主义者与强调各州权力的反联邦主义者之间的一种妥协结果。

④ 1777 年，佛蒙特州成为第一个建立白人男性普选制的州。参见 Chilton Williamson, "Property, Suffrage and Voting in Windham," *Vt Hist* 25（1957）：135。

员适任资格规定的民主化。事实上陪审员资格的民主化总是非常严重地滞后于选举权的民主化。在很多州，很多没有财产的白人男性、黑人以及妇女在其获得了选举权之后很久才获得担任陪审员的资格。

一直到 1946 年，美国联邦最高法院才运用自身对联邦司法的审查权，推翻了那些将工薪阶级排除出陪审团的规定，从而开始让陪审制度逐渐摆脱之前一直被作为经济和社会上优势族群的特权工具的窠臼。①

事实上，特别是在 19 世纪的前半段，形式上的陪审员遴选资格规定不能如实地反映究竟是什么样的人在司法实践中能充当陪审员。当时的司法官员在征召陪审员时具有非常大的自主权。如果适格的陪审员没有出现，法院工作人员可以让不适格的旁观者替补这个空缺。在很多司法区当中，适格陪审员的缺席以及旁观者的替补都是非常常见的。当时印第安纳州梅伦郡 60% 以上的刑事案件陪审员，都是由旁观者临时充当的。②

在 19 世纪的美国，对陪审团的诟病往往集中于陪审员的素质低下。例如，印第安纳州的一位观察家将陪审员描述为"混沌之徒，并且基本上是酒鬼"。内战之后在西部的一次游历之中，马克·吐温笔下的陪审员也认为乱伦和纵火是一回事。他评价道，"美国的陪审制度是举世无双的，但这样的制度受制于找到 12 个无所不知的陪审员的困难性"。③

2. 早期美国陪审制度中的非洲裔美国人

陪审员资格的平等之路，对黑人和妇女来说更为艰辛，对其而言，这至今还是一段未尽的征程。

美国最初的 13 个州当中，只有 3 个正式地否认美国黑人的选举权。曾几何时，黑人的确在美国南部大量地参与了选举。然而到了 1830 年，很多州又剥夺了黑人的选举权。或许，正如黑人有的时候会具有选举的权利一样，少数美国黑人在早期陪审团当中的确也扮演了若干角色。据考证，1860 年，黑人作为陪审员第一次出现在马萨诸塞州的沃塞斯特，

---

① 参见 *Thiel v. Southern Pacific Co.*，328 US 217（1946）。
② 参见 David J. Bodenhamer，*The Pursuit of Justice*：*Crime and Law in Antebellum Indiana*（Oxfordshire：Taylor & Francis，1986）：83-88。
③ 参见〔美〕马克·吐温《马克·吐温十九卷集》（第十四卷），侯浚吉译，河北教育出版社，1995，第 147 页。

这也被认为是历史上美国陪审制度中第一次正式出现非洲裔美国人的身影。①

1864 年，美国国会立法允许黑人在联邦审判中出庭作证，而内战结束之后，其又立法承认黑人在各州审判当中作证的权利。对这种措施，持反对意见的人认为，如果允许黑人作证来指证白人的话，以后将会不可避免地导致黑人加入到陪审团当中来。然而，支持者却对此嗤之以鼻。后者认为尽管儿童和妇女可以作为证人出庭，但其不可以作为陪审团成员，即否认黑人作为证人和作为陪审团成员之间的必然联系。

战后，南方的黑人强调了对陪审团整合的重要性。而战后重建时期某些司法区也开始承认黑人可以作为陪审员。这一时期，美国刑事陪审当中出现了三个值得注意的法律进展。首先，在 1868 年，宪法第十四修正案规定，州不能制定或者实施任何侵犯美国公民合法权利的法律。该修正案还禁止州否认任何人受法律平等保护的权利。其次，两年之后，宪法第十五修正案规定，"合众国公民的选举权，不得因种族、肤色或以前是奴隶而被合众国或任何一州加以拒绝或限制"。最后，1875 年通过的《联邦民权法》规定美国公民不得因为所属种族而被剥夺在美国的任何州或者任何法院担任大陪审团或者陪审团成员的资格。然而，1879 年通过的《联邦陪审员遴选法》推翻了早期国会的法案，重新规定了在联邦司法体系当中种族歧视的陪审制度，从而将重建时期所进行的对陪审团的改革推向了死胡同。直到 1880 年，美国联邦最高法院才在"斯陶德诉西弗吉尼亚州案"②中认定此类成文法违宪。

3. 早期美国陪审制度中的女性

较之黑人在陪审制度中的差别对待，美国女性所面临的歧视有过之而无不及。事实上在 1920 年之前，美国也只有几个州允许女性担任陪审员。③ 直到 20 世纪 40 年代，美国女性才开始享有普遍参与陪审团的权利。

---

① 参见 Leon F. Litwack，*North of Slavery：The Negro in the Free States*（Philadelphia：University of Chicago Press，1961）：1790-1860。
② *Strauder* v. *West Virginia*，100 US 303（1880）.
③ 犹他州、华盛顿州、堪萨斯州和新泽西州。

（三）美国陪审团解决法律问题权力的存废

1. 美国陪审团对事实和法律的认定权

美国陪审团在何时，以及通过何种方式获得了解决法律问题的权力，现在尚不清楚。实际上，直到 18 世纪北美殖民地陪审团开始挑战英国统治权力的政治案件出现之前，陪审团解决法律问题的权力似乎从来没有受到重视。美国陪审团解决法律问题的权力，大致也可以认为产生于当时的这样一种特定情况，即在缺乏法律书籍和受过良好训练的法官的情况下，陪审员似乎和其他人一样也可以解决法律问题。

尽管美国陪审团解决法律问题的权力，或许产生于缺乏法律训练法官的时代，但这样的一种受陪审团审判的权利，被视为公共司法信任的一种象征。新罕布什尔州最高法院的一位农民出身的法官指令陪审团，应当依据常识而不是普通法对案件加以认定，他认为，清醒的头脑和诚实心灵的价值远远大于律师的法律。与此同时，约翰·亚当斯（John Adams）[1] 也认为，让陪审团违背自己的意志、判断以及良知，一味听从法官的法律指引审理案件，是十分荒谬的。[2]

2. 对陪审团解决法律问题权力存废的论争

独立战争之后，约翰·亚当斯的观点日益受到挑战。就陪审团是否有权进行法律认定这一问题开始出现质疑，19 世纪末，法律专业主义开始明显占据上风。

在 1850 年之后，很多法院开始认为法官而不是陪审员，享有解决法律问题的权力。在 1850 年到 1931 年之间，至少 11 个州[3]规定，陪审员可以判断事实和法律问题。但这也仅仅是形式上的规定而已，在具体的司法实践中并没有真正适用。[4] 美国其他司法区的司法实践也清楚地表明，法律问题由法官来决定。陪审团对案件的最终认定，必须采纳法官做出的法律

---

[1] 约翰·亚当斯（John Adams），1735～1826 年，曾担任美国第 1 任副总统及第 2 任总统，是《独立宣言》的签署人之一，其长子约翰·昆西·亚当斯曾当选美国第 6 任总统。

[2] 参见 Richard E. Ellis, *The Jeffersonian Crisis: Courts and Politics in the Young Republic* (Oxford: Oxford Press, 1971): 115。

[3] 佐治亚州、印第安纳州以及马里兰州等。

[4] 参见 *Sparks v. State*, 91 Md App 35 (1992)。

指导意见。①

3. 争议的问题所在

20 世纪的美国陪审制度，虽然形式上受制于命令式的法律指导，但事实上却往往对其置若罔闻。而 19 世纪早期的陪审团，形式上允许抛弃咨询性质的法官指导，却经常遵循这样的指导意见。事实上，对这个问题习惯性的说法——该由法官还是陪审团解决法律问题——倾向于掩盖所涉及的问题实质。这样的区分以及法官和陪审团之间责任的关系并不明显，甚至可能并不存在。在殖民地时代的北美洲，只要遵守了基本的公正和正当程序，解决问题者身份的界定似乎并不重要。

然在可以使用的制定法增加的同时，两种类型的法律判断之间的紧张关系也在加剧，而机制性的安排不能很快地对此加以适应。有时，陪审员被要求解决法律上的技术问题。有的时候律师也在陪审团面前，就这些问题采用多少类似于在法官面前一样的方式加以争论。随着美国社会的日益多元以及陪审员范围的扩大，认为陪审员的良知会产生良好的、共同的、对法律一致的回答，无疑是不符合实际情况的。

4. 可能的解读方案

尽管陪审团享有解决法律问题的权力具有很重要的象征意义，但这种象征代表了界定法律系统的一类问题。对美国陪审团解决法律问题权力的丧失仍然有不同解读：对司法研究运动的批评家、公共选择派学者或者马克思主义者而言，这样的发展似乎是美国司法专业主义私利作用的结果。但是对由法官代替陪审员的这种现象，也同样存在各种解释。陪审员最开始是为解决法律书籍和专业人员短缺难题的。政府提供的争议解决服务的消费者倾向于法律原则的指引，而不是具有原始状态的群体性争议解决办法。商业上的利益大小或许可以用来衡量法律专业化所能提供的确定性。

上述假设当中或许都有合理的成分。在殖民地时期，美国陪审团是最能代表社会大众的治理机制。独立之后，州立法机构和其他机构或许能够更好地代表整个社会。更为民主的立法使得陪审团对法律的作用更加弱

---

① 参见 Mortimer R. Kadish and Sanford H. Kadish, *Discretion to Disobey: A Study of Lawful Departures from Legal Rules*（Redwood City: Stanford University Press, 1973）: 50。

化。由殖民地时期陪审团所承担的民主角色，现在可以更好地由其他机构所承担。陪审团解决法律问题权力的丧失，部分上也是对法律的回归。或许，美国司法体系本身就是精神分裂性质的，因为在法庭之上的法律太多，在幕后有效地解决问题的办法则不够。

（四）法庭对宪法第六修正案的实际废止

如果询问，在美国是否还可以发现陪审团审判，答案是肯定的。法院每年会提供样本来供公众检查，有线电视频道也充斥着此类报道。

然而，可以用一项统计数据来引领对现在美国陪审团审判制度的现实讨论。在州法院的重罪审判当中，93%的被告人承认有罪。通过诉辩交易进行的重罪判决比例高于轻罪案件。而且，接近半数的判决是在没有陪审团的情况下由法官所决定的。

宪法规定所有刑事案件，除了弹劾，都由陪审团审理。其还规定，在刑事起诉当中被告人享有及时且公开地由公正的陪审团审判的权利。对此，有学者认为，美国人似乎应该将法律文本当中的"所有"这个词替换成"实际上没有"，毕竟，现实版本的犯罪解决系统与宪法版本的理论建构存在根本性的不同。①

在宪法第六修正案制定之初，还没有出现由法官单独审理严重刑事案件的情况。仅仅在 1930 年，联邦法院才允许非陪审团的刑事审判。有人在 1928 年做了一项研究，披露了从 1839 年开始的 88 年间，重罪判决当中陪审团审判和认罪审判之间的比例。最初，只有 25%的判决是根据有认罪请求而审理的。在曼哈顿和布鲁克林，这个比例甚至更小，只有 15%。19 世纪末诉辩交易的比例为 80%，1926 年为 90%，20 世纪末已经上升为 96%。②

诉辩交易已经成为解决 19 世纪末 20 世纪初美国严重犯罪问题的主导手段。美国刑事程序已经从司法程序更多地演变成为行政程序。

---

① 参见 John H. Langbein, "On the Myth of Written Constitutions: The Disappearance of Criminal Jury Trial," *Harv. J. L. & Pub. Pol.* 15 (1992): 119。

② 参见 New York State Division of Criminal Justice Services, *1990 Crime and Justice Annual Report* (New York: Bureau of Criminal Justice Statistical Services, 1991): 162。

与此相对，少数由陪审团所进行的审理却几近拖沓冗长，在 1990 年，美国历史上历时最长的陪审团审判案件在历经 2 年 9 个月之后终于完结。①

程序的过于烦琐已经影响了美国的陪审团审判制度。冗长、有违隐私权的陪审员选择程序、蹩脚的证据规则、频繁的证人质证程序、法庭上专家证人之间的斗争等，都使得陪审员面对更多不可理解的问题，并且使得审判成为少数人的专利。

美国人受到陪审团审判的权利已经成为明日黄花。无产的白人、黑人、其他少数族裔、女性终于在音乐厅当中寻找到了自己的位置，可这个时候，乐队解散了。19 世纪关于究竟是法官还是陪审团是解决法律问题的主角的争论已彻底告终，现在，检方已经俨然成为法律和事实的最终判断者。

二　排除合理怀疑的证明标准

美国联邦最高法院通过判例，要求刑事审判过程中，检方必须用充分的事实证据，排除合理怀疑地证明被指控犯罪的所有实质构成要素。② 当然，在刑事程序法领域，除了犯罪实质构成要素之外，针对其他实体法或程序法问题，如人身保护令等，是否仍然需要适用这一证明标准，存在各种争议。对这一问题，可参见联邦最高法院在 "杰克逊诉弗吉尼亚州等案"（*Jackson* v. *Virginia et al.*）中的判决。③

---

① 参见 Bruce Buursma, "LA Child Abuse Case Ends in Acquittals," *Chi. Trib.* (Jan. 19, 1990): 1。

② 参见 Peter Tillers and Jonathan Gottfried, "Case Comment—*United States* v. *Copeland*, 369 F. Supp. 2d 275 (E. D. N. Y. 2005): A Collateral Attack on the Legal Maxim That Proof Beyond a Reasonable Doubt Is Unquantifiable?" *Law*, *Probability and Risk*, Issue 5 (2007): 135。

③ 参见 "杰克逊诉弗吉尼亚州等案"（*Jackson* v. *Virginia et al.*），本案的判决书如下：

JACKSON

v.

VIRGINIA ET AL.

SUPREME COURT OF THE UNITED STATES

443 U. S. 307；99 S. Ct. 2781；61 L. Ed. 2d 560；1979 U. S. LEXIS 10

1979 年 3 月 21 日辩论

1979 年 6 月 28 日审结

判决：维持原判

主审法官：斯图尔特大法官代表联邦最高法院主笔判决书，布伦南大法官、怀特大法官、马歇尔大法官以及布莱克姆大法官持赞同态度，对此，史蒂文斯、伯格大法官与伦奎斯特大法官表示附议。鲍威尔大法官对此并未发表任何看法。　　　　（转下页注）

（接上页注③）判决执笔：斯图尔特大法官

意见

宪法禁止法官不依据"排除合理怀疑"这一证明标准审理刑事案件。本案所涉及的问题在于，如果州法院在认定被告人罪名成立时证据不足，那么对其适用人身保护令是否需要适用"排除合理怀疑"证明标准。

I

本案的行为人被弗吉尼亚州切斯特菲尔德（Chesterfield）郡第一巡回法院认定谋杀玛丽·休斯顿·科尔（Mary Houston Cole）罪名成立。根据弗吉尼亚州相关法律规定，谋杀的定义是，基于事先决意非法杀害他人的行为。参见 *Stapleton v. Commonwealth*，123 Va. 825，96 S. E. 801。是否存在事先决意，或者杀人的直接故意，是区分一级谋杀与二级谋杀的标准，如果要证明行为人犯有一级谋杀，就必须证明行为人存在事先决意或者杀人的直接故意，因此，检方需要承担这一要素的证明义务。参见 *Shiflett v. Commonwealth*，143 Va. 609，130 S. E. 777；*Jefferson v. Commonwealth*，214 Va. 432，201 S. E. 2d 749。本案行为人对自己开枪并且杀害了被害人科尔女士的事实并无争议。检方有证据证明，被害人曾在当地监狱供职，并因此结识当时在该监狱服刑的行为人，行为人释放出狱后，被害人将其安排至自己的女儿家中居住。有证人证明，案发当天，行为人一直都在饮酒，并用左轮手枪射击目标靶。当天下午，行为人试图说服被害人一同迁至北卡州，未果。但被害人当天下午的确开车与行为人一起外出就餐，有几位警察证明，曾目睹行为人和被害人共同就餐，并且当时两人都在饮酒。后来，一位副警长作证，曾在离开时看到行为人持有左轮手枪，并且还在他的车中发现了一把剔骨刀。副警长曾主动试图保管行为人所持有的枪支，待其清醒之后再归还，但后来因为行为人和被害人正在调情，遂作罢。

一天半之后，在当地一处较为偏僻的教堂停车场发现了被害人的尸体。被害人下体赤裸，尸检证明，被害人是被两发从行为人枪支中所发射的子弹近距离射杀的。无证据证明被害人生前曾遭受性侵犯。在尸体旁还发现了 6 枚从行为人枪支中发射子弹所产生的弹壳。

在开枪杀人之后，行为人开车前往北卡州，并且曾在佛罗里达州短暂停留，几天后被捕。被逮捕之后，面对检方提供的证据，行为人承认自己开枪杀害科尔女士的行为。但同时辩称，事发纯属意外。在被问及行为当时的具体情况时，行为人供述，自己虽然并未醉酒，但已经陷入了某种迷醉状态，他实施杀人，完全是为了防卫因提出性要求遭拒，恼羞成怒欲持刀行凶的被害人。当时他曾经向地上开了数枪以示警告，并曾再次装弹。被害人在此期间试图夺枪，枪支走火。看到被害人倒地，行为人担心事情败露，遂在未及时报警，且未将被害人送医的情况下仓皇逃离。庭审过程中，行为人主要辩称，自己的行为属于自卫。同时，行为人还辩称，即便根据检方提供的证据，也可以证明自己当时处于迷醉状态，因此无法形成一级谋杀所要求的事先决意或者杀人的直接故意。

原审法官认定，可以排除合理怀疑地证明被告人实施了一级谋杀的行为，并认定其谋杀罪名成立。行为人所主张的证据不足被采信。法官判处其 3 年监禁。行为人随后以证据不足为由，向弗吉尼亚州最高法院提出申请撤销原判，申请亦被驳回。

后来，申诉人以同一理由向弗吉尼亚东区联邦地区法院申请人身保护令。根据"汤普森诉路易斯维尔案"（即 *Thompson v. Louisville*，362 U. S. 199）中所设定的相关标准，弗吉尼亚东区联邦地区法院批准了对行为人的人身保护令。但联邦第四巡回上诉法院推翻了这一令状。该法院认定，之前该院审结的一个判例当中，法官发表的　　（转下页注）

（接上页注）反对意见，涉及"温绍普案"（即 *In re Winship*，397 U. S. 358）中所设定的宪法原则，即联邦人身保护令的审查过程中，是否审查判决的有效性问题。参见 *Freeman v. Zahradnick*，429 U. S. 1111。但在没有其他明确指导性原则的情况下，还是应该适用与弗吉尼亚州地区法院相同的，参照"汤普森案"所设定的"无证据"判断标准。联邦巡回上诉法院认为，证明行为人具有事先决意的证据，包括行为人曾重新装弹上膛，以及行为人有时间这样做，特别是被害人遭到两次枪击的事实。同时，联邦巡回上诉法院承认弗吉尼亚东区联邦地区法院法官所认定的，行为人在行为时并未陷入无法形成事先决意心态的迷醉程度。

美国联邦最高法院批准调卷令，主要考察申诉人所主张的根据"温绍普案"的相关规定，审理联邦人身保护令的法院所应考察的，并不是是否存在支持原审判决的任何证据，而是应该考察是否存在足够的证据证明陪审团可以排除合理怀疑地证明其罪名成立。

II

本案当中联邦最高法院所关注的问题相对有限。申请人也未真的质疑弗吉尼亚州法律当中针对谋杀罪审判过程中证明义务的相关规定。参见 *Mullaney v. Wilbur*，421 U. S. 684以及 *Patterson v. New York*，432 U. S. 197。本案卷宗显示，审理本案的法官当时也已经认识到，检方需要承担证明行为人具有事先决意的义务，同时在审判的过程中，排除合理怀疑地考察检方提出的相关证据。申诉人也并未质疑上诉法院根据"汤普森案"中所设定的证明标准，认定其谋杀罪名成立的结论。同时，申诉人也不否认有证据证明其犯有二级谋杀罪。相反，申诉人针对宪法所提出的唯一一主张是，根据"温绍普案"，联邦地区法院以及联邦巡回上诉法院错误地并未认识到本案需要解决的问题在于，一个具有通常理性的行为人是否可以排除合理怀疑地证明杀人行为是基于事先决意的这一心态。从这个意义上，问题又回归至"温绍普案"所承认的基本宪法权利之上。

III

A

在本案中，美国联邦最高法院首次明确"温绍普案"当中所涉及的正当程序原则，是否意味着宪法保障刑事案件当中的被告人，只有在控方排除合理怀疑地证明所有犯罪构成要素的情况下才可被认定有罪。通过考察"汤普森案"与"温绍普案"中所包括的宪法原则之间的根本区别，这个问题的答案已经十分明确。

一般来说，如果判决不是根据指控做出的话，就违反宪法正当程序。参见 *Cole v. Arkansas*，333 U. S. 196，201；*Presnell v. Georgia*，439 U. S. 14。这一标准所反映的仅仅是美国宪法体制当中的一个常性性前提：被告人不得在未给予充分注意机会与抗辩可能的情况下被褫夺自由。参见 *Hovey v. Elliott*，167 U. S. 409，416–420；*Boddie v. Connecticut*，401 U. S. 371，377–379。有意义的抗辩，如果不仅仅是出庭聆讯这么简单，就应该被理解为在证据不充分的情况下，应该做出对被告人有利的判决。因此，美国联邦最高法院在"汤普森案"中认定，在缺乏犯罪关键要素证据的情况下做出的有罪判决在宪法上存疑。参见 *Vachon v. New Hampshire*，414 U. S. 478；*Adderley v. Florida*，385 U. S. 39；*Gregory v. Chicago*，394 U. S. 111；*Douglas v. Buder*，412 U. S. 430。因此，"汤普森案"中所设定的"无证据原则"，可以保证在大多数情况下被告人应享有的宪法权利：免于被任意地褫夺自由。

"汤普森案"也明确地承认，其并未涉及证据的充分性问题。但"温绍普案"却对此提出了明显不同的注释。"温绍普案"涉及的是未成年人实施的，本来应 （转下页注）

（接上页注）该构成犯罪的危害行为，有些州法规定，法官可以根据所谓"压倒性证据原则"认定检方提供的证据。原审法官根据这一标准，认定实施该行为的未成年行为人罪名成立，同时提出，如果使用排除合理怀疑标准，那么结果可能会出现不同。简而言之，"温绍普案"的判决是在存在不充分证据的情况下做出的。

因此"温绍普案"中涉及的宪法性问题，与"汤普森案"中所涉及的宪法性问题不同。在"温绍普案"中，美国联邦最高法院首次承认，宪法第十四修正案正当程序条款保障刑事案件的被告人，只有在可以排除合理怀疑地证明被指控的罪名中涉及的所有事实的情况下，才可以被认定罪名成立。这意味着美国联邦最高法院强调，排除合理怀疑证明标准是区分刑事责任与民事责任的关键性指标。参见 *Davis* v. *United States*，160 U. S. 469；*Brinegar* v. *United States*，338 U. S. 160，174；*Leland* v. *Oregon*，343 U. S. 790；9 J. Wigmore，Evidence § 2495，pp. 307 – 308 （3d ed. 1940）. Cf. *Woodby* v. *INS*，385 U. S. 276，285. 联邦最高法院认为，排除合理怀疑证明标准在美国刑事程序当中扮演着十分关键的角色，因为其对保证推定行为人无罪来说至关重要，同时还可以防止刑事审判程序出现错误，减少误判。与此同时，通过这样的一种证明标准，也告知法官不可以对被告人是否有罪基于主观加以大概估算，借此强调剥夺自由所具有的特别重要意义。

"温绍普案"明确要求必须适用排除合理怀疑标准证明被告人的刑事责任。在后续涉及排除合理怀疑标准的判决当中，相关问题的讨论并未突破这一话语背景。参见 *Ivan V.* v. *City of New York*，407 U. S. 203，204；*Lego* v. *Twomey*，404 U. S. 477，486 – 487；*Mullaney* v. *Wilbur*，421 U. S. 684；*Patterson* v. *New York*，432 U. S. 197；*Cool* v. *United States*，409 U. S. 100，104. 简言之，"温绍普案"强调，只有通过排除合理怀疑地证明犯罪构成要素，从而强调宪法第十四修正案保证只有在具有充分证据的情况下，才可以认定行为人的刑事责任。

B

尽管美国联邦最高法院有若干判例涉及，但如果将排除合理怀疑证明义务贯彻到底的话，可能会在申请人质疑各州刑事判决的时候产生麻烦。参见 *Lego* v. *Twomey*，p. 487；*Johnson* v. *Louisiana*，406 U. S. 356，360. 联邦巡回上诉法院总体认为，即使适用排除合理怀疑标准，"汤普森案"当中所设定的所谓"无证据"原则，仍然可以被作为联邦人身保护令审理程序当中，评价申请人认为自己的判决建立在非充分证据适当使用标准上。参见 *Cunha* v. *Brewer*，511 F. 2d 894 （CA8）. 对此，我们无法认同。

"温绍普案"所涉及的原则显然不仅仅是一种审判形式。这一原则所具有的深远宪法意义，必然要求法官合理地将这一标准适用于证据事实之上。至少，合理怀疑需要建立在事实根据基础之上。然而，在不能排除合理怀疑的情况下，陪审团或者行使陪审团职责的法官，也会做出有罪判决。参见 *Glasser* v. *United States*，315 U. S. 60，80；*Bronston* v. *United States*，409 U. S. 352，以及 *Curley* v. *United States*，81 U. S. App. D. C. 389，392 – 393，160 F. 2d 229，232 – 233. 根据"温绍普案"，在各州刑事案件的审理过程中，也应该适用排除合理怀疑的证明标准。

联邦法官在对各州的刑事判决适用联邦标准加以评价时有义务评价相关的历史背景。例如，对被告人的供述属于非自愿的一起某州刑事案件当中，联邦法官需要考察是否这一供述被错误地作为证据加以适用的相关事实。参见 *Blackburn* v. *Alabama*，361 U. S. 199，205 – 210. Cf. *Drope* v. *Missouri*，420 U. S. 162，174 – 175，and n. 10. 同样，在联邦人身保护令的审理程序中，联邦法官也需要承担这一义务。参见 *Townsend* v. *Sain*，372 U. S. 293，318；*Brown* v. *Allen*，344 U. S. 443，506 – 507. （转下页注）

（接上页注）在"温绍普案"之后，对排除合理怀疑的适用标准不仅仅需要考察是否对陪审团做出了适当的法律指导，还需要考察是否存在支持排除合理怀疑地认定被告人罪名成立的相关证据。但是这一考察并没有要求法院询问自己是否相信相关证据能够排除合理怀疑。参见 *Woodby v. INS*，385 U. S.，p. 282。相反，与此相关的问题在于，在考察所有对检方有利的证据之后，具有理性的法官可以排除合理怀疑地认定充足了所有犯罪构成要素。参见 *Johnson v. Louisiana*，406 U. S.，p. 362。这一标准赋予法官以充分的责任来解决证据的冲突问题、评价证据证明力以及对基本事实加以合理推理等责任。一旦被告人被认定罪名成立，法官通过评价对检方最为有利的证据，维持其作为证据评价者的责任。这一标准对陪审团的自由裁量权加以限制的程度，仅仅限于可以确保宪法正当程序的范围。

显然，"汤普森案"当中所设定的"无证据"标准，显然无法提供与排除合理怀疑标准类似的宪法保证。即使一丁点儿证据都会满足所谓"无证据"标准。参见 *Jacobellis v. Ohio*，378 U. S. 184，202。任何具有相关性的证据，即可能证明犯罪构成要件存在的证据，都可以被视为满足所谓的一丁点儿证据标准。但显然无法认定这样的证据可以排除合理怀疑地证明犯罪构成要素的存在。"汤普森案"当中所涉及的原则并没有像"温绍普案"那样提供具有可预测性的标准。

C

根据 28 U. S. C. § 2254，如果被各州拘禁的罪犯主张自己被监禁的状态违反了宪法，或者美国所签订的条约，就必须对其审查申请加以支持。根据"温绍普案"的相关规定，主张自己的判决未能达到排除合理怀疑标准，显然可以用来作为其所进行的宪法控诉的根据。如果穷尽了所有的救济措施〔参见 28 U. S. C. § 2254（b）〕，同时没有相关的州法当中存在禁止性规定（参见 *Estelle v. Williams*，425 U. S. 501；*Francis v. Henderson*，425 U. S. 536；*Wainwright v. Sykes*，433 U. S. 72；*Fay v. Noia*，372 U. S. 391，438），就意味着行为人的主张可以进入联邦人身保护令程序当中。然而，检方认为根据 28 U. S. C. § 2254，这种对证据充分性的规定不得作为支持其主张的宪法根据。

除了认为"温绍普案"是根据 28 U. S. C. § 2254 复制各州刑事审判程序标准之外，检方还认为任何在联邦人身保护令当中背离"汤普森案"相关规定的测试，都会放大联邦法院的相关弊端，都会重复各州上诉法院的工作，都会干扰各州刑事审判程序的终结性，都会增加联邦与各州法院之间的摩擦。总之，检方认为此类宪法观点可以被认定为符合之前的判例，即 *Stone v. Powell*，428 U. S. 465 案针对联邦人身保护令的相关规定。对此，我们无法认同。

首先，接受"温绍普案"所带来的相关负担被人为夸大了。事实上"汤普森案"之后，根据 28 U. S. C. § 2254，质疑各州刑事判决的尝试并不罕见。参见 *Freeman v. Stone*，444 F. 2d 113（CA9）；*Grieco v. Meachum*，533 F. 2d 713（CA1）；*Williams v. Peyton*，414 F. 2d 776（CA4）。虽然更为严格的标准可能会增加相关主张的数量，但并不会制造出一种完全独立的联邦人身保护令类型。进一步而言，对证据充分性的宪法性质疑无疑应该受到各州法院的承认，如果各州法院都严肃地考察过证据的充分性，那么联邦人身保护令的审查就不应该很难。参见 *Brown v. Allen*，344 U. S.，p. 463。而对此类主张的审查，基本上无须聆讯，仅仅需要进行书面审查即可。

其次，联邦与州司法权的相互关系在于，被州法院判决罪名成立的罪犯，是否可以求助于联邦法院来对其所面临的刑事处罚提出宪法质疑。而主张判决没有排除合理怀疑，缺乏充分性的根据显然符合这一理念。"温绍普案"审理之后，大多数 （转下页注）

（接上页注）上诉审法院在大多数案件中可以坚持正当程序，也可以认为在州一层级的司法审判当中，联邦宪法权力在慢慢普及。在这种情况下，存在被滥用可能的人身保护令程序也存在进一步完善的空间。参见 *Brown v. Allen*, pp. 498-501。

检方认为，任何一个接受州法审判的被告人，都得到了公平且充分的审判机会，而这意味着应禁止考察证据的充分性。但这一观点显然有些太过宽泛。任何拒绝考察证据充分性质疑的州级判决，都应该被纳入联邦审查的范畴当中。但是根据 28 U. S. C. § 2254，国会将联邦地区法院视为根据联邦宪法考察各州判决的机关。联邦人身保护令成文法推定各州法院的审判程序具有公平性，且存在相关的救济措施。参见 28 U. S. C. § 2254（b）（d）。但其并没有推定各州法院在司法过程中不会存在任何宪法性的错误。而联邦人身保护令存在的意义就在于纠正可能出现的这样一种错误，显然，这与所谓的终局性之间并不必然矛盾。

本案当中涉及的宪法问题显然与"斯通诉鲍威尔案"（*Stone v. Powell*）当中涉及的问题不同。排除合理怀疑的证明范围不限于那些具有道德可责性的行为人。参见 *Mullaney v. Wilbur*, 421 U. S., pp. 697-698。在美国，即使小偷也有权宣称自己被违宪地认定为夜盗犯。

我们认为根据 28 U. S. C. § 2254，行为人有权提出此类申请，如果行为人认为对其判决不是建立在排除合理怀疑的情况下，有权向联邦法院申请人身保护令。

IV

最后，从本案的具体事实出发，我们认定，行为人所主张的根据"温绍普案"判决其一级谋杀罪名不能成立的观点应被驳回。从对检方有利的角度来看，理性的陪审团会排除合理怀疑地认定其实施了一级谋杀行为。

无疑，行为人枪杀了被害人科尔女士。关键的问题就变成了是否存在充分的证据证明其具有杀害被害人的直接故意。对这一问题，正如上诉法院指出的那样，必须根据弗吉尼亚州关于事先决意的定义来加以认定。该州法律认为，所谓事先决意，不需要任何特定的时间长度才能存在，在实施危害行为的时候也可以形成杀人的直接故意。参见 *Commonwealth v. Brown*, 90 Va. 671, 19 S. E. 447。从本案的司法文书来看，可以明确，法官可以排除合理怀疑地认定其具有杀人的故意。

检方的证据证明申诉人曾经两次开枪击中被害人。行为人也承认他是在向地上开枪，后来又重新装弹之后才实施的杀人行为。杀人之后，行为人随即潜逃至北卡州，这也和其宣称的迷醉状态明显冲突。在这一悲剧发生之前，行为人还曾公开宣称其与被害人之间的性关系。被害人被发现的时候下身赤裸。从这些相互印证的情节来看，一个理性的法官可以排除合理怀疑地认定，尽管存在饮酒的证据，但其仍然具有形成杀害受害人的能力，事实上也形成了这一故意。

而行为人所提供的说辞显然自相矛盾，他声称自己对性行为不感兴趣，而女方却对此颇为渴望，甚至自己把裤子脱了下来，后来在遭到拒绝之后又持刀相威胁，而被害人明知对方有枪在身。从这几点，法官可以认定，行为人所主张的自己醉酒从而无法形成故意的说辞是无法成立的。

只有根据检方承担排除合理怀疑证明被告人犯有被指控罪行的义务的理论，申诉人的主张才是可以被支持的。但这样的一种理论，之前并未得到联邦最高法院的支持。参见 *Holland v. United States*, 348 U. S. 121, 140。这样的一种标准足以用来捍卫"温绍普案"所设定的正当程序标准，而联邦人身保护令司法实践一般倾向于支持对检方有利的推断。基于上述原因，可以认定根据弗吉尼亚州相关法律，行为人犯有谋杀罪。

维持原判。

（转下页注）

（接上页注）鲍威尔大法官并未参与本案的审理工作。

附议法官：史蒂文斯

附议

史蒂文斯大法官、伯格大法官与伦奎斯特大法官联合表达了附议。宪法禁止在没有排除合理怀疑的情况下认定一个人的刑事责任。这一规则在美国联邦最高法院的历史可以追溯到其创建之初。参见 *In re Winship*，397 U. S. 358，361。

今天，美国联邦法院建构起一整套新的规则，而这在之前并未出现过。根据今天的判决，除非存在足够的证据，说服联邦法官相信所有的犯罪实质要素都已经被排除合理怀疑地证明，否则不得依据排除合理怀疑标准认定被告人有罪。

对本案来说，采用这样一种创新性宪法规则并不十分必要。而且，我们认为这一做法也不明智。尽管这多少有意曲解了"温绍普案"所设定的规则，但这一做法显然会负面影响到联邦法官的司法活动。从这个意义上，我们本着十分谨慎的态度来分析这一规则。

对这一规则的分析脉络是，首先，本案的卷宗以及与证据充分性相关的一般做法，都认为不需要建构一个新的规则。其次，本案的分析，乃至"温绍普案"的分析也是不成立的。最后，这样一种新的规则会威胁到司法体系的整体。

I

美国联邦最高法院的传统在于，通过宪法问题的个案发展与累积建构宪法规则。对既存规则适当性的质疑往往会催生新的宪法规则，而这就意味着联邦最高法院在实施实质的立法权。在不考察这一规则是否正当的情况下，也只有在满足下列条件的时候才应允许其实施，即：（1）这些努力对法庭所审理的个案来说至关重要；（2）对变法存在有力的根据。参见 *Ashwander v. TVA*，297 U. S. 288，345-348。

在本案当中，法院的分析显然并未满足上述两个条件。因此，联邦最高法院冒着极大风险，建构了一种新的宪法规则，也就是说，在不必要且缺乏必要现实条件的情况下适用了司法权。参见 *Liverpool*, *N. Y. & P. S. S. Co. v. Emigration Comm'rs*，113 U. S. 33，39。

更为重要的是，联邦最高法院设定规则的行为超越了其应有权限。唯一的问题在于，行为人是否具有杀人的故意。如果证据从有利于检方的角度来看，那么无论采用什么标准，结果都是一样的。在第四部分，多数派法官也接受了这一观点，因此，不需要建构什么新的宪法规则来达成相同的结果。在任何情况下，认定被告人有罪的证据都是充分的。

联邦最高法院所设定的这一新的规则，埋下了可能导致不当后果的种子。尽管因为可能违反分权原则行使立法权而遭到普遍质疑，但是很少有人质疑州司法体系的准确性，或者其相关规则的充分性。

从这一意义上来说，联邦最高法院认定，在很多情况下州法院的判决，会因为没有排除合理怀疑认定事实而被推翻的看法是不准确的。同样，因为证据不充分得出类似认定也是不准确的。参见 *Glasser v. United States*，315 U. S. 60；*Bronston v. United States*，409 U. S. 352。

通过审查127份联邦刑事判决发现，只有3起案件原判因为证据不足遭到推翻。因此，很难相信联邦法院在不接触证据的情况下，因为证据不充分而推翻原判。简言之，没有理由质疑现在司法体系本身的良好运转。

第 II、III 部分略。

"排除合理怀疑"这一证明标准，除在"杰克逊诉弗吉尼亚州案"中介绍的相关内容之外，还需要强调的是，虽然在任何有罪、无罪的判决当中，法庭都必须告知陪审员需要基于这一事实的认定标准，但就什么是"合理怀疑"，却很难直接给出一个毫无争议的定义。[①] 以加利福尼亚州法为例，该州对排除合理怀疑的法律指导意见为，"现在需要解释的是无罪推定与检方的证明标准。被告人提出无罪辩护。被告人被指控有罪的事实本身并不得用来作为证明指控真实的证据。不得因为被告人被逮捕、被指控或者出庭接受审判，就对其多有歧视。刑事案件中的被告人被推定无罪。本推定要求检方排除合理怀疑地证明被告人有罪。所谓'排除合理怀疑'是指让陪审员确信指控为真实的证据。证据需要排除所有可能的怀疑，因为生活当中的任何事情都可以质疑。在判断检方是否达到排除合理怀疑标准的时候，必须公正对比、考虑整个审判当中出现的所有证据。如果证据达不到排除合理怀疑程度，陪审员必须认定被告人有权被开释，陪审员必须认定（他/她/他们）无罪"。[②] 但可以肯定的是，对排除合理怀疑这一刑事法所特有的证明标准，美国司法实践中，一般不建议像"压倒性证明标准"那样，适用数字化的认定方式。换句话说，不能说99%地肯定，便可排除合理怀疑。

三 法官的"法律指导"

如前所述，在美国刑事案件的审理过程中，出于诉讼成本及诉讼效率等现实因素，大量适用所谓"诉辩交易"。但并没有从根本上否定相对控辩双方，法官与陪审员二元司法主体并存的事实。如果说陪审员是事实的认定者，那么法官就是法律的解读者。在美国，法官通过"法律指导"（Legal Instruction）的方式，解读法律。这里，仅以加利福尼亚州"刑事陪审法律指导司法咨询委员会"（Judicial Council Advisory Committee on Criminal Jury Instructions）制定的《加利福尼亚州司法委员会刑事陪审法律

---

① 参见 *Victor v. Nebraksa*，511 U.S. 1（1994）。
② CALCRIM No. 103.

指导》（CALCRIM）① 为例，对此做简要介绍。

加利福尼亚州管辖权下的刑事司法，目前并存两种版本的"法律指导"，除上面提到的《加利福尼亚州司法委员会刑事陪审法律指导》之外，还存在《加利福尼亚州刑事陪审法律指导》（CALJIC）。两者尽管秉持原则一致，但因为存在差别，因此在任何情况下不得混用。混用会导致疏漏或者混淆，从而危及准确性与明确性。但从便利性角度出发，《加利福尼亚州司法委员会刑事陪审法律指导》当中，包括了与之相关的《加利福尼亚州刑事陪审法律指导》，且后者现在因为改由"万律"（Westlaw）② 公司出版，没有免费的网上资源，故这里仅以前者为例，进行介绍。

《加利福尼亚州司法委员会刑事陪审法律指导》由"刑事陪审法律指导司法咨询委员会"根据《加利福尼亚州法院规则》（The California Rules of Court）③ 制定。该法规定："司法咨询委员会制定的加利福尼亚州陪审员法律指导，是适用于加利福尼亚州司法系统的官方法律指导"，"司法委员会应当支持法律指导的使用，并且努力确保法律指导准确反映现行法律的宗旨"，"强烈建议使用司法委员会制定的陪审员法律指导"。④

司法咨询委员会由加利福尼亚州司法系统基层及上诉法院法官、律师、学者以及社会有识之士组成。⑤ 根据《加利福尼亚州法院规则》规定之义务，咨询委员会成员每年数度集会，研讨成文法的变更、上诉法院判

---

① 《加利福尼亚州司法委员会刑事陪审法律指导》（Judicial Council of California Criminal Jury Instructions，CALCRIM），http：//www. courts. ca. gov/partners/documents/CALCRIM_juryins. pdf，最后访问日期：2017 年 11 月 26 日。

② "万律"（Westlaw），是世界著名的法律信息集团——汤森路透法律信息集团推出的数字化法律信息服务，内容包括判例、法律法规、相关研究成果等内容。

③ 参见 http：//www. courts. ca. gov/rules. htm/，最后访问日期：2017 年 11 月 26 日。

④ The California Rules of Court § 2. 1050.

⑤ 例如，2013 年加利福尼亚州"刑事陪审法律指导司法咨询委员会"的组成人员，经加利福尼亚州最高法院首席大法官塔妮·坎缇尔－沙考尔（Tani Cantil-Sakauye）任命，其主任为桑迪·克里格尔法官（Hon. Sandy R. Kriegler），委员则包括小乔治·阿布达拉法官（Hon. George J. Abdallah, Jr.）、阿马利亚·梅泽法官（Hon. Amalia L. Meza）、马克·布朗先生（Mr. Mark S. Brown）、凯瑞尔·麦克因特利·帕内蒂法官（Hon. Carrie McIntyre Panetta）、杰森·秦先生（Mr. Jason B. Chin）、赛斯·沙利特先生（Mr. Seth Schalit）。勒内·奥古斯特·绍特约法官（Hon. René August Chouteau）、 （转下页注）

决及司法实务人士的意见与建议。需要强调的是，咨询委员会针对陪审员法律指导修订的建议，并不意味着之前的版本不正确。在很大程度上，咨询委员会的修订建议，旨在统一法律指导的格式、促进一致性与透明度。①

根据《加利福尼亚州司法委员会刑事陪审法律指导》的规定，在每份法律指导之后，都随附"指导义务"（Instructional Duty），主要用于提醒使用者，需要认识到自己负有法律指导的义务，并且需要认识到法律指导时可能遇到的特殊情况。还可能包括使用或者不使用其他法律指导的说明。在某种情况下，法律指导还可能包括修改建议。在"法源"部分，列出该法律指导的所有法律根据及学理根据。有些法律指导还包括"相关问题"（Related Issues）及"评论"（Commentary）。法庭提示当中还包括与该犯罪相关的较低层级犯罪。使用者在做出法律指导之前，应当参考法庭提示的说明。

法律指导当中，斜体加三角括号部分代表特别重要的选择或者提醒。

通常情况下，法律指导适用于被告人为一人的情况。可通过适用司法委员会官方出版商"律商联讯"（Lexis Nexis）② 的专用程序（The Hot Docs Document Assembly Program），将其修改为适用于多名被告人案件的法律指导。该程序还允许使用者在仅起诉部分被告人时，在法律指导当中列明被起诉的具体被告人姓名。

如果犯罪涉及不同被告人实施的不同犯罪事实，很难预见其事实的复杂程度。因此，如果指控的罪名较多，且每个罪名的法律指导不同，使用者需要修正使用法律指导。具体法律指导的标题主要针对检方与辩护律师

（接上页注⑤）乔纳森·索根林先生（Mr. Jonathan Soglin）、丹尼斯·兰鼎法官（Hon. Dennis J. Landin）、皮特·提尔司马教授（Professor Peter Tiersma）、詹姆斯·拉彭特法官（Hon. James LaPorte）、小托马斯·里尔·维尔海特法官（Hon. Thomas Lyle Willhite, Jr.）、罗伊·里特尔教授（Professor Rory Little）等。

① The California Rules of Court § 10.59 (a) 规定，"委员会定期举行会议，讨论影响陪审团法律指导意见的新判例与成文法，并针对法律指导意见的更新、修订、补充等，提出意见与建议"。

② "律商联讯"（Lexis Nexis），和万律一样，属于为法律机构、企业、政府与学术单位提供法律信息服务等相关资料的信息提供商，隶属于世界著名的里德·爱思唯尔（Reed Elsevier）集团。

做出，必要情况下可通过使用法律指导之外的语言陈述。标题并非法律指导的组成部分，在针对陪审员阐述时，可略去。在可能的情况下，应当避免针对法律概念的单独界定。相反，当法律指导出现特定概念时，就应该对其加以界定。如果定义较为冗长，允许使用参见等界定方式。被界定的概念通过斜体字标示。

如果使用者必须通过选择才能完成法律指导，必选的用圆括号标示：如"被告人实施犯罪时，乔治·琼斯忠实履行了（他/她）作为学校雇员的义务"。根据案情，在适当的情况下，法律指导还可通过方括号表示任选的内容。如"如果陪审员发现乔治·琼斯过去曾经威胁或者伤害过被告人［或其他人］，在考虑被告人内心确信时，可通过将其考虑在内"。根据相关选择的需要，在法律指导的同一句子中，可以同时存在圆括号表示的必选与方括号表示的任选，如［不要求被害人是（重罪/数宗重罪）的（受害人/意图伤害的受害人）］。

加州的法律指导分为 24 编，充分涵盖了不同犯罪类型，如"杀人罪"（Homicide），以及其他司法组成要素，如"证据"（Evidence）。各编内各法律指导依据案件审理的实际需求设置。这会导致某些较为严重的犯罪，如"物质影响下驾驶机动车致人重伤罪"（DUI with Injury）出现在较轻犯罪，即"物质影响下驾驶机动车罪"（DUI）之前。所有抗辩事由被安排在法律指导的最后，而非散见于法律指导当中。"轻罪"（Misdemeanor）往往被安排在其所归属的重罪当中，如"普通殴斗罪"（Simple Battery）并没有被单独归入轻罪一类，而是与其他殴斗罪归为一类。

法律指导的使用者，可能希望通过替换法律指导中的标准表述，从而对其加以修正。例如，"被告人被指控犯有 A 罪"就属于标准的法律指导。而可以用_____如"非法拘禁"（False Imprisonment），是_____如"绑架罪"（Kidnapping），所包括的较低层级犯罪作为例子，说明法律指导第 3517 号至 3519 号所规定的"_____〈某罪〉是_____〈某罪〉所包括的较低层级犯罪"。

根据"加利福尼亚州诉都博瑞案"（*People* v. *Dewberry*）①，法律指导第

---

① *People* v. *Dewberry*, 51 Cal. 2d 548（1959）.

640 号至第 641 号（杀人罪）或法律指导第 3517 号至第 3519 号（非杀人罪），不需要针对其所包含的较低层级犯罪再做出法律指导。

本法律指导从未涉及"证明标准"（Burden of Production）。起草者认为，举证方是否满足证明标准，应由审理该案的司法者认定，如果法庭认为满足了证明标准，自然无须进一步做出法律指导。陪审员需要认定的问题是，基于被法庭采纳的合法证据，当事方是否满足了证明标准。法律指导第 103 条，就排除合理怀疑证明标准提出，"在未做其他阐述的情况下，如果法庭告诉陪审员检方必须证明某事项，就意味着其必须排除合理怀疑地对其加以证明"。因此，在涉及排除合理怀疑证明标准的概念及界定时，除非法庭做出了其他解释，否则应告知陪审员，这一证明标准适用于所有检方需要证明的事实问题。

因为针对"量刑情节"（Sentencing Factors）与"加重刑"（Enhancements）的法律发展快速，本问题必须交由陪审员，本法律指导提供了第 3250 号至第 3251 号两处模板，供法庭对其通过修改，从而就不断发展的法律问题提出适当的法律指导。

概括来说，《加利福尼亚州司法委员会刑事陪审法律指导》的特点在于其尽可能选择朴素直白的语言，并且允许使用者根据案件的具体事实，在法律预设的范围内，做出合理的选择。

下面，就以非常常见又非常重要的"基于事先恶意的一级或二级谋杀罪"（First or Second Degree Murder with Malice Aforethought）为例，列出《加利福尼亚州司法委员会刑事陪审法律指导》对本罪的"法律指导"，给读者一个直观认识。

520. 基于事先恶意的一级或二级谋杀（Pen. Code，§ 187）①

被告人被指控违反［Penal Code Section 187］实施了谋杀犯罪。

如果要认定被告人犯有本罪，检方必须证明：

1. 被告人实施了导致（他人/［或］胎儿）死亡的行为；并且

---

① 参见 CALCRIM No. 520。

2. 当被告人行为时，（他／她）具有所谓"事先恶意"（Malice Aforethought）；

〈在针对具有正当性或可免责的杀人做出法律指导意见时，给出要素 3〉

［并且

3. （他／她）在没有（免责事由／［或］正当化事由）的情况下实施了杀人行为］

存在两种不同类型的事先恶意，"明示恶意"（Express Malice）和"默示恶意"（Implied Malice）。证明其中任何一种，都足以认定具备谋杀罪所需要的恶意。

如果（他／她）意图非法杀人，则具有所谓"明示恶意"，

在满足下列条件的情况下，被告人的行为基于"默示恶意"

1. （他／她）故意从事犯罪行为；

2. 行为自然且盖然的结果对他人生命构成威胁；

3. 在（他／她）行为时，（他／她）知道自己的行为危及他人的生命；

并且

4. （他／她）故意实施了有意不顾（他人／［或］胎儿）生命的行为

事先恶意并不要求针对受害人的仇恨或者敌意，而是指在杀人行为之前形成的心态，不需要深思熟虑或者经历任何特定的时间间隔。

［被告人谋杀胎儿，不需要被告人认识到胎儿的存在］

［胎儿是指已经超越了胚胎期，在受孕 7 周或者 8 周之后，主要器官逐渐成形的］

［如果没有该行为，就不会有死亡结果，那么死亡结果是行为直接、自然且盖然的结果。所谓"自然且盖然的结果"，是理性人知道，如果没有其他不自然的力量介入，结果就会发生。在认定结果是否属于自然且盖然时，需要］

［或许导致死亡结果的原因有很多，如果某原因是导致死亡结果的实质性因素，那么就可以将其视为导致死亡结果的原因。所谓"实

质性因素"，是指绝非微不足道或者非常间接的因素。然而，却不需要其是导致死亡结果的唯一因素]

［〈承担义务者的描述〉承担（帮助/照料/拯救/告诫/维持财产/〈其他被要求的行为〉）〈死者的描述/义务对象的描述〉的法定义务。如果陪审员认定被告人对〈死者的姓名〉承担义务，而被告人没有能够履行义务的，（他/她）的不作为可以被视为一种过失或者伤害行为]

〈如果陪审员唯一可能做出的判决就是二级谋杀的判决，请给出如下括号内的法律指导意见〉

［如果陪审员认定被告人犯有谋杀罪，应认定其犯有二级谋杀]

〈如果有足够证据证明被告人犯有一级谋杀的，给出下列括号内的法律指导意见〉

［如果陪审员认定被告人实施了谋杀，除非检方能够排除合理怀疑地证明其是 CALCRIM No. 〈适当的一级谋杀犯罪的需要〉，否则只能认定其犯有二级谋杀]

法庭提示

指导义务

法庭有义务就本罪最初两个要素主动做出法律指导意见。如果有充分的证据证明免责事由，法庭有义务主动按照法律指导意见中的第三个，也就是括号内的法律指导意见做出法律指导意见。[①] 法庭也有义务主动就相关的抗辩事由做出法律指导意见。[②] 如果因果关系属于争议因素，法庭有义务就近因原则做出法律指导意见。[③] 如果有证据支持只有一个死因，法庭有义务针对因果关系中第一个括号内的"直接、自然且盖然的"表述做出法律指导。如果有证据证明存在多个死因的，法庭应当对所谓"实质性因素"以及其在第二个括号内的相关

---

① 参见 *People v. Frye*, 7 Cal. App. 4th 1148（1992）。
② 参见 CALCRIM No. 505-627，以及 CALCRIM No. 3470-3477。
③ 参见 *People v. Bernhardt*, 222 Cal. App. 2d 567（1963）。

表述做出法律指导意见。① 如果存在介入性因素的问题，做出相关②法律指导意见。如果检方认为被告人因为未履行法定义务而实施了谋杀的，法庭应给出括号内内容为 "〈承担义务者的描述〉承担……" 的法律指导意见。③ 如果被告人被指控一级谋杀，法庭应做出相应④的法律指导意见，如果被告人被指控二级谋杀，不需要做出其他的法律指导意见。如果被告人被指控一级谋杀及二级谋杀，对两者都需要做出法律指导意见，并且给出相应⑤法律指导意见。

法源

· 犯罪要素。Pen. Code, § 187。

· 恶意。Pen. Code, § 188; *People v. Dellinger* (1989) 49 Cal. 3d 1212, 1217-1222 [264 Cal. Rptr. 841, 783 P. 2d 200]; *People v. Nieto Benitez* (1992) 4 Cal. 4th 91, 103-105 [13 Cal. Rptr. 2d 864, 840 P. 2d 969]; *People v. Blakeley* (2000) 23 Cal. 4th 82, 87 [96 Cal. Rptr. 2d 451, 999 P. 2d 675]。

· 因果关系。*People v. Roberts* (1992) 2 Cal. 4th 271, 315-321 [6 Cal. Rptr. 2d 276, 826 P. 2d 274]。

· 对胎儿的界定。*People v. Davis* (1994) 7 Cal. 4th 797, 814-815 [30 Cal. Rptr. 2d 50, 872 P. 2d 591]; *People v. Taylor* (2004) 32 Cal. 4th 863, 867 [11 Cal. Rptr. 3d 510, 86 P. 3d 881]。

· 恶意不需要邪恶意图。*People v. Sedeno* (1974) 10 Cal. 3d 703, 722 [112 Cal. Rptr. 1, 518 P. 2d 913], 因其他理由被 *People v. Flannel* (1979) 25 Cal. 3d 668, 684, fn. 12 [160 Cal. Rptr. 84, 603 P. 2d 1] 所推翻; *People v. Breverman* (1998) 19 Cal. 4th 142, 163 [77 Cal. Rptr. 2d 870, 960 P. 2d 1094]。

---

① 参见 *People v. Autry*, 37 Cal. App. 4th 351 (1995); *People v. Pike*, 197 Cal. App. 3d 732 (1988)。
② 参见 CALCRIM No. 620。
③ 参见 CALCRIM No. 582。
④ 参见 CALCRIM No. 521。
⑤ 参见 CALCRIM No. 548。

·对本条法律指导意见的支持。*People v. Genovese*（2008）168 Cal. App. 4th 817,831 ［85 Cal. Rptr. 3d 664］。

二级法源

1 Witkin & Epstein,California Criminal Law（3d ed. 2000）Crimes Against the Person, §§ 91-97.

6 Millman,Sevilla & Tarlow,California Criminal Defense Practice,Ch. 140,*Challenges to Crimes*, § 140. 04, Ch. 142,*Crimes Against the Person*, § 142. 01.

所包括的较低层级犯罪

·自愿过失杀人。Pen. Code, § 192（a）。

·非自愿过失杀人。Pen. Code, § 192（b）。

·谋杀未遂。Pen. Code, §§ 663,189. 涉及酒驾的过失杀人[1]并不是本罪包括的较低层级犯罪。[2] 与此类似，涉及儿童虐待的过失杀人[3]也并不是本罪包括的较低层级犯罪。[4]

相关问题

因果关系-可预见性

针对因果关系是否应当包括可预见性部分，有不同意见。例如，有判例驳回了要求针对可预见性做出法律指导意见的请求，而倾向于适用一般的因果关系标准[5]。还有判例认为，应当适用下列针对因果关系的法律指导意见："死亡结果如果要认定为被告人行为自然且盖然结果的话，必须是可以预见的"。[6] 但如果法庭提出因果关系中可预见性无关紧要的话显然是错误的，正如有判例所认为的那样，在陪审员认定因果关系时应考虑被告人本来应当合理预见的危害结果，是错

---

① 参见 Pen. Code § 191. 5（a）。

② 参见 *People v. Sanchez*, 24 Cal. 4th 983（2001）。

③ 参见 Pen. Code § 273ab。

④ 参见 *People v. Malfavon*, 102 Cal. App. 4th 727（2002）。

⑤ 参见 *People v. Autry*, 37 Cal. App. 4th 351（1995）以及 *People v. Temple*, 19 Cal. App. 4th 1750（1993）。

⑥ 参见 *People v. Gardner*, 37 Cal. App. 4th 473（1995）。

误的法律指导意见。①

二级谋杀胎儿

被告人并不需要知道受害人怀孕而被判决二级谋杀胎儿，有判例显示，并不要求被告人明确知道每个受害人的存在②，在从事该行为的时候，被告人展现出对所有生命、胎儿或者其他的无所谓态度，因此需要对其所导致的所有死亡结果承担刑事责任。

第三节　美国刑法研究的实用主义语境

实用主义是美国人的一种生存哲学。

作为一种近乎直觉的价值选择与判断标准，实用主义深刻地影响着美国法学理论与实践。对美国刑法问题的研究，当然也不能超越实用主义这一话语背景。

一　缘起

"实用主义虽然出生在美国，但是，它的身上也有欧洲哲学思想的明显烙印。"③ 威廉·詹姆士（William James）④ 于 1898 年首先将"实用主义"这个词纳入哲学的洪流当中，并且使其在其中占据了一席之地。但是詹姆斯承认这样的一种思想早已有之。⑤

事实上，在很多美国学者看来，实用主义是以当时科学技术的进步为导引的。"科技的胜利，特别是牛顿物理学的胜利，在 17 和 18 世纪说服了很多人接受客观世界具有同一结构，接受人类本质或者说人类社会体系或

---

① 参见 *People v. Roberts*，2 Cal. 4th 271（1992）。

② 参见 *People v. Taylor*，32 Cal. 4th 863（2004）。

③ 杨寿堪、王成兵：《实用主义在中国》，首都师范大学出版社，2002，第 5 页。

④ 威廉·詹姆士（William James），1842~1910 年，美国心理学之父，机能主义心理学的缔造者之一。

⑤ Susan Haack，"On Legal Pragmatism：Where Does the Path of the Law Lead US?" *Am. J. Juris* 50（2005）：71.

许具有与之类似的结构。"①

（一）相关背景

任何一种理论的出现都不可能是空穴来风，势必是在特定情势下，基于某种条件孕育发生发展的。对实用主义在美国的萌芽和发展，可以从如下两个方面加以考量。

1. 时代背景

在 19 世纪末 20 世纪初，美国经历了所谓的"进步时期"（Progressive Era）。具体而言，1897 年到 1914 年，是美国发展的黄金时期。这一时期社会持续繁荣，突出的标志就是社会绝大多数阶层的生活水平普遍提高。这是一个社会运行健康良好、充满希望的时代。美国民众对自身修正之前社会及经济不公的能力深信不疑。在 20 世纪早期，美国开始了一场声势浩大的在各级政府推行民主、寻找改变贫穷以及社会特权等丑恶现象办法的运动。②

可以认为，实用主义诞生于一个非常具有活力、充满乐观主义且急剧变革的时代。

2. 思想背景

伴随着社会的激烈变革，理论层面的冲击与振荡也从未停歇，并且不断推陈出新。这一种思想浪潮的前进方向，是试图通过理论解释正在进行的社会变革，并为未来的发展寻找方向和根据。尤其通过赫伯特·斯宾塞

---

① 按照著名法经济学家波斯纳的看法，至少有一类法律问题，即言论自由的基础以及范围问题，可以直接适用实用主义理论来加以解决。除此之外，实用主义观点可以帮助我们在法律的很多方面，对如侵权法以及刑法当中的很多神秘概念保持一种十分适当的批判性观点。实用主义对形式主义而言是相当有效的抗制手段，而后者在联邦最高法院颇受倚重。法律形式主义主要是讲法律问题可以通过不同概念之间关系的研究来加以解决，而不需要借助考虑其与外在客观世界的关系。在其看来，现在法律形式主义的主要壁垒，不是普通法，而是成文法以及宪法解读本身。实用主义具有的很多意义，都因为形式主义和解读理论而遭到削弱。除了要考察实用主义与法经济分析学派的关系之外，还需要重视法律修辞学方面的研究。参见 Richard A. Posner，"What Has Pragmatism to Offer Law?" *S. Cal. L. Rev.* 63（1990）：1653。

② Arthur S. Link，*American Epoch：A History of the United States Since 1890s*（New York：Knopf，1962）：17。

（Herbert Spencer）① 的著作，很多学者开始借助达尔文的社会进化理论，解释社会变革并为其寻找根据。根据社会达尔文学派的观点，社会所秉持的是和动物或者植物进化一样的"优胜劣汰、物竞天择规律"。②

除此之外，有中国学者还将实用主义认作所谓"美国精神"的哲学反映。③ 但笔者并不认同这样一种提法。从事后的评价角度，当然可以将实用主义和所拟制的所谓"美国精神"加以联系，但是如果从理论背景的角度出发，这样的联系未免太过牵强。实用主义缘起的直接理论背景，应当是当时美国若干领军哲学家对其所面对的哲学现状的不满。在他们看来，当时占据主导地位的哲学思想，即彼此对立的德国的理性主义和英国的经验主义，使得当时的美国哲学界无所适从，甚至面临分裂。

面对这种极端对立观点所造成的不可调和的对立，"詹姆士与杜威开始在查尔斯·桑德斯·皮尔斯（Charles Sanders Peirce）④ 理念的基础上，构建其所认为正当的哲学理论"。⑤

---

① 赫伯特·斯宾塞（Herbert Spencer），1820~1903 年，英国哲学家、社会学家，社会达尔文主义之父。

② Anthony E. Cook，"The Death of God in American Pragmatism and Realism：Resurrecting the Value of Love in Contemporary Jurisprudence," *Geo. L. J.* 82（1994）：1341.

③ 杨寿堪、王成兵：《实用主义在中国》，首都师范大学出版社，2002，第 213 页。

④ 查尔斯·桑德斯·皮尔斯（Charles Sanders Peirce），1839~1914 年，美国哲学家、逻辑学家，实用主义创始人之一。

⑤ 在两人看来，当时哲学的一个极端就是理性主义，即以康德（Kant）、黑格尔（Hegel）和其他德国哲学家为代表的理论体系，当然，也有若干其他国家的哲学家对此持支持态度。这些学者十分看重秩序、抽象、理念、次序、确定性等基本概念范畴。理性主义试图从日常生活的混乱、偶然现实中寻找出某种更为绝对的真实。但另一方面，恰恰是因为理性主义崇尚抽象，因此持此种观点的学者将"绝对"视为终极现实，即所谓隐藏在混乱经验之后的真理和秩序。这也导致理性主义者无法为现实生活提供具有实用性的指引或者帮助。因此，詹姆士和杜威才会认为，这些哲学家所建构的分析模式完全是虚幻或者人为拟制的，从而可以使其逃避残酷的现实。与理性主义相对的另一个极端是所谓经验主义，所指的主要是发端于英国的经验学派，其领军人物是大卫·休谟（David Hume）。以休谟为代表的这一派哲学家更多关注的是事实、客观世界与多元主义，其所表现出来的哲学倾向偏于悲观主义、反宗教主义与怀疑论。经验主义强调对直接的现实的关注而不考虑任何进一步的其他问题。从这个层面来看，哲学意义上的实用主义在很大程度上更接近于经验主义，这就不难理解为什么詹姆士和杜威基本上攻击的都是理性主义，而其对经验主义批判的大部分集中于后者，过分倾向于将分离的感觉作为其获得知识的基础。在实用主义者看来，经验本身就具有联系性或者组织性的特征。另外经验主义否认传统、习俗对经验的影响。而且，经验主义者过分绝对地否定　　（转下页注）

（二）实用主义对美国刑事政策的影响

相较于之前的诸多哲学流派，实用主义在美国法学理论与实践，包括刑事政策的拟定过程当中，都占据了特别重要的地位。换言之，实用主义对包括刑法在内的美国法的具体构建和走向产生了深远影响。

20 世纪，苏联法学家对所谓美国资产阶级刑事政策批判的炮口，主要针对的就是实用主义的刑法理论。[①] "并无对犯罪行为就可以适用刑罚的理论，以及对所有'潜在的'罪犯使用刑罚，作为预防性的措施，是意味着美国法学家完全放弃了资产阶级的一些民主的刑法原则。"[②] 这些被攻击为反动、反科学，甚至在没有罪过的情况下也使用刑罚的所谓"预防性"刑事政策，反映的恰恰是实用主义的某些理念。虽然从现在的角度评判，上述批评多少有些严苛和偏颇，但从研究经验上来看，这样说也并非指鹿为马，实用主义对美国刑法理论和司法实践的深远影响至今仍随处可见。美国著名刑法学家保罗·罗宾逊（Paul H. Robinson）[③] 在其为《美国模范刑法典及其评注》中文译本所做序言当中指出，在这部由"代表美国刑法学界良心的杰出学者"[④] 耗时数十年精心构建的法典当中，无处不体现着"实用主义原则"。与此类似，有学者通过研究美国怀俄明州刑法典，也得出了其所秉持的是"实用主义"的结论。还有学者在美国教育立法当中，

（接上页注⑤）了概念以及对概念的概括。抽象对经验的习得和组织都十分重要。如詹姆士所指出的那样，实用主义本身并不拒绝抽象，但是也并没有将其纳入某种较高的层级。最后，詹姆士和杜威否认了经验主义的怀疑论调，而认为社会改革可能向好的方向进行。参见 Brian Z. Tamanaha, "Pragmatism in U. S. Legal Theory: Its Application to Normative Jurisprudences, Socio Legal Studies, and the Fact-value Distinction," *Am. J. Juris* 41 (1996): 315。

① 如认为，实用主义法学以超阶级的姿态出现，公开地否认法的阶级本质。否认法是一定社会、一定国家的统治阶级对被统治阶级实行专政的工具。把法看作离开社会的经济基础和阶级关系而独立存在的东西。参见杨峰《对庞德"近代司法的问题"批判——从实用主义法学谈到现代修正主义的国家观点》，《学术月刊》1958 年第 6 期，第 72 页。

② 〔苏〕斯·勒·齐扶斯：《美国刑法的反动本质》，李浩培译，法律出版社，1955，第33 页。

③ 保罗·罗宾逊（Paul H. Robinson），1947～，美国著名刑法学家，《模范刑法典》起草者之一，宾夕法尼亚大学资深教授。

④ Herbert L. Packer, "The MPC and Beyond," *Colum. L. Rev.* 63 (1963): 594.

也发现了实用主义的主导影响。① "连在沃伦·伯格（Warren Burger）② 担任首席大法官时，联邦最高法院都可以被人为分为较为虚弱的民主派，以及由 5 名大法官组成的实用主义小集团两派。"③

可见，无论是立法还是司法，实用主义的影踪无处不在。而针对理论研究，实用主义更是被列为一种基本的研究方法。那么，究竟什么是刑事政策④当中的实用主义呢？

二　美国实用主义刑事政策的基本特征

在讨论法律实用主义的特征之前，有必要对实用主义的概念和特征作一简要介绍。根据詹姆斯的观点，"实用主义包括两个基本的方面：研究的方法和真理理论"。⑤ 首先，实用主义者不承认所谓终极的、绝对的、永恒的、不变的事实或者概念，而强调通过经验和积极的探究来掌握知识。而对真理的理解，实用主义者认为真理是发展的，是可以改变的，是通过在这个世界当中的实践加以构建的。而另外一位美国实用主义大师杜威则提出，实用主义是"（1）实验的。从前的学说，都不根据人生日用的事实。现在这派学说，是人生日用处处应用的，应用的结果，便可证明或反证这学说的好坏，吾们便可以把智识和学理来指挥向导我们的行为。（2）特

---

① 参见黄明东《试析实用主义思想对美国教育立法的影响》，《法学评论》2003 年第 6 期，第 16 页。

② 沃伦·伯格（Warren Burger），1907~1995 年，曾于 1969 年至 1986 年担任美国联邦最高法院大法官，主导了诸多关键性判决。

③ William S. Fields, "Assessing the Performance of the Burger Court: The Ascent of Pragmatism," *Mil. L. Rev.* 129 （1990）: 1659.

④ 国内有些研究者好奇，美国具体刑事政策在 20 世纪 70 年代从"矫治模式"到"公正模式"巨变发生的原因，认为"遗憾的是，虽然这场巨变在各个方面都刺激着人们的神经，但是其发生原因至今尚未探明"（参见李波《当代美国刑事政策发展新趋势及其启示》，《法商研究》2016 年第 6 期，第 170 页）。其实，从实用主义视角出发，这种改变其实就是在后现代风险社会到来后，面对改变了的社会威胁，特别是民意基础上社会各阶层的特殊需求，出现的一种自然转向而已。质言之，导致美国刑事政策出现巨变的根本原因，就是美国社会上下通行的实用主义思维范式。

⑤ Brian Z. Tamanaha, "Pragmatism in U. S. Legal Theory: It's Application to Normative Jurisprudences, Socio Legal Studies, and the Fact-value Distinction," *Am. J. Juris* 41 （1996）: 315.

别的。从前的学说，不是笼统，便是普遍。现在这派的学说，是不用全称，不是笼统，都是特别的，没有普遍的。（3）他的目的，在养成智识观念，可以随时随地补救特种情形，解决特种问题"。① 有中国学者将实用主义的特征概括为如下四点：首先，从对传统哲学的态度来看——批判传统形而上学；其次，从哲学观上来看——行为论；再次，从真理观上看——效用即真理；最后，从方法论上看——工具主义。②

在很大程度上，这样的概括还是较为准确的。如果跳出实用主义的话语范围，基本上可以将具有上述几个特征的哲学倾向视为实用主义哲学流派。如果还有什么需要补充的话，可能就是坚持通过社会需要的满足程度，而不是什么客观的标准来判断人类所从事的各项活动。③ 也正是从这一标准出发，才得出了美国刑法及其研究所具有的实用主义倾向这一结论。

一般认为，霍姆斯将实用主义引入美国法学理论研究中④，当然，后

---

① 〔美〕约翰·杜威：《杜威五大演讲》，胡适译，安徽教育出版社，1999，第 8 页。

② 杨寿堪、王成兵：《实用主义在中国》，首都师范大学出版社，2002，第 21 页。

③ 参见 Richard A. Posner，"What Has Pragmatism to Offer Law?" *S. Cal. L. Rev.* 63 （1990）：1653。

④ 很少有人知道，霍姆斯大法官曾和美国实用主义的代表人物如詹姆斯、皮尔斯以及杜威等人，组成过一个所谓"形而上学俱乐部"（The Metaphysical Club），更不知道其在美国发展过程当中所起到的标志性作用。根据一些学者的看法，美国内战抹平了南部的奴隶文明，但是也同时抹平了美国北部的科学文化，而这花费了美国大约半个世纪来发展一种可以对其加以取代，并使得人们可以对当代生活条件加以协调的文化。而其效果之一就是这种新的文化以及新的思维模式从根本上改变了美国对法律和法律体系的看法。以霍姆斯为例，废奴主义的教训以及美国内战都导致其发展出自身针对民主的新的怀疑论调以及其所具有的反对绝对主义的观点。霍姆斯认为所有的人类，包括其本身，都会为其所认为是正确的事项来战斗，甚至是牺牲，但是其也认识到所有这样的信念都是社会性的，也是文化性的。因此，似乎会导致出两种截然相反的结论，一个是人们在对其所习惯的行为加以辩护的时候是具备正当性的，另一个就是对既存事实的辩护与相反的观点相比，在正当性或者公正性上并不具有更大的发言权。而霍姆斯对这样的一种理论以及实际上的冲突的解决办法就是承认并且支持一种十分广博的对民主政府、民权的具有怀疑性质的容忍。这种相对主义民主理论，从实质上可以被认为是 19 世纪后期的实用主义。对不同事项要求绝对以及确定性只会导致压制与暴力。只有开放、尝试，容忍以及相对平均主义的民主才能更具生命力，而实用主义为此提供了一种修辞学意义上的方法，被认为可以抵御对社会暴力的深层次担心，而同时解决急迫的社会问题。特别重要的是，其倡导社会和谐，拒绝社会暴力。实用主义的成功之处在于其作为一种十分流行的政治信念，符合 20 世纪之交美国人的特殊需求，那个时候的美国人对在改革或者进步主义旗帜下的合作持有某种起码是潜在意义上的同情。通过对社会变革提供　　（转下页注）

来又受到了法律现实主义学派学者，特别是菲利克斯·寇咇（Felix Cohen）①等人的影响。②

实用主义与美国法律的结合所产生的最大结果，就是美国法律研究和实践中公然的工具主义转向。用美国法理学家的话说，"除了很少的几个自然法学者之外，现在已经很少有人单独地通过抽象的概念来讨论法律了。而其所关注的是法律是否以所需要的方式在运转，以及其如何运转。很多司法判决都提出了类似的问题，而通常对这个问题加以填充的就是所谓的社会政策"。③

另外，还有美国学者提出，实用主义的视角，可以帮助在面对很多法领域扮演重要角色的神秘概念时，保持一种适当的批判性观点，也可以作为对形式主义思潮反扑的一剂良药等。④

刑事政策似乎可以被视为实用主义最好的试验田。而基于工具主义这一大的理论背景，可以将美国刑事政策实用主义的基本特征做如下概括。

（一）"向前看"的研究向度

实用主义刑事政策的视角是"向前看"的。

无论是律师，还是法官，抑或是纯理论学者，在面对某一问题的时候，似乎很少有人会拘泥于某一特定的理论，而将问题的解决屈居

（接上页注④）一种和谐或者容忍的观点或者方法，实用主义对废奴主义和激进主义之间的融合提出了一种具有吸引力并且有效的替代方法。参见 Edward A. Purcell, "On the Complexity of 'Ideas in America'：Origins and Achievements of the Classical Age of Pragmatism Louis Menand. The Metaphysical Club: A Story of Ideas in America," *Law & Soc. Inquiry* 27 (2002): 967。

① 菲利克斯·寇咇（Felix Cohen），1907～1953 年，美国法学家，对美国联邦法律体系，特别是针对印第安人的立法留下了巨大影响。

② 参见 Brian Z. Tamanaha, "Pragmatism in U. S. Legal Theory：It's Application to Normative Jurisprudences, Socio Legal Studies, and the Fact-value Distinction," *Am. J. Juris* 41 (1996): 315。

③ Gary Minda, *Postmodern Legal Movements：Law and Jurisprudence at Century's End* (New York: New York University Press, 1995): 382.

④ 参见 Richard A. Posner, "What Has Pragmatism to Offer Law?" *S. Cal. L. Rev.* 63 (1990): 1653。

次席。[①]"一个好的学者或者律师，不能沉迷于某种单一的理论，相反，应尽量敞开视野，寻找不同的解决办法。刑事政策应该实用，因为现实生活中，刑事政策的建构与评价并没有开始，更没有结束。"[②]

或许法学与实用主义的密接之处就在于两者研究向度的重合。无法否认，针对刑事政策的研究有时是回溯性的，但这种回溯并不属于一种追根溯源、刨根问底式的追问。向后看，为的仅仅是为更好地前行寻找路标。理论研究的目的，绝对不可能为了单纯符合某种过往的标准，或者满足某种尘封的渴望。绝大多数学者，都一定希望自己提出的见解或者主张可以在现在及今后被尊崇和延续。

就这个意义而言，刑事政策原则应该被理解为工具性的，事实上，如果某一刑事政策原则上无法实现既定目的，那么很难想象，其存在的意义到底为何。

"实用主义的方法，不是什么特别的结果，只不过是一种确定方向的态度。这个态度不是去看最先的事物，原则、范畴和假定是必需的东西；而是去看最后的事物，收获、效果是事实。他们所说的真理的意义不过如此：只要观念（它本身只是经验的一部分）有助于使它们与经验的其他部分处于圆满的关系中，有助于通过概念的捷径，而不用特殊现象的无限相继性，去概括它、运用它，这样，观念就变成真实的了。"[③]

但依本人的观点，"向前看"绝对不意味着对所有恢复性正义的否定，或者说反思法律适用的公平、正义。相反，这里所说的"向前看"，所指的是对人类需要的满足。如果需要满足公正需求的话，那么实然角度的回溯性考察，并不违背刑事政策实用主义的理念。

（二）对事实和情境的尊重

受实用主义的影响，实用主义刑事政策也不关心那些所谓的"刑法原

---

① 有观点认为，观点和辩论是律师的工具，医生用针与刀，建筑师用图像与笔，律师则利用观点和思想达到特殊的目的——使权力的行使合理化。合理化这里不是指覆盖或者掩饰，而是使其进入合理的领域，这是每个司法判决都想达到的。参见冯建妹《耶鲁精神：感受耶鲁大学及其法学院》，法律出版社，2007，第23页。

② Catharine Pierce Wells, "Why Pragmatism Works for Me," *S. Cal. L. Rev.* 74 (2000): 347.

③ 〔美〕威廉·詹姆士：《实用主义》，陈羽伦、孙端禾译，商务印书馆，1979，第76页。

则"或者"基本概念"①，而是着重打击犯罪、防卫社会危险等现实需要。对此，在上文已经有所介绍。这意味着实用主义刑事政策必然相对稳定、与时俱进。刑事政策的建构与调整，必须从现实出发，从具体社会环境出发，从犯罪的现实情况与发展趋势出发，"无论将某种事态视为工具或者目的，完全取决于其所处的条件与情境"。②秉持实用主义理念的美国刑法学者认为，"人类的思维活动，总是在特定语境下进行的，无论对知识本身，还是对人类观念的调整，这一体验都至关重要，需要紧盯事实，意识到结果的重要性"。③

如果仔细观察美国刑事司法，不难发现，很多学者之间的争论、很多司法实践的不同观点乃至司法判决的冲突，大多源自不同个体对特定刑事政策的不同解读。虽然观点不同，但各方的争论很少为了捍卫所谓至上的理念或者原则，而是借由对刑事政策的解读，实现改变或者维持既有刑事司法范式的实际目的。这种以现实为导向的刑事政策，在解决问题与捍卫理论或者原则的一致性两者之间，永远都会选择前者。当然，就实用主义对现实或者情境的尊重这一问题，存在不同的看法，甚至有些实用主义者也承认，这一主张在某些情况下较为矛盾。④对具体事实或者情境的尊重所导致的实质正义理念，可能会在某些情况下与该原则或者刑事政策的整体适用效果产生冲突，但这并不妨碍将此作为美国刑事政策实用主义的特征而加以表述。

概括而言，实用主义关注的是"文脉主义"这一命题，即认为客观决定主观，人类思维活动实际上应服务于社会实践。这正是截然区分传统科

---

① 在美国学者看来，刑法学中的基本概念，至少具有如下三种吸引力。首先，法学院的高年级同学可以用基本概念范畴解释抽象的概念。其次，实体刑法的教师或者研究人员会从基本概念范畴研究中反思相关问题或概念是否得到了明晰的说明。最后，基本概念的最为创新或者说具有挑战性的特征，就是其提供了一种深层次的刑法结构或者统一的语法，而这种结构或者语法超越了法律的州籍或者国籍，并且可以促进对世界法律体系的有用性的理解。参见 Stuart P. Green, "The Universal Grammer of Criminal Law," *Mich. L. Rev.* 98 (2000): 2104。

② Ruth Anna Putnam, "Justice in Content," *S. Cal. L. Rev.* 63 (1990): 1747.

③ M. Minow and E. Spelman, "In Context," *S. Cal. L. Rev.* 63 (1990): 1597.

④ 参见 Brian Z. Tamanaha, "Pragmatism in U. S. Legal Theory: Its Application to Normative Jurisprudences, Socio Legal Studies, and the Fact-value Distinction," *Am. J. Juris* 41 (1996): 315。

学实证主义与实用主义的关键所在。实际上，这样一点使得实用主义完成了最具创新性的哲学变革，彻底摒弃哲学中的原教旨主义，或者说本原主义。①

（三）经验主义的行为模式

由于美国实用主义刑事政策摒弃了所谓"教义学"理念，因此其在适用过程中，并不过分依赖所谓原则或者理念，而是从事实出发，以经验作为前进的风向标。正如詹姆士所言，"原则是共相，事实是殊相，因此说理性主义的思想方法最愿意从整体走向部分，而经验主义的思想方式最愿意从部分走向整体，这也许是说明这两种倾向特点的最好的办法"。② 对那些坚持实用主义的刑事政策制定者来说，通常不需探究事物的本质，只需研究如何通过逻辑和经验，为特定刑事政策提供合理根据即可。"语言本身十分复杂，因此需要考察语言背后的逻辑。这样的一种交换是公平的。反过来，为了弥补放弃哲学思考所带来的真空，他们希望达成较为一致的经验哲学。"③ 这种经验论的研究范式一方面会直接影响研究者使用的具体研究方法以及研究方向。"所采用的范式影响到对世界的看法和解读。在很大程度上其决定了听取何种声音以及听到的内容。而其也决定了所询问的问题以及所寻求的回答。"④

另一方面，其也直接决定了对所谓理论"正当性"的标准。由于坚持的是经验主义，实用主义刑事政策在理论正当性的判断方面，不基于任何所谓"外在的客观标准"，这种结论似乎并不难以理解，毕竟"经验，就其认知存在而言，只能提供给一些偶然的盖然因素。经验不能提供必然的真理，即完全通过理性来加以证明的真理。经验的结论是特殊的，而不是普遍的"。⑤ 在实用主义者看来，否认宏大理论的根据在于不承认存在所谓根本矛盾，或者所谓的本原主义。对某些实用主义刑事政策的拥趸而言，

---

① 参见 Thomas C. Grey, "Holmes and Legal Pragmatism," *Stan. L. Rev.* 41 (1989)：787。

② 〔美〕威廉·詹姆士：《彻底的经验主义》，庞景仁译，上海人民出版社，1965，第2页。

③ Catharine Pierce Wells, "Why Pragmatism Works for Me," *S. Cal. L. Rev.* 74 (2000)：347.

④ Joseph W. Singer, "Should Lawyers Care About Philosophy?" *Duke L. J.* 1989 (1989)：1752.

⑤ 〔美〕约翰·杜威：《确定性的寻求》，傅统先译，上海世纪出版集团，2005，第20页。

任何试图将某种特定的刑事政策规范建构在外显的价值或者政策之上的努力都是容易失败的。那种将正当性的评判标准归结于某种外在规范的做法，被实用主义者归于形式主义一类加以驳斥。[①]

三　实用主义与相关概念之剥离

（一）实用主义与功利主义

通过上面对实用主义以及美国法律实用主义特征的归纳和分析，很容易发现其具有某些功利主义的色彩，而或许正是基于此种原因，我国刑法学界的权威观点将美国刑法，尤其是刑罚制度的价值取向定位为表明刑法的功利性。其实不仅仅是刑罚制度，这些学者将犯罪论层面上的公正性从广义上也定义为一种功利，甚至称之为最高功利。并将这样的一种功利性看作英美立国哲学——功利主义的突出反映。[②]

这种观点的合理性成分不容否认。在美国刑法的研究当中，经常可以发现这种功利性质的影子。即使这里认定的美国刑法所具有的实用主义理念，也和我国学者所认定的功利主义一样，将对刑法或者刑罚的设定和解读作为工具性质，并且看重结果的考察，关注其帮助解决问题、满足需要的能力。

但研究并没有止步于此，是否可以根据上述重合，就将实用主义等同于功利主义，抑或两者根本就是同一概念呢？笔者对此持否定意见，根据是以下两点。

1. 实用主义否定工具与目的之间的截然区分

和功利主义不同，法律实用主义否认所谓"工具"和"目的"之间的二元区分。在这些学者看来，"无论将某种事态视为工具或者目的，完全取决于其所处的情境"。[③] 根据标准功利主义的理念，包括我国学者对美国刑罚设定的理解等等，大都认为某一特定措施的采用是为了达成某种既定的目的，但实用主义认为人类行为的整个过程似乎的确符合上述观点所设

---

① 参见 Thomas F. Cotter, "Legal Pragmatism and the Law and Economics Movement," *Geo. L. J.* 84 (1996): 2071。

② 储怀植：《美国刑法》，北京大学出版社，2005，第 7 页。

③ Ruth Anna Putnam, "Justice in Context," *S. Cal. L. Rev.* 63 (1990): 1747.

定的轨迹，即包括制订计划、设定某种程度的目标，然后选择行为的模式，从而实现这些目的。实用主义者认为，目标本身既是终点，又是达成其他进一步目标的起点，必须通过这些进一步的目标来加以评价。也就是说，选择达成目标的途径或者手段是否适格的判断标准，未必是上面提到的目标或者途径，因为后者的性质还必须通过其所服务的目的进行评判。

这也就是说，对实用主义者而言，目标并不在于满足即时的某种需要，如果可以通过某种实践获得比现在更大的幸福和满足，那么，是可以放弃暂时的功利主义考量的。

当然，功利主义或许可以对这样的一种区分辩称实用主义是一种关注更远期目标的功利主义，但无论如何，实用主义与关注即时目的的类型的功利主义的分野，以及实用主义对功利主义区分目的及手段的做法是不容否认的。

2. 实用主义者所特有的判断标准

另外，笔者希望强调的一点就是，实用主义者所持有的判断标准和理解的所谓功利主义也具有明显的区分。标准版本的功利主义，至少我国刑法学者所理解的美国刑法的功利主义是将其视为合乎"执政阶级对社会的管理需要"[1]，但如果根据这样的一种评判标准，那么实际上所理解的实用主义就显然与此大相径庭。

如前面所谈到的那样，实用主义，包括法律实用主义，不仅仅是工具性的，而且是情境性的，在实用主义者看来，秉持的理念和确信在很大程度上是所处的语言、文化以及经验共同作用的结果。这些习惯和文化是持续流动的，在这个过程当中试图将新的经验纳入理念的框架当中。正如詹姆士所言，"在学习过程当中每向前迈进一步所达到的新的平衡里，新事实很少是生的加进去的，而可以说是煮熟了之后嵌进去的，或者是在旧事实的作料里煮烂了的"[2]。基于这样的理念，美国著名法理学家波斯纳提出了另外一种区分实用主义和功利主义的办法，其认为在判决过程当中，法官和其他政策制定者必须考虑非工具性的道德直觉，这样的一种直觉是其

---

[1] 储怀植：《美国刑法》，北京大学出版社，2005，第7页。
[2] 〔美〕威廉·詹姆士：《实用主义》，陈羽伦、孙端禾译，商务印书馆，1979，第88页。

所处的群体所共有的。波斯纳提出，"根据情况的不同，某些所唾弃的实践，包括奴役、酷刑①以及歧视是可以最大化社会福祉的。然而，这些实践违反了美国不可动摇的道德底线，而其本身就可以成为禁止上述行为的基础或者根据，不论其所可能带来的价值"。② 从这样的一种理念出发，可以发现，和功利主义不同，法律实用主义所采用的判断标准并不是所谓"客观的"社会福祉的最大化，或者所谓的对统治者需求的满足，相反，对较为地道的实用主义而言，对正当化事由并不存在外在的厘定标准。对其而言，不将确信建构在任何外在的标准之上可以使得免于沦为狂热地坚持某种特定的社会理念的那类人，例如功利主义者。美国著名大法官本杰明·内森·卡多佐（Benjamin Nathan Cardozo）③ 因此提出，"实用主义的客观，和外在世界之间并没有任何联系。在这些问题上，真正起作用的不是我所认为是正确的事情，而是我有根据地认为具有通常智力和心态的人都会有根据地认为是正确的"。④

（二）实用主义与意识形态

曾几何时，实用主义一直被烙上"为帝国主义资产阶级的政治恐怖提供论据"⑤ 的印记。这样一种将实用主义与意识形态挂钩的做法在我国则表现为贯穿于20世纪50年代到70年代对实用主义声势浩大的批判。有学者总结认为，中国学术界这个时期关于实用主义的批判的观点可以分为如下几个方面。第一，实用主义是好战的垂死的美帝国主义反动派的盲目冒险的哲学。第二，实用主义哲学是腐朽的主观唯心主义哲学。第三，实用

---

① 美国立法通过三个方面禁止残酷的刑罚：一是限制实施处罚的方法，二是限制各类犯罪处罚的数量，三是在特定情况下禁止适用死刑。参见陈文昊、郭自力《美国刑法中酷刑罪的特点与借鉴》，《山西大同大学学报》（社会科学版）2017年第2期，第39页。

② Thomas F. Cotter, "Legal Pragmatism and the Law and Economics Movement," *Geo. L. J.* 84 (1996): 2071.

③ 本杰明·内森·卡多佐（Benjamin Nathan Cardozo），1870~1938年，曾于1932年至1938年担任美国联邦最高法院大法官，被誉为最杰出的法律人，发表的很多真知灼见影响至今。具有犹太背景的美国叶史瓦大学，还设有以其命名的卡多佐法学院（Benjamin N. Cardozo School of Law, Yeshiva University）。

④ Richard A. Posner, "What Has Pragmatism to Offer Law?" *S. Cal. L. Rev.* 63 (1990): 1653.

⑤ 〔苏〕斯·勒·齐扶斯：《美国刑法的反动本质》，李浩培译，法律出版社，1955，第7页。

主义是反对科学的蒙昧主义哲学。第四，实用主义是市侩哲学，是为大资产阶级服务的。第五，实用主义具有宗教性质，是人民的一种鸦片烟。① 直到 20 世纪 80 年代，我国对实用主义的研究才重回正常的轨道。

应该承认，实用主义和政治意识形态无法截然区分，这样的一种纠缠可以归结到哲学与政治的密切关系。但承认这种关系的存在并不能否认实用主义与政治意识形态各自的主体地位，为对这样一种主体范畴意义上的相对独立行为持不同意识形态的研究者围绕实用主义进行有效对话提供了合理性基础。

1. 对实用主义批判的科学态度

实用主义不是圣经。

作为人类对自身以及未知世界勇敢探知的一种尝试，实用主义可以被视为一笔珍贵的人类文明遗产，但同时，也不能无视对实用主义提出的种种批判。例如，著名的美国法理学家罗纳德·德沃金教授，就将法律实用主义斥之为无原则，并间接指责实用主义否定了个人权利。② 而还有其他美国学者尖锐总结出针对实用主义通常被提起的三种反对意见："（1）实用主义者根据个人的有用性定义真理，从而使得其具有主观性；（2）实用主义因为合并了整体论和现实主义，变得自相矛盾；以及（3）实用主义是相对的，自我否定的。"③ 还有美国学者认为，"（1）实用主义是陈腐的，因为其仅仅告诉，应根据常识来继续的认识；（2）实用主义是相对主义的，因为其将任何事情都缩减为观点或者视角；（3）实用主义弱化了理念，并且没有帮助人类获得更好的道德生活"。④

可见，无论国内还是国外，实用主义都并不缺乏对立面。但在对其评判的时候，应该避免"对美国实用主义采用简单化、脸谱化的态度，在批

---

① 参见杨寿堪、王成兵《实用主义在中国》，首都师范大学，2002，第 138~141 页。

② 参见 Daniel A. Farber, "Legal Pragmatism and the Constitution," *Minn. L. Rev.* 72 （1988）：1332。

③ Brian Z. Tamanaha, "Pragmatism in U. S. Legal Theory: It's Application to Normative Jurisprudences, Socio Legal Studies, and the Fact-value Distinction," *Am. J. Juris* 41 （1996）：315.

④ Catharine Pierce Wells, "Why Pragmatism Works for Me," *S. Cal. L. Rev.* 74 （2000）：347.

判中无限上纲，甚至是无中生有的做法"。① 毕竟研究方法上的教条主义，以及对学术问题泛政治化会严重阻碍对相关问题的研究。从这个意义上来说，对实用主义，特别是本书中美国法律实用主义的评判，也应秉持一种实事求是的科学态度，既不回避问题，亦不夸大问题，或者将问题扩大化。

在这里需要特别指出的是一个非常有意思的现象，即美国本土学者对实用主义性质的认定。出乎想象，在他们看来，实用主义大体上是"社会主义"性质的，起码是企图超越社会主义和资本主义的一种理念。如"早在1913年，美国的社会主义者威廉·E.沃灵（William E. Walling）② 在他的《社会主义的要旨》一书中写道：'在我看来，如果从杜威教授所做的最准确而系统的阐述来理解，我相信实用主义是社会主义'"。③ 虽然还有很多学者认为包括杜威在内的实用主义既不属于社会主义，也不属于资本主义，但80年代后美国学术界倾向于其纳入社会主义的阵营。④ 由此看来，虽然美国对所谓社会主义和资本主义的定义未必类同于国内的主流观点，但起码应该注意到这样一个事实，即如果真的要将实用主义与意识形态联系到一起的话，答案也未必是整齐划一的。事实上，正如美国学者的比喻："当其将法律实用主义和一间大旅馆联系起来的时候，尽管所有的宾客都通过同一条走廊，但是，似乎每个人都走进了其各自感兴趣的房间。"⑤ 因此或许可以很有根据地认为，盲目地、无条件地将实用主义与特定的意识形态联系起来是很难站得住脚的。

2. 对实用主义的辩证剖析

无法否认对实用主义偏向"唯心主义"指控的有力性。但唯心主义的属性不能成为对其全盘否定的根据。事实上，正如列宁所说的那样，"聪明的唯心主义比愚蠢的唯物主义更接近于聪明的唯物主义，聪明的唯心主

---

① 杨寿堪、王成兵：《实用主义在中国》，首都师范大学出版社，2002，第148页。

② 威廉·沃灵（William E. Walling），1877～1936年，美国社会共和主义者，著名的"美国全国有色人种协进会"（NAACP）创始人之一。

③ 转引自孙有中《美国精神的象征——杜威社会思想研究》，上海人民出版社，2002，第251页。

④ 参见孙有中《美国精神的象征——杜威社会思想研究》，上海人民出版社，2002，第253页。

⑤ Susan Hack，"On Legal Pragmatism：Where Does 'The Path of the Law' Lead Us?" *Am. J. Juris* 50（2005）：71.

义可以用辩证的唯心主义这个词代替；愚蠢的这个词可以用形而上学的，不发展的，僵死的，粗糙的，不动的这些词来代替"。① 按照作者对列宁这种表述的解读，似乎可以认为唯心主义，尤其是所谓"聪明的唯心主义"是包括相当程度合理成分的，这点是必须加以承认，不容抹杀的。

那么，又该如何科学剖析美国法律研究中的实用主义思潮呢？

首先，"经由 26 年的努力，中国在法学研究方面取得了诸多重大的成就，而其间最大的成就之一便是把关于法律或法律秩序②的思考从'阶级斗争范式'的禁锢中解放出来"。③ 这种解放，可以使得我们从泛政治化的旋涡当中抽身出来，从一个相对科学的角度对各种问题进行研究和论争。

其次，我国哲学领域对实用主义哲学的研究，已经步入健康的轨道，对实用主义的介绍和理解日趋完整全面。"实用主义真理观在中国长期遭到否定，并不是与其他真理观相比，更错误、更荒谬，主要是源自一段特殊的历史。"④ 从较为客观的角度来看，毕竟实用主义属于哲学这一大的概念，作为一种方法，其"既有适应垄断资产阶级需要的内容，也有反映资产阶级自由派要求的内容，还有超出资产阶级狭隘的利益关系范围之外在一定程度上反映认识、科学和社会进步要求的内容。因此无论是把哪一点绝对化而忽视其他方面都会陷入形而上学片面性的泥坑"。⑤

最后，实用主义的基本理念与惯常理解的中国传统哲学有契合之处，换句话说，对实用主义的理解并非完全类似于井中窥月，而是具有类似的经验体验。例如，有美国学者就十分犀利地总结了中美哲学的共同之处：人与自然的不可分性，理论与实践的不可分性，传统与创新的不可分性，

---

① 〔苏〕列宁：《哲学笔记》，转引自杨寿堪、王成兵《实用主义在中国》，首都师范大学出版社，2002，第 215 页。

② 有学者认为，法律秩序，不应该把它看作某种由于内部固有的特征而成长的有机体，而应该仍旧像 18 世纪那样，把它看作一种建筑物。这种建筑物为满足人们的欲求而被建成，它又为适应不断扩大和变化的欲求，甚至为适应不断变化的时髦而被修理、修复、改造与增建。参见范扬《庞德实用主义法学批判》，《复旦学报》1958 年第 1 期，第 87 页。

③ 邓正来：《中国法学向何处去——建构"中国法律理想图景"时代的论纲》，商务印书馆，2006，第 51 页。

④ 张之沧：《"实用主义真理观"辨析》，《求是学刊》2004 年第 3 期，第 25 页。

⑤ 叶志坚：《实用主义基本理论倾向、阶级属性、社会作用之辨析》，《中共福建省委党校学报》2002 年第 10 期，第 49 页。

反基础论和可错论，等等。① 虽然这样的概括对比难免粗陋，但还是可以多少表明中美哲学就实用主义这一问题所表现出来的某些根本性的共同理念。

在具备上述三个条件的基础上，对美国实用主义法学研究范式的科学批判，应围绕其基本的理论构架展开。

"实用主义的范围是这样的——首先是一种方法，其次是关于真理是什么的发生论。"②

首先，就实用主义的研究方法而言，其对"实践性"的强调和推崇是需要加以肯定的。实用主义对工具或者方法的强调，是其理论中最为闪光的部分，美国实用主义的奠基人之一威廉·詹姆士在其经典著作《实用主义》一书中指出，"实用主义不代表任何特别的结果。它不过是一种方法"。③ 而随后其又对此进一步强调和说明，即提出"理论可以成为依赖的工具，而不是谜语的答案"④ 以及"实用主义的方法，不是什么特别的结果，只不过是一种确定方向的态度"。⑤ 这是有一定道理的。正如有学者所论证的那样，"实事求是讲实际，詹姆士实用主义也讲实际；实事求是重实际效果，用实践判断真理，詹姆士更加推崇行动和实际效果，用实际效果衡量一切思想观点的意义和真假；实事求是用实践批判理论，詹姆士亦用行动的实际效果裁剪一切理论。实事求是和詹姆士实用主义都可以说是一种务实的态度和方法，彼此之间存在某些相似或相通的东西。从其中，可以看到人们一些共同的思维方式和倾向。这种倾向就是求实的精神。求实，是优秀的思维传统和原则，表现着一种积极的合理的思维精神。不可遗弃这种求实的思维精神和传统。"⑥

其次，对实用主义的真理观也要一分为二、辩证地加以评判。"概括

---

① 参见〔美〕玛卓莉·米勒《中美文化发展中的实用主义主题》，李红、韩东晖译，《自然辩证法研究》1999 年第 4 期，第 9 页。

② 〔美〕威廉·詹姆士：《实用主义》，陈羽伦、孙端禾译，商务印书馆，1979，第 36 页。

③ 〔美〕威廉·詹姆士：《实用主义》，陈羽伦、孙端禾译，商务印书馆，1979，第 29 页。

④ 〔美〕威廉·詹姆士：《实用主义》，陈羽伦、孙端禾译，商务印书馆，1979，第 30 页。

⑤ 〔美〕威廉·詹姆士：《实用主义》，陈羽伦、孙端禾译，商务印书馆，1979，第 31 页。

⑥ 柏元海：《实事求是与詹姆士实用主义比较分析》，《暨南学报》（哲学社会科学版）1999 年第 5 期，第 87 页。

地说，实用主义的'真理'一方面强调与生活的紧密联系，从而产生一种亲切感；另一方面又过分地偏向于主观，从而易于招致批评。"[1] 从这个意义上而言，实用主义的真理论可以说是优点和缺陷并存的。其充分体现了人作为认知主体的能动性，其向前的研究向度可以指引人类对未来的探索，有利于实践活动的展开，但应该对其忽视对社会和个人之间的辩证关系的倾向提高警惕，对其适用范围和方法进行科学的规范。

综上，上述两点实用主义要素造就了独具特色的美国实用主义法学研究范式，对此种范式的特征在前文当中已有表述，这里不做赘述。而其对美国刑法学研究的影响主要体现在研究方法这个层面，也就是说，可以称之为美国刑法学的实用主义研究范式。

另外需要指出的是，可以认为从方法论角度对实用主义加以把握的话，其是价值中性的，甚至对价值概念本身而言。实用主义者大都"否认事实和价值之间的区分，价值对这些人而言既不是不能挑战，也不是没有根据的。其在实用主义的观念当中和其他的理念一样都是中性的，并无优劣之分"[2]。实用主义并不关心世界的本原是一还是多，是主观还是客观，从而很难将其同一般意义上的唯心主义或是唯物主义联系起来。[3] 与消极的、解构主义的后现代主义，怀疑主义乃至虚无主义不同，实用主义及法律现实主义从根本上说是积极的、建构主义的，尽管对终极真理表示怀疑，可是仍然相信语词的有限准确性，致力于在司法判决中求解。[4]

3. 借鉴的成立：以变迁中的中国刑法学之建构模式为视角

借鉴一直是当代中国刑法学最深的烙印。"我国刑法理论是从苏联进口的，经过老一辈刑法学家的改造，已经基本成形，形成学术传统，在我国理论界、司法界扎根。近年来，留欧、留日的大批中青年学者对社会危害性、犯罪构成、犯罪概念等我国的基本刑法理论进行了猛烈的批判，形成以批判为'时髦'的潮流，大有刨'根'的颠覆意味，欲以欧陆、日本

---

① 何向东、吕进：《论实用主义的"真理论"》，《哲学研究》2007 年第 2 期，第 91 页。

② Ruth Anna Putnam, "Justice in Content," *S. Cal. L. Rev.* 63（1990）：1737.

③ 当然，这仅仅是笔者个人的观点，我国学界基本上将实用主义归于主观唯心主义之列。

④ 具体界分可参见〔美〕理查德·A. 波斯纳《道德和法律理论的疑问》，苏力译，中国政法大学出版社，2001。

刑法理论取而代之。"①

　　无论是之前的苏式中国刑法，还是酝酿中的欧式或者日式中国刑法，都是建立在大范围借鉴接触之上的。从这个意义上而言，这些学者当然地认为刑法的现代化与刑法中传统中国话语是不搭界的，也就是说，刑法的现代化必然伴随着对传统话语的扬弃，对他方话语的嫁接。但笔者认为，这样的观念虽然搭上了法学家的良心，仍然十分危险，因为其缺乏问题意识。

　　刑法现代化并不是问题，而是结果。

　　为了现代化而现代化的倾向是十分危险的，因为其忽视了中国式问题的存在，忽视了问题存在的特定时空条件和文化背景。笔者认为，借鉴本身并不是问题，问题是借鉴什么？与其冒着水土不服的危险取些洋经来念，莫不如从问题出发，考察他方解决相关问题的成功经验更为实际，加之刑法作为部门法的高度工具性，因此对同一问题不同方法的研习和分析才是我们应当选择的借鉴道路。而这也是笔者主张方法的比较是法比较核心义理的真正原因。

　　由于我国刑法实然研究方法的缺失，加之刑法作为部门法高度工具性的特征以及实用主义作为一种法学研究方法的相关特征，笔者认为在我国刑法学实然研究当中应当提倡"实用主义"的研究方法。具体而言，即强调具体问题的解决，坚持渐进性的法学变革进路，倡导中国刑法学研究中的中国话语之表达，鼓励更好解决具体前提下的辩证折中以及"一元多级"的刑法解读模式。

第四节　美国刑事判例之解析

　　如果说宪法、程序法以及实用主义的方法论，构成了美国刑法研究的宏观语境，那么对具体判例结构的剖析与解读，就构成了美国刑法研究的具体切入视角。

---

① 　齐文远：《刑法学人学术品格的重塑》，《法商研究》2003年第3期，第31页。

一　刑事判例的形成过程与存在形式

虽然在诸如案件遴选机制等具体细节方面，美国联邦最高法院的案件审理，与普通刑事案件形成机制存在显著差别，但基本上仍然可以将美国联邦最高法院判例形成机制作为范本，用以表征具体刑法案件的审理与形成过程。

一旦案件审理终结，美国官方将以 4 种印刷品、2 种电子产品的形式对判决加以发布。① 除此之外，针对包括美国联邦最高法院在内的所有判例，还存在诸如《美国联邦法院判例汇编》（The United States Reports），以及 "万律" "律商联讯" 等案例数据库等。在没有电子数据库之前，评价一个美国律师事务所规模及实力的硬性标准，即相关判例出版物的规模。进入电子时代之后，这两大商用数据库可以保证付费用户检索最近 20 年，甚至更早时间，绝大多数联邦法院和州法院做出的判决。研究判例时，人们可以利用诸如 "案例名称" "案例引证" "法官姓名" "判决意见中包含的特殊的字和词"，在使用 "万律" 系统时，可以利用特别的摘要标题。两种电子计算机系统也能使用户找到后来对一个特定案例的各种引证。②

二　刑事判例的形式构成

美国刑事判例的长短不一，以在美国刑法史上曾终结死刑适用的 "弗尔曼诉佐治亚州案"③ 为例，该案被称为美国刑法史上最长篇幅的判例。

---

① 4 种印刷品分别包括 "法庭判决"、"单行本判决"、"初印本" 以及 "合订本"，2 种电子产品包括 "美国联邦最高法院网站" 以及 "Hermes"。参见郎贵梅《美国联邦最高法院判例汇编制度及其启示》，《法律文献信息与研究》2008 年第 2 期，第 56 页。

② 特别需要指出的是，一般来说专业法律人士倾向于使用电子数据库的原因在于这些数据库使用方便，更新速度快，不同判例之间横向关系可查。更为重要的是，例如 "万律" 等数据库可以提供所谓 "谢泼德引证"（Shepard's Citation）服务，这一服务可以把在宣判之后被一些法院判决意见引证过的那些判决编成索引，以便在几分钟内就能编制一个关于特定判决的后来的法院判决意见的一览表，从而可以间接帮助专业法律人士确定特定判例是否依然有效，或者已经被后续判例所推翻。参见〔美〕E. 阿伦·法恩斯沃思《美国的判例法》，陶正华译，《环球法律评论》1985 年第 6 期，第 62 页。

③ *Furman v. Georgia*，408 U. S. 238（1972）.

但无论案件篇幅的长短存在多大差异，其基本的形式结构都实质一致，即包括"案件标题"（Caption）、"案件事实"（Facts）、"案件历次审理过程"（Procedural History）、"案件争议问题"（Issues）、"案件审理法律根据"（Holdings）、"案件审理判决根据"（Rationale）、"案件审理结果"（Disposition）、"法官附议及反对意见"（Concurring and Dissenting Opinion）等8个部分。①

以"弗尔曼诉佐治亚州案"为例，其开头部分翻译如下：②

弗尔曼诉佐治亚州案
No. 69-5003
美国联邦最高法院
408 U. S. 238；92 S. Ct. 2726；33 L. Ed. 2d 346；1972 U. S. LEXIS 169
1972 年 1 月 17 日法庭辩论
1972 年 6 月 29 日审结

美国联邦最高法院9名大法官分别独立发表了各自的意见。

意见

根据佐治亚州法典第 26 条第 1005 款（1969 年 6 月 1 日之前适用），第 69-5003 号案件的申诉人在佐治亚州被判谋杀罪名成立，并被判处死刑。③ 根据佐治亚州法典第 26 条第 1302 款（1969 年 6 月 1 日之前适用），第 69-5030 号案件的申诉人在佐治亚州被判强奸罪名成立，并被判处死刑。④ 根据得克萨斯州刑法典第 1189 条，第 69-5031 号案件的申诉人在得克萨斯州被判强奸罪名成立，并被判处死刑。参见 447 S. W. 2d 932（Ct. Crim. App. 1969）。美国联邦最高法院针对如下问题批准调取案卷令："这些案件中，死刑的适用与执行方

---

① 参见 Deborah B. McGregor & Cynthia M. Adams, *International Lawyers Guide to Legal Analysis & Communication in US*（New York：Aspen Publishers，2008）：25-35。
② 参见刘哲玮《美国联邦最高法院先例形成过程探析——兼论对我国案例指导制度之启示》，《中国法律》2011 年第 3 期，第 297 页。
③ 案件编号 225 Ga. 253，167 S. E. 2d 628（1969）。
④ 案件编号 225 Ga. 790，171 S. E. 2d 501（1969）。

式是否违反了宪法第八修正案禁止'残忍且不寻常的刑罚'条款？"参见 403 U. S. 952（1971）。美国联邦最高法院认定，这些案件涉及的死刑适用与执行方式违反了宪法第八修正案禁止"残忍且不寻常的刑罚"条款。因此，在这些案件中，法官做出的死刑判决不能成立，全案发回重审。

此判。

道格拉斯大法官、布伦南大法官（William J. Brennan）①、斯图尔特大法官、怀特大法官以及马歇尔大法官分别就上述判决提出了各自的支持意见。布莱克曼首席大法官、鲍威尔大法官以及伦奎斯特大法官分别就上述判决提出了各自的反对意见。

附议法官：道格拉斯大法官、布伦南大法官、斯图尔特大法官、怀特大法官以及马歇尔大法官。

道格拉斯大法官之附议：

这次审理的三起死刑案件中一起涉及谋杀犯罪……

以"弗尔曼诉佐治亚州案"为例，刑事判决的各部分组成如下。

（一）案件标题

所谓案件标题，一般包括案件名称、审理法院、审结时间以及案例查询索引等信息的简要表述。

以上面提到的"弗尔曼诉佐治亚州案"为例，该案的完整标题为 *Furman v. Georgia*，408 U. S. 238；92 S. Ct. 2726；33 L. Ed. 2d 346；1972 U. S. LEXIS 169（1972）。其中，*Furman v. Georgia* 为案件名称缩写。一般来说，在美国法当中，v. 为 versus 的缩写，可翻译为"诉"。在 v. 之前一般为该案件诉讼活动的发起方，而 v. 之后为该诉讼活动的应对方。在一审案件中，v. 之前为原告或者公诉方，之后为被告人；在上诉审中，v. 之前为上诉方，之后为

---

① 威廉·布伦南（William J. Brennan），1906~1997 年，1956 年至 1990 年担任美国联邦最高法院大法官，是有名的民主派。

被上诉方。① 特别需要指出的是，在刑事诉讼活动中，案件一方当事人应该为公权力的代表，因此，往往会出现指代公权力的特定表述，如：指代美国联邦政府的 U.S.；指代某州政府的该州名称，如本案的 Georgia，即"佐治亚州"；还包括依据普通法传统而出现的 The People，即所谓"人民"。除此之外，还可能会出现指代特定联邦机构或者地方各级政府的表述。但这并不是说一旦某案的名称当中出现了上述指代公权力的特定称谓，就一定是刑事案件。在很多行政案件、侵权案件，甚至民事案件当中，都有可能出现指代公权力的特定机构名称。简而言之，刑事案件的名称中一定会出现指代公权力的机构名称，但反之未必。

事实上，对案件名称的表述规则，在不同司法区，规定也不尽相同。以美国联邦最高法院为例，根据《美国联邦最高法院规则》（The Rules of the United States Supreme Court）第 12 条，本案名称中 v. 之前的 Furman，即一名姓弗尔曼的人士，并非本案的原告或者上诉方，而是申请美国联邦最高法院调卷令的申请人，而佐治亚州也因此变成了本案的被申请人。但如果根据的是规定初审审判权的《美国联邦最高法院规则》第 17 条，则弗尔曼属于本案的原告，而佐治亚州属于被告。如果根据的是规定联邦巡回上诉权的《美国联邦最高法院规则》第 17 条，则弗尔曼属于本案的上诉方，而佐治亚州属于被上诉方。虽然看似复杂，但基本上后两种情况出现的概率极低，绝大多数案件，包括本案，都属于美国联邦最高法院行使调卷令审理的案件，因此，在本案中，弗尔曼是申请调卷令一方，而佐治

---

① 联邦法院的判例往往会被纳入《联邦判例汇编》（The Federal Reporter）当中，缩写为 F．，F. 2d，or F. 3d。联邦地区法院的判例编入《联邦判例补充汇编》（The Federal Supplement）当中，缩写为 F. Supp. or F. Supp. 2d。除此之外，还存在诸如"加州索引规范体系"等较为特殊的联邦案例索引规范。除此之外，美国各州也往往都有其各自的判例汇编，限于篇幅，这里不一一列举。值得一提的是，在美国，也并非所有的案件都会被编入判例汇编，大量低级甚至中级法院审结的案件都没有被纳入官方或者非官方的判例汇编当中。导致这一局面出现的原因十分复杂，可能的原因包括美国案件数量十分惊人，且中级以下法院的案件审理往往会被上诉审或者终审法院推翻，故从经济便宜性的角度出发，不宜将未定判例汇编成集。另外，由于法官有权决定是否将其审结的判例公布与否，因此很多法官往往不倾向于将自己不甚满意的"作品"公开。除此之外，政治等因素的加功也导致并非所有，甚至只有少部分判例会被最终汇编发表。对未经发表，或者还未来得及编入判例汇编的案件，可以通过引用该案的法院内部文书编号的方式加以确定。例如，*Furman v. Georgia* 案的法院内部文书编号即为 No. 69-5003。

亚州是被申请方。

在案件名称之后、括号之前①出现的数字与字母"408 U.S.238；92 S. Ct. 2726；33 L. Ed. 2d 346；1972 U. S. LEXIS 169"分别代表着本案的不同索引。换句话说，其实本案可以分别表述为 *Furman v. Georgia*，408 U.S.238（1972）；*Furman v. Georgia*，92 S. Ct. 2726（1972）；*Furman v. Georgia*，33L. Ed. 2d 346（1972）；*Furman v. Georgia*，1972 U. S. LEXIS 169（1972）。在 *Furman v. Georgia*，408 U.S.238（1972）当中，U.S. 代表《美国联邦法院判例汇编》，408 代表本案在汇编当中出现的卷数，而 238 代表本案在汇编中出现的起始页码。这也就意味着可以在《美国联邦最高法院判例汇编》第 408 卷第 238 页，找到本案的全文。同理，*Furman v. Georgia*，92 S. Ct. 2726（1972）所代表的意思大体与之类似，不同的是，S. Ct. 代表的是《联邦最高法院案例汇编》（Supreme Court Reporter）这一非官方判例集，根据上述表述，本案出现在《联邦最高法院案例汇编》第 92 卷第 2726 页。值得一提的是，*Furman v. Georgia*，1972 U. S. LEXIS 169（1972）所表达的含义虽然与上面两种表达方式类似，但自从进入网络时代之后，"律商联讯"已经不再出版纸版案例汇编。因此这种表述方式已经绝迹。在"万律"以及"律商联讯"数据库中，通过上述索引查询判例全文已经成为美国法律界人士的通常做法。利用索引确定案例的好处还在于每个判例的索引号码是唯一的，因此索引查询方式可以避免重名而导致的混淆。

（二）案件事实

一般来说，美国刑法判例当中，最为重要的部分往往被认为是该案的事实，特别是事实的细节部分。这是因为事实是整个法律推理的起点，也是法官判决的出发点。同时，只有在关键事实类似的情况下，特定判例才有被后来案件审理援引的可能。和案件标题不同，案件事实往往并不出现在判决书的最开始部分，而是出现在第一个发表意见的多数派法官的观点当中。例如在"弗尔曼诉佐治亚州案"中，相关事实的介绍就出现在道格

---

① 括号之中代表本案审结的具体年份，例如本案就是在 1972 年被审结。

拉斯大法官的观点当中。①

（三）案件历次审理过程

所谓案件的历次审理过程，存在意义在于为判例设定时间维度，即特定判例在时间上的起点及终点。如果是初审案件，则需要列明原告的诉讼请求，或者公诉方的指控。如果是上诉审刑事案件，则需要列明下级法院对该案的审理结果及审理根据。在"弗尔曼诉佐治亚州案"判决书的起始部分，就出现了下级法院对本案的审理结果的描述："根据佐治亚州法典第 26 条第 1005 款（1969 年 6 月 1 日之前适用），第 69—5003 号案件的申诉人在佐治亚州被判谋杀罪名成立，并被判处死刑。根据佐治亚州法典第 26 条第 1302 款（1969 年 6 月 1 日之前适用），第 69—5030 号案件的申诉人在佐治亚州被判强奸罪名成立，并被判处死刑。根据得克萨斯州刑法典第 1189 条，第 69-5031 号案件的申诉人在得克萨斯州被判强奸罪名成立，并被判处死刑。"②

（四）案件争议问题

之前曾经谈到，案件事实部分是判例的核心。和事实部分具有几乎同等重要地位的是案件的争议问题部分。所谓争议问题，是指争议双方围绕事实③及法律适用当中存在争议的重要问题。通常情况下，廓清案件争议

---

① 黑人弗尔曼在夜间试图闯入一户人家，隔着紧闭的房门，射杀了屋主。案发时，弗尔曼 26 岁，小学六年级毕业。在候审期间，弗尔曼申请对自己进行精神鉴定，佐治亚州中心医院精神科一致认为，"可以认定，该人目前罹患中等程度智力缺陷，并伴生有共济失调症状"。医生认为，"目前病人虽然没有明显的发病症状，但显然无法与律师配合完成庭审准备工作"。同时，医生还坚信"弗尔曼需要接受进一步的入院治疗"。随后，法庭所指派的调查人员报告，虽然弗尔曼罹患中等程度的智力缺陷，并伴生有共济失调，但目前并无发病症状，且能与辩护律师配合完成抗辩的准备工作。参见 *Furman* v. *Georgia*，408 U. S. 238（1972）。

② *Furman* v. *Georgia*，408 U. S. 238（1972）.

③ 只有在一审中才会针对事实存在争议问题。上诉审，包括联邦最高法院调取案卷令等非一审程序，一般为法律审，即并不审查案件的事实部分，再加上能够出现在判例汇编当中的判例一般都为非一审的决审案件，因此，基本上判例当中所谓的"争议问题"属于法律问题。具体而言，绝大多数刑事案件中，上诉方与被上诉方争论的主要法律问题集中在法官对陪审团的法律指导意见是否合法，特别是是否符合宪法的焦点之上。

问题，对迅速理解案情、掌握法官对案件的分析思路与分析过程大有裨益。例如在本案中，美国联邦最高法院开宗明义，在判决书的最开始将整个案件的争议部分讲得十分明确："美国联邦最高法院针对如下问题批准调取案卷令：这些案件中，死刑的适用与执行方式是否违反了宪法第八修正案禁止'残忍且不寻常的刑罚'条款？"① 再如美国联邦第九巡回上诉法院在 2004 年审结的"美利坚合众国诉肖恩·格曼特拉案"② 中开宗明义，"本案所涉问题在于，法官要求被假释的邮件盗窃犯，手持上书'我偷了邮件，这是我的惩罚'的标语，在邮局门口站一天的假释条件是否合法"。

（五）案件审理法律根据

所谓案件审理法律根据，主要是指作为支持或者反对一方当事人观点的法律根据。"弗尔曼诉佐治亚州案"的法律根据也在案件判决书的开头即被明确，"美国联邦最高法院认定，这些案件涉及的死刑适用与执行方式违反了宪法第八修正案禁止'残忍且不寻常的刑罚'条款"。③ 在这一表述当中，美国联邦最高法院依据的法律根据，即为宪法第八修正案中非常著名的禁止"残忍且不寻常的刑罚"条款。其实总的来看，包括各州最高法院在内的各级上诉审或者救济审法院，审理案件的法律根据往往集中于美国联邦宪法，或者依据美国宪法制定的各州宪法当中若干相对固定的条款，这些条款往往与美国宪法第四、第八修正案等所谓"权利法案"条款相关。

（六）案件审理判决根据

所谓案件审理判决根据，是指法院将审理案件的法律根据适用于该案的事实根据的具体过程。乍看起来，案件审理判决根据，即法官得出特定判决结论的分析过程似乎十分重要，因为这种分析过程不仅可以导出特定结论的逻辑结构，而且还可以为后来出现的相关案件提供分析的逻辑范式。但过分关注案件审理判决根据的做法显然有舍本逐末之嫌，并且容易失去焦点。说其舍本逐末，是因为所谓审理判决根据，不过是将案件事实

---

① *Furman v. Georgia*, 408 U. S. 238（1972）.
② *United States v. Shawn Gementera*, 379 F. 3d 596（2004）.
③ *Furman v. Georgia*, 408 U. S. 238（1972）.

与案件审理的法律依据对接的过程，因此，过分执着于案件的分析过程，显然会弱化案件事实及法律根据的存在。说其容易导致研究视角的失焦，是因为法官审理案件的过程并不是在不预设结论的情况下单纯依据事实及法律所进行的法律推理，恰恰相反，法官是在自身法律良知与法律自觉的基础上，在预设结论的前提下进行论证，而其所选择的案件事实与法律适用根据，则完全是用来为上述结论提供正当性根据。

以美国青少年刑事司法发展进程中具有举足轻重地位的"罗普诉西蒙斯案"（*Roper v. Simmons*）① 为例，从法理角度，"罗普诉西蒙斯案"除却为死刑适用对象的年龄明确设定了最低标准之外，还具有如下几个特点。首先，在本案当中，美国联邦最高法院在论证未成年人特殊性时，大量引用了与此相关的自然科学以及社会科学研究成果。② 有鉴于此，肯尼迪大法官对青少年不得该当与成年人相同刑责这一问题做出了三点解释③：其一，有充分的经验证明较之于成年人，青少年在判断力与控制力等方面都有所欠缺，从而往往冲动行事，不计后果④；其二，较之于成年人，青少年更容易受到外界环境的不良影响；其三，较之于成年人，青少年的人格处于过渡与成型阶段。⑤ 从这三点理由出发，美国联邦最高法院在"罗普诉西蒙斯案"中认定，青少年具有相对较低的道德可责性，并且随着年龄的增长，具有很大的改过可能。⑥ 其次，在本案当中，美国联邦最高法院在考察国内各司法区对未成年人死刑的处遇措施之外，还试图通过考察国际相关司法实践，寻找相关的共识。⑦ 美国联邦最高法院发现，大多数国际法、国际专业团体、宗教团体与社会组织都反对判处未成年人死刑。在美国国内，在"罗普诉西蒙斯案"审理之前，也只有 3 个州实际上对青少年适用死刑。特别值得一提的是，即使有判例允许对犯罪时 16 岁或者 17

---

① 　*Roper v. Simmons*，543 U. S. 551（2005）.

② 　*Roper v. Simmons*，543 U. S. 551（2005）.

③ 　参见 Daniel R. Williams，"*Roper v. Simmons* and the Limits of the Adjudicatory Process，" *Mich. St. L. Rev.* 2005（2005）：1127。

④ 　*Roper v. Simmons*，543 U. S. 551（2005）.

⑤ 　*Roper v. Simmons*，543 U. S. 551（2005）.

⑥ 　参见 Ellen Marrus and Irene Merker Rosenberg，"After *Roper v. Simmons*：Keeping Kids out of Adult Criminal Court，" *San Diego L. Rev.* 42（2005）：1151。

⑦ 　*Roper v. Simmons*，543 U. S. 551（2005）.

岁的犯罪人适用死刑，在美国，仍然没有任何一个州通过立法降低死刑的最低适用年龄，相反，有 5 个州的立法提高了死刑适用年龄底线。

由此可见，法官在进行案件分析的过程中，经常能够突破既有分析范式，为了达成特定的结论几乎"不择手段"。从这个意义上来讲，过分关注案件分析过程的做法显然无法成立。

（七）案件审理结果

和之前判例的各个组成部分相比，案件的审理结果相对简明，主要是表述案件最终审理的结果为何，法官倾向于支持哪一方当事人的观点，法官做出裁定的救济措施或者刑罚为何，等等。在本案当中，多数派意见的开始部分也已经非常明确地提出了案件的审理结果，"在这些案件中，法官做出的死刑判决不能成立，全案发回重审"。①

（八）法官附议及反对意见

一般而言，美国刑事案件的上诉审、再审以及救济审，通常由 3 名以上的奇数法官组成合议庭进行审理。因此，一定会存在所谓的多数派意见与少数派意见。前文已经就美国联邦最高法院中著名的 5∶4 规则进行了探讨，这里不再赘述。事实上，除判决分析过程之外，判例的大部分内容都是由代表多数派意见的执笔法官所写。"弗尔曼诉佐治亚州案"的特殊之处在于，美国联邦最高法院的 9 名大法官分别独立撰写了自己的意见。这在刑事司法史上可谓空前绝后。

事实上，绝大多数刑事案件中，持多数派意见的法官大多不会撰写独立的意见，而仅仅就案件的审理结果表示支持。对那些的确发表了自己意见的多数派法官，其所发表的这些意见就被称为附议意见。持反对观点的法官所发表的意见与此类似，即通常情况下由 1 名反对派法官执笔，其他人表示附议。在很多美国学者看来，这样的一种多数派与少数派共生机制对美国司法特别是美国刑事司法体制的健康发展十分重要。"美国法官，特别是高等法院的法官享有的高度尊重和法院在我们的宪法秩序中仍然占

---

① *Furman v. Georgia*, 408 U. S. 238（1972）.

据的中心位置似乎表明，法官完全没必要向外界展现一个统一战线，以使得法律和法院受到高度敬重。在某个程度上，单独意见的一致性或反对意见实际在塑造公众对民法和刑法的态度上起了辨别作用，正如我所说的，它们大约相当地提高了司法系统的地位和信誉。"①

　　在此需要特别厘清的另外一个关键概念是所谓的"法官建议"（A Dictum，或者复数形式的 Dicta）。② 所谓"法官建议"通常指不具有强制约束力，却具有某种有权性的法官观点。虽然此类建议由审理某案的法官在案件审理过程中做出，但因为往往与该案争论的问题无关，因此被认为并不具有法律约束力。也正是因此，很多律师或者法官会十分关注某项观点或者主张属于正式判例法，还是所谓的"法官建议"。这并不是说"法官建议"不重要，在某些案件中，恰恰是不具有必然约束力的"法官建议"扮演了左右案件审理结果的角色。

三　刑事判例的解读与适用

　　英国学者克洛斯提出，作为一种法律制度的表现形式，判例法并非在任何一个国家都可以被随心所欲地加以采用，其运行需要如下几个前提条件。一是严格的法院登记制度；二是及时、准确、全面的判决发布制度；三是树立法官，尤其是较高层级法院法官的绝对权威。③ 很显然，这种对判例制度存在意义的前提追问有其正当性。但是，对判例，尤其是刑事判例的理解，还需要认识到判例与经验之间的密切关系。"遵循先例"可以节省资源，避免法官的一些重复劳动，从而大大提高诉讼效率，这特别容易激发惜时如金的司法者的认同感。

---

① 〔美〕卡尔·卢埃林：《美国判例法制度》，黄列译，《环球法律评论》1989 年第 5 期，第29 页。

② 有人将 Dictum 翻译为"附带意见"。并将其解释为，当美国的法官们在阐述案件的判决理由时，他们很清楚自己不仅是在审理具体案件，而且是在创制法律，因而他们会尽可能清楚地表明该判决对未来案件的影响。参见余高能、代水平《美国判例法的运作机制》，《西安电子科技大学学报》2007 年第 7 期，第 104 页。但是，并非法官在裁判案件时所做的关于法律原则的每一项陈述都属于法庭裁决的范围，其中并非为该案判决所必需的那些陈述，即属于附带意见。

③ 参见郑玺《论美国判例法制度的运行——以历史进程为视角的考察》，载曾宪义主编《法律文化研究》第 5 辑，中国人民大学出版社，2009，第 294 页。

"遵循先例"的精髓乃是相同的情况相同对待，这与人们追求平等的正义感相吻合。有人认为，先例在法律中的效用之所以提高，乃是通过"那种奇妙且几乎是普遍的正义感实现的。这种正义感强烈要求，在相同情形中所有人都应得到同样的对待"。[1] 庞德也曾提出，普通法原则是基于经验的理性原则，而不是包括国王在内的任何个人意志的产物。作为一种法律渊源，普通法遵循先例原则之所以取得成功，主要在于它糅合了确定性与进化力之双重功能。[2] 正是人类行为的同质性与"越轨行为"的例外性，才导致判例制度的实质存在，特别是所谓区别技术在判例识别中的特定作用。[3]

从这一前提出发，对刑事判例制度的研究进路也应该比照司法实践经验[4]展开。"只要有法的地方，都可以在不同形式中和不同程度上看到判例法的迹象。一系列单个的判决自身绝不能构成一个法律体系。但在任何一

---

[1] 饶艾、严玥：《判例法的灵魂——对"遵循先例"原则的再认识》，《广西社会科学》2004年第2期，第93页。

[2] 参见〔美〕罗斯克·庞德《普通法的精神》，唐前宏等译，法律出版社，2001，第129页。

[3] 简而言之，区别技术就是通过认定先例的事实或原则或属性与当前案件不吻合，从而规避适用先例，而转向其他符合公共政策的先例。尽管我们有一大套的理论和技术来指引法官如何寻找和甄别先例，但毕竟判决是一项非此即彼的活动，无论（大陆法系也不例外）法官做了多少推理和论证工作，在其面对诸多先例选择其中一个作为判决根据的一刹那仍然不能避免其判断的专断性。但区别技术存在的必要性体现了语词化治理模式的局限性与人的主观能动性在面对这种局限时所做出的合理反应。因为由暂时非至上性的人类理性建构的语词化和模式化的法律不但无法完全涵盖多样化的现实世界情形，而且也无法回应需要解决的各种问题。在这种范式形式化与对策多样化的张力中，催生了以区别技术来规避先例这一手段，以找到相应的平衡点。总体说来，区别技术可以分为案件事实的区别与案件定性的区别等。（1）案件事实的区别。如前文所述，一份判决书可以分为事实描述、判决理由与附随意见。事实描述即对先例相关事实的叙述性文字。事实上的相似是将先例中推演出的原则适用于当前案例的先决条件。（2）案件定性的区别。对事实描述的甄别是最常规的区别技术的应用。但有时在事实部分相当吻合的情况下，法官仍旧可能根据自己对先例案件性质的理解，认定其不适用于当前案件。因为先例的效力范围不但取决于其判决书中的措辞（包括意见与异议的措辞），而且也与后人对之的解释有关。法官可以通过对先例定性的重新解读，以规避对不当先例的适用。参见樊百乐《普通法视野中的刑事类推与罪刑法定——以美国法为例》，《刑事法评论》2006年第2期，第444页。

[4] 判例法所遵循的原则是认真对待纷繁复杂的事物之间的一切差异性和个别性。其基本的理性不是一种先验的普遍主义的理性，而是经验的个别主义的理性。判例法对差异的事物通过判例做出了不同的归类，同时尽可能地避免以某种"合理性"来整合其他一切相异的事物。在判例法那里，人们可以看到多样的"合理性"，看到"合理性"的相对性。参见谢晖《判例法与经验主义哲学》，《中国法学》2000年第3期，第68页。

个司法制度中，随着从对具体问题的解决中产生行为规则，或迟或早也会从这些案例中引申出法律规范。法律的这一发展过程不问人们的意愿如何，也不顾人们是否去承认它。"①

虽然时至今日，所有这一切仍仅仅是一种实践的技能，一个律师所积累的经验和他颇具见识的"感觉"，仍可以较法学理论为其提供更多的助益。正如卡多佐所说，"如果每一个昔日的案件都可以重新开庭，如果一个人不能在前人铺设的进程的坚实基础上为自己的进程添砖加瓦，法官的劳动就会大大增加，以至无法忍受"。② 尤其是在美国，伟大的"未知"仍起着作用，像律师的技能和法官的个性等。不过，科学，即便不能排除经验和"感觉"，但至少可以向律师和法官提供相当的支持。③

在美国④，判例规则及其效力，和联邦与州两级法院体系⑤相关。在同

① 陈大刚、魏群：《论判例法方法在我国法制建设中的借鉴作用》，《比较法研究》1988 年第 1 期，第 1 页。
② 参见〔美〕本杰明·N. 卡多佐《司法过程的性质》，苏力译，商务印书馆，1998，第 94 页。
③ 参见〔美〕卡尔·卢埃林《美国判例法制度》，黄列译，《环球法律评论》1989 年第 5 期，第 25 页。
④ 从某种意义上说，把美国称作普通法系国家容易使人产生这样一种误解：普通法是其主要的法律渊源或形式。这种误解或许曾经是正确的，但是当今美国的事实却不是这样。从 20 世纪初尤其是 20 世纪 30 年代开始，美国进入所谓成文法时代，出现了成文法的泛滥，各州立法的重心也转向成文法。客观地讲，美国平均一个州的成文法与一个大陆法系国家的平均数量相仿。如果把这个数字再乘以 50，你就会发现成文法在美国是多么的普遍。根据美国宪法的有关规定，各法律渊源在整个法律体系中的位置从高到低大体排列如下：联邦宪法、联邦单行法规、国际条约、联邦法院规则、联邦行政规章、联邦普通法、州宪法、州单行法规、州法院规则、州行政规章、州普通法。参见余高能、代水平《美国判例法的运作机制》，《西安电子科技大学学报》2007 年第 7 期，第 104 页。
⑤ 在美国，联邦与各州同时存在自成一体的法院体系。联邦法院系统有联邦最高法院、联邦巡回上诉法院和联邦地方法院。各州的法院系统相当复杂，大体可分为州最高法院、州上诉法院和州地方法院三类。这种法院体系的双轨制使美国的判例法变得极为复杂，由于不同系统的法院之间不存在严格统一的等级制度，严格的"遵循先例"规则就无法实行，各级法院均有可能推翻"先例"或将其置之一旁。但在事实上，美国的法官基本上还是"遵循先例"的。美国极其明智地借鉴法典化的优点，利用成文宪法来限制"遵循先例"的例外情况，也就是说，无论是联邦法院的法官，还是州法院的法官，在做出背离"先例"的判决时必须以宪法为最终依据，若违反宪法，将会被联邦最高法院撤销。另外，联邦最高法院还拥有对宪法的解释权，这样也就确立了联邦最高法院监督下级法院"遵循先例"的权威性，从而使判例法能在美国以一种不同于英国的特色良好运行。参见董茂云《英美两国判例法之比较》，《政治与法律》1998 年第 1 期，第 76 页。

一系统的法院中，对相类似事实的案件，下级法院必须受上级法院判决拘束①；同级法院间，后判决受前判决拘束。至于不同系统间的法院，其适用"判决拘束原则"，则视其所审理的案件，是联邦问题，还是州的问题而定。②

具体而言，对判例的解读方法与步骤大体上可以被分解为如下步骤。

首先，法官在审理案件时需要分析现有的材料，换句话说，需要确定拟参照的判例体系，然后研究这些判例的具体观点与论证过程。③

---

① 对存在层级管辖的法院而言，下级法院的法官对上级法院做出的生效判决，并不一定要无条件地全然遵守。换句话说，下级法院的法官仅仅需要遵循那些最为契合的判例。所谓"最为契合"是指：（1）判例中解决的法律问题与未决案件的法律问题实质一致；（2）未决案件中法律问题的解决需要沿用之前判例的判决根据；（3）判例中的关键事实也同样出现在未决案件中；（4）未决案件中未出现可能改变适用之前相关判例的关键事实。参见 Marjorie D. Rombauer, *Legal Problem Solving*: *Analysis*, *Research and Writing*（Eagan: West Publishing Co., 1978）：22-23。

② 潘维大等编《英美法导读》，法律出版社，2000，第57页。

③ 可以按照时间顺序，撷取过去40年间美国联邦最高法院对死刑问题的相关判决，从中体会判例体系，或者我们所说的"普通法的自然生长"这一理念。

（1）*Witherspoon v. Illinois*, 391 U. S. 510（1968）.

死刑案件的陪审员，必须同意在必要情况下适用死刑。

（2）*Furman v. Georgia*, 408 U. S. 238（1972）.

死刑的适用违宪。

（3）*Gregg v. Georgia*, 428 U. S. 153（1976）.

死刑本身合宪。

（4）*Woodson v. North Carolina*, 428 U. S. 280（1976）.

将死刑作为强制适用而非选择适用的法定刑，违反宪法第八及第十四修正案。

（5）*Coker v. Georgia*, 433 U. S. 584（1977）.

对强奸成年女性的罪犯适用死刑违反宪法第八修正案。

（6）*Lockett v. Ohio*, 438 U. S. 586（1978）.

设定死刑的成文法，必须同时允许陪审团考察有关减轻情节的相关证据，从而最终判定是否适用死刑。

（7）*Enmund v. Florida*, 458 U. S. 782（1982）.

对没有杀人故意的被告人适用死刑违反宪法第八修正案。

（8）*Ford v. Wainwright*, 477 U. S. 399（1986）.

对精神异常、无法理解死刑执行意义或原因者适用死刑，违反宪法第八修正案。

（9）*Batson v. Kentucky*, 476 U. S. 79（1986）.

遴选陪审员过程中单纯依据种族将某人排除的做法，违反宪法。

（10）*McCleskey v. Kemp*, 481 U. S. 279（1987）.

证明死刑适用存在种族差异的相关统计数字，无法用来证明个案中对某个被告人执行死刑违反宪法第八及第十四修正案。

（转下页注）

其次，对判例与未决案件的关键事实加以对比①，并仔细考察所谓"预料中的"和"出乎预料的"的事实要素。② 这其实反映的是一种普世的常识，甚至连中国最高司法机关也承认，如果日后发生的案件所具有的事实与早期案件中所呈现的那些事实相同，那么一般来讲，对日后发生的案件的裁定就应当同对该早期案件的裁定相一致，只要这两个案例都受构成该早期判例之基础的公共政策原则或正义原则的支配。③

最后，对比本案与所比照判例的法律适用结果，从而维护法律体系的完整，促进公众对判决的接受。④

（接上页注③）（11）*Thompson v. Oklahoma*，487 U. S. 815（1988）.

　　对犯罪时不满 16 岁的被告人执行死刑违反宪法第八修正案。

　　（12）*Penry v. Lynaugh*，492 U. S. 302（1989）.

　　对智障者适用死刑并不违宪，然而得克萨斯州相关成文法并未充分允许陪审员适用死刑时将智障作为减轻情节。

　　（13）*Stanford v. Kentucky*，492 U. S. 361（1989）.

　　宪法并不禁止对犯罪时已满 16 岁或 17 岁的被告人执行死刑。

　　（14）*Herrera v. Collins*，506 U. S. 390（1993）.

　　被告人主张自己实际无罪的，不足以确保其一定获得联邦人身保护令。

　　（15）*Atkins v. Virginia*，536 U. S. 304（2002）.

　　对智障者执行死刑违反宪法第八修正案。

　　（16）*Wiggins v. Smith*，539 U. S. 510（2003）.

　　宪法第六修正案要求辩护律师在死刑案件中对减轻情节进行调查。

　　（17）*Roper v. Simmons*，543 U. S. 551（2005）.

　　宪法禁止对犯罪时不满 18 岁的被告人执行死刑。

　　（18）*Baze v. Rees*，553 U. S. 35（2008）.

　　肯塔基州 3 针致死的注射执行死刑方式不属于宪法第八修正案禁止的"残忍且不寻常的刑罚"。

　　（19）*Kennedy v. Louisiana*，554 U. S. 407（2008）.

　　路易斯安那州一项对强奸儿童但受害人未死的犯罪人适用死刑的成文法违宪。

① 区别技术源于判例法推理过程中为了摆脱旧的先例对手头案件的适用，而力图在这前后两个案情非常类似的案件中找到不同点的做法，它是判例法推翻先例约束力或者发展先例的重要方法。司法过程中可供判例法法官区别的内容十分丰富，常见的包括区别事实问题和法律问题、重要的事实和不重要的事实等。参见李红海《判例法中的区别技术与我国的司法实践》，《清华法学》2005 年第 2 期，第 196 页。

② 参见〔美〕卡尔·卢埃林《美国判例法制度》，黄列译，《环球法律评论》1989 年第 5 期，第 25 页。

③ 《最高人民法院关于司法解释工作的若干规定》第 4 条。

④ 参见李安《归纳法在判例主义法律推理中的有效性与论证》，《法律科学》2007 年第 2 期，第 40 页。

判例之所以为法，是以其在判决理由部分中所宣示的法律准则为基准的。这也是其优于成文法之处①，不是抽象、简单的条文，而是有周密的法律推理和有力的论证、阐释、引申，或发现了新的法律原则、理念，使后之遵循者有法理为据，以之推理适用于类似的个案。如果将"类推"（Analogy）② 视为独立的一种推理模型，它既不同于从部分到整体的推理，也不同于从整体到部分的推理，实际上是在两个具体情况都从属于同一项并且其中一个具体情况已知的条件下从部分到部分的推理。③ 判例的法律推理包括类比推理、归纳推理与演绎推理，三者在判例中并非以直线排列的。它们以对待审案件的分析为工作始点，以对待审案件的判决为工作终点。其间经过先例的寻找、规则的归纳与规则的演绎等过程。而先例与待审判例之间的类比起到首尾衔接的作用。④

① 普通法法律推理与大陆法法律推理一个最为基本的区别就是二者使用的形式依据有很大的不同。在问适用的法律是什么时，大陆法要在制定法中寻找法条作为确定本案适用法律规则的依据，而普通法则主要在先例中寻找"法律准则"（Doctrine）作为确定本案适用法律规则的依据。在本案适用的法律规则整体上没有争议的情况下，如果对该法律规则的一个"要素"（Element）存在争议而使得案件的争论焦点由确定适用法律规则转化为确定该法律规则某个要素的子问题或孙问题，寻找子问题或孙问题的答案也主要需要求助于先例。在法律适用时，如何将案件事实涵摄入法律规则的构成要件中，在先例中寻求帮助和线索也是法官要做的工作。普通法方法中为了回答法律问题，要使用到多种推理依据，其中最重要的两种依据是形式性依据和实质性依据。形式性依据是具有权威形式的推理依据，代表为制定法和案例，还包括学者的论述、评论、法律汇编、重述等内容。其中有法律拘束力的制定法和案例是最有力的形式性依据。实质性依据不具有权威形式，而是凭借其内容的内在逻辑而获得说服力的推理依据，主要包括道德依据和政策目标依据两大类。普通法法官推理中，形式性依据的重要性是首位的，实质性依据起到辅助的作用，只有存在法律不周全的情况下，实质性依据才能成为首要推理依据。参见贾海龙《普通法中的两类主要推理依据》，《华南理工大学学报》（社会科学版）2011年第5期，第40页。

② 英语中的推理与类推，基本上都可适用 Analogy 一词表示，一些美国学者将二者作为同一种推理方式即普通法的遵循先例这一推理方式进行讨论。但这并不意味着英美的法学家不重视演绎推理的探讨。相关讨论参见〔英〕尼尔·麦考密克《法律推理与法律理论》，姜峰译，法律出版社，2005，其中第2章讨论的是演绎性证明，而第3章则讨论演绎推理前提及其局限。这被我国一些研究者视为显著区别于我国法学理论中传统类推与演绎推理的界限。参见樊百乐《普通法视野中的刑事类推与罪刑法定——以美国法为例》，载陈兴良主编《刑事法评论》第19卷，北京大学出版社，2006，第442页。

③ 参见〔美〕艾德华·H. 列维《法律推理引论》，庄重译，中国政法大学出版社，2002，第128页。

④ 参见李安《归纳法在判例主义法律推理中的有效性与论证》，《法律科学》2007年第2期，第40页。

另外，在研究美国刑法当中判例的时候，还需要注意如下几点。

首先，不能将某一案件的判决结果独立出来作为所谓判例，不加限制语境地普遍适用。事实上，一条确定的判例法规则常常要有一系列的相关案例作为基础。因为某一判例当中包括的判决依据在最初只是一条法律规则的雏形，确立这条依据的第一个案件要被以后不同的案件多次考量和运用以后，一条完整、清晰的依据才能最终确定。① 因此，任何将某个案件单独加以适用的做法都有可能将其剥离应加以考虑的语境，从而导致以偏概全的风险。需要强调的是，所谓"遵循先例"规则。这一点在法官解读法律、论证自己的判决时较为常见。简单来说，法官援引不援引判例，援引哪一个判例，以及判例的哪个部分，并不是随意为之，但也绝不是循规蹈矩地照本宣科。所谓不能随意为之，是指根据不同司法区各级法院的层级关系，美国法官面临的是近乎海量的具有"约束力"（Binding），或者仅仅具有"说服力"（Persuasive）的已决案例，而区分乃至找到和本案相关的判例，在没有电子数据库之前，是非常考验律师实力与经验的。但在数据库出现之后，律师可以使用数据库提供的相关检索功能，轻而易举地完成上述案件的检索，同时该数据库还能提供一系列附加功能，如该案例是否已被推翻，是否被其他后续案例作为"判例"引用等，十分强大。

其次，即使能够通过预设语境的方式把特定案例作为判例固定下来，仍然需要解决很多棘手的问题。其中，较为突出的是区分"说明性的"和"有拘束力的"这两种判例，以及区分具有多个法律问题或者针对一个法律问题存在不同根据的情况。对后者，正如有学者指出的那样，一个不服事实审法院判决的上诉案件，须举出该判决三条明显错误作为要求撤销判决的理由。很显然，如果上诉法院维持原判，它就是认为这三条理由的每一条都不充分，因为拒绝接受每一条理由都是维持原判所必需的。但是，假定上诉法院撤销了原判，宣布第一、二条理由充足而第三条理由不充足，那么该上诉法院认定的究竟是关于第一、二条理由的什么，它裁定的是哪些事情？既然这两条理由中任何一条都不需要另一条就足以撤销原

---

① 参见肖永平《论英美法系国家判例法的查明和适用》，《中国法学》2006 年第 5 期，第 115 页。

判，那么就可以争辩说，这两条中任何一条都不是判决所必需的，因此不存在判决理由，整个意见都是法官的附带意见。但这些论点的每一点都有争议并且在法庭上进行辩论，将要求事实审法院根据向它提出的任何再审要求去评论这两个方面。既然没有一条理由是判决的唯一理由，通常就把每一条都当作可选择的或"多腿的"判决理由。①

最后，目前国内美国刑法研究中，虽然很少出现针对判例的实证研究，但一般来说，这些研究当中的判例规则表现于其形式部分者甚少，而主要表现在其实质部分。② 这种做法其实忽视了判例法中最为重要的部分，亦即案件的具体事实这一"形式部分"，而事实部分又是框定案件语境的基本要素。因此，在对美国刑法具体案例的实证研究过程中，需要对案件的事实部分加以厘定与说明。

总的来说，不是判例，而是隐藏于其后或超越于其上的某种东西赋予了判例以权威性和效力。一个已决案例，如果未被引用，或者遭到反对或否定，就不是判例。已决案例所具有的法律效力，在于其所体现的社会一般价值或所谓习惯实在性。一项判决，只有其中的判决理由部分才具有先例的效力，以后的司法实践中，法院只受被确认为先例的判决理由的约束。如果后来的法院愿意受特殊的法律建议约束，它将把法律建议视为判决理由；否则，法院可以将法律建议的全部或部分解释为随附说明，而不予执行。③ 法官选取、适用之前判例的活动与其说是尊重先例，倒不如说是在为自己的决定寻找根据，从而导致相关选择具有明显的价值与功利取向，也具有高度的反复性与不确定性。

第五节　小结

基于上述话语背景，在研究美国刑法基本概念范畴的过程中，应以案

①　参见〔美〕E. 阿伦·法恩斯沃思《美国的判例法》，陶正华译，《环球法律评论》1985年第6期，第62页。

②　谢晖：《论判例规则——兼论法官判案的创造》，《金陵法律评论》2002年第2期，第5页。

③　参见杨磊《英美刑法中的遵循先例原则述评》，《中国刑事法杂志》2005年第5期，第90页。

例解读为视角，对个案中涉及的刑法问题，按照一定的逻辑脉络加以梳理，从中寻找其发展演变的基本规律。同时，为了帮助中国读者更为全面、深入地认识、了解、把握美国刑法，特别是那些鲜活的判例，本书将针对美国刑法各重要部分及相关的重要问题，尽量将相关经典判例作为注释予以介绍，判例内容尽可能地包纳"案件标题""案件事实""案件历次审理过程""案件争议问题""案件审理法律根据""案件审理判决根据""案件审理结果""法官附议及反对意见"等组成部分，从而以一种较为原始的样态，展现实证法视角下美国刑法鲜活的一面。

第三章
美国刑事成文法的结构与解构

从形式上来看，当今美国刑法，基本体现为制定法。①

"现在，美国几乎每一个州都有一部刑法典作为主要的刑法渊源，法院解释该法典，但是一般无权创制新罪或者变更既存犯罪的定义。"② 这里所谓的"刑法典"，大体上应指包括其在该州法典中的特定部分。但不容否认，美国法也已进入了成文法时代。③ 在经历了成文法化过程之后，美国法的主体已经不再是所谓判例法，相反，成文法业已成为美国法的主导性法源。④ 导致这一局面出现的根本原因在于，判例在本质上具有不确定性。基于这种属性，判例法随着社会的进步而不断发展。判例法的这种张力或者弹性，一直被认为是其巨大的优势之一，但这一优势从罪刑法定原则来看，也存在致命缺陷。特别是普通法"法官造法"的属性，经常被诟

---

① 我国有学者认为，"尽管近年来在美国制定法的数量之多，给人的印象更是制定法似乎已经压倒了判例法。但一个不容否认的事实是，判例法仍然是美国的重要法律渊源"。参见王瑞君《美国的刑法解释及其启示》，《甘肃政法学院学报》2008 年第 4 期，第 85 页。但仔细考察其论证依据，显然其混淆了与法律的法律效力相关的法源，与作为成文法解读过程中有效参考的判例这一解释源。故不足取。

② 〔美〕波尔·H. 罗宾逊《美国刑法的结构概要》（下），何秉松、王桂萍译，《政法论坛（中国政法大学学报）》2005 年第 3 期，第 99 页。

③ 参见 Edward J. Imwinkelried, "A More Modest Proposal than a Common Law for the Age of Statutes: Greater Reliance in Statutory Interpretation on the Concept of Interpretative Intention," *Alb. L. Rev.* 68 (2005): 675。

④ "在过去的 50 年当中，成文法在很大程度上取代了普通法，开始在大多数法律领域内作为主导原则，而日益增加的立法活动也将更多的法律问题带进了司法领域。"参见 Patricia M. Wald, "The Sizzling Sleeper: The Use of Legislative History in Construing Statutes in the 1988–89 Term of the United States Supreme Court," *Am. U. L. Rev.* 39 (1990): 236。

病为违反合法性原则。① 因此，目前，美国大多数司法区都已废除了普通法犯罪，或者明确规定法无明文规定不为罪这一合法性原则。② 因此，在美国，成文法解读代表了一个重要的法学领域，并已成为法官的日常工作。

第一节 美国刑事成文法的文本与解读

从单纯理论研究的层面来看，对前提的追溯是无穷尽的。如果对此不加以控制，这种追溯将会沦为单纯的逻辑游戏，毫无意义。因此，从现实分析的层面，需要将待分析问题的直接前提加以固定，从而将分析范围限制在可控范围之内，为理论对话营造稳定的共同基础。

对前提的固化与营建，对刑法研究而言尤为重要。这是因为刑法概念范畴，是通过特定语言所表述的，天生就是模糊的。从根本意义上来说，对用语言承载的法律概念范畴，永远不能达到纯粹的还原和理解。唯一具有可行性的工作，是在能够控制的范围内，从研究目的出发，确定剥离这一模糊概念的程度和范围，从而对其做相对确定的认识与表述。可以说，只能在不断剥离的过程中，对刑法中的关键概念得出相对确定的结论。在这个过程当中，必须面对的就是厘定剥离的客体或者对象、剥离的工具以及剥离的程度等要素，并且在这些要素的共同作用下得出对刑法概念原貌的近似还原。

一 前提：语言与解读的特质

英语，作为美国在刑事立法、司法过程当中所使用的语言，首先是作为美国全民话语的组成部分存在的。语言是证明文化归属感的重要符号，从这个角度不难理解为什么在同一文化背景下，某些亚文化团体，如黑社

---

① 在"利普拉特诉美利坚合众国案"（*Liparota v. United States*）中，美国联邦最高法院提出了一个基本准则：立法机构有权通过立法规定犯罪，特别是联邦犯罪，而刑事犯罪应该全部是成文法建构的结果。在"美利坚合众国诉拉尼尔案"（*United States v. Lanier*）中，美国联邦最高法院明确地提出：国会，而不是法院，才有权规制联邦犯罪。参见 Ben Rosenberg，"The Growth of Federal Criminal Common Law，" *Am. J. Crim. L.* 29（2002）：193。

② 参见 Paul H. Robinson，"Fair Notice and Fair Adjudication：Two Kinds of Legality，" *U. Pa. L. Rev.* 154（2005）：335。

会等，会使用特定的俚语或黑话，这样做的目的，同样是为了界定身份与强化归属感。同时，语言从本质上是模糊的。[1] 语言上的模糊，是指语言本身所固有的不分明、不清楚、不大确定。其实语言的模糊和准确，是一对对立统一的概念，即准确中存在着模糊，而模糊中又反映出了一定程度上的准确。

具体到美国刑事司法活动，一方面其中涉及美国社会的方方面面，市井俚语与晦涩双关十分常见；另一方面，因为刑法中专业概念较多，如大量使用法语及拉丁语表示关键概念范畴，同时，受到普通法语境的影响，美国刑法中大量关键概念范畴的表述都较为晦涩，难以理解。例如，有学者在《美国刑法典》（United States Criminal Code）（草案）中发现描述"犯意"的概念居然有 79 个之多。[2]

（一）"模糊性"（Ambiguity）v. "含混性"（Vagueness）

概念范畴或者概念，都是被赋予了一定的意义，这样的意义也是建立在无限递进的前提假设基础之上的。例如，当两个人在讨论关于季节以及年岁的话题的时候，对年的定义其实就潜在地推定其在长度上等同于"格里高利历"（Gregorian Calendar）[3] 立法规定的一年。如果需要的话，还可以进一步地定义格里高利历体系当中的"年"为 365 又 1/4 天。而"天"的意义是根据小时、分钟、秒钟等单位计算的。这些单位都是词与词之间

---

[1] 例如，绵密的监狱黑话体系有助于流言的蔓延，更有助于区分不同社会地位、界定他人的身份。监狱之中已经发展出可以精密界定囚犯之间关系的黑话暗语。例如，某些黑话词语——Rapo，Lame，Cho mo，分别指代"强暴犯"、"傻逼"以及"儿童色情狂"，具有强烈的指向性意涵，因为其指代最为人所不齿的罪犯。一名在圣昆汀监狱服刑的囚犯，在假释前两天，因为遭人污蔑而参与了殴斗。对此，他这样解释，"我本来在下周一就可以获得假释。为了避免这场斗殴，我做了我能做的一切。我做了我能做的一切。但是如果号子里有人说了特定的话——"烂货"（Punk）、婊子、傻叉，诸如此类，则意味着战争不可避免"。监狱黑话中的特定词语传递的意义极其明确，一旦对某人使用，就意味着要将其纳入特定类型的囚犯之中。参见〔美〕大卫·斯卡贝克《黑帮的逻辑：帮派治理美国监狱秘辛》，李立丰译，中国政法大学出版社，2016，第 36 页。

[2] 马庆林：《法律语言学、法律语言——兼谈法律英语的特点》，《西安外国语学院学报》2003 年第 3 期，第 13 页。

[3] "格里高利历"（Gregorian Calendar），即我们现在所说的公元，或所谓公历，因为在 1582 年由时任罗马教皇的格里高利十三世批准颁行而获此名，虽然这一立法最早时具有浓厚的宗教色彩，却较为准确可靠，因此被全球广泛承认并使用，一直延续至今。

的连接，而不是词和事物之间的连接。① 而且，这种概念含义，都是被假设或者被推定的。因为缺乏最终可供衡量的绝对刻度，因此概念从本质上都具有"不确定性"（Indeterminacy）②。在美国刑法的语言体系当中，所

---

① 参见 Margaret J. Radin，"Reconsidering the Rule of Law,"*B. U. L. Rev.* 69（1989）：334。

② 美国学者认为，法律中大多数不确定相关理论，都可以追溯到哲学家维特根斯坦（Ludwig Wittgenstein）。他认为法律的合法性和确定性极度存疑。在其看来，任何法律规则的适用，既存在一致性，也无法代表整个社会群体，而只代表了司法精英的利益。无论我们将以维特根斯坦为代表的不确定主义解释为实用主义、怀疑论或旨在厘清伪哲学问题的非怀疑论，都必须承认：首先，维特根斯坦的主要观点是，字意既不是一种内在的纯理论或者纯自然的概念，也不是对世界当中相关事物的简单反映，更不是话语者的意图或者想象，而是一种在特定语境下的特定群体的实践。法律语言的共同特征是，其存在于特定的原则范围之内，而不是在学者的心中。因此，如果要弄清楚"严格审查标准"（Strict Scrutiny）的意义，就必须研读大量的宪法判例，从而明确法院在特定案件的多维事实语境下究竟做何选择判断。虽然也可以查阅《布莱克法律词典》，找到特定词语的规范含义或同义词列表，但这不会帮助你弄清楚法律"严格审查标准"的真正含义。这意味着，法律和其在法情境当中的运用有关。如此一来，需要区分的一点是，普通人对于法律可预测性的把握，以及学者对法律本身，而非其使用结果的不确定性的关注。同时，维特根斯坦的不确定性，建构在语言存在精确性的前提下，但这就脱离了刚才提到的，必须在语境下考察法律语言含义的做法。很多学者因此认为特定情况下用来明确不确定性的解释，不会必然引发某种理想情况下的完美明确性，只能导致解释的无限往复。因此，在某些领域加以明晰的需要不能代表总体上明确的需要，其也不能表明一种系统性的失败。实际上，认为不确定性削弱了法律的正当性，从而将其作为概括问题加以讨论的做法，是错误的。在某些情况下，法律的不确定性，正是保证法律正当性的必要条件。参见 Linda Ross Meyer，"When Reasonable Minds Differ"，*N. Y. U. L. Rev.* 71（1996）：1467。但也有其他美国学者提出，维特根斯坦将哲学的思考转向研究本质的、非基本的、互动的语言使用。其假设了这样一种情况，某人做出了基本的命令，而另外的人对此予以遵守。两个人一个说，一个做，并因此产生了所谓的语言游戏。人类使用语言来完成特定的任务。例如，拿公平这个词来说，在幼儿园儿童玩球或者做其他游戏，难免其中的一个会抱怨另一个没有分享，所以是不公平的。而不公平的指控可以使得儿童非常迅速地学会保护自己的利益。不分享是一种作为适例的不公正。儿童学会用这种语言游戏来保护自己，批评别人。通过这种参照性的语言游戏，我希望从维特根斯坦的观点中学会两点重要的方法论。首先，除非你能够加以证明，否则不要假设任何抽象的实体的存在。哲学调查的方式用来讥讽这样的观点：在你说红的时候，你必须在心中指代一抹红色，否则你就不能正确地使用这个词。而检验我是否正确地使用这个词，也就是说，我是否理解了这个词的意义，依赖于我是否正确地使用了这个词，而不需要制造出一个实体来使得我对语言的使用变得有意义。其次，语言是一种不能化减的社会现象。这一点非常关键，有的时候被表达为维特根斯坦对私的语言的拒绝。语言是通过一个互动过程来加以学习的，在这个过程当中，和你交流的人会在你将一只狮子称为老虎的时候对你加以纠正。效仿和纠正是语言获得的内在功能。令人惊奇的事实就是所有的母语使用者都可以正确使用语言，即使有的时候这些人在没有　（转下页注）

谓的不确定包括"模糊性"、"可争议性"（Contestability）以及"含混性"。针对这个问题，还有学者认为"不确定性所包括的是模糊性、含混性，以及概括性"。①

"模糊性"② 所指称的是用语的多义性，即对其可以做出多种解释。模糊性不同于含混性的理由在于，因模糊性产生的不确定性，足以导致读者进行其他的可能解读，而含混性伴生的不确定性，使得读者出现认知程度上的困难。根据美国学者的概括，模糊性可以分为如下三种："第一种是'语义学的模糊性'（Semantic Ambiguity），在这种情况下一个词可能出现多个可能的含义。第二种是'句法上的模糊性'（Syntactic Ambiguity），其在特定的方式之内具有修正或者参照的不确定性。第三种是上下文的模糊性，是指一种说法受到与其不一致的说法的影响的不确定性。"③

模糊性产生的原因在于，概念在不同层级具有不同意义。如果某一概念的意义在横向或者纵向上具有不同层级含义的话，那么其就是模糊的。

（接上页注②）受到纠正的情况下发展出自己的语言。语言学上的巨大转变，就是从个人对抗世界的这种思想转换到将语言作为人与人之间的社会互动来加以理解。法律，和语言一样，也是不可以化减的社会现象。我们发展法律文化的目的就是和别人和谐相处，但这是我认为法律和语言的相似性结束的地方。语义学不能帮助我们理解法律真理的本质，因为语义和真理彼此并不相关。而对真理的探求推定我们能够理解不同观点的语义，否则我们不知道如何判断何谓真理。参见 George P. Fletcher, "What Law Is Like," *SmuL. Rev.* 50（1997）：1599。

① Matthew T. Fricker and Kelly Gilchrist, "United States v. Nofziger and the Revision of 18 U. S. C. § 207：The Need for a New Approach to the Mens Rea Requirements of Federal Criminal Law", *Notre Dame L. Rev.* 65（1990）：323.

② 模糊性可以说是英语的一个特性，例如，英语单词"blue"既可以表示蓝色，也可以用来表示心情上的忧郁。经常被举的例子就是"Her smile was happy and her eyes were blue"，这样的表述从字面上翻译就可以得到两种不同的结论，一种是她笑得很幸福而其眼睛是蓝色的，或者说她笑得很幸福而其眼神却又十分忧郁。因为模糊性是最为简单也最为典型的语言特征，因此对模糊性的解决通常不是很困难，仅仅需要进一步地追问，你说的 blue 指的是颜色还是心情，就足够了。Matthew T. Fricker and Kelly Gilchrist, "*United States v. Nofziger* and the Revision of 18 U. S. C. § 207：The Need for a New Approach to the Mens Rea Requirements of Federal Criminal Law," *Notre Dame L. Rev.* 65（1990）：323.

③ Matthew T. Fricker and Kelly Gilchrist, "*United States* v. *Nofziger* and the Revision of 18 U. S. C. § 207：The Need for a New Approach to the Mens Rea Requirements of Federal Criminal Law," *Notre Dame L. Rev.* 65（1990）：323.

有学者针对这样的两种情况进行了精辟的分析，就前者，其举例，某人的房屋租约当中规定"本建筑物当中禁止饲养除猫（猫科动物）和狗之外的其他动物"（Animals are prohibited on the premises except cats and dogs），作为例外规定的"cats"，可以有纵向不同层级的解释，即种属概念的"猫科动物"和"抓老鼠的小猫"。而就因为纵向模糊性，他认为较为典型的适例就是所谓的"经济效率"。因为经济学家发展出来的理论十分精妙，而其所处理的问题多有重叠，以至于发现"效率"可以被用来指称财富的最大化，或者说有用性的最大化，或者公共政策的最大化，等等。①

由此可见，因为语言意义设定的前提不同，某一概念自身具有模糊性似乎不可避免。除了设定某一概念仅仅具有单一的含义之外，对其他的概念，都应该承认其意义的模糊性。因为在大多数模糊性的情况下，看起来较为复杂的情况，可以通过考证其所处的不同随附情状来加以明确。

如果说模糊性是相对正常且不可避免的话，那么语言的含混性的处境，就远没有如此乐观了。美国刑法当中非常著名的一个原则就是"因含混而无效"（Void for Vagueness）。相对而言，含混性针对的不是某个概念范畴或者概念，而是针对整个，起码是部分的法律规定。其也不单独作为问题出现，而是往往伴随针对美国刑事成文法的解读而出现，和其直接相关的是与大陆法系国家较为熟悉的"罪刑法定原则"具有实质类似性的"合法性原则"（The Principle of Legality）。含混性所指的是独立于名词多义的谬误，语言在适用于某些特定情况的时候的不确定的程度。详细来说，含混性所指称的是读者不能确定概念意义的边界，即虽然对特定概念的含义，大致可以确定其范围，但是无法确定其明确的边界。抽象来说，如果概念所指对象或者客体并不确定，或者为数众多，因此导致解读者无法明确其解读范围或者解读对象，那么这一概念对解读者来说就是含混的。但与此不同，针对存在模糊性的概念，认知主体往往可以通过进一步的考究，明确这一概念在具体语境中的含义。

---

① 参见 Jeremy Waldron, "Void for Vagueness: Vagueness in Law and Language: Some Philosophical Issues," *Calif. L. Rev.* 82（1994）：111。

美国标榜自由民主的统治传统，因此，所谓"合法性原则"，亦即所谓罪刑法定原则，特别是刑法对守法民众的事先警告，就显得尤为重要。事实上，没有事先警告就适用刑罚的做法，缺乏合法性、正当性。刑罚适用的根据需要十分详尽。所谓合法性、模糊性和严格解释①等概念或者原则，共同的主旨在于防止司法不公与司法擅断。② 在缺乏事先立法的情况下，由法官立法，通过司法创造犯罪是不正当的，这违反了法不溯及既往这一基本原则。与此类似，如果刑事成文法十分含混，就会因为缺乏明确的指引而应予摒弃。但如果刑事成文法的内容并不含混，只是模糊，就需要解读者通过采用严格解释原则，将法律的含义限制在其能够被预见的范围之内。③

---

① 美国刑法解释中的严格解释原则，又被称为"从宽解释规则"（Rule of Lenity），一般是指在解释刑法时，如果遇到含糊不清的情形，法官应当采取有利于被告人的解释。其自1820 年首次在美国刑事司法中得到正式运用，已历经了约 200 年的历史。虽然目前在美国刑法解释中，严格解释原则的地位有所下降，并且遭遇了部分学者主张废止的争议，但其仍被美国联邦法院和州法院普遍认为是解释刑法需要遵循的公认原则之一。在"美利坚合众国诉威特博格案"（*United States v. Wiltberger*）中，时任联邦最高法院大法官的马歇尔首次提出："刑事法应当被严格解释，这恐怕与刑法解释的历史一样悠久。严格解释建立在法律对个人权利保护的柔性基础上，这是基于最为朴素的原则，即设定刑罚的权力在于立法者，而不是司法部门。"自马歇尔主张严格解释原则是为了保护立法权和公民权利之后，美国学者和法官进一步加强和完善了其合理性的阐释，指出严格解释原则存在的合理性主要有三个方面：首先，公正的警告，即"法律打算做什么"；其次，三权分立，认为只有立法机构是唯一合法的刑法立法机构；最后，法治，这意味着严格解释原则可以降低检察权滥用的可能性，鼓励更明确的立法限制政府权力行使中的专断，以此促进法治。参见黄何《美国刑法解释中的从宽解释规则及其启示》，《湖北社会科学》2018 年第 3 期，第 159 页。

② 美国刑法的以下阐释原则首先从消极的方面规定了禁止类推的内容。（1）如果一个罪名详细规定了犯罪要件，法院只能按照这些要件来理解和适用法律。（2）根据"明定此一事物意味着排除另一事物"（Experssio Uniusest Exelusio Aleirus）这一法律解释格言，如果一项刑事法律明确地列举了某个原则的几种例外情况，这就意味着不包括其他未列举的例外情况。（3）根据"只含同类"（Ejusdem Genierc）这一法律解释格言，如果一项刑事法律在列举了几种情况之后跟随着一个总括词语，如"以及诸如此类"，那就意味着只限于包括未列举的同类情况，而不包括不同类情况。除了上述消极解释原则，普通法还通过以下各种司法技术避免和排斥类推，遵循形式逻辑。转引自樊百乐《普通法视野中的刑事类推与罪刑法定——以美国法为例》，载陈兴良主编《刑事法评论》第 19 卷，北京大学出版社，2006，第 444 页。

③ 参见 John Calvin Jeffries, Jr. "Legality, Vagueness, and the Construction of Penal Statutes," *Va. L. Rev.* 71（1985）：156。

（二）"解读"（Interpretation）和"法律推理"（Reasoning）之分野

在哲学话语当中，"解读"这一概念肇始于亚里士多德，后来托马斯·阿奎那①进一步提出，一方面，人类智慧在预见未来方面存在缺陷，另一方面，因为世界在变，相对稳定的成文法必须在保持形式稳定的同时不断调整，以期满足现实需要。② 再后来，伟大的英国法典化运动倡导者边沁进一步丰富了"解读"这一概念。③

这种哲学反思也在美国法当中找到了立足之地。在美国刑事司法过程当中，对刑事成文法的解读无时无刻不在进行，可以说，解读刑事成文法俨然成为理解美国刑法的首要媒介和手段，其重要意义不言而喻。然而，在美国刑事成文法的解读中，"没有统一的模式，也就是说在方法论问题上，并没形成一致的意见"。④ 这说明，有必要就解读刑法时所涉及的若干技术性问题加以明确。在美国刑法的语境当中，"解读，是附属于法律推理的一种相对独立活动，而不是法律推理的同义词"。⑤ 或许十分令人震惊的是，相对法律推理，更为基础的解读却一直被法官和学者所滥用。长期以来，美国刑事司法的有权主体，即法官和检察官，以及无权主体，如学者，在解读刑法时，大多缺乏明确的指导性原则，解读方法十分混乱，方法往往仅仅被认为属于一种服从于法院便宜性考量的工具。因此，解读往往被简单地等同于法律推理，甚至否认存在独立意义的法律解读。

---

① 托马斯·阿奎那（Thomas Aquinas），约 1225~1274 年，中世纪经院哲学的哲学家、神学家，自然神学最早的提倡者之一，是基督教神学和神权政治理论权威、经院哲学的集大成者。

② 转引自 Edward J. Imwinkelried，"A More Modest Proposal Than a Common Law for the Age of Statutes：Greater Reliance in Statutory Interpretation on the Concept of Interpretative Intention," *Alb. L. Rev.* 68（2005）：432。

③ 边沁为人类的短视而痛心疾首，同时认为，如果要弥补这样一种缺陷，就必须拓展人在解决未来不确定性方面的能力。参见 Thomas A. Mauet，*Trial Techniques*（New York：Aspen Publishers，2002）：486。

④ Richard T. Bowser，"A Matter of Interpretation：Federal Court and the Law," *Campbell L. Rev.* 19（1997）：663.

⑤ Michael S. Moore，"A Natural Law Theory of Interpretation," *S. Cal. L. Rev.* 58（1985）：856.

那么，解读作为一种理论是否存在？如果存在，是否可以独立于法律推理呢？

所谓"法律解读"，是指法律适用于案件事实之前，对其中概念含义的探究。事实上，通过法律解读，可以以一种制度化的形式，将特定的价值观糅合到法律规范当中。因为无论承认与否，道德都是在显性或者隐性地影响着生活。包括解读者在内，特定社会群落的裁判者，抑或越轨者，都自愿或不自愿地生活在道德场中。虽然每个社会个体有自己对行为善恶的判断，但这样的一种判断一定会在很大程度上受社会主流道德的影响，并与其保持大体一致。更为关键的是，法律解读不可避免地需要受到道德现实性的支配。正如有学者指出的那样，"真正的道德，不仅仅只是一种习惯性的道德或者被承认的价值，在任何法律文本的解读当中都该存在一席之地"。① 从这个意义上来说，法律解读可以被形象地比喻为道德判断的注射器。

可以肯定的是，在早期社会，对刑法的解读无异于法官所进行的价值判断。随着时代的前进，在越来越多的制定法当中，明显的道德痕迹开始消退，但是羼杂在字义判断当中的隐形道德判断仍然无处不在。随着法治理念的普及，有学者批评，"这一实践带有某种程度上的非法特征"。② "也没有人会认为解读者对正确以及错误的判断是唯一重要的问题。"③

对美国刑事成文法的解读问题，不应做狭义理解，不能将其仅仅单纯理解为一种寻找或者发现概念字面含义的活动。如果语义明确，并不存在其他的解读可能，自然也不需要讨论那些有助于解释疑难概念含义的原则。司法实践中，狭义的法律解读，就是指解读者发现法律概念的同义词或者同类语的活动。广义的法律解读是指，借由概念范畴的字面含义，

① Cass R. Sunstein, "Interpreting Statutes in the Regulatory State," *Harv L. Rev.* 103 (1989): 422.
② Henry P. Monaghan, "Our Perfect Constitution," *NYU L. Rev.* 56 (1981): 567.
③ David A. Strauss, "Common Law Constitutional Interpretation," *U. Chi. L. Rev.* 63 (1996): 236.

挖掘其内在表征的道德理念。作为法律推理的一部分，借由法律解读坚持、贯彻特定的道德理念是一种不可避免的司法活动。从这个意义上来讲，法律推理和法律解读的根本性区别在于，法律推理是技术性的，在道德上是无色或者中立的，而法律解读则更多是道德性的，具有和社会主流道德趋同的倾向。

二 对象：刑事成文法

法律解读的前提，是解读对象有意义。所谓有意义，一方面是指解读对象客观存在，可以被加以研究与分析，存在解读的可能性；另一方面是指解读对象存在研究价值，存在解读的可行性。事实上，对这个问题一直存在争论。而其实际上体现的是两种相悖的哲学传统。有观点认为，"包括法律在内的所有社会科学研究都具有独立意义"。① 另外一种观点认为，"认识论一直保有怀疑的传统，无论自然科学还是社会科学的认知，与观察者的解读都互相并生"。② 限于篇幅，这里不会过多涉及这一宏大问题，但人类的附属特性——"自大，视野局限，对自己的理性能力过于自信，对情况的复杂程度缺乏了解"③ 等都无法用来作为否认解读对象意义的根据。

广义的美国刑法解读，存在两种理论："习惯主义理论"（Conventionalist Theories）和"现实主义理论"（Realist Theories）。和绝大多数概念一样，何谓习惯主义，何谓现实主义，无论是在哲学语境，还是在法学语境都存在问题。一般认为，"习惯主义是指通过习惯，针对某种特定的事物，在语言方面形成的较具概括意义的模板或者范例。对习惯主义，另外一种更具通说地位的观点是，概念的意义在于可以通过具体观念，赋予特定认识对

---

① 概括来说，社会科学所使用的概念范畴，与自然科学所使用的概念范畴存在实质区别，参见 Robert M. Cover, "The Supreme Court, 1982 Term-Foreword: Nomos and Narrative," *Harv. L. Rev.* 97 (1983): 47。

② Sanford Levinson, "Law as Literature," *Tex. L. Rev.* 60 (1982): 345.

③ David A. Strauss, "Common Law Constitutional Interpretation," *U. Chi. L. Rev.* 63 (1996): 42.

象以合理的抽象理念，即定义"。① 这意味着习惯主义重视概念与其所表征的实体之间的关系，即单纯的习惯问题。从某种程度上，认识主体对自己生活的这个世界的勾勒只是一种惯例而已，就好像乘法口诀，"七七四十九"，在进行上述表述或者"运算"时，根本不必考虑其中的乘法计算过程，如果上升到一个哲学的层次，那么这样的一种理念可以概括为，"'真的'不过是思想的一种方便方法，正如'对的'不过是行为的一种方便方法一样"。② 其所具有的一个重要的特征在于，事实远比法条来得丰富，人类的语言，永远都无法穷尽现实的丰富与多元。而法律现实主义理论就不具有上述特征，其认为事实不能穷尽用词的选择，对语言使用习惯的改变，也不意味着概念意义的改变。③

上述两种哲学观点虽然难分伯仲，但至少可以确定，无论是习惯主义者还是现实主义者，都不否认标识特定事物意义的可能性。因此，无论如何，都不应认为解读就是寻找解读对象的含义。如果将认定字意作为解读的全部或者内核，则混淆了解读的过程和结果，在很大程度上无法成立。字意是解读的结果，而不是解读的过程，解读是一种动态选择性过程，在这个过程中，解读主体对特定解读对象的可能含义加以取舍。换句话说，法律解读时，首先需要考虑的是某种概念具有何种可能含义，然后才会确定在具体的情况下，其所具有的究竟是何种含义。

在美国刑法的语境当中，解读对象的载体是刑事成文法，而解读的对象则是组成刑事成文法的语言。在这个意义上，美国刑事成文法的制定过程就显得十分重要。正是通过这一过程，立法者将概念范畴的某种特定含义挑选出来，并将这种被挑选出来的含义纳入具有约束力的法律规范当中，从宏观上，刑事立法就是对相关概念范畴意义的选择过程，反过来，对美国刑事成文法的解读，也经常需要考察其立法过程，从而探究立法者的立法意图。因此，其重要性可见一斑。

---

① Michael S. Moore, "A Natural Law Theory of Interpretation," *S. Cal. L. Rev.* 58 (1985): 121.
② 〔美〕威廉·詹姆士：《实用主义》，陈羽伦、孙端禾译，商务印书馆，1979，第156页。
③ 参见 Michael S. Moore, "A Natural Law Theory of Interpretation," *S. Cal. L. Rev.* 58 (1985): 74。

（一）美国刑法的立法程序①

在联邦层级②，美国刑事成文法议案的提出者并不单一。美国国会议员、游说团体、执法部门或者利益集团等都有可能提出立法动议。根据规则，一旦参议员将议案文档放入参议院工作人员办公桌上的盒子里，立法议案就算提交完毕。当然，提交议案文档只是立法程序的形式开端，真正推动立法的，是立法背后诸如政治气候、各利益集团对特定社会问题的政治关注、对司法统治的回应的需要，或者现存的成文法结构的发展，等等。

一旦参议院接受参议员提交的议案，就会根据议案涉及的内容，将其分发给特定的委员会，以及该委员会的所有成员。接受议案的专门委员会会就该议案展开听证，对立法相关问题有研究的专业人士或者利益相关方，将在公开或者非公开的听证会上作证。在充分听证的基础上，该委员会会就相关议案是否应该立法，以及立法的最终文本等技术性问题做出决议。该委员会的工作人员负责起草最终报告，并在参与该委员会的参议员签署同意的情况下提交参议院表决。根据参议院的审议日程，将针对特定议案展开一般辩论，参议员可以针对议案提出修正案，参众两院随之就议案进行协商。如果参众两院都投票通过同一议案的话，那么这一议案就会被送交总统，待其签署之后成为法律。如果参众两院对立法的文本出现分歧，一方需要向另一方妥协，或者形成一个联席会议来对此加以协调。该联席会议针对各自观点及妥协结果，提交最终法律文本报告，参众两院将针对这一最终立法草案进行表决。如果参众两院都对联席会议主持形成的妥协文本表示同意，那么草案就会提交总统，待其签署后成为法律。当然，国会有权在立法之后对其进行修正。

（二）美国刑事立法过程对刑事成文法解读对象的影响

由于美国刑事立法全过程都被记录在案，因此可以通过考证不同立法阶段的书面记录，较为明晰地探知立法过程中代表不同利益的诉求与博

---

① 参见 Lori L. Outzs, "A Principled Use of Congressional Floor Speeches in Statutory Interpretation," *Colum. J. L. & Soc. Probs* 2.8 (1995): 664。

② 联邦刑事立法与各州等地方级别的相关立法略有差别，但具有实质类似性。

弈。一般来说，刑事立法的目的在于填补空白，或者解决棘手问题。在不同立法阶段，可以使用包括专门委员会报告在内的大量书面材料，从中找到与特定刑事成文法相关的某些关键问题，以及与之有关的争论和妥协。[1]

从现实角度看，在考察立法阶段相关文件记录方面毫无章法可循，更缺少对其具有普遍约束力的判例或者司法意见。[2] 为了使包括法官在内，不甚明了立法历史的人了解相关立法史程，有学者提出解读法律如何参考立法史料的具体模式与方法。[3] 但这些模式更多的是一种学理阐述，因此，其在多大程度上能够适用于司法现实，则高度存疑。

议员在参议院或者众议院进行的演讲、讨论、争辩，联席会议的报告，执法等部门为国会准备的报告，乃至法律修正案等，都可以用来作为澄清立法目的或者立法史的素材。

可见，通过考证立法文献，解释主体获得的是对立法目的以及对争议问题的不同看法，而从中获得的信息又可以被用来限定解释对象的范围，丰富解释对象的内容。

三 主体：法官

从不同的角度，可以对美国刑事成文法的解读主体进行不同的划分，理想的划分方式当然从刑法运行的角度进行，即考察刑事成文法的制定、执行、遵守等不同阶段。

但是从实然的角度来看，当美国刑事成文法数量很少时，立法机构还有可能主导立法，以及立法出台之后的后续修正。然而，"目前，美国刑事成文法的数量多到惊人的程度，立法机关实际上根本无法像之前那样事

---

[1] 如在联邦最高法院的一个判例，即 *Blanchard v. Bergero*，489 U. S. 87（1989）中，在法官实体意见的第一部分，就使用一个参议院委员会的报告来认定争议的问题，并且在后面使用参众两院的报告来对国会的意图加以明确固化。转引自 Lori L. Outzs, "A Principled Use of Congressional Floor Speeches in Statutory Interpretation," *Colum. J. L. & Soc. Probs.* 28（1995）：323。

[2] Note, "A Reevaluation of the Use of Legislative History in the Federal Courts," *Colum. L. Rev.* 52（1952）：46.

[3] 参见 George A. Costello, "Average Voting Members and Other 'Benign Fictions': The Relative Reliability of Committee Reports, Floor Debates, and Other Sources of Legislative History," *Duke L. J.* 1900（1990）：73。

无巨细地掌控立法及其修正"。① 在这种情况下，立法机关对刑事成文法的立法解读，变得名存实亡。

从美国刑事司法实践出发，似乎可以认为，在审理案件过程当中，法官必须承担两项职能，首要的就是必须解读成文法，也就是说，厘定其意义和范围，其次，才是将该成文法依据其所解读的含义适用于案件的事实。当代美国刑法学界也持这样的观点。② 因此，认为美国各级法院在刑事审判过程当中成为解读主体应该不算过分。

司法实践中，法官并不直接解读刑法，而是通过向陪审团做出法律指导的方式间接进行。具体形式为：法官必须认定哪些法律规定属于陪审团的审查范围，并必须对那些认定和案件相关的法律向陪审员做出解释。一定程度上，这就是成文法解读。而一旦做出了这样的决定，"法官必须判断如何表达法律，也就是说如何组织这样的指导意见，有的时候法官简单地给陪审团宣读法律文本，有的时候法官会采用上诉法院的意见或者标准，向陪审团解释法律"。③ 其他的时候，"法官体察需求，而社会科学肯定了这样的需求，即将成文法和案例法加以分析从而便于陪审团成员理解"。④ 一般来说，在各州乃至联邦基层法院，往往存在前面提到的所谓成文的"法律指导意见"。法官会根据相关规定及案件的审理进程，对涉及的实体法、程序法、证据法乃至量刑法中的法律问题，主动或被动地对陪审员做出解释。笔者在美国留学期间曾旁听过美国联邦第九巡回上诉法院的几场刑事案件庭审，法官对陪审员在评议前宣读的法律指导意见十分冗长，经历了漫长庭审的陪审员，很少会十分仔细认真地聆听。应该说，法律指导意见中的相关法律解读，是长期司法实践中经过无数次试错、根据无数个判例形成的较为稳定的法律意见，因此宣读法律指导意见的法官与

---

① 参见 Edward J. Imwinkelried, "A More Modest Proposal than a Common Law for the Age of Statutes: Greater Reliance in Statutory Interpretation on the Concept of Interpretative Intention," *Alb. L. Rev.* 68 (2005): 215。

② 参见 Frederick Schauer, "An Essay on Constitutional Language," *Ucla. L. Rev.* 29 (1982): 64。

③ *United States* v. *Sun-Diamond Growers of Cal.*, 526 U. S. 398 (1999).

④ Darryl K. Brown, "Judicial Instructions, Defendant Culpability, and Jury Interpretation of Law," *St. Louis U. Pub. L. Rev.* 21 (2002): 63.

其说是"解读"的主体，倒不如说是"宣读"的主体。但是，即使这样，法官在主持刑事审判的过程中，还是会遇到各种法律指导意见无法解决的问题，更何况大量上诉审或适用诉辩交易的审判，并不存在陪审团，在这个意义上，法官在相关刑事成文法的解读方面的主体性地位，就显得尤为重要且关键。

但在解读刑法的时候，美国法官的表现并不尽如人意。相信有很多研究美国法的学者会诧异，为什么那些在非刑法问题上时有深邃精辟观点的法官，在处理刑法问题的时候会如此拘谨甚至无为。以犯意，这一传统刑法的基石为例，对此问题，美国刑法几乎是没有原则的。正如有的学者①指出的那样，美国法院拒绝依据概念工具，诸如明确可责性的概念来审理案件。这似乎无法解释，但如果从更为宏观的层面上考察，美国刑事实体法当中针对诸如犯意之类概念缺乏细致研究，未必是无心之漏，而更多的是有意不为。整体上，为了确保判决，美国刑事审判过程当中法官会牺牲实体法，来弥补明显倾向于被告人的程序法给自己造成的掣肘。

对美国法官解读刑事成文法的基本方法，可借美国联邦最高法院在"伊戈纳西奥诉美利坚合众国案"（*Ignacio Flores-Figueroa v. United States*）中相关做法，做一说明。②

---

① 参见 George P. Fletcher, "The Fall and Rise of Criminal Theory," *Buff. Crim. L. R.* 1（1998）：533。

② 参见"伊戈纳西奥诉美利坚合众国案"（*Ignacio Flores-Figueroa* v. *United States*）。本案的判决书如下：

IGNACIO FLORES-FIGUEROA, PETITIONER

v.

UNITED STATES

No. 08−108

SUPREME COURT OF THE UNITED STATES

556 U. S. 646；129 S. Ct. 1886；173 L. Ed. 2d 853；2009 U. S. LEXIS 3305；

77 U. S. L. W. 4377；21 Fla. L. Weekly Fed. S. 831

2009 年 2 月 25 日庭审辩论

2009 年 5 月 4 日审结

主审法官：博瑞尔大法官、罗伯特大法官、史蒂文斯大法官、肯尼迪大法官、苏特大法官、金斯伯格大法官持多数派意见，斯卡利亚大法官与托马斯大法官部分支持，阿里托大法官部分支持。

判决主笔：博瑞尔大法官

（转下页注）

（接上页注②）

判决

对行为人在实施其他犯罪期间，未经合法授权，明知地使用、持有或者交易他人的身份这一类所谓"身份盗窃加重犯"，加重法定刑两年。参见 18 U. S. C. § 1028A（a）（1）。问题在于，根据这一法律，检方是否需要证明被告人认识到其所使用、持有或者交易的身份事实上属于"他人"，本庭认为需要。

I

A

本法所指其他犯罪，是指盗窃政府财产、诈骗或者从事与护照、签证以及移民活动相关的犯罪。参见 18 U. S. C. § 1028A（c）。如果行为人实施上述犯罪时，明知地使用、持有或者交易了他人的身份，法官必须加重法定刑两年。参见 18 U. S. C. § 1028A（a）（1）。本案控辩双方都承认，成立本罪，检方需要证明被告人知道自己使用、持有或者交易了"什么"。但控辩双方就是否必须证明被告人知道自己使用、持有或者交易的是真实的他人身份，抑或是虚假编造，根本没有真实的人，或生活保障号码相对应的身份，存在争议。

调卷令的申请人伊戈纳西奥（Ignacio Flores-Figueroa）认为，检方必须证明其知道相关身份文件属于另外一个人。而检方认为法律并未要求这种具体明知。虽然成文法中使用了"明知"一词，但其并不修饰该法中最后一句，即他人的身份证明，起码其不修饰"他人的"这 3 个字。

B

本案申请人伊戈纳西奥为墨西哥公民。2000 年，为了保住工作，伊戈纳西奥向自己的雇主提交了虚假的姓名、住址、出生日期、社会保障号码以及伪造的外国人登记卡。其中社会保障号码与外国人登记卡上的号码根本不存在，现实中没有真实的人与上述号码相对应。2006 年，申请人伊戈纳西奥向雇主提交了新的虚假的社会保障号码和外国人登记证号码，但这次上面的名字是真实的。同时，这次号码所指向的人确有其人。

伊戈纳西奥的雇主向美国移民与海关部门提交了上述报告，但工作人员发现号码与姓名不符。因此，美国检方根据 8 U. S. C. § 1325（a）指控其非法入境，根据 18 U. S. C. § 1546（a）指控其伪造移民文件，同时根据 18 U. S. C. § 1028A（a）（1）指控其盗窃他人身份。这都是本案需要讨论的问题。

伊戈纳西奥提出，针对身份盗窃这一加重刑指控应当改判无罪。他认为检方并没有证明其知道自己伪造的社会保障号码与真实的人存在对应关系。对此，检方提出无须此种证明，而联邦地区法院支持这一看法。在没有陪审团参与的情况下，法官判定被告人 3 项指控都成立。而上诉法院维持了原判。274 Fed. Appx. 501（CA8 2008）（per curiam）. 本案主要讨论的问题也在于所谓"了解"这一概念。对此，存在不同看法，参见 *United States v. Godin*，534 F. 3d 51（CA1 2008）（认为"了解"要求适用于所谓"他人的身份"）；*United States v. Miranda-Lopez*，532 F. 3d 1034（CA9 2008）（类似）；*United States v. Villanueva-Sotelo*，380 U. S. App. D. C. 11，515 F. 3d 1234（CADC 2008）（类似），而 *United States v. Mendoza-Gonzalez*，520 F. 3d 912（CA8 2008）（不要求了解到身份属于他人）；*United States v. Hurtado*，508 F. 3d 603（CA11 2007）（per curiam）（相同）；*United States v. Montejo*，442 F. 3d 213（CA4 2006）（相同）。

II

从法律文本的角度，检方的观点无法成立。根据英文语法，可以认为"明知"一词适用于其所修饰的句子的所有组成部分。因此检方无法令人信服，"明知"　（转下页注）

（接上页注）一词只修饰该句中的前几个单词，而不修饰后面的几个单词。认为该句的重点在于惩罚使用、持有或者交易他人身份这一行为，而不需要知道这种行为的对象是他人身份文件的观点并不合理。是否可以对那些盗窃了不知道里面有毒品的包的人认定明知地持有毒品犯罪呢？

　　检方甚至还认为，明知的范围绝对不包括"他人的"，也就是说检方不需要承担证明被告人知道自己伪造的身份事实上属于他人的义务。但这种解读显然也与法律规定存在矛盾。

　　根据一般的英语习惯，当动词有宾语的时候，修饰动词的副词一般会让读者了解到主体如何从事行为，其修饰范围当然包括句子中的宾语。因此，如果银行职员说，史密斯故意将钱转入其兄弟的账户，我们一般会相信史密斯知道资金转入的账户是他兄弟的。如果后来银行职员告知史密斯不知道资金账户是他兄弟的，反而才会让人感到惊讶。

　　当然，如果不用明知一词，那么针对史密斯知道什么可能不甚明了。假设史密斯将自己的支票寄到了洪都拉斯的首都，而对哪里是洪都拉斯首都，可能史密斯都不知道。如果这个时候银行职员说，史密斯寄支票到了洪都拉斯的首都，那么其所表达的内容可能与史密斯是否知道洪都拉斯的首都在哪里根本无关。但是如果他说史密斯明知地将支票寄到了洪都拉斯的首都，那么意味着史密斯知道这一地理信息。

　　与此类似的例子可谓很多。如果一个孩子明知地把兄弟姐妹的玩具拿走，那么我们认为孩子不仅知道自己拿了什么，还知道自己拿走的是玩具，并且玩具的所有人是自己的兄弟姐妹。如果我们说某人明知地吃了带奶酪的三明治，那么我们会认为他知道自己吃的是三明治，而且知道三明治里面有奶酪。或者来看检方提出的例子，约翰明知地扔了自己妹妹的作业。检方指出，这一表述并不一定意味着约翰知道作业是谁的。但这就是这一表述的日常含义。

　　与此同时，与此不同的情况倒较难发现。检方认为"明知地"这一副词仅仅修饰成文法中的动词，而对动词所指向的宾语不加修饰，在特定语境下，或许可以如此理解。但是检方并未提出适当的例子说服读者接受"明知地"一词仅仅修饰动词，而不包括动词的宾语，换句话说，这将使得读者并不确定行为主体针对其行为对象是否有认知的心态。可能的原因在于，这种表述基本上涉及特殊语境，或者其本身能够提供一种针对上述解读的更为具体的话语背景。如阿里托大法官所言，对某种表述的解读，需要纳入具体语境当中。参见 pp. 661，173 L. Ed. 2d，p. 864。但这里并不存在上述语境。参见 infra，p. 654-657，173 L. Ed. 2d，pp. 860-861。

　　本庭认为，解读刑事成文法应尊重英语语法。这就意味着通常情况下应当将"明知地"解读为适用于全部概念。参见 *United States v. X-Citement Video，Inc.*，513 U. S. 64，79，115 S. Ct. 464，130 L. Ed. 2d 372（1994）（Stevens，J.，concurring）。例如，在"利普拉特诉美利坚合众国案"〔*Liparota v. United States*，471 U. S. 419，105 S. Ct. 2084，85 L. Ed. 2d 434（1985）〕中，联邦最高法院将联邦粮票法解读为，任何人明知地以任何违法的方式使用、交易、获得、涂改、持有粮票或者食品卡的行为都该当监禁。Id.，p. 420，n. 1，105 S. Ct. 2084，85 L. Ed. 2d 434. 该案涉及的问题在于，"明知地"一词是否适用于"违法"一词。Id.，p. 423，105 S. Ct. 2084，85 L. Ed. 2d 434. 法院认为，虽然"法律无知不构成抗辩"属于传统观点，但其的确成立。参见 Id.，p. 433，105 S. Ct. 2084，85 L. Ed. 2d 434.

　　晚近，美国联邦最高法院曾经解读过下列成文法，该法规定，任何（1）明知地在跨州或者国际贸易活动中，交易含有下列内容的电子或者信息产品：（A）使用（转下页注）

（接上页注）未成年人从事具体性行为的图像制品的行为构成犯罪。参见 18 U.S.C. § 2252
(a)（1）（A）X-Citement Video, supra。本案的争议焦点在于，"明知地"一词是否修饰
(1)（A）中规定的"使用未成年人"一词。Id., p. 69, 115 S. Ct. 464, 130 L. Ed. 2d
372. 在这一案例中出现的问题要远比本案模糊，因为其中所谓"使用未成年人"并不是
"明知地"动词修饰的直接宾语，而且这一表述还出现在句子的不同部分。513 U.S.,
pp. 68-69, 115 S. Ct. 464, 130 L. Ed. 2d 372. 而且，从检方的观点来看，对很多涉及未成
年人的性犯罪而言，通常情况下并不需要行为人对受害人的年龄有认识。然而，联邦最
高法院在该案中认定，犯意要素的适用范围包括"使用未成年人"一词。Id., p. 72,
115 S. Ct. 464, 130 L. Ed. 2d 372, and n. 2.

　　检方正确地指出，在这些案件中关键的问题并不在于英语的使用。那么真正的问题
是什么？检方提出的答案更为复杂，而其根据的是恐怖犯罪中盗窃身份这一加重犯情况。
参见 18 U.S.C. § 1028A（a）（2）。该法的规定几乎与本案所讨论的案件完全一致。

　　检方的观点分为四步：首先，成文法解读的结果不能使得该法中的某些规定成为多
余，参见 *TRW Inc.* v. *Andrews*, 534 U.S. 19, 31, 122 S. Ct. 441, 151 L. Ed. 2d 339（2001）；
其次，那些在未经合法授权的情况下交易、持有、使用身份证明的人，必须知道这些身
份证明文件（1）属于其他人，或者（2）因为没有其他可能性，因此属于虚假的证明文
件；再次，要求行为人知道身份证明文件属于他人纯属多此一举；最后，在两个类似且
存在关联的表述当中，对相同概念，不应存在不同表述。

　　如果我们理解正确，那么这种观点具有两个明显缺陷。如果上述两种情况是被告人
非法使用他人身份证明文件的全部方式，那么为什么立法机关要将其余部列出？为什么
法律将明知地非法使用他人身份证明的行为犯罪化之后就没有下文？关键问题在于，检
方在其第二步解读时存在问题，而上述两种情况并未穷尽被告人非法使用他人身份证明
文件的所有情况。例如，被告人可能会向雇主口头提供虚假的社会保障号码，因此不存
在所谓身份证明文件，而这组号码或许就会和现实中他人身份存在重合。因此，"明知
地"一词适用于"他人"的规定未必多余。

　　检方将该法的立法意图视为一种情节，也表明了其语境的特殊性，事实上，该法
的主要目的是保护公民的身份免于被用来帮助实施犯罪。Id., p. 5. 而其指出，如果没
有明知的规定，那么潜在的犯罪嫌疑人将会避免自己错误地使用别人身份，从而保护
无辜者。

　　但问题在于，是否国会的立法意图真的很是想通过惩罚那些并不知道自己非法使用
的身份属于他人，也就是说，惩罚那些并不真的意图对他人造成伤害的人，来达成上述
目标。同时，该法所谓的立法历史也不具有结论性。

　　一方面，该法的立法历史或者立法过程给检方的观点提供了一定的支持。例如，相
关立法报告经常混同使用所谓"身份盗窃"（Identity Theft）与"身份欺诈"（Identity
Fraud），通常情况下也不对其加以区分。因此，这意味着立法机关或许在针对那些使用
其他人身份信息立法时，认为"身份盗窃"与"身份欺诈"之间没有区别。

　　另一方面，美国国会又在成文法当中将诈骗犯罪与盗窃犯罪分立。而且国会针对所
谓身份盗窃所给出的示例，也都属于行为人知道自己非法占有的是他人身份的情况。参
见 H. R. Rep. No. 108-528, p. 4-5。

　　最后，或许也是最具有实际重要性的，是在很多情况下排除合理怀疑地证明被告人
具有法律所要求的了解非常困难。假如一名外国人非法进入美国，并向雇主提供了事实
上属于他人的身份证明文件。检方如何证明被告人知道事实如此？或许可以　（转下页注）

（接上页注）证明被告人知道相关身份证明文件不是他自己的，但是被告人或许根本不在乎（1）身份证明属于另外的人，或者（2）根本就是伪造的证明文件。上述困难加上被告人对基本犯罪的犯意，以及被告人知道自己的行为没有合法授权，都使得从检方来看，可以对犯意要求做出上述简约理解。

但本庭并不认为检方的观点能够成立。一方面，在典型的身份盗窃案件中，犯意并不难以证明。例如，当被告人使用其他人的身份信息从而进入他人银行账户，检方很容易就可以证明被告人具有了解或者明知的心态。当被告人翻别人垃圾去寻找丢弃的信用卡及对账单的时候，或者伪装成用户向银行寻求这个用户的银行信息的情况也与此类似。立法历史中身份盗窃的典型案例都是关于犯意容易证明的情况，因此没有实际操作问题。另一方面，考虑到立法者可能会关注刑法打击面的泛化，以及对实际可操作性的关注都不足以压倒文本的明确性，和本案所涉及问题类似的成文法解读过程中本庭做出的类似解读也提出了实际执行问题。参见 *X-Citement Video*，513 U. S. 64，115 S. Ct. 464，130 L. Ed. 2d 372；*Liparota*，471 U. S. 419，105 S. Ct. 2084，85 L. Ed. 2d 434。但是如果国会明确侧重可操作性，那么本法的解读可能与现在不同。相反，国会使用"明知地"这个词来作为一系列犯罪构成要素的修饰语，因此在这种情况下只能尊重英语的语法与表达习惯。

我们认为 18 U. S. C. § 1028A（a）（1）要求检方证明被告人明知案件中涉及的个人信息属于他人。因此推翻上诉法院判决。

此判。

附议：斯卡利亚大法官，阿里托大法官

我同意根据 18 U. S. C. § 1028A（a）（1），检方必须证明被告人明知其所交易、持有、使用的身份实际上属于他人。Ante，p. 647，173 L. Ed. 2d，p. 856. 而不能将"明知地"这个词限定在该表述的动词之上。Ante，p. 650，173 L. Ed. 2d，p. 857. 对此检方也表示认同。参见 *United States v. Villanueva-Sotelo*，380 U. S. App. D. C. 11，515 F. 3d 1234，1237（CADC 2008）。一旦承认"明知地"也修饰动词的宾语，那么就没有理由认为其不修饰所谓"他人"这个词。这也得到了通常语法的支持。参见 Ante，pp. 650-651，173 L. Ed. 2d，pp. 857-858。

但是不能将联邦最高法院在本案中的观点任意扩大。首先，联邦最高法院在本案中所依据的原则是，通常情况下解读刑事成文法的方式都将"明知地"这个犯意适用于犯罪的每个构成要素。Ante，p. 652，173 L. Ed. 2d，p. 859. 但如果从简单描述的层面来看，这一做法并不绝对。因此，不能将其上升为一种应然性质的解读原则。本案中涉及的法律文本与涉及儿童色情案件的成文法显然存在差别，而后者本人认为是一个误判。Id.，pp. 80-81，115 S. Ct. 464，130 L. Ed. 2d 372（Scalia, J., dissenting）。在立法者没有明示犯罪犯意要素的情况下，根据普通法传统推定犯意是一回事，参见 *Staples v. United States*，511 U. S. 600，605，114 S. Ct. 1793，128 L. Ed. 2d 608（1994）；*United States v. United States Gypsum Co.*，438 U. S. 422，437-438，98 S. Ct. 2864，57 L. Ed. 2d 854（1978）。而在成文法中恣意扩大犯意要求则是另外一回事。

我也不能认同本庭多数派法官对相关法律立法历史的研讨结果。Ante，p. 655，173 L. Ed. 2d，p. 860. 仅仅根据某位议员，或者未经表决的某议院委员会记录，做超越法律文本应有之义的扩大解释总是存在问题的。参见 *United States v. R. L. C.*，503 U. S. 291，307-309，112 S. Ct. 1329，117 L. Ed. 2d 559（1992）。实际上，因为本案所涉及的成文法文本非常明确，因此对上诉法院的判决应予推翻。

在"伊戈纳西奥诉美利坚合众国案"中，针对《美国联邦法典》规定的，"未经合法授权，明知地使用、持有或者交易他人的身份"这一加重情节如何解读，具体说，明知的对象，是否包括"他人"，控辩双方存在不同看法。事实上，针对这一问题，下级法院的观点截然不同，因此最终联邦最高法院才选择介入，通过本案，打破这一僵局。

联邦最高法院对上述成文法的解读方法为，首先关注文法解读。根据英文的基本语法，多数派大法官认为，本法中的"明知地"作为副词，其所修饰的范围当然包括其后以谓语、宾语为主的句子的所有内容，当然包括修饰宾语的形容词或副词。控辩双方都不否认，根据本法，检方需要证明被告人明知自己使用的是"身份"。但检方认为根据语法，副词仅仅需要修饰动词即可，不需要证明被告人明知自己使用的是"他人的"身份。但如果这样，不仅违反一般语法，还会导致很多非常不合理的情况。例如，"如果一个孩子明知地把兄弟姐妹的玩具拿走，那么我们认为孩子不仅知道自己拿了什么，还知道自己拿走的是玩具，并且玩具的所有人是自己的兄弟姐妹"。多数派大法官认为，虽然在某些特殊情况下，可以认为副词仅修饰谓语，但是检方并没有证明本案属于这种特殊情况。因此，最终判定，"本庭认为，解读刑事成文法应尊重英语语法。这就意味着通常情况下应当将'明知地'解读为适用于全部概念"。多数派大法官援引了针对《美国联邦法典》相关条款解读范围做出判决的联邦最高法院判例作为支持，在解读这一法律时，虽然其中的所谓"未成年人"并非"明知地"修饰的直接部分，而是出现在法律规定的其他部分，联邦最高法院仍然认为其属于"明知地"的修饰范围。

进而，多数派大法官通过援引《美国联邦法典》中相关条款的立法意图，反驳了检方的主张。检方认为，本案的关键问题，并非英语语法，并将与本法表述几乎完全一致的"恐怖犯罪"中盗窃身份的规定作为自己的论证根据。但多数派大法官认为，检方所关注的如果要求证明包括"他人的"等法律规定内容，会造成实际认定上的困难的观点，在现实中并不成立。事实上单纯的盗窃身份行为，十分容易证明。另外，即使存在打击困难，也应该遵从立法者的意图与规定。立法者很有可能是为了防止打击的泛化，才如此规定。①

第二节 《模范刑法典》及其解读范式

作为"美国刑事司法体系的核心文件"②，《模范刑法典》至少对 35 个州③的刑法改革产生过深远影响。更为重要的是，其为美国刑法研究提供了标准化的话语模式。很难想象，可以用相对较短的篇幅，穷尽美国不同司法区颇具独立性的刑法典规定，更遑论对不同司法区刑法典的详尽研究了。从研究便宜性角度来看，研究《模范刑法典》，可以在成本较低的基础上，较为准确地把握美国刑事成文法的基本脉络。其实在美国，考虑到法学课堂教学的习惯④，面对刚入门的法科新生，老师不太可能借助学术

---

① 与此形成对比的是，美国联邦最高法院在"高潮影视公司诉美利坚合众国案"（*X-Citement Video* v. *United States*）判决中，针对被指控传播包含未成年人内容的色情电影的被告人，在解读美国相关联邦法律处罚"明知地运输"涉及"使用未成年人"的色情电影的规定时，面临法律要求被告人对"运输"行为要"明知"，是否要求对色情电影包含未成年人也"明知"的问题。对此，美国联邦最高法院认为，制定法中的"明知"不但修饰动词"运输"，还修饰短语"使用未成年人"。这样的话，如果被告人明知他在运输电影，甚至明知他运输的电影是色情电影，但是如果他不明知电影的内容包含未成年人，那么不能适用这个条款。如果排除要素分析法的适用，就意味着适用严格责任，即对包含未成年人的电影的可责性要素是不要求的。参见陈银珠《论美国刑法中的要素分析法及其启示》，《中国刑事法杂志》2011 年第 6 期，第 120 页。

② Richard G. Singer, "Foreword to Symposium, the 25th Anniversary of the MPC," *Rutgers L. J.* 19 (1988): 519.

③ 自从 1955 年起草以来，《模范刑法典》到底是否影响了 38 个司法区的刑法改革，尚存争议，但基本上都认同其至少影响了 35 个司法区的刑事立法。据统计，仅仅大约有 16 个司法区的刑事成文法没有反映《模范刑法典》的相关规定。

④ 从 19 世纪 70 年代哈佛法学院作为美国第一个真正意义上的专业法学教育机构创建到现在已经过去了大约一个半世纪，而在这 100 多年间，美国法学教育凭借其出色的教学质量与独树一帜的教学方法一直引领着世界法学教育的潮流。这种具有"美国特色"的法学教学方法肇始于 1870 年，这一年的 2 月，克里斯托弗·哥伦布·兰德尔（Christopher Columbus Langdell）被任命为哈佛大学法学院院长。这位美国法学教育的先驱鉴于当时美国法学教育所面临的复杂局面，决定采取措施扭转当时还算新兴学科的法学教育相对其他高等教育学科的劣势地位，提高法学教育的专业水平与学术地位。参见 Mary Brigid McManamon, "The History of the Civil Procedure Course: A Study in Evolving Pedagogy," *ARIz. ST. L. J.* 30 (1998): 397. 事实上在此之前的很长时间，法学专业人才的培养只有部分是经过专门法律院校完成的，而其余的大部分往往是通过自学或者给律师做学徒的方式实现的。随着专业法学教育的逐渐成形，如何经济、高效且有针对性地完 （转下页注）

（接上页注④）成法学专业教学就成为一个十分现实的问题。在兰德尔进行相关的法学教学方法改革之前，法学院系的主要授课方式与其他专业并无太大区别，即采取传统的教师宣讲课本，或者说照本宣科这一方式完成教学任务，而学生通过聆听授课、阅读教材、对课本知识要点加以记忆等形式完成学习任务，两者之间互动较少。而学生的大部分实践知识与技能来自学生个人在律师事务所的见习。参见 John J. Costonis，"The MacCrate Report：Of Loaves，Fishes，and the Future of American Legal Education，" *J. Legal Education.* 43（1993）：157。有鉴于此，兰德尔认为法学教育应该摆脱当时被人嗤之为"讼师"的纯粹技巧性培训这一模式，而将其上升到一种法学理论培训，或者说法学科学的高度。因此，其推行了一整套的法学教改措施，包括目前仍然成为美国法学院运作基本模式的 3 年制法学专业教育、入学考试制度、专职教师制度、案例教学模式以及学分制度等。参见 David D. Garner，"Socratic Misogyny？—Analyzing Feminist Criticisms of Socratic Teaching in Legal Education，" *B. Y. U. L. Rev.* 2000（2000）：1597。而相对上述改革措施，法学教育的授课模式的变革显得更为复杂，也更为重要，甚至被认为是提升法学教育在整个美国高等教育体系当中地位的前提与关键。相对传统的讲授式教学模式，兰德尔所采取的教学方式改革突出了教学过程当中学生与任课教师之间的互动，要求学生课前对事先布置的案例进行认真复习，而任课教师需要课前对相关案例所包括的事实与法律原则加以归纳与整理，在此基础上还需要设定相关的问题，而这样做的主要目的是通过问题的组织涵盖需要研习案例的所有法律要点。在授课过程当中任课教师随机选取一名或者几名学生就案例当中所涉及的相关法律问题进行提问，并且根据学生的回答进一步进行追问。参见 Albert Coates，"The Story of the Law School at the University of North Carolina，" *N. C. L. Rev.*（1968—1969）：47。判例教学法的存在，有其生长环境的因素。在英美法系国家，由于通常缺乏成文的法律依据，对同一个法律"问题"（Issue），通常没有唯一的正确答案，只有严密的论证过程（Argument）。而证明的依据就包括了判例、学者的理论、成文法规等法律渊源。法官在审理案件时，注重的就是双方律师的证明是否严密、逻辑是否合理。英美法系的律师必备的最重要的素质就是批判思维能力（Critical Thinking Skills）和辩论能力（Argument Skills）。法学院首先会培养学生运用法律规则的能力（Application），即将判例中的法律理论和成文法规（Rules）运用到不同事实，然后会锻炼学生从正反两个方面去考虑问题。比如对同一个案件，学生作为原告律师可以提出哪些观点，有哪些依据；作为被告律师又可以提出哪些观点，有哪些依据；作为原告律师可以怎么驳斥被告律师；等等。参见王黎黎《中美法学教育教学方法比较》，《高等教育研究》2010 年第 2 期，第 49 页。这些带有启发性的问题、疑问以及学生的不同应答与任课教师的回应等作用在一起，从而从具体案件本身，以及此具体案例与其他相关案例的对比关系当中抽离出相关的法律原则，并在课程的末尾将这些原则组合起来，使之形成一幅完整的法律图景。这种建立在任课教师与学生之间的诘问模式的教学方式被称为"苏格拉底教学法"（Socratic Method）。Thomas D. Eisele，"The Poverty of Socratic Questioning：Asking and Answering in the Meno，" *U. Cin. L. Rev.* 63（1994）：221。但准确地说，这种教学法与苏格拉底本人所擅长的诡辩术关系不大。而导致对这一教学方法名称亦即内容正当性的争论在很大程度上是因为对本原意义上的苏格拉底对话存在种种不同理解。真正的苏格拉底哲学糅杂了哲学意味上的不确定性与特定方法论的确定性。事实上苏格拉底诡辩术是辩证的，也就是说，辩论双方都不知道事实真相，而辩论的最终目的也在于对真相的求证。但兰德尔所倡导的诘问式教学法与苏格拉底的诡辩术显然存在根本性的不同。因为任课教师作为辩论的一方，其本身在绝大多数情况　　（转下页注）

（接上页注）下是知道问题的答案的，而法学课堂适用苏格拉底教学法的主要目的也主要在于引导或者启发学生对问题的独立思考与应对。因此，虽然苏格拉底教学法这种称谓有失准确，但是在某种程度上却是约定俗成的。参见 J. T. Dillon, "Paper Chase and the Socratic Method of Teaching Law," *J. Legal Educ.* 30 (1980): 529。另外需要明确的是，美国传统法学教学法，即所谓的苏格拉底教学法与案例教学法、默诵教学法乃至神学当中的应答教学法之间存在显著的区别。参见 Phillip E. Areeda, "The Socratic Method," *Harv. L. Rev.* 109 (1996): 911。虽然案例教学是苏格拉底教学法的前提和基础，但两者其实并不属于同一位阶概念。案例教学法准确地说并不属于方法论意义上的教学法，而属于一种课程设置模式。另外，案例教学法与苏格拉底教学法存在天然的契合关系，前者是后者成立的前提条件。而传统神学当中的所谓"应答教学法"，是指神学教育当中一种机械应答式的学习模式。例如，在这个过程当中学习者会被神父问及上帝是谁，学生的回答将不会是自己对这一问题的看法，而是要按照规定的答案回答：上帝是天堂与尘世的缔造者。兰德尔所倡导的苏格拉底教学法自提出之时就已经出现了不同的声音。而这种异议与批评一刻也未曾停歇。在此后的 100 多年当中，这一法学教学模式受到来自美国各界的批判与质疑，而美国法学教学方法也随着历史的变迁不停地发展变化，从 20 世纪 40 年代出现的问题式教学法，到 20 世纪 80 年代之后传统教师传授式教学法的回归等。例如到 1958 年，"问题式教学法"（the Problem Method）已经成为圣母大学（Notre Dame）法学院针对二、三年级学生的主要授课法。参见 Bernard J. Ward, "The Problem Method at Notre Dame," *Legal Educ.* 11 (1958): 100。不可否认苏格拉底教学法在传统美国法学教育当中留下了深深的印记，在长达一个半世纪的时间当中曾经作为主流教学方法而被加以适用。事实上一直到 20 世纪 80 年代初，这种情况都还没有太大的改变。但是目前，法学课堂上传统的讲授式教学也已经成为主流。根据一项调查，目前只有不到 30% 的法学教授将苏格拉底教学法作为自己主要的教学方式。即使在这一教学方法的发祥地——哈佛大学法学院的法学教授也往往摒弃纯粹意义上的苏格拉底教学模式。目前，对美国法学院一年级的新生而言，苏格拉底教学法也已经不再是主流的课堂教学法，事实上现在大量适用的是传统的教师传授模式或者小组学习模式。参见 Steven Friedland, "How We Teach: A Survey of Teaching Techniques in American Law Schools," *Seattle U. L. Rev.* 20 (1996): 1。毫无疑问，苏格拉底教学法奠定了美国法学教育的基础。但时至今日，传统的苏格拉底教学法已经渐渐从人们的视线中消逝，甚至在很多学者看来，这一教学法已经成为历史遗迹。参见 Amy R. Mashburn, "Can Xenophon Save the Socratic Method," *T. Jefferson L. Rev.* 30 (2008): 597。导致苏格拉底教学法在美国法学教育模式中日趋式微的原因是多方面的，而围绕这种传统教学模式对美国法学教育本身所产生的不同影响则成为一般争议所关注的焦点。具体而言，对苏格拉底教学法的抨击主要集中于这种教学法在实际运用过程当中所出现的问题。首先，有些人认为这种教学法会对学生的心理造成不当的负担与压力，甚至让学生产生某种被公然羞辱的感觉。一般而言，采用苏格拉底教学法的任课教师往往会就某一问题对特定学生进行连续追问，通常最初的问题会较为概括，随后的问题会围绕这一概括性问题逐渐深入。如果学生较为完满地回答了之前的概括性问题，那么问题的难度会逐渐增加，以期判断学生的能力水平。通常情况下最终学生会被诘问到哑口无言，在这种情况下任课教师会进行某种提示，留给学生某种线索，由其努力分析判断，看最终是否可以解决问题。参见 Burnele V. Powell, "A Defense of the Socratic Method: An Interview with Martin B. Louis (1934 - 94)," *N. C. L. Rev.* 73 (1995): 957。根据本人的亲身经验，在现实课堂教学实践当中，由于学　　（转下页注）

（接上页注）生课前准备不足或者临场紧张，很少有学生会最终圆满地回答任课教师的连续诘问，而在上百名同学面前被质问得瞠目结舌自然会感觉颜面扫地。还有人就曾回忆起自己当年在法学院一年级上侵权课时，任课教师常常拿着一把木尺在偌大的教室当中徘徊，尺子本身或许并不可怕，可怕的是当学生答错问题的时候，老师的尺子重重敲击课桌的声音，直到现在，这名学生一想到这个尺子仍然会跳起来。参见 Alan Rabkin，"Technology v. the Socratic Method，" *Nevada Lawyer* 6 （1998）：6。因此，批评意见认为苏格拉底教学法与法学院学生的心理或者精神需求相悖。大多数法学新生和普通人一样，渴望确定感，渴望对事物的控制能力，但是苏格拉底教学法往往使得学生陷入迷局，从而无法体会把握正确答案的感觉。与此同时，针对苏格拉底教学法教学效果的相关实证研究表明在采用这种教学方法的法学院系，男生的课堂表现总体上优于女生，而在某些学者看来，导致这种局面出现的根本原因就在于教学方法本身的攻击性与其对女生心里造成的伤害。而随着法学院学生构成中女性所占比例的逐年增加，这一观点也越发显得颇具说服力。参见 Lani Guenier，et al.，"Becoming Gentlemen：Women's Experiences at One Ivy League Law School，" *U. Pa. L. Rev.* 143 （1994）：1。其次，苏格拉底教学法的教学效率与教学效果也受到质疑。对刚刚迈进法学院的新生来说，其中的绝大多数在刚刚开始法律专业学习的时候都似乎满怀憧憬与激情。但很快，苏格拉底教学法的严苛就使得这种感觉逐渐消退，甚至心生厌倦。导致这种情况出现的原因之一是课堂上教授往往仅仅针对一名或者少数几名同学发问，而其余的同学往往会走神溜号，无所事事。另外一个很重要的原因在于很多学生会认为采用苏格拉底教学法的老师是在故弄玄虚，因为在这个对话过程当中，任课教师是知道问题答案的，但是被追问的同学却对问题的答案一无所知，更为重要的是判断答案正确与否的标准看起来似乎仅仅是任课教师的主观判断或者喜好。参见 Jeffrey D. Jackson．"Socrates and Langdell in Legal Writing：Is the Socratic Method a Proper Tool for Legal Writing Courses?" *Cal. W. L. Rev.* 43 （2007）：267。因此不难理解笔者的很多同学在经历过苏格拉底教学法之后都认为这种教学法仅仅是一种噱头，因为往往上课的时候几乎 99% 的时间学生都在不知所云地聆听教授与其他某名同学的对话。这种连续追问所导致的一个必然后果就是任课教师无法在既定的课时内完成所有的教学任务，因此，往往会对那些所谓不太重要的内容一带而过，使得学生对整个知识框架的掌握有所欠缺。与此同时，律师实务界也抱怨这些法学院毕业生并不了解如何解决日常法律实务所面临的诸多实际问题，如在面对可能的对象或者听众的情况下最大化地为自己的当事人争取利益，而这种矛盾与困难是无法通过苏格拉底教学法加以解决的，相反，小组讨论的方式似乎更为具有针对性。参见 Robert J. Rhee，"The Socratic Method and the Mathematical Heuristic of George Pólya，" *St. John's L. Rev.* 81 （2007）：881。但需要特别强调的是，包括上述对苏格拉底教学法持诟病意见的批评者也承认这一教学方法对法学教育所产生的积极影响。首先，苏格拉底教学法对法学院学生学习态度与思维方式的影响与重塑。采用这种教学方法的任课教师在课前都会给学生布置需要复习的教学范围，从笔者的经验来看，基本上预习量是精读 50 页左右。学生需要对这一范围之内的案例进行研读、分析、总结与概括。由于每个学生每周各科总体的精读量高达 500 页以上，因此强迫学生尽可能高效准确地掌握案例研读技能，并掌握从案例中抽取法律原则，继而运用法律推理与分析将这一原则适用于其他事实情况之上，进行具有说服力的法律论辩，理解案件判决的内在机理。另外，教师通过运用此种教学方法，可以活跃课堂气氛，启发学生的自主思维，鼓励学生进行课前准备并且积极参与课堂辩论。在这一过程当中，学生可以锻炼司法实践当中至关重要的语言表达与逻辑思维能力。同时，有　　（转下页注）

（接上页注）些学者还提出苏格拉底教学法有助于促使学生建构自己独立的法律价值观与判断能力，而不是刻板地记忆或者重复书本上的相关知识点，而这对培养学生正确地运用法律知识服务社会的意识来说相当重要。参见 Anthony T. Kronman, "The Socratic Method and the Development of the Moral Imagination," *U. of Tol. L. Rev.* 31（2000）：647。其次，由于法学院一年级新生的必修课往往相同，因此会出现美国课堂上较为少见的大班授课情况，一般的学生人数在百人以上，而苏格拉底教学法可以使任课教师在学生人数较多的情况下与学生保持互动，提升学生的参与兴趣与主动思维，同时较为经济效率地完成基础课程，如侵权法、刑法、合同法等复杂法学专业的授课任务。更为重要的是，这种方法可以培养学生对法律现实复杂性的认识，使学生摆脱任何问题只有一个正确答案的错误认识。笔者认为，任何一种教学方法本身无疑都存在优长与劣势，因此对特定法学教学方法的反思不应局限于其本身教学效果的优劣，而应从一个更为宏大的话语背景当中，围绕其产生发展的前提问题进行理性反思，从而把握其与现实法学教育要求的契合程度以及其在未来的发展方向。从美国法学教育教学方法的历史演进当中不难看出，兰德尔最初设计的苏格拉底教学法有其更为深入的功利主义考量。首先，这种教学方法有其经济上的比较优势，可以在大班授课的基础上维持一定的教学效率，更为重要的是在 19 世纪 70 年代，法学刚刚从一种职业教育升格为高等教育，因此如何将沾染着铜臭气息的法学教育包装成为一种"显学"就成为法学教育改革者的当务之急。除了将教学内容改为晦涩的案例，一个非常重要的改革措施就是采用这种鼓吹先贤旗号的教学方法。因此笔者怀疑之所以将这种和苏格拉底本来没有太大关系的教学法冠以苏格拉底名号也是兰德尔教学改革畅行的重要举措。从这个角度来看，兰德尔的举措被历史证明是成功的。虽然美国目前人均律师比例位居全世界之首，但美国杰出政要与精英人士大多数还是会出身于传统的常青藤高校联盟的法学院。而笔者认为，导致苏格拉底教学法在 20 世纪 80 年代之后逐渐没落的原因与其说是其本身劣势的凸显，还不如说是美国整体社会文化环境与价值观念等社会变量的流转与变迁。首先，20 世纪 60 年代美国民权运动冲击了传统法学教学模式。20 世纪 60 年代美国民权运动对整个美国社会所产生的冲击与颠覆是深远而近乎彻底的。大量法学院学生参与的各种学生运动颠覆了既有的法学院内部相关秩序，而传统师生关系的倾覆也使得要求较高又十分严苛的苏格拉底教学法失去了推行的保证。其次，从 20 世纪 70 年代末开始，美国法学院数目急剧扩张，对传统法学教学模式带来冲击。参见 Joan MacLeod Heminway, "Caught in（or on）the Web：A Review of Course Management Systems for Legal Education," *Alb. L. J. Sci. & Tech.* 16（2006）：165。这次扩张的影响是极其深远的。一方面，法学院数目的增加意味着法学教师需求的增加，这直接催生了新晋教师对不同教学方法进行尝试的浪潮。而这些新设的法学院往往也会在教学方法方面力求创新，从而本能性地放弃传统的苏格拉底教学法。另一方面，法学院数目的增加也意味着学生录取比例的提高，而随着越来越多少数族裔、女性、同性恋以及其他具有特定文化标签背景的人进入法学院，法学院内部的多元价值观也在发生改变，而这种多元价值和传统苏格拉底教学法的独大与对学生尊严的忽视形成了剧烈的碰撞。再次，美国主流文化变迁对传统法学教学方法的影响。不可否认的事实是，目前美国主流文化当中的消费主义也侵入了法学课堂，成为主导法学院行政管理、教师与学生关系的核心架构，在这种理念的作用下，法学院与法学教育被认为是一种服务机构，而学生是消费者，从而应该以学生的喜好为中心选择相应的教育产品与服务。参见 Robert M. Lloyd, "Hard Law Firms and Soft Law Schools," *N. C. L. Rev.* 83（2004）：667。其所导致的具体结果，一方面是法学教育将学位获得作为核心要务，而其他教学目 （转下页注）

著作或学术论文的艰深内容来提升课堂的水平。最好的替代案例法的教学法，就是以《模范刑法典》为范本，讲授刑法学。[①]

一　美国《模范刑法典》概述

（一）美国早期刑事法法典化历程

美国建国之初，开国元勋们就已经开始反思刑事法的成文化。有学者

（接上页注）标等需要服务于这一目标，同时也还要考量学生的满足感与幸福感等心理感受。笔者在每个学期末都会接受学校组织的对任课教师进行的匿名考评，而考评的绝大多数问题都与学生本人的主观评价和感受相关。可以想见，除了少数固执的资深教授之外，很多教授都会很慎重地思考是否需要适用严苛的苏格拉底教学法来让学生讨厌自己。最后，全球化与信息时代对传统法学教学法的挑战。最近，哈佛法学院的教师投票决定对一年级法学课程进行调整，尽管这些新生仍将学习"合同法"、"侵权法"和"刑法"，但是这些传统基础课的课时将减少，与此同时，新增加的课程包括"国际法"、"立法学"、"行政法"以及"法律问题解析"等。在"法律问题解析"课程当中，学生们将不再学习抽象的法律原则，而是寻求对具体实践问题的解决。现任美国联邦最高法院大法官、时任哈佛法学院院长艾琳娜·卡干告诉《纽约时报》，时代在变，哈佛法学院课程设置的变化是法学教育对这种全球化时代的自然反映。参见 Bill Haltom，"Contracts and Socratic Method Should Make Way for Real-life Issues: Good-bye, Professor Kingsfield," *Tenn. B. J.* 42（2006）: 42。而随着信息社会的到来，对不同学习方法的尝试也日趋平常，而对学生自主学习方式的所谓尊重与考量也成为部分法学教师遴选教学方法的根据。参见 Eric A. DeGroff and Kathleen A. McKee，"Learning Like Lawyers: Addressing the Differences in Law Student Learning Styles," *BYU Educ. & L. J.* 13（2006）: 499。从上述意义上而言，美国法学教育中传统教学方法的前途与命运在很大程度上取决于社会意识形态与价值观念的变迁。作为宏大文化背景当中的一个组成部分，美国法学教育的目标与模式随着时代的进步发生变化应属正常，而苏格拉底教学法的式微无疑在很大程度上源自其自身适应能力的不佳与自我变革能力的缺失。目前，美国法学教育正在面临新的挑战与变革。根据一项历时 6 年的法学教育现状调查，越来越多的美国法学院毕业生抱怨自己在学校期间没有接受到充分的法律执业教育，从而无法胜任其所面临的现实。造成这种教育质量滑坡的原因固然很多，但其中很重要的一个原因就在于对传统苏格拉底教学法的忽视。作为与案例教学结构性契合的教学模式，苏格拉底教学法的教学效果已经被历史证明。但与此同时，面对多元价值与文化的挑战，尤其是全球化时代的到来，这种美国传统法学教学方法也需要进行完善与革新，特别是目前多媒体与网络教学对苏格拉底教学法带来了新的挑战，如何最大化发挥苏格拉底教学法的优长，如何尽可能减少其对时代发展的不适应就成为目前美国法学教育改革的主攻方向。与美国法学教育相关的介绍，还可参见〔美〕罗伯特·史蒂文斯《法学院——美国法学教育百年史：19 世纪 50 年代至 20 世纪 80 年代》，李立丰译，北京大学出版社，2017。

① 参见 George P. Fletcher，"The Fall and Rise of Criminal Theory," *Buff. Crim. L. R.* 1（1998）: 275。

考证，托马斯·杰弗逊都曾插手此事。[1] 来自路易斯安那州的爱德华·利维斯顿（Edward Livingston）[2]，最早提出了成形的刑法典草案，利维斯顿按照边沁模式构建了一部刑法典，这一创举被认为"具有革新意义、兼顾根源与末节，较为详尽地反思了诸多刑法问题"。[3] 或许这一理念过于先进，或许当时包括路易斯安那州在内，美国各州还没有做好准备，非常遗憾，这一尝试最终并未被付诸实施。历史上，"第一部真正意义上为多州采用，或者参照的刑法典由戴维·达得利·菲尔德（David Dudley Field）[4] 提出，并为美国西部各州以及纽约州采用。此后，一直到二战结束，除了1942 年路易斯安那州推行过一部新的刑法典之外，没有其他州采用新的刑法典"。[5]

这意味着，在相当长一段时间，美国各级法院，往往是在没有明确准据法，甚至是在没有刑法典的前提下审理刑事案件的，吊诡的是，即使在这样的情况下，美国刑事司法似乎也没有脱离正常的轨道，相反，从经验上来看，其运行反而十分平顺。其实，如果对这一时期美国刑事司法的运行加以追问，就需要面对一个更为艰深，同时也更为棘手的前提问题，即刑事司法的正常运行，是取决于刑法典的存在或者明晰？或者说，没有明晰统一的刑法典，刑事司法就无法正常运转？

对此，有学者批判立法机关的不作为，认为如果不是高素质法官与检察官的参与，当时已经成为美国刑事法主体的刑事成文法，因为不能与时俱进、缺乏原则性与连贯性，势必造成大量刑事司法问题，甚至灾难。[6]

---

[1] 参见 Sanford H. Kadish, "Fifty Years of Criminal Law: An Opinionated Review," *Cal. L. Rev.* 87（1999）: 943.

[2] 爱德华·利维斯顿（Edward Livingston），1764~1836 年，美国法学家、政治家，曾在路易斯安那州制定效仿大陆法系的法典过程中发挥重要作用。

[3] Sanford H. Kadish, "Codifiers of Criminal Law: Wechsler's Predecessors," *Colum. L. Rev.* 78（1978）: 109.

[4] 戴维·达得利·菲尔德（David Dudley Field），1805~1894 年，美国法学家，对美国民事程序法的制定与完善做出了积极贡献。

[5] Dale E. Bennett, "The Louisiana Criminal Code: A Comparison with Prior Louisiana Criminal Law," *La. L. Rev.* 5（1942）: 6.

[6] 参见 Herbert Wechsler, "The Challenge of a MPC," *Harv. L. Rev.* 65（1952）: 1097.

具体到各州，在 20 世纪 30 年代，纽约州和威斯康星州率先开始刑法改革，而从全国的范围来看，在美国法学会主席的建议下，美国法学会（The American Law Institute）[1] 开始了《模范刑法典》的起草工作。[2] 而《模范刑法典》的草拟以及适用，业已成为美国刑法法定化进程的一个"分水

---

[1]　美国法学会，于 1923 年成立，发起者多为杰出的法官、律师以及法学教师，旨在完善、明晰现行立法。在成立之初，美国法学会就十分关注实体刑法方面存在的问题。通过调查美国刑法的实然状况，美国法学会很快就发现了问题所在，并在其第一份决议当中明确指出，作为刑法学研究对象的成文法过于庞杂，而这种庞杂仅仅通过学术批判根本无法有效解决。很多学者同意，长期以来，对刑事立法的关注不够，而由此产生的大量问题积重难返，已经无法通过学理评价等解决。因此，1931 年，美国法学会提出了第二份决议，呼吁构建模范法典。然而，这需要十分细致的实证分析，而这种努力即使不是在经济大萧条的年代进行，也耗费颇巨，故虽然得到了罗斯福总统强有力的支持，但仍最终流产。1950 年，建构《模范刑法典》的努力得以继续，并组建了由刑事执法、司法以及理论研究等各个领域专业人士组成的咨询委员会，1952 年，《模范刑法典》的设计以及起草工作正式开始。在随后的 10 年当中，美国法学会召开过很多次咨询委员会会议，每次会议大多持续 3 天左右，在会议期间，与会代表针对基本的政策问题反复争论并加以解决。与会者提出各自的研究成果以及草案，所有争论结果被集合成最终的版本。从 1953 年到 1962 年这 10 年期间，总共讨论了 31 个草案。在会议讨论修改通过之后，整个材料加上相关的评论，按照一定的顺序编排，并送交美国法学会，后面附加了于 1961 年提交的针对刑罚和改正措施的最终草案，形成了官方的 1962 年《模范刑法典》草案。法学会考虑了之前不同利益集团提交的不同的草案版本。虽然最终版本并没有得到所有参与者的认同与支持，但可以肯定的是，最终文本体现了很大程度的共识。但必须指出的是，在全国范围内达成刑法观点的统一并不是法学会的目的所在。因为一般认为，不同州的环境以及观念的不同，势必会在其刑事实体法当中反映出来。提出《模范刑法典》，无非是刺激、帮助各司法区，在反思、完善其刑事成文法的时候开阔视野，并且可以为其审视自身所面临的问题提供新的评价和解决办法。但这并不是说美国法学会无意推动这部法典的普遍适用，起码是某种参照。参见 Herbert Wechsler, "Codification of the Criminal Law in the United States: The MPC," *Colum. L. Rev.* 68 (1968): 1425。美国法学会花费了 10 年时间，完善、起草了一部《模范刑法典》。28 位起草者和 28 位咨询委员在 8 次年会当中，总共提交了 18 份报告。20 年之后，7 位报告人和 20 位咨询委员完成了 6 卷官方评论。维彻斯勒为主报告人，路易斯·舒瓦茨（Louis B. Schwartz）是副报告人。这项工作持续了 50 年的时间，在法学同仁的共同努力下，1962 年报告人提出了最终版本。《模范刑法典》做出了很多贡献。这种尝试意义非凡，1962 年《模范刑法典》官方版本出台之后不久，大部分的州开始反思其刑法典的修改与完善问题。例如，在加州，有个改革委员会就参照《模范刑法典》文本，自 1963 年开始，用了 6 年的时间，提交了 3 份公开征求意见稿。参见 Arthur H. Sherry, "Criminal Law Revision in California," *J. L. Reform* 4 (1971): 433。

[2]　Herbert Wechsler and Jerome Michael, "A Rationale of the Law of Homicide I," *Colum. L. Rev.* 37 (1937): 701.

界标"。①

1937 年，维彻斯勒教授等以"杀人罪的法律根据"（A Rationale of the Law of Homicide）为题开办讲座，为刑事司法与立法的检讨提供了不可或缺的准备工作，然而，非常不幸的是，经济萧条以及二战的爆发，打乱了正常的改革进程。② 战后，美国法学会重新开始反思《模范刑法典》的草拟工作，并在各方支持下，取得了实质性进展。

（二）美国《模范刑法典》史略

从 20 世纪开始，美国各州的刑法改革，开始以一种不同于大陆法系的独特方式进行。有学者明确提出，"就一部毫不借鉴欧洲模式的法典而言，《模范刑法典》所取得的成就十分显著"。③ 在这些学者看来，大陆法系国家的刑法教学往往基于论文和教科书，英国和加拿大的教育模式在很大程度上也属此类，但这一度被认为不适用于美国。美国学界一般认为，采取照本宣科的方式讲授法律与传统相悖。然而，教科书，无论有多好，都属于第二手材料，缺乏真实感。但也有观点认为，20 世纪 40 年代美国著名刑法学者赫伯特·维彻斯勒等人推出的教科书《刑法及其执行：判例、成文法及评述》（*Criminal Law and Its Administration*：*Cases*，*Statutes and Commentaries*）在某种程度上改变了此前肇始于克里斯托弗·哥伦布·兰

---

① William E. Mikell，"The Proposed Criminal Code of Pennsylvania," *U. Pa. L. Rev.* 71（1923）：322.

② 参见 Sanford H. Kadish，"Fifty Years of Criminal Law：An Opinionated Review," *Cal. L. Rev.* 87（1999）：943。在其看来，《模范刑法典》的成功绝非偶然，美国刑法学界曾经对这些所谓的原因加以归结。主要原因是《模范刑法典》本身十分具有说服力，体现了一种实用主义原则。这也是其可以成为美国立法机构在 20 世纪后半期立法模板的一个主要原因。次要原因是战后重建、乐观的公众意识、经济复苏、种族冲突、反战浪潮分散了公众、立法以及媒体对刑法典的注意力、福特基金会（Ford Foundation）对刑法研究的资助、美国律师基金会（The American Bar Foundation）等机构的积极参与等等。

③ Dannye Holley，"The Influence of the MPC's Culpability Provisions on State Legislatures：A Study of Lost Opportunity，Including Abolishing the Mistake of Fact Doctrine," *Sw. U. L. Rev.* 27（1997）：229.

德尔（Christopher Columbus Langdell）① 过于关注判例教学的传统法学教育范式，同时强调刑法适用的价值追求，彻底改变了单纯将法律适用于事实的传统做法。② 而后来《模范刑法典》的出现，则更为教授法律提供了一种精致、连贯、可以替代混乱且病态推理的解决方案。美国法学会自诩为美国刑法学研究良心的代表，于 1962 年正式推出了以《模范刑法典》命名的研究成果，此举也被很多美国学者视为"重拾了学界对刑法的担当"。③ 而且，作为对刑法的系统性思考，加之当时呼吁刑法改革的社会需求，以及这种需求对立法机构造成的巨大压力，都促成了《模范刑法典》公布之后很长一段时间，在美国获得了极大成功。④ "《模范刑法典》最为实质的影响在于提醒美国民众，包括刑法学者，应如何看待一部完整统一的刑法典在刑事司法体系中所起的作用。而其被称为'《模范刑法典》'信仰。"⑤

　　《模范刑法典》的成功，突出体现为 20 世纪 60 年代开始席卷全美的刑事法典化浪潮。从 1962 年伊利诺伊州法典生效，到 1983 年怀俄明州法

---

① 克里斯托弗·哥伦布·兰德尔（Christopher Columbus Langdell），1826~1906 年，美国教育家，1870 年至 1895 年受聘担任新设立的哈佛法学院院长（Dean）。在其任期内，哈佛法学院不仅一跃成为美国一流法学院，而且其所建构的法律培养、训练架构与机制，也被法律职业界领军人物视为标本与楷模。更为重要的，借此，法律，最终无可不辩驳地被承认为适合大学教育体制的专业。兰德尔担任院长后，最初建构起的是第一学年与第二学年的课程设置，也就是后来为人所知的"分级课程制"（the Graded Curriculum）。而其长远目标则更为宏大。在兰德尔心中，除了发展着重强调上诉案件分析的教学体系外，还应该将法律职业融入大学教育，所谓大学教育，并非本科教育，而是在本科学位基础上的额外 3 年继续教育。在法学专业被承认为研究生教育之前，兰德尔提议的 3 年制学位体系，就已经开始变为现实。1871 年，哈佛大学法学学士的学制，从 18 个月延长至 2 年。1876 年，哈佛大学监事会（the Board of Overseers）同意以规章的形式，鼓励法学学士教育的学制延长为 3 年。1899 年，强制性的 3 年学制目标最终得以实现。相关介绍可参见〔美〕罗伯特·史蒂文斯《法学院——美国法学教育百年史：19 世纪 50 年代至 20 世纪 80 年代》，李立丰译，北京大学出版社，2017，第三章。

② 参见 Angela P. Harris and Cynthia Lee Fall, "Commentary Symposium: Criminal Law, Casebooks, and Legal Education: Teaching Criminal Law from a Critical," *Ohio St. J. Crim. L.* 7 (2009): 261。

③ Herbert L. Packer, "The MPC and Beyond," *Colum. L. Rev.* 63 (1963): 594.

④ 参见 Ronald L. Gainer, "Federal Criminal Code Reform: Past and Future", *Buff. Crim. L. R.* 2 (1998): 45。

⑤ George P. Fletcher, "Dogmas of the MPC," *Buff. Crim. L. R.* 2 (1998): 3.

典出台，先后共有 43 部刑法典得以修正或者制定。当然并不是所有州的刑法典都具有同样的革新意义。一些州刑事成文法的修改可谓细枝末节，但如新泽西州、纽约州、宾夕法尼亚州以及俄勒冈州等，修法力度很大，几乎照搬《模范刑法典》的文本。受到美国法学会制定的《模范刑法典》影响，超过 60% 的州制定了较为详尽的刑法典，较之前的刑事成文法，实现了大幅度跨越。① 立法过程当中，各州立法机关就诸多深层次刑法问题展开讨论，并取得了长足进步。但与这些成就伴生的还有一些遗憾。最为遗憾的是，因为美国国会无力或者无意制定联邦刑法典，因此，在联邦层面，《模范刑法典》仍然停留在单纯的理念或者象征层面，并没有成为一部正式适用的官方刑法典。"一直到今天，美国联邦司法体系也没有一个独立、完整的刑法典"，② 而刑法规范仅仅作为组成部分，被规定在联邦法典当中。导致美国至今没有统一刑法典的原因很多，其中涉及的重要问题之一在于，刑法典本身是否不可或缺？这些问题在美国学术界也争论纷纷。③ 有人批评联邦刑法的固化与泛化，将会导致联邦大量介入传统由各州处理的事务，给本来就不堪重负的联邦司法系统造成负担，并导致联邦与各州司法管辖权的紧张关系。④

即便如此，《模范刑法典》仍然体现着美国刑法学理论的通说观点。对其研究极具意义。用什么可以解释《模范刑法典》的成功呢？无疑这是很多因素共同作用的结果。但进一步的原因却在于法典本身的特征——并不是因为其具有很高的说服力，而是因为所谓的实用主义原则。⑤

胜极必衰是事物发展的规律，《模范刑法典》自然也不能例外。随着时代的变迁，对《模范刑法典》的反思也悄然开始。起草于 20 世纪 50 年代的《模范刑法典》已经逐渐丧失了模范法典的地位，更多地变成了"麻

---

① 参见 Michael T. Cahill et al. , "The Five Worst（and Five Best）American Criminal Codes," *Nw. U. L. Rev.* 20（2000）：95。

② 参见 Paul H. Robinson, "Are Criminal Codes Irrelevant?" *S. Cal. L. Rev.* 68（1994）：242。

③ 参见 Paul H. Robinson, "Rules of Conduct and Principles of Adjudication," *U. Chi. L. Rev.* 57（1990）：729。

④ 参见 Steven D. Clymer, "Unequal Justice：The Federalization of Criminal Law," *S. Cal. L. Rev.* 70（1997）：643。

⑤ 参见 Herbert L. Packer, "The MPC and Beyond," *Column. L. Rev.* 63（1963）：594。

烦刑法典"。有学者就尖锐地指出，"自从 1962 年被公布之后，《模范刑法典》所鼓吹的概念基础，在形式上和实体上都出现了崩塌"。① 在这些学者看来，从形式而言，《模范刑法典》是战后立法进程的产物，是一种赤裸裸的刑事政策导向立法，体现出一种非常直接的实用主义，同时天真地假设社会民众认同、支持其所鼓吹的刑法改革。但在美国刑法司法实践过程当中，打击犯罪的现实需要迫使立法机构取消对刑法的政策性限制，从而导致刑事司法及立法丧失理性。实质而言，《模范刑法典》奉行简单的结果主义模式：通过惩罚预防犯罪，如果震慑无效，就通过处遇和矫正打击犯罪。而现在，和 20 世纪 50 年代得到广泛认同不同，美国社会的多元与价值混乱导致社会民众针对《模范刑法典》的支持态度出现动摇。例如，即使在实用主义语境下，传统刑罚理论，包括所谓"处遇理论"也发生了全面转型。②

越来越多的学者认识到了存在的问题，有人调侃说，"并不缺少认识到问题存在，并且对美国刑事成文法日益增多的问题感到痛苦的人"。③ 更有人悲观地认为，"时间证明，未来已不太可能继续完善《模范刑法典》。更为棘手的是，刑事成文法的影响随着时代的发展不断被削弱，已经无法用单纯通过刑事立法来实现改革的初衷。在相当长的一段时间，刑事成文法的退化趋势严重"。④

有美国学者一针见血地指出，"美国刑法理论在 20 世纪 70 年代中期开始衰落"。⑤ 衰落的表征在于，这一时期各州的刑法改革热情开始消减。换句话说，《模范刑法典》催生新立法的作用开始穷竭，反而成为教授刑法的范例。例如，针对犯意概念，很多学者认为，《模范刑法典》通过立法界定"意图"、"了解"、"轻率"和"过失"等四类犯意要素，一劳永逸地解决了

---

① Paul H. Robinson, "A Brief History of Distinctions in Criminal Culpability," *Hastings L. J.* 31 (1980): 815.

② 参见 Markus Dirk Dubber, "Penal Panopticon: The Idea of a Modern MPC," *Buff. Crim. L. R.* 4 (2000): 223。

③ Douglas Husak, "Is the Criminal Law Important?" *Ohio St. J. Crim. L.* 1 (2003): 261.

④ Paul H. Robinson, Michael T. Cahill, "The Accelerating Degradation of American Criminal Codes," *Hastings L. J.* 56 (2005): 633.

⑤ George P. Fletcher, "The Fall and Rise of Criminal Theory," *Buff. Crim. L. R.* 1 (1998): 275.

相关的问题，从而窒息或者扼杀了刑法理论的进一步成长。① 一个有趣的现象是，晚近，国内一些学者开始主张，长期以来，"要么故意犯罪要么过失犯罪"这样一种传统观念忽略了现实法律中存在的复杂的罪过形式，硬生生地用一种单一的、整体的罪过认定模式套在了现有的法律规定和司法实践之上，值得深刻反思。一些中国刑法学者开始以美国《模范刑法典》为比较研究素材，对要素分析法进行详细介绍，以寻求应对该问题的新思路。②

的确，围绕刑法典的优长短缺，存在种种论争乃至很大程度上的观点反复，但刑事法的成文化，较之普通法立法模式，无疑在体系性、完整性等各个方面都取得了较大进步。刑法典本身的不完善或者存在弊端，绝对不是立法倒退，或者恢复到之前杂乱无章的普通法时代的借口。③ 相反，

---

① 当然，这并不是说对《模范刑法典》四种类型的犯意规定不存在任何理论争鸣。例如，著名刑法学者肯尼斯·西蒙斯（Kenneth Simons）认为传统的层级式心态，即认为"意图"是被认为最具可责性的心态，以下顺次为"了解"、"轻率"和"过失"，没有考虑两种区别明显并且相互独立的罪责心态：认识的心态（如明知）与意志的心态（如意图）。西蒙斯认为，应当在同一类型的犯意当中设立不同层次。例如，可以进一步将轻率分为两种：一种为对实质危险的认识，另外一种为轻率的无所谓心态。与此相对，刑法学者拉瑞·亚历山大（Larry Alexander）主张，将"意图""了解"等概念纳入"轻率"概念当中。他认为这三种犯意结构基本上是一样的，都包括从根本上表明对他人权利的不充分认识的认识要素与意志要素。参见 Joshua Dressler, "Does One Mens Rea Fit All？: Thoughts on Alexander's Unified Conception of Criminal Culpability," *Calif. L. Rev.* 88 （2000）：955。

② 参见王华伟《要素分析模式之提倡——罪过形式难题新应》，《当代法学》2017 年第 5 期，第 68 页；劳东燕《犯罪故意的要素分析模式》，《比较法研究》2009 年第 1 期，第 45 页。

③ 美国独立战争之后，先前的普通法，受到了成文法或者宪法的实质性冲击，除了受大陆法系影响显著的得克萨斯州以及路易斯安那州，佐治亚、印第安纳、艾奥瓦、堪萨斯、密歇根、明尼苏达、内布拉斯加、纽约、俄亥俄、俄勒冈规定只有在法律明文规定的情况下才能认定犯罪。但需要指出的是，尽管普通法被很多州所制定的成文法修改或者取消，但这种修改或取消，必须是法定的。只有在立法机构明确表述的基础上才能得出其被修改或者取消的结论。在没有明确取消普通法犯罪的州，当普通法和成文法对同一问题具有不同规定的情况下，优先适用成文法。当成文法可以被认为完全包括了普通法，那么从某种意义上来讲普通法就是被废除了。但如果成文法仅仅对其要惩罚的犯罪规定了罪名，那么就要参考普通法来确定此种犯罪的实质。需要指出的是，根据美国宪法，联邦法院不能依据普通法来对刑事案件加以管辖。也就是说，只有在宪法或者国会明文授权的情况下，其才能行使这种权力。但如果国会立法仅仅规定了犯罪的名称，那么就必须参照普通法来认定相关犯罪的定义。参见 Huaiming Wang, "Chinese and American Criminal Law: Some Comparison, the Journal of Criminal Law," *Criminology and Police Science* 46 （1956）：796。

刑事立法存在的问题，为完善刑事立法、引领刑事立法的继续前进，指明了方向，因噎废食绝对不是一种应有的态度。其实，除了引领州法革新以及各州刑事成文法法典化之外，《模范刑法典》还引领刑法学研究从关注刑法史学转向批判法学。[①] "至少到 20 世纪 80 年代，《模范刑法典》以及相关的评论仍然作为刑法学说的中心。"[②] 更为重要的就是相关评论一直成为这个国度对刑法原则和前提思索的首要力量。[③] 在另一个层面，关于美国刑法的法典化所产生的争论，从根本意义上来讲，大多围绕刑法典是否重要这一个基本前提展开，种种矛盾和冲突大多可以追溯到这一前提之上。这种重视实践、关注效能的刑法立场无疑值得进一步研究。

二　美国《模范刑法典》的解读范式

《模范刑法典》作为美国刑事成文法的典型，作为解读对象，具有明确性。根据美国刑事成文法有权解读范式，解释文本是否明确，是确定解读模式的前提条件。解读对象是否明确，直接决定了解读者采用文脉主义解读模式，抑或是原意主义解读模式。虽然笔者提出，在实然状态下两种解读模式并不能截然分开，更多的是以某一方为主的折中模式。恰恰也是因为《模范刑法典》的明确、完备，美国刑法学者不再热衷于对刑法进行形而上研究，而将更多的精力投入到解释、评介《模范刑法典》上来。因此，学者才会经常被调侃所做的工作就是解释、评论刑事成文法，更有学者尖锐地指出，自己所能做的，至多就是通过刑法解释，确保刑事司法与解读者的正义观保持一致。

---

① 在法学界，所谓批判法学，一般被认为是实用主义法学的变体，从而解决流行的法律推理对社会边缘人或弱势群体的不当压制，并已经被扩展至包括女权主义等诸多具体领域。参见 Richard Warner，"Why Pragmatism? The Puzzling Place of Pragmatism in Critical Theory，" *U. Ill. L. Rev.* 1993（1993）：535。

② Peter W. Low，"The MPC，The Common Law，and Mistakes of Fact：Recklessness，Negligence，or Strict Liability？" *Rutgers L. J.* 19（1988）：539.

③ 参见 Sanford H. Kadish，"Fifty Years of Criminal Law：An Opinionated Review，" *Calif. L. Rev.* 87（1999）：934。

在所有打击、控制犯罪的努力过程中，刑法解释或解读，无疑非常重要，并且具有形式上的进步性。总体来看，《模范刑法典》的规定较为明确，并不含混。因此，对其应采用以文脉主义为主的折中主义解读范式。

在这一点上，《模范刑法典》采用或者创制出了所谓的要素分析模式。① 所谓要素分析模式，与宪法意义上的证明责任有关，美国联邦最高法院通过判例，要求刑事审判过程中，检方必须用充分的事实证据，排除合理怀疑地证明被指控犯罪的所有实质构成要素。② 下面，仅就《模范刑法典》中的要素分析方法，做简要介绍。

（一）要素分析的前提与方法

既有美国刑事成文法，以犯罪构成两点论为基调。这种强调犯罪构成需要客观与主观两要素的观点也构成了美国刑事成文法解读的基本前提。③

两点论观点具有深厚的历史传统。普通法体系中，法官坚持认为所有的犯罪除了"行为要素"之外还应该具有"犯意要素"。④ 美国刑法教科书的标准提法就是，刑法的根本原则是责任必须以犯意和行为要素为前提。⑤ 国内学界大多采信以北京大学储槐植教授为代表的学者所提出的美国刑法犯罪构成双层模式，即认为其包括犯罪实体要件——犯罪行为和犯意，以及次级要件，或者说责任充足要件，包括未成年、错误、精神病、

---

① Richard G. Singer and John Q. La Fond，《刑法》（注译本），王秀梅等注，中国方正出版社，2003，第 67 页。

② 参见 Peter Tillers and Jonathan Gottfried，"Case Comment—*United States* v. *Copeland*，369 F. Supp. 2d 275（E. D. N. Y. 2005）：A Collateral Attack on the Legal Maxim That Proof Beyond a Reasonable Doubt Is Unquantifiable?" *Law*，*Probability and Risk*，Issue 5（2007）：135。

③ 从历史实然的角度而言，"在超过 400 年的时间段落当中，西方国家沿用的都是个人在被指控犯有某项犯罪之前，必须持有犯意这一基本原则"。有学者认为行为本身是无色的，是犯意区分了无辜与有罪。参见 Edwin R. Keedy，"Ignorance and Mistake in the Criminal Law," *Harv. L. Rev.* 22（1908）：75。

④ 参见 Miguel A. Méndez，"A Sisyphean Task：The Common Law Approach to Mens Rea," *U. C. Davis L. Rev.* 28（1995）：407。

⑤ 参见 Wayne R. LaFave and Austin W. Scott，*Criminal Law*（Eagan：West Publishing Co.，1972）：6。

醉态、被迫行为、警察圈套（Entrapment）[①]、安乐死、紧急避险和正当防卫等。储槐植教授进一步认为犯罪构成双层模式的根基在于"权力""权利"加和守恒现象，即认为国家权力与公民权利在本质上均为社会利益，在一定时空条件下社会利益总量恒定。从形式上分析，犯罪构成双层模式中，第一层次采用由犯罪行为到犯意逐步收缩的方式的定罪过程，体现了国家意志，由公诉机关行使追究犯罪的权力，发挥刑法的维护社会秩序的功能。第二层次赋予被告人合法辩护的理由，体现了公民权利，发挥刑法的人权保障功能。国家权力和公民权利在对抗当中力量相当，平衡了国家社会利益和个人利益。[②] 这其实在某种程度上契合了大陆法系中阶层论的犯罪论体系，特别是我国有些学者眼中的两阶层犯罪论体系。[③]

---

① "警察圈套"（Entrapment），又称警察陷阱，是指公职人员诱使他人犯下特定罪行的概念和计划，如果没有该公职人员的设套、劝说或欺诈，行为人通常不会实施相关犯罪。参见 *People v. Herrera*，171 Cal. App. 2d 551（1959）。从公共政策的角度考虑，禁止国家机关通过设置诱饵的方式诱使无辜者犯罪这一点，是毫无疑问的。在刑事体系的设计不是针对被告人的情况下，使用诱饵将无辜的和守法的人诱捕入罪时，公共政策禁止国家机关起诉被告人，这是毫无疑问的。但如果存在直接或间接的实质性证据证明被告人自己产生了犯意，就不得援引警察圈套作为免责事由。参见 *People v. Adams*，21 Cal. App. 3d 972（1971）。但在司法实践中，警察圈套或所谓警察陷阱规则的适用不是无条件或者绝对的。例如，佛罗里达州最高法院曾在判例中明确，在下列两种情况下，警察圈套的抗辩事由不成立：首先，警察的行为是为了防止正在进行的特定的犯罪行为；其次，警察是利用特定、合理的手段逮捕正在进行犯罪的人。这表明，只要警察的行为是为了侦查那些正在进行的犯罪，即被告人本身已准备或正在进行犯罪，同时，警方的行为应当是合理的且被允许的，警察圈套的抗辩就不成立。参见廖万里《略论美国刑法中的警察圈套及其借鉴意义》，《法学家》2001 年第 2 期，第 124 页。

② 参见储槐植《美国刑法》，北京大学出版社，1996，第 5 页。

③ 参见〔德〕乌尔斯·金德霍伊泽尔《刑法总论教科书》（第六版），蔡桂生译，北京大学出版社，2015，中文版序。值得一提的是，陈兴良教授主张的两阶层犯罪论体系，与美国刑法中的逻辑结构，即"双层次的纵向对合式的动态诉讼逻辑"有着暗合之处。后者认为，首先，作为正面、积极维度的犯罪本体要件，即刑事责任基础（行为和心态），其旨在以抽象肯定的逻辑将某行为纳入犯罪圈，即"在刑事司法中，公诉一方只需证明被告人行为符合犯罪本体要件，即可推定被告人具有刑事责任基础；如果被告人（一方）不抗辩，犯罪即告成立"。其次，作为反面、消极维度的法律抗辩事由（Legal Defense），即责任充足条件，其旨在为辩方提供出罪辩护的法律事由，即"在行为特征符合犯罪本体要件时，如果被告人（一方）能说明自己不具有'责任能力'，如未成年、精神病等，或者说明自己的行为具备正当合法"的抗辩事由。参见储槐植、高维俭《犯罪构成理论结构比较论略》，《现代法学》2009 年第 6 期，第 88 页。

　　原本，英国刑法中刑事责任仅仅建立在犯罪行为基础上，至于行为人基于何种心态造成危害结果，一般认为与刑事责任无关。从 19 世纪开始，受罗马法和教会法（Canon Law）的影响，英国司法机关逐渐开始认识到，犯意在认定刑事责任问题上的重要性，并由此发展了一套与之相关的法律体系。[①] 事实上，"在 14 世纪以前，由于并不区分侵权行为和犯罪，因而侵权行为的责任原则和犯罪的处罚一样，都带有报复的性质，实行绝对责任原则，即结果责任。只要侵权行为造成了危害结果，不管行为人主观上有无故意或过失，都要负责。14 世纪末以后，法律开始注意行为人的主观状态，如果被告人能证明自己并非由故意、过失导致损害结果，即可免责"。[②] 换句话说，"只有当侵权与犯罪的区别显而易见时，即补偿被害人的功能变得不同于予以刑罚的功能时，犯意要件才日益呈现出其重要性"。[③] 虽然随着时代的发展，美国刑法中犯罪成立二元论已成通说，但这并不意味着不存在任何的反对意见。事实上，在理论上二元论遭遇了来自美国国内十分尖锐的挑战。如有学者一针见血地指出，"把犯罪划分为截然不同的主观要素和客观要素，是一种人为的杜撰"。[④] 更有学者建议，应该抛弃刑事犯罪的正统模式，把独立的犯罪主观构成斥之为虚构。[⑤] 我国也有部分学者认为，尽管中国学者所做的关于犯罪本体要件与责任充足要件的总结很好地反映了英美法系犯罪构成的特点与结构，但考察英美刑法

[①]　参见李洁、李立丰《美国刑法中主观罪过表现形式初探》，《法学评论》2005 年第 1 期，第 97 页。

[②]　参见郑祝君《英美法：时代性背景下的制度变迁》，《法商研究》2002 年第 2 期，第 136 页。

[③]　〔美〕波尔·H. 罗宾逊《美国刑法的结构概要》（下），何秉松、王桂萍译，《政法论坛（中国政法大学学报）》2005 年第 3 期，第 100 页。

[④]　关于刑法学家将犯罪分为主观要素和客观要素可能导致极其不符合逻辑的争论，转引自〔美〕道格拉斯·N. 胡萨克《刑法哲学》，谢望原等译，中国人民公安大学出版社，2004，第 185 页。

[⑤]　〔美〕道格拉斯·N. 胡萨克：《刑法哲学》，谢望原等译，中国人民公安大学出版社，2004，第 192 页。在这些学者看来，这种二元论的模式在哲学上始终值得怀疑，经不住仔细推敲。"刑法典中出现的许多动词都含有意图的意思。没有适当的心理态度，一个人不能'挪用'、'持有'、'许可'、'假冒'、'贿赂'、'结婚'或'殴打'。被告人可以有意识或者无意识地挥动胳膊打别人几拳，但是，除非有打斗的意图，否则没有人会把他的行为说成是构成'殴打罪'。在这个方面，试图把包括上述动词的某些犯罪细分为不同的内部成分或者外部成分是毫无希望的，是徒劳的。"

著述，未见有如此理论上的总结和划分。结合英美法系犯罪构成模式自身的形成原因和特点，不如将之区分为实体性犯罪构成要件和程序性犯罪构成要件。[①]

司法实践当中，"坚持行为和犯意二元并生的说法，在可能出现的法律难题面前，如不能犯的情况，就开始土崩瓦解"。[②] 另外需要指出的是，处遇学派和法经济学派经常提出应削弱犯意在刑法当中的地位。处遇学派主张"将罪犯视为病人"；[③] 法经济学派则在总体上鼓吹放弃个人责任，将理论建立在追求利益最大化的前提之上。

二元论的反对者主要关注的是行为和犯意区分标准的"人为拟制性"。但是如果稍加反思，任何概念范畴难道不都是人为拟制的吗？拟制并不等于任意，历史证明，二元论的犯罪构成理论在美国刑法理论中具有主导地位。这是必须正视的事实。犯罪成立要素从一元走到今天二元的历史，也印证了时代变迁对刑法规范的影响。对包括刑法中的犯意在内的行为人内心活动的强调或者重视，是具有道德能力的人所不可或缺的。"这些能力反过来又赋予尊严，因为是人，而受到关注或者尊敬"。[④] 当然，这并不是说二元论体系毫无缺点。但否定者们往往不能在否定二元论的同时，提出一个足以替代二元论的新的体系。因此从理论和实践的稳妥性出发，可以认为对犯罪构成的行为、犯意二元建构，在当今时代还有其存在的合理性。世界本原为何的命题太过深奥，在经验范围之内，"必须真诚接受世界还不是完全统一的理论，或者接受世界是多元的假设"。[⑤]

犯意，以及犯意所承载的社会道德评价功能，是表征刑法特征的核心所在，是区分刑事责任与非刑事责任的核心。在这个意义上，"法经济学观点的致命缺点在于，其无法解释作为基本范畴存在的犯意的不可简约

---

① 转引自王志祥《美国犯罪构成论的基本问题》，《法治研究》2018 年第 2 期，第 126 页。

② Norman J. Finke, "When Mistakes Happen: Commonsense Rules of Culpability March," *Psych. Pub. Pol. and L.* 3 (1997): 1.

③ 参见 Claire Finkelstein, "The Inefficiency of Mens Rea," *Calif. L. Rev.* 88 (2000): 895.

④ Stephen J. Morse, "Inevitable Mens Rea," *Harv. J. L. & Pub. Pol'y* 27 (2003): 51.

⑤ 〔美〕威廉·詹姆士：《实用主义》，陈羽伦、孙端禾译，商务印书馆，1979，第 84 页。

性"。① 在《模范刑法典》出台之前，某些州对个罪或者类罪要求整体上具备一种可责性心态即可。这就是所谓的"犯罪分析模式"。《模范刑法典》采取的是所谓的要素分析模式，即要求通过证据，针对特定犯罪的行为、结果以及情节等实体要素，证明行为人具有法定犯意。②

根据犯罪分析模式，"总体而言，某一具体犯罪仅要求单一犯意"。③与此相对，要素分析模式将犯罪分解为不同的客观要素，并将每个客观要素和与之相对应的犯罪犯意相联系。④ 结合《模范刑法典》犯意类型化的特点，可以避免犯罪分析具有的若干弊端。"首先，犯罪分析适用普通法概念来定义犯意。然而，普通法的概念是含混的。其次，因为犯罪分析仅仅要求犯罪具备一个犯意，因此针对不同的犯罪要素的犯意认定过于机械简单。"⑤

（二）《模范刑法典》对犯罪要素的规定和划分

《模范刑法典》将犯罪要素区分为⑥：i. 行为；ii. 随附情状；iii. 结果。

　　a. 其被包括在犯罪定义所规定的禁止行为当中，或者；

　　b. 建构所要求的可责性，或者；

---

① Claire Finkelstein, "The Inefficiency of Mens Rea," *Calif. L. Rev.* 88 (2000): 895.

② 晚近，我国也有学者开始认为，我国传统罪过理论可以称为"整罪分析模式"。整罪分析模式强调罪过对象的整体性、罪过形式的单一性和不同罪过之间的对立性。根据传统罪过理论，罪过的对象是以危害结果为核心的客观构成要素的整体，在故意犯罪中所有客观构成要素的罪过形式都是单一的故意，而且故意犯罪中不包括过失，过失犯罪中也容不得故意。在法定犯时代背景下，整罪分析模式的僵化性和机械性越来越凸显。要素分析模式强调，罪过的对象是具体的客观构成要素，在故意犯罪中可以有过失，在过失犯罪中也可以有故意，故意与过失之间不是对立关系而是位阶关系。具有灵活性和实用性的要素分析模式不但更好地遵循了罪刑法定原则和责任主义原则，而且更能适应法定犯时代的到来。相关内容可参见陈银珠《法定犯时代传统罪过理论的突破》，《中外法学》2017 年第 4 期，第 943 页。

③ Paul H. Robinson and Jane A. Grall, "Element Analysis in Defining Criminal Liability: The MPC and Beyond," *Stan. L. Rev.* 35 (1983): 681.

④ 参见 MPC § 1.13 (9)。

⑤ Martin T. Lefevour, "Requres Mens Rea to the Physical Characteristics of the Weapon," *J. Crim. L. & Criminology* 85 (1988): 1136.

⑥ MPC § 1.13 (9)。

c. 否定这样的行为的免责事由或者正当化事由，或者；

d. 否定根据法律规定或者基于时效而产生的抗辩，或者；

e. 建构管辖权或者审判地。

在此基础上，《模范刑法典》将上述规定中的一部分提取出来，称之为"实体要素"（Material Element）。除 e 项之外，a 项至 d 项都可以被称为实体要素。① 有学者因此将前者称为"单一要素"，后者称为"实体要素"。② 笔者以为此处区分似乎称为程序要素和实体要素更为妥帖。

在此特别需要指出的是，由于该部分规定将正当化事由以及免责事由也包括在实体要素的规定当中，因此使得对《模范刑法典》犯意规定进行要素分析时，不仅仅涉及厘定犯罪是否适格的问题，也可以用来决定被告人提出的"正向抗辩"（Affirmative Defense）是否成立。③ 从而明确了除对犯罪定义的传统理解需要考虑犯意之外，在某些抗辩事由的成立问题上也不能对此有所忽视。

在明确了实体要素的定义和种类之后，如何分析《模范刑法典》当中所规定的四种可责性呢？根据《模范刑法典》的相关规定④，可以得出如下结论。

前提一，如果行为人不具有法律规定的针对犯罪实体要素的四种可责性，那么其就不构成该犯罪。但其是建立在另外一个基础之上的，亦即此种犯罪不属于《模范刑法典》规定的"绝对责任犯罪"（Absolute Crime）。⑤ 但从犯意要素分析的角度考量，将其作为论证的逻辑起点，可

① MPC § 1.13（10）.

② 王秀梅老师将 Simple Element 译为单一要件，似乎考虑了对其定义当中"专属"（Exclusive）一词的使用。参见 Richard G. Singer and John Q. La Fond，《刑法》（注译本），王秀梅等注，中国方正出版社，2003。但是笔者认为，此种译法没有考虑到，如果这样理解，那么明显作为实体要素的行为，也有被误认为是单一要件的可能，因此值得商榷。

③ 参见 Joshua Dressler，*Understanding Criminal Law*（New York：Matthew Bender，1995）：85。

④ 就本书所引用《模范刑法典》部分，笔者在此处做如下几点说明：首先，本书所用《模范刑法典》版本，除特别注明外，一律为 1962 年版本；其次，本书所用的《模范刑法典》之中文表述，除明确标明出处外，皆为笔者之理解。另，刘仁文老师主持翻译由法律出版社出版的中文版《模范刑法典》虽较有裨益，但笔者之陋见，其与英文之表述出入颇多，且在某些重要概念的中文表述选词上有待商榷。故来直接采信。

⑤ 《模范刑法典》只在很有限的情况，例如交通犯罪等允许出现严格责任。对这个问题，将在后文详述。

将其视为关注有或者无的问题。

前提二，也是前提一的结论，在解决了有无问题的基础上，这一部分关注的是此或者彼的问题。既然犯罪需要可责性，那么其需要的是哪种可责性呢？其实准确的说法是，此（些）和彼（些）可责性的问题。因为直白理解《模范刑法典》的要素分析模式，既然对犯罪的诸多实体要素都需要可责性相对应，就有可能出现一个犯罪定义当中的不同实体要素对应不同的可责性的情况。尽管对犯罪的每个要素而言都必须要求某种程度的犯意要素，在犯罪定义当中可明确规定两种以上的犯意。"《模范刑法典》要求对犯罪的所有要素，而不是犯罪本身规定可责性。"①

因此在此和彼的问题解决之前，其所建构的前提，即一还是多的问题得到了解决。很有意思的是，美国《模范刑法典》在这里再一次体现了某种程度面对实践的折中论。例如，根据《模范刑法典》的规定，如果成文法没有明确规定适用何种可责性的话，那么就可以适用除过失之外的其他犯意。②

无疑将之视为在有和无之间的一种妥协。但这里需要明确的一个问题就是，针对不同类型的实体要素，除过失之外的其他三种可责性要素的适用并不是等同的。《模范刑法典》认为，对所有的随附情状要素和结果要素需要"轻率"。并且，因为《模范刑法典》没有规定轻率行为，也就是刑法语境当中的行为并不能基于轻率这种心态，其认为对行为要素需要"明知"。③

前提三，也是前提二的结论，就是在明确了某一成文法的规定当中要求的可责性要素的基础上，如何将其和该法所包括的实体要素组合起来。立法者可以从《模范刑法典》对轻率的定义当中发展出两种方式。首先，正如上文所述，立法者可以通过明确规定可责性，而不是通过对特定的客观要素推定最低要求的轻率犯意的方式修正犯罪定义；其次，立法者可以对一个犯罪的所有要素规定一种犯意。第二种解决方案被规定在《模范刑

---

① MPC § 2.05.
② 过失是否可以作为"过错"（Fault）的一种还是存在争议的。后文详述。
③ 这样说的主要原因是《模范刑法典》对轻率的定义并没有参考行为，因此认为轻率不适用于行为。具体参照《模范刑法典》的相关规定。

法典》当中，该条规定了成文法解释的总体原则，要求一个明文规定的可责性概念可以适用到犯罪的所有要素之上。①

在这个问题上，文脉主义的分析模式开始显现效力，即要对特定的法律规定做语法和句法上的分析，明确修饰关系。事实上，在法律实践当中，大多数争议都是围绕可责性概念在成文法当中的适用范围展开的。根据《模范刑法典》，如果刑事成文法将某种犯意规定为具体犯罪的充分条件，但没有明确应将这一犯意适用于犯罪的哪些实体要素，那么，除非存在明确的法律规定，否则，对这一犯罪的所有实体要素，都应要求行为人具有法定的犯意。这一做法显然无法有效解决问题。

（三）要素分析模式之短长②

针对美国刑事成文法的要素分析模式，支持者认为，首先，要素分析可以提供全面、清楚且精准的工具来限制政府权力，满足罪刑法定亦即合法性原则的要求。犯罪法定化，以及总体上的犯意要求规定，可以详尽、明细要求犯罪的成立条件，这样精确清晰的犯罪定义明确了禁止的范围。这意味着司法无法随意扩大或者缩小犯罪的成立范围，废除了刑法司法的任意性。其次，要素分析模式重申了立法机构在刑事立法中的主导地位。实际上，这具有非常重要的实际意义。与此相对，如果适用犯罪分析模式，一旦成文法本身无法有效解决可责性问题时，法官立法就成为必然。因此，根据犯罪分析模式，立法机构实际上授权法院来界定犯罪，这样做既不明智，也不符合分权原则。而要素分析模式，能够保证刑事成文法的解读具有清晰性与连贯性。

我国也有学者认为，与大陆刑法中的所谓单一分析或整罪分析不同，要素分析模式具有将认识错误还原为罪过或犯意问题的功能，不仅能表明表面看来独立的认识错误规则其实与对具体客观要素的罪过要求有关，而且能解释为什么需要对法律错误与事实错误适用不同的处理规则。这是因为事实错误所涉及的客观要素，其犯意要求至少是明知，而法律错误所涉

---

① MPC § 2.02 (4).

② 参见 Paul H. Robinson and Jane A. Grall, "Element Analysis in Defining Criminal Liability: The MPC and Beyond," *Stan. L. Rev.* 35 (1983): 681。

及的行为的违法性，犯意要求只是疏忽过失。此外，要素分析模式还可能为有争议的事实错误案件提供新的解决思路，能为区别对待某些客观构成要素与其他客观构成要素的做法提供依据，等等。①

对此，持反对意见的学者认为，《模范刑法典》所适用的要素分析模式并不彻底，也就是说，在其犯意规定当中，可以发现犯罪分析模式的遗迹。具体来说，《模范刑法典》的规定中反映了两种不同的分析方法，即要素分析模式和犯罪分析模式。某些规定将特定故意适用于所有的犯罪要素，从而体现出犯罪分析的意味。② 而作为主体解读形式的要素分析方式，要求将不同的可责性要求适用到不同的犯罪的要素之上。"事实上犯意部分是作为要素分析的核心部分存在的。"③

另外，《模范刑法典》的犯意规定的内在问题包括"无法明确区分行为、结果、随附情状的客观要素"。④ 事实上，这样的一种问题是包括《模范刑法典》在内的当代法典所具有的通病，即在具体概念的选择和表述上更多地沿用日常语言习惯，较为含混和模糊。在这一点上，《模范刑法典》也没有能够有所突破，其中大量出现像"损害"（Damages）⑤、"阻碍"（Obstructs）⑥ 等集合了行为和结果的词，而像"强迫"（Compels）⑦、"同意"（Agrees）⑧ 等词包括了行为和随附情状。这样的结合导致了含混性，并且影响了法律的运作。⑨

---

① 参见劳东燕《犯罪故意的要素分析模式》，《比较法研究》2009 年第 1 期，第 45 页。

② MPC § 2.02 (4).

③ 参见 Paul H. Robinson and Jane A. Grall, "Element Analysis in Defining Criminal Liability: The MPC and Beyond," *Stan. L. Rev.* 35 (1983): 68。

④ 参见 Paul H. Robinson, "Rethinking Federal Criminal Law: Reforming the Federal Criminal Code: A Top Ten List," *Buff. Crim. L. R.* 1 (1997): 5。

⑤ MPC § 220.3 (寻衅滋事罪).

⑥ MPC § 250.7 (阻碍高速公路交通罪).

⑦ MPC § 213.1 (1) (a) (强奸罪).

⑧ MPC § 5.03 (1) (a) (共谋犯罪).

⑨ 参见 Kenneth W. Simons, "MPC Second: Good or Bad Idea?: Should the MPC's Mens Rea Provisions Be Amended?" *Ohio St. J. Crim. L.* 1 (2003): 179。

第三节 小结

刑事司法主体的解读，赋予刑法生命，更可以终结刑法的生命。解读技术或者解读方法，永远都只是服务于特定价值取向与利益追求的工具或者程序。无论是要素分析模式，还是其他解读范式，都不应孤立研究，而应被纳入特定价值立场等语境当中加以考量。

第四章
犯意

犯意，作为犯罪核心构成要素，作为表征刑法道德属性的抓手，没有可供考察的客观载体，没有可供比对的价值标准。从这个意义上来说，研究犯意注定是失败的，或者说注定是无法获得令人满意的结果的。但每次尝试，都为日后的进一步研究提供了弥足珍贵的铺垫。

第一节　美国刑法中犯意研究
前提之预设

美国刑法起源于英国法。① 当早期定居者漂洋过海抵达北美大陆的时候，他们也把英国的普通法，也就是通常所说的习惯法②或者不成文法带

---

① 这里进行的仅仅是粗略的分析。事实上，殖民地时期的北美大陆法律制度以多元为特色，正如有学者曾经略带夸张地宣称的那样，那时的北美发展出了 13 个独立的法律体系。而这片大陆上也曾经存在过很多国家法律的影子，参见 Lawrence M. Friedman，*A History of American Law*（New York：Simon Schuster，1985）：19—20。

② 在法学理论，特别是普通法理论当中，存在一个有名的悖论，即所谓"奥斯丁困境"。具体来说，这是关于习惯法生成理论的一个巨大漏洞，因为奥斯丁在分析普通法的构成和形成路径时指出，那种经由立法者认定的、来自习惯规则的法律规则是制定法，并且是典型的法规法而不是习惯；而那种经由司法判决来自习惯规则的法律规则是司法规则，它是实在法的重要组成部分，此即"习惯法"。但在解释法官何以能够通过司法判决形成习惯法时，由于无法解释法官适用习惯的合法性问题，他转而认为，法院可以溯及既往地适用习惯即"实在道德"，但因此陷入了违背自己已然区分的法与非法概念的困境：奥斯丁如要证明法官适用习惯或"实在道德"这一行为是合理的，他就必须 （转下页注）

了过来，并成为北美殖民地的适用法律。① 事实上，从研究美国刑法的目的出发，虽无须对英国法当中犯意概念做细致研究，但是至少应该从总体上对其加以刻画。

就英国法中犯意的发端存在不同的理解。有学者认为，犯意首先是一个拉丁词，"Mens Rea"一词最早出现在罗马法②，从12世纪开始，罗马法的复兴直接或通过教会法间接影响了英国法。也有学者认为，犯意概念最早由柏拉图（Plato）③ 提出。

虽然英国的司法实践长期以来都尊崇犯意要求，例如在量刑的时候往往要参考犯罪人的主观恶性，但直到12世纪，在英国刑法当中，犯意的概念仍未明确。④ 随着时代的发展，表征罪犯可责性的犯意概念进化得越发完整，到17世纪，英国法已经牢固地建构起犯意是大多数犯罪的实体要素，当然也是绝大多数严重犯罪的实体要素这一理念。

（接上页注②）说明习惯或"实在道德"在得到司法适用之前就内在地具有法的拘束力了，否则法官没有理由适用"非法"的规则，这样他就混淆了他一再强调的法与非法之区分；而如果他不这样做，就无法论证法官适用习惯或"实在道德"的合法性。此一理论难题即"奥斯丁困境"。相关介绍，参见魏治勋《判例法的"溯及力困境"及其制度性克服》，《北方法学》2011年第5期，第5页。

① 也有学者认为美国法，特别是刑法与英国法之间的亲缘关系并不明显。其认为，在17世纪早期的英格兰，法律体系急需合理化和改革。然而，英国法律的复杂和混乱传到了殖民地，不可避免地把海外合法性的维度弄得模糊不清，甚至增加了其维度。此外，新英格兰清教徒被控创建自己私下的不合宪法的法律体系——一套与英国标准不符的法典。由于17世纪的殖民地没有哪个像马萨诸塞那样拥有完整的法律汇编，法律的来源更是模糊的，而没有明确的正统来源。习惯法在殖民地完全无法像在英格兰一样发挥作用。殖民地没有训练有素的律师，很少关注以前的判例法，实质上并不存在成文的司法意见。每个殖民地都面临着或者自觉避免着将其通过的法律与大不列颠的法律体系联系起来的难题。在诸如英国法令在海外有多大有效性此类问题上，整个18世纪存在很大的模糊性。比如1706年的弗朗西斯·马凯尔牧师（Reverend Francis Makemie）案，复杂的审判使纽约陷入了困惑：英国的刑法究竟有没有扩展到殖民地，参见〔美〕迈克尔·卡门《自相矛盾的民族——美国文化的起源》，王晶译，江苏人民出版社，2006，第28页。

② 有学者考证，奥古斯丁（Augustine）（又译为奥斯丁。——编者注）首次使用犯罪心理（Mens Rea）一词来概括道德层面上的邪恶，即"邪恶的动机带来邪恶的行为，善意的动机带来善意的行为"，该原则成为宗教裁判所处理犯罪事务的基本准则。参见李韧夫、董进、于靖民《论犯罪心理概念的发展对当代美国刑法的影响》，《当代法学》2009年第3期，第139页。

③ 参见 Cynthia H. Finn, "The Responsible Corporate Officer, Criminal Liability, and Mens Rea: Limitations on the RCO Doctrine," *Am. U. L. Rev.* 46 (1997): 543.

④ 参见 Francis B. Sayre, "Mens Rea," *Harv. L. Rev.* 45 (1932): 974.

一般认为，早期英国法中的犯意要求，就已经开始具有某些当代犯意的特征，但当时所谓犯意，侧重于实行者与其行为之间的意思联系，或者针对行为的意思表示。其和罗马法学者所概括的"具体的主观要素"类似，但又不完全一致。英国法当中的犯意更多的是通过行为人的"意识性"（Consciousness），而不是"意志性"（Will）来加以定义的。所谓意识针对的通常是行为，但不一定必然针对行为的结果和因果关系。而罗马法中的犯意所包括的是某种"道德过错"（Moral Guilt）的概念。相反，在英国，犯意有时被表述为"故意"（Intention），但是这一概念范畴不仅仅适用于所谓故意犯罪，也同样适用于过失。①

从实然的历史维度而言，"在近现代数百年漫长的时间段落当中，西方国家所沿用的，都是个人在被指控犯有某项犯罪之前必须具有犯意这一基本原则"。② 依据这一普通法传统与思维惯性，美国法院甚至在国会没有通过成文法明确要求犯意的情况下，仍然适用犯意要求。"在美国法学界看来，犯意的存在是一种规则，而不是一种例外。"③ 同时要求犯意与行为，也成为美国刑事成文法对犯罪的通常规定。④ 例如在"丹尼斯诉美利坚合众国案"（*Dennis v. United States*）中，时任美国联邦最高法院大法官布伦南坚持认为，"美国各州立法机构有权在不考虑行为人主观心理的情况下规制严格责任犯罪"。⑤ 大量判例证明，类似于严格责任犯罪之类的不要求犯意的例外情况，受到了严格的司法限制，这也从另外一个侧面，变相肯定了犯意在美国刑事立法与刑事司法过程中的基础性地位。

另外，作为美国刑事立法与司法前提的宪法，并未要求犯罪概念必须包含犯意要素。对此，美国联邦最高法院的观点也较为暧昧。目前至少存

---

① 转引自 Mihajlo M. Aćimović, "Conceptions of Culpability in Contemporary American Criminal Law," *La. L. Rev.* 26 (1965): 28。

② 有学者认为行为本身是中性的，是犯意区分了无辜与有罪。参见 Edwin R. Keedy, "Ignorance and Mistake in the Criminal Law," *Harv. L. Rev.* 22 (1908): 75。

③ Herbert L. Packer, "Mens Rea and the Supreme Court," *Sup. Ct. Rev.* (1962): 107.

④ 例如《加利福尼亚州刑法典》第 20 条规定，"任何犯罪都必须具备行为与故意或者过失之间的结合"。参见 Cal. Penal Code § 20。

⑤ *Dennis v. United States*, 341 U. S. 494 (1951).

在两种不同的观点。有观点认为，犯意不具备宪法意义，或者不具备很大的宪法意义。但也有观点认为，至少在某些情况下，犯意还是具有某些宪法意义的。如美国联邦最高法院曾在"默里赛特诉美利坚合众国案"（*Morissette* v. *United States*）① 中明确提出，"国会当然有权规避犯意要求，但一般情况下，如果对特殊犯罪不要求证明犯罪人的明确犯意，那么立法机关就需要做出具体说明"。这两种观点又似乎并行不悖。

综上，可以认为美国刑法犯意源自英国法，以英国的普通法作为基石，同时深深烙上了美国特定文化、历史等因素的痕迹。迄今为止，美国的司法实践已经证明，犯罪成立原则上需要证明行为人具有特定的犯意，作为美国刑法当中一个非常重要的概念，犯意成为认定犯罪、厘定刑罚的重要标准，但同时其又没有上升到宪法层次，因而存在无犯意犯罪，即所谓"严格责任犯罪"② 的生存空间，此种犯意的边缘化倾向，也催生了大量司法实践中的难题，以及与此相关的大量思辨与争鸣。

一　犯罪构成要素之二元属性

根据普通法传统，所有的犯罪除了要具有犯行/客观要素之外，还应该具有犯意/主观要素。③ 美国刑法教科书的标准提法就是，责任必须以犯意和犯行要素为前提，这是刑法的根本原则。④

犯罪中的犯意概念，是作为表征犯罪所具有的道德否定评价属性的载体存在的。犯意在刑法当中所扮演的角色是一个备受争论的问题。当刑法以血腥复仇⑤为目标时，犯意作为工具，打击或惩罚可能引发复仇的行为。

---

① *Morissette* v. *United States*，342，U. S. 246（1952）.

② 严格责任犯罪与不要求证明任何犯意要素的所谓无犯意犯罪之间是否具有全然的重合关系十分复杂，对此可参见后文的论述。

③ 参见 Miguel A. Méndez，"A Sisyphean Task：The Common Law Approach to Mens Rea，" *U. C. Davis L. Rev.* 28（1995）：407。另外，必须指出，本书将"Actus Reus"以及"Mens Rea"分别翻译为"犯行"与"犯意"，主要是为了顺应一般的语言习惯，事实上，上述两个拉丁概念的外延和内涵与犯意等中文概念的一般含义存在一定出入。对此将在本章及其他相关章节加以详细说明。

④ 参见 Wayne R. LaFave and Austin W. Scott，*Criminal Law*（Eagan：West Publishing Co.，1972）：6 以及 MPC § 2.02。

⑤ 血腥复仇被定义为对杀死自己家人的凶手或其亲属实施杀戮的报复方式，参见 *Black's Law Dictionary*（Eagan：West Publishing Co.，1979）：157。

到了 12 世纪末，随着教会法影响的不断扩大，刑法目的改变为惩罚错误行为，使得犯意含义与单纯的道德谴责渐行渐远。在现代，虽然刑法的目标逐渐从惩罚道德错误行为，转移到保护社会和公共利益上来，但对犯意的理解仍然并不能脱离道德意义。① 不考虑行为人的犯意就对行为人加以惩罚，既缺乏效率，也不公正。首先，将裸行为犯罪化，虽然可以暂时减轻检方的证明义务，加快案件的审理进程，但从长远的角度来看，不考虑行为人主观心态，单纯惩罚行为的做法，无法考察行为人的人身危险性，因此不能区分哪些行为人因为很可能未来会继续实施犯罪，因此应被惩罚从而对其加以震慑；哪些行为人不需要惩罚，而需要治疗、教育等。因此，从震慑犯罪的长远考量来说是缺乏效率的。其次，在不考虑行为人道德可责性的基础上就将某人认定为罪犯缺乏公正性，无法获得社会公众的认同与支持。"无论是从犯罪震慑，还是犯罪报应的角度而言，不考虑犯意都是不正确的。"② 犯意概念本身所具有的特质也保证了有效实现上述机能的可行性。

（一）犯意作为独立的概念范畴具有可知性

姑且不论哲学中可知论与不可知论的玄妙论争，仅从一般认知角度而言，或许可以从前提层面推定犯意存在且可知。至少认识主体可以从实践的角度，对犯意这一认识对象，以及对犯意的认识活动做如下概括。

首先，犯意作为认知客体不具有直接感知性。换句话说，对行为人犯意的认定，无法通过感性认识直接完成。对这个问题，美国学者采取的解决方案并不十分相同。大体上，主流观点所秉持的是所谓"大众心理学"（Folk Psychology）③，即"参照日常内容性、因果性的心理状态，根据确信、意欲、情感以及动机等要素，说明自己或者他人行为的概念体系"。④ 正是根据这种理念，美国学者提出，对犯意无须玄奥的烦冗分

---

① Francis B. Sayre, "Mens Rea," *Harv. L. Rev.* 45 （1932）: 974.

② Herbert L. Packer, "Mens Rea and the Supreme Court," *Sup. Ct. Rev.* （1962）: 107.

③ 参见 Adam Candeub, "Consciousness & Culpability," Ala. L. Rev. 54 （2002）: 113。

④ John D. Greenwood, *Introduction to the Future of the Folk Psychology* （London: Cambridge University Press, 1991）: 325.

析，因为认识主体知道犯意所指代的是什么。就好像何谓"淫秽物品"一样，虽然很难用语言来对其加以描述，但认识主体可以根据其所具有的一般经验，对其准确判断。① 尽管所谓"大众心理学"对理解美国刑法犯意具有引领作用，但有学者担心，"如果要这样做的话，会导致一种缺乏不同层级犯意要求的奇怪刑法体系"。② 大众心理学的"简单化"特质，导致其无法为主体认识犯意概念提供更为深入的细密解释，因此直接催生了所谓"认知心理学"（Cognitive Psychology）③。依据认知心理学，不仅可以更为细致地思考犯意这种抽象概念的运行过程，更可以作为建构崭新行为理论的基础。但需要指出的是，虽然包括联邦最高法院在内的美国各级司法机关，在判例中往往会引用与案件所涉及的具体问题相关的社会科学与自然科学研究成果，但这种做法并不具有普遍性。从刑法理论而言，对犯意概念在内的基本范畴研究很少受到相关领域科学进展的引领，况且包括认知心理学在内的所谓实证科学的发展程度，远远没有达到足以解释心理活动的程度。故对犯意，美国刑法的主流观点还是采用了大众心理学的理念。从这个角度判断，美国刑法研究无疑是面向事实、高度实践性的。

总之，美国刑法中的犯罪概念，建立在大众心理学所人为拟制的两点论基础上。两点论固然存在种种问题，但生活本就是不完美的。这里必须再次强调"可控制"，即在大致可知的范围之内，可以假设美国刑法学研究通说观点大体认同犯罪构成要素的两点论。

---

① Ronald J. Allen，"Common Sense，Rationality，and the Legal Process，" *Cardozo L. Rev.* 22（2001）：1417.

② Andrew E. Lelling，"Comment：Eliminative Materialism，Neuroscience & the Criminal Law，" *U. Pa. L. Rev.* 141（1993）：1471.

③ 对一部分刑法研究者而言，简单的犯意、犯行二分模式可以被看作一个一头进一头出的黑盒子，无法解释法律规定的犯罪行为当中导致复杂行动的细密的心态过程。对行为的复杂性的理解的缺失往往会导致在审判过程当中出现不公正的结果。"认知心理学"填补了现在的空白，其不仅涉及更为细致的人的心态变化过程，而且发展出关于人类行为的新的理论。以其为基础的"接触理论"，主要研究人脑如何接收信息，对其加以处理并对环境做出反应。在获得对犯意与犯行之间关系的深入理解方面，具有十分重要的意义。参见 M. Varn Chandola and Anoop Chandola，"A Cognitive Framework for Mens Rea and Actus Reas：The Application of Contactics Theory to Criminal Law，" *Tulsa L. J.* 35（2000）：383。

（二）犯意的本体特征

1. 犯意含义的相对固定性

从历史流变的角度来看，美国刑法中的犯意概念经历了如下的发展过程：（1）13 世纪，普通法犯罪开始要求行为人具备某种主观犯意，这也成为犯意发展的萌芽阶段；（2）犯意作为独立概念，得以丰富、发展的肇始阶段；（3）对犯罪提出总体犯意要求的宏观发展阶段；（4）对具体犯罪要求具体故意的微观发展阶段；（5）针对特定的抗辩，如精神失常、未成年、事实错误等设定犯意要求的完善阶段。① 有些学者并不认同刑法起源于严格责任的观点，认为早期英国法就要求刑事责任应建立在犯意基础上②，但对犯意发展所经历的上述不同阶段，学者并无太大实质争议。③ 犯意概念产生时间较晚，且经历了多个发展阶段，每一个发展阶段都持续一个世纪左右，故可以认为从相对意义而言，犯意的内涵在一个时间点上是相对固定的，这也可以为研究美国犯意问题建构一个意义相对固定的话语背景。

2. 犯意含义的相对多样性

从上述发展阶段不难看出，美国刑法中犯意概念发展的重要特征之一即在于其所呈现的复杂化、具体化倾向。因为"不同犯罪所侵害的利益不同，因此一种犯罪所需要的犯意，和另外一种犯罪所要求的犯意也应不尽相同"。④ 这也是美国立法与司法机关一般针对犯意要求具体故意的根源所在。⑤ 犯意要求具体化的后果之一还表现为美国刑事成文法中出现了大量不同的具体故意概念，"大约超过 80 种"。⑥ 例如，"故意地"、"意图地"

---

① 参见 Francis B. Sayre, "Mens Rea," *Harv. L. Rev.* 45 (1932): 974。

② 参见 Percy H. Winfield, "The Myth of Absolute Liability," *Law Q. Rev.* 42 (1926): 37。

③ 参见 Stanislaw Frankowski, "Mens Rea and Punishment in England: In Search of Interdependence of the Two Basic Components of Criminal Liability (A Historical Perspective)," *U. Det. L. Rev.* 63 (1986): 393。

④ Eugene J. Chesney, "Concept of Mens Rea in the Criminal Law," *J. Crim. L. & Criminology* 29 (1939): 627.

⑤ 参见 Sanford H. Kadish, "The Decline of Innocence," *Cambridge L. J.* 26 (1968): 273。

⑥ Paul H. Robinson and Jane A. Grall, "Element Analysis in Defining Criminal Liability: The MPC and Beyond," *Stan. L. Rev.* 35 (1983): 681.

（Purposely）、"明知地"、"轻率地"、"意欲地"、"欺诈地"（Fraudulently）、"堕落地"（Corruptly）、"事先恶意地"（Designedly）、"任意地"（Wantonly）、"非法地"（Unlawfully）、"恶毒地"（Feloniously）等，或者用名词形式表达的"间接故意"（General Intent）、"直接故意"（Specific Intent）、"恶意"、"意欲"、"任意"、"轻率"、"明知"（Scienter）① 以及"犯罪过失"（Criminal Negligence）等。② 犯意概念的具体化与分散化，容易导致刑事司法活动的多变性、不一致性和混乱性。

为了解决犯意概念太过复杂所导致的司法适用多变性、不一致性和混乱性，1952 年《模范刑法典》用专章来设定犯意标准，从而突破之前几近绝望的立法以及司法瓶颈。③ 在《模范刑法典》当中，犯意概念的数量被限缩为 4 种，即"意图"、"了解"、"轻率"和"过失"。④《模范刑法典》所规定的 4 种犯意及其所表征的犯意层级，在刑法当中具有里程碑意义，因为这一体系创新不仅为之前美国刑法当中含混的犯意概念引入了全新的理论及框架，并且到 20 世纪末，除路易斯安那州尚未明确采取犯意原则之外⑤，美国超过七成的州在其刑事成文法中，采用了与《模范刑法典》一致或者类似的层级式犯意体系。⑥ 需要指出的是，虽然在《模范刑法典》

---

① 对此，有研究者认为，本书将 Scienter 直译为"明知"的做法固然可以将这一概念限定在主观要素的范围内，但是，在其看来，"明知"一词，在美国刑法中一般是指 Knowledge，而 Scienter 并非所有犯罪中都必须具备的主观状态，而专指各类欺诈犯罪，尤其是证券期货犯罪中的主观状态。所以，这种直译不利于将 Scienter 和刑法中的 Knowledge 区分开来，因而也值得商榷。因此，其主张应将 Scienter 翻译为"欺诈的故意"。参见曹廷生《美国金融刑法中的 Scienter 及对我国证券、期货犯罪立法的启示》，《唯实》2009 年第 12 期，第 71 页。这种观点不能成立，原因是，一方面目前美国刑法，包括与证券相关立法中也很少使用 Scienter 一词；另一方面，该研究者的翻译显然将相关立法语境人为地加入特定概念范畴当中。至于在具体语境中出现的非《模范刑法典》范式的犯意概念究竟该如何厘定，的确值得认真进行个案研究。

② Herbert Wechsler, "Codification of the Criminal Law in the United States: The MPC," *Colum. L. Rev.* 68 (1968): 1425.

③ 参见 Sanford H. Kadish, "The MPC's Historical Antecedents," *Rutgers. L. J.* 19 (1988): 521。

④ 参见 MPC § 2.02 (2)。

⑤ 参见 Dane S. Ciolino, "The Mental Element of Louisiana Crimes: It Doesn't Matter What You Think," *Tul. L. Rev.* 70 (1996): 855。

⑥ 参见 Dannye Holley, "The Influence of the MPC's Culpability Provision's on State Legislatures: A Study of Lost Opportunities, Including Abolishing the Mistake of Fact Doctrine," *Sw. U. L. Rev.* 27 (1993): 229。

的引领下，美国各州在简化犯意要求方面付出了大量的努力，但这种努力的效果却并非十分令人满意。如伊利诺伊州法典刑法总则部分虽然也仅列明了故意、明知、轻率以及过失四种基本的犯意概念，但是又在规定具体犯罪时使用了大量超越上述四种犯意规定的其他犯意要求，如直接故意、有理由明知、有意、恶意等在总则部分并未界定的概念范畴。[1]

3. 犯意表达的间接性

"如果'法律戴着面具显身'，那么这面具就是语言；如果语言是人类'最强有力的药剂'，那么它是一种有法律副作用的药剂。"[2] 犯意作为一种法律概念范畴自然也不能例外，因为所有犯意概念都是通过语言加以表述的。换句话说，如果要界定犯意的内涵与外延，首先需要界定的就是作为这些概念的形式与媒介的语言。认知主体必须借由语言这一媒介，才能解读犯意。即使犯意概念本身存在，人们也无法通过感性认识加以体味。因此，所谓犯意表达的间接性，主要是指其与认知主体之间在感知意味上的间接关系。这就涉及对犯意的修辞学解读。[3]

犯意概念本身及其含义都以语言固定，并且通过其特定的历史性或者制度性角色或者价值获得意义。一旦犯意概念所处的历史阶段或者制度背景发生变化，势必导致与之伴生的犯意含义发生修辞学意义上的变化，进而改变犯意概念的实际功能，或者干脆使其丧失实际功能。在这个意义上，犯意概念的含义在修辞学上是一种以结果为导向的界定模式。夸张点说，"既然需要某种简短的概念来表达这种概念，那么从简约主义角度出发，叫'犯意'和叫其他别的名称都相差不多"。[4] 当然，这种近似极端的观点或多或少带有诡辩的色彩，只有在任何一个瞬间都可以将历史之河加以固定、切割，之后研究这些切割下来的片段，上述观点才具有合理性。

但现实中，对美国刑法中犯意概念的研究，无法也没有理由去追求上

---

[1] 参见 Paul H. Robinson and Michael T. Cahill, "The Accelerating Degradation of American Criminal Codes," *Hastings L. J.* 56 (2005): 633。

[2] 〔德〕伯恩哈德·格罗斯菲尔德：《比较法的力量与弱点》，孙世彦、姚建宗译，清华大学出版社，2002，第135页。

[3] 对美国法当中的修辞学，可参见 Richard Weisberg, *The Failure of the Word* (New Haven: Yale University Press, 1992)。

[4] Rollin M. Perkins, "A Rationale of Mens Rea," *Harv. L. Rev.* 52 (1939): 905.

面所说的那种极端状态。相反，具有实际意义的研究必然是针对特定时段内含义相对固定的概念的研究，任何决然的切割都是武断且荒谬的，对犯意的修辞学研究主要研究的是概念范畴的相对含义。

从英国普通法时代开始，"行为无罪，除非内心邪恶"[1] 这一观念就已经深深根植在普通法当中。至今，犯罪成立要求证明行为人具有犯意仍然是美国刑法的普遍要求。如果把美国刑法比作一条奔腾不息的长河，顺流而下，映入眼帘的或许可能是随地势或者季节的不同，呈现不同的颜色或者样态的河水。但无论如何，河水仍然朝着相同的方向奔腾不息。在这个意义上，似乎可以将美国刑法中的犯意概念视为不断向前发展，但本质仍未曾改变的河水当中的一部分。

无论美国刑法本身发生了何种变化，犯意作为犯罪基本构成要素的地位并未发生实质性变化，在美国长期刑事司法实践中，无数成功或者失败的经验都已经证明了犯意的必要性。反过来，司法实践和刑法理论研究又都不允许对犯意概念仅仅意会，必须通过某种超然于认识主体的外在途径对其加以认定。此种外在途径必须具有让不同认识主体之间进行有效对话的平台功能。

然而，和其他亦是通过语言媒介表达的法律概念不同，"没有比界定认定刑事责任所需要的所谓心理要素更为困难的问题了"。[2] 虽然通常情况下，犯意是连接行为人和刑事责任之间关系的媒介，但这一做法并非毫无问题。首先，犯意概念并没有包括所有在决定刑事可责性时应予考虑的心理活动，相反，"在很多人看来，犯罪行为才是连接行为人内在和外在的纽带"。[3] 进一步而言，犯意定义"本身的易变就臭名昭著，更为可怕的是，法官、立法者以及评论者对犯意概念进行了大量不精确以及模糊的处理"。[4]

---

[1] 转引自 Martin R. Gardner, "The Mens Rea Enigma: Observations on the Role of Motive in the Criminal Law Past and Present," *Utah L. Rev.* (1993): 635。

[2] Frank J. Remington and Orrin L. Helstad, "The Mental Element in Crime—A Legislative Problem," *Wis. L. Rev.* (1952): 644.

[3] Martin R. Gardner, "The Mens Rea Enigma: Observations on the Role of Motive in the Criminal Law Past and Present," *Utah L. Rev.* (1993): 635.

[4] Gary V. Dubin, "Mens Rea Reconsidered: A Plea for a Due Process Concept of Criminal Responsibility," *Stan. L. Rev.* 18 (1966): 322.

尽管对犯意的界定存在大量不精确、语焉不详的表述方式，但美国各级法院与学界又在想当然地对其加以适用。针对界定与适用犯意概念时所遭遇的语言障碍①，美国有学者将犯意的这种模糊性比喻成变色龙，认为对"犯意最为精确的描述就是变色龙，因为其在不同的环境当中呈现出来的是不同的颜色"②，"没有任何概念在模糊性方面，超越和美国刑法如影随形且易受抨击的拉丁概念'Mens Rea'"。③ 在"布朗诉特拉华州案"（*Brown v. State of Delaware*）④ 中，法院援引了詹姆斯·斯蒂芬（James Stephen）⑤ 爵士的一段话，"所有犯罪不仅要求客观外在的表现形式，更需要内在的不同主观犯意。例如对'侵财犯罪'（Larceny）而言，其犯意是指永久占有他人财产的故意，在伪造罪当中行为人所具有的犯意就是欺骗的故意，因此，对犯意概念的充分理解，需要从对每一种具体犯罪定义的详细检验中得出结论，因此表述本身是没有意义的"。⑥

这意味着一个必须接受的前提就是，所有针对犯意概念的研究所无法或缺的语言媒介具有先天的模糊性，因此无法从根本上实现对其的精确理解，相反，只能在相对可控的范围内，从实用目的出发，逐渐完成对这样的一个模糊概念的剥离与还原，从而达成对特定故意概念的认识和表述。对美国刑法中犯意的认识是一个动态的相对过程，只能在不断的剥离过程当中得出相对确定的结论。在这个过程当中，解读者需要结合剥离的客体或者对象、剥离的工具以及剥离的程度等要素，并且在这些要素的共同作用下得出对犯意原貌的近似还原。

二　犯意与相关概念范畴的界分

法律概念以语言为载体，以语言解读为实现方式，从这一建构模式的

---

① Rollin M. Perkins, "A Rationale of Mens Rea," *Harv. L. Rev.* 52 (1939): 905.

② Francis B. Sayre, "The Present Signification of Mens Rea in the Criminal Law," *Harvard Legal Essays* (1934): 399.

③ Frank J. Remington and Orrin L. Helstad, "The Mental Element in Crime—A Legislative Problem," *Wis. L. Rev.* (1952): 644.

④ *Brown v. State*, 23. Del. 159 (1909).

⑤ 詹姆斯·斯蒂芬（James Stephen），1829~1894 年，英国贵族，法学家。

⑥ Cynthia H. Finn, "The Responsible Corporate Officer, Criminal Liability, and Mens Rea: Limitations on the RCO Doctrine," *Am. U. L. Rev.* 46 (1996): 543.

固有属性出发，法律概念的外延与内涵必须明确。从这个意义上，认识犯意概念最为有效的方法，莫过于厘定犯意与相关概念范畴的区别。

（一）犯意与行为的"自愿性"（Voluntariness）[1]

1. 美国刑法当中的行为自愿性

根据美国刑法传统，很多犯罪并未明确规定犯罪行为与犯罪成立之间的对应关系，而是默认犯罪成立依赖于行为的完成。[2] 这样的假设包括两个独立的前提：一个前提是如果不存在错误行为，就不存在犯罪；另一个前提就是行为和责任之间存在一致性，犯罪行为的成立就意味着刑事责任的成立。[3] 由于很少遇到问题或者遭到质疑，因而对犯罪行为，很少有人关注或加以反思。[4] 但美国刑法又通常都要求犯罪行为具有自愿性，认为行为人不应为其缺乏自由意志实施的行为承担责任，从而，将自愿行为作为刑法的基本概念范畴加以适用，"自愿性通常是作为每个犯罪行为的一部分而存在的"。[5] 但围绕行为的自愿性问题，却产生了非常激烈的争论。较为有代表性的争议观点分别是以奥古斯丁为代表的"意志行为说"，以

---

① 对受大陆刑法教育的研究者而言，倾向于将 Voluntariness 翻译为"意识性"，意识性也的确是字典对其的一种释义。不过这一做法首先有些先入为主，容易造成和大陆法当中相关概念的混淆；其次，从后面的分析当中，可以认为将其译为"自愿性"比译为"意识性"更为合理。

② 参见 Wayne R. LaFave and Austin W. Scott, *Criminal Law*（Eagan：West Publishing Co.，1972）：12。

③ 参见 Jay Sigler，"A History of Double Jeopardy，"*Am. J. Leg. Hist* 7（1963）：283。对于第二点，基本上是在罪数问题当中讨论的。这里不做涉及。相关内容参考 Frank Horack，Jr.，"The Multiple Consequences of a Single Criminal Act，"*Minn. L. Rev.* 21（1937）：805。

④ 由此可以看出，美国学界对刑法学基本范畴的前提推导模式的基本做法是，寻找司法实践中较少出现争论的结论性观点，将这种前提性的假设认定为具有结论性，并以此作为向下推导的起点。

⑤ 某些评论者认为"自愿行为"（Voluntary Act）的提法是多余的，因为行为总是涉及"意志性"（Volition），根据这样一种观点，如果不存在意志，或许会存在"举动"（Action），但不会存在"行为"（Act），这样的争论是从语义学的角度进行的，无论对两种情况赋予的名字是"行为"还是"举动"，是"行为"还是"自愿行为"，只要定义的使用是一贯的，那么这样的选择就不该存在什么问题。在这里，不应该认为自愿行为的提法是多余的。行为包括那些无意识的情况下发生的行为，而"自愿性"（Voluntariness），不应该被认为是行为所必需的，应该被认为是特定行为的属性。参见 Oliver Wendell Holmes，*The Common Law*（Mineola：Dover Publications，Inc.，1991）：20。

及以哈特为代表的"控制行为说"。后者一般被认为是美国刑法的通说观点。但司法实践当中，一般仅仅要求行为是自愿的，而对其所包含的理论不加深究。①

受《模范刑法典》②的影响，很多州的法典③大多并没有直接定义什么是自愿行为，而仅仅定义了什么不是自愿行为，如条件反射性或者惊厥行为，无意识或者睡眠状态、催眠状态下的行为，或者其他不是行为人从事或决定的行为，不是一种有意识的自愿行为，也不是一种习惯性动作。还有少数美国学者认为，在介于熟睡和清醒两者之间的麻痹或者幻想状态下的杀人行为，也不构成谋杀罪。甚至假设一个梦游的人，也许是故意地、有目的地杀人（尽管在清醒时不记得了），也可以作为一种无意识行为来看待，不承担刑事责任。类似地，由无意识行为引起的身体移动，也不是自愿行为。例如在催眠状态下，或者由催眠产生的行为，实际上也是非自愿的行为。《模范刑法典》还认为，一个人用身体力量迫使另一个人的身体移动，也是非自愿行为。例如A用力迫使B的身体击打C，在这种情况下，B的身体移动就不是自愿的行为。总的来说，大家都认为，反射行为不是自愿行为。但是，"反射"这个词不包括对外力和环境快速反应的所有身体移动，反射是一种肌肉的本能反应，人的意志和目的不包括其中，例如肌肉痉挛、眨眼睛。但是，A发现自己快要掉下去了，伸手抓住一些物体以避免自己掉下去，A的意识迅速理解了这种情况并支配了一些

---

① 两种观点的论争详见张健《英美刑法中犯罪行为理论》，吉林大学法学院1997年博士学位论文相关论述。

② 《模范刑法典》中规定了四种非自愿行为的适例：（a）条件反射；（b）在无意识或者睡眠当中的身体运动；（c）在催眠或者催眠的诱导情况下出现的身体运动；（d）不是行为人的决定或者努力产生的身体运动，而是习惯性的，或者是无意识的身体运动。尽管《模范刑法典》对这些例子的解释所强调的是不在行为人控制范围之内的行为，但与其相关的辅助性介绍很少，并且十分模糊。参见 Deborah W. Denno, "December, Crime and Consciousness: Science and Involuntary Acts," *Minn. L. Rev.* 87（2002）：269。

③ 如阿拉斯加州法典对可责性的规定就包括："行为人从事了包括有意识的作为，或者不作为的具有可责性的行为，是刑事责任的最低要求"；加利福尼亚州法典则规定，"所有的人都能够从事犯罪，除了下列情况：……从事被指控行为的行为人对被指控的事实缺乏意识"；纽约州刑法典规定，"刑事责任的最低要求就是，行为人从事了自愿的作为，或者其有能力实施而不实施的不作为"等。参见 Adam Candeub, "Consciousness & Culpability," *Ala. L. Rev.* 54（2002）：113。

行动，就不是一种单纯的反射行为，行为人在这种情况下是有意识的。再比如 A 采用威胁的方法，而不是使用身体力量迫使 B 打击 C。在这个案例中 B 从事的行为是一种"自愿行为"，尽管没有 A 的威胁，B 不会如此行为。但是，B 的行为也许可以受胁迫提出合法辩护。尽管自愿行为是刑事责任的必要条件，但并不意味着每一种行为引起的损害都必须是自愿的。有些情况下，行为人在致命的那一时刻是无意识的或者处在麻痹状态下，也可能构成刑事杀人。例如 A 患有经常性的轻度昏迷，当他驾驶汽车时突发轻度昏迷，导致汽车失去控制，杀死或伤害了 B。A 在发生事故时是无意识的或者昏迷的，但 A 驾驶汽车是自愿行为，如果 A 明知自己患有这种疾病，仍然驾驶汽车外出，主观上有疏忽，就足以使其承担刑事责任。①

换句话说，如果行为人的作为或者不作为缺乏自愿性，就无须再耗费精力去考虑行为人是否具有犯意以及具有何种犯意的问题。无疑，美国刑法主流观点对行为自愿性的解释，体现出来的是一种规避问题，起码是对其简单化处理的做法，复杂的哲学问题显然不能通过动用立法权的方式加以解决。这也是《模范刑法典》将犯罪行为定义为造意的身体运动，或者作为有意的身体运动的原因。

对行为自愿性的法律规制问题，并没有一致的解决方案。相对美国刑法理论，"德国对这个问题的争论从二战之后开始，已经进行了几十年"。②但颇为耐人寻味的是，似乎德国刑法理论研究成果与实践效果之间显失比例。这意味着针对行为自愿性问题，较之德国等大陆法系国家倚重理论体系的做法，美国刑法所采取的实用主义解决方案更为有效，更具有可操作性，更具比较优势。

和其他很多概念一样，行为自愿性的表述之所以模糊，其根源在于在提出之初，行为本身就不是一个考虑周延，能够为之后各种立法或者司法考量预留空间的明确、完备概念。从一般词义学角度而言，行为人所实施的积极行为本身不可避免地带有所谓自愿性，因此将其称为自愿行为在某种程度上属于一种同义重复。但这种想当然地认为犯罪行为带有自愿性的

---

① 参见郭自力《论美国刑法中的行为要件》，《法治研究》2013 年第 7 期，第 3 页。
② George P. Fletcher, "Dogmas of the MPC," *Buff. Crim. L. R.* 2 (1998)：3.

观点，会导致某种较为困难的局面。首先，如前所述，语言本身的模糊性，很可能会将单纯的行为自愿性扩展到行为所引发的结果上来。例如，假设某人完全没有杀人的故意，仅仅出于威胁的目的用枪指向受害人，但因为其意志以外的原因导致枪支走火打死受害人的情况。虽然在特定的情况下，认定行为人犯有杀人罪或许并无问题，但如果说"开枪"这个行为是自愿的话，就会造成语义混淆，起码和上面所拟定的情况存在出入。

但必须指出，导致上述问题出现的原因不在于行为自愿性本身，而在于行为概念本身的不明确。因此，无论如何界定自愿概念，其关注的都是行为人从事某种行为的某种能力。在没有意志或者没有控制能力的情况下所从事的身体动作，不能被认定为属于法律意义上的行为。其实在讨论行为的自愿性的时候，有一个非常复杂的问题，因为美国刑法也承认不作为系犯罪行为的一种表现形式①，而上面讨论的自愿性主要是针对其中的作为而非不作为，那么一个很自然的问题即在于不作为是否也将自愿性作为其固有属性？是否其中也必须存在自愿要素？限于篇幅，对这一复杂问题暂不过多涉及，但基本上，美国刑法通说观点仍然认为，不作为的存在与成立也需要行为人对身体的基本控制能力。② 基于这一前提，本书不对作为和不作为加以区分，而是笼统地将其称为行为，并对其自愿性加以研讨。

行为的自愿性作为行为要素的内核，在大多数情况下也发挥着行为规制或者责任认定的功能，用来描述犯罪以及其危害程度。"非自愿性代表了行为的某种极端状态，因此构成了免责理由的最为具有说服力的基础，而其功能上又和传统的免责理由，诸如精神失常、未成年、胁迫以及非自愿醉酒相区分。"③

---

① 西弗吉尼亚州法典第 61-8D-2 条（1988）规定，如果任何父母、监护人或管理人出于恶意、故意、失职或拒绝为在他或她照顾、保管或控制下的儿童提供必要的食品、衣物、住所或医疗护理，致儿童死亡的，该父母、监护人或管理人犯有一级谋杀罪。参见 Ryan H. Rainey, Dyanne C. Greer, "Cirminal Charging Alternatives in Child Fatality Cases," *Prosecutor* 29 (1995): 16。

② Daniel L. Rotenberg, "An Essay on Criminal Liability for Dutyless Omissions That Cause Results," *Brooklyn L. Rev.* 62 (1996): 1159.

③ Kevin W. Saunders, "Voluntary Acts and the Criminal Law: Justifying Culpability Based on the Existences of Volition," *U. Pitt. L. Rev.* 49 (1988): 443.

　　一般来说，自愿性或许被认为和犯意，而不是犯罪行为要素更有关系。可责性要素关注的是针对危害结果，客观要素更为清晰地定义危害的本质。但这样也是存在问题的。例如，根据这种观点，行为人的非自愿性行为可能无法构成一种抗辩理由，因为不需要可责性的证据证明严格责任。尽管公共政策或许支持对某种犯罪认定严格责任，但无法想象哪一个立法机关肯惩罚缺乏自愿性的行为，根据一般意义上的正当性原则，这种人不具有可责性。但作为例外存在的严格责任犯罪，却不一定必然缺乏正当性。因此，可以将非自愿性作为一种总体上的正当性理由，而不是一种犯罪要素加以理解。

2. 犯意与道德可责性

　　从纵向的维度出发，和美国刑法犯意概念在逻辑上如影随形的就是道德可责性的概念。而犯意与道德可责性的关系，需要在法律和道德之间关系的大背景下加以研讨。

　　美国学者一般认为，只有在行为人存在道德过错的情况下，其行为才具有所谓道德可责性。[①] 对如何认定行为人的道德可责性存在不同解说。有些人认为，即使行为人所从事的非道德行为，是因为某种其无法控制的原因所导致的，仍可以认定其需要承担道德责任。[②] 而相对这样的一种观点，主要强调意志自由的学者认为，认定道德可责性的前提在于行为人能够以某种形式了解、推理和控制自己的行为。[③] 具体而言：首先，评价的对象是道德意义上的行为人；其次，行为人的行为违反了道德规范；再次，被告人具有遵守道德的义务，具有遵守道德的条件与能力；最后，行为人通过自己的行为僭越、违反了上述道德规范。[④]

　　美国刑法理论的通说观点认为，对行为人实施的违反社会规范的行为

---

①　Peter Arenella, "Convicting the Morally Blameless: Reassessing the Relationship Between Legal and Moral Accountability," *UCLA L. Rev.* 39（1991）：1511.

②　参见 Toni M. Massaro, "Shame, Culture, and American Criminal Law Length," *Mich. L. Rev.* 89（1991）：1880。

③　参见 Lacey Nichola, *State Punishment*, *Political Principles and Community Values*（London：Routledge, 1988）：146。

④　参见 Peter Arenella, "Character, Choice, and Moral Agency: The Relevance of Character to Our Moral Culpability Judgments," *Soc. Phil. & Pol'y* 7（1990）：59。

应当认定道德可责性。具体来说，当且仅当行为人有充分的能力和机会，以人类所独具的方式，也就是自由选择的方式，自主决定违背社会法律规范，才可以认定行为人的刑事责任。认定行为人的行为是在自由选择的情况下做出，需要满足下列几项条件：首先，行为人理解与其行为相关的事实；其次，行为人了解其行为会违反社会法律规范；最后，行为人有能力遵守法律。如果不具备上述条件，因为缺乏关键的道德特征，就不能对实施错误行为的行为人进行归责。①

如果将上下两种构成要素加以对比，不难发现，在认定刑事责任的时候并不需要认定所有的四种道德责任构建要素。在自然犯的情况下，道德规范和法律规范具有一致性，因此第二个和第一个条件上发生了契合。那么在此基础上，道德可责性和刑事可责性的关系又如何呢？毕竟该当道德可责性还需要满足道德行为人的要求。但美国刑法对这个问题的解决方法似乎有些简单，其推定每个人，除了非常年幼、非常疯狂以及非常愚钝的人之外，都是道德意义上的行为人。按照这种观点，道德意义上的行为人是那些可以被追究刑事责任的人，反之亦然。虽然有循环论证的嫌疑，但从另外的一个层面而言，又非常便于适用。

无疑，在很大程度上，道德责任和刑事责任之间具有重合的关系，当满足上述讨论的两个条件的时候，两者可以做等同对待。而契合的部分反映在刑法当中就是所谓的自然犯。在讨论自然犯的时候有时会考虑所谓的"道德过错"。因为很多成文法，特别是较为古旧的成文法，并没有明确地规定需要行为人具有何种犯意，因此留给了法院较大的空间。换句话说，只要认定被告人最为宽泛的可责性犯意就足够，被告人的认识错误并不能否定这种宽泛的可责性犯意。也就是说，虽然行为人产生了错误认识，但只要其行为或者意图具有不道德性，那么就能够认定其具有所谓间接故意。②

那么，犯意和道德可责性的关系又该如何呢？

"从历史上来看，早期普通法针对犯意的定义有着些许的细微差别，但从总体上说，其都包含着一种道德上的责难意味，也就是说行为人对其

---

① 参见 Joshua Dressler, "Reflections on Excusing Wrongdoers: Moral Theory, New Excuses, and the MPC," *Rutgers L. J.* 19（1988）：671。

② 参见 Steven L. Emanuel, *Criminal Law*, 中信出版社，2003，第 26 页。

造成的危害负有道德上的责任。就自然犯而言，虽然不能说道德上的恶都是刑法上的恶，但是可以说刑法上的恶都是道德上的恶。"[1] 另外，"一直到 20 世纪初，虽然存在大量用来描述道德可责性的犯意概念，然而，在这些表述之后都可以寻找到犯意本身的影子"。[2]

导致刑事责任与道德可责性如此密接的一个原因在于，早期刑法的存在根据在于替代之前存在并广泛适用的血腥复仇。在这个阶段，司法者只需要区分行为人的行为出自恶意还是出自意外事件即可。在此之后，"因为教会法对社会道德的强化与作用，刑法的目的逐渐演变为惩罚违反社会一般标准的不道德行为。最终，道德可责性被纳入刑法视野当中，而犯意也被用道德标准加以衡量"。[3]

在自然犯的场域当中，道德可责性所关注的"善"（Goodness）和刑事可责性所关注的"对"（Rightness）之间是一致的，两者发生了融合。因此，在这种情况下，可以借用道德判断来作为刑事责任判断的媒介。[4]

但随着时代的发展，出现越来越多的法定犯罪。在这些犯罪当中，"善"和"对"渐行渐远，犯意所承载的道德意味也开始逐渐丧失，演变为单纯的法律概念，并且逐渐仅仅意味着成文法所定义的犯意要素。在法定犯罪的语境当中，刑法宣称被告人需要承担责任，判断的实体依据并不是因为其违反了某种道德，而是因为其可以服务于立法目的。犯意相关的准则仅仅意味着，所有或者几乎所有犯罪不仅仅包括一种外在的且可见的要素，而且还包括犯意要素。《牛津法律大辞典》对犯意的解释是，"在英美法当中，对什么样的犯罪行为以及何种犯罪心理属于犯罪构成要素，有明确规定。犯意不是一般的道德堕落，也不是道德上的邪恶，而是构成了某种特定犯罪所要求的犯罪心理或者心理状态"。[5]

---

① 李洁、李立丰：《美国刑法中主观罪过表现形式初探》，《法学评论》2005 年第 1 期，第 98 页。

② Richard G. Singer, John Q. La Fond, *Criminal Law: Examples and Explanations* (Alphen aan den Rijn: Aspen Publishing, Inc. 1995): 53.

③ Eugene J. Chesney, "Concept of Mens Rea in the Criminal Law," *J. Crim. L. & Criminology* 29 (1939): 627.

④ 参见 Percy H. Winfield, "The Myth of Absolute Liability," *L. Q. Rev.* 42 (1926): 37。

⑤ 丁启明、李韧夫：《英美刑法犯罪心理若干问题论》，《大庆高等专科学校学报》2003 年第 3 期，第 2 页。

本书并未详谈犯意与违法性认识之间的关系，这主要是因为在美国刑法中，法律无知不得作为合法抗辩的理念一直存在。但针对这一理念的解读，美国司法实践中也并非毫无异议，但一般认为，行为人具有概括违法性认识即可满足大多数犯罪的犯意要求。换句话说，一般不要求行为人对其所实施的具体犯罪有具体的违法性认识。①

① 对此，可参见美国联邦最高法院审结的"布莱恩诉美利坚合众国案"（*Bryan v. United States*），本案的判决书如下：

SILLASSE BRYAN, PETITIONER
v.
UNITED STATES
No. 96-8422
SUPREME COURT OF THE UNITED STATES

524 U. S. 184；118 S. Ct. 1939；141 L. Ed. 2d 197；1998 U. S. LEXIS 4011；66 U. S. L. W. 4475；98 Cal. Daily Op. Service 4550；98 Daily Journal DAR 6241；1998 Colo. J. C. A. R. 3120；11 Fla. L. Weekly Fed. S. 617

1998 年 3 月 31 日庭审辩论
1998 年 6 月 15 日审结

主审法官：史蒂文斯大法官，附议，奥康纳大法官、肯尼迪大法官、苏特大法官、托马斯大法官以及博瑞尔大法官。斯卡利亚大法官、伦奎斯特大法官以及金斯伯格大法官持反对意见。

判决主笔：史蒂文斯

调卷令的申请者因为在没有获得联邦许可的情况下"意欲"（Willfully）从事武器交易行为而被判有罪，本庭需要处理的问题针对 18 U. S. C. § 924（a）（1）（D）当中规定的"意欲"，是否需要证明被告人知道自己的行为违法，或者是否要求其知道自己的行为违反了联邦执照管理规定。

I

1968 年，国会制定了《街头安全与犯罪控制综合法》（The Omnibus Crime Control and Safe Streets Act, 82 Stat. 197-239）。鉴于枪支交易给美国治安造成的巨大破坏，该法第四条对枪支交易与使用做出了十分详细的立法规制，并将其规定在联邦刑法典当中。18 U. S. C. § 922 规定了若干非法行为，其（a）（1）规定，在没有获得联邦许可的情况下从事武器交易行为构成犯罪。联邦法典也规定了联邦武器交易的资质，重申，不得在没有合法许可的情况下从事武器交易。18 U. S. C. § 924 规定，在没有获得合法许可的情况下，即使对那些认为自己行为合法的交易者，也要处 5000 美金以下罚金，或 5 年以下监禁，或并罚。因为 18 U. S. C. § 922（a）（1）与 § 924 都并没有规定犯意要求，因此有人认为，对任何未经许可从事武器交易的人可以适用严格责任。同时，该法虽然将武器交易作为犯罪要素，却没有对其加以定义。

II

陪审团认定申请者有罪，而本庭承认检方提出的证据，申请人并没有从事武器交易的执照，为了不亲自购买枪支，申请人使用所谓"人头"在俄亥俄州购买手枪，这些"人头"在购买的过程中使用了虚假的陈述，申请人再将枪支转卖给毒品 （转下页注）

（接上页注①）贩子。证据足以证明申请人非法从事武器交易，同时他也知道自己的行为违法。但是，没有证据证明申请人知道购枪需要得到联邦法律的批准。

申请人被指控违反了相关法律，即 18 U. S. C. § 922（a）（1）（A），意欲从事武器交易。原审质证结束之后，申请人要求法官告诉陪审团，在不能排除合理怀疑地认定其知道自己的行为需要联邦法许可的时候，不能认定其有罪。但是这一要求并未得到法院支持。相反，法官将法律要求的"意欲"解释为行为人故意从事违法行为，即以违法的目的从事违法行为。在这种情况下，虽然行为人不必对其所违反的具体法律有所认识，但是必须意图实施法律所禁止的行为。

申请人被认定为有罪，上诉时，他认为证据不足，因为没有证据证明他了解到相关法律许可制度，审理法官也没有能够要求陪审团将其对这一法律许可制度的了解作为犯罪实质构成要素。但是上诉法院维持了原判，认为一审判决中法律指导意见并无不当。

因为联邦第十一巡回上诉法院认为，检方需要证明被告人的行为建立在其明知法律许可制度的基础上，参见 *United States v. Sanchez-Corcino*，85 F. 3d 549，553-554（1996），本庭批准调卷令，以解决这一问题。

III

"意欲"一词含义颇多，必须依据具体语境加以解读。参见 *Spies v. United States*，317 U. S. 492，497，87 L. Ed. 418，63 S. Ct. 364（1943）。十分明显，这一概念可以被用来区分无心之过与蓄意为之的不同行为，但是在刑法当中其还专指一种罪责心态。参见 *United States v. Murdock*，290 U. S. 389，78 L. Ed. 381，54 S. Ct. 223（1933），有很多形容这一概念的表述。但在总体上，其与恶意有关。参见 *Heikkinen v. United States*，355 U. S. 273，279，2 L. Ed. 2d 264，78 S. Ct. 299（1958）。换句话说，如果要证明被告人具有意欲心态，检方必须证明被告人的行为基于违法性认识实施。参见"拉扎尔夫诉美利坚合众国案"，即 *Ratzlaf v. United States*，510 U. S. 135，137，126 L. Ed. 2d 615，114 S. Ct. 655（1994）。

申诉人认为这种证明尚不足够，理由是：首先，立法者在相关法律，即 18 U. S. C. § 922 中对三种不同行为规定了"明知"，而对非法从事武器交易行为规定了"意欲"，因此其必定具有某种特殊含义。但这种观点并不成立，因为所谓明知并不一定与心态或者违法性认识有关。明知行为违法的"明知"是一种事实明知，应当与违法性认识加以区别。参见 *Boyce Motor Lines，Inc. v. United States*，342 U. S. 337，345，96 L. Ed. 367，72 S. Ct. 329（1952）（dissenting opinion）。因此，在"美利坚合众国诉贝雷案"〔*United States v. Bailey*，444 U. S. 394，62 L. Ed. 2d 575，100 S. Ct. 624（1980）〕中，本庭认定，检方如果能够证明脱狱者知道自己的行为将使得自己摆脱监狱的束缚，那么就满足了证明被告人基于明知的心态违反脱狱法的证明义务。Id.，p. 408. 在"斯特普斯诉美利坚合众国案"〔*Staples v. United States*，511 U. S. 600，128 L. Ed. 2d 608，114 S. Ct. 1793（1994）〕中，本庭认定，如果被告人认识到自己持有的武器具有法律所规定的机关枪特征，就可以认定其非法持有未经登记的武器罪名成立。Id.，p. 602. 但有必要证明被告人知道自己持有武器的行为违法。参见 *Rogers v. United States*，522 U. S. 252，254（1998）（plurality opinion）（slip op.，pp. 1-3）。因此，除非法律另有规定，否则"明知"一词将要求检方证明被告人对犯罪构成要素的事实认识。

针对 18 U. S. C. § 924 中规定的三类明知犯罪行为，因为与之相关的法律禁止性规定尽人皆知，因此没有必要要求违法性认识，但第四类非法从事武器交易的行为，只有在行为人具有违法性认识的情况下，才可以构成犯罪。　　　　　　　　　（转下页注）

（接上页注）申诉人的第二个主张认为，基于本庭在其他判例中的解读方式，对 18 U. S. C. § 924 (a) (1) (D) 中的了解或者明知必须包括违法性认识。在涉税犯罪中，本庭曾经提出陪审团必须认定被告人对其被指控的特定税法违法犯罪行为的条款有所认识。参见 *Cheek v. United States*, 498 U. S. 192, 201, 112 L. Ed. 2d 617, 111 S. Ct. 604 (1991)。与此类似，在"拉扎尔夫诉美利坚合众国案"中，本庭认为陪审团必须认定被告人对自己通过现金交易的方式规避报告义务的行为违法有所了解。然而，这些判例和本案显然存在不同。涉税犯罪以及高科技犯罪都在很大程度上威胁到了可能的无辜行为。因此，本庭认为这些犯罪可以构成对传统的"法律无知不得作为抗辩"的例外性规定，必须要求被告人有违法性认识。但在本案中，被告人知道自己的行为违法，因此与上述判例所涉及情况不同。

因此，18 U. S. C. § 924 (a) (1) (D) 中的意欲规定，并未对"法律无知不得作为抗辩"的规则构成例外，对行为事实的了解就已足够。

IV

申请人基于自己对立法意图的解读还提出另外一些主张，但相关的立法历史因为十分含糊，并没有实际的解读价值。其中很多理由建立在法案反对者的观念基础上，但是本庭已经明确指出，立法过程中的担心或者质疑，不得用来作为解读该法的有权依据。参见 *Schwegmann Brothers v. Calvert Distillers Corp.*, 341 U. S. 384, 394, 95 L. Ed. 1035, 71 S. Ct. 745 (1951)。因为议案的反对者为了阻止议案过关，往往会无所不用其极。参见 *NLRB* v. *Fruit Packers*, 377 U. S. 58, 66, 12 L. Ed. 2d 129, 84 S. Ct. 1063 (1964)。

申请人又提出，在 FOPA 通过的时候，其他成文法，如 18 U. S. C. § § 923 (d) (1) (C) (D) 中的意欲规定都一致被下级法院解读为要求违法性认识，因此，立法者在 18 U. S. C. § 924 (a) (1) (D) 中采用意欲概念的时候，也应该具有类似的含义。对这一观点，首先需要指出，对"意欲"是否需要违法性认识，下级法院的观点是不统一的。有法院将其解读为不履行已知的法定义务。参见 *Perri v. Department of the Treasury*, 637 F. 2d 1332, 1336 (CA9 1981) 以及 *Stein's Inc.* v. *Blumenthal*, 649 F. 2d 463, 467 – 468 (CA7 1980)。针对行为的故意，参见 *Rich v. United States*, 383 F. Supp. 797, 800 (SD Ohio 1974)，对法律要求的无所谓心态，参见 *Lewin v. Blumenthal*, 590 F. 2d 268, 269 (CA8 1979) 以及 *Fin & Feather Sport Shop v. United States Treasury Department*, 481 F. Supp. 800, 807 (Neb. 1979)，或者干脆就是一种有意识的自主决策，参见 *Prino v. Simon*, 606 F. 2d 449, 451 (CA4 1979)。而且，即使在那些将不履行法定义务作为成立意欲的判例当中，从案卷来看也不包括所谓许可或者执照要求。参见 *Powers v. Bureau of Alcohol*, Tobacco and Firearms, 505 F. Supp. 695, 698 (ND Fla. 1980)。因此，尽管可以证明不履行法定义务的情况属于意欲犯罪，但并不能将意欲限定在不履行法定义务之上。

最后，申请人认为适用 18 U. S. C. § 924 (a) (1) (D) 意欲规定的 § 922 (b) (3)，意味着立法者希望将违法性认识包括在意欲心态之内。18 U. S. C. 922 (b) (3) 规定，除非在销售地与购买地都合法，否则不得跨州进行武器销售。同时该法还明确规定，在没有相反规定的情况下，相关许可要求行为人实际了解各州相关法律及规范。但这种观点是错误的。如上所述，尽管不履行法定义务足以建构意欲心态，但是没有足够的证据证明反之亦然。

V

一审法院对陪审团的法律指导意见中有一句话本身包括对法律的误读。在之前我们已经讨论的正确的规定之后，法官接着说，在本案中，不要求检方证明被告 （转下页注）

（接上页注）人知道交易行为需要许可，检方也不需要证明其认识到自己的行为违法。如果法官补充了要求许可这句话，那么后半句也没有问题，但法官并没有此类补充。

然而，这一错误并未达到推翻原判的程度。首先，除了申请人可能要求检方证明行为人对违反联邦批准制度有认识之外，对此并无异议。其次，从法律指导意见整体来看，陪审团不太可能受到误导。参见 *United States* v. *Park*, 421 U.S. 658, 674 – 675, 44 L. Ed. 2d 489, 95 S. Ct. 1903（1975）。再次，申请人并未就此提起上诉。最后，本庭所讨论的问题仅限于被告人对许可的法律规定的认识是不是犯罪的实质构成要素。

因此，维持原判。

此判。

异议：斯卡利亚大法官执笔

申请人被判在从事武器交易的过程中基于意欲心态违反了联邦许可法。而陪审团根据相关证据，认定申请人在某种程度上认识到了自己的行为违法。参见 *Ante*, pp. 4 – 5 and n. 8. 因此本案涉及的问题在于概括性违法认识是否足以支持判决，抑或是需要被告人具有明知自己行为违反联邦许可法的明确性违法认识。在这一点上，法律的规定其实是模糊的。多数派意见大体上在于，申请人认为相关法律指导意见不够明确的观点不能成立。*Ante*, pp. 7 – 15. 但其并没有正面回答：法律明确要求概括性违法认识，还是模糊要求概括性违法认识就已经足够。相反，多数派意见适用了传统的"法律无知不得作为抗辩"理论，认定行为具有违法性就已经足够。*Ante*, p. 11. 在我看来，本案应当援引的是另外一项规则，即当法律规定模糊的时候，应当做有利于被告人的解释，参见 *Adamo Wrecking Co.* v. *United States*, 434 U.S. 275, 284 – 285, 54 L. Ed. 2d 538, 98 S. Ct. 566（1978），引自 *United States* v. *Bass*, 404 U.S. 336, 348, 30 L. Ed. 2d 488, 92 S. Ct. 515（1971）。

18 U.S.C. 922（a）（1）（A）of Title 18 规定，在未经许可的情况下，任何从事武器交易的行为都是非法的。18 U.S.C. § 924（a）（1）（D）规定，任何意欲违反本章规定的行为都该当刑罚处遇。而"意欲"一词的含义多种多样，需要结合具体语境以判断。参见 *Ratzlaf* v. *United States*, 510 U.S. 135, 141, 126 L. Ed. 2d 615, 114 S. Ct. 655（1994），引自 *Spies* v. *United States*, 317 U.S. 492, 497, 87 L. Ed. 418, 63 S. Ct. 364（1943）。在某些情况下，其仅仅意味着区分意欲与故意。参见 *United States* v. *Murdock*, 290 U.S. 389, 394, 78 L. Ed. 381, 54 S. Ct. 223（1933）。然而，在当前的语境下，鉴于 18 U.S.C. § 924 中明确的三种明知行为与其并列的一种意欲行为，后者需要具有比故意从事法律所禁止的行为更多的心态要求，检方承认，如果无法证明被告人知道自己的行为违法，就无法证明其意欲实施犯罪。

这就意味着本案不能再继续适用"法律无知不得作为抗辩"的规则。因为控辩双方都承认如果适用 18 U.S.C. § 924（a）（1）（D），就意味着行为人有违法性认识。因此真正的问题就变成了违法性认识的对象。法院的回答是违反任何法律都已足够，不要求其对象具体化，但对此一审法院除了依据这一概念本身之外并未找出任何根据。相反，即使法律无知可以作为抗辩，这种抗辩也应当明确其无知的对象范围。

我不认为这种解读符合国会的立法意图。的确 18 U.S.C. § 924（a）（1）（D）仅仅要求一种概括性违法认识，换句话说，其不需要知道这一部分法律规定了什么，其具体内容是什么。在我看来，被告人概括地接受法律所惩罚的行为，即在未获得许可的情况下从事武器买卖行为违法就已经足够。但多数派意见认为，所谓概括的 （转下页注）

3. 犯意之于行为的自愿性

讨论犯意与行为的自愿性之间的关系，需要建立在两个前提条件之上。其一，犯意和以自愿行为为理论内核的行为之间两分法的成立，这一问题在本书的开始部分做了论述，这里不做赘述。其二，犯意与行为的两分法与主观和客观的两分法的不等同性。如果将犯意与行为等同于主观与客观，那么很难解释行为的自愿性究竟是主观还是客观，以及其和同样无法明晰为主观

（接上页注）范围远远超过我所能接受的范围，从而根本背离了法律所意图惩罚的行为。这种看法使得 18 U. S. C. § 924（a）（1）（D）变得非常奇怪。即使申请人根本不知道对武器交易的许可制度，但只要他通过"人头"购买武器并且销售，就构成了本罪。*Ante*, at 5, n. 8. 甚至多数派意见都根本不考虑联邦武器管理法这一背景。如果申请人知道自己销售武器的对象违反了纽约市某种税法规范，那么也有可能会被因此认定具有犯意，因此构成本罪。一旦背离了法律所试图规范的行为，那么对被告人的违法认识对象就无从判断。参见 *Lewis v. United States*, 523 U. S. 155（1998）（slip op., pp. 2 - 3）（SCALIA, J., concurring in judgment）。

当然，国会可以通过不同法律规定之间的协同配合，通过武器法鼓励某人遵守税法。但是这显然是一种异常状态。我不认为国会会依据不同地位、不同位阶乃至不同领域的法律来认定刑事责任。相反，"法律无知不得作为抗辩"规则的隐含性前提在于，行为人对其所实施行为做出禁止性规定的特定法律不知情。

这也是本庭在"拉扎尔夫诉美利坚合众国案"（510 U. S. at 149）以及"奇克诉美利坚合众国案"〔*Cheek v. United States*, 498 U. S. 192, 201, 112 L. Ed. 2d 617, 111 S. Ct. 604（1991）〕中赋予意欲违法性认识的原因。对此，多数派意见认为这些案件与本案不同，理由是这些判例涉及复杂的法律规定，从而会使得无辜的人可能被错误打击。但这种解释显然不成立，对税法或者侵财法中意欲的规定包括违法性认识。参见 *Murdock*, 290 U. S. p. 394。但这并没有区分概括性违法认识和具体违法认识之间的界分问题。对洗钱犯罪中某些所谓无辜者的宽容不能用来作为在本案中打击类似情况的借口。

对我而言，国会在制定本法的时候是有意要求具体的违法性认识的。《武器所有者保护法》（The Firearms Owners' Protection Act, Pub. L. No. 99 - 308, 100 Stat. 449）禁止在不符合不同州法规定的情况下进行跨州武器交易，参见 18 U. S. C. § 922（b）（3）。这就推定获得许可的武器经销商对购买者所在州关于武器的相关规定有认知。Ibid. 本案所涉及的问题类似，只有在意欲满足 18 U. S. C. § 924（a）（1）（D）规定的情况下，才能认定行为人构成犯罪。

因此，如果可以选择，我认为对国会立法意图的相反推定可能更为合理。然而，我不会将本案的判决建立在单纯的推定基础上。因为相关犯罪中的犯意规定十分模糊，因此本着有利于被告人的原则，参见 *United States v. Bass*, 404 U. S. p. 347, 引自 *Rewis v. United States*, 401 U. S. 808, 812, 28 L. Ed. 2d 493, 91 S. Ct. 1056（1971），应当最大化地保护被告人的权利。立法权应当由立法机关而非司法机关所掌控。参见 *United States v. Wiltberger*, 18 U. S. 76, 5 Wheat. 76, 95, 5 L. Ed. 37（1820）。在处理新近出现的联邦犯罪时，只有恪守传统的成文法解释原则，减少扩张解释，才能避免出现破坏三权分立的现象。参见 *Bousley v. United States*, 523 U. S. 614, 140 L. Ed. 2d 828, 118 S. Ct. 1604（1998）。

谨此反对。

还是客观的犯意之间的关系。如果不能从性质上对其加以区分，那么犯意和行为的自愿性之间的关系又该从何理解呢？毕竟"无论是在日常语言使用还是在哲学研究方面，自愿和犯意都极易混淆"。① 但如果能够跳出纯粹理论的纠结，从功能分析的角度出发，可以认为作为行为的核心要素，自愿性本身不能定义什么是被禁止的行为，而是作为行为成立的基础条件而存在。其存在仅仅是行为责任成立的必要条件，而非充分条件，这点和犯意所承载的功能类似，正如有的学者指出的那样，"根据犯意要求，在未获得他人许可的情况下拿走他人的财物属于实施刑法所禁止的行为，但如果行为人当时没有认识到也不能认识到该财物属于他人，则不需要承担责任"。②

另外，由于所处的基本范畴层级不同，两者并不能简单地等同。首先，"如果作为或者不作为不具有自愿性，那么就根本不会涉及犯意的判断问题"。③ 然而，自愿性并不要求犯意的前提存在，也就是说，行为人可以在缺乏犯意的情况下实施具有自愿性的行为。例如，一个运动员本着竞技的目的投掷标枪，但标枪出手后目标区域突然出现了一个人，并被飞来的标枪扎伤。④ 该运动员没有造成旁观者受伤的故意，甚至对此也没有过失。在这里不存在犯意，而投掷似乎应该是有意识的行为。另外，严格责任犯罪并不要求犯意的存在。⑤ 而对这些犯罪，自愿性和行为之间的关系就变得十分的重要。"如果自愿性对行为是必要的话，那么在不存在自愿性的情况下，就不存在认定严格责任的行为。"⑥

简言之，在大多数情况下，自愿性是行为分析过程当中的前提性要素，因为评价自愿性是建构犯意的关键的第一步。有学者更认为，自愿性的出现，导致"对行为的分析增加了新的要素，而其和犯意的联系不需要

① Nancy J. King and Susan R. Klein May, "Essential Elements," *Vand. L. Rev.* 54 (2001): 1467.
② Paul H. Robinson, "A Functional Analysis of Criminal Law," *Nw. U. L. Rev.* 88 (1994): 857.
③ Ingrid Patient, "Some Remarks About the Element of Voluntariness in Offenses of Absolute Liability," *Crimial L. Rev.* (1968): 23.
④ Sanford J. Fox, "Physical Disorder, Consciousness, and Criminal Liability," *Colum., L. Rev.* 63 (1963): 645.
⑤ 事实上这样的说法是不准确的，起码是不完整的。但为了叙述的方便，这里不做详述。
⑥ Jerome Hall, *General Principle of Criminal Law* (New York: The Boss-Merrill Company, 1947): 449.

不同种类的进一步的分析。缺少自愿性，可以进一步认定为缺少犯意"。①
总体来说，行为的自愿性和犯意之间关系的讨论，需要建立在某些结论性
的前提假设基础之上。行为自愿性与犯意，在责任认定的功能和结构上有
类似之处，但由于两者所处范畴不同，不能因为其具有功能和结构上的相
似性就对其不加区分或者等同视之。

（二）犯意与动机

如果说美国刑法中犯意和道德之间的关系属于逻辑上横向关系的话，
那么犯意和动机之间的关系就应被视为一种时间顺序上的纵向关系，尽管
美国学者也承认，"动机先于犯意的时间顺序往往并不具有刑法意义"。②
其实，犯意与道德之间的关系，和犯意与动机之间的关系是同一问题的不
同方面，其所关注的都是通过行为体现出来的行为人的善恶。在对美国刑
法犯意意义的剥离过程当中，对动机的考量不可避免，而且十分重要。

1. 美国刑法中的动机

动机是一个很容易理解，但同时又是非常难以界定的概念。乍看起
来，所谓动机似乎可以被理解为推动行为人从事某事的原因或者理由。但
"如果深入分析，特别是当动机和犯意并列起来的时候，定义动机的问题
就立刻变得复杂起来。这种并列的意义不仅在于两者之间具有高度相似
性，更因为动机和犯意，这两个概念一个被认为和刑事责任无关，而一个
被认为是刑事责任的核心"。③

针对动机，美国刑法理论较少抽象地论证，而是基本上采用通过适例
的方式对其加以说明，在很大程度上这是因为，"定义远不能尽如人意，
举例说明区别是颇具代表性的做法"。④ 其实这种所谓普遍做法所折射出来

① Kevin W. Saunders, "Voluntary Acts and the Criminal Law: Justifying Culpability Based on the Existences of Volition," *U. Pitt. L. Rev.* 49 (1988): 443.

② Jerome Hall, *General Principle of Criminal Law* (New York: The Boss-Merrill Company, 1947): 142.

③ Elaine M. Chiu, "The Challenge of Motive in the Criminal Law," *Buff. Crim. L. R.* 8 (2005): 623.

④ 转引自〔美〕道格拉斯·N. 胡萨克《刑法哲学》，谢望原等译，中国政法大学出版社，2004，第 227 页。

的，是美国刑法研究当中对某种"本原理念"存在与否的质疑。在问题和主义之间，美国刑法理论更倾向于前者。从实然的角度来看，美国刑法学界对动机的看法，反映出来的也是一种强调问题解决的研究理念。就动机的存在以及其定义问题，美国法学界的观点所表现出来的也是两点论基础上的折中论。一种观点将动机定义为和犯意完全不同的概念，这些学者将犯意视为认识犯意，例如对危险的预计或者感知，而将动机描述为意志性犯意，意味着意欲、意图或者目的。[①] 换句话说，动机解释为什么一个人那样做，而犯意描述的是从事了什么行为。也就是说，犯罪意图，"其研究的是行为是什么，而不是为什么要行为，动机恰恰相反"。[②] 另外一种观点认为，"动机和犯意本质上是同种概念，两者如果有区别也是相对的。动机被定义为远期的犯意，而犯意则是即时的动机"。[③] "只有最为直接的意图才可以被称为犯意，而其他的外在层次的意图被称为行为的动机。"[④] 尽管这样的观点乍看起来似乎是正确的，但是其最终导致的是动机和犯意之间区分的无意义。

而因为一个行为的犯意还可以成为其他行为的动机，因此"在综合评价的语境当中，动机和犯意之间的区别变成以时间点来作为标尺，从而沦为相对。如果动机和犯意之间的区别非常细微，那么从刑法规范的角度来看，认为只有与行为关系最为直接的犯意才应纳入考量范围的观点就是十分无力的"。[⑤] 第三种观点试图超越上述两种观点，即不讨论犯意和动机之间的关系，而从合法性的角度认定动机，根据这样一种观点，"无须单独认定动机，其类型化是不重要的"。[⑥] 根据这样一种观点，行为的动机简单

---

① 〔美〕道格拉斯·N. 胡萨克：《刑法哲学》，谢望原等译，中国政法大学出版社，2004，第 228 页。

② Jerome Hall, *General Principle of Criminal Law* (New York: The Boss-Merrill Company, 1947): 142.

③ Glanville Williams, *Criminal Law: The General Part* (London: Stevens & Sons, Ltd., 1961): 48.

④ Walter H. Hitchler, "Motive as an Essential Element of Crime," *Dick. L. Rev.* 35 (1931): 105.

⑤ 转引自 Elaine M. Chiu, "The Challenge of Motive in the Criminal Law," *Buff. Crim. L. R.* 8 (2005): 623。

⑥ Christine Sistare, "Agent Motives and the Criminal Law," *Soc. Theory & Prac.* 13 (1987): 303.

说就是相信这种行为有助于推动某种目的实现，而其希望或者渴望推动这一行为目的实现。从这个意义上来讲，对动机的理解越发世俗化了。也就是说，"依据社会大众通常的理解即可。在法律认为动机和刑事责任有关系时，他们就是有关的，否则就是无关的"。① 这一主张的重要性在于，"其将法律规范和社会规范向有助于刑法适用的方向加以调整"。②

如果上面讨论的目的仅仅是讨论，而不做进一步的追问，那么此类研究会沦为一种纯粹的逻辑游戏。也就是说，必须弄清楚这样的一个前提，即动机之于刑法的作用或者价值，用美国刑法研究的话语来说，就是要研究动机和美国刑法之间的相关性。很难想象，如果动机对美国刑法毫无价值，为什么还需要对这样的一个问题加以如此细密的研究。

2. 美国刑法中动机的无关性与有关性

以霍尔为代表的早期美国刑法学者一般坚持认为，从刑法角度来看不应考虑动机，换句话说，动机与刑法并无关系。"十分清楚的就是，在整个早期法当中，对动机的关注都是微不足道的。可以从之前的研究得到的一个确定的印象就是对动机的研究是无关紧要的。"③ 认为刑法与动机无关，其理由主要在于两点。首先，刑法的目的在于进行有效的社会控制。除了表达社会群体的一种道德判断，刑法还要成为规制群体成员未来行为的功利性工具。如果刑法需要考虑所有的需要同情的动机的话，那么很多被告人就可以逃脱刑事责任或者接受很低的刑罚。社会控制将会瘫腿。"因此，尽管做法不一，但通常的刑事司法做法仅仅在例外的情况下，才考虑动机。"④ 其次，从美国的政治形态和结构出发，国会以及各州议会的立法应被视为美国刑法的主要法源。因此，立法机构应该自由决断何种动机应该对刑法具有意义，而法院应该仅仅关注被告人的行为是否符合刑法对具体犯罪的规定。因此，即使要关注被告人具有何种动机的问题，也是

---

① 〔美〕道格拉斯·N. 胡萨克：《刑法哲学》，谢望原等译，中国政法大学出版社，2004，第 233 页。

② Tracey L. Meares, "It's a Question of Connections," *Val. U. L. Rev.* 31 (1997)：623.

③ Jerome Hall, *General Principle of Criminal Law* (New York：The Boss-Merrill Company, 1947)：235.

④ Elaine M. Chiu, "The Challenge of Motive in the Criminal Law," *Buff. Crim. L. R.* 8 (2005)：623.

因为刑法要求考察此种动机。

但事实上，动机如此多元，以至于无法想象立法机构可以通过立法，对这些动机一一加以明确。毕竟，民主国家的刑法，需要具有事先告知机能以及可预测机能。如果刑法的规定清楚明确，尽人皆知，就会增加起诉方充分利用有限资源、有针对性地打击真正需要刑法打击的犯罪的可能性。这反过来又可以保护公民免于滥诉，并且避免在没有事先明确规定的情况下被适用刑罚。如果刑法不仅规定特定犯罪的成立需要特定故意，还规定需要证据证明被告人具有某种恶的动机，那么上述价值都会受到严重的损害。实际上，动机通常不是显性的，而是隐形的，有时是包含于潜意识当中的，因此其是行为人所不能触及的。即使动机存在，且可以被认识，也是很难被评价的。在价值多元的现代社会当中，对道德问题很难达成一致的看法。而且，根据现在通行的科学理论，动机或者其他性格特征通常是由某些特定要素，如环境或者遗传等人类所无法控制的要素所决定，因此，将责任归因于行为人的动机或者其他性格特征通常是有问题的。况且，即使动机并不总像想象的那样不可知，但是发现或者证明动机，将会十分困难，甚至是不可能实现的。"发现动机需要考察行为人详细的犯罪历史，这在很多情况下根本不可能，有些时候，行为人会因为错误地为自己的行为寻找道德正当性，而隐藏了自己的真正动机。"①

美国刑事司法中，动机在量刑阶段，即在认定刑罚或者量刑的时候是重要的证据。但在定罪阶段，"虽然动机很少被认为是犯罪的实体要素，但是可以用来作为证据，证明很多犯罪所要求的犯意"。② 但必须承认，这种观点的前提在于，可以精密分析被告人的动机，但这一前提在现实当中显然是无法想象的。即使全盘接受上述诸种理由，因为毕竟还存在或多或少的例外情况，也仅仅能够得出动机对刑法而言缺乏相关性的结论。

动机总是蕴涵着其所处的社会的某种群体性的道德意味。"因为刑法是作为社会群体表达其道德谴责的一种途径而存在的，理所应当考虑行为

---

① Jerome Hall, *General Principle of Criminal Law* (New York: The Boss-Merrill Company, 1947): 160.

② Thomas J. Gardner, *Criminal Law: Principles and Cases* (Boston: Wadsworth Publishing, 2006): 42.

人的动机。"① 动机是重要的，因为为什么被告人从事某种危害行为，在评价行为的道德可责性时十分重要。实际上，"动机是道德直觉的核心"。② 如果刑法反映群体的道德判断，考虑动机，可以使得刑法避免因为单纯考虑刑法规定，在不考虑道德可责性存在与否的情况下认定犯意。事实上，现在很多美国刑法学者都持所谓的"动机有关说"，即认为"在许多犯罪当中，善的动机都扮演了十分重要的角色，如果不承认动机的相关性，就根本无法说明许多刑事责任辩护是否成立"。③ 有学者进一步指出，恶的动机通过下列四种方式表现出来：首先，动机可以作为犯罪所需要的特定的可责性要素的媒介；其次，在某些特定犯罪中，犯罪动机也属于犯罪构成要素；再次，动机可以被用来作为建构或者否认特定故意的证据；最后，动机还可以作为分析行为要素的工具。④

　　具体而言，恶的动机在法定强奸等⑤性犯罪、重罪谋杀、"转移故意"（Transferred Intent）⑥ 等非典型犯罪方面可以作为认定被告人特定可责性的

---

① George K. Gardner, "*Bailey* v. *Richardson* and the Constitution of the United States", *B. U. L. Rev.* 33 （1953）: 176.

② Henry M. Hart, Jr., "The Aims of the Criminal Law," *Law & Contemp. Probs.* 23 （1958）: 401.

③ 〔美〕道格拉斯·N. 胡萨克：《刑法哲学》，谢望原等译，中国政法大学出版社，2004，第226页。

④ 参见 Martin R. Gardner, "The Mens Rea Enigma: Observations on the Role of Motive in the Criminal Law Past and Present", *Utah L. Rev.* （1993）: 635。

⑤ William E. Shipley, "Annotation, Mistake or Lack of Information as to Victim's Age as Defense to Statutory Rape," *A. L. R. 3d* 8 （1966）: 1100.

⑥ 对所谓"转移故意"的司法解读，可参见"加利福尼亚州诉斯科特等案"（*People* v. *Scott et al.*）的判决，本案的判决书如下：

THE PEOPLE, Plaintiff and Respondent

v.

DAMIEN SCOTT et al., Defendants and Appellants.

No. S048572.

SUPREME COURT OF CALIFORNIA

14 Cal. 4th 544; 927P. 2d 288; 59 Cal. Rptr. 2d 178; 1996 Cal. LEXIS 6526;

96 Cal. Daily Op. Service 9229; 96 Daily Journal DAR 15194

1996 年 12 月 19 日审结

主审法官：布朗法官、乔治法官、肯纳德法官、拜科斯特法官、沃德嘉法官、钦法官，以及莫斯科法官

判决执笔：布朗法官　　　　　　　　　　　　　　　　　　　（转下页注）

（接上页注⑥） **判决**

　　陪审团认定被告人斯科特与布朗因为在一起导致一人死亡、多人受伤的驾车枪击事件中，发挥了不同作用而获罪。本案涉及的问题是，如果被告人被指控犯有杀人未遂，以及导致了其所不希望发生的死亡结果，是否可以通过适用"转移故意"（Transferred Intent），来认定行为人的刑事责任。

　　根据加利福尼亚州关于所谓转移故意的普通法规则，如果行为人具有杀人的直接故意，即使其杀人行为导致了无辜第三方的死亡结果，仍需要认定其故意杀人罪罪名成立。参见"加利福尼亚州诉苏瑟案"，即 *People v. Suesser*（1904）142 Cal.354, 366〔75 P. 1093〕。在这种情况下，被告人应承担与其意图实施的犯罪一样的刑事责任。

　　在本案中，被告人向公园开枪，意图杀死特定受害人，但是最终导致了一名无辜旁观者的死亡。针对这一事实，通常情况下可以依据所谓转移故意规则，认定造成了非意图受害人死亡的行为人的刑事责任。和之前审结的"苏瑟案"类似，我们认为，陪审团可以根据转移故意规则，认定行为人一级谋杀罪的刑事责任。

　　而且，尽管被告人还被指控犯有谋杀未遂罪的刑事责任，但适用转移故意规则认定行为人犯有谋杀罪的看法并无问题。虽然被称为所谓转移故意，但这一概念并不局限于被告人具有直接故意的情况。相反，所谓转移故意，其实表征着一种刑事政策。正如本案所彰显的那样，转移故意规则其实就是说明，如果行为人有杀人故意，即使出现打击对象错误，但其所造成的社会危害性并无差别。

　　在本案中，被告人向意图杀害的受害人开枪，但打死了另外一个人。在这样做的过程中，被告人针对两个对象实施了犯罪行为。对此，根据加州普通法中转移故意规则，要求被告人有杀人故意就足以满足相关犯意要求。

　　上诉法院维持原判，认为一审过程中法官做出的法律指导意见适当。本庭维持加州上诉法院的判决，仅对其稍做修改。

I . 背景

　　1991 年 5 月，凯文·休斯（Calvin Hughes）成为家庭仇杀的对象。休斯与艾琳·斯科特（Elaine Scott）陷入爱河，同时休斯与他的妹妹格里芬都住在斯科特的公寓当中。当爱已成往事，休斯与斯科特之间关系日生嫌隙，最后上升为肢体冲突。被告人达米恩·斯科特（Damien Scott）以及同伙，也是艾琳·斯科特的儿子德里克·布朗，将休斯和休斯的妹妹赶出斯科特的家。

　　几天之后，休斯借来格里芬的车，连同自己的朋友盖里·特里普（Gary Tripp）回到斯科特的公寓取自己的东西。当斯科特试图阻止休斯进入的时候，休斯强行进入并且开始收拾自己的东西。当离开时，他听到斯科特威胁要联系自己的儿子。

　　休斯和特里普开车到南洛杉矶的一个公园去见南希·凯利（Nathan Kelley）和她未成年的儿子杰克·吉布森（Jack Gibson），当休斯站在凯利的车边，和坐在车里的凯利交谈的时候，3 辆车开进公园，并且开始开枪。被告人斯科特和布朗坐在第一辆车上，向休斯开枪。休斯为了躲避弹雨，开始跑向公园附近的体育馆，被子弹继续扫射，其中一颗子弹打中了他的鞋底。直到休斯跑到体育馆后面躲了起来，斯科特等人才驾车离开。

　　随后，受害人回到现场，发现吉布森因为中弹死在车里。被告人斯科特和共犯布朗被指控共同实施了谋杀吉布森的犯罪，参见 Pen. Code, § 187, subd.（a）；针对斯科特实施了谋杀未遂的行为，参见 § 664, 187, subd.（a）；以及使用武器攻击犯罪，参见 § 245, subd.（a）（2）。针对每项指控，被告人都使用了法律所规定的武器。（转下页注）

（接上页注）第一次庭审因为陪审员无法达成一致意见而终止，在第二次审理过程中，检方试图证明吉布森是被告人故意杀人行为所意外打击的目标。因此在检方的要求下，法官根据转移故意理论，对陪审团做出了法律指导意见：在谋杀犯罪中，行为人试图杀死特定的被害人，但是因为疏忽或者错误，杀死了第三方，在这种情况下，可以认定行为人所从事的行为和其达成的意图符合杀人罪的法律规定。

陪审团认定被告人二级谋杀罪名成立，谋杀未遂罪名成立，使用武器实施攻击犯罪成立。被告人提出上诉，上诉法院审理之后对原判做出了一些修改，但基本上维持了原判。上诉法院驳回了上诉方提出的所谓转移故意规则只是用于造成意外第三方死亡的一级谋杀的主张。

本庭接受被告人提出的申诉。

陪审团判定，被告人因为意外导致无辜受害者死亡的开枪行为而构成二级谋杀，这一判定，依据的是明显恶意理论还是潜在恶意理论尚不清楚。因此，对此有必要加以澄清。

II. 讨论

从 16 世纪开始，英国普通法就开始适用"转移故意"规则。参见 The Queen v. Saunders & Archer（1576）75 Eng. Rep. 706，708。如果行为人的行为造成了死亡的结果，尽管不是行为人意图杀害的对象，仍然需要认定其谋杀罪的刑事责任，美国很多司法区，包括加利福尼亚，都沿袭了这一普通法规则。参见 1 LaFave & Scott, Substantive Criminal Law（1986）§ 3.12（d），p. 399；Perkins & Boyce, Criminal Law（3d ed. 1982）§ 8，p. 921，fn. 1。在这种情况下，被告人具有可责性，也具有相同的社会危害性。Gladden v. State（1974）273 Md. 383〔330 A. 2d 176，188〕；People v. Czahara（1988）203 Cal. App. 3d 1468，1474〔250 Cal. Rptr. 836〕〔转移故意理论一般被认为具有正当性〕；亦参见 Ritz, Felony Murder, Transferred Intent, and the Palsgraf Doctrine in the Criminal Law（1959）16 Wash. & Lee L. Rev. 169，171。因为无论死亡的是行为人意图杀害的被害人，还是其他无辜者，根据转移故意规则，被告人的可责性是一致的，40 Am. Jur. 2d，Homicide，§ 11，p. 302；State v. Clark（1898）147 Mo. 20〔47 S. W. 886，888〕，参见 4 Blackstone, Commentaries 201。

在加利福尼亚，转移故意规则首见于"加利福尼亚州诉苏瑟案"，supra，142 Cal. 354。该案的被告人被判一级谋杀，因为其故意枪杀了一名自己误认为是目标的受害人。Id. p. 365. 在上诉过程中，被告人认为，一审法院没有采信自己提出的，行为人必须针对实际受害人具有恶意，并且仅仅是非故意地存在打击错误，就只能构成二级谋杀的主张。而原审法院认为，根据转移故意规则，应对其认定一级谋杀罪的刑事责任。Ibid.

根据学理主张以及其他司法区的做法，法官在"加利福尼亚州诉苏瑟案"中认为，转移故意这一普通法规则，在成文法中依然适用（Suesser，supra，142 Cal. pp. 366 - 367.）。但"加利福尼亚州诉苏瑟案"并没有明确为转移故意理论提供根据。其引用的一个其他州的判例对此说明得较为详细。在"俄勒冈州诉马雷案"即 State v. Murray（1884）11 Ore. 413〔5 P. 55〕中，被告人因为杀死了非意图杀害的受害人而被判一级谋杀。俄勒冈州最高法院维持了判决，理由是被告人的恶意并无差别，而其造成的危害结果也触目惊心。（Id. p. 60.）

"加利福尼亚州诉苏瑟案"（supra，142 Cal. 354），以及一系列加利福尼亚州判例，都涉及在故意杀人案件中出现的打击错误问题。参见 People v. Sutic（1953）41 Cal. 2d 483，491-492〔261 P. 2d 241〕〔涉及在一起普通纠纷过程中，非故意导致一名儿童死亡的被告人被判一级谋杀〕；People v. Clayton（1967）248 Cal. App. 2d 345， （转下页注）

（接上页注）349〔56 Cal. Rptr. 413〕〔基于种族偏见试图杀死一名路人，导致了旁观者死亡的行为人被判二级谋杀罪名成立〕；*People v. Walker*（1946）76 Cal. App. 2d 10, 14〔172 P. 2d 380〕〔在争端升级之后，导致旁观者死亡的行为被判一级谋杀〕。本案中，证据显示被告人向其目标开枪，没有打中，但导致了周围的人死亡。根据"苏瑟案"以及其他相关判例，原审法院根据 CALJIC No. 8. 65 正确地指出，在故意杀人过程中出现打击对象错误的，其性质和严重程度与其实现了自己意图的杀害目标毫无区别。

法学理论与实践一直承认，转移故意规则是一种非常简明的法律拟制。参见 Prosser, Transferred Intent（1967）45 *Tex. L. Rev.* 650, 650；*Czahara*, supra, 203 Cal. App. 3d p. 1474；Husak, Transferred Intent（1996）10 *Notre Dame J. L.*, *Ethics & Pub. Pol'y* 65, 83-86；Ritz, Felony Murder, Transferred Intent, and the Palsgraf Doctrine in the Criminal Law, supra, p. 653。如本案所体现的那样，其体现的是一种刑事政策，即在发生打击错误的情况下，意图实施杀人行为的行为人应当承担相同的刑事责任。参见 Hall, *General Principles of Criminal Law*（2d ed. 1960），145。正是这样一种刑事政策，才使得在本案中适用转移故意的法律指导意见是正当的。

反过来，基于转移故意规则认定被告人一级谋杀罪刑事责任，并不排斥对行为人真正意图杀害受害人追究杀人未遂的刑事责任。因为在出现打击对象错误的情况下，被告人针对两个人实施犯罪，因此一方面可以根据转移故意规则对其追究谋杀的刑事责任，另一方面可以根据相关法律，即 Sections 664 及 187, Subdivision（a）对其追究谋杀未遂的刑事责任。

被告人斯科特认为，像本案这种出现打击对象错误的谋杀案件中，检方如果适用转移故意规则，就意味着行为人意图造成两名受害人死亡，而这明显与事实不符，因此，不应使用转移故意规则。他的根据在于"加利福尼亚州诉博瑞塔案"，即 *People v. Birreuta*（1984）162 Cal. App. 3d 454〔208 Cal. Rptr. 635〕，该案认为那种意图杀死两名受害人的行为人要比只想杀害一名受害人，同时非故意导致另外一名受害人死亡的行为人更具有可责性。Id. pp. 460-461；亦参见 *Czahara*, supra, 203 Cal. App. 3d p. 1474〔提出转移故意规则所导致的结果是好像行为人实际意图杀死两名受害人〕；*Calderon*, supra, 232 Cal. App. 3d p. 937〔观点类似〕。

在"加利福尼亚诉博瑞塔案"（supra, 162 Cal. App. 3d 454）中，被告人因为杀死了意图杀害的受害人以及非意图杀害的受害人而被判两起一级谋杀罪名成立。上诉过程中本案被推翻，在意图死亡的受害人已经遇害的情况下，不必要适用转移故意规则。因为可以根据其所具有的事先决意来认定其一级谋杀罪的刑事责任。Id. p. 460.

"博瑞塔案"认为基于事先决意杀死两名受害人的行为人，要比意图杀死一名受害人，但错误地导致了他人死亡的情况更具有可责性。如果适用转移故意规则认定针对非意图致死的受害人也犯有谋杀罪，那么可责性的区别将消失。*Birreuta*, supra, 162 Cal. App. 3d p. 460.

本庭认为尽管在通常情况下使用转移故意规则并无问题，但在出现意图与非意图杀害的受害人都死亡的情况下，继续适用这一规则可能会导致混淆。很多司法机关在适用"苏瑟案"的时候并未对上述情况有所区分，可参见 *People v. Leslie*（1964）224 Cal. App. 2d 694, 704〔36 Cal. Rptr. 915〕〔基于转移故意规则判处二级谋杀，对意图杀害的被害人构成谋杀未遂〕；*People v. Pivaroff*（1934）138 Cal. App. 625, 628〔33 P. 2d 44〕〔基于转移故意规则判处一级谋杀，对意图杀害的被害人构成谋杀未遂〕。　　（转下页注）

（接上页注）也有法院认识到了需要分析具体情况，但提出的解决方案却并不尽相同。在“加利福尼亚州诉卡尔森案”，即 *People* v. *Carlson*（1974）37 Cal. App. 3d 349〔112 Cal. Rptr. 321〕中，法庭认为即使在意图杀害的受害人与意外杀害的受害人都死亡的情况下，依然可以适用转移故意规则。（Id. at p. 357.）但在“加利福尼亚州诉博瑞塔案”（supra, 162 Cal. App. 3d 454），法庭的观点与此截然相反，认为在这种情况下并不适用转移故意规则，Id. pp. 460–461；cf. *Calderon*, supra, 232 Cal. App. 3d pp. 936–937；*Czahara*, supra, 203 Cal. App. 3d p. 1474。

　　因为本案并不涉及意图杀害的受害人与非意图杀害的受害人都死亡的情况，因此我们没有机会去判断“加利福尼亚州诉博瑞塔案”的推理正确与否。在纯粹打击错误的情况，即意图杀害的受害人没有死亡，而无辜的人死亡的情况，适用转移故意规则是一贯的。因此并无问题。

Ⅲ．判决

维持上诉法院的判决。

附议：莫斯科法官

　　在我看来，现有必要讨论转移故意理论了。

　　谋杀是指基于事先决意实施杀人的行为。参见 Pen. Code, § 187, subd. (a)；accord, e. g., 2 LaFave & Scott, *Substantive Criminal Law*（1986）§ 7.1, p. 181；Perkins & Boyce, *Criminal Law*（3d ed. 1982), p. 57。事先决意可以是明确表达的直接故意，或者隐含性的犯意，如轻率，参见 Pen. Code, § 188；accord, e. g., 2 LaFave & Scott, *Substantive Criminal Law*, supra, § 7.1 (a), pp. 181–184；Perkins & Boyce, *Criminal Law*, supra, pp. 57–78。

　　根据英国普通法，A 基于事先决意对 B 实施打击，但是错误地打击到了 C，即使对 C 没有恶意，如果 C 死亡，那么 A 仍然构成谋杀，在这种情况下法律认为犯意出现了转移，参见 Hale, *Historia Placitorum Coronae*（1736), p. 466。

　　当然，所谓转移故意并不会真在不同受害人之间实现行为人犯意的转移，而其仅仅是为了实现社会正义而拟制出来的。参见 *People* v. *Czahara*（1988）203 Cal. App. 3d 1468, 1474〔250 Cal. Rptr. 836〕；Husak, Transferred Intent（1996）10 *Notre Dame J. L. Ethics & Pub. Pol'y* 65, 65–69, 83–89；1 LaFave & Scott, *Substantive Criminal Law*, supra, § 3.12 (d), p. 399；Perkins & Boyce, *Criminal Law*, supra, p. 921；Prosser, Transferred Intent（1967）45 *Tex. L. Rev.* 650；Ritz, Felony Murder, Transferred Intent, and the Palsgraf Doctrine in the Criminal Law（1959）16 *Wash. & Lee L. Rev.* 169。

　　仅仅因为转移故意是一种法律拟制就对其加以放弃，显然是不成立的。因为这种拟制在法律当中大量存在。没有这种法律拟制，其根本无法运行。

　　但转移故意规则又十分难以把握。参见 Dressler, *Understanding Criminal Law*（2d ed. 1995）§ 10.04, p. 109；Perkins & Boyce, *Criminal Law*, supra, pp. 924–926；Husak, Transferred Intent, supra, 10 *Notre Dame J. L. Ethics & Pub. Pol'y* 65–91。虽然长期以来司法实践与刑法理论对此多有研究，但并没有达成行之有效的一致意见，相反，存在诸多疑点。参见 Husak, Transferred Intent, supra, 10 *Notre Dame J. L. Ethics & Pub. Pol'y* 67；参见 1 LaFave & Scott, *Substantive Criminal Law*, supra, § 3.12 (d), p. 401；Perkins & Boyce, *Criminal Law*, supra, p. 921；Ritz, Felony Murder, Transferred Intent, and the Palsgraf Doctrine in the Criminal Law, supra, 16 *Wash. & Lee L. Rev.* 169, 183。但如 （转下页注）

根据或者媒介。另外，恶的动机在某些情况下还可以直接作为特定的犯罪要素出现。在早期的美国，"杰出的学者都沿用的是英国法当中的观点，认为在很多情况下犯罪是否成立需要取决于动机"，[①] 如"恶意损坏他人财物的犯罪、种族仇恨犯罪、施虐/受虐人罪以及叛国罪的认定"。[②]

可见，从实然的角度而言，动机之于美国刑法是相关的，但同时，这样的一种相关性是建立在相对基础之上的。另外，恶的动机还可以作为证据来证明特定故意的存在与否以及特定行为的成立与否。限于篇幅，这里不加详述。无论是主张动机无关性的一方，还是主张动机有关性的一方都并没有剑走偏锋，而都或多或少采用了折中的做法，得出的结论也基本上建立在相对的基础之上。但是两者并没有在折中当中实现融合，而表现出

（接上页注）果没有这样一种解释，那么上面提到的情况势必会出现司法擅断等。参见 Husak, Transferred Intent, supra, *10 Notre Dame J. L. Ethics & Pub. Pol'y* 75-83。虽然这一理论并非深思熟虑的结果，却是一种替代性方案，Id. p. 87; Ritz, Felony Murder, Transferred Intent, and the Palsgraf Doctrine in the Criminal Law, supra, 16 *Wash. & Lee L. Rev.* 183。

　　而且，转移故意规则属于一种不必要的法律拟制，参见 Dressler, *Understanding Criminal Law*, supra, p. 109; 1 LaFave & Scott, *Substantive Criminal Law*, supra, § 3. 12 (d), pp. 399-400; Perkins & Boyce, *Criminal Law*, supra, pp. 924-925。其成立的前提在于，如果不存在这样的一种规则，那么对导致非意图受害人死亡的故意杀人者无法追究谋杀罪的刑事责任。其还推定，行为人只对其意图杀害的受害人具有犯意。参见 Husak, Transferred Intent, supra, *10 Notre Dame J. L. Ethics & Pub. Pol'y* 71-75; 参见 Dressler, *Understanding Criminal Law*, supra, p. 109; 1 LaFave & Scott, *Substantive Criminal Law*, supra, § 3. 12 (d), p. 400; Perkins & Boyce, *Criminal Law*, supra, pp. 924-925; Prosser, Transferred Intent, supra, 45 *Tex. L. Rev.* 653, 661。

　　很明显，轻率并不需要行为人认识到受害人的身份或者其存在。有判例认为，如果行为人向窗户开枪，不知道或者不在乎谁在后面，仍然可以认定其具有事先决意，参见 *People v. Roberts* (1992) 2 Cal. 4th 271, 317〔6 Cal. Rptr. 2d 276, 826 P. 2d 274〕。

　　很明显，事先决意并不要求对象的明确性。因为所谓事先决意不会针对在场的所有人，因此如果是谋杀，那么行为人的意图只是杀死人，而不是特定人。参见 Dressler, *Understanding Criminal Law*, supra, p. 109; Perkins & Boyce, *Criminal Law*, supra, pp. 924-925; Prosser, Transferred Intent, supra, 45 *Tex. L. Rev.* 653。

①　Walter W. Cook, "Act, Intention and Motive in the Criminal Law," *Yale L. J.* 26 (1917): 645. 事实上，司法界以及学界很多人，正是基于动机无关论，反对仇恨犯罪，支持安乐死，反对转移故意，反对特定类型的激怒或者必要性抗辩，参见 Guyora Binder, "The Rhetoric of Motive and Intent," *Buff. Crim. L. R.* 6 (2002): 1。

②　〔美〕乔治·P. 弗莱彻:《刑法的基本概念》，蔡爱惠等译，中国政法大学出版社，2004，第 150 页。

某种参差交互的状态，在不同的方面，动机有关性与无关性以不同的折中度存在并加以表现。

从实然的角度，至少可以认为，在非常重要的刑法学范畴即犯意这个问题上，动机是十分重要的。

3. 美国刑法中的犯意与动机

从历史上来看，刑法意义上的动机和犯意之间的互动关系始于 20 世纪后期，当时教会法已经开始对普通法系刑法的发展施加越来越重要的影响。而基督教道德对刑法施加影响的媒介，就是内化为行为人心理的所谓过错。例如有观点认为，"早期的犯意不过是一种总体上的非道德性动机"。① 历史上，奥古斯丁似乎是第一位运用犯意这个概念形容不能在没有探究行为人心理状态的情况下评价行为道德内容的学者。在他看来，恶的动机导致了恶的行为，而善的动机可以使行为的性质变善。② "传统的观点所关注的是恶的动机，如果有证据证明存在恶的动机，就可以以此作为认定刑事责任的实质根据。"③

早期将犯意等同为恶的动机的看法，随着时代的发展逐渐发生转变。近现代刑法中犯罪的道德否定评价色彩愈来愈淡，同时较为中性的犯意概念与层级愈加丰富细密，倾向于对犯罪做整体评价。"不仅犯意被概念化为所有犯罪都需要的概括心理态度，而且犯意还被用来描述具体犯罪所需要的具体心理状态。"④ 因此才会出现如下这种著名论断，"必须抛弃古早的犯意概念，用一个新的概念，即'诸犯意'（Mentes Rea）⑤ 取而代之。

---

① Francis B. Sayre, "Criminal Attempts," *Harv. L. Rev.* 41 (1928): 821.

② Martin R. Gardner, "The Mens Rea Enigma: Observations on the Role of Motive in the Criminal Law Past and Present," *Utah L. Rev.* (1993): 635.

③ John Quigley, "The Common Law's Theory of Criminal Liability: A Challenge from Across the Atlantic," *Whittier L. Rev.* 11 (1989): 479.

④ Paul H. Robinson and Jane A. Grall, "Element Analysis in Defining Criminal Liability: The MPC and Beyond," *Stan. L. Rev.* 35 (1983): 681.

⑤ 需要强调的是，国内有些研究者将上述流变误认为，普通法经历了从单一犯罪心理（Mens Rea）到诸多犯罪心理（Mentes Reae）的过程，并将其与从结果责任到罪过责任、从犯罪分析到要素分析等发展并列。参见陈银珠《美国刑法中的要素分析法及其启示》，《中国刑事法杂志》2011 年第 6 期，第 120 页。显然，这种观点属于误读，即误将普通法早期的动机当作了犯意。如本书所示，起码就美国刑法而言，当代意义上的犯意是多元的，最后借由《模范刑法典》的示范效应，减少为四个。换句话说，是从多到少，而非从一到多。

即，放弃将犯意作为一种恶的动机来加以立法规范的做法，相反，对每种特定犯罪都规定具体的犯意形式"。① 进一步而言，随着犯意在界定犯罪、立法创制方面的作用日益凸显，立法机构越来越倾向于采取列举的方式，列明包括犯意在内的犯罪构成要素。

有学者将此视为相对原本的恶的动机理论的进步。② 和道德捆绑在一起的动机，随着道德色彩递减的趋势而逐渐式微，逐渐丧失了对行为人内心犯意的代表性，甚至有人提出"尽管存在明确的动机无关性理论，但可以很容易通过那些和刑法相关的动机定义特定故意"。③ 从实然的角度，动机仅仅在法律明确规定的情况下，才可以成为犯罪的构成要素。除去作为明示要素的情况之外，在讨论美国刑法犯意和意图之间关系的时候，尤其需要明确或者讨论的问题就是"故意"和"动机"之间的关系。区分动机和故意是十分重要的。"和故意做某事相关的是无数的动机，在动机不同的情况下可能故意是一致的。动机的可能是无限的。和动机相比，故意更加确定，通常在刑事司法活动中更为重要。"④

可以认为，在故意的语境当中，动机更多是在技术的层面存在的，可从持续时间和功能上对两者进行划分，多少仍显得牵强。的确，对本质类同的两种主观概念加以区分，从根本的意义上来讲不可能实现。因此，对这个问题似乎没有必要也不可能寻找到某种终极性质的绝对划分标准。任何对这种孪生概念的划分都是人为的，也都是任意的。

第二节 美国刑法中犯意研究
维度之预设

在理解与认识美国刑法中犯意概念的时候，固然可以从逻辑和时间两

---

① Francis B. Sayre, "Mens Rea," *Harv. L. Rev.* 45 (1932): 974.

② 参见 Martin R. Gardner, "The Mens Rea Enigma: Observations on the Role of Motive in the Criminal Law Past and Present," *Utah L. Rev.* (1993): 635。

③ Elaine M. Chiu, "The Challenge of Motive in the Criminal Law," *Buff. Crim. L. R.* 8 (2005): 623.

④ 参见 Walter W. Cook, "Act, Intention and Motive in the Criminal Law," *Yale L. J.* 26 (1917): 645。

个层面，剥离附着在犯意之上的道德抑或动机，从而将犯意在纵向维度上加以相对固定，并在这个意义上降低其本身的模糊性，但这样做，所能得到的仍然是一个相对模糊的镜像。在认识主体与犯意之间，仿佛总是隔着一层上霜的玻璃。

人类用语言或者字符体系表征或许存在真正本意的某个存在时，所获得的只能是无限接近本原的相对正确理解。或者可以说，永远无法如愿，至少在这样的一个语言体系当中，是不存在一个客观正确或者唯一的概念的。不同的人，从不同的视角出发，得出的是所观察到的存在不同维度的印象，但假设从某一角度出发，得出的结论和大多数人类似，就可以将其看作所谓压倒性意见，即使如此，其也仅仅是这个维度中多数人的意见而已。在不同维度得出的结论不太可能会归于同一。就犯意的含义而言，无法直接告诉别人什么是犯意，就像无法精确定义"人"这个概念一样。只能从不同的维度获得关于犯意的不同镜像，对一个或许存在的本原在不同层级上加以接近。

一　静态维度

认定犯意本身并不是终极目的，而仅仅是达到某种目的的手段。在这一语境当中，认定犯意在很大程度上是为了认定责任的有无以及责任的大小。有学者将意外事件、过失、故意以及坏的动机这四种情形表示为[①]：

意外事件——→过失——→故意——→坏的动机。

可以认为，在这条拟制的责任连续稳定增大的链条当中，可以划分无数区间，而上述四点，仅仅是目前较为具有代表性的划分标准。这样的区分反映了刑事责任的一般理解样态。无论以什么名字称呼，只要这样的区分可以符合对公平或者正义的理解，那么区分就是适当的。也就是说，可以从静态的层面对这样一种连续的过程加以任意切割。通常采取的切割方

---

① 〔美〕道格拉斯·N. 胡萨克：《刑法哲学》，谢望原等译，中国政法大学出版社，2004，第58页。

式，是所谓的两分法。

普通法当中对犯意的著名区分，就是所谓的直接故意和间接故意。这一区分所依据的标尺，就是被告人是否意图导致特定危害结果的发生。如果具有导致行为结果的意图或者意欲，那么被告人就具有直接故意。这样的区分在认定责任的时候十分重要。通常情况下，罪责较重的犯罪要求直接故意，而较低层级的犯罪一般要求间接故意。直接故意包括如下两种情况：首先，行为人希望自己的行为导致特定的结果，这有些类似大陆法系中所谓的结果犯的犯意；其次，在不要求行为人对危害结果具有故意心态的情况下，如果要求其对行为以及行为的非法性具有故意，也可以被视为一种直接故意。与此相对，间接故意中最重要的证明是行为人对行为的故意，而不需要证明被告人希望发生行为所导致的某种特定危害结果。这就好像大陆法系刑法当中行为犯所持有的犯意。除此之外，在某些司法区，除了行为本身的意欲之外，还要求必须证明行为人具有某种层级的过失。上述分割可以看作在故意和过失犯罪之间进行的区分。

还有学者主张在故意和动机之间进行区分。如所谓广义的犯意和狭义的犯意。[1] 所谓广义的犯意，是指包含宽泛的道德可责性意义的犯意，也就是说，从道德上来讲，被告人对自己造成的危害结果具有可责性，而无须证明被告人具有任何其他特定的形式意义上的犯意。事实上，早期的普通法中，也很少明确规定犯意。法官通过考察被告人性格或者其他道德意义上的特征，认定其是否该当道德责任。所谓狭义的犯意，是指那些被法律规定在犯罪定义当中的实体性的犯意要素。而因为在历史上，美国刑法将来源于英国的大量普通法犯罪加以法典化，从而导致在大多数美国司法区，都已经不存在传统意义上的所谓普通法犯罪，即使偶有存在，普通法犯罪的数量也相当稀少，且集中于自然犯。总之，"当今美国刑法是制定法"。[2] 因此，对美国刑法中犯意问题的研究应该主

---

[1]　Joshua Dressler, *Understanding Criminal Law* (New York: Matthew Bender, 1995): 109.

[2]　Steven L. Emanuel, *Criminal Law*, 中信出版社，2003，第 13 页。

要集中于后者，即狭义的美国刑法犯意，这项任务将在本书的后半部分详尽展开。

二　动态维度

除了可以在静态维度，亦即从犯意含纳的不同范围对其加以区分之外，还可以从动态的维度，亦即从犯意所发挥的功能以及犯意的认定方式上对其加以区分、厘定。如前所述，在很大程度上，当今美国刑法已不再将动机作为犯罪构成要素，而转向通过要求特定的犯意心态，界定犯罪。同时，"绝大多数司法区仍保留了精神失常、受胁迫等抗辩理由"。[1]因此，从功能上，当今美国刑法包括了两个层级的犯意："一种是用来作为证明责任成立证据的特定故意，而另外一种犯意则与免责事由相关，即行为人虽然具有犯罪所需要的特定的心理态度，但是同时缺乏某种承担道德可责性所必需的能力或条件。"[2]

美国刑法的特色之一即在于犯意的认定方式。相比较而言，在中国刑法当中，不存在具有体系性且显明的犯意认定或者证明方式。而美国刑法却将犯意认定这种微妙的内在问题，摆到了台面上进行系统的分析和研究。在后文当中，将专门评解美国刑法中犯意的证明范式。简单来说，在认定方式上，美国刑法中的犯意可以分为推定性犯意和非推定性犯意，这里谈到的推定性，是指法律所明确规定的犯意，主要是故意的认定方式。一般认为，所谓推定性犯意，是指尽管被告人并没有导致该结果的意图，但因为结果十分可能发生，从而法律将其作为特定故意加以对待。针对证明推定性犯意所必要的可能性的程度，仅仅要求实际可能，而不是绝对的可能。而非推定性犯意，是指法律没有明确规定可以加以推定的犯意。基本上绝大多数美国刑法当中的犯意都是非推定性犯意。

---

① Donald A. Dripps, "The Constitutional Status of the Reasonable Doubt Rule," *Cal. L. Rev.* 75 (1987): 1665.

② Martin R. Gardner, "The Mens Rea Enigma: Observations on the Role of Motive in the Criminal Law Past and Present," *Utah L. Rev.* (1993): 635.

第三节 《模范刑法典》中的
犯意规定

《模范刑法典》专章规定了责任定义的总体原则，这或许可以"被认为是这部法典当中最为重要的部分"①，也是法典起草者所取得的"最为显著和最为持久的成就"。② 甚至有学者直接提出，"美国法学会建构《模范刑法典》的目的即在于试图澄清刑法，特别是心理要素所扮演的角色"。③《模范刑法典》对可责性的规定，并没有单纯地简化或者固化传统的犯意类型，这充分反映了 20 世纪主流刑法学学者所支持的观点：结果主义、法律实证主义以及政治民主主义等。总体来看，这些观点将刑法看作独立于通常的道德的社会控制的途径，从而使得法典起草者尽可能地探究过错。④

美国刑法中犯意的研究，一直以来都伴随着理论上的某种混乱局面。功利主义、实证主义的发展以及客观甚至是严格责任的出现，都在某种程度上改变着美国刑法的样貌与发展趋势。"尽管美国一直大规模适用包括死刑在内的刑罚措施，但值得强调的是，虽然很多法官仍然在道德层面讨论行为人的罪行，但一般已经不能将行为人缺乏道德可责性这一事实用来作为排除其刑事责任的根据。"⑤ 虽然导致美国刑法中犯意问题的研究出现如此混乱局面的原因很多，但毫无疑问，犯意本身的复杂性是其中很重要的原因。

面对这种现状，《模范刑法典》对犯意的规定就显得非常具有研究价值。通过减少、提炼犯意概念范畴的做法，美国法学会试图解决这一混乱

---

① Herbert L. Packer, "The MPC and Beyond," *Colum. L. Rev.* 63 (1963): 1425.
② Paul H. Robinson, "A Brief History of Distinctions in Criminal Culpability," *Hastings L. J.* 31 (1980): 815.
③ Martin R. Gardner, "The Mens Rea Enigma: Observations on the Role of Motive in the Criminal Law Past and Present," *Utah L. Rev.* (1993): 635.
④ William J. Stuntz, "The Pathological Politics of Criminal Law," *Mich. L. Rev.* 100 (2001): 505.
⑤ Ronald L. Gainer, "The Culpability Provisions of the MPC," *Rutgers L. J.* 19 (1988): 575.

局面。有学者将这一改革举措称为"《模范刑法典》式的改革"。① 具体而言，法典取消了被粗劣规定、具有混淆性的普通法规定和概念，用界定犯罪的 3 个客观要素类型的 4 种可责性层级取而代之。② 也就是说，法典将之前存在的约 80 个可责性概念③缩减为 4 种通用的关于可责性的犯意概念：意图、了解/明知、轻率以及过失。④《模范刑法典》对犯意的开创性界定范式，一度为草拟中的"美国刑法典"所效仿。事实上，这部草拟中的刑法典对犯意的专章规定几乎整体照搬《模范刑法典》的规定。⑤

对一般意义上可以被理解为故意的不同犯意概念，《模范刑法典》将其具体细化，较为明确地界定为"轻率"、"了解"和"意图"3 种犯意，从而避免"故意"一词概括适用导致的模糊与冲突情况。根据《模范刑法典》，所谓不要求证明犯意的严格责任仅在非常有限的情况，即仅仅对行为人适用罚金及其他非传统刑罚处遇的情况下适用。排除严格责任，实际上反映出，长期以来，美国刑法学界对刑事司法过程中严格责任或者说客观责任滥用的不满。《模范刑法典》在犯意概念的选择、界定乃至排序等

---

① Miguel A. Méndez, "A Sisyphean Task: The Common Law Approach to Mens Rea," *U. C. Davis Law Review* 28 (1995): 407.

② George P. Fletcher, "Mistake in the MPC: A False Problem," *Rutgers L. J.* 9 (1988): 649.

③ 美国联邦刑法改革咨询委员会曾调查，发现当时美国刑法中共有 78 种不同的犯意概念。参见 Kenneth Feinberg, "Toward a New Approach to Proving Culpability: Mens Rea and the Proposed Federal Criminal Code," *Am. Crim. L. Rev.* 18 (1980): 123。

④ 《模范刑法典》起草者提出，只需要 4 个概念就可以满足犯意描述的最低要求，同时设定了基本的犯意层级。虽然《模范刑法典》对犯意概念的表述方式被美国各州效仿，但这种效仿并非原封不动地照搬。例如爱德华州法典规定的是"意欲"、"过失"、"堕落地"、"恶意"和"明知"；印第安纳州法典规定的是"故意"、"明知"和"轻率"；堪萨斯州规定的是"意欲"和"任意"；肯塔基州法典使用的是"故意"、"明知"、"任意"以及"轻率"；洛杉矶州规定的是"直接故意"、"间接故意"和"犯罪过失"；明尼苏达州规定的是"明知"和"故意"；蒙大拿州规定的是"轻率"，对危险的有意不顾为过失，而对通常被称为过失的具有可责性的疏忽大意不追究刑事责任；内华达州法典规定的是"明知"、"恶意"和"过失"；北达科他州规定的是"故意"；南达科他州规定"恶意"、"故意"、"了解"、"轻率"和"过失"；华盛顿州除了《模范刑法典》的区分之外，仍然保持了"恶意"和"故意"。具体参见 Lexis 数据库中各州刑法文本，以及 Kenneth Feinberg, "Toward a New Approach to Proving Culpability: Mens Rea and the Proposed Federal Criminal Code," *Am. Crim. L. Rev.* 18 (1980): 123。

⑤ Ronald L. Gainer, "Federal Criminal Code Reform: Past and Future," *Buff. Crim. L. R.* 2 (1998): 45.

细节方面的细密规定，反映出《模范刑法典》起草者重视行为人主观可责性的倾向。[1] 具体来说，对绝大多数犯罪而言，行为人对犯罪的实体要素必须具有意图、了解或者轻率的心态，仅仅在立法明确承认的情况下，才允许将过失作为刑事责任的基础。除了某些特定的抗辩事由之外，行为人是否持有恶的动机，总体上已与犯意的判定无关。[2]

另外，《模范刑法典》中犯意规定范式的显著特点之一在于，所有犯意都是通过与犯罪实体性客观要素的相互关系来加以界定的，也就是说，通过其与"行为、随附情状或者结果"的关系来体现或者加以界定的。[3] 另外，法典起草者通过建构总体原则，消除立法者没有将某种犯意要求具体化或一种可责性概念是否可以适用于多个客观要素所造成的某些混乱。[4]《模范刑法典》中明确规定，如果立法机构在犯罪中没有针对"行为、随附情状或者结果"明确规定任何犯意的话，检方就必须证明，行为人针对上述要素存在"轻率"的犯意。除此之外，如果刑事立法中特定犯罪定义没有区分实体要素分别规定犯意，仅仅规定了4种犯意之一的情况，除非存在证据，否则应当推定这种犯意应被适用于所有犯罪的客体要素。

一 《模范刑法典》中犯意的解读方法

在对《模范刑法典》当中犯意规定进行详尽解读之前，根据美国刑事成文法解读基本范式，需要确定《模范刑法典》的规定是否明确这一前提。虽然在实然的状态下，前述两种解读模式的存在都不纯粹，更多的是以某一解读模式为主的折中主义解读范式。因为根据美国刑事成文法有权解读的基本范式，被解读的文本是否明确是确定解读模式的基础，法律文

---

① 参见 Martin R. Gardner, "The Mens Rea Enigma: Observations on the Role of Motive in the Criminal Law Past and Present," *Utah L. Rev.* (1993): 635。

② 参见 Peter W. Low, "The MPC, The Common Law, and Mistakes of Fact: Recklessness, Negligence, or Strict Liability?" *Rutgers L. J.* 19 (1988): 539。

③ 参见 Paul H. Robinson and Jane A. Grall, "Element Analysis in Defining Criminal Liability: The MPC and Beyond," *Stan. L. Rev.* 35 (1983): 681。

④ 参见 Dannye Holley, "The Influence of the MPC's Culpability Provision's on State Legislatures: A Study of Lost Opportunities, Including Abolishing the Mistake of Fact Doctrine," *Sw. U. L. Rev.* 27 (1993): 229。

本规定的明确抑或模糊，决定了对其适用文本主义解读模式或者是原意主义解读模式。① 虽然这种有权解读范式是否可以被用来作为对法规的学理解释范式也是存疑的，但无疑，对美国刑法的实然状态需要一种较为有效的解读方法，对《模范刑法典》的解读也不能毫无规矩、天马行空。因此，在开始对《模范刑法典》中犯意规定的分析之前，《模范刑法典》相关文本的规定是否模糊，就成为必须厘清的一个前提性问题。

整体而言，虽然《模范刑法典》本身并没有给出其历史传承的任何线索②，但和作为其前身出现的普通法相比，至少从形式而言，《模范刑法典》的规定更加完备、更加详尽。就犯意解读问题，从"犯意"——作为一种通过恶意行为表现出来的总体上的恶意——到"诸犯意"，即多种具体的犯意形式③，再到《模范刑法典》对烦冗的犯意形式的浓缩和固化，表现出来的绝对不仅仅是数量的减少，从本质而言，属于弱化普通法时期报应主义主导型的刑罚理念，而体例上则更为完备和细密。这也是有很多学者认为《模范刑法典》窒息了理论研究的原因。④ 正是因为《模范刑法典》形式上日趋完备，美国刑法学者不再热衷于对刑法进行形而上研究，而更致力于解释和评介《模范刑法典》。虽然学者的作用经常被调侃为解释和评论法典，更有学者尖锐地指出，学理解释或者评价的唯一作用，就是通过解读，使得刑法与解读者的正义观达成一致。但如果将《模范刑法典》对犯意的解读方法，作为解决犯罪这一永恒存在的社会问题的一种尝试，无疑这种尝试在形式上是进步和成功的。因此，姑且可以认为，总体上《模范刑法典》的规定并不含混。因此，可对其适用以文本主义为主的

---

① 参见 Sanford H. Kadish, "Codifiers of the Criminal Law: Wechsler's Predecessors," *Colum. L. Rev.* 78 (1978): 1098。

② 需要明确的一点是，历史分析，仅仅是法的批判分析方法之一。其他的方法包括经济的、哲学的、社会学或者对法律的心理学分析。对法律的历史分析表面上看的确属于单纯认定且描述相关的原则和实践，未倡导其中的某一种，可以被认为是不分派别的法的历史。但这不是说法的历史分析可以在不考虑文本的情况下对法律加以分析，说到底，法的历史分析是达到目的的途径，而非目的本身。参见 Markus Dirk Dubber, "The Historical Analysis of Criminal Codes," *Law & Hist. Rev.* 18 (2000): 433。

③ Richard G. Singer, "The Resurgence of Mens Rea: I—Provocation, Emotional Disturbance, and the MPC," *B. C. L. Rev.* 27 (1986): 243.

④ 参见 Martin R. Gardner, "The Mens Rea Enigma: Observations on the Role of Motive in the Criminal Law Past and Present", *Utah L. Rev.* (1993): 635。

折中主义解读范式。

二 《模范刑法典》中犯意的具体解读

(一) 概述

美国刑法通说中公认的刑罚目标之一在于，通过刑法规范，维持、提升美国国民的正义观。美国刑法学者一直以来修正观点的初衷，也往往在于使其更好地反映学者的正义观。然而，学者的立法批判或者立法建议必须是可执行的，而其在刑法的语境当中就意味着更为精确的成文法的规定。

《模范刑法典》对犯意的规定就体现了上述理念。① 其所具有的两大创新在于：首先，《模范刑法典》将刑法当中众多的犯意概念简化到4个②；其次，《模范刑法典》采用了要素分析模式。这两大创新不仅从客观上缩减了犯意概念的种类与数量，而且为司法机关具体适用、认定上述犯意概念提供了具有可操作性的解读规则。③ 这种模式不同的犯意概念，即其所设定的"意图"、"了解"、"轻率"以及"过失"，需要与犯罪实体要素合并起来加以解读，因此，犯意针对的对象，是行为人的行为、随附情状以及其引发的结果。④

这一做法放弃了普通法中所适用的间接故意以及直接故意的概念，根据《模范刑法典》的规定，检方需要证明的是，被告人基于意图⑤、了解、轻率或者过失，实施了犯罪行为。更为重要的是，"必要的时候，司法者需要考察各个行为要素，如行为本身、行为的随附情状、行为的结果等都

---

① 参见 Ronald L. Gainer，"The Culpability Provisions of the MPC，" *Rutgers L. J.* 19（1988）：575。

② 就《模范刑法典》当中究竟规定了几种犯意要素存在不同的观点。通说认为是四种。而对过失究竟是行为还是犯意仍存在不小的争议，同样的争议还存在于严格责任。有人将严格责任称为第五种犯意要素。

③ 参见 Sanford H. Kadish，"Fifty Years of Criminal Law：An Opinionated Review，" *Calif. L. Rev.* 87（1999）：943。

④ 参见 Paul H. Robinson，"A Brief History of Distinctions in Criminal Culpability，" *Hastings L. J.* 31（1980）：815。

⑤ 刘仁文老师主持翻译的《美国刑法典》将"purpose"翻译为蓄意，笔者认为直译为意图较为合适。具体原因见后文。

与犯意之间存在对应关系"。① 但在更深层次，对犯意的详尽规定所反映的是"刑法内部的影响力量，一种不可避免的张力，或者说作为社会控制工具对立存在的系统化可责和刑罚的产物，即在达成系统的预防目的与确定作为责任基础的个人可责性之间的张力"。② 而维持这种平衡当然会受到外来力量的影响，但外在的力量和内在的力量是相互矛盾的，"如果可责性本身存在，那么可责性的内在要求之一即在于对行为人的犯意要求"。③

虽然《模范刑法典》将犯意概念纳入某种区间的方法有过于简单之嫌，但从相对不可知论角度出发，从实然的角度评价，通行的等级模式基本上是可行的，也可以在某种程度上自圆其说。

（二）概述犯意的层级性

可以毫不夸张地认为，刑法对人的主观状态的规制与反思，是所有法律当中最为复杂细致的。在如此复杂的情况下，根据何种标准对这样复杂的犯意加以排序，就成为十分重要的问题。美国刑法通说观点认为，犯罪行为目的性越强，犯罪就越严重，就越应受到惩罚。"这种认为刑法中的犯意概念应按单一的等级排列的观点被广泛接受。"④

在一定程度上，立法者对犯意层级的厘定与划分是一种对惩罚适用的正当化，或者说不同层级刑罚适用的正当性根据的寻找，甚至是拟制。人们从直觉上需要对刑事责任的存在区间设定起点和终点，并且在需要的时候按照一定的非过分任意的标准加以区分。

从实践角度而言，犯意往往建立在非功利的一般正义与公平理念之上，可以将其称为一种道德上的直觉。针对公平正义的一般道德直觉告诉人们，从公平的角度出发，从事了错误行为的人，必须得到惩罚；另外，道德直觉告诉人们，不能惩罚无辜的行为人。

---

① Paul H. Robinson and Jane A. Grall, "Element Analysis in Defining Criminal Liability: The MPC and Beyond", *Stan. L. Rev.* 35 (1983): 681.

② Mark Kelman, "Interpretive Construction in the Substantive Criminal Law," *Stan. L. Rev.* 33 (1981): 591.

③ Sanford H. Kadish, "Fifty Years of Criminal Law: An Opinionated Review," *Calif. L. Rev.* (1999): 943.

④ Kenneth W. Simons, "Rethinking Mental States," *B. U. L. Rev.* 72 (1992): 463.

虽然对犯意的具体划分，美国学者之间无法也不可能达成一致，但司法实践中，犯罪成立不仅要求犯罪概念中存在犯意要素，而且，在通常的情况下，只要精神正常、理智清晰的人自愿从事了上述非法行为，就可以认定该行为人具有刑法意义上的犯意。对此，似乎不存在争议。在这个意义上，可以将依据社会道德判断，最应给予道德谴责的犯意视为最该当刑事责罚的标尺。这也可以被视为犯意阶段的终点。另外，如果行为人的行为造成了危害社会的结果，但对危害结果，包括行为人在内的理性人根本无从预见，那么就不应对其加以惩罚。从犯意或者可责性角度，可以将其比作刻度尺上的零刻度，是犯意阶段的起点。在设定好犯意起点与终点之后，主要的问题是对两者之间的程度的划分。

在这一区间，根据不同的需要和不同的标准，可以对犯意进行几乎任意的划分。从实然的角度来看，美国刑法通说认为，最为狭义，同时也最为严重的犯意是"故意"或者"意图"，顺次为"了解"、"轻率"和"过失"。作为传统刑事责任层级的补充，严格责任，作为最为轻缓的责任类型，针对特定犯罪的某一实体要素，不要求行为人具有法定的犯意。在此之间，根据主观犯意层级的不同，行为人该当与之相对应的不同层级的刑罚处遇。"尽管在证明犯意的时候，存在包括证据法[①]在内的诸多问题，但法学理论与实务界人士一般都认为，犯意及其相关的犯意层级属于刑法核心概念范畴。"[②]

针对一种特殊的人类行为，刑法及其适用的本质不仅仅在于让某个人接受刑罚打击，更为重要的是，表征一种较为极端的谴责方式。[③] 虽然随着时代的发展以及人类认识水平的提高，该当刑事责任的标准也在一直发展变化，但是，人类分析能力与语言本身的局限性，都使得对犯意的认识与厘定，不可能毫无限制。这也导致了美国刑法中厘定犯意概念、建构犯

---

① 例如，是否可以援引被告人之前未经检方起诉的具体违法行为作为证明被告人实施了犯罪，或者具有特定犯意的合法证据，即联邦证据规则 404（b）如何准确适用等，在理论和司法实务界存在极大争议。参见 Edward J. Imwinkelried, "The Use of Evidence of an Accused's Uncharged Misconduct to Prove Mens Rea: The Doctrines That Threaten to Engulf the Character Evidence Prohibition," *Mil. L. Rev.* 130 (1990): 41。

② Kenneth W. Simons, "Rethinking Mental States," *B. U. L. Rev.* 72 (1992): 463.

③ 参见 David M. Treiman, "Recklessness and the MPC," *Am. J. Crim. L.* 9 (1981): 281。

意层级，势必面临诸多挑战与疑问。例如，"过失"这一犯意概念在很多美国刑法学者看来就非常存在问题。[①] 事实上在相当长的时期，美国学界对"过失"是否可以作为犯意的具体表现形式，以及"过失"是否可以等同于严格责任，意见不一。[②]

（三）不同层级犯意的界定

《模范刑法典》起草过程当中，起草者面临最为棘手的问题就是如何界定犯意概念。虽然没有人会否认科学厘定犯意概念的重要性，但《模范刑法典》选择的界定模式相对简明，即仅用"意图"、"了解"、"轻率"和"过失"概括整个犯意谱系，并将其作为司法实践中区分不同犯意的认定根据。非常值得一提的是，《模范刑法典》对犯意的界定，与所谓要素分析解读模式密切相关。换句话说，针对具体犯罪中不同的实体要素与随附情状，可能都需要法官去逐一认定行为人是否具有法定犯意。

1. 意图

《模范刑法典》将"意图"定义为：在如下情况下，可以认定行为人对犯罪和犯罪相关要素具有意图心态：（ⅰ）针对涉及犯罪行为或者结果的实体要素，行为人有意将从事这一性质的行为或者导致如此性质的结果作为自己的目标；并且（ⅱ）针对随附情状要素，行为人意识到了存在这类情况，或者相信、希望其存在。[③]

---

① 尽管传统上刑罚关注故意或者轻率导致的危害行为，但有些立法者和司法者也开始承认过失行为可以作为刑事责任的基础。工业革命时期，过失行为开始威胁社会的安全并且催生新的法定犯罪。具体来说，威胁健康、公益、食品安全、建筑物以及工作条件的过失行为开始成为刑罚规制的对象。后来，法庭允许检方使用过失的证据来证明刑事责任，即任何行为人通过使用诸如火器等具有内在威胁的工具的时候导致他人死亡的，需要承担刑事责任。另外的司法区将过失犯罪的范围扩展到任何涉及可能导致死亡或者严重身体伤害的危险物品或者行为。参见 Leslie Yalof Garfield, "A More Principled Approach to Criminalizing Negligence: A Prescription for the Legislature," *Tenn. L. Rev.* 65 (1985): 875。

② 参见 Jerome Hall, "Negligent Behavior Should Be Excluded from Penal Liability," *Colum. L. Rev.* 63 (1963): 4。

③ 参见 MPC § 2.02 (a)。

在此基础上，《模范刑法典》评注当中还指出，当犯罪包括目的性要素时，如果存在的所谓条件不足以排除行为或者行为结果的刑事危害性，那么就允许"有条件的意图"概念存在。从中不难看出，因为"意图"这一犯意要素涉及刑法禁止的危害行为、随附情状以及行为结果等不同实体要素，因此针对这 3 种不同类型的要素，《模范刑法典》试图尽可能界定每种可能产生的可责性。对"意图"这种该当最高可责性的犯意概念，以及其背后十分微妙复杂的心理学问题，《模范刑法典》的界定显然较为简明且颇具意味。这从某种程度上表明，当代美国刑法中犯意概念与刑法学理论、心理学理论之间的依存与互动关系。

2. 了解[①]

《模范刑法典》对"了解"这一犯意概念进行了界定。[②] 根据规定：（i）针对行为人实施的行为或者随附情状，如果行为人认识到其行为具有特定本质，或者认识到存在特定随附情状；并且（ii）针对行为导致的结果，如果行为人确信自己的行为将导致上述结果，就可以认定行为人对上述要素具有了解的犯意。"了解"作为较低层级概念，与其上位概念"意图"十分类似，对"了解"的分析，可大体比照"意图"进行，这里不做赘述。[③]

---

① 在本书当中笔者将"Knowledge"翻译为"了解"，而不是通常被翻译的"明知"。事实上"Knowledge"和"Knowing"在美国刑法当中可以互换使用，但两者词性不同，前者为名词，后者为动名词，具体的使用方法也不同。

② 参见 MPC § 2.02（2）（b）。

③ 《模范刑法典》中对"了解"的定义与司法实践中的做法存在一定出入。其与联邦刑法中"明知"或者"了解"概念的区别，可以通过"密苏里州诉内森案"（*State v. Nations*）加以说明，本案的判决书如下。

State of Missouri, Respondent

v.

Sandra J. Nations, Appellant

No. 45349

Court of Appeals of Missouri, Eastern District, Division One

676 S. W. 2d 282；1984 Mo. App. LEXIS 4784

August 28, 1984

主审法官：西蒙法官、萨兹法官以及卡罗赫法官

判决主笔：萨兹法官

（转下页注）

（接上页注③） **意见**

被告人桑德·内森在市中心开了一间迪厅，警方在该迪厅发现一名衣着暴露的 16 岁女孩，正在为顾客表演艳舞并收取小费。因此，该迪厅的老板，也就是本案的被告人，被指控从事了危及不满 17 周岁未成年人身心健康的行为。被告人被判罚金 1000 美金，后提出上诉，本庭推翻原判。

被告人在一审时，曾经提出检方提供的证据不足，但并未在上诉审时重申这一观点。本庭必须在事实明确无误的基础上讨论这一问题。对一审法院来说，如果将一个证据明显不足的案件交给陪审团审查，存在明显错误。参见 State v. Russell, 581 S. W. 2d 61, 63（Mo. App. 1979）。

特别是被告人认为，检方无法证明自己知道跳舞的女孩不满 17 周岁，因此没有能够证明其具有违反保护 17 周岁以下未成年人身心健康法律的犯意。本庭支持被告人的这一抗辩。

相关法律规定：行为人在明知的情况下唆使、帮助或者导致不满 17 周岁未成年人从事任何法定行为，都是犯罪。这一部分在本法设定前就已存在。而根据相关法律，与此有关的犯罪都由青少年法庭专门审理。

该法要求，检方证明被告人明知地唆使不满 17 周岁未成年人从事危害其身心健康的行为，因此对受害人年龄的明知也成为本罪的实质构成要素。

"明知"这一概念的含义应该限定在现行刑法的预设范围内，事实上，现行法典将"明知"与"实际了解"等同起来。认识到随附情状的存在。明知心态的范围不包括如果行为人不是故意避免知道，就一定会知道的情况。参见 Perkins, *Criminal Law* 942（2d ed. 1969）。但《模范刑法典》却将这一情况包括在"明知"概念的范围内，规定如果法律将行为人对特定事实的认识规定为犯罪构成要素，那么只要能够证明行为人认识到这一要素存在的高度盖然性即可。参见 MPC § 2.02（7）（Proposed Official Draft 1962）。但这一定义更像是"轻率"，而非"明知"。《模范刑法典》认为，对特定事实的有意无视的心态可以在针对既定事实的时候等同于"明知"，但不适用于针对被告人行为导致危害结果的情况。

然而，美国国会对"明知"的界定却与此不同，虽然在很大程度上，国会对"轻率"与"明知"的界定存在重合性，但现行刑法中并不将"有意无视"的情况包括在"明知"心态当中。因此这意味着立法机关试图将"明知"仅仅限定于所谓实际明知的范围之内。因此，在本案中，检方需要承担证明被告人实际认识到受害人不满 17 周岁的事实，而这显然要远比证明受害人不满 17 周岁更为苛刻。简而言之，检方需要证明被告人的行为基于实际明知，而非轻率心态。

在阅卷的过程中，本庭并未就相关事实证据的证明效力进行考察，而是仅仅认定是否存在让陪审团排除合理怀疑地认定相关事实的证据。参见 State v. Turner, 623 S. W. 2d 4, 6（Mo. banc 1981），cert. denied, 456 U. S. 931, 72 L. Ed. 2d 448, 102 S. Ct. 1982（1982）。参见 State v. Franco, 544 S. W. 2d 533, 534（Mo. banc 1976），cert. denied, 431 U. S. 957, 53 L. Ed. 2d 275, 97 S. Ct. 2682（1977）。

庭审记录表明，在事件发生时，该女孩为 16 周岁，当警方到达时，女孩正在舞台上和其他女孩一道从事色情舞蹈表演。警方因为怀疑其不满法定年龄，向被告人询问女孩的年龄问题。被告人告诉警方自己在雇用这些女孩的时候已经检查过身份证，所有跳舞女孩都已满法定年龄。后来当警方询问该女孩的时候，女孩开始宣称自己已满 18 周岁，但是后来承认自己只有 16 周岁，也没有任何身份证明文件。除了年龄 （转下页注）

3. 轻率

轻率在《模范刑法典》中所指的情况，大体可以被理解为行为人有意识制造危险的行为。《模范刑法典》规定：行为人对犯罪实体要素，或者由行为人的行为导致的不合理危险有意识无视的心态即为所谓"轻率"。[①]《模范刑法典》强调，这里所谓的危险在性质和程度上必须达到一定程度。换句话说，从行为人对相关情况的主观认识，行为人从事行为的性质、目的等方面考虑，行为人对相关危险的无视"严重背离"（Gross Deviation）了与行为人处于类似情况的一般人理应恪守的行为标准。"轻率"概念中的危险概念并不确定，换句话说，不能仅仅因为行为人意识到了自己的行为、附随情状或者行为指向某种结果具有刑法禁止的危险，就认定其不应承担轻率的刑事责任。因此，《模范刑法典》中的"轻率"概念所规定的行为人有意不顾的危险，不仅仅具有实体性，还应具有非正当性。美国刑事司法实践在认定"轻率"时，往往习惯采取客观认定标准。在考虑相同情节的情况下，行为人是否具有轻率的心态，关键在于行为人对危险有意不顾的态度，严重背离了一个守法公民在当时的情况下所应遵守的准则。[②] 导致《模范刑法典》不单纯考虑实质危险的原因在于所谓"风险社会"的存在。[③] 基于风险社会

（接上页注）问题之外，所有事实都是依据警方相关记录建构的。检方还传召了该女孩出庭作证，该女孩声称，在自己被警方盘查之前，老板，也就是被告人曾向其要求过身份证明，而在被警方收押前后，她刚刚可以有资格申请身份证。被告人的供述对检方并无太大帮助，只是佐证了女孩的证词。也就是他向女孩要身份证明，女孩回答"马上"，随后女孩就被警察控制了。

这些事实只能证明被告人的证言不可靠。因为该女孩没有身份证明，因此被告人本来可以在当天雇佣该女孩的时候就发现其不满法定年龄。但这也无法证明被告人明知该女孩不满 17 周岁的事实，只能说明被告人不知道或者不想知道女孩不满法定年龄的事实。被告人不积极调查该跳舞女孩年龄的做法，说明被告人认识到其不满 17 周岁的高度可能性，可以说被告人认识到这样的一种实质且不正当的危险。但是，根据现行刑法，这并不属于"了解"，只是所谓"轻率"。因此，检方并未排除合理怀疑地证明这一问题。

① 参见 MPC § 2.02（c）。

② Herbert Wechsler, "Codification of the Criminal Law in the United States: The MPC," *Colum. L. Rev.* 68（1968）：1425.

③ 目前国内主张"风险社会的刑法"与"风险刑法"的主流观点一般认为，风险社会的风险不仅仅包括技术风险，还包括政治社会风险与经济风险等制度风险，甚至认为制度风险才是风险社会的本质特征。在这些学者看来，用来应对风险的治理手段，（转下页注）

（接上页注③） 本身就是滋生新型风险的罪魁祸首。这由现代治理机制的抽象性特征决定。对社会系统的复杂性和偶然性的高度抽象综合，必将引发制度风险。无论是冒险取向还是安全取向的制度，都可能蕴涵运转失灵或由相对无知导致的决策失误的风险。风险社会不是某个具体社会和国家发展的历史阶段，而是对目前人类所处时代特征的形象描绘。它是社会存在的客观状态，并非可随意加以接受或拒绝的一个抉择。技术风险与制度风险都内在于工业社会本身，是现代性的必然伴生物。参见劳东燕《公共政策与风险社会中的刑法》，《中国社会科学》2007 年第 3 期，第 126 页。也是从这个意义上而言，所谓"风险社会"是指一种"常态性混乱"的社会状态。换言之，社会在现代化进程中高速运转，社会产生了危险，危险也改变了社会。风险，不仅仅指地震灾害、环境污染，或者是武器战争、恐怖主义，还包括政治社会危险、经济危险。总之，社会的安全系数在不断被现代化自身演化的逻辑所逾越。但如果这一结论正确，那么就必须承认"风险社会"中的风险是一个极度泛化概念这一前提。也就是说，风险的范畴涵盖"药品、援助、经济、税收、社会公共福利、环境保护、对外经济、战争武器监管、日用品、恐怖主义、社会安宁、和平的内在氛围及自动化的数据处理等"诸多领域。（参见〔德〕乌尔斯·金德霍伊泽尔《安全刑法：风险社会的刑法危险》，刘国良编译，《马克思主义与现实》2005 年第 3 期，第 38 页。）但同时也有观点对此表示怀疑，认为这种泛化的理解实际上是对"风险社会"基本理论的一种无意抑或有意的误读。因为根据"风险社会"概念首创者贝克的观点，"风险，首先是指完全逃脱人类感知能力的放射性、空气、水和食物中的毒素和污染物。集体的生活方式、进步和控制能力、充分就业和对自然的开发这些典型的第一现代性的东西，如今已经被全球化、个体化、性别革命、不充分就业和全球风险（如生态危机和全球金融市场崩溃）等 5 个相互关联的过程暗中破坏了"。（参见〔德〕乌尔里希·贝克《风险社会》，何博闻译，译林出版社，2004，第 19～20 页。）如果承认贝克的观点，那么就需要承认其所提出的风险社会的风险所必须具备的全球性、未知性以及不可控性等特点。但显然，目前国内鼓吹风险刑法观点的学者所考虑的"风险范畴"太过泛化，将很多不具备上述根本属性的所谓风险，如危险驾驶等，也纳入考量范畴。换言之，风险刑法理论所谈的"风险"，并非风险社会理论所谈的"风险"。风险刑法学者没有理解风险社会之风险的本质，曲解了风险社会理论尤其是风险范畴。具体而言，传统社会的事故型风险不可能导致全球性灾难，交通事故与核风险、基因风险、生化风险等存在根本区别。传统社会的事故型风险不具有未知性，交通事故、矿难事故都属于常见风险，它们的原因和可能的后果在科学、政治和法律上都是可预见的。传统社会的事故型风险不具有系统性，"事故"总可以归责于特定的个体或团体，不存在有组织的不负责任问题。传统社会的事故型风险可能带来的损害也无法与风险社会之风险可能带来的全球性灾难相提并论。最本质的区别在于，传统社会的事故型风险可以在古典工业社会的背景下，通过既有的制度和技术手段得到控制，福利国家创造的保险制度、法律制度等都服务于这一目标，而核风险、基因风险、生化风险这些系统产生的可能带来全球性灾难的未知风险，无法在古典工业社会的框架内得到有效控制。我们目前正处在这样一个阶段，不可控的风险已经突破了古典工业社会的边界，所有的制度却仍然是古典工业社会的，当然也包括刑法在内。当前的刑法仍然受制于古典工业社会的民族国家性，受制于传统的"进步"观念，受制于对科学和技术的传统理解，受制于割裂的政治，这样的刑法是无法化解风险社会的风险的。（参见南连伟《风险刑法理论的批判与反思》，《法学研究》2012 年第 4 期，第 138 页。）笔者认为，暂且不论上述正反观点的短长，关键的问题在于，无论坚持上述何种观点，都存在无法解决的问题。一方面，如果 （转下页注）

的特质，大量本身具有实质危险性的行为获得了正当性。即使不考虑风险社会这一语境，在传统社会语境中，如果手术是救治病人的唯一手段，那么，即使医生明知手术危险性极高，仍然不能单纯因为医生对实质危险的单纯无视而对其加以惩罚，而是将上述风险的存在视为拯救病人必须付出的某种代价。对此，美国学者在存在所谓实质危险的前提下，通过"客观主义认定标准"来认定"轻率"这一概念。所谓"客观主义认定标准"是指考察处于行为人所处环境的一般人，是否与行为人一样无视上述危险。这一"客观"标准对由一般人组成的陪审团而言十分必要。

（接上页注）坚持将所谓风险限制在贝克所强调的全球性、未知性及不可控性三大特征的范畴，那么强调所谓风险刑法，用法律，特别是刑法来解决一种不可知且不可控的全球性风险，显然缺乏可能性与可行性。另外，百分之百地照搬贝克的学说，还需要面对此种舶来品与中国本土经验对接的问题。有学者就尖锐地指出，控制现代风险首先应当是行政管理和公共管理的职责，在法律体系中，它首先是侵权法规制的范畴，其次是行政管理法规制的范畴，最后才能上升到刑法的层面。但另一方面，如果突破贝克的界定，将诸如重大事故在内的交通风险、生产风险、侵犯个人隐私都纳入进来，就会出现另外一个悖论，即除却那些刑法本身无力解决的全球性问题，目前风险刑法学者所关注的所谓其他"风险"都并不是最近出现的"新"问题。对此，西方学者也承认，风险社会概念的核心是西方工业国的发展逻辑。从这个立足点出发，通过审视社会活动的危险覆盖结构和行动秩序的适当性，可以发现现代化危机的主体——工业社会自身。这个工业社会自身不断地追求现代化，同时又被迫面对自我威胁、自我毁灭的不安全性——常态混乱，因而它必须进行自我改变，即应在这个社会整体的反思过程中重新定位科技进步与文明发展的整体协调互动关系，促使科技决策权回归社会。（参见薛晓源、刘国良《法治时代的危险、风险与和谐——德国著名法学家、波恩大学法学院院长乌·金德霍伊泽尔教授访谈录》，《马克思主义与现实》2005年第3期，第25页。）难道就是因为突然出现的所谓"风险社会"概念，刑法学者们才认识到这些问题，并且呼吁刑法介入的早期化，将某些预备、未遂单独犯罪化以及增设持有型犯罪？但日本学者早就针对刑法介入早期化以及未遂犯独立定罪等现象给出了其他解释，需要强调的是，所有解说都与所谓"风险社会"无关。饶有趣味的是，日本学者的解释非但与所谓客观风险无关，反而全部与社会公众的主观心态相关。从这个意义上而言，即使承认所谓风险的现实性，风险社会也仅仅是与社会公众主观心态密切相关的一个拟制概念。日本有学者指出，犯罪化与刑法介入早期化的社会背景主要有以下几点：（1）个人主义、自由主义的思考和行为样态的浸透，导致异质价值观得到广泛允许，造成非正式的社会统制力减弱、行为的规制弛缓，其结局必然不可避免地产生通过刑罚的补充完善以维持社会秩序的倾向；（2）凶恶犯罪、重大犯罪不断增加，国民感觉治安形势恶化，必然要求立法机关修改刑法，提高法定刑；（3）当今社会存在许多基本价值观不同于一般市民的犯罪组织、邪教团体、政治集团，为了保护社会市民的生活利益，必须尽早对这些组织的活动进行刑事规制；（4）进入20世纪90年代以后，刑事实体法领域形成了国际标准，要求完善日本的国内立法。（参见井田良《刑事立法の活性化とそのゆくぇ》，《法律时报》2003年第2号，转引自张明楷《"风险社会"若干刑法理论问题反思》，《法商研究》2011年第4期，第83页。）

然而，因为其实并不存在所谓"理性人"，因此根本不会有人实际出现在行为人所处情境之中，那么是什么让美国刑事司法将其作为一种常态的判断标准并且贴上所谓"客观"这样的标识呢？对这种似乎不科学的做法或许只能存在一种解释，即实践的便宜性。同时较有意味的是，这种实用主义考量又没有实际到赤裸裸的程度，而是试图为其寻找合理性根据，因此在司法实践当中，美国司法机关在认定轻率时也承认，应该考虑被告人或者行为人的生理缺陷等个人特征，因此相对而言具有较大的灵活性。这显然属于杂糅了主观与客观判断的一种综合判断模式。无疑，在追逐实质正义的过程当中，美国刑法实然状态当中的实用主义倾向尽显无余。

4. 过失

《模范刑法典》规定，所谓过失是指针对犯罪实体构成要件，或者行为人的行为引发了不合理的实质性危险的情况，如果行为人应当认识到该危险但没有认识，则行为人对作为犯罪实体构成要件的行为具有过失。《模范刑法典》中过失心态从行为性质、目的与行为人的主观认知判断，在危险性质和程度上必须达到严重背离处于行为人环境下正常人所应遵守的注意标准。

《模范刑法典》从功利主义角度维持并且肯定了过失作为主观犯意存在的意义。如果行为人意识到即使非故意地导致了不当危险，仍需在某种情况下承担刑事责任，就会谨慎从事，会结合自己的能力、经验仔细考量自己的行为方式。从这个意义上，美国刑法承认过失这种犯意类型是具有正当性的。[1] 当然，针对这种观点，存在大量激烈的反对意见。很多人质疑过失不具有遏制犯罪的基本功能，因为根据过失的定义，过失行为人应当处于某种疏忽大意的状态，实际不可能意识到自己可能该当刑事责任。更为重要的是，一般认为过失并不必然意味着不道德，因此是否应该动用刑罚工具打击过失行为是存在问题的，相反，应该对这部分行为人进行教育或者医疗救助。[2] 虽然如此，但美国刑法学界与实务界仍然认为，应最

---

① 参见 Jerome Hall, "Negligent Behavior Should Be Excluded from Penal Liability," *Colum. L. Rev.* 63 (1963): 4。

② 参见 Herbert Wechsler, "Codification of the Criminal Law in the United States: The MPC," *Colum. L. Rev.* 68 (1968): 1425。

大限度预防危害社会行为的发生，同时承认过失属于犯意，可以减少严格责任的大量适用，因此支持过失的合法性。

如果分解《模范刑法典》中列明的上述 4 种犯意概念，可以发现如下几种典型表达方式[①]：A. 对犯罪要素的"认识"；B. 对犯罪要素的"实质确定"；C. 将某犯罪要素有意识地作为自己的行为目的；D. 希望或者确信某一犯罪要素存在或者发生。可以更为直观地将其归纳为表 4。

表 4 《模范刑法典》中犯意与客观要素对照

可责性	客观要素的种类		
	随附情状	结果	行为
意图	行为人认识到存在这种随附情状，或者希望存在这种随附情状	行为人将导致这种结果作为自己的行为目的	行为人将从事该性质的行为作为自己的目的
了解	行为人认识到了存在这种随附情状	行为人认识到了自己行为导致这样结果的实际确定性	行为人认识到了自己行为的本质
轻率	行为人有意无视出现法定随附情状的非正当性危险	行为人有意无视行为导致的非正当性危险	—
过失	行为人应当意识到针对法定随附情状存在不正当且实质性危险	行为人意识到行为具有实质且不正当的危险	—

资料来源：参见 Paul H. Robinson and Jane A. Grall，"Element Analysis in Defining Criminal Liability：The MPC and Beyond，" *Stan. L. Rev.* 35 （1983）：681。

5. 《模范刑法典》不同犯意要素之区别

曾有学者提出，虽然较之过去普通法中犯意概念的繁复庞杂以及由此产生的大量学术争议，《模范刑法典》极大精简了犯意概念的数量，从而减少适用过程中可能出现的混淆与争议；但从司法解读的角度来看，4 种犯意概念之间的区别并不明显，因此解读过程中可能出现的种种混淆将在很大程度上抵消《模范刑法典》犯意规定的立法初衷。[②] 在这个意义上，

[①] 参见 George P. Fletcher，"Dogmas of the MPC，" *Buff. Crim. L. R.* 2 （1998）：3。

[②] 参见 Andrew C. Hanson，"Section 309 （c） of the Clean Water Act：Using the MPC to Clarify Mental State in Water Pollution Crimes，" *Pace Envtl. L. Rev.* 20 （2003）：731。

《模范刑法典》中犯意界定的线性结构决定了界分意图和了解、了解和轻率以及轻率和过失之间的微妙的区别显得非常必要。

（1）意图与了解之间的联系与区别

了解与意图的概念区分十分细微。这两个概念都要求行为人认识到存在法律规定的随附情状。根据《模范刑法典》规定[1]，只有当行为人有意识地将从事特定性质的行为或者取得特定的结果作为自己的目标时，才可以认定行为人对行为的本质或者结果具有意图心态。与此相对，了解仅仅是指行为人认识到自己行为的特定本质，同时实质确定行为将导致特定的危害结果即可。

虽然对很多犯罪而言，行为人对相关犯罪实体要件具有所谓"了解"心态即已足够，但在某些情况下，单纯的了解的认识心态却无法很好地解决问题。例如在叛国罪当中，主要打击的是不忠于国家的行为，因此，如果行为人了解自己的孩子是外国间谍，试图包庇自己孩子的父亲如果没有实施，也不想实施不忠于祖国的行为，那么其所实施的包庇行为是否构成叛国罪就变得非常有争议。[2] 除在认定叛国等犯罪时所起作用之外，有的时候了解与意图之间的概念区分对决定犯罪严重程度也非常重要。在美国的司法实践当中，为了达成正当量刑的目的，如在过失杀人罪案件审理过程当中，法官往往需要根据犯罪人是否具有犯罪意图来判断行为的危害程度。[3]

（2）了解和轻率之间的联系与区别

根据《模范刑法典》，在认定轻率时并不要求行为人对自己的犯罪行为具有犯意，而如果成立了解，则要求行为人对行为本质具有认识。而对随附情状和结果要素，两者毫无共同之处。对此美国学者指出，仅需一个单独的要素即可区分轻率与了解，具体而言，法官仅需考察行为人对其行为所导致危险程度的认识程度，如果行为人相信危险单纯具有某种实质性，则可认定行为人具有轻率的犯意，如果行为人认识到危险出现具有高

---

[1] 参见 MPC § 2.02（2）（a）（i）。

[2] 参见 *Haupt* v. *United States*，330 U. S. 631（1947）。

[3] 参见 Herbert Wechsler，"Codification of the Criminal Law in the United States：The MPC，" *Colum. L. Rev.* 68（1968）：1425。

度盖然性，则应认定其具有了解的心态。①

（3）轻率和过失之间的联系与区别

根据《模范刑法典》，轻率和过失之间的区分在于，前者要求行为人主观认识到存在刑法所禁止的危害结果发生的危险性，而后者则要求从社会一般人的客观视角出发，判定行为人应当认识到相关危险的情况。也就是说，轻率是指行为人有意识制造危险的行为。② 而过失是指行为人自身并没有认识到社会一般人应该能认识到的危险，而从事相关危险行为的情况。过失和了解、轻率等概念不同的原因在于，过失概念中并没有涉及行为人对危险的主观认识。这意味着在认定过失时，需要从行为的本质、特征、随附情状以及行为人的行为目的等因素出发综合判断，如果从社会一般人的角度来看，行为人应当认识到自己的行为具有实质且缺乏正当性的危险性，仍然主动实施该行为，就应该认定行为人具有过失心态。③ 但需要指出的是，如果过失程度十分严重，就在某种程度上和轻率发生竞合。事实上在侵权法中，轻率与所谓"严重过失"（Gross Negligence）经常互换使用。④

三 《模范刑法典》中犯意简析

（一）分析之前提：决定论与自由论之辩

《模范刑法典》犯意部分的规定相当简约，同时具有严格的线性层级，随之而来的前提问题就变成了犯意概念是否真的可以如《模范刑法典》所规定的那样，依照一定顺序加以排列，为什么意图的层级要高于了解、了解要高于轻率、轻率要高于过失？从理论自足的层面，必须厘定这一前提问题。

对此，似乎可以认为答案隐藏在包括美国在内的西方哲学界长期以来

---

① 参见 Kenneth W. Simons, "Rethinking Mental States," *B. U. L. Rev.* 72 (1992)：463。

② 参见 Robert Batey, "Judicial Exploitation of Mens Rea Conclusion, at Common Law and Under the MPC," *Ga. St. U. L. Rev.* 18 (2001)：341。

③ 参见 Herbert Wechsler, "Codification of the Criminal Law in the United States：The MPC," *Colum. L. Rev.* 68 (1968)：1425。

④ 参见 Edwin H. Byrd, Ⅲ, "Comment, Reflections on Willful, Wanton, Reckless and Gross Negligence," *La. L. Rev.* 48 (1988)：1383。

争论纷纷的两种交叉的人类行为理论，即"意志自由论"（Free Will）和"决定论"（Determinism）当中。

"决定论"坚持认为，个人行为在某种程度上由行为人控制能力之外的因素引发，例如神意的干涉、社会因素乃至生理因素等等。但无论这些超意志因素具体为何，都在某种程度上作用于人类行为。对"决定论"，可进一步细分为"绝对决定论"与"相对决定论"两类。前者认为人的所有行为都在实质上由外在的力量或者生理、心理或社会因素所决定。后者则认为虽然可以在很大程度上预测人类行为，但在具体问题或者细节方面，行为人还是可以进行某种程度的自由选择的。毫无疑问，上述两种决定论都认为个人行为不能和外在的原因力相剥离。

"意志自由论"坚持认为，具体的人类行为是意思自治的行为人自行选择的结果。每个人都是独一无二的行为主体，在面对特定环境刺激的时候，具有内在的选择或者不选择的能力。① 正因为行为人有能力自主选择，从而认定行为主体应当为自己选择的行为及其引发的结果承担责任。

"决定论"与"意志自由论"孰优孰劣未有定论。美国刑法及其理论不能，更不愿解决这一近乎永恒的无解难题，因此在很大程度上采取的是一种敬而远之，甚至有意模糊对待的态度。两者的论争固然可以在理论层面帮助澄清刑罚的政策目标，或者人类行为法则等深层次问题，但十分清楚的是，此种论证实际上对司法实践不能产生太大的、起码是可以预期的影响。

从文化、历史背景以及法律传统出发，美国司法体系事实上是将"自由意志论"作为基本的政策依据。例如美国联邦最高法院曾提出，"应始终坚持人类具有意志自由，以及在通常情况下能够且应该理解法律、明辨善恶的能力。如果承认个人具有意志自由能力，那么当行为人的行为违反社会规范和法律标准时，就可以较为正当地认定其所具有的可责性层级"。② 虽然将整个刑法的基础建立在"意志自由论"这种本身并不十分科

---

① 参见 Matthew Jones, "Overcoming the Myth of Free Will in Criminal Law: The True Impact of the Genetic Revolution," *Duke L. J.* 52 (2003): 1031。

② 参见 Joel Feinberg, *The Expressive Function of Punishment*, *Philosophy of Law: Crimes and Punishments* (Columbus: Little Brown, 1994): 124。

学的行为理论基础上有武断之嫌，却可以最大化满足刑法适用的基本需要，换句话说，"意志自由论"为刑法规则的设定与解读，提供了一种最为简单也最为通常的理论基础。[①] 在这个意义上，"意志自由论"无疑是一种赤裸裸的前提推定或者假设，更多的不是陈述事实或者还原真相，而是一种简单的政策选择或者立法倾向。有美国学者就此指出，法律将人类行为做自治且意志自由的处理，不是因为其本来就是这个样子，而是因为其希望是这个样子并在这个基础上向前发展。[②]

刑法的重心并不在于描述和理解事物发展的规律。相反，其更多的是一种经验哲学性质的规范性理论，实践结果是产生以及检验刑法理论的主要途径。在这个意义上，刑法的出现是高度经验性质的。或许从实际目的来说，美国刑法主要用来认定个人刑事责任。虽然这样一种观点并没有"真正"的理论基础，或者更为准确地说，没有策略上的正当性，但还是可以从不同的观点当中寻找到为其辩护的意见。这种假定符合西方政治文明的图景，并且可以适当地化解"决定论"与"意志自由论"之间的紧张关系，不仅仅可以使法院避免因为解码人类行为的真正基础，而遭遇"不可能完成"的任务，还可以为对个人归责这一刑法的主要实践活动寻找某种模糊但存在的理论根据。

（二）《模范刑法典》犯意规定之理论构成

1. 理论前提：描述性与规范性之争

某种程度上，犯意是一种工具性概念。《模范刑法典》犯意部分的规定愈详尽，愈具有可操作性，就愈能体现这种工具的特质。也就是说，对犯意似乎可以从一种价值中性的，或者伪价值中性的视角来加以构建和评判，而根据这种描述性的理念，犯意被认为是在一个瞬间的框架之内易于衡量的事件，一种可以被思维相片捕捉的图景。然而，有学者认为，"犯

[①]　参见 Richard Lowell Nygaard, "Free Will, Determinism, Penology and the Human Genome: Where's a New Leibniz When We Really Need Him?" *U. Chi. L. Sch. Roundtable* 3 (1996): 417。

[②]　参见 Matthew Jones, "Overcoming the Myth of Free Will in Criminal Law: The True Impact of the Genetic Revolution," *Duke L. J.* 52 (2003): 1031。

意应更为准确地被描述为一种通过回溯性适用，从而使得多重的意识流具有意义的结论性标签。尽管犯意必须参照适用特定的经验，但实际上仍然是一种价值判断，只是因为语言的加功，才使得人们会错误地认为，通过科学试验可以科学地认定犯意"。① 这种基于特定的价值理念进行的判断即为所谓规范性学说。支持规范性学说的学者认为，"因为采取所谓社会一般人的客观立场，因此价值判断者被抽象化，成为被剥夺个人感情、动机以及与他人的联系的理性存在。这种空洞、机械的概念——认为行为人会进行理性计算——能够合理预见危险并且理性计算得失利弊"。② 有美国学者曾十分贴切地以计算器为例来说明这一问题。其认为，如果坚持纯粹的工具论，那么人就会有被工具化的危险。就好像计算 2+2 的计算器当中并没有一个知道计算的小硅人。相反，计算器根据特定的信号，如 "2" "+" 等编订了程序。即使计算器不知道什么是 "2"，什么是 "+"，一旦接受了 "2+2" 的讯号之后，就会在其屏幕上反映出 "4"。计算器并不知道加法、数学或者类似的运算意义，相反，只是按照既定的程序对讯号做出机械的反应。人与工具之间的本质区别在于人的自主意识。洛克认为，"意识性造就了个人主体"。③ 强调意识属性对刑法及刑法理论的重要性的根据在于可以为刑法寻求诸如道德谴责的根据。一方面，对犯意或者可责性，意志自由是作为前提存在的；另一方面，对意识性有无的判断需要以社会基本道德标准作为根据。④ 就此，道德主义者根据自由主义的范式，提出了三种认定行为人对自己行为该当道德可责性的前提条件，即：首先，道德上的行为人必须违反了某种道德规范；其次，行为人有充分的机会与能力遵守道德；最后，行为人通过自己有意识的行为违反了上述道德要求。⑤

如前所述，美国刑法中犯意概念呈现了道德与工具属性的相互杂糅与

① Joel R. Cornwell, "The Confusion of Causes and Reasons in Forensic Psychology: Deconstructing Mens Rea and Other Mental Events," *U. Rich. L. Rev.* 33 (1999): 107.

② 转引自 V. F. Nourse, "Hearts and Minds: Understanding the New Culpability," *Buff. Crim. L. R.* 6 (2002): 147。

③ 转引自 Adam Candeub, "Consciousness & Culpability," *Ala. L. Rev.* 54 (2002): 113。

④ 参见 Peter Aranella, "Character, Choice, and Moral Agency: The Relevance of Character to Our Moral Culpability Judgments," *Soc. Phil. & Pol'y* 7 (1990): 59。

⑤ 参见 Peter Arenella, "Convicting the Morally Blameless: Reassessing the Relationship Between Legal and Moral Accountability," *UCLA L. Rev.* 39 (1992): 1511。

相互冲突。而美国刑法出人意料也顺理成章地将两者组合在一起，美国刑法中，判断行为人是否需要承担刑事责任，需要考察如下三个因素："错误行为，实际或者推定的对这种错误的认识，以及对自己行为的合理控制水平。"[1] 这种观点无疑还是可以归结为一种两点论上的折中论，即道德主义所代表的规范理念和工具主义所代表的拟制的描述理念在法律可责性上的相互妥协。

2. 犯罪构成：选择模式与决定模式之争

在上述理念的导引下，如何对犯意构成要素加以选择，就成为《模范刑法典》起草者需要面对的问题。而对这个问题的选择，因为需要参考意志"自由论"和"决定论"之间的论争，因而是一个几乎永远无法解开的死结。这种争论，虽然各方试图通过所谓科学研究，为做出特定选择寻找依据，但从实然的角度而言，因为根本不存在彻底解决这一问题的可能，因此目前，所有理论建构和选择，都还停留在人为拟制的阶段。那么，美国刑法中的犯意概念是如何被拟定的呢？正如美国联邦最高法院曾经指出的那样，"假设人可以自由地选择合法和非法行为"。[2] 在"意志自由论"和"决定论"之间的选择，对刑事案件的推理是具有导向性的，对此，美国刑法理论通过系统性地排斥"决定论"来加以解决。司法实践与理论研究都大体承认自由意志这一推理前提。[3] 无论是道德主义，还是功利主义，都只关注行为人基于意志自由所实施的行为及其导致的结果。[4]

总而言之，不管"自由意志论"或者"决定论"的相对优势为何，前者在美国刑法理论与实践中占据上风却是不争的事实。据此，犯意可以被分解为如下三种要素。[5]

首先，行为人选择从事了错误行为。

---

[1] 参见 John Robinson, "Crime, Culpability, and Excuses," *ND J. L. Ethics & Pub Pol'y* 10 (1997)：1。

[2] *Grayned v. City of Rockford*, 408 U. S. 104 (1972).

[3] 参见 Richard C. Bold, "The Construction of Responsibility in the Criminal Law," *U. Pa. L. Rev.* 140 (1992)：2245。

[4] Mark Kelman, "Interpretive Construction in the Substantive Criminal Law," *Stan. L. Rev.* 33 (1981)：591.

[5] 参见 Ann Hopkins, "Mens Rea and the Right to Trial by Jury," *Calif. L. Rev.* 76 (1988)：391。

要求行为人选择从事错误行为，旨在彰显美国刑法所标榜的"意志自由"理念，为动用刑罚权寻找法理，起码是公民法情感上的根据。美国刑法推定行为人具有意志自由。只有在有证据证明行为人缺乏行为自愿性，或者无法了解行为性质这两种情况下，才可以认定行为人缺乏意志自由。具体而言，所谓自愿行为的缺失，在司法实践当中主要体现为，生理原因导致的行为人无法控制自己的身体运动，如条件反射、癫痫等神经疾病所引发的意识丧失。而第二种缺乏自愿性的情况主要针对的是美国刑法当中大量出现的抗辩事由，如不可抗制的冲动、精神失常等。

其次，行为人具有选择自由。

如果行为人实施了错误行为，且不具有排除自愿性的相关情节，就需要进一步考察行为人是否可以自由选择从事该种错误行为。在美国刑事司法实践当中，如果没有证据证明行为人受到胁迫，就应一般推定行为人具有选择自由。因为一般来看，胁迫会导致行为人违背自己的真实意愿从事特定行为，在这种情况下，行为人没有机会，也不可能具有所谓的选择自由。

最后，行为人明知或者可以理解其所从事行为的错误性。

在满足上述两个要求的基础上，为了满足道德上的正义理念，在认定犯意成立的过程中，还需要追问犯意的第三个要素，即行为人明知或者可以理解其选择从事行为的错误性。要求行为人明知或者理解自己行为的错误性，并不是理论自足的产物，而是为出现在现实当中的某些例外情况寻找具有合理性的解决方案。美国与其他国家一样，认为未达到法定年龄的行为人一般情况下不能被认定为实施犯罪的主体，原因即在于未成年人不能区分对错。虽然这一理念具有高度经验性与高度情感性，却在实践中运行不误。①

———————

① 《联邦青少年不法行为法》（FJDA）指出，"青少年不法行为是指一个人在 18 岁生日之前从事了违反美国法律的行为，而这种行为如果被成年人实施的话将构成犯罪"。这就非常接近于宣称青少年不法行为不是犯罪。也就是说，一般情况下，不会对大多数青少年不法行为人提起刑事诉讼。如果青少年不法行为和成人犯罪之间的区别之一就是犯罪性的话，虽然借助犯意概念对此可以提供合理性说明，但同样存在一定的问题。这是因为，根据《联邦青少年不法行为法》，对作为被告人的未成年人依然要依据美国法中的罪名加以指控，而每种犯罪都已经具有了与之相联系的犯意，这在青少年和成人之间没有区别。因此，使用同样的名词，而只范围或含义有所缩减并不能很好地说明问题。参见 D. Ross Martin, "Conspiratorial Children? The Intersection of the Federal Juvenile Delinquency Act and Federal Conspiracy Law," *B. U. L. Rev.* 74 (1994): 859。

3. 具体故意判断标准：客观标准与主观标准之争

美国刑法在犯意判断标准这一问题上，通常有客观主义标准与主观主义标准两种选择。前者不考虑涉案人的具体情况，而是从社会一般人的角度对其加以判断。这种观点强调社会背景以及抽象概念的社会价值。① 普通法传统普遍采用这一观点。例如在认定轻率或者过失时，几乎纯粹采取客观的标准，认定行为人因为没有像理性人那样考量受害人死亡的危险，因此需要对受害人的死亡结果承担轻率致死的刑事责任。与此类似，考察行为人是否承担过失杀人的刑事责任，也取决于理性人是否会认识到这样的危险。②

但犯意并不是单纯的一种凭空拟制的建构，除了参照其所处社会的一般期待之外，还需要考虑其他要素对此所产生的影响，特别是民主社会尊重人这一行为主体的迫切要求。刑事司法活动必须承认个体的特殊性，考察行为主体所面临的具体情况。但同样因为行为人的内心无法透视，因此在认定行为人的犯意时，参考一般人对此问题的看法是有道理的。另外，没有人能够保证行为人真实内心感受与通过上述证据所得出的结论一致。"如果行为人受到惩罚的原因部分在于其主观态度的话，那么很简单地因为别人的看法而对其加以惩罚就是错误的。"③

基于这一背景，《模范刑法典》的起草者因为不满于这种纯粹的客观标准，因此在其所建构的可责性要素概念当中突出了行为人的成分，甚至在其轻率和过失的定义当中也适用了相同的个人化的客观标准。"将个人主义引入客观的理性人标准显然是一种进步，这一做法回应了之前的理论批评，并且做出了有益的改进。"④

---

① 参见 Marjorie Weinzweig, "Discriminatory Impact and Intent Under the Equal Protection Clause: The Supreme Court and the Mind-body Problem," *Law & Ineq. J.* 1 (1983): 277。

② 参见 Paul H. Robinson, "Criminal Law Scholarship: Three Illusions," *Theoretical Inq. L.* 2 (2001): 287。

③ Dennis Patterson, "Wittgenstein and the Code: A Theory of Good Faith Performance and Enforcement Under Article Nine," *U. Pa. L. Rev.* 137 (1988): 335.

④ 参见 Miguel A. Méndez, "A Sisyphean Task: The Common Law Approach to Mens Rea," *U. C. Davis L. Rev.* 28 (1995): 407。

第四节　反思《模范刑法典》中的
犯意相关规定

一　前提：反思的标准

如前所述，美国刑法理论与实践具有非常明显的实用主义倾向。除却这一方法论导向之外，即使就一般意义而言，刑事立法、司法活动也必须服务于特定的立法目的，因此对刑事立法的评价必须从功能实现角度出发，进行功利主义评判。

根据适用对象的不同，可以对美国刑法的目的或者功能做如下区分。

当刑法的适用对象是社会大众时，刑事成文法的功能主要在于设定规则。某项刑事成文法要满足规则设定功能的需要，应满足如下两点：首先，刑事成文法规则设定必须十分详尽；其次，立法主体尽可能充分地向公众说明上述规则。

当刑法的适用对象是执法、司法等专业人士时，刑事成文法的功能在于实际适用。对刑法的裁判功能，美国刑法学界一般认为应当满足如下目标：首先，刑法规则在责任认定与划分方面必须详尽，具有可操作性；其次，刑法规则中关于刑事责任的设定，必须满足社会公众的正义观，保证刑法适用的结果得到社会一般人的支持或者肯定；最后，刑法规则可以为厘定不同层级刑事责任提供明确标准。①

二　《模范刑法典》中犯意规定之所长

尽管随着时代的变迁，20 世纪中期提出的《模范刑法典》在某些方面已经稍显迟滞，但毫无疑问，其仍然在美国刑法学理论研究与司法实践当中占据十分重要的位置。特别是在犯意问题上，在《模范刑法典》出现之前，美国各级法院与立法机构并没有澄清围绕犯意这一犯罪要素出现的种种疑惑。包括美国联邦最高法院在内的各级法院，对此也未做出具有里程

---

① 参见 Paul H. Robinson, Michael T. Cahill and Usman Mohammad, "American Criminal Codes," *Nw. U. L. Rev.* 95 (2000): 1。

碑意义的判决。总而言之，美国刑法理论与实务界，曾长期困扰于犯意的
理解与适用，在廓清犯意概念这一问题上也没有取得什么进展。① 而美国
法学会制定的《模范刑法典》的最大成就即在于在很大程度上澄清了庞杂
的犯意概念，使得美国刑法学研究者与实践者第一次较为深入地清晰描摹
了犯意概念。②

　　首先，《模范刑法典》中犯意概念具有类型化优势。《模范刑法典》将
犯意类型简化为四种，相较于之前动辄数十种的普通法犯意概念，无疑是
极大进步，同时，《模范刑法典》将可责性与特定的抗辩事由以及免责事
由相联系，从而使得后者的基础更为明晰。这，可以被认为是《模范刑法
典》的一大特色。③

　　其次，《模范刑法典》中犯意概念具有精确化优势。法典起草者通过
法律固定四种犯意要素的含义，并将其作为司法解读的基础，通过此种法
定化努力，法官获得司法解读所必需的材料，即法定化的概念范畴。这些
概念可以为包括司法者在内的解读主体提供可供复制的思维过程，从而使
得解读主体不再依赖易变且多元的道德与情感，而是依赖相对固定的语义
与法理。④ 在这个意义上，《模范刑法典》的犯意规定无疑是成功的，因为
其将那些毫无希望的含混且道德色彩浓厚的混杂概念替换为更为精确的犯
意概念。⑤

　　最后，《模范刑法典》中犯意概念具有工具化优势。法典建构了所谓
的要素分析模式。根据之前的犯罪分析模式，某一具体成文法犯罪仅要求
行为人具有单一的犯意。⑥ 与此相对，要素分析模式将犯罪分解为不同的

---

① 参见 Herbert L. Packer, "Mens Rea and the Supreme Court," *Sup. Ct. Rev.* (1962): 107。

② 参见 Miguel A. Méndez, "A Sisyphean Task: The Common Law Approach to Mens Rea," *U. C. Davis L. Rev.* 28 (1995): 407。

③ 参见 Mihajlo M. Aćimović, "Conceptions of Culpability in Contemporary American Criminal Law," *La. L. Rev.* 26 (1965): 66。

④ 参见 Ronald L. Gainer, "Federal Criminal Code Reform: Past and Future," *Buff. Crim. L. R.* 2 (1998): 45。

⑤ 参见 V. F. Nourse, "Hearts and Minds: Understanding the New Culpability," *Buff. Crim. L. R.* 6 (2002): 147。

⑥ 参见 Paul H. Robinson and Jane A. Grall, "Element Analysis in Defining Criminal Liability: The MPC and Beyond," *Stan. L. Rev.* 35 (1983): 681。

客观要素，并将每个客观要素和与之相对应的犯罪犯意相联系。这意味着对某一犯罪而言，可能存在不止一种犯意要求。结合上面提到的类型化特点，犯罪要素分析模式可以避免犯罪分析模式的若干弊端。例如，犯罪分析模式所适用的是普通法的犯意概念，相对较为含混。又例如，因为犯罪分析模式要求一个犯罪一个犯意，因此其并不承认，也无法解释现实生活中，行为人可能针对犯罪不同要素具有不同心态的复杂现实情况。①

三 《模范刑法典》中犯意规定之所短

《模范刑法典》犯意要素规定模式存在如下两方面的问题。

（一）形式上的缺失

《模范刑法典》犯意概念的建构以及相互关系的厘清都有待完善。尽管《模范刑法典》中的犯意规定具有较强的可适用性，但有学者认为其过度简约。例如，《模范刑法典》中"过失"和"轻率"在定义中并没有参照行为这一客观要素。另外，其也未能明晰厘定所谓的理性人标准、高度可能性以及有意无视等具体概念范畴。② 对此有美国学者提出，"一方面犯意的定义高度复杂，因此可以合理怀疑是否有法官可以充分理解、掌握这些复杂概念。即使这些犯意概念本身极易掌握，是否其真的属于立法者智慧和权力所及的范围？这是否可以归咎于《模范刑法典》起草者的傲慢与自大呢？是否这些起草者不当超越了刑法学者的角色，越俎代庖，插足本应由哲学学者来思考的问题，并且完全无视其他法系，尤其是欧洲法相关规定？"③ 的确，《模范刑法典》中犯意概念范畴有待完善，但导致上述问题的根本原因，并不是法官立法与哲学家立法之争。刑法是面向实际的，是经验性的，是可以存在错误并开放性的，很难想象哲学家所构建的封闭的哲学体系会带来比现在更大的实际作用。

---

① 参见 Martin T. Lefevour，"Requres Mens Rea to the Physical Characteristics of the Weapon," *J. Crim. L. & Criminology* 85（1988）：1136。

② 参见 Kimberly Kessler Ferzan，"Don't Abandon the MPC Yet！Thinking Through Simons's Rethinking," *Buff. Crim. L. R.* 6（2002）：185。

③ George P. Fletcher，"Dogmas of the MPC," *Buff. Crim. L. R.* 2（1998）：3。

（二）　实质上的缺失

在实质方面，有批评观点认为，《模范刑法典》所采用的意图、了解、轻率和过失概念的层级性存在严重不足，即过分倚重认识要素，而忽视了意志要素。的确，《模范刑法典》虽然区分了轻率和过失，但所依据的标准是唯一的，即轻率要求行为人无视实质且缺乏正当性的危险，而过失要求行为人应对上述危险有所认识。反观传统普通法，较为有力的观点认为，轻率是一种对危险的"无所谓"的态度。无所谓、不在乎或者冷血所描述的都是一种与行为人意志因素有关的概念。轻率并不是期待发生某种危害的意愿，而是一种不充分的希望避免发生危险或者制造危害结果的危险的犯意。《模范刑法典》所构建的轻率概念，强调对危险的认识要素，但未对行为人意志因素加以归责。[①]

另外，从一般价值判断的角度来看，在任何情况下"了解"是否一定比"轻率"恶劣？或许正如"了解"并不一定要比"轻率"更恶劣一样，"轻率"也并不一定比"过失"更恶劣。如果进一步追问，就涉及《模范刑法典》对不同犯意层级的划分是否太过刻板这一问题。而且在司法实践过程中，针对轻率与过失之间，还存在所谓"有意无视"等独立犯意概念。[②] 这也说明了《模范刑法典》四层级犯意概念层级体系可能存在的疏漏。

---

① 参见 Kimberly Kessler Ferzan，"Opaque Recklessness，" *J. Crim. L. & Criminology* 91（2001）：597。

② 对此，可参见"美利坚合众国诉和莉迪亚案"（*United States v. Carmen Denise Heredia*），本案判决书如下：

UNITED STATES OF AMERICA，Plaintiff-Appellee，

v.

CARMEN DENISE HEREDIA，Defendant-Appellant.

No. 03-10585

UNITED STATES COURT OF APPEALS FOR THE NINTH CIRCUIT

483 F. 3d 913；2007 U. S. App. LEXIS 9911

2007 年 4 月 30 日审结

主审法官：玛丽·M. 斯科罗德法官，哈利·普莱格森法官，阿历克斯·克金斯基法官，帕梅拉·安·莱莫法官，安德拉·J. 克林菲尔德法官，迈克尔·达利·霍金斯法官，悉尼·R. 托马斯法官，巴利·G. 西维曼法官，苏珊·P. 格莱博法官，M. 玛格丽特·麦克柯文法官，理查德·A. 派兹法官，理查德·C. 陶曼法官，理查德·R. 克利夫顿法官，康斯洛·M. 克拉汗法官，卡洛斯·T. 碧法官

（转下页注）

　　总体而言，根据《模范刑法典》犯意层级构建体系，随着犯意级别的提升，刑事责任的范围逐渐缩小。导致责任范围缩小的原因，一方面在于证明难度较大，另一方面在于相关情况在现实中并不常见。从逻辑的角度，如果满足较高层级犯意，就应首先满足较低层级犯意。例如，具有明知心态的犯罪行为人也应该同样具有轻率或者过失的心态。但这显然与现实情况，特别是人们对相关概念的认知不符。在现实情况下，不同层级之间的密接性是不存在的。在拟定不同层级的犯意定义的时候，往往概念规制本身就存在先天性的缺陷。因为《模范刑法典》并不具有强制约束力，因此就从先天上决定了其所倡导的犯意构建理念效果的折扣，而即使那些在犯意部分照搬《模范刑法典》的州，也基本上未能将其一以贯之，在这些州当中，除了法典分则部分的犯意规定较为容易混淆之外，在法典制定之后出现的很多新的犯罪，或者法典的新的版本都无视，或者直接削弱法典总则犯意部分规定。具体表现为，这些州的刑法典虽然在总则当中，效仿《模范刑法典》，规制了四种基本的犯意类型，但在具体刑法中，大量规定了指向其他可责性要求的概念，例如"直接故意""意欲地""恶意地""欺诈地"等未经明确定义的概念范畴。各州刑法典从其设定开始，就显现出不断膨胀的趋势。[①] 实际上，这样的膨胀却是以牺牲法典定义犯罪的详尽性和一致性为代价的。

　　如前所述，虽然《模范刑法典》的规定颇具代表性，且深刻影响了美国大部分州的立法，但具体到各州的规定，仍然会因为政治、历史、经济、文化等原因，存在其特殊性，从而与《模范刑法典》的规定存在出入。例如，《加利福尼亚州刑法典》明确规定，"在任何犯罪或行政违法行为中，必须存在行为与故意，或犯罪过失的联结，或共同作用"。[②] 虽然对

（接上页注②）　　　　　　　　　　　　　意见

　　2007 年 4 月 2 日审结的本案注解四，修改为：有意无视，与过失或者轻率属于不同类型的犯意。参见 United States v. Fulbright, 105 F. 3d 443, 447（9th Cir. 1997）; United States v. Sanchez-Robles, 927 F. 2d 1070, 1073（9th Cir. 1991）。有意无视的被告人，故意采取行动避免让自己对行为违法性的怀疑获得证明。而轻率的被告人，仅仅认识到自己的行为具有违法性的实质且存在不正当的危险，过失的被告人应当认识到自己的行为具有上述危险，但实际没有认识到。

①　参见 Paul H. Robinson and Michael T. Cahil, "The Accelerating Degradation of American Criminal Codes," *Hastings L. J.* 56（2005）: 633。

②　Cal. Pen. Code, § 20.

故意或犯罪过失，并没有单独的"总则性"规定，而是规定在具体犯罪当中，而且可能会存在不同的表述，但这种"缺失"，并不妨碍其司法实践。限于篇幅，这里不再赘述，将在后文，通过以《加利福尼亚州刑法典》中规定的典型犯罪为例，对其中的犯意等构成要素加以说明。

第五节　美国刑法中犯意的证成

"行为无罪，除非内心邪恶"（Actus not facit reum nisi mens sit rea）[①]是美国刑法理论与司法实务的通说观点，即使存在诸如公益犯罪、严格责任等所谓"犯意边缘化"趋势，但这一例外恰恰反证了犯意要求的有力程度。可以毫不夸张地说，美国刑法理论的发展历史就是一部围绕犯意证成与证否展开的历史，这样的观点虽然稍显偏颇，但绝对深刻。

另外，从实然的角度而言，虽然犯意要求在美国刑法当中具有无可辩驳的重要性，但犯意本身的内在特性却导致如何认定犯意成为极为棘手却又无法回避的问题。类似意图、轻率等心理活动从经验上无法直观观察，上述心理活动并不占据空间，不具有重量，与可以直接感知、实然存在的认知客体明显不同。

一　美国刑法犯意证成的理论前设

（一）身心二元模式是否成立

美国刑法中犯罪建构二元模式是否成立是犯意能否适格作为独立概念被加以研究的逻辑前提。这种二元模式又可以进一步归结为"身心二元模式"[②]

[①] Laurie A. Briggs, "Presumptive Mens Rea: An Analysis of the Federal Judiciary's Retreat from *Sandstrom v. Montana*," *Notre Dame L. Rev.* 64 (1989): 367.

[②] 和其他学科一样，刑法兼容其他学科研究成果的特点体现得日益明显。例如，美国各级法院在判例中经常援引心理学、物证鉴识等新兴学科的研究成果，而这些判例反过来也为心理学、社会学等学科提供研究素材。虽然针对人类行为内在动因方面的研究日益深入，但目前美国刑法主流观点仍然认为犯罪由内外两方面要素组成，基本仍沿用行为与犯意的二元建构模式。参见 M. Varn Chandola and Anoop Chandola, "A Cognitive Framework for Mens Rea and Actus Reas: The Application of Contactics Theory to Criminal Law," *Tulsa L. J.* 35 (2000): 383。

能否成立。在西方法哲学范畴，两点论的表达最早可以被追溯到雷·笛卡儿（Rene Descartes）[1] 的哲学理论。笛卡儿认为，人的主观活动有别于物质概念，单独存在。这意味着在其看来，主观心态作为一种非物质概念，在某种程度上依附于人的身体，通过因果关系影响人的身体活动。如果没有了主观心态的左右，单纯的身体运动则取决于一般物理定律。[2] 在某种程度上，这种观点显然是在回避矛盾，因为其将某些不能被直接认知并被量化处理的范畴剥离开去，但又没有直接否定其存在的现实性。这一方面使得对所谓的本质或者现实可以进行科学研究，另一方面又表现出了对意志、精神乃至更为玄妙的神意的尊重。

更为重要的是，坚持这种二元区分，为研究者提供了一种价值判断的平台。也就是说，通过身心二元模式，并在此基础上，进一步区分错误性和可责性，即强调可责性关注行为人，而错误性关注行为，可以避免谴责造成严重危害后果的机器这样的尴尬。[3]

针对身心二元模式，一直存在不同的见解和声音。其中较为有力的观点可以概括为如下两大类。

第一，直接否定说。

此种观点最先被英国的哲学家吉尔伯特·赖尔（Gilbert Ryle）[4] 提出。赖尔并没有过多纠缠身心二元模式本身所具有的理论不足，而是直接指出，身心二元模式具有概念设定上的逻辑错误。也就是说，这一区分从一开始就是不适当的。赖尔举例说，一个刚学英语的人在参观剑桥或者牛津的时候，会犯这样一种类型上的错误。这个刚学英语的人如果被别人引导参观图书馆、操场和校园，而上述所有的建筑都坐落在校园当中，这个人或许会问，大学在哪？他所犯的错误在于，推定大学这个词和图书馆之类

---

① 雷·笛卡儿（Rene Descartes），1596~1650 年，法国哲学家和数学家，也是当代哲学的奠基人之一。在 17 世纪初，笛卡儿认识到需要突破以伽利略为首提出的万能机械论，从而挽救人类的目的、观念、价值和渴望。

② 参见 Laurie A. Briggs, "Presumptive Mens Rea: An Analysis of the Federal Judiciary's Retreat from *Sandstrom v. Montana*," *Notre Dame L. Rev.* 64 (1989): 367。

③ 参见 Michael S. Moore, "Causation and the Excuses," *Cal. L. Rev.* 73 (1985): 1091。

④ 吉尔伯特·赖尔（Gilbert Ryle），1900~1976 年，英国哲学家，行为主义学派代表人物。

的词是属于一类的。① 也就是说，因为身心二元模式的设立初衷在于，一方面更好地直接探究客观部分，另一方面避免因为无法认知主观心态而对其加以否定，因此，二元论将两个分属不同层级的概念做了错误的等同化处理。概言之，身心并不是对等的二元概念，而是一种种属关系的概念。

第二，间接否定说。

间接否定说并没有像直接否定说那样从根本上否定二元模式的成立基础，而主要关注二元区分模式本身所具有的问题，主要还是身心两者的关系问题。从某种程度上也可以想见，这样的一种尴尬局面也是身心二元模式回避问题态度的一种必然报应。虽然被区分的两部分本身都可以独成一统，但两者如何互动就成为一个非常棘手的问题，并且就这个问题产生的争论也屡见不鲜。具体到刑法领域，似乎这也是永远解不开的因果关系这一死结的真正发端。

对刑法的研究者而言，在成文法规定的犯罪当中没有能够很好解释简单的犯意和行为二元区分，导致行为人实施复杂行动的复杂心态过程没有得到反映。缺乏对行为的复杂性的理解，往往导致刑事司法的结果不公。毕竟，"行为人的犯意和行为并不是在真空当中运行的"。②

美国刑法理论和实践之间的关系是矛盾的，一方面刑事司法实践向来十分看重历史沿革的惯性规律，而对相关刑事司法理论研究的响应并不积极。但另一方面，美国刑法实践却一直积极寻找理论正当性。也就是说，每当美国刑事司法实践突破了以往定式的时候，针对新的做法，总是会出现针对这一做法合理性的理论辩解，以及针对这种理论的不同意见。从这个层面而言，美国刑法理论和实践之间似乎并不存在互动模式，而从盖然的角度而言，其仅仅是单向的服务模式，即实践主导，理论为实践的突破寻求支撑。

就身心二元模式而言，虽然无法考证其提出之初与刑法之间关系究竟如何，但从实然的角度，从现在的时点来看，其价值主要在于可以为犯意

---

① 参见 Laurie A. Briggs, "Presumptive Mens Rea: An Analysis of the Federal Judicary's Retreat from *Sandstrom* v. *Montana*," *Notre Dame L. Rev.* 64 (1989): 367。

② M. Varn Chandola and Anoop Chandola, "A Cognitive Framework for Mens Rea and Actus Reas: The Application of Contactics Theory to Criminal Law," *Tulsa L. J.* 35 (2000): 383.

要求以及基于行为人可责性的刑事归责提供理论根据。因此，尽管反对二元区分模式的观点十分有力，但因为反对意见和司法实践之间格格不入，似乎永远不能立时取而代之。这也符合美国司法实践的一般看法。

值得注意的是，表面上看，美国刑法中犯意要求应上升到宪法层次的主要原因似乎和二元体系无关，而主要反映的是美国社会不能容忍在没有十分可靠的证据的情况下，剥夺行为人的民主等权利。在刑事案件当中，"通过设定犯意的证明标准提高检方的证明义务，犯意要求一方面作为提高证明义务的砝码，另外一方面还可以为惩罚行为人提供道德正当性"。[1]

（二）犯意是否可以证成

如果说所谓身心二元模式的正反讨论还可以算作形而上思辨的话，那么对犯意是否可以证成的讨论就显得实践意味十足。从反思的角度来看，犯意证成似乎从概念提出伊始就是不可能完成的任务。虽然早在 19 世纪，美国刑事司法实践[2]就已经将行为人的心理状态视为和人的消化状态一样的事实，但毕竟这样的观点从法理上来看仍然是一种被拟制的事实，即使承认犯意现实存在，但关键问题在于除行为人之外，行为人的想法、感觉和意志力其他人根本无法直接体察。加上美国司法实践中通过刑罚惩治的行为超过 7000 种[3]，如果对每种刑法禁止的行为，分别立法设定实施者实施该种行为时的心态，在起诉的时候分别让检方加以证明，显然是不切实际且代价高昂的。

而"从人类的本性而言，担心并且质疑上述混乱状态，渴望一种确定性的、决定论意义的法律体系，即渴望通过法律说明、理顺人类行为，使人的生命获得意义"。[4]

---

[1] 而在并不涉及剥夺当事人重要权利的民事案件当中，起诉方通常需要根据压倒性的证据来证明其案件当中的关键要素，参见 Pamela S. Karlan，"Discriminatory Purpose and Mens Rea: The Tortured Argument of Invidious Intent," *Yale L. J.* 93 (1983): 111。

[2] 参见 Kevin L. Keeler，"Direct Evidence of State of Mind: A Philosophical Analysis of How Facts in Evidence Support Conclusions Regarding Mental State," *Wis. L. Rev.* (1985): 435。

[3] 参见 Michael S. Moore，"Prima Facie Moral Culpability," *B. U. L. Rev.* 76 (1996): 319。

[4] Dannye Holley，"Culpability Evaluations in the State Supreme Courts from 1977 to 1999: A 'Model' Assessment," *Akron L. Rev.* 34 (2001): 401。

美国刑法学界一般认为，犯意非直接可见的特性决定了如果要认识或者证明犯意，就必须依靠外在证据。而寻求外力证明的方式决定了犯意是否可以证明的问题，可以转化为对犯意之外所有证据的甄别和选择的过程，事实上，基本上一切和认定行为人心态有关的事实，都可以用来作为证明犯意存在与否的证据。而美国学者指出，"基于情节、言词、行为以及事实等犯意证据，可以推定他人的心态。心态状况，例如犯意的证据，分为如下三类：（a）内在指向犯意的行为或者言词；（b）作为产生某种犯意的外在情节；（c）在行为之前或者之后存在的内心活动"。①

但是如果这种假设是正确的话，那么"对行为人之外的其他人来说，唯一可以正确获知他人心态的方法，只能基于其所观察到的行为，以及观察者从事类似行为时有过的内心感受"。② 这种从事实推断本质的方法，建构了从直接可观察的客观事实到不能被直接观察到的心态活动之间的桥梁，因此有助于建构针对被告人内心活动的证据。

理想状态下，每个人都希望坐在刑事法庭被告人席上的被告人心态宛如被相框固定了的图片。所有人都可以像观众那样，随时查看特定时点被告人的主观心态。但世事远非尽如人意，没有人能够走进他人的心灵去洞悉某一片断。从这个意义上来说，刑法在意或者寻找的，其实是自己对被告人心态认知的确认或者证明。就像素描时勾画人像需要突出对象的若干相貌特征，从而突出其个性化的做法一样，认识主体对任何特定客体的认识，都是从其本身所具有的主要特征入手的，而对不同个体之间异同的对比，也主要是基于上面所说具体特征展开的。

"相同特征的数量越多，不同特征的数量越少，两者之间趋同或者一致的结论的真实性就越大。"③ 就犯意的证明问题而言，可以根据上面的认知模式加以解构，甲基于某种待认定的心态从事了具有主要特征 a、b 和 c 的行为，说了具有 d、e 和 f 特征的言词，而包括考察人在内的其他人在从

---

① 参见 Joachim Hruschka, "Imputation," *B. Y. U. L. Rev.* (1986)：669。

② Kevin L. Keeler, "Direct Evidence of State of Mind：A Philosophical Analysis of How Facts in Evidence Support Conclusions Regarding Mental State," *Wis. L. Rev.* (1985)：435.

③ 这种观念最早是由 19 世纪的英国哲学家密尔（John Stuart Mill）提出来的，参见 Kevin L. Keeler, "Direct Evidence of State of Mind：A Philosophical Analysis of How Facts in Evidence Support Conclusions Regarding Mental State," *Wis. L. Rev.* (1985)：435.

事了具有 A、B 和 C 特征的行为，说了具有 D、E 和 F 特征的话的时候，知道自己是出于可以被标识为 X 的心态，那么，根据考察人和甲之间言行主要特征的一致性，就可以认为两者之间心态的一致性，即甲在当时具有 x 心态。[①]

或许会认为这样的一种推论性的拟制缺少实证的支持，但这样的一种拟制是身心二元模式必然的结论，而唯一能够在和他人心态之间建立联系的方法就是上面提到的类比的方法（见图 4）。

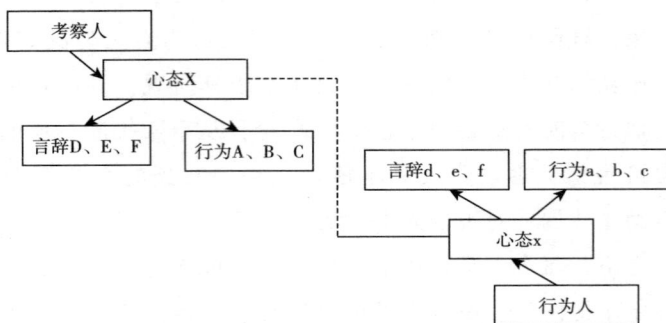

图 4　类比认知示意图

如图 4 所示，如果在考察人和行为人的言词与行为之间具有重合关系，那么似乎就可以将考察人的心态等同于行为人的心态。在现实当中，如果简化这种繁复的认定模式，即将上面的认知框架加以压缩，不再往复地加以验证和比对，即可直接由考察人自身的内心确信认定或者证明行为人的主观心态。

在确定行为人犯意的认定模式基础上，进一步需要解决个罪犯意的具体证明问题。美国刑法中犯意的证成实际上是一种类型的证成，从诉讼的便宜角度考量，不可能就每一具体犯罪的心态进行个别证明。司法实践中，法官一般推定行为人在实施不同犯罪时可能具有相同的犯意，而对这一相同的犯意，可以进行理论概括及总结，并用特定的概念对其加以固定。

---

① 参见 Michael S. Moore, "Choice, Character, and Excuse," *Soc. Phil. and Pol'y* 7（1990）：29。

二 美国刑法犯意证成之基本理论范式：推定

（一）推定的概念

1. 流变及问题的提出

普通法对犯意的推定做法最早可见《圣经》[1]，借此，这一做法便根植于普通法司法传统当中。所谓推定的根据在于，一般情况下，事实或者行为具有重复性，在处理此类具有重复性的行为或者事实时，司法者通常会倾向于压缩这一处理过程，并将其作为原则加以固定。这种做法具有十分显著的司法实践作用，因为无论当时还是现在，都不存在可以直接证明行为人心态的途径或者方法。另外，认定行为人主观犯意的主体，尤其是法官，基本上对包括心理学在内的所谓专业知识都知之甚少。

因此，推定的本原目的在于，为司法提供一种可接受的便宜手段，可以帮助法官或者陪审团简明地认定行为人的心态是否符合法律概括总结出来的特定犯意。这无异于人为地将事实判断者的视野放大，通过有助于推理和论证的方式，为了某种特定研究的目的而承认特定事实的正确性。在司法实践中，推定的具体适用范例，可参见波斯纳法官所撰写的相关判例。[2]

---

[1] Numbers 35：16-22，其中规定事先决意可以从故意使用致命性武器这一活动当中推定出来。转引自 Laurie A. Briggs，"Presumptive Mens Rea：An Analysis of the Federal Judicary's Retreat from *Sandstrom v. Montana*"，*Notre Dame L. Rev.* 64（1989）：367。

[2] 对此，可参见"美利坚合众国诉吉文内蒂案"（*United States v. Giovannetti*），本案判决书如下：

UNITED STATES OF AMERICA，Plaintiff-Appellee

v.

GUY GIOVANNETTI and NICHOLAS JANIS，Defendants-Appellants

Nos. 89-3651，89-3678

UNITED STATES COURT OF APPEALS FOR THE SEVENTH CIRCUIT

919 F. 2d 1223；1990 U. S. App. LEXIS 20943；31 Fed. R. EvId. Serv.（Callaghan）1043

1990 年 9 月 8 日庭审辩论

1990 年 12 月 5 日审结

主审法官：波斯纳法官、立博法官（Ripple）与曼宁法官（Manion）

判决主笔：波斯纳法官

（转下页注）

（接上页注②）　　　　　　　　　　　　　　　　　　　　　　　　**意见**

　　检方指控 15 名被告人参与了非法赌博活动，其中 13 名被告人与检方达成了诉辩交易，剩下的 2 名被告人拒不认罪，一审被判罪名成立，上诉至本庭。上诉人吉文内蒂（Guy Giovannetti）被判违反相关法律，即 18 U. S. C. § 1962（c）（d）从事敲诈勒索犯罪，18 U. S. C. § 1955 从事赌博犯罪，18 U. S. C. § 2 从事帮助他人实施赌博犯罪，18 U. S. C. § 1001 向联邦执法人员做虚假陈述，被判入监服刑 45 个月。另一名被告人詹尼斯（Janis）被判从事非法赌博犯罪以及帮助他人实施赌博犯罪罪名成立，被判入监服刑 60 天。

　　本案的首犯已经认罪，并与检方达成了认罪协议。整个赌博组织在 1978 年至 1987 年间，在芝加哥附近活动猖獗，主要通过电话从事体育赛事赌博，以及不定期包租宾馆房间，开设临时赌场，供赌客参与扑克、轮盘等非法博彩活动。本案的 2 名上诉人在犯罪活动中均属从犯，其中詹尼斯只是赌博场所的提供者。

　　针对上诉人吉文内蒂的控方证据较为充分，一审判决并无不当。因此本案主要考察詹尼斯的上诉请求。詹尼斯本人就是赌徒，因此结识了该赌博集团首犯在内的相关人员。詹尼斯作为投资者，拥有位于芝加哥市郊区的某栋物业。1982 年秋季，警方线人在詹尼斯不知情的情况下找到詹尼斯，说想求租一间房给自己最近离婚的朋友。成交后直到第二年春天才入住，并且之后一直作为赌场。根据检方提供的录音，詹尼斯曾经致电赌博集团的头目，承诺向该头目提供一把该出租屋的钥匙，并询问后者是否一切正常，头目回答"还好，他们看到外面似乎有人在监视，就想趁早离开"。詹尼斯回答知道了。另外名义上的租户并不支付租金，而是该赌博集团的一名成员向詹尼斯支付房租，对此，詹尼斯也知情。

　　另外一份指控詹尼斯参与赌博活动的证据来自一份证人证言，詹尼斯的一个赌友作证，说詹尼斯告诉他在 1982 年秋到 1983 年期间，该赌博集团租赁了自己的一处物业。同时这个赌友发现，自己向该赌博集团电话投注的号码也变成了与该物业所处区域一致的号码。因此该证人认为，该赌博集团利用詹尼斯的房屋进行赌博活动。

　　詹尼斯认为，该证言属于非法意见，缺乏相关性。但这种认知即使不是意见证据，也可以采信。《联邦证据规则》第 701 条允许非专家证人基于其自身认知对证据进行合理推定。这一规定实际上是该规则第 602 条的具体化，其要求非专家证人的证言需要建立在其个人获知的信息及相关了解基础上。所有的认知都是推断性的，因此综合上述两条规定，在证言可信的范围内，允许证人提出其合理的认知。*Western Industries，Inc. v. Newcor Canada Ltd.*，739 F. 2d 1198，1202 – 1203（7th Cir. 1984）；亦参见 *Kaczmarek v. Allied Chemical Corp.*，836 F. 2d 1055，1060（7th Cir. 1987）；3 Weinstein & Berger，Weinstein's Evidence para. 701〔01〕（1987）。其实本案所涉及的都不是上述问题，因为检方询问证人的问题仅仅关注其所知道的事实，而这些事实詹尼斯也同样知情，所有的一切都无疑指向了詹尼斯所拥有的物业被用于赌博的事实。因此证人证言与其说是言词证据，倒不如说是其内心对事实的判断，这种判断可能有误，但并不是一种间接的推论。因此一审法院承认这一证据并无不当。

　　如果当时检方询问证人的时候能首先询问其是否怀疑詹尼斯的房屋被用来作为赌博场所，随后再询问产生上述怀疑的依据的话，那么其证言不属于意见证据就变得更为明显。这样一种提问顺序可以表明检方询问证人的目的不在于利用其证言左右陪审团的判断，而是用来解释其在过去形成的某种意见的原因，这些原因被告人詹尼斯同样知情，从而推定被告人也应该有同样的认识。陪审团毕竟无法洞悉被告人的内心世界，（转下页注）

（接上页注）只能通过相关情节对其加以推定，而这些情节导致证人认识到被告人的房屋被用来作为赌博场所。当然，证人可能比被告人更尖刻、更多疑，但这些都不能否认上述证据的相关性。*United States v. Guzzino*，810 F. 2d 687，699（7th Cir. 1987）。另外，否认证人证言属于意见证据的根据在于这一证据的证明结果，即被告人的房屋是否用来作为赌博场所在本案中并无争议。因此，传召证人出庭作证的目的不在于让陪审团认识到上述事实，而是让陪审团相信被告人詹尼斯也会产生类似的认识。

针对詹尼斯是否了解其房屋被用来作为赌博场所这一心态，本案的核心问题是，一审法院法官对陪审团做出的"鸵鸟式法律指导意见"（Ostrich Instruction）是否成立的问题，而这一问题的研讨可参见 *United States v. Jewell*，532 F. 2d 697（9th Cir. 1976）（en banc）。该法律指导意见指出，陪审员应当从被告人对事实的怀疑或者无所谓心态当中推断其对该事实具有了解心态。如果你发现被告人对某种事实产生了高度怀疑，或者其故意不去了解相关事实，就可以认定该人对相关事实有了了解。对这一法律指导意见的文字表述并无争议，而其也是联邦第七巡回上诉法院所适用的指导意见。参见 *United States v. Ramsey*，785 F. 2d 184，190（7th Cir. 1986）；本案的问题就变成了是否应当在一审的时候对陪审团做出该法律指导意见。

陪审团需要处理的核心问题是，詹尼斯是否参与了赌博集团的活动，或者是否在明知的情况下，通过出租房屋帮助了该团伙的赌博犯罪。现在的法律已经不考虑是否存在实际参与非法活动的行为，仅仅依据销售者销售了其知道会用于犯罪活动的物品就判定其成立帮助犯，参见 *United States v. Pino-Perez*，870 F. 2d 1230，1235（7th Cir. 1989）（en banc）；帮助犯必须通过某种方式将自己和犯罪活动联系起来，并且努力促使犯罪活动成功。*United States v. Peoni*，100 F. 2d 401，402（2d Cir. 1938）。明知对方是妓女，仍然向其出售电话簿的文具店老板并不是帮助犯。Perkins and Boyce，*Criminal Law* 747（3d ed. 1982）。文具店老板并没有想通过自己的帮助行为促使妓女卖淫成功，换句话说，其生活和妓女所从事的活动之间并无实质联系，对方成功与否与其也不发生关系，打击这个老板也无法打击卖淫活动。

但詹尼斯承认，将房屋出租给他人供其从事赌博行为，如果其对租户的上述犯罪行为心知肚明，那么就属于帮助犯。另外，租户也不可能在房东不知情的情况下从事类似的犯罪行为。而如果能够打击那些知情的房东，就会在很大程度上打击赌博犯罪。和文具店老板与卖淫女的拟制情形相比，房东与租户之间的帮助关系更为明确。

之前谈及的电话录音明白无误地表明，詹尼斯已经知悉房屋被用来作为赌博场所的事实，但可能是在其已经被停止使用之后才知情。或许他将钥匙交给犯罪集团首脑的目的是可以重开这一赌场，但因为执法部门旋即打击了这一犯罪集团，这一点尚无法证明。针对单纯提供房屋钥匙的行为是否构成帮助行为，还存在一定争论，这更类似于一种帮助犯的预备犯或者未遂犯，参见 MPC § 2.06（3）（a）（ii）。但在美国刑事成文法当中，尚未将其规定为犯罪。参见 *United States v. Powell*，806 F. 2d 1421，1424（9th Cir. 1986）；*United States v. Barnett*，667 F. 2d 835，841–842（9th Cir. 1982）。因此，一个较为关键的问题就变成了当出租房屋的时候，詹尼斯是否了解到自己的房屋会被用来作为犯罪场所。对此，虽然没有直接证据，但并不是一定不存在这样的证据，法官对陪审团做出的指导意见中对此问题的说法也无不当。根据证人证言以及电话录音记录，陪审团可以认定，被告人知道自己的房屋被用来作为犯罪场所的事实。

概括式法律指导意见的目的，并不是告诉陪审团不需要直接证据就可以排除合理怀疑地认定被告人具有相关心态。对仅仅怀疑自己可能与犯罪人混在一起的 （转下页注）

（接上页注）被告人来说，还无法单纯依据这种怀疑对其定罪。上诉审理过程中，检方律师非常有针对性地指出，这一指导意见的目的是一种犯意认识的推定告知，即一个理性人在获悉与被告人相同事实的情况下，本来可能继续调查，从而确认犯罪事实的存在，因此被告人应构成帮助犯。但帮助犯不属于过失犯罪。而必须知道其帮助实施的是犯罪行为。如果相关法律指导意见的目的是认定过失责任，那么其表述应当与现在的规定完全不同。

而对这一法律指导意见最为精准的批判在于，其容易导致陪审团将认定犯罪故意成立的标准替换为认定犯罪过失成立的标准。参见 United States v. Ramsey, supra, 785 F. 2d p. 190; Robbins, The Ostrich Instruction: Deliberate Ignorance as a Criminal Mens Rea, 81 J. Crim. L. & Criminology 191（1990）。如果认真思考下真的鸵鸟会怎么做，那么这样一种批判意见显然有些偏颇。鸵鸟并非没有坚持其对可能发生不好事情的怀疑。它们不是疏忽大意的鸟类。它们将自己的脑袋埋入土中从而看不见也听不见，因此其是故意避免让自己了解到不好的事情。而所谓"鸵鸟式法律指导意见"适用于那些有证据证明预感或者怀疑自己可能涉及犯罪或者不法行为的被告人，故意采取措施避免让自己确认上述担心或者怀疑的情况。而这种故意回避明知罪责的做法就满足了法律上对明知的要求。United States v. Josefik, 753 F. 2d 585, 589（7th Cir. 1985）. AMPAT/Midwest, Inc. v. Illinois Tool Works Inc., 896 F. 2d 1035, 1042（7th Cir. 1990）. 亦参见 United States v. Kehm, 799 F. 2d 354, 362（7th Cir. 1986）. 对"鸵鸟式法律指导意见"说明较为充分的是 United States v. Diaz, 864 F. 2d 544, 550（7th Cir. 1988）. 本案的被告人在运毒的过程中，试图避免获知任何与其运送物品相关的信息，从而可以否认对自己所运送货物有所了解，例如在真正交货的时候，被告人选择不在场。

检方提出，被告人出租的房屋位于其每日上下班必经之路附近的一个小巷，被告人可以很方便地驾车前往检查自己的物业，只要其前往，就可以发现自己的房屋被用来做赌场的事实，但被告人没有这样做。这还不完全符合"鸵鸟式法律指导意见"的要求。相反，如果该房屋位于其必经之路，而被告人为了避免知悉房屋的用途，改变上下班的路线，就完美地契合了这一要求。虽然被告人没有展现出其所应有的警觉，但其并没有采取积极行为避免自己获知相关信息。

本案被告人是否有罪的衡量标准十分简单，即被告人到底知道什么，被告人是否知道自己出租的房屋被用来作为赌场，或者仅仅是被犯罪集团成员用来作为私人生活用途（即使罪犯也应该有私生活）。仅凭"鸵鸟式法律指导意见"无法回答上述问题。相反，可能会给陪审团造成不小的困扰。United States v. Bigelow, 914 F. 2d 966, 971（7th Cir. 1990）. 陪审团被要求在实际了解与完全无知之间进行抉择的时候，不应适用上述法律指导意见。参见 United States v. Alvarado, 838 F. 2d 311, 315-316（9th Cir. 1988）。

在采取消极方式避免知情的不当"鸵鸟式法律指导意见"，与通过积极作为避免实际了解的适当"鸵鸟式法律指导意见"之间还存在一种中间情况。因此，如果被告人故意避免获知相关信息，无论是采取客观行为，还是积极的主观活动，都可以满足法律对"了解"犯意的要求。

本案中法官对陪审团做出的"鸵鸟式法律指导意见"，或许没有造成实质性危害结果，因为有大量证据证明被告人在出租房屋的时候知道房屋的用途。但是检方并没有提出实质无害性这一观点，因此本庭对此不做评价。

尽管本庭认为，在适用"鸵鸟式法律指导意见"方面一审法院存在错误，但这与能否在帮助犯语境下适用这一指导意见无关。的确帮助犯应当希望其所帮助实 （转下页注）

　　在美国刑法语境当中，推定是否具有合理性与合宪性，是一个无法回避且必须面对的问题。毕竟推定的实质在于，将事实上不同的两个事物在法律价值判断上等同起来，因此这一做法是否超越了适当的限度自然需要严加审查。同时，还需要进一步考察推定与其他推理过程的异同，考察是否需要对推定进行进一步的划分以及推定是否合宪等问题。

2. 推定的概念及设定根据

　　如上所述，长期以来普通法一般假设行为人对自己所实施行为的自然且可能结果具有意图心态，而对这种大多数人都会经历的共同感受，刑法将其固定化，这种固定化，就是推定。对此，可以通过普通法所谓"致命武器原则"① 加以说明。美国刑事司法往往根据日常生活经验判断，当行为人使用具有致命性的武器攻击他人的时候，就可以推定其具有故意杀人的明确意图。②

　　当前美国刑法理论与实践对推定的认识，早已突破了"致命武器原则"所衍生出来的一般理论，呈现出较为混杂的一种样态。甚至有学者提出，"推定在司法领域至少存在 8 种不同的意义"。③ 但从基本理念上来看，推定本质上仍属于一种允许事实认定者基于证明特定事实存在的证据，假定其他事实存在的演绎方式。虽然有人将推定调侃为"在未经调查或者没

　　（接上页注）施的犯罪行为得逞，这就意味着帮助犯必须明白其所帮助的犯罪行为是什么。但本庭认为情况并非如此，正如 *United States* v. *Kehm*，supra，799 F. 2d at 362 那样，法官提出的在共谋案件中应当放弃"鸵鸟式法律指导意见"一样。在本案中已经说明帮助犯如何避免知道相关犯罪事实。如果詹尼斯真的怀疑自己出租的房屋被用来作为赌场，并且试图通过行为避免获知相关信息，那么其行为将证明其迫切希望赌博活动得逞，而其根本不付出任何努力去调查相关活动的性质，并且不考虑自己的行为可能会被调查甚至起诉。

　　　对詹尼斯是否有权要求陪审团获知相关法律时效问题，本庭不做评论。

　　　…………

　　　部分维持原判，部分推翻原判，全案发回重审。

① 转引自 Bruce Ledewitz，"Mr. Carroll's Mental State or What is Meant by Intent Presumption，" *Am. Crim. L. Rev.* 38（2001）：71。

② Walter E. Oberer，"The Deadly Weapon Doctrine——Common Law Origin，" *Harv. L. Rev.* 75（1962）：1573.

③ Charles V. Laughlin，"In Support of the Thayer Theory of Presumptions，" *Mich. L. Rev.* 52（1953）：195.

有证据之前将其认定为真或者可信"，① 但应该承认，推定的存在价值绝对不是用来建构一种合理、准确认定他人内心活动的科学标准或者方法，而仅仅是一种习惯性或者被广泛认同了的所谓公平的实践模式。换句话说，推定仅仅作为一种经验性质的实践方式存在。这种实践方式并不涉及程序法，也就是说，"推定并不意味着证明责任的转移"。②

虽然针对推定的正当性存在不同认识，但基本上，美国刑法理论与实践并不质疑推定所具有的实用价值。推定的存在及适用，可以在很大程度上帮助美国检方克服如"反对自证有罪"以及"排除合理怀疑"等严格程序限制所造成的掣肘。如在"美利坚合众国诉盖尼案"（*United States v. Gainey*）③ 中，美国联邦最高法院就提出，在一个要求排除合理怀疑证明标准的国家，推定是起诉方获得的一种恩赐，而对被告人来说则是一个陷阱。④

（二）推定的分类⑤

在美国刑法当中，法官对陪审团做出的指导意见，一般告知陪审团，能够或者必须在起诉方证明了某些基本的事实，如自愿行为的情况下，推定犯罪构成要素，如犯意的成立。而"在评价此类推定是否合宪之前，法院必须判断其所建构的推定的本质，也就是说，推定是应该的还是可以

---

① Laurie A. Briggs, "Presumptive Mens Rea: An Analysis of the Federal Judiciary's Retreat from *Sandstrom v. Montana*," *Notre Dame L. Rev.* 64 (1989): 367.

② *Riggins v. State*, 174 S. E. 2d 908, 910 (Ga. 1970). 本案中，法官认为一审法官要求被告人承担提供证据并压倒性地证明自己罹患精神失常这一法律指导意见并无问题。因为这一法律指导意见实际上是在推定行为人心智正常。因为行为是自由意志的结果，而行为人对其行为的自然且可能的结果具有故意心态是没有问题的。因为此类推定并不具有结论性，因此是可辩驳的，并且并没有将证明义务转移给被告人。引自 Bruce L. Ackerman, "The Conclusive Presumption Shuffle", *U. PA. L. Rev.* 125 (1977): 761。

③ *United States v. Gainey*, 380 U. S. 63 (1965).

④ 参见 Joseph P. Chamberlain, "Presumptions as First Aid to the District Attorney," *A. B. A. J.* 14 (1928): 287。

⑤ 对概念范畴的分类是无穷尽的，除了下面所要论述的两类区分之外，还存在所谓"初步性推定"（Prima Facie Presumption）、"结论性推定"（Conclusive Presumption）以及"事实的推定"（Presumption of Fact）三种。限于篇幅这里对此不做细考。参见 John M. M. Greabe, "Spelling Guilt Out of a Record? Harmless-error Review of Conclusive Mandatory Presumptions and Elemental Misdescriptions," *B. U. L. Rev.* 74 (1994): 819。

的，是强制性的还是非强制性的"。① 从技术层面，首先可以将推定区分为强制性推定和被允许的推定。

1. 强制性推定（Mandatory Presumptions）与被允许的推定（Permissive Presumptions）

强制性推定是指，陪审员必须推定某种实质犯罪构成要件成立或者存在。如果陪审员有理由相信法官的法律指导意见意味着自己需要去推定某种犯罪实质要素存在，那么这种推定就是强制性的。② 这意味着事实发现者，即陪审团对推定是否强制具有自主决定权。需要强调的是，虽然强制性推定意味着陪审团必须接受推定所产生的结论，并且不能根据检方提供的证据质疑推定结论，但一般情况下，法院会对上述结论进行进一步判断。③

而被允许的推定的存在目的在于，授权判断者自行判断是否存在足够的事实使其进行合理推定。相对而言，被允许的推定模式适用较为自由，陪审员可以根据存在的事实，认定或者不认定某种被推定的事实。适用被允许的推定的情况当中，往往存在条件性的先例或者前提。换句话说，能够推断出结论的前提事实是有条件的，而非无条件。④ 因为使用条件灵活，适用结论不具有唯一性，因此美国刑法学界往往认为所谓被允许的推定不属于真正的推定，而仅仅是根据证据进行的推理。⑤

2. 结论性的强制性推定与可辩驳的强制性推定

如上所述，美国刑法语境中的推定实际上主要围绕强制性推定展开，而其又可以进一步细分为结论性的强制性推定与可辩驳的强制性推定两

---

① 对刑法当中推定的经典分析可见"奥斯特郡诉艾伦案"（*County Court of Ulster v. Allen*），其将推定区分为义务性推定或者强制性推定，以及被允许的推定。参见 Bruce Ledewitz，"Mr. Carroll's Mental State or What is Meant by Intent，" *Am. Crim. L. Rev.* 38（2001）：71。

② 参见 John M. M. Greabe，"Spelling Guilt out of a Record？Harmless-Error Review of Conclusive Mandatory Presumptions and Elemental Misdescriptions，" *B. U. L. Rev.* 74（1994）：819。

③ 参见 Leslie J. Harris，"Constitutional Limits on Criminal Presumptions as an Expression of Changing Concepts of Fundamental Fairness，" *J. Crim. L. & Criminology* 77（1986）：308。

④ 参见 John M. M. Greabe，"Spelling Guilt out of a Record？Harmless-Error Review of Conclusive Mandatory Presumptions and Elemental Misdescriptions，" *B. U. L. Rev.* 74（1994）：819。

⑤ 参见 Charles V. Laughlin，"In Support of the Thayer Theory of Presumptions，" *Mich. L. Rev.* 52（1953）：195。

类。结论性的强制性推定所体现的主要理念在于，一旦检方推定某种事实成立，这一事实就不再作为可供争辩的问题在庭审中继续存在。换句话说，各方当事人无须对这个问题进一步展开争论。① 结论性的强制性推定禁止陪审团寻找与要素相关的证据。

而可辩驳的强制性推定无法达到完全将相关推定事实从案件审理过程中剥离出来的效果，即虽然必须根据相关事实做出推定，但推定的结果并不作为最终结论，允许控辩双方加以质证。正如大法官斯卡利亚所言，"可辩驳的推定这一表述给一名理性陪审员的印象是，一方面必须基于事实做出推定，另一方面可以对此种推定加以辩驳"。② 如果要对此进行反驳，一般需要从质疑推定所根据的前提事实入手。③

（三）推定的合宪性考辨

应该说，在普通法的语境当中，很长时间以来，围绕法官向陪审团做出的强制性推定的法律指导意见是否合宪，并没有太多争论。但鉴于推定在美国刑事司法与刑事理论中所起到的重大作用，必须回答其是否合宪这一问题。进入 21 世纪，美国刑事司法强调、重视对程序合宪性的倾向并未减弱，美国联邦最高法院将刑事审判当中的证明程序，置于"严格审查"（Strict Scrutiny）④ 标准之下。根据和正当程序相关的宪法性规定，美国刑法

---

① Laurie A. Briggs, "Presumptive Mens Rea: An Analysis of the Federal Judiciary's Retreat from *Sandstrom v. Montana*," *Notre Dame L. Rev.* 64（1989）：367.

② 转引自 John M. M. Greabe, "Spelling Guilt out of a Record? Harmless-Error Review of Conclusive Mandatory Presumptions and Elemental Misdescriptions," *B. U. L. Rev.* 74（1994）：819。

③ 参见 Rollin M. Perkins, "A Rationale of Mens Rea," *Harv. L. Rev.* 52（1939）：905。

④ 在美国联邦最高法院行使司法审查权的过程中，并不是对所有的宪法问题适用统一的审查标准，而是逐渐发展形成了三重审查标准。这种三重审查标准同样不存在于宪法文本中，是联邦最高法院创造性地解释宪法的结果。三重审查标准分别是"最小审查"（Minimal Scrutiny）标准、"中度审查"（Intermediate Scrutiny）标准和"严格审查"（Strict Scrutiny）标准。最小审查标准又称为合宪性审查标准，此时联邦最高法院对政府的立法分支和行政分支表现出极大的服从性。罗斯福新政之后，联邦最高法院秉持司法克制的宪政理念，最小审查标准正是司法克制在司法审查标准中的具体体现。随着战后人权保护的呼声以及民权运动的日益高涨，联邦最高法院逐渐意识到最小审查标准并不适合于所有的司法审查对象，因为它无法为公民的基本权利提供适度的保护，比如言论自由、隐私权等。因此，联邦最高法院发展出了严格审查标准，（转下页注）

要求检方排除合理怀疑地证明其指控犯罪的各个要素，这当然也不可避免地包括犯意要素。随之而来的一个问题就变成了通过推定证明犯意这一做法的合宪性。对此，美国学界与实务界存在不同看法，对在刑事审判当中适用推定的合宪性争论，在"桑德斯姆诉蒙大拿州案"（Sandstrom v. Montana）[1]中达到了顶峰。在本案之前，对推定并没有系统的理论区分，即没有发现所谓的"结论性的强制性推定"、"可辩驳的强制性推定"以及"被允许的推定"等。在此案之后，因为推定的宪法性备受质疑，直接或者间接导致了对推定的进一步细分，并且产生了建立在这样分类基础上的宪法性讨论。[2] 例如，根据蒙大拿州法，针对故意杀人，检方需要证明被告人具有导致他人死亡的意图或者明知。某一案件的被告人承认自己实施了杀人行为，但坚持认为自己罹患神经系统的共济失调，从而无法形成杀人的意图或者明知。被告人主张原审法官对审理本案的陪审团所做出的法律指导意见，违宪地减轻了检方证明被告人故意杀人的义务，并且剥夺了陪审团认定被告人犯意的权力。"结论性的强制性推定"实际上将犯意排除在犯罪构成要素之外，这势必危及推定被告人无辜的宪法性权利，并且侵犯法律赋予陪审团在刑事案件当中认定事实的专属权力。结果，法院一致判定强

（接上页注④）此时，除非有与之相抗衡的州的利益，否则法院不会支持政府的行为。严格审查标准适用于宪法明确表达或者蕴含的基本权利、可疑分类等。严格审查标准与最小审查标准正好相反，它不是假设政府的调控行为合宪，而是假设它违宪。伯格法院发展出了司法审查的第三个标准，即中度审查标准，此时联邦最高法院的立场是中立的，它既不支持政府一方，也不支持挑战者一方。如果政府行为与一个重要的政府利益实质相关，联邦最高法院就会支持它，反之，则会推翻它。中度审查标准适用于有关平等保护和商业言论的宪法案件。司法审查的三重审查标准在伦奎斯特法院并未发生重大的改变，唯一的例外是伦奎斯特法院用中度审查标准来审查基于性取向的宪法歧视的案件。基于司法部门裁判权的性质，即使承认宪法文本潜在地默认了司法审查权，宪法文本并未也不可能规定对某类涉嫌违宪的行为适用何种程度的审查标准。因此，司法审查中的三重审查标准完全是联邦最高法院通过宪法解释创造出来的。参见马洪伦《论美国联邦最高法院宪法解释的创造性》，《现代法学》2011年第5期，第167页。

[1] *Sandstrom* v. *Montana*, 442 U. S. 510 (1979).

[2] John Schmolesky, "*County Court of Ulster* v. *Allen* and *Sandstrom* v. *Montana*: The Supreme Court Lends an Ear but Turns Its Face", *Rutgers L. Rev.* 33 (1981): 261.

制性推定违反了宪法。①

虽然从理论上来看，"桑德特姆诉蒙大拿州案"的判决无懈可击，但却受到了包括联邦巡回上诉法院在内各级法院的抵制。很明显，这有悖于较低层级的法院，即使不喜欢有约束力的判例，并且认为这些观点具有误导性，也必须沿用并加以遵从的做法。仅凭司法统一性这样一条戒律，就足以颠覆任何具体的反对意见，无论其如何有力。

另外，一个无法回避的事实是，联邦最高法院在"桑德特姆诉蒙大拿州案"中所做判决在现实面前的苍白无力，绝对不是无本之木。事实上，"桑德特姆诉蒙大拿州案"判决中对推定的理解，在现实中频遭抵制是有原因的。也就是说，这一理解始终无法解决如下三种根本性的矛盾。首先，联邦最高法院虽然旗帜鲜明地提出强制性推定违宪，但饶有意味的是，联邦最高法院并没有理所当然地进一步取消推定。这一明显的逻辑断档，原因即在于实然状态下证明犯意时所面临的实际困难。其次，可以想象，如果严格遵从"桑德特姆诉蒙大拿州案"所确立的推定违宪这一理念，那么毫无疑问，各级法院将面临一轮又一轮要求重新审理或者上诉审理的浪潮。最后，联邦最高法院在"桑德特姆诉蒙大拿州案"中的做法，也违反了联邦应尊重各州法官对陪审团的指导意见这一传统。概括起来，宪法性，尤其是正当程序条款的考量，对美国刑法当中的推定有如梦魇，挥之不去。也就是说，如果陪审团将推定理解为证明义务的转移，就违反了美国宪法对这种举证义务转移的限制。而"如果其将推定理解为结论性的，虽然无须考虑其是否涉及举证义务的不当转移问题，但将如犯意之类的

---

① 从史源上来看，联邦最高法院对"桑德特姆诉蒙大拿州案"的判决，可以追溯到之前在犯意问题上具有里程碑意义的"默里赛特诉美利坚合众国案"。在"默里赛特诉美利坚合众国案"中，美国联邦最高法院曾谈及结论性推定的合宪性问题，认为可以从被告人所实施的犯罪行为中推定出被告人的重罪犯意，并将其视为终局性。而这种不能推翻的结论性推论，实际否定了作为犯罪实质组成部分的犯意的应有地位。而在美国联邦最高法院看来，如果犯罪意图属于犯罪法定构成要素，那么其成立与否就应该属于陪审团认定的事实问题。因此无论围绕行为人犯罪意图的证据有多明晰，都应由负责认定事实的陪审团做出最后决定。如果对犯意进行强制性推定，就会实质上剥夺被告人受陪审团审判的权利，同时违反事实认定程序应十分严格的宪法要求，从而导致不审而判的结果。参见 Stephen Saltzburg, "Burdens of Persuasion in Criminal Cases: Harmonizing the Views of the Justices," *Am. Crim. L. Rev.* 20 (1983): 393。

实质要素从刑事司法过程当中排除出去，又侵犯了陪审团的传统权力"。①

因此，从这个角度而言，强制性的推定，无论是结论性的，还是可辩驳的，都无法解决其自身所固有的宪法软肋。在美国刑法语境当中，永远不缺乏围绕这种证据法意义上的功利主义考量所产生的不同理念的碰撞。推定，至少从宪法角度而言，是存疑的。而美国各个司法区在面对犯意等犯罪实体要素的时候，都必须面对如何处理强制性推定与如何遵从先例等实际问题。

三　推论（Inference）

（一）美国刑法当中的推论

从概念建构的角度，美国刑法中的犯意定义，基本上②都是相对性的概念，所谓"相对性"，是指犯意往往需要参照行为或者结果等要素加以建构，而检方在案件的审理过程当中，往往需要证明被告人相对行为或者结果的实际心态。

可以从经验上考虑，这种做法的现实操作会是何等困难。难道真的可以走进他人的内心吗？美国刑法理论认为，可以借由推论来完成这样的一种看似无法完成，实际上也的确无法完成的使命。另外，"由于推论强调从行为人的言词以及其他事实当中认定被告人的实际心理活动，其也必须通过提高证明责任来加以限制，即通过所谓要求'排除合理怀疑'等极高的证明义务，来限制推论在美国刑法当中的滥用。"③

（二）推定④与推论之区分

美国刑法理论当中的推定与推论的问题可以说十分复杂，这里仅仅简要加以概括区分。

① Leslie J. Harris, "Constitutional Limits on Criminal Presumptions as an Expression of Changing Concepts of Fundamental Fairness," *J. Crim. L. & Criminology* 77 (1986): 308.
② 过失等所谓的客观性犯意不在此列。
③ Richard G. Singer and John Q. La Fond, 《刑法》（注译本），王秀梅等注，中国方正出版社，2003，第58页。
④ 这里的推定指"强制性推定"。

一般认为所谓的推论，是指因为存在某种真实的法律观点或者事实，从而导致确信其他的观点或者事实也存在的观点。其和推定一样被广泛适用于美国刑法理论当中。甚至可以认为，在一定程度上[①]可以将其与后者等同待之。但"在绝大多数情况下，推定与推论是需要加以区分的，而两者的区分直接涉及了刑事司法体系当中的一个非常基本的问题，即如何在法官和陪审团之间分配权力，以及这样分配可能导致的后果问题"。[②] 概括而言，可以对上述两个概念做如下的区分。

1. 性质不同

推定可以被认定为一种法律规则，而推论至多是一种逻辑过程或者结果。推定的理念要求在某一事实为真的情况下推定其他的事实亦为真，无论其是否违宪，都是作为法律原则加以适用；而推论则是从事实或者观点出发，其前提未必为真，而整个过程必须符合逻辑，从这个方面判断，认定推论是逻辑概念，并不为过。

2. 证明效能不同

推定中相当多一部分是所谓的结论性推定。也就是说，一旦做出推定，推定所涉及的问题就不应在审判中出现了。除结论性的强制性推定之外，剩下的所谓可辩驳的强制性推定，也需要被告人至少提出压倒性的证据才能推翻。而推论仅仅要求推论主体的个体主观确信，并没有现实的法律意义。

3. 证明过程不同

推定的发端是被认定为真的事实，而其推理过程可以认为是两个事实之间的对接。在两个事实中间起到桥梁作用的包括逻辑，也包括很多非逻辑性的实践经验或者法律习惯等。而推论过程的发端和终点不仅仅包括事实，还包括非事实的观点或者理念，在其间起作用的只能是逻辑。

（三）推论之合宪性

对推论的合宪性似乎争议不大，毕竟从根本意义上来看，其并不是一种被规定了的法律原则，而仅仅是一种被实践化了的思维模式或者逻辑架

---

① 推论可以与被允许的推定之间具有部分重合关系。

② Leslie J. Harris, "Constitutional Limits on Criminal Presumptions as an Expression of Changing Concepts of Fundamental Fairness," *J. Crim. L. & Criminology* 77 (1986): 308.

构。需要澄清的，实际上应该是和推论存在实质类似性的"被允许的推定"的合宪性问题。

事实上，很多美国学者直接指出，"被允许的推定并不是真正的推定，因为并不涉及被告人证明义务的转移，因此应更为准确地将其表述为'被允许的推论'（Permissive Inference）"。[①] 这种被允许的推论，并不涉及所谓的违宪问题，也没有影响宪法要求的检方证明犯罪要素的义务。

从而，可以较为肯定地认为，推论属于一种起码不明显违反美国宪法正当程序要求的实践活动。这样的一种观点也为《模范刑法典》所肯定。在《模范刑法典》看来，"如果适用推定，导致取消或者转变证明义务，那么这种推定是不可接受的。但是，可以进行法律所允许的适当推论"。[②]

第六节　小结

在美国刑法中，犯意主要是作为犯罪构成要素存在的。围绕其体系性地位与解读、证明方式，虽有不同观点，但都很少质疑这一前提。在很大程度上，犯意是作为刑法道德属性的支点存在的。除此之外，需要指出的是，犯意概念除了在犯罪论体系中扮演关键角色之外，在量刑过程中也具有特殊意义。[③]

---

① Joshua Dressler, *Understanding Criminal Law*（New York：Matthew Bender, 1995）：98.

② MPC § 1.12（5）.

③ 关于犯意概念对量刑的影响，可参见"美利坚合众国诉科德巴·鞞卡皮案"（*United States v. Cordoba Hincapie*）。值得一提的是，本案对犯意问题的梳理也堪称详尽权威，本案判决书如下。

UNITED STATES OF AMERICA,

v.

MARIA CORDOBA HINCAPIE, Defendant.

UNITED STATES OF AMERICA,

v.

LIBARDO BUELVAS CASTRO, Defendant.

CR 92-650, CR 92-1366

UNITED STATES DISTRICT COURT FOR THE EASTERN DISTRICT OF NEW YORK

825 F. Supp. 485；1993 U. S. Dist. LEXIS 9504

1993 年 7 月 7 日审结

（转下页注）

（接上页注③） 主审法官：杰克·韦恩斯坦（Weinstein）法官

判决主笔：杰克·韦恩斯坦法官

判决

本案涉及民主社会中适用刑法的两大关键问题。能否通过量刑设计，规避刑法中的犯意要求？宪法保障的陪审团认定犯罪成立的权力，能否被绝对固定刑罚所架空？

如果照搬检方依据《联邦量刑指南》提出的量刑建议，那么对上述两个问题，恐怕都要得出肯定的结论。但这样，很大程度上意味着几个世纪以来普通法国家引以为豪的宪法保护制度将被打破。美国国会在通过《联邦量刑指南》时，未必会考虑到其所具有的此种诡异的危险后果。打击毒品犯罪并不意味着因小失大，需要以牺牲宪法保护权利为代价，赢得打击小毒贩的战争。

被告人误将海洛因作为可卡因走私进入美国。根据《联邦量刑指南》，走私海洛因的法定刑要重于走私可卡因的法定刑。本案所涉及的问题在于，如何处理事实认识错误，能否仅仅依据被告人对走私物品的主观认识，对其量刑？《联邦量刑指南》所包含的全新语境已经使其背离了同罪同罚的基本原则。一个具有合理性的刑罚体系，不能容忍因为立法者无法区分复杂的犯意层级，因此对特定犯罪行为加重处罚的情形。这超越了立法原意，更违背了宪法精神。对美国刑法而言，对犯意的坚持至关重要，而被告人所受刑罚必须与其可责性成正比。

Ⅰ．事实

A. 玛利亚·特里萨·科德巴·鞭卡皮（Maria Theresa Cordoba Hincapie）

被告人科德巴·鞭卡皮，38 岁，哥伦比亚籍。1992 年 5 月 4 日，她搭乘航班从哥伦比亚抵达美国肯尼迪国际机场。海关在检查的过程中，通过 X 光发现其胃部有胶囊状物质，后证明她的胃中装有 772 克海洛因。

科德巴·鞭卡皮生于哥伦比亚，并且一直和自己的 7 个兄弟姊妹生活在哥伦比亚。被告人一直未婚，但育有 3 个女儿，年纪从 9 岁到 18 岁不等。在 1990 年之前，孩子的生父一直下落不明，而被告人的生活一直无以为继。被告人受过 5 年教育，在哥伦比亚一直从事缝纫等体力工作。她为了治疗失聪前往美国，并通过运毒的收入支付高昂的医疗费，并为自己的家人筹集生活费。

被告人被指控违反相关法律，即 21U. S. C. § § 952（a）以及 960（b）（1）（A），明知且故意地向美国走私海洛因。21U. S. C. § § 960（b）（1）（A）规定，走私海洛因 1 公斤以上，需要判处 10 年以上有期徒刑。1992 年 6 月 9 日，被告人与检方达成认罪协议，根据相关规定，在走私 100 克以上海洛因的情况下，该当 5 年以上有期徒刑。根据认罪协议，如果检测证明海洛因净含量不足 1 公斤，则可根据 § 960（b）（3），对其适用无最低刑期限制的法定刑。经检验证明，被告人运毒净含量不足 1 公斤。

检方通过与走私 100 克以下海洛因的被告人达成认罪协议，可以避免相关毒品法中较为严苛的法定刑。参见 *United States v. McClean*，822 F. Supp. 961（E. D. N. Y. 1993）。但这一做法无法从根本上解决《联邦量刑指南》在打击毒品犯罪方面的僵化问题，根据《联邦量刑指南》，走私相同数量的海洛因，被告人该当法定刑为 46 个月至 57 个月监禁，而如果走私的是可卡因，法定刑为 30 个月至 37 个月。

在审前案件事实调查及质证阶段，被告人供认，自己被要求吞服装有可卡因的胶套并运毒。被告人对此深信不疑，未加深究，在吞下胶套之后动身前往美国。被告人发誓，自己从未认识到走私的是海洛因，自己从未走私过毒品，也不认识任何其他 （转下页注）

（接上页注）的毒贩。被告人还提交了一份报纸作为证据，上面记了她的罪行以及哥伦比亚开始种植海洛因这一全新趋势。参见 Scott Ladd, Heroin Haulers, *Newsday*, May 26, 1992, p.3。

被告人的供述具有可信性。基于被告人受教育程度、生活阅历、犯罪事实、海洛因与可卡因的相似度，特别是哥伦比亚可卡因的长期泛滥现状，法院可以排除合理怀疑地确认，被告人的确认为自己走私的是可卡因。

B. 布利瓦斯·卡斯特罗（Buelvas Castro）

被告人布利瓦斯·卡斯特罗，37 岁，哥伦比亚籍。1992 年 12 月 11 日，他从哥伦比亚乘飞机抵达肯尼迪国际机场，经海关 X 光检查，发现其体内藏有异物，经检查，发现胶囊内藏有 686 克海洛因。被告人生于哥伦比亚的一个完整家庭。1976 年结婚，生有 4 子，年龄从 9 岁到 14 岁。1977 年至今一直从事屠夫工作，受过 5 年教育。被告人被指控违反相关法律，即 21 U.S.C. §§ 952（a）以及 960（b）（2）（A），明知且故意向美国境内走私海洛因。Section 960（b）（2）（A）规定，对走私海洛因 100 克以上的行为人，处 5 年以上有期徒刑，与之前那名被告人一样，卡斯特罗与检方达成认罪协议，根据 21 U.S.C. §§ 952（a）以及 960（b）（3）虽然没有最低法定刑，但对走私这一数量的海洛因，《联邦量刑指南》规定的刑期为 37 个月到 46 个月，如果走私的是可卡因，刑期为 30 个月到 37 个月。

在审前事实调查期间，被告人宣誓，自己被别人唆使，承诺人体运送 600 克可卡因，在接受了包装好的藏毒胶囊之后，到达肯尼迪国际机场后与人会合。

被告人宣称自己被告知运送的是可卡因，因为自己并不吸毒，因此对此也未加追问。被告人生活的地区也不出产海洛因，直到被捕，他才知道哥伦比亚也生产海洛因。

检方认为，现在海洛因是哥伦比亚的主产毒品，并拒绝对此进行听证。基于被告人的生活背景以及受教育程度、被告人在犯罪中所扮演的角色、海洛因以及可卡因之间的外观相似度，以及哥伦比亚主产可卡因的事实，法院认定可以排除合理怀疑地确信被告人相信自己走私的是可卡因。

II. 法律

A. 犯意原则（只有 A 与犯意有关，其余部分未录至此。——作者注）

犯意意味着罪责心态、犯罪或者实施错误行为的意图、犯罪意图等等。参见 *Black's Law Dictionary* 1137（4th ed. 1968），属于表征刑法与犯罪人之间连接纽带的一系列概念的简称。参见 Sanford H. Kadish and Stephen J. Schulhofer, *Criminal Law and Its Processes* 217（1989）（通常情况下，可以用犯意这一概念代表所有适格的责任概念）。刑事责任原则与相关理论根植于美国法律原则当中。如果要理解这一概念的重要性，就需要解读这一拉丁概念。

1. 起源

西方民主国家长期以来，一直通过考察行为人内心来确定其行为的犯罪性，以及刑罚的层级。可参见 *Morissette v. United States*, 342 U.S. 246, 250, n.4 96 L. Ed. 288, 72 S. Ct. 240（1952）（希腊、罗马、大陆法系以及美国法中犯意概念的流变历史，参见 Radin, *Intent*, Criminal, 8 Encyc. Soc. Sci. 126）。长期以来，"行为无罪，除非内心邪恶"被奉为金科玉律。参见 Francis B. Sayre, "Mens Rea," 45 *Harv. L. Rev.* 974（1932）；亦参见 *Black's Law Dictionary* 55（4th ed. 1968）。（如果不具有犯意，那么行为本身不具有犯罪性）柏拉图曾经试图建构一整套完美的刑法典。他试图摒弃当时流行 （转下页注）

（接上页注）的以行为是否自愿作为区分罪与非罪的标准，而是将犯意层级作为标准。参见 A. E. Taylor, "Introduction," *The Laws of Plato* xlix-1（A. E. Taylor trans., 1934）。"立法者需自问，危害行为实施者或者受益者是否基于善意以正确的方式行事……立法者的立法旨趣在于通过救济，弥合与受害者之间的鸿沟，化干戈为玉帛……针对危害行为，或者通过犯罪使自身受益的行为，从内心而言是充满恶意的，因此必须在可能的情况下对其加以救治。如果我们无论通过言行，通过激励或者惩罚，通过褒奖或者贬低还是什么其他措施纠正上述错误，一定会建构一个非常完美的世界。" Id. pp. 250-251.

柏拉图在其所建构的刑法典中，还详细规定了诸如精神失常、未成年以及其他缺乏刑事责任能力的情况，同时认为，基于事先决意的杀人行为要比激情杀人更为严重。Id. pp. 253-273（如果行为人非故意地造成了他人死亡的结果，那么不应认定其具有犯罪的恶意）。

英国法早期倾向于认定严格责任。但在某些时候也会将犯罪过错视为犯罪成立的实质条件。Frederick Pollock and Frederic William Maitland, *The History of English Law*, 470-471（2d ed. 1968）（如果能够证明一个人的行为导致了他人死亡的结果，那么不论其动机或者意图为何，一律追究其责任）；亦参见 Sayre, Mens Rea, supra, pp. 975-980. 原始法中对奴隶甚至豢养动物等财产所造成的危害结果，主人都需要承担责任。II Pollock & Maitland, supra, pp. 472-473（如果是他的剑杀人，那么剑的主人很难证明自己什么都没有做，而只是加速了受害人的死亡这样的论调）。梅特兰（Maitland）等人认为，在考察罪与非罪的心理要素方面，法律势必会遭遇极大的困难。对人类的想法是无法定罪的，因为只有魔鬼才知道自己的想法。Id. pp. 474-475. 尽管在 12 世纪之前，现代意义上的犯意概念还不存在，Sayre, "Mens Rea," supra, p. 981, 但大多数犯罪无法在缺乏行为人内心犯意的情况下存在，因此心态问题就变成了认定犯罪成立与否以及刑罚厘定的实质要素。Id.

中世纪末期，对犯罪心态的关注开始逐渐形成。承认犯意的作用，代表着人类文明的进步。Paul H. Robinson, "A Brief History of Distinctions in Criminal Culpability," 31 *Hastings L. J.* 815, 850（1980）（研究了自 9 世纪到现在犯意概念的演变）。到了 20 世纪末，罗马法中的可责性概念（Culpa）以及教会法中的罪责心态开始影响犯意概念的发展。Sayre, "Mens Rea," supra, pp. 982-983. 霍德沃斯（Holdsworth）指出，人们逐渐意识到，如果构成犯罪的话，被告人一定应该具有某种犯意，如果在不考察犯意的情况下，仅仅因为被告人碰巧拿了别人的财物就指控其犯有盗窃罪，显然是不正当的。III A. W. Holdsworth, *A History of English Law* 322（1927）。刑法建构在与时俱进的社会道德基础上，其发展不可避免地要与时下通行的针对是非错误行为的道德判断密切相关。早期重罪无疑与当时的邪恶罪过的外在表现有关。Id. p. 989. 而 "重犯"（Felon）一词亦来源于充满邪恶的人，或者 "残忍、邪恶的人" 的拉丁一词。II Pollock & Maitland, supra, p. 465. 在库克（Coke）生活的 17 世纪，已经开始针对严重犯罪要求犯意。Glanville Williams, *Criminal Law: The General Part* 30（2d ed. 1961）. 库克提出，对叛国罪而言，行为人必须针对背叛行为具有故意或者类似犯意，对这种相当隐秘的内心活动，应由社会普通民众对其加以判定。Edward Coke, *Third Institute* 6（London, W. Clarke & Sons, 1817）. 在讨论盗窃等侵财犯罪时，库克认为行为必须具有危害性，同时伴生有非法占有他人财物的故意，如果在产生上述犯意之前，行为人已经合法占有了相关财产，则不构成盗窃，而只构成侵占。Id. p. 107.

（转下页注）

（接上页注）一旦刑法承认高度模糊的道德可责性，刑法就必须对其不断细化与明确。在很大程度上，刑法中越来越多的免责事由或者抗辩事由都是犯意概念不断细化的产物，这也反过来推动了犯意概念的细化。Ⅷ A. W. Holdsworth，supra，p. 433. 在 12 世纪之后，可以用类似于精神失常、未成年或者受强制等抗辩事由排除犯罪性。Sayre，"Mens Rea，" supra，pp. 1004-1006. 直到 17 世纪，事实认识错误才成为一种被广泛适用的抗辩事由。Id. p. 1014；亦参见Ⅷ A. W. Holdsworth，supra，p. 434. 霍德沃斯曾提出，"14、15 世纪的法律已经摒弃不考虑犯意、单纯考察错误行为的传统做法，当时对犯意的考察是非常概略的。没有表达为行为的犯意，甚至是未遂的犯意，都不构成重罪"。Ⅱ A. W. Holdsworth，supra，p. 452.

在布莱克斯通生活的 18 世纪，英国刑法一般认为，所有免责事由都可以概括为缺少主观犯意。缺乏自愿性的行为不但本身没有意义，更无法产生法律要求的犯意。与行为伴生的主观心理活动，才是用来评价行为人的唯一标准。实际上，刑法中的犯罪构成必须同时具备犯罪行为与主观犯意。因为没有任何司法者可以洞悉人的内心，更无法厘定内心邪恶的程度，因此不能惩罚这些不可知的主观心态。缺少犯意或者犯罪行为都无法构成犯罪。Ⅱ William Blackstone，*Commentaries on the Laws of England*，pp. 20-21.

2. 当代观点

a. 理论

对当代刑法中的犯意概念及其地位，可以概括如下。首先，立法者与司法者都无法精确定义犯意概念。Sayre，"Mens Rea"，supra，p. 974；亦参见 Leo Katz，Bad Acts and Guilty Minds 165-209（1987）（主要通过拟制案例，考察犯意原则的复杂性）；*Gary v. Dubin*，"Mens Rea Reconsidered: A Plea for a Due Process Concept of Criminal Responsibility"，18 *Stan. L. Rev.* 322，325（1966）（和犯意几乎被神化的法律地位形成鲜明对比的是，其含义长久以来不仅多变，而且极具干扰性）。其次，犯意在刑法中的地位不容撼动。当代著名刑法学家格兰维尔·威廉姆斯对此曾有详细论述：任何刑法理论都包括某种类型或者某种程度的犯意要求。只有在被告人了解到行为可能受到的法律制裁时，震慑理论才可以成立。如果行为人无法预见到自己的行为结果，那么就不能理解自己如果从事相关行为，可能会遭遇何种制裁。报应理论推定行为人具有道德过错。如果不涉及行为人对道德的价值认识，那么改革就无从谈起。Glanville Williams，*Criminal Law: The General Part* 30（2d ed. 1961）；亦参见 Herbert L. Packer，"Mens Rea and the Supreme Court，" *Sup. Ct. Rev.* 107，109（1962）（在不考虑犯罪人心态的情况下，对其适用刑罚不具有任何价值，在行为人不具有道德可责性的情况下，不具有对其施加报应刑罚的根据）。史蒂芬在概括英国法的发展历程时，提出的"行为无罪，除非内心邪恶"这一原则，一直被认为对普通法来说至关重要，但是这一拉丁法谚对罗马法而言也同样至关重要。这一原则不仅更具有指导性，而且也暗示了一些没有准确说明的谬误。其真正的价值其实就在于，所有犯罪定义不仅包括客观危害行为，而且具有犯罪心态要素。Sir James Fitzjames Stephen，*A History of the Criminal Law of England* 94-95（1883）；亦参见 Williams，supra，pp. 32-33（承认可以在需要的时候，修正犯意要求，可以承认过失甚至严格责任）。

虽然对犯意这一犯罪构成要素，存在不同学术观点，但基本都对其持支持态度。边沁提出的功利主义将可责性要求表述为确保刑罚经济性的一种手段。对持功利主义刑法学者而言，罪刑相适应与刑罚的震慑性，对刑法来说至关重要。Jeremy Bentham，"Principles of Penal Law，" 1 *The Works of Jeremy Bentham* 398（John Bowring ed.，1962）。如果将震慑作为刑罚适用的目的，就要求行为人充分认识相关事实。如果 （转下页注）

（接上页注）事后立法，如果行为人没有其他合理办法了解到相关法律规定，如果行为人精神失常、迷醉、事实认识错误或者受到胁迫或者强制，那么对其加以惩罚就毫无意义。Id. at 397.

霍姆斯也从功利主义视角分析了犯意问题，对霍姆斯来说，尽管震慑是最重要的，甚至是唯一的刑罚目标，Oliver Wendell Holmes, *The Common Law* 46 (1881)，但报应也具有合法性。法律应该将报应也作为自己的目标，良法的前提即在于其能够反映、满足社会的真实感受及需求。如果法律不能满足上述要求，就必须做出调整和修改，从而避免因为私力救济造成更大的社会危害。Id. pp. 41–42.

在霍姆斯看来，刑法的震慑以及报应目标都具有正当性。因为没有哪一个社会可以牺牲个人利益来维持社会的存在。Id. p. 43. 即使可以通过惩罚智力障碍者来维护整体社会利益，仍然需要某种形式的可责性来确保刑事制裁的有效性。如果惩罚一般社会人认为不具有可责性的行为，显然代价太过高昂。Id. p. 50.

霍姆斯分析中最为重要的部分在于承认过失刑事责任。根据霍姆斯的观点，和侵权法一样，刑法应该具有强制社会个体按照社会一般合理标准规范自己行为的作用。因此，应该采用外部客观标准，换句话说，只要行为人认识到可能导致法律禁止危害后果发生的情节，即可认定行为人满足相关犯意要求。Id. p. 75. 行为人需要推测在类似的情况下，一般理性人可以产生何种认识，Id.，虽然一般来说，严格责任只存在于民事案件中，但某些情况下，刑事案件中，严格责任也可以成立。但需要指出的是，虽然针对毒品犯罪存在严格责任立法，立法机构仍然需要在刑事严格责任的范围扩大方面十分谨慎。

庞德（Roscoe Pound）虽然承认，历史上刑罚适用与个人权利保护之间多有反复，但也承认犯意的重要性，无疑刑罚适用的目的不在于治疗失范者，而在于惩罚。美国刑事实体法曾经长期建立在惩罚犯意的基础上，推定行为人具有意志自由，只有在罪刑相适应的情况下才可以保护社会利益，维护社会一般道德标准。Roscoe Pound, "Introduction," in Francis Bowes Sayre, *A Selection of Cases on Criminal Law* xxxiv-xxxvii (1927).

当代刑法学著作，也承认犯意的重要性。参见 Sanford H. Kadish & Stephen J. Schulhofer, *Criminal Law and Its Processes* 217–218 (1989)；Williams, supra, pp. 30–33。行为与犯意一起构成犯罪。Joel Prentiss Bishop, *Bishop on Criminal Law* §§ 205–206 (9th ed. 1923)；参见 Edwin R. Keedy, "Ignorance and Mistake in the Criminal Law," 22 *Harv. L. Rev.* 75, 81 (1908)（刑法中毋庸置疑的基本原则就是，只有在行为人具有法定犯意的情况下，其行为才构成犯罪）。哲学，乃至神学，都不会在没有犯意的情况下认定行为人有罪。1 Bishop, supra, § 287. 毕绍普（Bishop）认为，应当时刻注意保持犯意的重要性，人类应当珍视这一宝贵财富。当群情激愤，复仇的欲念凌驾于公正的司法理念之上时，无辜者就很有可能遭殃。Id. § 289.

霍尔也在自己的著作中提出了类似的看法。故意、轻率以及过失之间的区别建立在道德基础上。通过犯意表达出来的道德原则，要求行为人的刑事责任应当与其自愿造成的危害结果存在相关性，这不仅代表着一贯的道德标准，也代表着朴素的道德标准。对区分刑罚和其他类型的制裁方式而言，犯意要求十分重要。Jerome Hall, *General Principles of Criminal Law* 133–134 (2d ed. 1960). 这也与美国刑法通说观点类似。参见 1 Wayne R. LaFave & Austin W. Scott, *Substantive Criminal Law* 270 (1986)（刑罚的根本前提在于犯罪行为不能只包括行为，还必须包括犯意）。

（转下页注）

（接上页注）针对犯意的理论研究成果中，最为重要的要算赫伯特·哈特所著《刑罚与责任》（*Punishment and Responsibility*，1968）。这部著作具有里程碑意义。该书认为，美国刑事司法体系强调个人责任，而个人责任与其犯意紧密相关。Id. p. 28. 哈特还试图探究可责性要求的起源。他认为，边沁功利主义正当性学说是不充分的。如果将震慑作为刑法的唯一目标，从而认为可以牺牲个人，那么严格责任也就顺理成章了。Id. p. 20. 相反，如果承认严格责任，就意味着没有什么原则是不可突破的。Id. p. 20.

哈特还驳斥了霍姆斯提出的客观责任学说。Id. p. 38. 霍姆斯错误地区分了认定道德可责性的犯意以及完全不考虑犯意两种情况。Id. 但除了所谓道德可责性之外，刑法要求行为自愿性还有其他原因。Id. 哈特区分了两类道德问题。首先，立法者需要考量刑法适用的道德效果，如果其积极方面超越消极方面，其道德上就具有正当性。其次，在司法阶段，犯罪人可否因为缺乏自愿性等理由免责，在这种情况下，刑罚不具有正当性。Id. p. 39.

对哈特而言，犯意原则来源于根深蒂固的意志自由理论，而这也是确保个人权利的关键所在。Id. p. 44. 刑法中要求犯意，规定免责事由的目的，在于保证公民的上述选择自由。Id. p. 44-45. 哈特将其分析归纳为，从某种程度上，承认免责事由与功利主义刑罚理论存在冲突，而免责事由的道德重要性在于，可以为个人提供一整套完美的选择体系。从这个意义上，刑法尊重个人选择，而其所适用刑罚制裁的方式也体现了这种尊重。Id. at 49；亦参见 Andrew Ashworth，*Principles of Criminal Law* 128-129（1991）（对比了功利主义刑罚理论与尊重个人自治的自由主义理论）。

亨利·哈特（Henry Hart）对刑法的深入分析，使其观点与赫伯特·哈特具有一定差别。对前者来说，不仅仅犯意原则，包括刑法整体都反映出个人自由的重要性，以及将个人与社会联系起来的根本组织原则。他认为，通过将自身融入社会，成为其中具有功能性的个体，个人才能认识到自己的存在价值与重要性。在这个过程中最为重要的是放大个人有效且负责任地做出决策的能力。只有通过这种个人化的自身参与，通过试错，才能在存在的问题当中有效地生成上述能力。人只有在碰壁的时候才会学会遵守规则。由此来看，刑罚对建构良好社会秩序来说具有非常积极的意义。毕竟刑法为个人承担责任设定了最低条件。Henry M. Hart, Jr., "The Aims of the Criminal Law," 23 *Law & Contemp. Probs.* 401, 410（1958）.

杰罗米·迈克尔（Jerome Michael）等学者所著 "A Rationale of the Law of Homicide," 37 *Colum. L. Rev.* 701, 1261（1937），以及其他学术研究，承认犯意在当代刑法中的重要性，这一观点也体现在作为很多州刑法典根据的《模范刑法典》当中。参见 Part II A 2 c, infra。

b. 例外

正如上述观点所言，犯意已经成为当代刑法的通说要求。无论犯意发展的历史方向为何，都已经构成了某种宪法意义上的限制。当美国宪法第一修正案中规定的陪审团审理以及正当程序被普遍适用时，犯意原则才成为抗制公权力滥用的主要手段。但是和很多法律规则一样，犯意的后续发展逐渐细化，甚至达到了复杂的程度，适用起来非常不便，不仅发展出不同层级，而且司法实践中还出现针对犯意要求的诸多例外规定。

i. 公益犯罪

对犯意原则而言，最为常见的例外规定就是所谓公益犯罪。如涉及酒类销售、食品安全、烟草规范、机动车以及交通规范、卫生、生产安全等问题出现的违　（转下页注）

（接上页注）法行为，行为人可能会承担法定刑事责任。Francis Bowes Sayre，"Public Welfare Offenses," 33 *Colum. L. Rev.* 55，78（1933）；American Law Institute，MPC § 2.05 Comment at 284-290 & n. 7（Official Draft and Rev. Comm. 1985）. 有学者提出，19 世纪中期就出现了公益犯罪。当需要行政介入，从而规范日益复杂的社会行为时，对轻罪，开始不要求证明行为人犯意即可认定刑事责任。19 世纪出现的这一趋势，其实也契合了当时重新开始重视社会利益的潮流。Sayre，"Public Welfare Offenses," supra，p. 67；亦参见 *Morissette v. United States*，342 U. S. 246，253-260，96 L. Ed. 288，72 S. Ct. 240（1952）（认为美国和英国一样，长期以来都存在承认新的法定义务，建构新的严格责任犯罪的趋势）；*R. v. Woodrow*，15 M. & W. 404（Exch. 1846）（对销售生产假烟草罪规定了严格责任）；*R. v. Dixon*，3 M. & S. 12（K. B. 1814）（对销售掺假的面包规定了严格责任）。很多刑法学者都对公益犯罪的泛滥趋势感到担心，因为这将背离对犯意的重视或者强调。Sayre，"Public Welfare Offenses," supra，p. 56. 因此需要通过判例，厘定公益犯罪原则的外延。Id. at 72. 首先，如果犯罪处刑较重，要求犯意就是适当的。其次，如果刑罚较轻，仅包括罚金而不包括监禁刑，那么可能就不需要犯意。Id.；亦参见 Herbert L. Packer，"Mens Rea and the Supreme Court," *Sup. Ct. Rev.* 107，148-151（1962）（认为通常情况下监禁刑会给服刑者带来污名，因此公益犯罪不应包括监禁刑）；1 Wayne R. LaFave & Austin W. Scott，*Substantive Criminal Law* 342-344（1986）（如果刑罚十分严苛，就不能认定立法者希望将该犯罪规定为严格责任犯罪）。杰克逊大法官曾经从功能主义法学角度，将公益犯罪概括如下：如果被告人没有违法意图，就无法运用刑罚预防其实施犯罪。而且，公益犯罪的罚金通常较轻，不会对犯罪人的声誉造成不利。*Morissette*，342 U. S. at 256.

其他评论者也对严格责任做过类似的限定。参见 Joel Prentiss Bishop，*Bishop on Criminal Law* § 206a（9th ed. 1923）（承认严格责任，但认为应对其加以限制）；H. L. A. Hart，*Punishment and Responsibility* 32（1968）（实施公益犯罪的行为人通常被判处罚金，而公益犯罪也不属于真正的犯罪）；1 Wayne R. LaFave & Austin W. Scott，*Substantive Criminal Law* 340-341（1986）（通常情况下，严格责任犯罪处刑较轻，属于轻罪）；Glanville Williams，*Criminal Law: The General Part* 235（2d ed.，1961）（公益犯罪所规制的行为往往要求较高：（a）要求高度的专业注意义务；（b）如果行为违法，从个人利益原则无法推定行为人有违法故意）。Anthony A. Cuomo，Mens Rea and Status Criminality，40 *S. Cal. L. Rev.* 463，521-522（公益违法行为基于其所具有的行政规范性，不属于犯罪，同时对其处罚较轻，缺乏犯罪具有的污名化）。

在当今美国，特别是 20 世纪，随着美国将毒品犯罪合法化的努力，很多毒品犯罪曾经常被认为属于公益犯罪。然而，当刑罚程度不断加重，特别是随着近代美国毒品问题泛滥以及随之而来的以监禁刑为代表，甚至包括死刑适用的严厉打击态势，参见 21 U. S. C. § 960（b）（3）（对导致死亡或者重伤的毒品犯罪法定最高刑为终身监禁），以及 21 U. S. C. § 848（e）（对导致死亡后果的毒品犯罪可适用死刑），毒品犯罪的法律性质开始发生改变。曾经的公益犯罪，即法定犯，已经开始逐渐演变为自然犯。因此在这个语境下，讨论之前毒品等严格犯罪并无实际意义。

ii. 前提严格责任形式

刑法当中还存在其他类型的严格责任。参见 Henry M. Hart，Jr.，"The Aims of the Criminal Law," 23 *Law & Contemp. Probs.* 401，430（1958）（法定强奸）；Anthony A. Cuomo，"Mens Rea and Status Criminality," 40 *S. Cal. L. Rev.* 463，517（1967）（通奸、 （转下页注）

（接上页注）法定强奸以及重罪谋杀）；Herbert L. Packer, "Mens Rea and the Supreme Court," *Sup. Ct. Rev.* 107, 141-142（1962）（法定强奸、重罪谋杀以及轻罪过失杀人）。除了公益犯罪之外，刑法中经常面对的严格责任形式即为所谓法定强奸，也就是说，法律认定未满法定年龄的未成年人不具有合意能力，因此与其发生性行为的行为人不得主张自己不知道受害人的年龄，或者对年龄产生了认识错误。参见 *State v. Stiffler*, 117 Idaho 405, 788 P. 2d 220（Idaho Sup. Ct. 1990）；*Commonwealth v. Knap*, 412 Mass. 712, 592 N. E. 2d 747（Mass. Sup. Ct. 1992）；*People v. Cash*, 419 Mich. 230, 351 N. W. 2d 822（Mich. Sup. Ct. 1984）；参见 Matthew T. Fricker & Kelly Gilchrist, "Comment, *United States v. Nofziger* and the Revision of 18 U. S. C. § 207," 65 *Notre Dame L. Rev.* 803, 813-816 & nn. 55-61（1990）（列举了法定强奸的发展历程）。

为了捍卫犯意原则，越来越多的州开始通过立法或者司法，修正法定强奸罪中适用的法定抗辩规则，允许被告人针对受害人年龄提出合理的事实认识错误。参见 *State v. Guest*, 583 P. 2d 836（Alaska Sup. Ct. 1978）（有一些法官认为，很难认定法定强奸属于公益犯罪，因此可以对其提出针对年龄的事实认识错误抗辩）；*Perez v. State*, 111 N. M. 260, 803 P. 2d 249（N. M. Sup. Ct. 1990）（尽管适用严格责任的目的在于保护 13 周岁以下儿童，但是如果受害人年龄在 13 周岁至 16 周岁之间，被告人就可以提出合理的事实认识错误抗辩）；*State v. Elton*, 680 P. 2d 727（Utah Sup. Ct. 1984）（因为法律承认合理的事实认识错误，并且对所有非严格责任犯罪都要求证明犯意，因此检方必须证明被告人对受害人的年龄具有过失心态，并且允许其提出合理的认识错误抗辩）；*State v. Dodd*, 53 Wash. App. 178, 765 P. 2d 1337（Wash. Ct. App. 1989）（承认针对年龄的事实认识抗辩）；亦参见 American Law Institute, MPC § 213.6（1）（Official Draft and Rev. Comm. 1985）（如果受害人年龄为 10 周岁以上，允许提出合理的认识错误抗辩）；*People v. Hernandez*, 61 Cal. 2d 529, 393 P. 2d 673, 39 Cal. Rptr. 361（Cal. Sup. Ct. 1964）（认定在法律没有明文规定的情况下，应当推定行为人具有犯罪故意，因此允许被告人对受害人未成年问题提出合理抗辩）。但司法实践中也有不同做法，例如 *People v. Olsen*, 36 Cal. 3d 638, 685 P. 2d 52, 205 Cal. Rptr. 492（Cal. Sup. Ct. 1984）（尽管本案中法律同样没有明文规定，但法官不承认被告人可以提出事实认识错误抗辩，认定保护未成年人免受性侵犯属于应予重点保护的公共利益，因此倾向于在受害人不满 14 周岁的情况下，对行为人认定严格责任）。

围绕法定强奸这种犯意原则的例外规定产生的不同争论，可参见一个有名的英国判例"国王诉普林斯案"〔*R. v. Prince*, L. R. 2 Cr. Cas. Res. 154（1875）〕。被告人因为违反法律规定，诱拐未婚且不满 16 周岁的女孩脱离其父母监护而被起诉，被告人提出自己并不了解受害人年龄，但多数法官维持了其有罪的判决。但也有法官认为，除了年龄问题之外，相关行为仅仅具有道德过错性，而不具有非法性。Id. pp. 883-885（Bramwell, B.）。只有在证明被告人明知自己的行为缺乏受害人父母同意的情况下，才可以捍卫犯意原则。因为如果像被告人所认为的那样，就根本不存在任何犯罪。而根据犯意规则，应当允许被告人提出事实认识错误抗辩。Id. at 895（Brett, J.）。很多刑法学者认为，本案在严格责任发展历程中，具有分水岭性质。例如 Glanville Williams, *Criminal Law：The General Part* 239-241（2d ed. 1961）（如果要支持普林斯案的判决，那么就应该认定，如果情况真如被告人所言，其所从事的就只是一种不道德的行为）；亦参见 Rupert Cross, "Centenary Reflections on Prince's Case," 91 *Law Q. Rev.* 540（1975）。某些不承认针对法定强奸可以提出认识错误抗辩的州，遭到了各种挞伐。*People v. Olsen*, 36 Cal. （转下页注）

（接上页注）3d 638，685 P. 2d 52，59-61，205 Cal. Rptr. 492（Cal. Sup. Ct. 1984）（Grodin, J.,）（只能针对轻罚以及不具污名性的犯罪承认严格责任）；*State v. Stiffler*，117 Idaho 405, 788 P. 2d 220，227-229（Idaho Sup. Ct. 1990）（Blistine, J., dissenting）（拒绝承认针对法定强奸存在认识错误已经构成了一种顽固的陈旧观点）；*People v. Cash*，419 Mich. 230，351 N. W. 2d 822，830-831（Mich. Sup. Ct. 1984）（Kavanagh, J., dissenting）（在重罪中放弃犯意原则尚无先例）。在 *State v. Guest*，583 P. 2d 836（Alaska Sup. Ct. 1978）中，阿拉斯加州最高法院认为，严格责任的扩张威胁到了刑事责任专属于错误行为人的基本原则，因此应严格限制其适用范围。随着工业社会的不断发展，针对工业、商业、建筑业或者影响公共安全、健康乃至福祉的行业，都存在公益犯罪的适用空间。*Speidel v. State*，460 P. 2d 77，78（Alaska Sup. Ct. 1969）。

尽管美国刑法通说与司法实践一般认为，如果处刑较轻，小范围内承认严格责任是可行的。Glanville Williams, *Criminal Law: The General Part* 241（2d ed. 1961）（通过严格刑事责任，可以打击那些即使知道自己行为违法，仍然不会有所忌惮的行为人）；Henry M. Hart, Jr., "The Aims of the Criminal Law," 23 *Law & Contemp. Probs.* 401，422-423，430（1958）（严格责任不存在任何道德正当性）；Herbert L. Packer, "Mens Rea and the Supreme Court," 1962 *Sup. Ct. Rev.* 107，150-151（1962）（在没有赋予当事人就其犯意问题进行辩解与质证的情况下，不应对其判处监禁刑）；Sayre, "Public Welfare Offenses," supra, p. 79（承认严格责任的危险之一在于，有权方可以扩展严格责任，从而在不承担犯意证明义务的情况下较为容易地获得有罪判决）；亦参见 American Law Institute, MPC § 213. 1 Comment at 326（Official Draft and Rev. Comm. 1985）（在法定强奸案中，否认针对年龄的事实认识错误抗辩引发了学界的强烈反响）。

刑法学者一般不承认法律认识错误。参见 Henry M. Hart, Jr., supra, pp. 413-414，419（1958）（很多时候法律认识错误不得作为抗辩原则被误读了，尤其是在不涉及道德过错行为的行政犯领域）；Bruce R. Grace, Note, "Ignorance of the Law as an Excuse," 86 *Colum. L. Rev.* 1392，1395-1396（1986）（在行政规范日益复杂的领域，认定行为人对相关法律事无巨细全部了解，显然威胁到了犯意原则）。

严格责任的正当性在于在特定情况下，检方无法证明被告人的犯意。参见 1 Wayne R. LaFave & Austin W. Scott, *Substantive Criminal Law* 341（1986）；亦参见 Sayre, "Public Welfare Offenses," supra, p. 74（在法定强奸中不承认事实认识错误主要用来保护未成年人）。也有学者对此表示反对，认为当前，严格责任已经成为传统责任理论的例外规定，但是没有经验数据证明，适用严格责任对传统责任原则造成了任何实质伤害。H. L. A. Hart, *Punishment and Responsibility* 183（1968）。并且，如观察者所言，尽管适用过失责任会导致行为人的注意义务的增加，但适用严格责任未必造成枉法裁判的局面。Anthony A. Cuomo, "Mens Rea and Status Criminality," 40 *S. Cal. L. Rev.* 463，518-519（1967）。

这里有必要明确下法定强奸与本案之间的区别。在强奸犯罪中，没有犯意的情况，不可能成立有罪判决。但在区分明知是海洛因还是可卡因的情况下，认为其所运输的是可卡因，其行为仍然构成犯罪。而且，上述区分只是立法认定运输海洛因危害程度更为严重的一种反映。实际上，刑罚体系告诉毒贩，如果你不能不去贩毒，那么你也别运送海洛因，从而可以在被抓捕的时候接受更为轻缓的刑罚。

iii. 过失

介于犯意原则与严格责任之间的是过失责任。美国刑法通说认为，过失 （转下页注）

（接上页注）并不意味着放弃犯意原则，而是将其扩展至按照社会一般理念，行为人应当具有特定犯罪心态的情况。Herbert L. Packer, "Mens Rea and the Supreme Court," *Sup. Ct. Rev.* 107, 143－145（1962）；cf. Anthony A. Cuomo, "Mens Rea and Status Criminality," 40 *S. Cal. L. Rev.* 463，516（1967）（过失犯罪并非无意犯罪，也不是像公益犯罪那样的严格责任犯罪，而是判断犯意是否存在的一种方式）。虽然评价不高，但刑法还是承认了过失责任，并将其视为严格责任与犯意原则之间尚待开放的处女地。Glanville Williams, *Criminal Law: The General Part* 262（2d ed. 1961）；亦参见 1 Wayne R. LaFave & Austin W. Scott, *Substantive Criminal Law* 325-333（1986）（讨论了过失责任的广泛适用）。适用过失责任也被认为可以避免滥用严格责任可能导致的司法暴政。参见 Packer, supra, p. 110。还有学者更为深入地指出，对严重疏忽大意造成危害的行为加以惩罚并不显示公平，也不并属于古旱余孽。惩罚行为人因疏忽大意过失导致危害结果的情况，与惩罚无论行为人如何谨慎都不可避免地发生危害结果的情况之间显然存在天壤之别。"我没想到"在日常生活当中，都算不上一种有效的开脱事由。H. L. A. Hart, *Punishment and Responsibility* 136（1968）。

　　亨利·哈特的分析更为深入，他支持基于轻率心态的刑事责任，如果行为人明知自己的行为可能违法，但还是从事该行为，那么对其惩罚就具有道德可责性。Henry M. Hart, Jr., "The Aims of the Criminal Law," 23 *Law & Contemp. Probs.* 401，416（1958）。这种观点的根据在于，轻率的行为人知道其自身的缺陷。例如，医生用浸满煤油的布擦拭病人身体，即使其不清楚煤油对皮肤的损害，但肯定知道这样做不符合专业要求。但是对纯粹过失，哈特又显得相对谨慎：行为人虽然没有认识到自身在预防或者避免危害发生的过程中存在不足，但如果没有认识到可能发生危害结果，就可以免责。在行为人缺乏防止危害结果发生的能力，或者无法改变导致危害结果发生的局面时，不能认定行为人具有可责性。在这个意义上，行为人是否有罪就完全取决于其是否尽到了注意义务。Id. pp. 415-417. 这种对过失的看法，与当代刑法中过失所扮演的角色更为一致。法律区分具有注意可能与注意能力的行为人，与不具有上述能力的行为人。犯罪过失标准所具有的主观性甚至大于民事过失的认定标准。但其正当性在于，应当最大化降低刑事案件中危害结果发生的风险。参见 *In re Winship*, 397 U. S. 358，368-376，25 L. Ed. 2d 368，90 S. Ct. 1068（1970）（Harlan, J., Concurring）。很多学者认为承认过失责任是刑法理论的一种悲哀。

　　c.《模范刑法典》

　　当代美国刑法理论中无法回避的一个重要方面即为《模范刑法典》。参见 American Law Institute, MPC（Official Draft and Rev. Comm. 1985）。迄今还没有任何一种理论学说对美国刑法产生过如此大的影响。参见 Symposium, "The 25th Anniversary of the MPC," 19 *Rutgers L. J.*（1988），p. 519；参见 Norman Silber & Geoffrey Miller, "Toward Neutral Principles in the Law: Selections from the Oral History of Herbert Wechsler," 93 *Colum. L. Rev.* 854，917－920（1993）。《模范刑法典》代表着一种综合绵密的刑法理论与司法实践的独特观点。而《模范刑法典》模式代表着一种体系化刑法解读的研究范式，从而可以避免碎片化刑法研究所导致的种种弊端。《模范刑法典》中犯意规定方式十分直接，在被广泛采用的同时，深化了刑法学对这一概念的理解。《模范刑法典》Section 2.02 概括地规定了犯意问题，准确把握了对犯罪心态的当代刑法理解，并且认定针对任何一个犯罪的实质要素，都存在某种犯意要求：除了在 Section 2.05 部分的规定之外，只有在证明被告人针对犯罪的实质要素具有法定的意图、了解、轻率或者过失心态的情况下，才可以认定犯罪成立。

（转下页注）

（接上页注）MPC § 2.02（1）与 2.02（3）要求，即使在成文法没有针对犯罪实质要素规定对应犯意的情况下，仍然需要对其证明犯意。MPC § 2.02（4）明确对所有犯罪要素，都要求可责性。《模范刑法典》的起草者提出，MPC § 2.02 部分的规定明确了上述要求。Id. § 2.02 Comment p. 229. MPC § 2.02 的立法目的在于，消除传统刑法中经常使用的概括犯意、故意推定、恶意、意欲等模糊概念。Id. § 2.02 Comment p. 230.《模范刑法典》当中规定的"违法行为"并不具有犯罪的结果，并不会被处以较长刑期、罚金或者其他制裁。Id. § § 1.04（5）以及 6.02（4）。《模范刑法典》起草者将 § 2.05 定义为对抗严格责任的桥头堡。Id. § 2.05 Comment at 282. 其将犯意要求表述为丝毫不得妥协的基本原则，只有在证明被告人具有可责性的情况下才可以认定犯罪成立。Id. § 2.05 Comment at 283. MPC § 2.05 明确，只有在立法机构明确立法的情况下，严格责任犯罪才能存在。而对过失犯罪而言，其成立范围也大致如此。

尽管这可以被认为属于一种客观责任，但《模范刑法典》相关规定对刑法中被告人的保护程度更高。其关注的是实质且非正当的危险，以及严重违反社会一般人眼中的正当规则，关注的是一般理性人。《模范刑法典》起草者将过失责任表述为：当行为人认识到自己制造危险结果的行为可能犯罪，甚至不要其认识到可能判处的刑罚轻重，就要谨慎行事，充分运用自己的能力避免危险结果发生，否则要承担责任。在某种程度上，可以将这种动机作为实现社会控制的手段。如果行为人对其他人的利益安危不缺乏认识能力，就可以对其归责。Id. § 2.02 Comment p. 243. 这些意见也可以解释为什么严格责任的范围过广。而这就要求立法者仔细厘定标准，确保其打击对象的精确性。《模范刑法典》中对事实认识错误的规定与本案具有相关性，且十分重要。MPC § 2.04 说明，如何在坚持犯意要求与坚持刑法适用灵活性之间达成妥协。

与本案特别相关的是 MPC § 2.04（2）。根据这一规定，本案的被告人应该依据走私可卡因而非海洛因来定罪处罚，理由是：在这些案件中，被告人具有认识错误，而对被告人的处罚，应当依据被告人的实际认识裁定。Id. § 2.04（2）.

MPC § 2.04 还在大多数情况下否认了法律认识错误。Id. § 2.04（3）。如其所指，§ 2.04 的很多规定并无意义，因为 § 2.02 的规定本身就排除了认识错误的刑事责任。Id. § 2.04 Comment p. 270. 无知或者认识错误具有的证据法意义，只有在具有逻辑相关性的情况下，才可以加以采信。Id. § 2.04 Comment p. 269.

MPC § 2.04（2）主张完全坚持犯意原则。也就是说，"普林斯案"以及很多联邦法院所坚持的司法实践认为，一旦行为人基于某种犯意实施了犯罪行为，就需要在不考虑具体犯意的情况下，根据其所实施的所有犯罪认定刑事责任。《模范刑法典》认定，行为人只对自己确信实施的犯罪行为承担刑事责任。对此，需要强调的是：如果完全否认事实认识错误抗辩，行为人对某一犯罪具有可责性，不能被用来作为认定其他严重犯罪成立的根据；另外，被告人又不能全身而退，必须对其加以惩罚。

对此，可以通过夜盗罪加以说明。以《模范刑法典》为例，夜盗罪是指，行为人基于在供人居住的建筑物中从事犯罪的目的，进入上述建筑。然而，如果进入的时间是在夜间，进入的还是他人居住的建筑物，则构成二级重罪。如果被告人基于上述意图，夜间进入了居住的房屋，但轻率地相信该建筑物不是住宅而是商店，那么就只能被判定成立三级重罪。

在这种情况下否认认识错误，事实上将重新改写大量严重犯罪要求的可责性层级。假设特定犯罪存在某种法定加重情节，在厘定被告人的犯罪性时，考察 （转下页注）

（接上页注）被告人对此要素的认识就变得十分重要。如果被告人意图实施轻罪，但因为疏忽大意发生了严重结果而被判重罪的做法普遍存在，其后果往往会不可预测。Id. § 2.04 Comment pp. 272-273. 重要的是，这一分析不仅适用于罪与非罪的认识错误，而且还适用于对罪轻罪重的认识错误。Id. § § 1.13（10）（将实质犯罪构成要素界定为包括与时效、管辖地或者正当性、免责事由无关的要素），以及 2.02 Explanatory Note p. 227（对实质要素的定义与此类似）；亦参见 Id. § 2.04 Explanatory Note p. 268（被告人所处刑罚不得超越其所实际实施的犯罪程度）；Peter W. Low，The MPC，"The Common Law, and Mistakes of Fact: Recklessness, Negligence or Strict Liability?" 19 *Rutgers L. J.* 539，546-547（1988）（虽然与普通法的看法相反，但《模范刑法典》不仅适用于量刑要素，还适用于犯罪的形式要素）。

　　美国刑法权威学者指出，很多法院在审理法定强奸时，认为那些对受害人年龄产生认识错误的行为人，不得主张所谓认识错误抗辩。但如果说犯罪成立仅仅要求行为人具有建立在不道德基础上的概括犯意即可，不要求行为人具有法定的具体犯意，显然是不能成立的。这一观点毫无根据，在实体刑法当中也不存在应然地位。对结果犯要求特定类型及层级的犯意，就意味着不得用其他类型或者层级的犯意取而代之。这是因为刑罚目标往往关注行为人意图导致，而非实际导致的危害结果。1 Wayne R. LaFave & Austin W. Scott，*Substantive Criminal Law* 581-583（1986）；亦参见 *State v. Elton*，680 P. 2d 727，730-731（Utah Sup. Ct. 1984）（让行为人为其实际上试图避免的更大危害结果承担刑事责任的做法，很有可能产生宪法上的问题）；cf. Edwin R. Keedy，"Ignorance and Mistake in the Criminal Law," 22 *Harv. L. Rev.* 75，84（1908）（如果被告人对犯罪实质构成要素产生了认识错误，但因为一般人都不会产生类似错误而对其加以惩罚，那么就有可能在不存在犯意的情况下惩罚行为人。这一结果显然违反了基本的刑法原则，显失公正）。

　　d. 当代潮流

　　犯意概念非常难以把握，本身也相当多变、差别甚大。其发展历史多有起伏，这一趋势至今未变。参见 Paul H. Robinson，"A Brief History of Distinctions in Criminal Culpability," 31 *Hastings L. J.* 815，853（1980）（有人做过问卷调查，结果显示，有 848 人认为仅需要两种可责性概念即可，而有 2548 人认为至少需要 8 种以上犯意概念才能有效地实现公平正义）。

　　对此，可以起码得出如下两点结论。首先，犯意研究日益精密。参见 Sayre，"Mens Rea," supra，p. 1019（教会法对邪恶动机的关注，逐步演变为对具体重罪要求具体犯意）；参见 MPC § 2.02；参见 Kenneth W. Simons，"Rethinking Mental States," 72 *B. U. L. Rev.* 463（1992）（基于具有可责性的意欲，基于可责性的确信，以及基于可责性的行为建构起一整套新的犯意体系）；Gary V. Dubin，"Mens Rea Reconsidered: A Plea for a Due Process Concept of Criminal Responsibility," 18 *Stan. L. Rev.* 322（1966）（基于排斥性、符合性以及功能性重构犯意体系）。其次，犯意原则不再是不可变通的刚性原则。随着刑罚目标向防卫社会转移，犯意原则开始关注从事不当行为导致社会危害结果的犯罪心态。Sayre，"Mens Rea," supra，p. 1017. 或许刑法典核心充斥着犯意原则的例外规定，从而导致貌似不可撼动的犯意原则其实根本不是如此。Herbert L. Packer，"Mens Rea and the Supreme Court," *Sup. Ct. Rev.* 107，138（1962）. 然而，这对刑法中出现的新问题而言并不具有决定意义。最后，在可能危及传统犯意要求的司法解读方面，18 世纪的学说最具相关性。美国国会似乎想停留在传统犯意原则的范围内，从而避免违宪可能。　　　　（转下页注）

（接上页注）而相关的佐证包括相关成文法以及《联邦量刑指南》表明，犯意始终是犯罪的核心要素，对此不应摒弃。至少在定罪层面，犯意是不可规避的概念范畴。通过检视当代刑法理论与司法实践，不难发现，犯意在美国刑法中的重要地位，这实际上彰显着美国文化重视个人自由、意思自治，关注个人与社会关系的恒久理念。

3. 宪法维度

a. 法院观点

总体而言，美国法院在适用犯意原则方面所做判决既不充分也不深入。Herbert L. Packer, "Mens Rea and the Supreme Court," *Sup. Ct. Rev.* 107（1962）；参见 Henry M. Hart, Jr., "The Aims of the Criminal Law," 23 *Law & Contemp. Probs.* 401, 431（1958）（从头至尾，没有任何一位大法官的观点能够经得住推敲）。

美国法院并未解决刑法中犯意原则的宪法属性问题。Packer, supra, p. 107（犯意虽然十分重要，却基本上不属于一个宪法概念）。美国各级法院将犯意单纯地理解为一种成文法解读的看法，导致了很多问题。虽然在很多联邦管辖的刑事案件审理过程中涉及犯意问题，但其基本上不被作为宪法学问题。在不同语境中，美国法院对待犯意问题的观点不太一致，可以将其分为三个类型：针对公益犯罪讨论严格责任问题；从形式上讨论作为犯罪构成要素的犯意问题；默示承认犯意原则重要性的做法。

总体上美国法院一贯坚持其在"温绍普案"，即 *In re Winship*, 397 U. S. 358, 25 L. Ed. 2d 368, 90 S. Ct. 1068（1970）中的看法，即将犯意问题作为正当程序问题，认为检方必须排除合理怀疑地证明，存在包括犯意在内的犯罪构成要素。Id. p. 364. 哈兰大法官指出，这一标准反映出错误认定社会成本的比较评价。Id. p. 370. 但在缺乏宪法规制的情况下，任何可能增加被告人刑罚的因素，都可被视为犯罪构成要素。参见 Ronald J. Allen, The Restoration of In re Winship：A Comment on Burdens of Persuasion in Criminal Cases, 76 *Mich. L. Rev.* 30, 36–46（1977）（罪刑相适应原则，要求排除合理怀疑的证明标准）；John Calvin Jeffries, Jr. & Paul B. Stephen Ⅲ, "Defenses, Presumptions and Burden of Proof in the Criminal Law," 88 *Yale L. J.* 1325, 1365–1379（1979）（"温绍普案"要求，对影响量刑的事实要求排除合理怀疑这一证明标准，属于正当程序的实质内核）。可以依此对看似充满纰漏、前后不一的美国刑法判例加以解读。

i. 严格责任

法院在不同场合都曾承认严格责任，其中一些即属于所谓严格责任犯罪，其他的涉及法人犯罪。但这些早期判例，与犯意解读以及其所涉及的宪法问题关系不大。

在"舍利文木器公司诉明尼苏达州案"，即 *Shevlin Carpenter Co. v. Minnesota*, 218 U. S. 57, 54 L. Ed. 930, 30 S. Ct. 663（1910）中，法院认为，正当程序并不要求检方承担证明被告人具有犯罪故意的义务，理由是还存在大量过失犯罪乃至严格责任犯罪。Id. pp. 67–68. 因为如果承认例外，实际上就是不承认这一原则，法院认为，不会要求立法机关在成文法中明确要求检方承担证明被告人具有故意的义务。Id. p. 68.

"舍利文木器公司诉明尼苏达州案"的事实部分要比该案的推理部分更为重要。该案所涉及的明尼苏达州成文法，禁止未经允许获得木材的行为。被告人虽然持有合法许可证，但是并未在许可到期后申请延期。上诉法院认为被告人错误地相信自己的许可有效，因此不存在故意违法的可能。一审法院对被告人判处了3倍罚金，但上诉法院以非故意违法为由，将罚金减为两倍。该成文法还规定，被告人可以被判处2年以下徒刑。法院明确拒绝考虑本罪中被告人可被判处徒刑的合宪性。实际上，法院承认，（转下页注）

（接上页注）可以在缺乏犯意的情况下适用罚金刑。Id. pp. 65-67. 在这个意义上，"舍利文木器公司诉明尼苏达州案"仅仅承认，对公益犯罪这类严格责任犯罪，可以适用罚金刑。

法院提出，即 229 U. S. 373, 57 L. Ed. 1232, 33 S. Ct. 780 (1913), 法律当中充斥着将当事人的命运建立在其个人对相关事态的正确预估，以及社会一般人对这一事态评估的情况上。Id. p. 377. 有人挑战本案适用的法律，理由是本法太过含混，虽然与犯意问题并不直接相关，但法院认为司法实践中大量存在过失责任，因此在行为人没有尽到谨慎注意义务的情况下认定刑事责任并无不当。Id. pp. 376-378.

法院在"美利坚合众国诉巴利特案"，即 United States v. Balint, 258 U. S. 250, 66 L. Ed. 604, 42 S. Ct. 301 (1922) 中明确提出，支持严格责任犯罪。本案的被告人被指控在未按要求填写"国内收入服务申报表"(IRS) 的情况下，销售一定数量的鸦片类衍生物。在法院看来，尽管根据普通法，证明被告人内心的故意是任何犯罪成立的前提问题，但是可以对这一要求进行修正。Id. p. 252. 正当程序并不要求毫无例外地证明犯意问题，法官提出，在保护社会福祉方面行使行政权力的过程中，会出现所谓严格责任犯罪。就本案所涉及的成文法，美国国会的立法目的即在于放弃犯意要求，只希望通过刑法这一工具确保税收、限制走私。Id. p. 253.

那些批评"美利坚合众国诉巴利特案"判决的观点，夸大了其日后的影响力。参见 Sayre, "Public Welfare Offenses," supra, pp. 80-81 (认为本案的判决只在销售麻醉品行为得不到公众支持的情况下才具有正当性); Herbert L. Packer, "Mens Rea and the Supreme Court," Sup. Ct. Rev. 107, 113-115 (1962) (认为本案中法院含糊不清的表述，彰显了司法机关针对犯意的模糊态度)。本案的另一个特殊之处在于其适用法定刑较重，"2000 美金以下罚金以及 5 年监禁"。Narcotics Act of 1914, Pub. L. No. 223, § 9, 38 Stat. 785 (1914) (Harrison Act). 然而，对本法必须做出具体理解。本案发生在一个连持有毒品都被视为重罪的特殊时代。如果不是被科以重刑，完全可以将这一行为视为一种行政犯。

作为规范毒品的严格责任犯罪判例，"美利坚合众国诉巴利特案"并不适用于当下。目前毒品犯罪已经不再被视为行政犯，而被视为一种严重的犯罪。参见 21 U. S. C. §§ 960 (对特定毒品犯罪规定 10 年以上监禁刑); 848 (e) (对导致死亡结果的毒品犯罪适用死刑)。

在涉及公司犯罪的场合，法院还承认严格责任与过失责任的混合责任形式。在"美利坚合众国诉道特维奇案"，即 United States v. Dotterweich, 320 U. S. 277, 88 L. Ed. 48, 64 S. Ct. 134 (1943) 中，某药品公司及其负责人被指控违反了跨州销售假药的法律规范。陪审团认定该公司无罪，但该公司负责人应当承担刑事责任。法院认为，此类法律的立法目的在于强化行政规范效果，因此没有要求与行为伴生的犯意。这样做可以确保行为人谨慎行事，避免造成公共危险或者社会危害。Id. pp. 280-281. 在考察了国会规范食品及药品相关法律的立法历史之后，法官认定，国会并不要求检方证明犯意；也可以对缺乏犯罪故意的交易行为进行处罚，国会在权衡之后认为，应该保护消费者的利益，因此必须让那些有机会认识到相关交易应予规范的经营者承担上述风险。Id. pp. 284-285. 持不同意见的法官则认为，美国刑法理论一直认为，对像被告人这样没有故意的行为人，应当认定个人责任，且处刑应该较轻。Id. p. 286.

"美利坚合众国诉道特维奇案"判决中存在若干限制规则。首先，该案中所涉及的是轻罪。Id. p. 281. 法定刑以及本案所涉及的犯罪对象，即假药，都使得本案明确属于公益犯罪案件。其次，要求行为人认识到事实，并且了解到其可能导致的危险。最后，（转下页注）

（接上页注）承认公司负责人应当为公司的犯罪行为承担代理责任。"美利坚合众国诉帕克案"，即 *United States v. Park*，421 U. S. 658，44 L. Ed. 2d 489，95 S. Ct. 1903（1975）明确了代理责任的定义。被告人从事跨州食品储存和运输活动，其中一部分粮食发生霉变。本案中公司负责人拒不认罪，而有证据证明被告人认识到了食品运输及污染的事实。Id. at 661–665. 因此，对其认定责任是有根据的。Id. p. 670. 相关成文法不仅适用于积极地设定义务，还包括确保违法行为不产生消极义务。Id. p. 672. 被告人或许提出，自己无力防止危害结果的发生。Id. p. 673. 持不同意见的法官认为，检方至少需要证明行为人具有普通法的过失。Id. p. 683.

"美利坚合众国诉道特维奇案" 至多只能算是大概地涉及了公益犯罪的严格责任问题。参见 John Calvin Jeffries，Jr. & Paul B. Stephan III，"Defenses，Presumptions，and Burden of Proof in the Criminal Law，" 88 *Yale L. J.* 1325，1375（1979）（两起判决都不涉及社会对被告人的污名化，也都不涉及监禁刑以上刑罚处遇。在诸如食品、药品、有毒有害物质等传统公益犯罪领域，对公共利益的保护或许可以作为适用严格责任的根据。这实际上是一种形式上的严格责任，因为其中推定了被告人具有过失心态）。参见 Ruth Ann Weidel et al.，"The Erosion of Mens Rea in Environmental Criminal Prosecutions，" 21 *Seton Hall L. Rev.* 1100（1991）（介绍了公司代理责任的演进）。

对严格责任案件，美国司法并未涉及犯意原则的宪法地位，大体上也并未区分成文法解读与宪法解读这两种不同的做法。在 "美利坚合众国诉国际矿产与化学品公司案"，即 *United States v. International Minerals & Chem. Corp.*，402 U. S. 558，29 L. Ed. 2d 178，91 S. Ct. 1697（1971）这一典型的公益犯罪案件中，某公司在明知的情况下，未按照法律要求对其所运输的腐蚀性酸性物质做出明确标识，并跨州运输上述物品。法院认为，因为法律要求被告人对相关物品的危险性具有主观认识，因此其不属于严格责任犯罪。本案的核心问题在于，是否要求被告人认识到相关法律的禁止性规定。通过考察立法历史，法院认定，国会在立法时并未突破 "法律无知不得作为免责" 这一传统，但是含蓄地指出与犯意要求有关的若干宪法限制。在适用所谓犯意规则时，存在种种变通手段。在 "美利坚合众国诉巴利特案" 中，法院处理的是毒品犯罪，在 "弗里德案" 中，法院面对的是非法持有手榴弹的行为，而本案涉及的是危险酸性物质问题。相关行政规范也可能规范诸如铅笔等物品。但在这种情况下，如果国会不对犯罪构成要素要求犯意，就非常有可能导致正当程序问题。但是对危险物品，因为这些物品的本身属性，因此相关方应当对规范这些危险物品的法律有所认识。Id. pp. 564–565.

和 "美利坚合众国诉巴利特案" 不同，"美利坚合众国诉弗里德案"，即 *United States v. Freed*，401 U. S. 601，28 L. Ed. 2d 356，91 S. Ct. 1112（1971）所涉及的是较为传统的犯罪行为。相关法律规定，持有未经合法登记的武器，属于犯罪。这里所说的武器，仅指手雷等高度危险武器。一审法院认为检方没有证明犯意，因此驳回起诉，但最高法院推翻了一审判决，认定长期以来，刑事责任的成立都要求存在犯意。但是在涉及公共健康、安全以及福祉的行政规范领域，不要求犯意的例外情况逐渐增多。Id. at 607. 法院认为，本案所涉及的法律符合公益犯罪的范畴，与 "道特维奇案" 类似。本案涉及公共安全，任何持有手雷的人显然都会知道自己所从事的不是无辜的行为。手雷属于具有高度进攻性的武器。Id. at 609. 虽然这是一个高度复杂疑难的法律问题，但如果适用要素分析模式，就可以探知立法者并未针对手雷未登记规定了解或者明知等犯意。Id. pp. 610–616.

（转下页注）

（接上页注）ii. 概况犯意

第二类判例坚持基于要素分析模式，应当对犯罪实体要素认定犯意。其中最具代表性的是杰克逊大法官在"默里赛特诉美利坚合众国案"，即 *Morissette v. United States*，342 U. S. 246，96 L. Ed. 288，72 S. Ct. 240（1952）中所持意见。"默里赛特诉美利坚合众国案"中的被告人在狩猎过程中，在军队靶场，将其认为已经被军方遗弃的三吨炮弹壳运走销售。后被指控非法故意盗窃美国军方财产。法官禁止被告人律师在陪审团面前讨论被告人不具有犯意这一问题。法官对陪审团的指导意见是，检方仅需证明被告人具有占有相关财物的故意即可。法院认为，即使法律没有对特定要素规定犯意，也不一定意味着立法者放弃对其要求犯意。杰克逊大法官认为，"只有在存在故意的情况下危害行为才构成犯罪，而这是秉持意志自由的法律体系所普遍接受的一种永恒理念。强调犯意与危害行为该当刑罚之间的联系，就好像孩子经常会辩称'自己不想这样'的观点一样自然，而其也可以为将刑罚从单纯的报复当中解脱出来提供坚实的根据"。Id. pp. 250–251. 然而，在区分严格责任犯罪与非严格责任犯罪方面，并无一个明确的司法标准。事实上确定上述标准也是不可能的。Id. p. 260.

在讨论了公益犯罪的本质及其演变历史之后，杰克逊大法官认为，本案被告人所从事的行为不属于严格责任犯罪。他认为，早期法律中就已出现盗窃等侵财犯罪，因为侵犯了公民的财产权而应加以惩罚，如果涉案数额巨大，就构成重罪。Id. at 260. 尽管犯意研究涉及了若干宪法观点，但是法院还是通过解读成文法，做出了对被告人有利的判决。法院认为，立法者在立法过程中选择适用概念时，应该知道围绕相关概念所出现的不同含义，并且也希望法官在解读相关概念时使用相关含义。在没有明确相反立法意图的情况下，就应该遵守这一习惯。因此，在针对某一犯罪要素不存在明确犯意规定的时候，不能推定立法机关的目的就是对其不规定任何犯意。Id. p. 263.

但是包括之前那些严格责任判例，以及后续的判例，都与杰克逊大法官所持上述看法产生了矛盾。如"美利坚合众国诉菲欧拉案"，即 *United States v. Feola*，420 U. S. 671，43 L. Ed. 2d 541，95 S. Ct. 1255（1975），如果使用传统犯意概念加以分析，就会十分困难。联邦立法禁止攻击执行公务的联邦执法人员。而本案的被告人与其同伙商量在贩毒的时候或者在毒品中掺假，或者伺机盗窃购买毒品者的财物。但他们不知道前来购买毒品的人是卧底探员。探员在受到被告人同伙攻击的时候，掏出了武器。被告人因此被指控攻击、共谋攻击执法官员。法官注意到，控辩双方都同意受害人的身份不是攻击犯罪的构成要素。Id. p. 677. 但是针对共谋指控，法院认为有必要通过解读相关成文法，从而解决这一问题。本案中的联邦官员的身份属于管辖权要素，但这并不意味这一身份不会被立法者作为犯罪构成要素。Id. p. 676 n. 9. 但针对本法的立法目的，法院对犯意问题的看法显然受到了一定干扰。法院认为，立法者希望通过本法为联邦执法者提供特别保护，同时降低对其执法活动的干扰。Id. pp. 678–682. 承认严格责任可以满足这两个目的。在此类案件中，犯意的行为不会扩展到要求行为人不仅理解其行为的本质，而且理解其行为所导致结果的程度。Id. p. 685. 本案的问题在于，法官一方面将本罪解读为攻击犯罪的结果加重犯，另一方面又将其中涉及的联邦要素仅解读为一种管辖权要素。同时不承认针对联邦官员的身份行为人具有任何犯意。法官至少应该要求被告人知道其攻击对象的官方身份，无论是联邦官员还是州官员，Id. p. 699（Stewart，J.，dissenting）。否则这一规定就和现存的攻击犯罪一样，起不到特别预防的效果。认为被告人知道自己的行为具有犯罪性，无法解释立法者加重法定刑的用意所在。我们可以想见，卧底 （转下页注）

（接上页注）探员一定会想办法让被告人确信自己不是卧底。这里存在的问题十分典型，集中体现了联邦法院在整合犯意原则与刑罚总体目标时存在的问题。

"美利坚合众国诉叶缅案"，即 *United States v. Yermian*，468 U.S. 63，82 L. Ed. 2d 53，104 S. Ct. 2936（1984）并未澄清上述存在的问题。被告人被指控在美国联邦司法管辖范围内做虚假陈述。问题在于除了必须证明被告人知道自己的陈述是虚假的之外，检方是否还需要证明被告人知道位于联邦管辖之下。被告人在其雇主，某国防合同承办商所要求填写的文件中做出了虚假陈述。法院并未纠缠于联邦机构这一规定背后的立法目的。换句话说，这一概念在本案中仅仅代表一种司法管辖要素，只能用来作为认定本案该当联邦司法管辖的根据。Id. p. 68. 否则国会可能使用"意图欺骗美国政府"等表述。Id. p. 73. 联邦法院并不关注因为没有回答是否使用所谓合理性测试而可能造成的问题。参见 Id. p. 75 n. 14；亦参见 *United States v. Bakhtiari*，913 F. 2d 1053（2d Cir. 1990），cert. denied，113 L. Ed. 2d 252，111 S. Ct. 1319（1991）。可以明确的是，法院提出，即使被告人辩称在填表的时候弄虚作假完全是无心之失，也不得对抗相关法律表述。Id. p. 74. 但是持反对意见的法官认为，相关成文法极度含混，因此应当本着对被告人有利的原则对其加以解释。

另外一起涉及具体犯意要求的判例是"利普拉特诉美利坚合众国案"，即 *Liparota v. United States*，471 U.S. 419，85 L. Ed. 2d 434，105 S. Ct. 2084（1985）。被告人作为三明治店店长，以明显低于票面价值的价格从卧底探员手里购买粮票。而其无权购买此类粮票，相关法律将基于明知心态，违法购买粮票的行为规定为犯罪。被告人认为，检方必须证明其获得了粮票，同时明知获得粮票的方式违法。法院认为其所涉及的完全是成文法的解读问题，联邦立法机构负责界定犯罪要素，特别联邦犯罪要素。Id. p. 424. 法院认为，无法从法律规定与立法历史中探知立法目的，从这个意义上，应该要求检方证明被告人在非法获得粮票问题上具有犯意。Id. p. 425.

除了用有利于被告人原则支持自己的结论之外，法院还援引杰克逊大法官在"默里赛特诉美利坚合众国案"中的意见，认为立法者并未明确表明，如果具体犯罪构成要素无对应的犯意，就代表对其不要求犯意。Id. p. 426. 如果不这样解释，就会使得大量本来无辜的行为被犯罪化。对此，持反对意见的法官认为，因为允许被告人提出事实错误抗辩，因此违反了刑法理论中的推定原则。Id. pp. 434-443.

在很大程度上，上述判决削弱了"默里赛特诉美利坚合众国案"中杰克逊大法官针对犯意问题所发表的真知灼见。同时也没有对联邦宪法及成文法中的犯意概念提出替代性的合理解读。

在"美利坚合众国诉贝雷案"，即 *United States v. Bailey*，444 U.S. 394，62 L. Ed. 2d 575，100 S. Ct. 624（1980）中，法院试图通过援引《模范刑法典》，解读联邦越狱罪中具体的犯意要求。虽然在解读联邦成文法的过程中应当主要考察立法者的立法意图，但因为联邦刑事成文法制定过程中，国会参考了《模范刑法典》的相关规定，因此这样做具有合理性。这也说明司法者在适用成文法的过程中即使法律规定明确，依然需要通过参考立法历史以及相关刑法学理论的方式，对其加以解读。

iii. 其他类型案件

（a）涉及第一修正案的判例

针对犯意的含混立法，还可以在联邦法院的其他判决中窥以一斑。在"史密斯诉加利福尼亚州案"，即 *Smith v. California*，361 U.S. 147，4 L. Ed. 2d 205，80 S. （转下页注）

（接上页注）Ct. 215（1959）中，法院判决认定持有淫秽书籍的行为属于公益犯罪，将会极大破坏言论自由。在法院看来，图书经销商和食品销售者不能等同，而后者的行为可以被认定为一种严格责任犯罪。Id. at 152. 在"丹尼斯诉美利坚合众国案"，即 *Dennis v. United States*，341 U. S. 494，95 L. Ed. 1137，71 S. Ct. 857（1951）中，法院认定武力推翻政府的行为必须伴有相关犯意，而要求证明犯意，是美国刑法理论的基本原则。Id. p. 500.

（b）成文法因含混而导致无效的判例

在"司库司诉美利坚合众国案"，即 *Screws v. United States*，325 U. S. 91，89 L. Ed. 1495，65 S. Ct. 1031（1945）中，法院为了解决适用法律规定含混的问题，将其解读为要求直接故意这一犯意心态。法院认为，相关成文法因为十分含混，因此不具有事先告知特征，缺乏实质正当性。可以通过要求检方证明行为人具有直接故意弥补上述缺陷。Id. p. 101.

无疑，成文法因含混而无效应当包括犯罪中犯意规定含混的情况。这与主张因为惩罚缺乏犯意的行为人而违宪的成文法，以及抓捕不知道自己的行为违反法律的行为人一样。Cf. *Papachristou v. City of Jacksonville*，405 U. S. 156，162 - 163，31 L. Ed. 2d 110，92 S. Ct. 839（1972）（即使通过要求直接故意的做法，也无法避免将有些人错误地纳入法律所打击的范围之中）。在两种情况下，宪法都不希望法律打击那些非故意违法的行为人。而刑事成文法即使规定得十分含糊，也会因为其所具有的兜底功能，可能违反刑法的基本原则和理念。参见 Anthony G. Amsterdam，Note，"The Void-for-Vagueness Doctrine in the Supreme Court，"109 *U. Pa. L. Rev.* 67（1960）（阐述了主张成文法因含混而无效的立法价值）。

（c）犯罪客观方面

最后，还有一系列判例表明与犯意原则相伴生的作为、不作为等犯罪客观要素，可能具有某种宪法意义。在"兰伯特诉加利福尼亚州案"，即 *Lambert v. California*，355 U. S. 225，2 L. Ed. 2d 228，78 S. Ct. 240（1957）中，法院判决洛杉矶市制定的凡是在其管辖范围内停留超过五天以上，且曾被判处重罪的人必须登记的行政规范违宪。洛杉矶相关规章中缺乏犯意以及作为犯罪客观方面的积极行为，极大困扰了审理此案的法官。虽然法官承认，立法者在规定违法犯罪行为时具有很大的自由空间，但是本案中缺乏作为规定，也缺乏典型的不作为规定。Id. 在认定被告人有罪之前，宪法正当程序要求行为人必须意识到此类登记义务的存在，或者意识到此类义务存在的高度可能性，同时并未在可能的情况下遵守上述义务。Id. p. 229.

"兰伯特诉加利福尼亚州案"中的理念在"罗宾逊诉加利福尼亚州案"，即 *Robinson v. California*，370 U. S. 660，8 L. Ed. 2d 758，82 S. Ct. 1417（1962）中得到进一步扩展，在本案中，法院认定，单纯将毒品成瘾规定为犯罪的立法违宪。理由在于，毒品成瘾和精神失常一样都是一种疾病，单纯将某种特定身份规定为犯罪，违反了宪法第八修正案禁止"残忍且不寻常的刑罚"的规定。Id. p. 667；亦参见 Id. p. 674（Douglas，J.，concurring）（如果瘾君子可以因为其有毒瘾被惩罚，那么对精神病人也可以严加惩处了）。或许某天在监狱中的罪犯会因为感冒而被定罪处罚也未可知。Id. p. 667.

但"罗宾逊诉加利福尼亚州案"受到"鲍威尔诉得克萨斯州案"，即 *Powell v. Texas*，392 U. S. 514，20 L. Ed. 2d 1254，88 S. Ct. 2145（1968）的限制。在本案中，以马歇尔大法官为首的多数派意见认为，得克萨斯州通过罚金惩罚在公众场合醉酒的 （转下页注）

（接上页注）法律合宪。被告人试图援引"罗宾逊诉加利福尼亚州案"为自己辩护，辩称自己罹患酒精成瘾病症。但联邦最高法院不承认这属于疾病，并将本案与"罗宾逊诉加利福尼亚州案"加以区分，认为："罗宾逊诉加利福尼亚州案"对禁止"残忍且不寻常的刑罚"条款的解读，使得人们认识到，只有在被告人从事了社会意图禁止的特定行为，或者具备特定客观要件的情况下才可以被加以处罚，而其并未涉及不能惩罚受强制或者不自愿的行为这一问题。Id. at 533. 酗酒是否源自不可抗拒的饮酒冲动还不得而知。更为重要的是，在本案中，联邦最高法院明确，其从未就犯意问题有过明确表态，犯罪客观要件、主观要件、精神失常、认识错误、正当化事由、胁迫等，在历史上都被用来作为工具，调整刑罚目标与不断发展的社会道德认知、医学标准等之间的紧张关系。Id. pp. 535-536.

"罗宾逊诉加利福尼亚州案"等判决可以被认为是针对惩罚那些因为疾病或者类似情况，丧失依法行事的自由意志的行为人的宪法解读。参见 *Pottinger* v. *City of Miami*，810 F. Supp. 1551，1561-1565（S. D. Fla. 1992）（根据"罗宾逊诉加利福尼亚州案"，迈阿密警方逮捕在公共场所做饭、睡觉，而别无他处可归的人的法律违反宪法第八修正案）。持反对意见的法官认为，"罗宾逊诉加利福尼亚州案"的相关判决虽然十分微妙，但从保障人权的角度，必须对其加以遵从，只有这样才能捍卫民主社会的根基。换句话说，对行为人无力改变的情况不能加以刑罚处罚。*Powell*，392 U. S. p. 567. 而这一表述也与犯意原则间接相关。那些无法获知其行为属于违法犯罪的行为人，其实和疯子或者瘾君子并无区别。参见 Herbert L. Packer，"Mens Rea and the Supreme Court，" *Sup. Ct. Rev.* 107，123（1962）（如果从宪法角度，刑事成文法必须具备明确的事先告知功能，那么为什么宪法不要求被告人针对其行为也具有类似的认识呢？）；亦参见 Anthony A. Cuomo，"Mens Rea and Status Criminality，" 40 *S. Cal. L. Rev.* 463，474（1967）（在"罗宾逊诉加利福尼亚州案"中，联邦最高法院有机会，却没有有效利用这一机会，探讨犯罪与犯意之间的关系）。

b. 正当程序角度分析

美国刑法通说一般认为，从宪法的角度来看，犯意原则的宪法属性尚不明确。参见 1 Wayne R. LaFave & Austin W. Scott，*Substantive Criminal Law* 219，346-358（1986）（宪法对严格责任的限制尚不明确）；Herbert L. Packer，"Mens Rea and the Supreme Court，" *Sup. Ct. Rev.* 107，138（1962）（联邦最高法院不自觉地放弃犯意原则，显然让那些试图建构犯意原则的学者感到十分难堪）；John Calvin Jeffries，Jr. & Paul B. Stephan Ⅲ，"Defenses，Presumptions，and Burden of Proof in the Criminal Law，" 88 *Yale L. J.* 1325，1374（1979）（是否存在可责性的宪法要求还不可知）。

但这不代表犯意原则就该被忽视。上述判例也说明了犯意原则的宪法重要性正在逐渐凸显。虽然联邦最高法院尚未厘定相关界限，但这并不代表相关界限并不存在。有学者提出，如果任何行为都可以随意入罪，那么针对犯罪的程序性保护又有何意义？如果行为人可以因为其根本无从知晓为犯罪的理由而被加以惩罚，禁止法律溯及既往的规定又有何意义？参见 Henry M. Hart，Jr.，"The Aims of the Criminal Law，" 23 *Law & Contemp. Probs.* 401，431（1958）；亦参见 James J. Hippard，"The Unconstitutionality of Liability Without Fault，" 10 *Hous. L. Rev.* 1039，1058（1973）（如果立法者从功利主义角度减少犯罪成立的实质构成要素，那么推动被告人无罪的宪法规则就被架空了）。从对任何一种正当程序的理解来讲，犯意原则都应被赋予宪法属性。犯意原则所代 （转下页注）

（接上页注）表的可责性根植于美国刑法当中，并且一直适用至今。如前所述，犯意概念可以回溯至柏拉图时代，从中世纪之后，就已经成为作为美国刑法发端的英国普通法的重要组成部分。美国宪法的起草者也坚信个人可责性是刑事责任的前提。参见 Henry M. Hart, Jr. , "The Aims of the Criminal Law," 23 *Law & Contemp. Probs.* 401, 423（1958）（美国刑法传统强调个人责任，而这一传统至今未变）。

历史不容遗忘，在"布尔汉姆诉加利福尼亚州高等法院案"，即 *Burnham v. Superior Court of California*, 495 U. S. 604, 109 L. Ed. 2d 631, 110 S. Ct. 2105（1990）中，多数派意见认为从正当程序的角度来看，单纯根据犯罪客观方面认定被告人刑事责任的做法是否公平存在疑问。Id. at 615. 可以通过历史以及持续的时间判定其是否具有历史传统属性。参见 *Sun Oil Co. v. Wortman*, 486 U. S. 717, 100 L. Ed. 2d 743, 108 S. Ct. 2117（1988）（Scalia, J.），法院认为时效在宪法意义上属于程序性条款，理由即在于这一条款在历史当中所扮演的角色以及发挥的作用。法院认为，如果某种做法在 200 年中一直被一以贯之，显然就应该认定其符合宪法相关要求。Id. p. 730 〔引自 *Jackman v. Rosenbaum Co.*, 260 U. S. 22, 31, 67 L. Ed. 107, 43 S. Ct. 9（1922）〕；亦见 *Michael H. v. Gerald D.*, 491 U. S. 110, 123, 105 L. Ed. 2d 91, 109 S. Ct. 2333（1989）（plurality opinion）（Scalia, J.）（在实质正当程序语境下，判例体现出坚持历史及传统所承认的个人自由的倾向）。

如果接受这种历史主义的观点，那么对其他正当程序中涉及的问题也应同样适用。例如，在"格里芬诉美利坚合众国案"，即 *Griffin v. United States*, 116 L. Ed. 2d 371, 112 S. Ct. 466（1991）（Scalia, J.）中，法院认为，从对正当程序的历史解读角度来看，相关方提出的主张无法得到支持。Id. p. 470. 在处理传言证据等第六修正案问题时，法院也采用了类似的历史主义分析模式。参见 *White v. Illinois*, 116 L. Ed. 2d 848, 112 S. Ct. 736, 741（1992）（Rehnquist, C. J.）。

直到今天，犯意要求一直是美国刑法的基本原则。一般认为，除某些例外情况，行为人的可责性应当参照其内心活动加以确定。即使没有这些相关的历史证据，从公平角度，可责性要求也应该是正当程序的重要组成部分。参见 John Calvin Jeffries, Jr. & Paul B. Stephan III, "Defenses, Presumptions, and Burden of Proof in the Criminal Law," 88 *Yale L. J.* 1325, 1376（1979）（作为原则，不考虑行为人道德可责性的做法无疑与历史传统不符）。美国学者一般认为，个人可责性与刑罚之间的对应性，对确保民主社会与个人自由来说至关重要。因为存在犯意原则的例外规定，特别是严格责任，就认为犯意原则不具有宪法意义的观点无法成立。参见 Herbert L. Packer, "Mens Rea and the Supreme Court," *Sup. Ct. Rev.* 107, 142（1962）（认为犯意存在例外的事实预期，与其能否作为该当正当程序保护的问题存在某种联系）。但这种观点显然忽视了正当程序在刑罚目标与个人自由、自治之间的调节作用。正当程序的实质在于限制政府权力适用的频率及范围，有秩序的民主非常重要。自由是否可以与奴隶制或者社会歧视相互兼容？是否可以与强调牺牲个人利益相互兼容？在大多数情况下，正当程序似乎意味着可以对两者加以调和，可以通过文化这个媒介或者工具进行调和。因此，相关问题大体上是一个方法论意义上的问题。参见 Anthony G. Amsterdam, Note, "The Void-for-Vagueness Doctrine in the Supreme Court," 109 *U. Pa. L. Rev.* 67, 115（1960）。这意味着坚持严格责任与要求犯意之间并不存在不兼容之处。从历史主义的角度来看，正当程序承认个人与社会利益的兼容。换句话说，有效司法与捍卫个人权利之间是兼容的。

犯意原则或许具有某种宪法属性，但很难认定应当依据何种宪法条款对 （转下页注）

（接上页注）其加以界定，以及在多大范围内，立法机关可以放弃犯意作为犯罪构成要素的基本要求。例如，公益犯罪的确具有某种大致的存在范围，但因为任何犯罪都危及公共利益，因此其本身并无任何界定属性。只有通过普通法，才能认定有毒有害物质或者处刑较轻等特质。

因此，几乎无法预测联邦最高法院在直接处理犯意问题时会做出何种判决。虽然本案不涉及定罪阶段法官是否可以依据成文法不包括必要的犯罪构成要素，而认定其无效这一问题，但本案讨论了量刑阶段被告人可责性的意义。因为定罪问题已经解决，因此需要讨论的是被告人的可责性程度问题。

这里亦涉及正当程序问题。应该在可能的范围内，以不存在宪法缺陷的方式适用相关量刑成文法与量刑指南。参见 *Rust v. Sullivan*，114 L. Ed. 2d 233，111 S. Ct. 1759，1788-1789（1991）。这样一种谨慎的观点在宪法与成文法解读存在冲突的情况下更有意义。在界限不明的情况下，最好的办法应该是遵从既有的司法实践，在保护个人民主权利与实现刑法目标之间寻找平衡。推定立法机关遵从普通法犯意要求的做法即属此类。

最后，也可以用"有利于被告人"的原则调和宪法适用与成文法解读之间的关系。在立法目的不明的情况下，成文法解读应该有利于被告人。参见 *Ladner v. United States*，358 U. S. 169，178，3 L. Ed. 2d 199，79 S. Ct. 209（1958）。"有利于被告人"原则不仅适用于定罪，也适用于量刑。*Bifulco v. United States*，447 U. S. 381，387，65 L. Ed. 2d 205，100 S. Ct. 2247（1980）. 应当推定立法者在立法时知悉这一原则。因此当法定刑较重时，国会应当明确其立法目的。

简而言之，在不存在明确相反证据的情况下，应当认定国会不会试图违法立法。

4. 基层联邦法院的做法

目前美国基层法院在处理犯意时，一般不会认真解读、适用刑事成文法，基本上并不分析犯意原则的宪法意义以及联邦最高法院相关判例。尤其是在涉及毒品犯罪以及《联邦量刑指南》的适用问题时，当事人也一般很少涉及这一问题。另外导致犯意问题鲜被涉及的原因还在于联邦成文法本身存在的问题。因为美国国会在刑事立法方面缺乏体系性，相关刑事规范支离破碎，因此法院不得不通过普通法填补其中存在的空白。参见 Kenneth R. Feinberg, "Toward a New Approach to Proving Culpability: Mens Rea and the Proposed Federal Criminal Code," 18 *Am. Cr. L. Rev.* 123（1980）（提出联邦法中针对犯意规定的模糊性，要求通过立法方式对其加以系统化）; Matthew T. Fricker & Kelly Gilchrist, "Comment, *United States v. Nofziger* and the Revision of 18 U. S. C. § 207," 65 *Notre Dame L. Rev.* 803，805（1990）（相关立法并未对法官、陪审团、律师等提供犯罪构成要素的明确指导，从而导致了大量的司法适用混乱局面）。

对立法空白，较低层级联邦法院建构了大量新的法律规定。例如在"塔特诉马萨诸塞州案"，即 *Tart v. Massachusetts*，949 F. 2d 490（1st Cir. 1991）中，联邦第五巡回上诉法院需要认定禁止未经法律许可从事特定渔业生产活动的法律的合宪性。联邦第五巡回上诉法院驳回了被告人提出检方应当证明其具有犯意这一正当程序抗辩，认为本案中涉及的法律规定不属于普通法犯罪，因此不能推定立法者要求行为人具有犯意。Id. p. 502. 5 天监禁、50 美金以下罚金的处罚也很难认定违反了正当程序。Id. p. 503.

在"美利坚合众国诉昂格拉案"，即 *United States v. Engler*，806 F. 2d 425（3d Cir. 1986），cert. denied，481 U. S. 1019，95 L. Ed. 2d 506，107 S. Ct. 1900（1987）中，第三巡回上诉法院试图厘定公益犯罪的外延。被告人被指控违法销售受保护 （转下页注）

（接上页注）动物，该法最初仅仅是轻罪，同时并不要求具有犯意。后来又对以商业目的从事上述行为的人规定了重罪责任，但对此也没有规定犯意要求。联邦地区法院基于宪法考量驳回起诉，但上诉法院驳回了将成文法解读为要求犯意的观点，认为该法并不违反宪法正当程序条款。第三巡回上诉法院认为，一直以来联邦最高法院承认，旨在保护公共福祉的行政犯的认定标准并不统一，而公益犯罪也不存在于普通法当中。尽管本案中检方承认缺少犯意的犯罪违反正当程序，但一审法院忽视了在公益犯罪当中不要求犯意的规定。Id. p. 433. 第三巡回上诉法院也不同意一审法院认定相关犯罪法定刑较重的看法：一审法院的判决经不住合理分析，因为其认为 2000 美金罚金与 500 美金罚金存在实质区别，认为 2 年监禁与 6 个月监禁存在区别，认为前者的重罪污名与后者轻罪之间存在实质区分。但显然一部法律的合宪性不能因为存在上述细微区别而被认定为违反正当程序。Id. p. 434. 严格责任的正当性在于，只要其所规范的是大家熟知的应被规范的行为，而规范的目的在于保障社会福祉，那么这一做法就具有正当性。Id. p. 435, 引自 *United States v. Freed*, 401 U. S. 601, 609, 28 L. Ed. 2d 356, 91 S. Ct. 1112（1971）. 正如《模范刑法典》起草者所言，认定被告人行为违法，并不能解释对其应当适用何种刑事责任的问题。本案中所涉及的问题不是被告人是否应被惩罚，而是其应当被当作轻罪处罚还是重罪处罚的问题。

对相同问题，第六巡回上诉法院的观点更为传统。在"美利坚合众国诉沃尔夫案"，即 *United States v. Wulff*, 758 F. 2d 1121（6th Cir. 1985）中，第六巡回上诉法院认为，对与"昂格拉案"完全一样的犯罪的加重犯，检方应证明被告人具有犯意。其观点在于，在刑罚较轻、判决不会导致被告人被污名化的情况下，可以削减犯罪的构成要件。Id. p. 1125. 第六巡回上诉法院将其分析建立在有别于"胡德里奇诉美利坚合众国案"，即 *Holdridge v. United States*, 282 F. 2d 302（8th Cir. 1960）观点的基础上，其认为，当可能因为刑事政策而导致某一犯罪不包括犯意，犯罪处罚较轻，不具有明显污名性，而且可以合理归因到行为人，同时在普通法中不存在此类犯罪的时候，可以认定这一犯罪规定合宪。犯罪不包括犯意，不违反正当程序条款。Id. p. 310; 亦参见 *United States v. Collins*, 949 F. 2d 1029（8th Cir. 1991）（对没有及时报告政府的持有爆炸物行为规定了 1000 美金罚金、1 年以下监禁的犯罪，可以不要求被告人对上述行为具有直接故意）。

最初对公益犯罪范围的考察，似乎应该关注其严重程度，而非其犯罪类型。依据法律法规是否具有行政规范性界定公益犯罪，在当前社会中日益困难，也越来越没有意义。

联邦巡回上诉法院对犯意问题的解读，在毒品犯罪案件中更加无力。参见 *United States v. Pruitt*, 763 F. 2d 1256, 1261-1262（11th Cir. 1985）（对不满 21 周岁的人销售毒品规定了加重法定刑，但因为相关联邦立法不要求行为人有认识，因此类推无须证明被告人针对其销售毒品对象的年龄有所认识），cert. denied, 474 U. S. 1084, 88 L. Ed. 2d 896, 106 S. Ct. 856（1986）; *United States v. Holland*, 258 U. S. App. D. C. 236, 810 F. 2d 1215（D. C. Cir.）, cert. denied, 481 U. S. 1057, 95 L. Ed. 2d 854, 107 S. Ct. 2199（1987）, 该法规定对在学校方圆 100 码（1 码合 0. 9144 米。——编者注）范围内销售毒品的行为应加重惩罚。法院判决，建房无须证明被告人对其所处位置在学校 1000 码范围内有所认识。其核心观点在于：可以很容易地推定，为了保护孩子免受毒品的直接或者间接威胁，对在学校附近这一问题不要求被告人具有认识的规定是显而易见的。理性人应当知道毒品会危及人类的健康和安全，因此该当严格管理。Id. pp. 1223-1224. 这种结 （转下页注）

虽然限于篇幅对此不能过多涉及，但犯意概念贯穿犯罪论与刑罚论的客观现实是不容否认，并且必须给予足够重视的。

（接上页注）论性的推理在毒品案件中时常出现。因为毒品的危险性，涉及毒品的人应当知道自己行为的违法性，因此有观点认为，即使在不要求犯意的情况下仍然可以适用严苛的刑罚。但这种观点忽视了刑法的根本原则，但是这种观点显然认为立法不理性，认为如果行为人对自己所处位置并无认识，对其加重惩罚无法达到在学校附近禁毒的目标。

在可能将一个根本无辜的人判定有罪的情况下，美国刑事司法的犯意解读可能较为容易接受，参见 *United States v. Nofziger*，278 U. S. App. D. C. 340，878 F. 2d 442（D. C. Cir.），cert. denied，493 U. S. 1003，107 L. Ed. 2d 559，110 S. Ct. 564（1989），但哥伦比亚特区联邦巡回上诉法院却适用了所谓推定犯意的标准，Id. p. 453，用以解决可能会打击一整批无辜行为的情况。Id. 〔引自 *Liparota v. United States*，471 U. S. 419，426，85 L. Ed. 2d 434，105 S. Ct. 2084（1985）〕。本案所涉及的法律为，任何在某一政府机构离职 1 年内代表他人为该机构负责的事项，与该机构官员沟通斡旋的行为都是犯罪。被告人主张，这一立法目的意味着国会要求检方证明被告人知道导致其行为违法的情节得到了法院的支持。参见 *United States v. Harris*，294 U. S. App. D. C. 300，959 F. 2d 246，259-260（D. C. Cir.）〔因为 26 U. S. C. § 5861（d）中规定的所谓武器语焉不详，因此如果不能够证明被告人使用过类似武器从事过违法犯罪行为，就需要证明被告人实际知道其所持有的武器属于成文法规制的类型〕，cert. denied，113 S. Ct. 362（1992）；*United States v. Anderson*，885 F. 2d 1248（5th Cir. 1989）（en banc）〔针对 26 U. S. C. § 5861（d），认为也可能存在无辜地持有法律所规定的武器的情况〕；*United States v. Williams*，872 F. 2d 773（6th Cir. 1989）〔针对 26 U. S. C. § 5861（e）持类似看法〕。

这些判例之间的矛盾与不同，揭示了联邦最高法院对犯意问题缺乏一致指导性判例的弊端。特别是在更为复杂的当代，可责性原则所起到的作用已经不再局限于确定罪与非罪。犯意在个人与社会之间起到了居中调和的作用，确保法网疏而不漏、简繁得当。除了确保司法公正、法律面前人人平等司法目标之外，犯意原则还可以避免定罪过程中的偶然性。

| 第五章

严格责任

　　美国刑法将"任何犯罪都必须同时具备犯意与犯行"[1] 奉为金科玉律。如果说在没有外显恶行的情况下单纯惩罚犯意不存在任何合理性的话，那么在缺乏行为人个人犯意的情况下惩罚造成严重后果的行为有何不妥？为什么美国刑法认为"犯罪成立要求犯意要素是美国刑法的基本原则，而不是例外"？[2] 为什么美国刑法如此强调犯意这一貌似"虚幻"的概念呢？从美国文化、传统角度而言，如果缺乏犯意这一关键概念，刑法将很有可能沦为类似于原始禁忌的处罚机制。后者应被视为残留在文明社会中的蛮荒余孽，不可能适用在美国这种"典型的民主国家"。[3] 但事实，却并非如此。

第一节　美国刑法中犯意要求之边缘化[4]

　　根据美国历史传统，"法院和立法者都认为故意从事恶行者，比那些非故意从事类似行为的人该当更为苛重的刑罚"。[5] "即使当个人行为导致

---

① 转引自 Matthew T. Fricker and Kelly Gilchrist，"*United States* v. *Nofziger* and the Revision of 18 U. S. C. § 207：The Need for a New Approach to the Mens Rea Requirements of Federal Criminal Law," *Notre Dame L. Rev.* 65（1990）：323。

② 转引自 Francis B. Sayre，"Public Welfare Offenses," *Colum. L. Rev.* 33（1933）：55。

③ 参见 Patrick M. O'Neil，"The Moral Blindness of the Positivistic Legal Hermeneutic and the Non-proximate Mens Rea in the Law of Criminal Negligence," *Am. J. Juris* 41（1996）：289。

④ 本部分内容亦参见李立丰《美国刑法中犯意要求边缘化研究》，《环球法律评论》2007 年第 6 期，第 35 页。

⑤ 参见 Emilio S. Binavince，"The Ethical Foundation of Criminal Liability," *Fordham L. Rev.* 33（1964）：1。

严重危害后果时，法律也不允许在没有证据证明犯意的情况下适用刑罚。"①
在这个意义上，犯意要求是刑法的核心，也是惩罚从事了危害社会的行为
人的正当化根据。

一 美国刑法犯意要求边缘化史程

如前所述，不同时代，美国刑法中的犯意概念也会呈现不同样态。最
初，犯意是作为一种概括表达道德谴责性的概念出现的。在神判乃至决斗
主导争端解决的 11、12 世纪，行为人是否该当神判取决于其所具有的道德
品格。在 15 世纪，对犯意的理解开始受到当时广泛流行的基督教道德观的
影响。根据基督教教义，行为人的恶意动机成为判断其罪过的核心要素。
显然，《模范刑法典》中所规定的了解、意图等概念范畴与上述宗教无关。
但在现代刑法中，如果被告人明知地从事了某种非道德或者非法行为时，
就可以认定其满足可责性的核心要求。例如，美国法院在审理奸淫未成年
少女案件时，经常根据道德理念为有罪判决寻找根据，这就意味着因为被
告人故意从事了不道德的性行为，因此即使行为人没有认识到性活动对象
未满法定年龄，也不会影响当事人的刑事责任。② 这体现了刑法道德属性
的淡化，亦即表征刑法道德属性的犯意概念的边缘化。

可以从宏观和微观两个角度来概括美国刑法犯意的所谓"边缘化"。
首先，随着时代的变迁，犯意对美国刑法中犯罪构成及犯罪司法认定的影
响力逐渐丧失。从时间维度来看，早期普通法中几乎所有犯罪都围绕行为
人道德可责性展开，都包括具体的犯意要求，而现在出现了很多对一个或
者几个实体构成要素不要求犯意的所谓"公益犯罪"，这，无疑体现了
"犯意要求的边缘化"。其次，具体到微观层面，目前，美国刑事司法实践
在解读犯意概念时，并不十分强调其所包含的道德谴责意味，恪于合法性
原则以及被告人权利保护理念，转而关注刑法条文本身的语义、句法乃至
文法，不过多纠结相关规定背后的道德理念。如果将普通法犯罪中道德理

---

① 转引自 Alun Griffith, "Comment: *People* v. *Ryan*: A Trap for the Unwary," *Brooklyn L. Rev.*
61 (1995): 1011.

② 参见 Alan Saltzman, "Strict Criminal Liability and the United States Constitution: Substantive
Criminal Law Due Process," *Wayne L. Rev.* 24 (1978): 1571.

念和法律文本的密接作为考察原点，无疑，目前美国刑法中个罪犯意的道德意味日趋淡化，体现了传统道德可责性的边缘化。

在肯定美国刑法犯意边缘化这一总体趋势的前提下，有必要对这种边缘化的方向和进程进行价值评判。因为任何概念在面临所谓边缘化的趋势时，都表现为以明晰的核心理念为起点的逐渐发散过程，愈边缘，愈模糊。

同时在这里有必要强调的是，边缘化和泛化分属不同概念范畴，应予区分。也就是说，犯意要求边缘化与犯意要求边缘化的泛化是两个不同的概念，前者虽然先于后者存在，但犯意要求边缘化，绝不意味着犯意要求边缘化的泛化。无论犯意概念边缘化本身的泛化，还是犯意边缘化适用的泛化，都是刑法学理论与实务界需要加以避免的。正如有学者指出的那样，"无论过失作为刑事责任基础面临多大的问题，其意义和现在法律当中严格责任的泛化相比，都显得小巫见大巫"。① 在这个意义上，的确需要厘定美国刑法犯意边缘化的大致范围，从而避免其沦为泛化。

根据目前美国刑法中较为通行的要素分析模式，可以将犯意要求的边缘化理解为，对一个或者几个犯罪实质要素不要求犯意或者不要求证明犯意。如果从犯意的层级性理解，可以将犯意要求边缘化问题用图 5 表示。

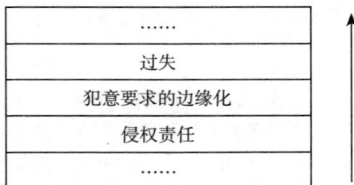

图 5　犯意要求层次

二　犯意要求边缘化之前提构建

如果在研究过程中忽视追问具体概念范畴的前提，将不可能在一个相

---

① Herbert Wechsler, "On Culpability and Crime: The Treatment of Mens Rea in the MPC," *The Annals of the American Academy of Political and Social Science* 339 (1962): 24.

对稳定的对话平台上解决问题，缺乏前提的评论至多是就事论事，原地循环。研究美国刑法犯意要求边缘化问题，必须追问其建构所需的前提。

（一）自然犯罪与法定犯罪之区分

在研究犯意边缘化之前，对自然犯和法定犯加以区分十分必要。可以想见，在自然犯占据主导地位的普通法时期，犯意边缘化并不是一个十分重要的问题，甚至根本不是一个真正的问题，理由即在于这个时期美国刑法当中几乎所有的犯罪都包括相应犯意要求。但随着所谓法定犯罪的逐渐增多，美国刑法当中越来越多的犯罪在逐渐放弃传统道德谴责的同时，也放弃了坚持犯意的形式要求。从这个意义上，对犯意边缘化的讨论才开始成为一个该当注意的重要问题。①

鉴于犯意要求与自然犯罪之间的密接关系，区分法定犯罪与自然犯罪可以为犯意的边缘化研究提供历史参照。美国刑法主流观点至今仍然认为，"不要求犯意的严格责任，尽管可能对法定犯罪而言是适当的，但对自然犯罪而言是不可接受的"。② "对真正犯罪而言，法院一定不能放松犯意或者罪责犯意的要求。"③

那么，自然犯罪和法定犯罪是否可以区分呢？这个问题乍看起来十分无趣，两者区分看似十分明晰，属于典型的二元结构概念。但事实上，围绕区分法定犯罪和自然犯罪这两类概念产生了诸多争议。④ 但这样的混淆

---

① 截至 17 世纪中叶，所谓的"罪责心态"（Guilty Mind）开始成为大多数犯罪定义的实质组成部分，考察从 1837 年开始的判例，并未发现没有犯意要求的犯罪。参见 R. M. Jackson, "Absolute Prohibition in Statutory Offences," *Cambridge L. J.* 6 （1938）: 367。直到 19 世纪中叶，普通法犯罪构成仍然包括犯意要素，检方必须证明被告人具有法定犯意。参见 Rollin M. Perkins, "Ignorance and Mistake in Criminal Law," *U. Pa. L. Rev.* 88 （1939）: 35。总之，根据普通法，如果没有与违法行为相伴生的犯意，犯罪是不完整的。参见 Alan C. Michaels, "Constitutional Innocence," *Harv. L. Rev.* 112 （1999）: 828。

② 相关判例及其对比可参见 *United States v. Dotterweich*, 320 U. S. 277 （1943）; *United States v. Bailey*, 444 U. S. 394 （1980）。转引自 Rollin M. Perkins, "Criminal Liability Without Fault: A Disquieting Trend," *Iowa L. Rev.* 68 （1983）: 1067。

③ Francis B. Sayre, "Public Welfare Offenses," *Colum. L. Rev.* 33 （1933）: 55.

④ 对两者的区分，有学者提出，其在很大程度上取决于一种群体性的认识，但又有学者质疑，认为像美国这样的多元社会当中，包括价值在内的社会意识是多元且具有很大分歧的。具体参见 H. L. A. Hart, "Social Solidarity and the Enforcement of Morality," *U. Chi L. Rev.* 35 （1967）: 1。

会妨害自然犯罪与法定犯罪的界分，从而使得犯意的边缘化问题无法界定，继而导致刑法中的严格犯罪的滥用，大量自然犯罪被严格责任化。

　　为了更好理解这一问题，可以以"违章超时停车"为范例，考察典型法定犯罪的确立过程。[①] 随着机动车数量的增加，有些人在特定区域停车时间过长，导致其他想在该区域停车的人不能如愿，从而扰乱了正常的社会秩序。立法者经调查发现，一般情况下，合理停车时间不会超过一个小时，因此，将停车时间限制在一个小时之内，能够最大限度满足多数人的利益。立法机关进而通过立法，禁止在公共区域停车超过一个小时，否则处以罚金。罚金刑的适用，也使这一立法获得了刑法的属性。同时，立法者一般强调，该法主要目的并不是惩罚那些违章超时停车者，而是为了最大化提升社会福祉，保障社会秩序。

　　从诡辩的角度而言，似乎所有犯罪都可以被认为属于公益犯罪。然而，仔细分析就会发现，在所有这些所谓"公益犯罪"之内，还是可以划分出不同种类的。

　　从上述立法过程来看，不难发现和杀人、强奸等传统犯罪不同，在特定地点超过特定时限停车本身很难说具有实质的道德过错性。换句话说，传统的普通法犯罪大多属于违反社会基本道德底线的自然犯罪，而法定犯罪则基本上属于立法机构通过立法，将原本不具有任何道德过错的行为犯罪化的结果。普通法犯罪具有原生的邪恶性，社会公众大体上本能地认同强奸、抢劫、谋杀等行为的社会危害性和道德错误性。反之，如房东没有在孩子居住房间的窗户上安装防护装置，或者药商错误地标识了药品等法定犯罪，虽然在表面上也能表现出类似的犯罪性，但社会公众对上述犯罪的感知、认同只能在立法前后，借由公开辩论的方式才能得到澄清。[②]

　　自然犯罪具有与生俱来的和道德之间的密接性，无法剥离其中所包含的对个人道德意味的谴责，而法定犯罪的存在，并不是为了惩罚具有道德过错的行为人，而是为了社会福祉的最大化，因此和道德过错本身并没有

---

① 参见 Rollin M. Perkins, "Criminal Liability Without Fault: A Disquieting Trend," *Iowa L. Rev.* 68 (1983): 1067。

② Alun Griffith, "Comment: *People* v. *Ryan*: A Trap for the Unwary," *Brooklyn L. Rev.* 61 (1995): 1011.

任何必然的联系。基于这一前提，社会民众可以容忍在一定程度上放弃法定犯中传统刑法道德谴责的意味，不要求证明行为人的相关犯意。

总之，虽然自然犯与法定犯的最终目的都在于保障社会福祉，但或许从刑事法建构的前提或者目的出发，仍然可对其加以区分。如果刑罚产生的前提是行为人实施了具有道德过错的犯罪行为，那么就可将其归入自然犯一类，而如果被追究刑事责任的行为人所实施的行为本身并不具有纯粹的道德过错性，或者说大多是道德中性的，对其适用刑罚目的在于增加社会福祉，那么就应将其视为法定犯。

（二）犯意边缘化之纵向范围厘定

如前所述，根据《模范刑法典》所倡导的犯意层级性理念，似乎可以形象地将美国刑法中的犯意规定比喻成一个由高端向低端不断稀释、不断削弱的线性过程。在这个过程当中，愈接近刑事责任和其他非刑事责任的交界点，犯意的色彩愈淡，甚至归零。正是从这个意义上，可以将这样的一种动态过程称为犯意的边缘化（见图6）。

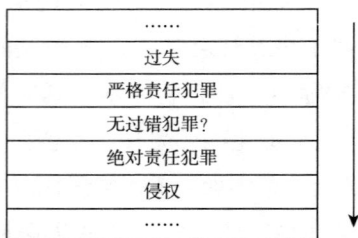

| …… |
| 过失 |
| 严格责任犯罪 |
| 无过错犯罪？ |
| 绝对责任犯罪 |
| 侵权 |
| …… |

图6　犯意边缘化

在讨论美国刑法中犯意边缘化时，必须明确区分如下三个概念范畴：严格责任犯罪、无过错犯罪以及绝对责任犯罪。应该说在这个犯意逐渐归零的过程当中，区分上述类似概念并不容易，人们对这些概念的认知不同，似乎无法找到一个令所有人都满意的结果。而从纯诡辩论的角度出发，又似乎可以对上述概念进行任意区分。

应该认为，严格责任不是罪过责任的对立物，而是罪过责任的合理补充。罪过责任是严格责任的基础，严格责任是罪过责任在某种极端情况下最大限度的实现。

美国刑事司法实践一般认为，在绝对责任的情况下，不需要证明被告人具有任何法定犯意，只需要考察触犯刑律的危害行为就可定罪。例如，《加利福尼亚州司法委员会刑事陪审法律指导》在针对"严格责任"的法律指导中规定，"陪审员如果要认定被告人的具体罪名成立，检方只需要证明被告人实施了法律禁止的行为（或不作为），而不需要证明任何犯意心态"。[①] 从这个角度而言，绝对责任似乎可以作为美国刑法犯意层级体系的末端，即零点。因为其的确并不要求存在，也不要求证明存在任何的犯意要素。但对这种行为认定刑事责任，就说明其仍然属于刑法范畴。而这也成为区分绝对责任犯罪和其他非刑事违法行为的重要指标。

在明确了犯意边缘化纵向维度的始点和终点之后，是否需要对这一维度进行进一步的纵向切割呢？有学者提出所谓"无过错犯罪"这一概念，并试图将其纳入犯意边缘化概念谱系当中。但这种做法是否合适有待商榷。因为"无过错犯罪"（Crime with no Fault）所采取的衡量标准，更多的是道德评判，如果在普通法时代，或许这一评判是适当的，并且具有实际可操作性，但在刑事成文法时代，具体犯罪中的犯罪概念越来越缺乏道德可责性。即使像"意图"这样较高层级的犯意概念，在多大程度上表征道德可责性都是存疑的。因此，"无过错犯罪"的涵盖范围远远超过了犯意边缘化的范畴，故将其纳入其中显然不合适。

另外需要指出的是，美国刑法当中不存在绝对责任犯罪。《模范刑法典》连所谓的严格责任犯罪都不愿承认，更遑论极端的绝对责任犯罪了。因此，起码从实然的角度出发，在犯意的边缘化问题上讨论绝对责任是没有必要也不可能的。

总之，虽然美国刑法当中的严格责任仅仅是犯意边缘化的一个阶段，但从研究的可能性和可行性角度出发，将注意力集中于严格责任犯罪是必要的，也是唯一可行的。

（三）报应主义该当性的二元论

乔治·弗莱彻等知名学者倡导的报应主义该当性的二元论，严格区分

---

① CALCRIM No. 254.

"可责性"和"错误性"，认为与可责性实质相关的是犯意，而与错误性实质相关的是行为。根据二元论，"可责性是刑事责任的必要基础，但是可责性必须尊重错误性。错误性意味着违反道义规范"。① 二元论最初被用来说明严格刑事责任和严格侵权责任之间的区别。在严格刑事责任当中，不需要证明的过错不是针对错误的过错，而是针对可责性的过错。严格侵权责任有的时候以"税赋"形式适用于制造危险的企业，从而，企业可以将为这种风险支付的金钱，作为做生意需要付出的代价。但是刑罚，显然不是上面所说的"税赋"。②

（四）犯意要求边缘化之实然正当性

以严格责任为主要表征的美国刑法犯意边缘化过程，本身就呈现一种逐渐发散、日益薄弱的特征。随之而来的一个问题便自然演变为这种发散或者薄弱是否具有正当性根据。

几个世纪以来，严格责任都饱受诟病。③ 一般人都认为，在不考虑主观犯意的情况下，对行为人适用刑罚缺乏公正性。《模范刑法典》对严格责任持坚决反对的态度。这一态度也在很大程度上影响了美国刑法理论和相关实践，一般将这类行为称为"违法行为"，以区别于被划分为重罪、轻罪和微罪的犯罪，且只能对之处以罚金、罚款、没收或者其他民事惩罚，不能判处监禁。这体现着美国当代刑法的基本理念，即没有过错就没有犯罪，而对没有实施犯罪的人适用刑罚是"残酷且不寻常"的，违反了宪法第八修正案或者第十四修正案的正当程序条款。④ 犯罪，作为一种组合性的概念，总体上仅仅在邪恶意图和邪恶行为同时存在的情况下才会出现。这种个人主义观念很早就根植于美国文化之中。虽然美国各州在刑事立法过程时往往并未

---

① Kenneth W. Simons, "When Is Strict Criminal Liability Just?" *J. Crim. L. & Criminology* 87 (1997): 1075.

② 参见 Michael S. Moore, "Prima Facie Moral Culpability," *B. U. L. Rev.* 76 (1996): 319。

③ 19 世纪英国为了保证食品供应而承认严格责任，这是文献中较早就严格责任正当性存在的记载。参见 Ingeborg Paulus, "Strict Liability: Its Place in Public Welfare Offenses," *Crim. L. Q.* 20 (1977–1978): 445。

④ 参见 Rollin M. Perkins, "Criminal Liability Without Fault: A Disquieting Trend," *Iowa L. Rev.* 68 (1983): 1067。

明确上述理念，但这绝对不代表否定的态度，而是因为强调犯罪与犯意之间的必然联系属于一种不证自明、不言而喻的基本原则。①

另外，更有学者认为，"法院可以为了社会利益而牺牲个人利益"。②虽然美国联邦最高法院也在判例中肯定了严格责任的合宪性，却不愿意进一步明确严格责任的适用范围，导致了较低层级法院无所适从，甚至判决结果相互冲突的情况。③ 学界对严格责任的适用范围聚讼纷纭，有观点认为，严格责任在任何情况下，都不得适用于可能被判处监禁的犯罪。④ 还有些学者认为，应确立一项宪法原则，将刑事责任限定在至少行为人存在过失的情况，从而将严格责任排除在外。⑤ 还有些学者将司法实践的做法总结为，针对严格责任并不存在可供操作的宪法限制。⑥ 联邦最高法院承认州法可以降低判决所需要的可责性级别，实际上是在审理杀人等严重犯罪时也适用严格责任。⑦

从现代社会的发展进程来看，对严格责任制度进行必要的修正，并使其在遏制特定领域犯罪方面发挥积极广泛的作用，将是不可逆转的社会发展趋势。这是因为，随着社会经济的发展，有关环境、交通、食物等公共福利领域的犯罪已经越来越严重地危害社会秩序和人们的生活。这些犯罪具有如前所述的特殊性，"严格责任制度的运用能较有效地预防和遏制这类犯罪，严格责任的理论和制度必将在其自身的修正和完善中发挥积极的作用"。⑧

有学者总结，严格责任适用的正当性在于：首先，严格责任可以通过

① 参见 Ann Hopkins, "Mens Rea and the Right to Trial by Jury," *Calif. L. Rev.* 76 (1988): 391。

② Francis B. Sayre, "Public Welfare Offenses," *Colum. L. Rev.* 33 (1933): 55.

③ 参见 Alan C. Michaels, "Constitutional Innocence," *Harv. L. Rev.* 112 (1999): 55。

④ 参见 Kent Greenawalt, "Uncontrollable Actions and the Eighth Amendment: Implications of *Powell* v. *Texas*," *Colum. L. Rev.* 69 (1969): 927。

⑤ 参见 John Calvin Jeffries, Jr. & Paul B. Stephan III, "Defenses, Presumptions, and Burden of Proof in the Criminal Law," *Yale L. J.* 88 (1979): 1325。

⑥ 参见 Richard G. Singer & Douglas Husak, "Of Innocence and Innocents: The Supreme Court and Mens Rea Since Herbert Packer," *Buff. Crim. L. Rev.* 3 (1999): 850。

⑦ 参见 Francis A. Allen, "Criminal Law and the Modern Consciousness: Some Observations on Blameworthiness," *Tenn. L. Rev.* 44 (1977): 735。

⑧ 闫显明、冯建军：《英美刑法中的严格责任制度及其借鉴意义》，《武汉理工大学学报》（社会科学版）2001 年第 4 期，第 331 页。

强化相关方的责任意识，尽可能减少危害结果的发生；其次，严格责任可以为陪审团审理相关公共利益案件提供便利和参照，从而确保对高度危险行为责任司法认定的统一；再次，适用严格责任还可以在很大程度上减轻政府方面对涉及诸多专业问题案件审理的证明责任；最后，承认严格责任可以起到很好的警示与教育作用，社会公众因此获知如果从事特定危险行为可能会在不被考虑自身犯意的情况下承担刑事责任。①

三 犯意要求边缘化之不同维度区分

应该说，所谓犯意要求边缘化主要是围绕刑事严格责任展开的，因此对犯意要求边缘化的维度划分主要是指针对严格责任的维度划分。显而易见，区分本身并不是目的，而是服务于特定目的的手段和工具。

（一）显性的严格责任与隐性的严格责任②

1. 显性的严格责任

显性的严格责任犯罪所指的是美国各司法区普遍存在且大量适用的公益犯罪。③ 将对严格责任犯罪的限缩解读为公益犯罪的实质，旨在将这些犯罪限制在那些高度规范性的行为范围内，而对这些犯罪的惩罚也大多严格规定为某种数额的罚金。进一步而言，即使承认严格责任，法院不可能也不愿意完全放弃可责性标准，另外的一个限制就是，一般认为严格责任犯罪与需要犯意的犯罪相比不具有社会谴责性，即社会对此类行为做出的负面评价。

2. 隐性的严格责任④

隐性的严格责任犯罪是指对本来需要犯意的犯罪要素承认严格责任，这种情况较为复杂。隐性的严格责任犯罪的适用范围并不限于较低刑罚、

---

① 参见 Barry Capp, "A Little Knowledge Can Be a Dangerous Thing—*State of New Jersey* v. *Robertson* & Mens Rea in the Freshwater Wetlands, Protection Act of 1987," *Pace Envtl. L. Rev.* 15（1998）：155。

② 参见 Jeffrey S. Parker, "The Economic of Mens Rea," *Va. L. Rev.* 79（1993）：741。

③ 有学者将其称为纯粹的严格责任犯罪，而在这样的情况下犯罪被起诉并不是建构在被告人的犯意要素基础之上。从总体上而言，这些犯罪就是所谓的公益犯罪或者行政犯罪。Francis B. Sayre, "Public Welfare Offenses," *Colum. L. Rev.* 33（1933）：55.

④ 参见 Jeremy Horder, "A Critique of the Correspondence Principle in Criminal Law," *Crim. L. Rev.*（1995）：759。

较少具有可责性标签的公益犯罪，甚至也适用于诸如实施重罪过程当中发生的造成他人死亡结果的这类严重的传统犯罪。对此较为典型的例子如，可以在不认定行为人犯意的情况下认定其谋杀责任的所谓重罪谋杀规则。此类情况往往类似于侵权或者一种道德上的过错行为，因此如果承认隐性严格责任，即使行为人本身并没有意识到此种加重的随附情状，上述情况在现实中仍有可能被处以更为苛重的刑罚。

（二）针对不同犯罪实质要素的严格责任和针对法律的严格责任

1. 针对不同犯罪实质要素的严格责任

美国刑法当中所谓严格责任通常情况下被理解为针对法律禁止发生的危害结果，被告人缺少相关犯意的情况，具体而言，在被告人不具有意图、了解、轻率或者过失心态的情况下对其认定刑事责任。但需要强调的是，美国刑法还区分除结果之外的其他犯罪要素，因此还存在针对行为以及针对随附情状要素的严格责任。[1] 例如，上面提到的重罪谋杀可以被认作针对特定结果的严格责任，法定强奸是针对随附情状的严格责任，具体来说，就是针对女性受害人未满法定年龄这一要素缺乏认知。[2] 而针对实质要素数量的不同，还可以进一步区分是纯粹的严格责任还是不纯粹的严格责任。在纯粹的严格责任当中，针对任何犯罪的实质要素都不需要可责性。在不纯粹的严格责任当中，至少针对一个实质要素是要求可责性的，但是针对其他要素是不要求的。[3]

2. 针对法律的严格责任

根据美国刑法的一般原则，一般承认事实认识错误属于有效的抗辩，而不承认法律认识错误作为抗辩事由的有效性。例如，在 20 世纪 50 年代审结的"霍普金斯诉马里兰州案"（*Hopkins* v. *State*）[4] 中，上诉人霍普金斯宣称，自己在从事相关行为前征求了地区检察官的意见，被告知竖立书

---

[1]　参见 Kenneth W. Simons, "Rethinking Mental States," *B. U. L. Rev.* 72 (1992): 463。

[2]　参见 Kenneth W. Simons, "When Is Strict Criminal Liability Just?" *J. Crim. L. & Criminology* 87 (1997): 1075。

[3]　参见 Mark Kelman, "Interpretive Construction in the Substantive Criminal Law," *Stan. L. Rev.* 33 (1981): 591。

[4]　*Hopkins* v. *State*, 69 A. 2d 456 (Md. 1950)。

写特定内容的标语牌并不违法。上诉法院则判定，由包括地区检察官在内的公权力机关人员所提出的某种行为不构成犯罪的建议，不能成为被告人的合法抗辩事由。对法律的无知不能作为开脱行为违法的根据。在这一点上，有必要将其与能够免责的事实认识错误加以区分。① 为了解决这个问题，相对作为犯罪事实组成的实质要素的严格责任，似乎可以区分出针对法律内容的一类严格责任。对法律的认识错误提出抗辩基本上限制在行为人实际依据的是官方有权做出但不正确的法律解读的情况，事实上对法律的认识错误抗辩传统上是十分狭义的。对法律的无知实际上不可能成为抗辩。虽然这样的区分无论是在理论界还是在实务界都不常见，但概括来看，"这样的区分或许对未来的可责性的发展是重要的"。②

（三）定罪的严格责任和量刑的严格责任

定罪的严格责任，是指在缺少可责性的情况下将原本因为缺乏可责性可能无法被认定为犯罪的行为加以犯罪化的情况。量刑的严格责任是指在缺少可责性的情况下增加被告人可能被处以的法定刑的情况。③ 定罪的严格责任的适例包括很多环境犯罪和交通犯罪。而重罪谋杀则属于量刑的严格责任，因为基本犯罪已经是重罪，而导致死亡结果增加了量刑刑期。

有学者将上面不同的标准加以综合，得出了如下严格责任区分。④

1. 针对结果要素的严格责任

（1）影响定罪。如超过法定排放标准排放污染物等行为中对排放标准缺乏认识。

（2）影响量刑。重罪谋杀与轻罪过失杀人等。

2. 针对随附情状要素的严格责任

（1）影响定罪。如法定强奸，不考虑行为人是否认识到性行为对象未

---

① John T. Parry, "Culpability, Mistake, and Official Interpretations of Law," *Am. J. Crim. L.* 25 (1997): 1.

② John Shepard Wiley Jr., "Not Guilty by Reason of Blamlessness: Culpability in Federal Criminal in Interpretation," *Va. L. Rev.* 85 (1999): 1021.

③ 参见 Peter W. Low, "The MPC, The Common Law, and Mistakes of Fact: Recklessness, Negligence, or Strict Liability?" *Rutg. L. J.* 19 (1988): 539。

④ 参见 Kenneth W. Simons, "When Is Strict Criminal Liability Just?" *J. Crim. L. & Criminology* 87 (1997): 1075。

满法定年龄。

（2）影响量刑。盗窃等侵财犯罪因为所涉及财物价值不同，法定刑也有所区别，在量刑过程中，一般不要求行为人对自己所侵犯财物的具体价值有所认识，在这个意义上，对此类犯罪中财物价值这一要素，法律适用了严格责任。[①]

3. 针对行为要素的严格责任

（1）影响定罪。如超速驾车等。

（2）影响量刑。假设的犯罪：超速驾驶结果导致他人死亡（属于比超速驾驶更为严重的犯罪）。

四　犯意要求边缘化上限之于犯罪过失

从实然的角度出发，犯意要求边缘化已经从一个过程谱系被缩减为严格刑事责任本身。因此，犯意要求边缘化与犯罪过失之间的关系，其实就是严格刑事责任和犯罪过失之间的关系。

美国有学者认为，"因为过失仅仅是一种对犯意缺乏状态的人为拟定，因此不属于现实意义上的犯意。简而言之，过失是传统意义上犯意的一种扩展，而不是一种表象"。[②] 也有学者认为，让行为人在缺乏相关认知的情况下对危害结果承担刑事责任或者是无效率的，或者是不公正的，因此作为一种罪责形式，过失在刑法犯意概念中没有位置。[③] 然而，针对过失标准，此种批评并没有打消立法者承认过失作为犯意的态度，事实上美国国

---

① 参见 Lawrence Crocker, "Justice in Criminal Liability: Decriminalizing Harmless Attempts," *Ohio St. L. J.* 53 （1992）: 1057。《模范刑法典》并没有要求针对量刑要素的可责性，参见 MPC § 223.1。

② 上述观点所反映的是对这个问题的权威看法，包括《模范刑法典》起草者在内的很多学者都持这样一种观点。参见 Gerhard O. W. Mueller, "On Common Law Mens Rea," *Minn. L. Rev.* 42 （1958）: 1043。

③ 在上述四种罪责形式当中，最为薄弱的就是过失。因为行为人被认为缺乏注意，同时行为人缺乏对适用法律的相关认识，因此刑法无法对此类行为人产生任何的震慑作用。因此有观点认为对此类行为人，教育或者矫正而不是刑罚才是较为合适的对策。但这种看法过于简单。虽然没有留意，但对产生不合理危险的情况，行为人应当十分谨慎，充分运用自身经验谨慎行事，从而防止发生不当危害结果。在这个意义上，至少可以将此种社会预防效果作为承认过失作为犯罪心态的合理性根据之一。参见 Herbert L. Packer, "Mens Rea and Super Court," *Sup. Ct. Rev.* 1962 （1962）: 107。

会也承认司法机关有权惩罚过失犯罪行为。[1]

显然，过失在普通法中是作为非常重要的犯意概念存在的。"过失作为一种罪责形式所考虑的不是是否知道，而是是否应该知道。"[2] 有些学者认为"过失行为构成了刑事责任的充分条件，在这个意义上过失作为罪责形式的确立，标志着传统意义上故意作为总体犯意原则地位的削弱"。[3]

而对严格刑事责任，布莱克法律词典的定义是"对非法行为适用刑事制裁而不要求犯意证明的责任形式"。这一定义微妙地改变了严格责任的本质。传统严格责任所指的是不要求行为人具有犯意，如前所述修正意义上的严格责任谈及的是不要求证明犯意。[4] 不要求犯意和不要求证明犯意之间不可等同，因为两者实际上体现的是一种交叉关系，即除了两者同一的情况之外，还存在两者相互区别的情况。

过失和严格责任之间的关系其实十分紧密，甚至容易产生混淆，如有的学者指出，"和其他反映行为人部分主观认识的罪责形式不同，过失与严格责任之间存在更为紧密的联系。通常情况下，过失是指基于可责性从事 X 行为，这样做碰巧导致了 Y 结果，这意味着行为人针对 Y 结果的过失"。[5] 根据此种观点，针对量刑问题，会出现过失和严格责任之间的混淆。如根据重罪谋杀规则，假如武装抢劫是可以预见到的重罪，那么就不难认定一个武装抢劫的人会预见到，而通常也的确预见到了，抢劫会导致

① 可以将过失表述为几种不同类型的过错或者错误行为，并且认定其中某些过错行为该当刑事处罚，而理性谨慎的人在类似或者相同的情况下可以意识到相关的过错，正如《模范刑法典》中所规定的那样，在行为人应该认识到实体要素存在的实质且非正当的危险的时候，就可以认定其具有过失心态，因为行为人没有认识到相关危险本质和程度的状态违反了社会中一般理性人应当具有的注意义务。参见 John Shepard Wiley Jr., "Not Guilty by Reason of Blamelessness: Culpability in Federal Criminal in Interpretation," *Va. L. Rev.* 85 (1999): 1021。

② Rex A. Collings Jr., "Negligent Murder—Some Stateside Footnotes to *Director of Public Prosecutions* v. *Smith*," *Cal. L. Rev.* 49 (1961): 254.

③ Richard A. Wasserstrom, "Strict Liability in the Criminal Law," *Stan. L. Rev.* 12 (1960): 731.

④ 参见 Patrick M. O'Neil, "The Moral Blindness of the Positivistic Legal Hermeneutic and the Non-proximate Mens Rea in the Law of Criminal Negligence," *Am. J. Juris.* 41 (1996): 289。

⑤ 参见 Kenneth W. Simons, "When Is Strict Criminal Liability Just?" *J. Crim. L. & Criminology* 87 (1997): 1075。

死亡的显著危险。① 因此，抢劫犯针对受害人死亡的结果通常具有过失或轻率的犯意。这表明针对死亡结果法律在形式上拟制的严格责任，即所谓犯意的边缘化，和实质上行为人针对危害结果的犯意之间是存在出入的。对这个问题，法经济学者提出了一种和报应理论相关的分析。他们指出，"当可以通过改变行为可责性层级来有效减少社会控制成本时，就可以像侵权法那样，在刑法中引入严格责任"。② 不能将过失看作严格责任的法定形式，因为如果将过失看作严格责任的话，那么严格责任就不得不背负不正当、非道德等污名。但事实上，如果一个人清楚地明知伤害或者导致他人死亡的危险，而其无论如何都将这样的行为继续下去，那么其将不构成过失，而是构成轻率地制造危险或者其他的严重犯罪。③ 但笔者认为，尽管犯罪过失和严格责任之间存在较易混淆之处，还是应对二者做如下区分。

1. 体现理念不同

严格责任虽然实现了功利主义的刑法目的，但是它否定了人的意志自由，实际上是一种有罪推定，不管行为人主观上有无故意、过失，有结果必有刑罚。从诉讼过程上看，只要被告人不能证明自己无罪，则必有罪。④ 过失，尽管不考虑行为人的真实主观情况，但仍然没有背离美国刑法所标榜或者秉持的理念，即在没有相反证据的情况下推定行为人无罪。因此，过失和严格责任之间的区别虽然十分微妙，却是本质性的，如果将严格责任称为一种以起诉效率等功利主义为名的堕落的话，那么过失，尽管十分蹩脚，仍然固守着那份对民主理念的执着。

2. 规定范式不同

过失与严格责任相比，在规定方式上是存在较大差别的。严格责任，

---

① 认为重罪谋杀规则属于一种纯粹报应刑的意见有些言过其实，因为大多数重罪谋杀的确反映出行为人针对死亡结果的可责性。在针对犯罪的相对严重性的实际调查当中，保罗·罗宾逊教授等人发现在重罪的实施过程当中导致死亡结果的行为人可责性总体上类似于轻率导致死亡结果的情况。因此或许法律应该规定的是"重罪过失杀人规则"（Felony-manslaughter），而不是重罪谋杀规则。参见 Paul H. Robinson & John M. Darley, *Justice Liability and Blame*: *Community Views and the Criminal Law* (Boulder: Westview Press, 1995): 178.

② Richard A. Posner, "An Economic Theory of the Criminal Law," *Colum. L. Rev.* 85 (1985): 1193.

③ 参见 Glanville Williams, *Criminal Law*: *The General Part* (London: Stevens & Sons, Ltd., 1961): 21。

④ 参见康均心、董邦俊《罪过责任之思考——兼评严格责任之冲突》，《法学评论》2000 年第 5 期，第 25 页。

至少大部分严格责任，是为立法机构所事先设定的，因此，基本上不存在事后对其加以证明的问题。但过失，虽然会在法律当中加以标识，但基本上依赖于陪审团的事后认定，立法者在事先认定的不可接受的行为与陪审团在事后对某种落入社会规范当中的行为是具有根本性不同的。犯意的边缘化虽然在大多数情况下专指严格责任，但在某些情况下，有些人认为其还意味着所谓"超常注意义务"。[①] 在这个意义上，严格责任或许表达了一种最低层级的过错。但是这样的观点的说服力是有限的。在一定意义上，适用超常注意义务其实属于不可接受的过失。

3. 证明标准不同

对不需要犯意，或者说不需要证明犯意的严格责任犯罪而言，行为的自愿性和行为的关系就变得特别重要。如果自愿性对行为是必要的话，那么对严格责任犯罪而言也需要一种犯意要素。"在没有自愿性的情况下，不存在可以对行为人加以归责的行为。"[②] 围绕严格责任的适当性的争论多少具有迷惑性。严格责任犯罪或许体现了被告人的某种可责性，但吊诡的是要求意图等最高犯意的犯罪或许和被告人的可责性毫无关系。因此必须检视犯罪定义对行为客观要素，诸如行为、随附情状和结果的具体要求。[③] 而与此相对，衡量行为人是否有过失的标准则是人为拟制的所谓"理性人标准"，而对理性人标准或者注意水平的评价，往往和具体行为人的实际情况相去甚远。

五　犯意要求边缘化下限之于民事侵权

"美国刑法理论与实践将刑法和民法作为两个独立范畴，同时将侵权法视为两者之间的中间地带。"[④] 这样的观点正好佐证了犯意要求边缘化下限与侵权责任之间的密接关系。

在一定意义上，犯意要求边缘化下限与民事侵权之间很难说具有一种

---

① 参见 Norman Abrams, "Criminal Liability of Corporate Officers for Strict Liability Offenses—A Comment on Dotterweich and Park," *Ucla L. Rev.* 28 (1981): 463。

② Sanford J. Fox, "Physical Disorder, Consciousness, and Criminal Liability," *Colum. L. Rev.* 63 (1963): 645.

③ 参见 Peter W. Low, "The MPC, The Common Law, and Mistakes of Fact: Recklessness, Negligence, or Strict Liability?" *Rutg. L. J.* 19 (1988): 539。

④ Kenneth Mann, "Punitive Civil Sanctions: The Middle Ground Between Criminal and Civil Law," *Yale L. J.* 101 (1992): 1795.

明晰的区分，反而存在事实上或多或少的重合。传统上刑法的目的在于排他性地保护那些具有可责性的行为人所侵害的社会利益，但随着侵权法的兴起，越来越多的侵权法开始涉及可责性的行为，从这个意义上来说，很多侵权行为实际上也符合具体的犯罪构成。而且，如有的学者指出的那样，"因为刑法和需要保护利益之间的不对称性，侵权或许可以作为一种支援，在刑法的专属领地当中寻找到自己的一席之地"。①

犯意要求边缘化，即严格刑事责任，作为刑事法"领地"的最下端，如何与和自己纠缠不清的民事侵权相互区分呢？

（一）本原的区分

"错误性"与"可责性"之间的二元分野，可以被用来说明严格刑事责任和与其分属不同性质范畴的侵权责任之间的区别。

首先，从单纯描述性的角度出发，"可以认为严格责任仅仅适用于非可责的错误行为人，而不是像侵权法那样适用于没有从事任何错误行为的行为人"。② 在侵权案件当中，被告人默许，甚至鼓励对受害人的危害行为，但同时向受害人提出了正当的赔偿主张，无论正确与否，似乎可以将侵权理解为针对行为本身的严格责任。而刑事严格责任所要求的是不考虑行为人是否该当可责性，都针对其认定严格责任。

从这个角度出发，有很多研究刑法或侵权法的学者都强调道德理念在刑法范畴中所扮演的角色。霍尔认为，概括来说，最为具有说服力的观点就是刑法是建立在道德可责性的基础之上的，这样一种概括的价值判断区分了刑法和侵权法。刑法的核心理念在于只有惩罚那些法律规定的明知地从事道德上错误的行为人才是正当的。对霍尔来说，道德可责性在侵权法当中并不是最为重要的概念，不道德行为仅仅是导致个人遭受损失的几种方式之一。但是在刑法当中，行为人的非道德行为与刑事责任具有实质性联系，但财产损失却与被告人是否承担刑事责任没有必然联系。霍尔坚持

---

① Larry Alexander, "Negligence, Crime, and Tort: Comments on Hurd and Simons," *B. U. L. Rev.* 76 (1996): 301.

② Kenneth W. Simons, "When Is Strict Criminal Liability Just?" *J. Crim. L. & Criminology* 87 (1997): 1075.

道德可责性应该继续作为刑事责任的核心，而刑事责任与非刑事责任的区分仍然应当继续建立在这一基础之上。在区分侵权法和刑法两个体系的过程当中，有学者强调需要立足于行为人造成危害的行为是出于意外还是有意为之。无论是霍尔还是哈特都认为，刑法在处理该当道德谴责的行为时适用效果最好，而刑法如果建立在让行为人承担自己行为的风险的基础上，其适用效果则不可能太好。① 大体上，除了在极少数情况下用以填补具有可责性但又没有被刑法所规制的特殊情况之外，侵权法的存在意义主要在于为单纯的报应处遇提供正当性根据。②

（二）形式上的区分

刑事严格责任和侵权责任除了本原的区别之外，也存在一定具体表现形式上的差别。③ 例如，两者的设定目的不同，严格责任更多的是为了震慑，而侵权责任更多的是为了补偿；两者导致的后果也不同，前者多少带有社会上的污名或者否定评价，甚至可能导致身体刑，如监禁等，而后者基本上都是财产上的补偿；另外，还存在其他程序上的差别，如诉讼的提起方不同、审理的程序不同等。限于篇幅，在这里不再赘述。

第二节 传统犯罪中犯意缺省典型情况分析

一 犯意之于重罪谋杀规则

（一）重罪谋杀（Felony Murder）规则概述

1. 美国刑法中重罪谋杀规则的流变

学界一般认为，重罪谋杀最早作为一种普通法规则出现在英国。④ 对

---

① 参见 Alvin K. Klevorick, "Legal Theory and the Economic Analysis of Torts and Crimes," *Colum. L. Rev.* 85 (1985): 905。

② Larry Alexander, "Negligence, Crime, and Tort: Comments on Hurd and Simons," *B. U. L. Rev.* 76 (1996): 301.

③ 参见 Kenneth Mann, "Punitive Civil Sanctions: The Middle Ground Between Criminal and Civil Law," *Yale L. J.* 101 (1992): 1795。

④ 有美国学者认为第一个重罪谋杀规则不是出现在中世纪的英国，而是在 19 世纪由美国制定的。他们不是基于普通法的管辖而是通过立法和司法解读来加以建构的。参见 Guyora Binder, "The Origins of American Felony Murder Rules," *Stan. L. Rev.* 57 (2004): 59。

重罪谋杀规则的确切缘起有不同看法，有些学者认为其起源于"达克瑞勋爵案"（*Lord Dacre's* Case）。[1] 其他学者则将一年后才出现的"曼塞尔案"（*Mansell* Case）视为重罪谋杀规则之发端。[2] 还有人认为 1644 年库克勋爵首创了这一规则。[3] 更有杰出学者相信在实施重罪过程中杀人的行为可以自动转变为谋杀的观点首先为麦克尔·福斯特爵士（Sir Michael Foster）[4]在 1762 年提出。[5] 很明显，学界对重罪谋杀规则的起源并没有较为统一的认识。

但这一规则被普遍接受或者得到普遍适用并不意味着这一规则就是经过深思熟虑的反思或者分析的结果。事实上，在当时并没有很多种普通法意义上的重罪[6]，而且当时往往不区分道德上的过错和法律上的犯意。需要指出的是，当时几乎所有的重罪都需要被处死，从而至少从效果上来讲，重罪谋杀规则本身的粗陋并没有造成人们所不可接受的损害后果。

到了 1957 年，英国国会修改立法，实质上废除了重罪谋杀规则在英国的适用。[7] "虽然在其所产生的国度被抛弃，但重罪谋杀规则和很多其他的普通法遗迹一样，还是可以在美国发现其遗迹的"。[8] 在美国，很多学者认为，大约在 19 世纪，重罪谋杀规则在英国发展到最高峰时期传入美洲殖民地，即美国的重罪谋杀规则源自英国。但最近有学者认为，美国的重罪谋杀罪规则并不是来源于英国，因为在美国独立战争时期，英国刑事司法中还没有适用重罪谋杀规则。第一个具有效力的重罪谋杀规则并不是诞生在

---

[1] 参见 Norval Morris，"The Felon's Responsibility for the Lethal Acts of Others，" *U. Pa. L. Rev.* 105（1956）：50。

[2] 参见 Note，"Felony Murder as a First Degree Offense：An Anachronism Retained，" *Yale L. J.* 66（1957）：427。

[3] 参见 Herbert Wechsler，"Codification of Criminal Law in the United States：The MPC，" *Colum. L. Rev.* 68（1968）：1425。

[4] 麦克尔·福斯特爵士（Sir Michael Foster），1689—1763 年，英国贵族，法学家，法官。

[5] 转引自 James J. Tomkovicz，"The Endurance of the Felony-Murder Rule：A Study of the Forces That Shape Our Criminal Law，" *Wash. & Lee L. Rev.* 51（1994）：1429。

[6] 普通法意义上的重罪仅限于杀人、通奸、纵火、强奸、抢劫、夜盗及越狱等少数犯罪。参见 Jo Anne C. Adlerstein，"Felony Murder in the New Criminal Codes，" *Am. J. Crim. L.* 4（1975-1976）：249。

[7] 转引自 George P. Fletcher，"Reflections on Felony Murder，" *Sw. U. L. Rev.* 12（1980-1981）：413。

[8] David Lanham，"Felony Murder—Ancient and Modern，" *Crim. L. J.* 7（1983）：90。

中世纪的英国，而是 19 世纪的美国；产生的方式也不是通过普通法判例，而是通过立法的方式，准确的时间应该是在 20 世纪 40 年代。①

由于美国独特的联邦司法体制，重罪谋杀规则的适用范围已经不能像英国普通法当中那样宽泛。相反，只能以一种适用范围相当有限的形式出现在美国各司法区的立法及司法适用之中。事实上，各州制定的重罪谋杀规则版本多有不同②，还有个别州，如夏威夷则完全放弃了这一规则。③ 另外，适用这一规则的各州立法具有共同特征，即将重罪谋杀规则适用范围限制在行为人实施法定重罪的过程中因实施致命性行为导致他人死亡的情况。除了立法列明重罪谋杀规则适用的重罪种类之外，美国各司法区还立法规定，重罪谋杀规则中所谓致人死亡，不包括导致实施犯罪的同案犯死亡的情况。④

即便存在上述限制，也不可否认重罪谋杀规则与刑法中可责性理念存在出入。因此"重罪谋杀责任成为美国刑法一直存在且广泛遭人诟病的特征之一"。⑤ 但应该说很多此类指控或许存在某种程度的误解，因为其被错误理解为"对任何在实施重罪的过程当中导致的死亡结果都认定严格责任"。⑥ 另外，从刑法理论与实践层面出发，一般认为在无法证明被告人存在罪过的情况下对其处以刑罚，从逻辑上以及经验上无法达成很好的震慑效果。那么，为什么重罪谋杀规则至今仍然在美国得到普遍适用呢？

对这一问题，除了偶尔的司法和立法改革明确设立的例外规定之外，美国刑法研究中很少涉及。但毫无疑问，只有重罪谋杀规则的存在意义具

---

① 参见高长见《美国刑法中的重罪谋杀罪规则评析》，《西南政法大学学报》2009 年第 6 期，第 39 页。

② 参见 M. Susan Doyle, "Note, *People v. Patterson*: California's Second Degree Felony-Murder Doctrine at 'The Brink of Logical Absurdity'," *Loy. L. A. L. Rev.* 24 (1990): 195。

③ 转引自 James J. Tomkovicz, "The Endurance of the Felony-murder Rule: A Study of the Forces That Shape Our Criminal Law," *Wash. & Lee L. Rev.* 51 (1994): 1429。

④ 参见 Martin J. McMahon, "Annotation, Application of Felony-murder Doctrine Where Person Killed Was Co-Felon," *A. L. R. 4th* 89 (1991): 683。

⑤ Robert G. Lawson, "Criminal Law Revision in Kentucky: Part I—Homicide and Assault," *Ky. L. J.* 58 (1970): 242.

⑥ Bernard E. Gegan, "Criminal Homicide in the Revised New York Penal Law," *N. Y. L. F.* 12 (1966): 566.

有压倒性优势，其存在才是有意义的。

重罪谋杀规则之所以在美国刑法理论和实践当中仍然占有一席之地，首先需要从历史传承所导致惰性的角度加以考量。毕竟，重罪谋杀规则具有较为悠久的历史，很难想象断然废止之后具有历史惯性的美国刑事司法体系会出现何种真空。当今刑法学者对刑法学历史的研讨大多流于形式，而忽视或者低估历史传统对刑法变迁影响的实质性。事实上，旧的习惯要比新的习惯更难消退。事实上，法的运行必须考量人们因长期历史积淀形成的思维定式，以及这样的一种定式向道德范式的异化。① 其次，除历史以及道德情感的影响之外，更为现实的理由在于重罪谋杀规则似乎可以满足人们某种功利性的考量。这一规则旨在鼓励罪犯在实施重罪行为的时候行为谨慎，从而降低对人的生命造成的危险并且尽可能减少死亡结果的发生。任何国家都希望通过制定合理的刑事政策维护国家的社会秩序，而"法律和秩序意味着国家会适用暴力来赢得打击犯罪的胜利，并且国家会设计出更加有力的抗制犯罪的手段。这样的功利主义思维使得重罪谋杀规则获得了其存在的正当性"。②

2. 重罪谋杀规则的概念和构成

什么是重罪谋杀规则？围绕这个问题存在大量的混淆意见。从最广义的形式而言，"重罪谋杀规则规定在推定任何重罪的过程当中出现的杀人行为构成了谋杀"。③ 简单来说，"如果是在从事特定重罪的过程当中造成他人死亡，那么重罪谋杀规则认为行为人犯有谋杀罪，而不考虑其针对杀

---

① 美国的刑法理论与刑事政策和民意之间关系密切，虽然美国人一般倾向基于报应主义严惩犯罪，甚至有人主张，将"所有犯罪人都关进监狱锁起来"，在这个意义上，出现重罪谋杀规则以及"三振出局法"（Three Strikes Law）等看似严苛的刑法规则也就不足为奇了。但不应据此就认为美国民众对重刑化情有独钟，事实上，据调查，美国民众在有选择，如存在终身监禁不得假释的情况下，倾向于对未实施暴力的犯罪人不适用死刑。同时，美国民众还倾向于刑法的早期介入，即针对习惯性犯罪人采取保安措施。参见 Francis T. Cullen, Bonnie S. Fisher and Brandon K. Applegate, "Public Opinion About Punishment and Corrections," *Crime and Justice* 27 (2000): 1–79.

② Francis B. Sayre, "Public Welfare Offenses," *Colum. L. Rev.* 33 (1933): 565.

③ Erwin S. Barbre, Annotation, "What Felonies Are Inherently or Foreseeably Dangerous to Human Life for Purposes of Felony-murder Doctrine," *A. L. R. 3d* 50 (1973): 397.

人的实际态度或者意图"。① 该规则的实施所沿用的是一种十分简单，几乎是数学性的逻辑等式："重罪＋杀人＝谋杀"。②

对这个推导等式表达的理解无疑可以做如下的分析。首先要厘定重罪的外延和内涵，即弄清楚什么构成了特定司法区针对重罪谋杀所规定的重罪，以及哪些重罪可以构成对谋杀的推定的基础犯罪。③ 而对等式左侧第二个要素"杀人"的解读，则主要集中在对其实施所基于的犯意要素为何之上。

对杀人的形态从无到有，可以进行任意层级的划分，就问题研究的实际意义而言，如果在重罪实施过程当中发生的是故意的杀人行为，似乎没有做重罪谋杀考虑的必要，因此，讨论的范围应限制在实施规定范围内的重罪过程中非故意致人死亡的行为是否可以被作为重罪谋杀加以处遇的问题。

因为重罪谋杀主要针对的是行为人非故意致人死亡的情况，因此对犯意种类与层级划分标准的不同，很可能导致对这一问题认定不同的结果。美国有十几个州基于普通法可责性中的犯意概念制定了重罪谋杀规则，具体又可将基于普通法犯意建构的重罪谋杀规则分为如下两类，即"伊利诺

---

① Guyora Binder, "Felony Murder and Mens Rea Default Rules: A Study in Statutory Interpretation," *Buff. Crim. L. R.* 4 (2000): 399.

② James J. Tomkovicz, "The Endurance of the Felony-murder Rule: A Study of the Forces That Shape Our Criminal Law," *Wash. & Lee L. Rev.* 51 (1994): 1429.

③ 时至今日，对重罪谋杀规则已经有相当严格的适用规则和限制规定。目前，美国各州的制定法规定了很多普通法上没有的重罪罪名，其中很多重罪不会对人的生命或财产产生威胁，如果在实施这些制定法重罪的过程中造成他人死亡的情形被认定为谋杀罪将不可思议。例如，美国税法规定，向税务局书面或口头提交虚假的申报行为构成重罪，假设行为人驾车到邮局邮寄虚假文件的路上意外地撞死行人，将这种情形按重罪谋杀罪论处肯定很荒谬。因此，几乎所有的法院和立法都把重罪谋杀规则限制在特定的几种重罪中。大致有三种限制重罪谋杀规则的"重罪"范围的做法：第一，限于对人身安全和健康有"本质危险"的重罪，而不是以普通法上的重罪为标准；第二，限于普通法上的重罪，即强奸罪、鸡奸罪、抢劫罪、夜盗罪、纵火罪、伤害罪和盗窃罪；第三，限于"自身性质的罪错"的重罪，而不是"法律规定的罪错"的重罪（类似于大陆法系刑法中关于自然犯与法定犯的区分），前者如杀人、放火、奸淫、盗窃等，后者如酒后开车、经营赌具及其他违反经济法规的行为等。大部分法院采用"本质危险"标准，该标准可以使重罪谋杀规则适用于诸如绑架罪这样的不属于普通法上的重罪的犯罪。但是，在如何判断犯罪是否具有"本质危险"性质上则有较大的争论。参见高长见《美国刑法中的重罪谋杀罪规则评析》，《西南政法大学学报》2009 年第 6 期，第 39 页。

伊模式"与"加利福尼亚模式"。前者要求实施重罪的行为人对死亡结果持放任的犯意，佐治亚州、内布拉斯州以及科罗拉多州等采用的就是这样一种模式。后者要求行为人对死亡结果持默示的恶意，几个西部州，从加利福尼亚州开始，包括爱达荷州和蒙大拿州，采用的就是这种合并了伊利诺伊州放任的恶意犯意标准和宾夕法尼亚州基于被列举的重罪而将犯罪加重为谋杀的量刑规则。而作为一种纯粹意义上的重罪谋杀模式，纽约州、密西西比州、密苏里州和俄勒冈州将在重罪实施的过程当中所发生的非故意杀人认定为谋杀。[①] 更多的州所参照的是《模范刑法典》所建构的可责性体系，这一部分，将要在下面的一节来进行讨论。

（二）犯意之于重罪谋杀规则

重罪谋杀规则最大的问题在于其所惩罚的是行为人在缺乏故意可责性的情况下导致死亡结果的行为。因此在这一规则中存在犯意要求与严苛刑事责任之间的紧张关系。以《模范刑法典》为例，只有在有证据证明行为人对犯罪所有实质要素都具有最低层级法定犯意的情况下，才能认定其应承担刑事责任。因此"重罪谋杀规则的表现形式——即使最为限制的形式——和现在流行的对犯意的要求是不相融和的"。[②]

《模范刑法典》不承认严格意义上的重罪谋杀规则，也就是说根据《模范刑法典》的规定，不可能出现在实施特定重罪的过程当中不考虑任何犯意而将发生在这个过程当中的死亡结果作为谋杀罪处理。《模范刑法典》的起草者不承认重罪谋杀规则属于杀人罪的一种严格责任形式，而是基于可责性理念对实施重罪中出现意外导致他人死亡的问题加以理解，认为刑法要求犯罪人对类似谋杀之类的犯罪具有可责性。如果坚持可责性体系，同时继续坚持传统意义上的重罪谋杀规则，则会导致原则上的冲突。[③]

---

① Guyora Binder, "Felony Murder and Mens Rea Default Rules: A Study in Statutory Interpretation," *Buff. Crim. L. R.* 4 (2000): 399.

② James J. Tomkovicz, "The Endurance of the Felony-murder Rule: A Study of the Forces That Shape Our Criminal Law," *Wash. & Lee L. Rev.* 51 (1994): 1429.

③ Guyora Binder, "Felony Murder and Mens Rea Default Rules: A Study in Statutory Interpretation," *Buff. Crim. L. R.* 4 (2000): 399.

具体而言，根据《模范刑法典》，杀人罪是指如下四种情形：①

（1）行为人基于意图、了解、轻率或者过失导致他人死亡的行为。②因此，对杀人，至少需要行为人具有过失的犯意要求。

（2）谋杀被定义为杀人犯罪的一种形式。③

（3）当被告人实施了，或者其共犯实施了抢劫、强奸、夜盗、纵火、绑架或者脱逃等严重犯罪时，推定行为人具有上述犯意。

（4）陪审团可以依据上述推定，排除合理怀疑地认定被告人满足相关犯罪的具体故意要求，但陪审团有权结合具体证据做出其他认定。在不同方面证据效力旗鼓相当的情况下，陪审团应当考虑认定被告人具有轻率心态是否存在合理怀疑。首先，《模范刑法典》将重罪谋杀作为严重的轻率谋杀加以处理，将实施被列举的重罪视为严重过失的表面证据。其次，《模范刑法典》确定了缺省性的可责性适用规则，《模范刑法典》规定，当刑法没有明确规定成立犯罪实质要素的可责性时，行为人的行为是基于意图、了解或者轻率等三种犯意的话就充分满足了相关要求。这意味着即使所谓重罪谋杀规则当中对导致他人死亡的结果并没有规定任何的可责性，但如果依照《模范刑法典》犯意规定及解读范式，通过适用缺省性解读规则，那么行为人针对致死他人的危害结果也必须具有意图、轻率或过失三种犯意。因此不应存在对致死结果追究严格责任的所谓重罪谋杀。唯一存在问题的是，美国刑法通常将谋杀定义为基于至少严重轻率心态的杀人行为，即有意不顾他人生命从事危险行为，足以表现出行为人对他人生命价值的无所谓犯意。而如果机械适用《模范刑法典》所谓缺省性的可责性适用规则，就会使得过失，或者严重过失的行为成为谋杀，但这明显与对谋杀的惯常理解相冲突。将基于严重过失或者过失杀人作为谋杀处理的话也不符合犯意与该当刑罚之间的对应关系。

---

① 参见 Guyora Binder, "The Origins of American Felony Murder Rules," *Stan. L. Rev.* 57 (2004): 59。

② MPC § 210.1 (1)（如果行为人意图、明知、轻率或者过失导致他人死亡，就犯有杀人罪）.

③ MPC § 210.1 (2).

（三）重罪谋杀与严格责任的关系

重罪谋杀的类别归属一直都是一个存疑的问题，而事实上产生混淆或者争议的原因在于重罪谋杀规则本身就是一种综合性概念，而从其不同侧面理解所得出的当然是不同的镜像。

就重罪谋杀与严格责任的关系而言，两者基本上可以相互区分，仅在很小的部分，作为狭义的严格责任与最为狭义的重罪谋杀发生了重合。

1. 重罪谋杀与严格责任之区别

首先，从美国刑法对重罪谋杀规则的总体规定出发，可以发现，基本上大多数州都对在实施基本重罪过程中造成他人死亡结果的行为规定了某种层级的犯意，而不是零犯意。"重罪谋杀，是谋杀的一种，属于一种实质上需要恶意的污名性的普通法犯罪。而不是不要求犯意，或者仅仅要求较低层级犯意的单独分支。"① 从这个意义上来讲，重罪谋杀从某种程度上来说是独特的，并且和刑法当中的严格责任犯罪相区别。

其次，从整体而言，当今美国刑法中的严格责任犯罪通常指的是后来为成文法所规定的公益犯罪或者行政犯罪。② 基本上，这些犯罪实施者所受到的社会责难和否定评价相对较小，而所处刑罚也较为轻缓，因此适用面相对广泛。正是从这个功利性角度出发，这些严格责任犯罪才被认为具有正当性。但无疑，因为重罪谋杀作为谋杀这种传统普通法意义上的犯罪的一种，任何实施者都必须面对极度负面的社会评价，同时，谋杀所需要承担的刑罚几乎可以被认为是最高的。而维系严格责任犯罪的功利性与正当性之间微妙的平衡显然在重罪谋杀这里是不存在的。更何况，很多的犯罪统计材料都反映，强奸、夜盗和抢劫等可以适用重罪谋杀规则的重罪中致人死亡的概率非常低，一般在 1/‰ 左右。③ 从统计学的角度评价，显然重罪谋杀规则的适用属于小概率事件，并不具有全然的宏观意义。

---

① James J. Tomkovicz, "The Endurance of the Felony-murder Rule: A Study of the Forces That Shape Our Criminal Law," *Wash. & Lee L. Rev.* 51 (1994): 1429.

② 事实上，普通法当中也存在某种意义上的严格责任犯罪，如法定强奸等。对此将在后文介绍。

③ 例如，1975 年新泽西州记录了 1382 件强奸案、111246 件破门入户行为、16273 件抢劫案，但总计只导致 136 人死亡。参见高长见《美国刑法中的重罪谋杀罪规则评析》，《西南政法大学学报》2009 年第 6 期，第 39 页。

2. 重罪谋杀与严格责任之契合

如果针对犯罪构成的实质要素不要求证明犯意就可以被视为严格责任犯罪，那么美国少数州，如密西西比等州对重罪实施过程当中造成死亡结果的行为不要求证明犯意的做法似乎可以勉强视为形式上符合严格责任的规定。但这种极端情况下的契合因为不具有实质的存在根据，即使在形式上满足狭义的严格责任的规定，也仅仅可以视为一种偶然，似乎不具有深入研究的必要。

二 严格责任之"法定强奸"（Statute Rape）规则①

（一）法定强奸规则概述

奸淫幼女是一种严重危害女童身心健康的行为，具有极大的社会危害性，"为预防和消灭这类犯罪，刑法对幼女实施特别保护，不去追究行为人是否明知幼女的年龄，只要与其发生性关系的幼女未满法定年龄，即追究相应的刑事责任"。② 在这个意义上，因为不考虑行为人对其性伙伴年龄的主观认知，将与低于特定年龄的女童性交规定为犯罪，因此可以认为法定强奸犯罪针对受害人年龄这个要素规定了严格责任。③ 据此，可以将其

---

① 美国刑法中作为传统普通法犯罪存在的重婚罪、诱拐儿童脱离父母罪等与法定强奸具有很大的类似性，这里仅仅以法定强奸罪作为代表加以论述。正如有的学者所指出的那样，"在美国，严格刑事责任，在 19 世纪开始被接受的程度之内，几乎专属地被用来规定惩罚道德犯罪，特别是那些和酒以及总体上可以使未成年人堕落的物品相关的犯罪。另外，这个国家在和性行为相关的案件当中适用严格责任，最为值得一提的就是重婚罪以及被称为法定强奸的犯罪"。参见 Richard G. Singer, "Strict Criminal Liability: Alabama State Courts Lead the Way into the Twenty-first Century," *Ala. L. Rev.* 46 (1994): 47。

② 石文英：《从归责的历史发展看严格责任》，《焦作工学院学报》（社会科学版）2002 年第 2 期，第 31 页。

③ 如果具体犯罪定义当中不要求证明犯意，那么这种犯罪就属于所谓的"严格责任"或者"绝对责任"。而美国各级立法者基于各种原因经常在规制犯罪的过程中忽略对行为人的犯意要求。这就导致固然适用该法的法院可以宣称该成文法违宪，但也使得法院可以简单地适用一个犯意要素而要求起诉方对其加以证明。而后面的做法，即在立法空白的前提下通过司法解读要求犯罪具有某种犯意要素（通常是犯罪过失），是《模范刑法典》所建议的。因此，最好将严格责任犯罪界定为犯罪定义中不存在犯意要素，但是允许被告人对此提出抗辩的犯罪；而将绝对责任犯罪定义为不仅不需要立法界定犯意要素，而且也不允许被告人对此提出抗辩的犯罪。参见 Jeremy M. Miller, "Mens Rea Quagmire: The Conscience or Consciousness of the Criminal Law?" *W. St. U. L. Rev.* 29 (2001): 21。

作为美国刑法传统犯罪中犯意缺失的代表。

1. 美国刑法中法定强奸规则之流变

"在美国很多司法区当中，一直到最近还有法律规定非过失地和非配偶发生性行为本身就构成犯罪。"① 当然，这种纯粹意义上的道德犯罪作为极端情况，数量极少，不具对其详尽研究的必要性。但其的确说明美国刑法对性这一问题的敏感程度。

16 世纪时，英国法将明知性对象不满 10 周岁仍与其发生性行为规定为重罪。在 19 世纪的美国，虽然当时并无明确立法，但司法实践一般认为，与明知不满 10 周岁的女孩子发生性关系是重罪，但和明知不满 12 周岁的少女发生性行为是轻罪。一些州对将不满 20 周岁女孩从其父母身边拐走的行为加以犯罪化。②

长期以来，美国尚无判例涉及在上述犯罪中行为人对受害人年龄具有合理认识错误应如何处理这一问题。直到 1859 年，借由艾奥瓦州审决的 "艾奥瓦州诉鲁尔案"（*State* v. *Ruhl*）③，美国刑事司法首次认定行为人对受害人年龄的认识错误不属于合法抗辩理由。④ "鲁尔案是第一个明确诱拐者需要对受害人的年龄承担严格责任的判例。"⑤ 几年之后，艾奥瓦州法院采用了比鲁尔案更为严苛的标准。在 "艾奥瓦州诉牛顿案"（*State* v. *Newton*）⑥ 中，法院拒绝支持被告人提出的在法定强奸案件中法官应该指

---

① "私通罪"（The Crime of Fornication）是指已婚人士与未婚伴侣发生性行为，并要求行为人对其伴侣未婚这一事实具有明知心态的犯罪。截至 1991 年，美国仍有 13 个州及哥伦比亚特区将私通行为规定为犯罪。参见 "Constitutional Barriers to Civil and Criminal Restrictions on Pre- and Extramarital Sex," *Harv. L. Rev.* 104（1991）：1660。

② 参见 Gerald Leonard, "Towards a Legal History of American Criminal Theory: Culture and Doctrine from Blackstone to the MPC," *Buff. Crim. L. R.* 6（2003）：691。

③ 参见 *State* v. *Ruhl*, 8 Iowa 447（1859）。

④ 参见 John L. Diamond, "The Myth of Morality and Fault in Criminal Law Doctrine," *Am. Crim. L. Rev.* 34（1996）：111。

⑤ 但有学者认为，这一判例不能被理解为对犯罪情节要素要求严格责任。实际上，尽管当时艾奥瓦州的刑法已经法典化，但该州刑事成文法并没有将犯意概念规定为犯罪的构成要素。虽然要求犯意是普通法传统，但即使成文法并未明确规定相关的犯意要求，也不代表立法者试图通过此种成文法排除普通法要求行为人具有犯意的习惯，也就是说，在危害结果发生的情况下，法院可以将某种错误的意愿转化为犯意。参见 Gerhard O. W. Mueller, "On Common Law Mens Rea," *Minn. L. Rev.* 42（1958）：1043。

⑥ 参见 *State* v. *Newton*, 44 Iowa 45（1876）。

示陪审团认定被告人应该认识到被害人不满 10 周岁的事实。法院粗略地认为，"犯罪成立并不依赖于被告人对事实的了解，而是根据犯罪人的行为本身"。[①]

其他州法院指出，和未满 12 周岁的女孩发生性关系的行为构成犯罪，其行为的犯罪性与被告人对其性伙伴年龄的任何确信或者合理的信念无关，换句话说，即使行为人主观确信对方已满 12 周岁，但在事实并非如此的情况下仍然需要承担刑事责任。这意味着行为人如果选择和女性发生性关系的话，就需要在对方不满 12 周岁的情况下承担责任。[②] 进一步地，有法院认为，出于保护社会、家庭以及未成年人的目的，以发生性行为为目的的行为人需要在这种情况下承担自己的行为的风险。但其没有解释"这种情况"是什么。[③] 这样的用语似乎可以表明法院虽然认定被告人和不满法定年龄的幼女发生性行为属于过失行为，但要求行为人承担自己行为的风险表明法院需要认定的是严格责任。[④]

在这个问题最终解决之前，美国各司法区并未停止适用法定强奸这一严格责任犯罪，其效力在 20 世纪末已经成为一种常态，如有判例[⑤]确认美国大多数司法区都承认或者适用严格责任，还有法官将法定强奸认定为严格责任犯罪。[⑥]

如前所述，美国刑事司法实践通常习惯于将涉及性犯罪的刑事成文法解读为适用严格责任，以亚拉巴马州为例，虽然该州在 19 世纪及 20 世纪早期普遍拒绝承认严格刑事责任，但在涉及性犯罪的问题上却对严格刑事责任持承认态度，这明显和该州刑法的总体规定与一般做法存在矛盾。[⑦]

---

① 参见 Gerald Leonard, "Toward a Legal History of American Criminal Theory: Culture and Doctrine from Blackstone to the MPC," *Buff. Crim. L. R.* 6 (2003): 691。

② James B. Brady, "Strict Liability Offenses: A Justification," 8 *Crim. L. Bull* 217 (1972).

③ 参见 Kenneth W. Simons, "When Is Strict Criminal Liability Just?" *J. Crim. L. & Criminology* 87 (1997): 1075。

④ 参见 Richard A. Wasserstrom, "Strict Liability in the Criminal Law," *Stan. L. Rev.* 12 (1960): 731。

⑤ *Commonwealth* v. *Miller*, 432 N. E. 2d 463 (Mass. 1982).

⑥ *State* v. *Pierson*, 514 A. 2d 724 (Conn. 1986).

⑦ 参见 Richard G. Singer, "The Resurgence of Mens Rea: Ⅲ—The Rise and Fall of Strict Criminal Liability," *B. C. L. Rev.* 30 (1989): 337。

　　显然，美国社会对性道德的敏感或许可以用来解释为什么美国刑法在坚持犯意要求的同时，却针对法定强奸这种性犯罪容忍严格责任。针对这一做法，坚持《模范刑法典》可责性原则的学者，或者支持现代刑法的学者认为，严格责任属于一种十分陈腐的理念，继续承认严格责任会严重威胁刑事法治。[①] 根据犯意要求，美国有些学者甚至认为"没有过错的刑事责任本身就是矛盾的，因此也是违宪的"。[②] 这些学者批判美国司法机关虽然一方面坚持犯意要求，另一方面却又大量适用严格责任，公然践踏犯意要求。"在道德信仰面前，犯意这种防止将被告人作为达到某种结果的手段，让被告人获得公正刑罚的理论一致性荡然无存"。[③] 尽管面对强烈的谴责，美国司法机关仍然通过适用法定强奸，对其核心要素适用严格责任，也就是说，对强奸犯罪当中的年龄问题认定严格责任使得该犯罪成为一种严格责任犯罪。

2. 法定强奸的概念与构成

　　严格责任是一种否定性概念，具体来说，可以通过如下三种排除性表述理解这一责任形式。首先，即使行为人出现认识错误时不存在过失，仍然可以依据行为人的错误认识，对其认定严格责任。其次，即使行为人的行为是非过失的，仍然可以依据这一非过失行为，认定其严格责任。[④] 最后，即使行为人因为能力缺陷，无法达到一般理性人的认识标准或者行为要求，虽然对自己不能满足所谓"理性人标准"不具有可责性，但仍然可能需要承担相应的严格责任。[⑤] 法定强奸基本上可以归于第一种类型，因为"虽然行为人可能非常合理地确信性行为对象是成年人，但仍然可能构成法定强奸"。[⑥]

①　Jerome Hall, "Interrelations of Criminal Law and Torts: Ⅱ ," *Colum. L. Rev.* 43 (1943): 967.

②　James J. Hippard, Sr. , "The Unconstitutionality of Criminal Liability Without Fault: An Argument for a Constitutional Doctrine of Mens Rea," *Hous. L. Rev.* 10 (1973): 1039.

③　Alan C. Michaels, " 'Rationales' of Criminal Law Then and Now: For a Judgmental Descriptivism," *Colum. L. Rev.* 100 (2000): 215.

④　参见 Kenneth W. Simons, "Rethinking Mental States," *B. U. L. Rev.* 72 (1992): 463。

⑤　参见 Michael Davis, "Strict Liability: Deserved Punishment for Faultless Conduct," *Wayne L. Rev.* 33 (1987): 1363。

⑥　Peter W. Low, "The MPC, The Common Law, and Mistakes of Fact: Recklessness, Negligence, or Strict Liability?" *Rutg. L. J.* 19 (1988): 539.

基本上，法定强奸可属于一种拟制的刑事责任认定规则，即针对受害人年龄，法官可以在不考量行为人是否具有任何犯意的情况下，通过证明行为人和事后证明未满法定年龄的未成年女性发生性关系，来认定行为人的强奸罪刑事责任。当然，"得允许被告人针对这个问题提出合理的抗辩"。[①] 这意味着，即使被告人针对受害人年龄的认知不存在任何过错，起诉方也不需要证明被告人针对受害人年龄具有任何犯意，即可认定其重罪责任。

这里涉及一个非常重要的问题，即受害人的年龄在犯罪构成要素中的属性。简单地说，根据《模范刑法典》，犯罪构成要素包括实质要素和程序性要素，而仅仅针对实质要素才要求犯意。也就是说，如果受害人的年龄被认定为犯罪实质要素，那么认定对其不要求证明犯意，或者认定对其建构了严格责任的提法就是有根据的；但如果受害人年龄不属于犯罪实质要素，而仅仅是程序性要素，那么认定行为人针对受害人年龄承担严格责任就是存在问题的，因为《模范刑法典》并没有针对程序性要素要求任何犯意。

事实上，"在法定强奸概念创制伊始，受害人的年龄并不是决定被告人刑事责任的因素，而是用来决定适用法律以及案件管辖等程序性因素"。[②] 如英国著名法学家布莱克斯通所指出的那样，"在 17 世纪中期之前，宗教法庭对实施不当性行为的被告人，往往会不考虑其对性对象年龄的认识，对其适用死刑。后来，当英国统治者开始注意行为人的犯意以及罪刑相适应原则时，受害人年龄又演变为将此类案件交由世俗法院管辖、

---

① Gerald Leonard, "Towards a Legal History of American Criminal Theory: Culture and Doctrine from Blackstone to the MPC," *Buff. Crim. L. R.* 6 (2003): 691.

② 当时对被指控犯有法定强奸罪的被告人，可能在不考虑受害人年龄的情况下，以私通为由在基督教法庭审理，因此根据年龄，将法定强奸解读为严格责任犯罪，意味着在英国制定相关刑事成文法的时候，女性受害人的年龄是让被告人承担刑事责任的实质要素。但对这一问题存在不同看法，有人认为，受害人年龄更应被理解为针对管辖或者犯罪量刑的非实质性犯罪构成要素。假设性行为对象已满 16 周岁，那么仍然可以认定被告人构成私通罪。当然，私通犯罪只能由宗教法庭而非世俗法庭审理。参见 Matthew T. Fricker and Kelly Gilchrist, "*United States* v. *Nofziger* and the Revision of 18 U. S. C. § 207: The Need for a New Approach to the Mens Rea Requirements of Federal Criminal Law," *Notre Dame L. Rev.* 65 (1990): 803。

审理的决定要素"。① 当时刑事司法实践与当代类似，一般不要求被告人针对管辖和量刑层级等程序性要素具有犯意。如果依据这一思路，法定强奸或许并不属于一种严格责任犯罪。

因为美国刑法发展的相对独立性，性犯罪的成立范围大大缩减，在大多数司法区，通奸基本上不属于犯罪。这使得美国法院对法定强奸的解释，往往集中于针对受害人年龄认定严格责任这一问题，即不考虑行为人针对性行为对象年龄的具体认识，只要事后证明女性不满法定年龄，即认定行为人犯有强奸罪，如果被害人已成年，则行为人无罪。因此，尽管加利福尼亚等州允许被告人针对受害人年龄提出合理的认识错误抗辩，但绝大多数美国法院仍然认为，法定强奸罪犯对受害人年龄承担严格责任。② 总之，当代美国刑法主流观点认为，法定强奸因为针对受害人年龄这个随附情状要素排除了犯意，因此导致了所谓的严格责任。

（二）犯意要求之于法定强奸

"犯意作为犯罪的实质构成要素为人所熟知，但其本身又是一个人为拟制的概念。"③ 这一理念甚至可以回溯到库克时代，从那个时候开始，美国刑法理论一直坚持认为，犯意属于犯罪不可或缺的构成要素。而从刑事司法这一实践角度来看，虽然包括美国联邦最高法院在内的各级法院并没有贯彻到底，但仍然十分重视犯意的重要性。④

美国刑法学者承认，严格责任不属于普遍适用的刑事原则。⑤ 这一态度在《模范刑法典》中体现得尤为明显。《模范刑法典》规定，每个犯罪

---

① 参见 Orrin K. McMurray, "Seventy-five Years of California Jurisprudence," *Cal. L. Rev.* 13（1925）：445。

② 参见 Matthew T. Fricker and Kelly Gilchrist, "*United States* v. *Nofziger* and the Revision of 18 U. S. C. § 207：The Need for a New Approach to the Mens Rea Requirements of Federal Criminal Law," *Notre Dame L. Rev.* 65（1990）：803。

③ John L. Diamond, "The Myth of Morality and Fault in Criminal Law Doctrine," *Am. Crim. L. Rev.* 34（1996）：111.

④ Richard G. Singer, "Strict Criminal Liability：Alabama State Courts Lead the Way into the Twenty-first Century," *Ala. L. Rev.* 46（1994）：47.

⑤ 参见 Jerome Hall, "Interrelations of Criminal Law and Torts：I," *Colum. L. Rev.* 43（1943）：753。

实质构成要素都需要存在与之相对应的犯意。但十分有趣的是，《模范刑法典》中也规定了所谓的法定强奸规则，① 根据这一规定，男性和不满 10 周岁女性发生性关系构成强奸；与之相关的认识错误规则，规定被告人不得以不知道或者合理地相信该儿童已满 10 周岁作为抗辩事由。但是如果在行为人没有合理认识的情况下认定其具有刑事责任，又不允许其对此提出任何抗辩的话，似乎可以被列为绝对责任，而非严格责任。这样一种极端的做法和《模范刑法典》将犯意标榜为犯罪核心的整体理念存在明显冲突。具体来说，"即使刑法针对受害人未满 10 周岁这一要素并没有规定任何犯意要求，根据一般常识，应允许被告人针对性对象年龄提出认识错误或者不知情等抗辩。现在法律明确要求被告人不得提出上述抗辩，这意味着对受害人不满 10 周岁这一要素，不要求证明被告人具有犯意"。② 因为根据《模范刑法典》，如果刑法对犯罪实质构成要素没有特别规定犯意，检方需要证明被告人针对上述要素具有意图、了解或者轻率等犯意。③ 同时《模范刑法典》又没有承认可以适用严格责任，因此，两者出现了明显的冲突。

事实上，对《模范刑法典》相关犯罪中"受害人未满 10 周岁"这一规定，还可以有另外的理解，即不是仅仅将其作为一种随附情状，而是对其进一步加以推演，认为立法者规定受害人年龄的意图在于表明女性对性活动的合意的能力，如果未满 10 周岁，受害人就会因为太年轻从而不能有效做出合意。然而，这样的推定与犯意无关。事实上属于一种针对哪些人能、哪些人不能形成合意的推定。④ 社会针对女性以及其性选择权利等道德判断出现的变化，可能直接影响到这一犯罪的存废。从公平的角度考量，严格责任犯罪或者绝对责任犯罪是否必要，当然存疑。⑤

---

① 参见 MPC § 213.1 (d)。

② Richard G. Singer, "The Resurgence of Mens Rea: Ⅲ—The Rise and Fall of Strict Criminal Liability," *B. C. L. Rev.* 30 (1989): 337.

③ 参见 MPC § 2.02 (3)。

④ 参见 Rollin M. Perkins, "Criminal Liability Without Fault: A Disquieting Trend," *Iowa L. Rev.* 68 (1983): 1067。

⑤ 参见 Jeremy M. Miller, "Mens Rea Quagmire: The Conscience or Consciousness of the Criminal Law?" *W. St. U. L. Rev.* 29 (2001): 21。

在一个相对固定的时空当中，民众性观念相对稳定的前提下，因为行为人所实施的基本行为是错误的，不管行为人预见到法定危害结果与否，都要让其承担由不道德行为所引发的所有结果的刑事责任①，这种责任充其量也仅仅是针对行为的一种绝对责任。②

三　异类？美国刑法传统犯罪中的犯意边缘化论纲

事实上，除了重罪谋杀、法定强奸等所谓严格责任犯罪之外，围绕重婚、拐卖儿童脱离父母监管等传统犯罪也都存在类似的情况。那么，是否可以认为犯意的边缘化与刑法法定化无关呢？毕竟，这些产生于普通法犯罪的严格责任，和于19世纪后半期大量出现的，作为犯意边缘化代表的法定犯罪之间，在时间维度上相差太远。对这种显而易见的矛盾，应该如何解释？

解决这一问题的关键，其实还在于如何理解犯意这一关键问题，美国刑法中的犯意概念有如一条善变的变色龙，在不同语境下，存在不同解读。就普通法犯罪和犯意要求边缘化这对形式上的矛盾概念而言，或许更应关注罪责建构的规范性意义，以及构成要素的形式意义。③

作为表征犯罪行为人负面评价的概念，犯意在很大程度上被赋予了道德否定评价的意味，并且在普通法时期，这种道德意味一度成为主流观点。随着犯意的逐步具体化，相对模糊的道德评判开始逐渐脱离犯意概念本身，而针对不同犯罪实质要素的不同犯意要求，已经很难发现传统道德评判的痕迹了。④

---

① 参见 Kit Kinports, "Rape and Force: The Forgotten Mens Rea," *Buff. Crim. L. R.* 4 (2001): 755。

② "绝对责任"是否真的可以作为一个有效命题是存疑的。有美国学者认为根本不存在所谓绝对的责任，无论责任来源是什么，责任不是绝对的。参见 Percy H. Winfield, "The Myth of Absolute Liability," *Law Q. Rev.* 42 (1926): 37。但从证明责任、证明标准的角度出发，本书所提出的绝对责任概念应该说起码从逻辑上是可以成立的。

③ 总体上，犯意已经在由一个比较模糊的、关注道德上的"恶"的概念，转化为一种较为确定的描述心理状态的概念。参见 Paul H. Robinson and Jane A. Grall, "Element Analysis in Defining Criminal Liability: The MPC and Beyond," *Stan. L. Rev.* 35 (1983): 681。

④ 正如有的学者所介绍的那样，普通法以及早期成文法通常对犯罪仅仅要求一种心理状态。《模范刑法典》之罪责规定却与之相反，认为对具体犯罪中每一种客观要素，都可能需要不同的犯意。参见 Alan C. Michaels, "Constitutional Innocence," *Harv. L. Rev.* 112 (1999): 828。

如上所述，一个非常有意思的问题出现了。包括重罪谋杀在内的很多所谓严格责任犯罪，都呈现犯意边缘化倾向，这在很大程度上是以现在这个时点，基于要素分析模式，以及对犯意概念的表述而做出的判断，而如果退回到犯意规范性时代，或许会发现，所谓的重罪谋杀罪犯并不缺乏某种犯意，因为在那个时点，如有的学者指出的那样，"可以从参与重罪实施的故意中，认定罪责的存在"。① 从当时的标准判断，这样做并无不妥。

第三节　法定犯罪当中犯意缺省典型情况分析

一　犯意之于公益犯罪

（一）公益犯罪概述

1. 公益犯罪的演变

传统上公益犯罪被认为起源于严格责任，也是在不考虑行为人是否具有可责性犯意的情况下，对其加以处罚的犯罪形式。这些犯罪与行为人主观心态无关，完全取决于行为人所实施的违反刑法禁止性规定的具体行为，以及其所导致的危害结果。和被法典化的传统犯罪不同，公益犯罪并无对应的普通法犯罪，相反却是成文法的创造。立法机构创制公益犯罪的目的在于通过适用刑罚，提升公共福祉。法官可以以此为根据，在行为人针对任何犯罪构成要素都无犯意的情况下，判决被告人有罪。

一般认为，公益犯罪肇始于 1846 年英国审结的"女王诉伍德罗案"（*Regina* v. *Woodrow*）②。19 世纪末至 20 世纪中期，美国刑法理论与实践中开始出现与其总体犯意要求存在较大出入的所谓公益犯罪，并催生全新形

---

① 参见 Frank J. Remington & Orrin L. Helstad, "The Mental Element in Crime—A Legislative Problem," *Wis. L. Rev.* 1952 (1952): 644。

② *Regina* v. *Woodrow*, 15 M. & W. 404 (Exch. 1846), 转引自 Matthew T. Fricker and Kelly Gilchrist, "*United States* v. *Nofziger* and the Revision of 18 U. S. C. § 207: The Need for a New Approach to the Mens Rea Requirements of Federal Criminal Law," *Notre Dame L. Rev.* 65 (1990): 803。

态的严格责任犯罪。① 很多美国学者也认识到，各级法院当时已经开始在
食品安全犯罪等较为轻微的犯罪中，放弃对行为人的犯意要求。② 这个时
期，有法院认为可以借由公益犯罪原则，为惩罚不具有具体故意的轻罪行
为人提供正当性根据。③

美国刑法中公益犯罪规则在不断发展过程中日趋成熟，并且得到了包
括联邦法院在内各级司法机关的承认与适用。20 世纪早期，所谓公益犯罪
基本上还局限在涉及食品安全、药品安全以及销售酒精类制品的严格责任
犯罪。但当时对公益犯罪并没有严格的定义，直到 1985 年，美国联邦最高
法院在"利普拉特诉美利坚合众国案"（*Liparota* v. *United States*）④ 中才提
出，公益犯罪主要是指对危及公共健康、公共安全的行为规定严格责任的
犯罪。后来，很多刑事成文法中开始出现法定公益犯罪，而其规定形式也
存在限制和差别。⑤

需要强调的是，虽然早期公益犯罪往往被视为一种违警罪，适用刑罚
较为轻缓。但是随着时代的发展，美国刑法对公益犯罪的认识也逐渐发生
了改变，例如美国联邦最高法院曾提出，在某些持有型犯罪当中，并不要
求检方证明被告人知道相关禁止性法律规定，只需要证明行为人对其所持
有物品的危险特征有所了解即可。⑥ 进一步而言，美国联邦最高法院认定，
公益犯罪不限于刑罚适用较为轻缓的轻微犯罪，因此公益犯罪规制的范围
扩展至危险并不常见的行为，公益犯罪的法定刑提高至数额较高的罚金甚
至监禁。⑦

---

① 参见 Cynthia H. Finn，"The Responsible Corporate Officer, Criminal Liability, and Mens Rea：
Limitations on the RCO Doctrine，" *Am. U. L. Rev.* 46（1997）：543。

② 参见 Francis B. Sayre，"Public Welfare Offenses，" *Colum. L. Rev.* 33（1933）：55。

③ J. M. Kaye，"The Early History of Murder and Manslaughter—Part I，" *Law Q. Rev.* 83（1967）：
569.

④ *Liparota* v. *United States*，471 U. S. 419（1985）.

⑤ Michael M. O'Hear，"Sentencing the Green-collar Offender：Punishment, Culpability, and
Environmental Crime，" *J. Crim. L. & Criminology* 95（2004）：133。

⑥ 参见 *United States* v. *International Minerals & Chemical Corp.*，402 U. S. 558（1971）。

⑦ 对某些污染水体的环境犯罪，联邦法院曾判处高达 5 万美金的日罚金或者最高 3 年的监禁，
而对该罪的再犯，日罚金最高为 10 万美金，最高刑期为 6 年。转引自 Andrew C. Hanson，
"Section 309（c）of the Clean Water Act：Using the MPC to Clarify Mental State in Water
Pollution Crimes，" *Pace Envtl. L. Rev.* 20（2003）：731。

2. 公益犯罪存在根据及厘定

美国刑法中公益犯罪的出现与适用属于功利主义的产物。从这个角度，或许可以认为，在现实面前，没有什么原则是不可以妥协和背叛的。或者说，可以通过建构任何原则，从而较为便宜地达成特定目的，无论这些原则何等突兀。一直以来，美国法官和法学家似乎不喜欢批判，而喜欢为既有原则寻找正当性。"人们似乎感觉到，堆积如山的社会问题亟待解决，因此必须从相互矛盾且缺乏确定性的争鸣观点中寻求解决方案。"[1]

随着美国工业化进程的推进，城市化倾向变得十分明显。城市经济发展体现为大量物质产品的消费、人员以及其他经济要素的高速流转，这反过来制造了新的公共健康和安全风险。为了应对风险，美国各级立法机构通过取消某些犯罪构成中的犯意要素，打击危害社会的危险行为，继而提升公共福祉。[2] 这显然与违反社会基本道德观念的传统犯罪，如杀人罪等存在显著区别。

公益犯罪放弃犯意要素的做法，虽然有别于美国刑法强调行为人犯意这一传统做法，但并不是没有根据。其正当性在于：首先，这样做可以刺激从事高度危险行为的行为人尽到甚至超过所谓理性人标准的注意义务，从而规避因为发生了危害结果而必须承担的刑事责任；其次，针对数量庞大的公益犯罪排除检方证明被告人犯意的义务，可以最大化提升诉讼效率，进而提升相关法律的震慑性，避免因为诉讼拖冗而导致的种种问题；最后，严格责任意味着被告人的可责性不再是双方争辩的问题，因此也可以刺激被告人不再针对可责性问题寻找借口，从而提升诉讼效率和震慑效果。[3]

具体而言，美国刑法中的公益犯罪虽然不要求检方证明被告人的罪过，但一般与公共安全相关，因此需要对具有高度危险性的物品或者行为严格规范。而且，"公益犯罪通常倾向对行为人适用较为轻缓的刑罚，并

---

[1] Susan F. Mandiberg, "The Dilemma of Mental State in Federal Regulatory Crimes: The Environmental Example," *Envtl. L.* 25 (1995): 1165.

[2] 参见 Andrew C. Hanson, "Section 309 (c) of the Clean Water Act: Using the MPC to Clarify Mental State in Water Pollution Crimes," *Pace Envtl. L. Rev.* 20 (2003): 731。

[3] 参见 James J. Tomkovicz, "The Endurance of the Felony-Murder Rule: A Study of the Forces That Shape Our Criminal Law," *Wash. & Lee L. Rev.* 51 (1994): 1429。

且对行为人的名誉没有太大的损害"。① 例如，美国联邦最高法院曾指出，美国社会一般要求，检方需要证明犯罪人具有违反道德的邪恶犯意，在缺乏这一主观要件的情况下，对被告人适用严苛刑罚显然没有根据。同时，只有在存在明确立法意图的情况下，司法机关才通过司法解释，将某种没有立法规定犯意的犯罪解读成一种严格责任的公益犯罪。因此有学者提出，对类似于公益犯罪这样不要求犯意的犯罪，对数量及范围必须加以限制。如果行为人不具有任何犯意，对其适用刑罚的做法无法得到社会一般道德理念的支持。作为社会道德的最后保障机制，刑法必须反映社会一般正义观。考察某一犯罪行为是否可以被视为公益犯罪的标准有二：首先，规制犯罪的目的是否在于维护社会秩序；其次，对被告人所处刑罚是否较为苛重。②

随着针对公益犯罪的刑罚设置日趋苛重，能否如前所述，依据法定刑的轻重判断某一具体犯罪是否属于公益犯罪实在存疑。另外，似乎从刑法规制的范围大小来对其加以区分也不恰当，很难说杀人罪所规范的是某个单独个体，而违反机动车管理法的行为所指向的就是某一群体。即使说公益犯罪成立与否的判断标准在于其立法目的是不是保护公共福祉，这一观点也必须面对来自逻辑以及实践的双重挑战。首先，以目的作为衡量其本身性质的标准无疑是一种同义重复，而逻辑上的循环定义实际上是没有任何意义的。其次，"以公共福祉作为判断标准无疑太过宽泛。毕竟这样的标准几乎可以适用到所有的成文法"。③ 因此，考察某一成文法是否在某种意义上被用来保护公众福祉，无法有效区分公益犯罪和其他成文法犯罪。结果就是，如果让公益犯罪的立法目的，即所谓保护公共福祉作为判断公

---

① Randolph N. Jonakait, "The Mens Rea for the Crime of Providing Material Resources to a Foreign Terrorist Organization Fall," *Baylor L. Rev.* 6 (2004): 861.

② 有学者提出，下列八个领域中出现的犯罪符合上述标准，可以被规制为公益犯罪。(1) 非法销售酒类物品；(2) 销售受污染或者掺假食品或者药品；(3) 销售不当标识的物品；(4) 违反毒品法；(5) 刑事性的寻衅滋事；(6) 违反交通法规；(7) 违反机动车管理法；(8) 违反关于公共健康、安全以及福祉的行政规范。参见 Matthew T. Fricker and Kelly Gilchrist, "United States v. Nofziger and the Revision of 18 U. S. C. § 207: The Need for a New Approach to the Mens Rea Requirements of Federal Criminal Law," *Notre Dame L. Rev.* 65 (1990): 803。

③ David Lanham, "Felony Murder—Ancient and Modern," *Crim. L. J.* 7 (1983): 90.

益犯罪的成立标准，那么其实就是没有设定标准。①

那么，是否可以将有无社会负面评价，作为认定公益犯罪的标准呢？似乎这是最后的，也是唯一的选择。但非常尴尬的是，所有刑事惩罚都会导致社会的负面评价，因此这一标准也存在问题。

可以说，目前的公益犯罪已经完成或者正在经历从传统模式向新模式的转变。现在公益犯罪的认定标准，已经不能再局限于刑罚的轻重和污名的有无，而应着重关注相关行为是否具有"危险性"以及"不常见性"。有学者指出，公益犯罪具有两个特征。第一个特征是所谓危险性，行为人对人身或者财产造成了现实或者直接的损害危险。第二个特征是所谓不常见性，即因为不为公众所熟知而使得社会公众忽视其所产生的危险。② 在这个意义上，现代意义语境下的公益犯罪具有很强的震慑力，通过将严重威胁公共健康或者公共安全的行为犯罪化，立法者借此提醒理性公民，在从事相关行为时应该认识到自己的行为可能会受到严格的刑法规范。③ 从实然状态来看，美国司法实践目前在判断某一成文法犯罪是否属于公益犯罪时，仍然采用的是折中的混合模式，即在"危险性"以及"不常见性"标准的基础上，在某些情况下同时适用法定刑等标准。司法实践中，美国各级法官通常将公益犯罪解读为犯意要求较低的一类犯罪。美国法官往往首先考察根据社会一般人的观点，被告人行为的危险性是否达到了该当法律严格规范的程度，是否会造成严重的公共危害。如在"利普拉特诉美利坚合众国案"④ 中，美国联邦最高法院认定，规制救济粮票的成文法中所列相关犯罪不应被视为公益犯罪，因为伪造救济粮票的行为并不具有危险性，同时也不能期望一般人对规范相关行为的法律有所认识。但危险性本身仅仅是一个必要条件，而非充分条件，例如，在"斯特普斯诉美利坚合

---

① 参见 Cynthia H. Finn, "The Responsible Corporate Officer, Criminal Liability, and Mens Rea: Limitations on the RCO Doctrine," *Am. U. L. Rev.* 46 (1997): 543。

② 参见 Susan F. Mandiberg, "The Dilemma of Mental State in Federal Regulatory Crimes: The Environmental Example," *Envtl. L.* 25 (1995): 1165。

③ 参见 Joseph E. Cole, "Environmental Criminal Liability: What Federal Officials Know (or Should Know) Can Hurt Them," *A. F. L. Rev.* 54 (2004): 1。

④ *Liparota v. United States*, 471 U. S. 419 (1985).

众国案"（*Staples* v. *United States*）① 中，联邦最高法院虽然承认持枪行为具有危险性，但因为美国宪法保护持枪权，且持枪现象十分普遍，因此可以认定规范枪支的犯罪不属于公益犯罪。在满足上述两个条件，即危险性与不常见性的基础上，法官有的时候还要考察对其判处的刑罚的严重程度。尽管没有明确的标准来确定何种刑罚和公益犯罪相关，但一般认为公益犯罪的法定刑应为小额的罚金或者短期的监禁，而不应包括长期或终身监禁。②

（二）公益犯罪之犯意要求

传统意义上，"规制公益犯罪的成文法，并不要求被告人了解所有犯罪构成要素"。③ 如在"美利坚合众国诉巴利特案"（*United States* v. *Balint*）④ 中，联邦最高法院认定，虽然药品销售商并不知道自己销售的是非法药品，但仍然需要对销售假药的行为承担刑事责任。从这个意义上来说，早期公益犯罪可以被认为具有严格责任犯罪的影子。毕竟，"严格责任犯罪包括针对一个或者多个行为要素，不要求犯意要素的犯罪"。⑤ 总体上，"严格责任的功利价值在于，可以防止危害社会行为的发生，并且可以在存在争议的基础上为其继续存在提供根据"。⑥

但随着对公益犯罪概念内涵认识的变迁，公益犯罪中严格责任的色彩愈发褪色，而对其关注的焦点主要集中于如何解读公益犯罪当中犯意要素的适用范围。作为典型公益犯罪，环境犯罪惩罚的基本就是行为人明知地违反环境法的行为。⑦ 面对这种较为含混的立法规定，司法解读不尽相同。

---

① 参见 *Staples* v. *United States*，511 U. S. 600（1994）。

② 参见 Brigid Harington，"A Proposed Narrowing of the Clean Water Acts Criminal Negligence Provisions: It's Only Human?" *B. C. Envtl. Aff. L. Rev.* 32（2005）: 643。

③ 参见 *Morissette* v. *United States*，342 U. S. 246（1952）。

④ 参见 *United States* v. *Balint*，258 U. S. 250（1922）。

⑤ Richard A. Wasserstrom，"Strict Liability in the Criminal Law," *Stan. L. Rev.* 12（1960）: 731.

⑥ Andrew C. Hanson，"Section 309（c）of the Clean Water Act: Using the MPC to Clarify Mental State in Water Pollution Crimes," *Pace Envtl. L. Rev.* 20（2003）: 731.

⑦ Clean Air Act，42 U. S. C. 7413（c）（5）（A）（1977）；亦参见 Clean Water Act，33 U. S. C. 1319（c）（3）（2000）等法。转引自 Lawrence Crocker，"The Upper Limit of Just Punishment," *Emory L. J.* 41（1992）: 1059.

有观点认为，这要求检方提供证据证明被告人明知自己的行为违反了相关环境法；而还有观点认为此种明知仅针对行为本身，而不要求行为人了解相关法律的禁止性规定。在这个意义上，公益犯罪与其说是一种犯罪类型，还不如说是一种犯意的解读方式。有学者指出，"自从公益犯罪概念提出之后，这类犯罪就成为法官规避相关犯罪犯意要求的主要途径，或许公益犯罪的存在意义，即在于排除犯意要求"。[1]

针对美国刑法公益犯罪中犯意要求的不同解读，彰显了兼顾可责性要求和功利性要求的困难性。首先，美国刑法与美国社会的主流道德无法剥离。对美国社会主流道德而言，"惩罚完全不具有可责性的行为人从道德上来讲就是令人厌恶的。刑罚的严重程度和行为人该当可责性之间显失平衡也是不可接受的"。[2] 因此，公益犯罪中最具争议的问题在于，将刑事责任适用于并不特别具有可责性的行为人。

犯意要求和公共利益保护之间的冲突，是刑事成文法面对的普遍问题。很多公益犯罪都包括犯意要素，同时这些刑事规范的立法目的在于保护公共利益。在这个意义上，基于何种原则对公益犯罪中的犯意概念加以解读，就成为能否解决犯意要求与公益保护之间矛盾的必然路径。

根据美国刑事成文法的一般解读规则，对规定不明、较为含混的法律条文，法官在解读时，应首先考察该成文法的立法历史和立法目的。以美国联邦法典中废旧物资处置与利用的一项公益犯罪为例，其内容为，"未经许可，或者明知处理、储存、处置本法所列废旧物资的方法违反法律规定，或者明知处理、储存、处置本法所列废旧物资的方法违反实质性条件，或者任何可适用的临时成文法规范或者标准，都将被判处罚金或者监禁"。[3] 这一规定当中的"明知"，修饰的仅仅是"处理、储存、处置"行为，抑或还包括诸如相关"法律规定"等并未明示。单纯依据法律文本，的确无法获得对明知的修饰范围的明晰答案。对这类模糊立

---

[1] Herbert L. Packer, "Mens Rea and the Superme Court," *Sup. Ct. Rev.* (1962): 107.

[2] 参见 Michael M. O'Hear, "Sentencing the Green-collar Offender: Punishment, Culpability, and Environmental Crime," *J. Crim. L. & Criminology* 95 (2004): 133。

[3] 参见 Bruce R. Bryan, "The Battle Between Mens Rea and the Public Welfare: *United States v. Laughlin* Finds a Middle Ground," *Fordham Envtl. L. Rev.* 6 (2011): 157。

法，就需要法官在解读时求助于该法的立法历史和立法目的加以澄清。虽然对此很难从该法的立法历史中获得有用信息，但可以从立法目的出发，美国国会的立法目的在于，确保废旧物资的处置符合安全标准，处理、储存或者处置具有危险性的废物时必须遵守相应的规则。① 如果将明知的覆盖范围扩大至诸如废旧物资本身属性之上，显然不能有效达成上述立法目的。这意味着针对废旧物资属性这一要素，法律规定的是严格责任。从这个意义上，"该法是一种杂种法，也就是其是包括犯意要素的公益成文法"。②

二　犯意之于公益犯罪具体分析之一：以《清洁水法》（Clean Water Act）为例

公益犯罪中犯意之边缘化，典型例证之一，即为环境犯罪。正如有学者指出的那样，"基于多种原因，环境犯罪大多被规定为严格责任犯罪"。③ 近些年，美国联邦政府针对环境犯罪的起诉数量大幅度增加。④ 导致这一局面的原因，一方面在于检方逐渐认识到环境犯罪的严重危害性，另一方面，单纯民事制裁已经无法震慑非法行为。因此，从 20 世纪 70 年代开始，美国国会经过努力，基本通过立法建构起了规范环境污染的法律框架。该框架包括《环境保护和恢复法》（RCRA）、《清洁水法》（CWA）、《清洁空气法》（CAA）、《环境问题应对、补偿及责任法》（CERCLA）、《联邦微生物、真菌以及啮齿动物法》（FIFRA）、《有毒物质控制法》（TSCA）等。⑤ 之前对公益犯罪成文法解读模式的介绍，参考的就是《环境保护和恢复法》。下面，通过美国《清洁水法》，对美国公益刑法中的犯意，做更

---

① Ann K. Pollack, "Note, the Role of Injunctive Relief and Settlements in Superfund Enforcement," *Cornell L. Rev.* 68 (1983): 706.

② Manly Parks, "The Public Welfare Rationale: Defining Mens Rea in RCRA," *Wm. & Mary J. Envtl. L.* 18 (1993): 219.

③ Richard G. Singer, "The Resurgence of Mens Rea: III—The Rise and Fall of Strict Criminal Liability," *B. C. L. Rev.* 30 (1989): 337.

④ 参见 Robert W. Adler & Charles Lord, "Environmental Crimes: Raising the Stakes," *Geo. Wash. L. Rev.* 59 (1991): 781。

⑤ 参见 Michael M. O'Hear, "Sentencing the Green-collar Offender: Punishment, Culpability, and Environmental Crime," *J. Crim. L. & Criminology* 95 (2004): 133。

为深入的解读。

（一）《清洁水法》概述

《清洁水法》主要规范水污染问题。和其他环境法类似，《清洁水法》对污水排放规定了十分复杂的许可体系，禁止在没有许可的情况下向航道当中排放污染物。在某种程度上，《清洁水法》并不是禁止排放污染物本身，而是通过配额的方式分配污染许可权，从而限制水污染。《清洁水法》要求排放者监控、记录其排污数量和性质，而其所规范的所谓污染物，通常并不是所谓有毒或者其他具有危害性的物品，而主要包括沙子、石头、船舶的残骸等。《清洁水法》规定，过失或者明知地违反本法规定的行为都属于犯罪，这一惩罚过失违法行为的规定，使得本法成为少数惩罚过失行为的环境法。根据《清洁水法》，对过失或者明知违反本法的行为，可处监禁、罚金，或者并罚。① 本书选择《清洁水法》作为研究对象的原因之一也在于此。

（二）犯意之于《清洁水法》

环境犯罪最具争议之处在于，将刑事责任适用于并不特别具有可责性的行为人。"但对包括环境犯罪在内的公益犯罪当中的犯意规定的解读，贯穿于整个刑法。"② 这也是刑法学理论与实践针对如《清洁水法》一类公益犯罪法容易产生争议之处。③ 概括来说，《清洁水法》中的犯意问题，基本上可以划分为如下三个层级：首先，该法对过失行为规定了较为轻微的刑罚；其次，该法对明知的违法行为规定了最高刑期为 3 到 5 年的重罪制裁；最后，该法对造成他人死亡或者严重身体伤害的排污行为规定了加重

---

① 参见 Brigid Harington, "A Proposed Narrowing of the Clean Water Acts Criminal Negligence Provisions: It's Only Human?" *B. C. Envtl. Aff. L. Rev.* 32 (2005): 643。

② David A. Gordon, "Protecting Public Welfare: Mens Rea Under Section 3008 (d) (2) (A) of the Solid Waste Disposal Act," *U. Chi. Legal F.* (1997): 439.

③ 参见 Stuart P. Green, "Why It's a Crime to Tear the Tag off a Mattress: Overcriminalization and the Moral Content of Regulatory Offenses," *Emory L. J.* 46 (1997): 1533。

刑，即最高为 15 年的有期徒刑。[①]

根据美国刑事成文法解读的基本步骤以及《模范刑法典》所倡导的要素分析模式，可以将对《清洁水法》的解读分解为如下两个阶段。法官在解读成文法时应考察其法律规定。如果因为法律规定模糊，解读者无法仅凭法律规定本身明确相关犯意，那么就需要通过考察立法历史等间接资料，来考察立法意图，从而解决公益犯罪中犯意规定的适用问题。在将这两个基本步骤适用于《清洁水法》之前，需要首先确定该法中规定的犯罪是否属于公益犯罪，对这个问题的回答，将直接决定对该法犯意部分的解读。

1. 《清洁水法》文本规定是否含混

《清洁水法》中有如下规定[②]。（1）过失违反：（A）过失地违反本法规定，或者违反本法列明的排污许可条件或者时效限制；（B）违反根据本法列明的排放限制或者条件，过失地将那些本来可以合理预见会造成人员、财产损失的污染物，排放进排水系统或者公共处理厂。（2）明知违反：（A）明知违反本法，或者明知违反本法所列明的排污条件、时效限制；（B）明知地将那些行为人可以合理预见到会造成人员、财产损失的污染物排放进排水系统或者公共处理厂，或者导致此种危险的行为。

从表面上来看，《清洁水法》上述部分规定与美国刑法中犯意的边缘化并无关系，其所反映的，仅仅是犯罪分析这一成文法解读模式，即一个犯罪仅仅具有唯一的犯意要求。但是根据美国现在较为通行的要素分析模式，需要区分犯罪的不同实质要素，在此基础上，对任何一个实质要素都需要认定针对其明确的犯意要素。然而，尽管存在这样的规定，如果法院将《清洁水法》相关部分解读为检方无须证明被告人对法律有任何认识，这一解释的理由一定是建立在解读对象属于公益犯罪这一基础上。因为传统意义上，"针对公益犯罪，检方无须证明被告人了解支持定罪所需要的

---

① 参见 Michael M. O'Hear, "Sentencing the Green-collar Offender: Punishment, Culpability, and Environmental Crime," *J. Crim. L. & Criminology* 95 (2004): 133.

② 参见 Clean Water Act, 33 U. S. C. 1319 (c) (2000), 转引自 Andrew C. Hanson, "Section 309 (c) of the Clean Water Act: Using the MPC to Clarify Mental State in Water Pollution Crimes," *Pace Envtl. L. Rev.* 20 (2003): 731.

犯罪的每个要素"。①

具体到上述规定，就犯意，如明知或者过失所涉及的范围，也就是说，《清洁水法》中列明的公益犯罪是否需要某种固定犯意，存在不同意见。而《清洁水法》本身对此并无任何答案。这种模糊也直接决定了《清洁水法》相关部分是否属于公益犯罪高度存疑。

2. 《清洁水法》的立法考察

如果成文法本身无法为解读者提供明确的指引，就需要考察和该法相关的，包括立法历史在内的辅助资料，从而考证其立法意图，最终解决这个问题。

《清洁水法》的性质在立法历史上一直未有定论。"在美国，水污染被列为犯罪至少可以追溯到《1899 年河流和港口法》（Rivers and Harbors Act of 1899）"②，更为重要的是，该法并不要求行为人具有主观犯意，因此在相当长的时间内，美国各级法院在适用该法时，基本上将其解读为行为人实施违法行为即构成犯罪，不要求检方提供证据证明被告人具有任何犯意。③ 当时检验某一犯罪是否属于公益犯罪的标准，还不是现在所通常适用的"危险性以及不常见性"标准，而主要参考该法是否规定了犯意要素，以及刑罚是否苛重。

1972 年，国会通过了《联邦水污染控制修正案》（Federal Water Pollution Control Amendments），亦被称为《清洁水法》（Clean Water Act）。作为全新尝试，《清洁水法》通过设置犯意要素，建构了崭新范式的公益犯罪。④ 该法规定任何故意或者过失违反该法的人都应该受到刑事处罚，虽然后来修正案修改了个别的犯意用词，但其含义并未发生实质性变更。

---

① 参见 *Morissette* v. *United States*，342 U. S. 246（1952）。

② 参见 Andrew C. Hanson，"Section 309（c）of the Clean Water Act: Using the MPC to Clarify Mental State in Water Pollution Crimes," *Pace Envtl. L. Rev.* 20（2003）：731。

③ 相关判例可参见 *United States* v. *United States Steel Corporation*，328 F. Supp. 354（N. D. Ind. 1970）以及 *United States* v. *White Fuel*，498 F. 2d 619（1st Cir. 1974），转引自 Brigid Harington，"A Proposed Narrowing of the Clean Water Acts Criminal Negligence Provisions: It's Only Human?" *B. C. Envtl. Aff. L. Rev.* 32（2005）：643。

④ 参见 Andrew C. Hanson，"Section 309（c）of the Clean Water Act: Using the MPC to Clarify Mental State in Water Pollution Crimes," *Pace Envtl. L. Rev.* 20（2003）：731。

3. 《清洁水法》的性质认定

在考察《清洁水法》立法历史之后，能否明确认定该法的性质仍然存疑。其实这个问题可以被进一步缩减为，该法中犯意对应的，仅仅是使排放成为非法的事实，还是必须认识到排放是违法的这一问题。这将取决于《清洁水法》是否属于公益犯罪法，这个问题从另一个方面，还涉及了另一个非常重要也十分复杂的问题，即是否承认针对相关法律规定提出的无知或者认识错误抗辩。①

首先，《清洁水法》中的水污染犯罪，虽然规定了过失或者明知之类犯意要求，但如果适用通行的要素分析模式，并不能排除对某些实质要素要求其他类型犯意，或者干脆不要求任何犯意的可能性。而根据通常对严格刑事责任的理解，只要针对一个实质要素不要求犯意，或者不要求证明犯意的话，该犯罪就可以被认定为属于严格责任。也就是说，《清洁水法》有被认定为公益犯罪法的可能性。

其次，美国司法实践对《清洁水法》的公益犯罪法属性基本持肯定态度。例如美国联邦第九巡回上诉法院在"美利坚合众国诉维泽霍夫案"（*United States* v. *Weitzenhoff*）② 中，肯定了《清洁水法》的公益犯罪法性质。而联邦第八巡回上诉法院在"美利坚合众国诉辛斯基案"（*United States* v. *Sinskey*）③ 中也持类似看法，认定检方无须证明作为水处理厂经理的被告人，必须明知其违反了向河水中排放高氮废水的许可。联邦第四巡回上诉法院在"美利坚合众国诉威尔森案"（*United States* v. *Wilson*）④ 中对此进行了深入的探讨，法院认为，检方仅仅需要证明，被告人明知自己倾倒废物之地为湿地即可，无须证明被告人知道自己填埋湿地的行为需要获得许可。法院还认为，立法者之所以在立法时将本罪的犯意规定为明知，而非

---

① 参见 Stephen B. Chapman, "Are Obnoxious Wastes More Like Machine Guns or Hand Grenades?: Mens Rea Under the Resource Conservation and Recovery Act After *Staples* v. *United States*," *Kan. L. Rev.* 43 (1995): 1117。

② *United States* v. *Weitzenhoff*, 35 F. 3d 1275 (9th Cir. 1994).

③ *United States* v. *Sinskey*, 119 F. 3d 712 (8th Cir. 1997).

④ *United States* v. *Wilson*, 133 F. 3d 251 (4th Cir. 1998).

故意，意在不要求检方证明被告人认识到自己的行为非法。① 虽然对上述观点，包括联邦第五巡回上诉法院在内的某些法院持有异议，但其所关注的并不是《清洁水法》是否属于公益犯罪法，而是是否允许被告人提出事实认识错误或者法律认识错误抗辩的问题。这里不过多探讨。

但需要强调的是，美国联邦最高法院托马斯大法官在"汉诺斯克诉美利坚合众国案"（*Hanousek v. United States*）② 中，反对将《清洁水法》相关条款视为公益犯罪的理由。这位大法官所坚持的是晚近出现的对公益犯罪的判断标准，即首先考察违法行为是否具有危险性及不常见性。在这位大法官看来，《清洁水法》规范的是十分常见的工商业行为，即使较为危险，但绝不罕见；其次，这位大法官还考证了《清洁水法》的刑罚设定，认为该法的刑罚设定，尤其是针对过失行为的刑罚设定偏重，不符合传统认知的较为轻缓的公益犯罪刑罚标准。应该说，虽然是少数派意见，但这种认定十分有力。

但必须强调的是，首先，《清洁水法》所处理的行为究竟是否罕见这一问题并不存在定论。没有经验数据可以用来支持正反观点，况且，即使判例支持某种观点，但个案的肯定或者反对能否在不考虑法律文本规定的情况下，被用来作为认定本法性质的意见是存在疑问的。其次，如果无法运用其他标准认定该法性质的话，就必须考察法律文本的规定本身，解读其所规定的犯意，从而才能得出相对站得住脚的结论。而且，从《清洁水法》的立法历史考察，很明显，《清洁水法》属于规定了严格责任的公益犯罪法。况且《清洁水法》之类法律十分复杂，一般人根本无法对此类复杂法律具有充分的认识。《清洁水法》之类法律规制的环境犯罪并不像自然人独立实施的暴力犯罪那样，需要行为人承担道德污名。从实然的角度，处罚公益犯罪主要倚重的是经济制裁。③ 面对此种矛盾，唯一可能的解决方式就是对《清洁水法》当中的犯意规定加以解读。

---

① 转引自 Andrew C. Hanson, "Section 309 (c) of the Clean Water Act: Using the MPC to Clarify Mental State in Water Pollution Crimes," *Pace Envtl. L. Rev.* 20 (2003): 731。

② *Hanousek v. United States*, 528 U.S. 1102 (2000).

③ 参见 David A. Gordon, "Protecting Public Welfare: Mens Rea Under Section 3008 (d) (2) (A) of the Solid Waste Disposal Act," *U. Chi. Legal F.* (1997): 439。

4. 《清洁水法》之犯意解读

根据要素分析模式，对刑事成文法的解读，始于犯罪要素的划分和要素性质的认定。

限于篇幅，这里仅仅探讨《清洁水法》中存在争议的若干要素问题。基本上，美国刑事司法学界和理论界对《清洁水法》争议最多的，是法律文本当中的法律限制或者许可等规定，是否可以作为相关犯罪的独立实体要素。[①] 毕竟，根据要素分析模式，如果其被认定为实体要素的话，就需要对其认定具体的犯意。如果不将其认定为实体要素，而视为程序要素，或者其干脆不能被作为单独的要素加以考量，就无须证明行为人针对这些要素具有犯意心态。

的确，单凭法律文本本身，无法直接获知《清洁水法》中的犯意要求是否包括违法性认识。而对这个问题的回答，又取决于此类法律的性质。这似乎形成了一个死循环，对相关要素的犯意解读取决于，也决定了该成文法的性质，反之亦然。但这并不意味着问题无法解决。事实上还是可以通过参照《清洁水法》的立法目的，以及具体的立法概念解读技术上的细节，参照相关的判例来对其犯意要求加以解读，从而最终解决该法的性质问题。

（1）前提一：《清洁水法》应以犯罪分析模式还是要素分析模式加以解读？

假设将犯罪分析模式作为解读方法，那么对《清洁水法》的两部分规定，就可以非常简单地理解为过失犯罪以及明知犯罪的规定。这也意味着因为并不存在作为公益犯罪表征的严格责任，《清洁水法》中所规定的环境犯罪不是公益犯罪。

而如果根据《模范刑法典》所倡导的要素分析模式，那么在没有相反意思表示的情况下，《清洁水法》中所列犯罪中规定的两种犯意，即过失以及明知，将分别适用于其所规定的所有犯罪实体要素。如果将这一解读范式贯彻到底的话，检方就必须证明，被告人对自己行为违法这

---

① 参见 Andrew C. Hanson, "Section 309（c）of the Clean Water Act: Using the MPC to Clarify Mental State in Water Pollution Crimes," *Pace Envtl. L. Rev.* 20 （2003）: 731。

个要素具有明知或者过失的犯意。而现实当中，为了避免这一要求给司法实践带来的制约，美国刑法学理论界或者司法界，会借由公益犯罪这样一种托词，废止这种要求，而实质上将行为人对自己行为性质的认知做严格责任处理。

应该说，坚持犯罪分析模式的观点存在较为严重的问题。首先，尽管在不同司法区之间做法会有不同，但犯罪分析模式是否能够成为通说存疑；其次，如果适用犯罪分析模式，那么会产生很奇怪的结果，即过失和明知不仅在规定上差别不大，重要的是其所导致的法定刑居然类同。而根据刑法的基本理念，明知以及过失所导致的法律后果应该具有较大的差别。然而犯罪分析模式具有的唯一优点，即相对简明，无法弥补上述两点弊端。

（2）前提二：违法性属于实体要素还是程序要素？

《清洁水法》当中争议最多的问题，即行为人对自己行为的性质是否具有相关犯意的认定，在采用要素分析模式的时候，已成为一个必须解决的先决问题。根据《模范刑法典》，程序要素是建构管辖权或者审判地的相关要素。很明显，行为人对自己行为是否违法的认知，与管辖权和审判地此类程序性事实无关。从这个意义上，只能将其归结于实体要素。

（3）前提三：对《清洁水法》中违法性要素采用公益犯罪模式还是法律无知（事实无知）模式解释？

如果采用要素分析模式，那么就存在如何解决行为人对其行为违法性认知这一棘手的问题。根据排除法，就这个问题，存在如下三种可能。第一种就是适用要素分析模式，针对行为人违法性认知适用缺省条件下的犯意，即明知或者过失。第二种就是采用严格责任模式，即通过公益犯罪这样的一种伪名或者拟制的借口，直接规定针对违法性不要求或者不要求证明任何的犯意要素。第三种就是采用免责模式，即将违法性作为一个法律问题[1]，对被告人提出的不知情这样的抗辩，适用"对法律无知不构成抗辩"这种普通法传统理念来解决问题。

---

[1] 有法院认为相关法律认知属于法律问题。参见 Richard G. Cohn-Lee，"Mens Rea and Permit Interpretation Under the Clean Water Act： *United States* v. *Weitzenhoff*，" *Envtl. L.* 24（1994）：1351。

其实美国刑法当中的任何法律问题，包括犯意的解读，都是在若干可能情况下的一种选择，这样的选择必须考量各方面的因素，而如果对更多因素加以考量，不可避免地会出现折中和妥协。

事实上，在解读《清洁水法》当中犯意规定的时候，美国司法实践基本上采用的都是第二种模式，即认定其公益法的性质，从而推定行为人针对自己行为的性质的严格责任。如美国联邦最高法院就曾提出，通过援引立法历史及立法目的，首先可以认定相关犯罪的公益犯罪性质，再依据公益犯罪原则，对相关犯意要求进行解读。①

三　犯意之于公益犯罪具体分析之二：以《国家武器法》（Naitonal Firearm Act）为例

公益犯罪中，美国刑法犯意边缘化的典型除环境类犯罪之外，还体现在另外一类主要犯罪，即持有型犯罪当中，即与武器、毒品以及其他危险物品相关的犯罪。下文围绕美国刑法中与持有型犯罪的典型，即持有武器相关的《国家武器法》②，对此类问题加以阐述。

（一）概述

"为了减少武器泛滥，从而限制犯罪团伙的猖獗活动，美国国会于1934年制定了《国家武器法》，以应对日益增多的刑事犯罪团伙活动。"③

这里必须强调的是，美国刑事立法中一个非常独特，也无法回避的现象或者问题。根据宪法，联邦立法权相当受限，为了避免可能与州立法权发生的冲突，以及可能被认定违宪的不利后果，联邦立法并没有直接禁止公民持有武器，而是采用相对谨慎的规避性做法，即要求武器的持有人向

---

① *United States* v. *International Minerals Corp.*, 402 U. S. 558（1971），转引自 M. Diane Barber，"Fair Warning: The Deterioration of Scienter under Environmental Criminal Statutes," *Loy. L. A. L. Rev.* 26（1992）: 105。

② 26 U. S. C Sections 5801~5872（1989），转引自 Stephen B. Chapman，"Are Obnoxious Wastes More Like Machine Guns or Hand Grenades?: Mens Rea Under the Resource Conservation and Recovery Act After *Staples* v. *United States*," *Kan. L. Rev.* 43（1995）: 1117。

③ David Hardy，"The Firearms Owners' Protection Act: A Historical and Legal Perspective," *Cumb. L. Rev.* 17（1987）: 585.

政府申请登记。也就是说，这是一种为了避免因为侵犯州立法权限而最终被判违宪的保险做法。这一做法效仿的是 1914 年国会制定的《毒品法》（Narcotic Drug Act）。通过这一办法，可规避可能与州立法权产生的宪法性冲突，更为重要的是，因为美国联邦最高法院已经通过判例认定，《毒品法》中相关犯罪不要求检方提供证据证明被告人明知自己行为违法，并且将其视为公益犯罪而认定严格责任，因此国会希望借由与《毒品法》类似的规定方式，可以使得《国家武器法》中的犯罪获得与《毒品法》中的犯罪类似的公益犯罪的司法认定。[①]

1971 年，美国联邦最高法院在"美利坚合众国诉弗里德案"（United States v. Freed）[②] 中，解读了《国家武器法》中的刑事规范。如前所述，《国家武器法》对该法所列明的武器有十分严格的登记要求。美国联邦最高法院认为，该法所保护的仅仅是公共利益，属于公益犯罪，因此并不要求检方提交证据证明行为人对手榴弹需要登记这样的一种法律规定具有明知的犯意，这可以认为是针对通常的犯意要求提出的例外规定。[③]

但在 1983 年，美国联邦最高法院在"美利坚合众国诉赫伯特案"（United States v. Herbert）[④] 中打破了这一思维定式，认为检方必须证明，在没有外在特征可以使得其警惕行为违法的情况下，被告人明知其所持有的武器具有成文法规定的武器的实质特征。在这个决定之后，美国各联邦巡回上诉法院开始出现意见分歧。大多数巡回法院继续沿用先例，

① 参见 Stephen B. Chapman, "Are Obnoxious Wastes More Like Machine Guns or Hand Grenades?: Mens Rea Under the Resource Conservation and Recovery Act After *Staples v. United States*," *Kan. L. Rev.* 43 (1995): 1117。

② *United States v. Freed*, 401 U. S. 601 (1971).

③ 任何持有未经适当登记的武器的人，将会被处以最高刑为 10 年的监禁。而根据该法，手榴弹属于武器的范畴。26 U. S. C. Sections 5845 (a) (8), 5845 (f) (1) (B) (1989), 转引自 David A. Gordon, "Protecting Public Welfare: Mens Rea Under Section 3008 (d) (2) (A) of the Solid Waste Disposal Act," *U. Chi. Legal F.* (1997): 439。

④ 698 F. 2d 981 (9th Cir.), cert. denied, 464 U. S. 821 (1983). 转引自 Martin T. Lefevour, "26 U. S. C. 5861 (d) Requires Mens Reas as to the Physical Characteristics of *the Weapon Staples v. United States*, 114 S. Ct. 1793 (1994)," *J. Crim. L. & Criminology* 85 (1995): 1136。

认为《国家武器法》并不要求检方提供任何与被告人犯意有关的证据。[1]
然而，还有一些巡回上诉法院持不同意见，认定相关犯罪需要证明被告人
具有特定故意。[2]

应该说，和《清洁水法》中犯意解读类似，对《国家武器法》这类刑
法，不同司法区乃至相同司法区不同时期的判决，可能都会存在不同的解
读。但从总体上概括，判例的约束力以及对体系一致性的遵守都为个案的
公正让路。下面，就对《国家武器法》中所列犯罪的犯意加以解读。

(二)《国家武器法》中相关犯罪之犯意解读

《国家武器法》规定，任何持有未经登记，或者没有交易记录的武器的
人将会被处以 10 年以下监禁。乍看起来，这一规范并没有规定犯意，似乎
有将其解读为严格责任犯罪的先天条件。但显然并非如此，因为对此并不存
在明确的立法表示。和《清洁水法》之类成文法一样，对《国家武器法》中
所规定犯罪的犯意解读，事实上包括了如下几对二元前提概念的认定。

1.《国家武器法》中所列犯罪属于公益犯罪还是普通法犯罪？

有观点认为，《国家武器法》的立法意图倾向于将相关犯罪设定为严
格责任，换句话说，其所列犯罪应被认定为一种公益犯罪。这一论断的根

---

[1] 例如，在"美利坚合众国诉罗斯案"（*United States v. Ross*）中，联邦第七巡回上诉法院就
沿用先例认为，《国家武器法》所列犯罪并没有要求犯意。联邦第十巡回上诉法院采用了
形似的逻辑。在 *United States v. Mittleider* 案中，联邦第十巡回上诉法院不要求检方用证据
证明，被告人明知其持有的武器是成文法规定的武器。转引自 Stephen B. Chapman，"Are
Obnoxious Wastes More Like Machine Guns or Hand Grenades?: Mens Rea Under the Resource
Conservation and Recovery Act After *Staples v. United States*，" *Kan. L. Rev.* 43（1995）：1117。

[2] 在"美利坚合众国诉安德森案"（*United States v. Anderson*）中，被告人因为违反《国家武
器法》，持有自动武器和消音器被逮捕。联邦第五巡回上诉法院推翻了原审判决，因为检
方需要向陪审团提供的唯一证据，就是被告人笼统地明知其持有的是武器。法院担心陪
审团会误判无辜者。根据法官对陪审团所做指导意见，那些对其所持有的武器实质特征
没有了解的被告人，也会因为持有没有明显外部特征的武器而获刑。上诉法院推定，国
会的立法意图并不是监禁所有持有手枪的人，因为行为人并不知道自己持有违法武器，
且无辜、合理地认为其所持有的武器是合法的。因此，上诉法院认为如果要援引《国家武
器法》的话，政府就必须证明被告人明知其持有武器违法。转引自 Stephen B. Chapman，
"Are Obnoxious Wastes More Like Machine Guns or Hand Grenades?: Mens Rea Under the
Resource Conservation and Recovery Act After *Staples v. United States*，" *Kan. L. Rev.* 43（1995）：
1117。

据在于国会希望通过该法规范、限制危险武器的流通。从实质而言，检方认为这样的案件应该根据涉及公益犯罪或者行政犯罪的先例加以解读。[①] 但根据美国刑法对公益刑法的判断标准，即考察其所规制的行为是否具有危险性及不常见性，与枪支有关的犯罪是否应当被视为公益犯罪则存疑。这是因为美国宪法保护公民持枪权。也就是说，《国家武器法》不得限制猎人、运动员以及希望使用武器保护自己家庭的公民合法持有武器的权利，而只能用来限制那些犯罪团伙通常才使用的武器。被成文法定义为武器的包括机枪和锯短了的霰弹枪。国会认为除了执法人员之外，其他人没有理由持有机枪或者锯短了的霰弹枪。但法院从来没有明确地界定武器所指的是成文法意义还是一般意义上的武器。从这个意义上来说，除了霰弹枪或者机枪之外的其他枪械的持有似乎不属于该法的规制范围。普通的枪支可能不会符合"危险性且不常见性"这样的公益刑法的衡量标准，也是出自这个理由，联邦最高法院认定《国家武器法》相关条款要求犯意。审理相关案件的法官坚持认为，如果将该部分成文法作为准据法，检方就必须排除合理怀疑地证明行为人明知其所持有的武器属于法律禁止公民持有的类型。[②]

因此，似乎不能一概而论《国家武器法》的性质是否为公益法，而应具体考察所涉及的武器的性质。如果是普通的枪械，似乎不应该将其纳入公益犯罪考量，而如果是《国家武器法》所规制的武器，那么，将其作为公益犯罪考量似乎是十分合理的。

2.《国家武器法》中所列犯罪应根据犯罪分析模式解读还是要素分析模式解读？

应该说，《国家武器法》的规定相对简单，但简单并不代表单一。既然不存在绝对责任，那么问题又变成了行为人该当何种犯意这一问题。如果采用犯罪分析模式，那么不仅会使得某些犯罪有沦为绝对责任之嫌，即

---

① 参见 Martin T. Lefevour, "26 U. S. C. 5861 (d) Requires Mens Reas as to the Physical Characteristics of *the Weapon Staples* v. *United* States, 114 S. Ct. 1793 (1994)," *J. Crim. L. & Criminology* 85 (1995): 1136。

② Stephen B. Chapman, "Are Obnoxious Wastes More Like Machine Guns or Hand Grenades?: Mens Rea Under the Resource Conservation and Recovery Act After *Staples* v. *United States*," *Kan. L. Rev.* 43 (1995): 1117.

使那些非严格责任犯罪，也会因为仅仅适用一种犯意而变得十分机械，无法达到刑法规制的目的。如有学者批判的那样，"其对整个犯罪仅仅要求一种犯意的做法是不适当的"。[①] 如果适用要素分析模式，就需要划分法律文本当中的实体要素和程序要素，并且针对不同的要素厘定相对应的犯意要素。

（三）《国家武器法》之犯意解读

《国家武器法》规定：任何人接受或者持有未进行国家武器登记，或者未有交易记录的武器，都是违法的。如何区分这一规定中的不同要素呢？根据《模范刑法典》，似乎可以认为本罪没有结果要素，只有一种行为要素以及两种随附情状要素。行为要素是"接受或者持有"，第一个随附情状要素是"武器"，而第二个随附情状要素是"没有登记"。

首先，考虑针对行为要素的犯意。

本法规定的行为要素是"接受或者持有"。根据《模范刑法典》，如果持有者有足够的时间认识到自己接受或者持有武器的违法性质，并且终止这一状态，那么持有也是行为的一种。因此，似乎可以认定，针对《国家武器法》这一部分的规定，行为人对持有武器的犯意应该是"明知"。

其次，针对两个随附情状要素，即"武器"以及"没有登记"的犯意。

如果适用犯罪分析模式，那么很简单，对这样的两个要素直接适用针对行为的犯意"明知"即可。但如果采用这种观点，很难想象有谁可以满足如此高的要求，而缺乏实效的刑事立法显然不具有任何意义。如果采用美国刑法当中通行的要素分析模式，那么根据《模范刑法典》，在立法没有明确规定犯意的情况下，应认定缺省的犯意是轻率，因此，针对普通武器这个随附情状要素，要求轻率的犯意即可。第二个随附情状要素，即"没有登记"，往往也是产生分歧的焦点。毕竟在美国合法武器的持有受到宪法保护。如果不对其认定犯意要素的话，因为缺乏证据证明美国国会明确认定本罪为严格责任的立法意图，就有可能违反《模范刑法典》所持的

[①] 114 S. Ct. 1793（1994），转引自 Martin T. Lefevour，"26 U. S. C. 5861（d）Requires Mens Reas as to the Physical Characteristics of *the Weapon Staples* v. *United States*，114 S. Ct. 1793（1994），" *J. Crim. L. & Criminology* 85（1995）：1136。

反对严格责任的观点。但如果法院或者国会规定其属于公益犯罪的话，就可以认定其不要求，或者不要求证明任何的犯意要素。在其他的情况下，解读者还需要在意图、明知和轻率三种犯意之中加以选择。

<h1 style="text-align:center">第四节　小结</h1>

风险社会的到来或许预示着犯罪构成要件数量的减少[①]、证明标准的

[①] 借由公益犯罪等名目，主张立法机关有意对此类犯罪不规定犯意，或不要求检方证明犯意存在的观点及对其的批驳，可参见 "莫里赛特诉美利坚合众国案"（*Morissette v. United States*），本案判决书如下：

Morissette

v.

United States

United States Supreme Court

342 U. S. 246，72 S. Ct. 240，96 L. Ed. 288（1952）

杰克森大法官代表联邦最高法院发表审判意见：

因为本案中申请调卷令的当事人所提主张涉及极为重要的联邦法问题，因此本庭批准调卷令。

在密歇根州人迹罕至的一片原始森林当中，联邦政府设立了一处靶场，供美国空军训练投掷训练弹以攻击地面目标。训练弹长 40 英寸，直径 8 英寸，在金属外壁内填充沙子以及黑火药，从而在爆炸时能够产生黑烟，以标明弹着点。该靶场四周散见一些警示标志，上书："危险！禁止入内！靶场"。然而，该处靶场长期以来都是广为人知的猎鹿胜地。

靶场中训练弹的弹壳定期被集中到一处，但并未统一摆放，而是被零乱地堆积在一起，长期经受风吹日晒，有的历经数年仍无人过问。

莫里赛特（Morissette）于 1948 年 12 月前往该靶场狩猎，但空手而归，于是想贩卖一些弹壳以收回成本。莫里赛特用自己的卡车拉了 3 吨弹壳到附近的农场，雇人用拖拉机将弹壳压扁，最后获得纯利 84 美金。莫里赛特是二战退伍军人，平时靠打季节性零工为生。除有一次轻率驾驶记录之外无其他前科劣迹，人缘较好。

莫里赛特在处理弹壳过程中并未采取任何隐藏措施，而是在光天化日之下当着路人的面进行。警方调查开始的时候，莫里赛特开诚布公地承认自己这样做，并且坚信这些弹壳是没人要的废品。但莫里赛特最后还是因为违反相关法律，即 18 U. S. C. § 641，"非法故意盗窃、占有美国政府财产"被起诉，一审被判罪名成立，被判入监服刑 2 个月，并处罚金 200 美金。上诉法院维持了原判。

在审理过程中，莫里赛特一直坚称这些弹壳是无人要的废品，自己并没有盗窃的故意。然而一审法院对此观点并不支持，认为这种辩称并不构成有效抗辩，因为莫里赛特不能证明位于他人土地上的财物是被遗弃的无主物。法官提出，因为本案不存在所谓被遗弃的无主物问题，因此被告人不得就其对遗弃物的认知发表意见。同时法官对陪审团的指导意见为，如果陪审团能够相信检方提供的证据，那么就可以认定被告人具有占有上述财物的故意，而其无权占有上述财物。具体来说，如果检方可以证明被 （转下页注）

（接上页注①）告人占有了本案所涉及的相关财物（被告人承认），没有得到任何许可（被告人承认），案件发生于美国政府所有土地之上（被告人承认），财物价值超过 1 美分（无疑问），就应该认定被告人罪名成立。如果陪审团相信检方提出的上述证据，就可以认定被告人罪名成立。所谓故意问题，实质是其是否具有获得财物的故意，而这一点被告人也不否认。辩方律师对此表示反对，认为必须证明被告人有非法侵财的犯罪故意，但法官驳回了这一主张，认为可以通过被告人的行为推定上述故意。

上诉法院认为，当解释成文法时，可以依据排除合理怀疑标准，通过包括被告人供述在内的证据认定其有罪。事实上被告人的行为构成若干不同犯罪，其中侵占政府财产犯罪并不包括犯罪故意这一构成要素。根据在于立法者在立法中并未规定犯意要素，同时本院在"美利坚合众国诉贝赫曼案"，即 *United States v. Behrman*，258 U. S. 280 以及"美利坚合众国诉巴利特案"，即 *United States v. Balint*，258 U. S. 250 中的判决也对此持支持态度。

I

在上述判例中，联邦最高法院的确认定如果立法机关在立法中没有规定犯意，就意味着其对该犯罪不要求犯意。如果上述判例有效，那么对联邦犯罪而言，可以依据这些判例做出有罪判决。但这样一种观点所产生的后果将十分可怕。换句话说，将完全摧毁长期以来美国刑事司法实践所要求的、犯罪成立需要具备可责性要件的习惯做法。有理由认为上述判例应了解并遵守这一历史习惯。只有存在犯意才可以成立犯罪，并不是一个例外性或者暂时性适用的原则。在推定意志自由，且人有选择善恶的能力的法律体系中，犯罪成立要求犯意是一种普遍适用的基本原则。参见 Radin，"Intent，Criminal，" 8 *Encyc. Soc. Sci.* 126；以及 2 Pollock and Maitland，*History of English Law*，448－511。犯意与刑罚之间的关系，就和孩子在闯祸的时候会辩称自己不是有意的一样自然。犯意要求也为将震慑与改造，而不是报应作为刑罚目标提供了根据。参见 *Williams v. New York*，337 U. S. 241，248。18 世纪，英国普通法中无条件地将犯罪人的主观犯意视为犯罪成立的首要条件。而在 19 世纪，这一传统并未发生任何改变。参见 Sayre，"Public Welfare Offenses，" 33 *Col. L. Rev.* 55，66。其中存在的某些例外规定也与我们今天讨论的问题无关。Cf. *Commonwealth v. Welansky*，316 Mass. 383，55 N. E. 2d 902（1944）.

犯罪只有在同时存在犯意与犯行的情况下才能成立，而这一点根植于美国文化与历史当中。参见 Radin，Intent，Criminal，8 *Encyc. Soc. Sci.* 126，127。当各州在将普通法犯罪成文法化的过程中，即使没有明确犯意，也并不代表立法机关不希望该犯罪的成立必须证明被告人的犯意，只是因为这一做法太过基本，才没有赘述。法院应当从普通法要求当中推定出法律暗示某种犯意要求。这一点可以通过各级法院针对犯意这一易变但重要的核心概念的解读、争论与分歧加以印证。而且，不考虑科学与否，各级法院还在对陪审团做出的法律指导意见中通过不同犯意层级，或者不同犯意类型，如"重罪故意"（Felonious Intent）、"犯罪故意"（Criminal Intent）、"事先决意"（Malice Aforethought）、"意欲"（Willfulness）或者犯意等，来表述犯意概念。借此，可以保护不具有个人可责性的行为人免受刑罚制裁。

然而，"美利坚合众国诉巴利特案"等所涉及的犯罪与本案不同，两者存在根本性差异。这些判例中的犯罪不涉及犯意，而仅仅关注禁止特定作为或者不作为。联邦最高法院虽然没有在上述判例中明确提出这一点，却可以通过设定对公益犯罪的关注义务，而不考虑犯意的研讨过程加以推定。参见 Sayre，"Public Welfare Offenses，" 33 *Col. L. Rev.* 55；Hall，"Prolegomena to a Science of Criminal Law，" 89 *U. of Pa. L. Rev.* 549；（转下页注）

（接上页注） Hall, "Interrelations of Criminal Law and Torts," 43 *Col. L. Rev.* 753, 967。工业社会使得人们面临机器所带来的巨大风险，因此也需要当事人具有较高的注意义务。如果司机不注意，就会给路人带来无法想象的损害结果。城市化导致的人口流动与集中，也要求强化、细化公共卫生与健康条例。如果要求不严，食品、饮用水、药品等的问题也会随着商品的扩散而出现扩散。这些风险都要求那些对工业、商业、公共健康等活动负有责任的人承担更高的注意义务。

尽管多数情况下，对未尽到上述注意义务的行为人只进行民事制裁，但立法者也明智或者不明智地选择对某些未尽到谨慎注意义务的行为人进行刑事制裁。这就导致各级法院需要处理大量被冠以公益犯罪的刑事诉讼。这一类型犯罪与传统的普通法犯罪之间不存在很好的兼容性，因为其并不涉及传统作为犯罪或者不作为犯罪，而是涉及在履行注意义务的时候存在过失的情况。这些犯罪也往往不会导致个体直接的损害结果，而是造成一种具有可能性的风险状态。尽管这些犯罪并不像叛国罪那样危及国家安危，但因为这些情况的出现意味着社会控制的失效，因此也的确挑战了行政权威。在这一方面，无论违法者出于何种目的，危害结果是相同的。因此，从刑事政策的角度出发，对这样的犯罪，立法者才不要求明确犯意。如果行为人不希望危害结果发生，那么通常情况下，导致危害结果发生的原因在于行为人没有尽到社会所期待其履行的注意义务或者危害结果预防义务。对这类犯罪，通常刑罚较轻，即使获罪也一般不会降低被告人的名誉或者社会地位。在这一意义上，各级法院在解读该法的时候才不去考虑被告人的犯意，而单纯考虑其客观行为。但这样做并非毫无争议。

例如，即使卖酒的商家不知道顾客是酒鬼，也会因为向其销售烈酒而获罪。参见 *Barnes v. State*, 19 Conn. 398（1849）。即使被告人不知道自己销售的牛奶掺假，也要因为销售此类伪劣食品而获罪。参见 *Commonwealth v. Farren*, 9 Allen 489（1864）；*Commonwealth v. Nichols*, 10 Allen 199（1865）；*Commonwealth v. Waite*, 11 Allen 264（1865）。对此类背离普通法传统的司法判例，曾有法官提出，在没有犯意的情况下是不可能存在犯罪的，但也有例外。很多成文法是基于刑事政策的考量建构的，对此，并不要求行为人具有任何具体犯意，这些法律的存在意义在于确保行为人的谨慎义务。*People v. Roby*, 52 Mich. 577, 579, 18 N. W. 365, 366（1884）.

20 世纪，纽约州进行了新的尝试，通过适用罚金刑改革刑事立法。对此，卡多佐法官提出，被告人要求本庭用适用于自然犯的标准来厘定本案。但这样一种思路存在问题。只有对那些能够给被告人造成名誉损害的传统犯罪而言，犯意才是犯罪构成要素。但是对轻罪，却并非如此。参见 *Tenement House Department v. McDevitt*, 215 N. Y. 160, 168, 109 N. E. 88, 90（1915）。

接下来，针对违反劳动法的行为也开始适用这一理念。卡多佐法官提出，在罚金数额适当时，可以在不考虑犯意的情况下判处罚金刑。但这一观点是否适用于监禁刑，并不在本案讨论范围。参见 *People ex rel. Price v. Sheffield Farms Co.*, 225 N. Y. 25, 32-33, 121 N. E. 474, 477（1918）。

因此，对行政犯，司法者基于上述考量，在不要求犯意方面达成了共识。

后来，联邦最高法院也开始面临这一问题。而其判决也大多与各州司法机关的判决相互衔接，从而忽视了公益犯罪扩张可能对联邦刑法整体合理性造成的损害。在判例中，当事人主张检方不考虑其犯意，仅仅依据违法销售毒品的行为就认定其有罪的做法不成立。美国联邦最高法院认为，尽管犯罪成立要求犯意是基本原则，在成文法没有规定犯意的情况下也同样如此，但如果要求犯意和立法目的产生冲突，就要对其做出（转下页注）

（接上页注）修改。参见 *United States v. Balint*，supra，251-252。然而，和自然犯不同，如果法定犯的目的在于提升社会福祉，而非惩罚犯罪人，那么立法者行使的就是所谓警察权。Id.，at 252。因此，根据《反毒品法》，犯罪成立不需要检方证明行为人的犯意，如果对法定犯没有明确规定犯意，检方就不需要证明这一犯意的存在。*United States v. Behrman*，supra，at 288.

当然，如果将立法目的界定为尽可能地认定被告人有罪，那么要求证明行为人犯意无疑会干扰这一目的的实现。因此，所谓干扰说不能帮助我们获知立法者的立法目的。因为没有成文法，就不存在联邦犯罪，那如果做字面解释，"美利坚合众国诉贝赫曼案"的推理将会导致联邦犯罪构成的深层次改变。如果出现了这种改变，一定会导致那些坚持犯意传统地位的人强烈反对。事实上即使在"美利坚合众国诉贝赫曼案"中，也有法官表示了反对意见。

直到最近，在某些案件中，联邦最高法院放弃犯意要求的根据也不仅是为了获取判决，也不在于相关成文法法定犯的地位，而更多地关注犯罪的本质。联邦最高法院认为对公益犯罪而言，刑罚目的主要是控制，因此可以不要求一般犯罪成立所要求的犯意要素。为了社会福祉，立法者让那些可能导致社会危害结果的行为人承担责任。但是需要提出警告的是，对那些不考虑犯意就惩罚犯罪人的成文法无疑需要更高的审查标准。参见 *United States v. Dotterweich*，320 U. S. 277，280-281，284。

对要求犯意与不要求犯意的两类犯罪，本庭以及其他法庭都不会尝试去厘定一条清晰的界限，或者设定详细的标准。因为相关问题一直在发展，因此不能对此设定僵化的界限。因此，"美利坚合众国诉巴利特案"与"美利坚合众国诉贝赫曼案"的判决，需要和与其相关的情节合并起来才能被有意义地加以理解。因此，能否在不考虑具体适用条件的情况下将上述判例适用于本案就存在疑问。

盗窃、侵占等侵财犯罪在早期立法当中就已经存在。参见 2 *Russell on Crime*（10th ed.，Turner，1950）1037。此类犯罪侵犯了财产权，因此引发了社会的不安，从而要求对其加以报复。对其惩罚也非常严厉，会导致非常负面的社会评价。2 *Pollock and Maitland*，*History of English Law*，465. 早期法对侵财犯罪，一直要求证明被告人非法占有他人财物的目的，对出现的例外规定自然需要十分注意，而不能视而不见。参见 *Jordan v. State*，107 Tex. Cr. R. 414，296 S. W. 585 以及 *Fetkenhauer v. State*，112 Wis. 491，88 N. W. 294；*Farzley v. State*，231 Ala. 60，163 So. 394；*Nickerson v. State*，22 Ala. App. 640，119 So. 243；*People v. Williams*，73 Cal. App. 2d 154，166 P. 2d 63；*Schiff v. People*，111 Colo. 333，141 P. 2d 892；*Kemp v. State*，146 Fla. 101，200 So. 368；*Perdew v. Commonwealth*，260 Ky. 638，86 S. W. 2d 534；*People v. Shaunding*，268 Mich. 218，255 N. W. 770；*People v. Will*，289 N. Y. 413，46 N. E. 2d 498；*Van Vechten v. American Eagle Fire Ins. Co.*，239 N. Y. 303，146 N. E. 432；*Thomas v. Kessler*，334 Pa. 7，5 A. 2d 187；*Barnes v. State*，145 Tex. Cr. R. 131，166 S. W. 2d 708；*Sandel v. State*，131 Tex. Cr. R. 132，97 S. W. 2d 225；*Weeks v. State*，114 Tex. Cr. R. 406，25 S. W. 2d 855；*Heskew v. State*，18 Tex. Ct. App. 275；*Page v. Commonwealth*，148 Va. 733，138 S. E. 510；*Butts v. Commonwealth*，145 Va. 800，133 S. E. 764；*State v. Levy*，113 Vt. 459，35 A. 2d 853。

从上述各司法区相对统一的司法实践来看，可以将立法者对此类侵财犯罪不要求犯罪意图的规定，理解为一种理所当然的隐含性规定。换句话说，因为在普通法中犯意要求是一种常态，因此立法者才没有对其加以重复适用。这与"美利坚合众国诉巴利特案"和"美利坚合众国诉贝赫曼案"中全新创制的犯罪不同。

（转下页注）

（接上页注）检方所主张的观点将在极大程度上改变司法平衡。而这样做的后果只能是减轻检方的证明义务，使被告人丧失普通法传统赋予其的保护，侵犯陪审团享有的事实认定权。如此一种侵犯个人权利的做法不能扩展到普通法犯罪。

禁止法官立法的精神，参见 United States v. Hudson and Goodwin，7 Cranch 32；United States v. Gooding，12 Wheat. 460。这告诫我们不应该通过忽略犯罪构成要素的方式扩大司法自由裁量权。国会立法时所选用的概念都是长期司法实践的结晶，其知道每个概念背后蕴藏的理念与价值，因此在没有明确表示的情况下，不能做他种解释。在本案中，我们也应该坚持犯意要求这一传统，而非轻易将其摒弃。

本庭认为 § 641 中没有规定犯意的做法不能被解读为立法者意图取消这一要求。

II

然而，§ 641 的立法历史说明，至少针对其中所涉及的一类犯罪，立法者的确想取消犯意要求。这一观点认为，在贪污等犯罪当中要求主观犯意是没有问题的，但是针对侵占政府财产这一类新型犯罪，规定犯意是没有意义和没有必要的。

国会关注的一般是犯罪中犯意要素的决定性作用。类似于故意、明知、恶意等可以用来区分此罪与彼罪，有时其还要求超越普通法犯罪的直接故意心态。参见 18 U.S.C. § 242；Screws v. United States，325 U.S.91。在某种情况下，法律承认被告人可以提出内心确信或者无过失心态，作为抗辩或者部分免责事由，用来减轻刑事责任。参见 I.R.C. § § 145（a），145（b），53 Stat.62，as amended，26 U.S.C. § § 145（a），145（b），以及 Spies v. United States，317 U.S.492；52 Stat.1069，29 U.S.C. § 216（a），以及叛国罪，不仅要求行为人有协助敌国的行为，而且还要求有效忠敌国的故意。从目前的角度来看，针对普通法犯罪，还没有迹象表明立法者意图消除犯意规定。

本案所讨论的法律规定制定于 1948 年，而其又可以追溯到 1940 年的一部法律。相关立法演进略。从中不难发现，1948 年立法的目的在于统一之前分散的立法，这些分散立法的目的也没有消除犯意的部分。没有理由推定其中一些犯罪与另一些犯罪对犯意的要求不同。如果以罚金 100 美金作为标准，所有此类犯罪都不是轻罪。如果所有相关犯罪都要求犯意，而其包含了一项不要求犯意的规定，无疑这种规定是存在问题的。这一点检方也有所担心，因此才在起诉的时候指控被告人故意非法占有政府财物。

如果在没有任何限制的情况下，转换成文法中重要概念的含义，就会导致很多犯罪丧失意义。明知显然和故意存在差别。但明知心态的含义一定超过将财物据为己有的简单明知。起码被告人还应该知道这种占有是违法的。在本案中，国会规定的是故意还是明知似乎并不影响被告人的罪责。因为如果该财物真的是被遗弃的，或者真的是无主物，那么其怎么能够有非法将其据为己有的故意心态呢？

乍看起来这种观点具有说服力，因为如果我们将犯意要求解读为侵财犯罪的构成要素，那么无疑这就与单纯的盗窃犯罪重复了，换句话说，只有在不要求犯意的情况下，侵占政府财产的犯罪才具有存在意义。但从这些犯罪的发展演变角度又可以发现对本法的不同解读。

在贪污、盗窃或者任何侵财犯罪之间具有高度重合性并不令人感到奇怪。这样做的主要目的在于立法者试图密实法网，从而避免有人逃脱法律制裁。在刑法教科书当中有大量的判例可以说明，这些侵犯他人财产所有权的犯罪之间的些微差别。或许所有盗窃都是侵占，但并不是所有明知的侵占都是盗窃。盗窃是指以非法占有为目的的占有他人财物的行为。参见 Irving Trust Co. v. Leff，253 N.Y.359，364，171 N.E.569，571。转移占有或者侵占，可能在最开始占有的时候并没有非法占有的故意，而最开始占有财物 （转下页注）

（接上页注）的行为是合法的，包括错误使用或者滥用他人财物的情况。有可能是在未获授权的情况下使用，也可能是超过授权范围使用。代为保管他人财物时，可能因为将他人财物与自己的财物混同，从而在没有任何侵财故意的情况下侵犯他人财产权。不难想象，存在故意或者明知滥用他人财物，同时又不构成贪污、盗窃犯罪的情形。因此强调在明知的情况下侵犯政府财产，可以有效地扩展政府的打击范围。

这里推定的立法意图与英国在普通法法定化过程中针对相关犯罪的立法目的类似。这多少可以说明立法活动的主要目的在于密实法网，防止出现漏洞。英国立法者也是规定了很多重合性质的犯罪以求达成上述目的。

因此，本庭认为，没有根据认定国会在立法时试图废除本罪对犯意的要求。

根据案卷，即使犯罪故意具有重要性，但之前的判决认定，犯意：（a）应由法院认定；（b）作为一种法律推定，具有结论性；（c）应根据行为本身，而非所有情节认定。但结合案件事实，本庭认为在这三个方面，原判都存在错误。

如果故意是犯罪的一个构成要素，就必须告知陪审团对此加以认定。因此，对侵财犯罪的成立，以及被告人享有的陪审团审理的权利来说，犯意同样具有重要性。对此，可参见 *People v. Flack*，125 N. Y. 324，334，26 N. E. 267，270；犯罪成立必须具有犯意与犯行，而这两点必须交由陪审团认定。无论证据多么明确，无论法官可以多么容易推定相关犯意的存在，犯意问题都不应被视为一种法律问题，必须交由陪审团决定。或许陪审团不会主持公正，但只要存在法官与陪审团之间权力的分野，就应该保持这一分野。

那么，是否通过行为推定故意的做法事实上取消了犯罪中故意心态的规定呢？对此，佛罗里达州最高法院在审理一起侵财案件时，做出了与此完全不同的判决。在公然获取财物，事后并无抵赖隐藏的情况下，一般不能推定其有犯罪故意。参见 *Kemp v. State*，146 Fla. 101，104，200 So. 368，369。

本案中并不涉及推定故意。如果推定故意不可推翻，那么其实际上就消除了犯意这一犯罪构成因素。一种允许，但不要求陪审团做出的推定，可能会剥夺其独立做出判断的机会。基于相关证据，虽然不一定足以得出某种结论，却可能会让陪审团做出某种推定。参见 Cf. Morgan，"Instructing the Jury upon Presumptions and Burden of Proof，" 47 *Harv. L. Rev.* 59；Morgan，"Some Observations Concerning Presumption，" 44 *Harv. L. Rev.* 906。而这明显与推定被告人无罪的原则矛盾。这样的一种有罪推定也明显与司法体系不符。参见 *Tot v. United States*，319 U. S. 463。

而且，认定被告人具有非法占有他人财物的故意，完全建立在被告人占有财物的行为基础上。因此初审法院才会考察是否被告人意图占有财物这一问题。换句话说，拿走财物的行为是不是一种有意识的自觉行为。但这一单个事实无法让陪审团相信被告人具有非法占有他人财物的犯罪目的。只有通过行为以及随附情状，陪审团才有可能做出正确的判断。

或许陪审会根据被告人自己也认识到财物位于政府土地、没有获得许可就擅自拿走等，认定其没有非法占有目的的供述并不可靠。如果对陪审团的法律指导意见合适，那么其实问题早就解决了。也许陪审团会认定，当时这些弹壳随意摆放，意味着没人会在乎这些东西的所有权，从被告人的良好品行、对事情的直言不讳、实施相关行为的光明正大等做出相反判断，那么事情也可能已经解决了。

推翻原判。

降低乃至刑事程序的精简，但这种所谓刑事责任的泛化或许恰恰预示着刑事法律的死亡。作为刑法核心存在价值的道德维护机制，势必将随着犯意在犯罪构成体系中地位的边缘化而逐渐消融。丧失了道德否定评价的刑法，可能就真的不再是"刑法"了。

行为，是犯罪成立的前提与基础条件。

犯罪作为一种具有可罚性的拟制概念，一般包括主观与客观两个方面的构成要素。[1] 虽然有个别美国刑法学者鼓吹，刑事责任仅仅需要存在某种危险性即可，而不需要实害结果或者作为的存在。[2] 但这无疑是将刑事责任完全建立在主观可责性基础上。因此，并未成为主流。

现实生活中，国家或者其他有权立法机构，通过正当程序决定何种行为是可以被容忍的，何种行为是被禁止的，何种行为是该当刑罚处遇的。一旦个体选择从事法律禁止的行为，就会遭遇到包括刑罚在内的特定制裁。此类刑事制裁代表着社会对"犯罪"这一抽象概念的道德否定。刑法作为反映社会主流道德的法律原则，应为社会成员的行为设定可供尊重并遵守的标准。[3]

更为重要的是，法律是思想家的宿命，而不是诗人或者艺术家涉足的场所。[4] 换句话说，除了充分承载人类社会道德谴责的情感之外，行为，更具有十分重要且明确的现实法律功能。事实上，对分析、建构刑法原则的三种主要刑法功能，即规范行为、认定责任以及衡量刑罚层级[5]而言，

---

① 参见 Sanford H. Kadish，"Excusing Crime，" *Cal. L. Rev.* 75（1987）：257。

② 参见 Larry Alexander & Kimberly Kessler Ferzan，"Culpable Acts of Risk Creation，" *Ohio St. J. Crim. L.* 5（2008）：375。

③ 参见 Michael C. Harper，"Comment on the Tort/Crime Distinction：A Generation After，" *B. U. L. Rev.* 76（1996）：23。

④ 转引自 John Hagemann，"Is There a Place for Shame? Hiding from Humanity：Disgust，Shame，and the Law by Martha C. Nussbaum，" *S. D. L. Rev.* 50（2005）：494。

⑤ 参见 Paul H. Robinson，"A Functional Analysis of Criminal Law，" *Nw. U. L. Rev.* 88（1994）：857。

行为显然都不可或缺。

　　这一点，在美国刑事成文法①以及刑事司法实践②方面都得到了明确的

---

① 例如，美国《模范刑法典》规定，不能基于单纯的思想、非自愿的行为，或者客观的条件和状况认定行为人的刑事责任。参见 MPC § 2.01。

② 虽然美国刑法中也曾出现过对单纯的所谓"被发现"加以犯罪化的做法，但这并不是说此类犯罪不需要犯罪行为的存在。相反，在很大程度上，这种规定是对证明义务的一种技术性规避。例如，如果行为人有证据证明自己进入美国的行为有违其本意，应被认为不构成本罪。参见"美利坚合众国诉赫曼德斯案"（*United States v. Hernandez*），本案判决书如下：

UNITED STATES OF AMERICA，Plaintiff—Appellee，
v.
ALFREDO HERNANDEZ—HERNANDEZ，Defendant—Appellant.
No. 07—2028
美国第十巡回上诉法院

519 F. 3d 1236；2008 U. S. App. LEXIS 5914

2008 年 3 月 21 日提交

判决结果：维持原判

审理法官：罗西奥法官（Lucero）、哈兹法官（Hartz）以及高素迟法官（Gorsuch）。法庭意见由高素迟法官撰写。

法庭意见

　　两次被美国驱逐出境的墨西哥公民阿尔弗莱德·赫尔南德斯·赫曼德斯（Alfredo Hernandez Hernandez）在一间位于墨美边境的酒吧喝酒、吸食大麻，直至人事不省。他醒来发现自己已经身处美国境内，却无法回忆起这一切发生的前因后果，随即，赫曼德斯被美国警方以非法入境罪为由逮捕。本庭需要认定联邦地区法院拒绝承认赫曼德斯迷醉以及后来失忆的相关证据，是否侵犯宪法赋予其的质证权。本庭认为，联邦地区法院的做法适当，因此维持原判。

　　根据赫曼德斯的供述，事发前，他在位于墨西哥帕拉莫斯（Palomas）的酒吧，喝了超过 1/5 夸脱（1 夸脱＝0.946 升。——编者注）的烈酒，同时吸食了大麻，之后就人事不省，醒来的时候发现自己身处美国境内，并且正好遇到了美国的边境巡逻人员。在接受询问的过程中，赫曼德斯承认自己是墨西哥公民，并且没有合法进入美国的相关证件。

　　赫曼德斯被带至位于美国新墨西哥州哥伦布斯的边境检查站，检查人员对赫曼德斯的背景进行了调查，数据显示赫曼德斯可谓罪行累累，其中也包括几起其酒后实施的犯罪行为，并因此被美国两度驱逐出境。

　　但这次有关部门并未仅仅将其驱逐了事，而是指控其违反了 8 U. S. C. § 1326（a）以及（b）。该条款规定，任何有过被驱逐出境记录的行为人，如果再一次被发现出现在美国境内，就属非法。检方在审前程序中提出动议，要求法院不得采信被告人提出的任何与其自愿迷醉相关的证据。对此，被告人赫曼德斯表示反对，认为自己有权证明自己完全不记得穿越边境，也不知道自己进入美国的行为是否属于自愿。如果被告人能够证明自己在穿越边境的过程中人事不省，那么显然可以有效地抗辩其所面临的相关指控。为了证明自己的观点，被告人还要求传召专家证人出庭。麦克克莱德博士（Orrin McCleod）试图证明被告人长期酗酒的习惯导致其在饮酒之后会罹患"酒精性失忆"。除此之外，被告人还要求传召其同监室狱友优格尼奥（Eugenio Vergara Sosa）（转下页注）

（接上页注②）出庭，以证明其在被逮捕当日处于高度醉酒的状态。

联邦地区法院批准了检方的动议，认为本条法律规定的犯罪属于一种间接故意犯罪，对此种犯罪，自愿导致的迷醉状态不得作为抗辩事由，在这个意义上，被告人试图提供的证据并未突破这一法律框架。被告人后来申请有条件认罪，同时要求保留其进一步质疑联邦地区法院证据规则的权利。最终，被告人被判 21 个月监禁。

在上诉过程中，赫曼德斯认为，联邦地区法院的做法违反了美国宪法第五修正案所保障其享有的"正当程序"权，以及宪法第六修正案保证其享有的相关权利。毋庸置疑，在刑事审判过程当中，通过提供证物、证人的方式为自己抗辩的权利，是美国司法体系的基石。参见 *Washington v. Texas*，388 U. S. 14，18–19，87 S. Ct. 1920，18 L. Ed. 2d 1019（1967）；*Roviaro v. United States*，353 U. S. 53，77 S. Ct. 623，1 L. Ed. 2d 639（1957）。但同时，这一根本性权利并不是绝对的，被告人也无权随意向法庭提供任何与其被指控罪行无关的证据。参见 *United States v. Bautista*，145 F. 3d 1140，1151–1152（10th Cir. 1998）。因此，之前联邦第十巡回上诉法院就曾判令，联邦地区法院在排除证据方面，具有高度的自由裁量权。Id. 因此，当且仅当被告人能够证明自己要求提供且被地区法院拒绝采信的证据，与其所实施的罪行具有"实质性的联系"（换句话说，相关证据可以影响到案件的审理结果）的情况下，才可以质疑法院的相关做法。参见 *Richmond v. Embry*，122 F. 3d 866，872（10th Cir. 1997）；亦参见 *United States v. Dowlin*，408 F. 3d 647，659（10th Cir. 2005）。在本案中，我们认为，赫曼德斯的证据因为缺乏相关性，不应被采信。

当然，被告人赫曼德斯提出自己的证据与其被指控的犯罪的犯意要件相关。但是根据相关法律，就"被发现出现在美国境内"的规定而言，犯意存在与否并不重要。之前本庭曾论述过与本条法律规定相关的犯意问题和所谓的"直接故意"（Specific Intent）或者"间接故意"（General Intent）相关。参见 *United States v. Martinez Morel*，118 F. 3d 710，716（10th Cir. 1997）；*United States v. Miranda Enriquez*，842 F. 2d 1211，1212（10th Cir. 1988）；*United States v. Hernandez*，693 F. 2d 996，1000（10th Cir. 1982）。但是在此问题上，很多情况下，如 *United States v. Zunie*，444 F. 3d 1230，1233–1235（10th Cir. 2006）；*United States v. Teague*，443 F. 3d 1310，1319（10th Cir. 2006）认为，现代刑法理论更倾向于适用类似《模范刑法典》当中所规定的相关犯意类型，而不是拘泥于传统普通法的模糊界定。

相应的，25 年前，本庭就已经宣布，与本条法律规定相关的唯一犯意要求即在于证明，之前被驱逐出境过的行为人再次进入美国的行为是故意的，而无须证明其具有违反相关法律的任何犯意，无论是直接故意还是间接故意。参见 *Miranda Enriquez*，842 F. 2d 1212.1。5 年前，在该案中，本庭补充认为，进入美国的行为的故意，还可以为对之前被驱逐出境的行为人"被发现出现在美国境内"认定刑事责任的做法提供正当性。参见 118 F. 3d 713，717；亦参见 *United States v. Meraz Valeta*，26 F. 3d 992，997（10th Cir. 1994）。

简言之，本庭承认与边境控制相关的法律属于应该被严格执行的公共法规。参见 *Martinez Morel*，118 F. 3d 716，引自 *United States v. X-Citement Video*，Inc.，513 U. S. 64，71，115 S. Ct. 464，130 L. Ed. 2d 372（1994）。其通常情况下应该被作为类似于严格责任（当然，其在形式上与严格责任不同，毕竟其还要求特定的犯意要素）。对此，美国联邦最高法院也承认，对特定的法定犯，无须证明被告人知道自己的行为符合法律规定这一事实。参见 *Staples v. United States*，511 U. S. 600，607 n. 3，114 S. Ct. 1793，128 L. Ed. 2d 608（1994）。

（转下页注）

（接上页注）从这个角度而言，被告人虽然坚持迷醉状态与犯意相关，但是并未抗辩因为酗酒或者吸毒所导致的迷醉状态足以否定本法所规定的犯意存在。相反，被告人也承认检方所主张的，自愿迷醉不能作为直接故意，即非故意从事单纯的客观行为情况的抗辩事由。*United States v. Hatatley*，130 F. 3d 1399，1405（10th Cir. 1997）（迷醉不属于间接故意犯罪的抗辩事由）；*United States v. Sands*，968 F. 2d 1058，1064（10th Cir. 1992）判旨同上；亦参见 *United States v. Blair*，54 F. 3d 639，642（10th Cir. 1995）（主要分区直接故意与间接故意）。

相反，尽管本法所规定的犯意存在意义有限，但是被告人强调，检方在本法当中所适用的相关理念，至少需要检方证明其具有穿越国境这一行为的故意。而其认为，因为自己对行为发生时的情况毫无记忆，很有可能是被绑架，而非基于自己意志进入美国境内，对此，其援引了相关判例作为佐证。参见 *Miranda Enriquez*，842 F. 2d 1212（如果被告人是被迷倒并运输过境，其是不具备本条所规定的犯意的）。

在这一问题上，本庭认同其他联邦巡回上诉法院所采取的从外国人出现在美国境内的事实推定存在符合本条规定的范围极其狭窄的故意心态的做法，是符合常理且十分正常的。换句话说，越境者对自己的行为基本上是故意的。参见 *United States v. Quintana Torres*，235 F. 3d 1197，1200（9th Cir. 2000）；亦参见 *United States v. Rivera Sillas*，417 F. 3d 1014，1020（9th Cir. 2005）。尽管如此，本庭也并不否认在某些特殊情况下，的确存在违反当事人意志，将其拐卖出境的情况。但是，在这种情况下，当事人必须能够提供证明其被有违意志地出入境的相关证据。参见 *Quintana Torres*，235 F. 3d 1200。对此，本庭所采用的证据相关性的标准在于相关证据足以使得被认定的事实的发生可能性程度发生实质性改变。参见 Fed. R. EvId. 401。

因此，被告人当然有权提出证明其进入美国的行为违背其意志的可能性相关的证据。问题在于，被告人所提出的证据无法证明这一点。通常情况下，迷醉的证据仅仅与检方试图证明的犯意程度相关。而被告人提供的证据也并未试图否定本条犯罪所规定的犯意。而其所采取的逻辑是，通过提供证据证明自己失去记忆的说辞是可信的，而失去记忆，意味着万事皆有可能。换句话说，被告人认为自己有可能被绑架，或者被另外一名迷醉的人强行带过边境，甚至是被别人恶搞。但同样可能的是，被告人在迷醉的情况下，自行进入到美国境内。换句话说，被告人所提供的证据在证明其行为属于自愿或者证明其行为属于非自愿方面并无差别。

假如赫曼德斯能够提供任何证据，证明其进入美国的行为属于非自愿，那么案件的审理结果就可能出现不同。但是让陪审团在缺乏证据的情况下，臆断被告人来到美国的方式则与此完全无关。而其所提出的证据也与对不同可能性的判断无关。参见 *Holmes v. South Carolina*，547 U. S. 319，327，126 S. Ct. 1727，164 L. Ed. 2d 503（2006）；*United States v. Isaac—Sigala*，448 F. 3d 1206，1210（10th Cir. 2006）。

实际上，之前本庭就做出过与本条规定相关的排除类推证据的判决。例如，在之前的判例当中，被告人希望提供证据证明，自己非常真诚地对非法进入美国境内存在认识错误。对此，本庭肯定了联邦地区法院的判决，认为此类证据与检方试图证明的被告人在被驱逐出境后再次非法进入美国的事实无关。参见 118 F. 3d at 714；亦参见 *Miranda Enriquez*，842 F. 2d at 1212。而这与本案所涉及的事实并无差异。

宪法第五、第六修正案所保障的相关权利并不涉及与案件事实无关的证据。因为本案所涉及的证据与被告人试图证明的事实可能性无关，因此联邦地区法院的做法是适当的。

维持原判。

体现与证明。另一方面，美国刑法的特质之一，即在于将公民生活的边边角角纳入刑罚适用的范围，其范围从撕毁垫子上的商标到逼迫动物过度劳动，不一而足。① 加上立法主体的多元，使得客观上要对美国联邦或各州立法设定的所谓"犯罪"行为加以梳理或概括，十分困难。这就容易形成一个"显而易见"，又往往被"视而不见"的悖论，即本来作为"罪刑法定原则"（Nulla Poena Sine Lege）② 理论内核的行为，在美国刑法理论研究中，却被有意或无意地人为忽视了③，并导致合法性原则"异化"为一种成文法解读规则，而非一种立法规则或认识规则。从这个意义上来说，行为的理论研究，显得尤为必要。

第一节 行为

在美国刑法传统当中，行为和犯罪之间的关系在很多犯罪的定义当中都不是明示的。这种非明示，在很大程度上可以被视为一种必要性的缺省。换句话说，在大多数情况下美国刑法默示犯罪的实施依赖行为的完成。④ 这一做法实际上暗示着两个独立的前提：一是，如果不存在错误行为，就不存在犯罪；二是，危害行为和责任之间存在一致性，从而使得每

---

① 参见 William J. Stuntz, "The Pathological Politics of Criminal Law," *Mich. L. Rev.* 100 (2001): 505。

② 这一拉丁法谚的字面含义可以理解为"法无明文不为罪"。理论上还有将合法性原则解读为"法无明文不为罪，不处罚"（Nullum crimen, Nulla poena, Sine lege）的说法。参见 Douglas N. Husak and Craig A. Callender, "Willful Ignorance, Knowledge, and the 'Equal Culpability' Thesis: A Study of the Deeper Significance of the Principle of Legality," *Wis. L. Rev.* (1994): 29。

③ 美国刑法学教科书中，关于合法性原则的案例说明，往往都是一成不变的英国判例。研究者似乎认为，在美国研究《权利法案》中相关的刑法问题更有意义。参见 Francis Allen, "The Erosion of Legality in American Criminal Justice: Some Latter-Day Adventures of the Nulla Poena Principle," *Ariz. L. Rev.* 29 (1987): 385。这里所谓的英国判例，一般是指 1962 年英国上议院审结的"肖诉检察总长案"（*Shaw v. Director of Public Prosecutions*），在该案中，英国法院对合法性原则做出了妥协。参见 Douglas Husak, "Is The Criminal Law Important?" *Ohio St. J. Crim. L.* 1 (2003): 261。

④ 参见 Wayne R. LaFave & Austin W. Scott, *Criminal Law* (Eagan: West Publishing Co., 1972): 12。

个行为成为单独的犯罪。① 因为这样的推定很少遇到问题，所以基本上是作为一种结论性的假设在使用。

从这个意义上可以看出，美国学界在刑法学基本范畴的前提推导模式当中，划定范围的基本做法，即以实践操作过程中争论较少的理论作为相关概念建构的前提，并认定某种前提性的假设具有终局性，并以此作为向下推导的起点。

但从逻辑的周延性角度出发，针对刑法中的行为，需要从前提上解决如下四个方面的问题：第一，刑法中行为要素如何建构；第二，行为的构成要素；第三，行为的自愿性与犯意之间的区别；第四，行为在刑法中存在的正当性。②

基于不同的话语，可以对这一问题给出不同的回答。

如果坚持刑法的道德本质属性，认为刑事责任的本质在于行为人因其行为表现出的反道德性或反统治性所面对的国家评价与个人负担，那么行为人承担刑事责任的根据，只能是这个自由意志行为。

一 行为与合法性原则③

"Nullum Crimen Sine Lege，Nulla Poena Sine Lege"，这句著名的拉丁法谚，意为"法无明文不为罪，法无明文不处罚"。这又被理解为刑法需要具备"事先的充分、合理告知"与"事后的公平判决"两大要素的"合法性原则"（The Principle of Legality）。④

美国刑法中的所谓合法性原则，或罪刑法定原则，大体上并没有被明文规定在法典中，相反，被很多人视为属于美国学者对司法实践中做法的概括、总结和升华。在其看来，虽然观点多有不同，但"禁止事后法"、

---

① 参见 Jay Sigler，"A History of Double Jeopardy，" *Am. J. Leg. Hist* 7（1963）：283。对第二点，基本上是在罪数问题当中讨论的，这里暂且不涉及。相关内容参考 Frank Horack，Jr.，"The Multiple Consequences of a Single Criminal Act，" *Minn. L. Rev.* 21（1937）：805。

② 对上述问题，美国刑法学界的认识并不统一。相关观点转引自 Douglas N. Husak，"The Act Requirement：Rethinking the Act Requirement，" *Cardozo L. Rev.* 28（2007）：2437。

③ 参见 Paul H. Robinson，"Fair Notice and Fair Adjudication：Two Kinds of Legality，" *U. Pa. L. Rev.* 154（2005）：335。

④ 参见 Joshua Dressler，*Understanding Criminal Law*（New York：Lexis Law Pub，2001）：39。

"严格解释原则"和"明确性原则"是最能体现上述合法性原则的基本内容，也是美国学者研究罪刑法定原则内容的交集部分。可以说这三点共同构成了美国罪刑法定原则理论和实践最为核心的部分。[①] 合法性原则，虽然在形式上体现为前面提到的犯罪法定化，即美国刑法的成文法化，但更为重要的是，是对行为的法定化。换句话说，合法性原则的实质，即在于犯罪行为的法定化。

在美国的刑事司法实践中，普通法的适用处于一种隐性的有限状态。所谓"有限"，是指美国宪法保障公民的正当程序及平等保护等权利，因此，很少有联邦或州立法机关会以牺牲个人合法权利为代价，肆意适用普通法，满足立法滞后所引发的司法需求。所谓"隐性"，是指在司法实践中，普通法规则，往往是被间接适用的，换句话说，是在成文法有规定，但规定不明确的情况下，法官为了解释立法才求助于普通法规则。例如，在伊利诺伊州，就有法院参照普通法，认定什么行为构成加重型强奸中所谓的"暴力"。[②] 而各州所确定的罪刑法定原则，无论是以直接立法确定的方式，还是以禁止普通法适用的间接方式，所关注的都是对行为的法定。据不完全统计，目前，至少有超过一半的美国司法区，即 25 个以上的州，在其州法中明确禁止适用普通法，这些禁止针对的都是行为。例如，肯塔基州法中规定"废除普通法犯罪，如果没有被本法或其他州法规定为犯罪，任何作为或不作为都不构成犯罪"。[③] 而更多的州则直接在州法中明确了"法无明文不为罪"。例如，亚拉巴马州法规定，"除本法及其他适用法或规章规定之外，任何作为或不作为不是犯罪"。[④] 夏威夷州法则更进一步，不仅规定了罪刑法定，甚至规定违法行为也必须法定，"除非本法或其他州法所规定的犯罪或行政违法行为，任何行为都不违反刑法或行政法"。[⑤] 俄克拉荷马州法中，除了明确罪的法定化之外，还规定了罚的法定

---

① 车剑锋：《美国刑法中的罪刑法定原则内涵辨正及其启示》，《武陵学刊》2017 年第 1 期，第 79 页。
② 参见 *People v. Haywood*，515 N. E. 2d 45（1987）。
③ Ky. Rev. Stat. Ann. 500. 020.
④ Ala. Code 13A-1-4.
⑤ Haw. Rev. Stat. 701-102（1）.

性，"除非本法规定或授权，否则任何行为都不具有犯罪性或可罚性"。[1]

更为重要的是，正确理解、适用合法性原则，是一个十分复杂的系统工程，换句话说，就立法而言，强调合法性原则与行为的关系，主要建立在人的意识自由这一基础上。美国宪法第五及第十四修正案所规定的正当程序条款，要求如果针对某项刑事成文法，具有正常心智的社会一般人应能够理解，并且据此调整自己的行为，也就是说，知道法律禁止行为的范围，并不去从事此类行为。但如果立法对犯罪，特别是对犯罪行为的规定模糊，导致理性行为人需要猜测其含义，并且可能会对其含义做出不同解读，那么这一成文法，就有可能因为太过模糊而违反宪法。这种因为模糊而无效的原则禁止立法机构将立法权全盘授权给司法机构，并且要求立法机构对犯罪的定义必须精确，必须有意义，至少不能因为缺乏确定性而变得无意义。因此，如果某项刑事法的规定具有足够的确定性，而一般人可以理解刑法所禁止的行为，并且可以避免司法的任意性与歧视性，那么这样的一种成文法就可以被认定为不具有模糊性。[2] 例如，联邦最高法院曾经判定，新泽西州法中规定"作为街头犯罪团伙一员"为犯罪的规定违反宪法，因为这一规定与其说禁止的是一种行为，倒不如说禁止的是一种"状态"，而成为犯罪团伙一员的这种状态究竟意味着什么，被告人通过什么方式才能成为所谓的团伙成员，都不明确。[3] 司法过程中，法官如何解决成文法模糊性的方法论问题，前面已经提到，这里不再赘述。

当代刑法中，理想与现实之间的距离总是很远。

合法性原则，作为刑法的"第一原则"，强调刑法的正当性在于一种事先告知，通过禁止惩罚实施时未被犯罪化的行为，保证刑罚适用目标的实现。[4] 但从实际层面来看，第一修正案当中所保护的基本权利，较之合法性原则所保护的权利而言，更容易引起法学研究者的兴趣。[5] 然而，这

---

[1] Okla. Stat. Ann. tit. 21, 2.

[2] 参见 *Kolender* v. *Lawson*, 461 U. S. 352 (1983)。

[3] 参见 *Lanzetta* v. *New Jersey*, 306 U. S. 451 (1939)。

[4] 参见 Markus Dirk Dubber, "American Plea Bargains, German Lay Judges, and the Crisis of Criminal Procedure," *Stan. L. Rev.* 49 (1997): 547.

[5] Francis Allen, "The Erosion of Legality in American Criminal Justice: Some Latter-day Adventures of the Nulla Poena Principle," *Ariz. L. Rev.* 29 (1987): 385.

又导致一个悖论，合法性原则要求犯罪中行为等构成要素规定得尽可能详尽，加之法定犯罪的泛滥，使得在当今美国，很少有人会说自己读过宛如天书般的法典。早在 20 世纪末，美国联邦法典中，关于刑法的部分就超过3000 条，散见于 23000 页的文本之中。[1]

对此，可以认为美国刑法的立法者、司法者乃至批判者，都想当然地认为在其法律体系中，不会发生违反法治的集权主义司法行为，反而忽视了大量存在的轻微僭越合法性原则的行为。这一方面导致相关理论研究严重缺位，甚至在大多数当代美国刑法教科书中，依然援引英国判例对此原则加以说明。这种理论研究的缺失，即便在刑事立法泛滥的前提下，依然会引发法官自由裁量针对那些新颁布的法律没有加以规定的新类型反社会行为，是否可以将其作为犯罪加以惩罚，而这种所谓法官立法，是否违反合法性原则存在理论争议。还有学者提出，目前这种围绕犯行讨论合法性原则的范式，往往混淆了合法性原则与可责性的问题，从而没有表达坚持法治的所有价值。为了更好地理解这些价值的深层次意义，很有必要围绕犯意讨论合法性原则，借此揭示合法性原则保护中的重要问题，即如何让公民不仅遵守成文法，还遵守法律背后的公正原则。[2]

二 行为的本质属性

在美国刑法当中，行为与所谓"自愿行为"具有同一性。换句话说，在很多美国刑法学者看来，"自愿行为"的提法是多余的，因为刑法意义上的行为总是涉及行为人的意志。在这些学者看来，如果不存在意志，或许会存在"举动"，但不会存在"行为"。之所以在刑法语境下，行为的本质属性体现为所谓"自愿性"，同时，自愿行为的概念又被视为刑法的根基，是因为在没有意志作用的情况下，不能让行为人为其所实施的行为承

---

[1] 参见 Ronald L. Gainer, "Report to the Attorney General on Federal Criminal Code Reform," *Crim. L. F.* 1 (1989): 99。

[2] Douglas N. Husak and Craig A. Callender, "Willful Ignorance, Knowledge, and the 'Equal Culpability' Thesis: A Study of the Deeper Significance of the Principle of Legality," *Wis. L. Rev.* (1994): 29.

担刑事责任。① 在刑法中，应该尽量避免对行为做出形而上的理解，毕竟在刑法哲学方面，很难达成一致意见。当认为刑法要求自愿行为时，对行为的理解就属于一种形而上的思考。当刑法所禁止的行为包括如杀人、恐吓、纵火等复杂行为时，其往往要求行为导致特定的情况或者状态，而对因果关系的形而上分析显然可以满足需求。当刑法所禁止的行为是行为人具有可责性心态时实施的行为，或者某些立法者同时享有立法及司法权，这种时空条件的分析便与对行为的哲学分析相互一致。行为的哲学反思，与行为本身的不道德性密切相关，这服从于刑罚的报应目标，即行为人的刑罚轻重应当与行为人的道德可责性成比例。这意味着诸如自愿行为等要求，应当被理解为强调行为人的道德可责性，会导致对诸如梦游是否属于行为等进行反思。②

虽然"自愿性"通常作为犯罪行为的一部分存在，但围绕行为的自愿性问题，学界并非毫无争论。然而司法实践当中，秉持实用主义的法官一般仅仅要求行为是自愿的，而对其所包含的理论基础不加深究。③ 受《模

---

① 假设你是一个正常人，并且在跷着二郎腿的时候试图保持姿势不变，仍然有可能在如下九种情况下事与愿违：（1）有人击打你膝盖的适当部位，产生条件反射，从而导致腿部抬起；（2）有人使用蛮力强行将你的腿扳起来，你阻止未果；（3）有人威胁，如果你不抬腿，就杀了你；（4）有人偷偷地将足够剂量的致幻剂放入你的饮料当中，导致你认为有疯狗咬你，而你必须抬腿才能避免被狗咬伤；（5）某人对你进行类似于催眠性质的心理暗示，使得你听到他人的特定暗示，如打指响的时候，就会抬起自己的腿；（6）你在潜意识里痛恨权威，当某位领导走进屋子的时候，你就会下意识地踢腿来表示自己对权威的鄙视；（7）产生了让你抬起腿的冲动，你未经思考就抬起了自己的腿；（8）你不理解有什么理由不能随心所欲，因此当你想抬腿的时候，你就抬腿了；（9）有人给你足够的物质回报，从而可以让你做任何事情，当然包括抬腿。一般认为，在前两种情况当中，无论从道德还是法律层面，都不存在谴责的可能与必要，因为在这两种情况下，并不存在所谓的行为，其理由是在这两种情况下，行为人并没有实施任何具有自愿性的身体举动。参见 Stephen J. Morse，"Act & Crime：Acts，Choice & Coercion：Culpability and Control，" *U. Pa. L. Rev.* 142（1994）：1587。

② 参见 Michael S. Moore，"Act & Crime：Reply：More on Act and Crime," *U. Pa. L. Rev.* 142（1994）：1749。

③ 一般而言，很少有判例会基于行为人不具有刑法意义上的行为，判决被告人不构成被指控的犯罪。但的确也有法官基于行为人的行为缺乏自愿性，来判定其行为的非犯罪性。参见"纽约州诉卡洛案"（*New York v. Phillip Carlo*），本案判决书如下：

The People of the State of New York，Respondent，

v.

Phillip Carlo，Appellant （转下页注）

范刑法典》的影响，很多州①的法典大多没有直接定义什么是自愿行为，而仅仅定义了什么不是自愿行为。这种排除性的定义当中包括条件反射和强制。《模范刑法典》的起草者或许没有认识到，其所适用的行为规制模式属于哲学意义上的"因果行为理论"而不是"目的行为理论"。② 美国

（接上页注③）　**Supreme Court, Appellate Division, First Department, New York**

46 A. D. 2d 764

1974 年 11 月 21 日审结

　　1971 年 12 月 17 日，纽约郡法院经陪审团审理，判决被告人 3 级攻击罪与非法持有武器之重罪罪名成立，并分别判处 3 年以下监禁与 6 个月监禁，同时执行。本庭依法一致认定推翻原判。

　　基于本案的特殊事实，可以认为原审法院并未正确地考察被告人非自愿迷醉这一事实。如果采信被告人的证言，那么陪审团就应该认定被告人事发时正处于幻觉剂的作用期间，根本无法控制自己的行为。进一步而言，有证据证明被告人是在缺乏自愿性的情况下服食幻觉剂的。当时另一名当事人在明知被告人从未希望服用此类毒品的情况下，欺骗被告人说该药片是阿司匹林，使其在陷入错误认识的情况下服食。但根据判例，因为刑事责任要求建立在自愿行为的基础上，因此就被告人被指控的两类犯罪而言，非自愿迷醉这一抗辩皆可成立。参见 *People v. Robinson*，2 Parker Cr. Rep. 235，304；Penal Law，§ 15.10；亦参见 22 C. J. S.，*Criminal Law*，§ 69。并且，有证据证明与检方所提出的观点不同，被告人是在非自愿服用毒品并且进入火车车厢之后，才获得被指控持有的非法武器。另外，尽管当事方提出类似的观点，但我们注意到，原审法院指导陪审团自愿醉酒不得作为 3 级攻击罪抗辩事由的法律意见也存在错误。然而，因为该罪包括造成身体伤害的故意，参见 Penal Law，§ 120.00，subd. 1，因此，迷醉的证据可以视为用来否定该罪构成要素的齐备，参见 Penal Law，§ 15.25；765；*People v. Orr*，43 A D 2d 836；亦参见 *People v. Jones*，27 N. Y. 2d 222。最后，法院不允许证人就本案另一被告人是否诚实等问题作证的做法也不成立。该证人声称自己认识该当事人长达 10 年，并且最近 5 个月还是该人的雇主，熟知该人在周围社会中的声望。因此，应当承认该人的相关证言具有代表性。参见 *Carlson v. Winterson*，147 N. Y. 652；Richardson，Evidence〔10th ed.〕，§ 494。

①　如《加利福尼亚州法典》规定，"所有的人都能够从事犯罪，除了下列情况：从事被指控行为的行为人对被指控的事实缺乏意识"，"刑事责任的最低要求，即从事行为的行为人从事了自愿的作为，或者其有能力实施而不实施的不作为"等。参见 Cal. Pen Code § 26。

②　较为有代表性的争议观点是以奥古斯丁为代表的"意志行为说"和以哈特为代表的"控制行为说"。美国刑法理论多持后一种观点。两种观点的论争详见张健《英美刑法中犯罪行为理论》，博士学位论文，吉林大学法学院，1997。同时，美国刑法学界也有权威学者对此表示异议。在这些学者看来，"如果不存在自愿性行为，就不存在犯罪"本身并不明晰。而导致混淆的原因即在于这里所指的行为本身语义不明。假设某立法机关规定任何"腹诽"国家领导人死亡的人都应该承担叛国罪的刑事责任，但同时担心这样的立法无法满足犯罪对行为的要求，继而在立法当中规定了特定的自愿行为要求。假设立法机关规定，任何在吃饭的时候期望国家领导人死亡的人即构成本罪，是否成立？参见 Douglas N. Husak，"Book Review：The Relevance of the Concept of Action to the Criminal Law，" *Crim. L. F.* 6（1995）：327。

刑法主流观点对这个问题的解释，体现的是一种规避问题，起码是简单化处理的做法，毕竟很难想象可以简单地使用立法权来解决晦涩的哲学问题。因此，《模范刑法典》将行为定义为造意的身体运动，或者有意的身体运动。

这个世界是否真的如此简单呢？

假设 A 推了 B，B 撞倒了 C，导致 C 受伤。显然，追究 B 刑事责任的做法违反了行为的自愿性要求。但是这样认定刑事责任的做法，是否违反了行为自愿性之外的其他条件？从字面理解，B 的行为符合《模范刑法典》相关规定，属于所谓的行为，因为毕竟是其自身的身体出现了运动。但如果说 B 的身体出现了自愿行为显然有问题，因为 B 的身体是被动地出现了运动的状态，他并未自愿移动自己的身体。基本可以认为，和其他很多概念一样，行为自愿性表述的模糊性，根源在于早期对"行为"这个词本身缺乏精确的语义学界定。从一般词义学角度而言，一种积极的行为总是有自愿的要素的，因此称之为自愿行为，从这个角度看，其仅仅是一种同义重复。这种模糊性也可以通过《模范刑法典》对行为自愿性的规制模式加以说明。虽然可以将《模范刑法典》对所谓行为自愿性的逆向排除性规定视为一种智慧，但无论如何，其都并未对何谓"自愿性"做出过评价，相反，也未对所谓"无意识性"进行界定。①

以《模范刑法典》对行为自愿性的理解为基础，可以发现，行为的既有定义，无视或者有意回避了与其直接相关的两个敏感问题，即行为的自愿性是否可以通过逆向排除的方式加以界定，以及行为的自愿性与所谓行为的意识性之间的关系究竟该如何界分。

以条件反射为例，无论是在常识还是在专业层面，一概而论地将条件反射视为排除自愿性的根据是存在疑问的。这一点可以参照澳大利亚相关法律规定加以说明，根据该法，训练有素的职业运动员在特定情况下的条

---

① 虽然《模范刑法典》的起草者试图将这一棘手问题交给司法机关解决，但有很多州却相当程度上顺理成章通过立法，将所谓"意识性"的有无规定在可责性当中。例如，《加利福尼亚州刑法典》规定，"如果行为人对自己行为无理性认知，则其行为不构成犯罪"；除此之外，内华达州、俄克拉何马州以及南达科他州的刑法典规定与此类似。参见 Deborah W. Denno, "Crime and Consciousness: Science and Involuntary Acts," *Minn. L. Rev.* 87 (2002): 269。

件反射，仍应被视为具有自愿性的行为。①

至于在《模范刑法典》的行为定义及其评论当中出现的一般意义上与犯意相关的所谓"有意识性"，则有其深刻的历史与现实背景。有学者考证，早在19世纪末，包括加利福尼亚州在内的若干司法区在刑事成文法当中就开始采用所谓"有意识"与"无意识"的二元区分，并一直沿用至今，这在很大程度上影响了《模范刑法典》对行为自愿性的界定。但无论是在日常语言使用还是在哲学研究方面，自愿性与意识性，都极易混淆。② 一般来说，如果行为人的行为是自愿的，就满足了行为要求，但这意味着自愿性属于行为的本质属性，因此应被纳入行为要件当中。而意识性，则属于行为在满足自愿性要求的前提下，行为人是否具有法律所要求的某种精神状态。因此，自愿与行为相关，而意识则与行为人相关。

这其实是法律的一种假设。法律假设人具有通过自身改变现状的能力。法律推定，人是为了可以理解的目的从事行为的理性存在，除非存在如未满法定年龄或精神病等社会普遍承认的例外情况，所有人都能够将自己的行为纳入法律的预设范围当中。有学者举例，你可能特别希望某人会死，想杀害他，或者把他活活摔死，但是如果你什么都没有做，没有以任何方式实现你的犯意，那么你就不犯有谋杀罪。根据刑法，除非你从事了自愿的行为，否则也不承担罪责。因此，当A移动B的手指，强迫其扣动扳机枪杀了C的时候，B并没有谋杀C。③

这一简单的结论建立在两个前提条件之上。其一，作为意识载体的犯意与作为自愿性载体的行为之间两分法的成立，这一问题在前文已做了论述，这里不再赘述。其二，犯意与行为的两分法与主观和客观的两分法的不等同性。如果将犯意与行为等同于主观与客观，那么很难解释行为的自愿性究竟是主观还是客观，以及其和同样无法明晰为主观还是客观的犯意

① 参见 Ian D. Elliott，"Responsibility for Involuntary Acts：*Ryan* v. *The Queen*," *Australian L. J.* 41（1968）：497。

② 参见 Nancy J. King and Susan R. Klein May，"Essential Elements," *Vand. L. Rev.* 54（2001）：1468。

③ 参见 Kimberly D. Kissler，"Comment：The Role of Luck in the Criminal Law," *U. Pa. L. Rev.* 142（1994）：2183。

之间的关系。如果不能从性质上对其加以区分，那么犯意和行为的自愿性之间的关系又该从何着手呢？毕竟无论是在日常语言使用中还是在哲学研究方面，自愿性和犯意都极易混淆。

从功能分析的视角来看，作为行为的核心要素，自愿性本身不能定义什么是被禁止的行为，只是作为行为成立的基础条件而存在。其存在仅仅是行为责任成立的必要条件，而非充分条件，这点和犯意所承载的功能类似，正如有的学者指出的那样，"根据犯意要求，在没得到许可的情况下拿走他人的财物，违反了法律对行为的要求，但如果行为人没有认识到该财物属于他人，是不需要承担责任的"。① 但另一方面，由于其所处的基本范畴层级不同，两者并不能简单等同视之。首先，如果作为或者不作为甚至都不是自愿的话，其就不会涉及考虑犯意要求的问题。然而，自愿性并不要求犯意作为前提存在，也就是说，行为可以是自愿的而同时缺乏犯意的存在。例如，"一个人可以根据从事体育竞技的目的投掷标枪。在确定没有人在自己前面的情况下，其投出了标枪，却伤害到了一个在此之后突然出现在跑道上的旁观者"。② 该运动员没有造成旁观者死亡的故意，甚至对此也没有过失。在这里不存在犯意，而投掷似乎应该是有意识的行为。另外，严格责任犯罪并不要求犯意的存在。③ 而对这些犯罪，自愿性和行为之间的关系就变得十分的重要。"如果自愿性对行为是必要的话，那么在不存在自愿性的情况下，就不存在认定严格责任的行为"。④ 此外，如果精神失常的存在仅仅用来否定犯意，而自愿的缺乏用来否定行为的话，那么在缺乏自愿的情况下，对被告人的开释就是无条件的，而基于精神失常的抗辩对被告人的开释是有条件的。

进一步而言，自愿性是行为分析过程当中的前提性要素，因为评价自愿性是建构犯意的关键的第一步。有学者甚至认为，自愿性的出现导致"对行为的分析增加了新的要素，而其和犯意的联系不需要进一步的分析，

---

① Paul H. Robinson, "A Functional Analysis of Criminal Law," *Nw. U. L. Rev.* 88 (1994): 857.

② Sanford J. Fox, "Physical Disorder, Consciousness, and Criminal Liability," *Colum. L. Rev.* 63 (1963): 645.

③ 事实上这样的说法是不准确的，起码是不完整的。但为了叙述的方便，这里不做详述。

④ Jerome Hall, *General Principle of Criminal Law* (New York: The Bobbs-Merrill Company, 1947): 449.

即缺少自愿性的结论可以被较为容易地理解为更为概括的没有犯意的结论"。① 而另一方面，在认定某些行为时，犯意又显得必不可少。②

总的来说，讨论行为的自愿性和犯意之间关系，目的在于揭示在进一步研究美国刑法犯意问题时，必须面对的某些重要前提。在此基础上，可以认为两者在责任认定的功能和结构上有类似之处。③ 但由于两者所处范畴不同，不能因为其具有功能和结构上的相似性就对其不加区分或者等同视之。

三 行为的构成要素

行为的自愿性作为行为要素的内核，在大多数情况下也发挥着行为规制或者责任认定的功能，用来描述犯罪及其危害程度。"非自愿性代表了行为的不自愿性，因此是最具说服力的免责理由。而其在功能上，又和传统的免责理由，诸如精神失常、未成年、受胁迫以及非自愿醉酒等，相互区分。"④ "美国刑法中传统观点认为，行为的自愿性在很大程度上体现为行为人的意识性。很多学者都认为，所谓行为的自愿性是通过行为人的一系列决定最终实现的，或者干脆说，就是意识决定下的肌肉活动。但如果尊重这

---

① Kevin W. Saunders, "Voluntary Acts and the Criminal Law: Justifying Culpability Based on The Existences of Volition," *U. Pitt. L. Rev.* 49 (1988): 443.

② 认为主观认识是认定被禁止行为必要条件的例子，就是犯罪未遂。犯罪的行为和情节可以为认定犯罪提供部分证据，但仅仅凭借这些并不能充分认定此项被禁止行为。在当代未遂犯罪定义当中非常常见的是，行为的要求构成了犯罪事实的"实质步骤"（Substantial Step），但还不能借此充分认定被禁止行为。某些行为可能仅仅构成一些客观事实的实质步骤，但实际上完全是无辜的，是完全可以接受并且不受禁止的。只有在伴随有违反实体法的故意的时候，上述行为才违法。点烟本身并不违法，除非这是点燃邻居家草垛计划的一个环节。搭年轻姑娘一程也不违法，除非你这样做是因为想对其实施性侵害。因此，在描述被禁止行为的最低要求时，未遂行为的原则当中必须包括主观状态，而意图从事该项行为即构成了对规则的违反。参见 Paul H. Robinson, "Rules of Conduct and Principles of Adjudication," *U. Chi. L. Rev.* 57 (1990): 729.

③ 如果行为人的行为缺乏自愿性，当然可以达到免责的效果。正如美国联邦法院前任大法官布莱克在"鲍威尔诉得克萨斯州案"（Powell v. Texa）中所说的那样，"当我们说上诉人出现在公共场所，不是由其自己的意志所导致，而是由其他的力量所导致时，我们明确认识到，导致被告人出现的力量不是其行为。被告人无疑形式上从事了法律规定的行为，但问题在于，行为是否可以归因于其自愿性，如果不可以归因，就不应该认定被告人承担刑事责任"。参见 *Powell v. Texa*, 392 U. S. 514 (1968).

④ 参见 Kevin W. Saunders, "Voluntary Acts and the Criminal Law: Justifying Culpability Based on the Existences of Volition," *U. Pitt. L. Rev.* 49 (1988): 443.

样的一种看法，也就意味着行为不应该包括情节、结果或者条件。"①

如果将自愿性作为刑法意义上的行为的本质，必然会导致一种亟待解决的理论困境。假设行为人在没有杀人故意的情况下，单纯举枪威胁受害人，不慎击发造成受害人死亡。对这种情况，从一般社会法情感乃至法律规定而言，认定行为人犯有杀人罪并不一定是不合适的，但如果说"开枪"这个行为是自愿的话，就会造成语义的混淆。② 这也是为什么霍姆斯等人坚持认为行为就是自愿性的肌肉收缩，除此之外别无其他。③ 行为导致受害人的伤害并不是行为的一部分。④ 但从另一方面，如果单纯地将刑法意义上的行为局限在单纯的肌肉收缩，那么显然无法区分诸如在无人在场的情况下开枪这一身体运动与在有人在场的情况下开枪并且子弹击中了受害人的情况。两者在法律意义上显然不存在等价性。

《模范刑法典》中行为规定方式的一个主要的"缺陷"或者说"特征"在于，其没有区分并定义三种具有客观属性的犯罪要素，即行为（Conduct）、情节（Circumstances）以及结果（Consequences）。⑤ 如前所述，导致这一现象产生的主要原因在于其对行为定义的含混，乃至矛盾界定。⑥ 我国有学者认为，"国内有些涉及英美刑法学的著作将 Actus Reus 译成'犯罪行为'

---

① 参见 Michael Corrado，"Is There an Act Requirement in the Criminal Law，" *U. Pa. L. Rev.* 142（1994）：1529。

② 参见 Rollin M. Perkins，"A Rationale of Mens Rea，" *Harv. L. Rev.* 52（1939）：905。

③ 通常意义上"开枪"这一概念是否包括一个或者一个以上的行为，或者包括不同类型的行为，一直以来都是哲学思辨的重要问题。这种思辨对刑法的影响可参见 Michael S. Moore，*Act and Crime：The Philosophy of Action and Its Implications for Criminal Law*（London：Oxford University Press，1993）。

④ 从理论延展的次序来看，这一观点显然源自奥古斯丁。其认为，大多数所谓行为其实属于行为和其所导致的特定结果的组合。奥古斯丁举例认为，一般而言，对行为人向受害人开枪这一事实的描述往往被理解为行为。事实上，在这一系列事件当中真正属于行为的部分仅仅是行为人举起武器、指向目标并且扣动扳机的这一系列肌肉运动。参见 Kevin W. Saunders，"Voluntary Acts and the Criminal Law：Justifying Culpability Based on the Existences of Volition，" *U. Pitt. L. Rev.* 49（1988）：443。

⑤ 《模范刑法典》当中规定了行为与结果之间的因果关系。这一规定的前提显然暗示着行为与结果在某种意义上的分立，以及这种分立的可辨别性。参见 MPC § 2.03。因果关系将在下文中详尽论述。

⑥ 现在所采用的是一种狭义的观点，认为行为仅仅意味着身体运动。但《模范刑法典》适用了广义的观点，认为"行为"包括身体运动以及随之存在的相关特征，参见 MPC § 2.02。

是欠佳的"。① 其根据在于，Actus Reus 不仅包括行为，还包括情节与结果要素。换句话说，如果将 Actus Reus 等同于行为，就会造成某些情节特别是犯罪结果被排除在外的局面。和可以将最狭义的身体举动无限细分一样，所谓结果也可以如"蝴蝶效应"（The Butterfly Effect）② 一样无限延展。事实上，包括不同犯意层级③，以及不同犯罪阶段，如"未遂"④ 等状态的认定，都取决于行为或者结果的明确界分。

这种含混或者矛盾，导致了很多亟待解决的问题，例如，行为致死他人的情况应该被认定为一种单一的结果要素还是一个结果要素和一个情节要素？⑤ 这意味着对刑法中所谓行为的理解，只能是一种位于两难间的折中或者妥协。行为与结果之间的区分并不如想象的那般容易，而将特定的结果认定为所谓犯罪结果也存在一定的风险与恣意性。⑥

---

① 参见李居全《浅议英美刑法学中的行为概念——兼论第三行为形态》，《法学评论》2002 年第 1 期，第 105 页。

② "蝴蝶效应"是指在一个动力系统中，初始条件下微小的变化能带动整个系统长期、巨大的连锁反应。这是一种混沌现象。这种观点作为解决长期天气预报中的混沌理论的一部分，最早由美国麻省理工学院（MIT）教授爱德华·洛内兹（Edward Lorenz）在 20 世纪 60 年代提出。而这种混沌理论，也因为洛内兹教授在 1972 年发表的著名论文《可预测性：巴西某只蝴蝶翅膀的扇动，会掀起得克萨斯的一场龙卷风？》（Predictability: Does the Flap of a Butterfly's Wings in Brazil Set off a Tornado in Texas?）得名蝴蝶效应。

③ 例如，《模范刑法典》明确规定，只有在行为人知道行为引起的结果具有"实质确定性"的情况下，才能认定行为人的明知心态。在这个意义上，厘清结果要素的重要性不言而喻，参见 MPC § 2.02（b）。

④ 《模范刑法典》规定，当犯罪要素包括特定危害结果时，行为人应当以产生该结果为目的实施该项行为，或者确信自己不实施该行为就会产生该结果而不实施该行为，参见 MPC § 5.01（b）。

⑤ 参见 Paul H. Robinson and Jane A. Grall, "Element Analysis in Defining Criminal Liability: The MPC and Beyond," *Stan. L. Rev.* 35 (1983): 681.

⑥ 法律当中充斥着这样的含义，诸如"犯罪行为""杀人行为"等。假设 A 开枪谋杀了 B。对此，通常将其描述为 A 实施了杀 B 的行为。但是略加反思，就会发现事情远非如此简单，如果从更为准确、科学的角度而言，行为一词显然包括：（1）最为本原，也最为狭义的行为概念，即行为人基于自愿意志所进行的肌肉运动；（2）有的时候还包括行为周遭的环境或者其他情节；以及（3）身体运动的结果。很明显，如果仔细分析的话，就必须区分这三种情况。在上述具体案例当中，从最狭义的角度来讲，A 的行为包括其意欲完成的一系列肌肉运动。而其所涉及的随附情节包括，例如 B 处于手枪的射击范围之内、子弹已经上膛等。A 的行为导致了诸多客观结果，例如 A 举枪指向 B 的方向、扳机被扣动、子弹被击发并在空气当中运动、子弹击破 B 的皮肤导致其大量出血并最终导致其死亡等等。参见 Walter Wheeler Cook, "Act, Intention, and Motive in Criminal Law," *Yale L. J.* 26 (1917): 645.

除此之外，区分行为与随附情状，也具有非常重要的现实意义，特别是在死刑案件中，对随附情状的评价可能直接决定一个人的生死。例如，在"堪萨斯州诉马什案"（*Kansas v. Marsh*）① 中，美国联邦最高法院肯定了堪萨斯州成文法的合宪性，该法认定，在加重情节与减轻情节出现平衡时，可以对被告人适用死刑。在该案中，检方指控并排除合理怀疑地证明被告人在实施犯罪前后，满足了三种法定加重情节②，分别是：被告人明知或者意图杀死多人或者导致多人死亡；被告人非法从事了意图防止自己被逮捕或被追诉的行为；被告人以一种特别邪恶、残忍的方式，实施了杀人犯罪。

在很大程度上，《模范刑法典》不选择对结果进行立法界定的原因是多方面的。毕竟如果区分行为、情节与结果，就意味着检方需要在证明犯罪成立的时候，根据所谓要素分析模式，承担几近无法完成的证明义务。但无论其正当性为何，都无法回避其与行为之间的密接性，以及其在时间空间方面的延展性与不确定性。这或许可以被武断地总结为，结果相较于行为，更加接近法律拟制的概念范畴。最为关键的问题在于，虽然自愿性是行为的本质属性，但显然，情节（随附情状）与结果并不具有这一本质属性。

另外，从功能分析的角度，情节要素对界定被禁止行为很有帮助，而结果要素则不具有这种功能。对行为界定而言，结果是不必要的。刑法所禁止的是行为人的行为，而不是行为的结果，因为法律能够影响的，仅仅是人类的行为。③ 法律可以宣称禁止某种特定的结果，然而，法律实际意

① *Kansas v. Marsh*，126 S. Ct. 2516（2006）.

② 根据堪萨斯州法 KAN. STAT. ANN. § 21-4625，死刑的法定加重情节共有八种，分别是：（1）被告人之前被判造成他人重伤、毁容、致残或死亡重罪的；（2）被告人明知或意图杀死或造成一人以上致死危险的；（3）被告人为自己或他人牟利而实施犯罪的；（4）被告人授权或雇佣他人实施犯罪的；（5）被告人为了避免被逮捕或被追诉而实施犯罪的；（6）被告人以特别残忍、邪恶、凶暴的方式实施犯罪的；（7）被告人在服刑或被判决重罪罪名成立期间实施犯罪的；（8）以为受害人履行、意图履行刑事案件中的证人义务，而将其杀害的。

③ 奥古斯丁等著名学者认为，大多数所谓行为，都是行为和其导致的结果的统称。例如，"如果我用手枪杀你的话，我向你开枪"，而这个简短的词句所形容的一系列事件，被认为好像构成了行为一样。实际上，这一系列情况当中，真正可以作为行为处理的就是"我举起了枪，瞄准你的头，然后扣动了扳机"。至于枪内机械的碰撞、火药的爆炸、子弹的飞行、随之而来的伤害和死亡，以及很多诸如此类的事件，都是行为所导致的结果。"我"对这些结果并没有意图，尽管"我"可能希望其发生。参见 Walter Wheeler Cook，"Act，Intention，and Motive in Criminal Law，" *Yale L. J.* 26（1917）：645。

图禁止的，也是实际能够禁止的，是导致这种结果或者危险的行为。结果要素所发挥的作用，仅仅是加重行为人责任的功能，即分级的功能。① 这里还需要强调的就是，美国刑法中的行为与罪数之间的关系问题。美国刑法的一个基本原则是"一犯罪一行为"。每个刑法意义上的行为，都成为单独的犯罪。一个犯罪与一个行为之间存在着排他性的对应关系。最初，这一观点主要用来解决举动与行为之间的关系，即将连续的身体动作过程视为一个行为。② 这种单一的对应关系在刑法上的作用，即可以充分发挥刑法的行为规范功能，能够提供十分精确的预警，确保公民选择合法的行为方式。③ 而困扰国内刑法学界的罪数问题，在美国刑法理论与实践中，通过一行为一罪的简单方式轻松规避，将刑事责任的合理性问题，借由刑罚论中关于法定刑的适用公式加以解决。

从避免混淆、尊重原意的角度出发，美国刑法中的 Actus Reus 可以被理解为广义的行为，但应当被表述为"犯行"，其包括犯罪行为、法定的随附情状与犯罪结果。④ 这里需要强调的是，这种认定是以相关法律及《模范刑法典》的规定为根据的。与此不同，美国刑法学理论中，有观点主张，"犯罪的客观方面，即所谓 Actus Reus，总体上包括自愿性行为、因果关系⑤、社会危害性等三部分"。⑥ 这种观点虽然与法律规定有所出入，

---

① 参见 Paul H. Robinson, "A Functional Analysis of Criminal Law," *Nw. U. L. Rev.* 88 (1994): 857。

② 参见 Jay Sigler, "A History of Double Jeopardy," *Am. J. Leg. Hist.* 7 (1963): 283。

③ 参见 Susan W. Brenner, "S. C. A. R. F. A. C. E.: A Speculation on Double Jeopardy and Compound Criminal Liability," *New Eng. L. Rev.* 27 (1993): 915。

④ 这种解读，也符合美国各州的立法规定。如犹他州法典对犯罪要素的规定，就明确区分了犯罪行为、情节与结果。Utah Code Ann. § 76-1-501 (2006) 规定，犯罪要素包括：(1) 刑事审判过程中，在被指控犯罪的每个构成要素被排除合理怀疑地证明之前，应推定被告人无罪，如不能排除合理怀疑地证明犯罪构成要素，则被告人应被无罪开释。(2) 在本部分当中，犯罪构成要素是指：(a) 在犯罪的定义中被禁止、被预防、被描述的行为、随附情状，或者所规定的行为结果；(b) 所要求的可责性心态。(3) 管辖权或者审判地并不是犯罪的要素，但是需要压倒性的证据对其加以证明。

⑤ 有学者认为因果关系的内涵极为复杂，"以专题探讨也不为过"，同时，将因果关系界定为一种"法律事实"，并且进一步提出，法律事实是指实证法所规范之生活事实。相对体现在完全法条中法律要件的一般性、规范性而言，法律事实具有具体性与事实性的特征。参见叶名怡《过错及因果关系推定与证明责任倒置——从事实到价值的思考》，《北方法学》2007 年第 4 期，第 144 页。

⑥ 参见 Joshua Dressler, *Understanding Criminal Law* (New York: Matthew Bender & Co., 2009): 85。

如前面所提到的行为犯，显然并不包括所谓因果关系的问题，但这并不能否定因果关系在犯行中的重要地位。因果关系的重要性，实际上在不作为中体现得尤为明显且至关重要，因此，笔者将在不作为部分，对美国刑法中的因果关系加以简介。

第二节　不作为

刑法基本原则认为，犯罪要求行为人从事了某种行为。而行为，可以表现为"作为"（Act）或"不作为"（Omission）。[1] 作为与不作为，都具有行为的本质属性，即自愿性，在这一点上，两者并无差异。[2] 美国刑法理论虽然十分强调导致危害结果的作为，但在某种程度上，不作为也可以被解释为一种具有可责性的行为方式。[3] 概括来说，违反此类明确法定义务的情况，一般被称为"纯正不作为"。在所谓"纯正不作为犯罪"当中，无论是否造成危害结果，都需要承担不作为的刑事责任。在这种情况下，因为有立法的事先警告，因此认定不作为责任不存在任何形式问题。例如，加利福尼亚州法规定：被告人违反税法[4]的要求，未向税务委员会分支机构提交纳税申报表，或提供相关信息的，即构成未依法申报罪。类似的法定义务，在涉及儿童健康与安全、公共消防与公共卫生等方面还有很多。例如《加利福尼亚州刑法典》就对从事卫生救助、公共卫生、教育及咨询业工作的特殊人群，规定了特定的报告义务。[5] 相较而言，美国刑法中对"不纯正不作为"的讨论，明显不如大陆法系国家热烈，更未上升至

---

① （1）刑法并没有一定要求存在身体的运动；（2）刑法可能要求的是类似于不作为的一种客观状态。参见 Michael Corrado，"Is There an Act Requirement in the Criminal Law?" *U. Pa. L. Rev.* 142（1994）：1529。

② 参见 Daniel L. Rotenberg，"An Essay on Criminal Liability for Dutyless Omissions That Cause Results，" *Brooklyn L. Rev.* 62（1996）：1159。

③ 参见 Larry Alexander & Kimberly Kessler Ferzan，"Culpable Acts of Risk Creation，" *Ohio St. J. Crim. L.* 5（2008）：375。

④ Revenue and Taxation Code，Section 19701（a）.

⑤ 参见 Cal. Pen Code § 11166（a）（2014）。

罪刑法定等犯罪论语境。①

从刑法的周延性角度来看，犯行包括作为与不作为这一对逻辑上存在对偶关系的概念，似乎毫无问题，即行为人构成犯罪的犯行，只能是作为或不作为，换句话说，是一种非此即彼的状态。虽然从逻辑上来讲，并不存在所谓通过作为实施的不作为犯罪，或者通过不作为实施的作为犯罪。但是需要强调，这里的作为或不作为，不是一种"裸"的概念，而是刑法意义上的作为或不作为，两者在逻辑上并不存在并发的可能性。有可能一个人在从事特定作为的时候，没有从事相关作为，但也没有静止，而是从事了其他的身体活动，甚至其他犯罪，但这里的其他身体活动，或者构成其他犯罪的行为，与构成特定犯罪的不作为并不存在逻辑意义上的对应性。换句话说，这里的不作为与作为，针对的不是同一犯罪。

但在司法实践中，却存在各种复杂情况，甚至出现无论行为人选择作为还是不作为都构成犯罪，且构成的犯罪完全同质的情况。② 对此，固然可

---

① 例如，德国学者奥斯卡·克劳斯（Oskar Kruns）就曾对不纯正不作为犯是否违反了罪刑法定原则这一问题提出过质疑，在他看来，因为不纯正不作为犯的保证义务，抑或所谓作为义务并未被规定在构成要件当中，因此处罚不纯正不作为犯很有可能被视为类推适用作为犯的构成要件。转引自〔日〕日高义博《不作为犯的理论》，王树平译，中国人民公安大学出版社，1992，第77页。

② 在英国出现的"连体婴儿事件"（Re A，〔2001〕2 WLR 480），虽然较为罕见，却彰显出传统作为与不作为逻辑区分的困境。本案中，两个婴儿虽然相互连接，但各自具有独立的脑、头、心、肺。其中，身体较为强壮的朱蒂（Jodie）通过共同的动脉，向孪生妹妹玛丽（Mary）提供氧气。根据医学专家的意见，朱蒂的心脏不可能一直这样为其孪生妹妹提供氧气。法庭经过调查认定，最少3个月，最多6个月，前者的心脏功能会衰竭，进而导致孪生妹妹的死亡。孪生姐妹的父母以及医生都认识到保持连体状态，会导致两个人的死亡结果。解决这一问题的办法就是通过手术将两者分离。手术可以使得朱蒂摆脱沉重的身体负担，获得几乎和正常人一样的生活质量。和稍显虚弱的孪生妹妹不同，朱蒂的脑部未出现明显病变，心肺也不存在功能性障碍。通过手术，其存在的一些问题也都能得到有效治疗。但另一方面，分离手术将会导致玛丽立即死亡，因为后者的心肺根本无法支持其自身的存活。但是孩子的父母与医生产生了意见分歧。父母反对分离手术，理由是作为罗马天主教徒，他们的宗教信仰要求父母不得杀死自己的子女，同时他们也没有能力自己抚养分离后的朱蒂。但是孩子出生的医院以及英国医生却坚持认为，应该进行分离手术，并就此申请了法庭令状。法院批准了分离手术的请求，孩子的父母提起了上诉，但是上诉法院一致驳回了父母的申诉。分离手术成功进行，身体较弱的玛丽当场死亡。在本案中，无论作为还是不作为，父母与医生都需要对其所导致的结果承担法律责任。法律一般要求，存在作为义务的情况下，行为人需要对不作为导致的结果承担责任。父母与子女之间的特殊关系使其对子女的福祉负有作为义务，其中就 （转下页注）

以通过讨论诸如紧急避险等方式加以解决，但也从某种侧面预示着既有刑法理论的某些重要前提，在复杂的现实面前所面临的重要挑战。

如果刑事责任方面没有本质不同，那么作为与不作为最根本的差异，就在于形式上的不对称性。这种不对称性，体现为两个方面。首先，所有的不作为犯罪都是结果犯罪，但某些作为犯罪，却不需要特定危害结果就

（接上页注②）包括提供必要的医疗救治的义务。正如不给子女喂饭的父母，需要承担杀人罪的刑事责任那样，朱蒂的父母对朱蒂承担让其接受手术的作为义务。同样，为了确保病人的存活，朱蒂的医生也负有对其进行手术的义务。与此同时，父母和医生还需要为分离手术的后果承担法律责任。尽管一般意义上的手术是一种作为而非不作为，但是审理本案的法官持相反看法，认为本案中的分离手术是一种不作为。因为手术意味着玛丽无法再获得含有氧气的血液，从而将导致其无法存活。这种两难的现实多少令人绝望，与不给病人输血之类的不作为不同，分离手术涉及的是将两人的身体割开，而这显然不能被认定为一种不作为。实施手术以及批准手术的医生，都需要为分离手术导致的死亡结果承担法律责任。在本案当中，作为与不作为的传统区分，并不能减轻行为人在明知其行为或者其他替代措施的后果的情况下，仍然选择不作为的结果责任。从其父母及医生对朱蒂承担的义务来看，如果父母或者医生不对其进行分离手术，那么就需要为不实施分离手术可能导致的危害结果承担法律责任。鉴于这些人都明知不作为将会导致朱蒂的死亡结果，因此根据刑法规定需要承担故意杀人罪的刑事责任。在缺少类似于紧急避险之类的抗辩事由的情况下，他们将对朱蒂的死亡承担责任。当然，如果实施了分离手术，他们还要对结果承担责任。因为他们知道自己的作为将会导致玛丽的死亡结果，而他们对该结果持放任的态度，因此在缺少抗辩事由的基础上，其行为构成了谋杀。从美国刑法的原则来看，无论是否选择进行分离手术，医生与父母都需要承担谋杀罪的刑事责任。对此，三名上诉法院法官中的两人试图通过法律规则，而不是作为与不作为的区分来避免这样的一种尴尬。其中，有法官提出了自卫理论，还有法官认为，分离手术对玛丽以及朱蒂来说都是最佳的结果。就自卫来说，玛丽对朱蒂身体的依赖，导致后者面临生命危险，但从法律或者从伦理角度来看，无论如何都不能将一名并未选择主动进攻，或者对现状完全没有选择能力的无辜者作为防卫对象。认为分离手术对两人都是最佳选择的理解也存在问题。法官认为，虽然会导致玛丽的死亡结果，但起码可以使其保留最基本的人格完整与尊严。这种逻辑的荒谬之处在于，即使对两个类似于本案中大体都很正常的连体婴儿来说，即使分离手术让其都死亡，也要比其保持连体状态对两人更好。另外，法官还认为，即使玛丽有感觉，那么苟延残喘也只是让其感到痛苦与不快。的确，医生曾经表示，玛丽是否能够感知痛苦存疑，而其脑部发育的畸形也很可能导致其不具有正常的认识能力。然而，有神经学家作证，玛丽的异常脑部发育与癫痫、发育迟缓和学习能力减弱有关。从这些事实根据出发，如果认为杀死玛丽是有根据的，那么似乎就宣告了对类似情况的婴幼儿的死刑。本案与有名的海上漂流救生艇食人案"女王诉达德利案"（*Regina* v. *Dudley & Stephens*）的不同之处在于，前者自行选定了生死，而后者则是冥冥之中造物主的决定。参见 Tom Stacy, "Acts, Omissions, and the Necessity of Killing Innocents," *Am. J. Crim. L.* 29（2002）：481。

能成立，其中较为典型的，即所谓"行为犯"。[①] 其次，即使在都导致了危害结果发生的情况下，作为犯罪与结果犯罪之间仍然存在某种形式的不对称，抑或"神的等式"。[②] 这里存在的一个问题，就是不作为究竟是一种刑事责任，还是一种行为方式？在美国刑法中，因为没有所谓构成要件之争，这个问题并不明显，但如果是在强调构成要件体系的大陆法系国家，其实是一个一直存在却被人为忽略的重要问题。

所谓"不对称"，是指作为是有形的身体举动，这种积极的举动可以被视为一种"有"，这种"有"与危害结果可以被视为等式两端的两个变量。但不作为，是指能为而不为，虽然未必是绝对的不动，却一定没有从

---

① 较为典型的"行为犯"，是夜盗罪（Burglary），参见 Cal Pen Code § 459（2014）。"凡基于实施侵财犯罪或其他重罪的故意，进入有人居住的房屋、住室、公寓、租屋、商店、货仓、商店、工坊、谷仓、牲口棚、室外卫生间或港口及刑法所规定的其他建筑物、帐篷、船舶、船屋，或《健康及安全法》所规定的船屋，《机动车法》中规定的卧铺车、全封闭的货车车厢、封闭或未封闭汽车车厢、拖拽房屋、房车、随车帐篷，以及处于锁闭状态的汽车，《公用法》中规定的飞行器，或其所属地下室及其他地下空间，即构成夜盗罪。""有人居住"是指目前被用于居住目的。如果自然或其他灾害导致住户离开的，那么被设计用来居住的房屋、拖拽房屋或船舶仍然属于被用于居住目的。而该州的判例明确了该罪属于行为犯。该将将进入房屋或其他建筑物作为夜盗罪的构成行为，这并不违反美国宪法第十四修正案，理由是在建筑物之内生活的人，相对户外的人，面临遭受侵犯财产罪或其他严重犯罪的更大危险，参见 People v. Talbot, 64 Cal 2d 691（1966）。

② 值得一提的是，在大陆法系刑法中，日本刑法强调不纯正的不作为犯的核心是构成问题，认为等值问题的解决方法及其标准不同，解决这些问题的结论就不同。参见〔日〕日高义博《不作为犯的理论》，王树平译，中国人民公安大学出版社，1992。德国刑法强调不作为犯的"等价性"。这一点，与本书提出的"神的等式"存在异曲同工之处。据我国学者总结，1959 年德国刑法学者考夫曼（Kanfmann）在其著作《不作为犯的理论》中，第一次提出了等价性问题。他认为，不纯正不作为犯的成立，符合了没有被规定出来的不纯正不作为犯的构成要件。这个要件应至少包括三个方面的内容：一是可能致人损害的现实或抽象危险的存在；二是不作为人负有阻止致人损害结果的责任；三是违反这种责任的不作为在不法和有责方面与作为具有等价性。另一位德国学者海因里希·亨克尔（Heinrich Hehkel）进一步指出，作为犯的构成要件，在不作为状态时处于双重开放状态，需要加以补充。即对正犯，只有在法律上负有防止法益侵害结果发生的人即保证人才可构成；对保证人，要求在不法内容上与作为具有同等价值。这种强调通过对不作为进行补充从而使其与作为等价的学说，在理论上被称为"新保证人说"。参见赵秉志、王鹏祥《不纯正不作为犯的等价性探析》，《河北法学》2012 年第 10 期，第 29 页。还有学者认为，等价性问题是大陆法系不纯正不作为犯理论的主流，其基本含义是以不作为方式实现的犯罪事实在违法价值上与作为相等。等价性属于犯罪构成要件符合性的问题，其实质是犯罪构成事实的等价。参见刘士心《不纯正不作为犯的等价性问题研究》，《法商研究》2004 年第 3 期，第 109 页。

事"应该"的作为。这样，等式的一端就出现了空白，为了让这个等式继续平衡，除了不作为之外，就一定需要存在某种作为所不需要的其他变量。这个变量，正是不作为的研究对象。

在不作为语境下，需要考察的变量主要包括作为义务的范围，以及不作为本身的认定两个方面。特别是作为义务问题，刑法中的义务，包括消极的作为义务与积极的作为义务。消极的作为义务，是指不得从事特定行为的义务，如不得杀人；而积极的作为义务，是指必须从事特定行为的义务，如必须救治他人。两者必须通过立法寻求合理的平衡。如果积极义务规定过度，那么在受害人落水时，会导致人们蜂拥跳入水中，这样，受害人估计会在淹死之前被人潮压死。但如果不规定积极义务，很可能导致人人作壁上观，没有人下水救人。当然，或许在场者可以通过选举或者召开会议的方式，选择最适合救人的人，但这又会牺牲宝贵的救人时间。因此，对此需要事先做出合理的立法选择，如要求具有专业救助装备与人员的消防局承担此类积极的作为义务，或者让通常情况下承担排他性作为义务的人员，如家中的父母为子女提供哺育的义务，等等，除此之外，其他人仅仅需要承担不干预救助的消极义务即可。虽然基于上述理由，刑法必须设定若干积极的作为义务，但从谦抑性出发，积极的作为义务相对于消极的作为义务只能作为补充，针对特定群体有选择地加以适用。这样做，至少具有两个显著优点。首先，根据这一观点，类似不给孩子喂奶导致孩子死亡之类的不作为者，因为具有哺乳受害人的特殊义务，因此让其为自己的不作为承担与故意掐死孩子类似的作为刑事责任并无疑问。杀人罪之类犯罪所关注的，并不是死亡结果，而是没有赋予受害人应有的价值。其次，为对那些在道德上需要介入的情况设立特定作为义务提供了根据。[①]

就作为义务的范围问题，以杀人罪这一典型的结果犯[②]为例，开枪打死受害人的作为，以及主治医师未给受害人提供救命药物导致其死亡的

---

① 参见 Marcelo Ferrant, "Causation in Criminal Liability," *New Crim. L. R.* 11 (2008): 470。

② 《圣经》中就明确规定了"汝不能杀戮"之类的教义。而这也一直被奉为美国社会的基本价值观与道德底线。事实上，美国目前某些司法区，除叛国罪之外，死刑几乎仅适用于谋杀案件。与此相关的介绍，参见李立丰《上帝与死囚：基督教视野中的美国死刑问题》，《世界宗教研究》2010 年第 5 期，第 97 页。

不作为，都属于杀人行为。但和积极的开枪杀人不同，不作为构成犯罪必须建立在不作为者对受害人负有特定救助义务的基础上。但救助义务的范围又该如何划定呢？海滨浴场的救生员，需要承担救助溺水者的义务。急救室的大夫，需要承担救助病人的义务。父母需要承担抚育、救助子女的义务。[①] 如果存在上述义务，见死不救，就成立杀人罪，似乎毫无疑问。但是，这一义务的来源与边界又该如何厘定呢？对遇险的陌生人，如果施救只是举手之劳，却眼睁睁地见死不救，是否需要承担不作为的刑事责任呢？[②]

除了不作为范围的认定问题之外，另一个容易遭人忽视的问题，是对不作为本身的认定。对不作为本身的认定，首先是不作为本身是否存在的问题，这个问题往往与作为义务密切相关。虽然从普通法传统来看，作为与不作为之间的区别看似根深蒂固，但两者之间的关系又始终模糊。假设某人绑架了受害人，并将其囚禁在自己汽车的后备箱中长达一周之久，在这期间，其女友一直与该行为人同进同出，也知道有人被囚禁在其乘坐的汽车后备箱内，甚至在朋友向其询问为什么听到奇怪尖叫声的时候，还向其解释说那个人疯了。如果该被绑架者最终因为脱水死亡，是否可以认为该行为人的女友的不作为导致了被害人的死亡，从而要求其承担谋杀罪，

---

① 参见 Arthur Leavens，"A Causation Approach to Criminal Omissions," *Calif. L. Rev.* 76（1988）：547。

② 据不完全统计，除了后面提到的佛蒙特州之外，美国还有 4 个州规定有类似的一般救助义务，但规定的方式或内容有别。其中威斯康星州和夏威夷州，要求处于危险的人是犯罪的受害人，而有义务施救者必须知道需要救助者属于犯罪受害人这一事实。具体来说，威斯康星州相关法律规定：任何知道犯罪发生，且受害人受伤的人，都有报警或寻求其他帮助，或自己帮助受害人的义务，但下列情况除外：（1）履行上述义务，将会使其陷于危险；（2）履行上述义务，将会出现义务冲突；（3）已经呼救，或其他人正在施救。参见 Wis. Stat. Ann. 940. 34（2）（a）（d）。而夏威夷州法相关部分规定，"任何在犯罪现场，明知受害人遭受严重身体伤害，都有义务在不对任何人造成危险或伤害的情况下，寻求或试图寻求执法或医疗救助"，参见 Haw. Rev. Stat 663-1. 6（a）（1995）。与此不同，罗得岛州与明尼苏达州的成文法，并不要求被救助者是犯罪的受害人，但是都要求施救者当时在场，否则不需要承担刑事责任。例如，罗得岛州成文法规定：任何在紧急情况现场，明知其他人处于或正在经历严重的身体伤害，在不危及本人或他人的范围内，应为处于危险状态的人提供合理的帮助。参见 R. I. Gen. Laws 11-56-1（1994）。而明尼苏达州相关成文法规定，任何在紧急情况现场，明知其他人处于或正在经历严重的身体伤害，在不危及本人或他人的范围内，应为处于危险状态的人提供合理的帮助。合理的帮助，可以包括寻求执法或医疗的救助。参见 Minn. Stat. Ann. 604A. 01（1998）。

或者重罪谋杀罪的刑事责任？①

---

① 相关事实可参见"密歇根州诉尼克斯案"（*People v. Nix*），本案判决书如下：

PEOPLE OF THE STATE OF MICHIGAN,

Plaintiff—Appellant,

v.

TERRESSA L. NIX also known as TERESSA NIX,

Defendant—Appellee.

Docket No. 103072.

1996 年 10 月 8 日法庭辩论　1996 年宣判

首席大法官：詹姆士·H. 布莱克利（James H. Brickley）、查尔斯·列文（Charles L. Levin）、迈克尔·嘉文纳（Michael F. Cavanagh）、派翠克·J. 博瑞尔（Patricia J. Boyle）、小特罗辛·寇姆斯托克·瑞利（Dorothy Comstock Riley）、小考纳德·玛莱特（Conrad L. Mallett, Jr.）以及伊丽莎白·A. 威沃（Elizabeth A. Weaver）。

嘉文纳法官代表法院发表意见：

本案主要涉及的问题在于，被告人所享有的免予双重告诉的权利是否受到侵犯。上诉法院认为，被告人的上述权利的确受到了侵犯，故以此为理由推翻了原判。本庭维持上诉法院的这一判决。

I

被告人被指控犯有一项一级谋杀，以及一项重罪谋杀。被告人的男友罗伯特·霍根（Robert Hogans）绑架了受害人，并将受害人锁在其汽车的后备箱当中长达 6 天，在此期间，被告人与其男友一直在一起并且使用过该车。被害人最终死于脱水，以及在饥渴的状况下喝了含有甲醇成分的汽车风挡清洗剂。

一审过程中，检方认为，根据直接或者间接帮助犯理论，被告人应该承担相应的刑事责任。辩方在检方做出指控之后要求直接判决无罪开释。1991 年 6 月 19 日，一审法院批准了辩方的这一申请："被告人被指控犯有一级谋杀，以及一级重罪谋杀。被告人提出口头申请，认为自己并不承担任何救助受害人的法定义务，因此应该直接宣判其无罪。检方则认为被告人应当承担救助被害人的法定义务，因此构成绑架罪以及以绑架罪为基础的一级谋杀罪的帮助犯。在充分听取双方意见的基础上，本庭认为，被告人不承担救助被害人的相关法定义务，因此无须对上述指控承担刑事责任。本判决自 1991 年 8 月 2 日生效，在此之前，检方有权对本判决提出上诉。被告人在本判决生效后或可以获得 1 万美金的救济金。为审理本案所组织的陪审团无须解散，在本案庭审中止期间，可以允许陪审员重返工作岗位，并在庭审恢复之时重新承担陪审员的职责。在此期间，陪审员不得与人讨论本案的案情，不得阅读与本案相关的任何新闻报道或者其他信息。"

1991 年 8 月 2 日，检方向上诉法院提起上诉，认为根据 MCR 7.205（D）（2），上诉法院应推翻原审法院的被告人不承担救助的法定义务的认定，将本案发回重审。参见 MCL 767.39；MSA 28.979，*People v. Kelly*，423 Mich 261，278-279〔378 NW2d 365〕（1985），以及 *People v. Aaron*，409 Mich 672，733-734〔299 NW2d 304〕（1980）。

1991 年 8 月 6 日，上诉法院将本案发回重审。

1991 年 8 月 16 日，一审法院法官基于必要性原则解散了原来的陪审团，并且重新组建的陪审团对本案加以审理后判定，被告人犯有过失杀人罪，因而应被判处 7 年以上 15 年以下有期徒刑。

被告人提起上诉，上诉法院法官一致推翻了被告人的有罪判决，认为　　（转下页注）

（接上页注①）这一判决侵犯了被告人不受双重告诉的宪法权利，208 Mich 648，649；528 NW2d 208（1995）。就此问题，上诉法院认为，"一审法院所采取的相关程序性措施，不足以用来作为侵犯被告人应该享有的不受双重告诉的宪法权利的抗辩"。

尽管原审法院将之前的所谓直接判决视为一个单纯的法律问题，并且坚持由最初的陪审团来审理本案，但是从实际角度而言，该决定无异于将被告人无罪释放。本院认为检方并未对本案中若干关键事实加以证明，从而导致后续的审理结果缺乏充分的根据，而这也成为第二次审理结果不成立的原因所在。

本庭判定被告人不承担救助的法定义务，继而无须承担相应的刑事责任。

Ⅱ

在"付峰诉美利坚合众国案"［即 *Fong Foo v. United States*，369 US 141；82 S Ct 671；7 L Ed 2d 629（1962）］中，一审法院要求陪审团对所有被告人做出无罪判决，而陪审团也的确做出了无罪判决。Id. at 142. 在上诉过程中，美国第一巡回上诉法院认为联邦地区法院法官无权要求陪审团做出无罪判决，因此要求本案发回重审。在后续的上诉审过程中，美国联邦最高法院认为，"联邦巡回上诉法院对一审法院无罪判决的推翻有一定的根据，但一审的无罪判决具有终局性，无法再次质疑，如果重新审理，势必会导致侵害被告人应该享有的免受双重告诉的宪法权利"。Id. at 143 ［引自 *United States v. Ball*，163 US 662，671；16 S Ct 1192；41 L Ed 300（1896）］。

在"美利坚合众国诉马丁亚麻供应公司案"，即 *United States v. Martin Linen Supply Co.*，430 US 564，571；97 S Ct 1349；51 L Ed 2d 642（1977）中，美国联邦最高法院重申了其在"付峰诉美利坚合众国案"中所提出的相关理念，认为"我们已经强调过，对被告人的无罪开释本身与法官的判决方式无关，相反，我们认为，无论将法官的行为如何称谓，无论其是否正确，只要法官的判决在某种程度上挑战或者质疑了被指控犯罪的构成要素，就可以构成所谓的开释"。

在"密歇根州诉安德森案"，即 *People v. Anderson*，409 Mich 474，486；295 NW2d 482（1980）中，法院首次承认并援引了上述原则，认为"需要确定的是，即使法官并没有承认自己的行为属于判决，或者在形式上做出无罪的判决。但对法官行为的确认，与法官本人对行为的定性无关"。

Ⅲ

检方试图通过考证美国联邦最高法院以及本院适用禁止双重告诉条款的法源来质疑上述认定的做法。换句话说，一审法院批准被告人直接审理的申请的做法，已经使得检方无法在后来继续对被告人进行追诉。而一审法院试图规避禁止双重告诉的做法无法成立。

对判决而言，十分重要的事实在于 1991 年 6 月 19 日一审法院基于检方提供的相关证据，并且基于帮助犯理论，对被告人两项罪名加以认定。但这样的一种做法排除了检方对相关问题加以质疑的机会。反对观点对 *Sanabria v. United States*，437 US 54；98 S Ct 2170；57 L Ed 2d 43（1978）案以及 *United States v. Scott*，437 US 82；98 S Ct 2187；57 L Ed 2d 65（1978）案的解读显然构成了对之前提到的认定标准的误读。

下略。

博瑞尔法官发表反对意见：

本院今天肯定上诉法院所支持的一审法院在未经陪审团审理的情况下做出的从法律角度来看，被告人不承担救助受害人的法定义务的认定，因此无须承担刑事责任的认定。但这样的一种做法与公序良俗以及联邦最高法院的判例相抵触。因此，我反对多数派法官所做出的判决。

（转下页注）

另外一个更为复杂的问题，即在于不作为与危害结果之间的因果关系。除此之外，未完成的不作为是否可以构成犯罪未遂？如果被告人有机会要求不作为者实施作为而未要求，是否可以构成不作为的共犯？等等。这些问题显然无法轻易回答。

一　不作为的义务来源

一个人如果缺乏实施特定作为的能力，当然不会构成所谓不作为。但也不是所有有能力实施特定作为的人，都需要承担作为的义务。如果这样，不作为与作为似乎就完全丧失了区别的必要，之前提到的"神的等

（接上页注）

I

禁止双重告诉条款禁止在被告人被直接判决无罪之后再次对其追诉。参见 *People v. Anderson*，409 Mich 474，492；295 NW2d 482（1980）。相反，当被告人要求以与其是否有罪无关的根据，中止审理程序的时候，对其再次审理是可以的。Id. at 485. 因此，美国联邦最高法院的判例应该被解读为关注基于事实还是基于法律结论所做出的判决。参见 *United States v. Martin Linen Supply Co.*，430 US 564，571；97 S Ct 1349；51 L Ed 2d 642（1977）；*United States v. Scott*，437 US 82；98 S Ct 2187；57 L Ed 2d 65（1978）。

下略。

II

被告人被指控犯有一级谋杀以及重罪谋杀两项罪名，而其被指控的基本犯罪是绑架罪。如果要成立一级谋杀罪，检方必须证明下列要素：（1）被告人故意杀害受害人，并且（2）杀人行为基于事先决意或者事先故意的心态。而认定重罪谋杀罪则需要被告人满足如下条件：（1）产生了致人死亡的结果；（2）基于杀人认定或者故意伤害或者实施了明知可以导致他人死亡或者严重身体伤害的行为；（3）在实施、实施未遂或者帮助实施相关法定重罪的过程中导致上述危害结果的发生。参见 *People v. Thew*，201 Mich App 78，85；506 NW2d 547（1993）。如果要认定被告人绑架罪名成立，就必须证明被告人满足下列要素：（1）被告人在非法的情况下恶意地；（2）暴力或者秘密地在违背当事人意志的情况下剥夺其人身自由；（3）意图勒索钱财或者获得其他财产性利益。参见 *People v. Jaffray*，445 Mich 287，297；519 NW2d 108（1994）。

法定义务并不属于这些犯罪当中的事实要素，相反，法定义务关注的是刑法不能用来惩罚恶的思想本身这一前提："恶的思想本身不构成犯罪；必须存在积极的犯罪作为，或者在存在法定义务的情况下的不作为，才可以以此为基础。"

犯罪与相关的法定义务之间的关系在于如果犯罪包括积极的作为，或者存在法定义务的情况下的不作为，如果对其规定不要求客观要素，那么此类成文法违宪。Id. 义务不是法律问题，而是事实问题。Id.，§ 3.3，p. 284，n. 8，引自 *People v. Beardsley*，150 Mich 206；113 NW 1128（1907）。因此，本案中一审法院的判决属于一种法律判断，而与本案被告人被指控的罪名中的行为无关。尽管检方主要关注被告人没有将受害人从其男友的车后备箱当中释放出来，同时也提供证据证明了被告人实施过积极的身体举动。例如，被告人曾经告诉过询问自己车后备箱内出现尖叫的朋友，那个被关着的人疯了。但语言在某种程度上也构成了行为。参见 *People v. Coleman*，350 Mich 268，280；86 NW2d 281（1957）。

式”也就成为一个伪命题。

根据普通法传统，不作为的义务范围并非毫无限制。例如，在可能危及自身安全的情况下，被告人虽有能力但拒绝帮助他人，该人因为没有得到救治而死亡，被告人是否因此“杀死了”受害人？如果肯定被告人的不作为属于杀人，不仅仅存在语言表述方面的问题，更在是否具有该当性方面存在问题。面对在一个不深的水塘溺水呼救的儿童，孩子不会游泳的父亲与碰巧来到这个水塘边的奥运游泳冠军都未伸手施救，孩子淹死。父亲与冠军都无杀人罪责任，或者说父亲与冠军都需要承担杀人罪责任，似乎都说不通。非常明显，首先，某些不作为该当与作为犯罪完全相同的刑事责任；其次，并不是所有不作为都该当刑罚。因此，认定不作为不受惩罚，或者认为不作为与作为完全相同的观点，都不可行。因此，非常明显，必须采取折中的办法。虽然所谓折中，有无数种可能选择，但无论采取哪种观点，都一定会导致某种无法令人满意的例外情况。① 这里，值得提倡的就是所谓“见义勇为法”（Good Samaritan Law），根据这种观点，社会一般人对处于危险之中的陌生人都有提供救助的义务。在大陆法系，这种规定并不罕见，例如，捷克、丹麦、法国、德国、匈牙利、意大利、荷兰、挪威、波兰、葡萄牙、罗马尼亚、俄罗斯以及土耳其等欧洲国家都有类似规定。② 但普通法国家对设

---

① 参见 A. D. Woozley, "A Duty to Rescue: Some Thoughts on Criminal Liability," *Va. L. Rev.* 69 (1983): 1273。

② 例如，法国 1994 年修订的《刑法典》第 223 条第 6 款明确规定了怠于给予救助罪，即："任何人对处于危难中的他人，能够采取个人行动或者能唤起救助行动，且对其本人或第三人均无危险，而故意放弃给予救助的，处 5 年监禁，并处罚金 7.5 万欧元。" 而《德国刑法典》323 条 c 项规定："意外事故、公共危险或困境发生时，根据行为人当时的情况救助有可能，尤其对自己无重大危险且又不违背其他重要义务而不进行救助的，处 1 年以下自由刑或罚金刑。"《意大利刑法典》第 593 条第 2 款规定："对气息仅存或受伤或危急之人，怠于为救助者，处 6 个月以下自由刑或 360 日额以下罚金。如不能期待行为人为救助行为者，不在此限。须冒生命、身体之危险或可能侵害他人重大利益时，属于不能期待救助之情形。疏于必要的救助或未即时通知官署者，处 3 个月以下徒刑或科 12 万里拉以下罚金。"《西班牙刑法典》第 489—1 条规定："对无依无靠，且情况至为危险严重，如果施予救助对自己或第三者并无危险，但不施予救助，应处以长期监禁，并科以西币 5000 元至 10000 元之罚金。"《奥地利刑法典》第 95 条规定："在不幸事件或公共危险发生之际，对有死亡或重大身体伤害或健康损害危险，显然需要加以救助之人，怠于为救助者，处 6 个月以下自由刑或 360 日额以下罚金。如不能期待行为人为救助行为者，不在此限。须冒生命、身体之危险或可能侵害他人重大利益时，属于不能期待救助之情形。" 参见俞飞《"道德恐慌"阴影下，刑法不能承受之重》，《东方法学》2012 年第 1 期，第 123 页。

立这种法定义务，一般比较谨慎。在其文化传统当中，是否见义勇为属于道德范畴，而法律不能僭越道德。这甚至有可能被视为干涉他人自由的规定。在美国，佛蒙特州有类似规定，而其也仅仅为不履行见义勇为义务的人，规定了最高 100 美元的罚金，这与规定 3 年以下监禁同时处 5 万法郎罚金的法国相比，显然是小巫见大巫。①

　　一般而言，美国刑法中的不作为，是通过所谓"法定义务"来加以界定的。原理非常简单：如果行为人负有防止危害结果发生的义务，却未能防止危害结果发生，就应该承担和通过积极行为导致危害结果发生一样的刑事责任。然而，认定不作为者的作为义务，却并不简单。② 因为所谓"法定作为义务"本身，含义尚不明确。不能专门指刑法所设定的义务，如果是这样，显然就属于一种等义重复。更为危险的是，正如某些德国学者指出的那样，这还容易导致不作为犯罪的泛化与空洞化。事实上，很多防止危害结果发生的特定作为义务即使违反，也达不到刑罚处罚的程度。如法律规定邮差在送信的过程中，需要对处于危险当中的收信人提供救助的特殊义务，即使邮差没有履行这一义务，似乎也无法将其见死不救的行为等同于故意杀死收信人的作为。③

　　如果不是来自刑法，究竟是哪些实体法规定了这种刑法意义的作为义务？《模范刑法典》评注当中提出，在违反某些民事法律作为义务规定的情况下，可以认定不作为者的刑事责任。④ 不幸的是，诸如侵权法或合同

---

① VT. STAT. ANN. tit. 12, § 519（1973）规定：（a）明知他人面临严重人身安全风险，施救不会危及自身安全，不会干扰他人履行职责，在没有他人施救的情况下，应对面临危险者提供合理救助……（c）有意违反（a）部分规定的行为人，将被处以 100 美元以下罚金。参见 John T. Pardun, "Good Samaritan Laws: A Global Perspective," *Loy. L. A. Int'l & Comp. L. Rev.* 20（1998）：591。

② 《模范刑法典》规定，"只有在存在法定作为义务的情况下，才能够认定不作为的刑事责任"，参见 MPC § 2.01（3）（b）。亦参见 A. D. Woozley, "A Duty to Rescue: Some Thoughts on Criminal Liability," *Va. L. Rev.* 69（1983）：1273。

③ 参见 Jacobo Dopico Gomez-Aller, "Criminal Omissions: A European Perspective," *New Crim. L. R.* 11（2008）：419。

④ 与此类似，我国台湾学者洪福增曾提出过类似观点，他指出，"此非以违反民法或行政法之故，负刑事责任，而系以其违反民法或行政法上所规定之义务，其违反此义务，又为成立不纯正不作为犯之一条件，故违反民法或行政法上所规定之作为义务者，只须适合于刑法各本条之规定，即足以成立不纯正不作为犯"。参见洪福增《刑法理论之基础》，台湾刑事法杂志社，1977，第 180 页。

法当中规定的所谓义务，对刑法而言意义并不大。换句话说，刑法并不会保障履行所有民法义务。同样存在问题的，还包括为什么可以依据"法定作为义务"来认定刑事责任。在缺乏理论框架的情况下，法官对不作为刑事责任的认定往往缺乏连贯性、体系性。

　　法官不太愿意借由刑法来执行民法的初衷可以理解。刑法与民事法律在本质上存在差别，刑法基本上是一种命令性规范[①]，即强制行为人作为或者不作为，但其他类型的法律则不具有这一关键的"强制性"特征，主要是帮助行为人通过权利与义务的选择，实现其特定的个人目的，其目的在于赔偿或者补偿。因此，如果违反民事义务的行为导致了刑法禁止的结果，就一定需要刑法介入，这显然是荒谬的。[②] 如果警方明知被其截停检查的司机醉酒，仍然放其上路，而不是将其滞留或者监禁，酒驾司机后来交通肇事致人死亡，显然也不能认定该警察构成杀人罪。[③] 警官显然负有保护交通者生命安全的义务，但如果因此认定其需要为未拘禁酒驾者而承担杀人罪的刑事责任，显然缺乏说服力。而且，将生命救助义务限制在民法范围也有过于武断之嫌，毕竟还存在一些该当刑法介入，但又不包括在民法当中的生命救助义务。一旦作为义务突破刑法的边界（如前文所述，这个问题也相当存疑），任何从法定义务角度限定不作为范围的做法，都注定是徒劳的。理由非常简单，此类义务与刑法所禁止的危害结果之间，并不存在必然的概念联系。虽然将作为义务限制在超越刑法，但又法定的范围内，看似较为明晰，但将作为义务的来源建立在刑法以外的实体法上，不仅无法获得概念体系的自足，而且还会导致进一步的混淆。

　　在这里，需要强调一个特殊情况。如前所述，佛蒙特等几个州将一

---

① 相较而言，很多日本学者，如川端博等认为，不纯正不作为犯既违反了命令性规范，也违反了禁止性规范。他举例称，母亲以不哺乳之不作为而杀其婴儿，因为负哺乳之义务而不为法律所命令的哺乳作为，首先违反了命令规范，最终，结果引起婴儿死亡，间接地违反了禁止规范。参见〔日〕川端博《刑法总论二十五讲》，余振华译，中国政法大学出版社，2003，第 19 页。

② 参见 H. L. A. Hart, *Essays in Jurisprudence and Philosophy* (London：Oxford University Press, 1983)：49。

③ 参见 *Irwin v. Town of Ware*, 467 N. E. 2d 1292 (1984)。

般救助义务法定化。对此，美国刑法理论界多有诟病，其中典型的观点即认为"在研究不作为责任的过程中，是否需要刑法的介入，来建构所谓的作为义务？"[1] 这种质疑，最多是一种应然意义上的理论批判，并没有进入实然意义的制度反思层面。事实上，虽然只有之前提到的少数几个州规定了"一般"的救助义务，但几乎所有司法区都规定了"具体"情况下的救助义务。[2] 例如，交通事故的一方必须留在事故现场，很多州还规定必须对伤者提供救助。[3] 阿拉斯加州还规定了不预防或不积极灭火的普通人，需要承担刑事责任。[4] 与此类似，更多州规定的是，在被要求的情况下，不对执法人员或消防员提供帮助的，需要承担刑事责任。[5] 除了规定所谓具体的"不帮助"为犯罪之外，另外一类立法将对具体犯罪的"不报告"也加以犯罪化，也需要承担刑事责任。[6] 但这些立法的特点，毫无例外，显现为非常重要的两点：首先，对不作为的具体化立法；其次，对

---

① 参见 Paul H. Robinson & John M. Darley, *Justice, Liability, and Blame* (Boulder: Westview Press, 1995): 42。

② 参见 Melody J. Stewart, "How Making the Failure to Assist Illegal Fails to Assist: An Observation of Expanding Criminal Omission Liability," *Am. J. Crim. L.* 25 (1998): 385。

③ 例如，威斯康星州法中就规定了"与人或机动车相撞后的义务"。任何驾驶员驾车造成他人受伤或死亡，或造成他人机动车损坏的，应立即在事故现场停车，或在可能的情况下最近的地方停车，并立即返回现场，在满足下列要求之前，不得离开现场（否则构成重罪）：驾驶员应告知伤者或被撞车辆司机或乘客自己的姓名、住址以及机动车牌号；并且驾驶员如果携带了驾驶证，并且在伤者或被撞车辆司机或乘客要求的情况下，应当向对方出示；并且如果需要，或者伤者要求，驾驶员应当为其提供帮助，包括运送、或安排运送伤者至内科、外科医院，接受治疗或手术。参见 Wis. Stat. Ann. 346. 67 (1)。

④ 阿拉斯加州法规定有"不帮助预防或灭火罪"，即如果美国联邦或阿拉斯加州负责预防或灭火的官员或雇员，要求某人帮助预防或灭火，同时向其表明自己的身份，而该人未能为美国联邦或阿拉斯加州担负相关责任的官员或雇员提供帮助的，构成轻罪。

⑤ 康涅狄格州法规定有"未能为治安官、特警、机动车检查员或消防员提供帮助的 A 级轻罪"，(a) 在治安官或特警根据 Section 29-18b，机动车检查员根据 Section 14-8 或持 Section 7-294d 证明，以及消防员依法要求帮助时，拒绝帮助治安官、特警、机动车检查员或消防员履行职务；或 (b) 未能为治安官、特警、机动车检查员或消防员提供帮助的，属于 A 级轻罪。"参见 CT Gen Stat § 53a-167b。

⑥ 佛罗里达州法规定有"报告性殴打的义务及刑罚"，任何目击性殴打且 (1) 有合理根据确信自己所目击的是性殴打，(2) 有能力马上通过向执法人员报告犯罪发生的方式，为受害人提供帮助，(3) 没有提供这样的帮助，(4) 提供此类帮助不会面临任何威胁或暴力，(5) 不是受害人或犯罪人的丈夫、妻子、父母、祖父母、子女、孙子女、兄弟姐妹，无论是通过血缘还是姻亲产生，(6) 不是性攻击犯罪的受害人的，构成一级轻罪。参见 Fla. Stat. Ann. 794. 027。

"不帮助"与"不救助"的绝对，至少是实质意义上的分离式立法。

导致这一立法的原因，其实涉及深层次的现实及宪法问题。

如果不进行上述分离性质的分别具体规定，就只能进行抽象概括的合并式规定，换句话说，不针对具体犯罪或主体，概括地规定必须帮助以及必须告知的作为义务。但这种规定，往往会遭遇适用中的难题。例如，一般人在面对犯罪等紧急情况时，在可能的情况下，与施救相比，更倾向于选择报警或寻求医疗救助。但现实中，报警或呼救时往往需要提供报警者的身份信息，这就使很多人望而却步。例如，有学者曾经记录过一段真实的 911 报警电话：

> 报警者：我看到水渠中有一个人，看起来伤得不轻，但我也不确定。
>
> 911 接线员：您有止步吗？
>
> 报警者：没有，我比较着急，就看到他坐在那。
>
> 911 接线员：您姓什么？
>
> 报警者：我不想说。我不想惹麻烦。

通话之后，因为无法确定报警者的身份，警方并未出警。[①] 更进一步，规定了一般救助义务的州，还必须解决更为棘手的宪法问题。例如，在"明尼苏达州诉拉普朗特案"（*State v. LaPlante*）[②] 中，被告人在她主办的聚会上，目睹有人遭到致命攻击但没有报警，也没有为受害人寻求救助，因此被指控违反了该州的一般救助义务。被告人提出上诉，认为这一指控所依据的所谓"一般救助义务"非常含混，同时违反了宪法第五条所保护的"禁止自证有罪权"。法院认为，一般救助义务的法律规定非常明确，且不存在任何强迫施救者暴露个人信息的要求。一般救助义务体现为如下三种情况，即报警、呼救，或自己为受害人提供救助。报警和呼救，属于前面提到的"报告义务"，如前所述，如果不向警方或医疗机构表明报告

---

① 参见 Melody J. Stewart, "How Making the Failure to Assist Illegal Fails to Assist: An Observation of Expanding Criminal Omission Liability," *Am. J. Crim. L.* 25 (1998): 385。

② 参见 *State v. LaPlante*, 521 N. W. 2d 448 (1994)。

人的身份，似乎很难得到救助。而且，随着科技的进步，在呼救的时候不暴露自己的身份，似乎并不太可能。这意味着，规定一般报告义务，而不是像佛罗里达州那样，在具体犯罪的报告义务中对报告人的身份做出排除性限定，将会面临违反宪法禁止自证有罪的危机。但讨巧的是，在明尼苏达州法一般救助义务中，除了所谓的"报告义务"，还存在所谓的"救助"义务。也就是说，报告人如果担心暴露身份，或者自证有罪，那么还可以选择为受害人提供救助，因此不会有违宪法。当然，这一解说需要面临是否具有现实可能性或逻辑可能性的质疑。这就不难理解为什么规定了一般救助义务的州，如威斯康星州，同时还规定了特殊的报告义务。

二　不作为的司法认定

上述法定作为义务，在司法上又有不同体现。

在"琼斯诉美利坚合众国案"（*Jones v. United States*）① 中，非法定的

---

① 可参见"琼斯诉美利坚合众国案"（*Jones v. United States*），本案判决书如下：

MARY L. JONES, Appellant,

v.

UNITED STATES of AMERICA, Appellee

No. 16382

UNITED STATES COURT OF APPEALS FOR THE DISTRICT OF

COLUMBIA CIRCUIT

308 F. 2d 307; 113 U. S. App. D. C. 352; 1962 U. S. App. LEXIS 4315

1962 年 4 月 24 日庭审辩论

1962 年 8 月 9 日审结

法官：达纳赫（Danaher），巴斯提安（Bastian），怀特（White）

主笔法官：怀特

法庭意见：

上诉人一审被认定因不作为导致了过失致人死亡罪成立。对此，上诉人认为，陪审团没有任何法律根据认定其对死者需要承担照顾义务。与此相关，上诉人认为，法官没有告诉陪审团在认定其承担照顾义务的时候，首先需要调查是否上诉人需要承担为死者提供衣食等生活必需品的法定义务。对此，本庭认为上诉人的观点应被支持。

本案的事实在证据方面多有冲突，但可以概括的是，1957 年末，雪莉·格林（Shirley Green）未婚怀孕，后于 1958 年 8 月 17 日产下一子罗伯特·李（Robert Lee）。为了避免受人嘲讽，格林家安排自己的朋友，也就是上诉人将其带走。直到警方于 1960 年 8 月 5 日将罗伯特带走，其一直与上诉人一起生活。起初，上诉人试图收养罗伯特，未果后雪莉同意每个月支付给上诉人 72 美金用于抚养罗伯特。根据上诉人的供述，这一资助只维持了 5 个月，而雪莉则提出一直到 1960 年中，她仍然坚持向上诉人支付抚养费。

1959 年初，雪莉再次怀孕，并于 1959 年 12 月 21 日生下本案的死者　　（转下页注）

（接上页注①）安东尼·李（Anthony Lee）。出生后不久，安东尼就因为雪莉输血而罹患了中度黄疸，因此不得不留院观察，直到 12 月 26 日。在雪莉授权的情况下，医院将孩子交由上诉人监管。在此期间，雪莉也与上诉人居住过一段时间，后返回自己的父母处居住。之后雪莉供称并未前往上诉人处探访孩子。尽管针对安东尼，两人之间没有明确的金钱协议，但上诉人一直在照顾这个孩子。

结合相关的医学证据，1960 年 3 月，上诉人打电话找医生前往自己家治疗安东尼的支气管问题。上诉人还曾经数次致电医生，探讨安东尼的饮食及营养问题。1960 年 3 月，上诉人带安东尼去诊所，医生告知上诉人应当告知孩子的母亲送孩子去医院。但这一要求并未得到实现。

1960 年 8 月 2 日，收煤气费的人前往上诉人家中，在地下室发现了罗伯特和安东尼，当时他俩分别是 2 岁与 8 个月。当时罗伯特在一个木制的小床上，盖着细纱布，周围到处是废纸、粪便和蟑螂。安东尼则在一个小摇篮当中，看起来像一只小猴子。

1960 年 8 月 5 日，煤气收费员带着警方及相关管理部门工作人员再次来到上诉人家。此时，安东尼在楼上厨房的摇篮里，而罗伯特仍然在地下室的小床上。

安东尼被送往医院，医生发现其长期营养不良，并且因尿布更换不勤，身上也生了大面积褥疮。入院后，安东尼进食正常，但 34 个小时之后还是因为营养不良而宣告不治。出生时，安东尼体重为 6 磅 15 盎司（1 磅 = 16 盎司，合 0.4536 千克。——编者注），而 8 个月死的时候，他体重仅为 7 英镑 15 盎司。而同时期正常婴儿的体重为 14 磅。

上诉人并未就其未向安东尼提供足够食物一事进行抗辩。她自己也承认并未有规律地为安东尼喂食。但试图辩称黄疸或者其他疾病可能导致安东尼对食品的吸收能力不足。但是这种观点得不到尸检结果的证明。其他医生也证明安东尼在出生的时候进食并无障碍，而其死前也曾经喝下几瓶奶，同时表现出了强烈的饥饿感。因此，陪审团对这一方面仅仅需要考察上诉人对孩子的喂食问题。

同时，还有证据证明上诉人没有为死者寻求适当的医疗救治。上诉人提出自己曾经带孩子去医生办公室，曾经和医生通电话等证据。但上诉人也承认在死者死前 1 个月，医生曾经建议将孩子送医院救治，但她没有遵从医嘱，也没有在这一关键时期为其寻求其他的医疗救治。

上诉人还认为原审法院没有排除合理怀疑地证明其对受害人需要承担提供衣食的义务。作为义务的判例法源并不多见。其中最常见的判例是 *People v. Beardsley*，150 Mich. 206，113 N. W. 1128，1129，13 L. R. A.，N. S.，1020。法律规定在某些情况下一个人对另外一个人没有尽到作为义务，并且导致其死亡的，需要承担过失致人死亡的刑事责任。此种作为义务应为法定义务，而非道德义务。换句话说，不作为义务需要来自法律的明确规定，或者合同的约定，而这种不作为必须直接导致了死亡的结果。

至少有四种情况属于违反作为义务的情形：第一，法定的照顾义务；第二，特定的身份关系；第三，合同约定的照顾义务；第四，自愿承担救助义务，并且因此排除了其他人实施救助的可能。

检方认为，针对本案，可以适用第三种或者第四种法定义务。然而，很明显，本案当中非常关键的事实在于上诉人是否与受害人的母亲达成了照顾安东尼的契约。对这一问题，存在的证据截然相反，上诉人坚持认为受害人的母亲与其生活在一起，并且能够自己照顾受害人，而受害人的母亲则坚称自己与父母生活在一起，并且支付费用，由上诉人承担照顾责任。

尽管存在上述矛盾，但是法官对陪审团的法律指导意见的确并未提及任何与法定救助义务有关之事。其中唯一与此有关的部分在于法官告知陪审团考察被告人是否尽到了法定义务。因为对法定救助义务的认定至关重要，因此如果法官在法律指导意见中对此毫无提及，就构成了明显的错误。

作为义务被界定为存在特定身份关系、存在合同义务、自愿承担的救助义务以及排除他人救助可能性情况。这种司法认定，也基本反映了目前美国刑事司法对作为义务的一般认识。下面，结合有关学者的研究，对这些义务加以介绍。[①]

（一）基于身份关系产生的作为义务

对他人提供救助而形成的依赖关系，可以被视为产生刑法中作为义务的根据之一。早在 18 世纪，普通法中就认定，如果母亲拒绝母乳喂奶，从而导致婴儿饿死，构成所谓的杀婴罪。[②] 美国当代司法实践中，一般认定，父母需要承担为未成年子女提供生活必需品[③]及相关保护的义务[④]，配偶之间需要承担相互照顾的义务[⑤]，等等。但问题在于，对身份关系，如果单纯从形式上加以解读的话，就会导致义务主体范围模糊泛化，并导致不作为责任难以确定的问题。例如，情人或未婚同居者之间是否需要承担相互救助的义务？[⑥] 已协议离婚，但未经法律程序最终确定的，是否需要承担相互救助的义务？等等。

---

① 参见 Arthur Leavens, "A Causation Approach to Criminal Omissions," *Calif. L. Rev.* 76 (1988): 547; Paul H. Robinson, "A Functional Analysis of Criminal Law," *Nw. U. L. Rev.* 88 (1994): 857。

② 参见 Graham Hughes, "Criminal Omissions," *Yale L. J.* 67 (1957–1958): 590。

③ 父母需要为子女提供食物，参见 *Commonwealth v. Michaud*, 451 N. E. 2d 396 (1983)。父母对病重的孩子不能一味祈祷，必须提供其他有效的治疗义务，参见 *Walker v. Superior Court*, 763 P. 2d 852 (Cal. 1988)。

④ 母亲承担保护自己孩子免受自己男友虐待的义务，参见 *State v. Palmer*, 223 Md. 341 (1960)。承担监护权的母亲，需要承担保证自己的女儿免受他人虐待的义务，参见 *Boone v. State*, 668 S. W. 2d 17 (Ark. 1984)。

⑤ 对孤立无援的爱人，丈夫应承担提供医疗救治的义务，参见 *State v. Mally*, 139 Mont. 599 (1961)。

⑥ 在 20 世纪早期，法院对特殊关系的理解一般较为保守。例如，法院对情人等不道德关系，一般不承认存在救助义务。例如，在 "密歇根州诉比尔兹利案"，即 *People v. Beardsley*, 113 N. W. 1128 (Mich. 1907) 中，密歇根州最高法院认为，对因为酗酒以及吸毒而陷入生命危险的女性同伴未提供救助的人，不需要承担过失致人死亡的刑事责任。法院驳回了检方提出的，被告人当时所处的地位，使得其扮演受害人自然监护人与保护人的主张，认为当时受害人身处被告人家中的事实，不足以产生出一种法律上的义务，抑或类似于夫妻一般的义务。而检方所采观点，与社会一般公序良俗观念相悖。参见 Melody J. Stewart, "How Making the Failure to Assist Illegal Fails to Assist: An Observation of Expanding Criminal Omission Liability," *Am. J. Crim. L.* 25 (1998): 385。

家庭成员往往要承担相互救助的法定义务。事实上，即使存在上述身份，也无法在特定危害结果出现的情况下，轻松认定谁该当不作为的刑事责任。举一个非常简单但又较为罕见的例子，面对急需救助的女性，该女性的丈夫、子女、公婆都在场，都能救助而未救助的，是否需要承担相同的不作为责任？对此的理解重点不在于身份，而在于通常情况下与身份对应的特定救助义务，换句话说，决定性因素在于行为人是否有义务提供特定的救助或者帮助。一般情况下，特定身份意味着特定义务，因此配偶一方如果在对方需要帮助的时候不提供必要的救助，导致对方死亡的，可以将其视为故意杀害对方的行为人。但这显然不能做绝对理解。一个人与另一个人结婚的事实并不意味着其可以去管理、控制对方保证自身安全的方式。虽然配偶双方的确会共同生活，共同管理、经营财产，但与对子女的保护不同，其无法控制或者操纵对方保证自身安全的方式。因此，如果配偶发现另一方在街上受伤，但未采取任何救助措施，这种不作为绝对不意味着他意图杀害自己的配偶。或许相较于一般人，对其惩罚或者否定评价的程度会更高，但这并不意味着可以将其视为故意杀害自己的配偶。然而，如果是针对卧病在床的妻子，丈夫所承担的救助义务就与此大不相同。但此时的情况较为特别，因为在此情况下，丈夫承担的是照顾病重妻子的责任。因此，在此情况下，丈夫的工作还包括诸如喂饭、提供医疗等。如果此时采取不作为，那么就如同切断了病人急需的营养物质。因此，如果行为人负有具体的保护义务，那么相关的不作为就需要被视为实际导致了危害结果的发生。[①]

（二）基于契约产生的作为义务

虽然将婚姻关系视为契约关系多少有些世俗且不妥，但另外一类司法实践中常见的作为义务，就是基于契约关系所产生的救助义务，如船长一般要对船员、乘客提供救助义务那样。[②] 只要合同明示或暗示地约定了特

---

① 参见 Jacobo Dopico Gomez-Aller, "Criminal Omissions: A European Perspective," *New Crim. L. R.* 11 (2008): 419。

② 参见 Joshua Dressler, *Understanding Criminal Law* (New York: Matthew Bender & Co., 2009): 90。

定的救助行为，那么哪怕仅仅是口头约定①，即使是默示的②，都有效。这里需要强调的就是，除非合同明确规定了救助义务，否则，只有当合同规定的相关义务与基于身份所产生的特定义务实质类似的情况下，才能在当事方未履行相关义务，导致了刑法禁止的危害结果时，认定不作为者的刑事责任。③ 进一步而言，有判例指出，在缺乏明示合意的情况下，对依赖方提供生活必需品或者至关重要帮助的隐含性合意，也可以用来作为作为义务的来源。④ 在契约引发的作为义务当中，最具有争议性的，莫过于医生的救助义务与安乐死的问题。对此，可以通过判例加以说明。在"巴伯诉加利福尼亚州案"（*Barber v. Superior Court*）⑤ 中，加利福尼亚州上诉法院认定，医生对其所救治的病人没有提供食物和水的义务。本案中，加利福尼亚州检方起诉两名医生犯有杀人罪，理由是这两名医生拒绝为处于植物人状态的病人进行静脉输液。法官驳回起诉，认为在医生与家属一致确

---

① 被告人未按照口头约定为受害人提供食物及医疗，受害人死亡，被告人被认定为杀人罪。参见 *Commonwealth v. Pestinikas*，617 A. 2d 1339（Pa. Super. Ct. 1992）。

② 保姆需要对被其照顾的儿童承担法定照顾义务，参见 *People v. Wong*，588 N. Y. S. 2d 119（App. Div. 1992）。

③ 如养老院的负责人承担为年长的患病寄宿者提供医疗药品的义务，参见 *State v. Brown*，129 Ariz. 347（Ct. App. 1981）。

④ 一名成年女性与其完全丧失行为能力的年迈母亲生活在一起。母亲书面授权女儿使用政府为其提供的救济粮票，并且代其接受政府养老金，用来支付两人的生活费。女儿也数度告诉其他人自己承担照顾母亲的全责。母亲后被饿死，女儿因其不作为被指控并被判处杀人罪。法院认定，在受害人与被告人之间，存在隐性的合同，被告人需要承担必要的作为义务。参见 *Davis v. Commonwealth*，230 Va. 201（1985）。

⑤ 本案的基本事实为，在一起普通手术之后，病人意外突发大面积心肌梗死，从而陷入昏迷状态，并伴随脑损伤。随即，该病人被辅以生命维持设施，但三天后，作为本案被告人的两名医生以及其他医生，都认为该病人"极有可能"将永远处于植物人状态。病人家属得知这一消息之后，要求撤出生命维持设施。医生承认，当时病人能够呼吸，并且存在一定的脑活动迹象。两天后，在征得家属同意的情况下，这两名医生从病人身上拔出了输液管与输食管，病人随即死亡。针对医生的法定义务问题，法院认为，首先，在本案的情况下，为病人提供液体养分和水是基本的治疗措施，因此拔管的行为属于一种不作为，而非作为。法院还认定，无论开始救助病人时基于何种义务，但如果从专业医生的角度来看，救助毫无意义，是徒劳的，那么就没有继续救治病人的义务。但审理本案的法院并没有对如何以及何时能够认定救治病人是徒劳的这一疑难问题，提供任何的判断标准。在缺乏明确立法指引的情况下，法院认为，可以将此问题交予病人家属与医生协商解决。在本案当中，因为"继续维持生命所造成的负担远远大于相关收益"，因此可以终止治疗。参见 *Barber v. Superior Court*，147 Cal. App. 3d 1006（1983）。

认病人已无任何救治的必要，继续维持生命所造成的负担远远大于相关收益的情况下，医生不承担为此类病人输液的义务。医生不承担救治义务，因此法官认定，虽然不输液会导致病人死亡，但拒绝为病人输液的医生，无须承担杀人罪的刑事责任。对本案，学者最为诟病的，是无论其在医疗服务或者公共政策方面存在何种意义，都显然背离了加利福尼亚州法中关于杀人罪的相关规定。[①] 很明显，医生是想故意通过终止输液饿死或渴死病人。除非具有安乐死这一正当化根据，否则其完全符合故意杀人罪的立法规定。但加利福尼亚州并不承认安乐死。[②] 同时，审理本案的法官又不承认医生的不作为属于犯罪，因此，在医患关系领域，加利福尼亚州司法对不作为责任的认定就变得有些狭义。与之相对，马里兰州法院在"宝珀诉马里兰州案"（*Pope v. State*）[③] 中，对导致不作为刑事责任的法定义务做了相对宽泛的认定。在本案中，一名妇女被指控为杀人罪的主犯，理由是，被告人在自己的房间中，并未阻止一名失控的母亲打死亲生孩子的行

① 其实道理非常简单，如果将医生停止输液的行为认定为作为，那么被告人的行为就构成了谋杀。只有将医生停止输液的行为视为不作为，才可以避免上述结果，为寻找更为合理的结果提供理论空间。通过类比适用相关生命维持规定，审理本案的法官认为医生的行为属于不作为。而这就要求进一步考察所谓义务问题。医生当然需要承担根据专业标准提供救助的义务，而这属于一种法定义务。最终，问题在于医生停止治疗的行为是否违反了法定义务。法官认为，医生并未违反法定义务，并不构成谋杀罪，其分析的逻辑过程为：首先，医生为病人提供静脉注射的行为构成医疗救治；其次，医生的救助义务并不包括无效或者徒劳的救助。结论是，因为在这种情况下为病人继续提供静脉注射是徒劳无效的，因此不属于医疗救助，进而，医生在这种情况下，也不再承担救助义务。

② 值得一提的是，2015 年，加州立法机关有限地放开了对安乐死合法化的限制，为这一问题的讨论增添了新的课题与内容。

③ 被告人最初被指控犯有一级谋杀、二级谋杀、过失杀人、虐待儿童、谋杀罪的事后共犯等罪名。所有的罪名都与其未能阻止犯罪人打死亲生孩子的事实相关。在案件审理之前，检方放弃了一级谋杀的指控，法官也批准了被告人要求驳回谋杀罪事后共犯指控的请求，但维持了检方的其他指控。被告人放弃了受陪审团审理的权利。经过审理，法院认定检方所指控的二级谋杀、过失杀人罪罪名不成立，虐待儿童罪罪名成立。看起来，法院未对被告人认定杀人罪的根据，与是否具有法定义务无关，因为法院在认定被告人虐待儿童罪的时候，承认被告人具有防止受害人遭受侵害的作为义务。根据马里兰州法，如果被告人具有法律所规定的犯意，那么具有保护该儿童法定义务的人如果没有这样做，就构成杀人罪。参见 *Palmer v. State*，223 Md. 341（1960）。从这个意义上，法院认定被告人不构成杀人罪的原因，应该在于其不具有法定犯意，而不是其不负有法定作为义务。在上诉过程中，马里兰州特别上诉法院推翻了被告人虐待儿童罪的一审判决，认定没有证据证明被告人基于《防止虐待儿童法》承担作为义务，或者被告人属于犯罪人虐待儿童的共犯。这一判决也得到了上级法院的支持。参见 *Pope v. State*，284 Md. 309（1979）。

为。尽管法院最终将该被告人无罪开释，但坚持认为被告人需要承担阻止上述殴打行为的法定义务。如果检方能够证明，被告人的不作为是基于致人死亡的故意，就可以认定其犯有杀人罪。这一判决，显然超越了一般情况下人们对被告人行为的正常预期。尽管本案中，被告人的行为存在严重的道德瑕疵，却无法依此认定，被告人的不作为构成杀人罪。在前一个案件中，承担专业救助职责，但故意不按照相关规范提供救助服务的人，并不承担救助的法定义务。在后一个案件中，即使被告人与受害人没有任何形式上的关系，也没有为受害人提供救助的惯例，仍然需要承担相关法定义务。这就彰显出基于契约关系，认定不作为义务时所经常遇到的窘迫局面。

（三）物权或者控制权所随附的作为义务

从侵权法的角度来看，物业主人或者服务业者未能保证受害人在其物业之内的安全，该当侵权责任，应无问题。但在某些极端情况下，不履行上述基于物业控制权产生的作为义务，也被认定该当刑事责任。例如，在"马萨诸塞州诉维兰斯基案"（*Commonwealth v. Welansky*）① 中，波士顿一家俱乐部老板因为超过 500 人在其经营的俱乐部内被烧死，而被指控犯有多项过失杀人罪。法官认为，鉴于俱乐部内拥挤的状况，被告人并未提供足够的逃生通道。因为被告人对顾客的生命持一种消极的不作为态度，因此需要承担刑事责任。除此之外，对少数受到被告人邀请来到其俱乐部的顾客，被告人也没有履行自己的积极作为义务。但值得一提的是，审理本案的马萨诸塞州最高法院并未在判决中区分作为或者不作为，相反，法官分析的是被告人对受害人的整个行为过程，即无论被告人的行为是作为还是不作为，被告人的行为导致了受害人的死亡结果。因此，被告人需要承担相应的刑事责任。这也造成了一定的分析困难。另外，普通法传统中，较为常见的不作为犯罪就是牲畜的所有者，因为未能很好履行豢养职责，导致其所豢养的牲畜损坏他人的财物，并因此承担责任。② 物权等控制权

---

① 参见 *Commonwealth v. Welansky*, 316 Mass. 383（1944）。
② 参见 Graham Hughes, "Criminal Omissions," *Yale L. J.* 67（1957-1958）：590。

所产生的作为义务，即使具有排他性，我们也需要解决如何与侵权责任区分的问题，这又涉及之前提到的刑法与其他法的区分问题。在这个意义上，区分作为与不作为，或者不作为责任成立的根据，变得与其本身无关，而变成了服务于刑法或其他部门法适用目的的一种手段或工具。

（四）　制造危险行为导致的作为义务

如果行为人具有可责性地导致他人陷入危险境地，就需要承担对其加以救助的法定义务。如对遭到自己强奸后逃跑并掉到河里的人，施暴者需要承担救助义务。① 打猎时过失打伤他人的，需要承担为受害人寻求医疗救治的义务。② 但如果行为人无辜或者意外地导致他人陷入危险状态，是否还需要承担法定救助义务，就存在一定的问题。假设司机开车的时候突发癫痫，因此导致车辆失控撞伤行人。在这种情况下，关键的问题就在于是否存在危险行为。理论上来讲，司机撞伤行人的时候，已经处于无意识状态，因此我们很难认为其所从事的是行为，毕竟其动作缺乏行为的本质属性，即自愿性。但如果放弃行为的自愿性要求，从一个过程，即明知自己患有癫痫仍从事危险行为的角度入手，不仅会面临片面归责的指摘，更为重要的是，这将导致一个重大的刑事政策两难。在目前这个风险社会中，很难认定什么行为是不具有危险性的，放弃了行为的自愿性，实际上也就放弃了刑法存在的基本意义。但坚持行为的自愿性，又意味着部分危险行为将被排除在外。

（五）　自愿承担照顾职责而导致的作为义务

根据一般的侵权原则，目击事故的路人如果伸出援手，就必须尽到足够的谨慎与照顾义务。如果其开始了救助行为，但具有可责性地停止了救助义务，就违反了法定义务。如果导致了刑法意义上的危害结果，那么就很有可能被指控犯有不作为犯罪。一个有助于思辨的问题在于，如果自愿帮助者并未实施任何救治行为，是否还需要承担此类义务？例如，如果富

① 参见 *Jones v. State*，220 Ind. 384（1942）。
② 参见 *Flippo v. State*，258 Ark. 233（1975）。

人自愿要为一穷人提供食物，但是在给出食物之前突然改变了主意，该穷人后来饿死，是否需要认定该富人承担不作为的刑事责任？显然，一般认为，无须认定富人的刑事责任。因为此类行为人并未实际提供任何帮助，因此也无须承担侵权责任。理论认为，只有在自愿救助妨碍了其他人的救助行为的情况下，才需要对这类自愿救助者适用刑罚。① 换句话说，如果富人提供食物的承诺或者举动，使得其他有意救助者放弃了救助饥饿者的念头，从而使得饥饿者陷入更危险的境地，富人就需要承担相关的法定义务。但根据普通法传统，某些极端情况下，虽然救助者的救助行为并不存在太大瑕疵，也没有剥夺受害人的其他被救助机会，仍然有可能被认定存在救助义务。② 但这样就很有可能脱离作为义务本来就漏洞百出的法定属性，使之沦为纯粹的道德义务，因此虽然会使案件审理结果符合一般的民众期待，却背离了一般法定作为义务必须具备可执行性的原则。

第三节　因果关系

因果关系看似简单，但在刑事司法实践中却未必一目了然。例如，被告人向受害人开枪，意图枪杀受害人，但没有打中，受害人因为害怕逃跑，结果被雷电击中死亡。无独有偶，被告人向受害人开枪，意图吓跑受害人让其遭雷击而亡，而情况的确如此。能否认定上述行为与死亡结果之

---

① 一旦自愿承担救助义务的行为人，排除了他人的救助可能，那么这一自愿施救者就需要承担施救的法定义务。参见 Jones v. United States，308 F. 2d 307（D. C. Cir. 1962）。

② 在本案中，一名年迈的姑姑抚养了自己的侄女，并一直一起生活。最初，姑姑能够养活自己，身体健康，但后来，随着年龄的增长，姑姑身体每况愈下，并且已经不能自理，也不能活动。有证据证明侄女同意照顾自己的姑姑，但是最终并未实际提供必要的救助，姑姑死于感染并发症。上诉法院维持了被告人过失杀人罪的判决，认定其在当时的情况下需要承担法定救助义务。上诉法院并未从合同法的相关原则之中寻求根据，相反，是从道德义务方面入手：所谓普通法上的作为义务，其实就是法律保障的道德义务。在本案中，被告人无疑需要承担为死者提供必要的食物，用死者的钱为其支付必要的护理费用等义务，只有通过被告人，死者才能够获得上述食品或者服务，而被告人也背负着普通法意义上的相关作为义务。这样的一种道德义务转化为一种法定的作为义务，而被告人并未履行这一法定义务，从而导致了受害人死亡的结果。参见 Regina v. Instan，〔1893〕1 Q. B. 450。转引自 Theodore Y. Blumoff，"On the Nature of the Action-omission Network，" Ga. St. U. L. Rev. 24（2008）：1003。

间存在刑法意义上的因果关系?[1] 又例如，在公路上轻率参与非法赛车的
行为人，是否需要在其他参与赛车者死亡的情况下，承担交通肇事致人死
亡的刑事责任?[2] 两名没有共谋的被告人，同时向被害人开枪，事后无法

---

[1] Kimberly Kessler Ferzan, "The Unsolved Mysteries of Causation and Responsibility," *Rutgers L. J.* 42（2011）: 347.

[2] 参见"维拉江孜诉佛罗里达州案"（*Velazquez v. State*），本案判决书如下：

ISAAC ALEJANDRO VELAZQUEZ, Appellant,

v.

THE STATE OF FLORIDA, Appellee

No. 89-96

Court of Appeal of Florida, Third District

561 So. 2d 347; 1990 Fla. App. LEXIS 3000; 15 Fla. L. Weekly D 1205

1990 年 5 月 1 日提交

法官：舒瓦茨法官（NSchwartz, C. J.），胡巴特法官（Hubbart, J.）以及格斯坦法官（Gersten, J. J.）

判决主笔：胡巴特法官

判决

被告人伊萨克·阿勒江多·维拉江孜（Isaac Alejandro Velazquez）被终审认定交通肇事致人死亡罪名成立。待审查的唯一问题就是，在公路上轻率参与非法赛车的行为人，是否需要在其他参与赛车者死亡的情况下，承担交通肇事致人死亡的刑事责任。本庭认为，根据相关情节，受害人自愿轻率地参与非法赛车，其死亡结果与参与赛车的被告人之间缺乏法律意义上的近因关系，因此被告人不需要承担交通肇事致人死亡的刑事责任。

I

被告人维拉江孜被指控交通肇事致人死亡。相关事实证明，1988 年 4 月 23 日，被告人"非法且恶意地以轻率的方式驾驶摩托车"，也就是说，参与非法赛车、闯红灯、超速驾驶，因此造成了受害人阿尔瓦瑞兹死亡，违反了佛罗里达州法。

被告人根据相关规定，即 Fla. R. Crim. P. 3. 190（c）（4），提出动议，要求陪审团不应考虑上述情节，理由是，检方根本没有证据证明其实施了交通肇事致人死亡的行为。在听证过程中，被告人宣誓之后，提交了若干他认为是真相的事实。检方也随即补充了若干事实。

1988 年 4 月 23 日凌晨两点半，被告人维拉江孜在佛罗里达州海拉赫（Hialeah）的一家餐馆遇到了阿尔瓦瑞兹。两人素昧平生，但是在交谈过程中，两人决定各自驾车，进行非法赛车。于是两人离开餐馆，在附近一个河道的公路上划定了 1/4 英里（1 英里＝1.609344 千米。——编者注）的所谓赛道，在赛道与河道当中，有路杆和停车标志。两人从公路一端出发，向与河道相对的方向行驶了 1/4 英里。顺利完成比赛之后，阿尔瓦瑞兹突然 180 度转向，向着河道方向行驶。被告人也照做，并尾随其后。阿尔瓦瑞兹当时领先，速度达到了大约每小时 123 英里。当时，他并没有系安全带。尸检证明，阿尔瓦瑞兹血液酒精含量为 0.11 到 0.12。被告人并未饮酒，一路追赶死者，速度达到了每小时 98 英里。在两人即将冲过起点的时候，两人都想踩刹车，但是都未能顺利停住。阿尔瓦瑞兹的车当时超过被告人的车一个车身位，撞到了路杆，并扎进河道，阿尔瓦瑞兹被甩出车外，被翻滚的车轧死。被告人也撞到了路杆，但是安全地从栽进河道的车里爬了出来。

（转下页注）

（接上页注②）基于上述事实，一审法官驳回了被告人的动议，认定作为一个事实问题，从法律上来讲，被告人参与非法赛车的行为导致了受害人的死亡结果。被告人提出上诉。

II

交通肇事致人死亡的成文法规定如下："如果行为人以轻率驾驶机动车的方式造成了他人的死亡或者重伤，就构成交通肇事致人死亡，属于三级重罪，其刑罚层级参见 s. 775. 082，s. 775. 083，或 s. 775. 084。"根据 § 782. 071（1），Fla. Stat.（1987），交通肇事致人死亡罪具有两个犯罪构成要件：（1）被告人必须轻率驾驶机动车，并且可能导致他人的死亡或者重伤；（2）其轻率驾驶机动车的行为，必须是导致他人死亡结果的近因（Proximate Cause）。参见 *Byrd v. State*，531 So. 2d 1004，1006（Fla. 5th DCA 1988）；*M. C. J. v. State*，444 So. 2d 1001，1004-05（Fla. 1st DCA），rev. denied，451 So. 2d 849（Fla. 1984）；*J. A. C. v. State*，374 So. 2d 606，607（Fla. 3d DCA 1979），rev. denied，383 So. 2d 1203（Fla. 1980）；可对比 Fla. Std. Jury Instr.（Crim.）72（1989）（驾驶机动车致人死亡）。

与被告人所提观点不同，本庭认为，针对交通肇事致人死亡罪的第一个构成要素，相关情节足以满足。很明显，被告人开车的方式十分轻率，很容易造成他人的死亡，理由是：（a）被告人与死者从事了高度危险的非法赛车，并且占用了公路的双向车道；（b）被告人在赛车时车速高达每小时 98 英里。毫无疑问，被告人开车的行为危及了赛车附近其他开车人及行人的安全。参见 *McCreary v. State*，371 So. 2d 1024（Fla. 1979）。

然而，本罪的第二个构成要素却困扰了一审及上诉法院，因为本案中，没有任何第三方因为被告人与受害人共同参与的非法赛车而丧命。审理本案，根据佛罗里达州相关法律，以及其他司法区的司法实践。但是更为重要的是在杀人案件中对所谓"近因"的厘定，特别是这个概念本身的模糊性，往往会导致规则的不一致以及大量的问题。参见 MPC and Commentaries § 2. 03 Comment 1，pp. 255-256（1985）。

A

表面来看，在佛罗里达州，交通肇事致人死亡中的所谓"近因"至少应该是一种事实因果关系，换句话说，被告人轻率驾驶机动车的行为事实上造成了他人的死亡。在这一问题上，交通肇事致人死亡与谋杀〔§ 782. 04，Fla. Stat.（1989）〕、过失致人死亡〔§ 782. 07，Fla. Stat.（1989）〕、殴打加重犯〔§ 784. 045，Fla. Stat.（1989）〕，纵火〔§ 806. 01，Fla. Stat.（1989）〕等犯罪并无实质区别。如果行为人的行为不是导致危害结果的事实原因，就无须承担刑事责任。在交通肇事致人死亡案件中，事实因果关系是法律因果关系的充分条件，但并非因果关系的法定要素。1 Wayne R. LaFave & Austin W. Scott，*Substantive Criminal Law* § 3. 12（a），（b），pp. 390-396（1986）；MPC and Commentaries § 2. 03 explanatory note，p. 254（1985）。

美国刑法通说在诸如交通肇事致人死亡等结果犯中认定被告人的行为是否属于事实因果关系的标准是著名的"必要条件说"。根据这样一种标准，如果没有被告人的行为，危害结果就不会发生，那么被告人的行为就满足了判断事实因果关系的所谓"必要条件"标准。因此，根据佛罗里达州交通肇事致人死亡的成文法〔§ 782. 071（1），Fla. Stat.（1987）〕，如果没有被告人轻率驾驶机动车的行为，受害人就不会死亡。1 Wayne R. LaFave & Austin W. Scott，*Substantive Criminal Law* § 3. 12（b），pp. 393-394（1986）；MPC and Commentaries § 2. 03 comment 2，pp. 257-258（1985）；可对比 *Stahl v. Metropolitan Dade County*，438 So. 2d 14，17-18（Fla. 3d DCA 1983）。

然而，在某些较为例外情况中，"必要条件"标准存在问题，只能适用所谓"实质要素"（Substantial Factor）标准。这种异常情况涉及两名被告人，在没有事先 （转下页注）

（接上页注）合意的情况下，各自独立实施犯罪行为，每个行为自身都足以引发法律所禁止的结果。在这种情况下，每个人的行为都不符合所谓"必要条件"标准，因为即使没有某个被告人的行为，受害人还是会死亡。在这种例外的情况下，需要适用"实质要素"标准。也就是说，被告人的行为如果是导致受害人死亡的实质要素的话，那么就可以认定被告人的行为该当刑事责任。也就是说，每个被告人的行为都独立，且同时引发了死亡的结果，因此构成了引发死亡结果的实质要素，都与受害人死亡的结果存在事实因果关系。参见 1 Wayne R. LaFave & Austin W. Scott, *Substantive Criminal Law* § 3. 12（b），pp. 394-395（1986）；可对比 *Stahl v. Metropolitan Dade County*, 438 So. 2d 14, 18（Fla. 3d DCA 1983）。

B

但佛罗里达州交通肇事致人死亡罪中的近因，不仅仅包括所谓"必要条件"以及"实质要素"等，即使当行为人的行为满足上述因果关系标准的情况下，佛罗里达州和美国其他州一样，也会在下列情况，否认因果关系的存在：（1）被告人行为所导致的危害结果与其行为所能造成的合理损害相去甚远；（2）从公平以及社会政策的角度来看，认定被告人承担刑事责任缺乏正当性。参见 1 Wayne R. LaFave & Austin W. Scott, *Substantive Criminal Law* § 3. 12（c）-（h），pp. 396-421（1986）；可对比 *M. C. J. v. State*, 444 So. 2d 1001, 1004-1005（Fla. 1st DCA），rev. denied, 451 So. 2d 849（Fla. 1984）；*Stahl v. Metropolitan Dade County*, 438 So. 2d 14, 19（Fla. 3d DCA 1983）。

在佛罗里达州，如果在公路上参与非法赛车的某个开车人，造成了同样使用这一公路的其他开车人的死亡结果，则一同参与非法赛车的其他人，也需要承担交通肇事致人死亡的刑事责任。参见 *Jacobs v. State*, 184 So. 2d 711（Fla. 1st DCA 1966）。审理该案的法官认为，参与非法赛车的行为人，是轻率驾驶过失致人死亡的行为人的共犯。其法理根据在于，"如果两个人共同从事的行为构成了犯罪过失，并且导致了第三方死亡的结果，那么即使很难说明谁的行为导致了死亡结果，共同参与人都需要承担过失致人死亡的结果"。如果两个人分别驾驶汽车，以危险的速度和方式在公路上追逐竞技，其中的一个人造成了他人死亡的结果，那么实际撞死行人的驾驶员需要承担过失致人死亡犯罪的一级主犯责任，而其他参与人需要承担过失致人死亡罪的二级主犯责任。参见 *Jacobs v. State*, 184 So. 2d p. 716，引自 1 Wharton, Criminal Law and Procedure § 290（Anderson 1957）以及 Clark & Marshall, *Crimes*, 3d ed. § 164。

然而，如果在这种非法赛车的过程中，某一名乘客突然抢夺方向盘导致车辆失控，且这名乘客死亡的，机动车的驾驶员不应构成交通肇事致人死亡罪。参见 *J. A. C. v. State*, 374 So. 2d 606（Fla. 3d DCA 1979），rev. denied, 383 So. 2d 1203（Fla. 1980）。法院认为，乘客抢夺方向盘的行为构成了介入行为，超越并替代了被告人参与非法赛车的行为。Id. p. 607. 很明显，被告人参与非法赛车的行为，构成了乘客死亡的"必要条件"，而死亡结果，也属于被告人的行为所合理导致的危险范围。但因为受害人自身的轻率行为导致了自身的死亡结果，让被告人承担这样的一种危害结果显然缺乏正当性。

J. A. C. 案判决也符合对类似问题，其他司法区的实践做法。这些司法区一般认为，参与非法赛车的当事人，不需要对其他参与非法赛车的人的死亡承担责任，如果死者是因为自身轻率的驾车方式，导致自己死亡的；让被告人针对死亡结果承担刑事责任的唯一根据在于其参与了非法赛车。参见 *Thacker v. State*, 103 Ga. App. 36, 117 S. E. 2d 913（1961）；*State v. Uhler*, 61 Ohio Misc. 37, 402 N. E. 2d 556, 14 Ohio Op. 3d 158（1979）；*State v. Petersen*, 17 Ore. App. 478, 522 P. 2d 912, 920（1974）（Schwab, C. J., dissenting），而与之不同的意见后来为俄勒冈州最高法院在 *State v. Petersen*, 270 Or. 166, （转下页注）

确定两人中谁导致致命伤的，是否可以认定犯罪既遂，如果认定谋杀罪名成立，该由谁承担既遂的刑事责任？[1]

一　美国刑法中因果关系的一般理论

刑法所禁止的，是特定危害结果或某种具体的危险性，而不是特定的行为。因此才不能将不作为从刑法考量的范围排除出去。虽然存在很多争议，但在美国司法实践中，通常仍然认为不作为可以导致诸如死亡等危害结果的发生。如前所述，长期以来，美国刑法通说，主要通过考察不作为的义务来源的方式来认定不作为。但这样做，需要面临作为义务概念不明

（接上页注）526 P. 2d 1008（1974）中所采用。问题在于，被告人的轻率行为，是否导致了受害人死亡的结果。这里的问题不是所谓事实因果关系，而是法律因果关系。在此类异常案件中，某种原因是否属于法律因果关系，归根结底是一种政策考量。法律因果关系因此掺杂了我们是否希望被告人对法律所禁止的行为承担刑事责任的考量。换句话说，这个问题不是一个所谓因果关系问题，而是一个责任问题。对参与非法赛车的行为人，认定其应当承担刑事责任的唯一根据在于其参与非法赛车的合意，显然不具有正当性。1 W. LaFave & Scott, *Substantive Criminal Law* § 3. 12, p. 418（1986）.

Ⅲ

就本案来说，很明显，被告人轻率驾驶机动车，参与非法赛车并导致死亡结果的行为，从技术上来讲，根据"必要条件"标准，是导致受害人死亡的事实原因。如果没有被告人参与非法赛车，受害人就不会从事非法赛车，也不会死亡。然而，根据 J. A. C. 案以及其他判例，被告人参与非法赛车的行为并不是导致受害人死亡的近因，因为受害人实际上是基于自愿从事的轻率驾驶行为，导致了自身死亡的结果。

本案的事实是，被告人和受害人已经完成了 1/4 英里的赛程，但是出乎意料的是，受害人突然掉头冲向起点，尽管被告人在后面追赶，但这显然是受害人自己的决定，与之前双方的合意无关。受害人当时超速、酒驾、未系安全带，无法及时刹车，撞上栏杆，从车里被甩出，最终被翻滚的车轧死。尽管当时被告人的车与受害人的车相距一个车身，但是两者并没有实际接触。很显然，死者所从事的是一种类似于自杀的行为。对此，让被告人承担刑事责任缺乏正当性。

我们认为，如果受害人与合法使用这一道路的其他驾车者发生碰撞，并且导致后者死亡，那么被告人需要承担交通肇事致人死亡的共犯责任。参见 *Jacobs v. State*, 184 So. 2d 711（Fla. 1st DCA 1966）。在此类案件中，迎面而来的驾车者不应为自己的死亡承担刑事责任。

检方根据其他司法区的判例［*State v. Melcher*, 15 Ariz. App. 157, 487 P. 2d 3（1971）；*State v. McFadden*, 320 N. W. 2d 608（Iowa 1982）；*State v. Escobar*, 30 Wash. App. 131, 633 P. 2d 100（1981）］，提出了与此不同的观点，但这些判例的分析缺乏正当性。没有人强迫受害人参与非法赛车，没有人强迫其突然掉头，也没有人强迫其超速，受害人自己撞到障碍物导致自身死亡。因此，应该严格解释相关法律，认定被告人无须承担交通肇事致人死亡的刑事责任。

Ⅳ

推翻原判。

① 参见 *People v. Pock*, 19 Cal. App 4th 1263（1993）。

确这一瓶颈问题，更为重要的是，法定义务与因果关系本身并无联系。因此，有学者主张，从惩罚不作为犯的角度来看，适当的做法应该参照因果关系。只要对因果关系存在一般理解意义上的认同，就可以将其用来作为认定刑事责任的基础。[①] 当然，也有学者主张所谓不作为的未遂。[②] 也就是说，承担法定救助义务的不作为者，对被救助者未尽到救助义务，但是被救助者却因为某种不作为者意志以外的原因，如第三方的及时介入等避免了危害结果的发生，对这种情况，也应认定不作为的刑事责任，即所谓，在法律的表述当中，零行为加零伤害可以，并且在某些情况下也的确应当被认定为犯罪。[③] 但这种观点的吊诡之处，不仅仅在于其缺乏刑法理论[④]与司法[⑤]的支持，更在于其违反了之前提到的"神的等式"。如果说零行为与零结果仍然可以与等式另外一端的刑事责任达成平衡的话，那么就一定还有某种足以引发刑事责任的"存在"，这种"存在"在刑事法语境中，只能是危险。换句话说，虽然是不作为，虽然没有引发实质结果，但导致了足够大的危险。在不作为犯罪当中，因为强调被告人在不作为的情况下仍需承担刑事责任，因此显然立法机构的意图是希望借由不作为所产生出来的某种刑法所禁止的恶，来达到等式两端的平衡。这与不考虑行为人的客观行为，单纯惩罚犯意的"结果无关论"类似。对后者，应该时刻保有警惕之心，毕竟这似乎等同于惩罚思想犯，而对思想犯的惩罚不仅仅不道德，更加无法让人接受。[⑥] 但

---

① 参见 Paul H. Robinson, "A Functional Analysis of Criminal Law," *Nw. U. L. Rev.* 88 (1994)：857。

② 参见 Michael T. Cahill, "Attempt, Reckless Homicide, and the Design of Criminal Law," *U. Colo. L. Rev.* 78 (2007)：879。

③ 参见 Michael T. Cahill, "Attempt by Omission," *Iowa L. Rev.* 94 (2009)：1207。

④ 造成这种情况的一个原因，在于在美国存在大量行政刑法性质的违警罪，此类犯罪可以突破既有刑法的框架，满足多元立法主体的"奇怪"立法需求。

⑤ 例如，在 1996 年审结的"路易斯安那州诉寇蒂斯案"中（*State v. Cortez*），一审法院认定母亲因为没有为自己年仅 6 个月大的孩子及时寻求腿伤医疗救治而构成虐待儿童罪未遂的判决被推翻。参见 *State v. Cortez*, 687 So. 2d 515（La. Ct. App. 1996）。

⑥ 如婴儿在室外温度 20 度的天气里被遗忘在密闭的车内长达 40 分钟，参见 *People v. Jordan*, 843 N. E. 2d 870（Ill. 2006）。被告人将自己 9 岁的孩子锁在车里，车外温度为华氏 91.4 度，在此期间，其本人却在赌场内赌博，参见 *State v. Todd*, 183 S. W. 3d 273（Mo. Ct. App. 2005）。将自己 4 岁孩子留在车上，母亲自行去购物。在此期间，这个孩子从车里跑了出来，一个人在停车场内游荡，被发现时正在大哭，母亲被判决罪名成立，参见 *Cochener v. State*, No. C14-91-00153-CR（Tex. App. May 21, 1992）。得克萨斯州规定的相关犯罪，明确不要求危害结果，从而明确界定了不作为的未遂。参见 （转下页注）

如果危险在不作为犯罪当中也具有意义，那么惩罚不作为，就不是单纯惩罚犯意。如果是这样，姑且不论这是否属于一种纯粹的语言或逻辑游戏，姑且不论危险犯中的危险是否可以满足合法性原则，是否与既存法律理念相一致，其本身并不足以否定因果关系的重要性，换句话说，即使是足够大的危险，也必须与不作为之间存在因果关系。在这个意义上，因果关系仍然具有十分关键的作用。

因果关系被定义为导致法律禁止的危害结果发生，且连接犯罪行为与主观犯意的逻辑纽带。从哲学的角度来看，真实的客观世界具有唯一性，而其他客观存在的真实性需要通过世界的某些真实性加以体现。在理解诸如因果关系等概念的时候，需要考察的也是客观世界所赋予这一概念以真实性的相关特征。所谓反设事实，即 X 如果是这种情况的话，Y 也应该是这种情况，只有在 X 和 Y 同属于一个世界的情况下才能成立。对此，如果说有 X，即有 Y，那么仅仅需要将 X 增加到表征其真实存在的相关特征上面，并且考察是否这种联系可以引发 Y 的存在。当然，这样做是不够的，因为用来描述真实客观存在的真理包括非 X 与非 Y 的部分。因此，使用需要一词，因为不想让别人发现，我们对于反事实的解释已经陷入了循环论证。[1] 这种哲学意义上的反思，虽然无法帮助明确对因果关系的认定，却有助于对因果关系本质的理解。简单地说，因果关系是一种纯粹修辞学上的概念，某种程度上甚至是一种拟制的关系。随之而来的问题就是，为什么要拟制一种因果关系的存在。是归因，还是归责？[2] 有学者认为"因果

（接上页注⑥） Jennifer M. Collins, "Crime and Parenthood: The Uneasy Case for Prosecuting Negligent Parents," *Nw. U. L. Rev.* 100 (2006): 807。

[1] 参见 Richard Fumerton, "Moore, Causation, Counterfactuals, and Responsibility," *San Diego L. Rev.* 40 (2003): 1273。

[2] 有些学者认为，因果关系判断只是刑事政策或者刑事责任认定的变异而已。很多支持近因说的学者，也质疑对其进行常识性判断的做法。有些学者认为应当采取认识论的观点，提出必须通过考察行为人的可责性，才能认定针对危害结果的因果关系。无论上述观点如何，都认为从刑法目的角度出发，因果关系的判断中应当包括可责性因素。因此，将因果关系视为一种归责问题。参见 Felix S. Cohen, "Field Theory and Judicial Logic," *Yale L. J.* 59 (1950): 238。在二元论因果关系理论中，因果关系的判断其实已经变成了过错和责任的判断。无论是英美法系的"法律上的因果关系"还是大陆法系的"相当因果关系"，对因果关系的判断实质上已经悄悄转变成对责任的判断了。参见韩中节《论强化过错在认定因果关系中的基本功能》，《法学杂志》2009 年第 7 期，第 121 页。

关系对刑法而言具有核心意义。因果关系的要求主要基于两个方面的考虑：一是个人责任，即因果关系将个人行为与危害后果相连接并以此为基础确定刑罚的轻重；二是公平原则，即因果关系将刑事责任限制于产生了危害后果的个人行为"。① 吊诡的是，对这样一种"拟制"关系，在美国刑法中却是作为一个事实问题被认定的。理由非常简单，如前所述，美国刑事司法中，法官与陪审团之间的职责区分十分明确，即法官负责法律适用，而陪审团负责事实认定。在美国司法实践中，对因果关系的判断，一般认为应全部由陪审团负责。② 只有在极端例外的情况，即原因太过缺乏可预见性时，才由法院裁定这一问题。③

虽然刑法中的概念范畴，最终一定与责任有无或轻重相关，但一个非常有意思的现象就是，虽然同一类犯罪，如杀人，会随着结果、犯意或者客观行为的不同在程度甚至性质上出现差别，但其中唯一不变的，就是因果关系。④ 那么，是否意味着将因果关系归入犯罪客观方面，特别是将其视为犯行的组成要素，就毫无问题了呢？

刑法中的因果关系，一般认为与侵权法中的因果关系类似，也包括两个层面的判断：（1）事实因果关系（主要是指必要条件"But for"判断标准）⑤；以及（2）近因标准（Proximate Cause，亦被称为近因，或者法律因果判断）。所谓必要条件，是指如果没有被告人的行为，就不会发生危害结果，就可以认为满足了事实因果关系的判断。这种通过"反事实的"逻辑思维方法的判断，将不是导致结果发生的必要条件从因果关系范围排

①　转引自沈琪《英美刑法中的近因判断及其启示》，《比较法研究》2014年第2期，第161页。

②　考虑到立法机关并未对传统的近因标准提供足够明确的替代性认定标准，因此因果关系判断仍应交给陪审团认定。参见 *Westbrook v. State*，697 S. W. 2d 791（Tex. Ct. App. 1985）。

③　参见 Laura Schiesl Goodwin，"Causation in California Homicide,"*Loy. L. A. L. Rev.* 36（2003）：1453。而这一观点，也得到了《加利福尼亚州司法委员会刑事陪审法律指导》中对各罪因果关系法律指导意见的印证。

④　参见 Michael S. Moore，"The Metaphysics of Causal Intervention,"*Calif. L. Rev.* 88（2000）：827。

⑤　国内学者对"But for"的翻译方法不一，如有"剔除法""替代法""若无，则不"等等，不一而足。但从逻辑的角度来看，这一表述就是"必要条件"（Sine qua Non）之意。值得一提的是，在德国，也有著名学者，如罗克辛将"因果关系"作为"客观归责"的前提条件，认为解决"因果关系"的依据就是条件理论。参见〔德〕克劳斯·罗克辛《德国刑法学（总论）》（第1卷），王世洲译，法律出版社，2005，第226页。

除，初步圈定了法律责任的范围，并且采用形式逻辑的思维方法，对行为与结果之间的关联性进行纯事实的、科学性质的判断，能够最大限度地保障因果关系判断的客观性。① 其实，针对必要条件，也就是所谓的事实因果关系的认定，并非如此简单，除了经常提到的所谓因果链条过长的指摘，一个经常用来批驳必要条件的例子就是，如果没有被告人妈妈，就没被告人，也就没有被告人实施犯罪行为的可能，因此，将被告人妈妈生被告人的行为，视为死亡结果出现的必要条件。但将这种不具有可责性的行为纳入事实因果关系的考察范围，不仅有泛化之嫌，更为重要的是，这种归结是没有意义的，因为无论将什么纳入必要条件的范围，都还要进一步接受法律因果关系的判断。刑法理论与司法实践在认定事实因果关系方面可以采取不同做法。首先，可以通过所谓必要条件测试来认定事实因果关系。这也可以转换为被告人的行为是否属于危害结果的必要条件。至今，美国仍有少数司法区，如亚拉巴马州等，在立法中将必要条件作为认定事实因果关系的唯一测试标准。② 然而，虽然在大多数情况下，必要条件标准并无问题，但并不能解决所有问题。例如，很多足以导致特定危害结果发生的原因共同作用，最后导致了危害结果发生的情况。进一步而言，必要条件标准可能本身并无意义，因为理论上针对危害结果可能存在很多必要条件意义上的原因，但这些原因并无犯罪性。从这个意义上来讲，近因，亦所谓法律上的因果关系，才应该是研究的重点。

这一点，也得到了其他普通法国家，如英国司法与法学理论界的支持。很多英国学者认为，特别是涉及不作为的因果关系判断过程中，必要条件测试并不适用，而所谓"实质加功"（Material Contribution）测试，显然更具有说服力。③ 除此之外，还有英国学者认为，在缺乏普适性规则的情况下，可适用所谓"通常危险原则"（the Ordinary Hazard Principle）、"合理预见原则"（the Reasonable Foresight Principle）、"新介入行为原则"

---

① 参见沈琪《英美刑法中的近因判断及其启示》，《比较法研究》2014 年第 2 期，第 161 页。
② Ala Code § 13A-2-5（a）规定，"如果没有被告人的行为单独作用，或与其他因素共同作用（除非共同作用的原因足以引发结果，而被告人的行为不足以引发该结果），就不会发生危害结果，被告人就需要对该结果承担刑事责任"。
③ 参见 Margaret Isabel Hall，"Duty，Causation，and Third-party Perpetrators：The Bonnie Mooney Case，" *McGill L. J.* 50（2005）：597。

（the Principle of New Intervening）等在司法实践中累积的这些原则来确定案件的法律原因。[1] 美国很多司法区在司法实践中，也采用类似的"实质因素"（Substantial Factor）标准。[2] 所谓实质因素，学理上通常将其解读为：如果 X 的行为 A 最终导致了 E 结果的发生，那么只有在 X 的行为是 E 的实质性原因的情况下 X 才承担可责性。具体而言：

（a）基本因果关系的形式为：C 在特定程度上导致了 E 结果的发生。

（b）如果 C 的原因程度大于某一特定数值，C 就是所谓实质原因。

（c）C 与 E 结果之间可能出现很多介入性因素，因果关系的链条越长，因果关系就越弱。

（d）因此，实质性因果关系并不是一种居间性质或者过渡性质的因果关系。

（e）即使 C 原因和 E 结果之间因果链条很短，但如果同时还出现了很多其他的原因，如果其中的一些原因非常重要，也会导致 C 丧失实质性因果关系的地位。[3]

司法实践中在法律因果关系或者所谓近因测试中，除了实质因素测试标准之外，还存在诸如"可预见性"（Foreseeability）标准、"自然且盖然的结果"（Natural and Probable Consequence）标准[4]等。这些具体的近因测试标准，也成为区分侵权因果关系与刑事因果关系的重要抓手。[5] 这里需要区

---

[1] 参见储槐植、汪永乐《刑法因果关系研究》，《中国法学》2001 年第 2 期，第 151 页。

[2] 以加利福尼亚州为例，根据《加利福尼亚州司法委员会刑事陪审法律指导》，即使包括死者在内的第三方没有尽到谨慎义务，只要被告人的行为是造成死亡结果的实质因素，就应当让被告人为死亡结果承担责任。参见 CALCRIM，No. 620。

[3] 参见 Gideon Rosen，"Causation，Counterfactual Dependence and Culpability：Moral Philosophy in Michael Moore's Causation and Responsibility，" *Rutgers L. J.* 42（2011）：405。

[4] 而对因果关系的常识性判断，在很大程度上是一种可能性判断——在特定情况下某种情况是否具有发生变化的可能——以及价值判断，包括归责的相关考量。而在所有的因果关系线索中，只有一条因果关系线索是最为稳固的，因此具有盖然性，这就是所谓盖然性原因。参见 Wechsler & Michael，"A Rationale of the Law of Homicide I，" *Colum. L. Rev.* 37（1937）：701。

[5] 对此，可以通过相关学者针对"宾夕法尼亚州诉鲁特案"（*Commonwealth v. Root*）的评介，加以说明。在本案中，被告人被判决犯有非自愿过失致人死亡罪。案发当晚，受害人向被告人提出挑战赛车。两人分别驾驶各自的车辆，在一条双向三车道高速路上以时速 70 至 90 英里行驶，受害人为了超车进入逆行车道，但与迎面开来的卡车发生碰撞并且导致卡车司机死亡。宾夕法尼亚州最高法院推翻了原判，认为被告人的行为 （转下页注）

分的一对概念，就是原因与条件。其实，为了避免语义上的混淆，完全可以将通过必要条件测试遴选出来的称之为条件，而将通过法律归因最终确

（接上页注⑤）不构成导致受害人死亡的近因。在杀人罪的刑事指控过程中，不能简单套用侵权法中的因果关系，而应该要求存在更为直接的因果关系。一般来说，近因作为因果关系的测试标准，不仅适用于侵权案件，也适用于刑事案件。但也有观点认为，虽然看起来在侵权法与刑法当中都适用相同的因果关系判断标准，但是在适用过程中，法官还是会考虑具体情况而对其有所调整。需要在判断因果关系的时候，同时考虑适用常理或者常识。但大量的刑事案件中的确一直适用近因原则，即考察行为是否结果的近因。直到最近，宾夕法尼亚州法院还一直在刑事审判过程中沿用近因原则，而从 19 世纪开始，就已经出现了这一做法。但侵权法中的所谓近因范围更广，随着时代的演变也会出现不同的变化。宾夕法尼亚州曾经处理过赛车过程中，因为致人死亡而被认定构成非自愿过失致人死亡以及自愿过失致人死亡的案件。在这些案件中，即使被告人并未与死者出现物理上的接触，仍然需要承担上述刑事责任。显然，即使适用范围较为宽泛，在某些司法区，近因仍然被用来作为刑事起诉的因果关系判断标准。但本案中认定被告人的行为与受害人死亡结果之间不具有近因关系，并不必然与该州于 1957 年审结的"宾夕法尼亚州诉列文案"（Commonwealth v. Levin）存在冲突。在"宾夕法尼亚州诉列文案"（以下简称"列文案"）中，被告人与被害人赛车，被告人车辆在受害人车辆前急转弯，导致后车失控，撞树后，受害人死亡。被告人被判决非自愿过失杀人罪。本案中多数派法官认为本案与"列文案"并不相同，因为"列文案"被告人强迫受害人从道路上驶离，因此具有充分的因果关系。无疑，多数派法官认为本案与"列文案"一样，受害人都具有参与非法赛车的自主合意。因此不难想象非法赛车过程中，当事人一定会尝试各种危险的活动。在两个判例中，都存在故意、任意甚至轻率的行为。而两案中赛车都导致了死亡的结果，但只有一个司机需要为自己的行为承担刑事责任。"列文案"中的因果关系可能更为直接，不管基于何种标准，都可以被认定为所谓近因。但是认定本案中也存在这种近因，需要面临巨大的挑战。宾夕法尼亚州司法系统在杀人案件中，已经放弃了所谓近因测试标准，相反，只有存在所谓更为直接的因果联系的时候才会认定刑事责任。以此为根据，法庭必须放弃之前的所谓近因测试，同时还必须面对没有明确因果关系测试标准的挑战。当然，法院可能从受害人本身自愿参与赛车的愚蠢行为出发，认定被告人无罪。虽然对此并无确定答案，但可以确定的是，这些考量与因果关系无关。其他司法区在类似的案件中因为存在足够的因果关系，从而可能认定被告人的刑事责任。审理本案的法庭或许会承认本案所涉及的问题，与该州重罪谋杀规则案件涉及的问题类似。尽管本案多数派法官在"宾夕法尼亚州诉瑞德兰案"（Commonwealth v. Redline）中承认近因测试已经被放弃，但这或许并不是判例的真实意思表示。因此，本案所涉及的问题或许并非因果关系，而是行为人自由选择参与可能导致严重危险结果的行为，并且最终导致了自己死亡的结果的情况。对此，完全试图通过因果关系对其加以解决并非上策。诚然，近因并非尽善尽美，却具有很高的可适用性。其中所包括的诸如"可预见性"概念、"实质要素"测试以及"自然且盖然的结果"测试，都具有或多或少的可适用性。宾夕法尼亚州各级法院面临涉及具有可操作性的因果关系测试标准的任务，直到其中的一个被该州最高法院所采信。虽然这并不离谱，但至少与那些采用近因标准的司法区的做法产生了冲突。而其强调侵权案件中因果关系标准与刑事案件中因果关系标准不同的观点也值得商榷。参见 Edwin W. Scott, "Criminal Law—Causation—Tort Concept of Proximate Cause Is Inapplicable in Criminal Prosecution," *Vill. L. Rev.* 7 (1962)：297。

定的称之为原因。当然，如后所述，导致混淆出现的原因，除了语言本身的模糊性之外，其在使用中的不规范也是无法回避的现实问题。

但无论如何，至少从逻辑角度，任何刑法中的因果关系，无非是要处理在特定危害结果出现后，如下几种情况下的法律因果关系认定：一行为人、一行为、一结果，多行为人、一行为、一结果，多行为人、多行为、一结果，以及在上述三种情况基础上的所谓因果关系介入问题。

一行为人、一行为、一结果的情况，最为典型，也最为常见，做出事实因果与法律因果判断，并无太大问题，在这种情况下，主要需要解决的异常状况是行为人的行为与结果之间出现介入因素的问题①。而多行为人、

---

① 关于这一样态的判例，可参见"纽约州诉科比等案"（*People v. Kibbe et al.*），该案判决书如下：

The People of the State of New York, Respondent,

v.

Barry Warren Kibbe and Roy A. Krall, Appellants

Court of Appeals of New York

35 N. Y. 2d 407；321 N. E. 2d 773；362 N. Y. S. 2d 848；1974 N. Y. LEXIS 1158

1974 年 10 月 7 日庭审

1974 年 11 月 7 日审结

法官：盖博瑞利（Gabrielli）、布雷特尔（Breitel）、琼斯（Jones）、沃彻特勒（Wachtler）、拉宾（Rabin）以及史蒂文斯（Stevens）

主笔法官：盖博瑞利

判决

相关刑法规定，"如果犯罪情节显示行为人对他人生命持无所谓态度，轻率地从事了严重威胁他人生命的行为，并导致了他人死亡结果的，该当谋杀罪刑事责任"。

本案的离奇情节开始于 1970 年 12 月 30 日。证人证言与被告人的主动供述说明，当晚，被告人和受害人乔治·斯塔福德（George Stafford）一起在罗彻斯特的一家小酒馆喝酒。酒馆服务员作证，当时斯塔福德掏出一张"嘎嘎新"的百元大钞炫耀，后来因为饮酒过度而不省人事。大约晚 8 点 15 分到 8 点半，斯塔福德问是否有人顺路，以便自己搭车去纽约。根据后来的供述，这个时候被告人已经决心偷斯塔福德的钱，于是同意用科比的车搭斯塔福德一程。3 个人离开酒吧，又来到另一间酒吧，但因为斯塔福德已经烂醉，酒吧拒绝卖酒给他。两名被告人和斯塔福德进而走过街道，来到第三家酒吧，在这里，3 个人每人又喝了一两杯酒。

在离开第三家酒吧之后，三个人进入科比的车里，启程前往纽约。卡拉尔开车，而科比要求斯塔福德把身上的钱交出来。在这个过程中，科比扇了斯塔福德几个耳光，拿走了他的钱，并且要求受害人脱裤子、脱鞋，从而确保斯塔福德交出了所有的钱。当确定斯塔福德身无分文之后，被告人强迫斯塔福德下车。

斯塔福德被从车里扔出来时，处在一条乡间双车道公路的路肩上。当时斯塔福德的裤子被脱到了脚踝处，衬衫掀至胸口，外衣和鞋子都被褪去。在开车离开前，科比将受害人的外衣和鞋子放到路肩上。尽管当时斯塔福德的眼镜在科比的车里，但或者是无心之失，或者故意为之，被告人并未在晚上 9 点半到 9 点 40 离开受害人时把眼镜（转下页注）

（接上页注①）还给受害人。当时，气温接近零度，尽管没有下雪，但被暴风卷起的落雪四下
纷飞，视线也十分不好。公路两边是之前清扫下来的积雪。当时，离受害人最近的建筑
物是位于公路另一侧，大约1.5英里之外的一间加油站。乡间公路两侧并无照明设施。

大约晚上10点，大学生麦克尔·W.布莱克（Michael W. Blake）驾驶车辆由南向北
经过受害人所在路段。对向驶来的两辆汽车的灯光，让布莱克的眼睛看不清前方，就在与
第二辆车交会时，布莱克突然发现斯塔福德坐在路中央，双手伸向空中。布莱克声称当时
的车速接近50英里/时，因此根本来不及反应。当他停下车，回头来试图救助斯塔福德时，
发现这个人的裤子退到脚跟，衬衫掀至胸口。而到场的警察也证明了受害人所处状况。

在审判时，案发地尸检官作证，受害人死于剧烈撞击。除此之外，他还发现，受害
人血液中酒精浓度高达25%。

基于相关证据，被告人被判谋杀罪、二级抢劫罪以及三级非法侵占他人财产罪。然
而，针对谋杀罪判决，被告人提出异议，认为检方并未依法排除合理怀疑地证明被告人
的行为导致了受害人的死亡结果。因此，上诉审所关注的问题，仅仅在于被告人的行为
与受害人的死亡结果之间的"因果关系"。被告人认为，布莱克驾驶汽车撞击受害人，作
为介入性原因，替代了原有的原因，因此可以使被告人免于承担谋杀罪的刑事责任。当
然，针对危害行为与死亡结果之间出现的介入性原因，并无成文法加以规制，更无太多
相关判例。而且，不能将民事案件中因果关系的司法认定模式照搬过来，因为有判例表
明，刑事案件与民事案件中因果关系的认定存在较大差别。参见 *People v. Rosenheimer*，
209 N. Y. 115，123。这在很大程度上是因为刑事案件中，检方必须排除合理怀疑地证明
所有犯罪的实质要素，参见 *In re Winship*，397 U. S. 358，361。因为民法与刑法目的不同，
该当民事责任的行为，未必该当刑事惩罚。换句话说，只有在致死的行为满足了刑法意
义的因果关系，而非侵权法的因果关系要求的情况下，才能认定是刑事案件中的致死原
因。参见 *Commonwealth v. Root*，403 Pa. 571，575 以及 *People v. Scott*，29 Mich. App. 549。
然而，即使构成刑法意义上的导致死亡结果的原因，也不一定是行为人意图发生的最终
结果。换句话说，如果可以排除合理怀疑地证明，危害结果与行为之间具有可预见的合
理联系，即可满足刑法因果关系的要求。1 Wharton，Criminal Law Procedure，§ 169。

在"纽约州诉凯恩案"，即 *People v. Kane*（213 N. Y. 260）中，被告人向一名孕妇开
了致命的两枪，伤情导致了流产，流产引发了感染性腹膜炎，腹膜炎导致孕妇在受伤后
第三天死亡。被告人认为，自己的行为与孕妇的死亡之间没有因果关系，因此导致妇女
死亡的原因在于第三方，也就是说，医院方面的过失以及治疗不当。法院认定被告人刑
事责任成立，虽然医院方面在受害人的死亡结果方面也的确有所加功。

我们认为，被告人如果需要承担刑事责任，其行为必须是足以导致死亡结果的直接原
因，而其认定标准也要严格于侵权责任中的因果关系的认定。适用这一标准，我们认定被
告人在1970年12月30日晚实施的行为，导致了受害人斯塔福德的死亡结果，因此该当谋杀
罪的刑事责任。之所以认定被告人的行为与死亡结果之间具有因果关系，根据在于科比与卡拉
尔将一个孤立无援的醉酒者，在后者没有眼镜的情况下，留置在一个无法自救的危险境地。被
告人并不否认，他们的行为体现出对他人死亡结果的无所谓心态，但坚持认为，被告人可能奇
迹般地获救。本庭并不接受这种观点。无疑，如果斯塔福德待在路边，将会因为衣衫不整而被
冻死。另外他唯一可能求救的就是那条公路，而这无疑也预示了他死亡结果的高度盖然性。

至于和布莱克开车相关的条件，如在会车时开了近光，公路两旁无照明，来不及反应
等等，我们不认为在行为人的行为和致死结果之间并没有任何介入性及超越性因果关系。简而
言之，我们承认检方排除合理怀疑地证明了其行为违法，并且导致了他人死亡的危害结果。

此判。

一行为、一结果的情况，主要涉及的是共同犯罪时因果关系的认定问题，根据共同犯罪的一般原理区分责任即可，这里比较成问题的，除了上面提到的介入问题之外，就是片面帮助犯的加功问题，对此，将在下面加以讨论。更为复杂的样态，是多行为人，同时实施了数个危害行为，导致了同一危害结果时，认定因果关系的问题。至于多个行为人，在不同时间，实施了数个行为，导致一个结果的问题，本质上属于因果关系的介入问题。

多行为人，同时实施了数个危害行为，导致了同一危害结果，是所谓共因问题。简单来说，如果被告人 A 的行为不足以致死，且对最终致死的 B 的行为缺乏预见性，则 A 只为其所实施的行为，而不需要为死亡结果承担责任。在这个意义上，A 的行为并不是致死的原因。像上面案例那样，如果有三个没有意思联系的被告人，同时向受害人开枪，受害人因为遭受枪击而死亡的，那么在被告人是否需要承担责任方面存在下列三种情况：（1）每个被告人造成的枪伤都不构成致命伤，但合并起来足以致命；（2）每个被告人造成的枪伤都足以致命；（3）每个被告人造成的枪伤都不致命，但任何两个人造成的枪伤合并起来，都足以致命。[1] 对共因问题，美国刑事司法部门大多基于证明等实用主义刑事政策，认定这种情况下所有被告人的结果责任。以杀人罪为例，如果多人分别实施的行为，都可以独立作为导致死亡结果的实质性原因，就可以认定这些行为人杀人罪名成立。甚至，即使在只有一发子弹最终造成了被害人死亡的这种单一原因的案件当中，如多名被告人的行为构成了导致死亡结果发生的实质原因，仍然可以认定其杀人罪名成立。例如，在"加利福尼亚州诉桑切斯案"（*People v. Sanchez*）[2] 中，一个帮派的人员与另外一个帮派的人员发生枪战，无辜的路人被子弹击中死亡。虽然尸检证明路人是被一发子弹击中，却无法确定是谁的枪发射的子弹。即使适用重罪谋杀规则，也需要认定犯罪行为与死亡结果之间具有因果关系，对此，法官并没纠结于事实的因果关系，而是认定被告人们所进行的枪战是危及生命的危险行为，换句话说，数名被告人，从事了一个

---

[1] 参见 Laura Schiesl Goodwin，"Causation in California Homicide，" *Loy. L. A. L. Rev.* 36（2003）：1453。

[2] 参见 *People v. Sanchez*，56 Cal. App. 3d 723（1976）。

"行为"，这个概括的行为是导致死亡结果的原因。根据《加利福尼亚州司法委员会刑事陪审法律指导》，如果被指控重罪的受害人死于心脏病、火灾或者类似的原因，而不是共同参与人针对受害人实施的暴力，就不能认定存在因果关系。① 对诸如重罪谋杀等杀人罪中的因果关系，加利福尼亚州最高法院在"加利福尼亚州诉卡维特案"（*People* v. *Cavitt*）② 中明确，认定杀人责任时必须通过被告人试图实施，或者实际实施的基础重罪之间的逻辑，而非简单的时空条件来认定因果关系。

二 因果关系的介入与中断③

"介入性因果关系"（Intervening Causes），也被称为"独立性因果关系"（Isolating Causes）、"压倒性因果关系"（Superseding Causes）、"外部因果关系"（Extraneous Causes）等。对这一特殊类型的因果关系，14 世纪通行的拉丁文，将其表述为 novus causa interveniens 或 novus actus interveniens。④ 所谓介入性因果关系，主要研究的是在第三方介入的情况下，既有因果关系不再成立的问题，因此，也被称为因果关系的中断。⑤

针对介入因果关系，在美国刑法理论中，曾经有人提出所谓"最后介入原则"（The Last-Wrongdoer Rule），换句话说，只有最后介入的行为人，才承担刑事责任。⑥ 但这是否意味着之前从事危害行为的人不需要承担刑

① 参见 CALCRIM. 540C。

② 参见 *People* v. *Cavitt*, 33 Cal. 4th 187 (2004)。

③ 主要内容参见 Michael S. Moore, "The Metaphysics of Causal Intervention," *Calif. L. Rev.* 88 (2000): 827。

④ 参见 Leon Green, "Are There Dependable Rules of Causation?" *U. Pa. L. Rev.* 77 (1929): 601。

⑤ 据学者总结，美国法中的介入原因，通常被划分为以下三种类型。（1）被害人的作为和不作为，主要包括为了躲避侵害而跳车、跳窗、涉水逃跑、受到伤害后拒绝接受医生治疗，被侵害后自杀等。（2）第三者的行为，包括第三者的故意行为、医生的治疗行为、第三者的合法行为（如警察执法行为）、第三者的非故意行为等。（3）非人类行为，包括动物行为、自然事件（如狂风、暴雨、闪电、地震、洪水等），自然事件也被称为"上帝的行为"。参见刘士心《英美刑法介入原因规则及其对中国刑法的借鉴意义》，《政治与法律》2017 年第 2 期，第 3 页。

⑥ 参见 Laurence Eldredge, "Culpable Intervention as Superseding Cause," *U. Pa. L. Rev.* 86 (1938): 121。

事责任？如果其需要承担责任，是承担共犯责任①，还是承担未遂责任？认定其是否承担责任，以及承担何种责任的根据，是道德规则还是刑事政策？

如前所述，美国刑法乃至侵权法中的因果关系，都包括必要条件以及近因原则两个层面的判断，这就是美国法中与因果关系相关的事实判断与法律判断。同时，这两个方面的判断，一般强调时空条件的密接性、因果关系的实质性、危害结果的可预见性等。与之相对，介入性因果关系仅仅在行为人的行为与危害结果之间存在某种异常情况时才存在。② 对此，一个争议较大的关键问题在于，是否可以将介入性因果关系视为因果关系法律判断的实质问题。

在事实基础上的法律归因，即所谓近因，是指直接原因，而直接原因是指没有任何其他因素介入的情况下，导致危害结果发生的原因。这就意味着近因原则主要研究的就是因果关系的介入性这一例外情况。厘清了介入性因果关系，就厘清了法律意义上的因果关系。这就形成了一种悖论，同时也宣告近因原则名存实亡，理由就在于，介入性因果关系存在与否，决定了法律意义上因果关系的有无，甚至都无须进行任何事实因果关系的判断。于是，一方面，对因果关系的判断，必须使用介入性因果关系这一标准，而另一方面，因果关系的成立还不能受到任何其他原因的介入。

破解这一悖论，首先需要从介入性因果关系的构成入手。

（一）介入性因果关系的构成条件

如果被告人用刀捅伤了受害人，但受害人因为自身的宗教信仰拒绝医院输血，最终在医院因为失血过多死亡的，被告人的伤害行为与受害人的死亡结果之间，是否具有刑法意义上的因果关系？③

对这个问题，固然难以简单地做出肯定或否定的回答，但更进一步的

---

① 有学者曾形象比喻，可以根据介入性因果关系，将为他人实施的错误行为提供可能的人认定为共犯。共犯责任宛如涂抹在主犯这一模具外层的黏土，而黏土的厚度完全取决于介入因果关系的认定。参见 Sanford Kadish，"Causation and Complicity: A Study in the Interpretation of Doctrine," *Calif. L. Rev.* 73 (1985): 323。

② 参见 H. L. A. Hart & A. M. Honore，"Causation in the Law," *L. Q. Rev.* 72 (1956): 58。

③ 参见 *Regina v. Blaue*，3 All E. R. 446 (C. A. 1975)。

是，这里涉及三个非常关键的问题。首先，受害人，是否可以阻却既有的因果关系？[①] 其次，受害人拒绝被输血，是一种状态，还是一种行为？最后，如果认为受害人拒绝被输血是一种即使在受伤害之前也存在的客观状态（因为信仰特定宗教），那么这种在伤害发生之前就已经存在的状态，是否可以被视为阻却因果关系的介入因素？

美国刑法一般认为，只有行为才具有介入性，这种介入行为在时间维度上必须出现在危害行为与危害结果之间。[②] 因此，任何出现在危害结果发生之后的事件，都不符合条件。事实上，任何因果关系都不应具有回溯性。但在另一方面，强调"介入性"还意味着任何在行为之前就已经存在，但持续至行为发生之后危害结果出现之前的因素，也不属于因果关系的介入因素。例如，无论受害人的身体状况有多么异常，如罹患外表无法察觉的血友病、体质异常、癫痫或者其他易于造成身体伤害结果的疾病等，都不能被用来作为中断既有因果关系的介入因素。任何发生在被告人行为之前的情况都与被告人导致特定危害结果发生的因果关系无关。只有在被告人的行为开始加功于危害结果之后，与其相关的因果关系才会存在。[③]《加利福尼亚州司法委员会刑事陪审法律指导》就明确规定，即使受害人患病，或处于某种身体状态，导致其比正常人更容易死亡的，这种疾病或者状态，也不可被用来作为抗辩事由。只要被告人的行为是造成被害人死亡的实质因素，即使普通人在相同情况下不会死亡，仍然可以认定其既遂的刑事责任。[④]

除了上述时间条件之外，介入性因果关系的成立还需要满足介入性因素的"原发性"条件。

---

① 有学者总结，加利福尼亚州百余年的司法实践，一直不承认受害人的加功可以中断之前被告人的致死行为与死亡结果的因果链条。无论是在被枪击奄奄一息期间割断自己喉咙的受害人，参见 *People v. Lewis*，124 Cal. 551（1899），还是将车主动停在被告人前面，后受到被告人加速撞击而死亡的受害人，参见 *People v. Scola*，56 Cal. App. 3d 723（1976），抑或是因为没有按照法律规定系安全带，因此在被告人违法造成的并不严重的车祸中死亡的受害人，参见 *People v. Wattier*，51 Cal. App. 4th 948（1996）。参见 Laura Schiesl Goodwin，"Causation in California Homicide," *Loy. L. A. L. Rev.* 36（2003）：1453。

② 参见 Jaegwon Kim，"Causes and Events：Mackie on Causation," *J. PHIL.* 68（1971）：426。

③ 参见 H. L. A. Hart & A. M. Honore，"Causation in the Law," *L. Q. Rev.* 72（1956）：58。

④ 参见 CALCRIM. No. 620。

被告人超速驾驶火车头，为了避免与受害人发生碰撞，被告人关闭了风门，切断了水蒸气，最后跳车。碰撞无可避免地发生了，所幸并未伤及任何人。但碰撞导致风门再次开启，这辆无人驾驶的火车头加速后退，并在环形路线上与受害人发生了二度碰撞，导致其受伤。被告人的行为与受害人的伤害结果之间，是否存在刑法意义上的因果关系?[①] 对这一问题，固然可以认为被告人跳车之后，火车的运行已经陷入了一种"状态"，而状态不具有介入属性，正如宾夕法尼亚州最高法院所言，在本案中，不存在任何与被告人错误行为有关，同时又会对被告人的责任产生影响的介入因素。被告人过失地导致了第一次碰撞行为，而其后发生的任何结果都不受任何后续出现情况的介入。是第一次碰撞导致风门开启，并最终导致本案另一方当事人受伤。由此推断，如果风门是因为儿童玩耍、雷击或者任何与第一次碰撞实质无关的因素而开启，那么就应该将此视为一种独立性的介入因素。

这一案例说明了介入性因果关系的另外一个特征，即介入因素所具有的"原发性"。介入性因果关系不能由被告人的行为所引发。否则，就应该被视为被告人整体行为的一部分，而并非阻却被告人因果关系的介入性原因。同时，需要注意，在某些情况下，虽然存在第三方的介入，但这种介入依附于被告人行为，是被告人行为的一种应激反应，是无法满足"原发性"条件要求的。

例如，作为被告人的该市管理部门因过失导致其豢养的羊群离开了羊圈。这时，一只狗开始追逐羊群，导致这些羊慌不择路，而受害人正好驾车经过，为了躲避突然出现的羊群，发生了撞车事故，并导致其受伤。[②] 在这里，需要讨论的问题，显然在于突然出现的狗追逐羊群，在因果论上是否取决于被告人的错误行为。如果认为被告人将羊群错误地释放出去的行为是导致狗追羊群的事实原因，那么动物的出现就不构成介入。但如果认为，被告人的行为与狗的活动彼此独立，被告人将羊群释放出羊圈的行为仅仅为狗的介入提供了条件，甚至为狗的活动提供了必要条件，即被告

---

① 参见 *Bunting v. Hogsett*，21 A. 31（Pa. 1891）。

② 参见 *City of Waco v. Branch*，8 S. W. 2d 271（Tex. Civ. App. 1928）。

人的错误行为仅仅为狗的追逐提供了一个机会，而狗是基于当时的情况自行进行追逐的话，就可以认为本案存在因果关系的介入。对此，可以与另外一个案例加以对比，如果被告人向狗开枪使狗受惊，受惊的狗扑倒受害人，将其咬伤。在本案中，狗的活动与被告人的错误行为之间具有因果关系上的依附性，因此不能被认定为一种介入要素。[1]

（二）介入性因果关系的表现形式

在满足了上述两个条件的基础上，在美国刑事司法的实践中，一般认为，下列三种情况属于刑法意义上的介入因素。

1. 第三方的自愿行为

曾经有法谚提出，第三方实施的犯罪行为，可构成因果关系的介入要素。显然，这一结论太过泛泛。任何轻率或者过失犯罪都无法构成介入要素。[2] 单

---

[1] 参见 *Isham* v. *Estate of Dow*，41 A. 585（Vt. 1898）。

[2] 对此，可参见"奥克森定诉特拉华州案"（*Oxendine v. State of Delaware*），本案判决书如下：

Jeffrey T. Oxendine，Sr.，Defendant Below，Appellant，

v.

State of Delaware，Plaintiff Below，Appellee

No. 138，1985

Supreme Court of Delaware

528 A. 2d 870；1987 Del. LEXIS 1175

1986 年 10 月 15 日提交

1987 年 6 月 29 日审结

法官：和赛（Horsey）、莫里（Moore）以及华莱士（Walsh）

判决主笔：和赛

判决

被告人杰弗里·奥克森定（Jeffrey Oxendine，Sr.）对高级法院认定其过失杀人罪的判决提出上诉（特拉华州法典第 11 章第 632 节规定：如果行为人轻率地导致他人死亡，即构成过失杀人罪）。因为殴打自己 6 岁的儿子致死，奥克森定一审被判 12 年监禁。奥克森定上诉的主要理由是，一审法院错误地驳回了其在一审过程中对其行为与危害结果之间存在因果关系的质疑。特别是，奥克森定提出，检方的主要证据，即其反复殴打受害人致其死亡的医学证据，并不清楚明确，从而无法确定其构成任何犯罪。

本庭认为，检方提出的相关证据，无法充分证明被告人的行为构成过失致人死亡罪，但是足以证明被告人的行为构成二级攻击犯罪（特拉华州法典第 11 章第 612 节规定，如果行为人故意造成他人严重身体伤害，就构成二级攻击犯罪，属于 C 级重罪，刑期为 2 年至 20 年）。因此，被告人申请无罪的主张无法成立，应改判二级攻击犯罪，全案发回。

案件事实概括如下：在 1984 年 1 月 18 日早上，奥克森定的同居女友丽莎·特里（Leotha Tyree）将受害人推入浴盆，导致其腹部受伤，并引发腹膜炎。当天 （转下页注）

（接上页注②）晚上工作间隙，奥克森定曾致电回家，并曾与受害人有过交谈，后者抱怨腹痛。当奥克森定回家后，发现受害人身上的瘀伤，意识到特里白天曾经殴打过受害人。尽管受害人一直抱怨腹痛，但有证据证明他并没有告知父亲自己何时以及如何受伤。

第二天早上大约7点半，奥克森定进入受害人的卧室，厉声呵斥要受害人起床。邻居作证说，听到奥克森定住宅内传出物体撞击的声音以及一名男性的声音，还有一名儿童的哭喊："请住手，爸爸，很疼！"类似的声音持续了5至10分钟，证人作证说随着巨大的推搡声，貌似某人遭到大力击打，然后所有的声音都消失了。

当天晚些时候，受害人的腹部开始肿胀。当天晚上5点，当奥克森定下班回家，特里告诉他受害人的情况，要求送其就医。而奥克森定认为受害人故意患病，对其未加理会，反而外出购买报纸并回家阅读。当他回家时，受害人已经准备送受害人就医。路上，受害人停止了呼吸，并在到达医院后被宣布死亡。

I

为了证明奥克森定过失杀人罪名成立，检方必须证明被告人的行为导致了受害人的死亡结果。特拉华州法典第11章第261节将因果关系定义为，"如果不是事先存在的特定事实，后续结果就不会出现"。但在审理过程中，检方却采取了的因果关系理论替代性的"合并直接因果关系"（Combined Direct Effect）、"结果加重理论"（Aggravation Yheory）。

在审理过程中，检方传召了验尸官因桂托医生（Dr. Inguito）以及哈莫里医生（Dr. Hameli）。两名医生都证明，受害人的死因是腹内出血以及急性腹膜炎，两者往往是由腹部正面的猛烈打击造成的。两名验尸官还证明，受害人受过两次伤，一次发生在死亡前24小时之外，一次发生在死亡前24小时之内。

因桂托医生无法辨明两次伤害的后果。在他看来，老伤和新伤都可以导致受害人死亡，但是其无法告知陪审团哪次伤害导致了受害人死亡。其无法对两次伤害对危害结果的因果效力给出任何量化评价。检方没有询问，因桂托医生也没给出第二次打击是否加速了受害人死亡的证言。

哈莫里医生却提出，老伤是死亡结果发生的基本原因。在他看来，新伤，也就是第二次内出血，很可能加速了死亡结果，而老伤却是导致死亡的基本原因。

然而，在直接诘问过程中，检方的确曾经询问过哈莫里医生，是否新伤加速了死亡结果：

检察官：哈莫里医生，从你的专业角度，能否从相对确定的医学观点出发，认定第二次内出血加速了受害人的死亡结果？

哈莫里：我不清楚。如果你是从时间维度出发，那么我想你说的是对的。

检察官：对此，你不能提供专业意见，是不是这样？

哈莫里：是。

奥克森定提出无罪主张。但是一审法院驳回了这一主张。

审理过程中，本案共同被告人特里传召霍夫曼医生（Dr. Hofman）出庭作证，霍夫曼医生并不同意受害人受伤的次数。在他看来，受害人只是在死亡前12小时内受过伤。后来，检方在交叉诘问过程中，曾经就受伤次数问题如此提问：

检察官：从你的专业角度，能否从相对确定的医学观点出发，认定受害人作为一名未成年人，在腹部遭受严重创伤之后，可能因为后续在同一部位出现的打击，而加速死亡？

霍夫曼：我的观点，总体来说，虽然我没有接触过受害人，但您所说的这种情况当然会加速受害人的死亡。

（转下页注）

（接上页注）检察官：因此，您的回答是肯定的？

霍夫曼：是的。

在审理结束时，奥克森定第二次提出无罪主张。法官驳回该主张，并就轻率、因果关系以及其他较轻犯罪等对陪审团做出了法律指导意见。在上述法律指导意见当中，法官就因果关系所做的唯一解释，依据的是所谓加速理论。如果被告人的行为加速了他人的死亡结果，那么造成这一死亡结果的被告人无法摆脱致死的责任。如果无法加速死亡结果，单纯的加功无法构成充分意义的因果关系。由此，陪审团认定被告人过失致人死亡罪成立。

II

在这起案件中，有证据证明奥克森定在 24 小时之前，即特里对受害人实施致命打击之后，又对受害人实施了非致命的打击。因此，奥克森定应被判处过失杀人，检方需要证明奥克森定的行为与加速受害人死亡之间的因果关系。一审法院对陪审团的法律指导意见正确地指出，如果无法加速死亡结果，单纯的加功无法构成充分意义的因果关系。的确，被告人的行为有可能无法加速受害人的死亡结果，只能加重受害人的痛苦。因此，根据相关法律规定，陪审团需要考察的问题就是，如果没有被告人的伤害，受害人是否还会在其实际死亡的时间死亡？只要被告人实施的第二次打击，导致受害人实际死亡的时间比因为第一次伤害造成死亡的时间早，就应该认定其犯罪行为是加速受害人死亡的原因。

对因果关系的认定不能基于推测或者巧合。参见 *Riegel v. Aastad*，Del. Supr.，272 A. 2d 715，718（1970）；亦参见 *Healy v. White*，Conn. Supr.，173 Conn. 438，378 A. 2d 540（1977）；*Gradel v. Inouye*，Pa. Supr.，491 Pa. 534，421 A. 2d 674（1980）；*Evans v. Liguori*，R. I. Supr.，118 R. I. 389，374 A. 2d 774（1977）。医生证某件事情是可能的，无法作为刑事案件中的证据。*Palace Bar，Inc.* v. *Fearnot*，Ind. Supr.，269 Ind. 405，381 N. E. 2d 858，864（1978）。医生的此类证词与陪审员的个人推测毫无区别。Id. 任何事都有可能，因此让陪审团基于某种可能导致死亡的证据认定杀人罪的刑事责任，是不合适的。Id. 因此，只有在医生能够从医学角度给出一种合理的确定性结论时，才可以将其作为证据加以使用。

即使从最有利于检方的角度来看，检方传召的专家所作证言也无法让检方提供的因果关系自圆其说（"合并直接因果关系"或"结果加重理论"），也无法支持法院最终对陪审团做出的关于加速因果关系理论的法律指导意见。两位专家都无法从医学角度合理确定被告人的伤害行为加速了受害人的死亡。

庭审记录显示，检方提出的唯一因果关系理论即为加速理论。检方明显放弃了最初关于因果关系的两种理论。检方也承认，其没有显而易见的证据证明所谓加速性因果关系。霍夫曼医生的相关证言虽然可以被用来作为支持检方观点的证据，但因为提交过晚，无法作为证据采信。

进一步而言，即使检方的证据足以证明其最初提出的因果关系理论，我们也无法认定被告人的过失致人死亡罪罪名成立，因为陪审团并未就上述因果关系理论得到法官的相关指导，即使检方可以向陪审团提出自身的因果关系理论，也必须提出足够的证据加以证明。在本案中，检方并没有坚持其最初提出的因果关系理论，而是在案件开始时，就完全放弃了这一观点。如前所述，加速理论和结果加重理论或者合并因果关系理论不同，因此，当检方基于加速理论证明被告人有罪时，就已经失败了。

虽然孩子的死让人无法释怀，虽然应该有人承担刑事责任，然而，对承担刑事责任的人，必须有证据证明他实施了伤害致死的行为。参见 *State v. Lynn*， （转下页注）

纯的过失缺乏自愿性，这显然与之前所强调的第三方故意利用被告人所制造的机会这一前提相悖。行为人必须充分认识到被告人的错误行为所导致的所谓机会，并且决定利用这一机会。[1] 鉴于此，有学者提出，介入性行为所包括的自愿性行为，是指具备法律通常意义上的行为自愿性，伴随有对危害结果的故意、认识或者过失，缺乏胁迫且行为人具有足够的刑事责任能力的情况。[2] 当然，这里涉及一个非常关键且非常棘手的情况，即这里所提到的自愿性行为是否包括不作为。对这一问题，将在下一部分加以介绍，但可以肯定的是，对此，美国司法界与学界都存在针锋相对的不同认识。[3]

另外，这种自愿的介入，通常情况下，需要考虑两方面的认识问题。在此需要谈及两点构成要素。首先，是被告人的可预见性问题。如果被告人在从事危害行为的时候，就已经认识到第三方介入的可能性，那么即使第三方的介入行为完全基于故意，是否中断被告人对特定危害结果的因果关系？其次，就是介入方的可责性问题，如果被告人过失地导致受害人受伤，并陷入昏迷，但医生在救治受害人过程中出现了重大过失，造成了受害人感染并发症。在这种情况下，被告人是否需要为受害人最终受到的严重伤害承担责任？其实，对这些复杂情况的认定，都有失去焦点的问题，是否承担因果责任与是否承担刑事责任是两个问题。换句话说，如果能够从这个前提出发，那么坚持狭义的第三方故意自愿介入原则，也不会造成介入方或者被告人逃脱法律制裁的危险。至于坚持介入方未受到胁迫等使其缺乏选择自由的极端情况，抑或不存在属于精神失常或未成年等免责事由，大体上是因为在这种情况下承认其具有介入性，会出现无人为危害结果负责的尴尬局面。从这个角度来讲，这一

（接上页注）Wash. Supr. , 73 Wash. 2d 117, 436 P. 2d 463, 466（1968）（en banc）。"被告人的行为固然令人作呕，却无法作为过失致人死亡责任的原因。" *State v. Guiles*, Wash. Supr. , 53 Wash. 2d 386, 333 P. 2d 923, 924（1959）.

　　一审法院正确地驳回了被告人提出的无罪主张，认为可以排除合理怀疑地证明，被告人的行为构成了二级攻击罪。因此，本庭驳回奥克森定过失杀人罪的判决，全案发回，由一审法院就其二级攻击犯罪进行定罪量刑。

[1] 参见 Luke Cooperrider, "Causation in the Law," *Mich. L. Rev.* 58（1960）：951。

[2] 参见 H. L. A. Hart & A. M. Honore, "Causation in the Law," *L. Q. Rev.* 72（1956）：58。

[3] 持反对意见的观点，基本上所持的是否认不作为因果关系的立场。参见 Paul K. Ryu, "Causation in Criminal Law," *U. Pa. L. Rev.* 106（1958）：773。

认定标准显然带有高度倾向性的刑事政策考量。

强调第三方的介入行为，是因为在通常的情况下，因果关系的介入，讨论的是三方关系，即行为人、受害人与第三方之间的关系。但在某些例外情况下，受害人自身的行为，也非常值得讨论。例如，被告人故意将船弄翻，乘客选择冒险游向对岸，后被淹死的①，被害人过失行为，能否构成中断既有因果关系的介入因素？从司法实践的角度来看，除了非常极端的情况，如被告人导致建筑物爆炸，之后受害人不顾劝阻执意进入爆炸现场，后被第二次爆炸炸死②之类的情况之外，一般认为受害人的过失乃至轻率行为，都不构成独立的介入因素。与这种精神相一致的是，即使受害人是基于自身的选择不接受治疗的③，乃至受害人因为被害而受到创伤自杀的④，都被认为不能中断既有的因果因素。⑤ 这也从侧面印证了因果关系介入的讨论，还是应当集中于三方参与的传统语境。

2. 异常的事件

这里所说的异常，是指对被告人而言，突然出现的某种意外事件，是其所无法合理预期的。而所谓事件，包括陨石、山洪、地震、暴雨骤风、海啸等自然现象，以及与其他事件相依附时才存在的异常情况，如飞机坠毁、船舶失事乃至车祸等。对这类介入事件的认定，主要的问题在于对被告人而言的异常性的判断标准。⑥ 这一点在大陆法系可以演变为复杂的主观说、客观说、兼顾说等，进而演化出诸如盖然说、可预见说等复杂观点。但这一问题，在美国刑法中，大体上可以通过陪审制加以解决。即通过程序法，拟制社会一般人观点，解决实体法中的概念认定问题。当然，即使在美国，即使适用了陪审制，仍然在认定的过程中，将特定被告人的主观认识能力、水平等考虑在内。

---

① 参见 *People v. Armitage*，194 Cal. App. 3d 405（1987）。

② 参见 *Carbo v. State*，62 S. E. 140（Ga. Ct. App. 1908）。

③ 参见 *People v. Adams*，216 Cal. App. 3d 1431（1989）。

④ 参见 *Tate v. Canonica*，180 Cal. App. 2d 898（1960）。但是值得一提的是，撰写这一判例的法官也强调，对被害人自杀的情况，应当高度重视案件的具体事实，并不强调本案的示范作用。但其还是对加利福尼亚州司法实践产生了重大影响。

⑤ 参见 Laura Schiesl Goodwin，"Causation in California Homicide,"*Loy. L. A. L. Rev.* 36（2003）：1453。

⑥ 参见 Heidi M. Hurd，"The Deontology of Negligence,"*B. U. L. Rev.* 76（1996）：249。

对这里所提到的异常事件，还可以通过之前提到的医疗行为加以说明。存在过失的医疗行为可以构成非独立的介入要素。根据《加利福尼亚州司法委员会刑事陪审法律指导》，医生或其他医疗救护人员在救治受害人的过程中的不当行为，也可能加功于死亡结果，但如果被告人的伤害行为是导致死亡结果的实质因素，那么就仍然需要认定被告人的因果责任。但如果被告人的伤害行为并非致死的实质因素，受害人的死是因为医生或其他医护人员的严重不当治疗所导致的，就不得认定被告人对危害结果的因果责任。[1]　总体而言，如果被告人对受害人的伤害具有高度危险性，或者几乎足以致命，那么医生在对受害人的治疗过程中存在的过失、错误或者技术失常都不可以作为被告人免责的依据。即使对被害人的治疗中存在的过失是导致死亡的唯一原因，也认为其属于一种具有可预见性的介入因素。加利福尼亚州最高法院判定，虽然对受害人医疗行为中存在极端过失，但实施足以致命的伤害行为的被告人仍然承担杀人罪的刑事责任。例如，被告人被强奸之后随即被送到医院，但医院因为过失，在受害人严重失血的情况下，仍然在其入院之后 10 个小时未加关注，最终受害人死亡。虽然院方存在明显的过失，法官仍然认定开枪者承担致死结果的刑事责任。[2]　这种理念反映在大多数情况下，医疗过程特有的无法确定性，使得社会一般人，包括被告人在内，对救治过程中可能发生的各种意外甚至疏失，有可预见性，因此在绝大多数情况下，都承认医疗行为很难中断被告人与被害人之间的因果关系。这也反映出社会希望让最具有道德可责性的人承担刑事责任的刑事政策。

另外，一个非常现实的因素，是关于活体移植的供体问题。美国同样面临非常严重的供体不足问题，对此，2003 年加利福尼亚州制定了专门的"脑死亡标准"[3]，从而可以使得医生在认定某人脑部遭遇全面且不可逆的功能丧失时，宣布其死亡。这一成文法可以使得医生在进行器官移植以及撤出生命维持设备的时候更加灵活。但这一立法的隐含效果，却在于这意味着医生撤除脑死亡者生命维持设备的行为，或许就可以被视为一种导致

---

① 参见 CALCRIM. No. 620。

② 参见 *People v. McGee*，31 Cal. 2d 229（1947）。

③ 参见 Cal. Health & Safety Code 7180。

对方死亡的独立介入要素。对此，包括加利福尼亚州第九巡回上诉法院在内的上诉法院，都难以在普通法死亡标准与脑死亡标准之间做出选择，而下级法院的判例也存在截然相反的认定。为了保证医疗救助的有序存在，同时避免医生的提前介入中断既有的因果关系，加利福尼亚州判例法认定，只有在极其特殊的情况，即当医生的行为极端有悖医疗规范，且属于导致病人死亡的唯一原因时，才可以认定医生的责任。似乎也可以认为，在这些情况下，医生的治疗行为可以被用来排除被告人刑事责任的根据。[1]随着 2015 年加利福尼亚州安乐死有限合法化的立法发展，上述理解是否继续成立，有待进一步观察。

3. 排他性的介入因素

被告人投毒，在受害人服毒之后的垂死阶段，第三方开枪打死了受害人，被告人和第三方，应该由谁承担致死的刑事责任？被告人将受害人从 10 楼推下，但是下坠过程中，被害人被第三方开枪击中死亡，被告人和第三方，应该由谁承担致死的刑事责任？被告人在受害人途经沙漠时必须喝的水中投毒，但是第三方在不知情的情况下将已经被投毒的水壶放空，导致受害人在途中缺水渴死，被告人和第三方，应该由谁承担致死的刑事责任？被告人纵火，当火势刚开始蔓延，并且足以焚毁被害人的全部财产时，山洪突发，将火扑灭，但将财产冲走，被告人和第三方，应该由谁承担刑事责任？在上述情况中，如果介入的是第三方的自愿危害行为，显然应认定属于介入性因果关系，亦无不妥。但如果介入的是一种罕见的自然事件，承认其终止了既存的因果关系，那么即使认定被告人承担未遂的责任，但会造成结果出现，而被告人只需要承担未遂责任的奇怪局面。

但在美国司法实践中，却往往承认介入因素的排他性。如果两人分别纵火焚烧受害人的房屋，并且分别足以烧毁这些财物，是否对两者都认定

---

[1] 在一个判例中，被告人实施了伤害行为，受害人入院后被宣布脑死亡。在这种情况下，医生实施了心脏移植手术。因为死亡标准的问题，法院认为，在手术时，受害人还没有处于死亡状态，而医生的行为终结了受害人的生命，因此，认定被告人不需要承担致死的责任。参见 People v. Flores。而在另外一个判例中，在被宣布脑死亡两天后，医生实施心脏移植，法官认定当时受害人已经死亡，医生的行为不属于介入因素。参见 Laura Schiesl Goodwin, "Causation in California Homicide," *Loy. L. A. L. Rev.* 36 (2003): 1453.

既遂？抑或都认定未遂？① 如果是虽然两人分别纵火，但被告人所点火源率先到达，并且在另一方所点火源到达之前，将所有房屋烧毁的理想状况，认定被告人的纵火行为具有排他性，其纵火行为与危害结果存在因果关系，自然毫无疑问。但除了这种情况之外，在可以想象的任何其他情况中，承认排他性都可能面临非常严肃的指摘。

（三）评价

因果关系的介入或中断，准确地说，是在排除或否定因果关系时具有实质性作用，但其远远无法上升到成为因果关系实质判断标准的程度。也就是说，之前提到的那个悖论是一个伪命题：一方面，对因果关系的判断，必须使用介入性因果关系这一标准，而另一方面，因果关系的成立，还不能受到任何因素的介入。

对因果关系的介入或中断，虽然有学者试图从刑事政策或刑法本身的目的入手进行研究，即试图将法律现实主义者鼓吹的功能主义观点重新纳入法律概念当中，或者说试图从法律政策所考察的震慑、效益等之中寻找其存在的意义②。但也有学者认为，因果关系属于一种修辞学或者逻辑学的概念，因此只能通过语言这一媒介才能对其加以把握。③ 然而普通人对因果关系的理解，对刑法的本质属性及责任的道德否定性而言才至关重要，毕竟责任本身就是建立在道德规范基础上的。④ 因果关系的概念，具有超越一般含义的更深层次内涵，因果关系的本质决定了因果关系是什

---

① 参见 Richard W. Wright，"Causation in Tort Law，" *Calif. L. Rev.* 73 （1985）：1737。

② 参见 Felix S. Cohen，"Transcendental Nonsense and the Functional Approach，" *Colum. L. Rev.* 35 （1935）：809。

③ 这种观点认为，只有那些一般意义上的所谓因果关系，才是法律意义上的因果关系。持此种观点的学者往往将自己的观点建立在三个前提下。第一，以语言表述的概念含义应该蕴含在其通常的适用范式当中。第二，在寻找概念含义的过程中，人们往往是通过单词与单词而不是单词与事物之间的关系来确定相关概念的含义。这意味着对原因这个概念，需要通过对结果、解释诸如此类概念的理解来加以理解。第三，如果可以通过上述方式发现原因的通常含义，就可以借此发现这一概念的法律含义。参见 Michael S. Moore，"The Interpretive Turn in Modern Theory：A Turn for the Worse？" *Stan. L. Rev.* 41 （1989）：871。

④ 参见 Heidi Margaret Hurd，"Relativistic Jurisprudence：Skepticism Founded on Confusion，" *S. Cal. L. Rev.* 61 （1988）：1417。

么，应属于一种价值判断。这种价值判断，与对原因的一般字面理解并无直接关系。[①] 对此，最具说服力的莫过于重罪谋杀中的因果关系问题了。尽管重罪谋杀规则似乎无所不包，并且在很多时候，所谓的因果关系也并不是考察的重点，甚至事实排除了因果关系的证明，但这一准则仍然存在一定的限制。而恰恰是在这个问题上，证明了研究介入性因果关系的意义，换句话说，如果杀人的行为超越了重罪谋杀规则的范围，那么杀人还是应该被认定属于被告人行为可以预见的结果，即被告人应当承担杀人罪的刑事责任。

三　不作为的因果关系

在"夏威夷州诉卡波拉案"（*State v. Cabral*）[②] 中，法官面临的问题是，被告人能否因为实施了导致受害人死亡的行为，同时因为没有履行州法所规定的救助义务而承担责任。对此，夏威夷州法院持肯定态度。在本案中，被告人作为受害人的继父，被判决针对受害人即其继子，犯有过失杀人罪（通过虐待手段）以及谋杀罪（故意或明知未履行法定义务）。被告人不服，提起上诉，认为这一判决违反了禁止双重告诉条款，或违反了重罪吸收轻罪的吸收原则。上诉法院认为，检方提出的是实质数罪，即以两种方式实施的同一犯罪，禁止双重告诉条款，并不禁止检方指控被告人以不同方式实施同一犯罪，至少不禁止提出这种指控。

这一观点虽然讨巧，但并不违背之前提到的相关理论，即罪名不同时，即使同一行为人针对同一被害人，在满足义务要求的前提下，也可以同时认定作为与不作为犯罪。传统观点强调的是，在认定不作为犯罪时重点在于认定作为义务。例如，1994 年 6 月 1 日，在彻夜豪饮与狂舞之后，被害人和两名之前他在酒吧当中结识的熟人一同离开，后者答应让被害人搭车回自己家，从而可以继续狂欢。途中，三人发生争吵和打斗，最终三个人都掉到了路边的水沟当中。被害人遭到两名被告人毒打。之后，被告人离开，任由受害人躺在水沟之中苦苦挣扎了 15 个小时，并且最终淹死在

---

① 参见 Michael S. Moore, "A Natural Law Theory of Interpretation," *S. Cal. L. Rev.* 58 (1985)：277。

② 参见 *State v. Cabral*, 810 P. 2d 672 (Haw. Ct. App. 1991)。

2 英寸深的水沟中。尸检证明，被害人因为太虚弱，无法将头抬起，从而最终被淹死。导致被害人死亡的原因是之前的殴打，还是后续出现的不作为？对此，除了两名被告人之外，其中一名被告人的女友、兄嫂，以及另外一名被告人的母亲都知情，但都没有采取任何行动，这四个人是否需要为受害人的死亡承担责任？① 但作为义务问题，除了其本身的模糊性之外，在典型的一人—故意—作为—犯罪结果这一标准范式之外，存在诸多认识上的问题。在"马萨诸塞州诉马塞利案"（Commonwealth v. Marcelli）② 中，法官认定，被告人阻止受害人的女友在看到受害人因吸毒、酗酒而呼吸异常、嘴唇发紫后给予救助的，应当对受害人死亡的结果承担刑事责任。被告人虽然不承担救助义务，但这种阻止他人特别是不一定承担法定作为义务的人的救助行为，是否构成不作为？人死亡的结果是既定的事实，但针对这种既定的事实，被告人实施的是作为还是不作为？如果是不作为，是否与死亡结果之间具有因果关系？

在侵权案件中，承认不作为的因果责任并不罕见。2006 年 2 月 22 日，罗得岛的一个陪审团判定，对于自己生产的含铅涂料，被告公司需要为减少其产品存放所造成的危害结果承担责任。③ 陪审团根据"妨害社会理论"（A Public Nuisance），认定此类责任。④ 但这种经验上的联系，能否同样被普遍适用于犯罪，却成为困扰不作为理论与司法实践的重要问题。更为重要的是，能否通过因果关系认定作为义务，进而认定不作为犯罪？

美国刑法理论和大多数国家类似，认为对诸如杀人、伤害、纵火、破坏财产等犯罪而言，因果关系是责任认定的前提条件。对被认定有罪的行为人来说，行为与相关的独立事件，如死亡、伤害等，必然存在某种经验上的联系。但这并不意味着对此毫无争议。很多学者坚持认为，不作为不

---

① 参见 Melody J. Stewart, "How Making the Failure to Assist Illegal Fails to Assist: An Observation of Expanding Criminal Omission Liability," *Am. J. Crim. L.* 25 (1998): 385.

② 参见 *Commonwealth v. Marcelli*, 441 N. E. 2d 270 (Mass. Ct. App. 1982)。

③ 参见 *Rhode Island v. Lead Indus. Ass'n*, 2007 R. I. Super. LEXIS 32 (Super. Ct. Feb. 26, 2007)。

④ 参见 Steven Sarno, "In Search of a Cause: Addressing the Confusion in Proving Causation of a Public Nuisance," *Pace Envtl. L. Rev.* 26 (2009): 225.

具有因果力，换句话说，不作为不会"导致任何事情发生"。[①] 这也是为什么有学者认为，不作为与危害结果之间的关系，无论是什么，都不应是因果关系，而只能被称为"准因果关系"[②] 的原因。的确，认为不作为会"导致"危害结果的提法，乍看起来颇为奇怪，颇似一个伪命题。单纯的消极不作为情况中，受害人的情况并未发生变化，只是可能丧失了向好的可能性。这种不作为虽然没有"导致"受害人情况的恶化，但也没有为其提供有益的帮助。认为没有造成实际损害，因此不作为与危害结果之间不具有因果关系的观点，曾经是德国刑法理论中的有力观点，而其也一度出现在英美刑法理论当中。事实上，直到 19 世纪中期，美国法院才对因为没有提供帮助，造成他人死亡的不作为者认定杀人罪的刑事责任。[③] 这显然是一种倾向于物理客观认定的观点。根据这种对因果关系的事实认定观点，原因与结果之间的逻辑关系成立，首先要求原因与结果作为事实，都客观存在。其次，两者在时空条件上具有连续性，或者都属于此类连续性事件中的一环。因果关系，要求其原因具有储存或者传递能量的功能，也就是可以产生类似于推、燃烧、弯曲等情况的实际物体或者存在。[④] 但与此相对，不作为是不存在的，因此不能将其纳入因果关系的讨论当中。换句话说，所谓的不作为，与危害结果之间并不存在物理意义上的能量传导，因此，不作为不具有原因力。[⑤]

但这种观点显然是一种单纯的语义学解读。当然，存在无法导致危害结果发生的不作为，但是也的确存在导致危害结果发生的不作为。例如，父母拒绝给自己的婴儿喂食，导致后者饿死，父母的不作为无疑是导致婴儿死亡的原因。缺乏食物，而不是不作为，导致了死亡结果的观点，无异

---

① 参见 Michael Moore, "For What Must We Pay? Causation and Counterfactual Baselines," *San Diego L. Rev.* 40 (2003): 1181。

② 参见 Phil Dowe, "A Counterfactual Theory of Prevention and 'Causation' by Omission," *Australasian J. Phil.* 79 (2001): 216。

③ 父亲因为没有为被烧伤的儿子寻求医疗救治，而被判处过失致人死亡罪，但这一罪名在上诉时被推翻，理由是导致儿子死亡的原因是烧伤，而非缺乏救治，参见 *Bradley v. State*, 79 Fla. 651 (1920)。在消极不作为的情况下，受害人的情况往往并没有实际出现恶化。参见 Paul K. Ryu, "Causation in Criminal Law," *U. Pa. L. Rev.* 106 (1958): 773。

④ 参见 Evelyn M. Tenenbaum, "Revitalizing Informed Consent and Protecting Patient Autonomy: An Appeal to Abandon Objective Causation," *Okla. L. Rev.* 64 (2012): 697。

⑤ 参见 Marcelo Ferrant, "Causation in Criminal Liability," *New Crim. L. R.* 11 (2008): 470。

于认为是脑袋里的子弹，而不是开枪的人，导致了被枪击者的死亡结果。难以将不作为视为因果关系中的原因，是因为不作为很难符合客观因果模式的特征。在客观因果关系的典型情况当中，存在一系列直接相关并且可以被明确认定的事件，而行为人可以被视为一种改变既有发展方向的介入力量。然而，在不作为当中，行为人并未实际改变客观事实，看起来仅仅是让事情按照发展的轨迹继续进行。在没有直接介入导致特定危害结果的因果链条的情况下，不作为者似乎和其他人一样，不应该对危害结果的发生承担责任。这种观点的弊端在于其视野太过狭窄。其对现状的定义仅仅关注不作为发生时的具体客观情状。这就好像在不作为发生前后的瞬间各拍一张照片，然后对比其是否存在任何差别一样。然而，因果关系概念并非如此狭义，换句话说，所谓现状并非仅仅包括某一特定时点的客观情况。实际上，日常表述中的所谓现状，被认为包括对行为的预期，包括旨在避免特定不希望发生的结果的行为。例如，司机在陡坡上停车，通常要拉手刹，并且挂前进挡。如果司机忘记了这样做，导致溜车而发生事故，那么就可以认为这名司机未按要求停车的不作为，改变了事态的既有情况。正是这种不作为，而不是陡峭的坡路，构成了事故的原因。① 因此，问题在于如何建构起一套具有连贯性的方法或者标准，借此界分导致危害结果的不作为与无法导致危害结果的不作为。在这些方法或标准中，较为具有代表性的，是所谓规范的因果关系说。这种观点认为，对因果关系而言，所谓的物理过程并不重要，或者无法证明。② 重要的是一种实体状态与另外一种实体状态之间的依存关系，这种依存关系属于规范意义上的。物理过程与因果关系之间，并不仅仅是一种偶然的联系，根据依存说，不作为与危害结果之间的因果关系是无法否认的，因为死者的死亡与被告人

① 参见 Arthur Leavens，"A Causation Approach to Criminal Omissions，" *Calif. L. Rev.* 76（1988）：547。

② 在很多侵权案件以及其他案件当中，责任的司法认定都开始涉及大量的科学证据。尤其在涉及因果关系的时候，往往在举证的过程中运用大量复杂的数据或模型，从而使得一般人望而却步。自 1993 年，"道波特诉莫莉制药公司案"〔即 *Daubert v. Merril Dow Pharms.，Inc.*，509 U. S. 579（1993）〕以后，美国法官已经不能一味承认专家证据，或者其他技术性证据，而将皮球最后踢给陪审团。现在，在适用上述证据时，法官必须决定哪些证据是可以采信，哪些是不可采信的，而这些决定必须与证据本身的科学性具有相关性。参见 Richard Scheines，"Causation，Statistics，and The Law，" *J. L. & Pol'y* 16（2007）：135。

的不作为之间具有一定意义上的依存关系。一般来说，如果 X 从事 A 行为，包括作为或者不作为，在某种程度上导致了 B 状态，那么就可以认定 B 是 A 的结果。行为与结果之间的根本联系属于一种解释学上的依存关系，如果要求行为人为其行为之外的结果负责，那么在行为和结果之间必须具有形而上的联系，这种联系就是因果关系，以及所谓"反事实"依存关系（Counterfactual Dependence）。[①]

　　这里，可以参考学者拟制的儿童溺水案例。[②] 假设四个身体健康且会游泳的成年人 A、B、C 和 D，在池塘边目睹了小女孩溺水的事件。其中，A 是将这个女孩推到池塘里的陌生人。这四个成年人都在可以救助的情况下选择袖手旁观，小女孩最终溺毙。如果相关行为缺乏正当性，且可以证明犯意，显然 A 需要承担故意杀人罪的刑事责任。如果剩下的三个人当中还有人需要承担故意杀人罪的刑事责任，那么根据一定在于其的不作为导致了女孩的死亡。很明显，如果旁观者能将女孩及时拉上岸，就不会发生女孩死亡的结果。从这个意义上，上述四人的不作为都是导致死亡的事实原因。换句话说，如果没有上述四人的不作为，就不会发生女孩的死亡结果。在结果犯的语境下认定刑事责任，必须首先判断被告人的行为是否满足事实因果关系。但美国刑法中的因果关系，不仅仅包括必要性因果关系，即满足所谓必要条件测试的因果关系，还需要通过适用不同类型的近因说，将事实因果关系中一些非直接导致犯罪结果发生的原因排除，而将其中的一些认定为导致结果发生的直接原因，即所谓"近因"。因此，即使在某些情况下，不同原因的共同作用才会导致危害结果的发生，但是法律还是会将其中某些视为刑法意义上导致危害结果发生的原因。所谓近因，无非是基于司法便宜性，或者公共政策，或者大众正义观，做出的一种恣意法律判断，这与逻辑无关，与政治现实有关。

　　说到底，这里的分歧，还是之前所强调的，不作为究竟是一种行为，还是一种责任的问题。这就直接决定了对不作为是否具有因果力的回答。

[①] 参见 Gideon Rosen, "Causation, Counterfactual Dependence and Culpability: Moral Philosophy in Michael Moore's Causation and Responsibility," *Rutgers L. J.* 42（2011）: 405。

[②] 相关介绍参见〔美〕亚瑟·利文斯《因果关系视角下的不作为犯罪》，高娜、李立丰译，载赵秉志主编《刑法论丛》第 37 卷，法律出版社，2014，第 256 页。

但无论持何种观点，都有无法解决的问题。如果认为不作为是单纯的客观行为表现形式，那么就要承认不作为不具有因果力①，而如果不作为不具

① 其实，根据对因果关系的客观物理理解，作为是否在所有情况下，都具有所谓传递能量的原因力，也是存疑的。有学者就提出了所谓"双重阻却"（Double Prevention）的问题。所谓"双重阻却"，是指虽然在很多方面都类似于因果关系，却没有满足客观作用或影响的条件。例如：飞机一起飞，意图炸沉 A 船。与此同时，飞机二为了避免船被炸沉，起飞试图击落飞机一。但是飞机三首先击落了飞机二。因此，飞机一按照计划炸沉了 A 船。A 船沉没的结果，在很大程度上依赖于飞机三击落飞机二。的确，如果飞机三不击落飞机二，A 船就不会被飞机一炸沉。但是，在飞机三和 A 船沉没之间，并不存在时空条件上的连接性，毕竟是飞机一击沉的船，而在飞机一的攻击行为和 A 船沉没的结果之间，并没有所谓的介入因素。因此，只有飞机一的攻击行为才是导致危害结果发生的原因。导致这一问题的原因，是很多毫无疑问属于积极作为导致危害结果的情况，相对单纯的不作为刑事责任，涉及了很多不属于因果关系的双重阻却。如果你将潜水员的潜水装备破坏，导致其无法呼吸，最终死亡，你的破坏行为无疑杀死了潜水员。但是在你破坏潜水器材与受害人的死亡结果之间，并没有因果关系，这是类似于上面讲到的飞机攻击船舶的双重阻却的例子。而且，包括上述案例，大量对因果关系的研究，其实并没有真正深入研究实施危害行为的客观过程，即使在这个过程中，因果关系与双重阻却不证自明。例如，毫无疑问，A 向受害人投毒，导致受害人死亡，属于典型的杀人案件。但这里并没有涉及任何毒理学的机理，很有可能，所谓毒物，是指可以抑制自然生理过程的物质，缺乏了这一自然生理过程，受害人的身体无法抵御外界环境的侵扰，最终死亡。如果是上述情况，显然 A 投毒与死亡结果之间的关系就属于双重阻却，而不是所谓因果关系。但即使如此，似乎没有人会否定 A 投毒的行为是导致受害人死亡结果的原因。因此，如果坚持对因果关系的客观主义理解，就需要将不作为责任视为一种需要特殊解释的例外情况，并且需要在所谓双重阻却的情况下对因果关系的认定进行个案分析。一般人的思维模式都是在追问危害结果如他人死亡的产生原因时，推定其他人的错误行为导致了这一危害结果。而在某些其他情况当中，准确地说，被告人并未导致受害人死亡，而是像上面提到的潜水案件那样，是双重阻却导致危害结果发生。因此，我们需要面临如下几种替代方案：（1）否认在实质上，此类案件与从事积极行为杀害受害人的情况存在区别；（2）对杀人行为错误性根源的理解做出调整。实际上，在区分因果关系与双重阻却的时候，我们已经证明在上述两种情况下，错误性并无区别。因此，最好认为，杀人罪的错误性主要产生于杀人行为存在的原因，而非死亡结果出现的原因。这并不是一种单纯的智力游戏，通过对这一问题的说明，不仅彰显出对因果关系研究的粗陋，更为重要的是，也从另外一个侧面揭示了美国刑法理论中缺乏体系性研究所导致的一个现实困境。但基于实用主义解释原理，却可以通过双重阻却，理解一些看似匪夷所思的判例。美国刑法中，就医生的救治义务，经常举的一个例子就是，医生根据病人的要求终止了呼吸机导致重病的病人死亡。对此，通常将其视为一种放任死亡结果发生的例子，换句话说，医生并没有杀死病人，只是放任其死亡的结果，或者仅仅没有继续救助行为。只有在可以证明医生相信自己负有救治病人的特别义务时，才能认定其承担杀人罪的刑事责任。但事实上并不存在此类义务，因为医生挽救病人的义务实质上是一种契约关系，而病人要求医生终止治疗的要求有效。基于这一点，只能认定医生需要承担没有见义勇为的一般责任。参见 Marcelo Ferrant, "Causation in Criminal Liability," *New Crim. L. R.* 11（2008）：470。

有因果力，那么为什么要让不作为者承担结果责任？但如果认为不作为是责任类型，那么就不能再将其与作为并列，而是应当将其纳入后面的所谓可责性问题加以讨论。这一做法，固然可以解决不作为具有规范因果力的问题，可以让其承担结果责任，却会导致行为与作为等同的尴尬局面。

　　讨论不作为的因果力，除了人为赋予因果关系以复杂属性之外，更为重要的问题在于不作为的特殊性，导致其在司法认定中面临两难局面。例如，如果一个病人需要每天定时服用两种药物才能保证生命的存续，A 和 B 都负责向其提供一种药物，但因为或者 A 和 B 都忘了，或者 A 或 B 各自在没有意思联络的情况下，基于恶意没有按时提供药物，病人死亡。对此，是否可以认为，即使 A 或 B 从事了自己的作为，病人还是会死亡，因此两者的不作为，都不是导致受害人死亡的原因呢？[①] 这是否意味着不作为不存在因果力，或者既有的因果关系测试标准不适用于不作为呢？虽然美国司法实践，在涉及不作为的因果关系判断过程中，往往仍然坚持所谓"实质加功"测试，即强调实质促进了危险的发生，而非仅仅导致了微不足道的作用，[②] 但这种测试标准，面对上述非常罕见的极端情况时，却往往显得不够有力。这也的确证明了在因果关系问题上，美国刑法理论与实践呈现出来的混乱局面。很多教科书往往想当然地使用诸如"导致"等表示因果关系的词语。[③] 但因果关系的含义本身，一直困扰着哲学家、科学家、法学家以及法官。长期以来，法律意义上的因果关系都"迷信"于任何事件都存在唯一的原因，但是即使承认法律因果关系，也就是所谓近因在很大程度上涉及政策选择的观点，也没有否认相关要素之间的确定性的事实因果关系。同时，这一模式还是一种两分法意义上的区分，换句话说，因果关

[①] 参见 Gideon Rosen, "Causation, Counterfactual Dependence and Culpability: Moral Philosophy in Michael Moore's Causation and Responsibility," *Rutgers L. J.* 42 (2011): 405。

[②] 参见 Margaret Isabel Hall, "Duty, Causation, and Third-Party Perpetrators: The Bonnie Mooney Case," *McGill L. J.* 50 (2005): 597。

[③] "导致"这个动词从语义学角度来看，和"杀人"这种内嵌因果关系的概念异曲同工。有很多学者坚持认为，刑法应当遏制的不是实际出现的危害结果，而是行为人意图制造的危险结果。参见 Stephen J. Schulhofer, "Harm and Punishment: A Critique of Emphasis on the Results of Conduct in the Criminal Law," *U. Pa. L. Rev.* 122 (1974): 1497。

系在既定语境下，或者存在，或者不存在。[①] 但"因果关系"这个词，可以用来表达关于世界的多重信息。如果仅仅用其服务于一个目的，那么因果关系的明确性自然问题不大。但是在法学领域，因果关系往往服务于不同目的，或者干脆说服务目的不明，而哲学家语境中的因果关系，则根本没有特定的服务目标。在法学理论研究层面，因果关系最为通常的目的是通过对比现实世界与虚拟世界，认定某种拟制的特定要素在现实中发挥的作用。因果关系的这种所谓涉入，可以进一步区分为必要条件、重叠性必要条件以及一般条件三类。这也是为什么有学者提出，"涉入"应被作为法学中因果关系的基本问题加以研究，因为：这一概念可以提升明确性，减少模糊性；有助于更为明确地认知规范性问题；同时为因果关系以及其他法学分析提供帮助；并可以更好地服务于法律多变的目的。[②]

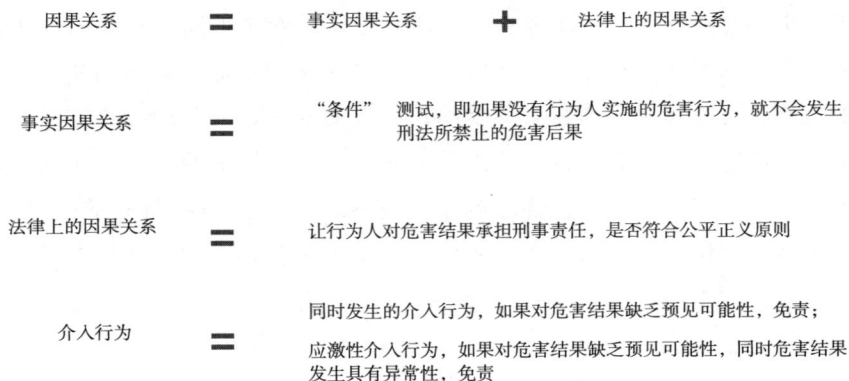

因果关系	=	事实因果关系	+	法律上的因果关系
事实因果关系	=	"条件" 测试，即如果没有行为人实施的危害行为，就不会发生刑法所禁止的危害后果		
法律上的因果关系	=	让行为人对危害结果承担刑事责任，是否符合公平正义原则		
介入行为	=	同时发生的介入行为，如果对危害结果缺乏预见可能性，免责； 应激性介入行为，如果对危害结果缺乏预见可能性，同时危害结果发生具有异常性，免责		

图 7　美国刑法中的因果关系认定

资料来源：转引自 Matthew Lippman, *Contemporary Criminal Law：Concepts, Cases, and Controversies* (Thousand Oaks, California：Sage Publications, Inc., 2015)：136。

俄狄浦斯（Oedipus）迎娶伊俄卡斯忒（Jocasta）与俄狄浦斯迎娶自己的

[①] 参见 Steve C. Gold, "When Certainty Dissolves into Probability：A Legal Vision of Toxic Causation for the Post-genomic Era," *Wash & Lee L. Rev.* 70 (2013)：237。

[②] 参见 Jane Stapleton, "A Tribute to Professor David Fischer：Choosing What We Mean by 'Causation' in the Law," *Mo. L. Rev.* 73 (2008)：433。

母亲①客观上并无区别，但恰恰是后面这种表述，才赋予了这一行为极大的悲剧意义。② 因果关系并不是要求一种因果联系，而是要求一种因果解释。具体来说，是对行为人行为与刑法所禁止的危害结果之间因果联系的一种描述。对刑法中因果关系的理解，永远不可能是一种客观的判断。仅此而已。③

第四节　持有

如前所述，作为与不作为，在逻辑上是一对对偶概念，换句话说，不存在其他的逻辑可能性。但如前所述，在诸如公益犯罪等大量犯罪中，美国的刑事立法、司法普遍涉及所谓持有型犯罪。

以纽约州为例，该州刑法当中规定有超过 150 种的持有型犯罪，最高刑罚甚至包括终身监禁。④ 而持有的范围，包括：各种类型的武器，如玩具枪、催泪瓦斯、弹药、防弹衣，以及其他危及安全的物品；夜盗的工具或者盗窃来的财物；毒品以及任何与毒品等相关的物品；毒品衍生物；涂鸦的工具；与计算机犯罪相关的物品；伪造的商标；盗版的音像制品；福利卡；制假工具、制假设备；伪造信用卡的工具；伪造的货币；伪造的车辆号牌；赌博工具、记录；伪造的信贷记录；在监狱当中持有的违禁品；淫秽物品；被用来进行卖淫活动的房屋；窃听设备；毒物；计程车里程表造假装置；特定的捕鱼装置；等等。⑤ 但是问题在于，持有并不需要行为

---

① 俄狄浦斯，外国文学史上典型的命运悲剧人物，在不知情的情况下杀死了自己的父亲并娶了自己的母亲，即王后俄卡斯忒。

② 参见 Deborah M. Weiss, "Scope, Mistake, and Impossibility: The Philosophy of Language and Problems of Mens Rea," *Colum. L. Rev.* 83 (1983): 1029。

③ 在这个意义上，笔者认同这样一种观点，即司法实践中，被告人的行为与受害人的损害结果之间是否具有因果关系，都是由陪审团或者所谓事实认定者加以认定的，任何具体的规则注定都是失败的。换句话说，对因果关系，必须从个案角度加以认定。参见 Clifford Fisher, "The Role of Causation in Science as Law and Proposed Changes in the Current Common Law Toxic Tort System," *Buff. Envt'l. L. J.* 9 (2001): 35。

④ 参见 Douglas Husak, "The Act Requirement: Rethinking the Act Requirement," *Cardozo L. Rev.* 28 (2007): 2437。

⑤ 参见 Markus Dirk Dubber, "Policing Possession: The War on Crime and the End of Criminal Law," *J. Crim. L. & Criminology* 91 (2001): 829。

人实际接触该物品。甚至如果行为人通过他人对该物品有控制力或有权控制，就属于持有。① 这显然与作为或不作为存在明显区别。无论从打击犯罪等考量设定持有类犯罪具有多大的正当性，在刑法理论中，必须要解决的问题却是如果将其承认为行为的一种表现，那么，如何解决持有所具有的自愿性问题？

概括来看，美国刑法理论与实践，主要是要求持有的同时必须伴生对持有的认识，通过这种法律拟制，人为赋予持有自愿性，从而解决其缺乏行为本质属性的问题。例如，《模范刑法典》将"持有"定义为"如果持有人明知其获得或者接受该持有物，或者对相关物品的控制时间足以使其判断自己对该物品形成持有关系，即构成所谓行为"。② 而司法实践中，也强调"必须是现在的占有，以及当下的故意，两者合并起来，才构成所谓客观的犯罪行为"。③ 对此，虽然有观点持质疑态度，认为单纯从字面上分

---

① 参见 CALCRIM. No. 2748。

② 参见 MPC § 2.01 (4)。

③ 参见"普鲁克特诉俄克拉何马州案"（*Proctor v. State*），本案判决书如下：

CECIL PROCTOR v. STATE.

No. A-2331.

COURT OF CRIMINAL APPEALS OF OKLAHOMA

15 Okla. Crim. 338；176P. 771；1918 Okla. Crim. App. LEXIS 80

December 28，1918，Opinion Filed

主审法官：加尔布莱斯（Galbraith），多伊尔（Doyle）以及阿姆斯特朗（Armstrong）
法院意见由加尔布莱斯撰写

意见

上诉人被指控以非法销售、经营、分销酒类饮料为目的拥有一间两层建筑，且罪名成立。

本案所涉及的准据法为 1913 年俄克拉何马州法典第 26 章第 4 节，其内容为：任何人在没有执业医师合法开具的处方的情况下，意图制造、销售、提供、经营任何酒精类饮料或者每升酒精纯度超过 1.5% 的饮料的，都该当缴纳特别税费。违反本法的行为人，需缴纳 50 美金以上 2000 美金以下罚金，被处 30 日以上 5 年以下监禁。

上诉人认为上述成文法的内容超越了立法权，因为其将未与客观行为产生联系的单纯的未付诸实施的故意作为犯罪，而这显然违反了宪法的基本原则。同时，上诉人认为，所谓经营或者拥有某处物业是一种完全合法的行为，即使拥有这一物业的目的在于在未来实施某种犯罪行为，但只要这种非法目的没有伴随某种客观行为，就不能将其作为犯罪，否则就违反了刑法的基本原则。

检方认为，拥有物业的行为合法，但本法规定的目的在于行使所谓警察权，换句话说，如果立法机关认定拥有物业的目的在于非法销售、提供酒精或含酒精饮料， （转下页注）

（接上页注③） 就侵犯了公共道德与福祉，立法机关就有权认定这样的一种拥有物业的行为违反刑法。因此本法并未违反刑法的基本原则，并未将单纯的持有犯罪化，但是如果持有物业的目的在于违反法律，那么就可以将其作为犯罪。在这一意义上，持有也属于犯罪行为，可以将其作为一种犯罪。检察官提出："是否可以认为立法机关试图将根本无法证明的犯意加以犯罪化？"未付诸实施的故意仅仅等同于一种思想，而单纯的思想无法被惩罚，也不应被惩罚。但是如果某人在没有酒的情况下拥有了某处物业，之后告知几个朋友自己想在今后向其销售酒精或者酒精类饮料，这是否应被法律所禁止？"虽然有证据证明被告人占有某处物业，并且主动声称未来将非法使用这一物业，但是我们认为必须是现在的占有，以及当下的故意，两者合并起来，才构成所谓客观的犯罪行为。本案所涉及的故意是一个事实问题，而不是法律问题。在缺乏客观行为的情况下，无论犯意有多恶劣，都不具有犯罪性。"

很显然，检方也承认在本案中，被告人的犯罪意思表示并未与客观行为直接相对应，但是认为持有物业以期未来实施犯罪属于行为。持有物业是合法的无辜行为，在这种情况下，未付诸实施的故意显然不能被用来作为犯罪。

本案当中，不清楚被告人是否持有酒精类饮料，或者制造、贩卖过酒精类饮料，只能基于如下事实对本案加以审理。首先，持有物业是合法行为。其次，被告人具有未付诸实施的未来从事销售酒类制品的故意。只要犯意未付诸实施，那么就是一种单纯的思想，是不能被适用刑罚的。密苏里州最高法院前大法官谢尔伍德（Sherwood）曾提出："法律并不关注缺乏客观行为支持的单纯犯意或者犯意表示。"*Ex parte Smith*，135 Mo. 223，36 S. W. 628，33 L. R. A. 606，58 Am. St. Rep. 576.

本案中，检方仅仅根据被告人占有某处物业这一无辜行为，以及其所具有的单纯犯意表示，就试图将其认定为犯罪。

的确，检方所依据的成文法就是如此规定的，但这种规定将无辜的持有行为与未付诸实践的单纯犯意表示合并起来作为犯罪处理，显然超越了立法权限。任何犯罪，都必须基于特定的作为或者不作为才能界定。

单纯的犯意不具有可追诉性，虽然犯意在某种程度上是犯罪的核心，但起码需要特定的犯罪行为来证明犯意的存在。参见 Kelley's Crim. Law & Prac. par. 5；4 Blackstone Comm. 21；*Howell v. Stewart*，54 Mo. 400；*State v. Painter*，67 Mo. 84。犯罪构成要素的权威表述参见 Blackstone Comm. book 4，p. 20。缺乏自愿性的行为毫无可供褒扬之处，亦无可供追责之虞。对人的行为进行评判，需要考察行为的主观意愿以及与之伴生的作为或者不作为。尽管从事犯罪行为的决意在其所具有的危害属性上不逊于实施相关的犯罪行为，但如果没有相关的行为证据，那么没有人能够证明行为人的主观犯意。显然，不能惩罚无法证明的此种犯意。因此，对当代司法而言，客观行为或者其他对犯罪人主观犯意的证明，是用来证明犯罪人刑事责任的前提条件。正如缺乏犯行的单纯犯意不是犯罪一样，非法的行为如果没有犯意加功，也一般不能作为犯罪处理。因此，犯罪的成立必须同时具备犯意以及与之伴生的犯罪行为。与此异曲同工的是，毕绍普（Bishop）也提出："检方的刑事起诉不能仅仅依据行为人的主观犯意，还必须依据基于犯意所实施的危害行为。这一原则十分重要，也普遍适用，但是在普通法当中，对这一原则却时有背离。但毫无疑问，行为与犯意是犯罪的核心构成要素，并且两者必须具有共时性、伴生性。"亦可参见 *Ex parte Smith*，135 Mo. 223，36 S. W. 628，33 L. R. A. 606，58 Am. St. Rep. 576。法官在该案中指出，"基于共谋、合意、协作从事侵财犯罪而与明知道是从事盗窃、扒窃、卖淫、赌博等非法行业的人交往都是犯罪的规定违反了宪法，侵犯了当事人的 （转下页注）

析，这样的一种规制本身是无意义的。持有某物，本身并不属于一种行为，而是一种状态，不能简单地因为行为人对持有状态的明知而变化成为行为，更不会因为控制的时间足以使其认识到对该物品的持有状态而变成行为。[①] 但这一观点，忽视了大多数持有类犯罪，并非简单的严格责任犯罪，换句话说，在明知持有的前提下，加上进一步的犯意规定，是可以满足一般意义上对归责而言必不可少的道德可责性的。对持有，还将在后文对美国刑法中具体持有犯罪的阐述中加以深入研讨。

第五节　小结

行为，是犯罪成立的基础条件，几乎刑法中的所有问题，都与行为有关。而能否正确、合理地规制行为，更是刑事政策成败的关键。美国刑法中的行为，无论是作为、不作为，还是颇具特色的持有，都在努力维持其所必需的自愿性属性，并以此作为刑法道德属性的体现。应该说，只有真正把握了行为的自愿性，才能真正理解甚至反思美国刑法理论与司法实践。

（接上页注）合法权利"。立法机构的规定固然有其根据，但如果肯定这一规定的合宪性，就意味着不能和特定类型的人有任何往来，而这显然侵犯了个人的合法权利。因为这涉及了宪法所包含的未经正当程序，不得剥夺个人行动、表达自由的问题。因此，必须对其加以禁止。

目前，还无法在缺乏客观行为的情况下，认定行为人的主观犯意。从这个意义上，在没有客观行为加功的情况下，法律无法关注犯意。参见 *Howell v. Stewart*，54 Mo. 400。

本案所涉及的相关立法的目的尚不明确。因为其将从事某种犯罪的故意界定为重罪，却将此种故意所对应的客观犯罪行为，即持有用来销售酒类饮料的物业规定为轻罪。这样的一种矛盾规定显然违反了宪法的正当程序原则。

本案中所涉及的成文法尽管与特定的犯意相关，但因为没有危害结果或者危害行为的对应，更缺乏与本罪实质相关的对酒类产品的持有规定，因此其所界定的还不是犯罪。基于上述理由，对驳回起诉的申请应当予以支持。

① 参见 Douglas Husak，"The Act Requirement：Rethinking the Act Requirement，" *Cardozo L. Rev.* 28（2007）：2437。

第七章

可责性

妻子将熟睡中丈夫的生殖器割下来，但主张自己罹患"创伤后压力症候群"（Post-Traumatic Stress Syndrome），是否可以免责？[1] 在美国学者看来，刑法除了具有行为规制功能之外，更具有责任认定功能，即判断违反刑法的行为人是否需要承担刑事责任。美国刑事法律通常将被告人是否具有可责性，作为刑事责任有无的前提；将被告人可责性的相对严重程度，作为刑事责任大小的根据。[2] 但可责性与刑事责任之间，又并无全然排他的对应关系。

所谓"可责性"，主要是指在犯意与犯行存在，犯罪已被证明成立的基础上，对行为人个人道德责任的追问，是一种偏向主观的判断。[3] 这意味着，可责性需要与客观判断标准，即行为的危险性或结果的危害性结合起来，才能作为刑事责任判断的充分条件。之所以这样强调，是因为行为人的可责性

---

[1] 劳伦娜（Lorena Bobbitt）被指控于 1993 年 6 月 23 日，将自己丈夫的阴茎切掉。但后来陪审团认定，被告人因为罹患精神疾病，因此当时无法控制伤害受害人的行为，从而判定其无罪。参见 John Robinson, "Crime, Culpability, and Excuses," *ND J. L. Ethics & Pub. Pol'y* 10 (1996): 1。

[2] 参见 Paul H. Robinson, "A Functional Analysis of Criminal Law," *Nw. U. L. Rev.* 88 (1994): 857。

[3] 需要强调的是，这里所适用的"可责性"概念，与《模范刑法典》所使用的类似概念存在一定不同之处。《模范刑法典》使用可责性概念，替代传统的犯意概念（Mens Rea），参见 Herbert Wechsler, "Codification of the Criminal Law in the United States: The MPC," *Colum. L. Rev.* 68 (1968): 1425。但这一做法，主要还是为了铺垫其对传统犯意概念的限缩与改造，大体停留在犯罪构成实体要素层面。而本章所讨论的可责性，虽然与犯意密切相关，但已经不再仅仅停留在犯罪构成层面，而是讨论犯罪成立前提下行为人的主观责任问题。

程度，与犯罪行为的严重程度之间并没有必然的联系。① 因为，不能想当然地认为，可责性越高，行为的危害性或者危害程度越高。也正是从这一点出发，才需要从可责性及行为两个方面，探讨刑事责任的有无与程度问题。

第一节　可责性的成立

美国刑法中，可责性的存在，建立在犯罪成立，行为人需要承担刑事责任这一基础上。所谓"可责性"，主要通过道德与法律这两个方面加以表达，因此也可以被称为"该当谴责性"（Blameworthiness），其内容包括错误行为，实际或者推定的对这种错误的认识，以及行为人对自己行为的合理控制水平。② 这就意味着，只有在不存在"正当化事由"（Justifications）的情况下，才有讨论可责性的可能性。

如果强调刑法与道德的关系，就意味着需要区分错误性和可责性，这也就意味着从逻辑角度，存在下列四种可能的行为类型：（1）可责的错误行为；（2）非可责的错误行为；（3）可责的正确行为；（4）非可责的正确行为。③ 虽然观点未必相同，但可以将第一类行为视为普通的犯罪行为，而后三类行为，就可以指代后文中将会出现的免责事由、基于政策的抗辩事由，以及正当化事由。与此相对的概念，即司法无辜与事实无辜。司法无辜意味着法官因为事实不足、驳回起诉，或者陪审团认定被告人无罪。事实无辜，当且仅当被告人没有从事特定犯罪的时候才成立。如果法院接受了被告人的抗辩事由，那么其就属于司法无辜，但如果其无法满足抗辩事由的构成要件，就是实质有罪。④

---

① 参见 Paul H. Robinson, "Rules of Conduct and Principles of Adjudication," *U. Chi. L. Rev.* 57 (1990)：729。

② 参见 John Robinson, "Crime, Culpability, and Excuses," *ND J. L. Ethics & Pub. Pol'y* 10 (1996)：176。

③ 参见 Heidi M. Hurd, "Duties Beyond the Call of Duty," *Ann. Rev. Law & Ethics* 6 (1988)：1。

④ 参见 Andrew Ingram, "Parsing the Reasonable Person：The Case of Self-defense," *Am. J. Crim. L.* 39 (2012)：435。

一　美国刑法中的正当化事由

（一）　美国刑法中的抗辩事由

美国司法实践中一般认为，"检方应排除合理怀疑地证明如下四个刑事责任要素的共生关系，即自愿行为（包括承担作为义务条件下的不作为）、犯意、社会危害性以及行为与结果之间的因果关系"。[1] 但是，即使行为人满足了上述四个条件，也并不是说就一定要承担刑事责任，也就是说，如果行为人可以提出其所具有的某种特定情况或者理由，就可以在满足刑事责任形式要件的情况下摆脱社会污名，避免接受刑事处罚。这样的一种根据，在美国刑法尤其是刑事程序法当中被称为"正向抗辩"（Affirmative Defenses）。抗辩事由一般意味着能够阻却刑事责任的情况或者条件。在美国刑法当中，能够被纳入抗辩事由范畴当中的概念其实不少[2]，甚至还包括聚讼纷纷的"文化辩护"[3]。对这些林林总总的具体抗辩事由，美国学者也进

---

[1]　参见 Jushua Dressler, *Understanding Criminal Law*（New York：Lexis Law Pub.，2001）：175。

[2]　据不完全统计，在美国司法实务当中可以阻却刑事责任的条件或者因素包括醉酒、不在犯罪现场、执行命令或者任务、被洗脑或者精神控制、染色体异常、被害人同意、反射、外交豁免、特定监护义务、双重告诉、胁迫、警察陷阱、行政职务豁免、激动精神波动、不能犯、催眠、意识障碍、无行为能力或者无受审能力、精神失常、自愿或者非自愿迷醉、执法、司法豁免、立法豁免、医疗行为、精神疾病、军事命令、错误、紧急避险、诉辩交易、受激行为、自卫、梦游、时效、无意识等。参见 Paul H. Robinson，"Criminal Law Defenses：A Systematic Analysis，" *Colum. L. Eev.* 82（1982）：2。

[3]　我国有学者经过研究指出，通常情况下，"文化辩护"在美国法学界还不是一个得到正式确认的积极辩护或正向抗辩。"文化辩护"通常是指被告人可以提出文化因素以表明他在行为实施时的心理状态或犯意。实践中，文化辩护通常不是仅仅依据文化因素这一孤立的事实，相反文化因素通常与一个或多个得到确认的刑事辩护（如精神病、受挑衅、法律错误等）相联系。例如"纽约州诉陈案"（*People v. Chen*）中，一个生活在纽约的中国男子知道他的妻子有婚外情后用棍棒将妻子打死。在法庭审理中专家认为，根据传统的中国文化，一个妻子的淫乱行为给婚姻带来羞辱，也是丈夫个性懦弱的表现。审理法官认为，"陈的行为是文化的产物……文化不是一个可宽恕事由，但它是使被告人更容易爆发的因素。这个文化因素正是爆发的因素"。法官认为被告人因挫折而心理失常，"这没有达到法定精神病的程度，但基于文化的因素，他妻子的行为对一个生在中国、长在中国的人产生了影响"。本案最初的指控是二级谋杀，刑期从最低 15 年监禁刑至终身监禁，后来实际指控的是二级过失杀人，刑期为最高 15 年监禁刑，最后法院判决的是缓刑 5 年。又如，在"加利福尼亚州诉吴案"（*People v. Wu*）中，一名中国籍女子在得知其丈夫有外遇后杀死了自己的儿子，并试图自杀。辩护方提出了文化辩护。跨文化的心理学 （转下页注）

行了大体上的划分。虽然有所差别，但大体上都承认可以将其纳入正当化事由与免责事由（Excuses）两大类别当中。[①] 如《模范刑法典》所承认的三种类型抗辩，就分别是如精神失常、未成年等免责事由，如自卫以及执法行为等正当化事由，以及其他五花八门的抗辩，诸如胁迫、时效、受害人同意等。[②] 作为《模范刑法典》的起草者之一的罗宾逊教授，则将第三类抗辩事由，称为"非排除可责性抗辩事由"（Nonexculpatory Defenses）。[③] 这里所说的"非排除可责性抗辩事由"，主要是指与行为人可责性无关的政策性抗辩事由。这就意味着，可责性问题，需要与正当化事由与免责事由这两类抗辩结合起来进行研究。在当今美国刑事司法中，抗辩的"滥用"似乎无处不在，但这种"滥用"是否也代表着一种司法系统的高度成熟呢？[④]

事实上，早期普通法并不允许基于正当化事由或者免责事由，对行为人加以开释，但从理论上讲，可以据此对行为人加以赦免或者减轻其刑罚。[⑤] 但和较为古早的做法相异，目前的美国刑法，从逻辑上分析，对犯罪成立与否的争论可以从所谓"构成外"与"构成内"两个层面加以归纳。所谓"构成内"的否定模式，是指相关方面通过提出否定犯罪构成要素的理由来对指控加以反驳，如果无法让陪审团排除合理怀疑地相信检方

（接上页注③）专家证言表明，被告人的感情沮丧只能根据其文化背景进行理解，她的行为有文化动机，她希望把她自己和儿子从羞辱中拯救出来，并在死后再相聚。但法官拒绝指示陪审团可以考虑被告人的文化背景证据，被告人被裁定构成二级谋杀罪。但在上诉审中，被告人的文化辩护主张得到了法庭的支持。最后，被告人被裁定犯故意杀人罪，但获得了较轻的刑罚。参见赖早兴《美国刑法中的文化辩护及其启示》，《现代法学》2016年第3期，第125页。

① 对抗辩事由的分类，除却正当化事由与免责事由之外，还存在诸如犯罪构成修正抗辩、证明不能抗辩、特定根据抗辩以及外在抗辩等。参见 Michael S. Moore, "Causation and the Excuses," *Cal. L. Rev.* 73（1985）：1091。

② 参见 Paul H. Robinson, "Rules of Conduct and Principles of Adjudication," *U. Chi. L. Rev.* 57（1990）：729。

③ 参见 Paul H. Robinson, "Criminal Law Defenses: A Systematic Analysis," *Colum. L. Rev.* 82（1982）：199。

④ 参见 John Robinson, "Crime, Culpability, and Excuses," *ND J. L. Ethics & Pub. Pol'y* 10（1996）：1。

⑤ 参见 Eugene R. Milhizer, "Justification and Excuse: What They Wear, What They Are, and What They Ought to Be," *St. John's L. Rev.* 78（2004）：725。

指控的犯罪要素，那么被告人被指控的犯罪就不成立。所谓"构成外"的否定模式，是指检方虽然可以排除合理怀疑地证明所有的犯罪要素，但是犯罪构成要素之外的其他原因，导致被告人实施的行为具有正当性，或者不必要被处罚，从而无须承担刑事责任。概括而言，当代美国刑法语境当中，所谓正当化事由与免责事由都可以被纳入后者，亦即所谓的"构成外"否定模式当中，因为在这两种情况下，虽然都无法否认犯罪基本要素的存在，但还是可以基于特定的根据或者理由，否定刑事责任的存在。[①]

（二）"正当化事由"与"免责事由"之区分

在某种程度上，正当化事由与免责事由之间的区分十分简明。例如，那些前去火场救火的消防车，即使超速也是正当的。这种违反交通法规的超速、闯红灯的行为，显然会增加交通事故的危险，但是如果消防车不及时赶到，火灾蔓延所导致的危险则会更大。因此，驾驶员的行为不但没有错误，反而具有正当性。事实上，社会公众希望在发生类似情况的时候，每个人都会选择这么做。相反，一个因为家庭的变故而深受打击的工人，因为无法控制自己而攻击了工友。其行为本身不具有正当性，但精神上受到刺激，可以作为完全或者部分减少其责任的理由。因此虽然行为是错误的，但是和其他从事类似行为的人不同，这种精神受刺激者，其刑事责任是可以被减轻或者免除的。[②] 美国刑法一般认为，正当化事由的核心特征是行为的正当性[③]，而免责事由的核心特征是无刑

---

① 参见 Kent Greenawalt，"Distinguishing Justifications from Excuses，"*Law & Contemporary Problems* 49（1986）：89。

② 参见 Leslie A. Leatherwood，"Sanity in Alaska：A Constitutional Assessment of the Insanity Defense Statute，"*Alaska L. Rev.* 10（1993）：65。

③ 美国刑法理论认为，正当事由的存在有以下依据。首先，更少损害理论，也可以称为优越利益理论。该理论在行为人实施该假定犯罪行为所带来的利与害以及不实施该假定犯罪行为所带来的利与害之间权衡，在综合进行质与量的考察后得出受益更大或者受损更小的行为为正当行为，属于正当事由。"侵入他人领地或侵犯私人财产，这种本来是非法的行为，但如果是为了保护人的生命免受自然灾害如火灾或龙卷风的威胁时，就是一种正当事由。"至于利益衡量主体是谁，该理论认为，"由立法者根据客观规则在不同的价值评价中予以取舍"。其次，公共利益理论。如果某行为实施的结果是使公众受益，这种行为就属于正当事由。死刑执行官对一个重罪死刑犯执行死刑的行为属于正当事由，因为正是由于他的执行行为，死刑犯得到了惩罚，社会的公共利益得到了维护，（转下页注）

事责任。① 所谓正当性，是指事情或者行为具有完全的合法性。而免责，并不意味着具有正当性，而是说具有这种情况的行为人不具有责任，或者说

（接上页注③）如果是其他人按照他自己的意志代替死刑执行官执行了死刑，这种行为将构成谋杀。再次，道德剥夺理论。该说立足于道德评价的立场，以解决正当事由的评价问题。当某人试图非法杀害他人时，该谋杀者在道德评价上"就丧失了生命的权利"，丧失了被我们尊重其为人的权利，换句话说，"谋杀者的生命在此时就不会比昆虫或石头的生命更值得我们关注"。最后，权利理论。该理论的核心内涵是考察行为人是否有一种被肯定的法律权利以保护一种特定的道德利益，而不注重实施这种行为是否使社会受益。权利理论与道德剥夺理论不同。两者的对象主体正好相反，前者是针对正当事由的实施者，后者针对正当事由的承受者。前者关注实施者的利益，后者关注承受者之前的错误举动。前者以肯定态度确认实施者有权利实施这种在其他情况下被社会否定的行为，后者以否定态度排斥正当事由存在社会危害性。前者的评价标准是双层的，属于正当事由的行为，不仅是一种在道德感上值得被肯定的利益，而且还必须由法律设定权利以保护这种道德利益，缺少其中任何一方面，都不属于正当事由。而后者的评价标准是单层的，只考虑道德评价。参见蔡曦蕾《美国刑法理论视野下正当事由与宽宥事由的宏观探析——区分之理、存在之据与影响之果》，载陈兴良主编《刑事法评论》第 26 卷，北京大学出版社，2010，第 368 页。

① 美国刑法理论认为，免责事由的存在有以下依据。第一，不受威慑理论。功利主义将威慑作为刑罚的目的，因此，如果刑罚对一些人比如精神病人、受暴力胁迫之人无法起到威慑的作用，刑罚的运用就是无目的的，因而就不应当对属于这些人之中的任何一员施加刑罚。第二，原因理论。如果一个行为人实施某行为是由于其无法控制的原因，而该原因又无法责难于行为人，该行为人的行为可以被免责，他是不应当被惩罚的。举例说，如果行为人在精神疾病的状况下实施了某"犯罪"行为，我们无法责难行为人的疾病状态，因而，也不应当惩罚行为人。第三，品质理论。该理论主张，除非某人是坏人，拥有坏的品质，否则，该人不应当为自己实施的危害行为负责。通常来说，实施了危害行为，就意味着该行为人具有坏的品质。但是，当一个人的危害行为无法推出该人拥有坏的品质时，免责事由就应当起作用。如果行为人患严重精神疾病或是暴力胁迫的受害人时，我们无法推出坏的品质，在这种情况下，我们假定该行为人的道德天性与我们自己的完全相似。第四，人格理论。该理论主张，如果某人完全缺乏能力或机会以"人"的独特行为方式行事时，我们就不应该因为该人实施的某种行为而对之予以谴责或惩罚。因此，如果行为不是被告人人格的表现时，他就不应该对其实施的危害行为担责，从而在刑法上应当被免责。至于怎样判定人格健全与否，有学者认为人的关键特征是实践理性能力的存在，因此，应该以实践理性能力作为判断的标准。第五，自愿或自由意志理论。该理论认为，法律只应施罚于自愿的违法行为。在生成免责事由的情境中，行为人的选择自由是受到限制的，更确切地说，行为人实施该违法行为并非出于自愿。弗莱彻将自愿分为两类，即身体的不自愿与道义的不自愿（又称规范的不自愿）。前者是一种物理上的强制，比如甲抓住乙握刀的手并推向丙，致丙死亡，刑法之所以不惩罚乙，是因为乙在此案件中处于身体不自愿的境况下，其根本未实施刑法意义上的危害行为，在此没有运用免责事由的余地。后者是一种心理上的强制，比如乙因害怕被甲杀害，而为甲提供了犯罪工具，该行为属于刑法打击的犯罪。参见蔡曦蕾《美国刑法理论视野下正当事由与宽宥事由的宏观探析——区分之理、存在之据与影响之果》，载陈兴良主编《刑事法评论》第 26 卷，北京大学出版社，2010，第 371 页。

其不可责。① 随之而来的问题，就变成了既然最终的结果都是要使得行为人无须承担刑事责任，为什么还要对抗辩事由加以如此划分呢？

这是因为，"正当化事由"与"免责事由"之间的区分并非一种简单的理论界分，同时也导致了诸如"自卫"（防卫他人）、"事实认识错误"、"法律认识错误"，甚至"精神失常抗辩"等相关问题的争辩。② 在美国刑法领域，没有什么比"正当化事由"与"免责事由"更为模糊的区分了。③ 由此，不难理解为什么德雷斯勒等人，特别强调区分正当化事由与免责事由的必要性。④ 在过去的数十年当中，美国刑法理论界围绕"正当化事由"和"免责事由"之间的区别，存在两派意见。而两派意见的领军人物，分别是著名学者弗莱彻教授与罗宾逊教授。前者主张主客观相统一的正当化理论，而后者则主张纯粹的客观正当化理论。⑤ 两者虽然都承认正当化事由与免责事由，都是在满足犯罪构成的基础上排除犯罪性的理由，但是弗莱彻认为，具有正当性的行为本身根本不具有错误性，而免责事由却以承认行为的错误性前提，只是不能将责任归结到行为人而已。⑥ 而坚持客观正当化理论的学者则认为，无论行为人的主观确信是什么，只要行为满足社会最优道德，就可以认定其具有正当性。⑦

如果说刑法的目的在于对那些具有犯罪可责性的行为人分配适当的刑罚，似乎没有必要区隔正当化事由与免责事由。但是在大多数美国学者看来，区分抗辩事由，可以反映对不同行为的道德判断。另一方面，公众也应知被告人具体刑罚被做出的具体根据，故需要对此加以说明。如果进一

---

① Leslie A. Leatherwood, "Sanity in Alaska: A Constitutional Assessment of the Insanity Defense Statute," *Alaska L. Rev.* 10 (1993): 65.

② 参见 Reid Griffith Fontaine, "A Symposium on Self-defense: An Attack on Self-defense," *Am. Crim. L. Rev.* 47 (2010): 57。

③ 参见 Mitchell N. Berman, "Justification and Excuse, Law and Morality," *Duke L. J.* 53 (2003): 1。

④ 参见 Joshua Dressler, "Justifications and Excuses: A Brief Review of the Concepts and the Literature," *Wayne L. Rev.* 33 (1987): 1155。

⑤ 德雷斯勒教授也认为，乔治·弗莱彻教授在区分正当化事由与免责事由方面的观点，一直是美国学术领域的典型。参见 Joshua Dressler, "Justifications and Excuses: A Brief Review of the Concepts and the Literature," *Wayne L. Rev.* 33 (1987): 1155。

⑥ 参见 George P. Fletcher, "The Right and the Reasonable," *Harv. L. Rev.* 98 (1985): 949。

⑦ 参见 Heidi M. Hurd, "Justification and Excuse, Wrongdoing and Culpability," *Notre Dame L. Rev.* 74 (1999): 1551。

步加以分析的话，不难看出，所有的正当化事由都具有相同的内部结构，即引发某种必要且适当反应的条件或者要素。这种条件或要素必须事先存在，且必须满足如下两个要求：首先，必须有助于保护或者维系某种处于危险的利益；其次，所导致的反应必须是符合适当比例的，并且和受害人受到的危害或者威胁具有合理的联系。① 而免责事由，承认行为本身的错误性，只是因为行为人所具有的某种条件，使其不需承担刑事责任。这种条件往往属于行为人所具有的异常状况，例如精神失常、迷醉等。因此可以较为概括地认为，免责抗辩所关注的是行为人，而非行为。也就是说即使行为本身是不适当甚至是有害的，只要基于某种合法性根据，认为不需要对其认定责任的时候，就可以免责。换句话说，所谓免责，是指行为人虽然实施了对社会造成危害的行为，但是并不因此对其所造成的这种危害加以归责。正当化事由所要求的，是在通盘考虑的情况下，特定的行为不是犯罪，自然不需要承担刑事责任。②

概言之，正当化事由可以赋予行为以合法性的根据，这种根据并不是专属于某一名被告人，而是一种可以概括适用的普遍规则。如前所述，正当化事由，除了政策考量或执行特殊职务之外，③ 基本上都可以排除道德可责性。这也契合了哈特等人所主张的观点，哈特等人认为，"在任何情况下，该当刑事制裁的行为都应具有可责性，这种可责性，代表一种整体性的道德谴责。④ 虽然在大多数情况下，刑法当中的抗辩事由不是正当化事由就是免责事由，但因为两者所具有的不同抗辩性质，法官针对两者向陪审团做出的法律指导意见，也存在根本性的不同"。⑤ 也就是说，所有具

---

① 参见 Paul H. Robinson, "Criminal Law Defenses: A Systematic Analysis," *Colum. L. Eev.* 82 (1982): 2。

② 参见 Mitchell N. Berman, "Justification and Excuse, Law and Morality," *Duke L. J.* 53 (2003): 1。

③ 例如警匪片中经常出现的卧底。卧底在犯罪组织内部，往往要实施违法犯罪行为，实施这些行为的卧底警探，即使最终不需要为上述犯罪承担责任，甚至因为卧底立功受奖，但很难否认其在实施犯罪行为时不具有道德可责性。免除其刑事责任的原因或根据，很大程度上是正当防卫与紧急避险之外的第三类抗辩事由，即刑事政策或执行职务等。

④ 参见 John T. Parry, "Culpability, Mistake, and Official Interpretations of Law," *Am. J. Crim. L.* 25 (1997): 1。

⑤ 参见 Kent Greenawalt, "The Perplexing Borders of Justification and Excuse," *Colum. L. Rev.* 84 (1984): 1897。

有类似正当性的行为，都具有合法性。对具有合法性的行为，不得行使正当防卫，不得加以阻挠。相反，应该在合理的情况下帮助具有合法性的行为。但如果仅仅是具有免责事由的行为，行为人虽然不需要承担刑事责任，但绝对不是说其他人也可以享受这样的待遇。对行为本身，加以干涉甚至抗制是适当的，而帮助从事这样的行为则是错误的。正当化事由是客观的、概括的，而免责事由是主观的、具体的。[1] 真正区分正当化事由与免责事由的，不是抽象的社会危害性，而是可责性与可罚性。

除了上述区分之外，在正当化事由与免责事由之间，是否存在所谓中间的模糊地带，成为一个比较值得注意的问题。针对正当化事由与免责事由区分的讨论，在美国刑法学界由来已久。特别是在面临认识错误的时候，传统正当化事由与免责事由的区分面临严峻的考验。[2] 饶有意味的是，很多大陆法系学者也持类似观点。[3] 很多学者在分析自卫等典型正当化事由抗辩时，往往会误将一部分本来应当作为免责事由的行为当作正当化事由讨论。[4] 例如，如果被告人真诚确信存在挑衅，但事实上对此事实出现了认识错误。对事实的认识存在重大错误的情况下，一个本该具有正当性的行为是否还具有正当性？对此，学者的观点存在诸多分歧，例如，有学者认为，因为激情所导致的情感波动，至多被认为属于一种免责事由。[5] 也有观点认为，行为人的这种行为并不具有任何正当性。但问题在于，激情抗辩并未要求挑衅的真实性，而只要求行为人对挑衅的认知具有合理性。在美国法传统中，的确允许被告人将冲动作为针对谋杀的"部分抗辩事由"。但被告人必须证明，自己被激怒或遭到挑衅的程度非常强烈，足

① 参见 Joshua Dressler，"New Thoughts About the Concept of Justification in the Criminal Law：A Critique of Fletcher's Thinking and Rethinking，" *UCLA L. Rev.* 32（1984）：61。

② 参见 Fran Wright，"The Theory of Justification and Excuse and Its Application to Self-defence，" *J. Commonwealth L. and Legal Educ.* 6（2008）：55。

③ 参见 Francisco Munoz Conde，"Putative Self-defense：A Borderline Case Between Justification and Excuse，" *New Crim. L. R.* 11（2008）：590。

④ 参见 Larry Alexander，"Self-defense，Justification and Excuse，" *Phil. & Pub. Aff.* 22（1993）：53。

⑤ 参见 Reid Griffith Fontaine，"Adequate Provocation and Heat of Passion as Excuse Not Justification，" *U. Mich. J. L. Reform* 43（2009）：27。

以导致一般人经历强烈的情绪波动。① 这就证明，或许至少在逻辑或理论层面，正当化事由与免责事由之间，并非"非此即彼"的排斥关系。② 但在实然层面，区分两者的最大问题，更多在于区分标准或区分视角的不同选择。

二 正当性与"可责性的排除"：以自卫为例

行为人自卫杀人的行为，属于一项特殊权利。所谓特殊权利，是指实施相同行为，虽然在通常情况下需要承担责任，但是在特定情况下，却无须承担责任。自卫过程中使用暴力的程度，必须与侵害相当，否则将使得自卫行为丧失正当性，其抗辩也无法成立。③ 这里所谓的特殊权利，其实就是作为抗辩的"自卫"这一正当化事由。如前所述，在很大程度上，自卫是作为典型正当化事由存在的。而借由自卫的分析，可以很好地说明正当化事由对可责性的排除。

（一）"自卫"司法认定的前提：理性人标准

美国刑法理论一般认为，自卫成立需要五种要素。第一，自卫人必须诚实且合理确信，自己面临严重身体伤害或死亡的迫近威胁。第二，自卫人必须真诚且合理确信，必须杀死受害人才能防止上述威胁。第三，自卫人使用暴力的程度，不能超过受到威胁的程度。第四，自卫人诚实且合理确信，其所面临的威胁是非法或不正当的。第五，还有很多司法区规定，自卫人不能是威胁发动者。④ 这些条件，又可以被称为"威胁的迫近性"（Imminence）、"抗制的必要性"（Necessity）、抗制强度的"比例性"（Propontionality）、"认识的合理性"（Reasonableness）、"侵害的不法性"（Illegaility）。这种理解，也基本符合美国各州的立法规定。以加利福尼亚

---

① 转引自 Reid Griffith Fontaine, "A Symposium on Self-defense: An Attack on Self-defense," *Am. Crim. L. Rev.* 47 (2010): 57。

② 参见 Reid Griffith Fontaine, "A Symposium on Self-defense: An Attack on Self-defense," *Am. Crim. L. Rev.* 47 (2010): 57。

③ 参见 Janet Grumer, "Self-defense," *Loy. L. A. L. Rev.* 36 (2003): 1575。

④ 参见 Cynthia K. Y. Lee, "The Act-belief Distinction in Self-defense Doctrine: A New Dual Requirement Theory of Justification," *Buff. Crim. L. Rev.* 2 (1998): 191。

州为例，根据该州立法，自卫属于针对成文法所列犯罪的抗辩事由。[①] 加利福尼亚州司法指导意见中的这种概括，与大多数美国司法区一样，都是一方面要求行为人真诚合理地确信存在显著威胁，另一方面要求行为人合理确信这种自卫是防止危害所必要的。换句话说，虽然针对比例性与必要性等规定，不同司法区的立法界定可能不同，大体上，都要求主观与客观相结合的方式，即一方面要求行为人主观真诚确信，另一方面还要求这种确信具有所谓合理性。美国司法区中，只有很少几个对自卫采用了纯粹的主观主义标准。[②] 这就意味着，在分析自卫的法律构成时，理性人标准成为认定的关键。如果自卫人的相关确信是真诚的，但是缺乏所谓客观合理性，那么自卫人可能构成过失杀人，而不是谋杀罪。[③]

需要指出的是，大陆法系中经常出现的所谓客观说，是指在没有陪审团的情况下，限制法官自由解释权的一种人为框定。在存在陪审团的情况下，可以通过陪审员来拟制社会一般人，从而通过制度解决这一认定标准的问题。但在存在陪审团的情况下，如何理解与适用理性人标准呢？

"理性人标准"（The Reasonable Person Standard），在美国刑法与民法当中都是非常常见的概念，而美国司法活动更是必须依赖这一标准。[④] 但另一方面，虽然这一标准非常普遍，却很难界定。而司法对这一概念的解读，也往往语焉不详，或者晦涩难懂。例如，纽约州法规定，为了抗制正

---

① 在满足相关条件的情况下，即使行为人使用暴力进行自卫，仍不构成被指控之罪。这里的所谓相关条件包括：首先，被告人合理确信自身面临迫近的严重身体伤害的危险；其次，被告人合理确信有必要马上使用暴力抗制这种危险；最后，被告人使用的暴力并没有超过合理必要程度。为了方便陪审员适用，司法指导意见往往会将上述概念综合，要求陪审员必须排除合理怀疑地认定，被告人必须合理确信自己面临即时的严重身体伤害的危险，并基于这种认识采取行动。被告人仅有权使用理性人在相同情况下会使用的暴力。如果被告人使用的暴力超过了合理限度，就不属于依法行使自卫权。参见 CALCRIM No. 3470。

② 参见 Kevin Heller, "Beyond the Reasonable Man? A Sympathetic but Critical Assessment of the Use of Subjective Standards of Reasonableness in Self-defense and Provocation Cases," *Am. J. Crim. L.* 26 (1998): 1。

③ 参见 *People v. Humphrey*, 13 *Cal.* 4th 1073 (1996)。

④ 参见 Mayo Moran, "The Reasonable Person: A Conceptual Biography in Comparative Perspective," *Lewis & Clark L. Rev.* 14 (2010): 1233。

在或将要对自身或第三方实施非法暴力的人时，自卫人可以在其合理确信需要的时候，使用其合理确信必要的暴力。这一法律中不仅包括实施暴力的时间，而且还包括实施暴力的程度。自卫行为如果要获得正当性，必须具备两种合理的确信。首先，自卫人必须合理确信存在非法的侵害。其次，自卫人必须合理地确信自己使用的暴力对抗制这种非法暴力而言是必需的。也就是说，行为人必须有确信，且确信必须是合理的。虽然法律当中并未出现理性人标准，但是纽约州上诉法院在"纽约州诉葛缇兹案"（*People* v. *Goetz*）① 中，却明确阐释了理性人标准。但理性人标准，又不是

---

① 参见"纽约州诉葛缇兹案"（*People* v. *Goetz*），本案判决书如下：

The People of the State of New York，Appellant，

v.

Bernhard Goetz，Respondent

Court of Appeals of New York

68 N. Y. 2d 96；497 N. E. 2d 41；506 N. Y. S. 2d 18；

1986 N. Y. LEXIS 19388；73 A. L. R. 4th 971

1986 年 5 月 28 日庭审辩论

1986 年 6 月 8 日审结

法官：首席法官沃切特（Wachtler），法官梅耶（Meyer）、西门斯（Simons）、卡耶（Kaye）、亚历山大（Alexander）、缇通（Titone）与汉考克（Hancock）。

判决意见撰写：首席法官沃切特

法庭的意见

一个大陪审团指控被告人在纽约地铁上，因为有一两名黑人向其要五美元，因而枪击了四名黑人，因而构成谋杀未遂罪、攻击罪以及其他罪名。下级法院认定，基于正当性抗辩事由，检方的指控不能成立，因此驳回了检方的指控。本庭推翻原判决，判令重新进行上述起诉。

I

本案的情节存在争议，而这一问题最终应由陪审团加以确定。但本庭认为，有必要对相关法律问题的事实背景加以简要介绍。因此，本庭依据大陪审团所接触的证据，对事实加以总结。然而，这里本庭并非要证明被告人具有可责性，或者实际发生了什么。证人的可信度，或者被告人行为的合理性，应该由一审法院确定。

1984 年 12 月 22 日下午，特洛伊·康提（Troy Canty）、达里尔·卡贝（Darryl Cabey）、詹姆斯·莱莫斯尔（James Ramseur），以及巴里·艾伦（Barry Allen）在布鲁克林登上了地铁。这四名年轻人当时乘坐的第七节车厢，位于地铁后部。这四名年轻人中的两人——莱莫斯尔与卡贝，在衣服里藏了螺丝刀，据称是用来撬开录像机投币箱的。

被告人伯纳德·葛缇兹（Bernhard Goetz）在曼哈顿第十四大街上了地铁上四个年轻人所在的车厢。葛缇兹携带了没有登记的点 38 径左轮手枪，并加装了五发子弹。车辆这个时候朝钱伯斯街（Chambers Street）开去。

根据大审判团所面对的证据，康提靠近葛缇兹，可能艾伦此时跟着他，康提对葛缇兹说，"给我五美元"。在这个过程中，康提和其他人都没有展示武器。（转下页注）

（接上页注①）葛缇兹的反应是站起来，拔出枪，迅速开了四枪。第一枪击中了康提的胸膛，第二枪击中了艾伦的背部，第三发子弹击穿了莱莫斯尔的胳膊，并停留在其身体的左侧，第四枪打向卡贝，当时卡贝位于车厢的角落，没有打中，在短暂看了下情况之后，葛缇兹再次向卡贝开枪，子弹从侧面进入其身体，并导致其脊柱受损。

在开枪之后，除了当事人和另两人之外，其他人都离开了这节车厢。车长当时在另外一节车厢，听到了枪响之后他通过电台报告了这一紧急情况。之后，车长走进了枪击发生的车厢，发现被告人坐在椅子上，四名年轻人倒伏在地，还有两名被吓晕的女士，也躺在过道上。被告人告诉车长，那四名黑人年轻人试图抢劫自己。

在车长救助年轻人的过程中，葛缇兹走向地铁前部。列车当时刚刚驶过钱伯斯街，在紧急停车后，葛缇兹跳下车离开了现场。警车和救护车随即到达现场。莱莫斯尔和康提当时虽然受伤严重，但后来痊愈。卡贝瘫痪，并遭受脑部伤害。1984 年 12 月 31 日，葛缇兹在新罕布什尔州向警方自首，供认自己就是九天前在纽约地铁开枪的人。当天，在警方做出米兰达警告之后，葛缇兹做了两次非常冗长的供述，都被录音。这些供述内容大体一致，葛缇兹承认在纽约州非法持有枪支三年。1981 年在遭到袭击受伤后就购买了这支手枪。1981 年与 1984 年，葛缇兹曾经两次通过展示武器吓退了攻击者。

根据葛缇兹的供述，当时这四名年轻人中的一人，即康提坐在自己对面的椅子上，并询问自己"你好吗？"葛缇兹回答"很好"。之后不久，康提和四个人中的另外一个人，走过来，一个人在左，一个人在右，将自己逼到了车厢的一角，康提说："给我五美元！"葛缇兹认为，从当时康提的表情能够认识到这些人想要弄自己。尽管当时他能确定这几个年轻人都没有枪，但仍然依据前面的经验认为自己可能遭到伤害。

葛缇兹当时决定从左至右向这四名黑人青年开枪，当时他就想杀了他们，让他们尽可能地遭到伤害。当康提再次要钱的时候，葛缇兹站起来，拔出手枪，开枪。葛缇兹回忆说当时有两名年轻人似乎想逃，但无处可逃。在接下来射击另外两个人的时候，其中一个人似乎想尽可能地靠在车厢边上，却无处可去。第四个人，也就是卡贝，想假装不是一伙的，因此不看葛缇兹，拉着车厢扶手站立不动，但葛缇兹还是开枪了。然后，他又转回来看之前的两名黑人是否得到了"应有的照顾"。看到二人都被击中之后，他又转回来看后面的青年黑人。因为第四个年轻人还站在过道上看起来没有受伤，因此又向其开枪，导致其脊柱受伤。葛缇兹提出，如果当时能控制的话，就会把枪顶在他们的头上开枪，如果有更多的子弹，就会一遍一遍地向他们开枪。

II

在放弃拒绝引渡权之后，葛缇兹被移交回纽约州，并被指控谋杀未遂以及非法持有武器等罪。1985 年 1 月葛缇兹被提交给大审判团，检方试图指控其犯有谋杀未遂、攻击、轻率导致危险，以及非法持有武器。但没有受害人在大陪审团前作证。之后，被告人因为在车上使用枪支，被指控犯有三级非法持有武器罪（Penal Law § 265.02），同时因为在自己住宅中持有其他两支枪，而被指控其他两项四级非法持有武器罪（Penal Law § 265.01）。但是法官驳回了谋杀未遂等其他罪名的指控。

在大陪审团的决定之后，检方认为自己有新证据，因此经法官同意，获得第二次提交大陪审团的机会。1985 年 3 月 14 日，大陪审团第二次聆讯本案。其中康提和莱莫斯尔出庭作证。葛缇兹未选择出庭作证，而是选择提交在警方处的供述录音。

1985 年 3 月 27 日，大陪审团提出十项指控，包括四项谋杀未遂（Penal Law §§ 110.00、125.25〔1〕），四项一级攻击罪（Penal Law § 120.10〔1〕），一项一级轻率导致危险（Penal Law § 120.25），一项二级非法持有武器罪（Penal Law （转下页注）

（接上页注） § 265.03〔持有上膛的枪支意图非法攻击他人〕）。葛缇兹在 1985 年 3 月 28 日被安排聆讯，并因为前三项指控被剥夺人身自由。

1985 年 11 月 14 日，葛缇兹申请第二次听证过程中所提交的证据不足以作为相关指控的证据，参见 CPL 210.20〔1〕〔b〕，检方所要求的对陪审团的法律指导意见也存在错误，对被告人构成歧视。参见 CPL 210.20〔1〕〔c〕；210.35〔5〕。

1985 年 11 月 25 日，《纽约时报》刊登了对病房中的卡贝的专访，卡贝承认当时 4 个人都试图接近葛缇兹，并试图抢劫。在报道的第二天，一名纽约州的警官告诉检察官，自己进入地铁后，康提告诉他，他们要抢劫被告人。检方立即告知了法庭这一信息，并且告知辩方律师这是自己首次获得这些信息。葛缇兹因此口头扩展了动议的内容，主张根据"纽约州诉皮尔柴特案"（以下简称"皮尔柴特案"），即 *People v. Pelchat*（62 NY2d 97），莱莫斯尔和康提构成伪证罪。

1986 年 1 月 21 日，葛缇兹的动议被法庭驳回。但法庭同时认为，检方对大陪审团关于正当防卫抗辩的法律指导，特别是针对被告人行为合理性的部分存在问题。根据判例，如 *People v. Santiago*，110 AD2d 569〔1st Dept〕，*People v. Wagman*，99 AD2d 519〔2d Dept〕等，法庭认定对正当防卫的判断，应当是一种纯粹主观的判断，只考虑行为人当时的心态。因为正当性事由是本案的核心，因此应当驳回指控。

法庭还认定根据"皮尔柴特案"，必须驳回指控，因为新闻报道以及警官的陈述都强烈表明康提等两人作了伪证。因为大陪审团第一次与第二次聆讯所面临的证据存在矛盾，通过其他证据的佐证，显然大陪审团第二次聆讯受到了伪证的极大干扰。

检方提出上诉，法庭支持了一审的判决。多数派法官认为，对大陪审团的法律指导中，应当明确在正当防卫的认定过程中只能考虑被告人的主观确信。而检方应当告知大陪审团，应当考虑到被告人的相关经历以及认知。没有人考察驳回起诉的"皮尔柴特案"的问题。

持不同意见的法官认为，就正当化事由问题，应当考察被告人的主观认识，以及一个理性人是否在该情况下会产生类似的认识。因此，检方的法律指导并无问题。"皮尔柴特案"问题，也不影响大陪审团考察相关证据。

检方再次向本庭提出抗诉。本庭认为二审中持不同意见的法官对正当化事由的认定，以及关于相关信息不影响大陪审团决定的观点是应该得到支持的。

Ⅲ

刑法第 35 条承认正当化事由抗辩，允许在特定情况下使用暴力，参见 *People v. McManus*，67 NY2d 541，545。而其中的情况之一，就是为了自我防卫或防卫第三人（Penal Law § 35.15）。刑法 § 35.15（1）规定了相关原则：在抗制其合理确信将要对自身或第三方使用非法暴力的人时，行为人可以在他合理确信需要的时候，使用他合理确信必要的暴力。Section 35.15（2）对使用致命暴力进行了限制，除非下列情况存在，否则不得对他人使用致命性暴力：行为人合理确信攻击者将使用致命暴力，或行为人合理确信攻击者正在或将要实施绑架、强奸、暴力鸡奸或抢劫犯罪。Section 35.15（2）（a）还规定，尽管行为人知道如果离开、不使用暴力可以获得安全，仍然可以使用暴力。

因此，和大多数正当性规定类似，刑法相关条文允许在满足相关条件且实施特定反应存在必要性的情况下，使用致命暴力。参见 Robinson，*Criminal Law Defenses*，§ 121〔a〕，at 2。针对相关条件，法律要求行为人合理确信在实施相关重罪，包括抢劫罪时，使用或将要使用致命性暴力。针对使用暴力的必要性，法律要求行为人合理确信这样做可以有效避免威胁。

（转下页注）

（接上页注）因为大陪审团第二次聆讯过程中，葛缇兹宣称要保护自己免受侵害，因此检方正确地根据 Section 35.15 向大陪审团指控被告人。参见 CPL 190.25〔6〕；*People v. Valles*, 62 NY2d 36, 38。同时，检方要求大陪审团认定正当防卫是否适当的要求也无问题。对此，辩方也没有提出任何反对意见。

在检方宣读完起诉书后，有陪审员要求其明确何谓"合理确信"。检方回答，应当综合考察案件情节，从而认定被告人的行为是否为处于相同情节下的理性人会从事的行为。而就是这一回答，特别是其强调理性人标准，成为下级法院不支持指控的理由。如上诉法院多数派意见所言，Section 35.15 中使用的表述是"行为人合理确信"，因此，其意义似乎应该是行为人的主观认知。根据这种解读，陪审团认为不管其他人在该情况下会怎么做，但被告人的确具有相关确信。但这种成文法解读违反了法律的通常含义，特别是合理性的含义，也违反了立法者在制定 Section 35.15 时试图将授权使用致命性暴力纳入客观方面的原意。

纽约州成文法一直以来都承认普通法允许在自卫过程中使用致命性暴力的做法，并将其成文法化，参见 1829 Rev Stat of NY, part Ⅳ, ch 1, tit Ⅱ, § 3; 1881 Penal Code § 205; *People v. McManus*, supra, p.546。虽然这些规定从来没有要求行为人对他人对其构成的威胁的认识是正确的，却一直要求应当具有客观的合理性。1829 年成文法适用的表述一直适用至 1965 年刑法，后者修订了法律表述，认为在自卫或防卫第三人的过程中，使用致命性暴力的条件为实施重罪或者造成人的身体伤害具有合理根据。

在"肖特诉纽约州案"，即 *Shorter v. People* (2 NY 193) 中，本庭强调即使行为人的主观认识存在错误，但是这一错误认识存在客观合理根据，仍然可以在自卫中合法使用致命性暴力。并且明确反对在不考虑客观合理性的情况下，仅仅根据被告人自身的主观确信来判断自卫的充分条件。Id., pp.200-201.

在 1881 年，纽约州第一次制定了单独的刑法典，总体参见 1937 Report of NY Law Rev Commn, *Communication to Legislature Relating to Homicide*, pp.525, 529。1881 年刑法典对自卫或防卫第三人中使用暴力的规定实际上重复了 1829 年成文法，而"合理根据"的表述也得以保留。

1909 年刑法典重复了 1881 年刑法典。1881 年刑法典 Section 205 的部分，也被规定在新刑法的 Section 1055 当中。几个解读 1909 年成文法的判例，都认为客观和理性是自卫的重要构成要件。在"纽约州诉鲁姆斯顿案"，即 *People v. Lumsden* (201 NY 264, 268) 中，本庭认为应当接受的法律指导意见，包括认定是否当时的情况会导致理性人同样认为面临遭到杀害或其他严重身体伤害的危险，参见 *People v. Ligouri*, 284 NY 309, 316, 317。从经验上，本庭不承认行为人对危险的主观确信，因为纯粹的担心、恐惧或传言不能满足成文法的要求 (201 NY, p.269)。在"纽约州诉图姆林案"，即 *People v. Tomlins* (213 NY 240, 244) 中，本庭明确测试标准应为被告人作为理性人，是否确信自己正在面临被谋杀的攻击危险。

因此，法律修正委员会在 1937 年向纽约州立法机关提交的一份报告中，认为自卫要求对迫近的危险的合理确信，而这一点，应当由陪审团通过考察在案发时被告人所面临的情况，来判断其认识是否合理。参见"Communication Relating to Homicide," op. cit., p.814。报告还认为，纽约州并未采取某些州所主张的完全关注于被告人个人认识的纯粹主观说，Id., p.814。

1961 年，立法机构设立了一个专门委员会，负责全面彻底修正刑法典。而这主要受到了美国法学会公布的《模范刑法典》的影响，同时，纽约州立法机构也 （转下页注）

（接上页注）认识到之前的刑法典存在很多过时的规定，参见"Criminal Law Revision Through a Legislative Commission: The New York Experience," 18 *Buff. L. Rev.* 213; "Note, Proposed Penal Law of New York," 64 *Colum. L. Rev.* 1469。基于该委员会提交的报告及建议，纽约州立法机构于 1965 年批准了现行刑法典，而其于 1967 年 9 月 1 日生效。参见 Penal Law part I，其中关于正当化事由部分的规定，即第 35 条，很明显受到了《模范刑法典》的影响。参见 Denzer, "Drafting a New York Penal Law for New York," 18 *Buff. L. Rev.* 251, 252; Wechsler, "Codification of Criminal Law in the United States: The MPC," 68 *Colum. L. Rev.* 1425, 1428。虽然受到了《模范刑法典》的很大影响，但是纽约州的新刑法典并没有书面照搬其规定。

《模范刑法典》中针对自卫中使用致命性暴力的规定，反映出起草者认为，针对是否需要使用致命性暴力进行防卫的认识错误所导致的可责性，并不比针对犯罪要素出现的认识错误所导致的可责性更重，参见 ALI, *MPC and Commentaries*, part I, pp. 32, 34 〔hereafter cited as MPC Commentaries〕; Robinson, "Criminal Law Defenses," op. cit., p. 410。因此，根据 MPC § 3.04（2）（b），被指控犯有谋杀（或谋杀未遂）的被告人，仅仅需要证明其认为自己必须使用该致命性暴力才能保护自己免受死亡、身体伤害、绑架或被强奸的危险。如果被告人的确信是错误的，并且是基于过失或轻率形成的，则可以认定其构成该过失或轻率之罪，参见 MPC § 3.09〔2〕; MPC Commentaries, op. cit., part I, pp. 32, 150。

《模范刑法典》的起草者承认，Section 3.04 中的规定没有包括任何合理性的规定，而其与大多数州的规定，显然存在差别，参见 MPC Commentaries, op. cit., part I, p. 35; LaFave & Scott, Criminal Law, § 53, pp. 393-394。起草者也清楚地认识到，要求行为人合理地确信，而不是确信，将会改变这一整体的主观测试（MPC Commentaries, op. cit., part I, pp. 35-36）。纽约州法律改革委员会也认识到了这一区别。参见"Communication Relating to Homicide," op. cit., p. 814; Robinson, "Criminal Law Defenses," op. cit.; Note, "Justification: The Impact of the MPC on Statutory Reform," 75 *Colum. L. Rev.* 914, 918-920。

纽约州并没有采用《模范刑法典》将针对使用致命暴力的必要性，等同于针对犯罪构成要素错误的做法，而是采用了或构成完整的抗辩事由，或完全不构成抗辩的二分法。新刑法典的起草者，虽然在相关规定上借鉴了《模范刑法典》的做法，却在"确信"之前加入了"合理"的规定。

之前判决中，多数派意见认为，成文法规定将 1965 年之前的"合理根据"（Reasonable Ground）修改为之后的"行为人合理确信"（He Reasonably Believes），证明立法机关试图参照《模范刑法点》中规定的主观认定标准。但是，这一观点忽视了合理性这个词插入的意义。如果纽约州立法者真的要采用主观说，其大可以照搬《模范刑法典》中的规定，而"确信"一词，意味着被告人真诚地确信需要使用致命性暴力，参见 Robinson, "Criminal Law Defenses," op. cit. § 184（b），pp. 399-400。如果像多数派意见那样，认为合理性仅仅是指对行为人的合理，那么与行为人本人的真诚确信很难区分，而在两种情况下，本案的被告人无疑都不需要承担刑事责任。

本庭认为，不能推定立法机构试图改变正当性的根本原则，从而使得那些实施了严重犯罪的人逍遥法外，理由仅仅是其认为自己的行为就排除危害而言是合理的，也是必需的。这就意味着，无论行为人的想法多么不正常或奇怪，都认定行为人无责任的话，就会使得每个人都依照自己的标准行事。这就会使得那些出现幻觉但有行为能力的人无须为其实施的暴力行为负责，从而违反刑法的根本原则。

（转下页注）

（接上页注）我们只能认定，立法机构保持合理性要求的目的，就是避免使得这些人获得合法的资格从事暴力行为。而如持不同意见的法官所言，从"合理根据"到"合理确信"的转变，可以通过纽约州立法机构试图首次在一个规定中对自卫所包括使用普通暴力或致命性暴力加以规定。1909 年刑法及其之前的立法中，使用普通暴力的部分被单独规定，该规定要求被告人事实上是对非法攻击做出反应，而不是其有合理根据，确信攻击正在发生，参见 1909 Penal Law §§ 42, 246〔3〕；*People v. Young*，11 NY2d 274；7 Zett，*New York Criminal Practice*，para. 65. 3。根据《模范刑法典》的规定，纽约州刑法典的起草者也试图消除使用致命性暴力与普通暴力的区别。而这种合并也反映出增加合理性的规定，来包括致命性暴力与非致命性暴力。参见 Zett，*New York Criminal Practice*，§ 65. 3〔1〕，〔2〕；Note，"Proposed Penal Law of New York，" 64 *Colum. L. Rev.* 1469, 1500。

Section 35. 15 保持了对使用致命性暴力的客观正当性要素，也得到了其起草者的佐证。其认为对使用致命性暴力部分的规定，在很大程度上和之前的法律规定一致，唯一的概念的改变也与现在的问题无关，参见 Denzer & McQuillan，Practice Commentary，McKinney's Cons Laws of NY，Book 39，Penal Law § 35. 15，p. 63〔1967〕。没有任何迹象证明，立法机构希望通过合理确信来建构一种纯粹主观的认定标准。相反，法律改革委员会明确将合理确信等同于有合理的根据相信，参见 Penal Law § 35. 30；"Fourth Interim Report of the Temporary State Commission on Revision of the Penal Law and Criminal Code at 17-18，" 1965 *NY Legis Doc* No. 25。

法律中所要求的合理，或者合理确信，是指参照所谓"理性人标准"进行判断或评价的。参见 *People v. Cantor*，36 NY2d 106；*Donovan v. Kaszycki & Sons Con*trs.，599 F. Supp 860, 871；Klotter, Criminal Law, at 312；Fletcher, "The Right and the Reasonable，" 98 *Harv. L. Rev.* 949；57 Am Jur 2d, Negligence, §§ 67, 68。在 *People v. Cantor*，supra 中，本庭讨论了刑事程序法授权警官在其合理怀疑嫌疑人从事、从事了或要从事犯罪时，可以要求其停下来接受检查的合法性问题。本庭认为，只有一个理性人在类似的情况下也会认为存在犯罪行为，才能适用"合理确信"，参见 *People v. Cantor*，36 NY2d，pp. 112-113，supra。

在"纽约州诉克里斯案"，即 *People v. Collice*（41 NY2d 906）中，法庭否定了 Section 35. 15 所包括的是一种完全主观的认定标准的观点。本案被告人在上诉过程中指出，一审法院因为没有能够考虑其所提出的正当化事由抗辩，因此存在错误。本庭支持了一审法院的看法，认为即使被告人真诚确信其在案发当时受到了致命的威胁，但证据也已经证明其所做出的反应并不是一个理性人在自卫的过程中能够做出的合理反应，参见 Id.，p. 907。在本州立法机构效仿《模范刑法典》修订了刑事成文法之后，大量的判例依然与 Collice 案的精神保持一致，即坚持客观的理性人标准，参见 *State v. Kelly*，97 NJ 178，478 A2d 364，373-374；*Weston v. State*，682 P2d 1119，1121〔Alaska〕。

被告人认为，"纽约州诉克里斯案"的相关意见与本庭在"纽约州诉米勒案"，即 *People v. Miller*（39 NY2d 543）中的意见不一致。在"纽约州诉米勒案"中，本庭认定被告人虽然被指控犯有杀人罪，但是可以将其知道死者曾经有实施暴力行为的证据，用来作为支持其主张自卫的根据。而这一抗辩，显然十分强调被告人的主观心态，但这并不意味着主观测试标准就是充分的。Section 35. 15 中的确包括主观测试的要素，这一点是毫无问题的。因此，死者之前的暴力行为，对行为人的主观认识是十分关键的。然而，这一认识与合理性问题无关，陪审团也需要了解被告人所面临的一切信息，参见 *People v. Taylor*，177 NY 237，245；"Communication Relating to Homicide，" op. cit.，p. 816。最后，在"纽约州诉米勒案"中，本庭也明确承认被告人的确信，需要客观的 （转下页注）

纯粹客观的，即还必须考察自卫人所面临的情况。也就是说，理性确信，是指理性人在自卫人所处情况下的确信。① 而理性人标准，被认为代表一种

（接上页注）合理性根据。

葛缇兹将"纽约州诉路德伍德案"，即 *People v. Rodawald*（177 NY 408）作为自己的立论根据，也存在类似的错误。在"纽约州诉路德伍德案"中，本庭认为，被告人可以提出自己在从事防卫行为时获知关于死者具有暴力史的证据。本庭认为，这一事实可以使得被告人判断危险的存在与否，同时帮助其决定是否真的面临生命危险等。参见 177 NY，at 423。这些事实，对被告人来说，显然属于一种主观认识。但是在"纽约州诉路德伍德案"中，本庭并没有认定唯一的测试标准就是这种主观认定标准。相反，我们认识到被告人的认识是否具有客观和理性是一个与此不同的问题。本庭也从没有要求陪审团只考虑被告人的主观认识。参见 177 NY，pp. 423，426-427。

葛缇兹还认为，强调客观要素会导致陪审团不能考察行为人之前的经验，因此使得合理性成为一种纯粹的客观判断。但这种观点错误地假定客观标准意味着不再考虑行为人的背景或者其他相关认知。相反，本庭经常强调，合理性的判断必须建立在被告人的"情况"基础上，参见 *People v. Ligouri*，284 NY 309，316，supra；*People v. Lumsden*，201 NY 264，268，supra，而这并不是仅仅关注可能的攻击者的客观情况，还包括被告人对该人的了解或者认识。进一步而言，被告人之前的经验，将会为其判断其他人在类似的情况下是否会具有类似的判断，提供重要的根据。

因此，应当指导陪审团在评价被告人的行为时，考察此类证据。陪审团首先应当认定被告人是否具有 Section 35.15 所具有的确信，也即是说，是否其认为需要实施致命性暴力，从而免于受到法律所列重罪的侵害。如果检方没有能够排除合理怀疑地证明，被告人并没有此类确信，那么陪审员必须认定这一确信是否合理。在综合考察所有情节的基础上，判断一个理性人是否可以具有上述确信。

检方根据相关情节，指控被告人的行为是否符合合理性人的行为标准，因此是正确的。的确，检方并没有明确告知大陪审团，哪些情节是必须考虑的，特别是诸如被告人之前遭到犯罪侵害的经历等。但是本庭认为，和普通陪审团不同，对大陪审团来说，检方的做法就已经足够了，参见 *People v. Valles*，62 NY2d 36，38；*People v. Calbud*，Inc.，49 NY 2d 389，394；compare，CPL 190.25〔6〕，with CPL 300.10〔2〕。普通陪审团，必须在检方排除合理怀疑的情况下，判断被告人是否有罪，而大陪审团，则是判断是否存在足够的证据，来以特定的罪名起诉被告人，参见 *People v. Calbud*，Inc.，49 NY 2d，p. 394，supra。

在"纽约州诉卡巴德案"，即 *People v. Calbud*，Inc.（supra，pp. 394-395）中，本庭认定，检方针对大陪审团，仅仅需要提供足够的信息，使其能够判断是否存在犯罪，以及判断是否就犯罪的实质要素存在足够的证据。当然，如上所述，在诸如正当化事由是否存在的问题上，检方必须告知大陪审团足够的信息，从而使其能够判断是否存在足够的证据证明正当化事由的存在。检方在本案中，充分履行了上述义务。其法律指导意见虽然不像法官做出的法律指导意见，但是足以让大陪审团对自卫是否存在做出判断。因此大陪审团做出了指控被告人的决定，最终，将由陪审团来决定其是否有罪。

Ⅳ

略。

因此，推翻上诉法院的判决，恢复大陪审团做出的所有指控。

① 参见 Andrew Ingram，"Parsing the Reasonable Person：The Case of Self-defense，" *Am. J. Crim. L.* 39（2012）：435。

道德简化主义。美国著名法学家、哈佛大学法学院前院长艾泽拉·塔耶尔（Ezra Thayer）① 认为，理性人或普通人标准就是陪审团应认定的适当标准。②

其实，在理解这一问题的时候，不能忽视的是"合理"与"理性人标准"之间的跨越性等价适用关系。对此，似乎可以通过《加利福尼亚州司法委员会刑事陪审法律指导》中的规定加以解释。根据规定，法官在法律指导时会告知陪审员，"在判断被告人的认识是否具有合理性的时候，需要综合考虑被告人的所有认识及一个理性人在类似情况下需要考察的情节"。③ 也就是说，理性人标准是司法认定标准，而合理是立法标准。

理性人标准在适用过程中最大的问题在于，美国司法合理性的判断必须建立在被告人的"情况"基础上。④ 问题就出在这里，被告人的情况千差万别，如何将合理性建立在"易变"的被告人情况基础上呢？

概括起来，所谓被告人的情况，可以是一个具有通常理性的被告人面临的特殊情况，却基本上不可能是具有特殊情况的被告人所面临的普通情况。

所谓具有通常理性的被告人面临的特殊情况，是指陪审员在考察被告人自卫的合理性时，可以将被告人之前曾经受过第三方即受害人的朋友的威胁作为证据加以考察。⑤

而所谓具有特殊情况的被告人，是指具有特殊身份，或者罹患特定疾病的被告人。其所可能产生的相关认识，一般情况下，并不能作为影响理性人判断的因素。例如，在"加利福尼亚州诉杰弗逊案"（*People v. Jefferson*）⑥ 中，法官驳回了主张自卫中的理性人标准应当参考罹患精神病的被告人的标准。理由是普通法在认定行为人是否属于理性人时，并不考虑精神病所导致的特殊精神状况。法律规定，精神失常或者心神丧失者，需要像正常人那样对自己的过失行为承担责任。如在"加利福尼亚州诉罗密欧案"（*People v. Romero*）⑦ 中，法官驳回了被告人主张的所谓"理性的帮派成

① 艾泽拉·塔耶尔（Ezra Thayer），1866~1915 年，美国法学家。
② 参见 Ezra Ripley Thayer, "Public Wrong and Private Action," *Harv. L. Rev.* 27（1914）：317。
③ 参见 CALCRIM No. 3470。
④ 参见 *People v. Ligouri*, 284 NY 309（1940）。
⑤ 参见 *People v. Minifie*, 13 Cal. 4th 1055（1996）。
⑥ 参见 *People v. Jefferson*, 119 Cal. App. 4th 508（2004）。
⑦ 参见 *People v. Romero*, 69 Cal. App. 4th 846（1999）。

员"的标准。本案的被告人是帮派成员，而其在街头枪战时杀死了对立团伙的成员。被告人供认，自己的弟弟就在这一地区活动，而自己要照顾好自己的弟弟，他认为自己必须制止受害人，因此，当时除了这样做，没有其他的办法。为了保护弟弟，自己有权这样做。① 的确，很难让一个理性人去体会精神病人或者黑帮分子在特定情况下做出的所谓合理反应。但这并非毫无例外，目前美国司法实践中，可以被用来作为法定证据加以考量的被告人的特殊情况，是在"加利福尼亚州诉汉弗莱案"（*People v. Humphrey*）中被定义的"受殴打妇女综合征"②，或本文所称的"受殴打妇女症候群"。美国司法实践中，虽然存在不同看法，但大体上将"受殴打妇女症候群"视为证明自卫抗辩的一种手段。③ "受殴打妇女症候群"本身并不是谋杀的抗辩事由，也不是一种法律承认的疾病，而只是用来帮助陪审团认定被告人主张自卫的一个抓手。④

从本案开始，如果被告人提供了"受殴打妇女症候群"证据，陪审员应当将所谓合理性的认定建立在被告人的情况基础上，并不是仅仅关注被告人的客观情况，还应包括被告人对防卫对象的了解或者认识。进一步而言，被告人之前的经验等个人感受，将会为判断其他人在类似的情况下是

---

① 参见 Janet Grumer, "Self-defense," *Loy. L. A. L. Rev.* 36（2003）：1575。

② "受殴打妇女综合征"，被定义为妇女被其生活中占据主导地位的男性长期进行精神或肉体虐待，而体现出的一系列共同性特征或症状。参见 *People v. Humphrey*, 13 Cal. 4th 1073（1996）。

③ 所谓"受殴打妇女症候群"是指丈夫对妻子长期虐待导致妻子不堪忍受杀死丈夫的行为。这一概念原本是一个心理学术语，是由暴力周期和习得无助感组成，主要是为了解决受殴打妇女不能以合法手段终结婚姻而提出来的，是牵扯到复杂的刑事政策与伦理的问题，其引发的刑法学问题是受虐待的妇女实施杀伤丈夫的行为能否认定为正当防卫。"受殴打妇女症候群"大体上可以分为三种类型：一是对抗杀人，例如在丈夫实施家庭暴力时将其杀死；二是受虐待的妇女趁其丈夫睡熟或者在非常平静时将其杀死；三是受虐待妇女雇用或者请求第三方杀死其丈夫。参见杨岩《美国刑法中的正当防卫对我国刑法的借鉴意义——以完善家庭暴力防卫权为视角的考察》，《科学经济社会》2016 年第 4 期，第 86 页。

④ 有学者以自卫为例，将正当化事由与免责事由之间的关系，分为六个层级。层级一，标准的自卫行为（正当化事由）；层级二，存在瑕疵的自卫行为，基于真实且合理的认识错误实施过度暴力的行为（部分正当化事由、部分免责事由）；层级三，存在消磁的自卫行为，基于真实但不合理的认识错误实施过度暴力（部分属于正当化事由）；层级四，存在认识错误的自卫（完整的抗辩）；层级五，存在部分合理性的认识错误自卫；层级六，不合理的认识错误抗辩（非抗辩事由）。参见 Michael Dowd, "Dispelling the Myths About the 'Battered Woman's Defense'：Towards a New Understanding," *Fordham Urb. L. J.* 19（1992）：567。

否会具有类似的判断提供重要的根据。这实际上是承认陪审员可以通过被告人的实际认识来证明其"客观"认识的做法。这种考量固然是可以理解的，因为精神病学者将"受殴打妇女症候群"分为数个阶段。第一阶段即"压力聚集阶段"（Tension-Building Phase），在此阶段，施害者往往对受害人进行如打嘴巴、辱骂等程度的身体、精神伤害。在第二阶段，也就是"实际殴打阶段"（Acute Battering Phase），在这一阶段，受害人遭受程度非常严重的殴打。如从被楼梯上推下摔断肋骨，或被用拳头、锤子等工具殴打，或遭到镶了铁掌的鞋踢打、遭到被迫肛交等性虐待。在第三阶段，即"精神折磨阶段"（Loving Contrition Phase），在这一阶段，殴打者往往会承诺停止殴打、请求宽恕等，但因为上述三个过程不断往复升级，受害人遭受极大的身心摧残。[①] 恰恰是"受殴打妇女症候群"这种独有的循环往复结构，才导致受殴打妇女往往可以根据一些迹象合理判断出自己即将遭受身体或精神虐待，这种预测性也得到了心理学专家的证明。虽然对此仍然存在"站在受殴打妇女立场上的理性人"与"理性的受殴打妇女"这类界限模糊的概念，但《加利福尼亚州证据法》（California Evidence Code）[②]，仍特别规定了针对"受殴打妇女症候群"的专家证言作为证据的合法性。[③]

（二）"自卫"的构成条件

在承认可以通过理性人标准解决合理性这一重要的立法规制之后，自卫的实际司法认定又存在哪些问题呢？这里，拟结合加利福尼亚州法[④]以及《加利福尼亚州司法委员会刑事陪审法律指导》中针对自卫杀人的规定以及相关学者的观点，进行说明。

---

① 参见 Rachel A. Van Cleave, "A Matter of Evidence or of Law? Battered Women Claiming Self-defense in Carlifornia," *UCLA Women's L. J.* 5（1994）：217。

② 在刑事审判过程中，检方与辩方皆可提出关于"受殴打妇女症候群"的专家证言，证言可涉及这一症候群的生理、心理或情感后果，或者家庭暴力受害人的行为等，参见 Cal. EvId. Code § 1107（a）。

③ 由于"受殴打妇女综合征"属于人的心理特征，因而在拟制理性人时不应当考虑，但目前司法实践中，涉及"受殴打妇女综合征"的判例在拟制理性人时，法官都会指示陪审团考虑"受殴打妇女综合征"。参见谷永超《英美刑法的理性人标准及其启示》，《中国刑事法杂志》2017 年第 4 期，第 138 页。

④ 参见 Cal. Penal Code § 197-198。

根据加利福尼亚州法①，如果被告人因实施自卫，而正当地实施杀人或意图杀人行为的，不构成谋杀、过失杀人、谋杀未遂、自愿过失杀人未遂等罪名。被告人的自卫行为如果具有合法性，必须满足如下条件。

1. 被告人合理地相信自己面临遭到杀害或者遭到严重身体伤害的危险，或处于遭到强奸、伤害、抢劫或其他残忍及暴力犯罪的直接危险

这一要件，主要讨论危险的迫近性问题。美国刑法学理论一般认为，对迫近的危险，需要考察以下四点：（1）种类，即受攻击或威胁的类型；（2）可能性，即受攻击或威胁的可能性；（3）严重性，即受攻击或威胁的严重程度；（4）时间，即何时受攻击或威胁。② 所谓侵害的种类，主要是指认定侵害的不法类型，在这个问题上，首先需要确定的就是侵害的不法性。例如，在"加利福尼亚州诉哈定案"（*People* v. *Hardin*）③ 中，被告人侵入了某人的住宅，但因为没有按照要求退出，遭到了住宅所有人用锤子的袭击，被告人夺下锤子并杀害了住宅所有人。法官认为，当被告人夺下锤子的时候，其对生命面临迫近危险的担心就应终结。更为重要的是，因为被告人非法侵入了他人的住宅，因此无权行使自卫权。这里就涉及自卫理论中的一个关键问题，即所谓"退却义务"。假设行为人 A，在安全退却非常容易的情况下，却拼死抵抗，同时假设攻击者 B 上了年纪且身体残疾，而 A 也承认自己也认识到当时可以安全退出。如果法律没有规定退出义务，显然 A 的自卫属于法律上合理的抗辩理由。④ 除了法律明确规定，自卫人不承担退却义务之外，普通法中的所谓"城堡原则"（A Castle Doctrine），也赋予物业所有人或居住人不主动退却的权利。例如，在得克萨斯州，自卫人不承担退却义务的规定可以追溯至 1872 年。⑤ 2007 年，该州又重新规定行为人在

---

① 参见 CALCRIM No. 505。

② 参见 Dapo Akande and Thomas Lieflnder, "Clarifying Necessity, Imminence, and Proportionality in the Law of Self-defense," *A. J. I. L.* 107 （2013）：563。

③ 参见 *People* v. *Hardin*, 85 Cal. App. 4th 625 （2000）。

④ 《模范刑法典》规定，住宅拥有者面对侵犯者，即使该人是同居者也没有退却义务，参见 MPC § 3.04（2）（b）（ii）（A）（1962）。亦参见 Kent Greenawalt, "Justifications, Excuses, and a MPC for Democratic Societies," *Crim. Just. Ethics* 17 （1998）：14。

⑤ *State* v. *Kennedy*, 7 Nev. 375 （Nev. 1872）. 转引自 Michael G. Giles, "Special Feature：Elements of a Self-defense Claim in Nevada," *Nevada Lawyer* 22 （2014）：16。

保护自己的家时，不承担所谓退却义务。①

根据《加利福尼亚州司法委员会刑事陪审法律指导》，被告人在自己的家中自卫时，可以不选择退却。在死亡、严重身体伤害或其他残忍及暴力犯罪结束前，被告人可以选择合理必要的方式防卫自己或者他人，即使退却可以保证自身安全的情况下，亦是如此。② 必须指出，"城堡原则"并非一种绝对权利。例如，在"加利福尼亚州诉塞伯罗斯案"（*People v. Ceballo*）③ 中，法官要求，在自己家中实施防卫的被告人所担心发生的重罪必须具有某种残忍性。暴力及残忍的犯罪是指那些本质或者方式合理产生致死或者致人重伤危险的犯罪。根据判例，下列犯罪被认为属于暴力且残忍犯罪：谋杀、伤害、强奸及抢劫。在本案中，法官明确指出，夜盗罪如果没有合理地产生严重身体伤害的危险，就不足以作为剥夺他人生命的理由。因此，尽管成文法中有关于在住宅中实施自卫且不承担退却义务的规定，但如果要为杀人提供正当性的话，被防卫人的侵入必须存在严重身体伤害的危险，或者实施残忍犯罪的危险。按照这一逻辑，当住宅居民实施致命性暴力的时候，仍然存在超越自卫的可能性。

担心迫近的危害，是自卫的实质构成要件。而对危害的担心，必须达到理性人担心的程度。对未来发生的危害的确信，无论被告人认为这种未来的危害多有可能发生以及多严重，都不足以作为充分条件。在"加利福尼亚州诉阿里斯案"（*People v. Aris*）④ 中，法官认为，所谓迫近，意味着危险存在，或者在被告人看来马上就要出现致命伤害的一瞬间。换句话说，对被告人来说，危险必须迫在眉睫，而不是未来的某种预期，是必须马上处理的危险。也就是说，不能因为单纯的担心或预测，就实施防卫行为。对此，可以适用之前的所谓理性人标准加以确定。但如前所述，"受殴打妇女症候群"会导致理性人标准适用过程中，要从受殴打妇女的角度来认定。在"加利福尼亚州诉汉弗莱案"（*People v. Humphrey*）⑤ 中，被告

① 参见 Mitchell N. Berman, "Justification and Excuse, Law and Morality," *Duke L. J.* 53 (2003): 1.

② 参见 CALCRIM No. 506。

③ 参见 *People v. Ceballos*, 12 Cal. 3d 470 (1974)。

④ 参见 *People v. Aris*, 215 Cal. App. 3d 1178 (1989)。

⑤ 参见 *People v. Humphrey*, 13 Cal. 4th 1073 (1996)。

人在 7 岁至 15 岁期间遭到自己父亲的猥亵，之后又受到其他人的虐待。在被告人与其丈夫的关系中，丈夫经常残忍地殴打她，并威胁杀死她，案发当天，丈夫还向她开枪，几乎击中她。后来，两人开车来到一座山里，在此，丈夫告诉被告人，这里是杀死被告人的好地方。但是，被告人杀死丈夫是在争执之后而非争执过程中。当时，她的丈夫并未持有武器，也没有公开威胁受害人。但基于受殴打妇女对危险的判断，在这种情况下，陪审团仍然肯定了危险的迫近性。值得强调的是，这种认定方式，仅限于"受殴打妇女症候群"。对迫近性的理解，除了上述情况之外，法庭通常的理解则较为限缩。①

2. 被告人合理确信有必要马上采取致命暴力行为来抗制这种危险

这一要件，主要讨论所谓必要性的问题。针对必要性的问题，除了涉及之前谈到的理性人标准之外，更为重要的是对必要性的理解，这里的必要性，主要是指防卫行为的发动时间问题。在"加利福尼亚州诉弗兰纳尔案"（*People v. Flannel*）② 中，当事人曾经交恶，被告人在威胁受害人后枪杀了受害人，但声称自己当时坚信受害人正在从衣服口袋中掏刀。这一理论虽然与激情杀人抗辩类似，但不同的是，激情杀人是作为证据证明被告人不具有谋杀罪所需要的犯意。因此，其是作为证据存在的。而自卫，并非否定犯罪要素。被告人承认其有杀人的故意，但是其故意杀人具有正当性。其实，本案涉及的问题是，结合案件相关证据，如果适用理性人标准能够认定存在危险的迫近性，是否需要在对方未拿出刀之前开枪射杀对方，也即是本案中防卫是否必要的问题。另外，一个可以勉强纳入防卫必要性考虑的问题，就是美国刑法理论与实践一般要求，防卫人不能是主动发起攻击的人。攻击者在面临受害人的反抗时，不得援引自卫原则为其压制反抗的行为寻求正当性。③ 但这并不是绝对的，如果攻击者意图结束争斗，并将这一信息传递给受害人，但受害人继续攻击的，攻击者就丧失了发起者的地位，可以针对之后受害人的攻击行为实施

---

① 参见 Janet Grumer, "Self-defense," *Loy. L. A. L. Rev.* 36 （2003）: 1575。

② 参见 *People* v. *Flannel*, 603 P. 2d 1 （Cal. 1979）。

③ 参见 *In re Christian*, S. 7, Cal. 4th 768 （1994）。

自卫。① 另外，如果受害人的反抗程度升级，攻击者也可以合法自卫。② 在这种情况下，其实涉及自卫成立的第三个要件，即所谓比例性问题。

3. 被告人使用的暴力水平并未超过抗制危险的合理程度

在"加利福尼亚州诉贝茨案"（People v. Bates）③ 中，被告人与受害人在被告人餐厅的厨房里发生了冲突。受害人夺下了刀，刺中了被告人的屁股。被告人夺下了刀，然后连续猛刺受害人的背部，杀死了被害人。法庭认为，自卫可以用来排除暴力侵害，但并非用来施加报复。虽然受害人攻击在前，但是法院认定，被告人没有理由剥夺受害人的生命。法庭认为，如果防卫的力量显著失衡，就会导致防卫丧失正当性。④

所谓比例性原则，是指被告人使用的暴力水平并未超过抗制危险的合理程度。在防卫人面临被杀害或者遭到严重身体伤害的危险，或处于被强奸、伤害、抢劫或其他残忍及暴力犯罪的直接危险时⑤，可以行使所谓无限防卫权，即可以使用包括杀人在内的防卫手段。甚至对侵害者而言，如果其使用的并非致命性暴力，而被侵害者在防卫时突然使用致命性暴力的，侵害者可以使用致命性暴力进行再防卫。⑥

但问题显然并非如此简单。虽然姑且可以认为在不涉及剥夺生命的普通自卫过程中，对适当性可以通过社会一般人标准加以认定。但在涉及无限自卫权的案件中，适当性原则的理解与建构却成为十分棘手的问题。对此，将在下文专门论述。

（三）作为正当化事由的"自卫"之适用及反思

在承认可以通过理性人标准解决合理性这一重要的立法规制之后，自卫的实际司法适用主要需要解决的是防卫人出现认识错误的情况下，对其行为如何定性的问题。具体而言，可以将其概括为如下几个方面。

---

① 参见 CALCRIM No. 3471。
② 参见 People v. Quach, 116 Cal. App. 4th 294（2004）。
③ 参见 People v. Bates, 256 Cal. App. 2d 935（1967）。
④ 参见 Janet Grumer, "Self-defense," Loy. L. A. L. Rev. 36（2003）: 1575。
⑤ 参见 CALCRIM No. 505。
⑥ 参见 People v. Quach, 116 Cal. App. 4th 294（2004）。

1. 防卫瑕疵与免责之间的区分

加利福尼亚州法规定，将谋杀定义为基于事先恶意实施的故意杀人的行为。证明具有事先恶意的方式之一，即在于证明不存在相关挑衅。因此，在有证据证明存在充分的挑衅时，可以将谋杀减轻为过失杀人。在有合理根据相信存在自卫必要时，实施谋杀的，具有正当性。对此，存在主观与客观的判断标准。如果被告人基于诚实及合理的确信，认为其需要实施致命性暴力的，就具有正当性。加利福尼亚州最高法院曾判定，当被告人证明自己真诚确信自卫的必要性，但是没有满足合理性要求的时候，不构成谋杀罪，而构成过失杀人罪。① 在两种情况下，虽然行为都导致了死亡的结果，且都最终被认定为过失杀人，却存在本质不同，换句话说，前者是在犯罪成立前，就犯意进行的一种减轻，进而根据减轻了的犯意，认定较低层级的犯罪。在后者，是在谋杀罪成立的情况下，基于自卫瑕疵将其降格为过失杀人。但这种逻辑却往往会导致学理上的混淆，例如，对这种情况，弗莱彻等学者就认为，防卫错误更像是一种免责事由。②

有判例③认为，虽然加利福尼亚州立法进行了修改，废除了"缺乏责任能力抗辩"，但没有迹象证明立法机构要废除所谓"自卫瑕疵"（Imperfect Self-defense），也就是说，自卫人真诚确信存在迫近的致命危险，继而实施了自卫行为，但这种确信不具有客观合理性的情况。在本案中，法官明确，自卫瑕疵原则与缺乏责任能力抗辩存在显著区别。被告人虽然具有主观确信，却因为缺乏客观合理性，导致其自卫存在瑕疵，但自卫瑕疵因为缺乏事先恶意，因此认定不构成谋杀。被告人可构成自愿性过失杀人（如果被告人在杀人时具有杀人故意），或非自愿性过失杀人（如果被告人并没有杀人故意）。尽管加利福尼亚州立法机构禁止陪审团考察被告人形成犯意的能力问题，但是并没有禁止其考察形成特定故意的条件。④ 因此，

---

① 参见 Rachel A. Van Cleave, "A Matter of Evidence or of Law? Battered Women Claiming Self-defense in California," *UCLA Women's L. J.* 5 (1994)：217。

② 参见 Kenneth W. Simons, "Self-defense, Mens Rea, and Bernhard Goetz," *Colum. L. Rev.* 89 (1989)：1179.

③ 参见 *In re Christian S.* 7 Cal. 4th 768 (1994)。

④ 参见 Janet Grumer, "Self-defense," *Loy. L. A. L. Rev.* 36 (2003)：1575。

其并非是作为降低犯意层级的证据适用的。所有自卫都涉及预测，即对使用暴力的预测。虽然缺乏了自卫的刑法让人无法想象，但其中所包括的很多不确定性却使得在定义或运用这一概念时遇到了诸多困难。自卫包括主观要素与客观要素。也即是说，被告人必须实际确信需要防卫迫近的危害，而被告人的确信必须从被告人的角度来看，符合理性人的合理确信。如果满足这两个条件，则可以成立自卫。如果确信存在，但在客观上缺乏合理性，则属于自卫瑕疵。在这种情况下，被告人构成过失杀人，而非谋杀。在杀人案件中，自卫的主观要素要求被告人真诚确信自己的生命面临迫近的危险，并且只能基于这种担心。可以考察被告人所面临的具体情况以及心态。被告人需要证明自己的防卫心态，因此，其需要提供证据证明自己担心生命受到威胁。诸如性格证据、第三方的威胁，或者被告人的心态等证据，都与证明被告人面临迫近危害的情况相关。在证明被告人的主观认知时，可以传召专家证人。①

因此，应该说，自卫瑕疵中，对自卫行为的不完全犯罪化满足的是一种折中了的社会需求。一方面，需要确保自卫的存在。刑法离不开正当防卫，惩罚自卫者显然与大众直觉相矛盾。的确，道德哲学在解决相互冲突的道德观点时，往往力不从心。②但保留自卫，容忍在危险完全出现前实施积极的自卫行为③，就会存在出现错误的可能。因此，必须要对那些存在瑕疵的自卫行为做出合理处置，才能满足社会一般的法律预期，更可以避免自卫被恶意滥用的可能。从这个意义而言，自卫瑕疵的处理结果虽然类似于免责抗辩，但从存在前提、适用过程看，仍然可以被视为自卫理论的一种合理补足。

2. 自卫的正当性与防卫动机

自卫，需要与"自保"（Self-preservation）相互区分。所谓"自保"，

---

① 参见 David Gauthier, "Self-defense and the Requirement of Imminence: Comments on George Fletcher's Domination in the Theory of Justification and Excuse," *U. Pitt. L. Rev.* 57 (1996): 615。

② 参见 Claire Oakes Finkelstein, "On the Obligation of the State to Extend a Right of Self-defense to Its Citizens," *U. Pa. L. Rev.* 146 (1999): 1361。

③ 如果方式非常令人愤怒或者粗野，那么即使是非常轻微的接触，哪怕仅仅是和衣服接触，也已足够。这种接触不需要造成任何痛苦或任何种类的伤害。参见 CALCRIM No. 3470。

是指面临生命危险时，通过牺牲无辜的人来保障自己的生命。自保实施杀人的，可能是错误的，缺乏正当性的，甚至可能不具有免责性。① 在区分自卫与自保的过程中，动机可能发挥非常重要的作用。②

尽管美国的自卫法中，并非没有涉及自卫人的主观认识。相反，如果自卫人的认识是合理的，不需要危险实际存在。如果陪审员认为自卫人之前受过被害人的威胁，在认定自卫人的行为或者认识是否合理时，可以将其考虑在内。③ 但这却没有考虑自卫人的动机问题。缺乏了动机，实践中就会存在某些非常冷酷的机会主义者将自卫法作为杀人权的可能。例如，之前提到的"纽约州诉葛缇兹案"中，最大的问题即在于其动机。很多证据证明，葛缇兹是个种族主义者，曾扬言要清除第十四大街上的黑人。这也导致其在实施所谓防卫的过程中，表现出惊人的冷血与算计。④ "纽约州诉葛缇兹案"发生在纽约犯罪率居高不下期间，又因为本案涉及复杂的种族关系等，而成为社会意见分歧严重的敏感案件。而该案的审理，借由正当化事由理论，成为纽约州刑事政策及犯罪对策等问题的分水岭。⑤

如果 X 在不知道 Y 要杀死自己的情况下，实施了杀害 Y 的行为，但是未遂，X 的可责性显然不容否认。⑥ 但这种情况与可罚的自卫也有区别，可罚的自卫，如上所述，自卫人并无可责性。但对 X 的可责性应该如何理解？如果需要扩展至危害结果之外，那么是否应当将动机考虑在内？

罗宾逊教授坚持认为，实施自卫的理由或动机并不重要，只要造成的危

---

① 自保的名案例莫过于落难海员吃人案，参见 The Queen v. Dudley & Stephens, 14 Q. B. D. 273 (1884)。被告人被指控在船难后谋杀并且吃人，但被告人宣称其行为是必需的，否则剩下的 3 个人都将饿死。审理本案的法官认为，"我们经常不得不设立我们无法达到的标准，规定我们无法满足的规则。但是行为人没有权利认为诱惑可以作为免责理由，尽管其本人或许已经向诱惑屈服，我们也不能允许犯罪的激情改变或者弱化犯罪的定义。尽管本案并没有区分正当化事由和免罪理由"。参见 Mitchell N. Berman, "Justification and Excuse, Law and Morality," Duke L. J. 53 (2003): 1。对此案，将在下一部分加以详细评介。

② 参见 Carissa Byrne Hessick, "Motive's Role in Criminal Punishment," S. Cal. L. Rev. 80 (2006): 89。

③ 参见 CALCRIM No. 3470。

④ 参见 Stephen L. Carter, "When Victims Happen to Be Black," Yale L. J. 97 (1988): 420。

⑤ 参见 Stacy Caplow, "The Gaelic Goetz: A Case of Self-defense in Ireland," Cardozo J. Int'l & Comp. L. 17 (2009): 1。

⑥ 参见 Francisco Munoz Conde, "Putative Self-defense: A Borderline Case Between Justification and Excuse," New Crim. L. R. 11 (2008): 590。

害结果较小，就可以获得正当性。这意味着如果 X 故意杀死 Y，但没有认识到 Y 将要杀死 X，X 的行为仍将具有正当性。这种行为，是否属于自卫显然存疑，但如果恪守行为或者危害理论，不考虑动机的话，显然还会产生矛盾。从这个角度来看，单纯客观考察危害结果，容易导致自卫丧失或者缺少正当性这一本质属性。强调理由或者强调防卫动机，应当成为自卫区别于其他正当化事由的根本特征。但是，如果说自卫杀人与仇恨杀人仅仅因为理由不同，导致的结果却存在显著区别，并没有回答为了防卫而杀人具有道德上的善。良好的动机，应当是利他而非利己。没有谁的生命比其他人的生命更重要。[①] 因此，虽然动机可以帮助理解正当性，特别是存在瑕疵的正当性，但是自卫往往涉及剥夺他人的生命，恰恰因为自卫的动机，使其具有价值中性，至少不具有防卫他人等道德上的善。这也说明，在讨论正当性事由时，不能一味认定其具有所谓道德上的强势地位，这也为进一步反思自卫等正当化事由的存在根据、认定标准与司法适用，提供了新的视角。

3. 自卫的正当性与法益衡量

对自卫的正当性的考察，无非是一种对比，即将自卫造成的危害与其避免的危害进行对比，或者将自卫造成的危害与实施自卫的根据进行对比。[②] 如前所述，自卫往往是在侵害行为未发生的情况下进行的，这就意味着针对某种威胁，可以实施剥夺生命的所谓正当行为。在这个过程中，又在强调所谓社会一般人的客观标准，因此，单纯对比法益，从结果主义的理论来看，成功的自卫很可能不是会产生净社会利益的行为[③]。如果是这样的话，那么就很难根据客观的法益平衡，讨论自卫的正当性。

另外，很多情况下，对所谓不退却的自卫权利规定，使得自卫人在某些存在安全退出可能性的情况下，仍然可以合法使用十分残酷的手段进行自卫。这种自卫方式虽然往往可以得到刑法的承认，但是无论从法益的平衡，还是从防卫人的动机看，都缺乏道德根据。这就意味着，这种自卫具备合法

---

① 参见 Alan M. Dershowitz，"Torture Without Visibility and Accountability is Worse Than with It，" *U. Pa. J. Const. L.* 6 （2003）：326。

② 参见 Kenneth W. Simons，"Self-defense：Reasonable Beliefs or Reasonable Self-control？" *New Crim. L. Rev.* 11 （2008）：51。

③ 对法益的对比，可参见下文对必要性原则（紧急避险问题）的讨论。

的正当性事由，却缺乏刑法的根本属性，即道德属性。一旦认定自卫行为缺乏道德上的正当性，因此具有道德可责性，就必然导致法律承认行为具有正当性的原因是出于政策考虑。这就意味着，学者们致力研究的正当化事由和免罪理由之间的区别变得意义不大。无疑，抗辩事由的形成原因，是根据很多因素与考量所产生的，而其中最为重要的区分标准，如前所述，就是考察行为是否具有道德错误性，是否行为人尽管从事了道德上的错误行为，却不具有道德可责性。[①] 这就使得对抗辩加以类型化变得十分该当质疑。

在自卫语境中，被告人通过牺牲他人的生命来挽救自己的生命。对此，可以通过弱化攻击者生命价值的方式理解。但这又会导致生命的道德价值问题。一方面，很难对一个人的价值，因为过错或者一个事件而盖棺定论。但这是否意味着，需要实时的评估？是否需要对防卫者的生命价值也进行评估？如果防卫者也曾经是攻击者呢？[②] 从规范理论（Normative Theory）[③] 的角度来看，所有生命都应当被同等对待。

另外，除了减少攻击者生命价值之外，还可以增加防卫者的生命价值，一般认为，攻击会导致社会丧失安定感。因此可以通过牺牲个人生命来维持安定感。但将社会危害性导入思考，将会导致自卫的比例性原则出现动摇。这意味着相对自卫者，攻击者永远处于劣势地位。[④]

在自卫法中没有定义动机是明显存在问题的。但如果将自卫视为抗制社会的私暴力，则可以多少抵销这一担心。无论如何进行法律规制，人的主观心态还是会发生变化。[⑤]

---

① 参见 Mitchell N. Berman, "Justification and Excuse, Law and Morality," *Duke L. J.* 53 (2003)：1。

② 参见 Kenneth W. Simons, "Self-defense：Reasonable Beliefs or Reasonable Self-control?" *New Crim. L. Rev.* 11 (2008)：51。

③ "规范理论"（Normative Theory），作为分析法律问题的一种具体方法，具有如下几种特征。首先，催生跨学科、跨领域的互动关系。法律分析和经济学、哲学、心理学、宗教以及其他的非法律学科结合紧密，借此引发了政策争论的学术性；其次，这种分析必须是规范性的，单纯的描述性方法遭到摒弃。在其支持者看来，法律问题的解决应被纳入一个具有全球性的统一理论当中来分析。因此，规范主义经济学家或许会将功利主义理论作为有效分析的基础。参见 Catharine Pierce Wells, "Why Pragmatism Works for Me," *S. Cal. L. Rev.* 74 (2000)：347。

④ 参见 Jeremy Waldron, "Self-defense：Agent-neutral and Agent-relative Accounts," *Cal. L. Rev.* 88 (2000)：711。

⑤ 参见 John Gardner, "Fletcher on Offences and Defences," *Tulsa L. Rev.* 39 (2004)：817。

学者长期以来认为自卫需要满足两个条件：必要性原则以及比例性原则。而其包括诸如攻击的迫近性、防卫力量的程度限制、退却的要求、非主动攻击者原则等。如果面临迫近的致命威胁，这种威胁不能通过非致命性暴力加以避免，其也不是最初的攻击者，没有可以退却的安全地带，就可以实施正当防卫，甚至自卫杀人。但是，如何面对攻击者是无辜的这种极端情况呢？这种情况中，如果坚持道德理念，就会遇到一种不明确的状态。[1] 如果不是对比危害结果这一客观事实，而是对比社会危害性这种规范性概念，势必引发判断主体、判断标准等一系列问题。

如果说个人加入社会的代价，是彻底放弃自卫权，显然缺乏合理性，也是不明智的。所谓不明智，是指个人加入社会，显然是为了获得个人安全。在面对致命攻击的时候，如果个人没有自卫权，显然与其加入社会的初衷存在冲突。因此，在政府无法提供合理保护时，个人必须有权自保。对此，从纯粹社会契约论的角度，可以认为，在这个时候，社会不复存在，公民又回归到了原始时代。[2] 因此，对自卫的正当化根据，似乎应当摆脱一般社会价值的评价体系与评价标准，将其回归到"前社会"的语境下加以反思。

这里，并没有讨论通常与自卫相伴生的防卫他人，就是为了突出自卫本身的矛盾性特征。但因为自卫的不可或缺性，虽然其在客观法益平衡或者主观道德责难方面，从社会评价的角度都存在问题，仍然可以将其视为正当化事由的一种表现形式，即实质上否认自卫的犯罪性。

第二节　可责性的免除

刑法存在的前提，即在于尊重个人自由。[3] 正是由于免责事由与行为人本身的密接性，因此才需要就免责事由进一步加以探讨。何谓刑法当中的免责事由？

---

[1] 参见 Paul H. Robinson, "Criminal Law Defenses: A Systematic Analysis," *Colum. L. Rev.* 82 (1982): 199。

[2] 参见 Benjamin C. Zipursky, "Self-defense, Domination, and the Social Contract," *U. Pitt. L. Rev.* 57 (1996): 579。

[3] 参见 John Robinson, "Crime, Culpability, and Excuses," *ND J. L. Ethics & Pub. Pol'y* 10 (1996): 1。

　　《加利福尼亚州司法委员会刑事陪审法律指导》将抗辩事由分为四种，即 A. 一般抗辩事由（General Defenses），包括不在场①、受胁迫②、必要性抗辩③、意外事件④、父母责罚权⑤、事实认识错误⑥、

---

① 检方必须证明被告人案发时在场，并且实施了被指控之罪。被告人并不需要证明自己案发时不在现场。如果陪审员对被告人案发时是否在场产生了合理怀疑，则必须认定其在案发时不在场。然而，如果被告人帮助、教唆或与其他人共谋实施这或这些犯罪，则被告人可以构成被指控之罪，如果陪审员认定被告人帮助、教唆或与其他人共谋被指控之罪，即使其案发时不在场，仍然可以认定其实施了被指控之罪，参见 CALCRIM No. 3400。根据判例，被告人虽然无须证明不在场，但是如果他提出了足以引发陪审团合理怀疑的不在场证据，并且该证据确实引发了对于在场与否的疑问，他有权获得无罪判决。因此，如果法庭做出下列法律指导，就是错误的：（1）必须通过压倒性证据证明被告人不在场；（2）不在场证据必须说服陪审团相信被告人是无辜的；（3）陪审员不能重视不在场的证言；（4）和其他证据相比，陪审员必须更为严格或者更不严格地检视不在场证据，参见 *People v. Costello*, 21 Cal. 2d 760（1943）。

② 参见 CALCRIM No. 3401。将在后文详述。

③ 参见 CALCRIM No. 3403。

④ 如果被指控犯罪要求证明犯意，而被告人的作为或不作为并没伴随有法律所要求的犯意，则被告人不构成被指控之罪。除非陪审员可以排除合理怀疑地证明，被告人的行为具有法律所要求的犯意，否则不能认定其有罪。如果被指控犯罪要求证明犯罪过失，如果被告人的作为或不作为并没伴随有法律所要求的刑事过失，则被告人不构成被指控之罪。除非陪审员可以排除合理怀疑地证明被告人的行为具有法律所要求的刑事过失，否则不能认定其有罪。刑事过失将在其他的法律指导意见中加以界定。CALCRIM No. 3404. 根据判例，针对犯罪行为所适用的"不幸事件"类似于从事合法行为时所发生的"意外事件"，参见 *People v. Gorgol*, 122 Cal. App. 2d 281（1953）。

⑤ 父母、监护人或其他有权合法责罚儿童的人，在适用具有正当性的暴力或其他具有正当性方式实施惩戒儿童时，不构成被指控犯罪。如果一个理性人认为在当时的情况下适用上述惩罚措施是必要的，使用暴力或其他具有正当性方式实施惩戒儿童的行为，就具有正当性。参见 CALCRIM No. 3405。根据判例，合理的教育行为包括基于教育目的在特定地点剥夺对方的自由。然而，基于非法目的或意图威胁儿童的健康和安全的目的，并不能作为合理剥夺自由的根据。参见 *People v. Checketts*, 71 Cal. App. 4th 1190（1999）。

⑥ 如果被告人合理地因为并不知道相关事实产生了事实认识错误，从而不具有法律对该犯罪所要求的犯意心态，则其不构成被指控之罪。如果被告人的行为根据（被告人对事实的合理认识）属于合法，则不构成被指控之罪。如果陪审员认定被告人相信被指控的犯罪事实，并且如果陪审员认定该认识是合理的，则被告人不具有被指控的犯罪所要求的具体犯意或心态。如果陪审员针对被告人被指控之罪的犯意产生合理怀疑，必须认定其不构成被指控之罪。参见 CALCRIM No. 3406。根据判例，在下列情况下，针对相关犯罪，事实认识错误不得作为抗辩事由：非自愿过失杀人，参见 *People v. Velez*, 144 Cal. App. 3d 558（1983）；针对未成年人提供大麻，参见 *People v. Lopez*, 271 Cal. App. 2d 754（1969）；向未成年人销售麻醉品，参见 *People v. Williams*, 233 Cal. App. 3d 407（1991）；针对不满 14 岁儿童实施的加重型绑架犯罪，参见 *People v. Magpuso*, 23 Cal. App. 4th 112（1994）；21 周岁以上与 16 周岁以下实施非法性交或口交的，参见 *People v. Scott*, 83 Cal. App. 4th 784（2000）；对不满 14 岁的儿童实施淫秽行为的，参见 *People v. Olsen*, 36 Cal. 3d 638（1984）。（转下页注）

作为抗辩事由的法律认识错误①、警察陷阱（Entrapment）②、时

_____

（接上页注⑥）如果有证据证明，被告人不自愿地吸食了致幻剂，被告人有权要求法庭针对事实认识错误作为一个法律问题进行法律指导。例如，有被告人在不自愿吸食致幻剂后，产生幻觉：自己成为秘密情报人员，因此需要偷一辆车从而挽救自己和自己的战友。法庭认为，尽管被告人的事实认识错误不合理，但如果被告人处于幻觉，而且其幻觉是真实的，其行为基于必要性原则就具有正当性。如果不是处于幻觉，这种事实认识错误显然无法成立，参见 *People v. Kelly*，10 Cal. 3d 565（1973）。另外，如果被告人主张基于精神疾病产生了事实认识错误的，往往得不到支持。如被告人被指控严重伤害了一名儿童，该罪属于概括故意犯罪。当时被告人处于幻觉，认为自己的儿子是邪恶的大鸟。但法庭认为，可以适当地排除被告人罹患精神疾病的证据，因为其无法作为形成事实认识错误的基础。参见 *People v. Gutierrez*，180 Cal. App. 3d 1076（1986）。

① 如果被告人认为自己的行为不违法，或认为自己的行为是合法的，不能用作被指控犯罪的抗辩事由。参见 CALCRIM No. 3407。根据判例，被告人在犯罪时没有认识到自己的行为违法，不属于抗辩事由，参见 *People v. Vineberg*，125 Cal. App. 3d 127（1981）。即使被告人基于律师的建议，认为之前的判决是轻罪，但这不能作为针对重罪罪犯持有武器的抗辩，参见 *People v. McCalla*，63 Cal. App. 783（1923）。但法律认识错误，并非绝对不可以作为抗辩事由。如果被告人诚实确信，认为其他州做出的禁令不适用于加利福尼亚州，则可以将其作为违反儿童监护法的抗辩事由，参见 *People v. Flora*，228 Cal. App. 3d 662（1991）。被告人不知道在加州进入商店使用假支票的行为属于夜盗，但这并不能作为重罪谋杀的抗辩事由，参见 *People v. Smith*，63 Cal. 2d 779（1966）。法庭认为，针对具体犯意犯罪，如果被告人针对法律身份或权利的诚实确信出现了认识错误，可以作为抗辩。例如基于诚实确信，被告人认为其有权使用自己客户的黄金储备来购买未来合约，可以作为抗辩，参见 *People v. Vineberg*，125 Cal. App. 3d 127（1981）。被告人对自己有权购买身份的诚实确信，可以作为贪污罪的抗辩事由，参见 *People v. Stewart*，16 Cal. 3d 133（1976）。

② 美国刑法中的警察陷阱或警察圈套，是指警察、司法人员或者其代理人为了获得指控某人犯罪的证据而积极诱使他实施某种犯罪行为的行为。在这种情况下，被指控人可主张自己的犯罪行为是在警察、其他司法人员或者他们的代理人诱使下产生的，并以此做免罪辩护，这就是所谓的"警察陷阱抗辩"。根据美国联邦最高法院的相关判决，警察陷阱或警察圈套的成立需满足如下几个条件。首先，诱使者只能是警察、其他司法人员或者是他们派出的线人。普通公民不能成为设圈套者。其次，警察、其他司法人员或者他们的代理人不仅提供了犯罪机会，还必须以积极行为去诱使被告人实施犯罪。最后，还要考虑被告人的心理状态。一般认为，被告人的犯罪念头应该不是原先就有的，而是由于司法人员的引诱才产生的。参见杨建勇、郭海容《美国刑法中的警察圈套合法辩护》，《法学杂志》1999 年第 2 期，第 47 页。警察陷阱属于抗辩事由，被告人有义务通过压倒性证据证明这一抗辩。这一标准不同于排除合理怀疑的证明标准。如果要满足这一标准，被告人必须证明其更有可能是被陷害了。如果执法人员或其代理人使得一个通常守法的公民从事犯罪，该公民参与共谋就是被陷害。某些警察陷阱的例子，包括反复纠缠、欺诈或胁迫、持续或反复的要求、诉诸友情或同情。另外的例子是吸引平时守法的人共谋实施犯罪的情况，如保证行为合法，或者犯罪不会被发现，或者提出异乎寻常的引诱，或类似的行为。如果执法人员或其代理人，只是给了被告人一个从事犯罪的机会，或者仅仅是试图通过合理且有限的方式，获得被告人的信任，则该行为不属于警察陷阱。在评价这一抗辩的时候，陪审员应当主要关注执法人员的行为。然而，在认定 （转下页注）

效①等；B．"责任能力削弱抗辩"（Impairment Defenses），包括丧失意

（接上页注②）被告人的行为是否会导致普通守法者从事犯罪的时候，应当考虑全部情节，包括犯罪前发生的事件、被告人对执法人员要求的反应、犯罪的严重程度，以及否则，执法人员调查犯罪的困难程度。在认定是否被告人遭遇陷阱时，考虑一个合法公民在类似的情况下会怎样做。这里所指的代理人是指受到执法官员要求、建议或指令的人。不需要该代理人知道执法人员的真实身份，或者该代理人认识到该人的真实身份是执法人员。如果被告人证明其因为警察陷阱而更有可能没有实施被指控之罪，如贪污，则不能认定其犯有被指控之罪。参见 CALCRIM No. 3408。根据判例，使用"使用策略、刺激或者诱饵"来刺激犯罪行为，并不构成警察陷阱，只要并没有采用压力性或压倒性行为，使用未成年但看起来成年的诱饵来向未成年人销售酒精类饮料，并不构成警察陷阱，因为在这个过程中并没有使用压力性行为，同时被告人可以使用通常检查身份证的方式保护自己。参见 *Provigo Corp. v. Alcoholic Beverage Control Appeals Board*，7 Cal. 4th 561（1994）。而诱饵不明智的行为也构成赋予被告人获得针对警察陷阱的法律指导，参见 *Bradley v. Duncan*，315 F. 3d 1091（9th Cir. 2002）。在司法实践中，尽管被告人可以在有罪的时候提出警察陷阱抗辩，但也可以同时提出否认自己有罪的抗辩。例如，被告人可以否认其行为满足犯罪的各个构成要素，同时认为其行为受到执法人员的陷害，参见 *People v. Perez*，62，Cal. 2d 769（1965）。

① 检方只有在被告人实施、被发现或应当被发现犯罪的法定时限内起诉的，才能认定被告人犯有被指控之罪。检方有义务通过压倒性证据证明，检方在法律时限内提起诉讼。这与排除合理怀疑证明标准不同，满足这一标准，检方必须证明检方的起诉在时效之内。如果检方没有满足这一证明义务，就必须认定检方的起诉违反了时效要求。除了该当死刑或终身监禁的贪污没有追诉时效之外，参见 Pen. Code，§ 799，其他犯罪，都规定有追诉时效，如除法律有其他规定之外，该当 8 年以上监禁刑的犯罪，追诉时效为 6 年，参见 Pen. Code，§ 800。另外，大量的犯罪是根据其类型规定追诉时效的，例如，年长者或需要接受照顾者实施犯罪的，追诉时效为 5 年，参见 Pen. Code，§ 801.6。在司法实践中，检方有义务通过压倒性证据证明检方并没有违反时效，参见 *People v. Crosby*，58 Cal. 2d 713（1962）。对大多数犯罪来说，在犯罪开始时，时效就开始计算。如果涉及欺诈犯罪，在发现犯罪之前，时效用尽的，从发现犯罪时开始计算时效。法庭在解读发现犯罪问题的时候，需要充分调查，参见 *People v. Zamora*，18 Cal. 3d 538（1976）。针对起诉开始的时间问题是事实问题，法庭可以在法律指导意见中，认为在下列情况下起诉开始：（1）提起犯罪线索或指控的；（2）针对违法行为或者轻罪提出诉状的；（3）被告人因被指控的重罪被调查聆讯；（4）针对被告人，做出了与其指控罪名程度类似的逮捕令或出庭令的。参见 Pen. Code，§ 804。在审理过程中，检方承担通过压倒性证据证明检方在法律所要求的时间内提起诉讼的责任，然而，在案前动议提起阶段，被告人有证据证明时限仍然成立，则只有在不存在应诉事实的时候，被告人才能胜诉，参见 *People v. Lopez*，52 Cal. App. 4th 233（1997）。在计算时效时，要将完成犯罪需要的时间排除在外，参见 *People v. Zamora*，18 Cal. 3d 538（1976）。即使基础重罪时效已过，针对重罪谋杀及重罪谋杀的特定情节也可以起诉，参见 *People v. Morris*，46 Cal. 3d 1（1988）。如果犯罪持续一段时间，相关时限的开始时间为最后实施的作为或不作为的结束时间，例如，纵火焚烧被保险的财物的最后行为，是点火的行为，而大额盗窃的行为从最后一次盗窃时开始，参见 *People v. Zamora*，18 Cal. 3d 538（1976）。被告人放弃自己的时效保护必须是直接的而非间接的，参见 *People v. Williams*，21 Cal. 4th 335（1999）。

识①、自愿迷醉②，以及其他类型的心神障碍等；C. 精神耗弱（Insanity）；

---

① 如果被告人在犯罪时处于法律上的意识丧失状态，则被告人不构成被指控之罪。即使身体能够活动，仍然可能缺乏意识。可能导致意识丧失的情况，包括昏迷、癫痫、非自愿迷醉、梦游或类似的情况。检方必须排除合理怀疑地证明被告人在犯罪时意识清醒。如果能够证明，就必须认定被告人在行为的时候意识清醒。然而，如果基于所有证据，陪审员对被告人是否意识清醒存在合理怀疑的，则不应该认定其有罪。参见 CALCRIM No. 3425。因为推定看似意识清醒的人具有意识，所以被告人在要求其针对无意识的人提供法律指导意见时必须有充分的证据，参见 People v. Hardy，33 Cal. 2d 52（1948）。推定意识清醒应当由被告人提出证据，参见 People v. Cooper，53 Cal. 3d 771（1991）。如果司法上认定行为看似意识清醒的，就推定其意识清醒的规定，参见 People v. Hardy，33 Cal. 2d 52（1948）。尽管对法律指导意见存在司法的肯定意思，但也存在大量的批评意见，参见 People v. Kitt，83 Cal. App. 3d 834（1978）。这一推定的意义在于要求被告人承担举证责任，参见 People v. Babbitt，45 Cal. 3d 660（1988）。总体上，被告人无法回忆的，并不能为陪审员对缺乏意识性的法律指导意见提供正当性根据，参见 People v. Heffington，32 Cal. App. 3d 1（1973）。被告人无法回忆十分常见，更为常见的，是故意不回忆，参见 People v. Sameniego，118 Cal. App. 165（1931）。虽然健忘是缺乏意识的一个因素，但必须是导致其健忘之外的其他因素，参见 People v. Coston，82 Cal. App. 2d 23（1947）。非自愿迷醉导致丧失意识的，属于完全意义上的抗辩事由，参见 People v. Heffington，32 Cal. App. 3d 1（1973）。在加利福尼亚州，针对缺乏意识性提出抗辩的法源存在一定冲突，参见 People v. Lisnow，88 Cal. App. 3d Supp（1978）。

② 联邦最高法院在判例中肯定，在认定被告人犯意时禁止陪审团考虑自愿迷醉的证据，并没有违反正当程序。传统上，行为人迷醉的证据是不能作为犯罪成立与否的抗辩的。而且很多年来，这种证据都被认为属于量刑时的加减要素。但现在，一些司法区通过立法，开始允许使用自愿迷醉的证据否定刑事责任。在承认此类抗辩证据的州，被告人可以主张用自愿迷醉排除被指控犯罪的犯意要素。但即便在这些司法区，法院也只能在非常有限的范围内，才能考察被告人自愿迷醉这一证据。参见 Howard J. Brookman，"To Drink or Not to Drink: The Supreme Court Delivers a Sobering Blow to the Intoxication Defense by Placing Due Process on the Rocks," 28 Seton Hall L. Rev. 514（1997）。行为人自愿迷醉，是指行为人有意适用任何可能导致迷醉效果的毒品、酒精类饮料或者其他物质，或者冒险从事此类行为。在起诉需要直接犯意的具体犯罪时，检方有义务排除合理怀疑地证明被告人作为或不作为基于特定的法定具体犯意，如基于永久占有他人财物的目的，或基于法律要求行为的了解。如果检方并没有满足这一证明义务，则陪审员必须认定该犯罪属于需要直接犯意的具体犯罪，不得以任何其他的意图考察自愿迷醉的证据，自愿迷醉并不能作为针对概括犯意犯罪的抗辩，参见 CALCRIM No. 3426。根据判例，自愿迷醉的证据针对事后的推定恶意时不再适用，参见 People v. Martin，78 Cal. App. 4th 1107（2000）。因为欺诈所导致的迷醉不属于自愿性，例如被告人喝饮料的时候不知道里面装有致幻剂，就可以认定被告人迷醉是受人捉弄的结果，因此是非自愿的，参见 People v. Scott，146, Cal. App. 3d 823（1983）。审理法院没有就自愿迷醉做出法律指导的义务不能被用来认定事先决意的存在，参见 People v. Hughes，27 Cal. 4th 287（2002）。基于自愿迷醉所导致的意识丧失，一直以来都不属于完整的抗辩事由，参见 People v. Heffington，32 Cal. App. 3d 1（1973）。自愿迷醉导致的意识丧失，只能作为不完整抗辩事由，参见 People v. Walker，14 Cal. App. 4th 1615（1993）。如果迷醉是自愿导致的，则不能用来作为杀人罪的免责事由，因此，即使无意识，（转下页注）

D. 自卫以及防卫他人（Self-defense and Defense of Another）。[①] 在上述四种抗辩事由中，除正当化事由是在可责性之前讨论的命题之外，其余的都是在犯罪形式成立的基础上，就责任的有无及大小进行的讨论。就可责性的免除，除了下面要介绍的典型事由，即必要性原则之外，一种较为特殊的免责事由，即被加利福尼亚州立法机构单独列出的精神失常抗辩。

其实，从学理角度来看，必要性原则属于所谓"真正的免责事由"。真正的免责事由，是指不仅可以用来对抗检方的指控，而且其本身也是一种可以被主动提出的抗辩事由。除了必要性原则之外，类似的还有诸如事实认识错误、被胁迫等。这些免责事由根据行为发生时的情况，对被告人的特定行为方式做出解释。与此不同，精神失常或未成年可以被称为所谓的"身份免责事由"，因为其与行为人行为时的主观心态无关，而是一种概括性的总体状态。[②]

一　精神失常抗辩[③]

美国各司法区都认为只有在排除合理怀疑地证明被告人具备了具体犯罪构成要件的该当性之后，才可以进一步讨论其刑事责任问题。而围绕犯罪成立和精神失常抗辩之间的关系，总结起来，在美国刑法理论界主要有如下四种观点。

首先，并列式。认为精神失常抗辩，是在行为人充足具体犯罪所有构成要件的基础上，从社会后果、刑罚必要性等方面考虑对构成犯罪的行为人不予责罚。[④] 这种观点与大陆刑法递进式的犯罪构成理论中犯罪构成要素

（接上页注②）仍然不能否认被告人所具有法律要求的过失心态，因此如果被告人自愿导致迷醉状态的，仍然构成非自愿过失杀人。如果行为人在不知情的情况下摄入酒精、毒品或者其他物质，或者因为受到强迫、胁迫，在自身不具有任何过错的情况下摄入上述物质，就属于非自愿迷醉。参见 CALCRIM No. 3427。

①　参见 CALCRIM No. 3400-3799。

②　参见 Eugene R. Milhizer, "Justification and Excuse: What They Wear, What They Are, and What They Ought to Be," *St. John's L. Rev.* 78（2004）: 725。

③　主体内容参见李立丰《简论美国刑法理论中的"南顿"（M'Naghten）规则》，载赵秉志主编《刑法论丛》第 12 卷，法律出版社，2007，第 493 页。

④　学者多认为，犯意与精神失常是"两个不同的事物，虽然它们在审判中都可能成为争点，并且虽然同样的证据可能证明二者，但二者并不是互相替换的"。精神失常作为一项可宽恕的抗辩事由，重在考察行为人的责任问题，即使其行为具有不法性，但因其（转下页注）

该当性与有责性的规定较为类似。如有学者认为，首先，抗辩是建立在犯罪构成要素该当的前提之上的，也就是说如果构成要素缺失，那么被告人并不构成犯罪，更无从谈及所谓的抗辩问题。其次，抗辩的成立并不能等同于社会对该行为的认同。相反，社会政策认为此特定情况下，被告人不被判有罪，完全是因为其行为达不到由刑事判决来体现的某种道德责难。换句话说，在某些情有可原的情况下，这些人可以被免除刑事责任。① 依此种观点，精神失常抗辩是一种正向抗辩，也就是说即使行为人充足了犯罪所有条件，仍然可以被无罪开释。尽管有些司法体系要求检方举证，但大多数情况下由被告人提起此项抗辩，并因此承担举证责任，否则，其将被认为是正常人。②

其次，契合式。这种观点认为，精神失常抗辩主要针对的是犯罪构成要素中的犯意部分，即认为承认行为人实施行为时处于精神失常状态下，就不能再同时承认犯意的存在。最终，由于犯罪构成要件的不齐备，犯罪不成立。例如有的学者认为，基本上，由于美国刑法要求犯罪必须具备犯意，这种要求的结果之一就是，如果行为人罹患精神失常，就不具备犯罪所需的主观罪过这一前提要求。此种观点强调，犯意要素和精神失常抗辩之间的微妙区别十分重要。在没有精神失常抗辩的情况下，如果行为人有意导致他人死亡的话，其将会被以谋杀的罪名起诉，即使这种杀人意图建立在某种妄想型的精神疾病基础上。精神失常抗辩，为那些犯意已经被证明，但对其加以处罚没有实际意义的人提供了脱罪理由。换句话说，精神

（接上页注④）道德上不具有可责性而不承担责任；而犯意要素则属于客观判断的范畴，要求被告人对不法行为有认识，并在该意识主导下实施了不法行为，侧重判断其行为本身而非行为人。这种看法有判例作为支撑。在认为精神失常抗辩是一项积极抗辩事由而非犯罪要素的前提下，美国联邦最高法院前大法官伦奎斯特在"穆勒尼诉威尔博案"（*Mullaney v. Wilbur*）中的异议观点认为："法律上精神失常的存在与否与犯罪所要求的心理要素的存在与否并不存在任何必然联系。"即使被告人承认形成了被指控的犯罪所要求的适当的心理状态，他们仍可能主张精神失常抗辩，因为精神失常抗辩解决的问题并不是犯意而是道德可责性。参见王星译《精神失常抗辩及其刑事证明——以美国法为视角》，《证据科学》2014 年第 4 期，第 471 页。

① 参见 Ira Mickenberg, "A Pleasant Surprise: The Guilty but Mentality Ill Verdict Has Both Succeeded in Its Own Right and Successfully Preserved the Traditional Role of the Insanity Defense," *U. Cin. L. Rev.* 55 (1987): 943。

② 参见 Chet Kaufman, "Should Florida Follow the Federal Insanity Defense?" *Fla. ST. U. L. Rev.* 15 (1987): 793。

失常者被免于刑事责任的原因在于，其不具备犯罪成立所需要的犯意要件。也就是说，无罪判决的理由是被告人从事了危害行为，但同时并不具备犯意，由此无罪可罚。①

再次，隐含式。这种观点认为，精神失常抗辩和未成年抗辩一样，属于一类独立的免责身份。具备了此种身份，在非例外情况下即为无刑事责任能力，而不用考虑包括犯意在内的犯罪成立问题。有学者将精神失常、未成年以及迷醉通称为免责身份，认为这些抗辩都是关于被告人的整体身份特征，而与行为当时行为人的主观情况没有关系。例如受胁迫就是一种真正的免责事由，相反，未成年就不是一种真正的免责事由，因为这种免责事由建立在被告人的身份基础之上。未成年人作为一个整体，因为年龄较小被认为无法实施犯罪。与之类似，非自愿迷醉与精神失常，究竟属于真正免责事由还是身份免责事由尚有争议。可暂且将其归于身份免责一类。②

最后，不定式。这种观点认为，在考虑精神失常和犯罪成立之间关系的时候，不能一概而论，而应该具体问题具体分析。在某些情况下，可以适用并列式模式，而在有些情况下，可以适用契合式模式。根据这种观点，精神异常的证据可以依据特定的犯罪事实和罪名而被应用在如下两种情况当中。假设某种成文法中谋杀罪被定义为故意导致他人死亡，如果某一精神病患者误认为自己攻击的对象是鹿而不是人，从而剥夺他人生命，可能依此提出一种"反向的精神失常抗辩"。如果陪审团相信上述证据的话，检方指控的故意杀"人"就不能成立。如果精神病患者幻想上帝命令其伤害某人，这并不能构成一个反向的精神失常抗辩，即使陪审团采纳了上述证据，但这并不影响其得出行为人意欲剥夺他人生命的结论。③

---

① 参见 Willie Dudley, "The Insanity Defense: Developing Proper Standards for Use of Expert Testimony," *How. L. J.* 26（1983）：1289。

② 参见 Michael S. Moore, "Causation and the Excuses," *Cal. L. Rev.* 73（1985）：1091。事实上，如果考虑到减免责任的目的，对自愿迷醉的立法处理路径就可以包括将其作为和精神失常抗辩类似的抗辩事由。或者通过采取《模范刑法典》四种犯意体系的方式，解决自愿迷醉与犯意成立的互动关系。抑或干脆承认迷醉的独立抗辩事由属性，并建构与之相适应的证据规则。Scott A. Anderegg, "The Voluntary Intoxication Defense in Iowa," *Iowa L. Rev.* 73（1988）：935.

③ 参见 Daniel J. Nusbaum, "The Craziest Reform of Them All: A Critical Analysis of the Constitutional Implications of 'Abolishing' the Insanity Defense," *Cornell L. Rev.* 87（2002）：1509。

无论哪种主张，基本都反映了美国刑法学理论研究的一种基本态度，即在思索精神失常抗辩，认识其本原，考量其社会结构的优劣及合法与否、理智与否时，一方面要认识到精神失常抗辩对这种社会张力表达的满足，但同时也要认识到其对法律系统承受能力的考验。① 加利福尼亚州法②及《加利福尼亚州司法委员会刑事陪审法律指导》③，基本采用的是第一种观点，即在认定被告人犯有具体犯罪之后，将精神失常作为免责事由加以适用。事实上，现在，美国几乎所有司法区都已承认精神失常抗辩。除爱达荷州、蒙大拿州和犹他州将精神失常作为否定犯罪成立所需犯意要素之外，大多数司法区，都将精神失常作为免责事由加以适用。④ 在司法实践中，由陪审员认定被告人在行为时是否具有法律上的理智。只有满足以下情形，才属于法律意义上的精神失常：（1）实施犯罪时，被告人罹患精神疾病或缺陷；（2）因为精神疾病或缺陷，被告人或无法明知其行为的本质，或无法认知或了解其行为在道德或法律上的错误性。变态、共济失调、癫痫、人格异常或者其他反社会的人格特征，不属于精神失常。这又被称为精神失常的双层次判断标准，所谓双层次，指的是道德错误与法律错误，如果被告人理解其行为是犯罪，但不认为其具有道德上的过错性，仍然属于刑法意义上的精神失常。⑤ 从理论而言，上述精神失常的双层次判断标准一般被概括为所谓"南顿（M'Naghten）规则"。⑥

---

① 参见 Michael L. Perlin，" 'The Borderline Which Separated You from Me'：The Insanity Defense, the Authoritarian Spirit, the Fear of Faking, and the Culture of Punishment," *Iowa L. Rev.* 82 (1998)：1375。

② 参见 Cal. Pen. Code, § 25。

③ 参见 CALCRIM No. 3450。

④ 参见 Andrew M. Levine, "Denying the Settled Insanity Defense：Another Necessary Step in Dealing with Drug and Alcohol Abuse," *B. U. L. Rev.* 78 (1998)：75。

⑤ 参见 *People* v. *Stress*, 205 Cal. App. 3d 1259 (1988)。

⑥ 参见 "加利福尼亚州诉何恩案"（*People* v. *Horn*），本案判决书如下：

THE PEOPLE, Plaintiff and Respondent,

v.

BETTY HORN, Defendant and Appellant

Crim. No. 12926

Court of Appeal of California, Third Appellate District

158 Cal. App. 3d 1014；205 Cal. Rptr. 119；1984 Cal. App. LEXIS 2380

August 1, 1984

（转下页注）

（接上页注⑥）主审法官：斯帕克（Sparks）法官、西姆斯（Sims）法官，埃文斯（Evans）
法官表示反对
　　主笔：斯帕克法官

判决

　　美国司法的根本原则之一，即认为在精神失常之时从事的行为，不能被认定为犯罪。
参见 *People v. Kelly*（1973）10 Cal. 3d 565，574〔111 Cal. Rptr. 171，516 P. 2d 875〕。但什
么是精神失常？本案涉及的问题，即根据 Penal Code Section 25，如何认定一个人满足了
精神失常的认定标准。根据 1982 年修正的法律，被告人只有在"从事犯罪行为的时候无
法了解或理解行为的本质，同时无法区分行为的是非"的，才属于精神失常。Pen. Code，
§25，subd.（b）。本案的核心问题在于，是否使用"同时"而非"或者"，意味着立法
者试图放弃"南顿规则"，而采用"兽性测试"（Wild Beast Test）。本庭认为，南顿规则
的是非测试依然在本州适用。

　　被告人贝蒂·何恩（Betty Horn）被判决犯有过失驾驶机动车致人死亡罪。Pen. Code，
§192，subd. 3（a）。但一审法院认定，根据"南顿规则"，被告人在案发时，精神失常。
据此，本庭推翻原判，认定被告人因为罹患精神失常，而不犯有被指控罪名。

事实

　　本案事实并无争议。1982 年 10 月 17 日下午，被告人开车驶入太古石油自助加油站，
加了 15 美元的汽油之后，试图使用一张"美国机动车协会"的会员卡支付，但被告知不
接受此卡，被告人告知工作人员自己将信用卡忘在家中，因此可否将驾驶证放在加油站，
从而让其回家取钱。但工作人员拒绝了这一建议，告知被告人可以给亲友打电话送钱过
来，被告人接受了这一建议。

　　被告人告知工作人员，自己的朋友正在赶来的路上。于是工作人员让被告人将车从
加油机附近移开，从而使其他车辆可以加油。被告人开车离开了加油站。在这个过程中，
被告人所驾驶的车辆几乎与另外一辆车相撞。在开过了一个停车场之后，她开的车越过
了水泥隔离带，又进入另外一处停车场。最后，驶回路上。这个过程中，一名加油站的
工作人员骑摩托车跟随被告人，他发现被告人的车速大约每小时 80 至 85 英里，并且闯了
红灯。而在接近另外一个红灯的时候，被告人的车速仍然保持不变，并且闯过了第二个
红灯。在这里，被告人与一辆摩托车发生了碰撞，导致骑手死亡。

　　被告人被指控犯有过失驾驶机动车致人死亡罪。Pen. Code，§192，subd. 3（a）。被
告人认为自己罹患精神失常，因此无罪。Pen. Code，§1016，subds. 2 and 6。被告人放弃
了陪审团审理权，但被法官认定有罪。因此，案件审理进入到认定其是否因为精神失常
而被宣告无罪的阶段。

　　在这一阶段，排除合理怀疑地认定，被告人犯有精神疾病，被告人有家族病史，并
且之前几年，一直在接受精神疾病的治疗。法庭指定的精神科医生诊断被告人患有癫狂
性抑郁失调症。另外一位法庭指定的专家认为，被告人除此之外，还患有两级影响失调
症，这意味着被告人经常在两种极端情绪——癫狂与抑郁间不停往复。

　　被告人因此一直接受治疗，并曾经在 1982 年入院。但是出院后，其并没有能够继续
接受对症治疗。医生作证，被告人无法了解其行为的本质，并且不知道自己行为的是非，
而中断治疗导致其病情加重。而摩托车追赶可能刺激了病人。另外一位医生对此表示同
意，认为因为精神病，被告人无法以一种负责任的形式从事行为。

　　被告人供述，在案发前，她的生活一团糟。她的丈夫提出分居并带着孩子离开。之
后，她还受到了精神病病友的虐待。虽然可以继续使用她丈夫的信用卡，但是（转下页注）

（接上页注）被要求还钱。为了生活，她不得不变卖家当，而案发前，她的家还发生了火灾。对这次纵火行为，被告人因为精神疾病，被判无罪。

案发前，她开车去探望自己的妹妹，过夜后返回萨格拉门托。在路上，发生了小的交通事故。在驶入萨格拉门托时，因为缺油她来到了案发的加油站。尽管知道自己没有钱，但是她还是希望自己的丈夫能够赶过来付款。但是当她打电话后，她的丈夫告知无法来加油站。因此，她开车去自己的朋友家借钱。这个过程中，她发现加油站的工作人员驾驶摩托车一路紧随，于是变得有些慌张。在撞车前，她看到了红灯，但不记得要停车，在撞车前，她也没有看见受害人。

根据这些证据，一审法院认定被告人在案发时罹患精神失常。同时，一审法院适用修改之后更为严格的认定标准。事实上，无论根据美国法学会（ALI）标准，还是"南顿规则"，或者杜尔汉姆（Durham）规则，结果都是相同的。一审法院也认定，被告人在案发时，无法分清是非。然而，法庭认为被告人没有证据证明其不知道自己行为的性质，因此不能满足修改后的成文法。Penal Code Section 25. 被告人被判 16 个月监禁。

讨论

本案涉及的问题，是 Penal Code Section 25，Subdivision（b）的含义及有效性问题。为了解决这一问题，有必要简要回顾下精神失常抗辩的理由。

起初，刑法一般不认为精神疾病与刑事责任具有任何关系。参见 *Perkins on Criminal Law*（2d ed. 1969），850. 罹患精神病的犯罪人往往会得到免责的处遇。Id.，pp. 850-851. 在英王爱德华三世时期（1327—1377），彻底疯癫可以用来作为犯罪的抗辩事由。Ibid. 因为大多数情况下，精神失常抗辩属于免责事由，因此法律通常将其理解为国王的一种恩赐，从而不对其加以界定。Ibid. 当精神失常抗辩成为犯罪的抗辩事由时，一般认为其必须是彻底的精神失常，从而导致被告人丧失理解及记忆能力。*Perkins on Criminal Law*，supra，pp. 851-852.

在 19 世纪，出现了有名的"南顿案"，即 *M'Naghten's Case*（1843）10 Clark & Fin. 200，210. 南顿当时试图暗杀英国首相，但只成功地杀害了首相的秘书。因为精神失常，南顿被认定无罪。因为本案广受关注，因此上议院针对普通法中认定精神失常设定了 5 条标准。而其中的两条最终成为除新布什尔州之外美国各司法区适用的判断标准。参见"加利福尼亚州诉德鲁案"，即 *People v. Drew*（1978）22 Cal. 3d 333，341〔149 Cal. Rptr. 275，583 P. 2d 1318〕。即在行为时，被告人因为精神失常，从而无法了解其行为的本质，或者即使知道行为的本质，也无法了解行为的是非。*M'Naghten's Case*，10 Clark & Fin. 200，210〔8 Eng. Rep. 718，722〕.

而"南顿规则"中的所谓是非测试，也成为加利福尼亚州的精神失常检验标准。在"加利福尼亚州诉考夫曼案"，即 *People v. Coffman*（1864）24 Cal. 230，p. 235 中，加利福尼亚州最高法院就引用了英国上议院的意见。参见 Platt & Diamond，"The Origins of the 'Right and Wrong' Test of Criminal Responsibility and Its Subsequent Development in the United States: A Historical Survey," 54 *Cal. L. Rev.*（1966）: 1227，1257. 与此有关的大量判例，对关键的问题并不存在歧见。例如，在"加利福尼亚州诉顿纳尔案"，即 *People v. M'Donell*（1873）47 Cal. 134，pp. 135-136 中，法官指出，精神失常的真正测试标准，是被告人在犯罪时，是否清楚地认识到自己不应该这样做。与此类似，在"加利福尼亚州诉霍因案"，即 *People v. Hoin*（1882）62 Cal. 120 中，法庭关注的是被告人能否了解其被指控行为的是非。而在"加利福尼亚州诉威尔德案"，即 *People v. Willard*（1907）150 Cal. 543 中，法官强调在犯罪时，被告人因为精神失常，不知道其行为的错误本质，是（转下页注）

（接上页注）认定其精神失常的关键。参见 *People v. Morisawa* (1919) 180 Cal. 148, 149; *People v. Gilberg* (1925) 197 Cal. 306, 313; *People v. Keaton* (1931) 211 Cal. 722, 724。

"南顿规则", 大体上被认为是一种是非测试。如珀金斯教授所指出的那样, 过去, 适用的是所谓"兽性测试"。根据这一标准, 行为人由于精神失常, 无法实施犯罪, 因为其无法区分善恶, 无法知道做了什么, 因此也无法形成犯意。参见 Perkins on Criminal Law, op. cit. supra, p. 860, fn. Omitted。"南顿规则"在这一测试基础上有所进化。尽管多有演绎, 但"南顿规则"的核心仍然是被告人是否实际认识到自己所做的行为, 参见 Stephen, Digest of the Criminal Law, art. 6, illustration (1) 8th ed. (1947); 或者考察是否被告人理解其行为属于犯罪的本质, 而不仅仅是行为本身, 参见 *Brown v. Commonwealth*, 78 Pa. 122, 128 (1875)。

尽管"南顿规则"被普遍采用, 但是对其也存在大量的批判。参见 *People v. Drew*, supra, 22 Cal. 3d at pp. 341-343; *People v. Wolff* (1964) 61 Cal. 2d 795, 800 〔394 P. 2d 959〕。有些司法区放弃了这一标准。主要的改进是增加了意志测试, 即所谓"不可抗拒冲动测试"(Irresistible Impulse)。而其又被称为"道德耗弱测试"(Moral Insanity Test), 参见 Perkins, op. cit. supra, pp. 868-870。根据这一测试标准, 无论行为人是否能够理解其行为的本质或者其是非, 只要其无法选择是非, 或者选择守法行为, 就可以免责。参见 Perkins, supra, pp. 868-870。简而言之, 如果陪审员认定, 被告人无法控制自己的行为, 即可认定其免责, 参见 Goldstein, The Insanity Defense (1967), 67。但是加利福尼亚州并未采用上述改革措施。参见 *People v. Hoin*, supra, 62 Cal. p. 123。而这一态度, 并无改变 *People v. Wolff*, supra, 61 Cal. 2d p. 812。

另外的一种改进是所谓的"杜尔汉姆规则"。参见 *Durham v. United States* (D. C. Cir. 1954) 214 F. 2d 862 (45 A. L. R. 2d 1430), 这一规则要求事实认定被告人是否精神失常。如果精神失常, 则进一步认定其行为是否由精神失常所导致的。参见 Perkins, op. cit. supra, p. 875。"杜尔汉姆规则"并未得到立法与司法的广泛接受, 但是有些司法区在是非测试之外, 的确补充了不可抗拒冲动测试。在 *Leland v. Oregon* (1951) 343 U. S. 790 〔96 L. Ed. 1302, 72 S. Ct. 1002〕案中, 美国联邦最高法院谈及了精神失常问题。该判例认定, 俄勒冈州规定了是非测试, 同时要求被告人排除合理怀疑地证明自己精神失常的法律规定违宪。联邦最高法院认为, 大多数美国司法区, 都只要求针对精神失常适用是非测试。而自从"南顿规则"诞生之后, 精神科学得到了长足进步。但其进步程度, 还不足以废除既存的是非测试。而且, 选择精神失常的测试标准, 不仅涉及精神科学, 更重要的是涉及了刑事政策。对此, 意见分歧严重。在这种情况下采用不可抗拒测试不属于明智的选择。343 U. S. pp. 800-801 〔96 L. Ed. p. 1310〕。

很早, 加利福尼亚州最高法院就被要求采纳不可抗拒冲动测试, 但是对此该院的意见十分坚决。在 *People v. Hoin*, supra, 62 Cal. 中, 法官认为, 限制犯罪有三大支柱, 即宗教、理性与法律。如果犯罪倾向本身可以用来作为免责事由, 那么就丧失了最为有力限制犯罪的手段。因此, 除非冲动导致行为人无法获知自己行为的是非, 否则, 就该承担刑事责任。参见 *People v. Gilberg*, supra, 197 Cal. p. 314; *People v. Morisawa*, supra, 180 Cal. p. 150。

加利福尼亚州坚持单独的是非测试标准, 一直没有中断, 并且已将"南顿规则"作为本州立法评价刑事责任的有机组成部分。参见 *People v. Nash* (1959) 52 Cal. 2d 36, 43-48 〔338 P. 2d 416〕。加利福尼亚州司法系统一直坚持, 改变这一测试应该由立法而非司法部门负责。参见 *People v. Rittger* (1960) 54 Cal. 2d 720, 732 〔7 Cal. Rptr. （转下页注）

（接上页注）901，355 P. 2d 645〕；*People v. Nash*，supra，52 Cal. 2d p. 48；*People v. Berry*（1955）44 Cal. 2d 426，433〔282 P. 2d 861〕。尽管有机会修改立法，加州立法机构也并未采取任何修正措施。

尽管拒绝放弃将是非测试作为衡量刑事责任的根据，但是加利福尼亚州司法系统并未墨守成规，而是对"南顿规则"的具体表述做出了相关的修正。参见 *People v. Wolff*，supra，61 Cal. 2d at 800。因此，法庭在解读所谓了解或者行为的错误性时，并未墨守成规，而是认定被告人有理解其行为的相关知识。参见 61 Cal. 2d pp. 800–801。而这种知识必须与其所实施的具体犯罪行为具有直接关系。最终，加利福尼亚州最高法院认定，"南顿规则"要求，被告人必须无法理解或认识其行为的本质，或无法区分行为的是非。参见 *People v. Kelly*，supra，10 Cal. 3d p. 574。

在这一点上，需要支持加利福尼亚州判例中的一些反常情况。判例一直关注被告人的认识能力，参见 *People v. Drew*，supra，22 Cal. 3d p. 341，考察的也一直是被告人对错误的认识能力。参见 *People v. Wolff*，supra，61 Cal. 2d pp. 800–801。这一能力的鉴别，参照的是"南顿规则"：其是否认识到自己行为的本质，或是否能够认识到自己做的事情是错的。如珀金斯所言，如果行为人不知道自己做的是什么的话，当然也无从区分是非，尽管行为人可能知道自己做什么，但不知道行为的是非。因此，这里使用的是"或"，如果将其修改为"并"，就属于错误。参见 Perkins，op. cit. supra，pp. 861–862，fns。

尽管如此，但在实践中，因为各种懒散懈怠，大量判例中适用的是"并"，参见 *People v. Nash*，supra，52 Cal. 2d pp. 42–43，fn. 3；*People v. French*（1939）12 Cal. 2d 720，730〔87 Cal. Rptr. 1014〕，基于其他理由被推翻，参见 *People v. Valentine*（1946）28 Cal. 2d 121，144〔161 P. 2d 1〕；*People v. Ricks*（1958）161 Cal. App. 2d 674，677〔327 P. 2d 209〕；*People v. Ashland*（1912）20 Cal. App. 168，181〔128 P. 798〕。最终，在"加利福尼亚州诉理查德森案"，即 *People v. Richardson*（1961）192 Cal. App. 2d 166，pp. 172–173〔13 Cal. Rptr. 321〕中，上诉法院认识到了这一问题，并且指出，在南顿规则中，适用"并"而非"或"是错误的。

在"加利福尼亚州诉德约案"，即 *People v. Drew*，supra，22 Cal. 3d 333 中，加利福尼亚州最高法院改变了自己的态度，在司法上放弃了"南顿规则"，而是选择适用美国法学会在《模范刑法典》中采用的 ALI 标准（22 Cal. 3d p. 345）。根据这一标准，如果行为是精神疾病或缺陷的产物，或者被告人缺乏认识其行为犯罪性或遵守法律的能力，则不需要为行为承担刑事责任。参见 MPC § 4.01。这一测试和"南顿规则"相比，至少在如下两个方面出现了改变：首先，其放弃了"南顿规则"或成立或不成立的规定模式，而采取了更为宽松的实质能力标准（22 Cal. 3d p. 346）；其次，增加了意志测试。Ibid.

但 ALI 标准在四年之后，被立法机关废止。1982 年，加利福尼亚州立法机关首次将精神失常抗辩列入立法。参见 *People v. Drew*，supra，22 Cal. 3d p. 430。Subdivision（b）of Section 25 规定，在刑事审判包括青少年司法程序中，如果被告人提出因为精神失常而无罪，则陪审员必须通过压倒性证据证明其无法明知或理解其行为的本质，并在实施犯罪时无法区分行为的是非。

尽管这一规定适用了"南顿规则"，但适用的却是"并"而非"或"。被告人认为，这一立法并非要创造新的鉴定标准，而是要恢复南顿规则的是非测试。基于下列理由，本庭支持这一观点。

对"南顿规则"的革新，如本庭所言，在"加利福尼亚州诉沃尔夫案"，即 *People v. Wolff*，supra，61 Cal. 2d p. 801 中达到了顶峰，该案认为，精神失常抗辩 （转下页注）

（接上页注）需要突出如下特点：首先，被告人有充分的能力认识并理解其行为；其次，被告人认识并理解行为的错误性，并且侵犯了他人的权利。这里，对精神失常的判断，适用了"并"的规定。但 CALJIC No. 4. 00（3d ed. 1970）的规定，依然适用的是"或"，而非"并"。本庭认为，导致这种局面出现的原因，在于立法机关的疏忽。

这并不是随便就改变了立法的规定。然而，"或"一词经常用来替代"并"，也就是说，经常适用于使用"并"能更清楚表达的情况。参见 *De Sylva v. Ballentine*（1955）351 U. S. 570, 573〔100 L. Ed. 1415, 1424, 76 S. Ct. 974〕。反之亦然，对此，也可以通过大量和"南顿规则"相关的判例加以说明。而立法当中的"并"也会在判例中被解读为"或"。参见 *Bianco v. Ind. Acc. Com.*（1944）24 Cal. 2d 584, 587〔150 P. 806〕；亦参见 *Santos v. Dondero*（1936）11 Cal. App. 2d 720, 723〔54 P. 2d 764〕；*People v. Wright*（1955）131 Cal. App. 2d Supp. 853, 862〔281 P. 2d 384〕；58 Cal. J. ur. 3d, Statutes, § 136, p. 531. 对立法的含义，往往要通过立法本身、立法过程以及选民的观点，来加以解读。参见 *Los Angeles County Transportation Com. v. Richmond*（1982）31 Cal. 3d 197, 203〔182 Cal. Rptr. 324, 643 P. 2d 941〕；*Amador Valley Joint Union High Sch. Dist. v. State Bd. of Equalization*（1978）22 Cal. 3d 208, 245-246〔149 Cal. Rptr. 239, 583 P. 2d 1281〕。通过考察相关立法即 Subdivision（a）的立法目的，在刑事司法过程中，需要突出受害人的权利，要让其因为受害而遭受的损失得到补偿，那些实施了犯罪的人也需要被剥夺自由，防止再次伤害他人、危害社会。如果要达成这一目标，对被告人的改造程序的改革以及犯罪行为的震慑，都需要检讨。

因此，相关立法修改的目的是震慑犯罪。而这，也成为本庭反对将不可抗拒冲动作为精神失常测试标准的主要原因。从 1882 年开始，加利福尼亚州最高法院提出三种震慑犯罪的有效办法：宗教、理性与法律。其中，只有法律，即禁止与打击犯罪的权力掌握在政府手中。而允许将从事犯罪的倾向作为免责事由，势必削弱这一权力。参见 *People v. Hoin*, supra, 62 Cal. pp. 122-123。因此，从这一立法目的出发，倾向于放弃"加利福尼亚州诉德约案"判决，特别是其对意志性的规定。但这一目的，不能被用来作为废除南顿规则的理由。这是因为，法律的限制建立在个人区分是非的能力基础上，无法区分是非就无法做出选择。"南顿规则"关注被告人做出单纯道德判断的能力，因此，接近于犯意要求。参见 2 *Wharton's Criminal Law*（14th ed. 1979）§ 100, p. 10。因此，如加利福尼亚州最高法院提出的那样，"南顿规则"的优势在于其可以更有助于实现控制犯罪这一社会目标。适用这一标准，可以将可能需要刑罚制裁的人都包括在内。参见 *State v. White*（1962）60 Wn. 2d 551〔374 P. 2d 942, 966〕, cert. den. sub nom. *White v. Washington*（1963）375 U. S. 883〔11 L. Ed. 2d 113, 84 S. Ct. 154〕。

震慑犯罪的主要工具在于刑罚。然而，从刑法的角度来看，刑罚必须符合人性本质，并且可以用来解决问题，才符合人类的经验价值观。而这一解读的关键，在于责任的含义，而其包括通常的行为能力与责任能力。总之，刑罚是建立在责任，特别是具有行为能力、能够做出自由选择并将选择付诸实践的基础上。参见 Hall, *General Principles of Criminal Law*（2d ed. 1960）p. 460。刑法长期以来都强调人的自由选择能力。参见 *People v. Gilberg*, supra, 197 Cal. pp. 313-314. 但是南顿规则认为，如果无法区分是非，就无法形成犯意。总之，是非测试要求因为精神失常，因此无能力进行规范评价，从而不知道杀人或者抢夺别人钱财的错误性，而这就明确了人性的本质。参见 Hall, General Principles of Criminal Law, supra, pp. 481-482。

因此，可以通过废除"加利福尼亚州诉德约案"而非"南顿规则"的 （转下页注）

（接上页注）方式，实现立法目的。从立法过程来看，没有迹象证明立法机关试图放弃南顿规则。在立法过程中，对 Subdivision（b）of Section 25 的立法目的，并无太多规定。但如果坚持字面中的"并"字，势必导致对精神失常的证明更加困难。参见 Legislative Analyst's Analysis, Ballot Pamp., Proposed Amends to Cal. Const., Primary Elect.（June 8, 1982），55。相关的立法目的，还可以通过当时加利福尼亚州副州长的观点加以说明，即通过这一立法，尽可能减少罪犯通过主张精神失常而逃避法律打击的现象。参见 Ballot Pamp., Primary Elect., supra, p. 34。

虽然立法要强化精神失常的认定标准，但没有指明具体的实施办法。如前所述，南顿规则关注被告人理解是非的能力。如果被告人缺乏认识其行为本质的能力，当然也就不能理解是非，或者虽然能够理解行为的本质，却不明白是非的，都可以满足上述测试。如果立法要求的是行为本质与是非测试两个方面都必须满足，就等于放弃了南顿规则。而这将成为历史上最为严格的测试标准，参见 *People v. Drew*, supra, 22 Cal. 3d pp. 342-346；*Leland v. Oregon*, supra, 343 U. S. 800-801〔96 L. Ed. pp. 1309-1310〕。如果这就是立法目的，那么在立法的过程中，势必会产生激烈的辩论与交锋。相反，事实上的立法，并无太多评论。

立法修正案于 1982 年通过。参见 *People v. Smith*（1983）34 Cal. 3d 251, 258〔186 Cal. Rptr. 77, 651 P. 2d 321〕。在修法后，加利福尼亚州总检察长对各地检察官办公室下发的解释中，认为新立法的目的是恢复"南顿规则"的地位。参见 *People v. Kelly*（1973）10 Cal. 3d 565, 574，虽然该案后来被 *People v. Drew*（1978）22 Cal. 3d 333 所推翻，"并"一词并不会造成立法与"南顿规则"的实质性区别。因此，本庭认为，立法只是恢复了传统的"南顿规则"。

最终，在认定立法目标的时候，需要注意修法前的立法状况。参见 *Estate of Simoni*（1963）220 Cal. App. 2d 339, 341〔33 Cal. Rptr. 845〕。虽然针对精神失常的学理十分庞杂，但基本上都关注于"南顿规则"的适当性。参见 *People v. Drew*, supra, 22 Cal. 3d pp. 340-344。虽然批判意见多元，但基本都认为"南顿规则"太过严苛。参见 Diamond, From M'Naghten to Currens, and Beyond,（1962）50 *Cal. L. Rev.* 189。但与理论研究不同，南顿规则作为精神失常检验规则，其实十分宽松。加利福尼亚州提出能力削弱抗辩，主要就是为了改革南顿规则。参见 *People v. Henderson*（1963）60 Cal. 2d 482, 490〔35 Cal. Rptr. 77, 386 P. 2d 677〕。在加利福尼亚州，直到"加利福尼亚州诉德约案"前，南顿规则一直都是针对精神失常的判断标准。立法机构也拒绝放弃南顿规则。简而言之，虽然经常遭受批判，但批判的理由从来都不是因为南顿规则对被告人有利。在"加利福尼亚州诉德约案"中，虽然在司法上放弃了南顿规则，但是如学者所言，参见"*People v. Drew—Will California's New Insanity Test Ensure a More Accurate Determination of Insanity*," 17 *San Diego L. Rev.*（1980）：491, 509，在"加利福尼亚州诉德约案"中没有注意到社会对放松精神失常抗辩的反应。显然，对"加利福尼亚州诉德约案"的判决，民众的反对意见较大。

基于上述原因，本庭认为，加利福尼亚州并未计划通过适用"并"而不是"或"来采用新的测试标准。

控辩双方都同意立法时要放弃"加利福尼亚州诉德约案"中设定的标准，而回归"南顿规则"。因此，本庭认为，Penal Code section 25 及 subdivision（b），重新恢复了是非测试。因为恢复了之前的规则，因此无须讨论其是否符合宪法正当程序的问题。因为之前的测试，已经满足了 *Leland* v. *Oregon*, supra, 343 U. S. pp. 800-801〔96 L. Ed. p. 1310〕的规定。

本庭不认为 Section 25 Subdivision（b）的规定存在违宪的模糊性。"南顿 （转下页注）

虽然，目前在判断精神失常时存在多种规则，除了"南顿规则"之外，还存在"不可抗拒冲动规则"、"杜尔汉姆（Durham）规则"、《模范刑法典》规则、联邦成文法规则，[①] 但实际上其他几种判断标准都在很大程度上和"南顿规则"有关，或者可以说是建立在其基础之上的。

作为起源于英国的一种古老的司法判断标准，"南顿规则"至今仍是包括加利福尼亚州在内的美国大多数司法区适用的精神失常认定标准。

（一）"南顿规则"在美国刑法中的历史沿革

可以肯定的是，"南顿规则"绝不是普通法历史中第一个关于精神失常者[②]刑事责任的判断标准。和其他理论一样，"南顿规则"也不是横空出世的。在很大程度上而言，其仅仅是历史上类似规则的归纳总结或者较为系统的说明而已。有学者总结，"南顿规则"体现的是之前就存在的一系列判例的综合。[③]

后来被称为"南顿规则"的精神失常检验标准，最早可追溯到 1582 年，林肯律师学院（Lincolns'Inn）[④] 的威廉·兰帕德（William Lambard）宣称，如果是天生的精神失常之徒在其癫狂之际，抑或根本不可能明辨是非的顽童，所实施的危害他人生命的行为，不可被认为是犯罪行为，因为毕竟不能说其具有意志和理解能力。由此产生了"兽性测试"[⑤]，用以开释那些被认

（接上页注）规则"的界定没有问题。参见 *People v. Kelly*，supra，10 Cal. 3d 3 pp. 574 - 576；*People v. Wolff*，supra，61 Cal. 2d pp. 800-801。因此，现在考察被告人是否有权基于精神失常被认定无罪。

下略。

① 参见 Andrew M. Levine，"Denying the Settled Insanity Defense：Another Necessary Step in Dealing with Drug and Alcohol Abuse，" *B. U. L. Rev.* 78（1998）：75。

② 这里使用"精神失常者"而不是惯常使用的"精神病患者"，是因为正如后文中将加以详述的，美国刑法中对精神异常者的判断是一种法律判断而不是医学判断，不仅判断标准不同，而且涵盖的范围也较有差异。这里使用"精神失常者"这一称谓，就是为了明确此种差别，避免可能出现的混淆。

③ 相关判例参见 Jerome Hall，*General Principles of Criminal Law*（Indianapolis，Indiana：The Bobbs-Merrill Company，1947）：479。

④ 内殿、中殿、林肯和格雷是英国古代的四大律师学院，均为自愿成立、没有法人资格的组织。

⑤ 布莱克顿于 13 世纪首创这个概念。其基本理念即为如果行为人缺乏辨别和推理能力，不知所为的话，那么其与动物的差别其实不大，参见 Jerome Hall，*General Principles of Criminal Law*（Indianapolis，Indiana：The Bobbs-Merrill Company，1947）：494。

为丧失理智的人的刑事责任。[①] 19 世纪中叶之前，精神失常抗辩的发展紧跟之前流行的科学以及公众对精神疾病、责任以及可责性的论说。在"南顿案"之前，实质性精神失常抗辩的发展经历了如下三个阶段，即"善恶辨别测试"（Good and Evil Test）、"兽性测试"以及"是非辨别测试"（Right and Wrong Test）。每种测试都反映了某种文化或者社会神话，某种压制了理智和智慧的迷信邪说，抑或盗用科学名义来强行推销某种行为准则。上述观点反映了公众对一种"非此即彼式"的精神失常辨别方式的渴望。到了 19 世纪后期，即爱德华一世（Edward I）[②] 统治时期，精神失常开始成为一种独立的刑事抗辩事由。[③]

不难看出，作为一种实用性的检验标准，"南顿规则"的产生绝对不是偶然，而是某种社会文化背景和价值传统互相作用的产物，是一种在既有认识轨道上的不断前行，是对之前相关精神病司法判断标准的一种整理和进化。

无论何种观点，都不能否认判断标准或规则与并生的社会主流观点和流行学说之间的互动关系。作为精神失常检验标准出现的"南顿规则"，与 19 世纪 40 年代前后的医学知识存在一定的对应关系。而据有关学者考证，在"南顿规则"出现之前，"骨相学"和"偏执症"的研究得到长足发展，并且对善恶测试产生了很深的影响。[④] 如果不能理解精神失常认定标准背后引领立法和司法活动的社会、文化态度，就根本不可能理解精神失常的认定标准。

如前所述，美国的联邦制导致其在立法与司法方面体现出十分复杂的局面。根植于如此复杂的立法、司法背景之中，伴随工业革命而飞速发展的现代科技和医学知识，特别是急剧冲突变化着的社会文化和价值观，或许可以很自然地认为"南顿规则"会像之前出现过的几种判断标准一样，

---

① 参见 D. Michael Bitz and Jean Seipp Bitz, "Incompetence in the Brain Injured Individual," *St. Thomas L. Rev.* 12 (1999)：205。

② 爱德华一世（Edward I），英格兰国王，1272～1307 年在位，亨利三世之子。

③ 参见 Michael L. Perlin, "Unpacking the Myths: The Symbolism Mythology of Insanity Defense Jurisprudence," *Case W. Res. L. Rev.* 40 (1990)：599。

④ 参见 D. Michael Bitz and Jean Seipp Bitz, "Incompetence in the Brain Injured Individual," *St. Thomas L. Rev.* 12 (1999)：205。

在变化了的社会现实和文化面前，渐渐褪色，最终仅仅作为某一历史片段而存在。但事实恰恰相反，"南顿规则"不仅没有在百年之后退出历史舞台，反而仍然作为一种基本判断标准而被广泛承认，并随着时代的进步而不断发展完善。

正如有学者所言，"自诞生伊始，'南顿规则'就被普遍接受，同时，也被激烈反对着"。① 主要的反对意见，在于关注行为人是否有能力进行是非判断，对此，很多学者和司法实务部门认为，这种测试过分注意被告人的认知能力，而不考虑其意志能力及其他精神特质。具体而言，"南顿规则"遭诟病的一个原因就是其关注认知而忽视了控制要素。例如，如果行为人认识到了其行为的谬误性，但无法控制，但根据本规则，仍能被认为属于精神失常。②

尽管如此，大多数司法区在评价精神失常抗辩时，仍然沿用"南顿规则"，并不断对其进行改良。有些司法区，如亚拉巴马州等，将"不可抗拒冲动"测试增添到"南顿规则"中来，根据"不可抗拒冲动"测试，被告人即使已经意识到了其行为性质的谬误性，但由于其精神状态导致其丧失了控制从事某项犯罪的能力，也可以免于刑事责任。③

除此之外，对精神失常的判断标准，还存在其他一些相对独立的修改，1954—1972 年，哥伦比亚特区联邦巡回上诉法院采用了拜哲伦（Bazelon）法官在"杜尔汉姆诉美利坚合众国案"（*Durham* v. *United States*）④ 中所创制的规则，即行为人的非法行为，如果是精神疾病或者精神缺陷所导致的话，其将被免于刑事责任。"杜尔汉姆规则"，并没有得到广泛适用。事实上只有新罕布什尔州正式采用了此标准。⑤

---

① Laura Reider, "Toward a New Test for the Insanity Defense: Incorporating the Discoveries of Neuroscience into Moral and Legal Theories," *UCLA L. Rev.* 46（1998）: 289.

② 参见 Megan C. Hogan, "Neonaticide and the Misuse of the Insanity Defense," *Wm. & Mary J. Women & L.* 6（1999）: 259。

③ 参见 Kevin Thompson, "Criminal Appellate Procedure—Insanity Defense—The Proper Standard of Appellate Review When Reviewing a Jury Decision on Sanity," *Tenn. L. Rev.* 70（2003）: 1213。

④ 参见 *Durham* v. *United States*, 214 F. 2d 862（D. C. Cir. 1954）。

⑤ 参见 Andrew M. Levine, "Denying the Settled Insanity Defense: Another Necessary Step in Dealing with Drug and Alcohol Abuse," *B. U. L. Rev.* 78（1998）: 75。

和这种适用范围较窄但独立性较强的做法不同，另外一种也被广泛适用的判断标准是"《模范刑法典》规则"。其前身是美国法学会于 1955 年提出的一个替代方案，即美国法学会标准，随后其被《模范刑法典》所采纳。① 根据这一规定，如果行为是精神疾病或缺陷的产物，或者被告人缺乏认识其行为犯罪性或遵守法律的能力，则不需要为行为承担刑事责任。② 这一规则和"南顿规则"相比，至少在如下两个方面出现了改变：首先，其放弃了"南顿规则"或成立或不成立的规定模式，而采取了更为宽松的实质能力标准；其次，增加了意志测试。

最后，必须要提及的是在"南顿案"发生 100 多年之后，试图刺杀里根总统的"约翰·辛克利（John Hinckley）案"。此次审判显示了公众、政界以及学界对精神失常相关争论的态度已经有了些许变化。辛克利被无罪开释的消息一经公布，就引起了轩然大波。报纸和电视媒体对此项判决及其依据的法律口诛笔伐。稍后进行的民调显示，接近九成的民众支持废除精神失常这一免责事由。很多政要包括总检察长和里根总统，都发表声明谴责陪审团的意见以及精神失常抗辩本身。尽管美国国会对此并没有做出正式反应，但其司法委员会的一个下属委员会仍将陪审团成员当中的五人传来进行听证，用以澄清其如此判断的背景原因。迫于公众压力，很多人提出立法建议，要求对以精神失常为由的刑事抗辩进行修正或干脆加以废止。三个州对其加以废止，也有几个州相应地做了若干修正。司法部组建了一个工作小组来游说对此种抗辩进行根本性修改。而里根政府则坚称应对此加以取消。"辛克利案"之后两年，美国国会通过了《1984 年精神失常抗辩法修正案》（Insanity Defense Reform Act of 1984），该法限制了此种抗辩在联邦管辖案件当中的应用范围，并重新建构了"南顿规则"。③ 该法在四个方面对"南顿规则"进行了修正：首先，被告人需承担举证责任；其次，

---

① 参见 Kelly A. Herten，"Downward Departure Under the Federal Sentencing Guidelines: Lack of Self-control as Grounds for Departure After *United States* v. *McBroom*," *Dick. L. Rev.* 103（1998）：649。

② 参见 MPC § 4.01。

③ 参见 Ira Mickenberg，"A Pleasant Surprise: The Guilty but Mentality Ill Verdict Has Both Succeeded in Its Own Right and Successfully Preserved the Traditional Role of the Insanity Defense," *U. Cin. L. Rev.* 55（1987）：943。

放弃了先前在联邦司法系统普遍适用的 ALI 标准，用一种类似于"南顿规则"严格解释版本的实质性检验方法取而代之；再次，对缺乏受审能力的精神病人规定了较为严格的强制医疗程序；最后，严格限制了精神失常抗辩中专家证人证言的适用范围。[①]

尽管当今美国社会，包括各级法院在内，对精神失常抗辩微词颇多，包括美国国会在内的立法机关，也经常收到诸如取消精神失常抗辩、限制解释犯意、修改精神失常抗辩的罪责标准、举证责任转移以及修改审前程序等建议，[②] 但现实情况是，几乎所有的存废之争和修改建议都是围绕"南顿规则"展开的。那么，如此关键的一个规则究竟规定了些什么？为什么对其会有如此多的支持者和反对者？是什么原因能够使其在历史的发展过程中保持重要地位并不断得到完善发展？

（二）解读美国刑法中的"南顿规则"

1843 年，英国根据精神病人南顿刺杀首相的案例，制定了著名的"南顿规则"。丹尼尔·南顿（Daniel M'Naghten）[③]，是一名妄想受害症患者，企图刺杀英国首相罗伯特·皮尔（Robert Peel）[④] 爵士。尽管首相幸免于难，但被南顿误认为首相的首相秘书爱德华·多蒙德（Edward Drummond）[⑤] 却遭其杀害。对南顿的审判具有里程碑意义，事实上在本案中，第一次允许被告人提供大量心理学这一当时还属于崭新领域的科学证据来进行无罪抗辩。[⑥] 在审判当中，辩方向陪审团提供作为精神病学先锋和颅相学之类伪科学批判者的伊萨克·雷（Isaac Ray）[⑦] 爵士的大量有关论说。而相关理

---

① 参见 Michael L. Perlin，"Unpacking the Myths：The Symbolism Mythology of Insanity Defense Jurisprudence，" *Case W. Res. L. Rev.* 40（1990）：599。

② 参见 Peter Arenella，"Reflections on Current Proposals to Abolish or Reform the Insanity Defense，" *Am. J. L. & Med.* 8（1982）：271。

③ 丹尼尔·南顿（Daniel M'Naghten），1813~1865 年，苏格兰木工。

④ 罗伯特·皮尔（Robert Peel），1788~1850 年，英国贵族，两次出任英国首相。

⑤ 爱德华·多蒙德（Edward Drummond），1792~1843 年，担任英国首相秘书。

⑥ 参见 Ira Mickenberg，"A Pleasant Surprise：The Guilty but Mentality Ill Verdict Has Both Succeeded in Its Own Right and Successfully Preserved the Traditional Role of The Insanity Defense，" *U. Cin. L. Rev.* 55（1987）：943。

⑦ 伊萨克·雷（Isaac Ray），1807~1881 年，美国心理学家、法医学先驱。

论成功说服法庭接受这样一种观点，即如果没有此种精神疾患，行为人完全可以明辨是非，但影响了被告人性格中某一部分的精神失常却足以压制其他健康的人性特征。主审法官认为此种学说非常有力，可以指导陪审团以此为由免除南顿的刑事责任。具体而言，如果行为人能够辨别其所实施行为的是非对错，则对该行为应当承担刑事责任。[①]

判决一出，舆论哗然。毕竟南顿是在光天化日并有警察在场的情况下射杀多蒙德的。虽然此案的最初目的似乎要在南顿的精神失常与枪击案之间建立某种联系，但这一切并没有到此结束，迫于压力，最终，英国上议院设定了精神失常抗辩的判断标准。根据这一标准，只有在满足下列条件的情况下，行为人才可被认定属于精神失常：（1）行为人行为时必须丧失理智；（2）此种丧失必须由精神疾病引发；（3）基于理智的丧失，被告人不知其在实施何种行为，或虽然知道其实施的行为，但不知行为的性质是错误的。

"南顿案"中最为重要、最为后人经常引用的部分是，"如欲以精神失常为基础建构抗辩理由的话，就必须清楚无误地证明在行为当时，被告人方正因为精神疾病而丧失理智，从而不能认识其行为的本质（Nature and Quality），或者即使其有上述了解，仍不知所实施行为的是非对错（Kight and Wrong）"。[②]

应该说，自"南顿规则"产生之后，基于不同的立场和需要，对其具体内容曾有过很多不同的解读。而争论的焦点也往往集中在对相关关键词的不同理解上。

综合美国刑法学界的不同论说，所谓的争议焦点主要集中在以下四个方面。

第一，何谓"精神失常"或"精神疾病"？

该规则要求被告人罹患"心理疾病"，但又未对此加以详解。美国司法的实际情况是，心理疾病通常指精神疾病，而那些患有非精神性疾病的

---

① 参见 Megan C. Hogan, "Neonaticide and the Misuse of the Insanity Defense," *Wm. & Mary J. Women & L.* 6 (1999)：259。

② 参见 Jerome Hall, *General Principles of Criminal Law* (Indianapolis, Indiana：The Bobbs-Merrill Company, 1947)：479。

违法者，通常被认为不能提起精神失常之抗辩。例如，暴力型变态者就不能提起精神失常抗辩。这种限制既是"南顿规则"的长处，也是其软肋所在。狭义解释论的支持者支持精神失常抗辩的限制适用，而另外有些人则主张某种宽泛的解释以包容多种精神疾病。对究竟哪些犯罪可以被包括进"南顿规则"之中的争论的实质部分，在于如何解读规则当中的认知要素。① 如今，一般认为，所谓的精神疾病概念本身，在整个"南顿规则"中并没有实际意义，而且正如有学者所指出的那样，本原意义上的这种测试要求证据证明，精神疾病或者精神缺陷导致了对其行为本质的认知障碍。但实际上这是一个循环论证，由于需要反过来从结果来判断作为原因出现的精神疾患是否适格，从而精神疾病的状况要通过其引发的认知结果来决定。实践中，精神疾患除了用于排除行为人自身导致的精神症状之外并没有任何独立意义。②

第二，何为"认识"？

"南顿规则"中需要特别注意的是"认识"一词。认识，又可以被理解为明知或了解，也就是说行为人能正确地认识其行为的客观特征，如"我在开枪"这一行为。了解一词还可以包含更为主观的意蕴，即行为人能够充分理解其认识的意义，即理解其所知行为。③ 在刑法理论界，有的学者认为，这个规则的第一部分仅指对行为客观情节或者结果的认知，另外一些学者则对此做了较为广义的解释，即将其看作一种理性能力。还有学者提出"南顿规则"中的认知能力，应当包括对行为结果的感性理解，即如果对"明知"做较为宽泛理解的话，这就意味着要求被整个人性所同化了的保护后果在内的所有认知，如这就意味着行为人能够辨别其所意欲侵犯的受害人。④

---

① 参见 Laura Reider, "Toward a New Test for the Insanity Defense: Incorporating the Discoveries of Neuroscience into Moral and Legal Theories," *UCLA L. Rev.* 46 (1998): 289。

② 参见 Ellen Byers, "Mentally Ill Criminal Offenders and the Strict Liability Effect: Is There Hope for a Just Jurisprudence in an Era of Responsibility/Consequences Talk?" *Ark. L. Rev.* 57 (2004): 447。

③ 参见 Cynthia G. Hawkins-León, "Literature as Law: The History of the Insanity Plea and a Fictional Application Within the Law & Literature Canon," *Temp. L. Rev.* 72 (1999): 381。

④ 参见 Benjamin B. Sendor, "Crime and Communication: An Interpretive Theory of the Insanity Defense and the Mental Elements of Crime," *GEO. L. J.* 74 (1986): 1371。

第三，何谓"行为的本质"？

司法实践中，有法官将本规则当中对行为本质的认识，严格解释为对行为外在特征或者客观结果的认识。还有法官却对其做了较为宽泛的解释，使之包括诸如行为人对自己和别人关系的理解能力、理性理解行为的本质和结果的能力、理性理解行为意义的能力等。①

第四，何谓"行为的是非对错"？

一般认为，"不知所实施行为的是非对错"，需要证明被告人不能从道德观点角度理解其行为的错误性，或者不能认识到其行为是为法律所禁止的。在英国普通法传统中，一般将"是非对错"的评价标准建立在普通民众对行为的认识与评价基础上。② 在美国的司法实践中，有法官将"南顿规则"中的第二部分，即对行为性质谬误性的认识限制解释为对行为非法性的认识。而其他一些司法区，则将其解释为对行为违法性以及其悖德性的双重理解。根据后一种解释，被告人可以因为没有认识到双重理解中的任何一种而被无罪开释。进一步而言，有些法官认为，其应当包括对行为谬误性的情感或者精神层面的理解，而不仅仅是局限于字面理解本身。③

（三）"南顿规则"评析

正如前文所述，尽管产生于一个多世纪之前，并且所依据的是现在看来有点过时的心理学和精神病学观点，"南顿规则"却一直作为一种行之有效的精神失常检验方式而被沿用至今。更为重要的是，当今美国几乎所有的精神失常检验方式都与"南顿规则"有着直接联系，或者说都是从这个规则演化出来的。从这个角度出发，在明晰其历史沿革和基本内涵的前提下，如何对其加以评价？或者说如何理解和认识这个具有十分重要价值的精神失常抗辩规则呢？

---

① 参见 Benjamin B. Sendor，"Crime and Communication：An Interpretive Theory of the Insanity Defense and the Mental Elements of Crime，" *GEO. L. J.* 74（1986）：1371。

② 参见 Cynthia G. Hawkins-León，"Literature as Law：The History of the Insanity Plea and a Fictional Application Within the Law & Literature Canon，" *Temp. L. Rev.* 72（1999）：381。

③ 参见 Benjamin B. Sendor，"Crime and Communication：An Interpretive Theory of the Insanity Defense and the Mental Elements of Crime，" *GEO. L. J.* 74（1986）：1371。

第一，"南顿规则"的性质特殊。

一般认为，美国刑法中的"南顿规则"是作为一种"正向抗辩"（Affirmative Defense）存在的。亦即其本身，即被认为构成了肯定或否定某种法律状态的存在。但如果进一步研究，就会发现对"南顿规则"性质的争论基本上集中于道德说与法律说之间。

从历史的角度考察，道德说和法律说本身就有着千丝万缕的联系，正如有的学者指出的那样，被告人因为精神失常，失去辨别是非能力，因此可以免除其刑事责任。类似的论说可以追溯到布莱克顿和黑尔时代，并在其后的发展过程中变化甚小。实际上，在过去的几个世纪，相关的学说不下百种，其中的绝大多数都自认为是道德说，而不是法律原则。[①]

这里所说的道德和法律之区别，除了作为精神抗辩本身是否可以作为某种形式的法律或者惯例所固定之外，主要还是指在"南顿规则"内部，作为认识或者明知对象的范围。

应该说，从本原意义上来讲，"南顿规则"中对明知或者所谓辨认的对象范围仅仅限于道德。丧失道德辨识能力，甚至会导致行为人在实施侵害时，误认为自己的行为具有道德正当性。典型的，如南顿，就因为患有妄想受害症，从而丧失是非对错的辨认能力。

还有很多人从一个较为客观的角度出发，认为明知或者辨认的对象，应当是其行为的违法性，而不是所谓的悖德性。有美国学者就这个问题指出，"神志清楚是一个规范性概念，意指对外在世界的一种理解性、规范性的能力。庭审过程当中，精神病学证据常常被用来帮助陪审团决定被告人是否神志清楚或者具有法律要求的某种意图。然而，在'南顿'规则当中，行为人对自己行为本质谬误性精神病学判断的依据，却很大程度上在于人的自我控制的社会标准"。[②] 现代知识表明，认识并不是推进社会化行为的唯一动力。进一步说，在"南顿规则"中，认识要素被解释为将法律

---

① 参见 Ira Mickenberg，"A Pleasant Surprise: The Guilty but Mentality Ill Verdict has Both Succeeded in Its Own Right and Successfully Preserved the Traditional Role of the Insanity Defense," *U. Cin. L. Rev.* 55 (1987): 943。

② Rachel J. Littman, "Adequate Provocation, Individual Responsibility, and the Deconstruction of Free Will," *Alb. L. Rev.* 60 (1997): 1127.

知识作为判断行为谬误性的充分条件。即使行为人患有精神疾病，仍能了解其行为是被法律所禁止的，仍应对其负责。[1]

无论是所谓的道德说，还是后来出现的规范说或者法律说，都是一种基于经验对某种事实状态的判断标准的尝试，事实上，在判断究竟何为精神失常这一问题上，并无特定的法律理论。相反，大量传统普通法的经验事实，往往被用来作为判断标准。[2] 从美国司法实践来看，法官很少会重视被告人的情感因素。一般来说，大多数法官并不去定义什么是"认识"，而将其留给陪审团，由其根据常识进行判断。由于被告人的情感在认定过程中的作用不甚明了，因此要让其在审判过程中发挥更大作用似乎不是很现实。进一步而言，认为"南顿规则"可以被无限制宽泛解读的观点也是错误的。有很多种方式可以让行为人满足"南顿规则"中的认知要求，同时又不能满足其暗含的理性原则。[3]

如果由陪审团判断所谓认识或者辨别对象的话，那么在考虑"南顿规则"的性质时，就会存在这样一个先天的矛盾。一方面，陪审团必须借助精神疾病专家的意见来做出判断，同时精神病学者的证言往往与其被问及的行为人是否明知其行为的谬误性相关。这样的问题就涉及医生的专业知识之外的价值判断问题。但同时，这恰恰又是陪审团最为关注的问题。[4]

站在一个比较极端的立场，在讨论"南顿规则"中作为关键词存在的认知或者辨认对象的性质时，如果在一个历史区间考察，在美国刑法体制下，不可能存在一个具有绝对固定意义的性质存在。正如有些学者指出的那样，超过一个多世纪的时间，在几乎所有司法区，"南顿规则"都被奉若神明，这很大程度上是因为，在法官看来，"南顿规则"可以很好地兼

---

① 参见 Maya Mei-Tal, "The Criminal Responsibility of Psychopathic Offenders," *ISR. L. Rev.* 36 (2004): 103。

② 参见 Jerome Hall, *General Principles of Criminal Law* (Indianapolis, Indiana: The Bobbs-Merrill Company, 1947): 478。

③ 参见 Laura Reider, "Toward a New Test for the Insanity Defense: Incorporating the Discoveries of Neuroscience into Moral and Legal Theories," *UCLA L. Rev.* 46 (1998): 289。

④ 参见 Ronald R. Inderbitzin, "Criminal Law—The A. L. I. MPC Insanity Test," *Tul. L. Rev.* 44 (1969): 192。

顾刑事责任和社会民众情感。①

　　在一个民意表达畅通、利益集团游说影响巨大的国度，不难理解上述提法的深刻性。法制和民意的妥协就意味着某种暧昧状态的存在。

　　第二，对"南顿规则"的批评与改进。

　　在对"南顿规则"做优劣评断时，必须认识到，对精神失常和刑事责任的批评，必须建立在对如下问题的认知基础之上，即对精神之类问题加以认知的困难性、与之相关经验事实的缺乏和有限及相关语言的粗陋与失范。②

　　基本上可以认为，"南顿案"开创了一种基于某种道德标准的狭义认知型测试，这是一种关于对错的非黑即白型的测试。其无视意志因素，并且丝毫不同情那些虽然知道自己行为性质的谬误性但失去控制能力的人。③这种对行为人意志能力或者控制能力的蔑视，恰恰成为其为人所诟病最多的七寸所在。最为常见的批评，就是其不现实地将认识能力缩小为一种单纯意义的认知功能。在评判者看来，这种观点太过狭隘。事实证明，很多患有严重精神疾患的行为人，能够理性地认识到其行为的错误性。而且，很难事实上基本不可能区分理性能力与其他非认知能力。④

　　批评意见认为，"南顿规则"的主要缺点在于，其建构在一个过时的理论基础之上，即理智控制社会行为。当今心理学和精神病学认为，人的行为更多的是社会习得，而不是基于行为人对其行为的理解或者掌控。⑤在美国学者看来，人性中的控制要素，包括动机、欲望、目的以及感情要素。意志要素的缺乏，使行为人丧失了抗拒其行为性质是错误的认识能力。感情要素的缺乏使行为人不能感受某些情感体验。例如自责，自责一般能够阻止普通人从事某些危害行为。由于"南顿规则"对上述因素较少

　　① 参见 Michael L. Perlin, "Unpacking the Myths: The Symbolism Mythology of Insanity Defense Jurisprudence," *Case W. Res.* 40 (1990): 602。

　　② 参见 Jerome Hall, *General Principles of Criminal Law* (Indianapolis, Indiana: The Bobbs-Merrill Company, 1947): 490。

　　③ 参见 Chet Kaufman, "Should Florida Follow the Federal Insanity Defense?" *Fla. ST. U. L. Rev.* 15 (1987): 793。

　　④ 参见 Laura Reider, "Toward a New Test for the Insanity Defense: Incorporating the Discoveries of Neuroscience into Moral and Legal Theories," *UCLA L. Rev.* 46 (1998): 289。

　　⑤ 参见 Cynthia G. Hawkins-León, "Literature as Law: The History of the Insanity Plea and a Fictional Application Within the Law & Literature Canon," *Temp. L. Rev.* 72 (1999): 381。

涉及，其缩小精神失常范围的效果就被打了折扣，根据这种判断规则，有些在一般理性的人看来实属患有精神疾病的人却不能被开脱。或许是迫于压力，"南顿规则"后来增加了意志要素。这种修正了的"南顿规则"后来演化为另外两种测试，即"不可抗拒冲动测试"以及"美国法学会测试"。① 上述尝试反映出一种对"南顿规则"的普遍态度，即认为其仅限于被告人对于对错的认识，而排除了被告人主观心理状态的认识，不承认陪审团可以准确刻画被告人的心理状态。但对此也有不同声音，即认为在对错测试中，陪审团依据被告人的行为或者其他一些证据，认定其是否罹患精神疾病或者存在精神缺陷。对陪审团来说，从意志的角度出发来认定被告人能否依法行事，或者其是否由于不可抗拒冲动行事，则是完全不同的另外一回事。②

即使存在这样的支持意见，但美国司法界普遍认为，"南顿规则"本身过于狭窄，没有保护到那些丧失了控制自己行为能力的人的权利。田纳西州最高法院认为，处罚缺乏控制自己行为的实质能力的人，丝毫无助于达成实施刑法的三个目的，即"惩罚"、"教育"和"阻却犯罪"。基于这些批评，有些司法区将"不可抗拒冲动测试"加到"南顿规则"当中。总的来说，如果发现被告人无法控制其自身行为的话，就应当对其免予处罚。这样做，旨在通过附加意志因素的考量，改良原有的"南顿规则"，即弥补原来公式中对某些极端情况③判决不公的缺陷。

虽然后来在所谓的"不可抗拒冲动测试"之后，又出现了一些其他针对"南顿规则"的修正意见，如"杜尔汉姆规则"。其基本观点将思维过程看作一个紧密联系的功能整体。被告人的非法行为如果是由其精神疾病或者精神缺陷所导致的话，那么可以免除其刑事责任。④ 之后，很多美国

① 参见 Catherine A. Salton，"Comment，Mental Incapacity and Liability Insurance Exclusionary Clauses: The Affect of Insanity upon Intent," *Cal. L. Rev.* 98（1990）：1207。

② 参见 Harry J. Philips，Jr.，"Comment，the Insanity Defense: Should Louisiana Change the Rules?" *La. L. Rev.* 44（1983）：165。

③ 所谓的"极端情况"，就是前文所指的在某些情况下，行为人虽然意识到了自己行为性质的谬误性，但由于极其特殊的原因，其缺乏对行为的控制能力，由此任由行为发展并导致危害结果的发生。一般认为，此种情况下的行为人没有刑事可责性。

④ 参见 Judith A. Morse & Gregory K. Thoreson，"Comment，Criminal Law—*United States* v. *Lyons*: Abolishing the Volitional Prong of the Insanity Defense," *Notre Dame L. Rev.* 60（1984）：177。

司法机构开始适用 ALI 标准。此种规则提出的标准是行为当时，行为人由于精神疾病或者神智缺失，不能理解其行为的错误本质或者不能依法行事。因此 ALI 标准融合了认识因素和意志因素（选择或者控制的能力）。在"南顿规则"当中仅仅包含了认识因素。[①] 事实上，有学者总结"南顿规则"与 ALI 标准的区别主要在于以下三点：第一，ALI 标准使用的是"理解"而不是"明知"，理解需要对行为谬误性有更深了解，例如，一个四岁的孩子可能知道不应该去碰火炉，但可能不能真正理解不这样做的原因在于炽热的火炉会使其灼伤；第二，只有 ALI 标准要求被告人缺乏理解其行为谬误的"实质能力"（Substantial Capacity），而"南顿规则"仅要求此种能力的丧失，因此，此类被告人较少因为"南顿规则"而被认定精神失常；第三，ALI 标准包括了意志要素，如果被告人的精神疾病导致其丧失了依法行为的"实质能力"，则其可以被认为精神失常，而"南顿规则"则仅仅关注认知能力，也就是说行为人是否知道其行为的谬误性，而 ALI 标准则包含了认知要素和控制要素。[②]

在不断对以"南顿规则"为核心的精神失常抗辩进行修改完善的同时，也有学者尖锐地指出干脆直接取消精神失常抗辩了事，在他们看来，做这样的抗辩所需社会成本过高。经常出现的情况是精神病学医生所提供证据中对精神失常的定义迥异于法学中的对应概念。精神失常抗辩也会纵容对某些被告人的相对快速开释，从而使之逃避刑法惩罚。[③] 而观察家们也指出，联邦法院可能很快就会迫于压力取消基于意志测试的精神失常抗辩请求。国会也正在酝酿通过取消意志测试并且缩小精神失常抗辩范围的法案。这种努力也得到了某些组织及知名学者的响应和支持。[④] 具体而言，犯罪成立中的犯意要求可以排除某些真实的意外情况。爱达荷州允许利用

---

① 参见 Jessie Manchester, "Beyond Accommodation: Reconstructing the Insanity Defense to Provide an Adequate Remedy for Postpartum Psychotic Women," *J. Crim. L. & Criminology* 93 (2003): 713。

② 参见 Megan C. Hogan, "Neonaticide and the Misuse of the Insanity Defense," *Wm. & Mary J. Women & L.* 6 (1999): 259。

③ 参见 Harry J. Philips, Jr., "Comment, the Insanity Defense: Should Louisiana Change the Rules?" *La. L. Rev.* 44 (1983): 165。

④ 参见 Judith A. Morse & Gregory K. Thoreson, "Comment, Criminal Law—*United States v. Lyons*: Abolishing the Volitional Prong of the Insanity Defense," *Notre Dame L. Rev.* 60 (1984): 177。

某种精神状态的证据来否定犯意的存在，但不承认因为某种精神状态的缺乏而产生的所谓精神失常抗辩。①

（四）结　论

从上面的介绍可以看出，"南顿规则"在当今美国刑事抗辩中地位似乎尚不可撼动。基本上其后的各种适用标准都是在其基础上发展完善而来的。究竟是什么使一个不属于严格精神病学范畴的判断标准得以受到如此关注，并可以与时俱进？

首先，精神病学与刑法学所处领域、适用对象以及适用目的皆有不同，因此作为刑法学中抗辩理由出现的所谓精神失常判断标准与经典精神病学中的相关概念不相吻合亦可理解。值得注意的是，精神失常是一个法律词语而非医学词语。实际上，在医学术语中找不到严格意义上的"精神失常"（Insanity）这一词语。和精神耗弱意义最为接近的医学术语可能就是"精神错乱"（Psychosis），其包含的范围很广，诸如心理疾病、精神创伤和变态等。在判断精神失常时不应与时下流行的精神病学概念相混淆，反之亦然。在得克萨斯州有很多种精神错乱没有被包含进精神失常的范围之内，诸如脑外伤引发的精神疾病、醉酒、情感问题、不可抗拒冲动。因此，一个人可以在医学上精神错乱，但在法学上被认为神智健全。这无疑是正确的，因为无论专家证据如何，最终还是由法庭和陪审团来做最终决定。②

这种不同决定了"南顿规则"不能完全依赖于单纯意义上的精神病学，而要在很大程度上兼顾社会公众的反应、政府的政策导向等非科学要素。这种非科学要素的存在从一个功利的角度而言，决定了基于过时心理学知识的"南顿规则"可以从容直面各种新的挑战。

其次，"南顿规则"存在发展有其内在原因。

作为一种供陪审团成员适用的判断规则，"南顿规则"有其自身的优

---

① 参见 Harry J. Philips, Jr., "Comment, the Insanity Defense: Should Louisiana Change the Rules?" *La. L. Rev.* 44 (1983)：165。

② 参见 Katherine A. Drew, "Diminished Capacity as a Result of Intoxication and Addiction：The Capacity to Mitigate Punishment and the Need for Recognition in Texas Death Penalty Litigation," *Tex. Wesleyan L. Rev.* 5 (1998)：1。

势。毕竟其简便易行，且较为符合社会公众的价值判断标准。因此，对那些寄希望于废除精神失常测试的人而言，这种取消意志测试的尝试似乎可以理解为法庭对社会呼吁的一种回应。随着如此判决的做出，精神失常抗辩案件的数量，包括伴生于被告人可责性的道德错误的数量都将随之下降。尽管可能会博得公众的满意，但法庭这样做会导致对本应当被判无罪的人进行刑罚处断。[①]

而且，有学者认为，如果"南顿规则"本意与行为人的精神状态无关呢？如果其意指的是行为人和守法以及国家之间的关系呢？对危险的理解可以帮助解释这个如果不这样解释就会不合理的原则。例如立法所面临的危险：那种将精神失常看成一种不成理由的理由的观点，如果推而广之，将使社会容忍那些持反主流观点的人，换句话说，担心精神失常抗辩是一种人为的开脱不良行为的尝试。从这个角度而言，对控制或者意志因素（通常被认为是当今精神失常抗辩与早期抗辩的区别所在）的关注，让位于社会主流标准沦丧的危险的考量。亦即，如果更关注社会主流标准的话，自然会较少关注对行为的控制能力。在一个存在上述担心的世界当中，"南顿规则"中的标准要素和认识要素就显得很有道理。不能理解法律规范的被告人被认为不在立法考虑的范围之内，如果对其加以考虑，就是承认了对不良规则的保护。而对错测试恰恰就是为了确保没有规范判断包含在内。[②]

目前，还没有统计数字等权威资料可以证明，根据精神病学可以对刑法学中某一特定问题加以准确认识。例如，现代心理学理论认为，不能把认知因素与其他心理因素截然分开。相反，个体应当被看作一个精神整体，其所患的精神疾病会导致不同的后果，包括认知能力、情感体验以及意志控制能力等障碍。[③] 但或许真实的情况与此完全相反，或者并无相关。因此，即使有与当时精神疾病相关的背景情况出现，也不能完全认为包括

①　参见 Judith A. Morse & Gregory K. Thoreson, "Comment, Criminal Law—*United States* v. *Lyons*: Abolishing the Volitional Prong of the Insanity Defense," *Notre Dame L. Rev.* 60 (1984): 177。

②　参见 Victoria F. Nourse, "Reconceptualizing Criminal Law Defenses," *U. Pa. L. Rev.* 151 (2003): 1691。

③　参见 Suzanne Mounts, "Malice Aforethought in California: A History of Legislative Abdication and Judicial Vacillation," *U. S. F. L. Rev.* 33 (1999): 313。

"南顿规则"在内的判断标准就必须紧跟当今精神病学发展的前沿。

相反，之所以"南顿规则"能够历久弥新，就是因为其在刑法学和社会学（注意不是精神病学），准确地说是社会公众意见之间寻找到了某种意义上的平衡关系。这种微妙的平衡，目前尚不能为后续出现的种种相关规则所取代。也就是说，还没有其他类似规定可以在法理与人情之间达到"南顿规则"所能达到的平衡程度。

二 必要性（Necessity）原则[①]

迈克尔·桑德尔所主讲的"公正"[②] 公开课中，曾经以 19 世纪英国著名的"女王诉达德利案"（*The Queen v. Dudley & Stephens*）[③]（以下简称"达德利案"）为引子，从哲学的角度，反思功利主义在具体适用中可能遭遇的所谓"困境"。其实，"达德利案"并非最早触及人类道德底线的极端案件。

---

① 国内也有学者将其翻译为"紧急避险"，如其指出，尽管联邦最高法院直到 2001 年仍然非常保守地指出，联邦法院是否有权将法律未明文规定的紧急避险视为抗辩事由是个仍需探讨的问题，但是，诸多联邦法院却早已在其判决中对此加以肯定并开始在个案中详细地探讨紧急避险的成立条件。在美国各州，紧急避险也被认定为抗辩事由。尤其是在《模范刑法典》的影响下，美国已有 19 个州明文将紧急避险写入了刑法典。当然，这些州的法律采用了各种不同的术语来表述对必要性原则或紧急避险的规定。有些州遵从了《模范刑法典》第 3.02 条的建议将其称为 Choice of Evils，而有些州则将其称为 Necessity 或 Necessity Defense，或者 Competing Harms 甚至 Justification Generally，在并未于刑法典中明文规定必要性原则或紧急避险的其他州，司法判例原则上也认可其属于抗辩事由。参见王钢《美国刑事立法与司法中的紧急避险——对功利主义模式的反思》，《清华法学》2016 年第 2 期，第 190 页。

② 相关内容，大体可参见〔美〕迈克尔·桑德尔《公正：该如何做是好?》，朱慧玲译，中信出版社，2012。

③ 参见 *The Queen v. Dudley & Stephens*，14 Q. B. D. 273（1884）。本案的两名被告人、一名第三方当事人，以及受害人，都是名为"木樨草"（Mignonette）的英国籍轮船船员。该船经过好望角，在驶向澳大利亚的途中遭遇风暴沉没。4 人几乎在没有任何给养的情况下爬进了救生艇。12 天之后，食物和淡水完全耗尽。因此，船长达德利（Thomas Dudley）提出 4 人当中应有一个人做出牺牲，从而让其他人有食物可以坚持到获救。但船员布鲁克斯（Edmund Brooks）拒绝这一提议。在第 19 天，仍然没有得到救援。达德利认为，自己和其他人已经处于生死边缘。因此，他提议通过抓阄的方式牺牲一个人，但是这次布鲁克斯又一次表示了拒绝。达德利与斯蒂芬（Edward Stephens）合议，决定杀死 4 人当中最虚弱也最年轻的帕克（Richard Parker）。帕克当时身体已经十分虚弱，并且几乎丧失意识。最终，在第 20 天，达德利与斯蒂芬杀死了帕克，他们和布鲁克斯分享了尸体，最终获救。参见 Robert C. Berring, "A. W. Brian Simpon's Cannibalism and the Common Law," 73 *Cal. L. Rev.* 252（1985）。

先于"达德利案"发生约半个世纪的"美利坚合众国诉霍姆斯案"（*United States v. Holmes*）①，虽然没有涉及人吃人的悲剧，但作为救生艇杀人案，同样涉及相关行为是否符合必要性原则的问题。换句话说，从刑法角度，"达德利案"固然与功利主义刑法学理论不无关系，但所涉及的更为重要的问题却是必要性原则适用的刑法边界问题。

如前所述，如果说精神失常因为其作用机理及对精神失常者可能采取非刑事性质的剥夺自由等强制处遇措施，是否可以作为独立的免责事由，尚有争论。那么必要性原则，就更像是一种纯粹的免责事由。

必要性原则，实质是为了防止或其他人免受严重身体伤害或其他严重犯罪侵害，在紧急状况下实施的行为，在满足特定条件的要求下，虽然其实施的行为形式上满足具体犯罪的构成要件，仍然可以排除可责性。虽然这种抗辩原则非常类似于我国刑法中的紧急避险，但鉴于尊重英文的表达习惯，更为重要的是，在我国刑法中的紧急避险因为没有类似于美国刑法中所谓"正当化事由"之类的概念，因此可以将其与正当防卫一道进行讨论，且还涉及与犯罪构成关系等复杂问题，为了避免不必要的混淆，这里坚持使用"必要性原则"这一概念。

（一）必要性原则的流变与构成

必要性原则根植于普通法当中。但早期普通法中的必要性原则的内涵却十分宽泛。例如，18 世纪著名英国法学家布莱克斯通认为，刑法中存在四种必要性原则：（1）上级的限制；（2）面临死亡或其他伤害的威胁；（3）两害相权择其轻；（4）缺衣少食。②布莱克斯通认为，必要性意味着行为人的行为缺乏道德自愿性，也就是说，其只能进行特定的选择。因此，在这种情况下对其加以处罚，容易造成不公正的结果。但如果严格遵

---

① *United States v. Holmes*, 1 Wall Jr. 1, 226 Fed. Cas. 360 (3d Cir. 1842). 在本案中，被告人霍姆斯是一名船员，其被指控参与了将救生艇上的乘客扔下水，导致其死亡。法官对陪审团的法律指导意见是，只有在对救生艇的操纵而言不具有实质作用的船员先被扔下去的情况，被告人的此类行为才具有正当性。参见 Tom Stacy, "Acts, Omissions, and the Necessity of Killing Innocents," *Am. J. Crim. L.* 29 (2002): 481。

② 转引自 Kathryn Maza, "Issues in the Third Circuit: Necessity Defense to Felon-in-possession Charges: The Third Circuit Justifies a Federal Justification Defense in Virgin Islands v. Lewis," *Vill. L. Rev.* 56 (2012): 725。

循这种观点，就意味着一个饿到极点的穷人可以去实施偷窃行为。的确，根据判例，无家可归者在其因违反在公园露宿的禁止性规定而被起诉时，有权要求法官对陪审团做出关于必要性原则抗辩的法律指导，理由是自己因为经济窘困根本无处可去，除了露宿公园别无选择。[①] 但如果分析仅仅停留于此，显然会产生疑问，即被告人为什么不要求法庭就"胁迫"（Duress）做出法律指导？

的确，长期以来，必要性原则与受胁迫抗辩的关系都处于一种暧昧状态。从当代刑法的基础功利主义出发，刑法规则的存在与适用，都是为了社会福祉的最大化。[②] 在必要性原则适用的情况下，行为人选择了危害相对较小的侵害行为，因此总体对社会有利，如果对这种行为人加以惩罚，显然十分荒谬。[③] 有些遭到胁迫的人，认为自己所面临的情况，属于应适用必要性原则的情况。因此，根据功利理论，特别是根据公平、正当适用刑法的刑事政策，当事人面临某种紧急状况时，只能进行某种选择。因此，在联邦刑法中虽然并没有必要性原则的规定，但在"美利坚合众国诉贝雷案"（United States v. Bailey）[④] 中，联邦最高法院认为，普通法中，胁迫通常适用于被告人遭到他人胁迫的情况下主张的免责。而必要性原则，一般是指由自然原因导致的不得不从事的相对较轻的犯罪的免责。但是当代刑法中，两者混用的情况较为普遍。[⑤]

但这种观点，显然无视一个基本事实，即除了危险来源不同，更为重要的是，违法并不一定代表可责。[⑥] 在适用必要性原则的情况下，行为人受到的威胁或侵害，具有即时性，因此允许行为人在这种急迫的情况下，

① 参见 In re Eichorn，69 Cal. App. 4th 382（1998）。

② 参见 Melissa Beach，"Note，When Mercy Seasons Justice，" St. John's J. Legal Comment. 23（2008）：887。

③ 参见 John T. Parry，"The Virtue of Necessity：Reshaping Culpability and the Rule of Law，" Hous. L. Rev. 36（1999）：397。

④ 参见 United States v. Bailey，444 U. S. 397（1980）。

⑤ 参见 Kathryn Maza，"Issues in the Third Circuit：Necessity Defense to Felon-in-Possession Charges：The Third Circuit Justifies a Federal Justification Defense in Virgin Islands v. Lewis，" Vill. L. Rev. 56（2012）：725。

⑥ 参见 George H. Fletcher，Rethinking Criminal Law（Columbus：Little，Brown and Company，1978）：819。

自行选择实施具有客观危害性的行为。[①] 必要性原则并不否认任何犯罪要素，而是在犯罪形式成立的基础上，基于形势政策而不处罚。[②] 另一方面，受胁迫抗辩却是直接否认犯罪成立的犯意构成要素，根据这一抗辩原则，被告人因为受到即时伤害的威胁，因此丧失了选择的自由，从而无法具有该犯罪的犯意。因此，虽然都看起来是"别无选择"，但两者最大的区别是，在适用必要性原则的情况下，行为人具有意志自由与行为自愿性，在受胁迫的情况下，行为人丧失了意志自由与行为自愿性。强调这一根本性区别，可以解决某些边缘案件的认定问题。反之，如果混用两者，在面临受胁迫杀人等极端情况时，往往会造成与道德直觉截然相悖的适用结果，对此，将在下文详述。

区分必要性原则与受胁迫抗辩的做法，也得到了美国很多州立法的认同。例如，如前所述，在加利福尼亚州立法中，必要性原则与受胁迫抗辩[③]就是分别规定的。

根据《加利福尼亚州司法委员会刑事陪审法律指导意见》，适用必要性原则抗辩需要具备如下条件[④]：（1）行为人为了防止对其或其他人造成严重身体伤害或者其他邪恶，在紧急情况下实施的行为；（2）行为人没有充分的替代性法律措施；（3）行为人并没有导致比其所避免发生的结果更为严重的结果；（4）行为人确信采取相关行为是防止危害结果的必要措施；（5）理性人也会认为在当时的情况下实施相关行为是必要的；（6）行

---

① 参见 *People v. Condley*, 69 Cal. App. 3d 999（1977）。

② 参见 *People v. Heath*, 207 Cal. App. 3d 892（1989）。

③ 根据《加利福尼亚州司法委员会刑事陪审法律指导》，如果被告人受到胁迫实施犯罪行为，被告人不构成该罪。被告人受到胁迫，是指被告人因为受到威胁或恐吓，同时相信如果拒绝按照要求实施犯罪，他本人或其他人的生命面临即时的危险。相关犯罪要求可以是明示的，也可以是暗示的。但被告人对其本人或其他人生命面临即时的危险的认识必须合理。在认定被告人的认识是否合理时，需要考察被告人认识到的所有情况，以及处于相同情况的理性人将会如何认识。威胁未来实施危害并不充分，对生命的威胁必须具有即时性。检方必须排除合理怀疑地证明被告人的行为并没有受到威胁。如果检方没有达到这一标准，法庭就必须认定被告人并没有构成被指控犯罪。同时，本抗辩不得适用于对谋杀罪的指控。参见 CALCRIM No. 3402。

④ 参见 CALCRIM No. 3403。

为人并没有实施导致紧急状况的行为。[①]

（二）必要性原则的适用边界

虽然必要性原则的规定貌似十分清楚，但在适用过程中面临各种挑战，而对这些复杂棘手情况的反思更可以加深对这一免责事由的理解。例如，如果行为人没有其他的替代措施，虽然没有所谓急迫性，但是否仍然可以通过主张必要性原则免除自己的刑事责任？在"冈萨雷斯诉瑞奇案"（Gonzales v. Raich）[②] 中，被告人主张自己罹患多种疾病，而除了大麻之外，自己对多数药物都出现过敏症状，这一点也得到了被告人医生的佐证。联邦最高法院在本案判决中依据的主要是美国宪法中的所谓"通商条款"（The Commerce Clause），根据本案判决，在虽然可能有证据证明不存在充分的替代措施但缺乏急迫性的情况下，仍然不得主张必要性原则。

和上述争论相比，必要性原则面临的最大危机和挑战恰恰来自其所立足的功利主义。根据功利主义，行为的道德性基于该行为所产生的有用性大于其他替代性行为所能产生的积极结果。但如果要坚持必要性原则中的功利主义考量，就必须反思其可否适用于杀人的情况。对此，成文法如果明确禁止[③]，当然不存在问题。这还会导致之前谈到的受胁迫抗辩与必要性原则在适用效果上的混同。和必要性原则不同，长期以来，受胁迫抗辩都不能将谋杀减轻为过失杀人，判例认为，只有立法机关才能将受胁迫杀

[①] 虽然在美国并不存在为所有司法区所一致认可的对必要性原则的规定，但是，大体上还是可以从美国的刑事立法和司法判例中归纳出认定必要性所应当具备的前提条件。首先，必须存在紧急态势，即客观上必须存在正在发生的、无法以其他更为轻微的方式避免的危险，或者至少行为人要合理相信存在这样的危险。而且这种危险不能是由行为人自己有责地引起。其次，就避险行为而言，其必须是避免危险的必要措施，或者至少行为人要对此怀有合理的确信。此外，避险行为所保护的利益必须大于甚至明显大于其所损害的利益，而且立法者不能事先已经决定在这种利益权衡中何种利益应当优先受到保护。最后，根据通说的见解，行为人还必须具备避险意识，其必须是出于保护合法权益的意思实施避险行为。参见王钢《美国刑事立法与司法中的紧急避险——对功利主义模式的反思》，《清华法学》2016年第2期，第207页。

[②] 参见 Gonzales v. Raich，545 U.S. 1（2005）。

[③] 在没有其他正当化根据的基础上，为了防止迫近的公共或私人危险，采取必要的措施造成的危险低于否则导致的危害的，其行为即具有正当性，但这种抗辩不适用于故意杀人的情况。参见 Ky. Rev. Stat. Ann. 503.030.（1）。

人行为作为过失杀人罪处理。① 但美国各司法区的态度却十分明确。例如，加利福尼亚州法律明确规定，受胁迫不得作为死刑犯罪的抗辩事由。② 因为美国刑法中，无论是联邦还是各州，除了叛国罪等少数犯罪之外，死刑仅适用于谋杀犯罪③，因此，这实质上排除了在谋杀犯罪中适用受胁迫抗辩。这一推论也得到了司法判例的支持，"对任何形式的谋杀，受胁迫都不属于抗辩事由"。④ 但同样是加利福尼亚州，却没有在法律当中明确排除杀人案件中必要性原则的适用。的确，从功利主义角度来看，对杀人适用必要性原则抗辩也很合理。以"达德利案"为例，1 个人死要比4 个人都死更具社会正面效果。无辜者的生命损失应该被尽可能减少，而不是增加。因此，如果有可能，刑罚适用的结果应该是防止行为人实施导致更多无辜者丧失生命的行为。⑤ 即使从与功利主义截然相对的报应主义来看，虽然有些学者认为，根据报应理论，应反对通过杀人来实现紧急避险⑥，但也有学者认为这种理解是错误的。对杀人适用的必要性原则，非但与康德提倡的道德哲学不冲突，反而还可以从中获得支持。⑦ 这一观点也在《模范刑法典》的评论中得到了印证，美国法学会认为必要性原则具有普遍的适用性，将杀人行为从中排除的话显得较为不妥。⑧

在朗·福勒（Lon L. Fuller）⑨ 所拟制的"洞穴探险"⑩ 这一经典案例中，5 名探险者被困在洞穴之中，生命保障的食物已经不足。在 20 天的受

---

① 参见 *People v. Anderson*，28 Cal. 4th 767（2002）。

② 参见 Cal. Pen Code § 26（6）。

③ 参见李立丰《民意与司法：多元维度下的美国死刑及其适用程序》，中国政法大学出版社，2013。

④ 参见 *People v. Anderson*，28 Cal. 4th 767（2002）。

⑤ 参见 Richard O. Lempert，"Desert and Deterrence: An Assessment of the Moral Bases of the Case for Capital Punishment," *Mich. L. Rev.* 79（1981）：1177。

⑥ 参见 David Dolinko，"Three Mistakes of Retributivism," *UCLA L. Rev.* 39（1992）：1623。

⑦ 参见 Tom Stacy，"Acts, Omissions, and the Necessity of Killing Innocents," *Am. J. Crim. L.* 29（2002）：481。

⑧ 参见 Christopher Kutz，"Torture, Necessity and Existential Politics," *Cal. L. Rev.* 235（2007）：95。

⑨ 朗·福勒（Lon L. Fuller），1902~1978 年，美国著名法学家，自然法学派代表。

⑩ 参见 Lon L. Fuller，"The Case of the Speluncean Explorers," *Harv. L. Rev.* 62（1949）：616。国内介绍此案及后续讨论的版本可参见〔美〕彼得·萨伯《洞穴奇案》，陈福勇、张世泰译，生活·读书·新知三联书店，2009。

困期间，他们发现了一部电台，并且与外界取得了联系。他们得知，救援工作至少需要 10 天，而医生也告诉他们，考虑到健康以及食物等情况，他们很难挺到救援到来。如果不吃活人，所有人都得死。探险者之一怀特莫尔提议掷骰子来决定由谁牺牲。虽然其他人都表示同意，但是他临终退缩，提议再等一段时间看看。在第 23 天，其他人决定掷骰子，当轮到怀特莫尔的时候，他拒绝参与。其他人问他对这一做法的公平性是否存在异议，在未得到否定回答的情况下，其他人帮他掷了骰子。结果最终怀特莫尔被杀并被吃掉。3 天后，其余 4 人获救。本案的问题在于，在这种条件精心设定的前提下，杀死一个人从而导致多个人获救的行为是否具有正当性、免责性或者具有可责性。但是没人探讨如果 5 个探险者采取不作为，是否需要对导致 5 个人都死亡的结果承担责任。无论法律要求探险者将自己所面临的选择看作杀死一个无辜者，还是杀死多个无辜者，探险者都不具有作为义务，那么法律仍然允许其接受不作为所导致结果的责任。① 对此，有些学者表示反对，并举例：医生杀死 1 名健康的人并且将其器官移植给 5 名急需移植的病危者，从功利主义角度来看，这样的情况似乎具有正当性。这种明显与直觉相悖的观点，揭示了功利主义理论中成本效益分析的不可接受性。② 还有学者根据所谓"斜坡理论"（Slippery Slopes）③，提出如果承认必要性原则在杀人情况中的适用，就会导致大多数人认为杀死 1 人从而挽救 3 人的生命的做法，要比什么都不做等死的做法好。但是否某些人可能会误判形势，因此选择在本来可以等待救援的情况下错误地实施了杀人行为呢？因为这一行为合法，人们会选择早早地实施杀人行为，从而导致很多无辜的人无谓被杀。④ 就此看来，在立法没有明确禁止的情况下，是否承认在杀人案件中适用必要性原则，似乎成了一个无解的

① 参见 William N. Eskridge, Jr., "The Case of the Speluncean Explorers: Twentieth Century Statutory Interpretation in a Nutshell," *Geo. Wash. L. Rev.* 61 (1993): 1731。

② 参见 George S. Christie, "The Defense of Necessity Considered from the Legal and Moral Points of View," *Duke L. J.* 48 (1999): 975。

③ "斜坡理论"认为，如果某种理论适用得当，将会产生某种令人满意的结果，但是在实践当中，这一原则将会被滥用，从而导致事与愿违的结果。参见 Frederick Schauer, "Slippery Slopes," *Harv. L. Rev.* 99 (1985): 361。

④ 参见 Tom Stacy, "Acts, Omissions, and the Necessity of Killing Innocents," *Am. J. Crim. L.* 29 (2002): 481。

问题。但这种无解，并非真的"无解"。对此，可以通过前面提到的英国连体婴儿事件加以反思。如果说一个人无论作为与不作为，都要承担相同的责任，那么可以想见相关规则的有无已经不能再影响理性人的决定。与其这样通过不设置免责规则将处于危险境地的人推回"无秩序的原始弱肉强食"状态，倒不如通过法律预设，为这种虽然罕见却绝非不会发生的边缘情况营造最低限度的文明准则。承认紧急状态下的必要性，如果救生艇当中所有人怎么都会死，那么为了挽救其他人就可以杀死其中一人。再如，当山洪从隧道冲出，如果需要泄洪会淹死某人从而挽救整村人的话，那么泄洪就具有正当性。[①] 从这个角度看，问题不是是否承认必要性原则适用的问题，而是如何丰富必要性原则，使其在适用的过程中尽可能公平或者防止其被滥用。

第三节　小结

虽然不像大陆法系那样具有十分严格的犯罪论与责任论区分，但美国刑法中所谓可责性概念的提出，特别是围绕可责性建构的正当化事由与免责事由，表明了对犯罪与刑罚，人类智慧的一种理性权衡。虽然或有出入，但道德与责任之间的关系是美国刑法理论与实践一致致力解决的关键问题。是否可以对杀人行为适用必要性原则的争论，与其说是法律原则的冲突，倒不如说是人类理性的自身拷问。假想下，如果你是汪洋中苦苦求生的达德利，在不杀人吃肉就会饿死的情况下，会何去何从？

---

① 参见 Michael S. Moore, "Act & Crime: Reply: More on Act and Crime," *U. Pa. L. Rev.* 142（1994）: 1749。

第八章

未完成罪：未遂

如果行为人完成了其能力范围内的所有计划的犯罪行为，但最终未达成危害结果，如行为人子弹上膛，开车来到受害人家，瞄准受害人开枪，但没有射中目标，对这种行为的责任应当如何认定？① 对这一范式稍加推演，如果行为人仅仅完成了其能力范围内的部分计划犯罪行为，必须其他行为介入的情况下，才能实现行为人意图实现的结果，对这种行为的责任应当如何认定？如果行为人并未实施任何积极的作为，而仅仅处于一种静态的持有状态，且客观而言，持有本身并不违法，对这种状态是否因为持有人有用其持有的物品实施未来犯罪的想法，而认定其刑事责任？一方面，在美国存在对未完成罪和与其对应的完成罪，做相同处罚的立法例；另一方面，存在所谓独立的未遂罪与作为总则规定的概括性未遂的并存，更存在将未遂视为抗辩事由的司法例。这种理论与现实意义上的庞杂状态，彰显出对这一问题展开研究的必要性。

第一节　未完成罪与未遂

对上述问题的回答，需要涉及美国刑法理论中的所谓"未完成罪"问题。"未完成罪"在英语中的表述为 Nonconsummate Crime 或 Inchoate Crime。未完成罪或者未遂罪通常是指未充足目标犯罪的中间行为，是相对完成罪存在的一种概念。② 这也符合普通法一贯的传统。美国刑法中的所谓未完

---

① 参见 Daniel G. Moriarty, "Extending the Defense of Renunciation," *Temp. L. Rev.* 62（1989）：1。
② 参见 Ira P. Robbins, "Double Inchoate Crimes," *Harv. J. on Legis.* 26（1989）：1。

成罪，无论理论还是司法实践，研究都不算充分。① 准确来说，美国刑法中的所谓未完成罪，所指的并非一种犯罪形态，而是指一种责任类型。由于没有或者不重视体系验证的犯罪论体系建构，因此，在很大程度上美国刑法中的犯罪与责任往往混用。

一 未完成罪的界定

如果说标准犯罪，即一行为人、一故意、一实行行为、一实害结果，是刑法学研究的起点，那么显然这种标准犯罪不能也不应该成为犯罪的终点。事实上，刑法学的研究，主要是围绕着标准犯罪的变形体，即上述关键节点存在异常时，如何认定刑事责任展开的。

（一）作为认识基准的完整刑事责任

理论上，完全具备上述要素的标准犯罪，即处于犯罪的完成状态。② 但反过来，犯罪的完成状态却并非一定要完全具备上述关键要素。这主要是因为所谓犯罪的完成状态，并非一种客观的事实充分状态，而是在相关事实齐备的情况下能实现充分的规范性否定评价。因此，如果认为刑事责任的充分与行为或结果无关，那么就会导致非标准犯罪但归责充分的情况。例如，有学者认为，刑事责任的成立与否，与是否存在所谓危害结果不存在必然联系。③ 传统美国刑法理论并未充分揭示刑事责任的行为要件问题。对行为要件直觉意义上的支持，在很大程度上是从实际出发的一种考量。④ 甚至干脆认为，刑事责任的成立仅仅需要类似"状态犯"的所谓一种客观状态

① 参见 Sandra Guerra Thompson, "The White-Collar Police Force：'Duty to Report' Statutes in Criminal Law Theory," *Wm. & Mary Bill Rts. J.* 11 （2002）：3。

② 在美国某些司法区的司法实践中，存在所谓犯罪完成之后仍然可以被起诉未遂的情况。例如某被告人将受害人车上的财物偷出后放到自己车上，随即被抓。被告人提出，因为自己已经完成了犯罪，因此并不构成未遂。为了避免歧义，密苏里州立法机关在未遂罪的规定中消除了"犯罪未完成"这一构成要件。因此，即使犯罪已经完成，仍然可能构成未遂。参见 *State* v. *White*, 860 S. W. 2d 805 （Mo. App. S. D. 1993）；亦参见 H. Morley Swingle, "Criminal Attempt Law in Missouri：The Death of a Tale of Two Theories," *J. Mo. B.* 56 （2000）：144。

③ 在缺乏危害结果的情况下，亦可认定充分的刑事责任。参见 Douglas Husak, *The Philosophy of Criminal Law：Selected Essays* （London：Oxford University Press, 2010）：84。

④ 参见 Vincent Chiao, "Action and Agency in the Criminal Law," *Legal Theory* 15 （2009）：1。

即可。① 这其实并不令人感到意外。从单纯的犯意到意图危害结果的充分实现，其间可以根据不同标准做出任意划分。而标准犯罪提法的意义就在于为充分刑事责任这一游标提供其运行的基础，并限制其活动范围。

但问题并未到此结束，充分刑事责任的游标，可以在上述范围内由立法机关根据刑事政策，针对具体犯罪设定充分责任的存在标准。无论是将其设置在单纯状态，如基于欺诈意图持有空白支票②，或将其设置在所谓的行为刚刚开始，如基于从事特定重罪的目的接触未成年人③，或将其设置在行为实施完毕，如通过暴力、恐吓或胁迫方式实施性器插入④，还是实现了意图的犯罪结果，如典型的杀人罪⑤，都只是在标准犯罪与非标准犯罪名义下，对完整刑事责任的一种认定基础与认定前提。在这个意义上，无论是状态犯还是所谓的举动犯，都和结果犯一样，属于完整犯罪，这种完整犯罪的含义与是否充分具备行为即结果这种构成要素无关，而主要关注的是与所谓充分刑事责任之间的对应关系。这也是很多学者认为，

---

① 参见 Michael Corrado, "Is There an Act Requirement in the Criminal Law?" *U. Pa. L. Rev.* 142 (1994): 1529。

② 参见 Cal Pen Code § 475 (b)。该条规定，任何人持有空白或未填写完毕的支票、本票、汇票、旅行支票，无论其是否真实，只要该人意图通过填写该票据或意图帮助他人填写该票据从而欺骗他人的，构成伪造罪。

③ 参见 Cal Pen Code § 288.3 (a) (b)。根据这一规定，任何在明知或应当合理明知的情况下，与未成年人接触或交流，或试图与未成年接触或交流，意图实施 Section 207, 209, 261, 264.1, 273a, 286, 288, 288a, 288.2, 289, 311.1, 311.2, 311.4 或 311.11 中涉及未成年的犯罪，应依据意图实施犯罪的未遂，判处在州监狱中服监禁刑。需要注意的是，这一规定属于美国刑法当中较为特别的未遂。虽然处罚按照目标犯罪的未遂处理，但是其本身却是在完成目标犯罪的预备行为时即满足犯罪成立的所有条件。因此其本身的刑事责任是完整的。根据该法，只要行为人进行了接触或交流，无论是本人还是通过第三方，或通过其他媒介，甚至邮政服务、共同传播平台、电子交流平台、电报、计算机或广播，都构成本罪。只是本罪的责任在适用方式与适用程度上等同于法律中列明的相关犯罪的未遂而已。其本身的刑事责任是完整的，而不是未遂责任。这一点将在后文详述。

④ 参见 Cal Pen Code § 289 (a) (2)。该条规定实施完成了性器插入行为的，即构成本罪，且需要被判处 3 年、6 年或 8 年监禁。

⑤ 参见 Cal Pen Code § 189。根据该法，任何基于杀人的故意，使用爆炸物、大规模毁灭性武器、穿甲弹、毒药、截候、酷刑或其他有意、蓄谋，或在实施或试图实施纵火、强奸、劫持汽车、抢劫、夜盗、伤害、绑架、颠覆列车、任何 Section 206, 286, 288, 288a 或 289 中规定的犯罪，或从机动车上向外对人故意开枪，构成一级谋杀。

行为或者结果与刑事责任无关的原因。① 这样讨论，并非纯粹的理论推演，而是涉及具体的刑事责任认定与刑事理论辨析。例如，是否承认不作为的未遂？如果认为不作为犯罪一定是标准的结果犯，显然不作为的未遂就是一种理论上的悖论，但如果将不作为视为一种非标准犯罪，如行为犯，那么就存在讨论甚至司法认定的空间。② 虽然承认非标准犯罪可以承担完整责任，也就是说犯罪是否标准与其责任是否完整不存在必然的对应关系。另一方面，未完成罪概念与非标准犯罪概念，与不完整责任概念是何关系？美国刑法中未完成罪的存在形态与存在意义是什么？对这些问题的回答，都将从某个方面检验美国刑法理论与司法实践的成熟程度。

无论根据结果是否发生，还是行为是否完成，都无法充分作为刑事责任是否完整的判断根据。因此，密苏里州等司法区才在成文法中取消了犯罪未完成作为未遂的要素。这是因为如前所述，在美国刑事司法与理论中，该当充分刑事责任的，不仅有导致危害结果的行为，还包括过错行为，甚至可能包括本身无害的单纯状态。如果说支持对导致实害结果的行为认定充分责任的根据是所谓"实害性"，那么在没有实害结果的情况下认定充分刑事责任的根据就是所谓"危险性"。"实害性"与"危险性"，都是"危害性"的具体表现形式。③ 甚至有学者认为，危害性原则属于超越康德所建构的确保犯罪刑事判决公平、公正的义务论原则的上位原则。④ 的确，如果说犯意与犯行是任何犯罪都必须具备的要素，那么危害性原则就是两者与最终认定的刑事责任之间，最直接也最重要的过滤器。

（二）未完成罪的典型样态

民主社会中，根本无法想象缺乏危害性的情况下，可以公平、公正地

---

① 参见 Larry Alexander & Kimberly Kessler Ferzan，"Culpable Acts of Risk Creation，" *Ohio St. J. Crim. L.* 5（2008）：375。

② 英国的学者一般更公开地支持不作为未遂的刑事责任。参见 Jacobo Dopico Gomez-Aller，"Criminal Omissions：A European Perspective，" *New Crim. L. Rev.* 11（2008）：419。

③ 导致危害结果出现的危险本身也是一种危害结果。参见 Claire Finkelstein，"Is Risk a Harm？" *U. Pa. L. Rev.* 151（2003）：963。

④ 参见 Dennis J. Baker，"The Harm Principle vs Kantian Criteria for Ensuring Fair，Principled and Just Criminalisation，" *Austl. J. Legal Phil.* 33（2008）：66。

适用刑法。而刑法所承载的预防或报应等功能，也在很大程度上取决于危害性的大小。这就是所谓的危害性原则。虽然有人批评这一原则太过肤浅，甚至流于形式①，但不可否认的是，美国很多司法区的刑事成文法就是根据危害性原则的发展变化所形成展开的。② 在正确认识危害性时，需要强调也需要明确的一个关键问题，就是危害性是否属于单纯针对犯罪客观行为所进行的判断，而与犯意或无关。

　　这一问题的确非常复杂。但较为合理的观点，应该坚持危害性与犯意无关的立场。的确，在某种意义上，危害性与道德可责性之间存在互相印证的证明关系，③ 但仅仅是一种证明关系，仅此而已。具体来说，在民主国家，认定刑事责任需要客观的危害性存在。这是所有刑法理论与刑事责任的前提与起点。存在客观危害性，即使不存在道德可责性，亦可认定所谓刑事责任。④ 某些社会危害性较低，但具有高度道德可责性的行为也应作为犯罪处理。⑤ 即使具有客观危害性，也可能不需要承担刑事责任。⑥ 这里所说的未完成罪，就是指虽然具有客观的危害性，但危害性未达到同一行为承担充分责任所需要的责任程度时，作为认定不充分刑事责任的犯罪。这一犯罪的特质在于，其一定是相对承担完全责任的参照犯罪而存在的。两者唯一的区别，即在于危害性的大小。讨论未完成罪的可罚性，其实可以用一个十分恰当的比喻来加以说明。刑法从来不正面讨论"运气"，只讨论所谓的"可能性"。但运气，有时又成为刑事法所不可能回避的一个问题。例如，3 个没有任何联系但其他条件完全相同的行为人，基于完全相同的杀人故意，在相同条件下，分别实施完毕了完全相同的开枪杀人

---

① 参见 Bernard E. Harcourt, "The Collapse of the Harm Principle," *J. Crim. L. & Criminology* 90 (1999): 109。

② 参见 Meir Dan-Cohen, "Thinking Criminal Law," *Cardozo L. Rev.* 28 (2007): 2419。

③ 参见 Paul H. Robinson & Robert Kurzban, "Concordance and Conflict in Intuitions of Justice," *Minn. L. Rev.* 91 (2007): 1829。

④ 这里的表述是一种概括。事实上，刑法，包括美国刑法在内，虽然根据所谓"要素分析模式"，承认针对犯罪实质要素的所谓严格责任，但对完全不具有犯意的所谓绝对责任是否承认，依然是一个存在争议且基本上遭到否定的观点。

⑤ 对此类学说，可参见 Heidi M. Hurd, "What in the World Is Wrong?" *J. Contemp. Legal Issues* 5 (1994): 157。

⑥ 如之前讲到的正当化事由与免责事由等。

行为，并都顺利击中了受害人的同一部位，造成相同程度的伤势，且都被马上送往条件完全相同的医院接受治疗。但这时候，因为命运之神对犯罪人的"眷顾"，受害人 A 因为自身宗教信仰原因，拒绝接受治疗最终死亡；受害人 B 经过抢救得以完全康复；受害人 C 则因为医院突然停电且医生忘记治疗，最终死亡。3 个人实施了其能力范围之内的所能完成的全部行为，具有完全相同的犯意，因为其所不能控制部分出现的各种意外，3 个人是否应当承担相同的责任？还是有所区别？如果承担相同的责任，应当承担完全责任，还是部分责任？如果应承担不同的刑事责任，那么应该如何不同，根据又该是什么？

在普通法看来，对大部分犯罪来说，未遂都不属于犯罪，既遂犯罪与未完成罪之间的区别，是一种纯粹形式上的区别。导致这种状况出现的原因，在于长期以来刑法知识的非系统化发展，刑事案件中证明的困难以及立法者的短视。大多数犯罪，包括很多非常古老的犯罪，都只处罚预备，例如，夜盗罪，实质上仅仅是实施犯罪的第一步。但美国刑法理论中，上述所谓的相对概念，一般是以发生了实害结果的所谓结果犯为参照的。例如，美国著名刑法学家乔治·弗莱彻认为，在非结果犯的情况下，认定行为是否实施完毕，达成既遂，是非常困难的事情。如果不考虑刑法所希望防止发生的危害结果，任何试图厘定犯罪既遂与未遂的努力都将是徒劳的。[1] 但这一理论显然无法解释没有目标犯罪的所谓持有型犯罪的具体状态。有观点认为，持有型犯罪实质上是一种未完成罪，其存在具有相对独立性，并不明确要求行为人具有目标犯罪的特殊情况。[2] 但这种观点自相矛盾的根源，即在于其立论前提是之前提到的所谓标准犯罪，而没有考虑非标准犯罪的未完成问题。而对这一问题的回答，要从未完成罪的本质来加以考察。

对此，除了之前提到的危害性理论之外，还有观点认为，未完成罪的本质与危险性无关，在于行为人从事特定危害行为或者道德过错行为的主

---

[1] 参见 George P. Fletcher, *Rethinking Criminal Law* (Columbus: Little, Brown and Company, 1978): 132。

[2] 参见 Andrew Ashworth, "Criminal Attempts and the Role of Resulting Harm Under the Code, and in the Common Law," *Rutgers L. J.* 19 (1988): 725。

观犯意。① 换句话说，这种观点强调的不是所谓客观危害性，而是一种主观的危险性。根据这种观点，未完成罪成立与否的关键，将在很大程度上取决于犯罪人的动机，而非这一犯罪本身。但相对客观危害性，将行为人的主观犯意甚至动机作为未完成罪的成立标准，缺乏确定性与终局性。特别是强调主观危险性的观点，对那些利用"蛊毒"等手段意图实施特定危害结果的绝对不能犯来说，显然无法得出让人信服的结果。② 对此，著名刑法学者罗宾逊进行了修正，他认为，未完成罪该当刑罚的根据，不在于行为所证明的行为人的犯意，而在于除却行为人意图实施的危害结果，此类行为对社会所造成的危害。因为危害性本身较为难以把握，因此应该将所谓社会危害性作为理解危害性的实质。从这个意义上来看，未完成罪不仅仅制造了实害的危险，而且其本身就具有危害性。③ 如果不关注社会规范或者价值则会动摇社会群体之间的紧密关系，同时催生他人的违法行为。④ 但值得一提的是，这种观点如果成立，类似于犯罪既遂之类的完成罪与类似于犯罪未遂之类的未完成罪的区分，将不复存在。的确，强调主观犯意或主观危险性的观点，因为缺乏客观可感知性，甚至可能所谓的受害人对自己正在遭受的伤害都毫无所知。也就是说，刑法所保护的利益并未受到客观的威胁。在缺乏客观标准的情况下，单纯依据所谓主观危险性认定未完成罪，不仅无法为包括潜在的受害人在内的社会公正提供合法自卫或避险的可能，而且也容易造成国家刑罚权的不当发动。即使如前所述，根据最为宽泛的社会危险性理论⑤，如果通过某些看似客观无害的行为认定其构成了未完成罪，依然存在相当大的困难，这也间接说明了为什么美国刑法基本不处罚所谓犯罪预备，将未完成罪实质等同于犯罪未遂，且在犯罪未遂的客观认定标准方面存在极大争议。

---

① 参见 R. A. Duff, "Criminalizing Endangerment," *La. L. Rev.* 65 (2005): 941。

② 参见 Peter Westen, "Impossibility Attempts: A Speculative Thesis," *Ohio St. J. Crim. L.* 5 (2008): 523。

③ 参见 Paul H. Robinson, "A Theory of Justification: Societal Harm as a Prerequisite for Criminal Liability," *UCLA L. Rev.* 23 (1975): 266。

④ 参见 Paul H. Robinson & John M. Darley, "The Utility of Desert," *Nw. U. L. Rev.* 91 (1997): 453。

⑤ 参见 Matthew D. Adler, "Risk, Death and Harm: The Normative Foundations of Risk Regulation," *Minn. L. Rev.* 87 (2003): 1293。

二　未遂的含义

可以认为，未遂是以既遂犯罪为参照提出的一个相对性的概念。正如有的美国学者指出的那样，"未遂的概念来自既遂犯罪，两者的基本区别在于（前者）缺乏危害结果"。[①]这种两分法，其实表征了美国刑法学理论当中一种基本也是终极的研究范畴厘定模式。如前所述，任何理论研究都可以根据不同的标准，对研究对象做几乎无法穷尽的划分，而理论研究的任务，正是通过对研究前提的固定，将这种区分限制在可控且有意义的范围之内，最终从中选择最优的路径。

就犯罪这个过程而言，既遂和未遂的区分不是起点，也绝对不是终局。从实然的角度区分，其所代表的仅仅是事后对这样一个逻辑过程两个区间的标定。而对这个过程的划分是无法穷尽的。如前所述，美国刑法学界对标准犯罪所经历的阶段一般采用的是六分法[②]：阶段1，行为人形成了犯罪动机；阶段2，行为人思考自己的犯罪想法，从而决定是否继续；阶段3，行为人充分形成了自己的犯罪意图；阶段4，行为人准备实施犯罪；阶段5，行为人开始实施犯罪；阶段6，行为人实现了自己的目的，成功地完成了自己的犯罪。

应该说这样的一个过程是标准的，但同时也是少见的。现实当中的犯罪或多或少都是这种模板的变体。而从犯罪的实现程度这个标准出发，可以将实施到不同过程当中的犯罪加以固化，而随之而来的就是如何确定固化范围，以及如何评价这样的一种固化范围的问题。

（一）前提的追问：未遂存在的意义

框定美国刑法当中的犯罪未遂，其实就是确定犯罪未遂作为一个犯罪阶段的起点和终点问题。而"未遂行为的起点标准，是一个理论性和政策性都很强的问题"。[③]有美国学者认为，"之所以研究非犯罪既遂的状态，

---

① 〔美〕乔治·P. 弗莱彻：《刑法的基本概念》，蔡爱惠等译，中国政法大学出版社，2004，第171页。

② 参见 Joshua Dressler, *Understanding Criminal Law* (New York: Matthew Bender, 1995): 111。

③ 储怀植：《美国刑法》，北京大学出版社，2005，第105页。

即所谓的犯罪未遂，是因为其或者导致了危害，或者造成了某种危险"。[1]事实上，根据危害以及危险的不同，美国刑法学界将未遂区分为针对危害结果的"相对未遂"（Relative Attempt）和针对危险结果的"直接未遂"（Direct Attempt）。[2] 可以认为，从报应和预防两种相互对立的刑罚目的出发，似乎都需要对没有实际发生危害结果的未遂犯罪加以刑法规制。从预防的角度来说，对犯罪既遂之前的某一过程加以犯罪化，其作用是毋庸置疑的。正如有法经济学者所主张的那样，从法经济学角度来看，对犯罪既遂前行为的轻缓处罚，能够提升刑法的效率。[3] 因此，未遂认定的主要问题，集中于既遂之前在多大的范围内犯罪化是正当的。其实，当代刑法基本上就是功利性质的，因为即使报应本身也可以被视为一种功利性的考量。美国刑法之所以会单独规定未遂罪，或者将具体犯罪的覆盖范围加以扩展，从而包括其相对应的未遂，就是从功利性的角度出发，同时试图兼顾公平性的典型做法。

（二）未遂的存在区间

虽然基于不同的刑罚目的可能会产生不同的政策倾向，而基于不同的倾向可能会对犯罪未遂存在不同的划分，但基本上可以认为，对未遂问题的思考不能脱离对美国刑法犯罪构成的基本认知。

根据通说，美国犯罪成立需要犯意与犯行要素。而既遂犯罪或完整罪当中，犯意与犯行之间不仅可以明确区分，而且都较为完整。借由这样的一种话语背景，可以对未遂可能存在的范畴进行第一次划分。将犯意与犯行同时存在的理论，应用于之前提出的六阶段犯罪标准过程，就可以大致勾勒出一个犯罪未遂存在具有形式可能性的区间。具体来说，阶段 1 至阶段 3 不能成为犯罪，因为在这个区间当中没有出现犯罪成立的关键要素，即行为。从形式的完备性考察，只有从阶段 4，即为犯罪准备工具、制造

---

① Edwin R. Keedy, "Criminal Attempts at Common Law," *U. Pa. L. Rev.* 102 （1954）: 464.

② John S. Strahorn, Jr. "The Effect of Impossibility on Criminal Attempts," *U. Pa. L. Rev.* 78 （1930）: 962.

③ 参见 Omri Ben-Shahar & Alon Harel, "The Economics of the Law of Criminal Attempts: A Vitm-Centered Perspective," *U. Pa. L. Rev.* 145 （1996）: 299。

条件开始，才可能出现认定犯罪未遂的问题，而其也可以被认为是犯罪未遂认定始点的可能选择，至于犯罪未遂的终点基本上可以认同为犯罪既遂这一时点之前。

虽然厘定了美国刑法当中犯罪未遂可能的始点和终点，但如著名刑法学家德雷斯勒所指出的那样，"在这个区间之中的行为却被笼罩在迷雾当中"。① 也就是说，对这个可能区间的起点和终点产生了很多不同的看法和意见。这里不讨论不同的司法体系之间的异同，就普通法系而言，英国的《刑事未遂法案》1981 § 1（1）就明确规定，未遂要求比单纯的预备实施犯罪需要更多的行为。② 但是美国的《模范刑法典》却持相反的观点③，根据《模范刑法典》的所谓"实质步骤"（Substantial Steps）测试标准，可能任何具有必要意图的行为，包括所谓的预备行为，都被纳入犯罪未遂的规制范畴当中，从这个意义上来说，其将犯罪未遂的起点推到了罪责形式许可的最前端。

不难看出，对美国刑法当中犯罪未遂的建构，必须纳入一个更为宏观的语境当中加以理解，才不至于产生偏差。具体而言，其必须反映美国刑法主流观点对犯罪本体成立的两分法、刑法目的之间的平衡等诸多变量的思考，也就是说其间的折中和妥协。未遂意味着失败，被未遂的犯罪并没有实施得逞。在犯罪未遂的情况当中，犯意并不仅仅是责任的条件，其也是犯罪危害的一部分。在犯罪未遂当中犯意和行为合二为一了。④

从这种融合的思路出发，就该摒弃对犯罪未遂构成要素的直线类型划分，如有学者提出的将行为定义为有意识的肌肉运动，而将犯罪定义为违反刑法的行为，或者一系列行为所导致的一连串后果中的特定一个或者几个，认为每种未遂都包括如下三种要素：（1）被告人的某种行为；（2）被告人意图或者作为自己行为目标的特定结果；（3）实际发生

---

① Joshua Dressler, *Understanding Criminal Law* (New York: Matthew Bender, 1995): 111.
② 转引自〔美〕乔治·P. 弗莱彻《刑法的基本概念》，蔡爱惠等译，中国政法大学出版社，2004，第 171 页。
③ 参见 MPC § 5.01（1）（c）。
④ 参见 Arnold N. Enker, "Mens Rea and Criminal Attempt," *Am. Bar Foundation Research J.* 2 (1977): 845。

的结果。① 而从犯意和行为两个角度对未遂组成要素加以衡量的观点，即认为未遂要求的不是一般的犯意，而是推定的意图，除了意图之外，其还需要包括犯罪行为的实施。而构成未遂的行为，需要满足如下要求：第一，其必须是可罚犯罪实施过程的一个步骤；第二，其必须是根据意图的目标加以调试的；第三，其必须构成了犯罪成功的危险；第四，其实际上不能成功。② 以上所有步骤，说明的都只是未遂的相对性问题。所谓相对性，即只能在明确作为未遂参照标准的完成罪基础上，才能准确理解所谓未遂。对具体对应的完成罪的固定与合理认定，是认识未遂这一未完成罪的前提与根据。

做一个可能不是很恰当的比喻，犯意之于刑法，就有如物理学当中的游标卡尺之上的游标与直尺，也就是说，通过调整犯意在整个行为过程中的位置可以对犯罪过程进行不同的区分，这样的一种特点在犯罪未遂这一区间体现得特别明显，这从另外一个方面也彰显了犯意之于美国刑法当中的未遂的重要意义。

另外举一个例子，是关于美国刑法当中的两种不同认知方式之间结合的方式，即普通法传统和后来出现的不同脉络的成文法模式之间的动态关系。从有限的视野当中考量，两者之间的关系就好像向杯内被汤勺搅动不停旋转的黑咖啡当中徐徐加入了一小杯白色的牛奶，转瞬间就融合在了一起，舀出的任何一勺都是褐色的，而无法区分哪些颗粒是白色哪些颗粒是黑色。

从实然的状态来说，其实对一种事物或者一种状态进行的任何研究，往往是建立在对其进行某种对比分析的基础之上，而任何区分型的研究，最终必将沦为某种终极意义上的妥协或者中和，或许研究对象本身的特质就注定了这种区分本身的暧昧，否则就是产生结果的暧昧。

如果不是全部，那么应该大部分有意义的概念都是针对特定问题的解释或者解决提出的，这样的一种高度对应性就从前提上决定了某种理论或者解读思路的适用范围。换句话说，理论的完美性只有在其预设前提的舞

---

① Holmes, *The Common Law*（1881）54. 转引自 Francis B. Sayre, "Criminal Attempts," *Harv. L. Rev.* 41（1928）：821。

② 参见 Joseph H. Beale, Jr. "Criminal Attempts," *Harv. L. Rev.* 16（1903）：451。

台上，才能够体现得淋漓尽致。

在承认未遂的相对性基础上，一般认为，在美国刑法中，针对未遂犯罪的责任范围研究，存在三大问题。首先是罪过问题。对未遂而言，其所要求的犯意，与作为目标犯罪的完成罪所要求的犯意，是否存在区别，是否有任何特殊规定？其次是通常所说的未遂与目标犯罪的"接近性"（Proximity）问题。接近性所解决的不仅是未遂本身成立的客观条件，还是通过接近性这种客观标尺，区分犯罪预备、犯罪未遂、犯罪既遂，抑或它们之间存在的某些其他阶段。① 再次是所谓不能犯问题。如果被告人的行为即使如其所愿地进行下去，也无法构成犯罪或者构成了完全不同的其他犯罪的情况，那么在什么情况下，需要对其认定未遂的责任？② 而对这些问题的回答，在很大程度上取决于对未遂构成的立法规定与司法解读，以及对未遂与其他类似阶段的界分。

对美国刑法的研究，总要面对这样一种尴尬，似乎永远无法穷尽不同司法区对相同或者类似问题的实然以及应然看法。但可聊以自慰的是，宏观上，能够概括和归纳现实当中纷繁复杂的情况，从而在一种近似情况下，对本原的情况加以认知。

第二节　未遂的构成

就美国刑法当中未遂的定义而言，各州的规定不尽相同。③ 事实上，对未遂的定义，普通法上的理解就是不一致的，以后制定法上的相继规定也不尽相同。④ 因此，从考察不同司法区的具体规定抽身出来似乎是明智之举。但这也造成了对这一问题理解、研究的若干误解。例如，我国有学

---

① 对未遂的讨论，无法回避对刑法目的的探讨。以危害结果为主导的刑法，意图防止危害结果的发生，因此强调刑法防止这些危害的有效性。以人为主导的理论，强调刑法在调整自由且平等的人方面的作用，因此，强调受害人的权利，重视刑法在保障这些权利方面的作用。参见 Bruce Chapman，"Agency and Contingency: The Case of Criminal Attempts," *U. T. L. J.* 38 (1988): 355。

② 参见 Hamish Stewart，"The Centrality of the Act Requirement for Criminal Attempts," *Univ. of Toronto L. J.* 51 (2001): 399。

③ 参见储怀植《美国刑法》，北京大学出版社，2005，第 103 页。

④ 参见赵秉志主编《英美刑法学》，中国人民大学出版社，2004，第 91 页。

者提出所谓主观表征说，该说认为，在美国刑法中虽非主流，但以威斯康星州刑法典为代表，的确有未遂立法特别强调，犯罪未遂所表现出来的行为人实施犯罪的意图特征。换言之，对犯罪未遂的规定重点在于行为人由行为所表现出来的危险倾向，而不在于其如何接近犯罪。[①] 但这种观点多少是不充分的。因为根据该州判例，未遂的成立不仅要求被告人实施了犯罪行为，还要求行为已经达到了被告人无法控制的程度，从而已经无法再防止犯罪结果的发生。[②] 同时，该州不承认未遂罪与概括性未遂的合并适用，即所谓"未遂的未遂"。[③] 这都说明在威斯康星州，虽然没有在成文法中出现所谓"接近性"，但不意味着不要求任何接近性。从反面而言，在威斯康星州，对仅仅要求了解或具有认识心态，而非更符合主观表征说的"意图"心态的持有型犯罪，是否能构成未遂，也一直没有统一看法，但大量司法判例支持对持有的未遂规定。

一　未遂的主观要件

（一）前提的预设

对未遂的犯意要求，一直存在争议。就美国刑法当中的未遂而言，对其包括犯意在内的各方面问题的解读，其实应该是针对之前所提到的六阶段过程组成的标准犯罪模式提出的，也就是说，从时间的维度考察，美国刑法当中未遂犯罪的刑事责任，最初是被限制在行为人意图从事本来可以构成完整犯罪的行为的情况。中国学者将此概括为，"构成犯罪未遂，行为人必须具备明知自己的行为且希望行为的结果发生的直接故意"。[④] 虽然似乎很奇怪的是，对这样的观点很少提出理论上的论证，在很大程度上，这样的观点基本上属于对未遂这个词的理解，这种理解具有将未遂视为意图将行为人的行为导向特定行为或者行为结果的特征。"意图是未遂概念

---

① 参见储怀植《美国刑法》，北京大学出版社，2005，第 106~107 页。
② 参见 *State v. Henthorn*，218 Wis. 2d 526（1998）。
③ 参见 *State v. DeRango*，229 Wis. 2d 1（1999）。
④ 赵秉志主编《英美刑法学》，中国人民大学出版社，2004，第 92 页。

所内在具有的，其也是犯罪的实质。未遂如果没有意图的话，是不可想象的。"① 这种表述固然毫无问题，毕竟在《模范刑法典》规定的犯意层级中，意图属于最高层级，对犯罪未遂要求具有意图，自然毫无问题。但根据美国刑法理论与实践的一般做法，对未遂，要求被告人从事的行为持有目标犯罪的故意。然而，有观点认为，未遂责任的成立要求被告人的可责性更高。② 这种看似矛盾的见解，其实彰显出对未遂犯意研究前提预设的重要性，而其前提主要包括如下两点。

1. 未遂所要求的犯意是否需要和其所针对犯罪既遂模式所要求的一致

美国刑法理论主流观点认为，未遂是一种"直接故意"或"具体故意"（Specific Intent）犯罪，而因为这样的一种本质，有的时候需要要求未遂具有比目标犯罪更高的可责性层级。③ 根据这样的一种观点，没有达到充分的故意的犯意，例如轻率，即使其对既遂犯罪的责任来说是相当充分的，也被认为是未遂责任的不充分的基础。但在美国各司法区④，包括《模范刑法典》⑤，对杀人罪犯意的规定都不限于意图。杀人罪的核心要素是死亡结果。但如前所述，对死亡结果，行为人除了标准的意图之外，还可能存在轻率甚至过失的心态。但这是否意味着对杀人未遂，也可以在被告人具有轻率或过失而不是意图心态时构成？⑥ 抑或者即使对过失或轻率对应

① 参见 Arnold N. Enker，"Mens Rea and Criminal Attempt，" *Am. Bar Foundation Research J.* 2 （1977）：845。

② 参见 Robert H. Skilton，"The Mental Element in a Criminal Attempt，" *U. Pitt. L. Rev.* 3 （1937）：181。

③ 参见 Stephen J. Schulhofer，"Harm and Punishment：A Critical of Emphasis on the Result of Conduct in the Criminal Law，" *U. Pa. L. Rev* 122 （1974）：1497。

④ 《加利福尼亚州司法委员会刑事陪审法律指导》指出，杀人罪是指一个人伤害另外一个人的行为。谋杀以及过失杀人是杀人罪的具体类型。被告人可以被指控犯有谋杀以及过失杀人，过失杀人相较于谋杀属于程度较轻的犯罪。参见 CALCRIM No. 500。类似的规定还可参见田纳西州法典，其中也规定了基于轻率心态的杀人罪，参见 Tenn. Code Ann. § 39-13-215 （a）以及基于过失心态的杀人罪，参见 Tenn. Code Ann. § 39-13-212 （a）。

⑤ 参见 MPC § 210.1。其中杀人罪所需要的犯意，涵盖意图、了解、轻率以及过失等四种《模范刑法典》所承认的心态。

⑥ 很多司法区认为，无法通过轻率的行为故意导致死亡结果，对非意图的杀人进行准备也不符合逻辑。另外，未遂与过失之间存在明显的矛盾冲突。参见 *People v. Perez*，108 Misc. 2d 65 （1981）以及 *People v. Hernandez*，44 Colo. App. 161 （1980）。

的杀人罪未遂，仍然要求意图等更高层级犯意心态？[1] 反言之，对没有导致死亡结果故意的被告人，能否认定其构成杀人未遂？即使对最高层级的杀人犯罪，即谋杀，也存在重罪谋杀这种对死亡结果不要求犯意的特殊规定。[2] 即使是最标准的谋杀，也存在针对所谓"杀人地带"（Kill Zone）[3] 中所有人都具有杀害意图的争议。但是谋杀未遂，几乎是一致地被认为应被限制在意图导致死亡的行为当中。事实上，在美国大多数司法区，未遂构成犯罪，被告人必须希望法律禁止的结果发生。如果完整罪被固定在仅仅针对结果需要轻率的心理状态的话，为了达成未遂罪的判决，必须证明被告人对结果比其真实发生具有更大的罪责。[4]

但必须认识到的是，这种体系自足所能够存活的空间实在有限，毕竟其是围绕所谓结果犯所建构的。但现实中是否可以在满足这样一种理论上标准犯罪的同时迎接犯罪现实对其提出的挑战呢？通俗地讲，这种理想状态仅仅是实践希望刑法在既遂这一节点之前介入的谱系当中的一点，也就是说，其对这个区段之内的其他该当刑罚的情况的抗制未必有力。鉴于某些犯罪，特别是传统法上的严重犯罪，如杀人，并不要求一定存在意图这种犯意，如果因为不具有意图的犯意，并且没有发生人死亡的犯罪结果，就不认定其犯罪未遂的话，无论是从报应还是从功利角度，无疑都无法满足社会公众的法情感以及刑罚设定的目的。有鉴于此，这些学者提出"未遂的犯意应该和其所指向的既遂犯罪一致"。[5]

应该认为后者的观点有其合理性，而且理论的自足绝对不是刑法学所研究的首要目的，而仅仅是为实践提供某种根据。当然，这并不是否

---

[1] 参见 *Merritt v. Commonwealth*，180 S. E. 395（1935）。

[2] 有判例认为，重罪谋杀不可能存在未遂。参见 *State v. Kimbrough*，924 S. W. 2d 888（1996）。

[3] 参见 CALCRIM No. 600。对谋杀未遂的犯意要求，除了对特定受害人死亡结果的意图心态之外，也包括对特定区域内所有人的死亡结果都持有意图心态。但事实上，虽然明知安放炸弹的大楼及所谓"杀人地带"内所有人，都很有可能会因为引爆炸弹而死亡，但行为人很有可能并不希望其中的某些人死亡。

[4] 参见德雷斯勒的论说。其提出 D 袭击了 V，意图致其重伤。如果 D 无意杀了 V，那么 D 犯了谋杀罪，而其重伤的故意就构成了该罪成立的充分的主观条件。如果 V 侥幸逃脱，那么 D 不承担谋杀未遂的责任，因为其需要比杀人更高的罪责犯意。参见 Joshua Dressler，*Understanding Criminal Law*（New York：Matthew Bender，1995）：342。

[5] 参见 Johnson C. Smith，"The Element of Chance in Criminal Liability，" *Crim. L. Rev.*（1971）：63。

认理论对实践所起到的某种反作用。但如果坚持未遂与其所指向的犯罪具有相同的犯意，似乎走向的是另外一个极端。因为如果在犯意部分没有区别的话，那么未遂和既遂之间就会沦为一种单纯的机会游戏，即结果发生就是既遂，结果没有发生就是未遂。虽然在少数情况下这样的区分没有问题，但是另一方面，行为结束之后到结果发生；在绝大多数情况下是需要一定的时间和空间的，在这个过程当中行为人本身基本上是无法控制的，而起主导作用的变成了一种冥冥中的运气。运气的有无会决定后果的有无，而后果的有无决定既遂还是未遂，后者又会决定刑罚的轻缓。由运气决定刑罚的轻缓似乎不应该是一个民主社会的刑法所能接受的。因此，这样的一种观点仅仅是在很小的程度上成立。

2. 变体：危机基础上的未遂犯意解读

为了最大限度地防止危害结果的发生，美国刑法有的时候将犯罪既遂标准提前，即采用五阶段的犯罪成立模式，放弃犯罪结果的发生这一阶段，只要实施了犯罪行为就构成犯罪。[①] 因为犯罪结果的剥离，过失犯罪也被自然排除。而对这种变体意义上的犯罪成立模式，类似所谓行为犯，对其犯意的解读其实就是寻找未遂本意和此种可以被称为行为犯的犯罪成立本身要求的犯意层级之间的合集，以及这种合集产生的结果与刑罚的目的之间的合集。在"南达科他州诉里鄂拉案"（*State v. Lyerla*）[②] 中，法庭提出，意图与未遂是相对自愿行为而非结果的。换句话说，试图扣动扳机就足够了。未遂与行为之间也未必不能兼容。而合集所包含的共同意味其实就是一种妥协。毕竟对未遂的界定当中，犯意不再是单纯认定被告人道德过错的工具，其还演变成了对行为人未来的危险性的预测或者诊断，"根据这样的一个标准，可以试图预测行为人重复其未来行为的机会的大小"。[③]

因此，有司法区也对二级谋杀认定了未遂的责任。[④] 而针对二级谋杀

---

① 假如驾驶者明知自己汽车的刹车失灵，但仍然驾驶。这样的行为或许构成轻率制造危险这样的成文法类型犯罪。但如果我们可以在其进入驾驶室发动汽车出发的一刹那将其制止，其是否构成了轻率制造危险的未遂呢？

② 参见 *State v. Lyerla*，424 N. W. 2d 908（1988）。

③ Arnold N. Enker, "Mens Rea and Criminal Attempt," *Am. Bar Foundation Research J.* 2（1977）：845.

④ 参见 *State v. Nolan*，1997 WL 351142（1997）。

未遂的认定，十分复杂。尽管有些州适用故意分析排除了二级谋杀未遂，[①]但还有大量判例承认二级谋杀的未遂罪。[②]

（二）从解构开始：以要素分析为视角[③]

根据要素分析模式，以标准犯罪为模板，未遂状态下的犯意表示可如表 5 所示。

表 5　未遂状态下的犯意表示

犯意	行为	结果	随附情状
意图	√	√	√
明知	?	?	√
轻率	×*	?	?
过失	×	×	?
严格责任	×	×	?

注："×"表示不存在或者不成立，"√"表示成立，"?"表示存疑。

＊认为行为和轻率之间组合关系的不成立不仅仅是出于未遂本身的考量，事实上，《模范刑法典》本身就不承认存在轻率的犯意的行为，MPC § 2.02（3）没有规定轻率行为，却认为对行为要素需要明知，而对轻率的定义并没有参照行为来加以厘定。

从表 5 可以发现，如果遵从要素分析模式，对美国刑法当中的未遂解读其实就是考证表 5 当中的 "?" 在具体犯罪当中是可以被解读为 "√" 还是 "×"。

1. 判断标准的确定[④]

适用要素分析模式对表 5 中存疑的厘定需要遵循两类规则。

---

① 参见 State v. Lyerla，424 N. W. 2d 908（1988）。

② 参见 Barbara Kritchevsky，"Criminal Attempt—Murder Two：The Law in Tennessee After State v. Kimbrough，" U. Mem. L. Rev. 28（1997）：3。

③ 有学者反对这样的一种分析模式，而持这种观点的学者一般都怀疑在不同的要素之间可以做出这样的区分。参见 Douglas Husak，"Attempts and the Philosophical Foundations of Criminal Liability：R. A. Duff，Criminal Attempts，" Crim. L. F 8（1997）：293。笔者之前就承认不可能对一个研究对象进行截然的切割，但理论或者通行的理论注定是暧昧且拟制的。这里不对此做太多纠缠。

④ 这样的一种思考是建立在纯理性的基础上的。事实上司法实践很多情况下是受到非理性要素，如激情以及其他客观要素的影响和制约的。

第一，技术性考量。首先，所谓技术性规则就是《模范刑法典》对犯意的定义以及运用的规则，特别是在缺省情况下适用的规则；其次，就是考察具体成文法对犯罪各要素的犯意规定；最后，需要遵守未遂的词义本身。

第二，政策性考量。所谓政策性考量是在技术性考量的基础上，在合乎技术性考量的某一区间内选择最能体现特定法域的刑事政策。

2. 具体要素的犯意厘定[①]

第一，针对行为的犯意。美国刑法当中的未遂对行为的犯意根据要素分析模式该如何厘定？根据表 5，要考察的是是否明知适格的问题，毕竟《模范刑法典》评论明确地排除了轻率行为的未遂责任。[②] 对此，笔者认为应该从如下几个方面理解。首先，当针对结果犯的时候，似乎认为针对行为是明知的是可以成立的，毕竟未遂那种试图的意味可以通过对结果的犯意规定加以完成。在针对行为犯的时候，如果还坚持明知的适格性就似乎有些牵强了，如有的学者指出，"未遂要求意图——意图实施本来可以是犯罪既遂的行为"。[③] 而《模范刑法典》对未遂中行为所指称的犯意的观点与此类似。

第二，针对结果的犯意。根据表 5，考虑美国刑法中未遂针对结果要素的犯意时，其实就是判断明知或者轻率是否适格的问题。如果认为其对轻率或过失犯罪也认定未遂责任，将不当扩大责任范围。[④] 就明知[⑤]而言，现在还不是很清楚对未遂犯罪规定的较高罪过就是对结果的真实希望，还

---

① MPC § 5.01 规定了犯罪未遂。(1) 未遂的定义，当行为人具有下列犯罪事实所需要的可责性类型时，其犯有实施某罪的未遂：(a) 意图从事构成犯罪的行为，如果随附情状如其所相信的那样；或者 (b) 当导致特定的结果是犯罪的要素时，基于导致或者相信不需要自己进一步的行为就会导致这样的结果的意图实施作为或者不作为。(2) 意图从事作为或者不作为，这样的作为或者不作为在其所相信的情况下，构成了其所希望实施的犯罪的实质性一步。

② Mitchell Keiter, "With Malice Toward All: The Increased Lethality of Violence Reshapes Transferred Intent and Attempted Murder Law," *U. S. F. L. Rev.* 38 (2004): 261.

③ 参见 Larry Alexander, "Insufficient Concern: A Unified Conception of Criminal Culpability," *Calif. L. Rev.* 88 (2000): 931。

④ 参见 Paul H. Robinson and Jane A. Grall, "Element Analysis in Defining Criminal Liability: The MPC and Beyond," *Stan. L. Rev.* 35 (1983): 681。

⑤ 如前文所介绍的那样，"明知"与"了解"在美国刑法的语境中基本上是被等同对待的，只不过词性不同。

是对结果了解就已足够。① 更为棘手的是《模范刑法典》除了意图之外，还采用了一个"体制外"的词语——"确信"（Belief），② 对此的解释一般是，《模范刑法典》支持比普通法更为宽泛的未遂责任。因此，意图或者确信可以支持未遂责任。确信是比了解层级低的标准。有些州明确表示采纳《模范刑法典》对此问题的规定。对这些法域来说，认定被告人对结果发生的信念就能充分地作为未遂责任的基础，接受也是充分的。这样的行为人具有更大的罪责和更大的人身危险性。下面的例子可以用来说明这个问题，A 在 D 的箱子里塞了个纸团并点燃，假设 A 点火的目的在于损坏箱子里的财物，如果成功，就犯有纵火损坏财物罪（要求意图），如果失败，其就犯有纵火罪未遂。另一方面，如果 A 并不是对摧毁 D 的财物持轻率的态度（或许其意识到了这种危险，但其目的还是在于恐吓 D），如果 D 的财物被焚，其就犯有非法导致火灾罪（要求轻率心态）。然而，如果没有引发财物损失的话，他不构成非法导致火灾罪的未遂。即使其有对客观犯罪的主观犯意，也缺乏未遂责任所需要的更高可责性。③

对结果的确信可以被认为是一种原则构建本身的不足以及其向现实需要的一种妥协。正是《模范刑法典》犯意建构层级性的粗陋，导致了面对未遂的某种特定状态时的无力，在现实面前，对体系完整的坚守也似乎不存在任何必要。

---

① 如某人的意图是摧毁某一建筑，同时明知有人在建筑当中而且可能会被爆炸所杀害，但置其于不顾，然而后来证明炸弹失效。那么即使行为人本身并不意图导致建筑物当中的居民死亡，他能否构成谋杀未遂的罪名呢？参见 MPC § 5.01。美国法学会认识到，当时美国的未遂法，可能无法解决这一问题。虽然可能有人认为，行为人并不想故意杀死建筑物中的住户，但另一方面，故意概念总是模糊的，应该包括其认为不可避免的结果。对表现出这种犯罪倾向的人，认定未遂责任是没有问题的。实质上，《模范刑法典》针对结果犯的未遂规定的是了解心态。而对基于轻率心态的行为人，不能认定未遂责任。田纳西州法长久以来认为，未遂要求从事目标犯罪的故意。之前也存在基于实施一级谋杀的目的而实施谋杀的故意。同时还规定有实施攻击行为，同时意图实施该当监禁以上刑事责任的犯罪。参见 Barbara Kritchevsky, "Criminal Attempt–murder Two: The Law in Tennessee After *State v. Kimbrough*," *U. Mem. L. Rev.* 28 (1997): 3.

② 参见 MPC § 5.01。《模范刑法典》将对结果未遂必要的心理状态规定为确信，或者相信。"了解"不能成为一种合适的描述此类犯意的概念，因为在结果没有实际发生的情况下说被告人所持的是了解的犯意本身就是非常奇怪的。

③ 参见 Alan C. Michaels, "Acceptance: The Missing Mental States," *S. Cal. L. Rev.* 71 (1998): 953.

第三，随附情状。美国刑法传统要求被告人明知所有的随附情状要素，而《模范刑法典》规定对这些要素，是需要受制于目标犯罪的犯意的，因此，目标犯罪针对随附情状规定了什么犯意要素，那么《模范刑法典》的未遂定义也是这么要求。普通法中不能被作为法定强奸处理的行为，根据《模范刑法典》的观点就将被处理，因为针对受害人年龄这个随附情状要素，有的时候规定的是严格责任。而刑法学界也有很多学者提出，"行为人从事实质犯罪的行为的意图要求被限制在其行为的结果之上，而针对外在的随附情状，在成立犯罪的问题上要求较低的犯意，例如轻率，或者过失，乃至严格责任。当针对随附情状而言这样的较低的犯意对犯罪既遂是充分的时候，其对未遂来说就是足够"。[1]

二　未遂的客观要件

对犯罪未遂而言，固然对犯意的要求是必需的，且存在一定争议，但显然，更为重要的是其客观行为。如果检方指控被告人侵犯财产罪未遂，就必须证明被告人有剥夺财产所有人财产的故意。尽管故意是未遂的实质要素，但单纯意图实施犯罪，并不构成未遂，必须存在推动犯意的相关行为。[2] 未遂罪，要求犯意与犯行。之所以要求犯行，是因为不惩罚犯意，因此就导致了犯罪预备与犯罪未遂的区别。行为要求随着时代的发展不断放宽。对行为要素的界定往往存在这样的问题，即从第一个行为，到最后一个行为，应该对哪个行为认定未遂的责任。具体来说，问题在于如何区分犯罪的预备与未遂。根据未遂针对的是行为还是行为人，未遂法的规定也往往存在差别。马萨诸塞州的规定是，在法律介入时已经非常接近完成才是犯罪未遂。[3] 这种规定反映的是一种客观主义的哲学观念，即主要对行为人的外在行为进行评价。行为具有独立的意义，对法律评价而言也十分重要。早期判例中，被告人如果要构成未遂，必须与实际犯罪完成较为

---

① 转引自 Arnold N. Enker，"Mens Rea and Criminal Attempt," *Am. Bar Foundation Research J.* 2 (1977)：845。

② 参见 Matthew C. Campbell，"Crossing the Rubicon：An Argument for Adopting the MPC Formulation of Criminal Attempt in Massachusetts," *New Eng. L. Rev.* 47 (2013)：949。

③ 参见 *Commonwealth v. Kennedy*，48 N. E. 770 (1897)。

接近。一般来说，只有那些从事了自己能够从事的所有行为，但是因为其意志以外的原因没有既遂的，才能构成未遂。① 这被我国学者称为学界通说的所谓接近完成说②，主要考察的就是行为实际造成结果与其意图实施的标准犯罪中规定的结果之间的距离。而对其又可以进一步区分为最后行为说、实际接近说等。③ 但在《模范刑法典》中，对犯罪未遂的行为要素，并不是强调行为人与完成犯罪之间的接近性，而关注的是行为人从事的犯罪行为，即行为人从事了所有其意图实施的行为，但是犯罪结果未能发生的情况。④ 相对所谓接近性说，《模范刑法典》所主张的实质步骤说将未遂的行为大幅度提前，甚至可能包括所谓未完成未遂。根据实质步骤说，行为人虽然没有从事所有其意图实施的行为，却实施了实质性的步骤，即与犯罪意图相一致的行为。对此，《模范刑法典》所举的未遂范例包括：（1）寻找受害人；（2）迷惑意图的受害人前往意图实施犯罪的地点；（3）踩点；（4）非法进入意图实施犯罪的场所；（5）持有特别用于实施犯罪的工具；（6）在犯罪现场或附近持有犯罪工具；（7）教唆无辜者从事犯罪要素。对《模范刑法典》的批判，在于其不重视行为，容易导致无辜者获罪。美国律师协会担心这会导致思想犯。其实这种担心大可不必。《模范刑法典》中规定的实质步骤测试标准，并非仅仅关注犯意。基于犯意实施的行为必须具有实质性，且必须表现出犯意的坚决性。除此之外，《模范刑法典》规定，行为人如果放弃了自己的犯罪意图，则可以对犯罪未遂提出抗辩。因此，行为人有机会选择放弃犯罪。⑤

因为意图的犯意要素在通常情况下可以通过情节证据加以证明，因此，未遂案件中争议的焦点，往往集中于是否构成目标犯罪的实质步骤。实质步骤通常被界定为，与行为人完成犯罪的意图强力互助的犯罪行为。

---

① 参见 *People v. Murray*，14 Cal. 160（1859）。引自 Herbert Wechsler et al.，"The Treatment of Inchoate Crimes in the MPC of the American Law Institute：Attempt，Solicitation，and Conspiracy," *Colum. L. Rev.* 61（1961）：571。

② 参见储怀植《美国刑法》，北京大学出版社，2005，第106~107页。

③ 参见 *State v. Henning*，346 Wis. 2d 246（2013）。

④ 参见 MPC § 5.01。

⑤ 参见 Paul H. Robinson，"A Theory of Justification：Societal Harm as a Prerequisite for Criminal Liability," *UCLA L. Rev.* 23（1975）：266。

根据普通法，用霍姆斯的话来说，被告人的行为在构成未遂之前，十分接近完成。[①] 与这种接近性测试相对，实质步骤测试降低了认定未遂的标准，通过转移焦点，从将要做什么转移到已经做了什么。实质步骤测试，不要求被告人的客观行为是最终的行为，或者是最终、最有可能导致危害结果的行为。什么行为构成实质步骤，取决于具体案件的事实。大量的判例都对相关的事实做出了具体的说明。例如，在谋杀犯罪中，如果被告人在意图在受害人咖啡杯中投毒的现场持有老鼠药的[②]，或者针对意图谋杀的警官，伸手取出上膛处于待击发状态且隐藏起来的手枪的[③]，都属于实施了所谓实质步骤。在强奸案件中，面对受害人，单纯地暴露男方生殖器，并不属于强奸罪未遂的实质步骤[④]；但对受害人使用电击枪，并且试图脱下受害人短裤的行为，则构成了强奸未遂的实质步骤。[⑤] 在抢劫罪中，构成所谓抢劫未遂的实质步骤的情形如：被告人拉开受害人的车门，用枪指着受害人，要求其交出钱包的[⑥]；用极快的速度夺走受害人财物，在受害人试图夺回时用手击打受害人胸部的[⑦]。在绑架案件中，被告人驾驶机动车在受害人前面停住，向受害人许诺如果和他一起去某个地方，就给对方一些钱，受害人拒绝后报警，警方追击过程中，被告人试图藏匿，后在其车上发现了武器等，可以视为被告人实施了绑架未遂的实质步骤[⑧]；而如果被告人仅仅是驾车突然急转弯，在受害人面前停下，拉开门命令受害人进入车内的，就不能被认为构成了上述实质步骤。[⑨] 在鸡奸案件中，构成未遂的实质步骤如：被告人要求受害人脱去衣服，并且威胁受害人如果不从就会施加暴力，同时要求受害人将放在下身的手移开从而可以实施肛交，

---

① 参见 Jeffrey F. Ghent, Annotation, "What Constitutes Attempted Murder," *A. L. R.* 3d 54（1974）：612。

② 参见 *State v. Reeves*, 916 S. W. 2d 909（1996）。

③ 参见 *State v. Vangerpen*, 888 P. 2d 1177（1995）。

④ 参见 *State v. Parker*, 738 S. W. 2d 566（1987）。

⑤ 参见 *State v. Frye*, 998 S. W. 2d 575（1999）。

⑥ 参见 *State v. Phillips*, 668 S. W. 2d 175（1984）。

⑦ 参见 *State v. Robinson*, 735 S. W. 2d 80（1987）。

⑧ 参见 *State v. Billups*, 813 P. 2d 149（1991）。

⑨ 参见 *State v. Keeler*, 856 S. W. 2d 928（1993）。

后因受害人挣脱以及警方及时到场而未果的[1]；以及向 12 岁的少年支付现金以及演唱会的门票，要求对其实施口交[2]。在性虐待犯罪中，如果有证据证明被告人对年轻女孩有性幻想，同时被告人将其继女带到汽车旅馆中，将手伸入其继女的内裤，后因为受害人拒绝并将自己反锁在卫生间中未能继续的，即使没有证据证明被告人曾经触及受害人的胸部或生殖器、肛门部位，仍然构成性虐待罪未遂的实质步骤。[3] 在攻击犯罪中，当被告人向蹲守的执法人员挥舞枪支但并未将武器指向或对准执法人员[4]，或者手持铁棒向赶到现场的警官直言要伤害在此工作的特定受害人，同时宣称自己的举动并未构成实质步骤，但其行为却的确构成攻击罪未遂所需要的实质步骤。[5] 在纵火罪中，如果被告人携带汽油与打火机来到受害人家，拧开油桶，倾倒汽油，但后来听到声音放弃犯罪离开的[6]，或者在放火现场被发现，并在警方询问过程中逃跑的[7]，构成纵火罪未遂的实质步骤。在夜盗罪中，被告人强行从门上的横梁处进入公寓当中[8]，或在怀揣着锤子并在撬门锁的时候被抓获的[9]，都构成夜盗罪未遂的实质步骤，但如果处于醉酒状态的被告人在教堂内部被发现，同时教堂门上的玻璃新近碎裂，却没有办法证明什么时候碎的情况下，不能因为被告人处于建筑物内部就认定其实施了夜盗罪未遂的实质步骤。[10] 在收赃罪中，如果被告人面对卧底警探远低于市场价格向其出售收音机时，被告人仍然积极压价的[11]；或以 15 美金购买价值 150 美金来源不明财物，并辩称向其销售财物的朋友同时也是警方的线人，并未告知其该财物"来源不明"的[12]：都不可主张警方的行为构成警察陷阱，都构成了收赃罪未遂的实质步骤。在

---

[1] 参见 *State v. Gooden*, 962 S. W. 2d 443 (1998)。

[2] 参见 *State v. Bolen*, 731 S. W. 2d 453 (1987)。

[3] 参见 *State v. Crooks*, 884 S. W. 2d 90 (1994)。

[4] 参见 *State v. Zismer*, 696 S. W. 2d 349 (1985)。

[5] 参见 *State v. J__R__N__*, 687 S. W. 2d 655 (1987)。

[6] 参见 *State v. Bowles*, 754 S. W. 2d 902 (1988)。

[7] 参见 *State v. Ailshire*, 664 S. W. 2d 630 (1984)。

[8] 参见 *State v. Nolan*, 872 S. W. 2d 99 (1994)。

[9] 参见 *State v. Tramble*, 813 S. W. 2d 83 (1991)。

[10] 参见 *State v. Nixon*, 633 S. W. 2d 292 (1982)。

[11] 参见 *State v. Torregrossa*, 680 S. W. 2d 220 (1984)。

[12] 参见 *State v. Sample*, 673 S. W. 2d 61 (1984)。

酒驾犯罪中，醉酒的被告人坐在驾驶席上，虽然引擎开启，一直踩着加速踏板，但因为车辆卡在沟里，因此动弹不得的①；醉酒司机开车时误挂倒挡，导致车辆向后短距离运动的②；甚至当醉酒的被告人被发现在路边停放但引擎开启的汽车驾驶席上睡着的：都构成酒驾犯罪未遂的实质步骤。③在脱逃罪中，如果被告人控制了看押自己的看守，并且夺取了钥匙，虽然其最终未能走出监狱的④；被告人从自己的囚房逃脱，后来在监狱一个角落被发现，同时身边还有绳子等工具的⑤：构成脱逃罪未遂的实质步骤。在贿赂罪中，如果被告人和大量赃款同时被起获，被告人在被押解途中向押解警官提议，如果将其偷偷释放就可以将所有的赃款送给警官，但遭到拒绝，被告人的这种行为，构成了贿赂罪未遂的实质步骤。⑥ 在持有毒品罪中，如果被告人前去特定交易地点购买毒品，但到达时，卖方却因为不慎遗落了毒品，正在寻找，在这种情况下，被告人的行为仍然构成持有毒品罪未遂的实质步骤⑦；若被告人在街上遇到扮演毒贩的警察，警察问被告人需要点什么，被告人回答"coke"，这一隐语的表述本身不足以作为持有毒品罪未遂的实质步骤。⑧ 在运输毒品罪中，被告人将被压碎的阿司匹林误认为毒品，并将其送交卧底警探的，构成运输毒品罪未遂的实质步骤。⑨ 在制造毒品罪中，即使警察接到线报锁定了被告人，并在跟踪过程中发现被告人分别购买了乙醚等制造冰毒原料并将其抓获，在没有其他证据佐证其将实施制毒的情况下，单纯持有制毒原料不属于制毒罪的未遂所需要的实质步骤。⑩ 在以贩毒为目的持有毒品罪中，在被告人试图向卧底警官购买大宗毒品用于销售时⑪，或者邮购大宗毒品，但毒品已经被邮局

---

① 参见 *State v. Henderson*，416 A. 2d 1261（1980）。

② 参见 *State v. Moores*，396 A. 2d 1010（1979）。

③ 参见 *State v. Martin*，351 A. 2d 52（1976）。

④ 参见 *State v. Hanks*，665 A. 2d 102（1995）。

⑤ 参见 *State v. Ring*，387 A. 2d 241（1978）。

⑥ 参见 *People v. Wallace*，312 N. E. 2d 263（1974）。

⑦ 参见 *People v. Maciel*，568 P. 2d 68（1977）。

⑧ 参见 *State v. Grundy*，886 P. 2d 208（1994）。

⑨ 参见 *State v. Gillespie*，428 N. E. 2d 1338（1981）。

⑩ 参见 *State v. O'Brien*，5 S. W. 3d 532（1999）。

⑪ 参见 *State v. Allcock*，629 A. 2d 99（1993）。

检查人员掉包的①，都构成了以贩毒为目的的持有毒品罪未遂的实质步骤。② 上述介绍，也仅仅是对一个司法区一部分犯罪的一部分司法认定。判例法固然具有直观具体的优势，却也具有不宏观、不系统的劣势。判例永远只能用来修正方向，却永远不能用来指明方向。而后者，正是刑法学理论研究存在的真正意义之所在。

第三节　未遂的认定

一　未遂认定的标准

未遂产生于一种信念，即有必要阻止、震慑、防止犯罪人试图从事犯罪。未遂法对执法而言，十分重要，否则只能等到犯罪完成之后才介入。同时，未遂法也可以用来打击那些倾向于实施犯罪的危险分子。某些没有达成犯罪目标的犯罪人非常有可能再次实施犯罪。③ 如前所述，司法实践中，固然需要通过相关情节等证据，对被告人的犯意加以证明，但争议更多的，或者起到实质性区分作用的，是未遂的客观要素。美国刑法中未遂的特征之一，即为其对未遂罪的规定。在很多司法区，都将特定犯罪的未遂规定为犯罪。马萨诸塞州对纵火罪的未遂，除了一般的未遂规则之外，还明确规定了纵火未遂罪。明确安放或散布任何易燃、易爆物，意图恶意点燃建筑物、结构体或财物的，构成纵火未遂罪。④但除了这种具体的未遂罪之外，大多数未遂都没有被明确规定为具体的未遂罪。在这种情况下，在总则部分，进行何种概括性规定就成为一个非常必要也非常重要的问题。因为普通法判例的易变性，因此，只有成文法的规定，哪怕是原则性规定，才能为司法解释提供可供回溯或可供辩论的法律根据。

---

① 参见 *People v. Echols*，668 N. E. 2d 35（1996）。

② 以上判例的条目及部分内容亦可参见 Hamish Stewart，"The Centrality of the Act Requirement for Criminal Attempts，" *Univ. of Toronto L. J.* 51（2001）：399。

③ 参见 Jushua Dressler，*Understanding Criminal Law*（New York：Lexis Law Pub.，2001）：388。

④ 参见 Mass. Gen. Laws ch. 266，§ 5A（2010）。

（一）普通法规则

虽然美国联邦最高法院对未遂的认定并无太有说服力的判例，但其仍认为，对未遂来说，并不要求行为的完成，或者行为过程的某个固定节点。[①] 在历史上，霍姆斯大法官在担任马萨诸塞州法院法官期间曾经审理过的若干涉及未遂判例，因为其后来担任美国联邦最高法院大法官，以及其在普通法方面的极高造诣与影响力，对美国早期未遂认定标准特别是所谓接近性标准产生了极大影响。这里，结合相关学者的研究，以马萨诸塞州未遂法认定标准的演变为例，对美国未遂标准做一介绍。[②]

一战后，美国联邦最高法院曾围绕宪法第一修正案中的表达自由条款适用，就刑事未遂提出过所谓的"明确且迫近的危险"（Clear and Present Danger）测试标准。围绕这一问题，美国联邦最高法院在霍姆斯担任大法官期间曾出现过一系列判例。[③] 霍姆斯也在其个人信件中承认，"明确且迫近的危险"的起源与未遂的普通法规则相关。霍姆斯所指的普通法，主要包括英国早期判例以及美国本身的司法经验。在普通法中对未遂的界定来自英国的判例以及美国的法律文本。前者，也出现在霍姆斯法官担任马萨诸塞州法官期间审结的"马萨诸塞州诉肯尼迪案"（*Commonwealth* v. *Kennedy*）[④] 中。

---

① 参见 *United States* v. *Quincy*，31 U. S. 445（1832）。

② 参见 Matthew C. Campbell，"Crossing the Rubicon: An Argument for Adopting the MPC Formulation of Criminal Attempt in Massachusetts," *New Eng. L. Rev.* 47（2013）: 949。

③ 参见 David Rabban，"The Emergence of First Amendment Doctrine," *U. Chi. L. Rev.* 50（1983）: 1207。

④ 参见"马萨诸塞州诉肯尼迪案"（*Commonwealth* v. *Kennedy*），本案判决书如下：

Commonwealth

v.

William Kennedy

Supreme Judicial Court of Massachusetts

170 Mass. 18；48 N. E. 770；1897 Mass. LEXIS 7

1897 年 11 月 3 日庭审辩论

1897 年 11 月 27 日审结

法官：霍姆斯（Holmes）、诺尔顿（Knowlton）、莫顿（Morton），以及贝克（Barker）

判决撰写：霍姆斯法官

判决

被告人所面临的第一项指控，是违反 Pub. Sts. c. 202，§ 32，在茶水中混入毒药，意图杀死受害人艾尔伯特·里罗伊德（Albert F. Learoyd）；而其所面临的第二项（转下页注）

（接上页注④）指控，是违反 Pub. Sts. c. 202，§ 21，实施投毒未遂。

是否第一项指控事实上包括第二项指控，并且导致第二项指控即使应被推翻的话，也应当建立在第一项指控基础上，参见 *Commonwealth v. Nichols*，134 Mass. 531，536，537，这里并不需要明确。因为本庭认为，否定犯罪未遂的动议无法成立。

第二项指控认为，被告人明知老鼠药的毒性致命，仍恶意地试图投放这种老鼠药，杀死里罗伊德。被告人在受害人的杯子旋盖内侧放置了毒物，认为当受害人使用杯子时，会吞服毒物。但被告人提出的观点，主要涉及客观行为需要达到什么标准，才能构成相关犯罪的未遂。

尽管根据 Pub. Sts. c. 210，§ 8，本庭推定，被告人实施了为达成意图实施的犯罪所必要的行为，该行为不需要足以导致目标犯罪，正如典型的误将柱子当作人加以枪杀的情况一样，刑法的目的并不是惩罚罪恶，而是为了预防特定的客观危害结果。但是，另一方面，无论成文法如何规定，实施犯罪的行为不一定是那种如果没有意外凭借自然力量就会必然发生的结果。对受害人头部开枪，因为没有瞄准，自然无法打中受害人。除非极度荒谬的情况，在没有进一步介入的情况下，罪犯实施的行为会引发危害结果的，其就可以被认为非常接近于犯罪的完成。本案中，被指控的行为是意图让受害人吞下毒物，而其意味着被告人要杀死受害人。参见 *Commonwealth v. Adams*，127 Mass. 15，17。故意意味着谋划，以及对行为结果或多或少的预期。如果有证据证明受害人的习惯使得被告人有理由预期受害人会那样使用杯子，并且吞下毒物，同时，毒物的剂量足以致死，那么这些行为就十分接近杀人行为的完成。但被告人预期的根据，却并未被提出，对本庭而言，最有力的辩护意见，就应该是被告人的预期缺乏根据及合理性。但是从本罪的本质以及其通常实施的过程来看，本庭认为，在证明被告人的犯意时，对相关问题的说明已经足够充分。杯子属于受害人，被告人希望受害人使用自己的杯子。在这种情况下，如果被告人能够免责，那么其荒谬程度就如让一名杀人犯因为无法保证他的枪对准了受害人而免责那么荒谬。更为重要的一点是，被告人并未辩解一勺毒药的剂量是否足以致命，除非本庭关注这一效果。而这与那些辩解用无毒的物质投毒，或者用空枪杀人的案件具有密切的联系。参见 *State v. Swails*，8 Ind. 524 以及 *State v. Clarissa*，11 Ala. 57。在未遂案件与谋杀案件之间存在区别。在后者的情况中，剂量足以致死，对此并无争议。但是本庭认为，即使剂量不足以致死，辩方的观点也无法成立。近似性的问题，必须结合案件的具体情节综合判断。任何使用毒物的行为，都有致死的危险，从常识以及犯罪的严重程度、危害结果的不确定性，被告人对严重性的认识，以及剂量虽然不够但可能会导致严重后果等方面来看，都支持认定被告人的未遂责任，即使行为与危害结果达成的可能性之间相去甚远。但类推并不要求考虑这些。已经有判例认为，即使用没有子弹的枪杀人也构成未遂，参见 *Kunkle v. State*，32 Ind. 220，229。在那些不像杀人罪那么严重的犯罪中，根据 Pub. Sts. c. 210，§ 8，不能犯也不一定能够成为抗辩事由，例如，对并未怀孕的妇女实施流产的行为。参见 *Commonwealth v. Taylor*，132 Mass. 261。*Commonwealth v. Tibbetts*，157 Mass. 519，32 N. E. 910。或者盗窃空空如也的钱包，参见 *Commonwealth v. McDonald*，5 Cush. 365；亦参见 *Commonwealth v. Jacobs*，9 Allen 274。在那些涉及极大恐惧，即使在没有后续行为的情况下不会发生危害结果的案件中，如叛国罪，参见 *King v. Cowper*，5 Mod. 206；或者遭到意图实施强奸的人追赶的，参见 *Lewis v. State*，35 Ala. 380。亦参照 *Regina v. Eagleton*，Dears. C. C. 515，538；S. C. 6 Cox C. C. 559，571。类似的立法，如为了使用伪钞而持有，参见 Pub. Sts. c. 204，§ 8，参见 *Regina v. Roberts*，Dears. C. C. 539，550，551，以及英国法中所规定的保守制造业的秘密等，参见 Sts. 14 Geo. Ⅲ. c. 71，§ 5；21 Geo. Ⅲ. c. 37，§ 6。而 Pub. Sts. c. 210，§ 8 的总则 （转下页注）

在该案中，被告人将毒药放在受害人的杯子内，虽然剂量客观上不足以导致危害结果，但对这种情况，仍然肯定了被告人的谋杀未遂责任。在判决中，霍姆斯法官认为，刑法的目的并不是惩罚内心的邪恶，而是防止危害结果的发生。虽然本罪并没有完成，但是在败露的时候，已经十分接近完成。在认定被告人的行为与谋杀罪的完成具有接近性方面，霍姆斯认为，投毒行为具有致死的危险性，这种危险的严肃性，加上毒药具有的严重危险性，即使不足以杀人，仍然可以认定未遂的责任。四年之后，在"马萨诸塞州诉皮斯里案"（*Commonwealth v. Peaslee*）① 中，霍姆斯法官进一步丰

（接上页注）部分，也具有长久的历史根据。与此相关的判例，参见 *State v. Glover*，27 S. C. 602，4 S. E. 564。因此，本庭判决，对被告人提出的要求推翻未遂的主张，不予支持。

① 参见"马萨诸塞州诉皮斯里案"（*Commonwealth v. Peaslee*），本案的判决书如下：

COMMONWEALTH

v.

LINCOLN B. PEASLEE

Supreme Judicial Court of Massachusetts，Essex

177 Mass. 267；59 N. E. 55；1901 Mass. LEXIS 627

November 7，1900 庭审辩论

January 1，1901 审结

法官：霍姆斯、诺尔顿、莫顿、拉瑟普（Lathrop）、贝克、哈蒙德（Hammond）以及洛宁（Loring）

判决主笔法官：霍姆斯法官

判决

检方指控被告人违反 Pub. Sts. c. 210，§ 8，试图烧毁一栋建筑物以及内部的财物，从而对该建筑物的保险人造成损失。而根据 Pub. Sts. c. 203，§ 7，对本罪的未遂，也应处罚。辩方认为，被指控的客观行为没有发展到犯罪的程度。因此要求法官驳回这一指控。本庭决定首先考察相关证据，然后考察相关争议问题。

证据证明，被告人在建筑物内放置了易燃物，使其处于随时可被点燃的状态，一旦点燃，建筑物以及内部的物品都将被引燃。准确地说，被告人的计划是在离建筑物 6 英尺远的松树油脂做成的盘子上放上蜡烛。被告人让自己的一名年轻雇员去点蜡烛并支付报酬，但是遭到拒绝。后来，被告人和该雇员一起驾车前往现场，离现场还有 1/4 英里的地方，被告人改变了主意，驾车离开。而这是其距离犯罪实施最近的一次。

本案的证据所涉及的问题，具体来说，就是是否足够接近目标犯罪的完成。法律并不惩罚指向犯罪的所有行为，而仅仅惩罚其中的未遂。最为常见的未遂，出现在行为的意图在于实施目标犯罪，而这种行为在没有异常介入的情况下，将会自然导致危害结果的发生。在本案中，如果在那个松脂盘子中放入蜡烛并点燃，如果不是警方扑火，就会点燃建筑物。或者实施了意图导致目标犯罪结果的行为，但是因为出现了失误，如开枪但没有击中目标，或者盗窃空空如也的兜子等。在上述任何情况下，罪犯都实施了自己能够实施的最后的行为。

需要特别注意的是，如果被告人采取了最初的犯罪步骤，但是在实质犯罪（转下页注）

（接上页注①）发生之前，仍然需要进一步的行为。在上述案件中，被告人仍然有机会改变自己的主意，放弃犯罪。严格来说，最初的步骤不能被理解为未遂，因为这意味着该行为足以实现犯罪目标，并且被认为不具有其他的意义。参见 *People v. Murray*，14 Cal. 159，160。如果需要进一步的行为，那么实施犯罪的故意与客观行为的组合，通常情况下并不可罚。这就是所谓的犯罪预备，不是犯罪未遂。这是一个程度问题。如果犯罪预备与犯罪完成之间十分接近，那么尽管仍然需要进一步的行为才能完成犯罪，但完成犯罪的故意使其具有发生的高度盖然性，因此可以作为轻罪加以处罚。最近的判例也表明，根据具体案件的情节，被告人对危害结果的接近性的理解，被认为是判断的标准。参见 *Commonwealth v. Kennedy*，170 Mass. 18，22；亦参见 *Commonwealth v. Willard*，22 Pick. 476。

　　如进一步所说明的那样，当工作人员通过缺斤短两从而想将剩下的肉占为己有的，构成所谓盗窃罪的未遂，参见 *Regina v. Cheeseman*，L. & C. 140；S. C. 10 W. R. 255。为了点燃草垛而划着了火柴，尽管被告人拒绝承认自己看到了火光，仍然构成纵火罪的未遂，参见 *Regina v. Taylor*，1 F. & F. 511。类似的情况还包括携带有毒的土豆，进入马厩中意图投毒，但被当场抓获，参见 *Commonwealth v. McLaughlin*，105 Mass. 460。亦参见 *Clark v. State*，86 Tenn. 511。尽管只能认定存在租房的故意，但是租房者认识到自己的房屋可能被一名坏女人用来从事卖淫，参见 *Commonwealth v. Harrington*，3 Pick. 26。亦参见 *Commonwealth v. Willard*，22 Pick. 476，478。比照 *Brockway v. People*，2 Hill，558，562。同样的情况，也适用于支付别人金钱，让其去实施重罪，无论是根据教唆理论还是根据未遂理论，参见 *Commonwealth v. Flagg*，135 Mass. 545，549。*State v. Bowers*，35 So. Car. 262。比照 *Regina v. Williams*，1 C. & K. 589；S. C. 1 Denison，39；*McDade v. People*，29 Mich. 50，56；*Stabler v. Commonwealth*，95 Penn. St. 318；*Hicks v. Commonwealth*，86 Va. 223。

　　另一方面，如果没有继续使用或者试图使用的，即使基于诈骗的意图伪造相关出口发票的行为，仍然不属于犯罪，参见 *United States v. Twenty-eight Packages*，Gilpin，306，324；*United States v. Riddle*，5 Cranch，311。在 *People v. Murray*，14 Cal. 159 案中，被告人和自己的侄女私奔，同时要求第三方作为证婚人来为其主持婚礼的行为，不等于缔结婚约的行为。但是显然，最后判决中的观点，太过宽泛。无论普通法中如何规定，根据本州的成文法，试图从事犯罪的人从事了所有针对犯罪的行为，即可罚。参见 Pub. Sts. c. 210，§ 8，也有判例在有本案类似证据的情况下认定被告人有罪。参见 *People v. Bush*，4 Hill，133，134. *McDermott v. People*，5 Parker Cr. Rep. 102. *Griffin v. State*，26 Ga. 493. *State v. Hayes*，78 Mo. 307，316。参见 *Commonwealth v. Willard*，22 Pick. 476。

　　根据这些判例，本庭认为，或许存在犯罪或犯罪未遂的证据，对是否构成未遂，本庭并未做出决定。但是多数法官认为，对例外规定必须支持。单纯地在房屋当中寄存易燃物，如果缺乏放火的目的，显然距认定纵火罪相去甚远。如果被告人想自行实施行为，其必须显示出毫不迟疑地实施犯罪的现存故意，并且在其能够实施该犯罪的时候，具有上述心态。所有的判例都实际上恪守这一信条。起码在被告人将要点火时，因为受到警方的震慑而害怕的情况，应当支持起诉。另一方面，如果是准备好了易燃物之后，要求其他人去点火的，在这种情况下，如果教唆成功，那么这就是被告人实施的最后的行为，而教唆也可以被认为属于客观的行为。在美国司法实践中，对客观行为的要求是常态。参见 *Commonwealth v. Sherman*，105 Mass. 169；*Commonwealth v. McLaughlin*，105 Mass. 460，463；*Commonwealth v. Shedd*，140 Mass. 451，453。而 *McDermott v. People* 案谈及了教唆的问题。在纽约州，并不要求客观行为。参见 *Mackesey v. People*，6 Parker Cr. Rep. 114，117，因此如果检方的指控得当，可以认定被告人的罪名成立。

富了自身的未遂理论。在本案中，被告人在建筑物中安放了易燃物，这些易燃物如果被点燃将会烧毁该建筑物。在离开该建筑物后，被告人试图付给别人钱，让其去点火，但是遭到拒绝，于是被告人自行回来，但在路上放弃了点火的念头。法庭认定其犯有纵火未遂罪。某些预备，可以等同于未遂。这属于程度问题。如果犯罪预备十分接近犯罪成立，尽管仍然需要其他行为才会导致犯罪成立，其预备行为仍然可以等同于未遂。[①]

综合来看，早期美国刑事司法实践中，以霍姆斯大法官为代表的普通法观点，基本上坚持一种客观主义的认定原则。正如其在《普通法》一书中所指出的那样，刑法的目的是保障公民守法，因此，刑法不仅处理行为，还处理行为人，该当处罚的不是犯意而是行为。另外，认定实施犯罪故意的可预见性，不是从犯罪人的角度而是从客观人的角度判断的。虽然有人会主张自己没有认识到，但法律不能鼓励这种可能被滥用的无知。从这一前提出发，存在两类犯罪未遂：第一类中，行为因为其会导致自然且盖然结果，可以等同于实质犯罪；第二类中，如果没有犯罪人的其他行为，将无法构成犯罪。实施犯罪的故意对第一类犯罪未遂而言并不需要，但对第二类犯罪未遂则是必要的。在第二类犯罪未遂中，法律也不惩罚所有行为，只有那些从公共政策或者立法角度考虑，具有危险的接近性、危险的严重性以及可感知性的，才构成未遂。虽然在第二类未遂中，犯罪行为发生之后没有出现危害结果，但是犯意导致本来无辜的行为，具有犯罪性。即使在这些案件中，霍姆斯仍然沿用所谓公共政策例外，并且考察犯罪实现的可能性。[②]

（二）《模范刑法典》标准

接近性测试关注行为人的行为，考察其与意图犯罪完成程度的接近性。最严格的接近性测试，要求行为人完成其所能够完成的最后的行为，还要关注被告人是否从事了与犯罪既遂具有接近性的客观行为。霍姆斯法

---

① 参见 Edward J. Bloustein, "Criminal Attempts and The 'Clear and Present Danger' Theory of the First Amendment," *Cornell L. Rev.* 74 (1989)：1118。

② 参见 Yosal Rogat, "Mr. Justice Holmes：A Dissenting Opinion," *Stan. L. Rev.* 36 (1963)：1349。

官采取的标准，是所谓危险的接近性测试标准。而其考察与犯罪的严重性、可能性相关的是时空条件的接近性。只有行为人的行为与完成犯罪目标十分接近时，才认定未遂的责任。① 但即使是在最初适用这一普通法测试标准的马萨诸塞州，也在最近的判例②中，明确对未遂的认定不得适用所谓危险的接近性测试标准。

导致类似于接近性测试等认定标准失势的原因在于，理论上，这种接近性建立在犯罪的严重性或危险的严重性上。这意味着只有在犯罪行为几乎达到犯罪完成的阶段才认定刑事责任。但在厘定未遂的构成标准时，还需要诸多因素或情况，如果将未遂标准定得太严，势必导致警方介入的可能性降低、危险性增加，不符合犯罪预防的刑法目的。另外，在后面要谈到的所谓不能犯中，行为人的行为如果具有高度的道德可责性，是否需认定刑事责任，显然具有高度争议性，而对这些争议适用危险的接近性测试标准无法得出令人信服的结论。

---

① 有国内学者套用大陆法系的表述方式认为，美国大多数州的立法者所采取的"接近完成说"，是以客观行为特征为标准的犯罪未遂理论。接近完成，是接近于完成刑法分则条文规定的犯罪要件。"接近于"其实还是一个跨度概念，包含着不同的"程度"（接近与完成的距离差）。据此，接近完成说在理论上又可以细分为四类。以杀人罪为例，假定甲要杀乙，已经准备好了枪弹，摸清了乙每天上班和下班什么时间经过什么地点，总之，犯罪的预备行为已经完成。在某一天预定时间内，甲身带手枪出门去某个地点等待乙的来临，如果在途中甲被抓住，是否构成未遂？或者当乙已进入射程，甲正举枪瞄准，手指接触扳机，如果这时甲被抓住，是否构成未遂？或者甲的子弹已经射出但没有打中，是否构成未遂？或者乙当天临时改变了上班和下班路线，甲久候未见乙，在回家路上被抓住，是否构成未遂？接近完成说的四类观点对此有不同结论。（1）最后行为说。行为人完成了最后行为，却没有实现犯罪意图的，构成犯罪未遂。如子弹射出但未打中，才是未遂。（2）界临既遂说。行为人施了临近完成既遂的行为，构成犯罪未遂。如举枪瞄准时即构成未遂。（3）实际接近说。行为人的行为、举动已在时间、地点等情节上实际接近于完成犯罪的，构成犯罪未遂。如甲在预定的时间和地点进行埋伏时就构成犯罪未遂。（4）超出预备说。行为人的行为已经超越了犯罪预备的阶段，构成犯罪未遂。如甲带枪出门往预定地点的进发途中即可构成犯罪未遂，因为去往预定地点这个行为本身已经超出了犯罪的预备阶段。最后行为说，即最接近于完成犯罪，与犯罪完成的距离最小，也就是犯罪未遂的范围最小。19 世纪美国的犯罪未遂理论基本上采用这种观点。超出预备说与最后行为说、界临既遂说、实际接近说相比，与犯罪完成的间隔最大，因此构成犯罪未遂的范围也就最广。提出这一观点的时间是 20 世纪初。参见吴璘芝《美国刑法中未遂犯的行为要件探析》，《西部学刊》2017 年第 12 期，第 43 页。

② 参见 *Commonwealth v. Bell*，917 N. E. 2d 740（Mass. 2009）。

　　《模范刑法典》放弃了传统的未遂认定的接近性测试标准，而采取了所谓的"实质步骤测试标准"，实质上将侧重点从关注行为人还有什么没有做转移到了行为人已经做了什么。[①] 在其看来，如果行为人从准备阶段进入到实行阶段，朝向犯罪完成了实质犯罪行为，就构成了未遂。这种所谓"实质步骤测试标准"，使得犯罪预备与未遂、既遂的距离变远。从而，可以让警方介入具有更多的灵活性。需要综合考察相关情节，从而评价行为人的危险性。《模范刑法典》的未遂判断标准强调，行为必须有助于实现犯意且可以证明犯意。这一观点实际上将犯罪未遂与预备的界限提前了。[②] 当然，也有观点认为根本没有办法区分犯罪预备与犯罪未遂，因为未遂犯不一定就比预备犯更危险。[③]

　　目前，超过半数的美国司法区采用的是《模范刑法典》类型的未遂标准。[④] 例如，密苏里州法现在明确规定，无论是单独规定的未遂罪，还是将未遂理解为总则类的概括规定，都只有两个要素：（1）实施目标犯罪的

---

①　参见 MPC § 5.01。（1）未遂的定义。如果基于实施目标犯罪的犯意，且满足下列规定的，构成犯罪未遂。……（c）在自己认识的情况下，意图从事特定的作为或不作为，且该作为或不作为构成了几乎导致目标犯罪的"实质步骤"（Substantial Step）。

②　参见 *United States* v. *Jackson*, 435 F. Supp. 434（1976）。

③　参见 *Mims* v. *United States*, 375 F. 2d 135（5th Cir. 1967）。

④　除了密苏里州之外，还有阿拉斯加州，即 ALASKA STAT. § 11.31.100（a）；阿肯色州，即 ARK. CODE ANN. § 5-3-201（2）；卡罗拉多州，即 COLO. REV. STAT. § 18-2-101（1）；康涅狄格州，即 CONN. GEN. STAT. § 53a-49（a）（2）；特拉华州，即 CODE ANN. tit. 11, § 531）；佐治亚州，即 GA. CODE ANN. § 16-4-1；夏威夷州，即 HAW. REV. STAT. § 705—500（1）（b）；伊利诺伊州，即 ILL. COMP. ANN. STAT. ch. 720, para. 5/8-4（a）；印第安纳州，即 IND. CODE ANN. § 35-41-5-1（a）；肯塔基州，即 KY. REV. STAT. ANN. § 506.010（1）（b）；缅因州，即 ME. REV. STAT. ANN. tit. 17-A § 152；明尼苏达州，即 MINN. STAT. § 609.17；内布拉斯加州，即 NEB. REV. STAT. § 28-201（1）（b）；新罕布什尔州，即 N. H. REV. STAT. ANN. § 629：1；新泽西州，即 N. J. STAT. ANN. § 2c：5-1；北达科他州，即 N. D. CENT. CODE § 12.1-06-01；俄勒冈州，即 OR. REV. STAT. 161.405（1）；宾夕法尼亚州，即 PA. STAT. ANN. tit. 18 § 901（a）；得克萨斯州，即 TEXN. CODE ANN. § 39-12-101；犹他州，即 UTAH CODE ANN. § 76-4-101；华盛顿州，即 WASH. REV. CODE ANN. § 9A. 28. 020；怀俄明州，即 WYO. STAT. ANN. § 6-1-301（a）；罗得岛以及马里兰州通过司法判例的方式，采用了所谓"实质步骤测试标准"。分别参见 *State* v. *Latraverse*, 443 A. 2d 890（R. I. 1982）及 *Young* v. *State*, 493 A. 2d 352（Md. 1985）。上述内容亦可见 H. Morley Swingle, "Criminal Attempt Law in Missouri: The Death of a Tale of Two Theories," *J. Mo. B.* 56（2000）：144。

意图；（2）所从事的行为是从事该目标犯罪的"实质步骤"。① 田纳西州

---

① 参见"密苏里州诉维德罗案"（*State v. Withrow*），本案判决书如下：

STATE OF MISSOURI，Respondent，
v.
MICHAEL R. WITHROW，Appellant.
No. SC81820
SUPREME COURT OF MISSOURI
8 S. W. 3d 75；1999 Mo. LEXIS 75

1999 年 12 月 7 日提交

法官：约翰·C. 霍尔斯坦（John C. Holstein），全庭合意。

判决主笔：约翰·C. 霍尔斯坦法官

判决

门罗郡的一个陪审团认定，被告人麦克·维德罗（Michael Withrow）违反 Section. 195. 211，RSMo（1994），试图制造安非他命。维德罗有前科且是累犯，曾被判 18 年徒刑。根据密苏里州上诉法院持异议量刑法官的意见，本案被转移至此，根据相关规定，被告人共提出了 7 点上诉意见。其中第一点就是证据不足以推定证明被告人制毒物品。因为这一主张所具有的核心地位，因此其所主张的无罪应被支持，推翻原判，被告人无罪。

I

本庭从最有利检方的角度考察案件事实，参见 *State v. Clark*，981 S. W. 2d 143，145（Mo. banc 1998）。在这样做的过程中，法庭的所有推论都有利于检方，并且不考虑其他可能性，参见 *State v. Simmons*，955 S. W. 2d 752，764（Mo. banc 1999）。

在 1997 年 1 月的连续两个晚上，密苏里州禁毒机构工作人员对一处位于密苏里州汉尼拔的可疑藏毒地点进行监视，发现该处房屋共有超过 30 人进出。平均每个人的停留时间不超过 5 分钟。同时，执法人员还发现，门灯有时开启，有时关闭，提示着"营业"时间。而在这个过程中，被告人曾来过 5 次以上。有警官回忆曾目睹被告人的车两次停靠在目标地点前面。

执法人员申请了搜查令，并在 1 月 25 日实施了搜查行为。他们在敲门的同时说明来意，虽然可以听到门内有动静，却无人开门。他们强行进入之后，在上楼的过程中发现被告人离开东边的卧室，并且举起手来，但手里举着一个箱子。同时，该卧室里散发出一股怪味，而这种味道通常与制毒有关。

在进一步调查过程中，执法人员发现这一卧室中有一个锁着的衣柜，罐里放着一个密封的玻璃罐，罐里面有白色的沉淀物，而该沉淀物经检验为安非他命。除了这个罐子之外，执法人员还在这个房间中发现了伪麻黄碱药片、锂电池、麦芽酒、蒸馏水等制造安非他命所必需的原料。警方扣押了上述药品以及锂电池。麦芽酒与蒸馏水则留在了原处。然而执法人员无法确定蒸馏水放在了哪里，同时相关记录也没有反映执法人员是否曾经查获蒸馏水。同时，执法人员还在该卧室中发现了丙烷箱，发现这一箱子被改装过，从而可以容纳安非他命的另外一种组成成分——无水氨。除此之外，还有咖啡滤网、烧瓶、电炉、玻璃试管架，还有火警装置以及消防器材。在西侧卧室，警方查获了天平、注射器、勺子、吸食大麻的工具等。同时，警方还发现了制毒配方。最后，警方还在西侧卧室查获了一封 1996 年 12 月的信，收信人为被告人，而信件上的地址，被告人自 1993 年开始就不再居住。

II

如前所述，被告人首先质疑证据的充分性。因为这一问题首先是在上诉法院的判决中提出的，因此应审查其是否具有明显的错误。参见 Rule 30. 20。如果证据 （转下页注）

（接上页注①）不足以充分支持有罪判决，则认定被告人有罪存在明显错误。参见 State v. McClunie，438 S. W. 2d 267，268（Mo. 1969）。被告人认为证据不足以支持根据 Section 195. 211 认定其犯有制造安非他命未遂之罪。

A

在认定证据是否支持根据 Section 195. 211 足以证明被告人犯有制造安非他命未遂罪时，首先要界定什么是本罪的未遂。对未遂这一未完成罪的规定，参见 Section 564. 011：行为人基于实施犯罪的意图，实施了指向犯罪的实质步骤，就构成该罪的未遂。而所谓实质步骤，是指与行为人完成目标犯罪相互佐证的客观行为。除非另有规定，未遂罪的处罚应低于目标犯罪的处罚。在"密苏里州诉雷耶斯案"，即 State v. Reyes，862 S. W. 2d 377，384（Mo. App. 1993）中，上诉法院提出，Section 564. 011 并没有要试图界定任何具体犯罪的组成要素，而是建构起一种单独的犯罪，即未遂罪。从这一前提出发，上诉法院认为，唯一将 Section 564. 011 作为对未遂界定的办法，就是将其解释为界定未遂。上诉法院认为，在界定不是具体的成文法行为，而是所谓未遂时，应当参照普通法的相关含义。但检方在"密苏里州诉雷耶斯案"的判决中，就对同一种犯罪界定了两类非常奇怪的未遂：（1）普通法未遂，其将试图从事某种犯罪界定为一种实质犯罪；（2）根据 Section 564. 011 的"实质步骤"未遂。因此，根据 Section 195. 21 起诉，制造安非他命未遂属于 B 类重罪，而如果根据 Section 564. 011，同一行为将属于 C 类重罪。如"密苏里州诉雷耶斯案"所言，普通法未遂包括 4 个构成要素：（1）意图从事目标犯罪；（2）实施了针对目标犯罪的客观行为；（3）没有完成犯罪；（4）实施犯罪的明显可能性，Id. at 383，引自 State v. Thomas，438 S. W. 2d 441，446（Mo. 1969）。根据"密苏里州诉雷耶斯案"，普通法因为要求证明被告人实施了接近犯罪完成的客观行为，而不是所谓的实质步骤，因此证明较为困难。参见 862 S. W. 2d at 384。而实质步骤未遂，则事实上包括在普通法未遂当中。

或许因为上述两种未遂造成了混淆，有些判例在认定 Section 564. 011 中规定的犯罪时，错误地将传统普通法未遂与实质步骤未遂混合适用。例如，在"密苏里州诉莫尔德案"，即 State v. Mulder，916 S. W. 2d 346（Mo. App. 1996）中，法庭在引用 Section 564. 011. 1 时认为，构成未遂的要素包括：（1）实施犯罪的故意；（2）指向目标犯罪的客观行为；（3）没有完成犯罪；（4）完成犯罪的明显可能性。参见 916 S. W. 2d at 347–348。但这属于对密苏里州法的错误表述。根据 Section 564. 011，未遂仅仅包括两个要素：（1）被告人有实施目标犯罪的意图；（2）从事了指向目标犯罪的实质步骤。参见 State v. Molasky，765 S. W. 2d 597，601（Mo. banc 1989）。未遂法适用了所谓实质步骤，替代了普通法未遂中对指向目标犯罪的客观行为、完成犯罪的明显可能性，以及犯罪没有完成等要求。参见 State v. Graham，2 S. W. 3d 859，1999 WL 786338（Mo. App. 1999）。很多判例，都将所谓普通法未遂的要素与实质步骤未遂的要求混淆适用，而这种做法应当停止。

"密苏里州诉雷耶斯案"中明确指出，立法机关对未遂的适用存在冗余，首先是在未遂罪的一般规定之中，其次，是在具体的成文法当中。如果不是立法机构试图针对同一犯罪规定两种未遂，那么这种规定就是没有意义的。然而，在对制毒未遂适用刑罚时，这种所谓冗余规定存在一定意义。和一般情况下未遂犯罪的处罚低于既遂犯罪不同，立法机构认为，对制毒犯罪的未遂与既遂，处罚并无差别。参见 Section 195. 211. 2。除此之外，还有很多犯罪，对既遂与未遂规定了相同程度的惩罚。在这些成文法中，未遂并不代表刑罚的不同。

在"密苏里州诉雷耶斯案"中，检方的前提在于 Section 564. 011 并没有（转下页注）

（接上页注）界定任何犯罪的构成要素，而这一观点并不正确。任何规定某种行为属于犯罪的成文法，都必须界定犯罪的构成要素。Section 564.011 并不是例外。类似于 Section 564.011 那样总则类型的规定，立法机构当然想让其具有更为普遍的适用力。对此，可以通过密苏里州刑法典前言部分的规定加以证明：

（1）本法典适用于其中所规定的，在 1979 年 1 月 1 日之后实施的所有犯罪及处罚，以及相关抗辩。

（2）其他法律关于犯罪的规定，与本法典不冲突的，继续适用，但除非另有规定，否则本法典的规定，将适用于在 1979 年 1 月 1 日之后实施的上述犯罪。

Section 556.031.1-2 这一规定，与其评论，明确在没有例外规定的情况下，适用于所有犯罪。而 Section 564.011 也适用于在 1979 年 1 月 1 日之后所设定的犯罪。

上诉法院对"密苏里州诉雷耶斯案"的理解，也有很多正确之处。例如，其认为成文法解读的首要任务是要厘清立法意图。法庭必须考察立法目的以及相关情况，并且在存在混淆时，应做出有利于被告人的解读。参见 862 S. W. 2d at 385-386，引自 State v. White，622 S. W. 2d 939，944（Mo. banc 1981）以及 State v. Hobokin，768 S. W. 2d 76，77（Mo. banc 1989）。然而，其在解读 Section 556.031 时却忽视了上述原则，无论是否根据 Section 564.011 存在单独的未遂，还是其他所谓特定的未遂，Section 556.031 就意味着实施犯罪的实质步骤。在这一意义上，"密苏里州诉雷斯案"与本案的判决不一致，"密苏里州诉雷耶斯案"的判决以及其后续判决，应予推翻。因此，本案所涉及的问题，就变成了证据是否足以证明被告人实施了制造安非他命的实质步骤。

B

检方认为，被告人占有东卧室以及其中的衣柜和罐子，当其将药片放到罐子的液体里时，就构成了所谓的实质步骤。根据检方的理论，如果被告人实际或被推定为持有被用于制造毒品的物质，就有充分的证据证明未遂。

如果像本案那样，实际持有无法证明，如果存在其他证据证明被告人具有相关犯意的，可以通过推定认定被告人持有制毒物品。参见 State v. Condict，952 S. W. 2d 784，786（Mo. App. 1987）；亦参见 Section 195.010（33）（界定了毒品法中的实际持有与推定持有）。推定持有至少要求证据证明被告人可以接触到或者实际控制上述物品。参见 State v. Purlee，839 S. W. 2d 584，588（Mo. banc 1992）。可以通过对建筑物的单独占有，做出上述推定。Id. 当被告人和他人都可以控制某建筑物时，如本案中的被告人那样，就需要其他证据证明其与持有之间的关系。Id. 本案中，唯一的事实就是被告人在制造毒品时在场，而这本身不足以排除合理怀疑地证明本案。参见 State v. Barber，635 S. W. 2d 342，344-345（Mo. 1982）。另外，可以接触到违禁品，也不足以单独证明所有权。参见 State v. Bowyer，693 S. W. 2d 845，847（Mo. App. 1985）。还必须有证据证明被告人知道制毒过程正在进行，同时相关物品或过程处于其控制之下。参见 Purlee，839 S. W. 2d at 588。

唯一将被告人与制毒物品和工具联系起来的证据包括：（1）在监视期间，被告人曾经五次出入该建筑物；（2）其车辆曾两次停留在该建筑物之前；（3）在执行搜查令时，警方发现被告人从一个内有灭火器、制毒工具、很可能上锁的放有毒品半成品的衣柜，以及伪麻黄碱药片的卧室中出来；（4）这一卧室弥漫着强烈的溶剂味道；（5）有收件人为被告人的信件，在该建筑物的其他房屋内被发现。这些证据，最多只能证明，被告人经常出入一个正在试图制毒的建筑物。实际制造是在东卧室，更为重要的是相关设施都在一个上了锁的柜子里。即使从有利于检方的观点，陪审团也至多认定被告人与其他人共同占有这一建筑物以及其里面所包括的物品。但没有证据证明其生活在 （转下页注）

法也规定，如果行为人基于目标犯罪所要求的犯意，从事了指向目标犯罪的实质步骤行为，且该实质步骤行为与其犯意可以互相佐证的，即可认定其构成犯罪未遂。[①]

（接上页注）这里，也没有证据将被告人与衣柜里的制毒物品联系起来。

结论

　　在缺乏能够推定被告人持有或将药片投入溶剂或持有其他用于制毒的物品的证据时，就无法充分认定其实施了针对制毒的实质步骤，因此无法认定其构成制毒罪的未遂。因此，推翻原判，认定被告人无罪。

① 参见 Tenn. Code Ann. § 39-12-101（2012）。"实质步骤测试标准"的规定具备了实质犯罪的本体要件，体现了主客观相统一。司法机关不会仅以行为人的主观犯罪意图定罪，也不会只看行为人的客观行为，而是将两者结合起来评价。首先，从主观上来说，一方面，行为人的犯罪意图支配着行为人的行为达到实质步骤，另一方面，行为人的行为又通过达到实质步骤表现出了犯罪意图，而与犯罪预备阶段所表现出来的犯罪意图是不相同的；其次，从客观方面来说，行为人的行为在客观上已经侵害了法律所保护的权益，而这种行为并不是为了实施犯罪而进行的预备、准备工作，而是能够体现犯罪性质的行为。在有犯罪对象的场合，实质步骤已经指向犯罪对象。实质步骤是主客观相结合的产物，是客观的犯罪实行行为和主观的实行犯罪的意图相结合的标志。此主客观相统一的特征在实质犯罪的本体要件上反映了实质步骤的社会危害性及其程度。我们知道，"实质步骤测试标准"是"犯意确证说"和"接近完成说"的折中方案，未遂必须具备"犯罪意图"和"犯罪行为"这两个因素。一个人只有犯罪意图而没有进一步实施犯罪行为，不管其意图实施的犯罪多么严重，都不能认为已经构成犯罪，因为法律不惩罚思想犯。只有在行为人实施的行为超出预备且已经达到一定程度的，即具有实质步骤，才适用法律认定的未遂罪。也就是说，要认定一个人犯罪未遂，不仅需要证明其具有实施该种犯罪的意图，还需证明其实施了构成该种犯罪未遂所必需的客观犯罪行为。犯罪未遂和犯罪预备区分的主要依据是行为人是否实施了实质步骤，因此，我们通常从犯罪预备行为和实行行为的区分来正确认定是否属于犯罪未遂。犯罪的预备和实行是犯罪发展过程当中前后相连、相驱动形成的两个阶段。犯罪的预备是为实行犯罪和达到犯罪目的的准备，而犯罪实行则是行为人为达到犯罪意图而进行的实质步骤，其主客观是相统一的。未遂犯的处罚依据在于发生了法益侵害的客观危险性，反之，即使存在犯罪意图，但倘若没有发生客观的法益侵害危险性，也不能认定为未遂犯而予以处罚。我们保护法益的手段用的就是刑法，既遂犯是因为其行为侵害了法益才受应有的处罚，未遂犯则有所不同，未遂犯是因为其行为已经具有侵害法益的危险性而被处罚。所以，只有当行为对法益侵害的危险性达到紧迫程度时才为实质步骤，才构成未遂犯。未遂犯是具体危险犯而不是抽象危险犯。该危险是十分紧迫的，这就是区分未遂与预备的实质理由。例如，仅仅进入熟睡女性房间，还难以说是实施了强奸的实质步骤，只有在掀开熟睡女性被子的时候才可以说对室内女性的性自由权利这种法益具备了现实具体的强奸危险，此时可以认为是实质步骤的行为。"实质步骤测试标准"就是行为人所实施的行为，在客观上有可能导致符合构成要件的结果发生，或者对刑法所要保护的法益有造成侵害之危险。只有实施的行为具有引发结果的迫切危险性时，才属于实行的着手。比如，快递有毒的食品意图毒害他人，将食品交给快递员的行为就是有发生结果的危险性的行为，但这种企图制造危险的行为还不是实行行为。因为，把实行行为理解为对法益具有紧迫、具体 （转下页注）

当然，对《模范刑法典》类型的未遂测试标准，也有不同意见，有学者认为，其体现的是一种功利主义原则。但是其在未遂法中所起到的作用较低。这是因为行为人尝试实施犯罪的行为，早已经表明了不管制裁而实施实质性犯罪的故意，因此威胁惩罚未遂，似乎不太可能达成阻止未遂的效果。因此，未遂法更可以合理地被视为关注于刑罚的报应基础。[①] 另外，强调被告人已经做了什么，以及由此彰显的所谓人身危险性，容易导致扩展犯罪未遂的范围，从而使得判决更容易达成。作为扩展未遂责任的结果，《模范刑法典》可以让执法部门早期介入。例如，被告人和其他同犯计划抢劫银行，并且购买了手套、头套，准备了枪支。在将车停到银行对面后，被告人说"上"，这时，遭到逮捕。联邦第二巡回上诉法院认定，被告人实施了所谓实质步骤，因此认定其构成抢劫罪未遂。[②] 但是，因为该人没有进入银行，也没有显示武器，因此根据普通法中的所谓危险接近性理论，显然无法认定其构成犯罪未遂。对此，是否可以通过对特定犯罪制定单独的未遂罪而非通过统一的未遂原则加以适用，从而避免统一适用概括性的未遂原则所造成的不统一局面，或者通过降低未遂原则所适用的刑罚程度，从而减低可能因为适用范围扩大所带来的负面评价或反弹？这些成为美国各司法区正在面临的棘手问题。

二 未遂与其他犯罪完成前阶段的界分[③]

即使适用《模范刑法典》所确立的"实质步骤测试标准"具有较为明显的相对优势，但其在具体适用过程中仍然面临十分复杂的具体问题。例如，教唆第三方从事谋杀的，是否构成谋杀未遂的实质步骤？[④] 除此之外，

（接上页注①）危险的行为，此行为（此时）还不足以使法益面临紧迫的危险。而后，当有毒食品快递到被害人家时，就出现了具体的危险状态。在这一时点，制造危险的行为就属于实行的着手了，也与未遂犯罪的定义相吻合。参见吴璘芝《美国刑法中未遂犯的行为要件探析》，《西部学刊》2017 年第 12 期，第 46～47 页。

① 参见 Herbert Hovenkamp, "The Marginalist Revolution in Legal Thought," *Vand. L. Rev.* 46 (1993)：305。

② 参见 *United States v. Stallworth*，543 F. 2d 1038（1976）。

③ 参见 Paul R. Hoeber, "The Abandonment Defense to Criminal Attempt and Other Problems of Temporal Individuation," *Calif. L. Rev.* 74（1986）：377。

④ 参见 *State v. Kilgus*，519 A. 2d 231（1986）。

在明知他人要实施特定犯罪的情况下，为其提供情报的行为、雇凶且支付定金的行为以及向卧底警官提议购买毒品的行为等，根据《模范刑法典》的未遂标准，是否满足所谓"实质步骤测试标准"？对上述问题的回答，其实又可以具体分为下列四大类问题。

（一）犯罪未遂与犯罪放弃

总体上，美国刑法中的未遂与包括德法在内的大陆法系国家存在显著区别。对普通法而言，已经构成未遂的犯罪人，不可以通过所谓放弃犯罪而避免责任。普通法传统一般都认为，未遂责任的成立与该被告人放弃犯罪之间没有关系。① 尽管时有不同意见出现，但美国各司法区的判例大体延续了这一普通法传统。密苏里州法规定，放弃犯罪并不构成未遂的抗辩。在肯定自愿放弃犯罪是未遂抗辩事由的州，仅仅适用于在犯罪实施之前自动放弃犯罪的情况。单纯的尝试犯罪没有成功并不是终止。② 男性被告人开车送熟识的女性回家，中途停车并将其从车里拽出来，殴打她，露出自己的生殖器，挣扎 20 分钟也没有能够脱下女性的内裤，后来放弃了努力并送该女性回家的，仍然构成强奸的未遂。③ 已经灌入了汽油，但是听到了有人来，声称自己并不想伤害任何人，于是逃跑的，仍然构成纵火未遂。④ 将超市里的东西放在自己的衣服内，后来被人认出，将东西扔在地上逃走的，构成盗窃未遂。⑤ 但有些州，认为虽然放弃犯罪不属于未遂抗辩事由，但是可以将其作为证明犯罪没有进入实质步骤的论辩观点。⑥ 美国司法认为，犯罪未遂之后，就不存在所谓放弃犯罪的问题。但另一方面，大约半数以上的美国司法区，将放弃犯罪视为未遂抗辩事由。⑦ 在这些司法区，其属于积极抗辩，被告人需要承担证明义务。⑧ 因此，可以明

---

① 参见 *Regina* v. *Collingridge*，16 S. Austl. St. R. 117（1976）。

② 参见 *State* v. *Gilliam*，618 S. W. 2d 733（1981）。

③ 参见 *State* v. *Boschert*，693 S. W. 2d 128（1985）。

④ 参见 *State* v. *Bowles*，754 S. W. 2d 902（1988）。

⑤ 参见 *State* v. *Perkins*，826 S. W. 2d 385（1992）。

⑥ 参见 *State* v. *Workman*，584 P. 2d 382（1978）。

⑦ 参见 Michael H. Crew，"Should Voluntary Abandonment Be a Defense to Attempted Crimes?" *Am. Crim. L. Rev.* 26（1988）：441。

⑧ 参见 Note，"The Proposed Penal Law of New York，" *Colum. L. Rev.* 64（1964）：1469。

确的是，在犯罪未遂成立之后，即使放弃犯罪，也无法否定犯罪未遂本身的成立。可另一方面，在犯罪未遂成立之前放弃犯罪的，是否可以免责呢？对这一问题的回答，涉及美国刑法中另外一个非常重要的问题，即犯罪未遂与犯罪预备之间的关系问题。

（二）犯罪预备与犯罪未遂

当具体行为被犯罪化时，试图从事该行为的也被犯罪化，这就是犯罪未遂之所以需要承担责任的根据所在。但一个看似矛盾的现实却是，美国立法与司法长期以来都认为，单纯的犯罪预备不具有犯罪性。但如果要区分犯罪预备与犯罪未遂却较为困难。[①] 例如，为了骗保，故意制造保险事故的行为，属于保险诈骗罪的预备行为还是保险诈骗罪的未遂行为？如果被告人全副武装敲了意图抢劫的饭店的门，经理回答"对不起，打烊了"，被告人离开，其行为构成犯罪预备、犯罪未遂还是放弃犯罪？对此，不同司法区之间的做法区别较大。司法适用中，针对区分未遂与预备的标准问题，也出现过很多具体的做法，如"客观接近性原则"（Physical Proximity Doctrine）、"危险接近性原则"（Dangerous Proximity Doctrine）、"不可缺乏要素测试"（Indispensable Element Test）、"盖然性抵御测试"（Probable Desistance Test）、"异常步骤测试"（Abnormal Step Test）以及"明确无误测试"（Unequivocality Test）等。[②] 从学理角度，可以将上述对预备与未遂的区分，概括为分为两类：第一类关注行为人行为的时间点，但强调时间点与达成犯罪目标之间缺乏明确的规范性联系；第二类关注的是被告人的行为特征，而非时间点，这种测试从整体上关注被告人的行为，而非厘定各种人为的边界。但是，单纯的犯意表述，或者以最低限度的客观方式表达犯意的，不构成犯罪。简言之，如果检方能够证明的行为是理性人不会用来表示犯罪性的行为，被告人就应该被判无罪，尽管其

---

① 参见 Jerome Hall, "Criminal Attempt—A Study of Foundations of Criminal Liability," *Yale L. J.* 49 (1940): 789。

② 参见 Barbara Baum Levenbook, "Prohibiting Attempts and Preparations," *UMKC L. Rev.* 49 (1980): 41。

有犯意。①

其实，对犯罪预备与犯罪未遂的讨论，假使犯罪预备不承担责任是成立的，那么是否可以将犯罪未遂的成立标准视为犯罪预备与犯罪未遂的区分标准呢？事情当然并非如此简单，毕竟在犯罪未遂之前存在一种特殊的模糊情况，例如，马萨诸塞州上诉法院对陪审团的法律指导意见是，最初的犯罪预备并不是犯罪的实施行为。因此，马萨诸塞州对犯罪客观方面的区分，包括：（1）最初预备阶段，不归责；（2）预备阶段，根据是否具有接近性，决定是否归责；（3）未遂。因此，本来就很难区分的预备与着手，又因为加入了所谓最初预备与预备，变得更为复杂。② 其中，在区分犯罪预备与犯罪未遂中，最为常见也最为复杂的情况就是被告人基于犯罪目的，持有合法的物品，以及截候、踩点等情况。下面，结合相关司法实践，对上述情况，做一介绍。③

1. 持有

如果持有的物品是专用的犯罪工具，通常情况下没有其他合法用途的，就属于实质步骤。这些案件并不常见。④ 在很多情况下，被告人是在持有合法物品，但是当时的情况表明，其意图使用这些物品从事非法行为。在这些案件中，证据的充分性取决于具体案件。一般认为，单纯的持有此类可以被用于合法用途的物品，不属于犯罪未遂。但下列两种变量，可以将预备转化为未遂。（1）物品的本质，特别是其对实施特定犯罪而言的独特性。（2）物品的所在地，即是否已经被带到了犯罪现场，还是刚刚入手，例如，早上五点半在停车场，持有改锥、扳手，构成了盗窃罪的实质步骤。⑤ 在监狱中

---

① 参见 Christopher Bello，"Annotation，Construction and Application of State Statute Governing Impossibility of Consummation as Defense to Prosecution for Attempt to Commit Crime," *A. L. R. 4th* 41（1985）：588。

② 参见 Arthur Allen Leff，"The Leff Dictionary of Law：A Fragment," *Yale L. J.* 94（1985）：1855。

③ 相关判例及内容，参见 Hamish Stewart，"The Centrality of the Act Requirement for Criminal Attempts," *Univ. of Toronto L. J.* 51（2001）：399。

④ 参见 Herbert Wechsler，et al.，"The Treatment of Inchoate Crimes in the MPC of the American Law Institute：Attempt，Solicitation and Conspiracy," *Colum. L. Rev.* 61（1961）：571。

⑤ 参见 *State* v. *Ferguson*，678 S. W. 2d 873（1984）。

无人使用的区域，持有绳子和锤子，构成越狱罪的未遂。[①] 告诉别人要给老师的咖啡投毒，然后在自己的书包里放着老鼠药并带到学校的，就构成投毒罪未遂的实质步骤。[②] 在制毒早期被抓[③]，或后期被抓[④]，都被界定为制造未遂。收集制毒原材料并可以合理推定其要制毒的，就构成制毒未遂。[⑤] 持有甲苯、麻黄素等制毒原料虽然合法，但如果有犯意（如配方、量大、共犯的供述、之前的供述）等要素，就足以证明犯罪未遂。[⑥] 检方在证明该被告人实际或推定持有该物质的时候，往往面对证明上的困难。[⑦] 所谓实际持有，是指携带或较为容易接近或控制。具备直接或通过其他人持有或控制的能力或意图，就是推定持有。持有可以是单独持有或共同持有。经常出现的问题是，几个被告人都被发现在房子里面，也在房子里发现了制毒物品，却没有能够将其与被告人建立联系的充分证据。[⑧]

2. 截候及相关行为

截候，指寻找未遂犯罪受害人，通常情况下构成实质步骤。因此，即使受害人不在，但如果被告人携带凶器前往其任职的工作场所，意图殴打，构成攻击未遂的实质步骤。[⑨] 分居的丈夫扬言要杀死自己的妻子，当他在妻子住处外面的水沟里被发现的时候就构成了谋杀未遂的实质步骤。[⑩] 虽然没有截候，但在实施夜盗犯罪路上的车里被发现的，也构成了夜盗罪未遂的实质步骤。[⑪] 引诱或试图引诱受害人到犯罪现场，通常情况下构成实质步骤。试图持枪将受害人掠入车内的行为，在受害人脱逃的情况下，构成绑架罪未遂的实质步骤。[⑫] 将 9 岁的女孩引诱进入窝棚意图实施鸡奸的，构成了该罪未遂的实质步骤。但当被告人将受害人引诱进入特定地点

---

① 参见 *People* v. *Morissette*，589 N. E. 2d 144（1992）。

② 参见 *State* v. *Reeves*，916 S. W. 2d 909（1996）。

③ 参见 *U. S.* v. *Wagner*，884 F. 2d 1090（1989）。

④ 参见 *State* v. *Cates*，3 S. W. 3d 369（1999）。

⑤ 参见 *State* v. *Davis*，982 S. W. 2d 739（1998）。

⑥ 参见 *U. S.* v. *Weston*，4 F. 3d 672（1993）。

⑦ 参见 *State* v. *Condict*，952 S. W. 2d 784（1997）。

⑧ 参见 *State* v. *Withrow*，8 S. W. 3d 75（1999）。

⑨ 参见 *State* v. *J__R__N__*，687 S. W. 2d 655（1987）。

⑩ 参见 *State* v. *Newbern*，975 P. 2d 1041（1999）。

⑪ 参见 *State* v. *Pearson*，680 P. 2d 406（1984）。

⑫ 参见 *State* v. *Van Vleck*，805 S. W. 2d 297（1991）。

的时候，对其实施犯罪的计划不能仅仅是猜测。成年男性将 9 岁的女孩引诱进入其汽车的行为，不属于证明绑架未遂的实质步骤。[①]

3. 踩点与非法进入

为实施犯罪而踩点的，通常构成实质步骤。如果踩点，基本上都表明了其实施犯罪的坚定意图。非法进入意图实施犯罪的建筑物、机动车或封闭院落的，通常情况下被视为实质步骤。因此，两个人翻过栅栏，试图打开锁着的门，构成夜盗未遂的实质步骤。[②] 非法进入机动车内部，开始拆卸音响的，构成盗窃音响未遂的实质步骤。[③] 之前曾从一个汽车销售店盗窃过汽车的被告人，后来又被发现在该销售店停车场停放的车辆后面躲藏的，构成盗窃机动车未遂的实质步骤。[④] 被告人用力撞门，导致门框损坏的，构成夜盗罪的实质步骤。[⑤] 裤子拉锁没有拉，待妇女开门后强行拉住她的胳膊，堵住她的嘴，防止其尖叫的，构成强奸的实质步骤。[⑥]

（三）犯罪未遂与不能犯

杀人者开枪，结果受害人早就死亡，或者是个假人[⑦]；小偷掏兜，结果兜里空空如也；某人意图偷东西，但该东西其实归其所有[⑧]；警方截获了失窃的货物，但仍然在监控下发货，意图抓获买主，买方在认为这批货物是被盗的情况下，购买了这批货物[⑨]；误认为对方未满法定年龄，仍然与其发生性关系；试图从白面中提取可卡因[⑩]；行巫术杀人；等等：这些都涉及所谓不能犯与犯罪未遂的关系。[⑪] 其中，第一种情况，被称为所谓

---

① 参见 *State v. Keeler*，856 S. W. 2d 928（1993）。

② 参见 *State v. Berryhill*，673 S. W. 2d 444（1982）。

③ 参见 *State v. Benson*，703 S. W. 2d 551（1985）。

④ 参见 *State v. Heslop*，842 S. W. 2d 72（1992）。

⑤ 参见 *State v. Echols*，742 S. W. 2d 220（1987）。

⑥ 参见 *State v. Molkenbur*，723 S. W. 2d 894（1987）。

⑦ 参见 *State v. Guffey*，262 S. W. 2d 152（1953）。

⑧ 参见 Herbert Wechsler et al.，"The Treatment of Inchoate Crimes in the MPC of the American Law Institute: Attempt, Solicitation, and Conspiracy," *Colum. L. Rev.* 61（1961）: 571。

⑨ 参见 *State v. Prince*，628 S. W. 2d 920（1982）。

⑩ 参见 *State v. Wojtyna*，855 P. 2d 315（1993）。

⑪ 参见 Alan Brudner，"Owning Outcomes: On Intervening Causes, Thin Skulls, and Fault—Undifferentiated Crimes," *Can. J. L. & Juris.* 11（1998）: 89。

事实不能，而第二类被称为法律不能，一般认为，事实不能需要承担刑事责任，而法律不能则不需要承担法律责任。①

反过来，美国司法的实践认为，不能犯不能被用来作为犯罪未遂的抗辩。当非法行为无法客观完成的情况下，就属于典型的事实不能。其中，一个非常简单也经常被引用的例子，就是小偷掏兜，结果是空兜。而其根据就在于未遂的罪犯与既遂的罪犯，其犯意并无差别。而法律不能，则一般被认为可以作为对未遂的抗辩。也就是行为人认为自己的行为违法，但实际上不违法的。例如，当行为人认为其在实施盗窃，但实际上他们偷的是自己的财物。虽然对成文法未遂来说，法律不能犯不是抗辩理由。②

（四）犯罪未遂与共犯

最后经常出现混淆的问题，是共犯过程中对未遂的认定。很多司法区包括《模范刑法典》，将教唆他人实施特定犯罪界定为单独的"教唆罪"（Solicitation），这种情况十分类似于所谓特定的未遂罪，即存在特殊规定的情况下，可直接认定教唆者的责任。但对某些没有规定单独教唆罪的司法区，如密苏里州，对教唆行为的认定就变成了一个较为复杂的问题。一般来说，如果教唆可以等同于犯罪实施的实质步骤，那么可以将其视为未遂。如果能够表明行为人的犯罪意图，那么教唆他人从事犯罪就构成了该犯罪的实质步骤。但是，教唆不能仅仅是要求他人实施犯罪。例如，有证据证明囚犯要求其他同犯杀死自己的亲属，并向其支付了定金。但这并不构成谋杀未遂。要构成谋杀未遂的实质步骤的话，必须有超越简单交谈的东西存在。证明其意图严肃性的证据，包括当面交付对价、具体安排支付、踩点、截候、告知实行人相关路线。③例如，教唆他人纵

---

① 参见 Hamish Stewart, "The Centrality of the Act Requirement for Criminal Attempts," *Univ. of Toronto L. J.* 51 (2001)：399。但需要注意的是，《模范刑法典》不承认法律不能抗辩。具体参见 MPC § 5.01。

② 参见 Ira P. Robbins, "Attempting the Impossible：The Emerging Consensus," *Harv. J. on Legis.* 23 (1986)：377。

③ 参见 *State v. Molasky*, 765 S. W. 2d 597 (1989)。

火的，将其领到现场观察建筑物的布局，并且给他日后联系的电话号码等。① 审理该案的法庭认为，从来没有提出教唆不构成未遂的实质步骤。成文法中的教唆，包括未遂犯罪，在相关的情况下，教唆可以支持未遂。意图教唆的危险性要求预防性介入，足以支持刑事责任。被告人的教唆未达到预想的效果，即使徒劳也不能减少其刑事责任。但对此的说明尚不充分。②

　　另外，根据佐治亚州最高法院的认定，所谓共谋，是指两人以上合意从事非法行为。佐治亚州法院认为，只有在共谋的犯罪没有实际实施的情况下，才能认定为独立的共谋犯罪。被告人不能同时被判决共谋以及既遂罪。佐治亚州法明确规定，检方可以起诉共谋，证明其没有完成意图实施的犯罪，例如未遂。进一步来说，只有在实质犯罪成立的情况下，才构成共谋。共谋的指控，对陪审团来说，是一个问题。然而，在佐治亚州，如共谋与犯罪实施间隔时间较长，陪审团一般不太愿意认定被告人犯有共谋之罪。大多数情况下，陪审团有两个选择：实际犯罪或犯罪当事人的共谋。后续立法增加了一个新的部分，即允许共犯被判处既遂罪，而被告人被判处共谋罪，但是被告人不能同时被判处既遂之罪与共谋之罪。该法被设计用来增加陪审团认定被告人被判处共谋罪的可能性。虽然这一规定对检方有利，但辩方律师也可以对其加以利用。辩方律师有权要求陪审团做出对其有利的法律指导。如果法官指导陪审团被告人不得被同时判处共谋与既遂，但同时指导陪审团被告人即使犯罪既遂仍然可以被判处共谋，显然会使得陪审团感到疑惑，甚至会误以为，当如果其他被告人被判处目标犯罪，那么被告人就不能被判处成立共谋。这一规则并没有明显改变既有规则。因为按照之前的法律，如果被告人没有帮助共犯实施犯罪，即使被告人的共犯实施了犯罪，其仍然可以被判共谋。法律仅仅将这一规则加以固定。③

---

① 参见 *State* v. *Jovanovic*，416 A. 2d 961（1980）。

② 参见 H. Morley Swingle，"Criminal Conspiracy Law in Missouri," *J. Mo. Bar* 48（1992）：451。

③ 参见 Mike Arnold，"Criminal Attempt，Conspiracy，and Solicitation：Allow for Person to Be Convicted of Conspiracy to Commit Crime Despite Completion of That Crime by Others," *Ga. St. U. L. Rev.* 13（1996）：105。

第四节　小结

　　未遂，是典型犯罪的一种异形，是标准完整责任在过程意义上的纵向发展样态。未遂存在的意义，并不在于其与危害性的接近程度，而在于使用未遂这一工具，对人的行为选择的影响。在这一意义上，未遂更多体现的，当然不是也不可能是报应。

第九章

共犯与共谋

对待同一问题，一定存在不同的解决方式。所以，大多时候，让人所纠结的，不是建构而是选择。

如前所述，大陆刑法中复杂的罪数的处断标准，在美国刑法中并不成为一个问题，完全可以通过刑罚厘定模式来加以解决。美国刑法理论建立在"一罪"的基础之上。最为标准的"一罪"，是指一个适格的自然人，基于意图心态，从事了一个积极的作为，导致了一个其所预期的危害结果。在此基础上，根据逻辑可能性，基本的一罪，又可以表现为一人一行为一完成罪、一人一行为一未完成罪、多人一行为一完成罪、多人一行为一未完成罪。这样的4种样态又可以归于横向和纵向的两大范畴：纵向范畴，即犯罪发展的不同阶段；横向范畴，就是多个行为人加功一个犯罪。之前讨论的未遂，属于美国刑法中犯罪纵向发展阶段的非典型状况，即所谓的"未完成罪"，而本章所要介绍的共犯与共谋，则属于犯罪横向发展的非典型状况。可以将上述这些情况统称为所谓"不完整罪"。

所谓"共犯"（Accomplice），是指从横向阶段来看，行为人可以通过两种方式构成犯罪。首先，行为人可能直接实施犯罪，可以将其称为实行犯，或"正犯"（Perpetrator）。其次，可以通过教唆或者帮助正犯，构成犯罪。[①] 无论是亲自实施犯罪的正犯，还是间接从事犯罪的帮助犯和教唆犯，都构成犯罪。[②] 之所以将这种情况称为所谓基本犯罪的横向

[①] 参见 Baruch Weiss，"What Were They Thinking?: The Mental States of the Aider and Abettor and the Causer Under Federal Law，" *Fordham L. Rev.* 70（2002）：1341。

[②] 参见 CALCRIM No. 40。

变体，是因为美国刑事司法实践中的共犯责任，主要决定什么时候行为人需要为他人的行为承担责任。[①] 共犯问题往往十分复杂，假设实行犯在路上，因为汽车漏油，不得不随机抢劫了一台车，用来继续赶往犯罪现场。案发后，对虽未随同伙行动，对抢劫汽车毫不知情，但为实行犯提供了犯罪资金、制订了犯罪计划的共同参与人，是否要为抢劫汽车承担刑事责任？[②] 对这一问题的回答，就涉及所谓的共同犯罪问题。

第一节　共犯

在大陆刑法理论中，共犯是所谓的"绝望之章"。[③] 在美国刑法理论中，共犯则是所谓的"羞愧之章"。[④] 这是因为虽然共犯具有不同于基本犯罪的特殊结构，缺乏基本的实行行为，且在犯意方面也具有特殊性，但仍然在司法实践中需要承担与正犯相同的刑事责任。[⑤] 因为美国刑法对共犯的惩罚与正犯相同，往往会产生与直觉相悖的结果。有学者举例，那些实际买卖毒品的行为人，与碰巧当时在犯罪现场并且仅仅指出毒品藏匿地点的行为人，责任完全相同。[⑥] 美国刑法中共犯法的最大问题，即在于其没

---

① 参见 Paul H. Robinson and Jane A. Grall，"Element Analysis in Defining Criminal Liability：The MPC and Beyond，" *Stan. L. Rev.* 35（1983）：681。

② 参见 Miguel A. Méndez，"A Sisyphean Task：The Common Law Approach to Mens Rea，" *U. C. Davis L. Rev.* 28（1995）：407。

③ 国内的相关介绍可参见陈世伟《论共犯的二重性》，中国检察出版社，2008。日本刑法中的共犯理论，可参见〔日〕岛田聪一郎『共犯・正犯の基礎理論』東京大学出版会、2002。

④ 司法实务与理论都认为，过去 100 多年来，美国刑法中的共犯理论一直都缺乏一贯的理论或政策基础。参见 Joshua Dressler，"Reforming Complicity Law：Trivial Assistance as a Lesser Offense？" *Ohio St. J. Crim. L.* 5（2008）：427。

⑤ 参见 Robert Weisberg，"Reappraising Complicity，" *Buff. Crim. L. Rev.* 4（2000）：217。

⑥ 被告人在毒品交易发生的时候，坐在货车的后面。被告人的一名朋友进入车内，貌似在找什么东西。然后他问被告人"在哪里？"，被告人回答"在那儿"，并指货车的地板。被告人的朋友按照被告人的指引，发现了一包海洛因。被告人被指控帮助、教唆持有毒品意图贩卖，以及共谋贩毒两项罪名。因为无法排除合理怀疑证明被告人的销售故意，因此，共谋贩毒这项罪名被推翻。然而，被告人帮助、教唆持有毒品意图贩卖的罪名成立。参见 Luis E. Chiesa，"Reassessing Professor Dressler's Plea for Complicity Reform：Lessons from Civil Law Jurisdictions，" *N. E. J. on Crim. & Civ. Con.* 40（2014）：1。

有区分不同参与人的可责性。① 虽然很多知名美国刑法学者曾经对共犯问题进行过研究，但并没有形成理论上的共识，更未影响到刑事立法，因此没有彻底改变这一矛盾现状。② 具体来说，对美国刑法中共犯责任的研究，核心问题即在于共犯的成立条件以及共犯的责任认定方面存在的特殊性。

一　共犯的本质

《纽约时报》曾报道，一名 19 岁的少年临时受邀在毒品交易过程中担任西班牙语翻译，因此被认定为销售毒品罪的共犯，被判决入狱 10 年。这一判决或许和大多数人的直觉相悖，给人以处罚过重之感。③ 但另一方面，如果认定其行为不构成犯罪，似乎也会有很多人反对。帮助他人强奸、杀人的人被自然而然地视为共犯，并被和真正的强奸犯或杀人犯一样加以处罚。此种做法即使适当也需要解释。为什么即使是轻微的鼓励或帮助，仍需要与主犯承担相同的责任？无独有偶，某网站运营商向成千上万合法用户提供网页支持服务，但是，当其发现某客户经营的是传统儿童色情业务后，持一种全然无所谓的态度，继续向其提供和其他的合法用户无任何区别的网站支持服务。客观而言，虽然这种服务十分明显地对开展的儿童色情业务提供了帮助，但是根据美国联邦刑事法，是否可以认定其犯有帮助、教唆儿童色情犯罪？④ 针对此类复杂案件，讨论共犯的本质就变得非常重要。

（一）共犯与从犯、共谋的区别

首先，共犯与从犯的关系是什么？

---

① 需要特别注意的是，在某些情况下，共犯的责任可能会高于实行犯的责任。例如，在加利福尼亚州的司法实践中，为了让被告人能够提出某些抗辩事由，可以在特殊情况下，承认教唆犯与帮助犯的罪责高于实行犯。参见 *People v. McCoy*, 25 Cal. 4th 1111 (2001)。

② 代表性观点，参见 Paul H. Robinson, "Imputed Criminal Liability," *Yale L. J.* 93 (1984): 609; Joshua Dressler, "Reassessing the Theoretical Underpinnings of Accomplice Liability: New Solutions to an Old Problem," *Hastings L. J.* 37 (1985): 91; 以及 Sanford H. Kadish, "Complicity, Cause and Blame: A Study in the Interpretation of Doctrine," *Cal. L. Rev.* 73 (1985): 323。

③ 参见 Michael Heyman, "Losing All Sense of Just Proportion: The Peculiar Law of Accomplice Liability," *St. John's L. Rev.* 87 (2013): 129。

④ Baruch Weiss, "What Were They Thinking?: The Mental States of the Aider and Abettor and the Causer Under Federal Law," *Fordham L. Rev.* 70 (2002): 1341。

美国刑法中的共犯，是与正犯即实行犯相对应的一个概念。因为相较于正犯，共犯的客观特征即为缺乏目标犯罪的实行行为，因此很多学者认为，现行共犯法的合理性在于将共犯责任视为正犯责任的一种衍生责任（Derivative Responsibility）。这种衍生责任，因为不要求证明共犯与正犯实施的犯罪之间的因果关系，在形式上类似于民事责任中的所谓代理责任（Vicarious Responsibility）。共犯与民事代理责任之间极易互相渗透。民事代理责任可以部分解释其与共犯之间的重叠关系。共犯被视为正犯的影子。① 虽然据美国联邦最高法院的判例，"加入非法活动，就已经成为该非法活动实施的行为主体，需要为彼此的行为负责"②，但代理责任主要是指基于民事主体关系，在不要求个人过错及因果关系的情况下，对诸如仆人等特定身份关系者实施的侵权行为承担责任。③ 因为代理责任更类似于一种绝对责任，显然与当代刑法要求个人责任、强调个人道德可责性的理念格格不入。虽然共犯责任不要求证明因果关系，但并不意味着不要求证明共犯的犯意，相反，共犯责任最为重要也最为复杂的部分，即在于对其的主观要求。与此相比，衍生责任实质因为共犯主动接受了正犯的行为，并将其作为自身的行为，因此需要为接受正犯的行为之后发生的结果承担责任。

容易和共犯责任出现混淆的，是主犯与从犯的关系。早期美国法中，对重罪规定了一级、二级主犯，即根据参与程度的不同，对其可责性及适用刑罚进行划分。④ 这里所谓的二级主犯就和从犯存在极大的竞合关系。可以认为，主犯与从犯都建立在实行犯的基础上，是对实行犯的一种划分。而共犯则建立在非实行犯的基础上。如果从道德可责性或者危险性角度出发，区分从犯与二级主犯多少有些反直觉，⑤ 在经验上也缺乏根

---

① 参见 Francis Bowes Sayre, "Criminal Responsibility for the Acts of Another," *Harv. L. Rev.* 43（1930）: 689。

② 参见 *Hyde* v. *United States*, 225 U. S. 347（1912）。

③ 参见 Sanford H. Kadish, "Complicity, Cause and Blame: A Study in the Interpretation of Doctrine," *Cal. L. Rev.* 73（1985）: 323。

④ 参见 Note, "Parties to Crime in Texas—Principal or Accomplice," *SW. L. J.* 18（1964）: 516。

⑤ 《美国联邦法典》（18 § U. S. C. 2）规定: 2. 主犯（Principals）。（a）任何实施危害美国利益犯罪行为的人，或者帮助、教唆、建议、引诱或促使其实施的人作为主犯惩罚。（b）任何有意导致如果其个人或者他人直接实施就是危害美国利益的犯罪行为的人作为主犯惩罚。从历史发展的角度来看，20 世纪初，当时还大量适用的普通法将（转下页注）

据。而其复杂性更加说明了其区分的无意义。以加利福尼亚州为例，早期判例认为，不得基于政策或者法律原因认定被告人具备主犯与共犯的双重身份。① 后续判例认为，如果有独立证据支持，认定同一个人具有共犯及主犯的双重身份并无不可。② 但主流司法实践的做法仍然坚持主犯与共犯的身份不能兼备。③ 美国各司法区的司法改革，几乎都废除了一级主犯与二级主犯之间的区别。因为共犯是正犯的衍生，因此所有的共犯，无论其案发时是否在现场，无论其实施了何种共犯行为，都需要承担主犯的责任。

其次，共犯与共谋的关系。

如果说共犯与从犯的根本区别在于是否具有实质行为性，那么又该如何区分所谓"共谋"（Conspiracy）与共犯呢？虽然有学者认为，没有必要区分共谋与共犯，即将共谋视为共犯的一种具体表现形式，毕竟共谋的"同意"，也可以被认为是"鼓励"了正犯的实行行为。④ 的确，共犯与共谋都属于一种"口袋罪"。共谋责任，主要是出于便宜检方起诉与打击犯罪建构起来的一种责任类型。例如，美国检方在起诉毒品犯罪的时候，最有力的武器就是《持续参与犯罪组织法》（The Continuing Criminal Enterprise Statute），即通常所说的"毒枭法案"（The Drug Kingpin Statute）。该法对持

（接上页注⑤）实施重罪的当事人分为四种独立的类型：（1）实际实施了犯罪的一级主犯；（2）实际或者被认为出现在犯罪现场并且帮助或者教唆犯罪实施的二级主犯；（3）在事实发生之前帮助或者教唆犯罪的实施，但是并没有出现在犯罪现场的共犯；（4）在犯罪完成之后加以帮助的事后共犯。这种规定的前提在于，当时几乎所有的重罪都被处以死刑，以此通过划分犯罪人类型的方式限制死刑的适用范围，从而允许普通法法院较为轻缓地惩罚某些参与者，即帮助和教唆犯。然而，在解决死刑问题的同时，这样的复杂区分又产生了新的问题。例如，在哪里审理，当时的做法是，主犯必须在犯罪地加以审理，但帮助和教唆犯则应在帮助地或教唆犯罪地接受审判，类似的问题还包括何时起诉，因为从犯一般需要在主犯审理之后才能加以审理。结果就是，相关认定需要花费大量的精力。因此，1909年美国国会制定了上述联邦法典的前身法案，取消了主犯和从犯之间的区别，也就是说，所有的帮助犯和教唆犯无论是否在犯罪的过程当中出现，都被做主犯处理。法院不再对既定的行为区分一级主犯、二级主犯、三级主犯，仅仅事后共犯被作为单独的一类提了出来。参见 Baruch Weiss, "What Were They Thinking?: The Mental States of The Aider and Abettor and The Causer Under Federal Law," *Fordham L. Rev.* 70 (2002): 1341.

① 参见 *People v. Francis*, 129 Cal. App. 3d 241 (1982)。
② 参见 *People v. Mouton*, 15 Cal. App. 4th 1313 (1993)。
③ 参见 *People v. Nguyen*, 21 Cal. App. 4th 518 (1993)。
④ 参见 Note, "Developments in the Law—Criminal Conspiracy," *Harv. L. Rev.* 72 (1959): 920.

续参与毒品犯罪行为的人，规定了法定最低刑以及没收财产等附加刑。所谓持续参与犯罪，是指具有组织者、控制者或管理者的身份，下面有 5 个以上手下从事与毒品有关重罪行为的行为。① 正如"毒枭法案"所揭示的那样，一般的共谋罪，往往在涉案人数等方面存在硬性要求，因此，由联邦检察官通过帮助或教唆等共犯规则，对那些没有达到上述共谋罪法律规定的犯罪人加以起诉。② 另外，共犯因为属于正犯的衍生，因此不属于独立的罪名。例如有加利福尼亚州最高法院的判例认为，如果主犯在其他司法程序中被认定无罪的，那么不得认定该犯罪的帮助犯或者教唆犯有罪。③ 但共谋在大多数情况下属于一种独立的犯罪，这也可以视为共犯与共谋之间最实质性的区别。

因为共谋属于独立犯罪，进而可以追问的一个有意思的问题就变成，对共谋是否存在共犯。对此，有联邦巡回上诉法院认为，帮助或教唆共谋犯罪的不属于独立犯罪，但也有其他联邦巡回上诉法院多次维持针对共谋犯罪的共犯责任。④ 显然，对这一复杂的边缘问题目前尚无定论。

类似的边际情况，其实还包括重罪谋杀规则的共犯问题。但因为类似的情况可以很好地通过该规则本身加以解决，为了避免过分繁复，这里仅仅提及，不过多涉入。

（二）共犯责任的正当性

因为共犯责任在客观方面不要求共犯实行犯罪行为，因此对其适用的正当性，特别是死刑适用的正当性存在争议，需要加以明确。毫无疑问的

---

① 参见 Sharon C. Lynch，"Drug Kingpins and Their Helpers：Accomplice Liability Under 21 USC Section 848，" *U. Chi. L. Rev.* 58（1991）：391。

② 参见 Steven Wisotsky，"Crackdown：The Emerging 'Drug Exception' to the Bill of Rights，" *Hastings L. J.* 38（1987）：889。

③ 在本案中，行为人在抢劫酒店的犯罪中，承担开车接同伙逃离现场的任务，但是在抢劫过程中发生了枪战，主犯过失打死了自己的同伙。在分别进行的刑事程序中，因为陪审员认定行为人不具有恶意，因此未认定该行为人犯了谋杀自己同伙的罪名。法庭认为，也不应该认定接风的司机构成谋杀罪的帮助犯或者教唆犯。但在该案中，法庭特别强调了涉案事实的具体性和本案适用的有限性。参见 *People v. Taylor*，12 Cal. 3d 686（1974）。

④ 参见 Sharon C. Lynch，"Drug Kingpins and Their Helpers：Accomplice Liability Under 21 USC Section 848，" *U. Chi. L. Rev.* 58（1991）：391。

是，通过理解共犯基础的正当性，可以更好地理解刑法。[①] 一般认为，共犯责任的基础，在于震慑犯罪和个人可责性。[②]

首先，共犯与刑罚目标。

共犯责任，因为其所具有的"派生责任属性"，会导致共犯个体身份"被没收"的情况。根据没收原则，一个自愿帮助犯罪的人将被没收其个人的身份。但目前的问题在于，现行的共犯规则，因为不区分正犯与从犯，能否满足所谓报应机能，就成为一个较为现实的问题。前述的代理人责任，在很大程度上与经济责任有关。但共犯责任需要建立在道德可责性基础上，追求的是具有污名化属性的刑罚，而非单纯的经济利益考量。[③] 但是客观来看，可责性更多与共犯的主观犯意相关，因为共犯责任所要求的主要是帮助主犯从事犯罪，关注的也主要是实质目的犯罪的实施，因此有学者举例，如果行为人意图通过提供枪支的方式帮助主犯实施武装抢劫，但最终主犯使用的是刀而不是枪，那么该行为人仍然需要为正犯实施的抢劫罪承担共犯责任。[④] 因此，只要能保证共犯责任的主观要件至少与正犯相当，那么认定其与正犯相同的责任，并无太多不妥。从功利主义角度来看，通过惩罚帮助、教唆犯罪的共犯，可以让一般人认识到，不应该从事具有危险性的帮助和教唆行为。[⑤]

震慑说的批判者认为，并不是所有的共犯都应当被同等对待。并不是对于所有的共犯都会产生像是对正犯那样大的威慑力。因为对共犯，震慑的效果可能不会特别明显。[⑥] 刑法的根基很大程度上在于报应性原则，即

---

① 参见 Joshua Dressler, "Reassessing the Theoretical Underpinnings of Accomplice Liability: New Solutions to an Old Problem," *Hastings L. J.* 37 (1985): 91。

② 参见 Louis Westerfield, "The Mens Rea Requirement of Accomplice Liability in American Criminal Law—Knowledge or Intent," *Miss. L. J.* 51 (1980): 177。

③ 参见 Stephen R. Munzer, "Persons and Consequences: Observations on Fried's Right and Wrong," *Mich. L. Rev.* 77 (1979): 421。

④ 参见 Tyler B. Robinson, "A Question of Intent: Aiding and Abetting Law and the Rule of Accomplice Liability Under 924 (c)," *Mich. L. Rev.* 96 (1997): 783。

⑤ 参见 Joshua Dressler, "Reassessing the Theoretical Underpinnings of Accomplice Liability: New Solutions to an Old Problem," *Hastings L. J.* 37 (1985): 91。

⑥ 参见 Candace Courteau, "Comment: The Mental Element Required for Accomplice Liability: A Topic Note," *La. L. Rev.* 59 (1998): 325。

行为人自身的自愿行为与危害结果之间的比例关系。① 简单来说，虽然共犯责任中不要求针对正犯所实施的犯罪结果证明因果关系，但是在共犯结构中，共犯的可责性具有双重性，虽然共犯责任是基于其他人的自愿行为所承担的刑事责任。因此，无论正犯所实施的实质犯罪是否要求具体的意图，抑或是了解、轻率或过失，共犯必须具有和主犯相同的犯意。但除了针对正犯的犯罪具有相同层级的可责性之外，共犯需要对自己的影响或帮助行为具有意图的心态。②

其次，从诉讼目标来说，简化审理程序、减轻检方举证责任、加速审理进程、提高诉讼效率是美国刑法适用的重要目标。而共犯责任的建构可以在很大程度上服务于这一目标。以加利福尼亚州为例，在其法典没有修改之前，存在之前提到的一级主犯与二级主犯的区分，同时，作为共犯的帮助犯及教唆犯，一般被视为二级主犯。进一步来说，普通法认为，在实施犯罪的正犯被判决有罪之前帮助犯及教唆犯不得被判，并且要求单独的共犯指控。现行《加利福尼亚州法典》中的共犯责任，明确放弃了之前适用的普通法规则，将所有主体都纳入一个范围内，且没有区分层级。如加利福尼亚州最高法院指出的那样，帮助犯与教唆犯规则仅仅是使得帮助犯或教唆犯对共犯的行为以及自己的行为负责，从而避免必须要区分谁是帮助犯、谁是教唆犯，以及谁是正犯的问题。③ 这样，在某种程度上，可以减轻检方的证明负担，进而提高诉讼效率。

总体来说，共犯责任正当性，其实是在打击犯罪与放纵该当可责者之间做出平衡。归根结底，是如何通过设定共犯构成要件尽可能在共犯责任中保障、践行个人责任。对此，在美国学界存在两种理论解释，分别是代理理论及放弃个人身份理论。

根据代理理论，主犯的责任通过同意行为人的行为，而成为其的责任。与此类似，共犯接受主要行为人的行为，并且将其当作自己的行为。

---

① 参见 Sanford H. Kadish, "Complicity, Cause and Blame: A Study in the Interpretation of Doctrine," *Cal. L. Rev.* 73 (1985): 323。

② 参见 Grace E. Mueller, "The Mens Rea of Accomplice Liability," *S. Cal. L. Rev.* 61 (1988): 2169。

③ 参见 Larry M. Lawrence, "Accomplice Liability: Derivative Responsibility," *Loy. L. A. L. Rev.* 36 (2003): 1524。

然而，民事代理人责任要求同意的一方处于另一方的控制之下，而刑事责任则不需要这一条件，在刑法当中也不要求主犯和共犯中间存在所谓的同意关系。共犯责任的第二个理论，在于放弃个人身份，也就是说，通过答应或帮助他人实施犯罪，就将自身与正犯绑在了一起，因此丧失了自己的独立主体身份。根据这一理论，共犯被认为是正犯的影子。然而，批判者认为，共犯的责任根据在于通过牺牲个人责任来达到社会目的。因此，共犯责任与因果关系之间可能没有关系。即使共犯并没有导致危害，仍然可以与正犯做相同处罚。①

二　共犯的构成

通常情况下，为了证明特定犯罪的成立，检方必须证明被告人具有法定犯意，且客观上实施了导致了危害结果的危害行为。与此相比，共犯责任的客观要求很低，不要求证明被告人实施与正犯相同的犯罪行为，如果被告人明知实行犯的非法意图，只要实施了"帮助"（Aid）、"教唆"（Abet）、"鼓励"（Encourage）正犯的行为，即使在没有实际实施目标犯罪客观行为的情况下，仍然需要像实行犯那样接受惩罚。② 这也成为共犯与正犯的显著区别之一。例如，在加利福尼亚州，如果要证明被告人因为教唆或者帮助犯罪而承担罪责，检方必须证明：行为人实施了犯罪；被告人明知行为人意图实施该犯罪；在实施该犯罪之前或过程中，被告人意图帮助并教唆行为人实施该犯罪；被告人的言语或者行为事实上帮助并且教唆了行为人实施犯罪。③ 下文将结合这一法律指导意见，对美国刑法中的共犯构成问题加以说明。

---

① 参见 Sanford H. Kadish，"Complicity，Cause and Blame：A Study in the Interpretation of Doctrine，" *Cal. L. Rev.* 73（1985）：323。

② 参见 18 U. S. C. § 2（a）。《加利福尼亚州法典》规定，"无论是重罪还是轻罪，所有犯罪参与人，即直接参与实施该犯罪者，帮助或教唆实施犯罪者，所有建议、鼓励或唆使不满 14 岁的未成年人、精神障碍者实施任何犯罪者，通过欺骗、设计、强迫他人陷入迷醉状态从而使其从事任何犯罪者，以及通过恐吓、威胁、胁迫、命令他人实施任何犯罪者，都是主犯"。参见 Cal Pen Code § 31。

③ 参见 CALCRIM No. 401。

（一）共犯的客观要件

从可责性角度，法律并未区分正犯与帮助犯和教唆犯，但显然，从事犯罪行为是证明被告人为实行犯的要素之一，而不是证明其是犯罪的教唆犯与帮助犯的要素。①

共犯被告人必须将自己与主犯建立某种联系，但这种联系不是导致实质犯罪发生，而是帮助他人实施犯罪，或存在导致他人实施犯罪的言行。普通法中，共犯责任的客观方面一般要求共犯从事了实际帮助正犯的行为，《模范刑法典》更进一步将单纯试图帮助的行为也包括在内。②对共犯责任客观方面认定的重要问题，还包括因果责任的认定。有学者非常明确指出，共犯的帮助与正犯实施的犯罪之间从来都不存在因果联系。因此，在这个问题上讨论因果联系是无意义的。③共犯中不包括条件关系。因为依据美国刑法中因果关系的通常认定标准，几乎所有的共犯都无法满足基本的条件关系。虽然所谓的近因在教唆案件中证明起来并不困难，然而，在帮助或明知加功等类型的共犯案件中，证明起来就非常困难。因此，《模范刑法典》否认共犯责任需要因果关系，甚至承认试图帮助正犯的行为人都可以该当共犯责任。④判断行为人是帮助犯或教唆犯的要素包括：犯罪时在场，结伙，在犯罪前或犯罪时的行为。⑤此外，即使案发时不在场，也可能构成教唆犯或帮助犯。⑥也不需要被告人实际帮助了犯罪的发生，如果行为人希望犯罪发生，并且鼓励或者唆使犯罪发生的，仍然可以构成帮助犯或者教唆犯。⑦总体而言，共犯的客观要求一般非常低，口头鼓励、望风或在犯罪时单独在场等任何帮助正犯，或建议、影响其实施犯罪的，都属于帮助者的行为，而行为程度只需

① 参见 *People v. Cook*，61 Cal. App. 4th 1364（1998）。
② 参见 Tyler B. Robinson，"A Question of Intent：Aiding and Abetting Law and the Rule of Accomplice Liability Under 924（c），" *Mich. L. Rev.* 96（1997）：783。
③ 参见 Sanford H. Kadish，"Complicity，Cause and Blame：A Study in the Interpretation of Doctrine，" *Cal. L. Rev.* 73（1985）：323。
④ 参见 Grace E. Mueller，"The Mens Rea of Accomplice Liability，" *S. Cal. L. Rev.* 61（1988）：2169。
⑤ 参见 *People v. Campbell*，25 Cal. App. 4th 402（1994）。
⑥ 参见 *People v. Sarkis*，222 Cal. App. 3d 23（1990）。
⑦ 参见 *People v. Booth*，48 Cal. App. 4th 1247（1996）。

要加功正犯即可。① 下面就典型的共犯行为做一介绍。

首先，帮助行为。

所谓帮助，是指帮助、提升、鼓励、刺激犯罪实施。一旦一方涉入他人实施的犯罪，就满足了帮助要求。帮助行为必须在某种程度上积极加功于目标犯罪。这就意味着如果某人出于恐惧，眼睁睁看着杀人事件发生，因为没有积极帮助、提升、鼓励、刺激杀人犯罪，因此无法根据共犯责任追究束手旁观者的刑事责任。当然，在特定的情况下，对承担作为义务的行为人，如果满足相关的犯意要求，仍然可能因为不作为而满足共犯的犯行要求。但要求共犯的帮助行为与目标犯罪之间具有积极的加功关系，是确定无疑的。

对共犯加功正犯的程度要求，美国刑法中的共犯责任一般不做要求，换句话说，任何实际上的帮助或影响都已经足够。只要能够证明共犯具有法定的犯意，即使客观上再微小的加功都构成共犯。②

一般来说，在讨论犯行时，需要同时考察因果关系。如前所述，诸如条件测试等因果关系的认定无法适用于共犯责任。这一点其实已经通过上面对共犯的客观加功不要求程度进行了说明。例如，被告人因为将自己的房子租给一对青年男女，最终被判决犯有帮助与教唆法定强奸罪。单纯从因果关系的角度来看，租房行为并不是性行为发生的必要条件。即使不租被告人的房屋，这对男女还是会发生性关系。然而在法庭看来，单纯的试图提供帮助就足以为责任提供正当性。③ 因为共犯责任的客观条件不要求证明因果关系，因此《模范刑法典》进一步扩展了加功的射程，认为试图帮助的行为，都需承担共犯责任。④

其次，教唆行为。

有判例认为，教唆主要是用来为适用共犯责任提供心理要素的正当

---

① 参见 Sanford H. Kadish，"Complicity, Cause and Blame: A Study in the Interpretation of Doctrine," *Cal. L. Rev.* 73 (1985): 323。

② 参见 Joshua Dressler，"Reassessing the Theoretical Underpinnings of Accomplice Liability: New Solutions to an Old Problem," *Hastings L. J.* 37 (1985): 91。

③ 参见 *People* v. *Wood*，56 Cal. App. 431 (1922)。

④ 参见 Joshua Dressler，"Reforming Complicity Law: Trivial Assistance as a Lesser Offense?" *Ohio St. J. Crim. L.* 5 (2008): 427。

性，即要求共犯了解正犯从事犯罪的目的，且意图帮助正犯的非法目实现。① 这种观点并非全无道理，因为教唆的加功方式主要就是在精神上促进正犯实施犯罪。但其重点不应该放到教唆者身上，而应当放到被教唆者身上。在这个意义上，教唆行为本身是否有效就成为一个关键的问题。

根据加利福尼亚州相关司法实践，证明被告人教唆他人从事犯罪的，检方必须证明以下几点。首先，被告人要求他人从事或加入目标犯罪。其次，被告人意图实施目标犯罪。例如，在教唆谋杀的情况，法庭不得将默示的恶意作为谋杀的要素，因为教唆他人实施谋杀只能发生在教唆者意图让别人实施杀人行为的情况，因此，检方必须证明教唆者明确表示了自己的恶意②。再次，其他人接收到了包括该要求的信息。③ 例如，被告人从监狱中寄信，教唆别人伤害他女朋友腹中的胎儿，这一封信被监狱方面截获，因此并未送达。法庭认为，因为教唆未能有效传达，因此不成立共犯问题。④ 至于教唆的具体方式，根据判例，得到合法性认证的语言表述还包括"询问"（Ask）、"请求"（Entreat）、"哀求"（Implore）、"死乞白赖"（Importune）、"请愿"（To make petition to）、"请求"（To plead for）、"意图获得"（To try to obtain）、"要求"或者"意图邀约他人从事犯罪"（To offer or invite another to commit a crime）等。⑤ 如果被告人实施了多种教唆行为，或使用了多种教唆方式，是否构成数个教唆犯罪，并无统一的意见。⑥ 此外，还存在若干例外情况。如果被教唆者是未成年人的，要证明被告人犯有教唆罪，检方必须证明：（1）被告人自愿地要求，或鼓励，或引诱，或威逼未成年人实施目标犯罪；（2）被告人意图使未成年人实施目标犯罪；（3）犯罪时，被告人已满 18 岁，并且如果被教唆者 16 岁或 17 岁，被告人至少比被教唆者大 5 岁以上，如果被教唆者必须获知被教唆信息，则须在法

---

① 参见 *People* v. *Campbell*, 25 Cal. App. 4th 402（1994）。

② 参见 *People* v. *Bottger*, 142 Cal. App. 3d 974（1983）。

③ 参见 CALCRIM No. 441。

④ 参见 *People* v. *Saephanh*, 80 Cal. App. 4th 451（2000）。

⑤ 参见 *People* v. *Sanchez*, 60 Cal. App. 4th 1490（1998）。

⑥ 参见 *People* v. *Davis*, 211 Cal. App. 3d 317（1989）。

律指导意见中给出这一要素；（4）未成年人获知了包括该教唆的信息。① 在这种情况下，因为被教唆者无法构成犯罪，因此会出现教唆犯单独承担被教唆犯罪责任的例外情况。另外，如果被告人通过"威胁"（Threatening）、"胁迫"（Menace）、"命令"（Commanding）或"恐吓"（Coercing）等方式强迫他人从事犯罪，被告人犯有强迫施行之罪。②

（二）共犯的主观要件

在共犯责任的范围内，如果被告人基于法律所要求的犯意从事帮助行为，就构成共犯责任。然而，对共犯的犯行要求是，只要共犯提供了某种帮助。共犯客观要件的不完整性导致其主观要件变得十分复杂，也存在大量混淆意见。基本而言，这一问题涉及共犯对自己的促进、帮助、鼓励、协助、教唆犯罪的行为的犯意，以及对正犯实施的所谓实质犯罪或目标犯罪的犯意问题。因此，共犯责任的讨论大多数围绕的是共犯责任的主观要件，亦即其犯意要求。③ 但针对共犯的主观要件，美国刑法学界的意见一直不甚统一。④

首先，共犯主观要件有三种代表性观点。

第一种观点认为，共犯责任需要建立在被告人意图鼓励或帮助他人实施犯罪的基础上。这种观点认为，只有在意图让正犯实施犯罪，即基于促进或帮助正犯实施犯罪的直接故意的情况下，才认定共犯个人需要为正犯的罪行承担责任，如果共犯针对正犯实施的犯罪仅仅具有了解或轻率的犯意，则不足以认定共犯责任。因此，如果 A 借枪给 B，明知 B 意图拿枪射邻居的吠犬，除非 A 也意图实施 B 的行为，否则不构成该罪的共犯。⑤ 在联邦法中关于共犯责任的经典判例"美利坚合众国诉皮诺尼案"（*United*

---

① 参见 CALCRIM No. 442。

② 参见 CALCRIM No. 443。

③ 参见 Michael G. Heyman, "The Natural and Probable Consequences Doctrine: A Case Study in Failed Law Reform," *Berkeley J. Crim. L.* 15 (2010): 388。

④ 早期观点的梳理，参见 Paul H. Robinson and Jane A. Grall, "Element Analysis in Defining Criminal Liability: The MPC and Beyond," *Stan. L. Rev.* 35 (1983): 681。

⑤ 参见 John F. Decker, "The Mental State Requirement for Accomplice Liability in American Criminal Law," *S. C. L. Rev.* 60 (2008): 237。

States v. Peoni)① 中，汉德法官认为，共犯针对正犯实施的实质犯罪应当具

---

① 参见"美利坚合众国诉皮诺尼案"（*United States v. Peoni*），本案的判决书如下：

UNITED STATES

v.

PEONI.

No. 155

UNITED STATES COURT OF APPEALS FOR THE SECOND CIRCUIT

100 F. 2d 401；1938 U. S. App. LEXIS 2663

1938 年 12 月 12 日

判决撰写：汉德（L. Hand）法官

判决

主审法官：汉德、斯万（Swan）与切斯（Chase）

皮诺尼（Peoni）被指控 3 项罪名，即持有假币罪，以及共谋持有假币罪。陪审团认定 3 项罪名成立，本庭所考虑的问题是证据是否足以支持该判决。本庭对此持肯定的态度。在布鲁克斯，皮诺尼向一个叫里根诺（Regno）的人销售假币，后者又向同样在布鲁克斯的德罗西（Dorsey）销售假币。3 人都知道是假币，德罗西在试图使用假币的时候遭到逮捕。问题在于，皮诺尼是否构成德罗西的持有罪的共犯。

检方的观点认为，皮诺尼将假币投入流通，明知里根诺不太可能自己使用这些假币，而是要将其卖给其他的持有者，因此，第二个买主的持有是皮诺尼第一个行为的自然结果。如果这是民事案件，情况当然是这样，德罗西的无辜买主可以起诉皮诺尼，从而弥补自己的损失。但是，刑事责任原则的情况与此不同，因为德罗西的持有事实上与皮诺尼无关，因此德罗西也并不是皮诺尼的代理人，而皮诺尼只能作为德罗西持有行为的共犯。相关的测试标准，可参见相关联邦成文法，即 § 550 of Title 18，U. S. Code，18 U. S. C. A. § 550。处理本问题的法律第一次出现在 1790 年（1 St. at L. 114），认为那些帮助、引起、命令或建议谋杀、抢劫或海盗罪，构成共犯。而该法在 1870 年（16 St. at L. 254）得到了扩张，包括了所有重罪。这些法律在 1909 年被 § 341 of the Criminal Code（35 St. at L. 1088，1153）所废止，并得到了 § 332 的补充，其文本类似于 § 550 of Title 18 U. S. Code，18 U. S. C. A. § 550，即"帮助、教唆、咨询、命令、诱使、介绍"。而这一规范的本质可以追溯到很久以前。参见 *Pollock & Maitland*，Vol. II，p. 507，认为早在 14 世纪，普通法中杀人罪的主体包括那些介绍、建议、命令或教唆该罪的人。引自 Bracton，f. 142。在 1557 年，教士命令、雇用、咨询他人从事叛国、谋杀、抢劫或纵火的，不能再继续免责。认定被告人咨询、命令、教唆谋杀，参见 Code，Inst. II，p. 182，参见 Parker，1560，Dyer 186，并且在 Stat. of West. 1，Chap. XIV 得到了评论，其将共犯分为 3 类："命令"（Commandement）是指教唆、引发犯罪行为的行为，"武装"（Force）类似于提供武器，而"帮助"（Auxilium）包括那些建议、教唆、谋划、同意、鼓励犯罪的行为。在 1691 年，在 Chapter 9 of 3 & 4 W. & M. 中，那些帮助、教唆、建议、雇用或命令他人实施特定重罪的教士，会被褫夺教士身份。Hale，Pleas of the Crown，pp. 615，1736，将共犯定义为那些建议、命令或教唆他人实施犯罪的人。在 Macdaniel & others，1755，Foster，125 案中，共犯关系不受第三方介入的影响。Blackstone，1768，Book IV，pp. 36-37，将共犯描述为命令或教唆他人从事非法行为的人。Hawkins，1771，*Pleas of the Crown* Chap. 29 § 16，明确那些雇用、命令、咨询、共谋的人，与他人对重罪的理解与同意具有明确的联结性。

（转下页注）

有意图的心态。①

第二种观点，可以被称为"成文法所规定的犯意"。② 这也是《模范刑法典》所坚持的观点，扩展了共犯的责任，要求共犯针对主犯实施的犯罪，必须具备相同的犯意心态。因此，如果提供帮助行为的某人具有实体

（接上页注①）需要注意，这些定义与共犯行为所可能导致的危害结果发生之间没有关系，但其需要与犯罪行为之间具有联系，并且试图通过自己的行为导致犯罪成功。相关的法律表述，即使最为中性的概念，如"教唆"（Abet）都具有针对其的意图态度。如果这样理解，那么皮诺尼并非德罗西持有的共犯。其与假币活动之间的关系，在其从里根诺那里得到对价时就已经结束。里根诺可以自行处置其得到的假币。或许皮诺尼是里根诺的共犯。*Rudner* v. *United States*，6 Cir.，281 F. 516，以及 *Anstess* v. *United States*，7 Cir.，22 F. 2d 594 的确认定，销售者明知购买者的犯罪目的，就属于购买者的共犯。但在另一方面，在 *Rex* v. *Lomas*，22 Cox's Cr. Cas. 765 中，法庭认定被告人虽然明知夜盗罪犯罪人将要从事该犯罪，仍将之前借的撬棍还给该人的，不构成夜盗罪的共犯。有法官认为，在这些案件中，建议或要求都属于必然要素。而且，即使卖方明知购买者将要使用购买的物品从事犯罪，仍向其销售该物品的也不构成犯罪。参见 Williston，§ 1754，以及 *Graves* v. *Johnson*，179 Mass. 53 60 N. E. 383，88 Am. St. Rep. 355。这也就意味着，那些明知购买者可能使用该物品从事违法犯罪的，也无须因为这一销售行为承担刑事责任。立法者也不希望无限扩大这一销售涉及的范围。被告人无须为几次交易之后发生在千里之外的有罪持有而承担责任。针对宪法第六修正案的反弹可以据此得到梳理，因为销售者如果真的是共犯，其应当被移入犯罪现场。*Hoss* v. *United States*，8 Cir.，232 F. 328，335；*United States* v. *Littleton*，D. C.，1 F. 2d 751.

相同理由适用于共谋指控。假设皮诺尼与里根诺同意由后者持有假币，继而认定皮诺尼也同意德罗西从里根诺那里获得假币，这也是荒谬的。皮诺尼或许明知其他人可能从里根诺那里获得假币，但是共谋必须具有意图的犯意，而在本案中，皮诺尼并不关注后续出现的可能情况。某些时候，似乎一旦形成合意，那么所有人都需要为实行犯对任何人所做的任何事情承担责任，即使这些事情合意者并未参与。没有什么比这个观念更为错误的了。在共谋中，共谋者仅仅对那些充分达成合意并理解的意图承担责任，如果合意后面出现了改变，则共谋者可以对之后改变了的部分免责，仅对未变的合意部分承担责任。导致上述误解的理由，或许在于共谋者所实施的任何行为包括后来加入者的宣言，都是用来证明所有犯罪成立的有力证据，只要其可以被用来认为是执行犯罪的合意。

推翻原判，被告人无罪释放。

① 汉德法官用其惯用的简洁语气强调，规制帮助、教唆的成文法要求帮助犯或者教唆犯以某种方式将自己和犯罪联系起来，因此其参与的是其希望结果发生的情况，而其试图通过自己的行为来帮助实现，同时，仅仅基于了解到可能有助于正犯的促进行为是不充分的。"美利坚合众国诉皮诺尼案"后，特别是联邦最高法院在后续判例（*Nye & Nissen* v. *United States*）中对"美利坚合众国诉皮诺尼案"加以引用，一般认为这个问题已经尘埃落定。参见 Baruch Weiss，"What Were They Thinking？：The Mental States of The Aider and Abettor and The Causer Under Federal Law，" *Fordham L. Rev.* 70（2002）：1341。

② 参见 Sanford H. Kadish，"Complicity，Cause and Blame：A Study in the Interpretation of Doctrine，" *Cal. L. Rev.* 73（1985）：323。

犯罪中所规定的犯意，无论是故意、了解、轻率还是犯罪过失，都可以认定其具有共犯责任。就上面提到的拟制案例，A 明知 B 意图杀死邻居家大叫的狗而借给 B 自己的枪，即使其并不意图此事发生，仍可以对未经授权伤害或致死动物罪承担共犯责任。与此类似，当 X 将自己的车钥匙给了 Y，明知 Y 会开车，而后 Y 轻率地撞死了 Z，X 如果具有轻率的心态，将会和 Y 一样承担轻率致人死亡罪。有学者总结《模范刑法典》，认为对结果犯而言，如果共犯具有正犯针对该罪的犯意，就可以认定其构成共犯。然而，如果是行为犯，那么共犯就必须有和正犯相同的具体故意。如果立法机构并未区分结果犯与行为犯，只要共犯具有正犯针对实质犯罪相同的犯意，即可认定。① 也有少数联邦法院持此种看法，如认为，被告人明知正犯要走私，仍然向其销售特定物品的，被认定构成走私该物品的共犯。② 在州一层级，加利福尼亚等州对共犯的犯意要求大体类似于这种观点。在司法实践中，如果针对具体故意犯罪，帮助犯或者教唆犯必须和实行犯具有相同的具体故意。如果帮助犯或者教唆犯了解实行犯的全部犯罪意图，仍然帮助或者鼓励实行犯的实行行为，就可以认定其帮助犯或者教唆犯罪名成立。③ 如果要认定被告人帮助或者教唆谋杀未遂犯罪的，陪审员必须认定其具有和实行犯相同的杀人故意。④

第三种观点是，行为人对支持或帮助的正犯实施的犯罪行为所造成的自然或盖然的结果，需要承担共犯责任。虽然十分吊诡的是，至今尚无判例对"自然"或"盖然"等概念做出明确定义，⑤ 但整体上，根据自然且盖然原则，在帮助犯及教唆犯被认定犯有具体故意犯罪之前，法庭必须认定正犯持有法律所要求的具体故意。根据这一原则，虽然陪审员不必认定帮助犯及教唆犯具有具体故意，但必须认定具体故意犯罪是其意图帮助或教唆实施的目标犯罪的自然且盖然的结果。⑥ 这是最为宽泛的观点，即让

---

① 参见 Peter W. Low, "The MPC, The Common Law, and Mistakes of Fact: Recklessness, Negligence, or Strict Liability?" *Rutgers L. J.* 19 (1988): 539。

② 参见 *Backun v. United States*, 112 F. 2d 635 (4th Cir. 1940)。

③ 参见 *People v. Beeman*, 35 Cal. 3d 547 (1984)。

④ 参见 *People v. Acero*, 161 Cal. App. 3d 217 (1984)。

⑤ 参见 *People v. Coffman and Marlow*, 34 Cal. 4th 1 (2004)。

⑥ 参见 *People v. Woods*, 8 Cal. App. 4th 1570 (1992)。

行为人为意图犯罪的任何自然且盖然结果承担责任。假设 B 用 A 的枪打死了邻居家的狗，邻居 C 很生气，与 B 发生冲突，B 开枪打伤了 C。如果认定冲突以及导致 C 受伤，都是 A 借给 B 枪的自然且盖然结果，A 也应该为 B 伤害 C 承担责任。如果 X 将自己的车钥匙给喝醉酒的 Y（其本身违反了机动车管理条例），如果假设 Y 不仅仅轻率地涉入了致命的机动车事故，而且还撞到了一辆运油车导致爆炸，并导致附近的建筑物着火。如果 X 同意给醉酒的 Y 车钥匙，就需要为 Y 所有自然且盖然的结果承担责任。[①] 还有判例认为，被告人因为帮助及教唆从机动车内开枪这一犯罪，基于自然且盖然结果原则，被认定谋杀未遂之罪并无不妥。尽管两犯罪包括相同的行为，但谋杀未遂的心态更具可责性。[②] 这一点也得到了很多学者的支持。[③] 很多州认定共犯不仅需要对帮助的犯罪承担责任，还需要对那些目标犯罪的自然且盖然结果承担责任。[④] 甚至很多州的共犯责任虽然没有这样规定，但实际上仍会采取这种做法。对此，支持《模范刑法典》的学者认为共犯对目标犯罪的自然且盖然结果承担责任不具有正当性，对其认定责任似乎是要求一种过失责任或严格责任。[⑤]

其次，对共犯责任主观要件的评析。

如前所述，共犯成立的主观要件，具有双重性。一方面，共犯针对自己的帮助或教唆行为必须具有意图的心态，这点并无太大疑问。另一方面，针对正犯的目标犯罪应当具有何种心态，才是需要讨论的问题。[⑥]

对此，应当首先建立评价前提。共犯责任作为一种特殊的刑事责任类型，虽然具有构成上的特殊性，但必须满足下列基本的前提要求。第一，

---

① 参见 John F. Decker, "The Mental State Requirement for Accomplice Liability in American Criminal Law," *S. C. L. Rev.* 60 (2008): 237。

② 参见 *People* v. *Laster*, 52 Cal. App. 4th 1450 (1997)。

③ 有学者认为，承认从犯可以基于轻率心态成立共犯责任的做法，一方面固然需要对正犯实施犯罪的实质且不正当危险存在有意识的不顾心态，但只要满足相关要求，承认这种共犯也不违反基本的社会道德。参见 Sanford H. Kadish, "Reckless Complicity," *J. Crim. L. & Criminology* 87 (1997): 369。

④ 参见 Joshua Dressler, *Understanding Criminal Law* (New York: Lexis Nexis, 2012): 475。

⑤ 参见 Joshua Dressler, "Reforming Complicity Law: Trivial Assistance as a Lesser Offense?" *Ohio St. J. Crim. L.* 5 (2008): 427。

⑥ 参见 Candace Courteau, "Comment: The Mental Element Required for Accomplice Liability: A Topic Note," *La. L. Rev.* 59 (1998): 325。

从刑事政策的角度来看，共犯责任的主观要件，应当充分尊重个人责任原则，保证社会公众的行为自由。第二，只有基于震慑等功利主义考量，才能承认基于较低层级犯意，认定共犯责任。但是美国刑法一般认为，行为意图性越强，犯罪就越严重，惩罚就越严重。但共犯责任的核心特征在于缺乏犯行要素，同时对共犯适用与正犯相同的刑事责任，因此对共犯必须要求一定层级的犯意，否则将违反基本的刑法原则，特别是前文概括的那个"神的等式"。如前所述，共犯针对正犯所实施目标犯罪的犯意要求，不仅在联邦法院层级存在"了解说"与"意图说"的争议，各州也存在很大分歧。学者总结，多数州适用《模范刑法典》的规定，要求共犯必须有推动或促进实质犯罪的意图。①

《模范刑法典》模式最大的问题在于，对共犯责任如何认定情节的犯意。根据其规定，共犯必须对实质犯罪的结果要素具有实质犯罪的犯意，但是并没有针对情节规定犯意。② 这也造成了立法与司法过程中的极大差异。在美国各个司法区，都可能存在具有"创新性"的观点，上诉法庭之间的观点也存在冲突；因此不太可能概括各司法区的观点。③ 对此，美国刑法学者德雷斯勒所主张的对共犯责任的改造建议，或许有些建设性意义。在他看来，对共犯责任的修正，特别是主观条件的完善，应当做到：更加兼容因果关系的要求；实现各州刑法典的兼容；不能与常识相悖；具有道德上的正当性与社会上的功利性；在不牺牲道德一致性的情况下具有实用性。④

---

① 有 13 个州采取了《模范刑法典》的这种共犯责任的犯意规定。具体包括：亚拉巴马州，即 Ala. Code § 13A-2-23；阿拉斯加州，即 Alaska Stat. § 11.16.110 (2)；科罗拉多州，即 Colo. Rev. Stat. § 18-1-603；特拉华州，即 Del. Code Ann. tit. 11, § 271 (2)；佐治亚州，即 Ga. Code Ann. § 16-2-20 (b) (3) - (4)；密苏里州，即 Mo. Ann. Stat. § 562. 041. 1 (2)；蒙大拿州，即 Mont. Code Ann. § 45-2-302 (3)；新泽西州，即 N. J. Stat. Ann. § 2C: 2-6 (c) (1)；俄勒冈州，即 Or. Rev. Stat. § 161. 155 (2)；南达科他州，即 S. D. Codified Laws § 22-3-3；田纳西州，即 Tenn. Code Ann. § 39-11-402 (2)；得克萨斯州，即 Tex. Penal Code Ann. § 7. 02 (a) (2)。具体介绍参见 John F. Decker, "The Mental State Requirement for Accomplice Liability in American Criminal Law," *S. C. L. Rev.* 60 (2008): 237。

② 参见 Robert Weisberg, "Reappraising Complicity," *Buff. Crim. L. Rev.* 4 (2000): 21。

③ 参见 John F. Decker, "The Mental State Requirement for Accomplice Liability in American Criminal Law," *S. C. L. Rev.* 60 (2008): 237。

④ 参见 Joshua Dressler, "Reforming Complicity Law: Trivial Assistance as a Lesser Offense?" *Ohio St. J. Crim. L.* 5 (2008): 427。

三　其他相关问题

除了讨论共犯责任的本质及其构成要件之外，还有一些相关问题值得一提。

首先，一般不认为共犯责任属于单独的犯罪，只是认定刑事责任的不同方式。[①] 除了上面依据共犯责任主观构成要件进行的三种类型划分之外，还有学者认为，从客观层面，可以将共犯类型划分为如下四种：（1）真正因果关系共犯，即共犯行为实际导致了最终的危害结果；（2）必要共犯的问题，也就是说危害结果取决于共犯的作为或不作为；（3）增强机会的共犯，共犯行为增加了危害结果发生的机会，但又并不属于上述两种情况；（4）主观可责的共犯，其鼓励或帮助了犯罪，但是没有对结果产生任何实质影响。以上分类即因果关系型共犯、反事实依赖关系型共犯、增加机会型共犯与纯粹主观可责性共犯。[②]

其次，大多数人认为，共犯责任的根据在于派生责任，即建立在正犯责任基础上。但这就又导致了两个问题，即终止犯与事后共犯问题。针对前者，一般认为，行为人在犯罪实施前放弃犯罪的，不构成帮助犯及教唆犯。所谓放弃犯罪，必须满足下列要求：其必须告知其他犯罪人自己不再参与犯罪，这一告知必须足够提前，足以防止犯罪发生；其必须竭尽所能阻止犯罪的发生，但并不要求其实际防止了犯罪的发生。[③] 针对后者，目前，所有的美国司法区都不承认所谓事后共犯，而是将其作为单独的犯罪。[④] 虽然共犯责任一般不要求因果关系，但检方必须证明帮助犯与教唆犯意图在犯罪实施前帮助或者鼓动正犯实施目标犯罪。如果被告人在犯罪实施完毕之后形成了帮助的故意，则可能成为事后共犯。[⑤] 司法实践中，

[①] 参见 Larry M. Lawrence, "Accomplice Liability: Derivative Responsibility," *Loy. L. A. L. Rev.* 36 (2003): 1524。

[②] 参见 Michael S. Moore, "Causing, Aiding, and the Superfluity of Accomplice Liability," *U. Pa. L. Rev.* 156 (2007): 395。

[③] 参见 CALCRIM No. 401。

[④] 参见 Markus D. Dubber, "Criminalizing Complicity: A Comparative Analysis," *J. Int'l Crim. Just.* 5 (2007): 977。

[⑤] 参见 *People v. Cooper*, 53Cal. 3d 1158 (1991)。

就有司机因为是在运输财物的过程中形成帮助目的的，因此被认定属于事后共犯，而不是帮助犯或教唆犯。[①] 另外，在重罪实施之后，被告人容留、藏匿或帮助了该实行犯，并且目的在于使行为人逃避逮捕、审判、判决或惩罚的，也构成事后共犯。对"窝藏"（Harbor），法律指导意见并未给出定义。《布莱克法律词典》将"窝藏"定义为"为罪犯或非法外国人提供住所、隐蔽场所或给养的行为"。认识到共同行为人从事了其他犯罪，除非有证据证明其意图帮助该共同犯罪人逃避抓捕、审判或惩罚，否则不应认定其构成这些犯罪的共犯。[②] 行为人如果拒绝将第三方的入罪证据向警方披露并不构成犯罪，但如果提供了该人不在场的虚假证据则构成共犯。[③]

美国著名刑法学者德雷斯勒认为，共犯规则的实质性改革中，最为重要的改革措施就是改变不同共犯责任一致的传统观念，通过设定标准将那些轻微帮助犯的责任作为较低层级犯罪加以处理。也就是说，那些提供较小帮助的共犯与那些提供主要作用的共犯相比，可责性存在差别，与此相应，共犯的处罚也应低于正犯。德雷斯勒认为，对共犯区分的最佳办法，就是考察行为人的参与程度。只有那些实质参与的，且具有法律所要求犯意的，才该当与正犯相同的刑罚。虽然对轻微参加者不予惩罚，不符合功利主义以及报应主义哲学，但对轻微犯罪，应当认定其仅仅构成较低层级的其他犯罪。[④] 尽管德雷斯勒的建议有其合理性，但所谓实质性参与，依然不够明确，既然如此，倒不如通过普通法的既有灵活性更好地总结经验，寻找相关司法实践中的最大共识来得实际。

第二节　共谋

假设汤姆和杰克合意去抢劫银行，那么从合意达成时起，即使他们从未从事抢劫行为，依然需要承担共谋的未完成责任。即使该银行已经

---

① 参见 People v. Rutkowsky, 53 Cal. App. 3d 1069 (1975)。

② 参见 People v. Nguyen, 21 Cal. App. 4th 518 (1993)。

③ 参见 People v. Duty, 269 Cal. App. 2d 97 (1969)。

④ 参见 Joshua Dressler, "Reassessing the Theoretical Underpinnings of Accomplice Liability: New Solutions to an Old Problem," Hastings L. J. 37 (1985): 91。

破产，两人仍负有共谋的罪责，因为美国刑法中基本不承认不能犯抗辩。即使抢劫时只有汤姆前往，杰克选择待在家里，仍不能摆脱责任，因为共谋者只能通过积极方式退出共谋。如果汤姆和杰克按照计划实施了抢劫罪，就各自需要承担抢劫罪与共谋罪的刑事责任，因为一般来说，美国刑法奉行一行为一罪，共谋罪不会与具体的实行犯罪之间出现吸收关系。①

1980 年至 1990 年，美国全部刑事公诉案件中，涉及共谋的约占 35%～67%。但就联邦刑事检控方面来看，也有 25%涉及共谋的指控。②

如前所述，所谓共谋罪，与共犯责任具有很多共同之处，因此，虽然大多数司法区将共谋罪作为独立犯罪③，但如俄亥俄州和肯塔基州等少数司法区，将共犯责任与共谋责任做了合并。④ 长期以来，得克萨斯州更是坚持将共谋作为共犯的一部分。⑤ 这里，仅以加利福尼亚州相关规定为例，对独立的共谋罪做一简介。

一　共谋概念的流变

对美国刑法当中共谋犯罪的发端，自然不可避免地会追溯到英国的普通法，多少出乎意料的是，虽然历史悠久，但共谋犯罪最初并不是作为一种实体法规则出现的，而更像是起源于刑法改良者纠正陈腐刑事程序的一种实用主义尝试。在很多卓有威望的学者看来，最开始的时候，共谋犯罪并不是作为普通法或者"诺曼法"（Norman Law）⑥ 当中的犯罪出现的，

---

① Neal Kumar Katyal, "Conspiracy Theory," *Yale L. J.* 112 (2003): 1307.

② Steven R. Morrison, "The System of Modern Criminal Conspiracy," *Cath. U. L. Rev.* 63 (2014): 371.

③ "平克顿诉美利坚合众国案"之前的普通法，坚持共犯责任与共谋责任分离的观点。参见张淑芳、林俊辉《美国刑法共谋者替代责任规则之演进述评》，《福建警察学院学报》2012 年第 2 期，第 67 页。

④ 肯塔基州法相关部分，参见 Ky. Rev. Stat. Ann. § 502.020 (2) (a)，俄亥俄州法相关部分，参见 Ohio Rev. Code Ann. § 2923.03 (A) (2) － (3)。

⑤ 得克萨斯州法相关部分，参见 Tex. Penal Code Ann. § 7.02 (b)。

⑥ "诺曼法"（Norman Law），一般是指英国诺曼时代，即 11 世纪前后开始出现的法律，是当今普通法的重要法源，其核心属于封建性质。

而是在爱德华一世的时候作为弥补特定滥用的措施出现的。[1] 而后的很长一段时间，英国法当中的共谋都立足这一点，通过共谋罪打击非法，甚至是负面或者非道德的行为的程度。

从一开始，美国刑事司法就十分关注对公众利益的损害。1821 年，马里兰州上诉法院认为，即使并未发生实质犯罪，被告人仍可能被判共谋罪。这一时期对共谋的担心主要在于其存在可能"勾引"人们犯罪的危险。因此，将共谋视为一种明显的罪恶的观念开始萌芽。应该说，美国刑法中的共谋理论是随着劳工运动的发展，作为规制劳工运动的一种手段出现的。进入 20 世纪，从根本上来说，共谋依然被认为具有普遍性且符合道义。[2]

1946 年，美国联邦最高法院在著名的"平克顿诉美利坚合众国案"（*Pinerton v. United States*）[3] 中确立了所谓"平克顿规则"，明确提出，一个共谋者应当对共同共谋者为了推进共谋而实施的所有可合理预见的实体犯罪承担责任。关于单纯共谋者是否对共同共谋者实施的实体犯罪承担替代责任，原来普通法坚持否定论立场。"平克顿诉美利坚合众国案"的出现，改变了普通法的基本立场，并得到美国联邦法院和州法院的几乎一致认同。与此同时，法院基于正当程序原则限制"平克顿规则"的适用。因此，共谋者的替代责任问题，美国刑法以"平克顿诉美利坚合众国案"为分界线，经历了否定论→基本肯定论→实质限定论的发展历程。[4]

这样的一种着眼便宜起诉的做法，至今仍然被作为美国刑法中共谋犯罪建构的基础性考量。但功利主义的偏向，势必导致对公平的侵害或者侵害的可能，因此很多人开始担心这样做是否存在合理性，或对检方的授权是否过

---

① 根据布莱克顿的观点，在 13 世纪存在两种对重犯的控诉方式，一种就是求助私力，即基本上是通过私力争斗来解决矛盾，而另外一种是求助后来被称为大陪审团的公力解决机制。但由于对虚假告诉的惩罚力度不足，出现了利用不需承担刑事责任的未满 12 周岁的儿童进行滥诉的情况。转引自 Francis B. Sayre, "Criminal Conspiracy," *Harv. L. Rev.* 35 (1922): 393。

② Steven R. Morrison, "The System of Modern Criminal Conspiracy," *Cath. U. L. Rev.* 63 (2014): 371.

③ *Pinerton v. United States*, 328 U. S. 640 (1946).

④ 张淑芳、林俊辉:《美国刑法共谋者替代责任规则之演进述评》,《福建警察学院学报》2012 年第 2 期，第 65 页。

大等。这就不难理解，为什么很长时间以来，很多美国刑法学者针对共谋罪提出了很多批评，有人甚至建议干脆将其取消。[1] 这样的观点反过来作用于美国刑事立法实践，导致在过去的几十年当中，无论是在联邦法还是在州法层面，对共谋犯罪的数量和适用出现了明显限制。但作为一种实质性犯罪，还是不能否认共谋犯罪在打击严重刑事犯罪方面的重要地位和作用。据不完全统计，超过1/4的联邦刑事判决以及很多州的刑事判决中，都包含有适用共谋规则的部分[2]，甚至毫不夸张地说，每个司法区都在适用这一规则。[3]无疑，在美国当今司法实践中，共谋仍然是起诉方的最爱。[4] 大规模有组织犯罪往往十分隐秘，从而使得对其调查、起诉十分棘手，为了有效打击此类犯罪，特别是那些身居幕后的首脑分子，确保共谋者不会因此逃脱法网，赋予检方以共谋罪之类的司法工具，无疑具有现实的合理性。

二 共谋责任的构成

理论上，可以将共谋罪概括为两个或两个以上的人之间就实施某些非法或犯罪行为所达成的合意。对共谋罪而言，被司法当局认为是可罚行为的，是共谋者之间达成合意的行为。换句话说，即使共谋者并未采取任何行动来将共谋付诸实践，仍然需要接受处罚。[5] 这使得共谋罪在很大程度上类似于未完成犯罪，但和未完成罪最大的不同在于共谋罪的独立属性，即共谋罪并不是以目标犯罪的未完成罪面目出现，而是作为一种独立犯罪出现。因此，在实质上，共谋罪惩罚那些事先恶意犯罪的人，而不考虑是否着手实施了实质的犯罪。[6]

---

① 共谋罪废止论代表性观点，参见 Phillip E. Johnson, "The Unnecessary Crime of Conspiracy," *Cal. L. Rev.* 61 (1973): 1137.

② 参见 Neal Kumar Katyal, "Digital Architecture as Crime Control," *Yale L. J.* 112 (2002): 2261。

③ 参见 Neal Kumar Katyal, "Deterrence's Difficulty," *Mich. L. Rev.* 95 (1997): 2385。

④ 参见 Kathy Diener and Teisha C. Johnson, "Federal Criminal Conspiracy," *Am. Crim. L. Rev.* 42 (2005): 463。

⑤ 参见 Phillip E. Johnson, "The Unnecessary Crime of Conspiracy," *Cal. L. Rev.* 61 (1973): 1137。

⑥ 参见 Gary R. Ostos-Irwin, "Comment: Wisconsin's Party to a Crime Statute: The Mens Rea Element Under the Aiding and Abetting Subsection, and the Aiding and Abetting-Choate Conspiracy Distinction," *Wis. L. Rev.* (1984): 769。

显然，刑事立法之所以选择在共谋发展成实质犯罪之前就介入，理由首先在于共谋犯罪本身所体现出来的危险性，或者说其所表征出来的刑法所不能容忍的高度危害可能。正如美国联邦最高法院所言，共谋犯罪的危害性在于，两个或两个以上的人联合起来实施犯罪行为，具有最严重地违反刑法的特征，这种违反有的时候甚至超越了犯罪本身的单纯实施。① 其次，从抗制集团犯罪等复杂犯罪的角度，共谋犯的法律规定可以满足检方对庞大犯罪组织起诉的便利性考量，使其具备程序上的功利性。②

《模范刑法典》对共谋的定义相对简明，特别是其在共谋犯罪犯意问题上的规定，显得并不精确。③ 根据《模范刑法典》进行要素分析，共谋犯罪所要求的行为包括一个或者多个行为人合意从事某犯罪，以及在从事这种犯罪过程中一个密谋者的外在行为。而外在行为要素，通常情况下被作为一种证据而不是实质性要素。根据主观主义犯罪观，对共谋犯，《模范刑法典》采用了一种单边主义的合意说，仅仅要求被告人相信其和密谋者之间达成了合意。然而，其并没有明确规定同谋者是否需要对单纯的行为或者必须对使得行为成为犯罪的情节或者结果具有同意的心态。④

反观加利福尼亚州法，该法认为共谋必须满足下列条件：（1）被告人意图同意，并且实际同意与其他人从事被指控犯罪；（2）在同意时，被告人与其他参与共谋的人意图由他们中的一人或者多人实施被指控犯罪；（3）被告人中一人或多人从事了相关法定的客观行为，从而被指控犯罪。⑤

司法实践中，检方必须证明被指控的共谋者具有合意，并且意图实施犯罪，但不需要证明被指控的所有共谋者都实际见面，或者针对犯罪实施形成了详尽的计划。如果陪审员能够认定，被指控的共谋者具有实施犯罪

① 参见 Note, "Developments in the Law: Criminal Conspiracy," *Harv. L. Rev.* 72 (1959): 920。

② 参见 Herbert Wechsler, William Kenneth Jones, Harold L. Korn, "The Treatment of Inchoate Crimes in the MPC of the American Law," *Colum. L. Rev.* 61 (1961): 957。

③ MPC § 5.03 对共谋的定义为，行为人和他人在满足下列要件的情况下构成共谋，如果基于促进或者提升其实施的意图：A. 与那些将从事构成犯罪的行为人或者尝试或者教唆实施此类犯罪的人达成合意；B. 同意帮助这些人计划或者实施，或者尝试，或者教唆实施此类犯罪。

④ 参见 Paul H. Robinson and Jane A. Grall, "Element Analysis in Defining Criminal Liability: The MPC and Beyond," *Stan. L. Rev.* 35 (1983): 681。

⑤ 参见 CALCRIM No. 415。

的共同故意，就可以认定其存在合意。客观行为是指由共谋者中一人或者多人，为了实现其对犯罪达成的合意而实施的行为。客观行为必须发生在被告人达成犯罪合意之后，不得仅仅是达成合意这一行为，但也不需要是被指控的犯罪行为本身。共谋者并不需要知道其他共谋者的身份或角色。仅仅与共谋者在一起或者有联系，但其并没有实施犯罪意图的，并不是共谋者。[①]

在共谋者死亡之后，幸存的共谋者需要为继续实施的客观行为承担责任。[②]

事实不能不得作为共谋罪的抗辩，驳回了如果共谋的目标无法达成，共谋原则就不适用的理论。[③]

对作为共谋主要目标的犯罪，被告人可主张法定时效。诉讼时效起始于推动共谋的最后客观行为。[④]

如果合法商品或者服务的提供者知道自己的服务或者商品将会被非法适用并且为了促进犯罪，那么不得认定其承担共谋罪的责任。对提供者的犯意，可以通过证明其有参与共谋的故意的直接证据，或者通过犯罪的加重本质或者提供者对相关行为的特殊兴趣等间接证据加以推定。[⑤]

如果两人或者多人的合作对实施实质犯罪而言是必需的，并且没有实质犯罪中不包含的所谓共谋的要素，对该人不得指控实质犯罪及实施实质犯罪的共谋罪。[⑥]

共谋者不需要在行为实施时在场，如果其他共谋者从事的行为并非为了促进共同计划或者不是共同计划的自然且盖然结果，其他共谋者无须为上述行为承担刑事责任。认定被告人犯有本指控之罪的，检方必须证明：（1）被告人共谋从事目标犯罪；（2）共谋者中有人为推动共谋实施了目标犯罪；（3）非目标犯罪是或曾经是共同计划或被告人共同实施的犯罪的自然且盖然结果。即使其他人帮助实现了共谋的目标，但被告人无须为非共

---

① 参见 *People v. Morante*, 20 Cal. 4th 403（1999）。

② 参见 *People v. Alleyne*, 82 Cal. App. 4th 1256（2000）。

③ 参见 *United States v. Jimenez Recio*, 537 U. S. 270（2003）。

④ 参见 *Parnell v. Superior Court*, 119 Cal. App. 3d 392（1981）。

⑤ 参见 *People v. Lauria*, 251 Cal. App. 2d 471（1967）。

⑥ 参见 *People v. Mayers*, 110 Cal. App. 3d 809（1980）。

谋者实施的行为承担刑事责任。共谋者也无须为其他共谋者在共谋目标实现后实施的犯罪承担刑事责任。[1]

对加入共谋之前出现的任何行为，被告人都不需要承担刑事责任。陪审员对被告人加入共谋之前的言语或者行为，只能用来证明共谋的本质和目标。陪审员不得用任何此类证据证明被告人犯有在加入共谋之前实施的任何犯罪。[2] 如果被告人在任何客观行为实施前放弃共谋的，并不犯有目标犯罪。放弃犯罪，被告人必须真实且积极地拒绝参与共谋，并且通过语言或行动，告知被告人所知的其他共谋者自己的想法。不作为不足以独立证明对共谋的放弃。[3]

---

① 参见 CALCRIM No. 417。
② 参见 CALCRIM No. 419。
③ 参见"史密斯诉美利坚合众国案"（*Smith v. United States*），本案的判决书如下：

CALVIN SMITH，Petitioner

v.

UNITED STATES

No. 11—8976

SUPREME COURT OF THE UNITED STATES

133 S. Ct. 714；184 L. Ed. 2d 570；2013 U. S. LEXIS 601；23 Fla. L. Weekly Fed. S 554

2012 年 11 月 6 日庭审辩论

2013 年 1 月 9 日判决

主审大法官：全体一致
判决主笔：斯卡利亚大法官

判决

就加入犯罪共谋而言，在其退出之前，被告人一直参与该共谋计划。被告人在时效之外放弃犯罪的，将属于完全意义的刑事抗辩事由。本案所涉及的问题是，被告人提出这一抗辩时，检方是否必须排除合理怀疑地证明其并未在法定时效之外放弃犯罪。

I

申请人凯文·史密斯（Calvin Smith）被判决在长达 10 多年的时间内，在华盛顿特区从事有组织贩卖可卡因等毒品的犯罪行为。在针对被告人与其他 16 名同伙的 158 项指控中，包括共谋、实际从事非法毒品交易，以及为实施毒品交易而从事的 31 项谋杀指控。被告人史密斯与其他 5 名被告人一同受审。美国联邦哥伦比亚特区地区法院认定其构成：（1）违反 21 U. S. C. § 846，基于销售目的，共谋销售毒品以及持有毒品的；（2）违反 18 U. S. C. § 1962（d），构成 RICO 共谋；（3）违反 21 U. S. C. § 848（e）（1）（A），构成谋杀；（4）违反 D. C. Code § § 22-2401 以及 22-3202（1996）构成 4 项谋杀。

本案涉及的问题是史密斯是否构成共谋罪。被告人提出，对其共谋罪的指控，因为受到 18 U. S. C. § 3282 规定的 5 年时效的限制，因此应予排除。被告人主张自己在过去的 6 年中，因为犯有重罪一直在入监服刑。但是这一主张并未得到法院的支持，法院指导陪审员，如果检方排除合理怀疑地证明共谋存在，被告人属于共谋的成员，（转下页注）

（接上页注③）而在至被起诉的时点的 5 年间，该共谋依然存在。

在陪审团合议过程中，陪审团问询法庭，如果被告人在时效之外放弃共谋的，如何处理这一问题。法庭对此的解释是，关键在于共谋达成的时间点，以及被告人放弃共谋的时间点。其将"放弃"定义为实施与共谋目标相悖的积极行为，而这种行为必须让被告人的共谋者合理认识到。放弃，必须是清楚明确的。虽然被告人表示反对，但是法官在法律指导意见中仍然强调，只要检方证明被告人参与共谋，那么被告人就必须提供压倒性证据证明自己放弃了共谋。陪审团因此认定被告人犯有共谋罪。

和本案有关的部分在于，上诉法院维持了对被告人的共谋罪判决，并且认为被告人承担证明其放弃犯罪的义务并不违反正当程序。参见 *United States v. Moore*，651 F. 3d 30，89-90，397 U. S. App. D. C. 148（CADC 2011）（per curiam）。本庭对这一判决，批准了调卷令。567 U. S. ___，132 S. Ct. 2772，183 L. Ed. 2d 638（2012）。

Ⅱ

上诉人的主张在于放弃犯罪抗辩与时效抗辩的结合点。上诉人宣称，自己提供了证据证明自己放弃了共谋的身份，因此应当由检方承担证明在 5 年期间存在共谋的义务。但这一观点缺乏宪法支持，也没有共谋法或时效法的支持。因此，无论时间点为何，被告人都应当承担证明责任。

要求被告人承担证明责任并不违反正当程序。尽管检方必须承担排除合理怀疑地证明犯罪构成要素的义务，参见 *In re Winship*，397 U. S. 358，364，90 S. Ct. 1068，25 L. Ed. 2d 368（1970）。但是并不要求检方证明任何直接抗辩的不存在。参见 *Patterson v. New York*，432 U. S. 197，210，97 S. Ct. 2319，53 L. Ed. 2d 281（1977）。只有在抗辩不否认犯罪构成要素的时候，才可以免除证明义务。参见 *Martin v. Ohio*，480 U. S. 228，237，107 S. Ct. 1098，94 L. Ed. 2d 267（1987）（Powell，J.，dissenting）。虽然可以将行为免责，但和犯罪要素没有任何关系，检方没有义务排除合理怀疑地推翻抗辩。参见 *Dixon v. United States*，548 U. S. 1，6，126 S. Ct. 2437，165 L. Ed. 2d 299（2006）。

放弃犯罪，并没有否定共谋罪的构成要素。参见 *United States v. Hirsch*，100 U. S. 33，34，25 L. Ed. 539（1879）。如果要认定被告人犯有毒品相关犯罪，或者 RICO 共谋，检方必须排除合理怀疑地证明，两个以上的人同意从事特定共谋法中的具体犯罪（共谋存在），被告人明知且意欲参与这一合意（被告人属于共谋者之一员）。放弃犯罪非但不是否定犯罪的构成要素，相反可推定被告人实施了该犯罪。放弃犯罪达到了免责的程度。因为共谋是连续犯，参见 *United States v. Kissel*，218 U. S. 601，610，31 S. Ct. 124，54 L. Ed. 1168（1910），被告人加入共谋，通过共谋的存在违反了相关法律。参见 *Hyde v. United States*，225 U. S. 347，369，32 S. Ct. 793，56 L. Ed. 1114（1912），被告人因为其共犯从事共同的犯罪计划，需要承担责任。参见 *Pinkerton v. United States*，328 U. S. 640，646，66 S. Ct. 1180，90 L. Ed. 1489（1946）。虽然放弃犯罪，使得被告人无须为被告人放弃犯罪之后共犯实施的犯罪承担责任，但是仍然需要承担共谋的责任。

放弃犯罪，也为被告人的刑事起诉设定了时效的起点，如果其放弃的时间超过了法定的时限，就属于完整的抗辩。但是完整抗辩本身并不属于认定被告人无罪的必要条件。例如，本庭认定，尽管自卫可以用来为加重谋杀罪充分免责提供正当性，但是加重谋杀的要素与自卫的要素并不意味着后者的证据会否定前者。参见 Martin，supra，at 234，107 S. Ct. 1098，94 L. Ed. 2d 267；*Leland v. Oregon*，343 U. S. 790，794-796，72 S. Ct. 1002，96 L. Ed. 1302（1952）（同样的情况适用于精神失常抗辩）。与此类似，虽然时效阻却起诉，但是并不使得行为丧失犯罪性。在时效内实施犯罪并不是共谋犯罪的构成（转下页注）

虽然从判例来看，对共谋罪的规定及适用看似繁复，但还是可以总结出，一般来说，美国刑法当中的共谋包括如下几个需要被排除合理怀疑证明的要素①。

（1）至少一个共谋者或其代理人实施了犯罪，即至少一个共谋者实施了外显的行为来推动共谋。

（2）两个或者两个以上的共谋者达成了实施犯罪的合意，即存在至少两个当事人以上的合意，这样的一种合意达成就构成了共谋犯罪的行为要素。

（3）当事方必须将实施非法行为或者通过非法途径实现合法目的作为合意的对象。而这作为共谋犯罪的犯意要素。也就是说，当事人持有对共谋的了解。

（接上页注）要素。参见 *United States v. Cook*，84 U. S. 168，17 Wall. 168，180，21 L. Ed. 538（1872）。检方不需要在指控中明确犯罪的时间，Id.，at 179–180，17 Wall. 168，180，21 L. Ed. 538，而被告人应当承担提出时效抗辩的义务。参见 *Biddinger v. Commissioner of Police of City of New York*，245 U. S. 128，135，38 S. Ct. 41，62 L. Ed. 193（1917）。时效抗辩并不质疑行为的犯罪性，而是反映立法者对何时发生的行为适用刑事起诉的一种政策选择，参见 *Toussie v. United States*，397 U. S. 112，114–115，90 S. Ct. 858，25 L. Ed. 2d 156（1970）。因此，尽管在时效内放弃犯罪可以使得行为人免除责任，但是这并不意味着检方需要承担证明被告人无责任的义务，也不要求检方承担证明被告人没有放弃犯罪的宪法性义务。被告人需要承担上述义务。

Ⅲ

当然，国会可以在没有宪法要求的前提下，通过立法要求检方承担证明被告人没有放弃犯罪的义务。但是本案并不涉及这种情况。普通法要求，正当性抗辩应当由被告人承担证明义务。参见 Martin，supra，at 235，107 S. Ct. 1098，94 L. Ed. 2d 267；4 W. Blackstone，*Commentaries on the Laws of England* 201（1769）。因为国会在 21 U. S. C. § 846 or 18 U. S. C. § 1962（d）当中并没有规定对放弃犯罪的证明责任，因此本庭推定国会意图保留这一普通法规则。参见 *Dixon*，548 U. S.，at 13–14，126 S. Ct. 2437，165 L. Ed. 2d 299。

国会保留这一传统的证明责任，具有公平性与实际性。因为对这一问题的实施，主要在于当事人自身的了解，因此由其承担证明义务最佳。Id.，at 9，126 S. Ct. 2437，165 L. Ed. 2d 299。放弃犯罪问题，对被告人而言最为有利。消极参加并不能满足共谋的继续，因此避免持续犯罪性，必须是可以否定共谋的积极行为。参见 Hyde，supra，at 369，32 S. Ct. 793，56 L. Ed. 1114。被告人明知需要采取何种措施脱离共犯，可以提出证据证明放弃共谋行为，或要求法院调取其他证据支持其主张。对此，无法要求检方证明这一问题。参见 9 J. Wigmore，Evidence § 2486，p. 288（J. Chadbourn rev. 1981）（通常由提出积极抗辩的一方承担这一义务）。检方也没有办法去证明这一抗辩。

① 转引自 Kathy Diener and Teisha C. Johnson，"Federal Criminal Conspiracy,"*Am. Crim. L. Rev.* 42（2005）：463。

（4）有的州还要求共谋犯罪的合意时间必须在实施犯罪之前达成。[①]

三 共谋的犯意要求

传统观点认为，共谋这种表述本身就说明了行为人对目标犯罪的某种犯意，因此倾向于对行为人的犯意要素不做任何规定。[②] 换句话说，共谋是两个或者两个以上的人推动非法意图的合意。因此不存在非法目标的意图，就不存在合意，也就不存在共谋。

但随着美国刑法的进一步法定化，这种空白式的规定显然越来越丧失其合理性。总结起来看，对美国刑法中共谋的犯意分析基本上体现的还是基于不同的前提即功利和正义所进行的选择，这种选择所呈现的是一种近乎两点论基础上的折中论。

（一）意图与明知

共谋犯罪是一种特定故意犯罪。普通法当中的特定故意，可以大致等同于《模范刑法典》所规定的意图和了解。[③] 如果是这样的话，就存在如何解决某些情况下了解是否可以构成共谋犯罪的犯意要素的问题。而对这个问题的回答会产生一系列连锁效应，并且直接作用于美国的商业，特别是零售业。[④]

有些人认为，意图的要求是十分重要的，因为共谋是一种特定故意犯罪，其可以要求比行为人同意从事的犯罪更高层次的犯意，即认为对犯罪共谋，刑法典通常要求被告人必须具有从事禁止行为的意图。具体来说，

---

① 参见 Gary R. Ostos-Irwin, "Comment: Wisconsin's Party to a Crime Statute: The Mens Rea Element Under the Aiding and Abetting Subsection, and the Aiding and Abetting-Choate Conspiracy Distinction," *Wis. L. Rev.* (1984): 769。

② 参见 Herbert Wechsler et al., "The Treatment of Inchoate Crimes in the MPC of the American Law," *Colum. L. Rev.* 61 (1961): 957。

③ 参见 Joshua Dressler, *Understanding Criminal Law* (New York: Matthew Bender, 1995): 145。

④ 有些学者担心如果坚持明知或者了解的犯意标准，势必导致包括零售业在内的美国商业活动因为经营者担心被追究共谋的刑事责任而避免其所认为的危险交易，从而影响经济的正常运行。有判例认定检方必须证明行为人的犯意要素是故意的，而仅有明知是不够的。这样可以最大限度地鼓励商业自由，鼓励商家追求自己的最大利益，而不是要求行为人承担防止自己的商品被用于犯罪行为的额外义务。参见 Richard G. Singer and John A. La Fond, 《刑法》（注译本），王秀梅等注，中国方正出版社，2003，第 95 页。

首先，行为人必须意图和他人达成合意；其次，行为人必须意图从事达成共谋目标的犯罪。虽然对目标的了解，使得帮助或许可以对这样的意图的推定提供正当化事由，但是其还不足以建构责任。这样的观点是符合联邦最高法院判例中的意见的。联邦最高法院认为，共谋者针对结果的意图对共谋犯罪来说具有实质意义。[①] 而其在后续的判决中也维持了这样一种看法。[②] 一旦检方证明共谋的存在以及被告人对其加以推动的意图，被告人和共谋之间的实际联系就已建立，尽管这种联系可能是微弱的。但也有司法区在实践当中采用明知的标准。[③] 可以将这样一种观点表述为，检方需要证明被告人明知共谋的合意的存在并且自愿参与进来。检方不但可以从随附情状等间接证据当中对被告人的明知加以推理，甚至连被告人在共谋当中的明知参与，也可以通过随附情状证据而非直接证据加以推定，并且检方不需要证明被告人明知共谋的所有细节或者目标，也不要求被告人明知共谋当中所有参与者的身份。[④] 被告人所从事的推动共谋目标实现的行为本身，通常就可以被认为足以表明被告人是一个明知参与者。

应该承认，立法与司法实践中对明知还是意图的选择，从一个方面体现的是立法技巧以及司法解读等技术层面的问题，这里不做过多纠缠。而从另外一个层面来看，就不得不再次无奈地面对之前已经多次提到的那个前提悖论，即追求功利还是正义？似乎美国刑法永远无法在这个似乎十分明晰的岔路面前胸有成竹地加以选择。就共谋犯罪的实质要素解读而言，无外乎存在如下几种排列组合。（1）针对合意的明知，针对共谋犯罪指称对象的明知；（2）针对合意的意图，针对共谋犯罪指称对象的意图；（3）针

---

① 参见 Dennis v. United States, 341 U.S. 494（1951），转引自 Herbert Wechsler et al., "The Treatment of Inchoate Crimes in the MPC of the American Law," Colum. L. Rev. 61（1961）：957。

② 参见 Scales v. United States, 81 sup. Ct. 1469（1951），转引自 Larry Alexzander, Kimberly D. Kessler, "Mens Rea in Inchoate Crimes," J. Crim. L. & Criminology 87（1997）：1138。

③ United States v. Oleson, 310 F. 3d 1085（8th Cir. 2002），认为如果要对共谋犯罪加以认定的话，检方必须证明被告人明知地参与了共谋行为；United States v. Albarran, 233 F. 3d 972（7th Cir. 2000），要求检方必须证明合意的存在以及被告人对合意的明知性参与；United States v. Womack, 191 F. 3d 879（8th Cir. 1999）案中，审理本案的法官认为为了证明共谋的存在，检方必须排除合理怀疑地证明被告人明知共谋的主要目标等。转引自 Kathy Diener and Teisha C. Johnson, "Federal Criminal Conspiracy," Am. Crim. L. Rev. 42（2005）：463。

④ 参见 Kevin W. Saunders, "Voluntary Acts and the Criminal Law: Justifying Culpability Based on the Existences of Volition," U. Pitt. L. Rev. 49（1988）：443。

对合意的明知，针对共谋犯罪指称对象的意图；（4）针对合意的意图，针对共谋犯罪指称对象的明知。

实际要做的是在此基础上，综合其他因素，对上述四种可能的情况加以理性选择，尽力在功利和正义之间寻求平衡。很明显，似乎就共谋的词义而言，情况（1）如被纳入进来的话稍显牵强。

（二）随附情状要素的犯意：相同与相异

前文简要讨论了美国刑法中共谋犯罪针对行为等实质要素的犯意解读，那么针对随附情状要素当中的犯意，其又是如何规定的呢？

如果按照上面的思路，即从逻辑可能选项当中加以排除的观点，对美国刑法当中随附情状要素的犯意解读可以分解为如下两个具体选择。

1. 针对随附情状要素的犯意要求是否需要等同于对行为要素的犯意要求

就此问题，美国一些司法区持等同对待理论。也就是说，这些巡回法院认为针对随附情状的犯意要求等同于针对结果或者行为的意图。应该说，这样的观点是建立在对共谋这个概念本身词义理解基础之上的。但这样一种极端文本主义的理解显然市场不大，并且，有观点指出这样的理解存在曲解法律文本的风险。美国联邦最高法院指出，联邦共谋成文法仅仅认为，针对随附情状所要求的犯意和实质犯罪针对随附情状所要求的犯意是一样的，而不是说共谋针对随附情状要求的犯意高于目标犯罪对随附情状的犯意要求。① 这样的一种观点又牵扯出下面这样的一个二元选择。

2. 针对共谋犯罪随附情状的犯意是否等同于针对目标犯罪的犯意要求

如前所说，以美国联邦最高法院判例为根据，一种相当有力的观点认为，共谋犯罪中针对随附情状的犯意，应主要参照针对共谋所指向的实质犯罪当中的随附情状犯意要素来加以考虑。这类问题多涉及被作为犯罪实质要素同时又涉及联邦管辖权的诸如州际运输、邮寄等随附情状要素的情况。从实然的情况考察，可以认定大多数判例认为，对实质犯罪而言，对

---

① 参见 Richard G. Singer and John A. La Fond，《刑法》（注译本），王秀梅等注，中国方正出版社，2003，第283页。

随附情状的了解并不是必需的，但是对构成该犯罪的共谋者而言，对该随附情状的了解对实施该犯罪的罪责来说则是必需的。[①]

虽然两种不同理解得出的结论形式上存在差异，即前者认为，针对情节要素与针对行为等实质要素的犯意，需要做相同的对待。而后者认为，共谋犯罪当中共谋者针对情节要素的犯意要求，不同于指向情节要素的犯意要求。但实质上，都体现了一个相同的理念，即在对共谋犯罪这一问题的讨论当中，对包括情节要素在内的犯罪构成要素，要求较高犯意层级，可以满足针对共谋最起码的语义解释要求。

（三）　动机的必要与非必要

在某些司法区，对共谋犯罪除了上面所谈到的犯意要求之外，还要求检方证明共谋者具有所谓"堕落的动机"（Corruptive Motive）。[②] 因为这一要求首先出现在"纽约州诉鲍威尔案"（*People v. Powell*）[③] 中，因此又被称为"鲍威尔原则"（Powell Doctrine）。该原则认为，从共谋的词义理解，除非合意本身具有堕落动机，否则共谋者实施本身无辜的行为并不构成犯罪。这意味着共谋这种合意的达成必须基于邪恶的意图，从而限制了共谋的适用范围。"鲍威尔原则"早期获得了一定支持，很多司法区都要求，对共谋罪，检方需要证明被告人具有某种堕落的动机。但很快，这种较为古旧的观点就为"违法性意识说"所取代。"违法性意识说"要求共谋者了解其所意图的目标是为法律所禁止的。具体来说，检方应证明，共谋者意图从事的是非法行为，或者通过非法途径实施的合法行为。[④] 从传统共

---

① 参见 Herbert Wechsler et al. , "The Treatment of Inchoate Crimes in the MPC of the American Law," *Colum. L. Rev.* 61（1961）：957。

② 参见 Joshua Dressler, *Understanding Criminal Law*（New York：Matthew Bender, 1995）：312。

③ *People v. Powell*, 63. N. Y. 88（1875），转引自 Herbert Wechsler et al. , "The Treatment of Inchoate Crimes in the MPC of the American Law," *Colum. L. Rev.* 61（1961）：957。

④ 这里所暗含的前提，是非道德性与非法性的可区分性。事实上，就这个问题，美国还有学者认为两者实际上是等同的，在很多案件中共谋的定义是合意从事非法行为，但是其意味的不仅仅是个人所实施的本身构成犯罪的行为，非法这个词意味着和非道德很紧密的含义，并且至少等同于非道德以及对公众的伤害，这也符合《模范刑法典》的规定。参见 Albert J. Harno, "Intent in Criminal Conspiracy, University of Pennsylvania Law Review and American Law Register," *U. Pa. L. Rev.* 89（1941）：624。

谋犯罪所要求的特定故意出发，可以认为犯罪共谋所要求的不仅仅是一种暂时堕落或者错误的意图，例如，盗窃要求具有永久剥夺他人财物的特定故意。暂时剥夺尽管也是堕落且不道德的，却是不能支持共谋判决的。① 也就是说，共谋犯罪中犯意所表现出来的是一种对特定犯罪类型的意图特征。

对美国刑法当中的共谋犯罪针对非法性的认识，似乎可以通过对如下两个前提的追问得以实现。

前提一：合意行为与目标行为的二元分野。

如前所述，就美国刑法当中的共谋犯罪而言，对共谋与作为共谋客体的目标犯罪要求的是两种，起码是两个犯意，即达成合意的意图和实现合意目标的意图。对前者，美国学界一般认为同意本身是不包括道德内容的自愿行为，而其正确性或者错误性，需要得到共谋所指对象的特征的支持。② 可以想见，如果合意本身从道德评判或者法律评判的角度来看是中性的话，那么对共谋罪中道德违反或者非法性认识的评判，就只能根据目标犯罪来进行。

前提二：自然犯罪与法定犯罪的二元分野。

之前通过对前提一的追问，弄清楚了如果要对共谋犯意的非道德性或者非法性加以评判的话，应该明确针对共谋所指对象犯罪的犯意认知。

而现在的美国司法实践，一般认为对目标犯罪，可以进一步做自然犯和法定犯的区分。对自然犯，并不要求进一步追问类似动机的非道德性或者非法性，大众话语当中，对自然犯所加功的错误性认知已经解决了这个问题。而对法定犯，因为其本身所暗含的道德否定评价意味淡薄，故共谋犯罪本身所要求的意味必须通过要求共谋者对共谋的目标犯罪的非法性的认知体现出来。这种观点也可以解释为什么即使当实施特定的实质犯罪时并不要求行为人对非法性的认识，但是对其的共谋却有要求。③

（四）未来展望

整体而言，共谋理论在打击有组织犯罪头目方面具有重大价值，但是

---

① 参见 Albert J. Harno, "Intent in Criminal Conspiracy, University of Pennsylvania Law Review and American Law Register," *U. Pa. L. Rev.* 89 (1941): 624。

② 参见 Larry Alexander, Kimberly D. Kessler, "Mens Rea and Inchoate Crimes," *J. Crim. L. & Criminology* 87 (1997): 1138。

③ 参见 Note, "Developments in the Law: Criminal Conspiracy," *Harv. L. Rev.* 72 (1959): 920。

过于扩张又可能造成某些轻微的共谋者要对无数个其无法控制、影响或帮助的实体犯罪承担责任。① 因此，包括《模范刑法典》在内的诸多立法例，采取了单一共犯类型，即仅仅承认共犯，而不承认单独的共谋，质言之，将共谋的概念纳入共犯的概念当中，同时不承认所谓代理责任，认为这种责任模式无法实现刑法的预防与惩罚功能。② 无独有偶，有学者从如下四个方面，在美国宪法第一修正案的语境下，讨论了共谋法未来发展路径问题。首先，重新定义公开行为。特别是针对叛国罪等严重犯罪，利用无线电广播发表意见，虽然只是一种语言表达，但仍被认为满足该罪所要求的"公开行为"。③ 在这种情况下，实际行为和言语的界限就变得十分模糊。其次，关注共谋者的后续行为。根据美国联邦第一巡回上诉法院的判决，如果要证明共谋者的刑事责任，必须通过证据证明存在被告人事前或事后的明确陈述，证明被告人后续的违法行为都在共谋的范围之内，证明被告

① 当共谋者的共谋协议相对而言是开放式的、无限制的，即被告人参与的共谋是一个大规模的共谋，而且不同的共谋者在共谋中的作用大小有别，各个共谋者对共同共谋者实施的实体犯罪的影响力也是大小有别时，共谋的轻微参与者可能要对无数其不认识的人实施的实体犯罪承担替代责任。此时责任范围可能是无限的。美国学者德雷斯勒举了一个例子，在某些情况下将对共谋中的轻微参与者产生极其不利的后果。"假设存在一个卖淫的共谋，一些男人雇用卖淫女并且靠卖淫女的收入谋生。假设查明共谋不仅涉及男人也涉及卖淫女，男人当然恰如其分地而且毫无争议地对女人实施的每一个卖淫行为承担责任。但是，卖淫女的责任争议较大。因为认定任何卖淫女帮助其他妇女实施卖淫行为，是不可能的。所以根据共谋责任原则，任何卖淫女大概仅仅构成与组织者共谋的共谋罪以及自己的卖淫罪，对其他妇女的卖淫罪不承担责任。适用'平克顿规则'，一旦认定该卖淫女是一个开放式卖淫共谋的共谋者，她将对其他卖淫女所实施的每一个卖淫行为承担责任。严格适用'平克顿规则'，可能导致共谋协议中的相对轻微共谋者承担非常扩张的刑事责任。"目前普通法将共谋罪视为一种继续犯，除非共谋的目标犯罪完全实现或者共谋者全部脱离共谋，否则共谋一直处于继续进行状态。在共谋存续期间，不断有人参与共谋，而且普通法在认定共谋罪成立时并不要求共谋者之间彼此认识对方，不要求明知对方的身份，因此在人数众多而且彼此不熟悉对方的大规模共谋中，单纯参与共谋的轻微共谋者，有时候可能要对成千上万其不认识的共同共谋者所实施的难以计数的实体犯罪承担替代责任，这很有可能完全否定个人责任原则。参见张淑芳、林俊辉《美国刑法共谋者替代责任规则之演进述评》，《福建警察学院学报》2012 年第 2 期，第 69 页。

② Gary R. Ostos-Irwin, "Comment: Wisconsin's Party to a Crime Statute: The Mens Rea Element Under the Aiding and Abetting Subsection, and the Aiding and Abetting-Choate Conspiracy Distinction," *Wis. L. Rev.* (1984): 769.

③ Douglas A. Kash, "The United States v. Adam Gadahn: A Case for Treason," *Cap. U. L. Rev.* 37 (2008): 1.

人在从事后续行为时，非常清楚地意识到这样做依据的是共谋的故意。① 再次，增加危险性的要求，即在追究共谋责任的时候，检方必须证明共谋具有特定危险性。目前，《模范刑法典》② 和纽约州、科罗拉多州、阿肯色州以及宾夕法尼亚州在立法中存在类似规定。最后，重新定义"构成犯罪所必需"这一表述。③

第三节　小结

假设两个人合意抢劫银行，从合意达成的那时起，即使他们从未从事抢劫行为，两人仍构成共谋罪。即使银行已经破产，他们仍负有共谋的罪责，因为事实不能不是抗辩事由。即使在抢劫当天其中一人窝在家里，仍不能免责，因为共谋者必须采取积极的措施才能退出共谋。如果两人的确抢劫了银行，不仅需要按照其在抢劫过程中所扮演的角色承担具体刑事责任，还需要承担之前共谋罪的刑事责任，因为共谋罪的独立性导致其不能和目标犯罪相吸收。④ 对此，有学者曾经提出过批评，认为无论是共谋概念，还是共犯概念，都缺乏法经济学的合理性。⑤ 但另一方面，作为法律现实，如何理性划分两者与个人责任之间的关系，就成为刑法学理论需要探讨的问题。具体而言，共谋责任的轻刑化，以及共犯责任的个别化⑥，将成为未来美国刑法理论与实践发展的必然趋势。

---

① *United States* v. *Spock*，416 F. 2d 165（1969）.

② MPC § 5.05.

③ Steven R. Morrison，"The System of Modern Criminal Conspiracy," *Cath. U. L. Rev.* 63（2014）：371.

④ 参见 Philip E. Johnson，"The Unnecessary Crime of Conspiracy," *Cal. L. Rev.* 61（1973）：1137。

⑤ 参见 Richard A. Posner，"An Economic Theory of the Criminal Law," *Colum. L. Rev.* 85（1985）：1193。

⑥ 参见 Joshua Dressler，"Reassessing the Theoretical Underpinnings of Accomplice Liability：New Solutions to an Old Problem," *Hastings L. J.* 37（1985）：91。

吉林大学哲学社会科学学术文库

美国

刑法

评解

下

REVIEW ON

AMERICAN CRIMINAL

LAW

李立丰　著

社会科学文献出版社
SOCIAL SCIENCES ACADEMIC PRESS (CHINA)

目 录
CONTENTS

下

第十章

刑事司法流程：以死刑案件为例

　　对美国刑法，或者毫不夸张地说，对所有美国法的理解，都需要建立在宪法语境、程序法语境与证据法语境的基础上。普通案件的量刑，基本上由法官根据相关量刑指南进行裁量。量刑指南的适用较为复杂，本章仅在第一节结合美国反恐刑事司法实践对其加以简要介绍。随后，以死刑案件的审理为例，从整体上介绍美国刑事司法的流程。

　　美国刑事法的特点之一，即在于其实体法与程序法的密接，这一点被国内的学者称为"刑事一体化"。① 事实上，相较于实体法，刑事程序法对个案结果的影响更为直接，更具有决定性。美国法官在刑事审判过程中一直试图兼顾判决的准确性、程序的公正性、对证据收集及使用证据的权力的限制，以及审判的效率等几大目标。因此，程序对刑事审判结果的影响也显而易见。以死刑为例，美国历史上唯一一次在全国范围内中止死刑适用的起因，就在于各界对陪审团毫无限制地享有死刑裁量权的质疑。1972年，在"弗尔曼诉佐治亚州案"② 当中，美国联邦最高法院大多数法官认定，当时佐治亚州死刑程序法因为在死刑量刑过程中赋予陪审团较大自由裁量权，违反了美国宪法第八及第十四修正案。"弗尔曼诉佐治亚州案"后，美国各州开始反思，并重新修正其死刑成文法，特别是死刑程

---

① 参见储怀植《美国刑法》，北京大学出版社，2005，第 29 页。
② 参见 *Furman v. Georgia*，408 U. S. 238（1972）。

序法①。在这一时期，各州都没有太多可供借鉴的范本或者根据，因此，大多数州选择《模范刑法典》。

《模范刑法典》死刑量刑范式的特征之一在于强调死刑案件定罪程序与量刑程序的分离。之所以强调这个两阶段的审理模式，主要原因在于根据美国刑事程序法与证据规则，很多从人情或者常识角度与被告人是否该当死刑相关的证据，都无法在单一审理程序中被检方或者辩方提出。除此之外，还有一些州选择了另外一条改革路径，即对特定的死刑犯罪规定了

---

① 美国各个司法管辖区的死刑诉讼程序虽然各有不同，但总体上，相对于一般案件多采取了更加严格的程序要求。一般来说，首先，除个别司法管辖区外，死刑案件的起诉由大陪审团提起。根据美国宪法第五修正案的规定，任何人非经大陪审团的控告，不得被指控犯有死罪。其次，死刑案件在一审时必须经过两次审理。第一次审理确定犯罪事实是否存在、罪名是否成立，第二次审理确定是否判处死刑。两次审理都必须由陪审团审理，都在同一法院进行。根据美国宪法修正案和美国联邦最高法院的裁决，死刑的量刑权由陪审团行使而不是由法官行使。在确定被告人犯罪成立的条件下，陪审团根据法官的指示，认真衡量加重或者减轻因素，确定被告人是否具备判死刑的条件。除此之外，死刑案件有多轮上诉复核程序。第一轮上诉程序称为直接上诉。在美国联邦和有死刑的州司法管辖区，除了南卡罗来纳州和美国联邦司法管辖区外，其他州的法律都规定如果陪审团确定判处被告人死刑，不管被告人愿意不愿意，该案都自动上诉到州最高法院。南卡罗来纳和美国联邦司法管辖区的死刑案件原则上依被告人意志决定是否上诉。州最高法院维持死刑后，被告人还可以向美国联邦最高法院请求调卷复核。第一轮上诉、复核结束后一年内，被告人可以向原审法院院长递交请愿发动又一轮上诉、复核。原审法院对被告人的请愿裁定后，控辩任何一方不服都可以上诉到州最高法院，对州最高法院的裁定不服，还可以涉及宪法问题为由向美国联邦最高法院请求调卷审查。如果美国联邦最高法院拒绝其请求，被告人可以向所在地的联邦区法院请求人身保护，启动第三轮上诉、复核程序。联邦区法院法官就其请求举行听证以判断有无证据引起案件复核，这个听证一般持续数天，实质上等于开庭审理。败诉一方对联邦区法院的裁决可以向联邦上诉法院上诉，上诉法院一般需要见到证实被告人无辜的"确凿无疑和有说服力"的新证据才会受理。受理后，联邦上诉法院由 3 名法官负责审理，按照少数服从多数表决结果。对 3 名法官的裁决不服可以要求上诉法院全体法官再次听证，上诉法院全体法官按照少数服从多数原则对听证结果进行表决。对联邦上诉法院全体法官的裁决不得上诉。如果案件不涉及宪法问题，被告人不得向美国联邦最高法院提出调卷复审要求，上诉法院裁决即是最后裁决。但是，一般被告人都会向美国联邦最高法院提出调卷复审要求。这个请求如果被最高法院拒绝或者最高法院复审确定死刑判决，则意味着所有司法程序已经穷尽。此时，州检察长向州长或者州的相关机构通报，申请签发含有执行日期的死刑执行命令。参见唐世月《当代美国的死刑制度》，《时代法学》2007 年第 5 期，第 97 页。

刚性的死刑适用程序，从而从根本上消除死刑适用的任意性。①

最终，美国联邦最高法院对上述两种进路进行了选择。在"罗伯特诉路易斯安那州案"（*Roberts* v. *Louisiana*）② 中，路易斯安那州对一级谋杀、结果加重型强奸、结果加重型绑架及叛国罪的强制死刑适用被判违宪，1976 年，美国联邦最高法院在"格雷格诉佐治亚州案"（*Gregg* v. *Georgia*）③ 中针对死刑量刑程序规定了两大原则：首先，死刑量刑过程中的自由裁量权必须受到限制，必须为相关裁量权的行使建构客观标准，这种客观标准必须可以在上诉审过程中被加以检验；其次，在死刑量刑过程中，量刑者必须考虑被告人的性格与相关个人信息。在"格雷格诉佐治亚州案"中，佐治亚州法的规定相对宽泛，对此，美国联邦最高法院对仅仅要求陪审团平衡加重情节与减轻情节的死刑程序法认定合宪。

但在后续的判例中，联邦最高法院又承认，各州在规定死刑程序法的时候，不需要为陪审团综合评估加重情节与减轻情节提供任何恒定标准。④除此之外，对所谓"准刚性死刑适用程序"，美国联邦最高法院也持一种暧昧的支持态度。⑤ 更有甚者，美国联邦最高法院还在"斯帕基那奥诉佛罗里达州案"（*Spaziano* v. *Florida*）⑥ 中认定，宪法并未要求死刑判决一定

---

① "弗尔曼诉佐治亚州案"之后，美国各司法区针对死刑案件的审理出现了两种主要的量刑模式。有 14 个州采用了《模范刑法典》中列明的所谓"指导下的任意性死刑成文法"，即要求量刑者评价加重情节与减轻情节。另外一种模式是所谓的"刚性死刑成文法"，少数州规定对某些特定的死刑犯罪必须适用死刑。这说明，美国司法机关围绕死刑的司法适用路径产生了强烈分歧，主流意见认为陪审团必须考虑每个案件所涉及的单独情节，而且必须在评价这些要素的时候得到足够的指引，这种做法被认为是死刑程序合宪的试金石。参见 Hertz & Weisberg, "In Mitigation of the Penalty of Death: *Lockett* v. *Ohio* and the Capital Defendant's Right to Presentation of Mitigating Circumstances," *Calif. L. Rev.* 69 (1981): 319。

② 参见 *Roberts* v. *Louisiana*, 428 U. S. 153 (1976)。

③ 参见 *Gregg* v. *Georgia*, 428 U. S. 153 (1976)。

④ 参见 *Zant* v. *Stephens*, 462 U. S. 862 (1983)。

⑤ 例如，1990 年，美国联邦最高法院在"博易得诉加利福尼亚州案"（*Boyde* v. *California*）中认定州法中规定某些陪审员必须考虑的量刑情节的做法并不违反美国宪法。同年，在"比利斯通诉宾夕法尼亚州案"（*Blystone* v. *Pennsylvania*）中，美国联邦最高法院认定要求陪审员在发现一个以上法定加重情节，同时没有发现任何减轻情节的情况下适用死刑的成文法合宪。参见 Stephen P. Garvey, "Note, Politicizing Who Dies," *Yale L. J.* 101 (1991): 187。

⑥ 参见 *Spaziano* v. *Florida*, 468 U. S. 447 (1984)。

要由陪审团做出，从而变相地否认了死刑案件被告人享有陪审团量刑的权利主张。因此，正如一位美国学者所言，针对死刑量刑程序的反思与研究应该专注于从宪法第八修正案特别是正当程序的角度反思如何对死刑审理程序进行规范与限制，从而确保被告人享有宪法所保障的程序性权利。[①]

死刑案件作为一类特殊的刑事案件，其审理过程必须遵守一般的刑事程序，又因为死刑的特质性而具有不同于一般刑事程序的特点。根据学者的总结，按照时间顺序，美国死刑案件的一审程序如图 8 所示。

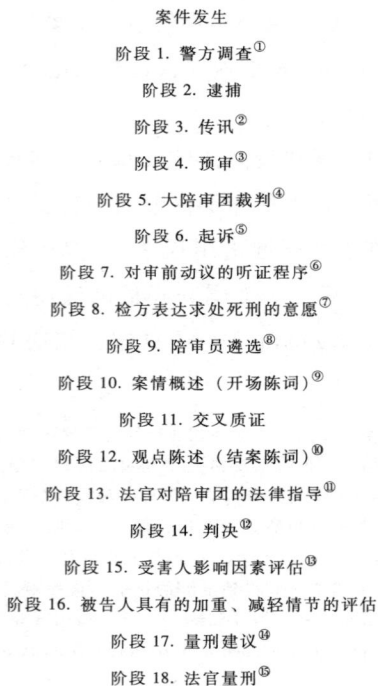

案件发生

阶段 1. 警方调查[①]

阶段 2. 逮捕

阶段 3. 传讯[②]

阶段 4. 预审[③]

阶段 5. 大陪审团裁判[④]

阶段 6. 起诉[⑤]

阶段 7. 对审前动议的听证程序[⑥]

阶段 8. 检方表达求处死刑的意愿[⑦]

阶段 9. 陪审员遴选[⑧]

阶段 10. 案情概述（开场陈词）[⑨]

阶段 11. 交叉质证

阶段 12. 观点陈述（结案陈词）[⑩]

阶段 13. 法官对陪审团的法律指导[⑪]

阶段 14. 判决[⑫]

阶段 15. 受害人影响因素评估[⑬]

阶段 16. 被告人具有的加重、减轻情节的评估

阶段 17. 量刑建议[⑭]

阶段 18. 法官量刑[⑮]

图 8　美国死刑案件审判程序

注：①因为在美国死刑犯罪往往涉及震惊社会的残忍罪行，因此警方需要承担沉重的破案压力。警方往往会动用各种措施进行破案。甚至为了平息民怒，警方会围绕某个主观推断有罪的嫌疑人组织、收集证据。②传讯是所有刑事案件的最初阶段，在这一阶段，被指控犯罪的嫌疑人将被移送司法机关，被告人也将被明确告知其被起诉的罪名，被告人也可以在这一阶段提出诉辩交易。③预审的主要目的是确定是否有足够的证据来证明被告人有罪。如果

① 参见 Conference, "The Death Penalty in the Twenty-First Century," *Am. U. L. Rev.* 45 (1995): 239。

有足够的证据证明被告人有罪，则在这一阶段确定被告人是否提交给大陪审团。④大陪审团通常由 23 人组成，任期至少 1 个月，并由其决定是否对被告人提出起诉。如果确定证据确实充分，将会做出一个明确指控犯罪嫌疑人某项罪名的书面决定。⑤如果没有所谓大陪审团的决定，检方可以自行对轻罪提出相关的指控，当然，这种做法在某些情况下也可以适用于重罪。⑥一般而言，这一程序主要明确案件审理过程中的重要法律问题，在某些情况下，证人会出庭作证。⑦在案件的审理过程中，检方明确提出，如果被告人被认定有罪，将对其求处死刑。⑧在陪审员的遴选过程中，法官或者律师决定某名陪审员候选人是否符合相关陪审员的资质条件，在死刑案件中，需要确定陪审员是否符合审理死刑案件的资格，即是否有能力考察相关的加重及减轻情节并将其适用于具体的案件审理过程。⑨在案件审理的最初阶段，双方律师将告知陪审员或者法官案件的大致事实情况及可能提起的相关证据。随即，检方、辩方分别就案件的事实部分提出自己的证据。一般来说，检方需要承担排除合理怀疑地证明被告人的行为构成相关罪名的证据，虽然辩方一般不承担证明己方无辜的责任，但往往需要提出证据削弱检方的观点或者证明自己的无辜。⑩在案件审理的最后阶段，检方与辩方都有机会结合案件的事实与法律，说服陪审团或者法官接受自己认定被告人有罪或者无罪的观点。⑪所有上述程序结束之后，法官需要告知陪审员审理本案必须运用的法律并进行说明。⑫亦即陪审团认定是否可以排除合理怀疑地认定被告人构成被指控之罪的阶段。⑬主要在量刑过程中通过证言或者证人的方式介绍被害人及其家庭因为犯罪所受到的影响。⑭在考察加重情节与减轻情节之后，陪审团就被告人的量刑提出建议，在死刑案件中，被告人可以选择建议对其适用死刑、适用终身监禁不得假释、终身监禁或者徒刑等。⑮在考察了陪审团的量刑建议之后，法官最终正式对被告人宣判。在某些州，法官必须接受陪审团的量刑建议，而在某些州，法官可以改变陪审团的量刑建议。

从图 8 可见，相较于一般刑事案件的一审程序，死刑案件的审理程序在如下几个方面呈现一定的特质性：首先，检方在定罪程序正式启动之前，需要明确表达求处死刑的意愿；其次，死刑案件陪审员的遴选过程中有不同于一般刑事案件的特殊要求；再次，死刑量刑阶段需要评估被告人具有的加重或减轻情节。以此为出发点，可以从纵向与横向两个维度对美国死刑的审理程序加以解析。其中，对加重与减轻情节的评价属于案件审理的纵向阶段中需要重点考察的问题。而检方求处死刑的请求权及死刑案件的陪审员遴选程序因为涉及被告人之外的其他方面，因此姑且可以将其归于死刑案件审理程序的横向参与者这一维度当中加以反思。

第一节　《联邦量刑指南》之适用

某被告人被判妨碍司法及藐视法庭罪名成立，根据美国《联邦量刑指南》，本来该当 24—30 个月监禁刑，但因为被告人所犯的妨碍司法罪源于其拒绝在大陪审团调查的一起为美国的恐怖分子筹款的指控中作证，检方要求联邦地区法院适用《联邦量刑指南》中针对恐怖主义犯罪人规定的加重处罚条款，结果，该被告人被判处 135 个月监禁刑。另外的某被告人是走私价值数百万美元香烟的团伙头目，仅仅因为其支付给与检方合作的一名污点证人的 2500 美元实际流向了国外的恐怖组织，这名被告人的刑期从 57 个月飙升为 155 年（后减为 30 年）。虽然这名污点证人的可信度在审判中遭遇严重质疑，同时也无法确定国外恐怖组织收到了这笔资金。① 众所周知，美国在刑事诉讼的定罪阶段极度关注被告人宪法权利的程序法与证据法保障，在量刑阶段普遍适用《联邦量刑指南》限制法官的自由裁量权。随之而来一个十分自然的问题就演变为，是什么导致美国在涉恐犯罪的刑罚制度设计与司法适用方面呈现一种颠覆性的极端态度？对涉恐犯罪的这种严苛刑罚政策，是否具有合理性与合法性？这种司法经验与教训对我国目前的反恐政策与制度设计是否具有一定的借鉴意义？下面尝试结合美国相关司法实践，对上述问题做一回答。

一 《联邦量刑指南》之适用现状

明尼苏达州于 1978 年建立美国首个量刑委员会②以来的 40 余年间，

---

① 参见 Wadie E. Said，"Sentencing Terrorist Crimes，" *Ohio St. L. J.* 75（2014）：477。

② 肇始于 19 世纪下半叶的美国不定期刑理论，致使美国的司法裁量任意性等消极作用逐渐显现，进而遭到强烈质疑和严厉批判。对量刑之监控，美国曾尝试过由立法者、法院系统、假释委员会等诸多标准设立者来进行。前三种规则制定者已被普遍证明不尽如人意：立法者在确定具体的量刑规范时，易被卷入法律与秩序的政治争斗中；法院系统在起草量刑标准时，常倾向于依赖过去的量刑惯例，并力求避免在政策上引起争议；假释委员会曾偶尔起草关于假释决定的标准，但无法调整法官关于是否适用监禁的决定。在重重困难之中便推出了有吸引力的第四个选项，即量刑委员会。1977 年，加利福尼亚州率先制定《统一确定量刑法》，明尼苏达州、宾夕法尼亚等亦相继成立量刑委员会。美国各州量刑委员会之创设，旨在统一法律适用、限缩法院的裁量权，避免量刑中出现"不合理的差别对待"。如华盛顿州在 1981 年量刑改革法案中规定，州量刑委员会之主要工作目标是建立一套针对成年人重罪的量刑标准，以保证犯类似罪行和有类似犯罪记录的被告人获得类似的量刑。1983 年，美国参议院将量刑改革纳入日程。1984 年，美国通过《量刑改革法案》，授权量刑委员会监控联邦法院的量刑活动，制定对联邦法官具有约束力的量刑指南。由此，美国专门的量刑指导机构——联邦量刑委员会得以成立。委员会由 9 名委员组成，各委员由总统任免，其中 7 名有投票权（经参议院选举产 （转下页注）

美国各司法区中存在的量刑指南体系已经超过 20 个。据统计，2007 财政年度全美大约 60.8% 的案件的量刑处于《联邦量刑指南》的规定幅度内。除去一些特殊情况的影响，只有大约 12.1% 的案件的量刑在指南规定的幅度之下，只有 1.5% 的案件的量刑在指南规定的幅度之上。[1] 其影响力可见一斑。

（一）《联邦量刑指南》的出台背景

在 20 世纪 80 年代之初，联邦司法体系中的刑事量刑仍然缺乏确定性。联邦法官在适用刑罚的种类与程度方面，几乎享有不受限制的自由裁量权。刑事成文法当中一般仅仅规定了法定最高刑，但往往不规定所谓法定最低刑，使得法官可以在一个非常广的范围内适用任意刑期的监禁与假释等刑罚手段。法官没有义务说明量刑理由，对量刑判决的上诉审查几乎不存在。这一做法的理论根据在于，法官应当像医生诊断病人那样进行个性化量刑，从而教化刑事被告人。然而，法官自由裁量权过大，导致被告人的刑罚在很大程度上取决于案件由哪位法官负责审理。很多学者认为，导致量刑差异的原因，不是犯罪或犯罪人，而是法官。[2] 很多法官逐渐形成了或者严苛或者宽容的量刑名声。研究证明，类似案件，因为受理法官不同，量刑结果出现了很大差异。[3] 在改革者看来，法官间的量刑差异威胁到了核心的法治原则。个性化量刑理念与刑事司法强调平等、一致等根本

（接上页注②）生），2 名无投票权（非选举的当然成员）。除了该组织成员的 6 年任期一届而非终身制外，其组织模式基本依循联邦最高法院法官的任命规则。这一特殊组织形式保障了联邦量刑委员会的较高级别和中立性，并享有充分自由，不受外来压力之干涉。性质上，联邦量刑委员会是一个专门和常设的机构，属于司法系统的独立机构，其成员至少 3 位是联邦法官，但不审理案件。依《量刑改革法案》，联邦量刑委员会的最重要职权系"为联邦刑事审判确立审判政策和实践标准"，亦即制定和修改量刑指南。量刑指南是从属于优先法规的有限规则，法官须在指南规定的量刑幅度内量刑。参见李牧、楚挺征《美国量刑委员会制度探略——兼评我国最高人民法院司法解释制度》，《武汉理工大学学报》（社会科学版）2011 年第 4 期，第 603 页。

① 参见 James P. McLoughlin, Jr., "Deconstructing United States Sentencing Guidelines Section 3A1.4: Sentencing Failure in Cases of Financial Support for Foreign Terrorist Organizations," *Law & Ineq.* 28 (2010): 51。

② 参见 Norval Morris, "Towards Principled Sentencing," *Md. L. Rev.* 37 (1977): 267。

③ 参见 Kevin Clancy et al., "Sentence Decision Making: The Logic of Sentence Decisions and the Extent and Sources of Sentence Disparity," *J. Crim. L. & Criminology* 72 (1981): 524。

理念存在矛盾，缺乏公平性的量刑看起来较为任意，会动摇刑事司法的权威性。有学者甚至认为，20 世纪 70 年代，美国监狱内发生的大规模骚乱就是量刑任意导致的结果。法官的量刑差异导致刑罚适用缺乏确定性与可预测性，进而削弱了刑法的威慑力。[①]

有鉴于此，1984 年美国国会通过《量刑改革法案》，旨在为法官量刑设定法定范围，减少缺乏根据的量刑差异。对此，国会中的民主党人关注的是量刑中暴露出来的种族歧视，而共和党人则对法官在量刑方面的轻缓化倾向表示不安。[②] 尽管如此，总体而言，《量刑改革法案》客观上意图实现如下三大目标：首先，争取实现所谓"诚实量刑"，从而消除当时普遍适用的不定期刑；其次，通过缩小对类似罪犯实施的类似犯罪在量刑方面存在的巨大差距，实现量刑合理均衡；最后，确保罪行量刑成比例，以更严厉的刑罚和刑期惩罚更严重的犯罪。[③]

《量刑改革法案》还创建了作为美国司法系统内的一个独立委员会——联邦量刑委员会，该委员会就是否适用监禁刑、监禁的时间长度、假释的期限，以及监禁刑的执行方式等量刑问题制定指导性规范，即所谓量刑指南。一般情况下，法官应该遵循该指南，除非存在下列两种情况：（1）检方提出量刑请求，理由是被告人对检方做出了实质性的贡献或帮助；（2）在某些例外的情况下法庭发现了加重或减轻情节，而这种情节作为一种类型或者在某种程度上，并未得到量刑委员会的重视。根据该法案，法官如果在量刑指南规定的幅度之外量刑，必须在公开的法庭上说明理由。其也为量刑范围以及量刑指南之外的滥用自由裁量权的量刑的上诉审提供了审查标准。[④]

---

① 参见 Stephen J. Schulhofer & Ilene H. Nagel, "Negotiated Pleas Under the Federal Sentencing Guidelines: The First Fifteen Months," *Am. Crim. L. Rev.* 27 (1989): 231。

② 参见 Ilene H. Nagel, "Structuring Sentencing Discretion: The New Federal Sentencing Guidelines," *J. Crim. L. & Criminology* 80 (1990): 883。

③ 参见 Wadie E. Said, "Sentencing Terrorist Crimes," *Ohio St. L. J.* 75 (2014): 477。

④ Ryan W. Scott, "Inter-judge Sentencing Disparity After Booker: A First Look," *Stan. L. Rev.* 63 (2010): 1。

（二）《联邦量刑指南》的设计缺陷

《联邦量刑指南》通过基本适用规则①的设计，旨在减少不同法官之间的量刑差异，维护刑事司法的公正性与权威性。1987 年第一份《联邦量刑指南》颁布后，在较长时间内保持了相对稳定，且根据调查，20 世纪 90 年代后期，联邦法官之间的量刑差异降低到了一个相当适当的程度。但同时，这一量刑指南也遭到刑法学者、律师以及基层联邦法官的强烈反对，在他们看来，《联邦量刑指南》太过严苛且缺乏灵活性，同时赋予检方在提起诉讼及与被告人达成诉辩交易方面的权力过大。②

的确，任何成功的量刑指南，必须在个性化量刑与统一性量刑之间寻找平衡。换句话说，一方面应当对类似案件做同样的对待；另一方面，又要承认不同案件之间存在的实质差别。显然，这两个目标之间存在内在的冲突。另外，从权力配置的角度来看，对法官权力进行限制势必意味着其他诉讼方特别是检方的权力会获得增强，这势必危及司法权的平衡。更为关键的问题在于，《联邦量刑指南》赋予法官根据被告人已经被脱罪的事实增加其法定刑的权力，从而在法官与陪审员的权限划定方面制造了矛盾。导致这一矛盾的根源在于，国会并未明确指出《联邦量刑指南》适用

---

① 《联邦量刑指南》的基本适用方法及程序，可以概括如下：（a）在没有其他明确规定的情况下，法庭应当根据下列顺序，决定适用的法定刑种类与刑期：（1）根据 USSG §1B1.2，首先从《联邦量刑指南》第二章当中选定适用于判决的犯罪规定。（2）根据第二章中规定的次序，以及特定的基础犯罪层级，在此基础上适用与其相关的特定犯罪特征、参照其他法定的量刑指导。（3）适用规定在第三章 A、B、C 部分的与受害人、在犯罪中所起作用、是否干预司法等因素进行刑罚调整。（4）如果存在多项有罪判决，则针对每项判决重复步骤（1）至（3）。同时根据第三章 D 部分对不同判决加以整合，并做出相应的刑罚调整。（5）根据第三章 E 部分，对承担责任的被告人适用适当的量刑调节。（6）根据第四章 A 部分，确定被告人的犯罪历史及犯罪层级。根据第四章 B 部分，进行其他可适用的调节。（7）根据第五章 A 部分，结合犯罪层级以及犯罪历史，认定与之相对应的量刑范围。（8）针对特定的量刑范围，根据第五章 B 部分到 G 部分，决定与假释、监禁、监视居住、罚金刑以及恢复原状等相关的量刑选择或要求。（b）根据第五章 H 部分到 K 部分，考察特定的犯罪人特征与不按照指南判决的具体例外规定，以及其他在量刑过程中应当予以考虑的政策评价。（c）接下来考察 18 U.S.C. §3553（a）当中所规定的整体量刑因素。以上内容，参见 USSG §1B1.1。

② 参见 Joel Waldfogel, "Does Inter-judge Disparity Justify Empirically Based Sentencing Guidelines?" *Int'l Rev. L. & Econ.* 18（1998）：293。

真正犯罪体系，还是被指控的犯罪体系。所谓被指控的犯罪体系，是将被告人的刑罚建立在其被判有罪的指控基础上。而真正犯罪体系，则考察被告人的实际行为，并不限于陪审团认定为犯罪的行为。起初，《联邦量刑指南》适用的是真正犯罪体系，因此，不仅仅被指控的犯罪，还有很多其他因素，可以被作为认定被告人的刑罚的根据。并未被指控的相关行为，甚至被告人被认定无罪的基础事实，都可以被用来作为突破刑罚上限的根据。对此，只要检方满足了压倒性证明标准，都可以加重被告人的法定刑。[1]

（三）《联邦量刑指南》的司法嬗变

在 2005 年至 2007 年的一系列判决中，联邦最高法院颠覆了以《联邦量刑指南》为基础的量刑体系。在"美利坚合众国诉布克尔案"[2]（United States v. Booker）中，联邦最高法院为了解决《联邦量刑指南》遭遇的宪法缺陷而明确指出，《联邦量刑指南》仅仅具有参考意义，法官可根据国会设定的刑罚目的自行进行合理量刑。两年之后，在"高尔诉美利坚合众国案"[3]（Gall v. United States）中，联邦最高法院要求联邦上诉法院一般情况下应当本着尊重自由裁量权标准审查联邦地区法院的量刑判决。在"金布洛诉美利坚合众国案"[4] 中（Kimbrough v. United States），联邦最高法院认为，联邦地区法院可以单纯基于政策考量进行自由量刑，甚至可以违反量刑指南的规定。这些判例的出现，导致联邦法官之间量刑差异重新开始扩大。[5]之所以出现这种"走回头路"的情况，一方面固然与《联邦量刑指南》本身存在的制度性缺陷有关，但更为重要的，还是在于其中对恐怖分子等特定犯罪类型的加重处罚条款在司法适用中暴露出的严重问题。

---

[1] 参见 Rachel E. Barkow, "Sentencing Guide Lines at the Crossroads of Politics and Expertise," *U. Pa. L. Rev.* 160（2012）：1599。

[2] 参见 *United States v. Booker*, 543 U. S. 220（2005）。

[3] 参见 *Gall v. United States*, 552 U. S. 38（2007）。

[4] 参见 *Kimbrough v. United States*, 552 U. S. 85（2007）。

[5] 参见 Ryan W. Scott, "Inter-Judge Sentencing Disparity After Booker: A First Look," *Stan. L. Rev.* 63（2010）：1。

二　美国刑事司法中涉恐犯罪的量刑实践

在美国，涉及恐怖主义的犯罪最初由军事法院或国家安全法庭管辖，后来，对在美国境内实施的恐怖犯罪，转而由美国联邦司法系统，即联邦宪法第 3 条规定的司法系统，根据国内相关法律加以管辖。① 相较于前者，联邦司法系统具有更具确定性等比较优势。这种优势，在涉恐犯罪的量刑阶段体现得尤为明显。

（一）　涉恐犯罪不同司法审理模式之短长

在美国学者看来，随着《2009 年军事委员会法》（The 2009 Military Commissions Act）的生效，宪法第 3 条列明的联邦法庭与军事法院（即所谓"军事委员会"）对涉恐犯罪的刑事管辖，在程序、要素等方面出现了很多共通之处。例如，都包括推定被告人无罪，都要求排除合理怀疑的证明标准；在这两种司法体系中，被告人都有权被告知自己遭到指控的罪名，享有律师辩护权以及选择律师的权利，有权出席庭审，禁止自证有罪，享有提供证据、交叉质证以及要求辩方证人出庭的权利，都有权要求检方提交在定罪、量刑以及证人可信度方面有利于辩方的证据，都有获得公正审判的权利，都享有选择陪审员及审判委员会成员的权利，有权排除不可靠或可能导致混淆、误解或偏见的证据，有权自我代理，都享有上诉权；程序上都禁止双重告诉，禁止法律溯及既往，保护能力存在缺陷的被告人。上述程序性保障规定也得以立法化。②

1. 军事审判与普通刑事审判的区别

针对涉恐犯罪的刑事审理，军事审判与普通刑事审判存在的程序性区别，被美国学者概括为如下两点③。

首先，证明责任存在不同。

---

① 参见 George D. Brown, "Punishing Terrorists: Congress, the Sentencing Commission, the Guidelines, and the Courts," *Cornell J. L. & Pub. Pol'y* 23 (2014): 517。

② 参见 David S. Kris, "Law Enforcement as a Counterterrorism Tool," *J. Nat'l Security L. & Pol'y* 5 (2001): 1。

③ 参见 David S. Kris, "Law Enforcement as a Counterterrorism Tool," *J. Nat'l Security L. & Pol'y* 5 (2001): 1。

在联邦刑事司法过程中，检方必须排除合理怀疑地说服 12 名陪审员认定被告人有罪。但在军事审判中，虽然检方依然需要承担排除合理怀疑这一相同的证明标准，但在非死刑案件中，检方仅需说服军事委员会成员，也就是军事审判中的陪审员的 2/3 多数接受其看法即可，具体说来，最少 5 名军事委员会成员即可认定被告人有罪。

其次，证据采信存在不同。

总体上，在涉恐犯罪的审理过程中，军事委员会享有更大的证据采信权。例如，联邦司法系统中作为检方证据合法性必要前提的所谓"米兰达警告"，并未被规定在《2009 年军事委员会法》当中。质言之，对军事委员会审理的涉恐案件被告人，检方并不需要对其提供"米兰达警告"，也不需要证明被告人的有罪供述是自愿做出的，尽管通过酷刑或残忍、非人道、有辱人格的方式获得的证据应被排除，但这种情况下衍生出来的证据或者其他非自愿情况下获得的证据，也未被该法所明确禁止采信。在军事审判当中，在相关陈述被采信之前，法官必须认定这种有罪供述是可靠的。而其对这种供述的佐证方式，也不同于联邦法官的做法。除此之外，为了保护特定的情报信息来源，军事委员会在审理恐怖分子时，可能会采信在联邦司法审判中被禁止的所谓"传言证据"。

除此之外，在涉恐犯罪是否公开审理，以及对涉及国家秘密的证据的使用等方面，军事委员会与联邦法院在审理方面也存在诸多不同。

2. 联邦法院审理涉恐犯罪的比较优势

美国学者认为，相较于军事委员会，联邦法院在审理涉恐犯罪方面具有如下比较优势[1]。

首先，联邦刑事司法管辖的涉恐犯罪范围更广。

在美国刑事司法体系中，国会立法惩罚的恐怖主义行为，包括在美国境外针对美国公民实施恐怖主义行为、为恐怖主义提供物质支持，或者加入恐怖主义组织、包庇恐怖主义分子、为恐怖分子提供金融服务、接受恐怖组织的训练、劫机、绑架人质、爆炸政府机关、海盗以及共谋

---

[1] 参见 David S. Kris, "Law Enforcement as a Counterterrorism Tool," *J. Nat'l Security L. & Pol'y* 5 (2001): 1。

从事上述犯罪等。与此相对，军事委员会所审理的，仅仅是违反战争法或传统战争犯罪的案件。简单来说，传统军事委员会只负责审理对美国及其盟国从事敌对活动的"基地"组织或其同伙组织的成员及支持者。其他恐怖主义组织的成员或支持者，不会单纯因为这一身份受到美国军事法庭的审判。至于那些受到"基地"组织精神感召，但并未加入该组织的"独狼"型恐怖分子，如果是美国公民，则更不能接受军事委员会的审判。

其次，联邦刑事司法对涉恐犯罪的定罪量刑更具确定性与终局性。

简而言之，军事委员会的判决理论上也可能被联邦最高法院推翻。另一方面，和军事委员会相比，联邦司法体系在处理死刑案件时的优势更为明显。在死刑适用方面，联邦法院构建起了一套相对完整的规则体系，也有一个相对成熟的死刑辩护律师群体处理此类辩护，还需要由 12 名陪审员达成适用死刑的一致意见。在不涉及死刑的涉恐案件审理过程中，虽然联邦司法体系的量刑相对较重，甚至很多都判处了终身监禁，但联邦法官的量刑可以部分依据《联邦量刑指南》，其中就包括对特定恐怖犯罪的加重处罚条款。《联邦量刑指南》为特定案件的适当量刑提供了起点，设定了框架。联邦地区法院在所有的量刑程序当中，都应当首先根据量刑指南计算量刑幅度。为了确保全国范围内量刑均衡，应当将《联邦量刑指南》作为量刑的起点以及首要的标尺。反之，在军事委员会中，量刑由军事委员会委员而非法官做出，也没有任何量刑指南作为参考。

（二）问题提出：《联邦量刑指南》Section 3A1.4 的适用争议

在 1998 年美国驻达累斯萨拉姆以及内罗毕使馆遭遇暴恐袭击的案件[①]审理过程中，联邦检察官在提起公诉时，对 4 名被告人中的 2 名求处死刑，这两起死刑案件分别由不同的量刑陪审团审理，最终因为无法达成一致意见，这 2 名被求处死刑的被告人和其他 2 名没有被求处死刑的被告人一样，获判终身监禁。是否求处死刑是行政自由裁量权，过程并不透明；是否投

---

① 参见 *United States v. Bin Laden*，109 F. Supp. 2d 211（S. D. N. Y. 2000）。

票决定适用死刑是陪审团的裁量权，也不透明。一名因为涉及恐怖犯罪的被告人，在候审期间刺伤了看守，在认罪后，被法官判处 32 年监禁。[1] 一审法官拒绝对其刺伤看守的行为适用恐怖犯罪的加重处罚条款。但上诉法院认为需要根据这一条款对其加刑，[2] 最终改判其终身监禁。[3] 一审法官，需要通过证人、书证、物证来综合考察，之后进行量刑。从理论上来讲，量刑应当由一审法官负责，但这不意味着一审法官具有不受限制的自由裁量权。[4]

1. 美国涉恐犯罪刑罚处遇的严苛化趋势

1994 年，国会要求量刑委员会修改《联邦量刑指南》，适当对发生在美国境内或是境外，涉及或者旨在推动国际恐怖主义的犯罪行为加重处罚，除非这种行为本身就是其他重罪的成立要素。因此，量刑委员会在《联邦量刑指南》中增设 Section 3A1.4，极大加重了对个体恐怖分子的量刑："如果被告人实施的重罪涉及或意图用来推动联邦恐怖主义犯罪，将对此行为在犯罪层级评价方面提升 12 个等级，如果提升后的犯罪层级没有达到 32 级，则按 32 级认定。犯罪历史层级也相应地增至 4 级。"[5]

1995 年，在俄克拉何马城爆炸案以及中东持续出现自杀恐怖袭击后，美国国会于 1996 年制定《反恐与死刑增效法》（The Antiterrorism and Effective Death Penalty Act，AEDPA），并将其纳入联邦法典中，用来弥补之前联邦法中存在的漏洞。为了应对恐怖组织以人道主义名义筹集资金这一现状，后续立法为有效堵塞漏洞，禁止以人道或其他名义为法律所界定的恐怖组织提供任何形式的物质支持。对此，国会在立法时明确提出，从事恐怖主义活动的国外组织从事的是邪恶行为，因此，任何对此类组织的贡献都会加功此类邪恶行为。该法并未要求提供物质支持的行为与暴力活动存在联

---

① 参见 United States v. Salim，287 F. Supp. 2d 250（S. D. N. Y. 2003）。

② 参见 United States v. Salim，549 F. 3d 67（2d Cir. 2008）。

③ 参见 United States v. Salim，690 F. 3d 115（2d Cir. 2012）。

④ 以上判例，引自 Joanna Baltes, et al.，"Convicted Terrorists: Sentencing Considerations and Their Policy Implications," *J. Nat'l Security L. & Pol'y* 8（2016）：347。

⑤ 参见 USSG §3A1.4。

系，一旦判决有罪，法定刑最高将达到 15 年。①

随着 2001 年《爱国者法案》获得通过，美国国会批准了对《联邦量刑指南》Section 3A1.4 具有意义深远的修正，将这一刑罚加重条款扩展应用至窝藏实施恐怖犯罪的恐怖分子，妨碍联邦恐怖犯罪的调查，涉及恐怖主义但又没有被规定在联邦恐怖主义犯罪当中的行为，计划通过胁迫、恐吓方式影响政府或者报复政府的行为，以及通过胁迫、恐吓方式影响普通民众。此外，根据法案，被告人的犯罪史属于级别 6，这是最极端的犯罪，通常指代职业犯罪分子。因此，如果法庭根据法案确定犯罪成立，那么被告人将面临 210 至 262 个月的判刑，这就是对一个等级为 32、犯罪史级别为 6 的量刑估算。②

根据这一量刑指南，一旦被告人所判罪名涉及或者旨在推动国际恐怖主义，就得加重其刑。该加重刑规定之后，开始不断突破国际恐怖主义的立法目的，导致了影响深远的破坏性后果，破坏了《联邦量刑指南》所构建的精密法律大厦。这样的加重规则使得基础犯罪层级为 12 级的刑期，从原来的 10 到 16 个月一下跃升至 210 到 262 个月。这可能导致法定最高刑期限低于加重处罚后的刑期。虽然单独应用量刑指南的量刑结果不能超越法定最高刑，但如果存在多项有罪认定，则可能导致根据量刑指南的量刑被连续适用，会将处罚的刑期向上拉长。③ 从 20 世纪 90 年代中期开始，美国反恐法律发生转向，允许将与暴力活动没有联系，但向境外恐怖组织提供物质支持的行为视为犯罪。与此同时，根据量刑指南对此类行为应加重处罚。④ 2010 年 6 月 10 日，美国联邦最高法院在"荷尔德诉人道法计划案"⑤（*Holder* v. *Humanitarian Law Project*）中肯定了禁止向被美国依法认定的恐怖组织提供物质支持的联邦法（18 U. S. C. § 2339B）合宪。在该案

---

① 参见 Wadie E. Said，"Humanitarian Law Project and the Supreme Court's Construction of Terrorism," *B. Y. U. L. Rev.* (2011)：1455。

② 参见 Wadie E. Said，"Sentencing Terrorist Crimes," *Ohio St. L. J.* 75 (2014)：477。

③ 参见 James P. McLoughlin, Jr.，"Deconstructing United States Sentencing Guidelines Section 3A1.4：Sentencing Failure in Cases of Financial Support for Foreign Terrorist Organizations," *Law & Ineq.* 28 (2010)：51。

④ 参见 Wadie E. Said，"Sentencing Terrorist Crimes," *Ohio St. L. J.* 75 (2014)：477。

⑤ 参见 *Holder* v. *Humanitarian Law Project*，561 U. S. 1 (2010)。

中，美国联邦最高法院首次对"恐怖主义"进行了详尽的界定。[①]

简而言之，Section 3A1.4 本身并非基础性犯罪指南，而是需要在新设定的反恐怖主义犯罪或其他涉恐犯罪的基础上合并适用。一旦适用，这一加重处罚条款通过改变量刑计算公式中的变量，如被告人的犯罪层级及犯罪史的级别，导致宣告刑急剧增加。因为可以超越《联邦量刑指南》对基础犯罪规定的法定刑，故而具有极广的适用范围，已成为美国政府反恐的杀手锏之一。[②]

2. 《联邦量刑指南》涉恐犯罪加重处罚条款的司法适用实态

根据相关统计数据，1996—2012 年，在 197 起涉恐案件中适用了《联邦量刑指南》Section 3A1.4。起初，涉恐犯罪加重处罚的司法应用并不常见，甚至在最初的几年中出现空白适用的情况。在联邦最高法院最终审结"布克尔案"之后，涉恐案件审理过程中逐渐开始适用这一加重刑罚规则，2012 年达到了史无前例的 39 次，且大多得到了上诉法院的支持。[③]

应该说，因为恐怖犯罪本身的严重性，对其加以严惩似乎没有任何争议，从刑事司法的角度来看，对恐怖主义犯罪人，问题似乎就变成了量刑者想让这些人和普通民众隔离多久才够充分。在一般人看来，恐怖分子具有高度的再犯可能性，根本无法被改造，这也是美国刑事司法实践中量刑法官经常考察被告人的犯罪前科的原因，前科越多，改造的可能性越小。但另一方面，《联邦量刑指南》并不是建立在任何经验研究的基础上，没有任何研究告诉我们恐怖主义分子应当被判刑多久，在这个意义上，《联邦量刑指南》和数学书没有区别。[④]

除了面临经验证实与证伪的尴尬局面之外，《联邦量刑指南》Section 3A1.4 在适用过程中必须解决的关键问题在于如何处理由法官认定加重处罚事实这一问题。美国联邦最高法院曾在判例中明确指出，"除了之前判

---

① 参见 Wadie E. Said，"Humanitarian Law Project and the Supreme Court's Construction of Terrorism," *B. Y. U. L. Rev.* (2011)：1455。

② 参见 James P. McLoughlin，Jr.，"Deconstructing United States Sentencing Guidelines Section 3A1.4：Sentencing Failure in Cases of Financial Support for Foreign Terrorist Organizations," *Law & Ineq.* 28 (2010)：51。

③ 参见 Wadie E. Said，"Sentencing Terrorist Crimes," *Ohio St. L. J.* 75 (2014)：477。

④ 参见 Joanna Baltes，et al.，"Convicted Terrorists：Sentencing Considerations and Their Policy Implications," *J. Nat'l Security L. & Pol'y* 8 (2016)：347。

决中认定的事实之外，任何使得具体犯罪的量刑超越法定刑上限的，必须提交给陪审团排除合理怀疑地加以证明"。① 在后续的判例②中，联邦最高法院进一步细化了这一量刑理念，指出法定刑上限是指法官单纯依据提交给陪审团且被其所认定的事实能够做出的最高刑罚。从这个角度来看，似乎在被告人宣誓后与检方达成诉辩交易所承认的事实，或者经过陪审团排除合理怀疑地认定的事实之外，无法适用对涉恐犯罪的加重处罚条款。但是，在"坎宁安姆诉加利福尼亚州案"③（Cunningham v. California）中，联邦最高法院认定，法官可以在之前判决认定的事实之外，基于没有陪审团认定或被告人认罪的情况下所认定的事实，在法定刑之上加重量刑。所谓法定最高刑，不是法官在发现额外事实之后能够判处的最高刑，而是在不存在任何额外事实的情况下所能认定的最高刑。

《联邦量刑指南》相关规定代表的是一种非常不好的反恐政策，根据这一量刑标准，涉恐犯罪被告人的犯罪历史等级将被一律增至 6 级，即最具可责性的层级，这意味着涉恐被告人无论是否具有前科，都需要像职业犯罪人那样接受严惩。除此之外，《联邦量刑指南》在除了不考虑被告人个人情况之外，还在不考虑涉恐犯罪类型的情况下，一律自动增加被告人的犯罪等级，无论是为极端组织提供 500 美金作为生活费，还是为恐怖分子提供炸弹用来爆破政府大楼，都需要做同样处理。这就导致一味加重法定刑的做法经常与犯罪行为的严重性不成比例。如此导致法定刑的显著增加可以由法官依据压倒性证明标准加以认定，从而引发了对美国刑事司法公正性的争议与质疑。④

三　理性评价：涉恐犯罪刑罚适用的应然向度

整体而言，以《联邦量刑指南》涉恐犯罪加重处罚条款为代表的立法与司法实践，代表着一个国家应对恐怖主义活动时缺乏理性的政策建构与

---

① 参见 Apprendi v. New Jersey，530 U. S. 466（2000）。

② 参见 Blakely v. Washington，542 U. S. 296（2004）。

③ 参见 Cunningham v. California，549 U. S. 270（2007）。

④ 参见 James P. McLoughlin, Jr.，"Deconstructing United States Sentencing Guidelines Section 3A1. 4: Sentencing Failure in Cases of Financial Support for Foreign Terrorist Organizations," Law & Ineq. 28（2010）：51。

制度设计所导致的不利后果，这种"急就章"般的泄愤型刑事政策，不仅无法实现通过刑罚有效打击涉恐犯罪的初衷，反而从制度层面侵蚀了刑事司法的人权保障功能与罪刑法定原则。这种深刻的经验与教训亟待反思。

（一）涉恐犯罪加重处罚具有必然性

恐怖主义通常都意味着为了实现某种政治变革使用暴力或以暴力相威胁，对此，美国的刑法界定一般都较为粗陋。[①] 联邦恐怖主义犯罪的定义属于两阶层判断模式[②]：（1）计划通过胁迫、恐吓方式影响政府行为，或者报复政府行为的犯罪；（2）任何法律明确规定的相关犯罪。

在1996年之前，美国还没有通过禁止向境外恐怖组织提供物质支持的刑事禁令，涉及恐怖主义犯罪的刑事判决还显得比较简约，因为此类被告人通常面临从事暴力犯罪活动的指控，在这个意义上，是否基于特定政治动机从刑法评价的角度来看就变得无足轻重。遵循这样的逻辑，不管促使暴力活动发生的原因是什么，由于刑法都可以将其作为暴力犯罪加以处罚，因此，动机在法院量刑时看来就变得很不起眼。即使法院指出某一事件是在特定政治背景下发生的，但这样的细节并不影响量刑，对量刑结果能够产生重大作用的仍然是行为与情节的暴力程度。[③]

但这一理性的刑事政策，因"9·11"恐怖袭击事件的爆发被抛弃。《爱国者法案》作为美国国会对恐怖主义威胁的立法应对，在"9·11"袭击发生数周后即获通过，目的无外乎为政府提供更大的反恐资源和执行灵活性，其中就包括对任何潜在的与国内恐怖主义相关的犯罪加重刑罚。这显然是国会面临巨大压力时的"急救章"，试图通过修改各种现有刑事法律，以在下一次恐怖袭击发生之前扩大和加强政府的资源。[④] 虽然导致"9·11"事件的原因是复杂且系统性的，但美国立法机构与政府却试图简单通过严厉打击恐怖主义的办法来解释预防恐怖主义的失败，以防止未来

---

① 参见 Sudha Setty, "What's in a Name? How Nations Define Terrorism Ten Years After 9/11," *U. Pa. J. Int'l L.* 33 (2011): 1。

② 参见 18 U. S. C. § 2332b (g) (5)。

③ 参见 Wadie E. Said, "Sentencing Terrorist Crimes," *Ohio St. L. J.* 75 (2014): 477。

④ 参见 Sudha Setty, "Country Report on Counterterrorism: United States of America," *Am. J. Comp. L.* 62 (2014): 643。

的恐怖袭击。① 这就导致在美国，被贴上恐怖分子标签的犯罪人会面临各种不利结果，如接受特别法庭的审判、无法获得律师的辩护以及其他宪法性保障、丧失在家中的隐私权保护等等。②

从司法层面来看亦是如此。美国联邦最高法院也在"9·11"事件之后，逐渐开始为以恐怖主义为名加重刑罚寻找根据。在 1978 年，认定对强奸成年妇女的犯罪人判处死刑违宪的"库克诉佐治亚州案"（*Coker v. Georgia*）③中，联邦最高法院多数派大法官没有谈及的一个事实是，《爱国者法案》还为没有造成他人死亡的劫机行为规定了死刑。在反对意见中，首席大法官伯格曾担心判决会引发后续反应，在他看来，美国将不可避免地对像劫持飞机、绑架以及大规模恐怖主义活动等危及公众安全的情况进行司法关注。如果对州与联邦采取必要的措施，包括死刑，来震慑此类犯罪加以司法限制，将会产生十分不幸的后果。30 年之后，联邦最高法院更为详细地检视了伯格大法官的反对意见。在 2008 年，联邦最高法院将"库克诉佐治亚州案"的判决扩展至强奸儿童的案件④，但多数派法官同时表示了此类判决适用的有限性：本案所关注的是针对个人法益的犯罪，而不是界定并惩罚叛国、间谍、恐怖主义以及涉毒等危及国家法益的犯罪，针对危及个人法益的犯罪，如果没有剥夺受害人的生命则不应被判处死刑。在联邦最高法院判决中，一个共同的主题是恐怖主义属于危害公共安全的犯罪，不仅影响个人受害者，还会影响到国家安全以及大众的安全感。因为其所具有的深远影响，恐怖主义即使没有剥夺个人的生命，依然可以被判处死刑。⑤

从刑法的内在功能属性来看，刑法具有预防的作用，通过严刑峻法似乎可以震慑社会公众不去犯特定之罪。但是，刑法的威慑功能在预防恐怖主义犯罪问题上存在致命的弱点。首先，恐怖主义犯罪往往会造成极大的

① 参见 Kyle Welch, "The Patriot Act Crisis Legislation: The Unintended Consequences of Disaster Lawmaking," *Cap. U. L. Rev.* 43（2015）：481。

② 参见 Sudha Setty, "What's in a Name? How Nations Define Terrorism Ten Years After 9/11," *U. Pa. J. Int'l L.* 33（2011）：1。

③ 参见 *Coker v. Georgia*, 433 U. S. 584（1977）。

④ 参见 *Kennedy v. Louisiana*, 554 U. S. 407（2008）。

⑤ 相关判例梳理，参见 Wadie E. Said, "Humanitarian Law Project and the Supreme Court's Construction of Terrorism," *B. Y. U. L. Rev.* (2011)：1455。

损害后果，如巨大的人员伤亡，以及恐怖袭击对特定国家政治体制与国家稳定的冲击等。这种巨大的危害后果，与在民主国家可能做出的最为严重的刑罚之间，根本不存在任何相提并论的可能性。其次，恐怖主义犯罪分子往往属于坚定的"确信犯"，严厉的刑罚不仅根本无法对这些死硬分子起到阻吓作用，甚至可能适得其反，为这些恐怖分子提供认为使其成为"烈士"并为恐怖组织提供宣传的机会。再次，由于刑事被告人享有正当程序权利，减少了惩罚犯罪的确定性，从而削弱了威慑力，并且还会妨碍对于实现预防功能而言不可或缺的情报收集。最后，当国内执法需要采取海外行动时，国际规范要求尊重其他主权国家的领土，从而不能随便进入其他国家逮捕恐怖犯罪嫌疑人，只能寻求效率更低的引渡方式。①

（二）涉恐犯罪加重处罚的程度不能僭越既有刑事法原则

当代民主国家，一般都在刑事法中对被告人的基本权利加以程序保障，被告人享有诸如不受双重告诉、接受陪审团审理等基本权利。刑罚作为反恐措施的重要组成部分，固然具有从重处罚的必然性，但因为单纯凭借刑罚无法实现有效反恐的终极目的，因此必须将其纳入既有刑事法基本原则的合理范围之内，从而避免过犹不及的负面效应。

首先，美国宪法第五修正案规定了禁止双重告诉条款，根据美国联邦最高法院在判例中所设定的检验标准，是否违反双重告诉条款的关键在于，第二次判决是否要求证明不同于第一次检方指控的犯罪的实质要素。如果不同法律规定的犯罪对检方而言要求提供完全相同的证据证明完全相同的实质要素，就侵犯了被告人的这项宪法权利。对此，有学者提出两个类似的涉恐犯罪，用来说明对恐怖分子加重处罚可能违反禁止双重告诉条款的情形。美国联邦法规定，为法定的恐怖主义组织提供物质帮助的构成犯罪②。同时，该法还规定，明知会推动联邦恐怖犯罪，仍然为其提供资金的，同样构成犯罪。③ 这两项犯罪的层级都可以通过《联邦量刑指南》

---

① 参见 James B. Steinberg and Miriam R. Estrin, "Harmonizing Policy and Principle: A Hybrid Model for Counterterrorism," *J. Nat'l Security L. & Pol'y* 7（2014）: 161。

② 参见 18 U.S.C. § 2339B。

③ 参见 18 U.S.C. § 2339C（a）（1）（B）。

加以确定。这两项犯罪如果被认定为属于联邦恐怖主义犯罪的话，都可以适用《联邦量刑指南》Section 3A1.4 加重法定刑。假设被告人被判明知地向法律界定的恐怖组织提供了物质支持，但检方无法排除合理怀疑地证明被告人实施这些犯罪的目的在于威胁政府，只能依据《联邦量刑指南》Section 2M5.3 量刑，同时因为其与适用《联邦量刑指南》Section 3A1.4 所要求证明的事实存在差异，因此同时适用并不会违反禁止双重告诉条款。然而，如果假定被告人在明知情况下将资金提交给恐怖分子用于联邦恐怖犯罪，因为判决本身建立在认定被告人的行为目的是影响政府行为的事实基础上，一旦判决有罪，就需要适用《联邦量刑指南》Section 3A1.4. 来加重法定刑。在这种情况下，因为不需要证明额外的事实，同时适用两个条款是否违反双重告诉条款就成为问题。①

其次，根据美国宪法第五修正案中规定的正当程序条款以及第六修正案中规定的受陪审团审理权利，任何导致法定刑增加的事实（除了之前的判决）都必须在起诉书中列明，都必须提交给陪审团审理，都必须排除合理怀疑地加以证明。在联邦最高法院审理"布克尔案"之后，开始有观点认为，如果陪审团无法排除合理怀疑地认为被告人有《联邦量刑指南》Section 3A1.4 所要求的犯意，就损害了被告人享有的正当程序权及受陪审团审理的权利。但也有观点认为，应继续支持对量刑指南中所列事实适用压倒性证明标准，法庭依然可以指导陪审员无需对量刑事实加以认定，因为量刑具有任意性，只要量刑的上限在法定最高刑以下，那么就不存在任何的宪法问题。但联邦最高法院在"瑞格诉亚利桑那州案"（*Ring v. Arizona*）② 中认定，如果因为认定特定事实增加了被告人的法定刑，那么，这一事实无论冠以何种称呼，都必须由陪审团排除合理怀疑地加以认定。随之而来的问题就变成了《联邦量刑指南》对刑罚射程的增加，继续由法官根据压倒性证据加以证明的方式是否属于违反宪法的自由裁量权滥用的问题。这种做法如果在宪法上成立，那么这种对被告人的犯意等犯罪实质要素需要法官通过压倒性证据加以证明的做法，至少

---

① 参见 James P. McLoughlin, Jr., "Deconstructing United States Sentencing Guidelines Section 3A1.4: Sentencing Failure in Cases of Financial Support for Foreign Terrorist Organizations," *Law & Ineq.* 28 (2010): 51.

② 参见 *Ring v. Arizona*, 536 U. S. 584 (2002)。

也会让人对美国刑事司法的公平性产生些许困惑。而这种加重刑的做法，是否代表有效的反恐策略，是否没有考虑到具体犯罪与犯罪人的特殊性，是否违背了量刑基本政策，实在存疑。[①]

恐怖主义犯罪加重处罚规则作为美国反恐政策的杀手锏，因为以超越合法性界限的方式对待成因复杂的恐怖主义犯罪，引发了诸多争议。在现存的刑事司法制度中，对恐怖分子进行严厉惩罚似乎是一种不得已的权衡之策。加重处罚规则形式上作为重要的国家政策，反映出某种预防恐怖犯罪的制度努力。但这种政策因为存在违反宪法等基本法治理念的嫌疑，代表一种"劣质"政策。[②] 对恐怖主义犯罪的刑罚设计，理应属于既有刑罚原则的下位概念，不能僭越既有的宪法与刑法基本原则，不能一味从重，而应当坚持与犯罪人主观恶性及犯罪危害性成比例这一基本理念。我们必须承认的一个事实是，对恐怖犯罪的刑罚打击不能也不应成为根除恐怖主义活动的预防措施。作为对恐怖犯罪加以最严厉谴责的一种国家宣示，对恐怖犯罪的刑罚设计只能立足于刑罚报应的基本理念，充分保障被告人的诉讼权利，充分反映被告人的主观恶性与其所实施行为的社会危害性。仅此而已。

第二节　美国死刑案件审理程序的纵向阶段

从司法实践来看，在决定是否需要对死刑罪名成立的罪犯适用死刑的第二阶段，美国各司法区一般都选择由陪审团做量刑决定。[③]

具体而言，1976 年，美国联邦最高法院在"格雷格诉佐治亚州案"[④]

---

① 参见 James P. McLoughlin, Jr., "Deconstructing United States Sentencing Guidelines Section 3A1.4: Sentencing Failure in Cases of Financial Support for Foreign Terrorist Organizations," *Law & Ineq.* 28 (2010): 51。

② 参见 George D. Brown, "Punishing Terrorists: Congress, the Sentencing Commission, the Guidelines, and the Courts," *Cornell J. L. & Pub. Pol'y* 23 (2014): 517。

③ 也有个别州规定由法官对死刑案件进行量刑。参见 Stephen Gillers, "Deciding Who Dies," *U. Pa. L. Rev.* 1 (1980): 129。需要特别注意的是，美国联邦最高法院 1984 年在"斯帕基那奥诉佛罗里达州案"中认定被告人在死刑量刑阶段由陪审团量刑并不属于一种宪法性权利，之后，美国联邦最高法院虽然在 2002 年通过"锐英诉亚利桑那州案"实际上否定了之前其在"斯帕基那奥诉佛罗里达州案"中做出的法官可以不顾陪审团做出的终身监禁不得假释建议独立做出死刑判决的认定，但仍然没有彻底改变被告人享有由陪审团排他性地做出死刑判决的权利。

④ 参见 *Gregg v. Georgia*, 428 U. S. 153 (1976)。

中认定，修改后的佐治亚州死刑程序法符合宪法。自此，保留死刑的各州开始纷纷效法，从而构建了当今美国死刑程序法的基本样态。

一　美国死刑案件的量刑：加重情节与减轻情节

以佐治亚州为代表的死刑程序法，最为重要的特点之一即在于在量刑阶段陪审团需要就与被告人相关的加重情节与减轻情节进行审查，只有具有一种以上加重情节的被告人，才可以适用死刑。[①] 加利福尼亚州的死刑成文法规定得更为具体。根据该州法律，如果陪审团认定被告人实施了一级谋杀的犯罪行为，并且具有一个以上的加重情节，就可以完成死刑犯罪的定罪，在量刑阶段，同一个陪审团对犯罪人所具有的加重情节和减轻情节进行平衡，并且在确定加重情节具有压倒性的情况下认定死刑成立。[②] 无独

[①]　佐治亚州修正后的死刑成文法又被称为"综合定性体制"，换句话说，如果陪审团可以排除合理怀疑地发现一个以上法定加重情节，就可以据此判定对被告人适用死刑。在此基础上，陪审团综合评价所有的相关情节证据，最终决定是否对被告人判处死刑，在这个过程中，陪审团不需要对加重情节与减轻情节进行具体定量对比与平衡。因为佐治亚州死刑量刑模式中将法定加重情节的存在作为死刑适用的前提条件，因此，美国联邦最高法院认定这一模式能够有效地限制死刑适用的任意性，符合宪法。佐治亚州死刑成文法规定的 10 种法定加重情节包括：（1）被告人之前曾因实施过死刑犯罪而被判刑，或者实施其他严重犯罪；（2）被告人所实施的本起死刑犯罪是在其实施其他死刑犯罪的过程中发生的；（3）被告人的犯罪行为对他人的生命安全造成了严重威胁；（4）被告人实施犯罪的目的是谋取金钱或者其他财产性利益；（5）被告人杀害正在执行公务的法官或者检察官；（6）被告人雇凶杀人；（7）被告人实施的犯罪行为涉及针对受害人所实施的丧心病狂、手段令人发指的残忍的折磨、殴打行为；（8）被告人杀害执行公务的警官、监狱看守或者消防员；（9）脱狱者所实施的相关死刑犯罪；（10）在拘捕过程中实施死刑犯罪的。参见 James S. Liebman，"Slow Dancing with Death，" *Colum. L. Rev.* 107（2006）：1。

[②]　加利福尼亚州死刑成文法中共规定了 22 种法定加重情节，为美国各司法区之最。加州刑法典规定（California Penal Code Section 190.2）：

（a）那些被判一级谋杀罪名成立的被告人，如果同时满足下列情节之一的，得被判处死刑或者终身监禁不得假释：

（1）谋杀行为属于被告人有意为之，并且目的在于获得经济利益。

（2）被告人之前曾经被判决犯有一级或者二级谋杀罪。对被告人在其他司法区所实施的犯罪，如果发生在加州，将会被作为一级或者二级谋杀罪的，可以被视为属于本项所规定的一级或者二级谋杀。

（3）被告人被同时判处一个以上的一级或者二级谋杀罪。

（4）实施谋杀的手段是通过隐藏在任何地点、地区、建筑物、住所或者建筑结构当中的破坏性装置、炸弹，并且被告人知道，或者应该知道自己的行为将对一个以上的人的生命构成威胁。

（5）谋杀行为的实施旨在避免或者抗拒合法抓捕，或者从事、意图从事（转下页注）

（接上页注②）从合法监禁状态脱逃。

（6）谋杀是通过邮寄或者投送，或者试图邮寄或者投送破坏性装置、炸弹或者爆炸物的方式实施，并且被告人知道，或者应该知道自己的行为将对一个以上的人的生命构成威胁。

（7）被告人谋杀的受害人属于本法 830.1、830.2、830.3、830.33、830.34、830.35、830.36、830.37、830.4、830.5、830.6、830.10、830.11、830.12、830.31、830.32 当中所规定的执法人员，谋杀行为属于故意，被害人遇害时正在执行公务。并且被告人知道，或者应该知道被害人是正在执行公务的执法人员。或者被害人属于或者曾经属于上述条款中所规定的执法人员，因执行公务而遭遇报复被故意杀害。

（8）被告人谋杀的受害人属于联邦执法人员或联邦执法机构雇员，谋杀行为属于故意，被害人遇害时正在执行公务。并且被告人知道，或者应该知道被害人是正在执行公务的执法人员。或者被害人属于或者曾经属于上述条款中所规定的执法人员，因执行公务而遭遇报复被故意杀害。

（9）被告人谋杀的受害人属于本法 245.1 所界定的消防人员，谋杀行为属于故意，被害人遇害时正在执行公务。并且被告人知道，或者应该知道被害人是正在执行公务的消防人员。

（10）被告人谋杀的受害人是某起刑事犯罪的证人，谋杀行为属于故意，目的在于阻止其在一般刑事程序或者青少年司法程序中出庭作证。或者受害人曾经是某起刑事犯罪的证人，因为曾出庭作证而被报复所故意杀害。而本项中所提到的青少年司法程序的定义，可参见 Section 602 or 707 of the Welfare and Institutions Code。

（11）受害人是或者曾任本州或者任何其他州，或者任何联邦检察官办公室的检察官或者助理检察官，谋杀行为属于故意，目的在于报复或者阻止受害人的公务行为。

（12）受害人是或者曾任本州或者任何其他州法官或者联邦法官，谋杀行为属于故意，目的在于报复或者阻止受害人的公务行为。

（13）受害人是获选出任或者受任命出任州或者联邦政府公职的官员，谋杀行为属于故意，目的在于报复或者阻止受害人的公务行为。

（14）谋杀手段极度凶恶、残忍、凶暴或者丧心病狂。本项所规定的"凶恶、残忍、凶暴或者丧心病狂"主要指一种对受害人造成不必要痛苦的无良或者令人唾弃的犯罪。

（15）被告人通过截候的方式杀害被害人。

（16）被害人因为自己的种族、肤色、宗教、国籍或者原住地而被故意杀害。

（17）谋杀行为发生在被告人作为主犯或者共犯所实施的或者试图实施的下列重罪过程当中：

（A）本法 211 或者 212.5 当中规定的抢劫罪；

（B）本法 207、209 或者 209.5 当中规定的绑架罪；

（C）本法 261 当中规定的强奸罪；

（D）本法 286 当中规定的鸡奸罪；

（E）本法 288 当中规定的针对不满 14 岁未成年人所实施的秽淫行为；

（F）本法 288 当中规定的口交行为；

（G）本法 460 当中规定的一级或者二级夜盗行为；

（H）本法 451 当中规定的纵火行为；

（I）本法 219 当中规定的颠覆列车行为；

（J）本法 203 当中规定的残害肢体行为；

（K）本法 289 当中规定的授意强奸；

（转下页注）

有偶，纽约州的死刑成文法也规定在认定被告人一级谋杀罪名成立之后，必须单独通过量刑阶段确定对其适用死刑还是终身监禁不得假释。绝大多数情况下，量刑阶段的审理必须由认定被告人有罪的同一陪审团做出。在定罪阶段，陪审团所考察的加重情节都是定罪阶段已经被排除合理怀疑地证明了的，对此不得提出异议。除此之外，在量刑阶段，纽约州允许政府方面证明：在本罪判决之前的 10 年间，被告人曾经被判两个以上的罪名成立，其中包括纽约州法所规定的 A 级或者 B 级重罪，或者在其他司法区发生、可能导致 1 年以上监禁刑，并且涉及使用、威胁使用致命性武器意图伤害或者杀害他人的情况。而根据纽约州的规定，如果能够证明上述情况，即可将其视为一种法定的加重情节。对此，陪审团必须排除合理怀疑地一致加以认定，同时允许控辩双方对此进行质证与反驳，检方也必须事先告知辩方自己意图提起此类证据。至于减轻情节，纽约州法律规定，辩方必须提出压倒性的证据对减轻情节加以证明。对此，检方只能在质证阶段加以反驳。纽约州法承认的减轻情节包括：（a）被告人从未有过针对他人使用暴力的犯罪史；（b）犯罪时被告人处于精神愚钝，或者因为精神障碍无法严格遵守法律的状态；（c）被告人当时处于被胁迫的状态；（d）被告人属于从犯；（e）被告人实施谋杀犯罪时处于醉酒或者吸毒状态；（f）其他任何与犯罪或者犯罪人有关的减轻情节。在综合考察所有相关加重与减轻情节之后，如果陪审团能够一致排除合理怀疑地相信加重情节相对减轻情节具有压倒性，就可以对被告人认定死刑，但必须明确对其决定产生影响的加重情节或者减轻情节。

（接上页注）（L）本法 215 当中规定的劫持汽车行为；

　　（M）本项（B）规定的绑架，或者（H）规定的纵火中的特殊情节，如果其中包括杀人的直接故意，只需要通过证明上述重罪的构成要素即可。这就是说，即使绑架或者纵火重罪的目的主要或者只是用来实施谋杀，也可以采用此种证明方式。

　　（18）谋杀犯罪为故意实施，且行为手段涉及酷刑。

　　（19）被告人通过投毒而故意实施杀害受害人的行为。

　　（20）受害人是或者曾任本州或者任何其他州，或者任何联邦司法活动中的陪审员，谋杀行为属于故意，目的在于报复或者阻止受害人的陪审行为。

　　（21）谋杀是通过从机动车当中使用武器，目的在于造成机动车之外的其他人死亡。本项当中所规定的机动车，主要参见 Section 415 of the Vehicle Code。

　　（22）被告人实施故意杀人的时候属于 186.22（f）当中所界定的帮派组织成员，而谋杀行为的目的在于实施帮派的犯罪活动。

如果陪审团一致确认被告人该当终身监禁，则必须判处其终身监禁。而纽约州死刑成文法最为遭人非议的部分在于其规定，如果陪审团无法就适用死刑或者终身监禁得出一致意见，则由法官判处被告人 25 年监禁至终身监禁的刑罚，这种规定在美国来说也算是较为另类的了。很多批评意见认为，这种量刑程序缺乏逻辑，并且可能会导致被告人得到不当的宽待，因为根据这种规定，被告人虽然被判处终身监禁，但仍有可能被提前假释。[1]

事实上，上述判例与成文法的核心特质即在于强调死刑量刑的具体化、个人化。这一点在与"格雷格诉佐治亚州案"具有同等意义的"伍德森诉北卡罗来纳州案"（Woodson v. North Carolina）[2] 中体现得尤为明显。在本案中，多数派法官认定量刑时，不仅要考虑犯罪事实，而且需要考虑和被告人性格以及犯罪情节相关的种种要素。"伍德森诉北卡罗来纳州案"的意义在于，从宪法的高度将死刑量刑的个别化固定下来。

简言之，美国死刑量刑的具体化、个别化是通过由陪审团综合考察针对被告人存在的所谓加重情节与减轻情节得以实现的。但司法实践中，针对加重情节与减轻情节的具体认定仍然存在诸多问题。

（一）死刑量刑过程中加重情节的司法适用

任何接触过司法实践的人，都会对相关事实细节的庞杂与无序感触颇深。事实上，围绕所谓加重情节的司法认定更是如此。其中，一个非常吊诡的问题是，大多数美国司法区在成文法当中都没有对加重情节进行立法界定，而是采取列举的方式对其加表述，同时，美国死刑案件的量刑阶段还会出现适用所谓非法定加重情节，即成文法规定之外的加重情节的情况。这就导致了在适用加重情节的过程中非常容易出现混淆。对此，美国联邦最高法院通过一系列判例对死刑量刑过程中加重情节的司法适用进行了明确。

---

[1] 参见 Deborah L. Heller, "Death Becomes the State: The Death Penalty in New York State—Past, Present and Future," *Pace L. Rev.* 28 (2008): 589。

[2] 参见 *Woodson v. North Carolina*, 428 U. S. 280 (1976)。

1. 死刑成文法中的加重情节规定应该尽可能明确，避免模糊

1980 年，美国联邦最高法院在"古德佛瑞诉佐治亚州案"（*Godfrey v. Georgia*）① 中认定，佐治亚州死刑成文法中对加重情节的规定违反宪法。该州法律规定，如果陪审团可以排除合理怀疑地认定，某项犯罪"因为涉及对受害人进行折磨或者丧心病狂的殴打，因而十分残暴或者恣意卑劣"，即可判决被告人死刑。对此，联邦最高法院多数派法官认为，这种规定语焉不详，较为模糊，因此无法充分限制陪审团量刑的任意性，故判定其违反宪法第八及第十四修正案。值得一提的是，在多数派意见中，有法官质疑，本案被告人古德佛瑞的行为与其他没有被判处死刑的一般杀人行为区别不大。这也暗含了前文所提到的死刑量刑过程中法定加重情节的模糊性问题。陪审团在审理本案时，似乎将案件性质本身作为了一种加重情节加以考虑。8 年后，美国联邦最高法院在"梅娜德等诉卡特华特案"（*Maynard et al. v. Cartwright*）② 中进一步明确了这一问题。在本案中，俄克拉何马州的

---

① 参见 *Godfrey v. Georgia*，446 U. S. 420（1980）。本案的被告人古德佛瑞醉酒后与妻子发生口角，后者起诉离婚，古德佛瑞随后持枪前往其岳母家，枪杀了岳母及妻子。

② 参见"梅娜德等诉卡特华特案"（*Maynard et al. v. Cartwright*），本案判决书如下：

MAYNARD, WARDEN, ET AL.

v.

CARTWRIGHT

SUPREME COURT OF THE UNITED STATES

486 U. S. 356；108 S. Ct. 1853；100 L. Ed. 2d 372；

1988 U. S. LEXIS 2486；56 U. S. L. W. 4501

1988 年 4 月 19 日庭审辩论

1988 年 6 月 6 日审结

主审大法官：全体一致
判决主笔：怀特大法官

判决

1982 年 5 月 4 日，在俄克拉何马州马斯科吉市（Muskogee County）家中吃完饭后，休伊（Hugh）与查尔曼·瑞德尔（Charma Riddle）在客厅看电视。之后的某个时间，瑞德尔离开客厅，在走向浴室的过道上，她和举着枪的卡特华特（Cartwright）走了个面对面，在试图夺下枪的过程中，她的腿被击中了两次。而卡特华特也被瑞德尔认出是化了妆的前雇员。他们一路扭打回客厅，在那里，休伊被打死。瑞德尔挣扎着爬向卧室，试图打电话报警，但被告人残忍地用瑞德尔小姐送给他的圣诞节礼物——一把猎刀，将其割喉，并连捅数刀。瑞德尔小姐侥幸存活，并报警。两天后，被告人被抓获并被起诉犯一级谋杀。

被告人被认定有罪。检方根据三项法定加重情节求处被告人死刑。陪审团（转下页注）

（接上页注②）认定其中量刑加重情节成立。首先，被告人明知地导致一人以上面临死亡的巨大危险。其次，被告人的行为极其残忍、邪恶及令人发指。参见 Okla. Stat. , Tit. 21, §§ 701.12（2）and（4）(1981)。陪审团认定，上述加重情节压倒减轻情节，因此认定死刑成立。在上诉审中，俄克拉何马州刑事上诉法院维持了原判，参见 *Cartwright v. State*，695 P. 2d 548，cert. denied，473 U. S. 911，87 L. Ed. 2d 661，105 S. Ct. 3538（1985），以及之后驳回被告人申请州综合救济程序的主张，参见 *Cartwright v. State*，708 P. 2d 592（1985），cert. denied，474 U. S. 1073，88 L. Ed. 2d 808，106 S. Ct. 837（1986）。之后，被告人基于几个理由试图申请联邦人身保护令，但联邦地区法院驳回了上述申请，包括被告人主张死刑判决建立在违宪加重情节基础上因此无法成立的主张。所谓违宪的加重情节，是指"极其残忍、邪恶及令人发指"这一部分。对此主张，联邦第十巡回上诉法院表示肯定，但认为相关考察仅限于上述加重情节的部分。

上诉法院认定，对被告人的判决建立在两个加重情节基础上，而其中的一个未遭被告人质疑。但是其提出，因为死刑判决部分建立在无效的加重情节基础上，因此俄克拉何马州法院无法平衡加重情节与减轻情节，因此撤销死刑判决，自动适用终身监禁。俄克拉何马州没有法律规定，如何在上诉审中解决无效的加重情节的问题。参见 822 F. 2d 1477，1482（1987）。而"极其残忍"、"邪恶"及"令人发指"等表述较为含混，无法为陪审员提供充分的指导，因此违反了 *Furman v. Georgia*，408 U. S. 238（1972），并且巡回上诉法院还认为，如果俄克拉何马州法院采取的法律指导意见较为限缩，能够纠正上述含混性，那么死刑判决或许成立，但是俄克拉何马州刑事上诉法院对加重情节的解释违反了宪法第八修正案，其含混状态违宪。参见 822 F. 2d p.1483，1492。因此，死刑无效，死刑执行暂停，但这不妨碍州法院对本案的再审。Id. , p.1492.

申请人将第十巡回上诉法院认定加重情节具有违宪模糊性的主张提交美国联邦最高法院。因为对此，在联邦第十巡回上诉法院与俄克拉何马州刑事上诉法院的观点之间存在冲突，同时因为这一问题对死刑司法适用的重大影响，本庭批准调卷令。参见 484 U. S. 1003（1988）。美国联邦最高法院支持联邦第十巡回上诉法院的意见。

上诉法院非常谨慎地分析了俄克拉何马州刑事上诉法院对"极其残忍"、"邪恶"及"令人发指"等概念的司法适用历史，并认定，虽然俄克拉何马州法院承认杀人者的态度、杀人的方式以及受害人所遭受的痛苦对认定加重情节而言具有相关性，却不承认在确定加重情节上必须提出上述证据。参见 822 F. 2d p.1491。相反，俄克拉何马州法院简单地考察了所有与谋杀有关的情节，再确定是否存在所谓加重情节。Ibid. 因为通常情况下，要尊重上诉法院对州法的解读，因此没有理由不接受其对此法律问题的结论。

然而，检方认为，联邦巡回上诉法院对加重情节的解读及适用违反宪法。其认为，在某些案件中，事实情节非常明确，足以说明杀人的情节属于"极其残忍、邪恶及令人发指"，因此肯定死刑判决是适当的。如我们所理解的那样，相关成文法规定只有在没有合理确定的情节可以被认为属于法律规定范围的情况下，才能认定其含混性违宪。换句话说，如果理性人可以认定特定的情节符合成文法的规定，那么即使相关成文法没有给出足够的说明，也不能认定该规定的含混性违宪。

问题在于，检方的主张在很大程度上建立在正当程序条款上，但没有考虑到联邦最高法院建构与适用宪法第八修正案的根基。基于正当程序对含混性的反对意见，建立在缺乏告知的基础上。对法律含混性的质疑如果不危及宪法第一修正案，都需要根据具体案情判断。参见 *United States v. Powell*，423 U. S. 87，92-93，46 L. Ed. 2d 228，（转下页注）

（接上页注） 96 S. Ct. 316 （1975）；*United States v. Mazurie*，419 U. S. 544，550，42 L. Ed. 2d
706，95 S. Ct. 710 （1975）；*Palmer v. City of Euclid*，402 U. S. 544，29 L. Ed. 2d 98，91
S. Ct. 1563 （1971） （per curiam）；*United States v. National Dairy Corp.*，372 U. S. 29，32-
33，36，9 L. Ed. 2d 561，83 S. Ct. 594 （1963）. 对死刑案件中加重情节含混性的主张，
需要根据宪法第八修正案进行判断，如果存在问题的成文法无法充分告知陪审团在认定
死刑的过程中如何判断，或者上诉法院做出的法律指导意见缺乏限制，太过自由，都可
以被认定无效。参见 *Furman v. Georgia*，408 U. S. 238，33 L. Ed. 2d 346，92 S. Ct. 2726
（1972）。

"弗尔曼诉佐治亚州案" 判决认定，当时佐治亚州的死刑成文法因为太过任意，因此违反
宪法。E. g.，Id.，p. 310 （Stewart，J.，concurring）；Id.，p. 311 （WHITE，J.，concurring）.
从 "弗尔曼诉佐治亚州案" 开始，联邦最高法院一直坚持将限制量刑的自由裁量权视为减少司
法滥用或自由裁量权过大的基本方针。参见 *Gregg v. Georgia*，428 U. S. 153，189，206-207，
49 L. Ed. 2d 859，96 S. Ct. 2909 （1976） （opinion of Stewart，Powell，and STEVENS，J. J.）；
Id.，pp. 220-222 （WHITE，J.，concurring in judgment）；*Spaziano v. Florida*，468 U. S. 447，
462，82 L. Ed. 2d 340，104 S. Ct. 3154 （1984）；*Lowenfield v. Phelps*，484 U. S. 231，244，98
L. Ed. 2d 568，108 S. Ct. 546 （1988）。

"古德佛瑞诉佐治亚州案"，即 *Godfrey v. Georgia*，446 U. S. 420，64 L. Ed. 2d 398，
100 S. Ct. 1759 （1980） 与本案相关度较高，都涉及宪法第八修正案的核心内容。"古德佛
瑞诉佐治亚州案" 所涉及的死刑加重情节，是 "因为涉及酷刑、丧心病狂或毒打，残忍
得令人发指，惨绝人寰或缺乏人性"。Id.，p. 422. 该案中，陪审员的判决基础主要集中
在 "残忍得令人发指，惨绝人寰或缺乏人性" 这一部分。佐治亚州最高法院维持了死刑判
决，认定在对陪审员的法律指导意见只有在缺乏客观性，而相关证据无法判断是否出现酷
刑或毒打的情况下才无效。Id.，pp. 426-427. 虽然佐治亚州最高法院曾经在其他的案件中
就是否存在上述要素有过说明，但是联邦最高法院认定，其对加重情节的适用方式违反宪
法。"在本案中，佐治亚州最高法院仅仅根据认定被告人的犯罪 '残忍得令人发指，惨绝人
寰或缺乏人性'，就认定死刑成立。而这几个概念本身，就属于对死刑恣意性的内在限制。
有常识的人都知道，任何谋杀都属于 '残忍得令人发指，惨绝人寰或缺乏人性'。因此，这
样的一种观点事实上早已经深入陪审员的内心，因此当法官做出此类法律指导意见的时候，
没有办法对陪审员起到什么限制作用。这种情况也适用于法官对认定加重情节做出的法律
说明。这实际上会让陪审员完全根据臆测来做出判断。" Id.，pp. 428-429.

因此，佐治亚州最高法院维持死刑的判决，因为没有对陪审员的自由裁量权做出合
理限制，因此没有对加重情节的认定做出合理限制。Id.，pp. 429，432。在适用死刑的过
程中，也没有办法做出相关的分隔。Id.，p. 433. Cf. *Proffitt v. Florida*，428 U. S. 242，254-
256，49 L. Ed. 2d 913，96 S. Ct. 2960 （1976）. 这就是说，无论围绕谋杀的事实多么令人
感到震惊，本身多么充分，在没有相关限制适用原则的情况下，其本身都不足以支持死
刑的适用。

联邦最高法院因此认定，上诉法院将 "古德佛瑞诉佐治亚州案" 作为本案的准据法
判例是正确的。

首先，俄克拉何马州成文法中的 "极其残忍、邪恶及令人发指"，在法律指导意见的
明确性方面，和 "古德佛瑞诉佐治亚州案" 中的 "残忍得令人发指，惨绝人寰或缺乏人
性" 一样存在问题。检方认为增加的 "极其" 一词具有某种程度的指导性的（转下页注）

一个陪审团认定，被告人的犯罪行为符合两个法定加重情节，其中一个就是"穷凶极恶，极端残忍"。对此，美国联邦最高法院认定，此种法定加重情节因为太过模糊而违反宪法。在其看来，类似这样的规定违反了"弗尔曼诉佐治亚州案"以来试图通过明确死刑成文法限制陪审团量刑自由裁量权的初衷，容易造成陪审团量刑阶段的擅断。事实上，俄克拉何马州死刑成文法中的类似规定，与之前美国联邦最高法院通过"古德佛瑞诉佐治亚州案"所否定的佐治亚州死刑成文法没有实质性区别。虽然诸如上面提到的佐治亚州与俄克拉何马州死刑成文法，因为对加重情节规定得过于模糊而被判违反宪法，但一个无法否认的事实却是，语言的特征之一即在于其本身所具有的模糊性，换句话说，只要存在语言，就一定会存在所谓模糊性的问题。也正是基于这样的一种前提，美国联邦最高法院在"艾瑞武诉格里奇案"（*Arave v. Creech*）① 中，明确了

（接上页注）观点，仅仅是一种定量而非定性的主张。这就正如在"古德佛瑞诉佐治亚州案"中，对"残忍"用"令人发指"或"惨绝人寰"进行程度修饰一样无力。

其次，俄克拉何马州认定相关法律指导意见足以支持陪审团的结论的观点，和佐治亚州法院在"古德佛瑞诉佐治亚州案"中没有限制对陪审团的法律指导意见的恣意性一样，无法满足宪法第八修正案。俄克拉何马州法院的观点，建立在被告人想要报复的动机、实施埋伏杀人的犯罪方式、受害人遭到的残忍伤害、试图盗窃财物等细节上。695 P. 2d p. 554. 但其"残忍得令人发指，惨绝人寰或缺乏人性"的表述，无法解决加重情节的不确定性这一宪法问题。

检方认为，上诉法院判定的"残忍得令人发指，惨绝人寰或缺乏人性"加重情节如果有效，就必须要求其解释对酷刑或者重伤害等的理解。然而，联邦最高法院不认同联邦巡回上诉法院对这一要求的看法。其实际要求的是限制检方对本案涉及的加重情节采取任何特定的规避解读方式。822 F. 2d pp. 1491－1492. 联邦最高法院也不认为酷刑或重伤害等是唯一可以限制联邦"残忍得令人发指，惨绝人寰或缺乏人性"这一法律指导意见的方式。

检方还认为，死刑判决应该成立，因为陪审团基于两个加重情节认定死刑，其中的一项未受挑战，足以支持死刑。然而，在本案判决的时候，俄克拉何马州刑事上诉法院如果发现陪审团认定的加重情节无效，很可能不会坚持死刑判决。Id. , p. 1482.

的确，因为上诉法院的判决，俄克拉何马州刑事上诉法将"残忍得令人发指，惨绝人寰或缺乏人性"的加重情节，限定在存在酷刑或重伤害的案件中，参见 *Stouffer v. State*，742 P. 2d 562（1987）。同时，其认为如果存在多个加重情节，如果其中的部分存在问题，并不一定意味着死刑无效。参见 *Castro v. State*，745 P. 2d 394, 408－409（1987），cert. denied，485 U. S. 971，99 L. Ed. 2d 446，108 S. Ct. 1248（1988）。

上诉法院的判决在于，对此类案件，应当首先由州司法系统做出最先判断。和上诉法院的判决一样，本案的判决不妨碍其对本案的再审。

① 参见 *Arave v. Creech*，507 U. S. 463（1993）。本案中，格里奇本为正在服刑的重罪罪犯，后在监狱当中残忍地杀害了一名狱友。

加重情节的法定标准。在本案中，控辩双方争议的焦点在于爱达荷州死刑成文法中所规定的法定加重情节"谋杀行为本身或者与其相关的情节所表明的行为人针对他人生命的毫不在意"。对此，美国联邦最高法院认定，爱达荷州死刑成文法中所规定的"对他人生命的毫不在意"这一法定加重情节本身符合宪法。在本案中，美国联邦最高法院明确提出，死刑成文法尤其是法定加重情节必须符合"明确且客观的标准"（Clear and Objective Standards），从而为陪审团的死刑适用提供明确且具有可操作性的指导，限制其自由裁量权。对"明确且客观的标准"，可以将其理解为三步走的判断方式。首先，法定加重情节本身是否含混、模糊、语焉不详；其次，如果法定加重情节较为模糊，立法机构是否对此进行过立法解释；最后，此种立法解释是否充分。

2. 非法定死刑加重情节的司法适用

除了上述法定加重情节之外，美国死刑适用过程中还会出现所谓的非法定加重情节，检方可以在庭审过程中提出某些和被告人相关、作为死刑判决基础的要素。允许检方提出所谓的非法定加重情节，理由似乎较为简单，因为成文法的概括性、事后性与固定性，都无法涵盖具体犯罪发生过程中可能出现的具体情况。因此，允许在死刑案件量刑阶段适用非法定加重情节，实际上可以通过给量刑者提供关于被告人的信息来满足量刑的个性化。司法实践中最为常见的非法定加重情节，主要指人身危险性，即被告人未来可能对社会造成的危险性。[1] 对此，1976 年美国联邦最高法院通过"杰里科诉得克萨斯州案"（*Jurek v. Texas*）[2] 加以肯定。亚拉巴马、加利福尼亚、佐治亚、伊利诺伊、路易斯安那、密苏里、蒙大拿、内华达、新墨西哥、北卡罗来纳、俄亥俄、宾夕法尼亚、南卡罗来纳以及犹他等州都允许将人身危险性作为死刑量刑阶段的非法定加

---

[1] 从立法角度来看，虽然得克萨斯州、弗吉尼亚州将人身危险性作为死刑适用的前提条件，但很多州，如爱达荷、俄克拉何马以及怀俄明等州通过立法，明确将被告人的人身危险性作为判处死刑的加重情节。另外还有一些州，如科罗拉多州、马里兰州以及华盛顿州规定了所谓"反向"的法定加重情节，即明确将缺乏人身危险性规定为死刑量刑的减轻情节。参见 William W. Berry Ⅲ, "Ending Death by Dangerousness a Path to the de Facto Abolition of the Death Penalty," *Ariz. L. Rev.* 52（2010）：889。

[2] 参见 *Jurek v. Texas*, 428 U. S. 262（1976）。

重情节。除此之外，亚利桑那州和佛罗里达州允许被告人主动提交能够证明自己缺乏人身危险性的证据，并将其作为减轻情节加以考量。在司法实践中，对所谓人身危险性，主要通过被告人所实施的暴力威胁的证据、持续使用暴力的证据、使用武器的证据，以及能够证明被告人具有较低的教化可能、缺乏悔意、在假释的时候从事不端行为和被告人的精神状态等加以判断。①

（二）死刑量刑过程中减轻情节的司法适用

和死刑量刑过程中加重情节所遇到的问题类似，减轻情节本身也面临着认定过程中存在模糊情况的困境。根据 1994 年加利福尼亚州以大学生为摹本所做的调查，只有不到一半的模拟陪审员可以解释什么是减轻情节。②1978 年，通过"洛奎特诉俄亥俄州案"（*Lockett v. Ohio*）③，美国联邦最高法院明确了死刑量刑过程中对减轻情节考察的基本原则。在本案中，俄亥俄州针对谋杀的结果加重犯规定了强制适用的死刑，并规定此种强制性死刑仅在法定的三种减轻情节存在的情况下才可以不适用。美国联邦最高法院认定，俄亥俄州的上述立法因为对死刑量刑阶段的减轻情节进行限制，因此违反了宪法第八及第十四修正案。在此基础上，美国联邦最高法院进一步明确，根据美国宪法第八及第十四修正案求处死刑的量刑者，除极特殊情况外，在所有死刑案件的量刑过程中，不得排除被告人提出的诸如性格或者犯罪事实等任何减轻情节。在本案中，因为俄亥俄州死刑相关成文法不允许陪审团考察法定减轻情节之外与被告人有关的其他减轻情节，因此可能导致死刑适用的不适当。10 年后，美国联邦最高法院通过"密尔诉

---

① 参见 David J. Novak，"Trial Advocacy：Anatomy of a Federal Death Penalty Prosecution：A Primer for Prosecutors，" *S. C. L. Rev.* 50（1999）：645。

② 参见 Craig Haney & Mona Lynch，"Comprehending Life and Death Matters：A Preliminary Study of California's Capital Penalty Instructions，" *Law & Hum. Behav.* 18（1994）：411。

③ 参见 *Lockett v. Ohio*，438 U. S. 586（1978）。本案的被告人被怂恿参与武装抢劫，并担任实行犯的接应者，后因为实行犯的抢劫行为导致了他人的死亡结果，因此被控谋杀罪，并被求处死刑。

马里兰州案"（*Mills* v. *Maryland*）①，对减轻情节的适用标准进行了明确，即对死刑案件中减轻情节的认定不需要陪审团达成一致，也不需要排除合理怀疑地加以证明。

综合来看，在司法实践当中，未成年②、积极服刑改造③等都在某种程度上可以被用来作为死刑案件审理过程中的减轻情节。事实上，在"希区柯克诉达哥案"（*Hitchcock* v. *Dugger*）④ 中，美国联邦最高法院已经明确，死刑案件审理阶段减轻情节不应被局限在法定减轻情节的范围内。

有学者批判，美国现行的死刑量刑模式存在如下几点致命缺陷。首先，法官没有对陪审团进行明确的法律指导，以使其充分地认定以及理解减轻情节，从而违反了美国联邦最高法院在"弗尔曼诉佐治亚州案"中做出的判决。其次，目前美国死刑案件的量刑阶段允许甚至纵容不适当的加重情节的适用，违反了美国联邦最高法院之前的相关判决。再次，目前死刑量刑过程当中大量使用成文法规定之外的加重情节，违反了美国联邦最高法院在"洛奎特案"当中的判决。事实上，对某些较为模糊的情节，其究竟是可以作为减轻情节还是作为加重情节是模糊的。

二　美国死刑案件的上诉阶段

一般而言，美国司法实践中的上诉程序十分复杂，这一点在死刑案件的审理过程当中体现得更为明显。美国死刑案件的审理记录往往超过 3000 页，控辩双方的争议事项可能会数以十计。因为死刑案件的重要性、复杂性，美国死刑案件的上诉一方面是法定的必然程序，另一方面，因为死刑上诉一般历时较长，可能会导致出现诸多问题。⑤

---

① 参见 *Mills* v. *Maryland*，486 U. S. 367（1988）。在本案中，一名在马里兰州服刑的罪犯因为谋杀自己的狱友而被判谋杀罪名成立。该罪犯认为马里兰州的死刑量刑程序违反宪法，因为根据该州法律，如果陪审团无法就某一具体减轻情节达成一致意见，即使某些陪审员承认存在减轻情节，也仍然要求对其适用死刑。

② 参见 *Johnson* v. *Texas*，509 U. S. 350（1993）。

③ 参见 *Skipper* v. *South Carolina*，476 U. S. 1（1986）。

④ 参见 *Hitchcock* v. *Dugger*，481 U. S. 393（1987）。

⑤ 参见 S. Adele Shank，"The Death Penalty in Ohio: Fairness, Reliability, and Justice at Risk—A Report on Reforms in Ohio's Use of the Death Penalty Since the 1997 Ohio State Bar Association Recommendations Were Made," *Ohio St. L. J.* 63（2002）: 371。

以得克萨斯州死刑上诉程序为例，从发展顺序来看，如果陪审团认定某人死刑罪名成立，并判处其死刑，可能会导致出现两个结果。首先，被判处死刑的罪犯可以在发现新的事实证据的情况下，在一审判决做出后 30 日内申请再审。其次，如果不申请再审，被判处死刑的罪犯必须向得州的最高刑事法院提出上诉。在上诉过程当中，和原审一样，地区检察官作为州的代表出席。[1] 目前，得州为了加快程序进展、提高效率，采取了一种所谓的整合模式，即死刑案件的强制上诉程序与人身保护程序同时进行。在强制上诉过程中，上诉人只能主张案件记载范围内的法律问题，而不能提出一审范围之外的事实。但在人身保护程序当中，申诉方可以就案件审理的公平公正性提供新的证据，例如，辩护律师在审理过程中表现是否适当、检方是否隐藏了关键物证、陪审团的行为是否不当等。这些问题显然必须通过新的事实才能加以验证。例如，如果律师经过调查发现，检方没有提供一名关键证人曾经说谎的证据，那么就可以因此启动人身保护程序。[2]

一般而言，上诉审是程序审，即上诉法院不倾向于接触案件的实质部分。但事实是否确实充分，亦即司法机关在做出有罪判决前是否提出了足够的证据，一直是死刑案件审理过程中一个必须面对、无法回避的问题。对此问题，得克萨斯州刑事上诉法院通过一系列判例认定自身有权力在包括死刑案件在内的刑事案件中对事实的充分性进行考察。

从反思的角度来看，对得州，或者类似于得克萨斯州的死刑上诉程序，存在不同的批评意见。其中一种观点就认为死刑审理十分容易出现错误，而冗长的上诉程序让所有的错误都可能暴露无遗，从而事实上使得所有死刑判决在上诉阶段都被推翻。还有一些人认为，基于种种考量，上诉审法官一般不愿推翻死刑判决，从而造成死刑上诉程序往往流于形式。[3]

---

[1] 参见 Guy Goldberg & Gena Bunn, "Balancing Fairness & Finality: A Comprehensive Review of the Texas Death Penalty," *Tex. Rev. Law & Pol.* 5 (2000): 49。

[2] *Brady* v. *Maryland*, 373 U. S. 83 (1963). 转引自 Andrea Keilen and Maurie Levin, "Moving Forward: A Map for Meaningful Habeas Reform in Texas Capital Cases," *Am. J. Crim. L.* 34 (2007): 207。

[3] 参见 David Blumberg, "Habeas Leaps from the Pan and into the Fire: *Jacobs* v. *Scott* and the Antiterrorism and Effective Death Penalty Act of 1996," *Alb. L. Rev.* 61 (1997): 557。

第三节　美国死刑案件审理程序的横向变量

一　美国死刑适用过程中的检方

检方在死刑案件中所起作用是显而易见的，某种程度上，检方的自由裁量权成为决定被告人生死的最为重要的因素。然而，当检方的自由裁量权受到某种因素的不当影响——如检察官的种族偏见、地方政治的干预、对个人地位或者金钱利益的贪婪等，如何对死刑案件中检方的自由裁量权加以限制与规范就成为一个非常现实同时又非常重要的问题。[①]

一般而言，地区检察官在行使求处死刑的自由裁量权时主要考虑如下两点因素。首先，相关犯罪的具体情节，尤其是针对犯罪公众的一般法情感。如果罪行十分残忍或者公众对犯罪感到极度反感，如涉及多名受害人、杀人过程中还实施了强奸及其他重罪、滥杀无辜或者陌生人等案件，检方都容易对其实施者求处死刑。其次，求处死刑成功的概率。换句话说，检方需要综合考察已有证据的合法性与结论性。因为预算有限，加之对个人政治前途的考量，地区检察官一般很担心自己会在死刑案件中落败，同时担心死刑上诉所引起的媒体关注和严格的审查。因此，其往往会将有限的资源集中在少数最有可能获胜的案件上，对其求处死刑。[②] 在综合考量上述两点要素之后，如果检察官决定对被告人求处死刑，还需要履行特定的程序。以联邦地区检察官办公室求处死刑的步骤为例，基本上需

[①] 例如在"弗尔曼诉佐治亚州案"恢复死刑适用之后，得克萨斯州达拉斯郡地区检察官办公室仅在一起死刑案件中败诉，而导致其在死刑案件的起诉中几乎百战百胜的武器就在于为了胜诉不择手段，甚至包括故意干扰辩方提出减轻被告人可责性的证据，唆使证人作伪证等。在这些检察官看来，如果能够确认被告人实施了杀人犯罪，那么用什么手段将其送上绞刑架就不成问题了。参见 Brent E. Newton, "A Case Study in Systemic Unfairness: The Texas Death Penalty, 1973-1994," *Tex. F. on C. L. & C. R.* 1 (1994): 1.

[②] 参见 Guy Goldberg & Gena Bunn, "Balancing Fairness & Finality: A Comprehensive Review of the Texas Death Penalty," *Tex. Rev. Law & Pol.* 5 (2000): 49.

要遵循如下三个步骤①：首先，经地方死刑审查委员会提请，联邦地区检察官办公室决定对被告人求处死刑；其次，将这一决定送交美国联邦总检察长办公室死刑审查委员会加以审查；最后，美国联邦总检察长就是否对该被告人求处死刑做出最终决定。②

和上诉问题相关的另外一个问题是，检方是否应该在事先将求处死刑的意愿告知辩方。对此，在美国各司法区曾经出现过相关争论。例如，有人曾针对伊利诺伊州死刑成文法提出违宪指控，认为该州死刑成文法因为没有规定检方应该事先告知对被告人求处死刑的决定，因此剥夺了被告人应该享有的宪法第十四修正案所规定的正当程序权。伊利诺伊州最高法院认为，正当程序是具有灵活性的，因此检方告知辩方求处死刑的具体时间，与被告人所享有的正当程序权之间没有必然联系。③

应该承认，检方除了行使求处死刑自由裁量权外，在死刑适用过程中，还会通过遴选陪审员、交叉质证等具体手段执行其求处死刑的决定。

二　美国死刑案件审理过程中的辩方

在很大程度上，辩护律师在死刑案件中发挥的作用是独一无二的。④ 死刑案件辩护律师需要调查案件事实和与案件有关的法律，需要遴选陪审员，需要在陪审团面前做开篇立论和总结陈词，提出和反驳实体证据，询问及交叉询问证人，满足陪审团审理案件的其他要求。死刑案件相较非死刑案件而言对初审律师的角色增添了一些重要且独特的标准和要求。辩护律师一开始

---

① 美国联邦司法部一般认为死刑案件具有地方属性，因此，一般应该由案发所在州的司法系统来处理。在相关的工作规范当中，联邦检察官只有在对特定案件求处死刑所能达成的联邦利益超过州或者地方的利益的时候才可以对该被告人求处死刑。在衡量联邦利益与州或者地方利益的时候，需要考量如下三点要素：（a）死刑起诉能够在多大程度上体现州的利益；（b）犯罪在多大程度上超越了地方的司法管辖范围；（c）相关州对该被告人求处死刑的意愿与能力。参见 David J. Novak, "Trial Advocacy: Anatomy of a Federal Death Penalty Prosecution: A Primer for Prosecutors," *S. C. L. Rev.* 50 (1999): 645。

② 参见 Kevin McNally, "Race and the Federal Death Penalty: A Nonexistent Problem Gets Worse," *DePaul L. Rev.* 53 (2004): 1615。

③ 参见 Daniel S. Reinberg, "The Constitutionality of the Illinois Death Penalty Statute: The Right to Pretrial Notice of the State's Intention to the Death Penalty," *Nw. U. L. Rev.* 85 (1990): 272。

④ 对此堪称异样佐证的是，美军入侵伊拉克后，美国前司法部部长克拉克亲自跑到伊拉克去给萨达姆做辩护律师。参见刘瑜《民主的细节》，上海三联书店，2009，第 24 页。

介入案件，注意力就要集中在两个方面，即为定罪阶段和量刑阶段做准备。在死刑案件中，辩护律师在有罪判决后必须准备完整的"第二次审判"，以决定当事人的生死。因此，辩护律师和对这种努力持批判态度的减刑专家一起工作是非常普遍的现象。另一个几乎是死刑案件特有的方面，即律师必须不断地考虑死刑判决之前每一步的结果。陪审员遴选后被告人被判死刑之前，有希望成为陪审员的人会被仔细地询问对死刑的看法。控辩双方律师都已经为死刑辩论做了准备，所以陪审员的选择对审判阶段的结果是十分关键的。定罪阶段的证据出示和质证与量刑有关联，所以在定罪阶段，整个辩护技巧的设计旨在为量刑提供帮助。所有这些因素都表明，死刑案件中辩护律师的关键责任就在于一边关注时间，一边关注被告人最终是否应该被判死刑。①

　　美国死刑案件审理过程中一个经常遭人诟病的现象，即死刑辩护过程中律师提供的法律服务质量不高。导致这种情况出现的原因十分简单，一方面，死刑案件的审理程序及审后程序十分复杂，需要十分专业的律师付出大量时间、精力，需要大量的资源与金钱；另一方面，大量死刑案件的被告人都经济拮据，根本无力支付高昂的律师费用。② 以得克萨斯州为例，

---

① 参见 Victor L. Streib, "Standing Between the Child and the Executioner: The Special Role of Defense Counsel in Juvenile Death Penalty Cases," Am. J. Crim. L. 31 (2003): 67。

② 一名曾代理死刑案件的知名律师如此回忆，"我的当事人 1947 年生于马萨诸塞，后被人收养，早年一直是一个问题儿童。他先后被判过 27 项罪名成立，其中包括盗窃、贩毒、攻击、私藏武器、轻率驾驶等等。在我第一次看到他时，他 37 岁，是爱达荷州矫正机构的第 18362 号犯人，正在等待被执行死刑。我是他的现任律师，1985 年我第一次在监狱会见了我的当事人。他体重 300 磅，呼吸困难，身戴脚镣手铐，努力不让手捧一箱文件的自己失去平衡，而其所说的话也都是市井俚语，他的胳膊上文着一只竖起的中指，旁边是大大的 'Fuck You' 二字。他一直在竭力掩饰自己的绝望，仿佛整个世界都是他的敌人，不仅自己的同伙背叛了自己，警官、检察官、法官甚至之前的律师也和自己过不去。他不希望再有任何律师为自己辩护。我一直在听他大放厥词，而其实我发现自己并不喜欢他。我是来自纽约的律师，极少出庭辩护，更从来没有接手过死刑案件。我之所以同意免费为他辩护是因为我相信宪法当中的相关理念。当时很多州甚至对没有律师辩护的人也判处死刑。或许对我的当事人而言，我只是另外的一个会出卖他的律师而已。或许，只有在这种情况下，一名毕业于常青藤名校法学院的新人才可能被看作不会从事出卖行为的人。我告诉自己并不一定要喜欢这名当事人。然而，即使从来没有研究易变的死刑理论，我却丝毫不怀疑我可能是他人生当中的最后一个机会。但那个时候我并没有想到的是，在为这个愤怒的人辩护之后的 16 年当中，他会丰富我的生活并且成为我的一个朋友。无论当时我对我的当事人印象为何，我都分明能够感觉到自己将输掉这个死刑案件的挫败感，目睹自己的当事人被处死的无能为力的感觉。这样的一种担心经常在某些特别的时候来袭：在纽约地铁的人群当中，在中央公园漫步的时候，和 （转下页注）

根据相关学者的调查，75%～90%的死刑被告人没有经济能力雇用律师，因此需要法院为其提供免费的指定律师。这种情况在死刑审后程序当中十分常见。[1] 在死刑案件的审理过程中，出现睡着或者喝醉了的律师、出庭前不做任何准备的律师、在庭审过程中噤声不语的律师、仅用一天就将死刑案件的陪审员遴选完毕的律师，以及在死刑量刑阶段不提出任何可能对被告人有利辩词的律师，就显得再正常不过了。[2]

（一）死刑案件代理律师的遴选资格

因为死刑案件事关生死，且往往案情复杂，因此，对代理律师的职业素质与执业经验也往往要求较高。即使是法院为经济拮据的死刑被告人所指定的律师，也必须满足特定的要求。对此，美国各司法区甚至各司法区内部都做出了具体规定。例如，得克萨斯州达拉斯郡规定，只有具备如下3个条件的律师才可以被法院指定担任死刑案件的辩护律师。首先，担任死刑案件的代理律师必须有5年以上代理严重刑事案件的执业经历；其次，

（接上页注②）朋友在康涅狄格州共进午餐的时候，在晚上讨论公司法律问题的时候，等等。随着死刑执行期限的日益迫近，似乎胜诉的希望变得愈发渺茫，我自己对美国司法体系存在的意义是为了维持公正的理念也在发生动摇。我甚至认为我担任辩护律师的唯一作用仅仅是为爱达荷州处死我的当事人提供形式合法性，如果没有我的介入，或许可能让爱达荷州的死刑执行显得更加难堪。我越来越感觉到自己仿佛也成为一场杀人事件的直接参与者。我当时供职于一家世界级的律师事务所，从事的业务也几乎全部集中于不动产及金融而非刑事案件，更遑论死刑案件的辩护了。因此，最开始我所供职的律师事务所并不支持我接手这起死刑辩护，甚至连我的父母也对我是否有能力处理刑事案件表示怀疑。我所在的律师事务所最开始的时候反对我接手这样的案件的理由很简单，我们律师事务所从不代理刑事案件，因此应该对时间加以最大化利用，为律师事务所赚取最大化的利益。虽然经过争取，律师事务所的执行委员会最终同意我的代理请求，但没有人包括我在内，能够预想案件的诉讼过程会如此漫长，如此困难，从1985年接手一直到2001年案件才终结，我从来没有后悔过。我很快就发现我不能自己单枪匹马地处理这起案件，在这16年当中，我所在律师事务所的大量律师都关注并且帮助我代理本案。我在这个案件上花费了上千小时，放弃了夜晚和周末。年复一年，花费了大量的金钱，如果没有这样的一种无声的毫不附带条件或者代价的帮助，以及那些受到NAACP（全国有色人种协进会）法律辩护资金资助的律师的支持，我的当事人很有可能早就被执行死刑。"参见 Edwin Matthews, Jr., "Death Penalty Symposium: Essay: What Justice Takes," *U. Tol. L. Rev.* 35 (2004): 625.

[1] 参见 Brent E. Newton, "A Case Study in Systemic Unfairness: The Texas Death Penalty, 1973–1994," *Tex. F. on C. L. & C. R.* 1 (1994): 1.

[2] 参见 Paul Calvin Drecksel, "The Crisis in Indigent Defense," *Ark. L. Rev.* 44 (1991): 363.

在达拉斯郡境内代理死刑案件的律师必须参加由该郡法院组织的为期 3 天的专门培训；再次，通过专门的执业资格测试。在塔伦特郡，如果要在死刑案件当中获得担任首席或者次席律师，必须满足如下的条件：第一，该律师必须具有得克萨斯州或者其所执业的司法区所要求的律师资格；第二，该律师必须熟悉得克萨斯州刑法；第三，该律师必须接受持续且十分严格的死刑辩护训练。除此之外，被指定担任死刑案件首席律师的人需要有 10 年以上刑事辩护经历，同时具备得克萨斯州特殊法律事务委员会所出具的刑事案件执业资格证明。因此，在塔伦特郡，能够被法院指定担任死刑案件首席辩护律师的人必须具备相当丰富的刑事辩护经验，并且至少有一次曾担任过死刑案件辩护律师的经历。对死刑审理阶段承担辅助作用的次席律师以及代理上诉等审后程序的律师，要求相对宽泛，仅需要具备 5 年以上刑事辩护经历，并且有处理重大疑难刑事案件的实际经验。①

（二）　死刑案件代理律师执业情况的认定标准

由于司法资源的相对有限性，法院往往无法为死刑案件的被告人聘请高质量的专业律师，也因此导致了很多问题的出现。很多当事人以政府指定律师表现不专业，甚至出现错误为由，要求推翻已决的死刑判决。对此，1984 年，美国联邦最高法院在"斯蒂克兰德诉华盛顿州案"（*Strickland v. Washington*）② 中，将宪法第六修正案规定被告人享有律师辩护权的目的解读为确保审判公平，这也是为什么法庭需要为无力聘请律师的被告人指定辩护律师的原因。但律师本身的存在与否并不是宪法第六修正案的终极目的，换句话说，刑事案件中被告人所聘请的或者法庭为其指定的律师必须

① 参见 Guy Goldberg & Gena Bunn, "Balancing Fairness & Finality: A Comprehensive Review of the Texas Death Penalty," *Tex. Rev. Law & Pol.* 5 （2000）: 49。

② 参见 *Strickland v. Washington*, 467 U. S. 1267 （1984）。本案中，斯蒂克兰德在 10 年期间，作恶多端，实施过 3 起非常残忍的重罪谋杀、绑架及谋杀未遂。斯蒂克兰德对自己的罪行供认不讳，并且与检方达成了诉辩交易，但辩称自己是因为无法供养家人而遭受巨大的精神压力，不得已才从事犯罪。在庭审过程当中，他不顾辩护律师的反对，决定放弃陪审团量刑，由法官对其刑罚进行厘定。进入量刑阶段之后，辩护律师因为自己的当事人已经认罪，故仅仅提交了斯蒂克兰德遭受巨大精神压力这一减轻情节，并没有要求对被告人进行精神状况评估。最终斯蒂克兰德被判处死刑，并以辩护律师提供辩护服务不力为由申请人身保护令。

具有能够与检方进行有效对抗的经验与能力。

因此，美国联邦最高法院通过"斯蒂克兰德诉华盛顿州案"，为被告人主张刑事辩护律师所提供的法律服务无效，设定了两项客观评价标准：首先，被告人必须证明律师的表现是存在重大缺陷的，因为没有完成宪法第六修正案对律师职能的预期；其次，律师辩护过程中出现的"重大缺陷"剥夺了被告人享有公平审判的权利。只有在同时满足上述两个条件的情况下，被告人因为律师表现不力质疑自己所受死刑的正当性的主张才有可能被法院所支持。司法实践中，对"重大缺陷"必须依照客观理性标准加以判断，这意味着除非有客观且具有说服力的证据，否则美国法院一般推定律师的执业表现是符合相关要求的。在很大程度上，这样一种客观理性标准并未明确规定律师必须履行的特定辩护义务，或者应该采取何种特定的辩护技巧，而是尊重律师在面对复杂的具体案情时应该享有的高度自由裁量权。但这并不意味着律师可以为所欲为，相反，律师必须承担合理决定是否进行或者不进行特定调查的义务。在冗长的死刑案件审理过程当中，提起公诉的政府律师与辩护律师都有犯错的可能，因此，错误是不可避免的，也是必须接受的。换句话说，宪法保障刑事案件特别是死刑案件中的被告人获得较为具有能力的律师代理其诉讼的权利，但并非保障其获得完美辩护的权利。① 例如，在"维金斯诉史密斯案"（Wiggins v. Smith）② 中，美国联邦最高法院认定，如果辩护律师没有有效地调查被告人儿童时期的不幸遭遇，就可以认定构成了辩护过程中的"重大缺陷"。

三　美国死刑案件审理过程中的陪审团

在美国，陪审制度与其说是一种刑事司法体制，倒不如说是一种政治体制。美国的创建者痛感英国殖民时期不堪的历史回忆，坚持将被告人享有受陪审团审判的权利规定在宪法当中，旨在以此保护刑事被告人免受栽赃陷害，预防、限制法官的恣意擅断。但从本质上来说，宪法起草者希望借由陪审团防止联邦或者地区检察官、法官甚至立法者沆瀣一气，陷害政

① 参见 Guy Goldberg & Gena Bunn, "Balancing Fairness & Finality: A Comprehensive Review of the Texas Death Penalty," *Tex. Rev. Law & Pol.* 5 (2000): 49。

② 参见 *Wiggins v. Smith*, 539 U.S. 510 (2003)。

治上的异议者。[1] 随着时间的推移，美国立法、行政、司法等权力机关都在试图削减陪审团所拥有的权力，从而扩展自己的权力空间，因此，陪审团在刑事案件中的审理频率与重要性都处于边缘的状态。[2] 据统计，在2008年，美国约有96%的刑事案件是通过诉辩交易而非陪审团解决的。[3]

虽然陪审团在美国刑事司法当中的作用日益式微，但几乎所有的死刑案件却又都是由陪审团进行定罪量刑，从某种意义上来说，陪审团对美国死刑案件的具体审理结果所产生的作用是具有决定性的，例如，陪审团有权选择是应对被告人适用死刑还是适用终身监禁不得假释，[4] 并且陪审团选择适用死刑的原因也往往会出现背离宪法目的的情况。[5] 因此，考察陪审团对美国死刑的作用机制与影响要素，就成为理解美国死刑适用的重要方面。

（一）死刑案件陪审团的遴选及其宪法意义

在死刑案件的审理过程当中，陪审团肩负认定被告人罪名成立及是否适用死刑的重大责任，并且需要对案件事实特别是证据进行考察，因此保证遴选的陪审员尽可能公正就成为适用陪审团对死刑案件进行审判的前提条件。

从美国司法实践来看，实现陪审员能够在死刑案件审理过程中保持相对公正的目的是通过正向（遴选）与负向（排除）两种措施来加以保障的。当然，陪审员的遴选过程与排除过程实际上是同时进行的，而且对特定陪审员的排除也成为陪审员遴选机制的实质内涵。一般而言，审理死刑

---

[1] 参见 Rachel E. Barkow，"Recharging the Jury: The Criminal Jury's Constitutional Role in an Era of Mandatory Sentencing," *U. Pa. L. Rev.* 152 (2003): 33。

[2] 参见 William G. Young，"Vanishing Trials, Vanishing Juries, Vanishing Constitution," *Suffolk U. L. Rev.* 40 (2006): 67。

[3] 参见 Douglas A. Berman，"Making the Framers'Case, and a Modern Case, for Jury Involvement in Habeas Adjudication," *Ohio St. L. J.* 71 (2010): 887。

[4] 参见 *Simmons v. South Carolina*，512 U. S. 154 (1994)。美国联邦最高法院在本案中明确，在死刑案件的量刑过程中，陪审团应该被告知是否可以选择判处被告人终身监禁不得假释。对此，联邦正当程序条款禁止政府律师以及审理法官误导陪审团。

[5] 据统计，在约160起死刑判决当中，有35名黑人被告人被全部由白人组成的陪审团判处死刑。参见 Richard L. Wiener，"The Death Penalty in the United States: A Crisis of Conscience," *Psych. Pub. Pol. and L.* 10 (2004): 618。

案件的美国法院允许控辩双方在审前陪审团遴选阶段通过特定的测试标准对陪审员候选人加以排除。① 当然，对陪审员遴选程序的最终决定权取决于控辩双方及法官，同时，陪审员遴选程序需要满足如下几点要求。首先，考察陪审员候选人的总体背景与其对死刑的一般看法；其次，陪审员的遴选标准应该尽量客观统一；最后，应该由法官而不是控辩双方来主导陪审员的遴选过程，从而避免当事方通过选择陪审员来对案件审理结果事先进行不当干预。②

概括来说，目前美国死刑司法实践当中围绕排除陪审员候选人正当性的争论主要集中在两点，即所谓针对陪审员主观态度的排除及针对陪审员客观特征的排除。③

1. 基于陪审员候选人对死刑态度而进行的排除

显而易见，陪审员候选人对死刑的信念很有可能影响其在死刑定罪量刑过程所做的具体判断，因此，美国联邦最高法院明确承认，在陪审员遴选过程中，需要对候选人关于死刑的态度进行考察，并且通过一系列判例建构起这样一种理念，即如果陪审员候选人的个人信念可能妨碍其在死刑案件的审理过程中公平地发挥作用，即可以在陪审员遴选过程中对其加以排除。

在 1968 年审结的"维泽斯普诉伊利诺伊州案"（*Witherspoon v. Illinois*）④ 中，美国联邦最高法院明确，对死刑表达某种程度反对意见的陪审员候选人，伊利诺伊州成文法授权检方可以对其加以排除的规定违反宪法。后来在"亚当斯诉得克萨斯州案"（*Adams v. Texas*）⑤ 中，美国联邦最高法院进一步完善了之前在"维泽斯普诉伊利诺伊州案"中所表达的观点，认定

---

① 参见 David J. Novak，"Trial Advocacy：Anatomy of a Federal Death Penalty Prosecution：A Primer for Prosecutors，" *S. C. L. Rev.* 50（1999）：645。

② 1963 年得克萨斯州达拉斯郡检察官培训手册当中指出，"无论犹太人、黑人、墨西哥人或者其他任何少数族裔多么富有，或者受到过多好的教育，都不要选择其担任陪审员"。虽然这样的一种书面指导意见已经被废止，但不可否认，仍然有大量的检察官秉承这样一种理念来排除少数族裔陪审员候选人。参见 Richard C. Dieter，"Blind Justice Juries Deciding Life and Death with Only Half the Truth，" www. deathpenaltyinfo. org/BlindJusticeReport. pdf，最后访问日期：2016 年 1 月 25 日。

③ 参见 Kenneth Miller and David Niven，"Mixed Messages：The Supreme Court's Conflicting Decisions on Juries in Death Penalty Cases，" *Crim. L. Brief* 5（2009）：69。

④ 参见 *Witherspoon v. Illinois*，391 U. S. 510（1968）。

⑤ 参见 *Adams v. Texas*，448 U. S. 38（1980）。

得克萨斯州法中要求陪审员宣誓，死刑强制适用将不会干扰其对被告人是否构成死刑犯罪的判断的做法，违反了美国宪法。通过上面两个判例，美国联邦最高法院实际将排除陪审员候选人的根据，明确为任何较之不遵守法律、不履行陪审员誓言更为宽泛的理由。在"摩根诉伊利诺伊州案"（*Morgan v. Illinois*）[1] 中，美国联邦巡回上诉法院承认，辩方有权将那些表示会对死刑罪名成立的被告人直接适用死刑的陪审员候选人加以排除。在美国联邦最高法院看来，和那些无条件反对死刑的陪审员候选人必须被加以排除一样，那些对死刑犯罪坚持适用死刑的陪审员候选人，无法合理有效地听从并正确适用法官的法律指导意见，更不可能有效地考察死刑适用必须考量的加重情节与减轻情节，因此违反了正当程序。

除了根据陪审员候选人对死刑的主观态度对其加以排除的遴选机制之外，美国死刑司法实践当中，还出现过根据陪审员候选人宗教信仰对其加以排除的做法。这种做法的最终目的，仍然是考察陪审员候选人对死刑的态度。

2. 基于陪审员候选人的客观特征与属性而进行的排除

与考察陪审员候选人主观认知与态度的复杂情况不同，美国历史上还曾经长期出现过仅仅凭借陪审员的种族、肤色等客观属性对其加以排除的现象。对此，美国联邦最高法院在"拜特森诉肯塔基州案"（*Batson v. Kentucky*）[2] 当中明确，在遴选过程中，不得单纯以陪审员的种族为根据对其加以排除，并认为这种做法违反了宪法第十四修正案所规定的平等保护条款。但对这一判决的理解不应流于形式。1990 年，在"霍兰德诉伊利诺伊州案"（*Holland v. Illinois*）[3] 中，一名白人被告人提出，审理本案的一个全部由白人组成的陪审团侵犯了其受到不同种族特别是黑人行使陪审的权利。对此，美国联邦最高法院认为，"拜特森诉肯塔基州案"的真正含义在于，宪法保障的不是一个具有种族多元性的陪审团而是一个具有公正性的陪审团。虽然如此，2003 年，美国联邦最高法院通过判例[4]表明，虽然不能说陪审团与陪审员的种族之间存在某种必然的对应关系，但绝对不应在陪审员的遴选过

---

[1] 参见 *Morgan v. Illinois*，504 U. S. 719（1992）。

[2] 参见 *Batson v. Kentucky*，476 U. S. 79（1986）。

[3] 参见 *Holland v. Illinois*，493 U. S. 474（1990）。

[4] 参见 *Miller-El v. Cockrell*，537 U. S. 322（2003）。

程中出现明显的种族歧视现象。在该案中，得克萨斯州达拉斯郡检察官使用 10 次不需要说明原因的排除权，排除了全部黑人陪审员候选人。对此，美国联邦最高法院认为，这样做明显是一种种族歧视行为。[①] 这一态度也被贯彻在死刑案件当中。例如，美国联邦最高法院认定，如果负责提起公诉的地区检察官办公室的内部工作规范要求在同等条件下，尽量排除黑人陪审员候选人，并详细规定了具有歧视性的排除技巧，那么这种工作规程违反了宪法平等保护条款。[②] 这也传递了一种明确的信息，即在陪审员遴选过程中对少数族裔的排除应当十分谨慎，并且极有可能需要考察相关的记录与司法文件。[③]

（二）死刑案件中陪审团的职责及反思

用一句话概括死刑案件中陪审团的职能，就是在定罪阶段认定被告人的死刑罪名是否成立，在量刑阶段认定被告人是否该当死刑。[④] 因此，从某种程度上，考察死刑案件中陪审团的职责实际上就是针对宪法第六修正案相关条款的解读问题。[⑤]

从程序上来看，死刑的定罪阶段与量刑阶段包含了美国刑事司法程序的最基本要素，即犯罪要素与量刑情节、排除合理怀疑认定标准等等。[⑥]

---

① 参见 Gary J. Simson & Stephen P. Garvey, "Knockin'on Heaven's Door: Rethinking the Role of Religion in Death Penalty Cases," *Cornell L. Rev.* 86 (2001): 1090。

② 参见 *Miller-El* v. *Dretke*, 545 U. S. 231 (2005)。

③ 参见 David S. Friedman, "The Supreme Court's Narrow Majority to Narrow the Death Penalty," *Human Rights* 28 (2001): 4。

④ 有些司法区规定死刑案件的被告人可以选择在死刑的量刑阶段是否由陪审团来对其量刑，这里的表述属于一种概括性的描述。

⑤ 参见 Kenneth Miller and David Niven, "Mixed Messages: The Supreme Court's Conflicting Decisions on Juries in Death Penalty Cases," *Crim. L. Brief* 5 (2009): 69。

⑥ 在那些适用排除合理怀疑认定标准的州，通常沿用的是 1850 年马萨诸塞州在"马萨诸塞州诉韦伯斯特案"（*Commonwealth* v. *Webster*）中所采用的标准："合理怀疑并不是一种单纯的怀疑，而是一种与人们行为方式有关的拟制意义上的道德怀疑。换句话说，所谓排除合理怀疑是指在充分比较证据，进行综合考察之后，陪审员认识到在这样的一种情况下自己不能认为特定的判决可以能够产生具有约束力的道德上的确定性。"另外，美国联邦最高法院在"维克多诉内布拉斯加州案"（*Victor* v. *Nebraska*）中明确提出，排除合理怀疑并不需要一种"绝对或者数学上的确定性"。参见 Craig M. Bradley, "A (Genuinely) Modest Proposal Concerning the Death Penalty," *Ind. L. J.* 72 (1996): 25。

1970 年美国联邦最高法院在"温绍普案"（*In re Winship*）① 中明确了著名的"排除合理怀疑的证明标准"。从本案开始，美国刑事被告人只有在被指控罪名所有实质要素被排除合理怀疑地加以证明的情况下，才可以被认定罪名成立。1986 年，美国联邦最高法院在"麦克米林诉宾夕法尼亚州案"（*McMillan v. Pennsylvania*）② 中明确了"排除合理怀疑"这一证明标准的适用范围，认定被告人所享有的宪法第六修正案的权利仅仅限于犯罪要素，而不限定在量刑情节。至于什么要素是犯罪要素，什么要素是量刑情节，则属于一种立法建构的问题。

2002 年，美国联邦最高法院在"锐英诉亚利桑那州案"（*Ring v. Arizona*）③ 中认定，"亚珀兰迪诉新泽西州案"（*Apprendi v. New Jersey*）④ 得适用于死刑案件，认定宪法第六修正案要求由陪审团负责认定死刑适用的加重情节。"锐英诉亚利桑那州案"实际上确定了美国联邦最高法院放弃了之前对所谓犯罪实质构成要件与量刑情节的形式性划分，而是采用了一种更为功能性的实质性区分，换句话说，任何使得被告人可能被处以更高刑罚的事实，无论是所谓犯罪实质构成要件还是量刑情节，都必须由陪审团对其加以认定。总之，被告人有权要求陪审团认定自己被指控犯罪的犯罪构成要素，陪审团必须排除合理怀疑地对这些犯罪构成要素加以确认，即便存在量刑指南的情况下，任何增加被告人法定刑的事实，都必须被排除合理怀疑地加以认定。除了规范对死刑案件中加重情节的认定程序与认定标准之外，美国联邦最高法院还通过一系列判例对死刑案件中减轻情节的认定进行

---

① 参见 *In re Winship*，397 U. S. 358（1970）。

② 参见 *McMillan v. Pennsylvania*，477 U. S. 79（1986）。

③ 参见 *Ring v. Arizona*，536 U. S. 584（2002）。本案中，锐英（Ring）因在亚利桑那州武装抢劫运钞车并枪杀司机而被指控一级谋杀。最终，陪审团认定锐英谋杀罪名成立。根据当时亚利桑那州的法律，可以由法官单独认定此类被告人是否具有法定加重情节，从而判处其死刑。在本案中，法官认定锐英满足两个法定加重情节，并且不具有压倒性的减轻情节，因此判定其死刑。2000 年，美国联邦最高法院在"亚珀兰迪诉新泽西州案"（*Apprendi v. New Jersey*）中明确提出，对任何导致被告人被判处法定最高刑以上刑罚的事实，都必须经由陪审团排除合理怀疑地认定，或者由被告人主动承认。但 1990 年，美国联邦最高法院在"沃顿诉亚利桑那州案"（*Walton v. Arizona*）中还曾明确提出，因为加重情节不属于犯罪实质要素，因此不需要陪审团排除合理怀疑地加以认定。从某种程度上，美国联邦最高法院之所以批准调取本案的理由也是为了解决这样的一种矛盾。

④ 参见 *Apprendi v. New Jersey*，530 U. S. 466（2000）。

了规范。1988 年，美国联邦最高法院在"富兰克林诉立婳案"（*Franklin* v. *Lynaugh*）① 中认定，法官对陪审团如何适用死刑的法律指导意见中对加重情节的认定进行了明确，却没有对陪审团如何认定减轻情节做出任何说明，如果陪审团的判决建立在所有证据的基础上，即可被认定符合宪法。

应该承认，美国死刑的司法适用过程，绝对不应被理解为一种由陪审团主导的简单的加减法过程，被告人是否该当死刑，绝对不是加重情节与减轻情节数量上的单纯比较，而是陪审团对案件及被告人的一种主观定性。换言之，即使死刑案件中陪审团发现加重情节压倒了减轻情节，仍然可以选择不适用死刑。② 在某些极端情况下，即使客观上加重情节不具有压倒性，陪审团还是可能基于种族、性别或者其他非法定因素选择适用死刑。

应该承认，包括种族、性别等因素在多大程度上会影响陪审员在死刑定罪或者量刑过程中的判断或者决定极难评价。但似乎可以认定，作为民意的拟制与表达机制，作为陪审团决定所表达出来的最终意志，往往可以在很大程度上弱化陪审员个人的偏好，陪审员的个人特质往往会在集体决定的过程中丧失殆尽。③ 或许，也正是在这个意义上，《失控陪审团》（*Run Away Jury*）④ 中的情节才永远只能存在于荧屏之上。

死刑审理程序是整个死刑问题研究的形式核心。

从某种程度上，作为刑罚一种具体表现形式的死刑必须纳入程序法当中进行研究，这种情况在美国死刑问题研究中体现得尤为明显。具体而言，美国死刑问题研究的最重要立脚点应该是从程序法、证据规则视角切入的死刑审理程序。

---

① 参见 *Franklin* v. *Lynaugh*，487 U. S. 164（1988）。

② 参见 Rory K. Little，"The Federal Death Penalty: History and Some Thoughts About the Department of Justice's Role," *Fordham Urb. L. J.* 26（1999）: 347。

③ 参见 Theodore Eisenberg, Stephen P. Garvey and Martin T. Wells, "Forecasting Life and Death: Juror Race, Religion, and Attitude Toward the Death Penalty," *J. Legal Stud.* 30（2001）: 277。

④ 《失控陪审团》（*Run Away Jury*）一片由美国 20 世纪福克斯公司 2003 年出品，主要描绘了针对美国某枪支制造企业提起的侵权诉讼过程中，围绕陪审团的选择与控制，围绕人性的丑陋与善良所展开的生死博弈的故事。剧中主人公是审理本案陪审员之一，并向诉辩双方提出要价，宣称可以通过利用其他陪审员人性的弱点，掌握陪审团最终判决的方向。

在美国死刑审理过程中，检方、辩方、法官、陪审员及专家证人等多种变量共同作用，各自充分利用自身所具有的法定权力（利），围绕死刑的是否适用进行博弈。应该说，这种互动过程建立在死刑存在并且实际适用的前提上，因此，能够在很大程度上揭示美国死刑运行的实态及可能存在的问题，从而有助于从问题入手探讨美国死刑量刑程序的补足机制与未来发展方向。

第四节　美国死刑的审后程序

美国联邦最高法院前大法官布伦南曾耐人寻味地提出，"或许死刑最让人感到毛骨悚然之处，不仅仅在于其适用过程中存在的歧视或者恣意，更在于在某些情况下，无辜者也很有可能被处死"。[①] 这一观点显然不是毫无根据，据统计，从1973年至今，美国共有138名死刑候刑者被无罪开释。[②] 其中，最具典型意义的案件莫过于"特洛伊·戴维斯案"[③]。在本案中，美国联邦最高法院罕见地动用了"联邦人身保护令"的初始管辖权，责成佐治亚州的一个联邦地区法院收集能够证明戴维斯无辜但在原审时无法收集到的相关物证、证言。虽然在2010年因为该联邦地区法院认为，没有明确且具有说服力的证据证明戴维斯实属无辜，美国联邦最高法院驳回

---

① 参见 William Brennan, Jr., "Neither Victims Nor Executioners," *Notre Dame J. of Law*, *Ethics & Public Policy* 8 (1994): 1。

② 参见 "Innocence and the Death Penalty," http://www.deathpenaltyinfo.org/innocence-and-death-penalty，最后访问日期：2011年7月3日。

③ 参见 *In Re Troy Anthony Davis on Petition for Writ of Habeas Corpus*, 557 U.S. _____, (2009)。1989年8月，本案被告人戴维斯被指控在佐治亚州谋杀了警官马克·麦克菲尔（Mark MacPhail）。1991年，戴维斯被判处死刑。在原审及上诉审的过程当中，戴维斯一直坚称自己无罪，并认为证人指证犯罪嫌疑人的时候出现了错误。在第一次上诉之前，9名曾指认戴维斯为杀人凶手的目击证人在私下里部分或者全部推翻了自己的证词。首先指认戴维斯并一直坚持这种看法的证人思瓦尔特本来是本案的主要犯罪嫌疑人。案发当晚，思瓦尔特形迹可疑，并且有人证明在一次聚会中，他曾夸口自己杀害了一名警官。2008年11月，戴维斯第二次向美国第十一巡回上诉法院申请人身保护令，理由是自己之前从未单独主张过自己是无辜的，并且其他法院也从来没有调查过那些改变自己证言的证人。在第十一巡回上诉法院驳回其申请之后，2009年，美国联邦最高法院很罕见地要求佐治亚州的一个联邦地区法院收集本案的相关证据，从而确定戴维斯的主张是否成立。

了戴维斯的人身保护令申请。① 但本案却彰显出，目前美国死刑审理过程中具有一整套有一定可操作性的审后救济程序，而当事人也可以借由这种法定程序尽可能地争取得到公正的判决。

囿于人类认识水平的有限性，以及相关资源的有限性，司法机关能做的仅仅是在既定的时空条件下，基于既定的证据，对案件的性质进行界定，对行为人进行归责。换句话说，求真绝对不是刑事司法的唯一价值追求，社会民众也没有理由苛求国家提供的刑罚服务毫无瑕疵。但恰恰是基于这样一种现实，对死刑这样一种具有终局性、不可逆性的刑罚，才需要从制度上建构一种具有经济性、便宜性及可操作性的审后救济程序，从而最大限度地减少死刑错案发生的概率。②

---

① 参见 "Judges Delay Execution in Disputed Georgia Case," http：//www. washingtonpost. com/wp-dyn/content/article/2008/10/24/AR2008102403658. html，最后访问日期：2011 年 7 月 3 日。

② 事实上所谓审后救济程序是一个概括性的概念，除了最为典型的人身保护令之外，还存在诸如特赦（Clemency）等其他救济措施，但特赦等救济措施虽然在客观适用效果上与人身保护令类似，但在性质上并不属于司法救济措施，而是一种行政措施。这种行政赦免主要是指政府首长对被判有罪之人部分或者整体地免除刑事责任的做法。虽然行政赦免的适用对象可以是任何类型的犯罪人，并不仅限于死刑犯，但一般将这一概念理解为在任州长将该州的死刑被告人减刑为徒刑主要是终身监禁的做法。从法源来看，美国总统与各州长所享有的行政赦免权都源自英国国王所享有的宽恕权。一般认为，在如下几种情况下，可以行使这种行政赦免权：（1）存在证明无辜或者起码证明无辜的压倒性证据；（2）存在违反正当程序的问题。但这样的一种理论解读与现实相去甚远。首先，这与允许州长考虑多种非法定因素，并享有极大自由裁量权的现实不符；其次，与普通法及美国宪法语境下赦免权的历史、法律以及道德角色存在冲突；再次，司法权与行政权的冲突也导致了特赦适用的局限性。特赦长久以来一直被视为一种高度政治化的活动，历史上，行政赦免一直被用来笼络政治支持者，或者作为竞选运动的口号、募集竞选基金的手段。毫不夸张地说，美国每个司法区都有一整套专属的行政赦免程序，并且这些行政赦免程序在具体个案中的适用情况也不一致。具体而言，大多数州将行政赦免权下放给某些委员会或者类似的组织，其中，14 个州几乎完全照搬联邦特赦体制；10 个州允许州长在不受任何团体或者机制限制的情况下自由裁量是否使用行政赦免；11 个州采用分权模式，即要求州长和行政赦免委员会一道做出决定；还有 3 个州干脆规避了州长，由专业委员会负责行政赦免事务。以加利福尼亚州为例，申请行政赦免的人需要向位于萨哥拉门托市州长办公室提出申请，填写申请表。申请时间没有任何限制，申请内容包括申请人的个人信息、相关犯罪的信息、要求宽恕的请求、犯罪的情节、监禁期间的表现等。根据加州刑法典，相关的信息同时必须报送原审法院，而相关法院必须签署知情书。而在死刑案件中，相关法院应该是最高法院。如果死刑执行确定，那么在此之前必须进行听证，而在听证之前 10 天，申请人必须被告知。在听证之后的 60 日之内，可以确定执行日期。各方的官员都要参与听证过程。一旦执行日期确定，那么州长法律事务秘书就将询问申诉人的律师是否申请宽恕，并且确定日期，为申诉状、地区检 （转下页注）

一　美国刑事司法中的联邦人身保护令

发源于英国的人身保护令，曾被布莱克斯通称为英国法中最应被推崇的令状之一。① 美国司法机关也将其视为唯一能够充分保障人身自由的程序措施。但另一方面，美国刑事司法中的人身保护令也存在诸多问题，甚至有学者将其称为处于混沌状态的"学术荒漠"，亟待改革。② 从这个方面来看，如何准确地还原这一重要且复杂问题的基本样态，把握其适用的实际状况就成为研究人身保护令这一司法救济程序的基本前提。

从文本分析的角度来看，"Habeas Corpus"基本上是一种拉丁文的表述，"你有权拥有自己的身体"。③ 大宪章虽然并没有明白无误地提出"人身保护令"这一概念，却被学者视为人身保护令的肇始。1215 年《英国大宪章》(The Magna Carta) 规定，"在未经人民公正审判的情况下，任何人不得被拿获或监禁"。④

（接上页注②）察官的意见以及申诉方对这一意见的反驳准备时间。州长可以随时将相关申请提交给刑期委员会 (BPT)，并要求其进行调查、建议。通过走访检方，法官以及案件其他当事人，会准备一份包括案情、前科、服刑情况等综合信息的报告。虽然申请人可以申请听证，却只能在州长的自由裁量权下享有这一权利。在听证之后，委员会可以做出不具有约束力的建议报告。除此之外，州长还可以自行听证。如果批准，则需要提交给司法部、调查局，并最终提交给国务卿与立法机关，进入官方文档。参见 Jonathan Harris and Lothlorien Redmond, "Executive Clemency: The Lethal Absence of Hope," *Crim. L. Brief* 3 (2007): 3。

① 参见 Clarke D. Forsythe, "The Historical Origins of Broad Federal Habeas Review Reconsidered," *Notre Dame L. Rev.* 70 (1995): 1079。在"达内尔 (*Darnell*) 案"中，有 5 名贵族因为没有支持英国对法国和西班牙的战争而被投入黑牢，这些人向国王提出申请，要求解释自己入狱的原因。但当时的英国国王查尔斯一世拒绝作答，在上诉过程中，法院认为国王有权对囚禁他人的原因保持沉默。因为公众对此意见颇大，英国国会被迫进行了重新立法，并在后来进一步扩展。布莱克斯通曾经提出，"人身保护令是第二部大宪章，是保护我们自由的中流砥柱"。参见 Frank W. Dunham, Jr., "The Thirty-second Kenneth J. Hodson Lecture on Criminal Law: Where Moussaoui Meets Hamdi," *Mil. L. Rev.* 183 (2005): 151。

② 参见 Joseph L. Hoffmann & Nancy J. King, "Rethinking the Federal Role in State Criminal Justice," *N. Y. U. L. Rev.* 84 (2009): 791。

③ Marc D. Falkoff, "Back to Basics: Habeas Corpus Procedures and Long-term Executive Detention," *Denv. U. L. Rev.* 86 (2009): 961.

④ Jonathan L. Hafetz, "The Untold Story of Non-Griminal Habeas Corpus and the 1996 Immigration Acts," *Yale L. J.* 107 (1998): 2509.

最初人身保护令的意义和现在对这一概念的理解相去甚远。早期英国人身保护令种类繁多，但基本作用只是客观上将某一具体犯罪人从其他地方强制转移到做出人身保护令的法庭进行审理。换句话说，人身保护令的本原存在意义仅仅是确保某具体当事人能够出席庭审。① 这意味着在这一时期，所谓的人身保护令，并不考虑监禁相关当事人的理由及其正当性，而仅仅是将其作为在不同司法体系或者不同法院间争夺案件管辖权的工具。直到 14 世纪，英国法院才设计出一种考察监禁理由的令状。也正是这种对监禁理由的考察与侧重，才正式赋予了人身保护令以现代意义。② 这种强调兼顾实体自由与探究监禁正当性的组合性考察十分重要，因为通过具有此种特质的人身保护令，司法机关可以获得监督、控制包括行政机关在内其他部门行使剥夺、限制人身自由的权力。

16 世纪中后期，人身保护令已经成为英国普通法法庭抗制行政机关无理由地监禁他人的主要武器。1640 年，英国议会通过《1640 年人身保护令法》（The Habeas Corpus Act of 1640），该法明确规定，在法院发出人身保护令的情况下，英国国王及行政机关必须向做出这一人身保护令的法院移交被其关押的人，并且提供监禁理由。但这一法案存在很多程序性问题，并且无法取得预期实效，例如，实施监禁措施的行政机关往往会最大限度地利用法律漏洞，规避这一法律规定，如利用法院的休庭期实施监禁、不停地转换监禁地点或者将被监禁者转押至人身保护令不适用的苏格兰地区等。③

在这一时期，英国殖民者将人身保护令带到了北美，事实上从 17 世纪开始，虽然在不同北美殖民地，人身保护令的具体形式存在差异，但不容否

① 参见 Alan Clarke, "Habeas Corpus: The Historical Debate," *N. Y. L. Sch. J. Hum. Rts.* 14 (1998): 375。

② 参见 Dallin. H. Oaks, "Legal History in the High Court-habeas Corpus," *Mich. L. Rev.* 64 (1966): 451。

③ 到了 17 世纪后期，无论是英国普通法还是成文法中的人身保护令，都已经开始发挥保障英国人免受行政机关非法羁押的作用。在此基础上，英国人身保护令理论在 18 世纪得到了进一步发展，即开始对行政机关提供的监禁理由是否正当进行审查，并将人身保护令的适用范围扩展到非刑事案件当中。参见 Frank W. Dunham, Jr., "The Thirty-second Kenneth J. Hodson Lecture on Criminal Law: Where Moussaoui Meets Hamdi," *Mil. L. Rev.* 183 (2005): 151。

认的是，英国本土围绕人身保护令出现的争论也已经扩展到了这一地区。因此，当时北美居民对人身保护令并不感到陌生，并且已经充分认识到其在人权保护方面的重要价值。这就不难理解为什么美国独立之后，各司法区都在第一时间将英国“第二大宪章”亦即《1679 年人权法》（Corpus Act of 1679）规定在各自的宪法当中。① 但另一方面，虽然北美殖民地存在人身保护令，但当时的北美殖民地居民只享有普通法意义上的人身保护令，而不享有成文法意义上的人身保护令，这也成为北美居民不满英国统治的原因之一。因此，美国宪法在制定时，将其上升为一种原则，而非将其简单地视为一种技术层面的程序。②

　　一般认为，美国联邦最高法院在“美利坚合众国诉汉密尔顿案”（United States v. Hamilton）③ 中发出了美国历史上第一张人身保护令。但真正具有当代意义的人身保护令却直到专门修正《1789 年司法法》第 14 条的《1867 年人身保护令法》（The Habeas Corpus Act of 1867）才真正出现。《1867 年人身保护令法》的重要性在于，其正式赋予联邦法官借由人身保护令对各州已决案件的管辖权。④ 虽然这看似颇为明晰，但评论人针对立法原意存在不同看法。某些持狭义解读的学者认为，立法者设定本法的目的仅仅在于保证美国南部的黑人可以在当地享有充分且公平的审判，⑤而其他学者则认为，本法为州刑事案件审理过程中所有与联邦法相关的问题提供审查机会。⑥

---

① 参见 James Robertson，“Quo Vadis, Habeas Corpus?” *Buff. L. Rev.* 55 （2008）：1063。
② 美国宪法第 1 条第 9 款规定，“不得中止人身保护令所保障的特权，唯在叛乱或受到侵犯的情况下，出于公共安全的必要时不在此限”。
③ *United States v. Hamilton*，3 U.S. （3 Dall.） 17 （1795）. 本案中，被告人的律师根据《1789 年司法法》（The Judiciary Act of 1789）提出，被指控犯有叛乱罪的当事人有权在地区法院法官批准逮捕令的情况下获得保释。一般意义上，人身保护令针对的都是行政机关对当事人人身自由的剥夺或者限制，而本案的特殊之处在于地区法院法官在证据不足，且没有进行听证的情况下批准了对当事人的监禁决定。美国联邦最高法院最终同意本案的当事人汉密尔顿获得保释，但并未就决定的具体原因，或者正反两方的观点进行任何评价或者说明。
④ 参见 Steven Semeraro，“Two Theories of Habeas Corpus,” *Brooklyn L. Rev.* 71 （2006）：1233。
⑤ 参见 Neil McFeeley，“Habeas Corpus and Due Process: From Warren to Burger,” *Baylor L. Rev.* 28 （1976）：533。
⑥ 参见 Gary Peller，“In Defense of Federal Habeas Corpus Relitigation,” *Harv. C. r. – C. L. L. Rev.* 16 （1982）：579。

19 世纪中后期至 20 世纪早期，借由立法与司法途径，人身保护令从联邦法范围扩展到了几乎所有的刑事案件，[1] 在此期间，美国联邦人身保护令的适用范围得到了进一步扩大，并在实际上直接强化了联邦的权威。[2] 美国内战结束后，联邦人身保护令的适用范围进一步扩展至任何被违宪剥夺人身自由的人。但在二战之前，美国人身保护令的使用频率不高。历史上一共出现过四次大规模褫夺人身保护令。[3]

20 世纪早期，美国联邦法院适用人身保护令的主要目的，是用其纠正各州法院在刑事司法活动中漠视正当程序的态度。[4] 20 世纪中期，美国联邦最高法院开始以人身保护令为武器，迫使各州在刑事司法活动中积极落实宪法规定的各项权利。[5] 到了 20 世纪 70 年代，人身保护令大范围适用所导致的后遗症开始显现，一方面，联邦法院没有能力处理数目庞大的人身保护令案件，另一方面，很多当事人滥用人身保护令，缠讼、滥讼的情况比比皆是，严重干扰了正常的司法活动，削弱了联邦人身保护令的正常作用，因此，联邦法院限制人身保护令的适用。[6] 在时任美国联邦最高法

---

[1]　参见 Marc D. Falkoff, "Back to Basics: Habeas Corpus Procedures and Long-Term Executive Detention," *Denv. U. L. Rev.* 86（2009）：961。

[2]　参见 Jordan Steiker, "Incorporating the Suspension Clause: Is There a Constitutional Right to Federal Habeas Corpus for State Prisoners?" *Mich. L. Rev.* 92（1994）：862。

[3]　美国历史上曾经四次大规模褫夺当事人应该享有的人身保护令权。第一次发生在美国内战时期，由林肯总统主导。第二次发生《3K 党执行法案》出台前后，由格兰特总统主导。第三次发生在 1902 年菲律宾独立战争时期。第四次出现在二战珍珠港被袭击事件之后。参见 Paul D. Halliday & G. Edward White, "The Suspension Clause: English Text, Imperial Context, and American Implications," *Va. L. Rev.* 94（2008）：575。

[4]　在 1912 年和 1923 年，美国联邦最高法院审理了"弗兰克诉麦格纳姆案"（*Frank v. Magnum*）和"莫尔诉邓普希案"（*Moore v. Dempsey*）。这两个判例的意义在于将人身保护令从一种仅限于在缺乏管辖权或者成文法本身违宪的情况下才有限适用的救济手段，扩展为一种纠正程序不公正的救济手段。参见 Gerald L. Neuman, "The Habeas Corpus Suspension Clause After Boumediene v. Bush," *Colum. L. Rev.* 110（2010）：537。

[5]　美国学界一般认为，直到 20 世纪 60 年代，华伦法官主导下的美国联邦最高法院通过人身保护令对各州刑事实体法与程序法进行了实质性规范，州司法体系下的罪犯才获得了实质的人身保护权。华伦法庭的指导思想是应该通过额外设定的联邦审查方式来对刑事司法程序加以完善。参见 Carol S. Steiker & Jordan M. Steiker, "The Seduction of Innocence: The Attraction and Limitations of the Focus on Innocence in Capital Punishment Law and Advocacy," *J. Crim. L. & Criminology*（2005）：587。

[6]　参见 Jennifer Ponder, "The Attorney General's Power of Certification Regarding State Mechanisms to Opt-in to Streamlined Habeas Corpus Procedure," *Crim. L. Brief* 6（2011）：38。

院首席大法官伦奎斯特的主导下，一个专门委员就改革联邦人身保护令进行了长期调研。① 在此基础上，1996 年美国国会通过了《反恐与死刑增效法》，该法为联邦法院借由人身保护令对州法院的刑事判决，进行审查设定了很高的程序性标准，例如，其不仅仅规定了人身保护令的申请者应穷尽所有救济措施、程序性缺省原则，而且还为人身保护令的诉讼规定了时间限制。②

　　《反恐与死刑增效法》的出台，标志着美国人身保护令的适用进入了新的发展阶段。在这一阶段，特别是在"9·11"事件之后③，美国人身保护令制度的争议性暴露得愈发明显。很多学者认为，随着相关限制措施的出台，刑事被告人借由人身保护令制度洗刷自身冤屈受到了极大的限制。④ 另外一些学者则认为，人身保护令存在被滥用的可能，大量罪犯借由这样一种机制尽可能地拖延判决的执行，浪费大量的司法资源，动摇了刑事审判的严肃性与确定性。⑤ 目前，包括美国国会、美国司法部在内的相关部门，正在酝酿对美国人身保护令制度进行再次修改。

---

① 在博格及伦奎斯特担任美国联邦最高法院首席大法官期间，美国联邦人身保护令的申请门槛开始明显提高，例如，美国联邦最高法院通过判例，明确不得以相关为违反宪法第四修正案为根据申请人身保护令。同时，申请者必须穷尽所有可能的救济措施，才可以申请人身保护令。联邦法院不得考虑任何之前在州法院中没有提出而是在联邦法院首次提出的违反宪法的人身保护申请情况。参见 Steven Semeraro, "Two Theories of Habeas Corpus," *Brooklyn L. Rev.* 71（2006）：1233。

② 根据《反恐与死刑增效法》，只有在满足如下条件的情况下，联邦法院才可以受理人身保护令申请：（1）州法院之前的判决与美国联邦最高法院确定的联邦法相悖，或者涉及对上述法律的不当适用；（2）州法院之前的判决在案件审理过程中对事实的认定不合理。参见 28. U. S. C. § 2254（d）。

③ 美国国会为了达成所谓"反恐目的"，先后通过了《2005 年被监禁者处遇法》（DTA）及《2006 年军事委员会法》（MCA），旨在剥夺被监禁在古巴关塔那摩美军基地的所谓恐怖活动嫌疑人申请人身保护令的权利。之后，美国联邦最高法院通过 *Boumediene v. Bush*, 128 S. Ct. 2229（2008）等案例，否定了上述立法的合宪性，肯定了在特定情况下，在海外被非法限制自由的非美国公民仍然有权向美国联邦法院申请人身保护。参见 Arron L. Jackson, "Habeas Corpus in the Global War on Terror: An American Drama," *A. F. L. Rev.* 65（2010）：263。

④ 参见 Ursula Bentele, "The Not So Great Writ: Trapped in the Narrow Holdings of Supreme Court Precedents," *Lewis & Clark L. Rev.* 14（2010）：741。

⑤ 参见 Kent S. Scheidegger, "Habeas Corpus, Relitigation, and the Legislative Power," *Colum. L. Rev.*（1998）：888。

二　美国联邦人身保护令的理论构成

一直以来，针对人身保护令的价值取向与制度建构，特别是美国联邦最高法院对这一制度的解读，理解多有不同。例如，针对 19 世纪美国联邦刑事司法活动中人身保护令制度的适用根据就存在正反两方面意见。大多数学者认为，美国联邦法院对适用联邦人身保护令采取了十分谨慎的态度。[①] 但也有少部分学者持相反意见，认为这一时期美国联邦司法机关，特别是美国联邦最高法院，对人身保护令采取了积极的扩张适用。[②]

事实上，对人身保护令的扩张性解读或者限制性解读代表了美国人身保护令理论发展的两大前提。概括起来，决定不同理论走向的具体前提，可以从实体与程序两个方面进行把握。从实体角度来看，是否应该将人身保护令的存在根据限定在证明申请人的实体性无辜这一层面。从程序角度考察，对人身保护令的理论建构仍然存在不同看法，即是否将人身保护令的作用限定在保护犯罪人个人权利层面？如果不限于保护个人权利，那么人身保护令的功能究竟该如何限定？

从上述两个前提出发，可以将美国人身保护令理论概括为如下五大类。

（一）　实体正义说

人身保护令与申请者实际无辜之间的关联似乎显而易见，因此保障无辜者不承担刑责也理应成为人身保护令理论建构的基本出发点。但在现实中，人身保护令作为审后救济程序，在结构上又并不具备重启调查的现实可能性。诚如美国联邦最高法院大法官斯卡利亚所言，"美国联邦最高法院从未判决宪法禁止对一个经过程序完整、公正的司法审判被判处罪名成立，但后来在申请人身保护令的过程中可以被认定实际无辜的被告人执行

---

① 有学者认为联邦人身保护令制度仅仅在原审法院事实上不具有对申请者所涉及案件的管辖权的情况下才可以适用。参见 James S. Liebman, "Apocalypse Next Time?: The Anachronistic Attack on Habeas Corpus/Direct Review Parity," *Colum. L. Rev.* (1992): 1997。还有学者认为当时的联邦人身保护令是作为抗制非法权力适用的最后救济手段存在的。参见 Ann Woolhandler, "Demodeling Habeas," *Stan. L. Rev.* 45 (1993): 575。

② 参见 Henry J. Friendly, "Is Innocence Irrelevant? Collateral Attack on Criminal Judgments," *U. Chi. L. Rev.* 38 (1970): 142。

死刑"。① 这种表述，虽然与人们借由人身保护令保证无辜者免受不当刑责的直觉相悖，但在技术上没有任何问题。1993年，在"赫里拉诉柯林斯案"（*Herrera v. Collins*）② 中，美国联邦最高法院明确认定，宪法第八修正案禁止"残忍且不寻常的刑罚"条款，不支持将死刑候刑者的实际无辜作为批准其人身保护令申请的根据。1981年，得克萨斯州的两名警员先后被人枪杀，受害人、证人都指认赫里拉是凶手，而这一认定也得到了包括赫里拉社会保障卡上的血迹、车牌号等物证的佐证。1982年，赫里拉出庭受审，一个陪审团判定赫里拉谋杀罪名成立，在另外一起谋杀罪审理过程中，赫里拉与检方达成了控辩协议。10年之后，赫里拉向联邦法院申请人身保护令，理由是自己并没有实施杀人行为，并提出了两份证言，证明一名已经死亡的罪犯才是真正的凶手。赫里拉提出，既然自己是无辜的，对自己的死刑判决就违反了宪法第八修正案禁止"残忍且不寻常的刑罚"条款。对此，以伦奎斯特为首的多数派法官认为，基于新出现的证明罪犯无辜的证据是无法主张人身保护令的，如果承认这样的一种做法，将会对美国联邦司法体系造成严重的损害。同时，赫里拉可以通过申请州长特赦寻求司法救济。奥康纳法官也认为，因为陪审团对赫里拉的审判程序合法，没有任何违反宪法之处，因此，从法律上来讲，赫里拉就是有罪的。布莱克曼、史蒂文斯及苏特法官持反对意见，认为明知申请者无罪，仍然驳回其人身保护令申请的做法明显违背人类社会正当性。

（二）纯粹程序说

与强调保证实体正义的少数派学说不同，相当多的美国学者坚持认为应该对人身保护令进行单纯程序性的法理解读。③ 换句话说，在这些学者看来，人身保护令本身并不属于一项实体性权利，而是一种保障个人自由的程序性建构，即通过设定程序，防止出现非法剥夺人身自由的

---

① 参见 Joshua M. Lott, "The End of Innocence? Federal Habeas Corpus Law After in Re Davis," *Ga. St. U. L. Rev.* 27 (2011): 443。

② 参见 *Herrera* v. *Collins*, 506 U. S. 390 (1993)。

③ 参见 Paul M. Bator, "Finality in Criminal Law and Federal Habeas Corpus for State Prisoners," *Harv. L. Rev.* 76 (1963): 441。

情况。① 在 1915 年和 1923 年，美国联邦最高法院分别通过"弗兰克诉麦格纳姆案"（*Frank v. Magnum*）② 和"摩尔诉邓普希案"（*Moore v. Dempsey*）③，将人身保护令从一种仅在联邦司法机关缺乏管辖权或者地方成文法本身违宪的情况下才有限适用的救济手段，扩展为一种纠正程序不公正的救济手段。④ 同"实体正义说"类似，"纯粹程序说"的适用范围也十分有限，换句话说，只有在州法院无法为申诉人的联邦宪法请求提供充分且公平的听证机会的情况下，才可以启动联邦人身保护令。⑤ 例如，类似于没有遵从非法证据排除规则，或者在警方没有进行"米兰达警告"（Miranda Warnning）⑥ 的情况下犯罪人的认罪等，都无法作为启动人身保护令的根据，只有像法官拒绝申诉人要求律师代理的要求并迫使其自行辩护等少数剥夺犯罪人充分且公平听证机会的情况，才可以作为人身保护令的提请根据。⑦ 显而易见，根据"纯粹程序说"，人身保护令启动与否与申诉方是否有罪没有必然联系。⑧

（三）程序加实体说

相较于"实体正义说"与"纯粹程序说"对实体或者程序的单方面强调，目前一种较为有力的学说认为，不应采取非此即彼的简单二分法。但是对实体和程序究竟采取择一制还是兼容制，其所导致的联邦人身保护令的适用范围是不同的。如果承认州法院没有为被告人提供充分且公平的聆

---

① 参见 Alan Clarke，"Habeas Corpus：The Historical Debate，" *N. Y. L. Sch. J. Hum. Rts.* 14（1998）：375。

② 参见 *Frank v. Magnum*，237 U. S. 309（1915）。

③ 参见 *Moore v. Dempsey*，261 U. S. 86（1923）。

④ 参见 Steven Semeraro，"Two Theories of Habeas Corpus，" *Brooklyn L. Rev.* 71（2006）：1233。

⑤ 参见 Barry Friedman，"A Tale of Two Habeas，" *Minn. L. Rev.* 73（1988）：247。

⑥ 警告的内容为："你有权保持沉默。你对任何一个警察所说的一切，都可能被作为法庭对你不利的证据。你有权在接受询问时要求律师在场。如果你请不起律师，可以为你指定一名律师。"相关介绍及其对美国刑事司法特别是相关证据法的影响，以及其所遭遇的挑战，参见〔美〕珍妮特·艾斯沃思《限制警察讯问中的强权：米兰达诉亚利桑那案——失效的诺言》，田荔枝、张婷婷译，载陈金钊、谢晖主编《法律方法》第 15 卷，山东人民出版社，2014，第 228 页。

⑦ 参见 Paul D. Halliday & G. Edward White，"The Suspension Clause：English Text，Imperial Contexts，and American Implications，" *Va. L. Rev.* 94（2008）：575。

⑧ 参见 Evan Tsen Lee，"The Theories of Federal Habeas Corpus，" *Wash. U. L. Q.* 72（1994）：152。

讯机会，即可启动人身保护令；或者，如果申诉人能够证明自己是清白的，也可以启动人身保护令。这就意味着在申请人程序权或者实体权遭受侵犯的情况下，都可以启动人身保护令。[①] 这种观点固然具有广泛的适用性，却会导致人身保护令案件申请数量的激增，拖垮整个联邦司法体系。1993 年，美国联邦最高法院在"赫里拉诉柯林斯案"[②] 中明确提出，为了限制人身保护令的滥用可能，必须将实体无辜与程序权利保障结合起来，进而在刑事判决的终局性、保护个人权利与防止联邦人身保护令滥用之间寻找一种微妙的平衡。根据"程序加实体说"，任何联邦人身保护令的申请者，必须首先证明自己应该享有的宪法程序权利受到了侵犯，人身保护令申请遭拒可能导致严重后果，只有在申请者无法证明上述事实的情况下，才可以将实际无辜作为申请人身保护令的根据。[③]

（四）联邦主义说

应该承认，无论是"实体正义说"、"纯粹程序说"还是"程序加实体说"，都是围绕公民个人权利展开建构的。除此之外，还有一些学者认为人身保护令的价值取向事实上已经超越了公民权利，而应该上升至更为宏观的层面。在这些学者看来，对公民权利的保护只是捍卫美国三权分立的政治体制，强化美国联邦对地方司法实务制约的必然结果。[④] "准确地说，人身保护令不是保障个人生理自由的程序性工具，而是一种用来规制、分配司法管辖权的工具。"[⑤] 显然，此种观点的成立需要建立在如下两个前提下：首先，各州作为审后救济程序的人身保护令程序与联邦人身保

---

① 参见 Henry J. Friendly，"Is Innocence Irrelevant? Collateral Attack on Criminal Judgments，" *U. Chi. L. Rev.* 38（1970）：142。

② 参见 *Herrera v. Collins*，506 U. S. 390（1993）。

③ 参见 Joshua M. Lott，"The End of Innocence? Federal Habeas Corpus Law After in Re Davis，" *Ga. St. U. L. Rev.* 27（2011）：443。

④ 在这些学者看来，总体上，人身保护令具有如下两点作用：（1）宪法起草者认为并且希望将人身保护令作为确保民权、维护制衡分权原则的重要机制；（2）人身保护令最为重要也最受争议的功能即保证已经被州法院审结定案的罪犯通过联邦法院质疑自己所面临判决。参见 Michael E. Tigar，"Habeas Corpus and the Penalty of Death，" *Colum. L. Rev.* 90（1990）：255。

⑤ Larry W. Yackle，"Explaining Habeas Corpus，" *N. Y. U. L. Rev.* 60（1985）：191.

护令程序存在实质差异①；其次，地方层级的人身保护令不足以充分保障犯罪人的宪法性权利，因为地方通过选举产生的法官更乐于通过驳回人身保护令申请来体现自己打击犯罪的坚定决心，而让联邦法官收拾残局。②这种强调司法活动中联邦话语权的人身保护令理论固然可以突出联邦权威，却容易造成联邦法院不得不耗费大量司法资源受理几乎海量的人身保护令申请，往往会造成案件审理质量不高或者久拖不决的情况出现。另外，"联邦主义说"很容易造成联邦与州司法权之间的紧张关系。1886 年，美国联邦最高法院明确提出③，只有在穷尽所有的州内救济手段之后，才可以启动联邦人身保护令申请程序。但现实中，州是否可以主动放弃相关穷尽性要求还是一个未决的敏感性问题。同时对某些敏感案件，还容易造成州与联邦争夺人身保护令管辖权的现象。④

（五）震慑说

一部分学者从功利主义出发，认为虽然人身保护令制度对州和联邦的司法资源造成较大负担，但在另一方面却有助于震慑各州在司法过程中的违反宪法行为。可以想象，如果不存在人身保护令，很多州法院法

---

① 以得克萨斯州为例，该州为了加快程序、提高效率，采取了一种所谓的整合模式，即死刑案件的强制上诉程序与人身保护令程序同时进行。在强制上诉过程中，上诉人只能根据案件涉及的法律问题进行主张，而不能提出一审范围之外的事实。但在人身保护令程序当中，申诉方可以就案件审理的公平公正性提供新的证据，例如，辩护律师在审理过程中表现是否适当、检方是否隐藏了关键物证、陪审团的行为是否不当等。这些问题显然必须通过新的事实才能加以验证。例如，律师经过调查发现，检方没有提供一名关键证人曾经说谎的证据，那么就可以因此启动人身保护令程序。另外，申请人还可提供证明自己无辜的新物证或者证明自己并不属于罪大恶极，该当死刑的那类人。而州人身保护令程序也开创性地开始审查通过案外证据证明的律师表现蹩脚、检方行为不当、陪审员的错误行为或者无辜的物证等。根据相关规则，联邦人身保护令程序不得审查州人身保护令程序没有审查的问题，而是只能审查那些已经被提出的指控与主张。因为联邦与州人身保护令程序都不支持无休止的申请，因此如果州法院的人身保护令程序进行得很糟糕，那么几乎也就宣告了联邦人身保护令程序的死亡。参见 Andrea Keilen and Maurie Levin，"Moving Forward：A Map for Meaningful Habeas Reform in Texas Capital Cases，" *Am. J. Crim. L.* 34（2007）：207。

② 参见 Steven Semeraro，"Two Theories of Habeas Corpus，" *Brooklyn L. Rev.* 71（2006）：1233。

③ *Ex Parte Royall*，117 U. S. 254（1886）。

④ 参见 Lawrence S. Hirsh，"State Waive of the Exhaustion Requirement in Habeas Corpus Cases，" *Geo. Wash. L. Rev.* 52（1984）：419。

官将会更加无所顾忌，认为只要审判定案，就不必担心其被联邦法院所推翻。[1] 和"联邦主义说"类似，"震慑说"也认为人身保护令的目的在于行使权力，而非单纯的保障自由。的确，从某种程度上，包括英国在内，早期的人身保护令的确有确保当事人出庭以及监狱人员尊重国王的统治的震慑作用。[2] 换句话说，当代人身保护令在很大程度上被用来作为防止各州在刑事司法的过程中侵犯公民宪法权。很多学者也认为作为震慑工具的联邦人身保护令与证明犯罪人无辜的目标之间并不冲突。[3] 这一观点甚至还得到了美国联邦最高法院大法官意见的佐证。[4] 事实上，当美国国会最早借由人身保护令制度赋予联邦法院享有对州司法管辖下的罪犯的管辖权时，其目的即在于通过这一措施监督、规范各州的司法活动。毕竟，国会所面临的不仅仅是具体的个案，而是某些州系统性地拒绝适用联邦法律包括宪法的现象。[5] 从这个原因来看，联邦人身保护令绝对不是单纯地将被错误监禁的个人解放出来，更应该是震慑各州去保证当事人该当的宪法权利。[6] 从实际运行效果来看，"震慑说"的正当性体现得并不明显，有很多地方法官丝毫不在乎自己的案件审理结果是否会被联邦司法体系推翻，甚至在案件审理的过程中抱着"对这种程序性的缺陷未来会有联邦法官纠正"的心态从事司法活动。但在另一方面，又不是所有的申请者都会获得联邦人身保护令，虽然人身保护令对罪犯很少能够提供有意义的救济，并且对各州司法活动也并无太大的震慑作用，却占据了大量的司法资源。[7]

虽然美国联邦人身保护令理论存在诸多学说，争论纷纷，却基本上属

---

① 参见 James S. Liebman，"Apocalypse Next Time?：The Anachronistic Attack on Habeas Corpus/Direct Review Parity，" *Colum. L. Rev.*（1992）：1997。

② 参见 Eve Brensike Primus，"A Structural Vision of Habeas Corpus，" *Calif. L. Rev.* 98（2010）：1。

③ 参见 Evan Tsen Lee，"The Theories of Federal Habeas Corpus，" *Wash. U. L. Q.* 72（1994）：151。

④ 参见 *Desist* v. *United States*，394 U. S. 244（1969）。

⑤ 参见 George C. Thomas Ⅲ，"When Constitutional Worlds Collide：Resurrecting the Framers' Bill of Rights and Criminal Procedure，" *Mich. L. Rev.* 100（2001）：145。

⑥ 参见 Ann Woolhandler，"Demodeling Habeas，" *Stan. L. Rev.* 45（1993）：575。

⑦ 参见 Douglas A. Berman，"Making the Framers' Case, and a Modern Case, for Jury Involvement in Habeas Adjudication，" *Ohio St. L. J.* 71（2010）：887。

于一种在实体正义与程序正义、个人权利与联邦权力、实用主义与道德至上这种二元对立价值目标之间的犹疑，任何一种学说本身都存在明显的不足之处。在不同的历史时期，基于不同的政经形势，以及联邦法官特别是最高法院大法官不同的价值取向，美国联邦人身保护令理论及其具体表现形式也相应地呈现出不同的样态。但无论具体情况如何，联邦人身保护令都应被视为是对上述对立价值的一种折中与平衡。

三 美国联邦人身保护令的适用特点

根据相关法律规定，美国联邦最高法院、联邦巡回法院与联邦地区法院法官享有人身保护令申请的管辖权。[①] 而任何被美国有权机关监禁的人都可以就对自己的监禁行为"违反了美国宪法、法律或者美国签署的条约"为由，向联邦司法机关申请人身保护令。[②]

美国联邦人身保护令适用程序中较为突出的特征在于如下几点。[③]

---

① 参见 28 U.S.C. § 2241 (a)。

② 根据 28 U.S.C. § 2241 (e) (1)，"对被美国作为地方战斗人员加以适当监禁或者等待此类认定的外国人，任何法庭、法官无权听取或者接受其所提出的人身保护令申请"。与此相关，2002 年布什政权将古巴关塔那摩海军基地作为军事监狱。2004 年，美国联邦最高法院在"拉塞尔诉布什案"（Rasul v. Bush）中认定联邦法院对关塔那摩被监禁的人员具有管辖权。随即，美国政府成立了"作战人员身份审查委员会"（CSRTs），并试图以此为被监禁者提供一种"充分且有效"的人身保护令替代措施。2005 年，美国国会通过《被监禁者处遇法》（Detainee Treatment Act），其内容大体类似于之前所提到的 28 U.S.C. § 2241 (e) (1) 的规定，旨在剥夺联邦地区法院对此类案件的管辖权。然而，在 2006 年，美国联邦最高法院在"哈姆丹诉拉姆斯菲尔德案"（Hamdan v. Rumsfeld）中以违反相关国际法为由，判令军事委员会无权审理其所谓的恐怖分子。国会再一次试图通过制定《2006 年军事委员会法》（Military Commissions Act of 2006）来限制联邦管辖权，剥夺被监禁者申请人身保护令的权利。2008 年，联邦最高法院在"包密迪尼诉布什案"（Boumediene v. Bush）中认定这种规定违宪，认为负责审理人身保护令的法院必须具有足够的权力对行政机构的监禁权及监禁的理由进行有意义的审查，并明确将对关塔那摩被监禁者的人身保护令申请管辖权交给哥伦比亚特区。在本案中，美国联邦最高法院重新肯定了被监禁者获得人身保护令的权利，在历史上首次不承认行政方面在军事行动过程中做出的判断。参见 Baher Azmy, "Executive Detention, Boumediene, and the New Common Law of Habeas," *Iowa L. Rev.* 95 (2010)：445。

③ 参见 Randall Coyne and Lyn Entzeroth, *Capital Punishment and the Judicial Process* (Durham, North Carolina: Carolina Academic Press, 2006)：768-769。

（一）诉讼时效条款[①]

美国联邦法律对联邦人身保护令规定了一年的诉讼时效。对这一诉讼时效的理解，可以从诉讼时效的起算时点的确定及诉讼时效是否中断等几个方面入手。根据相关法律规定，联邦人身保护令的时效起始时间一般被认为是原判经上诉审理定验之日。除此之外，如果罪犯并未就原判提起上诉，则申请联邦人身保护令的时效起点为法定上诉期满之日。针对某些罪犯主张自己申请联邦人身保护令的权利受到州法院的不当干涉，联邦人身保护令诉讼时效条款规定，如果某州违反宪法或者美国联邦法律对申请者提起人身保护令申请设置了障碍，并且导致犯罪人因此无法提起人身保护令申请的，时效起点为该障碍消除之日。在极少数情况下，如果美国联邦最高法院新承认了某项可以影响人身保护令的宪法权利，并且规定此项权利可以回溯性适用，则与该项权利有关的联邦人身保护令的申请时效起点为该权利被最高法院正式承认之日。最后，如果罪犯用来申请人身保护令的事实虽然在之前尽到了充分谨慎的发现义务却没有发现，之后又重新发现的，则该罪犯申请人身保护令的一年诉讼时效起点可以被确定在该事实被发现之日。值得一提的是，对州已定验的判决在审后提起的附带审查申请期间不得计算在这一年的诉讼时效之内。

（二）律师及相关资助条款

为了解决生活贫困罪犯无力支付律师及相关诉讼费用申请人身保护令的问题，《反恐与死刑增效法》也规定了相关的处理措施。例如，"如果在申请人身保护令的过程中，申诉方获得了作为贫民申诉的判令，那么任何一个美国法院的工作人员都应在审理人身保护令的法官的命令下，免费为其提供其所保管的相关的司法文书"。[②] 除此之外，联邦法院还对为符合条件的贫困的人身保护令申请者提供法律服务的律师设定了收费的上限。因此，相关律师只有在能够合理证明自己获得了当事人授权的情况下，才可

---

① 参见 28 U. S. C. § 2244 (d)。
② 28 U. S. C. § 2250.

以单方面申请向相关证人或者调查活动提供资金，并且此类资金使用存在封顶数额限制。

（三）穷尽州救济措施条款①

《反恐与死刑增效法》坚持了将联邦人身保护令程序作为各州刑事司法救济程序补救措施的看法，要求在一般情况下，申请者只有在已经穷尽了其所在州能提供的所有救济措施的情况下，才可以向联邦法院申请人身保护令。但如果申请者仅仅是根据该州法律所设定的某种程序，主张相关权利，不得认为其已经穷尽了州法所能提供的所有救济手段。只有在该州不存在有效的审后救济程序，或者虽然存在某种救济措施，却无法有效保障申请人该当的宪法权利的情况下，才可以不考虑所谓穷尽该州救济措施的规定。值得一提的是，《反恐与死刑增效法》明确规定，对那些没有穷尽州法所能提供的所有救济措施的申请者提出的人身保护令申请，联邦法院可以选择根据申请本身的情况直接将申请加以驳回，从而节省司法资源。另外，只有该州通过明示的方式放弃穷尽本州司法救济措施的要求的情况下，联邦法官才可以对其加以认定。

（四）连续申请人身保护令的限制

对人身保护令滥用的制度性预防，非常重视联邦人身保护令决定的终局性。《反恐与死刑增效法》明确规定，"除第 2255 节规定的情况之外，任何联邦巡回法院或者地区法院或者法官都无权受理被监禁者再次提起的之前已经由某个美国法院驳回了的人身保护令申请"。这就意味着除了法律明确规定的例外情况，不会出现重复申请人身保护令的情况。所谓例外情况，是指"根据国会立法，被监禁剥夺人身自由的罪犯，可以根据判决违反美国宪法及法律、原审法院无权管辖该案，或者量刑超过法定上限，或者合并上述根据，要求法院撤销原判，改判或者发回重审"。② 另外，"对根据本节规定申请人身保护令的申请者，如果没有向原审法院申

---

① 28 U.S.C. § 2254 (b).
② 28 U.S.C. § 2255 (a).

请过救济措施，或者虽然提出申请，但被该法院驳回的，不得向联邦法院提起人身保护令申请，除非能够证明相关救济措施无法有效、充分地改变其被监禁的合法性"。①

（五）　对联邦人身保护令审理结果的上诉②

虽然强调联邦人身保护令的终局性，例如《反恐与死刑增效法》明确规定，不得针对人身保护令诉讼过程中改变审理法院的命令的有效性提出上诉，不得对改变申请人羁押地点的决定提出上诉。但这并不是说对联邦法院做出的决定不得进行上诉，对联邦地区法院针对人身保护令申请所做出的裁定，可以向对其有管辖权的联邦巡回上诉法院提出上诉。需要注意的是，针对联邦地区法院对人身保护令申请所做出的裁定，申请人只有在获得联邦巡回上诉法院法官做出的可上诉批准书的情况下，才可以提起上诉，而申请者只有十分明确地证明自己的宪法权利因为申请人身保护令未果而受到了严重伤害，才能获得此类批准。

四　死刑案件中联邦人身保护令的适用反思

不可否认，包括联邦人身保护令在内的审后救济程序所承载的价值诉求注定是多元的，甚至是矛盾的，但这种多元或者矛盾却又是一种无法忽视、不可改变的客观存在。虽然从本原意义上说，刑事司法活动的运行应该高度可靠、高度客观、高度公正，并且在刑事司法体制内部与外部都存在行之有效的纠错机制，从而确保其以一种不明显违背社会法情感的常态运行，但现实并非如此。

首先，从美国刑事司法本身的运行实态来看，存在着案件数量与案件质量反比运行的尴尬。截至 21 世纪初，美国监狱中的犯罪人数已经从 20 世纪 70 年代的 33 万人左右飙升至 200 多万人。③ 可想而知，实际审判的案件数量要远远超过这一数字。案件数量的激增导致相对有限的司法资源不

---

① 　28 U. S. C. § 2255 （e）.

② 　28 U. S. C. § 2253.

③ 　参见 Bryan A. Stevenson, "Confronting Mass Imprisonment and Restoring Fairness to Collateral Review of Criminal Cases," *Harv. C. R. –C. L. L. Rev.* 41 （2006）: 339。

得不被"摊薄"，案件审理质量下降。面对如此之多的被告人，很多州显得有些应接不暇。甚至对很多死刑案件，州法院指定的律师因为薪酬较低，加之执业道德下降，未能尽职履责，导致大量刑事案件审理质量极低，最终导致极高的翻案率。但基于对原审的尊重，以及审后救济措施的相对限制，在很多案件中，即使出现了辩护律师当庭睡觉、在庭审的过程中表现出醉态或者对相关法律一无所知的情况，法官仍然维持了死刑判决。除此之外，警方及检方的滥权及玩忽职守也使得美国刑事司法体系的公正性出现了动摇。① 其中一个非常著名的事件就是 2003 年，时任伊利诺伊州州长的瑞恩因为芝加哥南区警察局的警探通过刑讯逼供等方式使得 3 名死刑候刑者供认有罪，下令对该州 163 名死刑候刑者全部减刑。除此之外，DNA 证据的大量适用也使得美国死刑体系开始动摇。②

其次，面对刑事司法活动可靠性及正当性方面存在的问题，以联邦人身保护令为代表的审后救济措施也处于一种两难境地。一方面，如果坚持联邦人身保护令的本原理念，无论是实体正义还是联邦主义，抑或是震慑司法失范，势必会导致大量案件被再审或者判决被推翻，这在司法资源绝对紧张的现实面前多少显得有些不切实际。事实上，虽然存在上述种种限制，但是申请联邦人身保护令的数量还是与日俱增。同时，随着相关程序的日益烦冗，申诉个案进入联邦庭审程序的时间以及联邦司法体系用来解决这一申请的时间也都出现了大幅度的增加。因此，更多的努力被投入程序性游戏当中，而较少关注实体性问题。同时，在花费了如此大的资源与时间之后，一般来说非死刑案件当中批准人身保护令的概率不高于百分之一。③ 另一方面，如果承认司法资源的有限性，承认刑事司法活动存在的问题，承认联邦人身保护令无法有效地震慑各州的刑事司法擅断与滥权，承认惯常意义上联邦人身保护令申请程序因为拖冗而给司法机关造成的不当负担，就应该从更为功利的角度，通过制度设计限制人身保护令的适用

---

① 参见 Joshua M. Lott，"The End of Innocence？Federal Habeas Corpus Law After in Re Davis，" *Ga. St. U. L. Rev.* 27（2011）：443。

② 参见 Shawn Armbrust，"Reevaluating Recanting Witnesses：Why the Red-headed Stepchild of New Evidence Deserves Another Look，" *B. C. Third World L. J.* 28（2008）：75。

③ 参见 Margo Schlanger，"Inmate Litigation，" *Harv. L. Rev.* 166（2003）：1555。

范围，加速人身保护令的适用进程。这样，固然可以节约诉讼资源、提升申请处理速度，却在另一方面牺牲了联邦人身保护令的本质价值取向，从而使其沦为一种更多具有象征意义、适用范围与效果相对有限的形式性救济措施。[①]

应该承认，上述两种倾向都不具有全然的压倒性，因此，包括美国联邦最高法院在内的联邦司法机关对联邦人身保护令的适用态度多少是有些暧昧不清的。但无论如何，死刑案件一直是美国联邦最高法院及各级联邦法院适用人身保护令的主要关注类型。据统计，有超过 40% 的死刑案件判决通过人身保护令申请最终被推翻。[②] 的确，和航空业与医疗业一样，死刑的适用无疑有将无辜的人置于生死边缘的绝对风险。因此，死刑人身保护令程序就是死刑适用过程中的一种质量控制程序。作为最后的一道安全网，这种程序尽力将可能的无辜者"打捞上来"，防止其被误杀。[③]

虽然相较于其他类型的刑事案件，死刑案件因为其对生命的剥夺而被认为具有特殊性，因此更需要通过诸如联邦人身保护令的审后司法救济方式加以确证。但另一方面，美国死刑的适用范围与适用程序却依然存在相对宽泛[④]与绝对冗长[⑤]的痼疾。因此，一个不幸但必须正视的事实就是，现

---

① 尽管人身保护令对罪犯很少能够提供有意义的救济，并且对各州司法活动也并无太大的震慑作用，但仍然占据了大量的司法资源。

② 参见 Steven Semeraro, "Two Theories of Habeas Corpus," *Brooklyn L. Rev.* 71 (2006): 1233。

③ 参见 Andrea Keilen and Maurie Levin, "Moving Forward: A Map for Meaningful Habeas Reform in Texas Capital Cases," *Am. J. Crim. L.* 34 (2007): 207。

④ 从理论上来讲，一般情况下，目前美国各司法区针对剥夺他人生命的犯罪适用死刑。根据得克萨斯州法律规定，共有 9 种犯罪该当死刑，其中包括重罪谋杀、受雇杀人、杀害警察、谋杀不满 6 岁的儿童等。加利福尼亚州允许对 21 种法定情节的一级谋杀判处死刑。据调查，大约 87% 的一级谋杀犯罪都将被判处死刑。参见 Steven F. Shatz & Nina Rivkind, "The California Death Penalty Scheme: Requiem for Furman?" *N. Y. U. L. Rev.* 72 (1997): 1283。

⑤ 在完成一般意义上的定罪与量刑程序之后，被判死刑的犯罪人一般自动享有上诉权。例如在加州，被判处死刑的罪犯可以向加州最高法院提出上诉。如果加州最高法院批准了死刑判决，那么该罪犯可以向加州最高法院申请人身保护令，而就该州最高法院的决定还可以申请美国联邦最高法院加以审查。该罪犯还可以向美国联邦地区法院申请人身保护令，而就该地区法院的决定又可以向美国第九巡回上诉法院以及美国联邦最高法院申请审查。根据加州死刑审查委员会的报告，导致加州死刑体制失效的原因在于其诉讼过程的拖冗。美国全国死刑从判决到执行平均为 12.25 年，而加州最长，约为 17.2 年。而加州那些死刑判决被联邦法院撤销的被告人需要等待 16.75 年，远远高于美 （转下页注）

代意义上的美国联邦人身保护令制度的设计建立在尽可能加速死刑案件的结案与执行过程这一基础上。[①] 2010 年，美国第 111 届国会试图通过立法，允许死刑犯根据可以证明其"可能无辜"的证据申请联邦人身保护令，但最终未果。[②] 这也从一个侧面证明了当前美国联邦人身保护令注重提升死刑案件审理效率的倾向并未发生实质改变。事实上，1996 年《反恐与死刑增效法》的初衷即在于加速各州死刑的审理与执行进程，并通过立法将其具体化，同时规定了各州执行这一规定所应具备的条件。因为长期以来没有哪个州能够达到该法规定的相关条件，美国国会后来通过《美国爱国法完善与再授权法》（USA PATRIOT Improvement and Reauthorization Act）对相关的适格条件进行了调整。[③]

之所以强调加速死刑案件联邦人身保护令进程的必要性，根本原因还是死刑与联邦人身保护令之间的密切联系。和那些服监禁刑的人不同，任何一个等待被执行死刑的犯罪人都会穷尽一切可能的救济措施拖延死刑的执行，并推翻死刑判决。因此，从某种程度上，相较于较为固定的原审、上诉程序，较为灵活的联邦人身保护令程序对在死亡线上挣扎求生的死刑犯来说，无疑可以被视为最后的救命稻草。因此，不考虑是否

（接上页注⑤）国平均的 11 年。导致这种情况出现的原因不仅在于程序的烦冗，更在于州死刑审理程序存在大量违反宪法的情况，同时存在误判的可能。另外，对很多死刑犯来说，等待政府为其指定律师也很漫长，一般等待的时间约为 8 年到 11 年。同时，被告人在申请联邦人身保护令之前必须穷尽所有州的救济措施。截至 2008 年 6 月，加州死刑罪犯提出的人身保护令未能及时处理的数量超过了 100 起。参见 Sarah Rose Weinman, "Note: The Potential and Limits of Death Penalty Commissions as Tools for Reform: Applying Lessons from Illinois and New Jersey to Understand the California Experience," *Berkeley J. Crim. L.* 14 (2009): 303。

① 例如，前美国联邦最高法院大法官史蒂文斯指出，"政府故意或者过失造成死刑适用拖冗的行为违反宪法"。与此类似，美国国会通过立法授权总检察长有权批准各州为无钱聘请律师但又要申请人身保护令的罪犯提供法律师，以期加速救济程序的进程。当然，对此有学者持不同意见，认为应该由联邦法院享有批准权。参见 Jennifer Ponder, "The Attorney General's Power of Certification Regarding State Mechanisms to Opt-in to Streamlined Habeas Corpus Procedure," *Crim. L. Brief* 6 (2011): 38。

② 参见 Charles Doyle, "Habeas Corpus Legislation in the 111th Congress," www. fas. org/sgp/crs/misc/R41011. pdf, 最后访问日期：2014 年 3 月 21 日。

③ 参见 Charles Doyle, "Federal Habeas Corpus: A Brief Legal Overview," http://www. fas. org/sgp/crs/misc/RL33391. pdf, 最后访问日期：2013 年 1 月 23 日。

具有实质正当性的滥诉、缠诉自然显得不可避免。① 从另一方面，鉴于死刑的不可逆性，为了避免遭受司法擅断的诟病，负责审查死刑案件人身保护令的法官也往往十分谨慎，从而导致死刑案件最终被推翻的概率较高。根据学者的调查，1976—1985 年，49%的死刑案件借由人身保护令得以最终翻案。但从较为实际的角度判断，除了上诉因素之外，真正制约美国死刑案件联邦人身保护令适用程序冗长，案件久拖不决，甚至出现大量翻案的症结还在于大多数死刑犯经济条件不佳，无力独立聘用符合资质的代理律师，而司法机关掣肘于资源的相对有限，无法同时为大量死刑候刑者安排指定律师。换句话说，等待适格律师的时间是造成死刑案件阻滞的根本原因所在。在《反恐与死刑增效法》出台之前，相关的联邦法律规定，对经济条件不佳的死刑犯，在人身保护令申请的任何阶段，都应为其指定辩护律师。为了避免因等待指定律师而导致联邦人身保护令的审理程序过分拖冗，《反恐与死刑增效法》规定了一种所谓"选择性"适用条款，规定各州可以在符合条件的情况下建构为贫穷死刑犯提供律师及相关资源的机制。对那些选择建构这种机制的州，《反恐与死刑增效法》规定，申请人身保护令的死刑犯只能在申请期间享有一次死刑暂缓执行的机会。② 这就彻底改变了之前死刑执行可以被屡次暂停的现象。同时，该法还对那些适用"选择性"条款的州规定了 180 天的诉讼时效，并对申请者提出申请的理由等进行了严格限制。③

　　从这个意义而言，美国死刑案件中联邦人身保护令的适用处于一种较为尴尬的境地。一方面，联邦人身保护令的设定初衷与存在根据在于其所具有的纠错功能，这一点在死刑案件中体现的重要性尤为明显。另一方面，联邦人身保护令的适用又需要面对司法资源有限及刑事司法活动的终局性的压力。虽然在不同历史时期，美国死刑案件中联邦人身保护令的适用对上述两种目标的侧重多有不同，但大体上仍然试图在两者之间寻找平衡。换句话说，只要还存在死刑，就一定会存在某种司法救济措施，就一

---

① 参见 John Kaplan，"The Problem of Capital Punishment," *U. Ill. L. Rev.* (1983)：555。

② 28 U. S. C. § 2262.

③ 参见 Charles Doyle，"Federal Habeas Corpus：A Brief Legal Overview," http：//www. fas. org/sgp/crs/misc/RL33391. pdf，最后访问日期：2013 年 1 月 3 日。

定会存在目前联邦人身保护令所面对的问题，也就一定会存在对上述目标的折中与平衡。

第五节　美国死刑的执行方式与执行程序

如果死刑判决永远得不到执行，那么将会丧失其最终正当性。从这个意义而言，死刑能否执行，以及如何执行也成为死刑存在与否的根本性标志之一。如果说死刑本身是一种具有高度仪式性①的刑罚方式，那么死刑的执行，包括执行地点、执行方式等细节都将成为决定这一仪式是否成功的具体要素。

更为重要的是，在美国，死刑执行方式是否合宪还在很大程度上决定着死刑本身的可适用性。显而易见的是，虽然从根本上认定死刑本身违反美国宪法显得多少有些不切实际，但通过质疑死刑执行方式本身的合宪性从而事实上阻止死刑的实际适用，长期以来却一直被视为一种具有可操作性的规避死刑办法。例如，早在 1878 年，美国联邦最高法院就曾针对枪决这一死刑执行方式的合宪性进行过确认。②

---

① 死刑执行的这种仪式性，在 1982 年美国得克萨斯州在死刑恢复后第一次执行时体现得尤为明显。当时，黑人查理斯·布鲁克斯（Charlie Brooks）因为绑架、杀害了一名白人，成为 1964 年后在得克萨斯州被执行死刑的第一人。据报道，当时一群死刑支持者在得知这一消息之后打着标语、别着电椅图样的胸针，在死刑执行地点外聚集狂欢直到筋疲力尽。另外一起代表性事件发生在 1983 年 12 月 4 日，奥垂（J. D. Autry）因为枪杀一名便利店店员并且抢劫了 6 扎啤酒而被判死刑。虽然之前计划的死刑执行时间是午夜，但下午的时候大量的死刑支持者就开始在得克萨斯州司法矫正部由红砖砌成的死刑执行室外集会，其中大多数人来自附近的休斯敦大学，并且主要来自培养未来警官和法官的刑事司法学院。随着死刑执行时间的临近，聚集的人群当中出现了上百个条幅，人们挥舞着酒瓶，欢庆奥垂生命的最终结束。在一个标语牌上描绘了一个装满啤酒的注射器，同时配有解说："嘿，奥垂，这是给你的啤酒。"据目击者回忆，在死刑执行室内都可以听到外面的欢呼声。但富有戏剧性的是，奥垂的死刑执行因故被最后叫停，当负责死刑执行的狱方向等候在外面的人群宣布死刑执行将不再继续的时候，正在欢庆的人群变得十分尴尬，开始向这位司法官员大声嚷叫，并最终演变成一场骚乱。参见 Brent E. Newton, "A Case Study in Systemic Unfairness: The Texas Death Penalty, 1973–1994," *Tex. F. on C. L. & C. R.* 1 (1994): 1.

② 参见 *Wilkerson v. Utah*, 99 U. S. 130 (1878).

一　美国死刑执行方式的历史镜像[①]

从时间维度来看，美国的死刑执行方式经历了一个所谓逐渐"人性化""无痛化""尊严化"的过程。以美国死刑大州得克萨斯为例，该州在 1923 年前也是将绞刑作为针对叛国、谋杀、强奸、抢劫、夜盗以及纵火等犯罪的死刑执行方式。[②] 从 1923 年到 20 世纪 60 年代，得克萨斯州开始将电椅作为本州的死刑执行方式，并要求死刑在监狱内部非公开执行。1973 年，得克萨斯州修订了死刑执行条例，在美国率先将注射刑确定为死刑的执行方式。[③]

无独有偶，俄亥俄州从 1803 年成立到 1885 年，一般采用在犯罪地对犯罪人公开实施绞刑的死刑执行方式。1885 年，俄亥俄州通过立法将绞刑明确规定为该州唯一合法的死刑执行方式，同时规定，所有死刑执行应该在监狱内部执行。1897 年，俄亥俄州采取了电刑或者所谓"电椅"来更为人性地结束罪犯的生命。1993 年，鉴于越来越多的州将注射毒物作为死刑执行方式，俄亥俄州大国民会议通过立法，将注射刑作为电椅之外的另一种合法死刑执行方式，并规定被执行死刑的罪犯有权对执行方式进行选择。为了强调被告人选择死刑执行方式的权利，俄亥俄州最高法院还通过"俄亥俄州诉贝伊案"（*State* v. *Bey*）[④] 提出，虽然法官可以判令对死刑犯适用电椅执行死刑，但是受刑人仍然可以选择将电椅或者注射作为死刑的执行方式。[⑤]

通过将得克萨斯州死刑执行方式的流变历程与俄亥俄州加以对比，就

---

① 参见 Michael A. Cokley，"Whatever Happened to That Old Saying 'Thou Shall Not Kill?'：A Plea for the Abolition of the Death Penalty," *Loy. J. Pub. Int. L.* 2 （2001）：67。

② 因为缺乏确凿的史料记载，因此得克萨斯州早期死刑执行的相关记载并不翔实，甚至有人考证当时在得州还出现过类似于凌迟的死刑执行方式。参见 Jonathan R. Sorensen and James W. Marquart，"Prosecutorial and Jury Decison-making in Post-furman Texas Capital Cases," *N. Y. U. Rev. L. & Soc. Change* 18 （1991）：743。

③ 参见 Guy Goldberg & Gena Bunn，"Balancing Fairness & Finality：A Comprehensive Review of the Texas Death Penalty," *Tex. Rev. Law & Pol.* 5 （2000）：49。

④ 参见 *State* v. *Bey*，709 N. E. 2d 484 （Ohio 1999）。

⑤ 参见 David L. Hoeffel，"Ohio's Death Penalty：History and Current Developments," *Cap. U. L. Rev.* 31 （2003）：659。

不难发现两者呈现出一种阶段性的类似性。事实上，虽然绞刑、电椅直到注射等不同死刑执行方式貌似具有替代性，但这种沿革特征仅仅体现在某个司法区内部，而不同司法区对死刑执行方式的选择多有不同，这也直接导致目前美国死刑执行方式的庞杂。目前在美国，共存在 5 种死刑执行方式：电刑、毒气、绞刑、枪决和注射。①

（一）绞刑

绞刑历史悠久，并且在 19 世纪之前一直是美国最为流行的死刑执行方式。据学者统计，自从 1778 年纽约州在全美率先将绞刑规定为法定死刑执行方式之后，共有 16000 余人被绞死。② 绞刑如此受认可是有其合理性的。一方面，绞刑公开执行时往往能够起到很好的"震慑"作用，另一方面，绞刑执行成本低廉且简便易行。例如，根据 1885 年俄亥俄州成文法，绞刑由监狱长执行，如果监狱长无法出席，可由副监狱长执行。绞刑的执行地点为该州州立监狱内部。在绞刑架四周应设置高于绞刑架的遮挡物，从而避免公众围观。死刑执行时间严格遵照法官判决中所规定的日期，但需要在该日日出之前执行完毕。死刑执行完毕后，需要支付给执行死刑的监狱长或者副监狱长 50 美金。③ 实施绞刑之前，需要称量被执行者的体重，从而确定绞索的长度，之后，行刑者将被执行人引领至绞刑架前，将其手缚于身后，用黑色头套罩住其口鼻。受刑者最后被引领到绞刑架前，行刑者将其四肢拉直后，将一个绳结套在被行刑人的颈部，活扣在其左侧下颊。执行人然后拉动机关，借助被执行人身体的重力，将被执行人颈部扭断，据说绞刑的致死效果十分迅速。④ 目前，仅有新罕布什维尔及华盛顿两个州保留绞刑，并仅将其作为注射刑的替代执行方式，即一旦注射刑被判违

① 参见 Roberta M. Harding，"The Gallows to the Gurney：Analyzing the（Un）Constitutionality of the Methods of Execution，" *B. U. Pub. Int. L. J.* 6（1996）：153。

② 参见 Robert J. Sech，"Hang 'Em High'：A Proposal for Thoroughly Evaluating the Constitutionality of Execution Methods，" *Val. U. L. Rev.* 30（1995）：381。

③ Ohio Gen. CodeE § 7338（1885）. 参见 David L. Hoeffel，"Ohio's Death Penalty：History and Current Developments，" *Cap. U. L. Rev.* 31（2003）：659。

④ 参见 Roberta M. Harding，"The Gallows to the Gurney：Analyzing the（Un）Constitutionality of the Methods of Execution，" *B. U. Pub. Int. L. J.* 6（1996）：153。

宪，还有可供使用的其他死刑执行方式。[①]

（二）　电刑

随着时代的发展，绞刑执行过程中暴露出很多技术性问题。与此同时，人们对绞刑的残忍性也感到厌倦。因此，在 19 世纪 40 年代，美国各地纷纷出现所谓的"反绞刑运动"。纽约州这一次又走在了美国各司法区的前面，1886 年，该州指定了一个三人委员会，负责设计一种比绞刑更为人性化的死刑执行方式。非常凑巧的是，其中一名委员——阿尔弗雷德博士（Dr. Alfred Southwick）因为目睹了一个人因为触电而死的事实最终设计出电椅，因此也被称为"电椅之父"。[②] 1888 年，纽约州成为第一个批准电椅死刑的州。在电椅死刑执行之前，首先需要进行一系列准备，主要包括将受刑人头部及右腿部的体毛剃除，再将其束缚在一个特制的椅子上，椅子通常是木质的，将被浸湿了的铜质的电极束缚在受刑人剃过毛后的部位，通常，三到四个执行人按动按钮接通电流，而仅仅有一人的按钮是真

---

① "Authorized Methods," http://www.deathpenaltyinfo.org/methods-execution，最后访问日期：2011 年 9 月 25 日。

② 对此也存在不同说法，有观点认为，是爱迪生助手布朗用电做动物实验的风声传到了纽约州某委员会委员的耳中，而其对于电击感兴趣的理由却十分与众不同——作为处死犯人的一种手段。1886 年，纽约州立法当局授权该委员会负责开展调查，寻找相较于绞刑更为人道的死刑执行手段。即便处理得法，绞刑在当时依然被视为"残忍且不寻常"的刑罚处遇措施。手法生疏的刽子手，往往不能一下致死，有时甚至会将死刑犯的头颅彻底勒掉。委员会责任人艾尔布里奇·托马斯·盖里（Elbridge T. Gerry）建议采用一种全新的死刑执行方式替代死刑：依靠电击处决死刑犯。当时，"电刑"（Electrocution）这个单词尚未创制。1888 年 6 月 4 日，纽约州议会通过一项法律，将电刑作为今后推荐的死刑执行方式，同时责成一个专家委员会负责为如何落实该法寻找技术解决方案。1889 年 1 月 1 日，纽约死刑执行法正式生效，从而成为世界上首部将电刑明确为死刑执行方式的成文法。此法一出，美誉如潮。人们普遍认为，这是人类文明向前迈出的一步，是在用更加开化的方式解决如何"人道"地处死罪犯这一长期面临的难题。这样一来，死刑犯就不需要在手法拙劣的刽子手手里受罪了。据称，一种名叫电椅的装置，可以快速、无痛地送谋杀犯去见上帝。《纽约世界报》（The New York World）则不吝溢美，将其形容为"为电刑量身打造的高科技手段"。新闻报道中，这一装置宛如精心打造的医学设备而非临时拼凑出来的杀人工具。在相当短的时间内，电刑就被接受，甚至被视为相当人道的死刑执行方式。1896 年，爱迪生的家乡，俄亥俄州也采用了电刑。随后，马萨诸塞州于 1898 年，新泽西州于 1906 年，也分别通过立法开始使用电刑。很快，全美就有超过 20 个州加入进来。电刑的适用背后其实还涉及电流的制式之争，相关内容可参见〔美〕汤姆·麦克尼科尔《电流大战：爱迪生、威斯汀豪斯与人类首次技术标准之争》，李立丰译，北京大学出版社，2018，第 87 页。

的通电的，由此谁是真正的执行人并不为人所知，另外，州和州之间电流的强度不同，幅度在 500 至 20000 伏不等，需要通电 30 秒以上。① 美国当时选择设计电椅作为死刑执行方式，以期用来替代绞刑的初衷是，相对绞刑，电椅更为人道，但事实却并非如此。事实上，美国历史上也是纽约州历史上第一次执行电椅刑就没有成功，不得已又进行了一次才勉强将受刑人电死。② 而俄亥俄州历史上第一把电椅更是由当时正在监狱服刑的一名略懂电气知识的抢劫犯所设计的，颇具讽刺意味的是，这名抢劫犯后来因为在监狱内部实施了杀人行为而被送上了自己亲手设计的电椅。③ 截至 21 世纪初，美国有 9 个州，即亚拉巴马、阿肯色、佛罗里达、肯塔基、俄克拉何马、南卡罗来纳、密西西比、田纳西及弗吉尼亚等将电刑规定为注射刑的替代方式，即一旦注射刑被判违宪，还有可供使用的其他死刑执行方式。从 1976 年美国恢复死刑至 2011 年，已有 157 人被执行电刑。④

---

① 参见 Michael A. Cokley，"Whatever Happened to That Old Saying 'Thou Shall Not Kill?'：A Plea for the Abolition of the Death Penalty，"*Loy. J. Pub. Int. L.* 2（2001）：67。

② 有学者曾如此描述 1890 年的一次电刑。在最初的震动后，科姆拉的身体几乎一动不动……那些有那么一会转离科姆拉身体的目光重又转回来，恐惧地盯着他们所看到的景象。人们冲动地从椅子上站起来，因他们所感到的忧虑而呻吟着。"天啊！他还活着？"一个人说；"通电"，咔嗒声又起，失去知觉的可怜人的身体又一次在椅子里变得像青铜一样僵硬。这太可怕了，目击者被这可怕的景象吓得挪不开自己的眼睛。发电机似乎运转得不流畅，能听到电池尖锐的噼啪声。椅子里的可怜人脸上开始流血，就像汗水一样……一种可怕的气味开始在死刑室里弥散，然后，好像要给这可怕的景象加一个高潮似的，大家看到电极下面及其四周的头皮以及脊骨上的电极下和四周的肌肉都烤焦了，恶臭让人无法忍受。而在 100 年之后的 1997 年 3 月 25 日，佛罗里达州的一次电刑过程当中，在通电后，受刑者梅迪纳"马上向后倾倒在椅子里，手握成了拳"，这时，他的面罩"燃烧了起来"。据目击者们称，"梅迪纳先生的头部右侧射出一束长达 1 英尺的蓝色和橘色的火焰，闪烁了约 6 至 10 秒，使行刑室充满了烟"。肉烧焦的气味充满了目击者室。四分钟后，梅迪纳被宣布死亡。行刑部的女发言人凯瑞·弗莱克解释说："一名管理人员戴着绝缘手套拍灭了火焰，而另一个行政人员打开窗以驱散烟。"目击者称该景象是"可怖的"。另一些人声称他们"因该景象和气味而作呕"。"太可怕了。固体的火焰整个覆盖了他的头部，从一边到另一边。我有一种有人被活活焚烧的感觉。"一个目击者如是说。参见 Kenneth Williams，"The Deregulation of the Death Penalty，"*Santa Clara L. Rev.* 40（2000）：677。

③ 参见 David L. Hoeffel，"Ohio's Death Penalty：History and Current Developments，"*Cap. U. L. Rev.* 31（2003）：659。

④ "Authorized Methods，"http：//www.deathpenaltyinfo.org/methods-execution，最后访问日期：2011 年 9 月 25 日。

（三）枪决

枪决作为死刑执行方式的一种，大致出现在 1852 年前后。一直以来，枪决都被认为是一种带有军事色彩的传统死刑执行方式。受刑人往往被置于一个特制的椅子当中，黑布罩头，白布蒙胸，椅子后面覆以沙袋，由多名执行人同时向其开枪，其中一名的弹匣中没有子弹，从而减轻死刑执行人的道德负罪感。[①] 但据有关被执行人的亲属回忆，1977 年犹他州的一次死刑执行过程中，5 名自愿承担枪决行刑的警察在距离被执行人 6 米远的地方使用 30 毫米口径的来复枪向其发射子弹，但在验尸的时候，死者胸口赫然有 5 个弹孔，显然，这次死刑执行并没有遵循上述惯例。虽然适用范围有限，但也发生过被执行人基于宗教信仰试图通过诉讼的方式获得被枪决权利的案例。目前，美国仅有俄克拉何马州将枪决保留作为注射刑的替代执行方式，从 1976 年至今，共有 3 人被执行枪决。另外，虽然犹他州也已经不再执行枪决，却承认在该州立法机构废除枪决之前选择枪决的死刑犯可以继续执行枪决。[②]

（四）毒气

随着时代的进步，美国死刑执行方式开始朝向无痛化的趋势发展。受到一战时期毒气战的启发，以及战后使用煤气自杀现象的频发，1921 年内华达州成为第一个使用毒气作为死刑执行方式的州。根据最初的计划，受刑者被置于特别的监号一个星期，然后在其睡觉的时候开放阀门，使其在无意识的情况下死去。但后来证明这样的做法不可行，因为无法在一个通常的监号当中释放毒气并且将死亡效果严格地控制在受刑者本身。因此，改为设计一个特别的密闭死刑执行房间，即所谓的毒气室。毒气死刑执行方式的步骤为，受刑人被置于密闭的行刑室当中，当执行信号发出的时候，行刑者开放阀门释放氯化氢，再根据另外的一组信号，行刑者开放另

---

① 参见 Michael A. Cokley, "Whatever Happened to That Old Saying 'Thou Shall Not Kill?': A Plea for the Abolition of the Death Penalty," *Loy. J. Pub. Int. L.* 2 (2001): 67.

② "Authorized Methods," http://www.deathpenaltyinfo.org/methods-execution，最后访问日期：2011 年 9 月 25 日。

一个阀门释放氰化钾或者氰化钠，这种物质和前面提到的氯化氢产生化学反应，产生出来的气体能够阻止受刑人体内血红蛋白生成，并导致受刑人在几分钟内丧失意识，最终死亡。当然，死亡的时间还取决于受刑人本身的身体状况与耐受性等其他因素。有证据证明受刑者在受刑时所呈现出来的状态极其恐怖，受刑者看起来十分痛苦，呈现出窒息的体表特征，如眼珠爆裂、皮肤变成紫色、开始流涎等等。在 10—12 分钟后，受刑人的身体不再扭动，之后医生宣布他死亡。① 在 1976 年美国恢复执行死刑之后至 21 世纪初，共有 11 名死刑犯被施以毒气刑，目前共有亚利桑那州、加利福尼亚州、密苏里及怀俄明州还保留这一死刑执行方式，并将其作为注射刑的替代执行方式。②

（五）注射

在 20 世纪 60 年代后期，美国经历了一段时间的死刑暂停执行，并最终导致 1972 年美国联邦最高法院在"弗尔曼诉佐治亚州案"③ 中认定当时美国死刑的执行方式违宪。虽然本案的主要影响在于促使各州修改其死刑成文法，限制陪审团在死刑量刑阶段的自由裁量权、限制死刑适用范围，以及明确加重与减轻情节的法律合宪等，但与此同时，某些州也开始未雨绸缪，反思死刑执行方式并加以改革，从而避免未来死刑受刑人通过质疑死刑执行方式的合宪性来间接阻却死刑的实际适用。例如绞刑、电刑、毒气或者枪决等死刑方式都暴露出了缺点。因此，各个州都开始寻找相较于之前各种死刑执行方式更为人性化的执行方式。④ 注射执行死刑的理念最早出现在 1888 年，当时纽约州曾考虑将注射刑作为绞刑的替代措施。1977 年，俄克拉何马州成为第一个正式将注射确定为死刑执行方式的州，1982 年得克萨斯成为第一个实施注射死刑执行方式的州。一般而言，美国注射

---

① 参见 Kenneth Williams, "The Deregulation of the Death Penalty," *Santa Clara L. Rev.* 40 (2000)：677。

② "Authorized Methods," http：//www.deathpenaltyinfo.org/methods-execution，最后访问日期：2011 年 9 月 25 日。

③ 参见 *Furman v. Georgia*, 408 U. S. 238 （1972）。

④ 参见 Jason D. Hughes, "Comment, The Tri-Chemical Cocktail: Serene Brutality," *Alb. L. Rev.* 72 （2009）：527。

执行死刑的程序是所谓的"三步走"。具体而言，注射执行死刑的程序类似于手术之前的准备，不同的是，需要通过皮带将受刑人的脚踝和手腕加以固定，同时，将一个心脏监控器和一个听诊器固定在受刑人身上。一旦死刑执行程序正式启动，执行者首先在受刑人肘部静脉插入盐水管，随后，用床单罩住受刑人，开始将一种强力安眠药注入盐水当中，从而确保被执行人处于镇静状态；接着，向受刑人的体内注射一种肌肉松弛剂，从而使受刑人的呼吸功能丧失；最后，向受刑人体内注射一种能够停止心脏跳动的药物，使受刑人的心脏停跳，最终死亡。① 从目前的司法实践情况来看，注射执行死刑已经成为美国各司法区的首选，甚至是唯一选择适用的死刑执行方式。从 1976 年至 21 世纪初，全美共有 1000 余人通过注射被执行死刑，而目前包括美国联邦以及美国军方在内的 37 个司法区将注射作为其首选或者唯一适用的死刑执行方式。②

二 美国死刑执行方式的合宪性考证与反思

从目前美国各司法区死刑规定的模式来看，除少数州将注射规定为唯一的死刑执行方式之外，大多数司法区还是选择两种甚至多种死刑执行方式并存的立法模式，用电椅或者枪决作为注射执行方式的备份。从这种立法实际可以推断出三个基本前提。首先，绞刑、枪决、电椅、毒气以及注射目前都属于合法、合宪的死刑执行方式。其次，相较于其他死刑执行方式，注射执行死刑这一方式具有相对优越性，也更具有普遍适用性。再次，包括注射刑在内的死刑执行方式可能会受到合宪性质疑与挑战，这也是很多州不选择单一死刑执行方式，而是采取多种执行方式并存备份的根

---

① 参见 Michael A. Cokley, "Whatever Happened to That Old Saying 'Thou Shall Not Kill?': A Plea for the Abolition of the Death Penalty," *Loy. J. Pub. Int. L.* 2 (2001): 67。

② 适用注射刑的州包括亚拉巴马、亚利桑那、阿肯色、加利福尼亚、科罗拉多、康涅狄格、特拉华、佛罗里达、佐治亚、爱达荷、印第安纳、堪萨斯、肯塔基、路易斯安那、马里兰、密西西比、密苏里、蒙大拿、内布拉斯加、内华达、新罕布什维尔、新墨西哥、北卡罗来纳、俄亥俄、俄克拉何马、俄勒冈、宾夕法尼亚州、南卡罗来纳、南达科他、田纳西、得克萨斯、犹他、弗吉尼亚、华盛顿、怀俄明。其中，虽然新墨西哥州于 2009 年废除了死刑，但这种规定并不具有溯及力，因此，之前的死刑判决依然需要执行。参见 "Authorized Methods," http://www.deathpenaltyinfo.org/methods-execution，最后访问日期：2011 年 9 月 25 日。

本原因。

事实上，姑且不论因为死刑存废而产生的巨大争论，假定死刑适用这一前提毫无疑问，只要死刑还在通过某种方式被执行，在美国，针对死刑执行方式合宪性的质疑就一定存在。早在 1890 年，美国联邦最高法院曾针对死刑执行方式是否合宪的判断明确了三个需要考察的要素①：死亡是否是即刻发生的？死刑执行持续时间是否较长？死刑执行是否会对受刑人造成不必要的苦痛？美国联邦最高法院提出，类似于英国历史上曾经适用过的车裂、焚刑、钉在十字架上等死刑执行方式，违反了上述三个原则，是不可接受的。②

针对美国目前适用的各种死刑执行方式，一直有人试图以宪法第八修正案禁止以"残忍且不寻常的刑罚"条款为根据，对其质疑。对质疑佛罗里达州适用电椅作为死刑执行方式合宪性的案件，美国联邦最高法院也曾批准调卷令申请，却在佛罗里达州立法机构修改立法，将注射执行死刑方式作为首选，仅将电椅作为受刑人可以选择适用的死刑执行方式之后，将其作为一个未决问题而撤销了之前的调卷令。另外，虽然美国第九巡回上诉法院曾经判令，加利福尼亚州适用毒气作为死刑执行方式的做法违反宪法，但美国联邦最高法院却最终推翻了这一认定，重新肯定了毒气作为死刑执行方式的合宪性。③

从逻辑便宜性的角度来看，因为所有死刑执行方式都必须经受合宪性检验，对目前最为"人性"④ 同时适用范围也最广的注射执行死刑方式的合宪性审查与反思就成为一种必然。反过来，如果连注射刑都无法满足宪法相关要求，那么其他死刑执行方式的合宪性必然被颠覆。

事实上，注射执行死刑方式自从 1977 年被改良之后，就因其看似相较于传统的绞刑或者枪决更为人性化的特征而获得普遍适用。以密苏里州为

---

① 参见 *In re Kemmler*，136 U. S. 436，447（1890）。

② 参见 Michael J. Zydney Mannheimer，"When The Federal Death Penalty is 'Cruel and Unusual'," *U. Cin. L. Rev.* 74（2006）：819。

③ 参见 *Gomez* v. *Fierro*，519 U. S. 918（1996），转引自 Kenneth Williams，"The Deregulation of the Death Penalty," *Santa Clara L. Rev.* 40（2000）：677。

④ 参见 Megan Greer，"Recent Development，Legal Injection：The Supreme Court Enters the Lethal Injection Debate：*Hill* v. *McDonough*，"126 *S. Ct.* 2096（2006）。

例，根据其 2006 年制定的注射死刑执行操作规程，由符合资质的医生开出
3 支注射针剂，这些药剂通过静脉注射的方式顺次注入。首先是 5 毫克的
喷妥撒，主要目的是使得受刑人丧失意识；其次，注射 60 毫克的溴化物，
目的是使受刑人的肌肉瘫痪；最后，注射 240 单位的氯化钾，促使其心脏
停搏。这一操作规程不仅明确了相关药物的名称、计量及注射顺序，还对
执行场所、执行人员的资质及其他相关程序性问题进行了明确。①

　　虽然这一规定看似明确且具有可操作性，但在实际适用过程当中，却
暴露出诸多问题。综合起来，针对注射执行死刑方式的合宪性的质疑根据
可以概括为如下几点：首先，相关药物是否会导致不必要的痛苦与折磨；
其次，执行注射的行刑人员是否受过相关训练，是否具有专业资质，是否
属于经过训练的医务人员；再次，相关执行程序的规定与适用是否可能导
致受刑人遭受不必要的痛苦。②

　　例如，2008 年，和密苏里州使用同样死刑注射药物的肯塔基州有一名
死刑候刑者提出诉讼，根据是肯塔基州在执行注射死刑的过程中存在违反
执行程序，允许不具有相关资质的雇员来调配第一支药物的现象，这很有
可能导致其失效。③ 但美国联邦最高法院认为，相关药物的调配非常简单，
不需要操作者具备医学学位。并且，该州的注射执行程序具有很多相关的
保障措施，包括对操作者的相关经验、资质的考察，以及紧急情况下的备
份措施等等。最后美国联邦最高法院认为，任何与肯塔基州的死刑执行操
作规程类似的州，都不会对死刑受刑人造成不必要的痛苦，因此不违背宪
法第八修正案。

　　虽然此后质疑注射死刑执行方式的呼声暂时平息，但在 2009 年 12 月，
俄亥俄州在对罗默尔·布鲁姆（Romell Broom）④ 执行注射死刑的时候却发

① 参见 Tanya M. Maerz，"Death of the Challenge to Lethal Injection? Missouri's Protocol Deemed Constitutional Yet Again," *Mo. L. Rev.* 75（2010）：1323。
② 参见 Tanya M. Maerz，"Death of the Challenge to Lethal Injection? Missouri's Protocol Deemed Constitutional Yet Again," *Mo. L. Rev.* 75（2010）：1323。
③ 参见 *Baze v. Rees*，553 U. S. 35（2008）。
④ 罗默尔·布鲁姆（Romell Broom），1956~　，美国黑人，因谋杀、强奸、绑架等罪名被判处死刑，2016 年，俄亥俄州最高法院驳回了布鲁姆的上诉，判定可以对其再次进行审判并再次执行死刑，但布鲁姆又向美国联邦最高法院申请了调卷令，主张对其再次审判的做法违宪。

生了意外，因为受刑人患有静脉栓塞，因此死刑执行人员在两个小时内连续刺了18针都没有能够成功。最终，俄亥俄州不得不放弃对布鲁姆执行注射死刑。为了避免可能的民事诉讼，该州开始寻找有效执行死刑的办法，最终放弃了传统的"三步走"程序，而是采取了一针毙命的注射执行方式。2010年3月，华盛顿州也采用了俄亥俄州一针执行死刑的方式，同时规定，如果被执行者坚持使用之前的三针方式，也可以选择适用。[1]

人身保护令的存在并不能彻底消灭错案，而注射刑从"三步走"改为一针致命也不可能消除受刑人生理、心理上所受到的痛苦与折磨。只要死刑存在，就一定会存在错案，也一定会存在因为执行死刑而给受刑人带来的痛苦。因此，从实质意义上，对人身保护令抑或注射死刑执行程序的完善与反思都不能纠结于其本身形式上的完美或者理论上的自足。相反，如何在死刑审后救济程序、死刑执行程序的运行实效与社会一般公民的相关预期之间实现最大化的契合，或许才是一种应然的研究进路。

第六节　小结

无论是以人身保护令为代表的死刑审后救济程序，还是以注射刑为代表的死刑执行程序，彰显的都是一种用来完善美国死刑仪式的形式表征。死刑作为剥夺生命的刑罚，其适用程序也代表着刑事司法程序的极致状态。虽然无法通过本书系统研究美国刑事程序，特别是证据法，但这并不妨碍通过死刑适用程序，完成对完整司法过程的"巡礼"。

---

① 参见 Robert Mackey, "Botched Execution Described as 'Torture'," http：//thelede. blogs. nytimes. com/2009/09/16/botched-execution-described-as-torture/？ scp＝1&sq＝Romell%20Broom&st＝cse，最后访问日期：2011年9月27日。

如前所述，作为刑法的适用结果，刑罚的设计及其适用在很大程度上反映、制约乃至决定着刑法本身的反思与设定。具体到美国刑事法语境而言，刑罚目标与刑罚适用的现实情况，一方面是特定历史、社会条件下基于司法实用主义的必然结果，另一方面，刑罚及其适用又反过来作用于自身①乃至作为刑罚适用前提的刑事法本身。例如，虽然一般意义上，美国联邦最高法院会通过在判例中解释美国宪法第八修正案中禁止"残忍且不寻常的刑罚"相关条款来讨论刑罚目的，但近年来，美国一些州的某些刑事立法，将宪法文本乃至相关司法诠释中长期遭到回避的"矫治"② 作为刑罚目的重新导入刑事司法，以应对当前严刑主义刑事制度所带来的严重现实问题。限于篇幅，本书不准备在一般刑罚制度方面琢磨过多，仅拟以美国刑法中的"极

---

① 例如，有学者通过实证研究，挑战了大众普遍持有的监狱帮派会助长种族歧视现象和暴力行为的看法，与一般人的想法相反，监狱帮派制度实际上减少了监狱中的暴力行为。作者遵循理性选择传统，对监狱帮派做了大量的第一手描述，包括帮派是怎样精密组织（甚至有成文规章）来规范监狱黑市、裁决冲突、平衡囚徒与狱警之间的矛盾，以经济学的视角探讨了监狱亚文化以及帮派政治问题，试图阐释帮派为何会形成、精密的结构对其产生了何种影响，以及监狱帮派又缘何会拥有左右甚至是高墙之外的犯罪的力量，细致入微地刻画了美国监狱生活的人种学群像，深刻揭示了毒品交易组织的经济属性，更为重要的是对如何能够从混沌状态建构起一套行之有效的治理结构，反过来这种治理结构如何合法治理其对象进行了阐释。具体内容可参见〔美〕大卫·斯卡贝克《黑帮的逻辑：帮派治理美国监狱秘辛》，李立丰译，中国政法大学出版社，2016。

② 从内容上看，主要有如下四个方面。（1）重新明确矫治为刑罚目的。例如路易斯安那州2009 年修改《刑事程序法典》，明确规定矫治为刑罚三个目的之一，即"惩罚、威慑和矫治"。（2）建立有利于分类矫治的专门法庭。例如伊利诺伊州2007 年通过制定《精神健康法庭处遇法》，建立包括个人或团体心理治疗、药物治疗、毒品分析测试、（转下页注）

刑"即死刑为切入点，尝试对美国刑罚制度及其适用加以剖析。

长久以来，死刑一直都是美国影视作品青睐的对象。以电影为例[①]，这种大众话语的终极媒介通过银幕上的情节与人物深刻地影响着美国民众对死刑的感知与体悟，同时，社会一般民众对死刑的复杂情感又反作用于影片的制作方，从而形成了一种复杂的价值互动关系。"从希腊悲剧开始，对正义的否定与背叛，对正义的追逐与实现就一直被视为戏剧的核心要旨。"[②] 法律题材的影片并不仅仅为观众提供娱乐，更触及了很多形而上的价值反思，其中就包括死刑适用与死刑存废等深层次命题。[③] 最为重要的，法律题材影片所折射出来的是整个死刑法律体系在大众当中的印象与观感。无论是反思死刑执行方式的《绿里奇迹》（The Green Mile）[④]，还是杂

（接上页注②）毒品教育、职业培训等矫治功能和罚金、赔偿、拘役等制裁功能在内的精神健康法庭。（3）完善具体矫治措施及其适用。例如新泽西州 2008 年、2012 年、2013 年三次修改《刑事司法典》，规定针对特殊类型毒品滥用罪犯的"特殊缓刑"（Special Probation）制度，即在特殊缓刑期间接受住院式或非住院式毒品滥用治疗。（4）优化矫治措施的投资。亚利桑那州 2008 年、2011 年两次修改《法院和民事程序法》第 267 条，从资金筹集和规划等角度改善缓刑犯利用毒品滥用矫治项目的便利。参见曹兴华《论美国矫治刑罚目的观复兴的四重面向》，《山东社会科学》2017 年第 11 期，第 107 页。

① 曾经有人问一位美国法学教授，如果想成为电影编剧有无捷径，对方回答，"做律师吧，因为只有这样你才可以掌握十分缜密地建构戏剧化情节的能力"。法律和电影一样，都充满着戏剧性的冲突，也充斥着我们可以借以了解人性与社会的冲突与遭遇。一旦仔细观察流行文化，就会发现似乎可以到处发现法律的痕迹。更为重要的是，我们会发现区分法律与流行文化要比想象的困难。参见 Suzanne Shale, "The Conflicts of Law and the Character of Men: Writing Reversal of Fortune and Judgment at Nuremberg," *U. S. F. L. Rev.* 30 （1996）: 99。事实上，美国很多法学院，甚至包括哈佛法学院在内，都会开设诸如"法律与电影"之类的选修课，例如，哈佛大学法学院曾开设的"法律、心理与道德：以电影为研究素材"（Law, Psychology and Morality: An Exploration Through Film）就一度成为该法学院一年级学生最受欢迎的选修课。参见 Alan A. Stone, "Law & Film: Teaching Film at Harvard Law School," *Legal Stud. Forum* 24 （1999）: 573。

② Aid Parush, "The Courtroom as Theater and the Theater as Courtroom in Ancient Athens," *Israel L. Rev.* 35 （2001）: 118。

③ 从这个意义而言，法律题材影片就成为法律与电影在对社会正义与社会秩序诉求方面完美结合的具体体现。事实上，法律题材电影的戏剧冲突主要通过清空观众对正义与非正义的认知来加以实现，因此为我们提供了一个见证或者理解作为人性或者社会实质组成要素的"冲突"的理想场所。参见 Richard K. Sherwin, "Nomos and Cinema," *UCLA. L. Rev.* 48 （2001）: 1519。

④ 《绿里奇迹》一片由美国华纳兄弟影业公司于 1999 年拍摄完成，曾获多项奥斯卡奖提名，影片主要讲述美国大萧条时期一名监狱看守和一名死刑犯之间的故事，后者最终被执行电刑。

糅死刑中种族因素、律师道德与亲情的《杀死一只知更鸟》，都在某一层面拟制着有关死刑的大众话语。或许可以套用美国著名法经济学家同时也是联邦法院法官的波斯纳所说的一句话，"或许应该能够从关于法律的流行文学当中获得某些社会公众对法律的一般认知"。①

作为一个被拟制的概念范畴，大众话语并不存在一个具体的对应范围，而对这种被抽离出来的概念对象最为有效的研究途径就是择取其中最具代表性的范例加以研究。虽然在这一概括与还原的过程当中一定存在着失真，但这种失真却是无可避免，也是可以接受的。

死刑，本身就是一个被拟制出来的象征性符号。

如果承认这一前提，那么针对美国死刑问题的研究，似乎也不应该徒劳地尝试去探求某种价值判断的优先性，或者某种观点的压倒性。相反，应该从当下这一时空条件出发，尽可能地充分考虑与美国死刑存在影响和互动关系的变量，尽可能地还原特定时点美国死刑的基本样态，并将其作为对话与研究的始点，反思死刑在大众话语中的拟制过程与影响因素。

不仅死刑是拟制性符号，就连民意也是一种被拟制并且可以被操纵的概念。如何合理地疏导、影响民意，建立针对死刑的有效民意表达机制，才是研究美国死刑问题的应然进路，也才是得出某种具有现实合法性根据结论的唯一前提。

第一节 美国死刑适用的流变

对美国死刑问题的历史考察，至少可以满足如下两个基本目的。首先，通过考察美国死刑在不同历史阶段的流变过程及其在不同阶段所呈现出来的特点，可以探求其在历史发展过程中的演化规律，从而为研究当今美国死刑问题提供基本的历史背景与话语框架。其次，考察美国死刑的历史，可以为当今美国死刑问题研究提供参照，并以此为依据设定美国死刑问题研究的时空条件。

---

① Richard A. Posner, "Law and Literature: A Relation Reargued," *Va. L. Rev.* 72 (1986): 1351.

1608 年，在弗吉尼亚杰姆镇，乔治·堪德尔（George Kendall）[1] 成为第一个在北美被执行死刑的人。就此，美国死刑的大幕徐徐开启。根据学者的总结，从北美殖民地时期开始，直到 21 世纪初，保守估计美国已经执行过 18000 余起死刑。[2] 具体年份与对应死刑执行数量的关系，参见图 9。

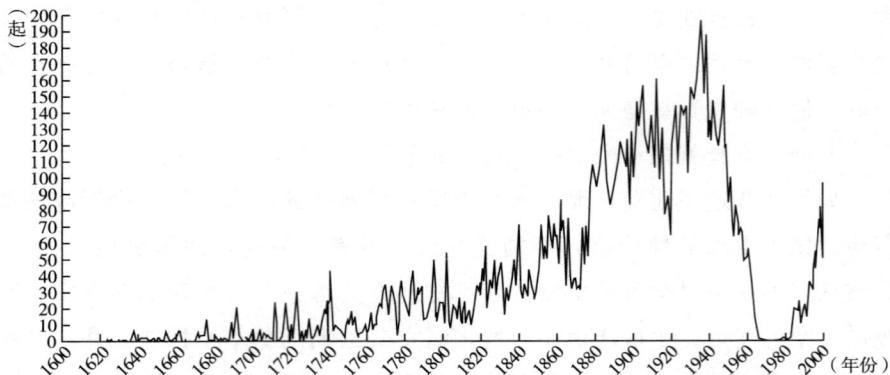

图 9　1608~2000 年美国执行死刑数量

资料来源：根据 M. Watt Espy and John Ortiz, Smylka's database, "Executions in the U.S. 1608-1987: The Espy File" 及其他相关数据编辑而成，参见 http://www.deathpenaltyinfo.org/history1.html，最后访问日期：2016 年 12 月 21 日。

虽然图相对直观，却无法说明是哪些因素共同作用抬升抑或压低美国每年死刑执行的数量。换个角度，这些数据并不是冰冷的符号，而是一个个曾经鲜活的生命！

因此，划分美国死刑适用不同阶段的标准，必须能够影响到不同时期美国死刑的执行数量，并且应该具有客观的分析价值，而不是单纯的历史纪年。综合考虑，从历史流变的宏观层面来看，殖民地传统、宪法与联邦主义等三个因素大概可以被合并起来，作为客观影响美国死刑发展进程的阶段性坐标。因此，这里对美国死刑适用阶段的划分，并非单纯地采取一种标准，而是杂糅了上述因素后做出的综合判断。

---

[1]　乔治·堪德尔（George Kendall），1570~1608 年，英国军官，最早抵达北美殖民地的英方管理人员，后来因为卷入一场所谓的阴谋暴乱而被枪决。

[2]　参见 John P. Rutledge, "The Definitive Inhumanity of Capital Punishment," *Whittier L. Rev.* 20 (1998)：283。

一 美国死刑的早期适用（1608~1910 年）

研究死刑问题的美国学者也承认，虽然对美国死刑历史的标准理解是将其视为传统的"恩赐"，但是 17 世纪和 18 世纪的美国人并没有获得类似今天的独立性，而是需要更多地背负政治和宗教传统的束缚，这些束缚往往很少为人所关注。[①]

美国独立之前曾经长期作为英国的殖民地存在，因此，其在死刑问题上也不可避免地受到了英国司法实践的深刻影响，但又因为其独特的移民社会文化、宗教传统与社会环境等因素，呈现出一种自己的专属品性。

例如，随着 18 世纪英国法典的严苛化倾向，大量犯罪被规定为死刑犯罪。这一时期北美殖民地也承其衣钵，将大量财产犯罪作为死刑犯罪处理。根据学者的调查，这一时期在特拉华，盗窃 5 英镑的人将被处死。马里兰州更对盗窃 12 便士以上财产的盗窃犯适用死刑。[②] 而且，北美地区还一度效法英国，对某些最受谴责的罪犯，如杀死丈夫的妻子或者杀死主人的奴隶等，专门设计了现在看起来十分残酷的死刑执行方式，以期最大限度延长死刑执行时间，增加被执行者所需遭受的痛苦，这其中就包括火刑以及分尸等[③]，当时甚至还有将偷渡者油烹的记载。[④]

但另外，这一时期北美殖民地的死刑适用就已经呈现出相当程度的独立属性。例如，当时北美南北地区的死刑实践就已经开始呈分野趋势。早期的北部殖民地在针对死刑适用的态度方面比英国和南部殖民地更为宽容。和南部地区不同，北部地区对所有的财产犯罪甚至某些暴力犯罪都不适用死刑。根据学者的考证，早期马萨诸塞、纽约和宾夕法尼亚等地的强奸罪都不是死刑犯罪，在宾夕法尼亚以及西新泽西地区，甚至连过失杀人

① 参见 Stuart Banner, *The Death Penalty: An American History* (Cambridge: Harvard University Press, 2003): 5。

② 参见 Michael Millemann and Gary W. Christophe, "Preferring White Lives: The Racial Administration of the Death Penalty in Maryland," *RRGC* 5 (2005): 1。

③ 对此，可参见曾荣获多项奥斯卡奖的影片《勇敢的心》(*Brave Heart*)，美国派拉蒙影业公司 1995 年出品。

④ 参见 Allan D. Johnson, "The Illusory Death Penalty: Why America's Death Penalty Process Fails to Support the Economic Theories of Criminal Sanctions and Deterrence," *Hastings L. J.* 52 (2001): 1101。

犯也不处死刑。但是针对所谓的道德犯罪，北方殖民地所采取的态度就更为冷酷。鸡奸和兽奸在整个北部地区都是死刑犯罪。除此之外，在康涅狄格、马萨诸塞等地亵神与偶像崇拜行为，在康涅狄格、马萨诸塞与纽约等地通奸行为也都是死刑犯罪。①

对这一时期北美地区死刑执行的复杂情势，似乎可以用简单的不尊重人权或者漠视生命价值来加以总结，但或许这并不是答案的全部。

对盗窃少量财物的行为人判处死刑，对搞偶像崇拜或者所谓邪教的信徒判处死刑②，与对屠戮无辜的谋杀者判处死刑，这种不考虑犯罪的不同，一律适用极刑的做法究竟在暗示什么？

对同一问题，可以从不同视角、基于不同立场进行不同方式的解读，得出不同的价值判断，是一个必须被正视同时也必须被接受的事实。对北美地区早期死刑适用的上述特征，有学者就结合当时当地的具体时空条件，提出了令人耳目一新的解读。在这些学者看来，除却当时这一地区独特的社会文化与价值观之外，对死刑的"无差别适用"还存在现实的"不得已"。早期移民社会的经济窘困性使得北美地区的监狱等监管设施建设远远滞后于同时期犯罪的发展速度。换句话说，在数量充裕、设施完善的监狱出现之前，北美社会除了死刑之外并没有大规模使用监禁刑或者经济刑的可能性与可行性。可以想象，殖民地时期，甚至建国之初的美国社会根本没有经济能力为大量罪犯提供基本的生存保障。③

---

① 参见 Joseph Margulies, "Tinkering Through Time: A History of America's Experiment with the Death Penalty," *Geo. L. J.* 92 (2004): 369。

② 这一时期针对巫术等异端邪说进行杀戮清剿的描写，可参见美国著名作家、戏剧家，同时也是著名影星玛丽莲·梦露（Marilyn Monroe）前夫的阿瑟·米勒（Arthur Miller）的小说《熔炉》（*The Crucible*）。本书又被译为《萨勒姆的女巫》，因写于美国历史上臭名昭著的"麦肯锡时代"，因此具有十分强烈的暗喻色彩与批判精神。本人在南京大学-霍普金斯大学中美文化研究中心（The Johns Hopkins University-Nanjing University Center for Chinese and American Studies）学习期间，曾修过由美国当代法文学领军学者之一的维斯博格教授（Richard H. Weisberg）的法文学课程，其间他曾让我与其他学长分饰其中的角色共同朗读这部小说，虽已过去多年，但每每想起，仍历历在目，不免些许唏嘘，聊以自慰的是，维斯博格教授的代表作《失语》，经本人和几名同学共译，但不知何时可以面世，算是为了忘却的纪念。

③ 例如，1785 年马萨诸塞地区才建立了历史上第一座监狱，1805 年，第一座真正意义上的州立监狱才最终出现，而其也仅仅能够容纳 300 名罪犯。参见 Adam Jay Hirsch, *The Rise of the Penitentiary: Prisons and Punishment in Early America* (New Haven: Yale University Press, 1992): 11-12。

美国独立之后直至 20 世纪初，其死刑制度的反思与改革主要集中于立法与执法等层面，法院本身很少直接触及死刑适用以外的其他问题。这些反思与发展具体表现为如下两个方面。

首先，死刑政策与执行方式的改革。

必须肯定的是，在美国，很早就出现了主张限制死刑适用甚至废止死刑的声音。但这种声音在这一时期并未产生太大的影响。换句话说，这一时期的死刑制度改革是在承认死刑正当性的基础上，作为当时美国刑事司法改革的一部分展开的。

从 18 世纪末到 19 世纪中期，受到欧洲启蒙运动及宗教改革的合并影响，美国开始效法欧洲，反思政府运行机制以及整个刑事法体系所存在的问题。从现在的视角来判断，当时针对死刑改革的前提性假设即犯罪人是可以改造的，因此无须将犯罪人加以消灭。这一前提性假设与同时期美国在监狱制度方面所进行的改革成为理解这一时期美国死刑政策与执行方式改革的话语背景。19 世纪早期，很多州减少了死刑犯罪的数量并且建立起州立教化机构。在 1846 年，密歇根州成为第一个对叛国罪之外所有的犯罪废止死刑的州，后来，罗得岛州和威斯康星州废止了所有犯罪的死刑适用。尽管少数州开始废止死刑，但更多的州认为死刑具有正当性，反而选择增加死刑犯罪的种类。这一时期死刑制度改革的另一进展就是越来越多的州开始在死刑厘定过程中引入自由裁量，从而建构所谓"柔性"死刑适用，避免死刑的刚性适用。在死刑厘定过程当中引入自由裁量在改革派人士看来实属一种胜利，因为在此之前，犯死刑之罪的犯罪人都必须伏法，并不考虑具体的案件情节。①

同时，死刑执行方式的改革也在这一时期取得了一定进展。这种试图在死刑过程中展现人性化的努力在美国北部各州体现得尤为明显。"1834年，宾夕法尼亚州成为第一个将死刑非公开执行的州。"②

---

① 有学者认为，这一时期，执法者为了重塑犯罪人的道德感知，认为必须将其从自己所处的环境当中脱离出来并且监禁到一个美德实验室当中，在这个美德实验室当中，社会可以改造其心灵，并且重塑其道德本性。参见 Michael Meranze, *Laboratories of Virtue：Punishment, Revolution, and Authority in Philadelphia, 1760-1835*（Durham, North Carolina：University of North Carolina Press, 1996）：131。

② 参见 Robert M. Bohm, *Deathquest：An Introduction to the Theory and Practice of Capital Punishment in the United States*（Lexington, KY：Anderson Publishing, 1999）：27。

饶有意味的是，事实上在此之前的很长一段时间内，美国一直存在所谓死刑执行的巡回演示活动，被判决死刑的罪犯脖子上套着绳索，被带到不同的市镇进行示众，从而震慑犯罪。①

除了死刑执行趋向不公开之外，死刑执行方式的改革也在这一时期凸显出来。其中以俄亥俄州死刑执行方式的改革最为传奇。该州自建州开始，死刑执行方式一直都是公开绞刑。虽然后来死刑执行不再公开，而是转入监狱内部进行，但绞刑的执行方式并未改变。直到1897年，俄亥俄州的死刑执行才进入了一个新的时代。当时俄亥俄州效法纽约州，选择看似可以瞬间置人于死地的电刑作为替代绞刑的"人性"死刑执行方式。② 电刑在当时被视为人类死刑执行方式的一种进步，从而很快超越当时较为流行的绞刑以及枪决成为美国主流的死刑执行方式。③

其次，联邦与相关各州死刑执行的分野。

如前所述，美国的政治体制具有所谓"双重性"。具体而言，美国具有典型的联邦政治体制，其中，联邦与各州保持着某种意义上的相对独立性，各自具有立法、司法与执法机构。而联邦与各州的法律体系也分别来源于各自的宪法、成文法与普通法以及行政规范等。从法律现实的角度来看，在1776年美利坚合众国诞生之前，作为其组成部分的很多州就已经存在死刑了。单就死刑问题而言，美国联邦政府最初显然并没有将其作为一个"问题"看待。这一点可以通过美国宪法第五修正案加以证明。④ 虽然当时美国联邦对制定刑法的关注度并不够，但据学者统计，截至1790年，也已经有大概12种联邦犯罪可以适用死刑，其中就包括叛国、谋杀、伪造

---

① 参见"History of Death Penalty，" http：//www. deathpenaltyinfo. org/history-death-penalty，最后访问日期：2014年1月22日。

② 对电刑这种死刑执行方式的鲜活描绘，可参看美国华纳兄弟影业公司1999年出品的电影《绿里奇迹》。

③ 参见"Capital Punishment in Ohio，" http：//www. drc. state. oh. us/public/capital. htm，最后访问日期：2016年12月12日。

④ 美国宪法第五修正案规定，"非经大陪审团提起公诉，人民不应受判处死罪或会因重罪而被剥夺部分公权之审判；唯于战争或社会动乱时期中，正在服役的陆海军或民兵中发生的案件，不在此例；人民不得为同一罪行而两次被置于危及生命或肢体之处境；不得被强迫在任何刑事案件中自证其罪，不得不经过正当法律程序而被剥夺生命、自由或财产；人民私有产业，如无合理赔偿，不得被征为公用"。

货币及海盗等犯罪。这些犯罪都是强制适用死刑的。[1]

众所周知，1787年参加美国联邦立宪会议的代表在费城起草联邦宪法取代联邦条例时所提出的主张根据的就是各州的宪法，这一点在涉及个人权利的方面体现得尤为明显。随后，设定《权利法案》的主要目的也在于限制联邦政府而不是州政府的权力。这种限制联邦权力的倾向直到后来美国联邦最高法院开始将《权利法案》的相关规定适用于各州才得以改观。准确地说，这是由美国联邦最高法院保护在各州被审判罪犯的权利来实现的。在此之前，死刑的判决仅仅由州法院审理，缺乏美国联邦最高法院的监督。

在美国死刑适用的早期阶段，美国联邦死刑发展的另一个重要里程碑出现在1897年。在此之前，截至1829年，全美范围内共进行过138次联邦死刑审判。19世纪末期，因应当时限制死刑的形势与压力，美国国会通过了旨在限制死刑适用的法律，其主要改革措施一方面限制了死刑犯罪的数量，另一方面将刚性死刑适用改变为选择性适用，即赋予陪审团针对联邦犯罪适用死刑的决定权。[2]

与此不同的是，同一时期美国各州的死刑适用在死刑犯罪种类、死刑适用程序、执行数量以及执行方式等方面都显现出与联邦死刑适用相当不同的特征，更涉及联邦与各州司法管辖冲突如何解决的问题。[3] 限于篇幅以及研究的重点，这里暂不对具体的区分加以详述，但无论如何，美国双重的政治体制注定了在讨论美国死刑问题的时候需要关注联邦与各州相关做法的差异。美国没有经历欧洲工业国家普遍经历过的封建时代，而是体现出一种"美国特色"。

---

[1] 参见 Rory K. Little, "Myths and Principles of Federalization," *Hastings L. J.* 46 (1995): 1029。

[2] 参见 Rory K. Little, "The Federal Death Penalty: History and Some Thoughts About the Department of Justice's Role," *Fordham Urb. L. J.* 26 (1999): 347。

[3] "事实上，在很多时候很难将州和联邦区分开来。在美国，州和联邦在管辖范围上存在重合和冲突。例如各州的监狱可能同时关押着联邦罪犯与违反州法的罪犯。各州打击犯罪的努力也在共同消耗州与联邦的资源。但在某种程度上，联邦法又与关乎美国大多数民众日常生活的州法格格不入。在很多人看来，联邦对国民生活的干涉，基本上针对的都是特殊甚至紧急情况。对此特别需要注意的是，公民的日常生活，包括法律生活，大多可以被视为一种属于地方层级的活动。"参见 John Brigham, "New Federalism: Unusual Punishment: The Federal Death Penalty in the United States," *Wash. U. J. L. & Pol'y* 16 (2004): 195。

从某种意义上，死刑更是一种具有显著地方属性的立法与司法活动。这种死刑的地方主义或许在很大程度上与种族问题相关。这种地方主义的后果之一，就是死刑改良运动的结果虽然横扫北部，但其对美国南部的影响却微乎其微，或者说只影响到了生活在美国南部的白人，对黑人并没有产生任何积极作用。

二　美国死刑的中期适用（1910～1976 年）

在长达 300 余年的时间里，美国司法机关的只是单纯地适用有关死刑的既存成文法或者判例，而将死刑的限制适用等问题视为与己无关的事项。

在这一时期，死刑的合宪性，准确地说，任何刑罚的合宪性都从来未受过质疑。这一点似乎很好理解，毕竟宪法第五修正案承认了死刑的适用，而后来作为质疑死刑合宪性的宪法第八修正案长期以来与第五修正案并存，相安无事。①

但 1910 年，美国联邦最高法院在"威姆士诉美利坚合众国案"（*Weems v. United States*）② 中的判决改变了既有的状态，也掀开了对美国死刑进行司法反思的新阶段。在本案当中，美国联邦最高法院援引宪法第八修正案中禁止"残忍且不寻常"刑罚的规定，认定对伪造政府文件这样的犯罪判处 12 年的监禁并罚苦役构成了"残忍且不寻常"的刑罚。

现在来看，在"威姆士诉美利坚合众国案"之前，美国死刑问题在很大程度上是执法和立法问题，围绕死刑的所有争议，例如谁该当死刑、死刑审判应遵循何种程序，以及采取何种方法等都在法院之外进行。

换句话说，"威姆士诉美利坚合众国案"标志着对死刑问题司法反思的肇始。从此开始，法官开始主动地使用包括宪法第八修正案在内的宪法武器，介入死刑这个敏感问题。也是从此开始，死刑在实质层面已经过渡为一个司法问题，法院特别是美国联邦最高法院等联邦司法系统，开始逐渐掌握美国死刑问题的最终话语权。

---

① 美国宪法第八修正案规定："不得要求过多的保证金，不得处以过重的刑罚，不得施加残忍且不寻常的刑罚"。

② 参见 *Weems v. United States*，217 U. S. 349（1910）。

美国死刑的早期司法反思阶段呈现如下两个主要特征。

首先，这一阶段美国联邦与各州对死刑的司法反思受到了民权运动与实证犯罪学研究成果的双重影响，从而开始偏向于限制死刑甚至废止死刑。20 世纪 60 年代开始兴起的民权运动虽然主要与黑人等有色人种争取平等权利相关 ①，但受到包括全国有色人种协进会采取渐进式变革措施的启发，死刑的改革派人士也试图通过聚沙成塔的办法，通过个案诉讼逐渐换取最终的宪法性胜利。

与民权运动对美国死刑所产生的示范作用相比，同一时期实证犯罪学研究结果的影响则多少显得更为直接。当时非常有影响的一份犯罪学调查考察了 1907～1963 年纽约州死刑执行与谋杀犯罪之间的对应关系，得出了一个貌似奇怪的结论。根据这份研究报告，死刑适用之后谋杀率不降反升。这种奇怪现象出现的原因被相关学者解读为政府长期、高强度适用死刑导致犯罪人或者潜在犯罪人对死刑丧失了敏感，从而使死刑不再具有震慑犯罪的功能。②

其次，美国死刑的早期司法反思在联邦与州层级呈现出来的是部分重合的复杂样态。换句话说，虽然各州与联邦死刑发展的阶段性颇为类似，但在宪法的自觉性上，联邦司法体系尤其是美国联邦最高法院显然来得更为积极，更为坚决。从阶段性来看，以得克萨斯州为例，从 1924 年到 1964 年，该州共有 506 人被判处死刑，361 人被执行死刑。③ 而该州这一阶段的死刑执行又可以进一步细分为如下两个阶段④。第一阶段截至 1923 年，这一阶段得克萨斯州的死刑全部为绞刑，并且大部分在郡一层级执行。当时死刑犯罪的

---

① 参见〔美〕布莱恩·兰斯伯格《终获自由：〈1965 年选举权法〉幕后的司法战》，上海三联书店，2017。兰斯伯格教授曾在民权运动期间供职于美国司法部，并且亲身参与了为美国黑人争取平等选举权的司法诉讼。据兰斯伯格教授回忆，当年他和其他美国司法部民权事务部的政府律师就是采取了逐郡诉讼的方式，最终在亚拉巴马州结束了选举过程中的种族歧视。

② 参见 Allan D. Johnson，"The Illusory Death Penalty：Why America's Death Penalty Process Fails to Support the Economic Theories of Criminal Sanctions and Deterrence," *Hastings L. J.* 52（2001）：1101。

③ 参见 Peggy M. Tobolowsky，"What Hath Penry Wrought：Mitigating Circumstances and the Texas Death Penalty," *AM. J. Crim. L.* 19（1992）：345。

④ 参见 Guy Goldberg & Gena Bunn，"Balancing Fairness & Finality：A Comprehensive Review of the Texas Death Penalty," *Tex. Rev. Law & Pol.* 5（2000）：49。

范围很广，其中就包括叛国、谋杀、强奸、抢劫、夜盗以及纵火等犯罪。第二阶段又被称为电刑时期，大致从 1923 年一直持续到 20 世纪 60 年代末。1923 年，得克萨斯州的立法机构迫于舆论压力，着手修改立法，以期改变当时得克萨斯州死刑执行的任意性。改革措施之一即为改变死刑执行方式，所有死刑都改为电刑，并且在统一地点非公开执行。同时，缩小死刑犯罪范围，仅保留针对谋杀与强奸这两种死刑犯罪。

虽然法院对死刑的改革努力始于 1932 年，但一直到了 1963 年，对相关宪法条文的司法解读才将死刑确切地纳入了宪法考量的范围之内。① 这一时期，美国全国范围内死刑执行数量已经由于上面讨论过的原因呈现出逐年递减的趋势。同时，美国更面临其他主要西方国家废止死刑所带来的巨大外部压力，正是在此复杂的情境下，美国刑事司法实践开始出现认为强奸罪与死刑之间比例失衡的论点。对此，最为典型的判例，即美国死刑历史上非常著名的"弗尔曼诉佐治亚州案"。② 该案之所以具有如此重要的标志性，不仅仅因为本案在历史上暂停了美国所有死刑的适用，使得 600 余名之前已经被联邦以及各州判决死刑的候刑者免于被处死的命运，得以被改判终身监禁，还因为本案通过适用宪法第八修正案和第十四修正案，认定了之前很多州的死刑成文法违反宪法。

这种将死刑与宪法绑定的做法，其意义甚至可以等同于"布朗诉皮卡教育委员会案"之于美国种族问题。但"弗尔曼诉佐治亚州案"也存在致命的缺陷，这就是美国联邦最高法院大法官在究竟是死刑本身违反宪法，还是特定的死刑认定或者执行方式违宪上存在严重分歧，所有大法官都罕见地对这一问题独立发表了自己的看法，据有的学者考证，这些意见堪称美国联邦最高法院史上最长的意见，并且当时只有两名美国联邦最高法院大法官即伯里南与马歇尔对死刑本身直接表达了反对意见。③

美国联邦最高法院大法官在"弗尔曼诉佐治亚州案"中的分歧，使得

---

① 参见 Robert A. Burt，"Disorder in the Court：The Death Penalty and the Constitution，" *Mich. L. Rev.* 85（1987）：1741。

② 参见 *Furman* v. *Georgia*，408 U. S. 238（1972）。

③ 参见 Wayne A. Logan，"Casting New Light on an Old Subject：Death Penalty Abolitionism For a New Millennium［reviewing Ausin Sarat，When the State Kills：Capital Punishment and the Amrican Condition（2001）］，" *Mich. L. Rev.* 100（2002）：1336。

美国死刑没有彻底地走向历史的终结，在包括得克萨斯州①在内的支持死刑的各州②根据本案修正了各自的死刑适用法律之后，美国死刑才得以恢复执行，随即在 1976 年，美国联邦最高法院在"杰里科诉得克萨斯州案"③ 中，承认了得克萨斯州新死刑成文法的合宪性。

三　美国死刑的当代适用（1976~2011 年）

1976 年美国死刑恢复适用。1977~2011 年美国死刑判决数量趋势见图 10。

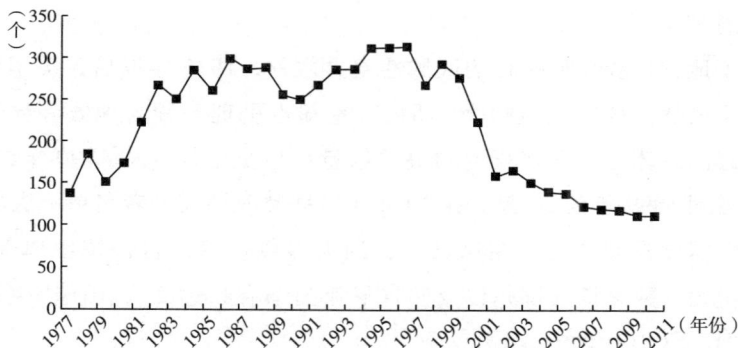

图 10　1977~2011 年美国死刑判决数量④

总体来看，这一阶段美国死刑适用的情况大体上呈现如下两个特点。

---

① 以得克萨斯州为例，该州的新死刑成文法要求陪审团针对与谋杀犯的故意程度以及其未来危险性相关的所谓"特别事项"进行表决。另外，该法还限制了死刑适用的数量。如果陪审团对这些特别事项达成一致意见，那么死刑就需要被自动适用。得州是第一个将注射作为新的死刑执行方式，将未来的危险性作为量刑因素的州。参见 Michael Kuhn，"House Bill 200: The Legislative Attempt to Reinstate Capital Punishment in Texas," *Hous. L. Rev.* 11 (1974): 410.

② 该案之后，即有 35 个州重新制定了死刑法。参见 Jonathan R. Sorensen & James W. Marquart，"Prosecutorial and Jury Decision-Making in Post-furman Texas Capital Cases," *N. Y. U. Rev. L. & Soc. Change* 18 (1991): 743。

③ *Jurek v. Texas*，428 U. S. 262 (1976).

④ Richard C. Dieter，"The Continuing Arbitrariness of the Death Penalty Thirty-five Years After Its Reinstatement in 1976," http: //www. deathpenaltyinfo. org/documents/StruckByLightning. pdf，最后访问日期：2014 年 1 月 2 日。

第一，美国各州死刑适用的差异性扩大。

这一时期美国死刑适用呈现明显的地区性差异，即绝大多数死刑集中于美国传统南部地区，在这些地区，死刑的执行也多寡不均。例如加利福尼亚州虽然属于美国西南部地区，并且死刑候刑者人数众多，但死刑执行却十分少见。事实上直到1992年，该州才第一次执行死刑，且执行死刑数量极少。与此同时，截至2003年的不完全统计，得克萨斯州、弗吉尼亚州、密苏里州与佛罗里达州自1976年起至2013年已经累计执行了521起死刑，大约占全美死刑执行人数的60%。[①] 与之相比，在北部州当中死刑适用最为积极的伊利诺伊州，从1976年起至2013年才总共只有12个人被执行死刑。[②]

除了地方层级死刑执行的区域性差异之外，1976年以后，美国联邦死刑的适用虽然多少有些显得微不足道，[③] 却也呈现一种与地方差异性相呼应的状态。总体上，联邦死刑判决的数量在稳步增加，从1990年的20起左右发展到1999年的34起。在2004年，联邦死刑候刑者名单上大概有31个人，但需要强调的是，在这其中，绝大多数仍然来自传统中南部各州，如密苏里州、路易斯安那州以及弗吉尼亚州都有超过2人，而得克萨斯州更"贡献"了其中的6人。[④]

除此之外，美国联邦死刑还呈现某种独特的"矛盾性"，一方面美国

---

① 得克萨斯州的死刑适用频率为美国之冠，死刑执行的数量约占到美国死刑执行数量的1/3，且大幅高于其他适用死刑的南部各州，其死刑执行数量甚至是美国第二大死刑适用司法区弗吉尼亚州的3倍，而死刑执行的人数也是美国前5个死刑执行州的数量总和。参见 James E. Harrison, "The Juvenile Death Penalty in Florida: Should Sixteen-Year-Old Offenders Be Subject to Capital Punishment?" *Barry L. Rev.* 1 (2000): 159。

② 参见 Death Penalty Information Center, "Commutations in Capital Cases on Humantarian Grounds," http://www.deathpenaltyinfo.org/ article. php? did=126，最后访问日期: 2013年12月12日。

③ 与全美数千名死刑候刑者相比，联邦在死刑执行数量上的确显得微不足道。但即使如此，联邦死刑的规定及适用仍然成为美国政治生活特别是联邦政治生活的核心争论点之一。1988年共和党候选人老布什在竞选总统期间就曾以死刑问题为手段攻击对手。无独有偶，1992年民主党候选人克林顿也将死刑问题作为自己的竞选策略充分加以运用。导致这种情况出现的原因，与美国特别的选举体制以及死刑适用大州，如得克萨斯州、加利福尼亚州等在美国联邦选举中所占重要地位不无关系。参见 Norman J. Finke, "Prestidigitation, Statistical Magic, and Supreme Court Numerology in Juvenile Death Penalty Cases," *Psych. Pub. Pol. and L.* 1 (1995): 612。

④ 参见 "Death Penalty Doubts," *N. Y. Times* (Dec. 12 2000): 32。

联邦政府不断通过立法的方式增加联邦死刑犯罪的类型与数量，① 另一方面又试图通过程序设计等方式保证联邦死刑适用免遭社会公众的指摘与诉病。②

其次，美国联邦最高法院对死刑适用形式的宪法性主导与细分。

如前所述，自 20 世纪初的"威姆士诉美利坚合众国案"开始，美国联邦最高法院开始逐渐掌握了美国死刑的主导性话语权，这种话语权在1976 年之后开始愈发明显，并呈现不断细化的趋势。

一般都将 1976 年美国联邦最高法院审结的"格雷格诉佐治亚州案"③作为当前美国死刑适用的阶段性起点。在本案当中，美国联邦最高法院认定佐治亚州根据修改后的死刑认定程序对谋杀罪适用死刑并不违反宪法第八修正案及第十四修正案。事实上，除"格雷格诉佐治亚州案"之外，最高法院同时还在"杰里科诉得克萨斯州案"④ 等判例中认定，修改后的得克萨斯州以及佛罗里达州死刑法合宪。但相较而言，美联邦最高法院在"格雷格诉佐治亚州案"中所提出的观点最具代表性。

"格雷格诉佐治亚州案"被认为在美国死刑适用历史上具有里程碑意义。一方面，本案肯定了死刑本身的正当性。正如美国联邦最高法院大法官斯图尔特所言，尽管围绕死刑一直存在道德性或者功利性的争论，但毫无疑问的是一直以来大多数美国人都将死刑视为一种适当且必要的刑事制

---

① 联邦刑法中有超过 60 种不同的死刑犯罪，其中包括间谍罪、叛国罪、谋杀特定的政府官员、绑架并且造成他人死亡、雇凶杀人、性虐待导致他人死亡、危险驾驶并且同时开枪射击、劫持汽车导致他人死亡以及一些不涉及具体致人死亡的犯罪，如操纵或者组织规模庞大的犯罪组织等行为。参见 Robert Woll, "The Death Penalty and Federalism: Eighth Amendment Constraints on the Allocation of State Decision Making Power," *Stan. L. Rev.* 35 (1983): 787。

② 如法律规定，联邦死刑被告人有权雇佣两名律师，并且其中至少一人需要具有死刑辩护经验。联邦死刑被告人除了可以获得通常意义上的程序性权利保护之外，还可以享受额外的联邦诉讼程序保护。例如美国司法部掌握着所有联邦死刑案件的审查权，包括起诉权。如果联邦检察官（即所谓的政府律师）想要起诉某人死刑犯罪的话，就必须向位于华盛顿特区的美国联邦总检察长办公室死刑审查委员会提出申请，并在获得批准后方可提起。对此，死刑被告人的辩护律师得向该委员会提出己方反对意见的根据。参见 John H. Blume and Sheri Lynn Johnson, "Killing the Non-Willing: Atkins, the Volitionally Incapacitated, and the Death Penalty," *S. C. L. Rev.* 55 (2003): 93。

③ 参见 *Gregg v. Georgia*, 428 U. S. 153 (1976)。

④ 参见 *Jurek v. Texas*, 428 U. S. 262 (1976)。

裁措施。① 另一方面，在肯定死刑正当性这一前提下，"格雷格诉佐治亚州案"明确了符合宪法的死刑适用成文法应满足的具体条件。"格雷格诉佐治亚州案"从宪法角度确定了死刑成文法需满足的宪法性要求。根据美国联邦最高法院的多数派观点，死刑成文法的规定必须十分明晰，能够为陪审团认定被告人实施了相关死刑犯罪提供具有操作性而非任意性的指导意见，被判处死刑的行为人必须具有十分严重的可责性，在满足犯罪构成要素的同时还需要具备法定的加重情节等等。② 自此，美国各司法区的死刑认定基本上都开始采取后"格雷格诉佐治亚州案"时代的标准范式，即要求死刑适用采用两阶段的定罪与量刑程序，法官必须在陪审团决定是否适用死刑时对加重和减轻情节的衡量进行指导，各州最高法院必须对每起死刑判决的适当性进行审查等。

基于美国联邦最高法院的上述背书，在"格雷格诉佐治亚州案"之后，至少37个州通过了效法佐治亚州的新的死刑成文法，这些新的成文法试图通过建构复杂的程序，减少死刑裁判与执行的任意性与错案的发生。③ 在有些学者看来，这就导致了一个问题，即美国死刑判决人数与死刑实际执行人数之间出现了巨大的落差。这种落差的存在，给美国民众造成了某种奇怪的错觉，似乎死刑仅仅是一种华而不实的刑罚。④

总之，"格雷格诉佐治亚州案"为日后美国死刑的适用与发展设定了一个非常重要的基调，"死刑作为刑罚在其严重性与不可撤销性方面存在

---

① 参见 *Gregg v. Georgia*，428 U. S. 153（1976）。

② 参见 *Gregg v. Georgia*，428 U. S. 153（1976）。

③ "格雷格诉佐治亚州案"所设定的标准是十分严格的，因此哪怕是十分接近这一要求的成文法也无法满足美国联邦最高法院的要求。例如俄亥俄州于 1974 年制定的死刑成文法内容十分贴近"格雷格诉佐治亚州案"中所设定的要求，但美国联邦最高法院仍在四年之后即 1978 年的"洛奎特诉俄亥俄案"（*Lockett v. Ohio*）中认定其违宪。参见 David L. Hoeffel，"Ohio's Death Penalty：History and Current Developments，" *Cap. U. L. Rev.* 31（2003）：659。

④ 参见 Allan D. Johnson，"The Illusory Death Penalty：Why America's Death Penalty Process Fails to Support the Economic Theories of Criminal Sanctions and Deterrence 2001，" *Hastings L. J.* 52（2001）：1101。

独特性"。① 换句话说，"死刑，是特殊的"。② 正是从这一前提出发，结合美国宪法的相关规定，美国联邦最高法院开始通过个案甄别的方式不断地明确死刑的适用范围与适用程序，以期增加死刑适用的可靠性。

1977 年，美国联邦最高法院在"库克诉佐治亚州案"（*Coker v. Georgia*）③ 中明确，对强奸犯罪适用死刑违反了美国宪法第八修正案。"库克诉佐治亚州案"明确了美国联邦最高法院对死刑适用范围的基本态度，即仅对剥夺他人生命的犯罪适用死刑，在刑罚与犯罪之间应建立一种直接对应关系。

1982 年，美国联邦最高法院在"艾蒙德诉佛罗里达州案"（*Enmund v. Florida*）④ 中明确，对造成死亡结果的共同犯罪中没有亲自实施杀人行为、没有实施杀人未遂行为，并且没有杀人故意的参与人，不得适用死刑。

1986 年，美国联邦最高法院在"福特诉温莱特案"（*Ford v. Wainwright*）⑤

① *Gregg v. Georgia*, 428 U. S. 153（1976）.
② "死刑特殊论"可以被视为当今美国死刑问题研究的基本话语前提。但美国学界对此一直多有质疑。例如有学者提出，在制度设计上"死刑特殊论"反而会造成对死刑被告人的程序性权利设置少于其他类型的被告人。参见 James S. Liebman, "The Overproduction of Death," *Colum. L. Rev.* 100（2000）. 更有学者担心联邦最高法院在本案中的固执坚持反而会使得立法机关可以在立法技术上满足相关宪法性要求之后，恣意地扩大死刑适用范围以及适用数量，而不用担心任何来自司法方面的震慑。参见 Douglas A. Berman, "Appreciating Apprendi: Developing Sentencing Procedures in the Shadow of the Constitution," *Crim. Law Bull.* 37（2001）: 627。
③ 参见 *Coker v. Georgia*, 433 U. S. 584（1977）。本案的被告人库克（Erlich Anthony Coker）曾因犯强奸、绑架以及一级谋杀入监服刑，后成功越狱。在潜逃过程中，库克闯入佐治亚州某地的一户人家，强奸了女主人并抢劫了她的汽车逃离。本案的审理过程中，陪审团认定被告人所实施的强奸行为应被判处死刑，因为其满足了至少两项加重情节，即之前曾经犯过罪后又实施重罪，以及在抢劫的过程当中实施强奸行为。
④ 参见 *Enmund v. Florida*, 458 U. S. 782（1982）。艾蒙德（Enmund）伙同他人实施入户抢劫，而其负责在现场外把风开车。他的同伙在实施抢劫过程中遭遇受害人反抗，因此枪杀了受害人。后艾蒙德等人驾车逃离现场。根据佛罗里达州法律，在抢劫或者抢劫未遂过程中又实施杀人行为的，构成了一级谋杀。虽然艾蒙德向佛罗里达州上诉法院提出了上诉，主张自己并未实施杀人行为，也没有杀人的故意，但被驳回。最后，案件被提交给至美国联邦最高法院。
⑤ 参见 *Ford v. Wainwright*, 477 U. S. 399（1986）。福特（Ford）1974 年因谋杀罪被判处死刑，在候刑期间，他的精神状况出现了问题，表现出明显的偏执型幻想症状。但佛罗里达州的一个精神疾病评估委员会鉴定认为福特虽然罹患精神失常，却仍然可以理解死刑的本质以及对其自身的意义。后来本案被提交至美国联邦最高法院。

中明确，宪法第八修正案应当"与时俱进"，与社会的进步与发展保持同步。因为对精神失常人士执行死刑违反了普通法传统，并且从现在的时点来看无法实现刑罚目的，因此针对精神失常的人执行死刑违反了美国宪法第八修正案。另外，在本案当中美国联邦最高法院还明确对精神失常的认定不能由行政部门专权，而是应该通过司法程序加以认定，在针对被告人或者被执行人精神状况的认定过程当中，必须充分保证其应该享有的宪法性程序权利，如律师辩护权以及交叉质证权等。

1988年，美国联邦最高法院在"汤普森诉俄克拉何马州案"（*Thompson v. Oklahoma*）① 中明确，根据"与时俱进"的观点，美国大多数司法区以及主要的西方国家都已经不再对犯罪时不满16周岁的行为人适用死刑，因此俄克拉何马州对犯罪时年仅15周岁的行为人判处死刑的做法违反了美国宪法第八修正案，属于"残忍且不寻常的刑罚"。

2002年，美国联邦最高法院在"阿特金斯诉弗吉尼亚州案"（*Atkins v. Virginia*）② 中明确，对第八修正案含义解读的所谓"与时俱进"标准，最佳的参考就是各个司法区立法机构的规定。针对智力低下人士的死刑适用，美国大多数司法区都已经明确表示反对，因此，可以认定，美国国民在禁止对智力低下犯罪人适用死刑这一问题上已经达成了共识。因为对智力低下的犯罪人执行死刑无法满足任何合理的刑罚目的，因此这样的一种做法违反了美国宪法第八修正案，构成了所谓"残忍且不寻常的刑罚"。

---

① 参见 *Thompson v. Oklahoma*，487 U. S. 815（1988）。汤普森（Thompson）在实施绑架、杀人犯罪的时候年仅15周岁。因为长期受到自己姐夫的虐待，汤普森伙同其他3人残忍地将自己的姐夫杀死。俄克拉何马州地方法院对汤普森进行了精神状况评估之后，认为其符合相关要求，因此将其作为成年人进行了审判，后被陪审团认定罪名成立，并判处死刑。

② 参见 *Atkins v. Virginia*，536 U. S. 304（2002）。1996年，18周岁青年阿特金斯（Atkins）在酗酒、吸毒后，伙同他人抢劫了一名美国空军军人，因不满所获赃款的数额，阿特金斯等人随后残忍地杀死了受害人。本案的证据十分充分，唯一有意思之处在于阿特金斯与另外一名被告人都宣称是对方实施的枪杀行为。但从证言来看，阿特金斯的供述存在前后矛盾之处。并且有其他人作证，阿特金斯曾经承认自己实施了杀人行为。在本案的量刑过程中，被告人律师提供了相关证据以及鉴定报告，试图证明被告人阿特金斯的智商为59，稍微低于正常值60。但被告人还是被认定罪名成立，被判处死刑。

2002 年，美国联邦最高法院在"锐英诉亚利桑那州案"（*Ring* v. *Arizona*）①
中明确，宪法第六修正案要求由陪审团而不是由法官来认定对被告人是否
适用死刑所需要的加重情节。本案的重要意义在于美国联邦最高法院对此
问题意见摇摆不定的局面得到了解决。事实上本案推翻了之前美国联邦最
高法院 1990 年在"沃顿诉亚利桑那州案"（*Walton* v. *Arizona*）② 中，允许
法官独自认定被告人是否具有死刑适用加重情节的做法。另外，本案也在
实际上否定了之前美国联邦最高法院在"斯帕基那奥诉佛罗里达州案"
（*Spaziano* v. *Florida*）③ 中允许法官在陪审团建议终身监禁的情况下独自决
定适用死刑的决定。从刑罚适用的角度，本案之前，美国联邦最高法院一
般对犯罪构成要件与量刑情节加以区分，并认定美国宪法第六修正案要求
陪审团认定犯罪构成要件，而法官可以认定量刑情节。但这一范式在日后
受到了一系列质疑，并最终在 1999 年美国联邦最高法院审结的"亚珀兰
迪诉新泽西州案"（*Apprendi* v. *New Jersey*）④ 中被间接推翻，在该案中，美
国联邦最高法院认定任何使得被告人所遭受刑罚超过法定最高刑的量刑情
节都必须经过陪审团排除合理怀疑地证明，或者经过被告人的自愿承认。
美国联邦最高法院的多数派意见承认死刑的适用也应适用"亚珀兰迪诉新
泽西州案"所划定的基本框架。

2005 年，美国联邦最高法院在"罗普诉西蒙斯案"（*Roper* v. *Simons*）⑤
中明确，根据"与时俱进"原则，对犯罪时不满 18 周岁的行为人适用死刑

---

① 参见 *Ring* v. *Arizona*，536 U. S. 584（2002）。1994 年，锐英（Ring）伙同他人在亚利桑那
州抢劫了一辆运钞车，并杀死了运钞车司机，劫得数十万美金现钞。后来被人举报，锐
英落网。根据该州的法律特别是重罪谋杀规则，锐英的行为构成了一级谋杀。根据该州
法律，在决定是否对其适用死刑的过程中，可由法官自行对是否存在加重情节进行认定。
本案中，法官认定锐英的行为满足两项法定加重情节，即图财害命以及犯罪手段特别残
忍，最终判决其罪名成立，适用死刑。

② 参见 *Walton* v. *Arizona*，497 U. S. 639（1990）。

③ 参见 *Spaziano* v. *Florida*，468 U. S. 447（1984）。

④ 参见 *Apprendi* v. *New Jersey*，530 U. S. 466（2000）。

⑤ 参见 *Roper* v. *Simmons*，543 U. S. 551（2005）。1993 年，时年 17 周岁的西门斯（Simmons）
伙同他人，事先策划，决定实施夜盗，并杀人灭口。计划是半夜闯入他人家中，洗劫财物
后将受害人绑架并运至荒野，推入河中溺毙。虽然计划执行过程中出现了一些状况，但基
本上实施完毕。本案的证据确凿充分，因此陪审团认定被告人罪名成立，并向法官建议适
用死刑。西门斯提出上诉。

违反了宪法第八修正案。从这个角度，本案将之前美国联邦最高法院在"汤普森诉俄克拉何马州案"中所设定的死刑适用年龄提高了两岁。本案的意义在于代表本案多数派意见的肯尼迪大法官①通过援引相关社会学数据，提出了著名的"青少年特殊论"，即强调未成年人与成年人在心智、控制能力以及可责性等方面的巨大差异。因此几乎美国各个州都规定了18周岁以下的未成年人在包括选举、结婚等方面不享有与成年人完全类似的权利。对此，可以认定美国国内存在共识。

2008年，美国联邦最高法院在"肯尼迪诉路易斯安那州案"（*Kennedy v. Louisiana*）② 中明确，宪法第八修正案禁止路易斯安那州对没有导致受害人死亡，且行为人并没有造成受害人死亡意图的强奸幼儿行为适用死刑。通过考证国内各司法区的做法，美国联邦最高法院认为对这样的一种观点已经形成了一致意见。本案的重要意义在于美国联邦最高法院对故意实施的一级谋杀与其他没有导致受害人死亡的犯罪进行了区分。虽然后者在严重程度上可能会令人发指，但从公民一般道德的层面判断，仍然无法与杀人相提并论。因此，美国联邦最高法院明确，在受害人个人的生命未受剥夺的情况下不得适用死刑。但颇具深意的是，与此同时，美国联邦最高法院的多数派意见将毒品犯罪、叛国、间谍以及恐怖主义犯罪等列为针对国家的犯罪，而不是所谓针对个人的犯罪，因此不在本案规范之列。

不难看出，在这一阶段，美国联邦最高法院已经牢牢掌握美国死刑问题的最终话语权，并且开始通过个案司法审查方式对美国死刑的实际运行进行细化，取得了一定的进展。但对此也有学者诟病，认为美国联邦最高法院所建构起来的整个死刑框架存在成本高昂、程序复杂的弊端，并且没

---

① 肯尼迪大法官是笔者在美就读的法学院的兼职教授，每年美国联邦最高法院休庭期间，肯尼迪大法官都会回到这里给学生上课。笔者深深为其睿智与"孩子气"所折服。

② 参见 *Kennedy v. Louisiana*，554 U. S. 407（2008）。肯尼迪（Kennedy）采取令人发指的手段，残忍地强奸了自己年仅8岁的继女，造成了女孩终身残疾。陪审团认定被告人罪名成立，并判处其死刑。被告人认为自己仅仅实施强奸幼女的行为，不应被判处死刑，对自己判处死刑的做法违反了宪法第八修正案，属于"残忍且不寻常的刑罚"。但受理上诉审的路易斯安那州最高法院认为，美国联邦最高法院在"库克诉佐治亚州案"中认定对成年女性实施强奸行为不该当死刑，但本案与"库克诉佐治亚州案"不同，对以残忍手段强奸幼女的犯罪适用死刑并不违反罪刑相适应原则。

有从根本上扭转死刑认定的恣意性。①

在这一阶段，与美国联邦最高法院上述司法活动伴生的，还包括死刑执行方式的改革以及立法机关的相关活动。如 1982 年，得克萨斯州率先适用注射死刑执行方式②；1988 年联邦立法规定毒品犯罪可以适用死刑；1994 年美国联邦将死刑罪名扩大到 60 余个；1996 年美国国会通过立法，限制死刑上诉，削减死刑上诉国家救助等资源投入；等等。

第二节 美国死刑的宪法语境

美国联邦最高法院在适用司法审查的过程当中，往往会通过解读美国宪法特别是《权利法案》③ 的相关规定来对具体个案进行决断。总结 1976 年后美国联邦最高法院针对死刑问题的相关判决，可以发现美国联邦最高法院对死刑案件的司法审查标准十分严格，虽然相关死刑判决的宪法根据看似庞杂，但概括起来，大体上包括如下内容。④

1. 宪法第八修正案中的所谓"残忍且不寻常的刑罚"条款意义并不确定，而只能通过参照当前的社会规范来对其加以确定，换句话说，死刑判决必须反映案件判决时的社会理念。

2. 死刑的适用必须建立在客观而非主观任意的原则基础上。

3. 死刑的适用机制必须能够减少死刑的擅断与任意性。

---

① 参见 Scott W. Howe, "The Failed Case for Eighth Amendment Regulation of the Capital-Sentencing Trial," *U. Pa. L. Rev.* 146 (1998)：795。

② 在 *Baze v. Rees*, 553 U. S. 35 (2008) 中，美国联邦最高法院维持了注射这种死刑执行方式的合宪性。

③ 美国宪法最初起草时，其中并未包括对公民个人权利的保护条款，因此遭到了当时社会民众与精英人士的普遍质疑。以杰弗逊等人为代表的联邦党人努力争取，要求在宪法中增加诸如保护信仰、言论自由、建立陪审制度等条款。在各方压力下，美国第一届国会授权詹姆斯·麦迪逊起草相关法案，后者效仿弗吉尼亚《权利法案》，提出了包含言论、新闻、宗教与集社等方面的自由与权利的《权利法案》，但同时也强调，《权利法案》仅仅列举了美国人民应该享有的最重要权利，而非其应享有的全部权利。相关内容亦可参见各版本的美国宪法学。

④ 参见 Hertz & Weisberg, "In Mitigation of the Penalty of Death：*Lockett v. Ohio* and the Capital Defendants' Rights to Consideration of Mitigating Circumstances," *CAL. L. Rev.* 69 (1981)：317。

4. 因为每个被告人都具有各自的特点，并且死刑具有不可撤销性，因此，宪法第八修正案要求对被告人的死刑判决必须具有罪责该当性。

下面，就分别对美国联邦最高法院死刑案件司法审查中主要适用的几处宪法规定进行说明。

一　美国宪法第八修正案与美国死刑适用

（一）　禁止"残忍且不寻常的刑罚"条款的流变

禁止"残忍且不寻常的刑罚"条款，是作为美国宪法第八修正案的实质组成部分存在的。①

一般认为，美国宪法第八修正案与 1689 年的英国《权利法案》之间具有某种亲缘关系。从字面上看，这一规定取自 1776 年弗吉尼亚州的《权利法案》，而后者实际效仿的是英国《权利法案》。② 从这种历史流变的实际出发，考察英国《权利法案》中禁止"残忍且不寻常的刑罚"条款的产生依据及基本含义，就不可避免地成为理解美国宪法第八修正案的起始步骤。

根据相关学者的历史考证，有两大历史事件共同催生了英国禁止"残忍且不寻常的刑罚"的做法。其一，17 世纪末，英国统治者在镇压反对英国国王詹姆斯二世的起义过程中，对数以百计所谓的叛国者用极其残忍的方式执行死刑，诸如在被执行者死亡之前将其身体切开并肢解，将其内脏焚毁，活活杀死女性叛国者等。③ 其二，同时期英国还发生过一起非死刑案件，在该案中被告人被认定犯有伪证罪。当时英国对伪证罪不能适用死刑，因为案情特殊，审理本案的法官判处被告人终身监禁，每年上 4 次颈

---

① 美国宪法第八修正案规定，"不得要求过多的保释金，不得处以过重的罚金，不得施加残忍且不寻常的刑罚"。

② 参见 Chris Baniszewski, "Comment, Supreme Court Review of Excessive Prison Sentences: The Eighth Amendment's Proportionality Requirement," *Ariz. St. L. J.* 25 (1993): 930。

③ 参见 Note, "What is Cruel and Unusual Punishment?" *Harv. L. Rev.* 24 (1910): 54。

手枷，并在公开场合对其执行鞭刑。① 简言之，英国所谓禁止"残忍且不寻常的刑罚"条款的设定本身似乎偏重于刑罚的执行方式，而较少考虑到对特定刑罚本身的禁止或者限制。

事实上，在美国《权利法案》的起草过程当中，就有代表明确提出，立法机构或许有能力制定犯罪，却在设定刑罚方面缺乏水平。即便如此，也没有太多的历史证据证明当时围绕设定禁止"残忍且不寻常的刑罚"条款时究竟对其中的相关概念有何考虑。②

对宪法第八修正案的相关含义缺乏了解这种情况在相当长的一段时间内未获关注。如前所述，直到 20 世纪初，美国联邦最高法院才通过"威姆士诉美利坚合众国案"③ 实质赋予了宪法第八修正案禁止"残忍且不寻常的刑罚"条款以实际意义。通过本案，美国联邦最高法院确立了罪刑相适应原则，更为重要的是，美国联邦最高法院明确提出，对什么是"残忍且不寻常的刑罚"的理解不应该被束缚在某种过时的理念之上，而是应该随着时代的发展而向前发展。自此，在适用这一原则的时候，美国联邦最高法院的法官往往选择寻找某种标志成熟社会进步的适当标准，并将其作为厘定特定行为是否违宪的标准。④

作为美国历史上第一次承认罪刑相适应原则具有宪法意义的判例，"威姆士诉美利坚合众国案"⑤ 对后续的案件特别是死刑案件产生了极其深远的影响。而美国联邦最高法院也的确在一系列的死刑案件当中，通过对宪法第八修正案的解读，尝试廓清"残忍且不寻常的刑罚"具体范围。⑥

---

① 参见 Charles Walter Schwartz, "Eighth Amendment Proportionality Analysis and the Compelling Case of William Rummel," *J. Crim. L. & Criminology* 71 (1980)：378。

② 参见 Youngjae Lee, "The Constitutional Right Against Excessive Punishment," *Va. L. Rev.* 91 (2005)：677。

③ 参见 *Weems* v. *United States*, 217 U. S. 349 (1910)。

④ 参见 Edmund P. Power, "Too Young to Die：The Juvenile Death Penalty After *Atkins* v. *Virginia*," *Cap. Def. J.* 15 (2002)：93。

⑤ 参见 Note, "Disproportionality in Sentences of Imprisonment," *Colum. L. Rev.* 79 (1979)：1119。

⑥ 参见 Nancy Keir, "*Solem* v. *Helm*: Extending Judicial Review Under the Cruel and Unusual Punishments Clause to Require 'Proportionality' of Prison Sentences," *Cath. U. L. Rev.* 33 (1984)：479。

（二）禁止“残忍且不寻常的刑罚”条款的含义

根据之前介绍的美国联邦最高法院宪法解读范式，对宪法第八修正案的解读应该遵从文本主义，即应该从对宪法文本的字面解读入手。

从字面上解读，美国宪法禁止所谓“残忍且不寻常的刑罚”需要同时满足“残忍”与“不寻常”两大特征。但在司法实践中，兼具“残忍”与“不寻常”两大特征的刑罚固然可以被认为违宪，却不具有排他性。换句话说，正如斯卡利亚大法官在“哈姆林诉密歇根州案”（*Harmelin* v. *Michigan*）[1]中所指出的那样，虽然被认定为违宪的刑罚一定具有“残忍”的特征，却并不一定总是具有“不寻常”的特征。

这一点，也可以从宪法第八修正案的发展历史得到印证。据学者考察，在宪法第八修正案通过之前，美国各州的相关规定多有不同，例如，其中5个州的宪法禁止“残忍”及“不寻常”的刑罚，而2个州仅禁止“残忍”的刑罚。[2]“残忍”不是一个很难满足的条件，根据宪法第八修正案的直接法源即英国《权利法案》的规定，“残忍”这个词的意义可以等同于“严厉”抑或“严重”。[3] 因此，死刑或者长期苦役的判决或许是严厉的刑罚，因此或许满足所谓“残忍”的特征，但并不是“不寻常”的。[4] 换句话说，刑罚是否“残忍”与是否“不寻常”之间不具有全然的等价关系，不能因为满足了“残忍”条件就认为其一定是“不寻常”的，反之亦然。

对此，可以通过美国联邦最高法院认定通过电椅执行死刑的方式不违宪的分析加以说明。[5] 美国联邦最高法院明确提出，在1890年，虽然电椅因为刚刚发明，因此并不常见，但设计电椅的初衷并非为了增加死刑执行的残忍性，而是用来减少其残忍性。这被后来的学者总结为将所谓“不寻

---

① 参见 *Harmelin* v. *Michigan*, 501 U. S. 957 (1991)。

② 参见 John L. Bowers & J. L. Boren, "The Constitutional Prohibition Against Cruel and Unusual Punishment—Its Present Significance," *Vand. L. Rev.* 4 (1951): 680。

③ 参见 Anthony Granucci, "Nor Cruel and Unusual Punishments Inflicted: The Original Meaning," *Cal. L. Rev.* 57 (1969): 839。

④ 参见 Michael J. Zydney Mannheimer, "When The Federal Death Penalty is 'Cruel and Unusual'," *U. Cin. L. Rev.* 74 (2006): 819。

⑤ 参见 *In re Kemmler*, 136 U. S. 436 (1890); 参见 Note, "The Cruel and Unusual Punishments Clause and the Substantive Criminal Law," *Harv. L. Rev.* 79 (1966): 635。

常"视为修饰"残忍"的副词，而不是作为和后者并列，共同修饰"刑罚"的形容词。[1]

（三）禁止"残忍且不寻常的刑罚"条款在死刑案件中的适用

从总体上来看，针对美国宪法第八修正案的此类解读衍生出很多实体性原则[2]。首先，禁止"残忍且不寻常的刑罚"条款禁止适用法律没有规定的刑罚。其次，禁止"残忍且不寻常的刑罚"条款禁止立法机构批准特定形式的刑罚。再次，禁止"残忍且不寻常的刑罚"条款禁止显失公平的刑罚。最后，禁止"残忍且不寻常的刑罚"条款概括性地禁止对特定种类的犯罪适用死刑。在分析过程当中，美国联邦最高法院采取了"三步走"的比例性测试方法，即首先考察犯罪的本质与刑罚的严重程度，然后考察同一司法区对其他更为严重犯罪所适用的刑罚，最后考察不同司法区针对相同犯罪规定的刑罚。[3]

如果专注于死刑适用过程中禁止"残忍且不寻常的刑罚"条款的理解与适用，那么可以得出如下两点基本结论。首先，从1976年美国恢复死刑执行开始到可以预见的未来，美国联邦最高法院对宪法第八修正案的解读都不会承认死刑本身属于"残忍且不寻常的刑罚"并因此违反宪法；其次，美国联邦最高法院会继续通过解读宪法第八修正案，对死刑的适用与执行范围进行严格限制，为其设置所谓的类型性限制标准。

准确地说，死刑与宪法第八修正案禁止"残忍且不寻常的刑罚"的要求之间存在某种非常微妙的紧张关系。虽然从整体上来讲，死刑作为刑罚

---

① 参见 Laurence Claus, "The Antidiscrimination Eighth Amendment," *Harv. J. L. & Pub. Pol'y* 28 (2004): 119。

② 自1972年"弗尔曼诉佐治亚州案"开始，针对美国联邦最高法院审理的死刑案件可以从实体与程序两个视角进行梳理。而和实体性适用规则不同，所谓第八修正案的程序性适用在于实现如下两个目标：(1)消除死刑案件审理过程中的任意性；(2)确保对死刑被告人做到个性化处遇。参见 Linda E. Carter & Ellen Kreitzberg, *Understanding Capital Punishment Law* (Eagan: West Publishing Co., 2004): 178-181。也有学者认为，所谓程序性适用和宪法第八修正案没有关系，而是所谓的适当程序案件。参见 Margaret Jane Radin, "Cruel Punishment and Respect for Persons: Super Due Process for Death," *S. Cal. L. Rev.* 53 (1980): 1143。

③ 参见 Nancy Keir, "*Solem v. Helm*: Extending Judicial Review Under the Cruel and Unusual Punishments Clause to Require 'Proportionality' of Prison Sentences," *Cath. U. L. Rev.* 33 (1984): 479。

的一种，需要被纳入宪法第八修正案的法理适用范围，但另一方面，美国联邦最高法院坚持认为，死刑是一种特殊的刑罚，因此，宪法第八修正案在死刑适用过程中的作用是受到一定限制的。[①]

美国联邦最高法院对宪法第八修正案禁止"残忍且不寻常的刑罚"的解读所衍生出来的罪刑相适应原则在其对死刑案件的司法审查过程当中体现的结果之一就在于对死刑犯罪的类型及死刑犯罪人的类型的双重限制。

例如，通过一系列适用宪法第八修正案的判例，美国联邦最高法院将死刑犯罪限制在导致死亡结果出现的犯罪，即通常所说的谋杀罪[②]，并且进一步将"重罪谋杀"[③] 排除，美国联邦最高法院认为，虽然被告人参与了导致死亡结果的共同犯罪，但如果其没有亲手实施杀人行为，并且没有对其他共同犯罪人实施杀人的结果表现出轻率不顾的心态，对其适用死刑就违反了宪法第八修正案所要求的罪刑相适应原则。[④] 除此之外，美国联邦最高法院还通过另外一系列判例对该当死刑的犯罪人进行类型化限缩，将实施犯罪时精神失常[⑤]或者未成年的人[⑥]从死刑的适用范围中排除，从而将传统对宪法第八修正案禁止"残忍且不寻常的刑罚"的解读从强调罪责相适应进一步扩展到罪责刑相适应。

总结美国联邦最高法院根据宪法第八修正案对死刑案件的系统性限制，在不同案例当中虽然体现出的观点或有差别，但其所采用的分析模式

---

① 参见 *Rummel v. Estelle*，445 U. S. 263 （1980）。

② 参见 *Coker v. Georgia*，433 U. S. 584 （1977）。

③ 什么是重罪谋杀规则？围绕这个问题存在大量的混淆意见。从最广义的形式而言，重罪谋杀规则规定在推定任何重罪的过程当中出现的杀人行为构成了谋杀，参见 Erwin S. Barbre，"Annotation, What Felonies Are Inherently or Forceably Dangerous to Human Life for Purposes of Felony-Murder Doctrine," *A. L. R. 3d* 50 （1973）：81。简单来说，"如果其是在从事特定重罪的过程当中造成他人死亡，那么重罪谋杀规则认为行为人犯有谋杀罪，而不考虑其针对杀人的实际态度或者意图"。参见 Guyora Binder，"Felony Murder and Mens Rea Default Rules: A Study in Statutory Interpretation," *Buff. Crim. L. R* 4 （2000）：32。以其非常经典的形式，该规则的适用所沿用的是一种十分简单几乎是数学性的逻辑等式："重罪+杀人=谋杀"。参见 James J. Tomkovicz，"The Endurance of the Felony-Murder Rule: A Study of the Forces That Shape Our Criminal Law," *Wash. & Lee L. Rev.* 51 （1994）：37。

④ 参见 *Tison v. Arizona*，481 U. S. 137 （1987） 以及 *Enmund v. Florida*，458 U. S. 782 （1982）。

⑤ 参见 *Atkins v. Virginia*，536 U. S. 304 （2002）。

⑥ 参见 *Roper v. Simmons*，543 U. S. 551 （2005）。

却大体类似。具体而言，美国联邦最高法院在判定某种死刑犯罪、死刑执行方式或者死刑适用对象的法律规定是否符合宪法第八修正案相关禁止性规定的时候，大体上采用了两步走的分析模式。

首先，美国联邦最高法院坚持对宪法第八修正案的解读应该与时俱进，反映案件审理时社会对特定刑罚处遇是否属于所谓"残忍且不寻常的刑罚"的一般认知。对所谓反映"成熟社会一般认知"的考察就需要参照所谓的客观证据。例如美国联邦最高法院在"派瑞诉雷婷案"（Penry v. Lynaugh）[1]中就明确提出，"必须通过客观证据考察当今社会对某种特定刑罚处遇的看法"。进一步而言，所谓的客观证据，一般是指与社会一般认识相关的客观指标，美国联邦最高法院对此通常考察的是美国各司法区对这一问题的相关立法情况。[2] 在此基础上，在很多适用宪法第八修正案进行司法审查的死刑案件当中，美国联邦最高法院的法官会进一步统计针对具体问题持不同态度的司法区数量及具体司法处遇，并通过对比来确定是否存在具体的合意。例如，美国联邦最高法院在"斯坦福诉肯塔基州案"（Stanford v. Kentucky）[3] 中就对美国各司法区对犯罪时年龄为 17 周岁的死刑被告人是否执行死刑的做法进行了统计，明确当时全美有 25 个州对此持支持态度，并且有 22 个州还允许对犯罪时为 16 周岁的犯罪人执行死刑，从而认定对犯罪时年满 17 周岁的未成年犯罪人执行死刑存在一般认知。在某些极端情况下，美国联邦最高法院甚至还会进一步考察特定司法区内部对特定死刑问题是否存在一般认知。例如在"库克诉佐治亚州案"[4] 中，美国联邦最高法院就提出，佐治亚州内部超过 90% 的陪审员拒绝对没有导致死亡结果的强奸犯适用死刑，从而用此支持对普通强奸适用死刑违反宪法第八修正案的判决。

其次，美国联邦最高法院对所谓"社会一般认知"的看法和考证并非一味屈从，而是将其作为支持自己看法的有力佐证。换句话说，只要

---

[1]　参见 Penry v. Lynaugh，492 U. S. 302（1989）。

[2]　美国联邦最高法院前大法官奥康纳就曾提出，美国立法机构的决定应该被认为是对此问题美国一般民意最可靠的参照。参见 Thompson v. Oklahoma，487 U. S. 815（1988）。

[3]　参见 Stanford v. Kentucky，492 U. S. 361（1989）。

[4]　参见 Coker v. Georgia，433 U. S. 584（1977）。

满足了 5：4 这一相对多数的博弈理论，那么即使这一结果明显有悖于社会一般认知，判决仍然可以成立。对此，美国联邦最高法院在"库克诉佐治亚州案"中就为自己不受客观标准的束缚埋下了伏笔，提出虽然客观证据具有极强的说服力，却不可以全然作为决定争议的唯一标准。换句话说，即使从客观指标来看，多数司法区的做法似乎具有某种合意，但法官还是可以从发展的眼光来看，超越目前存在的合意，认定某种做法违反宪法第八修正案。例如，在"阿特金斯诉弗吉尼亚州案"① 中，虽然当时 38 个保留死刑的州中有 20 个州允许对智力低下的罪犯适用死刑，从比较的层面来看，存在所谓社会一般认知②，但审理本案的美国联邦最高法院却没有拘泥于这一客观现实，反而从自身对宪法第八修正案的理解出发，认定对智力低下的人执行死刑属于宪法第八修正案所禁止的"残忍且不寻常的刑罚"。

二 美国宪法其他规定与死刑适用

虽然从案件判决数量及相关影响力角度判断，美国宪法第八修正案对美国死刑的适用产生的影响巨大，但除此之外，美国联邦最高法院在对死刑进行司法审查的过程中还适用过其他一部分宪法条文。因为这些宪法规定在死刑案件的司法审查过程中所起作用不大，且限于篇幅，这里仅简要介绍。

（一）"正当程序"（Due Process）条款与美国死刑适用

美国宪法第十四修正案第一款规定，"不经正当法律程序，不得剥夺任何人的生命、自由或财产"。

这一规定适用于一切公权剥夺私权的情况，其中当然包括可能剥夺被告人人身权、财产权甚至生命权的刑事程序。在这个意义上，程序意义上的正当程序宪法保护与宪法第八修正案出现了某种意义上的竞合。

---

① 参见 *Atkins v. Virginia*，536 U. S. 304（2002）。

② 在本案中，被告人还有法官认为，虽然在 38 个保留死刑的州当中有 20 个州支持对智力低下的罪犯执行死刑，具有相对多数，但相对全美 50 多个司法区来说，20 个州所占的比例仍然无法被认定为具有相对多数。这样的一种认知显然十分讨巧，却不符合既往美国联邦最高法院对所谓社会一般认知的厘定方法，因此并未产生太大影响。

从历史上来看，美国联邦最高法院于 1934 年在 "辛德诉马萨诸塞州案"（*Snyder v. Massachusetts*）① 中对此设定了所谓 "根本权利"（Fundamental Rights）测试标准。具体而言，美国联邦最高法院在 "埃尔德里奇诉威廉姆斯案"（*Eldridge v. Williams*）② 中提出了著名的 "衡平测试"。根据这种衡平测试，公权错误剥夺私权的危险性与此种剥夺可能给国家带来的利益之间相比，后者占据优势地位。③

毫无疑问，生命权属于根本性权利，而试图剥夺生命权这种根本性权利的死刑必须满足正当程序要求。宪法正当程序保护的实质在于告知被告人可能面临丧失根本权利的危险，并给予其应对这一危险局面的机会。因此，司法实践中对程序性保护基本上都要求保证被告人享有知情权。因为死刑的特殊性，学界与实务界都承认对死刑案件审理的程序性保护应该更加严格。也就是说，死刑案件被告人不仅该当所有普通刑事案件被告人应该享有的宪法正当程序权利，而且在权利范围和强度上还应强于非死刑案件中的被告人。

从司法实务的角度来看，相关方对死刑案件审理的全过程、死刑执行的全过程几乎都可以借由正当程序条款来对其合宪性加以质疑。虽然质疑的范围很广，但基本上还是集中于保障被告人或者被执行人的对抗公权的权利。例如有学者就质疑伊利诺伊州死刑法因为没有保证被告人享有被告知自己面临死刑指控的权利，以及没有保证被告人享有单独的死刑量刑程序，而违反了宪法保障被告人享有适当权利的规定。④

---

① 参见 *Snyder v. Massachusetts*，291 U. S. 97（1934）。

② 参见 *Eldridge v. Williams*，424 U. S. 319（1976）。

③ 本书主要关注所谓程序性正当程序。与此相对，美国宪法学中还存在所谓实体性正当程序说。对什么是实体性正当程序多有论辩，但基本上都认同作为与程序性正当程序相对应的概念，实体性正当程序保护关注于美国联邦最高法院根据正当程序对所谓根本性权利的范围认定。基本上，目前美国联邦最高法院依据其在 "美利坚合众国诉卡罗琳产品公司案"，即 *United States v. Carolene Products Co.*，304 U. S. 144（1938）注解四中所列明的三大类，即所谓《权利法案》前八条中规定的权利，包括选举、结社等政治权利以及 "非主流、孤立的少数族裔" 等内容。因为生命权属于根本权利并无异议，因此对实体性根本权利的正当保护不做讨论。

④ 参见 Gary Goodpaster，"Symposium on Current Death Penalty Issues: Judicial Review of Death Sentences，" *J. Crim. L. & Criminology* 74（1983）：786。

（二）"平等保护"条款与美国死刑适用

美国宪法第十四修正案第一款规定，"对在其管辖下的任何人，亦不得拒绝给予平等法律保护"。根据平等保护条款，如果某种法律意义上的区分危及了公民个人的根本性权利，则其必须服务于具有压倒性的政府利益。在没有此种根本性的政府利益的情况下，任何对个人权利的褫夺都是违反宪法的。① 目前美国联邦最高法院对平等保护条款的审查标准为所谓的"中等严格审查"（Intermediate Scrutiny），即要求此类的区分与重要的政府目标之间具有实质联系。② 从死刑的司法审查角度，与性别、种族相关的平等保护问题显得较为突出。但是从实质角度判断，这一问题显然超出了宪法考量的问题，也就是说还必须考虑道德和政治问题。从道德角度而言，对平等的追求在关乎生命权的语境下显得分外敏感与迫切。从政治角度来看，单凭司法机关的介入，能否改变长期以来积弊已久的性别歧视或者种族歧视显然存疑。对美国死刑案件中涉及的性别平等与种族平等问题，将在后章中详尽研讨。

（三）"律师有效帮助"条款与美国死刑适用

美国宪法第六修正案规定，在一切刑事诉讼中，被告人享有下列权利：由犯罪行为发生地的州和地区的公正陪审团予以迅速而公开的审判，该地区应事先已由法律确定；得知被控告的性质和理由；同原告证人对质；以强制程序取得对其有利的证人；获取律师帮助为其辩护。

除了享受陪审及其他程序法意义上的保障权利之外③，美国宪法第六修正案特别规定，包括死刑被告人在内的刑事案件被告人，享有律师辩护权。律师的存在可以保障被告人享有接受公平审判的根本性权利。美国刑事审判所奉行的对抗式庭审模式，需要通过各种程序设计来保证审判力量

① 参见 Michael A. Cokley, "Whatever Happened to That Old Saying 'Thou Shall Not Kill?': A Plea for the Abolition of the Death Penalty," *Loy. J. Pub. Int. L.* 2 (2001): 6。

② 参见 *United States* v. *Virginia*, 518 U. S. 515 (1996)。

③ 在"维泽斯普诉伊利诺伊州案"，即 *Witherspoon* v. *Illinois*, 391 U. S. 510 (1968) 中，美国联邦最高法院提出，基于陪审员反对死刑的态度，而将其在选择过程中加以排斥的授权法律规定不当地偏向于检方。17 年之后，在"韦恩怀特诉维特案"，即 *Wainwright* （转下页注）

的平均与公平。①

对抗式庭审的一个确定前提，就是通过庭审前期以及质证阶段的言词交锋，为社会一般人提供一种对特定事实发生的确信。从这个角度而言，这种庭审方式预定了律师的职责并不是追求事实真相，而是追求一种对真相的拟制。② 可以理解，对充当事实发现者的社会一般人而言，只能从控辩双方获得相应的知识，并且从控辩双方的互相攻击与应变过程当中获得最终的认知与确信。

在这个过程当中，大众话语对律师职业所具有的诚信精神的依赖就变成一个被边缘化的选项。律师的诚信需要建立在对事实真相的追逐和确认的前提之上，而对抗式庭审模式，律师的职责仅仅需要最大化地利用证据规则和程序规则，避免对己不利的结果，而尽可能攻击对方暴露出来的漏洞。这是对一个不同版本事实的叙述与竞赛过程，而至于事实本身是什么，已经不是被考量的重点。③

从这种角度而言，律师的角色仅仅是整个庞大证据链条或者整个证明体系的一个组成部分，在这个体系当中，律师是否具有诚信的品性并不重要，重要的是律师有没有能力充分维护被告人的权益。

但是这种已经成为既定事实的对抗式庭审模式的一个直接后果，就是

（接上页注③） v. *Witt*，470 U. S. 1039（1985）中，美国联邦最高法院简化了合法的陪审团遴选标准，认定如果陪审员的观点或者态度在实质上损害其作为陪审员应履行的相关义务时，得对其加以排除。参见 Patrick J. Callans，"Sixth Amendment-Assembling a Jury Willing to Impose the Death Penalty：A New Disregard for a Capital Defendant's Rights：*Wainwright v. Witt*，" *S. Ct.* 105（1985）：844。

① 参见 Daniel S. Reinberg，"The Constitutionality of the Illinois Death Penalty Statute：The Right to Pretrial Notice of the State's Intention to the Death Penalty，" *Nw. U. L. Rev.* 85（1990）：272。

② 参见 Marvin E. Frankel，"The Search for Truth：An Umpiral View，" *U. Pa. L. Rev.* 123（1975）：1301。

③ 律师在处理案件时，非常重要的一点，便是基于何种思路或理念，对这个案件加以"建构"（Construct），而这种思路或理念的要点，便是要沿着所谓故事线索展开。与此类似，在法学院的教学过程中，教师对学生的判例教学也需要沿着故事线索展开，据有学者总结，整个过程包括三个阶段，即对判例理论的预设、评估建构以及最终的选择取舍。一般来说，需要让学生学会如何基于相关材料，从特定社会政策及道德标准角度出发，对不同的故事线索建构模式加以取舍。参见 Binny Miller，"Papers Presented at the UCLA/IALS Conference on 'Problem Solving' in Clinical Education：Teaching Case Theory，" *Clinical L. Rev.* 9（2002）：293。

从实用主义的角度来看，律师只关心如何让陪审团相信自己的故事，而并不关注事实真相如何。这一点可以通过律师在案件审理之前基本上不会雇佣调查员调查事实真相得知。

　　一般认为，对抗式庭审模式最早起源于罗马时代对冲突的私力解决或者私力殴斗。这个理念发展到现代，演变为由中立者根据双方的表现或者实力来做出最终的判决。根据相关调查，大约有 1/3 的案件，是在当事一方或者双方没有提供可能重要事实的情况下就审理终结了。在审理过程当中，由于要尽可能地说服陪审团相信己方的陈述，很多律师摒弃诚信理念，在质证过程中提供虚假的证言证人，采取不正当手段影响、干扰对方提供真实情况。对此，美国律师协会所采取的态度多少有些暧昧，甚至推脱认为，确保审理公正的责任在于法庭，而不在于律师。如果某种虚假证言被接受的话，责任也在于法官、陪审团，或者干脆因为被告人没有聘请有能力的律师！①

　　对抗式庭审模式的另外一个副作用，就在于这种仅仅根据案件审理结果就对律师素质以及能力做出最终评价，直接导致律师对自身观点的狂热坚持和捍卫。例如，《美国律师协会律师职业操守规则》的序言当中就明确指出，"在面对强有力的对手时，律师应该为自己所代理的当事人提供热忱的服务，同时确保司法公正"。②

　　因此，大众话语中对美国律师职业操守中的诚信预期，已经被其所赖以生存的对抗式庭审模式所剥夺。难怪有学者明确指出，只要律师还在对抗式庭审模式下代理当事人的利益，那么其就需要在这种框架下竭尽全力去为当事人提供服务。从这个意义上而言，庭审更像是一个仪式，而其目的不再是提供一个公正或者理性的事实结果。③ 对对抗式庭审模式对律师职业精神的前提限制，有学者提出，律师的价值就体现在参与对抗式庭审模式，这一模式本身在于确保司法公正与公平。④ 这种将个体价值建立在

---

① 参见 David M. Trubeck, et al., "The Costs of Ordinary Litigation," *U. C. L. A. L. Rev.* 31 (1983): 72。

② 参见 Duncan M. Kennedy, "Form and Substance in Private Law Adjudication," *Harv. L. Rev.* 89 (1976): 1685。

③ 参见 Arthur Allen Leff, "Law and," *Yale L. J.* 87 (1978): 989。

④ 参见 Stephen Gillers, "Can a Good Lawyer B・a Bad Person?" *Mich. L. Rev.* 84 (1986): 1011。

体系价值基础上的观点，实际上就是使得律师本身的价值理念中立化，这间接证明了当今美国律师职业精神核心特质的消亡。

目前，美国律师所必须面临的一个现实就是律师执业商业化所导致的高度激烈竞争。导致如此激烈竞争的原因很多。一方面，美国律师的供给数量在过去的几十年当中成倍增加。据相关统计，仅仅从 20 世纪 70 年代到 20 世纪 90 年代，美国法学院的数量就从 145 家增加到 182 家。[1] 另一方面，21 世纪初美国执业律师总人数的 2/3 以上的律师是为律师事务所服务的，这个数量还在不断增加。在 1959 年，美国雇佣律师人数超过 50 人的律师事务所仅仅有 37 家，而 20 年后，这个数字超过 200 家，总雇佣律师人数超过 22000 人。21 世纪初有大约 13% 的律师供职于雇佣人数超过 20 人的律师事务所。与此相对，从 1954 年到 1975 年，独立执业的律师已经从所有律师的 2/3 下降到不足 1/3。[2] 这种非独立执业方式所导致的弊病之一就在于律师个人自主权很大程度上被机构意志所取代，而丧失了独立意志的律师个体自然没有太多的个人信念可言。

律师执业人数增加与独立执业情况减少的结果除了竞争激烈之外，另外一个非常重要的结果是律师对经济利益的追求，这种追求在资源相对稀缺的前提下，必然导致律师对信念的丧失或者妥协。早在 1905 年就有人提出，律师界已经开始与商业界沆瀣一气，对抗公共利益。或许可以认为，由于社会经济情况的变化、律师竞争的激烈与律师独立执业空间的日益缩小，律师自主权不断丧失。而竞争所导致的物质收益的稀缺，也迫使律师在案件取舍、辩护技巧适用等方面没有太多的选择。在生存都成问题的前提下，要求律师具备较高的职业精神更是枉谈。大众话语对律师职业精神的呼唤与渴求不得不面对的一个尴尬就在于"职业道德"几乎从来也没有成为美国法学院校的必修科目。对此，有人不无自嘲地提出，又有多少法学教授可以具备如此的职业精神从而可以成为学生学习的榜样呢？[3] 但实

---

[1] 参见 Monroe H. Freedman, "Atticus Finch—Right and Wrong," *Ala. L. Rev.* 45 (1994): 473。

[2] 参见 Murray L. Schwartz, "Ethical Perspectives on Legal Practice: Comment," *Stan. L. Rev.* 37 (1985): 322。

[3] 参见 Murray L. Schwartz, "Ethical Perspectives on Legal Practice: Comment," *Stan. L. Rev.* 37 (1985): 322。

际上导致这种情况的真实原因，一方面是美国法律教育界一般认为，律师本身不应承载"好"与"坏"的价值判断，而如果律师要做这样的判断的话，实际上就篡夺了法官和陪审团应当具备的角色。换句话说，律师应该按照其所代理的当事人的意志行事，而其所做的选择也应由当事人最终决定。另一方面在于价值理念的多元，这种价值理念的多元显然远远超越了芬奇所处的 20 世纪 30 年代的价值认同。所谓多元价值，是指"个人所寻求达成的目标较多，这些目标的达成都合乎理性要求，一个完全意义上的人可以对不同的观点相互理解，相互同情，相互支持"。①

这种价值的多元可以解释为什么律师之所以为某些臭名昭著的罪犯辩护。根据这种理论，律师不仅不是价值的最终评判者，从实际的角度出发，甚至也不需要认同或者强迫自己认同自己的当事人秉持的是和自己不同甚至和社会大多数人不同的价值理念。价值的多元，意味着律师可以容忍一切。

这种容忍或许可以调整律师内心的矛盾，但是其同时也葬送了律师作为一个"好人"的存在基础。因此，在目前的美国，律师或许在做好事，但已经不可能像苏格拉底所希望的那样，做一个好人了。律师职业的崇高价值追求已经因为日益普遍地将律师仅仅视为一种服务提供者而丧失殆尽。如果《杀死一只知更鸟》中的芬奇律师没有接受法官的指定去为黑人强奸犯进行辩护，或者仅仅对这一指定辩护敷衍了事的话，会发生什么？大概什么都不会发生，甚至很多白人会认为他拒绝辩护的做法并没有错。

现实生活当中，美国普通民众所应享受到的律师辩护的宪法权利日益被律师本身所侵犯。例如，在得克萨斯州，至少有 3 名法庭为死刑被告人指定的律师，在其所代理的被告人被宣布死刑时，在庭上睡着了。对此，一名休斯敦的法官如此解释，"宪法保障你在死刑判决的时候由律师辩护，但是并没有保证律师一定要在这个时候保持清醒"。②

---

① 参见 Michael H. Hoeflich，"Legal Ethics in the Nineteenth Century：The 'Other Tradition'，" *Kan. L. Rev.* 47（1999）：793。

② 参见 Stephen B. Bright，"Advocate in Residence：The Death Penalty as the Answer to Crime：Costly，Counterproductive and Corrupting，" *Santa Clara L. Rev.* 35（1995）：1211。

对这些明显失范、明显违背律师职业操守的行为，作为律师自治组织的美国律师协会又做了什么呢？

1895 年，宾夕法尼亚州出现了美国最早的律师协会，而其成立的主要目的就是防止政府主导控制律师行业。其所制定的律师组织章程，主要目标在于提升法治，但并不包括对违反律师职业道德的律师进行惩戒的规定。除了上述明显的失范行为之外，当今律师违背大众对律师职业精神预期的做法则显得较为隐蔽。《美国律师协会职业操守规范》第二条要求律师为社会公众提供法律服务。但这种要求并不是强制性的，也就是说律师有接受案件或不接受案件的自主权。[1] 导致律师做出最终取舍的原因却显得无比简单，也无比现实，那就是金钱。

面对这种因为当事人没有经济能力而无法得到律师服务的局面，美国律师协会更显得无能为力。颇具嘲讽意味的是，美国律师协会还在自己的章程当中明确地规定，在律师接到法院做出的对贫困当事人进行代理的要求时，如果"该当事人或者犯罪发生的原因无法令律师接受，从而可能损害当事人与律师之间的关系，或者削弱律师的代理能力的话，律师有权拒绝"。[2] 如果说这是一种权利，不如说这是一种借口。

具体到死刑案件，1989 年，美国联邦最高法院在"莫瑞诉吉莱他诺案"（*Murray v. Giarratano*）[3] 中认定，被判处死刑的候刑者有权要求为其提供律师，帮助其完成提起审后救济程序。肯尼迪大法官在本案中提出，因为提起人身保护令的程序十分复杂，如果没有专业法律人士如律师的帮助，根本无法完成，因此，死刑被告人有权享有宪法第六修正案所保障的受辩护权。[4]

在"斯蒂克兰德诉华盛顿州案"[5] 中，美国联邦最高法院对确认律师

---

① 参见 Stephen B. Bright, "Advocate in Residence: The Death Penalty as the Answer to Crime: Costly, Counterproductive and Corrupting," *Santa Clara L. Rev.* 35 (1995): 1211。

② 参见 William Simon, "Ethical Discretion in Layering," *Harv. L. Rev.* 101 (1988): 1083。

③ 参见 *Murray v. Giarratano*, 492 U. S. 1 (1989)。

④ 参见 Andrew Hammel, "Diabolical Federalism: A Functional Critique and Proposed Reconstruction of Death Penalty Federal Habeas," *Am. Crim. L. Rev.* 39 (2002): 1。

⑤ 参见 *Strickland v. Washington*, 466 U. S. 668 (1984)。本案的被告人被指控犯有三项重罪谋杀，后其在佛罗里达州某法院受审期间与检方达成了认罪协议。在协商认罪期间，被告人告知本案的主审法官，自己是因为背负抚养家人的巨大压力才实施了一系列（转下页注）

辩护不力，侵犯当事人应享有的宪法第六修正案权利，建构了两步走的认定标准。首先，需要证明律师的执业表现低于合理的客观标准。其次，律师的不当执业导致一种合理的怀疑，即如果律师的表现得当，案件的审理结果将出现很大不同。美国联邦最高法院通过本案，试图建构一种有效适用宪法第六修正案的标准，从而维护案件审理的公平性。"斯蒂克兰德诉华盛顿州案"对之后美国司法机关通过宪法第六修正案对死刑案件进行司法审查的实践产生了较为深远的影响。根据本案建构的两步走认定标准，司法实践中各方基本上关注的是死刑案件的量刑程序中，律师是否有效、充分地准备、提供了与被告人相关的减轻情节。

另外，即使设定了上述标准，但一旦允许被告人以辩护律师的表现不专业为由对案件申请司法审查，寻求救济措施，便像打开了潘多拉魔盒，很难排除某些死刑被告人利用这一宪法救济措施进行缠讼、滥讼。

（四）"禁止双重告诉"条款与美国死刑适用[①]

美国宪法第六修正案规定美国公民得享有免受"双重告诉"（Double Jeopardy）的权利，换句话说，任何一个人不得因为同一罪行而受到两次起诉。

对"禁止双重告诉"条款在美国死刑案件中的适用，可以通过如下几个判例加以理解。

在"美利坚合众国诉鲍尔案"（*United States v. Ball*）[②]中，共有三人被指控实施了谋杀犯罪，一审时两名被告人被认定罪名成立，另外一人被

（接上页注⑤）夜盗犯罪，并在犯罪过程中失去控制。对此方面的信息，被告人的辩护律师在准备量刑听证之前曾与被告人进行过交流，但没有为此专门准备相关的证据，理由是，一方面可以将认罪协议过程中被告人向法官的忏悔作为对此问题的证据，另一方面，不提供相关人证言还可以从证据规则的角度防止检方对自己的当事人或者相关证人进行交叉质询，或者由检方提供专家证人。另外，辩方律师因为被告人的前科累累，也没有提供有利于被告人的相关报告。因为在量刑过程中主审法官没有发现减轻情节，但是检方提供了若干加重情节，因此判定被告人死刑。被告人随后以自己的宪法第六修正案受律师有效帮助权遭受侵害为由申请人身保护令，并一再提出申诉要求。

① 参见 Jennifer L. Czernecki, "The Double Jeopardy Clause of the Pennsylvania Constitution Does Not Bar the Death Penalty upon Retrial After the Trial Judge Grants a Life Sentence on Behalf of a Hung Jury: *Commonwealth* v. *Sattazahn*," *Duq. L. Rev.* 40 (2001): 127。

② 参见 *United States* v. *Ball*, 163 U.S. 662 (1896)。

宣告无罪。但在后续过程中，一个大陪审团又改变了先前的看法，重新对三人提出指控，并认定三人都犯有谋杀罪。本案较为复杂，因为事实上涉及了两个与"禁止双重告诉"有关的问题。首先，一审时被认定无罪的被告人应该享有的不受双重告诉的权利是否被侵犯。其次，其余两名二审被判有罪的被告人避免双重告诉的权利是否受到了侵犯。对此，美国联邦最高法院认定，一审被判无罪的被告人不应被再次审理。被告人享有宪法第六修正案保障的"禁止双重告诉"的权利，因此不得被再次提出指控。但对一审被判有罪的两名被告人，美国联邦最高法院的多数法官认为，宪法第六修正案并不适用于他们所处的情况。在这些法官看来，尽管一审被判无罪可以用来作为震慑再审的根基，但一审结果被搁置，而重新对其罪行进行指控并审理的情况却并不违反宪法第六修正案。

在此基础上，1919年，美国联邦最高法院又通过"斯托得诉美利坚合众国案"（*Stroud v. United States*）①，将宪法第六修正案"禁止双重告诉"的解读推向深入。在本案中，被告人历经数次审判，第一次审判时，被告人被认定谋杀罪名成立，但法庭未能就其该当何种刑罚达成一致。本案因为出现程序上的严重瑕疵而再审，再审过程中，被告人依旧被认定罪名成立，并被判处终身监禁。但再审还存在程序上的问题，因此本案第三次被提起审理，被告人被认定罪名成立，并被判处死刑。对此，美国联邦最高法院认为根据之前其在"美利坚合众国诉鲍尔案"中的相关判决，被告人的宪法第六修正案权利并未受到侵犯，因为之前的两次审理都因为程序上的问题而被合法搁置。更为重要的是，在本案当中，美国联邦最高法院不仅肯定了"美利坚合众国诉鲍尔案"的判决，还进一步提出，在合法再审过程中，法院可以判处任何合理的刑罚，至于是否比之前审理的结果更为苛重，并不是宪法考虑的问题。

第三节　美国死刑的多重纬度

作为刑罚阶梯的最高层级，死刑一直以来都备受包括学界在内各方的

---

① 参见 *Stroud v. United States*，251 U. S. 15（1919）。

关注。这不仅因为死刑本身的严苛，更是因为死刑本身所表征的所谓正义与公理。但需要特别注意的是，美国的司法体系一直致力于为社会公众提供公平的刑事司法服务，而所谓公平在这个体系当中的具体表征，就是整个判决过程和结果不应受与事实本身无关的要素，如当事人的宗族、宗教和性别等的影响。针对上述变量，做如下简要说明。

一　性别与美国死刑

相当长的时间内，美国女性实施的杀人犯罪大约占到了全美杀人案件的 8%~10%。① 与此同时，无论是死刑判决还是死刑执行，都维持在 1%~2%的水准。② 因此，上述结论是不成立的。甚至连美国联邦最高法院都意识到了这一点。③ 一位对性别问题颇有研究的学者甚至曾经指出，死刑问题是一个让女人走开的领域（见表6）。④

表6　2019 年谋杀罪犯的年龄、性别及种族数据统计

单位：人，%

年龄	合计	性别			种族			
		男性	女性	不明	白人	非裔美国人	其他	不明
合计	16245	10335	1408	4502	4728	6425	340	4752
比例分配	100.0	63.6	8.7	27.7	29.1	39.6	2.1	29.3
18 岁以下	829	745	77	7	309	476	17	27
18 岁及以上	10436	9027	1311	98	4339	5541	317	239
不明	4980	563	20	4397	80	408	6	4486

资料来源：https://ucr.fbi.gov/crime-in-the.u.s/2019/crime-in-the-u.s.-2019/tables/expanded-homicide-data-table-3.xls。

---

① 参见 Joan W. Howarth，"Executing White Masculinities：Learning from Karla Faye Tucker，" *Ore. L. Rev.* 81（2002）：183。

② 在当代美国，谋杀行为被认为是通常情况下可能导致死刑判决的最重要缘由。

③ 美国联邦最高法院大法官马歇尔曾经谈道，"有充分的证据证明死刑主要针对的是男性，而非女性。自 1930 年以来，一共才有 32 名女性被执行死刑，而同时有 3872 名男性被处决。如果我们能够认同死刑可以同样适用于不同性别的人群的话，那么就很难理解为什么女性会被做如此优待"。参见 *Furman v. Georgia*，408 U.S. 238（1972）。

④ 参见 Andrea Shapiro，"Unequal Before the Law：Men，Women and the Death Penalty，" *Am. U. J. Gender Soc. Pol'y & L.* 8（2000）：42。

美国宪法的核心原则之一就是平等保护，而刑事司法的公平正义原则也要求刑事处罚应该避免显失公平的情况。因此，基于对刑事司法平等保护理念的推定与信赖，对美国死刑判决与执行过程当中体系性的性别不平等加以系统研究也就显得尤为必要。

从 20 世纪 90 年代开始，对死刑与性别问题的研究已经由单纯强调男性和女性的可区分性，发展到将女性作为一个类别加以对待，即将其视为具有独特人格的一个群体，并且会根据研究背景的不同，将这一群体进一步划分为女同性恋群体、有色妇女群体等亚群体。从理论上来讲，持多元理论者似乎应该乐见死刑的决策者们将女性看作多元构成的，而不是一个式微、从属、依附以及消极的性别。如果决策者承认并不是所有的女性都具有类似的性格特征，那么死刑的决策或许就会发生很大的改变。[1]

虽然美国女性实施谋杀犯罪的比例约占谋杀犯罪的 10%，但罕有女性被判处死刑，更遑论被执行死刑。如果将目前美国女性死刑执行情况归因于所谓的多元时代，那么在这个对女性认知与界定日趋庞杂繁复的时期，应该如何对具象的美国女性死刑执行加以把握呢？

对上面提到的美国死刑对不同性别对象在处置结果上存在一定差异的问题，美国学界也进行了一定的研究，可以将其对此种现象的解释概括为如下几类。

（一）骑士理论（Chivalry Theory）

骑士理论的基本前提是美国死刑案件中涉及女性的数量较少。与这种数量较少相对应的是一种拟制出来的一般认知，即认为女性是弱者，作为一个群体，女性消极被动地服从于男性。[2] 从历史上来看，美国的男性和女性长久以来都被认为属于两种性质根本不同的人群。而那些实施了死罪的女性也被毫无例外地推定为具有一般女性情感与意志等方面

---

① 参见 Victor L. Streib, "Death Penalty for Female Offenders," *U. Cin. L. Rev.* 58（1990）：845。

② 参见 Jenny E. Carroll, "Images of Women and Capital Sentencing Among Female Offenders: Exploring the Outer Limits of the Eighth Amendment and Articulated Theories of Justice," *Tex. L. Rev.* 75（1997）：1413。

的惯常特征。[1] 女性被认定具有的消极被动、弱势等特征，使得社会公众一般认为女性犯罪人的可责性较低，对社会的危害性较小，再犯可能性较低。这样的一种态度被包括法官在内的很多人所接受，或者潜意识所接受。

对此，有学者尖锐地提出，恰恰是死刑候刑者名单上女性的稀少或者不常见导致了包括社会舆论在内对此种"失衡"现象的集中关注[2]。这种集中关注又会导致一系列衍生效果，其中较为核心的就是基于对女性弱势地位的假设而产生的一种对女性保护的观点。[3]

在刑事司法体系当中，特别是关于生死的死刑问题面前，女性所具有的这种被推定的弱势特性使得其不太可能被作为死刑的适用对象。因为在那些推定自己处于强势的社会群体[4]看来，女性的可责性较低，并且更容易被教化。基于这一背景，如果死刑被视为对社会最基本价值被违反的最终保护手段，那么死刑候刑者名单上女性的少见也证明了其不具有充分的道德、社会以及法律角色，并应享有特定的社会保护。如果选择对女性适用死刑的话，那么会给有权主体以及男性群体蒙上有悖人性的标签，这种社会印象对美国有权主体而言几乎是致命的。可以想见，被社会公众认定为向那些楚楚可怜、本属弱势的女性痛下杀手的候选人怎么会在民主选举过程当中获得支持？而即使那些终身制的法官可能会依据事实与法律，依据自身的确信对女性做出死刑判决，但是美国地方行政当局仍然可以从政治利益的角度出发对死刑加以赦免。

简而言之，骑士理论可以根据传统的对女性保护的观点来解释死刑候刑者当中女性的稀缺。这一理论一方面可以使得很多女性避免被判处死刑

---

[1] 参见 Elizabeth Marie Reza，"Gender Bias in North Carolina's Death Penalty，" *Duke J. Gender L. & Pol'y* 12 （2005）：179。

[2] 参见 Elizabeth Rapaport，"Equality of the Damned：The Execution of Women on the Cusp of the 21st Century，" *Ohio N. U. L. Rev.* 26 （2000）：581。

[3] 事实上，这样一种对女性的弱势认知或者保护性态度是较为普遍的。例如包括美国在内的大多数国家传统上认为在战争当中女性无法担当一线作战任务，而仅仅能够从事例如文秘、医疗等辅助性工作，虽然目前已经开始出现诸如女性战斗机飞行员之类的女性战斗员，但仍属例外与少数。

[4] 在美国死刑语境当中，所谓的强势群体是指可以对死刑案件的进程与结果产生影响的美国司法、行政以及死刑赦免委员会等机构。

或者被执行死刑的噩运，另一方面，又使得那些明显背离了传统或者典型女性弱势形象的女性犯罪人被判处或者被执行死刑。

但是，不可否认的是，如果女性接受这种所谓隐忍或者骑士精神，需要付出十分高昂的代价。假设女性接受这样一种所谓怜悯或者帮助，那么其也就同时接受了自身在道德上的劣势以及完全人格的丧失。此种观点受到了美国女权组织的强烈反对，在这些主张男女平等的人士看来，彻底解决上述问题的办法与其是被动地接受所谓男性恩赐的特殊对待，倒不如干脆就彻底地废除死刑。[1]

（二）邪恶女性理论（Evil Woman Theory）[2]

到现在，美国仍在继续对女性适用死刑的司法实践。这说明在特殊情况下，美国陪审团还是会放弃所谓骑士精神，而对女性执行死刑。对这种情况的理论解释被称为"邪恶女性理论"。这里所说的邪恶女性指的就是那些被判处死刑的女性。对这种被认定为邪恶的女性，法官和陪审团都已不再考虑其所具有的性别特征。这种理论主要关注的是女性在实施犯罪时所扮演的角色，这些角色包括妻子、母亲、护士和妓女。而被执行死刑的 10 个人当中有 9 个具有这种传统意义上的女性角色，这些角色也被社会寄予了某种预期和信任。所谓的邪恶女性都背离了这种角色而使得对这些女性的角色的预期落空。学界一般认为，女性由于没有忠实履行上述义务，因此也就背离了社会赋予其的女性身份，她也就不能再享有相应的特权。这个理论试图在一个更大的政治社会背景下对女性的死刑执行提供解释。依据这种理论，死刑可以被用来作为进行社会清理的工具。如果承认这样的一种理论前提，那么似乎可以允许社会公众集体行使惩罚权力，从而确保社会所期冀保护的价值。在这个层面，被判处死刑的女性被认定为违反了两种社会希望保护的价值。首先，和

---

① 参见 Jenny E. Carroll, "Images of Women and Capital Sentencing Among Female Offenders: Exploring the Outer Limits of the Eighth Amendment and Articulated Theories of Justice," *Tex. L. Rev.* 75 (1997): 1413。

② 参见 Jenny E. Carroll, "Images of Women and Capital Sentencing Among Female Offenders: Exploring the Outer Limits of the Eighth Amendment and Articulated Theories of Justice," *Tex. L. Rev.* 75 (1997): 1413。

男性所实施的同类犯罪一样，女性所实施的严重暴力犯罪同样侵犯了社会的集体安全；其次，其还实际上违背了社会对女性惯常角色的认知。由于违背了此种社会期冀，这些女性才被认定为是道德邪恶的。因此对这些女性的死刑判决与其说是根据罪刑法定原则，倒不如说是因为来自社会公众的压力。因为社会不仅仅希望将所有的社会成员纳入特定的检控范围之内，而且同时希望将女性纳入其被预期的角色当中。因此，死刑的执行就是确保男性和女性都时刻处于社会对其所预期的角色当中。同时，将违背角色预期的人从社会当中清除出去，还具有种族和社会阶层的意义。从总体上来看，超过 2/3 被执行死刑的女性是黑人，而被执行死刑的女性一般都较为贫困，受教育程度低，属于社会较低阶层。因此，邪恶女性理论认为，当一个女性在法官或者陪审团看来可以被毫无疑问地处以极刑的时候，其已经不再具有社会公众赋予女性的一般特征。从另外一个层面看，一旦女性由于某种原因被认定不再具有所谓女性的特质，那么其就会丧失所有死刑赋予女性的保护和关照。这种对既定女性角色期望的落空，似乎可以用来解释为什么那些实施了严重暴力犯罪的女性，可能会被判处严重于从事了类似行为的男性的刑罚。也就是说，一旦女性因为其所实施的犯罪被认定为不再具有女性的典型特质，那么其就不再继续享有社会赋予女性的某种刑事特权，反而会被加以更为苛重的刑罚，主要是因为其违背了社会公众的预期。①

和男性相比，被判处死刑的女性，更容易被减刑或者被改判。这种实践所反映的是社会对性别角色的不同预期，导致对不同性别犯罪人是否可被改造以及其未来人身危险性的不同认知。

总体来看，上述两种理论很好地解释了美国死刑体系当中女性所处的地位。然而，这些以性别为基础的解释并不是没有任何漏洞的，这两种理论过于关注性别以及与之相关的衍生概念，而忽视了更为根本的女性所实施的犯罪本身。

---

① 参见 Jenny E. Carroll, "Images of Women and Capital Sentencing Among Female Offenders: Exploring the Outer Limits of the Eighth Amendment and Articulated Theories of Justice," *Tex. L. Rev.* 75 (1997): 1413。

（三） 关注女性本身实施犯罪类型的理论

根据相关学者的统计，美国历史上被执行死刑的女性当中大约 76%实施的是杀人犯罪。死刑发展到现代，即在"弗尔曼诉佐治亚州案"之后，所有针对女性的死刑判决都是根据其所实施的谋杀行为做出的。

事实上，现今美国刑法将谋杀行为与死刑判决直接对应并不是一种对女性的特殊优待。虽然理论上应由美国立法机构设定死刑的适用范围，但由于其所掌控的司法审查权，美国联邦最高法院几乎将所有该当死刑的犯罪都限制为谋杀。[①]

从形式上来看，男性与女性都可能实施谋杀犯罪，因此，在形式上美国司法机构的此种做法并没有明显的性别区隔。实际上，美国男性与女性实施谋杀犯罪具体形式上的不同，导致在法定刑适用方面存在不同的结果。

如果仔细考察这些被判处死刑或者被执行死刑的女性，以及其所实施的谋杀犯罪，就会发现下列共性：受教育程度较低，贫困，社会阶层较低。这些人即使在实施的犯罪当中并非主犯，但通常属于积极参与者。其所杀害对象当中多半是自己的爱人或者家庭成员，而几乎所有的女性杀人者与其所杀害的对象都彼此熟知。[②]

如果死刑的目的在于清除那些具有未来危险性的犯罪行为人，那么似乎对自己所熟知的人实施了谋杀行为的女性，不应该被纳入死刑的惩处范围当中。因为，这些人所实施的犯罪大多数是对象高度特定化的，因此，其再犯的可能性较低。但是根据有些学者的调查，有 9 名女性因为在实施武装抢劫的过程当中实施杀人行为被判处死刑，有 15 名女性因为杀死了自己的家庭成员或者其他熟人而被判处死刑，另外有 12 名女性因为其所实施的图利行为而杀人，另有 2 名女性因为杀害执法人员而被判处死刑，有 5 名女性实施的谋杀行为发生在与男性、女性或者儿童共同实施的涉及强奸、性虐待以及对受害人加以折磨的犯罪行为当中，有 2 名女性实施的杀人行为是受自己的丈夫指使，有 2 名女性实施的是谋杀多人的残忍犯罪。

---

① 参见 *Tison v. Arizona*，481 U. S. 137 （1987）。

② 当然，在美国历史上，也有个别女性因为实施了叛国行为而被判处死刑，也有少部分女性因为实施所谓巫术而被判处死刑。

那么一个核心的问题就在于，究竟是什么导致了实施了上述行为的女性被判处死刑？[①]

如果从女性批评者的视角出发考察，不难看出所谓的特殊保护，并没有针对家庭生活或者家庭关系。即使是最为恶劣的家庭暴力，在犯罪的严重程度上一般也无法与抢劫等该当死刑犯罪相比。[②]

在美国的刑事法当中，一般认为，以下三种杀人行为被认为可以适用死刑[③]：事先恶意杀人，针对执法人员实施谋杀，过度残忍地谋杀。

虽然这些女性所实施的犯罪都十分严重，但因为她们也被认为不再具有一般女性的特征，这种女性符号的剥夺，导致某些法官及陪审团在做出相关司法判断的时候，避免对女性身份的特殊注意。从某种程度上说，正是这种对女性既定角色预期的落空，导致最终对女性判处死刑。而在过去的 25 年当中，在美国只有大约 2% 的谋杀导致会导致死刑判决。[④]

这种巨大的落差所折射出来的是美国死刑体系所具有的任意性以及区别对待的特征。事实上，美国死刑体系对死刑起诉方的决定十分关键，这是因为尽管"弗尔曼诉佐治亚州案"等判决，主要关注的是量刑阶段的任意性，但还是存在一种暗示的推定，即"格雷格诉佐治亚州案"当中所批准的成文法的推定，不仅仅适用于陪审团量刑阶段的任意性，而且还适用于检方对死刑的选择权。[⑤] 除了法律所列明的要素之外，其他的要素，如种族、性别和地点等都是与检方试图求处死刑相关的独立事实。总之，检方较大的自由裁量权，为将法律之外的要素纳入死刑厘定

---

① 参见 John Blume, Theodore Eisenberg & Martin T. Wells, "Explaining Death Row's Population and Racial Composition," *J. Empirical L. Stud.* 1 (2004): 16。

② 参见 Elizabeth Rapaport, "The Death Penalty and Gender Discrimination," *Law & Society Review* 25 (1991): 173。

③ 参见 Victor L. Streib, "Women as Perpetrators of Crime: Rare and Inconsistent: The Death Penalty for Women," *Fordham Urb. L. J.* 33 (2006): 609。

④ 参见 Jenny E. Carroll, "Images of Women and Capital Sentencing Among Female Offenders: Exploring the Outer Limits of the Eighth Amendment and Articulated Theories of Justice," *Tex. L. Rev.* 75 (1996): 1413。

⑤ 参见 Tom R. Tyler, "Public Trust and Confidence in Legal Authorities: What Do Majority and Minority Group Members Want from the Law and Legal Institutions?" *Behav. Sci. & L.* 19 (2001): 215。

过程当中提供了机会。①

法院认为为了使得死刑适用符合宪法，其必须包括如下三种要素：（1）两阶段的定罪与量刑程序；（2）法官必须在陪审团认定是否适用死刑的时候，就加重和减轻要素对其进行指导；（3）州最高法院必须对每起死刑判决的适当性进行审查。具体而言，根据现今美国通行死刑成文法，如果要判处特定对象死刑的话，首先必须认定被告人实施了谋杀行为，其次，必须认定其行为当中具有特定的加重情节，最后，认定的减轻情节无法抗制加重情节。

尽管当代美国死刑成文法列举了一系列要素来作为加重或者减轻情节，但都没有包括性别问题。② 而有的国家却一般规定女性不适用死刑，

---

① 参见 Michael J. Songer and Isaac Unah, "The Effect of Race, Gender, and Location on Prosecutorial Decisions to the Death Penalty in South Carolina," *S. C. L. Rev.* 58 (2006): 161。

② 参见 Jill M. Cochran, "Courting Death: 30 Years Since Furman, Is the Death Penalty Any Less Discriminatory? Looking at the Problem of Jury Discretion in Capital Sentencing," *Val. U. L. Rev.* 38 (2004): 1399。根据该学者总结，美国目前定罪与量刑阶段的加重情节以及量刑阶段的减轻情节可以总结如下。定罪阶段加重情节举例：（1）受害人不满 15 岁；（2）受害人年逾 60 岁；（3）受害人的怀孕状况凸显；（4）受害人因为年龄、身体或者心理的原因较易受到伤害；（5）受害人在因他人实施的劫持飞机、火车、船舶等公共交通工具的过程当中而被杀害；（6）受害人是执行任务过程当中的执法人员，监狱矫正机构人员或者消防员；（7）受害人因为其所具有的法官或者检察官的身份而被谋杀；（8）有多名受害人同时存在；（9）谋杀犯实施的杀人行为涉及酷刑，严重身体、精神虐待等特别残忍情节；（10）行为人通过建造、隐匿、邮寄以及投递大规模杀伤性工具、炸弹或者类似装置故意实施谋杀；（11）考虑到行为人所选择使用的武器，因为谋杀行为所选择的时机、地点等会对其他人造成严重死亡威胁；（12）谋杀实施的场所是公立或者私立的学校，或者公立、私立学校组织的活动当中，或者在隶属于公立、私立学校的校车当中。量刑阶段的加重情节包括：（1）被告人之前因为实施包括谋杀、强奸、抢劫以及绑架等暴力犯罪而被判处过刑罚；（2）被告人实施谋杀的起因是非抢劫、夜盗或者侵占等犯罪相关的图利；（3）被告人在获得他人金钱对价或者此类对价的承诺的情况下实施杀人行为；（4）被告人实施犯罪的目的在于妨碍或者干扰政府部门的执法行为；（5）谋杀发生在纵火、夜盗、绑架、犯罪团伙行为或者大规模的毒品走私过程当中，而在这个过程当中，被告人或者实施了谋杀行为，或者是相关犯罪的主脑；（6）被告人实施的谋杀行为发生在其实施脱狱、起诉或者抓捕，或者上述行为的未遂过程当中；（7）被告人在服刑过程当中实施谋杀行为；（8）受害人是因为被告人意图防止其作证而被杀害；（9）谋杀是事先决意或者故意实施的；（10）被告人表现出了未来从事暴力犯罪的倾向；（11）受害人在谋杀发生时具有保护令；（12）被告人作为谋杀行为实施的指使者或者操纵者。量刑阶段的减轻情节包括：（1）被告人在实施谋杀犯罪时，不满 18 周岁；（2）被告人处于极度的精神或　（转下页注）

或者对其规定了明确的减轻情节（如怀孕以及母亲的身份）。①美国死刑法当中没有此类明确的规定。

如果仔细分析美国刑法中的死刑加重情节以及减轻情节，不难发现，大多数加重情节当中虽然并不明显地包括性别因素，但是其中很多在现实生活当中只能或者基本上由男性所实施。例如，加重情节之一就是受雇杀人，而现实生活当中绝大多数杀手都是男性。另外，一个十分普遍的加重情节，是要求在实施其他重罪过程当中实施杀人行为，这些重罪如强奸、抢劫以及绑架等犯罪，也基本上都由男性所实施。由此可见，美国刑事成文法为了使得死刑判决符合宪法要求，规定的所谓加重情节，在实质上排除了大量由女性实施的类似犯罪，从而间接地赋予女性某种显著区别于男性的优待与特权。

再看所谓的减轻情节。作为抗制加重情节的最后手段，减轻情节在很大程度上对女性有利。例如，一个非常重要的减轻情节就是被告人的行为是基于精神或者心理上的波动，这种心理状态的认定更多时候是出现在女性行为人身上。另外，如被告人在之前因为受到受害人生理、性或者精神虐待而实施此类谋杀行为等减轻情节的规定也在实质上倾向于对女性被告人有利。

由此看出，男性和女性所实施的犯罪通常是不同种类的，因此，将死刑判决和谋杀的类别联系起来会导致对男性和女性死刑判决结果的不同。与此类似，检方对某些谋杀案件求处死刑的努力不同于其他类型的谋杀也会对男性和女性的死刑判决产生影响。陪审团在面临这些问题的时候也容易受上述因素影响。

（接上页注②）者情绪不稳定的情况下实施犯罪行为的；（3）被告人是谋杀共犯，并且所起作用较小；（4）被告人无犯罪前科；（5）被告人罹患精神疾病，尽管还没有上升到精神耗弱抗辩的程度；（6）被告人处于极度的精神压力或者波动的情况下；（7）受害人是被告人行为的参与者；（8）被告人不能合理地预见到其从事的犯罪行为将会导致他人死亡的严重危险；（9）被告人不太可能在未来继续实施危害社会的行为；（10）被告人之前因为受到受害人生理、性或者精神虐待而实施此类谋杀行为；（11）另外从事相同犯罪的被告人没有被判处死刑；（12）被告人在政府对其他人的指控过程当中提供了实质性的帮助。

① 参见 Roger Hood, *The Death Penalty: A World-wide Perspective* (London: Oxford University Press, 1996)。

（四）"性别平等" 的拟制与批判

美国对女性适用死刑不同发展阶段所呈现出来的不同样态，以及造成此种死刑表征的深层次原因，症结都在于这样的一个前提性推定：死刑或者刑事语境当中的男女平等。

在很大程度上，这种推定作为一种既成的定理存在并运转，同时很少为人所质疑。相反，在更多时候，包括美国联邦最高法院在内的司法机构，都在试图对法律领域当中的性别平等加以捍卫和正名。

在"里德诉里德案"（Reed v. Reed）① 中，美国联邦最高法院第一次因成文法基于性别剥夺了女性受法律平等保护的权利，而将其推翻。10 年之后，美国法院进一步对法律保护不同性别公民的平等权利的观点加以说明，第五巡回上诉法院认定，涉案成文法十分明显地对女性构成了歧视，由于本法并没有表明任何实质性促进政府利益的功用，因此其违反了宪法第十四修正案所规定的平等保护条款。② 而第三个重要的判例是"美利坚合众国诉弗吉尼亚军事学院案"（VMI）③。本案最终诉至美国联邦最高法院，在审理过程当中，金斯伯格法官提出，本案的实质问题在于弗吉尼亚军事学院将入学机会完全赋予男性而非女性，是否违反了宪法的平等保护条款。因为弗吉尼亚军事学院的做法实质上剥夺了女性入学的机会，因此

---

① 参见 Reed v. Reed，404 U. S. 71（1971）。在本案当中，当时的爱达荷州相关成文法规定，在死者父母享有平等继承权的情况下，明确做了对男性有利的规定。最后，美国联邦最高法院认定，这种强制对社会不同性别任意区别对待的立法，违背了宪法第十四修正案的平等保护条款。

② 参见 Kirchberg v. Feenstra，450 U. S. 455（1981）。在本案当中，夫妻双方共同拥有一处房产，然而，在妻子对丈夫提出某项刑事指控之后，为了支付相关的律师费用，丈夫在妻子不知情的情况下抵押了夫妻共有的房产。根据路易斯安那州成文法，丈夫作为男性可以在未经配偶同意的情况下享有单方处置夫妻共有财产的权利。随后，妻子就该成文法的合宪性提出了质疑。虽然后来路易斯安那州对该法做出了修正，但是我们似乎可以预见如果本案诉至美国联邦最高法院的话会出现什么样的结果。

③ 参见 United States v. Virginia，518 U. S. 515（1996）。在本案当中，一名高中女校毕业生试图得到州立院校弗吉尼亚军事学院的录取，追溯到本诉提请之前的两年，该院收到了共计 347 份女性的入学申请，但是该校绝对其加以搁置。对此，第十四巡回上诉法院判令弗吉尼亚军事学院或者同意女生入学，或者变为私立，或者在不同的校区为女性提供一个与弗吉尼亚军事学院类似的学习场所。最终，弗吉尼亚军事学院单独设立了一个弗吉尼亚女性领袖学院（VWIL）。

违反了法律的平等保护原则。

一方面，虽然在 20 世纪 60 年代到 90 年代，美国在男女平等的法律保护方面取得了较为长足的进步，但大多集中于私法领域，很少涉及刑法。因此在这个时期，死刑当中的性别差异问题仍然存在。虽然这一时期的美国法院在死刑适用观念上发生了一系列改变，例如，美国联邦最高法院判决不得对精神失常者①以及智障患者②执行死刑，但这种对死刑的反思尚未触及性别平等这一层面。尽管在"亚利桑那州诉怀特案"（*Arizona v. White*）③ 中，一名男性被告人对死刑当中的性别平等问题加以质疑，但是并没有成功。

对此，美国内部存在不同的声音，很多人对美国死刑体系当中女性所受到的所谓特殊保护或者"特权"深感不满，认为应该大幅增加对女性的死刑判决以及执行。而另外，包括女权主义者在内的一些力量也为女性在死刑当中所受的与男性不同的对待感到不满，但其这样认定的主要原因是如果女性接受此种特殊对待，那么就暗示了女性相对男性的劣势地位。因此，其主张或者干脆废止死刑，或者大幅增加女性死刑执行或者判决数量。

但死刑的废止在美国绝对不是一个简单的问题。甚至在可以预见的将来，死刑作为一种极端的刑罚方式，是不会在美国消失的。这可以从美国每年进行的数目众多的对死刑的民调当中对死刑的显著支持窥以一斑。或许正是由于美国仍然没有形成这样一种共识，那么即使死刑在很大程度上表征出残忍且任意的特征，但是仍然无法对其加以简单废除。在美国这样一个标榜民主的社会，任何政治力量都不会根本无视主流民意对死刑的认知。

但另一方面，如果不从根本上扭转美国死刑在性别上的差异对待，那么社会公众或者说相当部分的社会公众就会认为美国人无法公平地适用死刑，而如果出现了十分严重的不公平现象，那么对很多案件的判决结果会产生十分严重的影响，并且直接影响到将案件交由法院审理的公民对司法

---

① 参见 *Ford v. Wainwright*，477 U. S. 399（1986）。

② 参见 *Atkins v. Virginia*，536 U. S. 304（2002）。

③ 参见 *Arizona v. White*，815 P. 2d 869（1991）。本案中被告人就自己的一级谋杀判决以及后续的死刑判决提出上诉。其所提出的理由之一就是宣称自己所应享有的受平等保护的权利被侵犯了，因为自己的共犯，身为一名女性，被判处终身监禁。但是亚利桑那州最高法院并不同意被告人的观点，认为陪审团发现被告人具有加重情节，而没有发现其具有减轻情节，故足以判处其死刑。与此相反，对其女性共犯发现了减轻情节，故加以轻缓处理。

的信心。但要简单改变现行美国女性死刑司法实践，也是相当困难的。因为死刑作为最为苛重的刑罚，需要兼顾平等，又要考虑个案公平，而对现行量刑体系加以根本性的修正显然是不切合实际的。但如果不对现行死刑量刑过程当中考虑加重情节以及减轻情节的量刑模式加以改变，或者变更具体的加重情节或者减轻情节的内容，那么对现行美国死刑当中的性别差异加以改变就无从谈起。

二　种族与美国死刑

1987 年，在"麦克克拉斯基诉坎普案"（*McCleskey v. Kemp*）[①] 中，美国联邦最高法院以标准的 5∶4 的表决结果，认定种族歧视存在的事实，不足以用来作为认定个案中存在种族歧视的根据。

"麦克克拉斯基诉坎普案"呈现的图景，近似怪诞。一方面，美国联邦最高法院也承认，在死刑适用中的确存在十分明显的种族歧视，另一方面，美国联邦最高法院又拒绝以存在种族歧视的事实为由，认定个案存在种族歧视、违反平等保护原则。从这个意义上，分析种族因素在美国死刑适用过程中所产生的影响，对深刻理解美国死刑的适用实态，特别是其中存在的相关问题十分重要。

（一）美国死刑适用中的种族歧视现状

如果说美国法中平等保护原则是作为一种前提而存在的，那么美国的种族歧视事实就是对这一前提的经典否定。[②] 死刑，由于其特有的严苛性，在适用过程中出现种族歧视显得不容忽视。事实上，恰恰是因为死刑适用过程中种族歧视问题的严重与普遍，1972 年美国联邦最高法院才在"弗尔曼诉佐治亚州案"中认定当时佐治亚州死刑成文法违宪。[③]

[①] 参见 *McCleskey v. Kemp*，481 U. S. 279（1987）。

[②] 本人在美国求学期间，也深深地感受到看似和谐的美国社会中根深蒂固的种族差异。初到美国，有学校的工作人员善意告知，夜里最好不要到学校附近一条马路的右侧活动。当时并不理解。但随着对周遭情况的熟悉，我才渐渐弄清楚原委。道路的右侧，基本上居住的是黑人和其他少数族裔，治安较差，帮派横行。

[③] 美国联邦最高法院前大法官马歇尔曾在本案中指出，美国死刑适用过程中种族歧视现象由来已久，且死刑案件审理的结果往往取决于被害人和被告人的肤色。参见 *Furman v. Georgia*，408 U. S. 238（1972）。

对美国种族问题与死刑的恶性关联，可以通过一个非常著名的判例，即"鲍威尔诉亚拉巴马州案"（*Powell v. Alabama*）[1] 来加以说明。"鲍威尔诉亚拉巴马州案"引发美国内部极大分歧与争议，同时综合了种族、私刑、漏洞百出的审理程序、律师的缺位等因素，因此一直被认为代表美国司法不公、种族歧视的典型案例。本案中，共同搭乘一辆货运火车的一群年轻黑人与年轻白人发生了冲突。年轻白人报警之后，警方出动逮捕了这些黑人，并找来了2名白人女孩，指控这些黑人实施了强奸犯罪。在没有得到有效律师辩护的情况下，本案在亚拉巴马州的一个地方法院被草草审结。除1名被告人之外，其余的8名黑人被判处强奸罪名成立，并被判处死刑。在美国共产党的帮助下，被告人提出上诉，但亚拉巴马州最高法院维持了对其中7人的判决。但亚拉巴马州最高法院首席大法官安德森坚持认为原审程序存在重大瑕疵，因此将本案发回重审。虽然更换了再审法院，并且再审期间有1名所谓的被害人公开承认自己编造了被强奸的故事，但陪审团仍然认定被告人强奸罪名成立。主审法官搁置了这一认定，重新审理本案，但结果新的陪审团还是认定被告人有罪。第三次，在陪审团中终于出现1名黑人的情况下，仍然认定被告人有罪。最终，9名被告人中的5人获刑，除1名被判死刑之外，其余被判处75年以上的监禁。[2]

本案中，美国联邦最高法院明确指出，在死刑案件当中，如果被告人无法聘请律师，并且因为自身的无知、心神的耗弱、教育的缺乏等因素，没有能力自行辩护的话，无论是否收到相关的申请，根据宪法正当程序条款的要求，审理此案的法院都有义务为其指定代理律师；而如果对律师指定的时机实际上排除了其在案件前期准备以及审理过程当中有效发挥作用的话，这样的指定不能作为法院免除相关义务的理由。导致美国联邦最高法院做出如此判决的事实基础，就在于原审法院在审理前仅仅笼统地指派"所有当地律师协会的律师为其辩护"！等到案件开庭的时候，法官询问控辩双方是否已经准备好开庭，检方对此的回答是已经准备好了，而辩方居然无人应答！直到最后，一名来自田纳西州的律师才提出，有人曾经问过

---

① 参见 *Powell v. Alabama*，287 U. S. 45（1932）。

② 参见 Douglas Linder，"Without Fear or Favor：Judge James Edwin Horton and the Trial of the 'Scottsboro Boys'，" *UMKC L. Rev.* 68（2008）：549。

其是否愿意代理被告人出庭，当法院问及他的决定时，这名律师的回答是"如果法院能够指派另外一名律师的话，他愿意提供协助"。① 事实上本案中的几名被告人也险些被私刑处死，多亏了当地的警长报告亚拉巴马州州长，调动了国民卫队，才最终没有导致悲剧发生。"鲍威尔诉亚拉巴马州案"只是死刑适用中种族歧视所催生的一个典型。虽然美国联邦最高法院在 1972 年试图通过暂停美国死刑适用克服死刑适用过程中大量存在的种族歧视问题，但这一问题至今无解。有学者就十分尖锐地提出，在得克萨斯州，种族主义像牛和石油一样普遍。据其调查，根据 1974 年至 1983 年的统计数据，得州 51% 的谋杀案件涉及白人受害人，这部分案件当中有 85% 的罪犯被判处死刑，反过来，谋杀案件中有 23% 涉及黑人受害人，但这部分案件中只有 3.6% 的罪犯被判处死刑。②

时至今日，大多数研究成果都认为，在被告人前科类似、犯罪情况类似的情况下，如果被告人是黑人、被害人是白人，那么这名黑人被告人就更有可能被判处死刑。尽管这些研究所针对的地域不同、时间跨度不同、数据采集或者分析的手段不同，但结果却惊人地相似。在很多地方，死刑案件的公诉与审理过程已经深深地打上了系统性种族歧视的烙印。③ 例如，亚拉巴马州的一名检察官在遴选陪审员的过程中提出，因为有几名陪审员候选人隶属于黑人占主导地位的阿拉巴马州立大学，因此应将其加以排除。④ 这就不难理解为什么有学者慨叹，"在谈论坏死的死刑体系时，需要谈论的不仅仅是抗辩律师，或者选举的州法官，或者联邦法官，需要讨论的是整个系统，从头到脚"。⑤

---

① 根据美国的相关法律，在各州没有相互承认职业资质的情况下，律师一般只能在其考取律师资格的州和联邦执业，而不能到其他司法区进行相关执业活动。因此本案田纳西州律师在亚拉巴马州法庭的出现和发言，则多少显得有些意味深长。

② 参见 Sheldon Eckland-Olson, "Structured Discretion, Racial Bias, and the Texas Death Penalty," *POL. SCI. Q.* 69 (1988): 853。

③ 参见 David C. Baldus, et al., "Racial Discrimination and the Death Penalty in the Post-Furman Era: An Empirical and Legal Overview, with Recent Findings from Philadelphia," *Cornell L. Rev.* 83 (1998): 1638。

④ 参见 Bryan A. Stevenson and Ruth E. Friedman, "Deliberate Indifference: Judicial Tolerance of Racial Bias in Criminal Justice," *Wash. & Lee L. Rev.* 51 (1994): 509。

⑤ 参见 David Dow, "Teague and Death: The Impact of Current Retroactivity Doctrine on Capital Defendants," *Hsting Const. L. Q.* 19 (1991): 23。

根据相关调查，保留死刑的州中，超过九成州的死刑适用与受害人种族之间存在因果关系。以佛罗里达州为例，在相同的情况下，如果受害人是白人，那么被告人被判处死刑的概率是受害人是黑人的 4.8 倍。这一数据在俄克拉何马州是 4.3 倍，在北卡罗来纳州是 4.4 倍，在密西西比州是 5.5 倍，在路易斯安那州某地，杀害白人的黑人被告人被判处死刑的概率，是同样情况下杀害黑人的白人被告人被判处死刑概率的 2.6 倍。[1] 显然，被告人是黑人，已经事实上成为非常明显的死刑加重情节。"鉴于黑人占据了美国判处死刑人数的 48%，而美国总人口当中黑人仅占 12%，因此，目前这样的一种做法无疑类似于种族屠杀。"[2]

对此也有不同解读，一部分人承认虽然从数据上来看，平均人口系数下黑人被判处死刑的概率高过白人，但导致这种概率出现的原因并不是歧视，而是黑人实施该当死刑犯罪的概率高于白人。[3] 更有一些学者认为在联邦司法区的死刑适用过程中，甚至没有任何数据能够证明存在种族歧视。[4]

虽然对相关数据的解读和理解存在这样或者那样的不同，虽然对美国死刑适用过程中是否存在系统性的种族歧视看法不一，但可以肯定的是，有证据证明，在大量的死刑个案之中，存在针对黑人的歧视现象。因此，如何准确把握个案中种族因素对案件审理正当性的侵蚀，如何评价美国联邦最高法院借由司法审查对此所表现出来的态度，如何理解立法机关针对联邦最高法院的相关判例进行立法调整、应对就成为司法语境下正确评价美国死刑适用中种族问题的关键。

（二）死刑适用中种族歧视的宪法反思

首先，死刑案件中种族因素对检方的影响。

---

① 参见 Glenn L. Pierce & Michael L. Radelet, "Death Sentencing in East Baton Rouge Parish, 1990-2008," *La. L. Rev.* 71 (2011): 647。

② 参见 John C. McAdams, "Wisconsin Should Adopt the Death Penalty," *Marq. L. Rev.* 79 (1996): 707。

③ 参见 Gary J. Simson & Stephen P. Garvey, "Knockin on Heaven's Door: Rethinking the Role of Religion in Death Penalty Cases," *Cornell L. Rev.* 86 (2001): 1090。

④ 参见 Kevin McNally, "Race and the Federal Death Penalty: A Nonexistent Problem Gets Worse," *DePaul L. Rev.* 53 (2004): 1615。

　　种族因素，一般借由如下几种方式影响检方在死刑案件审理过程中的相关判断和决定。第一，种族因素对白人检察官来说具有某种象征意义。在白人检察官的思维定式中，黑人属于劣等民族，因此更具攻击性，更容易危害社会。如果黑人罪犯伤害的是白人受害人，那么这种主观印象将更为确定。这种同情自己种族的感情也得到了相关心理学调查的证实。对那些杀害白人的黑人，白人检察官会更倾向于求处死刑。第二，检察官的工作绩效要求其在资源有效的前提下尽可能地赢得更多的诉讼。因此，即使对死刑案件，检察官也存在某种意义上的取舍。白人检察官很有可能会针对黑人杀害白人的犯罪投入更多精力，收集更多有力的证据，从而确保针对黑人死刑起诉的成功概率。换句话说，在某种意义上，种族因素成为决定检察官分配诉讼资源的参照。这一点其实也存在于警方对案件的第一手调查阶段。第三，法院对检察官方面自由裁量权的尊重也成为其可以选择针对黑人求处死刑的护身符。检察官从来不用担心自己明显针对黑人求处死刑的决定会被法院所推翻，因为法院会接受检方提出的任何蹩脚的解释，而很少会考察这些解释是否真实，是否合理。总之，可以认为，美国检方倾向于在受害人是白人的案件而不是受害人是黑人的案件中求处死刑。[①] 在上述指导思想的统领下，为了实现求处死刑的目的，检方通常会在证据的收集与准备、陪审员的遴选以及庭审策略等方面"无所不用其极"。例如，长期以来，得克萨斯州达拉斯郡地区检察官都会在培训过程中学习如何采取措施严厉打击少数族裔被告人的方法与策略，其中，就陪审员的遴选问题，培训教导说，"你不会找到一个公平的少数族裔陪审员……"[②] 潜台词就是需要想尽办法保证对被告人尤其是黑人被告人的陪审团全部由白人组成。

　　其次，死刑案件中种族因素对陪审团的影响。

　　美国宪法第六修正案规定"被告人享有由犯罪行为发生地的公正陪审团予以迅速和公开审判的权利"，同时，美国宪法第三条第二款则规定：

---

① 参见 Michael J. Songer and Isaac Unah, "The Effect of Race, Gender, and Location on Prosecutorial Decisions to the Death Penalty in South Carolina," *S. C. L. Rev.* 58（2006）：161。

② 参见 Peggy M. Tobolowsky, "What Hath Penry Wrought：Mitigating Circumstances and the Texas Death Penalty," *AM. J. Crim. L.* 19（1992）：345。

"除弹劾案外，一切犯罪由陪审团审判。"

目前，除少数州外，美国各司法区基本上授权陪审团在包括死刑犯罪在内的刑事案件中，负责认定事实以及量刑，而这两部分其实也恰恰是死刑案件的关键所在。从这个意义上，陪审团才是死刑案件审理的真正决定者。根据 21 世纪初的一项调查，在不考虑被告人种族因素的情况下，白人陪审员适用死刑的倾向性约为黑人陪审员的 2 倍（见表 7）。

表 7 不同种族陪审员死刑案件表决倾向

单位：件，%

种族	监禁	未决	死刑	比例	数量
白人	25	11	64	64	100
黑人	55	15	30	30	100

资料来源：Theodore Eisenberg, Stephen P. Garvey and Martin Wells, "Forecasting Life and Death: Juror Race, Religion, and Attitude Toward the Death Penalty," *J. Legal Stud.* 30 (2001): 277。

由此，就不难理解为什么白人检察官会通过系统培训学习如何获得一个全部由白人组成的陪审团，为什么一个全部由白人组成的陪审团，会做出明显违法的极端行为。犹他州的一个全部由白人组成的陪审团，负责审理一名黑人残忍杀害三名白人的案件。在陪审团成员进餐时，一名陪审员递给法庭工作人员一块餐巾纸，上面画着一个人吊死在绞刑架上，下面有一行字，"绞死这个黑鬼"。审理本案的法官并未对此深究，只是要求陪审员当作这件事情没有发生。一审被告人被判有罪，后分别上诉至联邦地区法院、美国第十巡回上诉法院，最后，美国联邦最高法院拒绝批准本案的调卷令申请。①

最后，死刑案件种族歧视问题的司法对策。

针对上述容易导致死刑适用过程中出现种族歧视的若干关键环节，美国联邦最高法院通过判例做出了一些修正与预防。

---

① 参见 Gerald F. Uelmen, "Justice Thurgood Marshall and the Death Penalty: A Former Criminal Defense Lawyer on the Supreme Court," *Ariz. St. L. J.* 26 (1994): 403。

在 "白特森诉肯塔基州案"（*Batson v. Kentucky*）① 中，美国联邦最高法院明确，检方不得基于候选陪审员的种族，对其使用不要求说明理由的强制排除权。这一判决实际上也推翻了之前的要求被告人证明在陪审员遴选过程中存在系统性种族歧视的规定。② 通过 "白特森诉肯塔基州案"，美国联邦最高法院降低了证明门槛，允许基于个案，提出检方在陪审员的遴选过程中存在有意识的种族歧视。检方必须证明其属于可辨识的种族，而检方采用了不需说明理由的强制排除权将候选陪审员中与其同一种族的人排除。在此基础上，检方还需要证明，这样的一种排除使得那些具有歧视意图的人可以有机会实施此类歧视行为，最好还需要证明检方排除这些候选陪审员的原因在于这些人的种族。"白特森诉肯塔基州案" 之后，如果黑人被告人能够证明检方有意识地排除了黑人陪审员候选人，就可以以此主张自己的平等保护权利受到了侵犯。虽然 "白特森诉肯塔基州案" 在一定意义上表达了美国联邦最高法院对检方滥用陪审员遴选权的不满与限制，并且从形式上否定了之前的相关做法，却并未取得太大的实际效果，甚至受到了地方法官的抵制。

对美国死刑中的种族问题，影响更为深远的另外一个事件，就是前面提到的 "麦克克拉斯基诉坎普案"。③ 在本案中，美国联邦最高法院认为，相关社会学调查所证明的在佐治亚州死刑适用过程中存在种族歧视的结论，不足以作为推翻原判的根据，如果申诉方要证明自己的主张，必须提供检方或者法院的死刑运用基于种族歧视目的的证据。

"白特森诉肯塔基州案" 与 "麦克克拉斯基案诉坎普"，都是一种矛盾

---

① 参见 *Batson v. Kentucky*，476 U. S. 79（1986）。申诉人白特森是一名黑人，因为夜盗犯罪在肯塔基州出庭，陪审团全部由白人组成。申诉人认为，本案的陪审员遴选程序存在违反宪法第十四修正案平等保护原则。在本案中，检察官动用无理由强制排除权，将四名黑人陪审员候选人排除之后，使得陪审员全部由白人组成。辩方律师提出，检方的做法违反了宪法第六及第十四修正案。但这一观点并未得到一审法官的支持。

② 参见 *Swain v. Alabama*，380 U. S. 202（1965）。

③ 参见 *McCleskey v. Kemp*，481 U. S. 279（1987）。申诉人麦克克拉斯基因为两起抢劫、一起谋杀罪指控在佐治亚州受审。在量刑过程中，陪审团排除合理怀疑地认定了两个加重情节，没有发现任何减轻情节。加重情节包括在抢劫过程中杀人以及杀害执法人员。根据该州法律，具有一种法定加重情节即可判处死刑。上诉过程中，麦克克拉斯基根据鲍德斯教授所进行的研究，指出佐治亚州的死刑适用具有种族歧视的危险，因此自己的宪法第十四修正案权利受到了侵犯。

心态的产物，一方面，美国联邦最高法院清楚地认识到了种族歧视对美国
死刑案件司法审理的影响，另一方面，美国联邦最高法院也清楚地认识到
种族歧视无法根除，太过激进的改革不仅会导致大量类似案件涌入联邦最
高法院，使其不堪重负，而且还会动摇美国政治体制的根本。

三　宗教与美国死刑

对基督徒而言，耶稣，这位或许世界历史上最为著名的死刑被告人显得
无法忽视。① 1952 年，美国联邦最高法院在"左拉赫诉克劳森案"（*Zorach
v. Clauson*）② 中提出，"作为信众，我们尊崇上帝……而如果国家能够倡导
教义或者积极为其提供方便，那么无疑这样做将会契合一直以来的历史传
统。因为这尊重了人民的宗教认同，并且可为人民的精神诉求提供可能"。
由此，不难看出作为美国主流宗教，基督教③对美国社会各个方面影响之深。

（一）　死刑在基督教中的历史映像

任何对基督教与死刑关系的论证，必须首先从对《圣经》，特别是《旧
约》的解读入手。"摩西五经"中规定了超过 30 种该当死刑的罪，其中甚至
还包括"咒骂父母"之类的现在看起来不具犯罪性的行为。④ 而在"创世

① 参见 Damien P. Horigan, "Of Compassion and Capital Punishment: A Buddhist Perspective on
the Death Penalty," *Am. J. Juris.* 41（1996）：271。

② 参见 *Zorach v. Clauson*，343 U. S. 306（1952）。

③ 这里所说的基督教（Christian）是一个概括称谓，由于基督教本身的构成与认定十分复
杂，本书中的基督教主要指美国境内作为主流宗教传播的"新教"（Protestantism）与
"天主教"（Catholicism），由于东正教在美国境内并非主流，这里不涉及。另外需要注意
的是美国境内基督教的上述两大分支内部又往往教派林立，这些教派不仅所持神学观点
各异，相互关系也极为微妙，限于篇幅，这里仅做笼统概述。

④ "凡咒骂父母的，总要治死他，他咒骂了父母，他的罪要归到他身上。与邻舍之妻行淫的，
奸夫淫妇都必治死。与继母行淫的，就是羞辱了他父亲，总要把他们两人治死，罪要归到
他们身上。与儿妇同房的，总要把他们两人治死，他们行了逆伦的事，罪要归到他们身上。
人若与男人苟合，像与女人一样，他们两人行了可憎的事，总要把他们治死，罪要归到他
们身上。人若娶妻，并娶其母，便是大恶，要把这三人用火焚烧，使你们中间免去大恶。
人若与兽淫合，总要治死他，也要杀那兽。女人若与兽亲近，与它淫合，要杀那女人和那
兽，总要把他们治死，罪要归到他们身上。人若娶他的姐妹，无论是异母同父的，还是异
父同母的，彼此见了下体，这是可耻的事，他们必在本民的眼前被剪除。他露了姐妹的下
体，必担当自己的罪孽；妇人有月经，若与她同房，露了她的下体，就是露了妇人的血源，
妇人也露了自己的血源，两人必从民中剪除。"《圣经》"利未记"20：9—16。

记"一篇当中，上帝宣告，"凡流人血的，他的血也必被人所流"。① 这些观点一直以来都被基督教徒视为死刑的神学根据。② 似乎矛盾的是，《新约》中并没有明确涉及死刑问题。相反，耶稣曾经挽救过一名因通奸而行将处死的妇女的生命，并且借此宣导宽恕与慈悲。③ 可另外，很多基督教徒强调在《新约》"罗马书"中耶稣使徒保罗的教诲，"他不是空空地佩剑，他是神的用人，是申冤的"，而这一观点不仅赋予死刑以正当性，更为重要的是赋予标榜"神的用人"的世俗政权行使求处死刑的权力。

造成上述分歧的原因固然可以归结为教义文本本身的含混，但从一种实然分析的层面来看，导致对同一文本出现不同解读绝对不应归因于文本本身，而应从一个更为宏观的动态文化历史演进的视角加以评析。

殖民地时期的北美，英国殖民者主张适用死刑。而定居于马萨诸塞州与康涅狄格州的清教徒尤其如此。因为视自己为以色列人的后裔，清教徒在建构全新社会的时候大量参照摩西律法，其中自然也包括关于死刑的相关规定。④ 这一时期，在以清教徒为主的地区，死刑执行既是世俗活动，

---

① 《圣经》"创世记"9：6。

② 参见 Irene Merker Rosenberg & Yale L. Rosenberg, "The Erroneous Invocation of 'Eye for Eye' in Support of the Death Penalty," *Crim. L. Bull.* 35（1999）：3。

③ "文士和法利赛人，带着一个行淫时被拿的妇人来，叫她站在当中。就对耶稣说，夫子，这妇人是正行淫之时被拿的。摩西在律法上吩咐我们，把这样的妇人用石头打死。你说该把她怎么样呢？他们说这话，乃试探耶稣，要得着告他的把柄。耶稣却弯着腰用指头在地上画字。他们还是不住地问他，耶稣就直起腰来，对他们说，你们中间谁是没有罪的，谁就可以先拿石头打她。于是又弯着腰用指头在地上画字。他们听见这话，就从老到少一个一个地都出去了。只剩下耶稣一人。还有那妇人仍然站在当中。耶稣就直起腰来，对她说，妇人，那些人在哪里呢？没有人定你的罪吗？她说，主啊，没有。耶稣说，我也不定你的罪。去吧。从此不要再犯罪了。"《圣经》"约翰福音"8：3～11。耶稣曾经说过，"你们听见有话说，以眼还眼，以牙还牙。只是我告诉你们，不要与恶人作对。有人打你的右脸，连左脸也转过来由他打"。《圣经》"马太福音"5：38～39。

④ 1636 年新普利茅斯殖民地列出的死罪就包括了《旧约》和普通法规定的罪行。1641 年马萨诸塞海湾殖民地的《权利全书》上的 12 项死罪中有 11 项注明了其在《圣经》上的出处。1648 年通过的《法律与权利》亦复如此，在它规定处以死刑的死罪中除强奸罪外均以"摩西五经"（即《圣经》前 5 章）中有关部分作为注释，有些规定甚至是基本上重复《圣经》中的语言。这些死罪包括：偶像崇拜、巫术、亵渎神灵、兽奸、鸡奸、通奸、强奸、绑架、叛逆、以杀人为目的的伪证、辱骂或殴打父母、儿子忤逆或反叛父母、杀人等。《权利全书》规定的 12 项死罪中有 5 项与宗教、道德有关，《法律与权利》规定的 19 项死罪中则有 8 项是与宗教、道德有关。道德罪显然成了刑事司法的一个重点。值得注意的是，通奸在当时的英国并不会受到世俗法律的惩罚，因为它属于教会（转下页注）

更是宗教活动，法官与神父都会参与其中。死刑公开执行所履行的社会职能是阻却他人实施同类行为，宗教功能是推动对被认为有悖教义的罪的憎恶。早就批评英国国教的教会法庭未能在道德和精神上严肃纲纪，所以他们到新大陆后在死刑执行之前往往都会举行宗教仪式，在这个过程当中神职人员会对被执行者进行谴责，并对这一罪刑相关的神学知识进行宣讲。而这种"刑场上的布道"在传播死刑的社会意义与宗教意义方面发挥了十分重要的作用。有历史学家就指出直到美国独立战争之前，死刑执行日对神职人员而言都显得十分重要。在北美独立战争前后，受到欧洲启蒙思想特别是反对恣意酷刑的孟德斯鸠与贝卡利亚所主张的刑罚理论影响，美国人开始质疑犯罪原因理论以及既存死刑措施当中所暗含的刑罚目的。到 18 世纪末，美国的死刑犯罪数量已经大为减少。然而，持传统观点的宗教人士捍卫作为死刑基础的报应理论。基于对民主教派观点的反对，福音教派与国教派的神职人员都支持死刑。在一个日趋世俗的社会，很多宗教人士担心宗教信仰的缺失会导致目无法纪的人增加，对此，应保持死刑作为一种约束措施。①

20 世纪 50 年代到 60 年代，出现的一个显著变化是大量的新教徒公开放弃对死刑的支持。对此起推动作用的是 1965 年罗马教廷在第二次梵蒂冈会议之后，开始彻底反对死刑。② 20 世纪 70 年代，美国天主教对死刑的反对呼声日益高涨。到了 90 年代，主流新教学派、天主教学派以及大多数犹

（接上页注④）法庭的管辖范围，而且在教会法庭受到的惩罚也比较轻。可清教徒从一开始就决定以绞刑来惩处通奸罪。与此形成鲜明对照的是，侵害财产的罪行却不在死罪之列。尽管英国法对价值一先令的盗窃就要处以绞刑，马萨诸塞却对盗窃罪仅处以多倍返还或强制劳役，因为《圣经》记录的大部分盗窃案都是以多倍返还作为惩罚手段的，《圣经》还说"若他一无所有，就要被卖，顶他所偷的物"。康涅狄格在刑法上基本上是步马萨诸塞的后尘。纽黑文在以《圣经》作为法律指南上则走得更远。因此，这些新英格兰清教殖民地早期刑事司法重点的形成，就其法律来源而言，显然是与《圣经》有关的。于是，对道德罪严惩和对财产罪轻罚，就成了新英格兰清教殖民地早期刑法条款的一个重要特点。参见韩铁《新英格兰殖民地刑事司法重点的转移》，《史学月刊》2010 年第 11 期，第 94 页。

① 参见 Davison M. Douglas, "God and the Executioner: The Influence of Western Religion on the Death Penalty," *Wm. & Mary Bill of Rts. J.* 9 (2000): 137。

② 参见 Robert M. Bohm, "Toward an Understanding of Death Penalty Opinion Change in the United States: The Pivotal Years, 1966 and 1967," *Human. & Soc'y* 16 (1992): 524。

太教派都表态反对死刑。一个较为突出的例外是保守新教派与南方浸礼会（美国南部基督教的著名保守教派，信众多为白人）对死刑的支持。[①] 需要注意，美国围绕死刑宗教论争的一个突出特点，是基督教内部不同教派甚至不同个体之间出现不同观念。这种分歧的出现虽然仍与各派对教义的选择性解读有关，但更多产生于包括犯罪学在内的社会科学与自然科学发展对人的观念的重塑。这一时期基督教各派所持死刑观念不同的实质原因，其实是各派对作为死刑存在的刑罚根据的不同解读。

（二）基督教与美国死刑的存废

美国刑法一般认为，刑罚正当性取决于下列三项功能的实现程度：（1）报应，即恢复被破坏的秩序；（2）震慑，即防止他人从事犯罪行为；（3）治疗，即帮助行为人对自身加以教化。[②]

死刑的目的在于消灭犯罪行为人，故对行为人道德品性的教化显然无从谈及，无法承载所谓治疗功能。相比而言，死刑所承载的震慑功能则显得较为复杂。美国国内一度对死刑的震慑功能具有较高的预期。事实上1976年美国联邦最高法院通过"格雷格诉佐治亚州案"[③] 恢复死刑时，那些支持死刑的人所持有的主要根据就是死刑的震慑效用。[④] 同时，死刑的震慑效能似乎可以从《圣经》文本中寻找到些许踪迹。[⑤] 但对此有学者坚持认为没有充分的证据可以证明死刑的震慑功效。实际上，大多数研究的结果恰恰相反。质疑死刑的震慑效果的，不仅仅是具有专业背景的学者。据统计，目前仅仅有大约8%支持死刑的美国人，将自己的依据设定在震

---

① 参见 John H. Garvey & Amy V. Coney, "Catholic Judges in Capital Cases," *Marq. L. Rev.* 81（1998）：303。

② 参见 Joshua Dressler, *Understanding Criminal Law*（New York：Lexis Law Pub.，2001）：13-19。

③ 参见 *Gregg* v. *Georgia*，428 U. S. 153（1976）。

④ 参见 Michael L. Radelet & Ronald L. Akers, "Deterrence and the Death Penalty：The Views of the Experts," *J. Crim. L. & Criminology* 87（1996）：1。

⑤ "该隐对耶和华说，我的刑罚太重，过于我所能当的。你如今赶逐我离开这地，以致不见你面。我必流离飘荡在地上，凡遇见我的必杀我。耶和华对他说，凡杀该隐的，必遭报七倍。耶和华就给该隐立一个记号，免得人遇见他就杀他。于是该隐离开耶和华的面，去住在伊甸东边挪得之地。"《圣经》"创世记" 4：15。

慑的基础之上。①

从 20 世纪 80 年代开始，美国社会科学界针对死刑的震慑效果进行了大量的研究。而对这些研究结果，从数据统计分析的角度来看，死刑的震慑效果和长期监禁的震慑效果相比并不明显。② 相对教化与犯罪预防功能，死刑的报应功能虽然看似有力，却是晚近美国基督教内部聚讼纷纷的根源所在。一方面，《圣经》中曾经提出，"按着律法，凡物差不多都是用血洁净的，若不流血，罪就不得赦免了"。③ 而这种类似于同态复仇观念的死刑报应理论至今仍然为美国南部的很多基督教信众所秉持。以陪审员是否属于浸礼会所进行的一项调查显示，接近 80% 的南方浸礼会教众，在第一次投票的时候选择死刑，而非浸礼会的教众在第一次投票的时候只有大约一半选择死刑。④

基督教内部不同教派、基督教与非基督教围绕死刑所进行的斗争与妥协似乎始终在围绕相关经典教义文本的不同解读展开，但这也许仅仅是一种表象而已。在一个多元价值社会当中，基督教无法孤立存在，而其实际上需要面对的是种种具有颠覆性的挑战。而在获得信众支持与政治影响方面，堕胎与死刑是美国基督教几十年来都无法回避的两大致命挑战。相对前者，对死刑态度的松动或许是基督教所能采取的最佳应对措施。

这种挑战并不是美国基督教所独有的，而是一个全球性的问题。天主教最高教廷所颁布的《天主教廷问答录》与《生命的福音》都明确表示了对死刑的反对态度。美国天主教全国大会也于 1999 年正式号召废除死刑。⑤ 这种死刑观的变化实际上是应对时局变化的一种自我保护措施。事实上通过这种死刑观的转变，教会努力使得自己不逆潮流而动，而这种转变也会起到公关的作用，即使其在扭转死板过时形象的同时挽回颓势。

① 参见 Rudolph J. Gerber, "Death Is Not Worth It," 28 *Ariz. St. L. J.* 335 (1996)。
② 参见 Samuel J. Levine, "Capital Punishment and Religious Arguments: An Intermediate Approach," *Wm. & Mary Bill of Rts. J.* 9 (2000): 179。
③ 《圣经》"希伯来书" 9: 22。
④ 参见 Theodore Eisenberg, Stephen P. Garvey and Martin T. Wells, "Forecasting Life and Death: Juror Race, Religion, and Attitude Toward the Death Penalty," *J. Legal Stud.* 30 (2001): 277。
⑤ 参见 Kevin M. Doyle, "Catholics and the Death Penalty Penal Discussion," *J. Cath. Leg. Stud.* 44 (2005): 297。

（三） 基督教与美国死刑的厘定

首先，基督教对检方求处死刑的影响。

检方通常会在开场陈词与结案陈词时援引基督教法谚，以求最大程度在道德上抹黑被告人，博取陪审团的认同，从而换得最佳的起诉效果。检方在死刑案件的审理过程当中较为常用的手法有以下几种。（1）援引《圣经》中的"报应"理念，强调血债血偿。如有很多案件的检方援引"出埃及记"中"打人以致打死的，必要把他治死"的表述；引用"创世记"当中"凡流人血的，他的血也必被人所流。因为神造人是照自己的形象造的"；有公诉方援引"民数记"中"故杀人的必被治死"的规定，另外还有检方援引"申命记"，即"暗中杀人的，必受诅咒。百姓都要说，阿门"等。（2）有些案件中，检方引用基督教教义来解释对被告人求处死刑的做法没有篡夺上帝的相关权力。（3）另外一些案件当中检方通过将当事人与《圣经》当中的人物对比，来突出被告人行为的可憎与死刑该当，如援引《圣经》当中的该隐与亚伯的故事。（4）在一些受害人为未成年人的案件当中，有检方援引"马可福音"，"凡使这信我的一个小子跌倒的，倒不如把大磨石拴在这人的颈项上，扔在海里"，等等。① 在司法实践当中，这种做法所取得的效果往往十分具有杀伤力。②

美国国内不同司法区检方对相关基督教教义的运用态度不一，部分司法区限制甚至禁止使用基督教教义。但有很多司法区仍在适用。据不完全

---

① 参见 John H. Blume and Sheri Lynn Johnson, "Don't Take His Eye, Don't Take His Tooth, and Don't Cast the First Stone: Limiting Religious Arguments in Capital Cases," *Wm. & Mary Bill of Rts. J.* 9 (2000): 61。

② 20 世纪初在一起纽约州知名医生毒杀自己妻子的案件中，检方在总结陈词时如是说："最后，我想请您想想死者。我请求您和我一起去墓地凭吊下这个孤苦的亡灵，或许应该在那里为这个无辜的年轻生命说点什么，她本来有权享受那花一般的年华，却突然被从如锦的繁华抽离而被投入那无尽的黑暗。让我们在她的墓碑上刻下这样的墓志铭：无辜受害者。先生们，我们能够呼唤上帝把她带回人世吗？上帝会将她重新带回她所深爱的人身边吗？上帝会宽恕这个罪人而让他们俩再次享受这人世繁华吗？一切都太迟了。她，已经走了。她可爱的魂灵早已飘散。覆水难收。被告人必须面对他的宿命。我们现在所能做的，仅仅是聆听耶和华的教诲：凡流人血的，他的血也必被人所流！"转引自 Gary J. Simson & Stephen P. Garvey, "Knockin' on Heaven' Door: Rethinking the Role of Religion in Death Penalty Cases," *Cornell L. Rev.* 86 (2001): 1090。

统计，截至 20 世纪末，至少报告有超过 100 起死刑案件涉及关于公诉方以宗教为导向的相关言论问题，而这个数字还在继续攀升。[①]

其次，基督教对死刑被告人活动的影响。

美国刑事审判中，被告人及辩护人的主要职责是证明检方没有排除合理怀疑地证明被告人的罪责，但是在量刑阶段，被告人及辩护人也往往提出与案件本身虽无关系但和行为人自身相关的证据，求得法官或者陪审团的同情，以获得对己有利的量刑结果。具体到死刑案件，因为死刑案件审理本身历时甚久，而死刑判决与死刑执行之间往往也相隔时间很长，在这个过程中被告人有时会提出自己皈依基督教的证据，从而证明自身已真心悔过，并不再具有人身危险性，从而求得免于死刑判决或者最终的死刑执行。

1986 年，美国联邦最高法院第一次明确承认犯罪实施之后出现的减轻情节应具有法律意义。根据这一认定，有部分死刑被告人或者候刑人将后来自己皈依基督、真心悔过作为减轻情节提出。[②] 例如，一名实施残忍强奸、杀人犯罪的被告人提出自己不应该被处死，因为在监狱内等待审判的过程当中，他皈依了基督教，甚至开始帮助其他罪犯重塑自己的宗教信仰。但是检方认为其在实施犯罪之后宗教信仰的改变与其之前所实施的犯罪无关，因此不应予以考虑。陪审团最终判处其死刑。[③] 虽然如此，但学界，甚至部分司法实务界人士都承认本案被告人在候审期间对基督教的皈依对其量刑是有法律意义的。而在之后的一系列案件当中，美国联邦最高法院也一再明确承认被告人有向陪审团提出包括犯罪行为实施完毕之后与本案相关证据的宪法权利。

另外，有些死刑候刑者将自己对基督教的皈依作为赦免理由提出。有实施残忍杀人行为的被告人，在漫长的候刑期间，皈依基督教，变成了虔诚的基督徒。在死刑执行的前夜，这名候刑者写信给当时得克萨斯州州长

---

① 参见 Brian C. Duffy, "Barring Foul Blows: An Argument for a Per Se Reversible-error Rule for Prosecutors' Use of Religious Arguments in the Sentencing Phase of Capital Cases," *Vand. L. Rev.* 50 (1997): 1335。

② 参见 *Skipper v. South Carolina*, 476 U. S. 1 (1986)。

③ 参见 *People v. Payton*, 839 P. 2d 1035 (Cal. 1992)。

小布什，历数了自己这些年的心路历程。① 无论是死刑被告人还是死刑候刑者的宗教皈依，其所具有的价值属性判断因为往往摆脱了通常话语中的法治背景，从而导致其在一个更为明显的层面受到世俗道德体系的框定，也在一个更为明显的层面受到政治体系运作的影响。

再次，基督教对陪审团的影响。

美国基督教对死刑案件中陪审团运作的影响是全过程的，也就是说，从陪审团的遴选到陪审团的相关讨论等都受到影响。

根据美国刑事程序法，在陪审团的遴选阶段，检方与辩方都享有一定的选择陪审团成员的权利。鉴于宗教对陪审团成员的巨大影响，因此围绕是否可以仅凭陪审员的宗教信仰对其加以排除就成为一个十分敏感的问题。虽然没有定论，但在美国死刑案件审理的陪审团遴选过程当中，陪审员通常都会被问及其所具有的宗教观点是否会影响其进行死刑的定罪与量刑。美国司法实践的做法是，一般只要候选陪审员不坚持因自己的宗教信仰而无条件反对死刑，即不得被剔除。②

但大多数情况下，法院对基于宗教信仰而对候选陪审员的自由选择权基本不予干涉。在某案审理过程当中，检察官运用自己的自由选择权排除了两名黑人陪审员。但是其对自己决定的解释并不是因为这两人是黑人，而是因为其中一名黑人佩戴了一个约两英寸长的十字架，而这表明其的宗教信仰可能会对被告人进行不适当的同情或者怜悯，而弗吉尼亚州最高法院对此做法表示支持。③

除对候选陪审员的遴选发挥作用之外，基督教对陪审团的影响更多以一种非正式的方式发生在定罪量刑阶段。如有被告人质疑自己的死刑判决，因为十二名陪审员在进行讨论之前曾经手牵手并且进行祈祷。更为关键的是，一名陪审员对另外一名较为迟疑的陪审员说，他认为如果将被告人交由上帝进行处理，无论什么被告人都可以获得新生的话，那么似乎可

---

① 参见 Walter C. Long，"Karla Faye Tucker：A Case for Restorative Justice," *Am. J. Crim. L.* 27（1999）：117。

② 参见 Gerald F. Uelmen，"Catholic Jurors and the Death Penalty," *J. Cath. Leg. Stud.* 44（2005）：355。

③ 参见 *James v. Com.*，442 S. E. 2d 396（Va. 1994）。

以做出最终的决定。加利福尼亚州最高法院拒绝了这种观点。法院认为，陪审员在讨论过程当中谈及自己的宗教信仰是可以预期的。考虑到量刑的性质，我们认为这并非不适当，也就是说，陪审员可以分享各自的宗教体验。在本案当中，我们没有发现陪审员未按照法律以及法庭的指导意见而适用其他的规则。①

四 未成年人与美国死刑

1899 年，美国建立了第一个未成年人法庭。② 但因为 20 世纪六七十年代，美国社会各界对当时未成年人法庭的种种不满，1966 年，通过"肯特诉美利坚合众国案"（*Kent v. United States*）③，法庭承认在某些情况下，未成年人法庭可以将未成年人从其管辖中剔除出来，交由普通司法体系加以审理，而且，法院也对如何进行这样一种剔除提供了若干司法指导。④ 借由上面提到的剔除模式，一部分未成年人转而交由普通司法体系处理，从而形成了未成年犯罪人由未成年人法院以及普通法院共同审理的局面。

（一）美国青少年司法特征

一般认为，未成年人法庭和普通法庭之间还是存在较为实质性的区别的，例如，一般未成年人法庭的审理是秘密的，而普通法庭的审理通常是公开的。鉴于对未成年人保护的考量，一般而言媒体对此类案件的报告都会将未成年被告人的姓名和具体住址隐去，美国学者对此的解释是，这样做可以避免未成年人在审理过程中以及审理之后背负通常刑事审判所必须面对的社会公众对自己的"污名化"标签。同时，未成年人法庭和普通法

---

① 参见 Ronald J. Tabak，"The Death Penalty，Religion & the Law：Is Our Legal System's Implementation of Capital Punishment Consistent with Judaism or Christianity？" *Rutgers J. Law & Relig.* 4（2002 / 2003）：1。

② 参见 Ira M. Schwartz，et al.，"Nine Lives and Then Some：Why the Juvenile Court Does Not Roll Over and Die，" *Wake Forest L. Rev.* 33（1998）：533。

③ 参见 *Kent v. United States*，383 U. S. 541（1966）。

④ 参见 Kristin L. Caballero，"Blended Sentencing：A Good Idea for Juvenile Sex Offenders，" *St. John's J. L. Comm.* 19（2005）：379。

庭在具体量刑以及其所处理对象的具体服刑机构上都有很明显的区别。[①]

首先，独特的处遇理念。

一直以来美国司法理论都推定在未成年人和成年人之间存在实质性区别。而这种理念决定了对未成年犯罪人的处遇需要区别于普通犯罪人。[②]未成年人因为心智尚未成熟，故尚未达到无药可救的地步，也就是说，还存在对其加以重塑和改造的可能。而在这个时候，社会作为承载"家长监护权"（Parens Patriae）的主体，需要对从事了严重越轨行为的未成年人行使家长的权力和职责。[③] 到了 20 世纪 60 年代，由于需要处理的案件数量太多，自身经费又相对有限，未成年人法庭无法对未成年犯罪进行个案处理，以及对其提供之后的教化措施，从而无法达到设立的初衷。为了应对 20 世纪 60 年代中期之后美国出现的未成年人犯罪浪潮，立法机构开始限制未成年人法庭法官的自由裁量权，具体而言，包括：（1）降低了未成年人可以作为成年人加以起诉的年龄下限；（2）扩大了未成年人被刑事起诉的犯罪范围；（3）赋予检察官专属权来决定是否对未成年犯罪人加以甄别从而作为成年人加以处罚；（4）限制法官推翻检察官或者警方决定的自由裁量权。[④]

其次，独特的处遇措施。

一般而言，未成年人所被判处的刑期不能超过未成年人法庭管辖权的适用范围，具体而言，因为未成年人法庭只能受理 18 周岁以下或者 21 周岁以下被告人实施的案件，故对相关犯罪行为人的处罚也存在一定限度。显而易见，相比之下，未成年人可能接受的责罚从时间长度上要短于普通的刑事被告人。另外，出于对未成年人教化的考量，未成年犯罪人的刑期

[①]　参见 Danielle R. Oddo，"Removing Confidentiality Protections and the 'Get Tough' Rhetoric：What Has Gone Wrong with the Juvenile Justice System？" *B. C. Third World L. J.* 18（1998）：105。

[②]　参见 Randi-Lynn Smallheer，"Sentence Blending and the Promise of Rehabilitation：Bringing the Juvenile Justice System Full Circle，" *Hofstra L. Rev.* 28（1999）：259。

[③]　参见 Barbara Margaret Farrell，"Pennsylvania's Treatment of Children Who Commit Murder：Criminal Punishment Has Not Replaced Parens Patriae，" *Dick. L. Rev.* 98（1994）：739。

[④]　参见 Lisa McNaughton，"Celebrating 100 Years of Juvenile Court in Minnesota：Extending Roper's Reasoning to Minnesota's Juvenile Justice System，" *Wm. Mitchell L. Rev.* 32（2006）：1063。

和其所实施的具体犯罪之间并不具备直接的比例关系，相反，大量对未成年人适用不确定刑期①。这凸显出针对未成年人的刑罚处遇侧重改造而非责罚的特质。② 另外，未成年人一般并不在普通的监狱，而是在类似于学校性质的矫治机构服刑。和监狱相比，未成年人矫治机构相对安全，主要目的并不是单纯监禁，而是对未成年人加以改造和重塑。③ 针对未成年犯罪人的改造以及"治疗"方式，还包括：通过服药以及手术等方式，改变未成年人生物学特征的生理学模式；通过社会学习和认知，改变未成年人的情感特征，扭转其异常人格的心理学模式；通过强调教授自我管理技能，训练其控制平常冲动行为的强化模式。另外，美国有些司法区还尝试适用所谓"社区处遇模式"（Model Community-Based Treatment Programs），即通过让未成年犯罪人重新融入社会的方式对其加以改造。④

（二）未成年犯罪人向成人司法体系的移送途径⑤

美国目前存在三种将未成年人移送至成年人法庭的途径，分别是"司法移送"（Judicial Waiver）、"检方移送"（Prosecutorial Waiver）以及"法

---

① 在美国各州所适用的刑期大体上可以分不确定刑期、确定刑期、强制刑期三种。所谓不确定刑期是指这种刑期规定最低刑期又规定最高刑期。如果罪犯在监禁期间表现好可以减刑，假释委员会也有权决定予以假释。但是，有的州规定被告人被判处终身监禁后不得假释。所谓确定刑期是指规定了固定的刑期，但仍可以由于罪犯表现良好或者假释而减少原判决的服刑时间。所谓强制刑期是指在法典中已明确规定必须对罪犯判处的刑期，法官无权判处缓刑或者中止刑期的执行。这种刑期主要是对犯某些重罪的和屡次犯罪的被告人适用。例如北卡罗来纳州规定对武装抢劫犯、一级侵入住宅罪的犯人、带枪的惯犯适用强制刑期。目前，美国各州对上述刑期的选择、使用不尽相同，情况比较复杂。参见陈朱承《谈谈美国刑法中的罪和罚》，《国外法学》1985 年第 1 期，第 22 页。

② 参见 John B. Leete, "They Grow Up so Fast: When Juveniles Commit Adult Crimes: Treatment and Rehabilitation or Hard Time: Is the Focus of Juvenile Justice Changing," *Akron L. Rev.* 29 (1996): 491。

③ 参见 Barry C. Feld, "Juvenile and Criminal Justice Systems' Responses to Youth Violence," *Crime & Just.* 24 (1998): 189。

④ 参见 Sander N. Rothchild, "Note & Comment: Beyond Incarceration: Juvenile Sex Offender Treatment Programs Offer Youths a Second Chance," *J. L. & POL'y* 4 (1996): 719。

⑤ 参见 Amy M. Thorson, "From Parens Patriae to Crime Control: A Comparison of the History and Effectiveness of the Juvenile Justice Systems in the United States and Canada," *Ariz. J. Int' l & Comp. Law* 16 (1999): 845。

定移送"（Statutory Waiver）。① 司法移送是上述三种方式中最为常见的一种，主要由青少年法庭法官自由裁量决定是否将未成年犯罪人移送给成人司法体系加以审判。因为法官可以在听证过程中对未成年个体特质进行具体评估，因此这种移送方式似乎也最契合青少年法庭的原旨。当然，对法官的所谓自由裁量，成文法也多有限制。但司法移送方式也经常遭人诟病，因为这种方式缺乏客观认定标准，法官主观随意性很大，极容易导致司法擅断。法定移送是指法律明文规定实施特定犯罪的未成年人不得进入青少年司法体系，而这些成文法往往会降低适用年龄的下限。从这个意义上，司法移送关注的是未成年犯罪行为人，而法定移送关注的是未成年犯罪本身。美国绝大多数州已采取了不同形式的此类办法。当然，法定移送模式也面临强有力的批评意见，其中较为常见的意见强调法定移送的法律规定一般都十分含混，无法有效地甄别不同的未成年犯罪人。同时，这种一刀切的模式，也无法对未成年犯罪人进行个体考察。检方移送虽然并不常见，却契合目前美国青少年刑事政策转向惩戒理念的这一潮流。在适用这一模式的司法区，因为对同一犯罪，青少年法庭与普通法庭具有共同的管辖权，而检方有权在两者中进行选择。② 某种意义上，未成年犯罪人的移送机制，是作为整个美国青少年司法体制的"安全阀"存在的。通过移送，可以将无可救药的未成年犯罪人从青少年司法体系中剔除出去，从而避免给公众留下处置不力的印象。但这种简单的"丢包袱"，并不能从根本上解决问题，相反，却将事态复杂化，增加了对青少年司法绩效进行客观评价与分析的难度。

美国未成年犯罪人司法移送机制在如下几个方面存在明显的不足之处。首先，移送后对未成年人的惩罚力度不够。其次，移送后的未成年人

---

① 我国有学者将这三类移送措施翻译为"裁定弃权（Judicial Waiver）、"起诉弃权"（Prosecutional Direct File）和"法定弃权"（Statutory Waiver）。参见姚建龙《美国少年司法严罚刑事政策的形成、实践与未来》，《法律科学》2008 年第 3 期，第 114 页。

② 参见 John C. Lore Ⅲ，"Pretrial Self-incrimination in Juvenile Court: Why a Comprehensive Pretrial Privilege is Needed to Protect Children and Enhance the Goal of Rehabilitation," *U. Louisville L. Rev.* 47（2009）: 439。

再犯率出现反弹。① 再次，将未成年人投入监狱可能带来犯罪学习等问题。最后，移送程序拖冗，效率很低。有研究表明，一名实施了暴力犯罪的未成年被告人的移送过程平均耗时 246 天。既然将未成年犯罪人移送成人司法体系的做法，几乎彻底放弃了青少年司法制度建构的初衷，既然移送后也并未产生预期的震慑犯罪的效果，为什么美国每年仍然将大量的未成年犯罪人移送给成人司法体系，任由其在这部吱呀作响的刑罚机器中自生自灭？对此，唯一说得通的解释是美国刑法学界与实务界已经对包括青少年在内的服刑人的改造丧失了信心，对现行青少年司法处遇模式丧失了信心。而其唯一能做的，就是将更多的未成年罪犯纳入成人司法体系当中，这样做不仅可以为这些未成年人提供充分的程序性保障，更可以满足社会一般民众对刑罚报应功能的预期与渴求，满足受害人家属的法情感，树立刑罚适用的正当性。而这，当然也包括死刑。

（三）死刑语境中的"未成年人特殊论"

未成年人与死刑的结合所形成的是一种几近怪诞的图景。一方面，死刑所代表的是文明社会对其成员最极端、最严苛的否定与剔除；另一方面，未成年人却被一般认为心智尚未成熟，应受保护。恰恰是因为两者之间几乎决然的对立，才催生了在美国对未成年人适用死刑是否合宪，是否应该继续保留、适用的问题。

美国历史上，大约 2 万名已知的被执行死刑的被告人当中，至少有365 人在犯罪时不满 18 周岁。1642 年，北美殖民地第一次对未成年罪犯执行死刑，从 1976 年美国恢复死刑算起，到 2002 年共针对未成年人执行死刑 21 次。②

2005 年，美国联邦最高法院在"罗普诉西蒙斯案"中规定，对犯罪时不满 18 周岁的未成年人不得适用死刑。③ 这个判决成了美国青少年司法史

---

① 参见 Donna M. Bishop et al., "The Transfer of Juveniles to Criminal Court: Does it Make a Difference?" *Crime & Delinq.* 42 (1996): 117。

② 参见 Edmund P. Power, "Too Young to Die: The Juvenile Death Penalty After *Atkins* v. *Virginia*," *Cap. Def. J.* 15 (2002): 93。

③ 参见 *Roper* v. *Simmons*, 543 U. S. 551 (2005)。

上重要的里程碑之一。这一判例的出现并非偶然，而是长期的司法演进与论争的结果。实际上在"罗普诉西蒙斯案"之前，美国联邦最高法院就曾多次讨论宪法第八修正案是否禁止对未成年人适用死刑。① 但在这一时期，美国联邦最高法院的判决缺乏连续性。② 鉴于之前就此问题出现的含混与模糊，美国联邦最高法院最终在"罗普诉西蒙斯案"中明确了自己的态度，不仅确定了未成年人死刑的危险性，而且确定不得对犯罪时不满 18 周岁的人适用死刑，为死刑适用规定了年龄下限，事实上否定了之前的立场。从法理角度，"罗普诉西蒙斯案"的最大意义在于论证了死刑适用语境下的"未成年人特殊论"。③ 虽然"罗普诉西蒙斯案"建立在"未成年人特殊论"与"死刑特殊论"共同作用的基础上，但两者却不能完全等同。换句话说，"死刑特殊论"是可以除却"未成年人特殊论"而单独存在的，在死刑的语境当中，除了对未成年人该当死刑的思考之外，还存在诸如对智力愚钝者、女性等其他相关要素的探讨。而相反，"未成年人特殊论"却远未达到"死刑特殊论"的通用地位，而其意义大体上被限定在死刑语境当中，除此之外其能在多大范围内被承认仍是一个存疑的问题。事实上，到了 20 世纪 90 年代，针对青少年司法，以"未成年人不同论"为核心衍生出来的相关逻辑前设都已经受到挑战，甚至已被摒弃。从这个

---

① 参见 *Eddings v. Oklahoma*，455 U. S. 104（1982），美国联邦最高法院认为，原审法院在量刑的时候没有考虑被告人未成年这一因素是不适当的，因此推翻了原判。

② 例如在 1988 年，美国联邦最高法院提出，"所有未满 15 周岁的犯罪行为人，皆缺乏该当死刑的可责心态"，"目前一般认为未成年人较之于成年人在智识、责任感等方面皆有不足"。参见 *Thompson v. Oklahoma*，487 U. S. 815（1988）。但是一年之后，美国联邦最高法院却改变了态度，认定针对犯罪时年龄为 16 周岁或者 17 周岁的未成年人适用死刑合宪。更为重要的是，在本案当中，联邦最高法院实际上规避了为死刑适用设定明确的最低年龄门槛这一敏感问题，而是讨巧地采取了个案分析的审查模式。参见 *Stanford v. Kentucky*，492 U. S. 361（1989）。

③ 首先，在本案当中，美国联邦最高法院界定未成年人特殊性时，大量引用了与之相关的自然科学以及社会科学研究成果。因此认定未成年人具有相对较低的道德可责性，随着年龄的增长，具有很大的改过可能。其次，在本案当中，美国联邦最高法院在考察国内各司法区对未成年人死刑的适用情况之外，还试图通过考察国际相关司法实践，寻找相关的共识。美国联邦最高法院发现，国际法、国际专业团体、宗教团体与社会组织大多数都反对对未成年人适用死刑。而在美国国内，只有 3 个州实际上对未成年人适用死刑。相关内容参见 Ellen Marrus & Irene Merker Rosenberg，"After *Roper v. Simmons*：Keeping Kids Out of Adult Criminal Court，" *San Diego L. Rev.* 42（2005）：1151。

意义上来说，现行美国独立青少年司法制度已经丧失了逻辑意义上的正当性。美国社会包括官员、政客、媒体以及公众在内的大多数人，都开始接受"实施严重犯罪的未成年人，具有和成年犯罪人相同的可责性"这一观点。①

（四）针对未成年人是否适用终身监禁不得假释存在的论争

2010 年 5 月 18 日，美国联邦最高法院在"格拉海姆诉佛罗里达州案"（*Graham v. Florida*）② 中以 5∶4 的表决结果，认定对没有实施杀人犯罪的未成年人适用终身监禁不得假释违反宪法。但实际情况并不乐观。一方面，美国联邦最高法院在"格拉海姆诉佛罗里达州案"中，并未展现出针对未成年犯罪人彻底、全面废止适用终身监禁不得假释的明确态度，而是较为暧昧地将禁止范围限定在杀人罪。另一方面，2010 年 5 月 17 日，美国联邦最高法院以"批准调取案卷令决定不当"为由，拒绝审理"苏利文诉佛罗里达州案"（*Sullivan v. Florida*）③。"苏利文诉佛罗里达州案"所关注的问题是，判决一名实施暴力性侵害犯罪时年仅 13 周岁的未成年人终身监禁不得假释是否违宪。"苏利文诉佛罗里达州案"判决从某种程度上反映了这一问题的复杂性以及美国最高司法当局在面对是否全面禁止对未成年犯罪人适用终身监禁不得假释这一问题时所持的游疑态度。

从法理角度探究，美国联邦最高法院在"罗普诉西蒙斯案"中的判决，很大程度上是"未成年人特殊论"与作为刑法通识的"死刑特殊论"共同作用的结果。沿用这一逻辑，如果美国联邦最高法院审理"苏利文诉佛罗里达州案"，那么最终判决根本上取决于作为刑罚的终身监禁不得假释与死刑之间的类似程度。单就法理分析而言，美国联邦最高法院在"罗普诉西蒙斯案"中的分析，适用的是两步走的检验方法。首

---

① 其他被实际接受的观点包括，"没有证据证明对未成年人的法律处遇有效"，"在成人法庭对未成年人进行起诉可以给这些人以教训，并且起到震慑作用，减少再犯率"，"上述理念可以同样适用于男孩及女孩"，"在政府负责的监管机构当中，未成年服刑人的人身安全可以得到保障"，"对大多数青少年罪犯而言，监禁都是适当的处遇方式"等。参见 Margo Schlanger, "Inmate Litigation," *Harv. L. Rev.* 166（2003）：1555。

② 参见 *Graham v. Florida*，560 U. S. 48（2010）。

③ 参见 *Sullivan v. Florida*，560 U. S. 181（2010）。

先，探究是否存在反对特定刑罚的民意基础；其次，考察是否特定刑罚的适用严重背离了未成年人特定可责性的该当范围。而如果遵从这一检验方法，那么"苏利文诉佛罗里达州案"的处理结果也将取决于对以上两个问题的回答。

五　精神失常与美国死刑

从逻辑的周延性判断，美国死刑适用过程中精神状况的影响，可能会出现如下三种情况。

第一，根据"南顿规则"，或者其他的精神失常检验标准，如果认定行为人在作案时的精神状况已经充分满足了相关标准，则可以以此作为免责事由主张不受刑事处罚。第二，实施死刑犯罪的行为人在实施犯罪的时候精神正常，但是在候审期间或者候刑期间发现其精神情况不正常。第三，实施死刑犯罪的行为人仅仅是智力水平低下，或者在实施犯罪时罹患没有使其完全丧失认识或者意志能力的精神疾病。

事实上，研究精神失常对美国死刑司法适用的影响，主要关注点就是后两种情况。

（一）死刑案件中美国联邦最高法院对精神失常因素的司法考量

从历史的发展脉络判断，精神失常问题对美国死刑适用的影响呈现一种非常奇怪的反复。《模范刑法典》将"极端的心理以及情绪波动"（Extreme Mental or Emotional Disturbance）以及"精神疾病与精神缺陷"（Mental Disease or Defect），作为死刑案件审理过程中的减轻要素。[①] 这也在很大程度上影响到了以此为模板的很多州立法。尽管存在这样的一种历史背景，但一个颇为吊诡的现象却是，进入 20 世纪 70 年代，很多州又开始限制精神失常抗辩在死刑案件当中的适用。[②] 以加利福尼亚州为例，该州于 1994 年通过立法，对精神失常现象的种类加以严格限制，该州刑法典明确规定，"在任何刑事诉讼过程中，如果被告人以精神失常为由提出无罪的申

---

① 参见 MPC § 4.02（1）。

② 参见 Charles M. Sevilia, "Anti-Social Personality Disorder: Justification for the Death Penalty?" *J. Contemp. Legal Issues* 10（1999）: 247。

请，那么这样一种抗辩不得仅仅依据个人感应失调、毒品滥用或成瘾、癫痫发作等事实来加以判断"。① 有鉴于上述混杂的实态，美国联邦最高法院在长达 20 余年的时间当中，通过一系列判例逐渐廓清死刑案件审理过程中精神失常因素所可能产生影响的范围。

首先，1986 年，美国联邦最高法院在"福特诉温莱特案"中明确，对候刑期间出现精神失常情况的死刑候刑者不得执行死刑。在本案中，美国联邦最高法院的多数派意见认为，对宪法第八修正案的解读应当与社会发展相适应。对精神失常的人执行死刑这一做法在殖民地时期就已经被认为属于"野蛮、残忍"的刑罚方式，且无法满足任何刑罚目的。本案中，佛罗里达州对于相关方精神状况的测试标准与测试程序也存在严重缺陷。因此，美国联邦最高法院在本案中除了明确不得对精神失常者执行死刑之外，还特别强调了符合宪法要求的精神状况认定，不应该是一种单纯的行政程序，而是应该被理解为一种充分保证相关方诉讼权利，包括获得律师代理、得交叉质证等的司法过程。

美国联邦最高法院做出不得对精神失常的死刑候刑者执行死刑的判例，是否就意味着这一问题就此解决了呢？如果对罹患精神疾病的被告人进行强制医疗，使其能够满足相关的死刑执行精神状况，是否可行？1990 年，美国联邦最高法院试图通过"珀利诉路易斯安那州案"（*Perry v. Louisiana*）② 解决这一疑难。原审法院发现，被判处死刑的被告人需要在接受治疗后才具有受刑能力，为了满足联邦最高法院在"福特诉温莱特案"中设定的标准，原审法官命令对珀利进行强制治疗。对这一做法，美国联邦最高法院并未发表明确意见，而是撤销判决，将案件发回路易斯安那州最高法院，要求其参照"华盛顿州诉哈珀案"（*Washington v. Harper*）③ 中做出的判决

---

① Cal. Penal Code § 25.5.

② 珀利（Michael Owen Perry）在路易斯安那州先后谋杀了自己的父母等亲人共 5 人。之后，珀利潜逃，并前往美国首都华盛顿特区，密谋谋杀时任美国联邦最高法院大法官奥康纳等知名人士，在动手之前，珀利落网。参见 *Perry v. Louisiana*，498 U.S. 38（1990）。

③ 本案中一名服刑人起诉华盛顿州，认为自己被强制服用抗精神病药物的做法违反了美国宪法。美国联邦最高法院判决，如果服刑人因为精神状况不稳定而威胁到自己以及他人的人身安全，那么在违反其意志的情况下对其强行喂食抗精神病药物并不违反宪法的正当程序条款。参见 *Washington v. Harper*，494 U.S. 210（1990）。

对"珀利诉路易斯安那州案"进行重审。路易斯安那州最高法院在重审此案的时候认为，"珀利诉路易斯安那州案"与"华盛顿州诉哈珀案"存在本质的不同，后者是以治疗为目的，而前者是以求刑为目的，因此不能将美国联邦最高法院在"华盛顿州诉哈珀案"中的判决适用于本案。单纯为了求处死刑而强制实施的治疗行为违反了路易斯安那州宪法禁止"残忍且不寻常的刑罚"及保障公民隐私权的规定，因此不予支持。2002年，美国联邦最高法院在"阿特金斯诉弗吉尼亚州案"中明确，对智力低下的犯罪行为人执行死刑违反了美国宪法第八修正案，构成了所谓"残忍且不寻常的刑罚"。

其次，1992年，美国联邦最高法院在"瑞金斯诉内华达州案"（*Riggins v. Nevada*）[1] 当中，将精神失常问题从死刑执行阶段扩展到死刑审判阶段。美国联邦最高法院认定，在死刑案件审理过程中，对被告人强制进行精神治疗，违反了被告人应该享有的宪法第六以及第十四修正案所保障的权利。美国联邦最高法院的多数派意见援引了"华盛顿州诉哈珀案"，认定根据正当程序条款，接受审判者有权在审判过程中拒绝服用抗精神病药物。当然，美国联邦最高法院也承认如果内华达州最高法院为被告人提供了相对和缓的替代治疗措施，或者可以证明除此治疗手段之外别无他法也可。换句话说，本案建构了这样一种基本原则，如果要对审判过程中的被告人进行精神治疗，所选择的治疗措施必须对被告人的出庭应诉能力影响最小，同时对其和他人的安全不构成威胁。本案的影响是深远的，例如1993年，美国联邦最高法院进一步扩展了"瑞金斯诉内华达州案"，认定如果被告人的精神状况符合出庭应诉的要求，就应自动享有认罪或者拒绝

---

[1]　瑞金斯（David Riggins）被指控在内华达州抢劫并谋杀了自己的朋友。瑞金斯被捕后向狱医抱怨自己幻听及失眠，并向其索要一种精神科药物，后来每天服用的量达到令人吃惊的800毫克。经过评估，瑞金斯被认为有能力接受审判。瑞金斯要求断药，从而可以在审判的时候让陪审团目睹自己精神失常的症状，但未获批准。后来瑞金斯亲自辩护，声称在杀死受害人的时候自己听到自己的脑袋里面有人告诉自己要杀死他。但最终陪审团认定其罪名成立，并判处其死刑。瑞金斯随即提起上诉，宣称自己没有机会将自己的真实精神状态展现在陪审团面前。但内华达州最高法院维持了原判。参见 *Riggins v. Nevada*, 504 U. S. 127（1992）。

律师辩护的权利。① 1996 年，美国联邦最高法院九位大法官罕见地一致判定，如果被告人在诉讼过程中表现出无法受审应诉的可能性，那么对其进行的刑事审判就不应再继续进行。对此，被告人无须提供之前所要求的"清楚无误的证据"（Clear and Convincing Evidence）证明自己的精神情况无法满足应诉要求，只需提供所谓压倒性证据即可。②

值得一提的是，在处理死刑案件中的精神失常问题时，美国联邦最高法院往往会通过考察各司法区相关做法的方式，推定所谓的"国内合意"，来作为自己判决的依据。如果被告人表现出其极有可能没有能力继续应诉的话，那么案件的诉讼过程就不应该继续进行。

（二）死刑与精神失常：基于实用主义的判断与取舍

从联邦最高法院判例的发展脉络来看，无论是对精神失常被告人的司法审理，还是对精神失常候刑者的执行，死刑都呈现一种相对意义上的紧缩趋势，换句话说，美国联邦最高法院以所谓不断发展的民意为基本参照，不断缩减死刑针对精神失常人士的实际适用。这也就不难理解为什么美国学者在思考死刑适用中精神失常这一变量时为什么总是关注下一次美国联邦最高法院会在精神失常的哪个具体方面进一步限制死刑的适用。③

另外，美国联邦最高法院对精神失常者死刑适用的限制又十分谨慎，

---

① 本案的被告人墨兰（Richard Allan Moran）于 1984 年在内华达州抢劫并杀害了一家酒吧的服务员及顾客，后又将自己的前妻杀害。在庭审开始之前，被告人经过专业测试，被认定为虽然精神抑郁，但精神状况符合应诉能力要求。起初，被告人并不认罪，但是庭审开始之后，被告人要求解雇自己的律师，并且认罪。在其被判处死刑之后，墨兰提出自己应诉的时候精神状况存在问题，申请被驳回之后，其向美国联邦最高法院提出申请调卷令。参见 *Godinez v. Moran*，509 U. S. 389（1993）。

② 本案中，库珀（Byron Keith Cooper）在 1989 年实施夜盗期间谋杀了一位老人。但是在受审期间，其是否具备充分的应诉能力被屡次提起，虽然对其进行过精神状况的专业评估，并且其间曾经听取过相关证人的证言等等，但言谈举止颇为怪异的库珀仍然被允许继续应诉，最终被判谋杀罪名成立。在量刑阶段，虽然库珀的辩护律师提出了案件审理过程中存在的此类问题，并且提出了一系列证据证明被告人在幼年时期曾经遭受过严重的虐待，但最终陪审团仍然判其死刑。后被告人提出上诉，俄克拉何马州最高法院维持了原判。被告人随即向美国联邦最高法院申请调取案卷令。参见 *Cooper v. Oklahoma*，517 U. S. 348（1996）。

③ 参见 David S. Friedman，"The Supreme Court's Narrow Majority to Narrow the Death Penalty," *Human Rights* 28（2001）：4。

甚至仅仅是形式意义的微调。一方面美国联邦最高法院并未改变精神失常认定标准的非法律化属性，依然沿用包括"南顿规则"在内的经验判断规则。这就意味着美国刑法学本身并没有可独立适用的精神失常认定标准，其所大量适用的是传统的常识和经验。①

以"福特诉温莱特案"为例，很多人将本案理解为最高法院禁止针对精神失常的死刑候刑者执行死刑，但事实上，本案实际关注的问题并非这一结论，而是死刑案件的被执行人是否有权借由听证程序获得对其精神状态的评价的问题。因此，其所产生的实际影响极其有限。"福特诉温莱特案"后，没有任何精神失常者从死刑候刑者名单上被移除，也并没有禁止任何针对精神失常死刑候刑者的死刑执行，这意味着如果说这一判例还存在什么影响的话，那么这种影响仅仅是间接的，即不是直接地撤销针对精神失常者的死刑执行，而仅仅是为其提供了一种改变命运的可能性。根据考证，"福特诉温莱特案"之后，绝大多数申诉都石沉大海。似乎只有福特自己才是最大的获益者，至今，他还没有被执行死刑，他的名字还在死刑候刑者名单之上。②

总体来看，美国联邦最高法院针对死刑适用中精神失常要素这一变量的总体把握，还是趋向于将其作为限制死刑适用的一种客观要素，同时倾向于将精神失常要素的范围扩展到包括传统意义上的精神疾病、智力障碍等影响其应诉能力的所有心神情况，将这一要素的考量扩展到死刑量刑以及死刑执行的全阶段。值得一提的是，美国联邦最高法院对此问题的态度是相对灵活又相对谨慎的。秉持实用主义的刑事政策，美国联邦最高法院并未将精神失常这一变量对死刑厘定与执行的影响，建构在传统的刑罚目的等理论论说基础之上，而是将所谓"发展中的国内合意"作为其态度转折的基础性考量。姑且不考虑美国联邦最高法院对"发展中的国内合意"的拟制方式是否适当，但这样的一种考量起码说明了"民意"对死刑适用方式与范围的决定性影响。

---

① 从"阿特金斯诉弗吉尼亚州案"开始，各州开始各自提出针对精神失常的定义。参见 Alexis Dowling，"Post-Atkins：Problems Enforcing the Supreme Court's Ban on Executing the Mentally Retarded，" *Seton Hall L. Rev.* 33（2003）：733。

② 参见 Eric Tennen，"The Supreme Court's Influence on the Death Penalty in America：A Hollow Hope?" *B. U. Pub. Int. L. J.* 14（2005）：251。

第四节　死刑与替代刑

死刑是否存在替代刑？[1]

事实上，任何刑罚方式在被设计出来并且加以适用的过程当中，都是独一无二的。没有什么可以替代生命，就像没有什么可以替代自由，替代肢体，替代尊严一样。进一步而言，生命与生命、自由与自由之间难道亦可以等同对待吗？但是，从刑罚的制定以及适用者亦即国家的角度衡量，作为"刑罚"这种服务的提供者，从执行效率与执行成本的角度出发，自然会将大体一类的惩罚方式做同质对待，由此"刑罚个别化"[2] 也已成为空谈。从受害人角度看，只有其自行实施的私力救济才可以最大化地满足自身的报复要求。但是随着国家的产生，受害人在将自身所具有的私力救济权利让渡给国家时，就已经注定了后者所提供的集约化刑罚服务与其自身希望行为人承受的责罚程度之间的分离。更为核心的变化是对报应方式以及报应强度判断标准由个体判断转为群体判断，由主观判断转变为拟制的客观判断。

而集约化刑罚服务模式的直接结果之一就是对上述被同质化对待的不

---

① 本书这一部分，主要结合美国刑法中的"终身监禁不得假释"，反思我国《刑法修正案》的调整，以及之前相关学者的论说，算是一种有感而发。

② 以美国刑法为例，《模范刑法典》的起草者虽然沿用了普通法中的客观主义立场，但又特别增加了部分的个体化特征，这一点有些类似于大陆法系中的客观基础上的主观说，即要求从社会一般人所认定条件下的行为人自身出发，也就是说，必须考虑行为人自身所具有的特殊情况，以此赋予法官更大的解释空间。随之而来的一个问题便是，哪些个人特征或个人的特殊情况，可以被考虑在内呢？这一棘手的问题显然不好回答。《模范刑法典》选择避而不谈，把这个问题完全交给了法官和陪审团决定。司法实践一般认为，一方面，个人的身体残疾（如失明），和某些外在情节如由于外伤而导致的惊愕，以及极度的悲伤，都可以在量刑时考虑进来，否则在道德上明显站不住脚。另一方面，道德价值的特殊性，不属于应当考虑的个人特质，换句话说，对刺杀政治领导人并相信自己的行为是正确的刺客，不能要求从一个理性的极端主义者的立场来对其加以判断。通过强调刑罚的个别化，可以让刑事司法系统容纳更多的具有危险性的行为人，并可以适当延长对这些危险分子资格剥夺的期限。参见 Paul H. Robinson, "Criminal Law: Criminal Law Scholarship: Three Illusions," *Theoretical Inq. L.* 2 (2001): 287。

同刑罚方式进行排序，亦即所谓"刑罚的阶梯"。① 无疑，这种划分和排序需要建立在两个基础之上。首先，刑罚方式可以被以某种标准加以区分；其次，被区分了的不同刑罚之间可以根据某种统一的标准加以排序。

非常遗憾，对这两个前提，总是存在不同的意见。的确，生命与自由、金钱之间究竟是否存在区隔，尤其是是否可以加以某种价值上的排序是存疑的。但是无论持何种观点，都必须承认既存的特定刑罚层级这一现实，也必须在这个语境当中进行探讨。

一 既有话语的厘清

我国有学者提出，"在废止死刑的过程中，是否需要设定终身刑以替代死刑，是刑法理论长期争论的问题"。② 从中不难看出，此类观点的论证前提是死刑与所谓终身刑之间是否存在某种替代关系。但依本人看来，这样一种提法其实有待商榷。毕竟，死刑与终身刑之间必然是不同质的两种刑罚，两者之间存在竖向的位阶关系，而非横向的替代关系。其实这种观点最终要论证的是一旦废止死刑，是否将终身刑置于刑罚阶梯的最高位阶之上这一问题。至少从避免歧义的角度出发，本人主张摒弃替代这一提法。③ 而厘定刑罚体系最高位阶的归属的内在之意为：首先，对刑罚体系的最高位阶存在不同的"竞争者"；其次，和其他位阶的刑罚类似，刑罚的最高位阶也是具有排他性的，也就是说，只能有某种单一的刑罚占据这一位置。

---

① 所谓阶梯，绝对不是形同金字塔一样的梯形结构，而是单一排序的线性结构。也就是说，同一层级被放置的特定刑罚种类都是单一的。这是一种经验的总结，但同时也是一种预设前提的必然逻辑结果。这是因为不同刑罚存在位阶的前提使这些刑罚本质上是不同的，否则就会产生逻辑上的混乱。另外，刑罚适用过程当中经常出现的所谓"并处罚金""并处剥夺政治权利"等做法也从另外一个角度证明了刑罚的这种线性位阶结构。而"替代死刑的方法，必然与死刑相当甚至更为残酷"这种观点所隐含的前提就是不承认死刑作为最高位阶的刑罚的排他性，亦即属于否认刑罚线性结构的主张。参见张明楷《死刑的废止不需要终身刑替代》，《法学研究》2008 年第 2 期，第 79 页。

② 张明楷：《死刑的废止不需要终身刑替代》，《法学研究》2008 年第 2 期，第 79 页。

③ 所谓"替代"，大体上来自英文当中的"alternative"，而这个词在美国刑法当中讨论终身监禁不得假释与死刑关系时经常出现。但从词义角度而言，alternative 的含义着力点在于一种择一性的选择，是"两者选其一"的意思。由此可见，其与笔者所一直主张的所谓刑罚线性结构、刑罚最高位阶等观点相契合。

（一） 死刑、无期徒刑与终身刑的区隔

相比较而言，死刑与无期徒刑和终身刑之间较为容易进行区分，毕竟前者关注的是生命，后两者关注的是自由。而至于无期徒刑与终身刑之间的区隔，则显得较为复杂。目前国内主流观点对此的尝试似乎并不能令人满意。

根据持这类观点学者的分析，"终身刑与无期徒刑并非同一概念"。而对此的解释却存在较多问题。首先，其一方面指出，"可以假释的终身刑大体等同于重无期徒刑"，另一方面又指出，"即使是有假释的终身刑，其应当执行的刑期也远远长于无期徒刑"。其对所谓终身刑的定义为，"终身刑，既包括绝对终身刑，也包括相对终身刑。终身刑有的时候可能仅指绝对的终身刑，有时可能包括两者"。因此可以认为，文中的终身刑与无期徒刑之间唯一的区别即为实际服刑时间的长短。[①]

可以认为，在这些学者看来，所谓重无期徒刑是指"经过 20 年左右服刑可以假释的刑罚"，而所谓的相对终身刑，是指经过"很长时间（如 25 年或者 30 年）的服刑才能假释的终身刑"。

但单纯以实际执行年限来对刑罚性质加以界定是存在很大问题的。这些学者强调，相对终身刑的实际执行年限为 25 年甚至更长，而重无期徒刑的实际执行年限为 20 年左右，两者之间约差 5 年。而以 5 年这一格差作为区分不同刑种之间的标准是否合适，显然存疑。因为如果这种标准成立，那么实际执行了 20 年的重无期徒刑与执行上限为 20 年的有期徒刑之间如何区别？对此，这些学者也承认，"被判处无期徒刑的人，一般经过 10 到 15 年的服刑，就被释放，此即为普通无期徒刑"。这样一来，反倒出现了有期徒刑在刑期上与无期徒刑倒挂的现象。同时，所谓相对终身刑是否必须执行较长时间也并不是没有问题。根据美国不同州法的规定，可以假释的无期徒刑最低执行年限可为 20 年。对这些州而言，根据上述定义，所谓的重无期徒刑与相对终身刑之间无疑发生了重叠。

其实上述重叠在本质上是无法避免的，而这正是因为所谓的终身刑本

[①] 参见张明楷《死刑的废止不需要终身刑替代》，《法学研究》2008 年第 2 期，第 82 页。

身并非一个独立的刑罚种类，而是传统意义上的终身监禁，或者是我们通常所说的无期徒刑的一种执行结果。① 可以想见，如果没有假释等具体刑罚执行方式的参与，那么所有被判处终身监禁或者无期徒刑的罪犯都将在监狱当中度完余生，而这从实然角度正表现为所谓的终身刑。

正是由于赦免、假释、监外执行等特殊刑罚执行方式的加功，刑法条文所规定的不同刑罚在实际操作过程当中呈现出不同的样态，但绝对不能将执行后果与刑罚本身混为一谈，毕竟杂糅了相对独立的刑罚执行方式的执行后果只能在部分上与作为其执行根据的刑罚本身等同。具体到所谓的终身刑，其实际上应该被视为无期徒刑这种刑种与假释这种刑罚执行方式的杂交体。

（二）死刑、无期徒刑与终身刑的位阶关系

对死刑、无期徒刑以及作为无期徒刑执行正常结果出现的所谓终身刑之间的位阶关系，存在实然与应然的两种研究向度。从实然的角度而言，各国的一般做法都是将生命的剥夺作为刑罚的第一位阶，而将肢体、自由、公民权利与财产利益等置于其下位。对这样的一种安排结果，从应然的角度当然可以提出支持与反对的不同看法。

目前国内一种较为通行的看法认为"终身刑是侵犯人格尊严，比死刑更为残酷的惩罚方式"。② 暂且不论这种看法与实然状态下将死刑列为最高刑罚这一做法的明显差异，但就其将不同性质的刑罚之间进行绝对意义上的比对本身，本人尚持异议。

不同本质的刑罚之间似乎不能进行脱离了现实背景的纯粹意义上的价值比较。死刑之于自由刑，其实本质上是一种生死之间绝对排他的关系——或生，或死。而正是这种截然的性质差别，使得两者各成一体。而程度比较只能在同质事物之间展开，具体到刑罚的语境当中，"生"与"死"在各自范围内，是可以进行程度比较的。车裂、枭首、绞刑、枪决、

---

① 国内有些学者所持观点大致与此相异，他们认为终身刑是与无期徒刑相异但等质的刑种。如其认为相关学者提倡的"永不赦免的无期徒刑""关押终身"，实际上是一种不同于无期徒刑的终身刑。

② 张明楷：《死刑的废止不需要终身刑替代》，《法学研究》2008年第2期，第88页。

电椅、注射，作为死刑的执行方式，所彰显的是"死"在程度上的不同。而动辄被判几百年监禁，到终身监禁不得假释，到可假释的终身监禁，到长期监禁，到短期监禁等，则反映的是"生"的范围内某种程度上的差别。另外，不同质的事物之间进行所谓程度的对比，则并不存在一个类似于同质事物程度比较的相对固定的答案。死刑与所谓终身刑之间的程度差别，就如苹果与橘子何者更好吃一样，不同的判断个体自然会得出截然不同的看法。而这种缺乏共同话语背景的争辩显然不存在较强的说服力。简言之，明明是"生"与"死"这种不同性质的问题，却一定要用"生不如死"这种观点来加以排序，无论其论证过程多么精妙，所得出的结论也仅仅是社会一般认知的相反注解而已。① 一般而言，从实然分析的层面，对这种异质问题的价值排序，应该以社会一般判断为话语背景，否则基于不同视角的思辨也仅能停留在纯粹思辨的范畴，无法突围。

二　死刑的废止与终身刑

（一）死刑废止的去法律化理解

如果说死刑在实质上是一个法律问题，那么死刑的废止在实质上则是一个非法律问题。

死刑之所以会被认为是一个法律问题，是因为在一个现代意义的国家当中，死刑作为刑罚的一种，其本身的设定是由立法机构根据一定程序进行的，而这就导致了死刑本身、适用对象、适用主体、适用程序、适用事由、适用方式等方方面面都是法律所明文规定的。而死刑适用的整个过程需要在一个法律规定的背景当中动态展开。而从形式上理解，死刑的废止也需要经过特定的法律程序，因此，也具有所谓的法律性。

但透过这层法律的面纱，和其他形式的刑罚一样，催生死刑、维持其运转、导致其改变以及消亡的力量又是什么呢？对这种潜在的力量，学界聚讼已久，但大体上都属于"体制内"的话语，即从死刑的刑罚根据——报应与预防等方面展开。但就上述两点，都存在诸多无法解决的问题。针

---

① 例如有学者曾引用贝卡利亚以及利文斯顿等人的观点，来说明所谓的"生不如死"。

对死刑的预防功能，一方面缺乏较为系统全面的经验数据加以证明，而另一方面，根据既有的相关调查，死刑的预防功能并不突出，甚至与其他刑罚并无本质的区分。如有研究指出，"必须杀死一百人才可能防止出现一名未来可能再犯的罪犯"。[1] 另外一个即所谓报应，显然十分有力，但作为几乎所有刑罚设定的根据，其本身更多的是一个道德问题，而非经验问题。

很明显，无法用一种较为客观的标准说明为什么对特定犯罪适用死刑而非无期徒刑抑或罚金刑才可以更好地满足报应的需求，无疑，这种标准也是模糊的。但无论如何，报应即便被纳入法律体制范围内，作为刑罚根据存在，仍然无法抹杀其本质上所具有的道德性质，而这种道德性质在所谓法律语境当中显得尤为突出。有学者对刑罚的这种道德属性加以深化，进一步提出了"维护人的人格尊严，是法秩序的最高要求，也是最基本要求"[2] 这样的观点。应该承认，这种观点将笼统的道德具体化，从中抽象出"人格尊严"这一标准，有利于对特定刑罚进行适当的评判。但对这种提倡尊重犯人的人格尊严的观点，似乎存在如下几点值得商讨之处。

首先，刑罚与其他法律处遇措施如侵权责任的核心区别之一就是前者对导致危害结果发生的行为人所施加的所谓污名或者负面评价的社会标签。而这显然与在刑罚中强调维护犯罪行为人人格尊严之间形成了一种无法调和的矛盾与对立。如何能在对特定社会个体加以道德贬低以及污名化处理的同时保持其所谓"法秩序的最高要求"的人格尊严呢？有学者提到"使犯有重罪的人丧失听力、视力、语能和双手，并且不予关押，由其家属照顾。这种惩罚方法，可以有效地实现特殊预防，可以满足被害人的报复感情。然而，任何国家都不会设置这种刑罚，因为侵害身体的肉刑残忍地侵害了犯人的人格尊严"。[3] 但这样一种提法在逻辑上以及事实上都存在问题。

应该说，对肉刑的废止，促进了对犯人的人格尊严的维护。对这点，

---

① 参见 Michael L. Radelet, "The Role of Organized Religions in Changing Death Penalty Debates," *Wm. & Mary Bill of Rts. J.* 9（2000）：201。

② 张明楷：《死刑的废止不需要终身刑替代》，《法学研究》2008 年第 2 期，第 91 页。

③ 张明楷：《死刑的废止不需要终身刑替代》，《法学研究》2008 年第 2 期，第 87 页。

本人也并不持异议，但这些学者显然颠倒了这个正确命题的充分条件与必要条件，即认定是因为尊重犯人的人格尊严，才导致了肉刑的废止，而这，显然是不成立的。① 这是因为，事实上，肉刑的废止并非始于今时今日。早在我国汉代，汉文帝就曾应缇萦之为父请命，废除过肉刑。很难想象汉文帝此举是为了尊重其臣民的所谓人格尊严。从根本上说，汉文帝对肉刑的废除最主要的还是为了维护其自身的统治地位。因为肉刑的废除，一方面可以安抚民意、体恤民情，更为重要的是可以为当时的农业生产提供较为充沛的劳动力，促进社会生产。而到近现代，毛泽东也曾几次谈及废除肉刑的问题，原因是 "废止肉刑，方才利于斗争"。② 或许阶级分析的方法已不再时髦，但废止肉刑背后的实用主义考量却并未因此而变得无力。

其次，这些学者亦承认，"犯罪发生之后，形成了三种关系"。③ 并且认为，"人们现在混淆了三者的关系，本应由国家负担的使被害人康复的使命，无形地转变为对被告人的严厉处罚"。④ 或许就是据此，持此种观点的学者才着力主张维护犯罪人的所谓人格尊严问题。但认为，犯罪发生后所发生的三种关系之间并不等价。换句话说，在被害人、国家以及犯罪人三者关系当中，居于主导性的关系是且应该是被害人与国家之间的关系。刑罚是国家作为社会群落所提供给其组成个体的一种服务，后者以放弃私力救济的权利并且提供赋税为代价换取国家的这种服务。两者之间的提供与满足关系是刑罚存在的基础。作为刑罚基础的报应，其实是社会个体对国家所提供的这种刑罚服务的一种期望，而在这个互动过程当中，并不存在犯罪人的个人尊严问题。虽然在国家与犯罪人之间的关系当中，国家有义务为被惩罚的社会个体施加不违背当时社会道德底线的某种痛苦，但这种关系在逻辑以及程度上都要从属于国家与被害人之间的关系。因此，犯罪人的人格尊严没有理由成为刑罚问题当中的主导性考量因素。

与死刑的运行过程不同，对死刑的存废都要也只能做 "去法律化" 的

---

① 根据基本逻辑规律，命题与逆反命题是等价命题，而与逆命题、否命题等为非等价命题。
② 《毛泽东文集》第一卷，人民出版社，1993，第 109 页。
③ 张明楷：《死刑的废止不需要终身刑替代》，《法学研究》2008 年第 2 期，第 85 页。
④ 张明楷：《死刑的废止不需要终身刑替代》，《法学研究》2008 年第 2 期，第 80 页。

理解。因为法律的价值在于逻辑，而法律的力量在于经验。死刑的废止与否以及是否以某种替代刑取而代之，其答案都不在于法律本身，而在于法律的最终决定者。在当代社会，基本意义上的法律最终决定者不应该是立法机构成员，而是社会成员的合意。从这个意义上而言，包括死刑在内的刑罚存废抑或变更，都是一个政治问题，而非法律问题。

和所谓人格尊严不同，民众的合意与死刑的报应期待之间并不具有明显的逻辑悖论，相反，被剥夺了个性，而被拟制、抽象出来的民众合意可以相对真实地反映社会个体对包括死刑在内的特定刑罚执行的满意度，而这种满意度的有无以及大小则会间接地通过法律的立、改、废而加以表达。

从这个意义上而言，死刑的存废与否以及是否用另外一种刑罚替代死刑，都不在于这些刑罚本身设定得科学与否，更不在于这些刑罚的所谓"苛重"程度，而在于被拟制了的民众合意对这些刑罚以及其相互关系的期待以及满意程度。而这种去法律化思考，或许可以为更好地理解现实条件下死刑与相关刑罚的实然互动提供更好的解读方案。

（二）终身刑之鼓吹有利于废止死刑

国内有学者指出，"终身刑的这一'优点'（有利于减少和废止死刑），并不能成为设置终身刑的理由"。[①] 并且还经过研究提出，"废止死刑的国家都没有终身刑"。[②] 但事实上，从真实的历史发展轨迹而言，死刑的产生与消亡（起码是曾经的消亡）在时间维度上是先于终身刑出现的。而在死刑视域当中真正最早开始规模化适用终身刑的美国，是在 20 世纪初到 20 世纪 70 年代，当时所谓"终身监禁不得假释"，也就是真正意义上的终身刑并不存在。[③] 直到 1972 年，当美国联邦最高法院通过"弗尔曼诉佐治亚州案"[④]，推翻了当时所有的死刑成文法，"终身监禁不得假释"才作为

---

① 张明楷：《死刑的废止不需要终身刑替代》，《法学研究》2008 年第 2 期，第 86 页。
② 张明楷：《死刑的废止不需要终身刑替代》，《法学研究》2008 年第 2 期，第 85 页。
③ 参见 Note："A Matter of Life and Death：The Effect of Life-Without-Parole Statutes on Capital Punishment," *Harv. L. Rev.* 119（2006）：1883。
④ 参见 *Furman v. Georgia*，408 U. S. 238（1972）。

补救方案之一出现。本案当中，美国联邦最高法院认定，佐治亚州的死刑成文法因为其适用过程当中出现的任意性而被认定为属于"残忍且不寻常的刑罚"。而这个判决所直接导致的结果就是美国联邦以及各州不得不面对三种不同的选择。第一，通过重新立法，设定符合宪法相关要求的死刑成文法；第二，适用传统意义上的终身监禁，同时这也意味着被判处此种刑罚的罪犯有可能被假释；第三，其他的解决办法。而针对第一种解决办法，即制定新法，由于从立法到适用再到被最高法院通过判例证明符合宪法需要一个较长的过程，故无法立刻产生明显的效果。而在这段空白期当中，由于民众对可以假释的终身监禁一直怀有不满情绪，刑罚的提供者迫切需要一种可以满足各方需求的应急手段。

以亚拉巴马州为例，该州在20世纪70年代第一次采用了"终身监禁不得假释"这个概念。① 主要原因就是公众不满谋杀罪犯被判处徒刑，并且有可能被假释，这种死刑废止背景下的司法现实。② 据此，可以得出如下两点结论。首先，所谓终身刑的提出与死刑本身无关，也就是说，两者之间至少在本原状态上并不存在直接的实质性比较关系。终身刑的最初提出，完全是为了满足死刑缺位之后公众对最为严重犯罪的报应需求。只是在死刑被再一次合法适用之后，既成事实的终身刑才被用来作为那些呼吁最终废止死刑的力量所最为倚重的工具。其次，终身刑之所以能够成为一种较为有力的主张，最重要的就是因为其在满足社会公众针对特定犯罪人的报应感受上达成近似死刑的效果。但是国内有学者似乎对民意颇不以为意。一方面，其将"精英意识"与"大众意识"做对立处理，并在两者关系当中将前者置于当然的首要位置。如其提出"既然学者们可以不顾及多数人的反对而主张削减乃至废止死刑，就不宜以多数人赞成终身刑为由主

---

① 参见 Julian H. Wright, Jr., "Life-Without-Parole: An Alternative to Death or Not Much of a Life at All?" *Vand. L. Rev.* 43 (1990): 529。

② "假释，是美国对刑罚科学做出的最为伟大的贡献之一。"参见 Clair Wilcox, "Parole: Principle and Practice," *J. Crim. L. & Criminology* 20 (1929): 345。但是，由于其所扮演的所谓"旋转门"这一角色，社会公众担心被判处刑罚的犯罪人，尤其是那些犯有严重暴力犯罪的罪犯会借由这样的一种方式逃避刑罚的打击，并且对社会造成新的危害。正是由于这样一种担心，和亚拉巴马州类似，在20世纪70年代美国死刑被事实废止之后，很多其他的州，如伊利诺伊州与路易斯安那州等，都在没有先例的情况下适用了终身监禁不得假释。

张设置终身刑"。另一方面，其认为"民意"因其易变，故不容易把握，并且进一步认为司法机构如果过于迁就易陷入"狂热"的民意，那么司法公正就会受到危害。①

民意是被拟制出来的社会公众对特定事件或者行为的一种态度。民意和真理本身无关，而是一种根据特定政治程序所产生的特定的情绪表达。在这个过程当中，最为通常适用的标准是通过直接或者间接投票的方式进行一种选择性判断。从核心意义上而言，在被政治程序固定化之前，主体民意一定是多元、动态、原始、庞杂，甚至情绪化的。就像有的学者认为的"个案中的被害人及其家属的感情并不具有普遍性"②一样，所谓"精英意识"或"学界观点"等都是这种多元意见当中的一元，也不具有普遍性。如果不承认被害人及其家属的感情，那么对"学界观点"或者"精英意识"的推崇显然也应存疑。因为对最终民意结果的政治化定型，起决定作用的绝对不是所谓"真理"这种意见的质量，而是可能被某种力量操纵、影响而产生的占相对多数意见的数量。或许民意在某些"理性人"眼里看来是"狂热"的，但只要具有拟制程序的正当性，那么这种所谓"狂热"的民意也就应该被承认。

如果说被拟制出来的民意真的存在严重问题的话，那么只能说在拟制之前，对民意的操纵与影响阶段，"真理"并没有占据上风，而这才是对此持不同意见的人所真正应加以反思之处。这些学者对舆论调查的说服力与准确性颇有怀疑，主要根据就是认为"这种调查结论永远是不真实的"。③但如前所论，民意本身真实与否其实并不重要，不能仅因对是否存在对民意所谓正确的认知存疑就否认民意的存在，从实质角度来看，能够对民意产生事实上决定影响的是特定程序中某种类同性观点的数量。包括美国在内，也包括对死刑在内，类似民意调查之类的意见统计与估计自然存在很多问题，如受到像《死刑的废止不需要终身刑替代》一文当中所指出的"发达媒体对犯罪的频繁报道"等因素的影响等④，但其在数量上所

---

① 张明楷：《死刑的废止不需要终身刑替代》，《法学研究》2008年第2期，第88页。
② 张明楷：《死刑的废止不需要终身刑替代》，《法学研究》2008年第2期，第90页。
③ 张明楷：《死刑的废止不需要终身刑替代》，《法学研究》2008年第2期，第82页。
④ 张明楷：《死刑的废止不需要终身刑替代》，《法学研究》2008年第2期，第83页。

占据的优势是确定的。而同样可以确定的是，这种民意拟制方式是所有已知方式当中对类同意见数量评估最为准确的。

正是因为民调所具有的这种优势，其应该可以被作为对民意的一种有效拟制，而根据这种拟制所产生出来的特定意见，也应该被视为是民意的一种结论性表达。正如连这些学者也承认的那样，终身刑的提出"类似于死刑，甚至更能满足他们的报复欲望"。[①] 而相关统计数字以及现实经验告诉我们，虽然终身刑的提出是为了填补死刑废止之后出现的空白，但根据美国的经验，在终身刑已经是一种事实或者是一种十分可行的备选方案时，其对死刑的冲击是巨大的。

1976 年，美国联邦最高法院在"格雷格诉佐治亚州案"[②] 中，重新肯定了死刑的合宪性，而这种对死刑态度的反复为终身监禁不得假释也即所谓的终身刑对死刑的遏制与消减作用提供了一个绝佳的检验机会。根据相关统计，"从 20 世纪 70 年代后期开始，在 20 世纪八九十年代逐渐成形的终身监禁不得假释运动，事实上已经成为一种死刑废止运动"。[③] 随着终身监禁不得假释成文法的出台，美国死刑判决与死刑执行数量都开始大幅下降。"在美国，死刑判决数量从 1996 年的 317 件下降到 2004 年的 125 件，而被执行死刑的人数也开始下降，较 1999 年高峰期下降了 40%。"[④] "2006年死刑数量还会降低，已经接近死刑恢复 30 年来的最低点。其他的参数也和死刑下降这一趋势吻合。在 1999 年美国执行了 98 起死刑，在 2006 年共有 53 起死刑执行，降低了 46%，而这个数字在 2007 年将进一步下降，估计到 40 起左右，而其也是接近 20 年来的最低点。"[⑤] 与此同时，在终身刑存在的情况下，民众对死刑的支持率发生了显著的下降。而两者之间显然并不是完全独立的事件，而是具有相互联系的因果事件。恰恰是因为

---

① 张明楷：《死刑的废止不需要终身刑替代》，《法学研究》2008 年第 2 期，第 88 页。

② 参见 *Gregg* v. *Georgia*，428 U. S. 153（1976）。

③ William J. Bowers & Benjamin D. Steiner，"Death by Default：An Empirical Demonstration of False and Forced Choices in Capital Sentencing," *Tex. L. Rev.* 77（1999）：605.

④ Julian H. Wright, Jr.，"Life-Without-Parole：An Alternative to Death or Not Much of a Life at All?" *Vand. L. Rev.* 43（1990）：529.

⑤ Richard C. Dieter，"Americans' Doubts About the Death Penalty：A Death Penalty Information Center Report Based on A National Opinion," June 2007，http：//www. deathpenaltyinfo. org/ CoC. pdf，最后访问日期：2013 年 1 月 28 日。

民意对死刑存在种种问题的不满，以及终身刑作为可能选择的存在，才导致了死刑在判决与执行数量上的最终下降。

综上，有理由认为，在以死刑废止为目标的语境当中，鼓吹终身刑的好处，满足民众一般的法情感与法期待，才能最终有效地影响到立法机构的立法活动，最终从政治层面而非法律层面消解死刑。民意是被拟制的，更是可以被影响的。学者的作用在于从庞杂的民意当中脱颖而出，引导民意，最终通过持类同观点的民意数量来影响相关刑罚的立法修改与立法存废。对终身刑的鼓吹因此在这个意义上具有了正当性。

三　终身刑与刑罚根据

（一）终身刑与报应理念

有学者明确地指出，终身刑不具备实现报应，不能满足社会对正义的预期。[①] 但支持其观点的依据却并不十分具有说服力。这种观点对终身刑的定义并不准确，终身刑不是单纯的刑罚种类，而是刑罚种类与特定刑罚执行方法的复合体，亦即终身监禁的"正常"执行结果。这种杂交体是否可以适用传统刑罚根据本身就是一个存疑的问题。而即使我们假定真的存在终身刑这样一种刑罚，那么判断其是否符合报应理念的根据也绝对不应该是这些学者所指出的"洗练"的报应刑观念。

所谓"洗练"，似强调对所谓"等同报应法"的摒弃，而目的在于限制惩罚程度。这种限制突出体现在对犯人的尊重和刑罚的宽容方面。但其实等同报应本身就是一个拟制的概念，绝对等同的报应至少在现代社会十分罕见。但同时，罪刑之间的平衡却又是刑罚设定的一个基本理念。这些学者所强调的报应基准随着时代的变化而变化，但这种变化的朝向以及发展的程度却应该是一个本土化语境判断的问题，更应该是一个有限的变动过程，也就是说，必须根据特定的国民情感，在不违背罪刑之间基本的平衡关系的情况下进行演变。事实上，之所以报应一直成为刑罚的首选根据，是因为在受害人、国家与犯罪人三角关系当中，占据核心位置的永远是受害人与国家之间的互动关系，毕竟国家掌握刑罚权的前提是社会个体

---

① 张明楷：《死刑的废止不需要终身刑替代》，《法学研究》2008 年第 2 期，第 92 页。

对自身所享有的报复权的让渡。同时，国家的重要职能之一就是针对特定危害行为，提供令一般国民满意的刑罚服务。反之，不考虑本国国民的一般法感受，过分强调其他国家的做法，过分强调对犯罪人的尊重或者宽容，无疑会动摇国民对国家刑罚服务的满意度与信心。

这些学者还强调，终身刑与时效制度相冲突。[①] 但这一点也不成立，一种刑罚种类与一种刑罚执行方式之间如何能够产生冲突？如果说终身刑与时效制度冲突，那么时效制度与死刑、无期徒刑是否冲突？时效制度其实是国家在刑罚服务提供时考虑成本与效益之间的关系而提出的。

但从核心意义而言，类似追诉时效这种"投机取巧"的做法一直得以存续的根本原因则是国民对这种做法的容忍。持此类观点的学者提出，"既然最高刑为死刑的犯罪经过 20 年就推测行为人已经改善，那么经过 20 年监狱改造的犯人，当然也已改善"。[②] 但事实上，姑且不论我国刑法规定在报请最高人民检察院核准的情况下，如果 20 年以后认为必须追诉的，仍然可以对特定的犯罪人加以追诉，单就其进行的上述类比，显然存在问题。可以想见，一个处于正常社会生活当中、具有人身自由的犯罪实施者能在 20 年的时间内未从事任何其他犯罪行为，自然可以判断其本身社会危害性以及人身危险性降低。但能否因一个人被监禁 20 年就得出与此类似的结论呢？

（二）终身刑与功利理念

没有一种刑罚可以完美地满足刑罚的所有根据，亦即所谓的报应考量以及功利考量，因为从本质而言，这两种刑罚根据之间存在十分明显的矛盾。既存的刑罚都只是在两者之间游走与折中而已。

如上所述，事实证明终身刑在满足国民一般报应的法情感方面表现得十分出色，因此其已经具有了作为某种特定刑罚种类的主要根据，即使其无法满足所谓预防犯罪的功利要求，也不能因此动摇其存在的地位与根基。况且，将犯人关在监狱一辈子的做法造成了犯罪行为人与社会的隔

---

① 参见张明楷《死刑的废止不需要终身刑替代》，《法学研究》2008 年第 2 期，第 79 页。

② 张明楷：《死刑的废止不需要终身刑替代》，《法学研究》2008 年第 2 期，第 84 页。

离，自然可以避免其实施新的犯罪。有学者担心，"判处犯人终身刑，犯人由于没有出狱的希望，也可能实施杀人、伤害等犯罪"。[①] 这种忧虑看似合理，但其忽略了一方面，可能被判处终身刑的罪犯都是那些实施了最为严重犯罪的人，其即使在监狱当中也会被单独监禁或者采取其他严密的监管措施。同时更为重要的是，虽然被判终身刑的罪犯看似可以毫无顾忌、为所欲为而不担心自己的刑罚升格或者加期，但是由于监狱内部的非刑罚惩戒手段的存在，如禁闭、减少或者剥夺监狱内部相关权利等，可以十分有效地震慑这些犯罪人，使其在监狱内部不至于成为所谓的"超级罪犯"。相反，"有些专家甚至认为终身监禁不得假释的罪犯其实是在监狱当中是表现最为良好的罪犯。如在美国的亚拉巴马州，被判处终身监禁不得假释的罪犯违反监狱规定的比例要比其他类型的罪犯低 50%"。[②] 另外，是否在监狱内部从事违法犯罪行为其实与罪犯所被判处刑期之间并没有必然的因果关系，因此，认定被判处终身刑的罪犯一定或者很有可能在监狱内实施违法犯罪是没有根据的。

刑罚的一般预防功能都是存疑的。

事实证明，即使刑罚体系历经争辩与修正，但是成百上千年的人类历史证明了单纯以刑罚作为犯罪一般预防手段的失败。在这点上，不仅仅是终身刑，包括死刑在内的几乎所有既存刑罚都概莫如此。因此，不能因为根据某些调查结果所体现出来的长期监禁在一般预防功能上的无力，就认定终身刑的一般预防功能的失效，更不能因终身刑一般预防功能上的失效，否定其存在的意义。

单就统计数字而言，给人表面印象的确为监禁时间愈长，即使不监禁终身，亦可完成一般预防的任务。但监禁时间长短与再犯可能性之间的正比关系其实还存在其他可能的解释。毕竟一方面，在整个犯罪组成当中，能够被判处长期监禁的严重犯罪所占比例本身较低，而占犯罪人整体少数的这部分严重犯罪人在未来再次实施犯罪的可能性又不是百分之百，故其在再犯当中的比例一定很低；另一方面，调查并没有表明其所持续的周

[①]　张明楷：《死刑的废止不需要终身刑替代》，《法学研究》2008 年第 2 期，第 85 页。

[②]　参见 Julian H. Wright, Jr., "Life-Without-Parole: An Alternative to Death or Not Much of a Life at All?" *Vand. L. Rev.* 43 (1990): 529。

期，而事实上由于严重犯罪实施者被监禁时间较长，故很可能调查的期间没有如此宽泛，因此导致调查的结果不具有代表性。

即使承认终身刑和其他刑罚一样，在一般预防的层面并不是十分出色，也不妨碍其作为刑罚的一种在功利层面的正当性。因为除了所谓预防功能之外，刑罚最重大的功利基础在于其所具有的某种象征性功能。

的确，"刑罚一直以来都具有某种象征性的功能"。[1] 在很大程度上，和宗教一样，刑罚可能是选定少数个体作为对立面，通过实际的杀戮，或者通过象征性地重新对相关行为加以界定来实现社会的稳定。[2] 而在这些学者看来，两种情况下的这种规制都受到了十分严格的限制。其必须由那些为社会所授权的机构进行，同时也必须以规定的方式进行。而如果超越了上述规范，那么相关的尝试不仅仅无效，而且将在道德上受到唾弃。

如果认识到了刑罚所具有的这种象征性的功能，就可以更好地理解为什么包括死刑在内的刑罚体系与刑罚执行存在如此多的问题，但仍然有那么多人对其坚信不疑。正是因为刑罚执行本身所具有的这种象征性功能，即表达了社会主流群体对特定行为或者对象的集体性摒弃，才使得刑罚具有了正当性。对此，很明显的适例就是几乎在当今世界所有适用死刑的国家，死刑犯被执行死刑之前实施了自杀行为的，监狱都会对其加以尽心救治，而不会因为其迟早要被判处死刑而对其置之不理。有人会将其解释为对被监管人生命权的尊重，但从实然角度而言，更为恰当的解释应该是需要保留其生命，从而使其能够最终完成死刑执行这一社会"仪式"。

因此，从所承载的象征性功能而言，在死刑废止的情况下，只要终身刑能实现死刑所具有的绝对否定性评价功能，那么其就具有了功利上的合理性。

---

① 参见 Alan M. Dershowitz, "Criminal Sentencing in the United States: An Historical and Conceptual Overview, Annals of the American Academy of Political and Social Science," *Annals Am. Acad. Pol. & Soc. Sci.* 423（1976）：117。

② 参见 Donald L. Beschle, "Why Do People Support Capital Punishment? The Death Penalty as Community Ritual," *Conn. L. Rev.* 33（2001）：76。

四　终身刑与刑罚体系、刑罚执行

(一)　终身刑与刑罚体系

很多学者对终身刑与法定刑体系结构之间关系的研究主要着眼于所谓的"格差"。但格差只适用于同类别刑罚之间。在不同类别刑罚之间不存在所谓格差的问题。就像很难评价死刑与监禁刑之间的格差是多少一样，也很难评价终身刑与长期监禁的格差。因此，从格差的角度评价终身刑与刑罚体系的关系显然是不适当的。

事实上，从上面对终身刑与刑罚根据的讨论当中不难得出，应该基于社会一般民众对特定刑罚种类的认同与感知来判断其是否具有存在正当性的根据。由于死刑与终身监禁不得假释即终身刑之间在民众认同度上较为接近，故如果不废止死刑，当然可以将死刑作为满足一般民众法情感的标志。但如果是以死刑废止为背景，那么在现实条件下，无疑导致了某种群体性"仪式"层级的缺失。没有了死刑的刑罚体系，缺乏能够表达社会群体最为强烈的唾弃与疏离的方式，而这种象征性功能的缺乏所直接导致的就是民众对国家所提供的刑罚服务不满，正像这些学者所承认的那样，会导致"一旦发生恶性案件，民众要求死刑的呼声必然高涨"。[1]

而对此最佳的解决办法就是用一种能够满足民众对最为严重犯罪否定评价的类似法定刑来填补死刑消失后留下的空白。无疑，终身刑的提出，不仅可以具有与死刑类似的象征意义，而且可以避免死刑最为致命的弊端，即不可恢复性。

另外需要指出的是，刑罚发展没有趋势，只有历史。刑罚作为国家公权力的典型，具有强烈的排他性与本土性。即使面对同一问题，由于文化、历史，特别是国民感知的不同，也会产生出不同的解决方法。而最为关键的是，评价一个国家刑罚体系建构是否科学的标准也应该是本国国民的感知。无疑，其他国家相关经验可以为我所用，但这种影响必然是间接性质的，亦即必须经过国民一般感受的过滤，才能进一步影响到刑罚的变革与发展。民意是可以被影响的，如果学者们真的相信某种刑罚设定模式

---

[1]　张明楷：《死刑的废止不需要终身刑替代》，《法学研究》2008 年第 2 期，第 79 页。

是可取的，那么其就应该尽力向国民鼓吹这样的观点。

（二）成本：终身刑执行的无关要素

一些学者对终身刑持否定观点的根据之一就是关注其所可能导致的国家监禁成本增加的问题。[1]

的确，将罪犯终身囚禁在监狱当中的一个自然结果就是随着被监禁人员的老龄化，不仅需要对其支付相关的生活费用，而且可能需要支付相关的医疗费用。国家的刑罚资源是稀缺的，这是一个确定的前提，但是在分配此种稀缺司法资源的时候，应该优先保证最为严重的犯罪得以惩治，故无论终身刑的成本如何，其都是应该被满足的。从这个意义上而言，在考虑终身刑的设定与否时，成本并不应成为一个主要的考量因素。

目前我们并没有能力获知我国无期徒刑以及死刑在整个国家司法资源当中所占据的比例以及两者之间的大小关系，但是根据美国的相关统计，终身监禁不得假释的成本低于死刑的执行成本[2]。"因为死刑要经历烦琐的上诉程序，因此代价高昂，而通常情况下终身监禁不得假释的成本不足100 万美金。以佛罗里达州为例，该州通常情况下的死刑案件的审理费、律师费以及对死刑候刑者的监禁费用平均每起 320 万美金，而该州终身监禁的费用为每起 70 万美金。"[3] 无疑，即使从成本角度出发，终身刑的成本显然也远远低于死刑，从而凸显了其在死刑废止语境当中的优势。

（三）方式：终身刑的实质内核

由于终身刑与死刑之间在民众感知度上的近似性，故在死刑存在的情况下，在立法上不宜加以规定，以免造成感知上的混淆以及资源上的浪费。但如果是在死刑将被废止的语境当中讨论，那么就应该提倡设定终身刑，从而保证死刑废止之后公民的法感情不至于陡然落空，也可以为那些

---

[1] 参见张明楷《死刑的废止不需要终身刑替代》，《法学研究》2008 年第 2 期，第 79 页。

[2] 据统计，美国一个死刑罪犯从判决死刑到最后执行死刑平均要花 11 年时间，平均耗费 500 万美元以上，个别案件多达几十年，耗费数千万美元。参见唐世月《当代美国的死刑制度》，《时代法学》2007 年第 5 期，第 98 页。

[3] Margot Garey, "The Cost of Taking a Life: Dollars and Sense of the Death Penalty," *U. C. Davis L. Rev.* 18 (1985): 1221.

最为严重的犯罪留有一个终结的负面评价手段。

而在死刑废止语境下对终身刑的提倡过程当中，应提倡对终身刑的纯粹化。这个提纯的过程主要关注两个方面。首先，将刑罚种类与刑罚执行方式相剥离。即排除所谓"终身监禁不得假释"这样的混杂性定义模式，而将终身刑规定为诸如"囚禁终身"这样传统的刑罚设定模式。而在特定刑罚执行方式，如减刑、假释等定义当中进行排除性规定，将"囚禁终身"这种刑罚排除出其执行范围之外。其次，将刑罚格差与刑法种类相剥离。即将"规定了最低执行年限方可假释或者减刑"之类的理解排除在被纯粹化了的终身刑之外。这样，避免了刑罚种类与刑罚执行方式之间的混淆，也避免了同种刑罚之间格差与不同种类刑罚之间性质差别的混淆。而且，被纯粹化了的终身刑一方面可以更加明确地彰显出民众对缺乏死刑的刑罚体系当中最为严重犯罪的否定性评价，另一方面还可以进一步缩小终身刑的适用范围，从而避免其滥用，节约司法资源，减少可能的错判、误判给被告人带来的损害。

死刑的废止对中国而言已经成为一种具有实然性质的可能。在这种可能的背景下讨论和鼓吹终身刑，不仅仅有利于民众对死刑的存废持较为理想的态度，而且可以弥补死刑废止后司法体系与民众感知上出现的空白。通过对终身刑的深入理解与讨论，更可以加深对刑罚与民意之间互动关系的理解，进而为科学地引导民意、科学地设定刑罚建言。

第五节　小结

"一个寒冷的深夜，一艘船触礁沉没。一名精疲力竭的水手在海上漂流了一夜，挣扎求生。第二天凌晨，他终于在一个不知名的海滩登陆，放眼所及，看到的仅仅是一个绞刑架，但他却暗自庆幸，'感谢上帝，这里还有文明。'"[①]

的确，从实质角度判断，与其说死刑是一个法律问题，倒不如说是一

---

① 转引自 Richard A. Devine, "Book Review: The Death Penalty Debate: A Prosecutor's View: Scott Turow, Ultimate Punishment: A Lawyer's Reflections on Dealing with the Death Penalty," *J. Crim. L. & Criminology* 95 (2003): 637。

个文化问题，或者更准确地说是一个政治问题。死刑和人类社会一道获得了通向文明阶段的准生证。无论是死刑的流变抑或是死刑的存废，无论是对死刑的褒奖抑或是对死刑的批判，都仅仅是一种与民意相关的政治选择。

应该承认，所有目前与死刑问题相关的争论或者反思都可以在历史上寻找到类似的影踪。唯一不同的是，当今社会的民意表达相较于之前，更为直接，更为多元，更为自由，更为有力。现在，决定死刑这种人类行为方式最终走向的力量已经不再是某位高高在上的睿智或者昏庸的君王，而是被媒体、利益集团所加持，甚至臆造出来的民意。

但吊诡的是，民意本身又并非作为实体概念存在的。换句话说，民意是一种被拟制出来的，极易受到人为操纵，仅能在有限空间与时间存在的相对概念。将死刑未来发展的方向维系在这样一种民意之上固然是危险的，但又是所谓民主社会所不得不付出的一种代价。

以美国为例，基于该国特殊的政经体制与文化背景，美国死刑的实际运行与最终发展实际上就是民意与司法的一场博弈。美国联邦最高法院借由宪法赋予的司法审查权，获得了与美国民意对抗的筹码，继而维持了美国死刑司法适用的相对稳定。

谁掌控了民意，谁就可以决定美国死刑的未来。

谁掌控了美国联邦最高法院，谁就可以决定美国死刑的未来。

问题是，这个人，或者这群人，究竟是谁？

| 第十二章 |
杀人罪

　　美国的联邦司法体制，决定了大量犯罪，特别是所谓传统的自然犯罪，如杀人、强奸、抢劫等，是在非联邦层级，由各司法区，特别是各州的相关立法定罪处罚的。在理论上，没有可能也没有必要穷尽研究美国各司法区相关立法的些微差别。这里，姑且拣选加利福尼亚州，结合其立法、司法实践以及学界评述，做一"片面"之介绍。[①]

　　从本章开始，在对美国刑法中典型个罪的介绍过程中，都将采取从立法文本入手，结合相关有权法律指导意见的研究模式。在此基础上，结合判例与学界观点，探讨个罪各个实质要素的实然与应然边界，从而最大程度还原相关犯罪立法与司法的本来样态，进而为我国学者提供可供信赖的基础资料。

第一节　加利福尼亚州杀人罪的流变

　　杀人罪是最基础、最标准、最重要的犯罪类型。

---

① 选择加利福尼亚州作为研究样本，首先是因为加利福尼亚州本身所具有的代表性。加利福尼亚州是美国人口最多的州，约占美国人口总数的13%。管辖面积位居全美第三，经济、文化等也都位居全美前列，其刑事立法与司法实践具有相当的代表性。另外是因为个人的某种情感，本人就读的麦克乔治法学院（McGeorge School of Law）就位于加利福尼亚州首府萨克拉门托（Sacramento），在攻读 LLM 学位过程中，曾经同时选修或旁听了三位老师主讲的刑法课，用的是曾在麦克乔治法学院任教过的著名学者德雷斯勒所编著的刑法学教材。这本刑法学教材作为权威教材，被很多法学院采用，影响极其重大。无独有偶，著名社会学者大卫·斯卡贝克也将社会治理理论在监狱中的适用标本选在加州。具体情况，可参见〔美〕大卫·斯卡贝克《黑帮的逻辑：帮派治理美国监狱秘辛》，李立丰译，中国政法大学出版社，2016，中文版序言。

刑法的三种主要功能，即规范行为、认定责任以及衡量层级[1]，都在杀人罪中得到了最典型的体现与说明。杀人，因为导致了他人甚至胎儿的死亡，被视为最为严重的犯罪。因此，一方面，需要采取措施防止公众受到杀人者的威胁；另一方面，需要采取措施，保证杀人罪的嫌疑人得到充分的程序性保护，免受不适当的惩罚。[2] 那么，像加利福尼亚等州与杀人罪相关的立法，是否可以有效满足上述两个目标呢？这就需要首先从其流变过程出发进行检验。

一 普通法语境下杀人罪的历史演进

在 13 世纪的英国法中，杀人还基本属于民事问题。杀人者被称为"Slayer"，大致相当于现代语汇中的"凶手"。凶手需要向受害人家属支付赔偿金，但不需要承担刑事制裁。同时，对凶手实施复仇合法，这甚至属于适当的救济方式。更早的时候，秘密杀死陌生人者，被称为"Murdrum"，这似乎也可以被视为"谋杀"（Murder）的词源。

根据通说，普通法中的"Murdrum"概念，起源于 11 世纪诺曼联军征服英格兰时期。这个时期，针对入侵者，英格兰地区出现了大量的暗杀行为。为了防止类似的情况愈演愈烈，当时的统治者威廉一世（William I）[3]宣布，如果有法国人被杀，而没有罪魁祸首对此负责，就需要有 100 名英国人为此支付罚金，这种惩罚就被称为"Murdrum"。然而，如果有英国人被杀，但凶手没有落网的，对法国人则无须做出类似的惩罚。当然，这种惩罚因为发生在政府与个人之间，看起来多少和现在的刑罚有些不同。虽然这与当代通常意义上理解的谋杀，即基于"事先恶意"实施的非法杀人无关，但历史学家相信，即便将"Murdrum"理解为罚金，其也代表了一种秘密杀人的行为，尤其是所谓"截候"（Lying in Wait）杀人。通过秘密

---

[1] 参见 Paul H. Robinson, "A Functional Analysis of Criminal Law," *Nw. U. L. Rev.* 88 （1994）: 857。

[2] 参见 Shiva Shirazi Davoudian, "The Basic," *Loy. L. A. L. Rev.* 36 （2003）: 375。

[3] 威廉一世（William I），1027~1087 年，英国国王，原为法国诺曼底公爵，在自己的表亲英王爱德华死后，借口无嗣的爱德华曾经许诺死后让自己继位，遂渡海侵入英国，并击败已经登基的英王哈罗德二世，自封为王，称威廉一世，之后重用并分封土地给诺曼人，压制盎格鲁-撒克逊贵族。

方式实施的杀人，往往被认为比其他类型的杀人更邪恶，因此"Murdrum"这一术语后来被用来指代杀人罪中最为严重的情形，也就顺理成章了。另外一种极大影响普通法中杀人罪发展的力量，来自限制死刑适用范围的努力。即使在法国人征服英格兰100年之后，所有杀人犯仍然都需要被处死。但在15世纪后期，所谓"过失杀人"（Manslaughter）开始出现，目的在于保证并非所有杀人罪都是死刑犯罪。有著名历史学者考证，杀人罪（Homicide）这一法语词，是一种类概念，也就是说上位概念，而谋杀和过失杀人，则是这一类概念的两个下位概念。除此之外，在当时，还存在另外一种减轻杀人罪刑事责任的法律准则，但其主要适用于教士，即在发生类似情况的时候，保证教士不受世俗司法的审判。值得一提的是，当时因为大部分人都是文盲，只有教士接受过教育，因此杀人犯可以通过诵读《圣经》的某个段落来证明自己的教士身份。当然，这一规则后来也被某些狡猾的罪犯所滥用。① 与上述情况相对应的是，对普通法中杀人罪的发展方向，也有学者认为，恰恰是因为对凶手或杀人者所处罚金变得越来越重，其无法承担，后来才导致杀人转而被视为对政府的犯罪。自此之后，政府承担起惩罚杀人者的责任。② 无论如何，普通法中杀人罪概念的流变，表面上看虽然是一种语言的转化与演变，但实际上却代表着不同文化之间的冲突，代表着世俗与宗教的纠葛，代表着仇恨与补偿的平衡，代表着野蛮与文明的过渡。

早期普通法不区分杀人罪的具体类型，对所有杀人犯罪都做同等处理。但在18世纪末19世纪初，大部分司法区废止了这种做法，转而将杀人罪分为不同等级。③ 例如，1794年，宾夕法尼亚州通过判例将杀人行为分级，主要是对一些可责性较低的杀人犯不适用死刑。尽管加利福尼亚州并没有将一级谋杀和二级谋杀作为区分死刑杀人罪与非死刑杀人罪的唯一

---

① 参见 Martha Grace Duncan, "Essay: Beauty in the Dark of Night: The Pleasure of Form in Criminal Law," *Emory L. J.* 59（2010）：1203。

② 参见 John Rockwell Snowden, "Second Degree Murder, Malice, and Manslaughter in Nebraska: New Juice for an Old Cup," *Neb. L. Rev.* 76（1997）：399。

③ 参见 Stephen J. Morse, "Undiminished Confusion in Diminished Capacity," *J. Crim. L. & Criminology* 75（1984）：1。

标准，但仍然有其他理由，区分一级谋杀与二级谋杀。① 不可否认，目前美国各司法区刑事成文法中的杀人罪，以加利福尼亚州的司法实践为例，仍然在很大程度上保持了普通法中杀人罪的上述流变特征。和其他司法区类似，加利福尼亚州杀人罪是普通法偶发式发展的代表，缺乏统一的理念。② 例如，根据现行加利福尼亚州法典，杀人罪是指一个人非法杀死另外一个人的行为。杀人又可以进一步分为谋杀与过失杀人两种类型。较于谋杀，过失杀人属于程度较轻的犯罪。③ 当然，如果存在合法的免责事由或者正当化事由，剥夺他人生命的行为也可能合法，行为人并不犯罪。④

二　成文法时代杀人罪的流变历程

从普通法到成文法，杀人罪的流变历程相当复杂，虽然大体结构一脉相承，但在很多重要的细节方面，的确经历了非常重要的发展阶段。限于篇幅，这里仅以杀人罪中非常关键的对象概念，即"人"的内涵与外延为例，对此过程加以说明。

（一）对人的医学理解

从哲学层面，人或许真的可以被理解为一种"社会关系的总和"。⑤ 但从医学层面，对人的认识，却在不同时代，极大不同。对人的始点的不同医学理解，深刻影响了刑法对这一概念的认识与适用。

传统上，普通法对何时为人，秉持所谓"出生时为活体"准则。这一准则建立在十六七世纪医学科技的基础上。根据这一原则，不论孕妇怀孕几周，只要出生的时候是活体即可。这是因为凭借当时的科技与医学手

---

① 参见 Charles L. Hobson，"Reforming California's Homicide Law，" *Pepp. L. Rev.* 23（1996）：495。
② 美国各司法区的刑法并不完整，而往往显得支离破碎、陈腐不堪、毫无章法、一叶障目、窠臼古法。参见 Herbert Wechsler，"The American Law Institute：Some Observations on Its Model Penal Code，" *A. B. A. J.* 42（1956）：321。
③ 参见 *People* v. *Antick*，15 Cal. 3d 79（1975）。
④ 参见 CALCRIM No. 500。
⑤ 〔美〕E. 弗洛姆：《马克思关于人的概念》，涂纪亮译，《哲学译丛》1979 年第 5 期，第23 页。从某程度上，反思人的主体性的丧失与工具性异化，在这个"奇怪"的时代，颇具深意。而重读经典，也是让人在纷乱的杂音中保持自省所必需的功课。

段，很难区分胎儿的死亡原因。① 这就意味着，在法律上，杀死未出生的胎儿，不属于杀"人"，更不被视为谋杀。这一看法一直持续到 19 世纪。直到 1850 年前后，美国有些州开始扩充这一准则，认为某人若针对胎儿实施杀伤行为，如果胎儿生下来时存活，之后死亡的，就构成谋杀。② 例如，在"威廉诉马里兰州案"（Williams v. State）③ 中，被告人与邻居发生冲突，过程中被告人挥舞弓箭，弓箭击发，射穿了旁边的一个孕妇的身体。该孕妇随即死亡，但其腹中的胎儿出生后生存了 17 个小时死亡。被告人被指控犯有两起过失杀人罪。被告人提起上诉，认为对胎儿的死亡不应该承担责任。上诉法院认为，过失杀人属于一种普通法意义上的重罪，根据普通法以及其他州的司法实践，应当采用"出生为活体"规则，因为本案中的受害婴儿在出生的时候是活体，之后才因为被告人所造成的伤害死亡，因此，认定被告人对胎儿的死亡也应当承担过失杀人罪的刑事责任。④ 这一普通法传统延续至今，21 世纪初，全美仍有 18 个州通过立法或司法，适用"出生时为活体"规则。其中有 10 个州⑤在成文法中明确将"人"的界定起点定义为出生时为活体，剩下 8 个州⑥则采取的是司法适用模式。⑦

但"出生时为活体"规则的后续演进，面临两个无法解决的问题。

首先，如果针对即将生产的胎儿实施恶意伤害行为，导致胎死腹中，或者产出即为死体的，该如何处理？例如，在"凯勒诉加利福尼亚州上诉法院案"（Keeler v. Superior Court）⑧ 中，分居期间丈夫和怀了别人孩子的

---

① 参见 Clarke D. Forsythe, "Homicide of the Unborn Child: The Born Alive Rule and Other Legal Anachronisms," *Val. U. L. Rev.* 21 (1987): 563。

② 参见 Stephanie Ritrivi McCavitt, "Note, the 'Born Alive' Rule: A Proposed Change to the New York Law Based on Modern Medical Technology," *N. Y. L. Sch. L. Rev.* 36 (1991): 609。

③ 参见 *Williams v. State*, 550 A. 2d 722 (Md. 1988)。

④ 参见 Hilary A. Converse, "Note and Comment: The Fetal Homicide Fallacy: A Comparison of California's Inconsistent Statutes to Other States," *T. Jefferson L. Rev.* 25 (2003): 451。

⑤ 亚拉巴马州、阿拉斯加州、科罗拉多州、夏威夷州、蒙大拿州、内布拉斯加州、俄勒冈州、得克萨斯州、爱达荷州、缅因州。

⑥ 缅因州、康涅狄格州、肯塔基州、马里兰州、纽约州、北卡罗来纳州、佛蒙特州、西弗吉尼亚州。

⑦ 参见 Hilary A. Converse, "Note and Comment: The Fetal Homicide Fallacy: A Comparison of California's Inconsistent Statutes to Other States," *T. Jefferson L. Rev.* 25 (2003): 451。

⑧ 参见 *Keeler v. Superior Court*, 470 P. 2d 617 (Cal. 1970)。

妻子撞见，丈夫见状猛击孕妇的腹部，并告诉妻子，"我听说你怀孕了，你弄清楚了，我就是要把它给打掉！"当时，受害人已经怀孕 35 周，胎儿因为头部骨折死于腹中。虽然检方指控被告人犯有谋杀罪，但加利福尼亚州最高法院以 5:2 的表决结果，认定孩子出生时已经死亡，根据加利福尼亚州法当时适用的"出生时为活体"规则，胎儿只有在出生后为活体的，才算是人。被告人的行为，应被视为杀害胎儿，并不属于法定的犯罪，更不构成谋杀罪。这一判决明显不合理。曾有民调就"攻击孕妇的人，是否应当面临另外伤害未出生胎儿的指控"这一问题，超过 80% 的人回答，犯罪人应当面临另外的谋杀指控。[1] 因此，加利福尼亚州立法机关修改了成文法，将胎儿也包括进来，和"人"一道并列为谋杀罪的对象。[2] 但这种立法，显然没有将胎儿视为人，特别是没有将胎儿列入过失杀人的对象当中。其理由在于，对非法杀死胎儿的需要在具有明示或默示恶意的情况下才加以惩罚。但是当杀人出现在一时冲动或突然的冲突时，惩罚伤害母亲的犯罪就已经足够实现刑罚目的。[3] 这就造成了一种奇特的现象，在加利福尼亚州司法实践中，涉及胎儿生命的刑事案件，首先需要解决的不是犯行的对象，而是犯意。例如，在"加利福尼亚州诉布朗案"（*People v. Brown*）[4] 中，受害人杰克森前往前男友处，也是本案被告人布朗的公寓，取回自己的财物。但因为受害人的现男友在这个时候传呼了她，导致被告人十分不快。被告人连续实施殴打行为，踢打、猛击受害人的腹部。这个时候，受害人已经怀孕。殴打造成胎儿头部骨折，并最终死亡。陪审团认定，被告人谋杀罪名成立，理由是被告人在殴打的过程中，大喊"该死的死孩子"，表明他认识到受害人怀孕的事实。值得一提的是，本案的法官并未对陪审团就过失杀人做出法律指导意见。而这也成为本案被告人上诉的理由。加

---

① 参见 Marjorie M. Shultz, "Abortion and Maternal-fetal Conflict: Broadening Our Concerns," *S. CaL. Rev. L. & Women's Stud.* 1 (1992): 79。

② 参见 Cal. Penal Code § 187。除加州之外，还有 11 个州通过立法规定，胎儿必须达到了特定的发展阶段，才能被视为谋杀罪的对象。在加利福尼亚州，胎儿必须经过胚胎期，大约发展到 7 周，才属于刑法所保护的对象。参见 April Walker, "From *State of California v. Scott Peterson* to *State of Utah v. Mark Hacking* Will More States Adopt Fetal Protection Laws," *Crim. L. Brief* 4 (2009): 46。

③ 参见 *People* v. *Dennis*, 17 Cal. 4th 468 (1998)。

④ 参见 *People* v. *Brown*, 35 Cal. App. 4th 1585 (1995)。

利福尼亚州上诉法院认定，被告人被判处谋杀，不是因为陪审团没有得到过失致人死亡的法律指导意见，而是案件事实证明的结果。被告人当时所说的"该死的死孩子"以及"我杀了你"等证明，其完全无视可能对母亲和胎儿造成的危害。法庭的推理认为，适用的标准是其了解到行为的自然结果对胎儿生命具有危险性，或其认识到胎儿死亡的高度盖然性，其故意、连续殴打怀孕妇女，同时大喊自己不在乎胎儿，可以让陪审团得出其对胎儿生命的恶意、不在意的心态。加利福尼亚州杀人罪惩罚谋杀胎儿的行为，但是并不将胎儿作为过失致人死亡罪的对象。加利福尼亚州法将谋杀定义为基于事先恶意杀人或杀害婴儿的行为。过失杀人是指在没有恶意的情况下，非法剥夺他人生命的行为。因此，胎儿这个概念并没有出现在加利福尼亚州的过失杀人罪中。这意味着，如果无法证明被告人具有法律要求的故意或默示恶意，则杀死胎儿的行为将不受惩罚。换句话说，对轻率或冲动致死胎儿的被告人，陪审团必须选择判处其构成谋杀罪，否则只能认定其无罪。夸张点说，当胎儿和母亲都死亡，且无法证明被告人具有明示或默示恶意时，被告人面临的是或无罪或构成谋杀罪的极端局面。但是，如果将胎儿包括在过失杀人罪对象当中，也会产生问题。谋杀要求明示或默示恶意，因此在要求证明被告人知道未出生的胎儿或基于默示恶意等方面，提出了较高要求。在这个过程中，行为人可能不知道受害人为孕妇，因此证明起来十分困难。在这种情况下，以谋杀罪惩罚是否公平，就成为问题。如果被告人并没有认识到存在未出生的胎儿，且对胎儿也没有犯罪故意，因此其对母亲实施的犯罪，就只能在这个范围内承担责任。也就是说，如果被告人并不知道该妇女怀孕，那么就很难判处一级或二级谋杀。如果过失杀死胎儿的母亲，构成过失致人死亡罪，对未出生的胎儿不构成犯罪。①

其次，如果将"人"的成立时点从出生向前推，仍然没有解决起点明确的问题。十月怀胎，哪个阶段的胎儿才可以获得与"人"相同的法律价值与法律地位？例如，阿肯色州规定的是 12 周。密苏里州、宾夕法尼亚

① 参见 Hilary A. Converse，"Note and Comment：The Fetal Homicide Fallacy：A Comparison of California's Inconsistent Statutes to Other States，" *T. Jefferson L. Rev.* 25（2003）：451。

州、路易斯安那州、伊利诺伊州、明尼苏达州，以及威斯康星州规定的是从着床到出生的全阶段。还有一些州，如亚利桑那州、北达科他州以及犹他州，仅仅规定了对胎儿的犯罪行为该当惩罚，但是没有规定对胎儿的认定标准。还有之前提到的那些州，适用"出生时为活体"规则，将孕妇而非胎儿视为杀人罪的受害者。① 单就加利福尼亚州而言，在"凯勒案"之后，加利福尼亚州最高法院根据新修改的立法，将7周以上的婴儿作为谋杀罪的对象。同时，加利福尼亚州最高法院否定了所谓"生存力"（Viability）标准。②"生存力"标准，是随着当代医学的发展，对胎儿的认识以及对胎儿发展阶段法律界定进一步发展的结果。美国联邦最高法院在"罗伊诉韦德案"（Roe v. Wade）③ 中，将"生存力"标准界定为孕期的第二阶段结束时，这个时候的胎儿可以离开子宫独立存活。目前有印第安纳州、田纳西州、马萨诸塞州、俄克拉何马州以及南卡罗来纳州，将胎儿的生存力视为犯罪性的前提。④"罗伊诉韦德案"所确立的所谓"生命力"标准，大致为孕期的第6个月，一般认为，从此之后，胎儿可以在母体外独立生存。颇为反讽的是，"生存力"标准的提出，也是针对之前被认为不科学的认定标准的。在"生存力"准则适用之前，通用的是所谓的"胎动"（Quickening）标准，胎动被定义为母亲第一次感觉到孩子在子宫里的活动，基本上出现在孕期第16周到第18周。一旦胎动发生，普通法就开始保护胎儿。⑤ 佛罗里达州、密歇根州、密西西比州、内华达州、罗得岛州以及华盛顿州，根据这种标准，惩罚杀害胎儿的行为。佐治亚州更专门将这种情况作为"杀婴罪"（Feticide）处理。⑥

---

① 参见 Hilary A. Converse, "Note and Comment: The Fetal Homicide Fallacy: A Comparison of California's Inconsistent Statutes to Other States," *T. Jefferson L. Rev.* 25 (2003): 451。

② 参见 *People v. Davis*, 872 P. 2d 591 (Cal. 1994)。

③ 参见 *Roe v. Wade*, 410 U. S. 113 (1973)。值得一提的是 2022 年联邦最高法院推翻了这一判决。

④ 参见 Hilary A. Converse, "Note and Comment: The Fetal Homicide Fallacy: A Comparison of California's Inconsistent Statutes to Other States," *T. Jefferson L. Rev.* 25 (2003): 451。

⑤ 参见 Sandra L. Smith, "Note, Fetal Homicide: Woman or Fetus as Victim? A Survey of Current State Approaches and Recommendations for Future State Application," *Wm. & Mary L. Rev.* 41 (1999): 1845。

⑥ 参见 Clarke D. Forsythe, "Homicide of the Unborn Child," *Val. U. L. Rev.* 21 (1987): 563。

总体来说，医学科技的发展并未导致成文法中胎儿的法律身份得到确定。据不完全统计，美国各司法区当中，大约 60% 的成文法将胎儿的法律身份称为"人类"（Human Being），而不是"人"（Person）。有些州，如上面提到的佐治亚州，干脆将杀害胎儿的行为作为谋杀和过失杀人之外的独立犯罪加以处理。①

（二）堕胎的处理

客观而言，从医学角度界定胎儿和人的关系，或许并不复杂。造成上述复杂局面的实质原因，与其说是医学上的不同见解，倒不如说是道德上的情感问题。毕竟，从宗教、文化乃至政治层面出发，如何处理"堕胎"（Abortion）问题，至今仍然是困在包括美国联邦最高法院在内的美国社会各种力量头上挥之不去的"魔咒"。

针对堕胎的政治争论，在很大程度上模糊了刑法研究的焦点。反对堕胎者坚持堕胎属于谋杀，例如，根据标准的基督教观点，孕后任何时期堕胎都剥夺了无辜生命。19 世纪的医学，将胎儿视为"萌发期的人"（Embryonic Man），目的也是以法律来规制堕胎。随着医学的发展，近代反对堕胎的根据主要是宗教。虽然即使从天主教的角度来看，针对故意堕胎是否等于杀人，内部也存在两种不同的极端看法。但单纯从医学的角度来看，受精卵内虽然具有完整的人类遗传信息，却并不是独立人类个体，换句话说，人类胚胎不是儿童，不是婴儿，更不是人。② 对此问题，美国联邦最高法院在"罗伊诉韦德案"③ 中明确，胎儿不属于宪法第十四修正案中规定的"人"。"罗伊诉韦德案"引发了针对胎儿保护的激烈争论。争论的焦点集中于妇女的选择权。"罗伊诉韦德案"的结果，代表着 20 世纪 70 年代美国社会主流观点针对个人权利的一种压倒性情感。个人权利在这个时期得到充分发展，并且很多方面取得了进步或所谓胜利。"罗伊诉韦德

---

① 参见 Carolyn B. Ramsey, "Restructuring the Debate over Fetal Homicide Laws," *Ohio St. L. J.* 67 (2006): 721。

② 参见 Carolyn B. Ramsey, "Restructuring the Debate over Fetal Homicide Laws," *Ohio St. L. J.* 67 (2006): 721。

③ 参见 *Roe v. Wade*, 410 U. S. 113 (1973)。

案"明确承认妇女有权决定是否堕胎。结果也在很大程度上削弱了堕胎法的根据。尽管各州对胎儿的法律保护并不相同，但似乎都是为了保护孕妇以及胎儿免受第三方的侵害。[1] 很多人认为，根据"罗伊诉韦德案"，单纯强调胎儿具有"人"的属性，对堕胎做类似杀人的刑事处罚，容易导致保护胎儿与保护孕妇之间发生无法调和的冲突。[2] 因此，长期以来，美国联邦和大多数州成文法都规定，除孕妇或从医学角度提供堕胎服务的人之外，任何其他人实施终止胎儿生命的行为，都构成杀人罪。但是，在"罗伊诉韦德案"中，联邦最高法院赋予胎儿以"准人类"身份，导致半数以上的州随后制定了各自的胎儿保护法。美国国会也通过了《未出生胎儿暴力受害法案》（The Unborn Victims of Violence Act），对导致胎儿流产的联邦犯罪，规定了监禁以上的刑罚。[3]

尽管对孕妇实施暴力构成严重犯罪，已经达成共识[4]，但问题在于，设定这种犯罪，保护的对象是孕妇还是胎儿？终止妊娠，不能在一种情况下是宪法权利，在另一种情况下又变成了谋杀。[5] 对这一问题的回答影响深远，不仅涉及刑事责任的重新认定[6]，还在很大程度上影响侵权法、继承法以及其他法律的未来走向。有人主张长期来看，终结胎儿法律地位或身份认识混乱的解决办法，只能是在尽可能大的范围内承认其独立法律地位，从而彻底改变儿童虐待法、侵权法、杀人以及攻击犯罪等样态。[7] 但

---

① 参见 Alison Tsao，"Fetal Homicide Laws: Shield Against Domestic Violence or Sword to Pierce Abortion Rights?" *Hastings Const. L. Q.* 25 (1998): 457。

② 参见 Catharine A. MacKinnon，"Reflections on Sex Equality Under Law," *Yale L. J.* 100 (1991): 1281。

③ 参见 Alison Tsao，"Fetal Homicide Laws: Shield Against Domestic Violence or Sword to Pierce Abortion Rights?" *Hastings Const. L. Q.* 25 (1998): 457。

④ 参见 Deborah Tuerkheimer，"Conceptualizing Violence Against Pregnant Women," *Ind. L. J.* 81 (2006): 66。

⑤ 参见 Katharine Folger，"Note, When Does Life Begin or End? The California Supreme Court Redefines Fetal Murder in *People v. Davis*," *U. S. F. L. Rev.* 29 (1994): 237。

⑥ 如有学者认为，如果法律明确将堕胎规定为例外，那么将杀死胎儿作为杀人罪处理，未必与妇女的生育权产生冲突。参见 Alison Tsao，"Fetal Homicide Laws: Shield Against Domestic Violence or Sword to Pierce Abortion Rights?" *Hastings Const. L. Q.* 25 (1998): 457。

⑦ 参见 Kenneth A. De Ville & Loretta M. Kopelman，"Fetal Protection in Wisconsin's Revised Child Abuse Law: Right Goal, Wrong Remedy," *J. L. Med. & Ethics* 27 (1999): 332。

这一观点，遭到了女权学者和家庭暴力政策制定者的反对。[①] 例如，有学者主张，扩大胎儿的权利，将堕胎视为杀人，将在很大程度限制、削弱妇女的生育权，将胎儿权利视为高于妇女的权利，使得胎儿的权利得到不适当的扩张，[②] 使得孕妇成为一种容器。[③] 女性不仅扮演人类繁衍的角色，更具有主体性，因此，只有在知晓孕妇的情况并获得其同意的情况下，才能合法堕胎。医疗服务提供者的手术方法与程序不能违反良知。[④] 但这种观点，并没有解决胎儿与孕妇权利冲突的问题。连德沃金都认为，为了挽救母亲的生命，堕胎是非常常见的，即使胎儿有需要保护的什么利益，但从逻辑上来讲，无法同时认为堕胎构成剥夺生命，同时还认为孕妇有权堕胎。[⑤] 为了解决这一矛盾，有学者认为，可以引用所谓"必要性原则"，解决针对堕胎的刑事责任问题。但如前所述，这种看法也存在问题，如法益比较，以及作为义务、作为与不作为等，都无法得到有效回答。还有观点认为，较好的方法是将堕胎作为自卫，从而解决作为以及不作为等问题。[⑥]

　　加利福尼亚州在"罗伊诉韦德案"前修改了立法，将杀死胎儿的行为纳入谋杀罪的范围之内。在 1970 年，加利福尼亚州将以治疗为目的的堕胎行为合法化，从而将其排除在谋杀罪之外。毕竟，很多立法都属于复杂民意在两种极端观点之间的折中与妥协。[⑦]

---

① 参见 Lisa McLennan Brown, "Feminist Theory and the Erosion of Women's Reproductive Rights: The Implications of Fetal Personhood Laws and in Vitro Fertilization," *Am. U. J. Gender Soc. Pol'y & L.* 13 (2005): 87。

② 参见 April Walker, "From State of California v. Scott Peterson to State of Utah v. Mark Hacking Will More States Adopt Fetal Protection Laws," *Crim. L. Brief* 4 (2009): 46。

③ 参见 Tara Kole & Laura Kadetsky, "The Unborn Victims of Violence Act," *Harv. J. on Legis.* 39 (2002): 215。

④ 参见 Carol Sanger, "Infant Safe Haven Laws: Legislating in the Culture of Life," *Colum. L. Rev.* 106 (2006): 753。

⑤ 转引自 Carolyn B. Ramsey, "Restructuring the Debate over Fetal Homicide Laws," *Ohio St. L. J.* 67 (2006): 721。

⑥ 参见 Donald H. Regan, "Rewriting Roe v. Wade," 77 *Mich. L. Rev.* 1569 (1979)。

⑦ 参见 Hilary A. Converse, "Note and Comment: The Fetal Homicide Fallacy: A Comparison of California's Inconsistent Statutes to Other States," *T. Jefferson L. Rev.* 25 (2003): 451。

（三）死亡的认定标准

在杀人案件的审理过程中，除了其他要素之外，检方还必须证明有人死亡。乍看起来，人的死亡通常是容易证明的。然而，随着生命维持设施的普遍适用，医学的进步使得人工延续循环与呼吸功能变得可能，同时也使得死亡的时间很难确定。现在，法律规定了两种具有替代性的死亡定义，力图减轻对死亡司法认定的不确定性。首先，受害人在循环与呼吸系统出现不可逆的损害时，即为法定死亡。其次，受害人整个脑部包括脑干出现不可逆的功能丧失，就是法律上的死亡。① 加利福尼亚州法院认为，死亡是指生命的终结，停止存在，如果全身的血液停止循环，医生就会认定死亡。② 例如，加利福尼亚州上诉法院根据普通法对死亡的界定，认为脑死亡的受害人可能在法律上是存活的。③ 一般认为，司法实践之所以倾向这一标准，主要是从实用主义即从器官移植方面考察结果。

法律的发展从未停止。即使针对杀人这种人类社会建构之初即存在的自然犯罪而言，对同伴相残的法律规制仍然体现出鲜明的时代特色。就像我们只能看到河流，却无法将每滴水都加以检验一样。如何能够把握大势，或许才是学问的禅机。

第二节　加利福尼亚州杀人罪的构成：
以谋杀罪为例

限于篇幅，加之前文多有论述，这里仅选取典型的杀人罪即谋杀罪，对加利福尼亚州杀人罪的构成加以分析。

根据加利福尼亚州法，谋杀是指基于事先恶意非法杀人或杀害胎儿的行为，但是根据《医疗性堕胎法》（The Therapeutic Abortion Act）实施的堕胎，为了挽救孕妇生命必要实施的堕胎，以及得到孕妇要求、批准、帮

---

① 参见 Cal. Health & Safety Code § 7180。
② 参见 *Thomas* v. *Anderson*，96 Cal. App. 2d 371（1950）。
③ 参见 *People* v. *Mitchell*，132 Cal. App. 3d 389（1982）。

助或同意的堕胎除外。①

　　根据《加利福尼亚州司法委员会刑事陪审法律指导意见》，如果要认定被告人实施了谋杀犯罪，检方必须排除合理怀疑地证明：被告人实施了导致他人或胎儿死亡的行为；并且，被告人行为时，具有被称为"事先恶意"的心态；在被告人提出其行为具有正当性或可免责时，检方还需要证明其在没有免责事由或正当化事由的情况下，实施了杀人行为。②

　　有鉴于此，结合相关学界总结，对谋杀罪的构成要素概括如下。③

一　犯行

　　如前所述，任何犯罪，必须存在犯行与犯意，即犯行与故意或过失之间的联系。④ 而故意或过失又以犯罪行为的存在为前提。犯罪行为，必须具有"自愿性"这一核心属性。这意味着，行为人在无意识的情况下，即使致死他人，也不属于刑法意义上的杀人行为。从事犯罪的故意或者确信，本身并不足以作为刑事责任的基础；必须有客观的行为，而这种行为必须是在理性且有意识的情况下做出的。行为人在丧失意识或理性的情况下实施的行为，不满足犯意要求，不需要承担刑事责任。⑤ 例如，警方要求被告人停车，双方随即发生枪战，一名警官被打死。被告人坚持认为，因为当时自己已经被警方子弹击中，并且丧失了意识，完全不能确定之后发生的事情。上诉法院推翻了一审法院的判决，认为一审法院未能就被告人可能在行为时处于无意识状态这一问题，对陪审团做出法律指导。被告人的主张是否可以被充分证实为真是一回事，剥夺被告人获得让陪审团判断这一主张机会是另外一回事。⑥

　　犯行是刑事责任的基本要求，即作为或者法定情况下的不作为。除了必须具备"自愿性"这一核心属性之外，在形式上，犯行除了一般的积极身体动作之外，还包括所谓的"不作为"。区分不作为与作为的核心标准，

---

① 参见 Cal. Penal Code § 187。

② 参见 CALCRIM No. 520。

③ 参见 Shiva Shirazi Davoudian，"The Basic，"*Loy. L. A. L. Rev.* 36（2003）：375。

④ 参见 Cal. Penal Code § 20。

⑤ 参见 Shiva Shirazi Davoudian，"The Basic，"*Loy. L. A. L. Rev.* 36（2003）：375。

⑥ 参见 *People v. Newton*，8 Cal. App. 3d 359（1970）。

与其说是身体客观的动静，倒不如说是作为义务的存否与履行可能。① 作为义务可以是法定的，可以是根据契约产生的，也可以根据特定关系产生，例如，自愿承担照顾他人的义务所产生的义务。司法实践中，被告人将一名醉酒者领回家，在该人注射毒品的时候，为其提供融化海洛因的勺子，在该人吸毒过量之后未能及时叫救护车，最终被判非自愿过失杀人罪，理由就在于被告人的行为相当于承担了施救义务，但其并未履行该义务。② 特定关系还可以出现在父母与子女之间，例如，被告人的父亲和被告人的弟弟共同生活，后父亲因为营养不良、缺水死亡，虽然被告人明知弟弟长期虐待父亲，但法庭认定，被告人没有控制其弟弟行为的义务，因此不存在所谓刑法意义上的不作为，亦不构成虐待罪或谋杀罪。③ 除此之外，在雇主与雇员之间、业主与租户之间的关系，也可能构成刑法意义上不作为义务的来源。

二　因果关系

检方除了需要证明被告人的犯行之外，还必须证明被告人的行为导致了受害人的死亡，即两者之间的因果关系，因果关系可以被定义为导致犯罪的某种逻辑关系。④ 如前所述，和侵权法类似，杀人罪中的因果关系，也包括事实因果关系与法律上的近因两部分：（1）事实因果关系（也被指代为条件因果关系）；（2）近因（被定义为法律原因）。所谓条件关系，是指如果没有原因，就没有结果。而条件关系却不是杀人案件中因果关系的主要确定标准。⑤ 事实因果关系具有广泛适用性，需要用近因来对其加以限制。因此，近因才被用来作为认定杀人罪中因果关系的主要标准。对近因的厘定，很大程度上取决于案件的具体情节。判例中，这些情节主要关

---

① 如前所述，对已经被确诊没有苏醒可能的植物人，终止生命维持设施，并不是积极的作为，而是一种不作为或终止治疗的行为。对没有治疗意义的病人，医生不再承担救助义务。参见 *Barber* v. *Superior Court*，147 Cal. App. 3d 1006（1983）。

② 参见 *People* v. *Oliver*，210 Cal. App. 3d 138（1989）。

③ 参见 *People* v. *Heitzman*，9 Cal. 4th at 196（1994）。

④ 参见 Laura Schiesl Goodwin，"Causation in California Homicide," *Loy. L. A. L. Rev.* 36（2003）：1453。

⑤ 参见 Michael S. Moore，"The Metaphysics of Causal Intervention," *Cal. L. Rev.* 88（2000）：827。

注行为与结果的"接近性"（Remoteness），即时空的接近程度，结果的"可预见性"（Forseeability），以及因果关系归结的实质性。[①] 杀人罪中的近因关系可以分为四类：共时性因果关系，受害人既存的状况，介入性因果关系，重罪谋杀中的因果关系。[②] 下面，结合学者的研究[③]，对其分别做简要介绍。

（一）共时性因果关系

共时性因果关系是指在杀人犯罪中出现两个以上所谓原因力的情况。如果超过一个人的行为导致了死亡结果，那么如果其个人行为对死亡结果产生了实质性的作用，属于实质性因素，就需要承担杀人的责任。[④] 例如，受害人的死因在于两处不同伤害造成的失血过多，那么造成这两处伤害的被告人，都应该被起诉伤害罪。如果第一个被告人对受害人的伤害结果并不致命，而第二个被告人实施的行为完全无法预见，那么第一个造成伤害的人的行为是犯罪行为的事实原因，只有第二个造成伤害的人的行为才应为死亡结果负责。[⑤] 即使只有一个导致死亡结果的原因，如只有一发子弹毙命，如果数个被告人的行为构成了实质性因素，则数个被告人需要承担杀人罪的刑事责任。例如，被告人与敌对帮派成员交火，导致了无辜的人死亡。法院无法明确谁才是真正的凶手，但是认定被告人实施了威胁生命的致命行为，构成了对死亡结果的实质性共时性近因，因此认定被告人应承担一级谋杀的刑事责任。[⑥]

在数个原因力中，除了分别归属于数名被告人的情况之外，从逻辑的可能性来讲，还包括被害人自身的行为与被告人的行为分别作为原因力，以及第三方的行为与被告人的行为分别作为原因力的两种情况。对前者，

[①] 参见 Laura Schiesl Goodwin, "Causation in California Homicide," *Loy. L. A. L. Rev.* 36（2003）: 1453。

[②] 参见 Shiva Shirazi Davoudian, "The Basic," *Loy. L. A. L. Rev.* 36（2003）: 375。

[③] 参见 Laura Schiesl Goodwin, "Causation in California Homicide," *Loy. L. A. L. Rev.* 36（2003）: 1453。

[④] 即使陪审员没有认识到两名被告人中究竟是谁开了致命一枪，仍然可以对这两人认定谋杀罪的刑事责任。参见 *People v. Pock*, 19 Cal. App 4th 1263（1993）。

[⑤] 参见 *People v. Lewis*, 124 Cal. 551（1899）。

[⑥] 参见 *People v. Sanchez*, 26 Cal. 4th 834（2001）。

司法实践一般认为，受害人不应当为自己所遭受的损害承担刑事责任，而其根据，是通过近因加以说明的，也就是说，加利福尼亚州司法系统一般不承认受害人自身的行为可以切断因果链条，因而不能免除被告人的刑事责任。例如，在机动车过失杀人罪中，受害人没有系安全带的不作为，并不是造成其死亡的共时性原因。① 对后者，如果第三方的行为与受害人的死亡之间具有因果关系，那么剩下的所有当事人可能都与死亡结果之间具有实质性关系，都需要承担刑事责任。例如，被告人和其他流浪者一道因为口角痛殴了受害人，受害人因为在遭殴打过程中遭到某人割喉而死亡，法庭认定，尽管被害人死亡的直接原因在于第三方的割喉行为，但被告人殴打受害人的行为，足以支持对其的一级重罪谋杀判决。② 然而，如果其他的犯罪行为和被告人的行为无关，而是构成了受害人死亡的实质要素，被告人可以免于杀人罪的责任。例如，受害人的死因在于头部受到的创伤以及严重的烧伤。被告人承认实施了纵火行为，但没有造成头部的创伤。一审法院认定，烧伤是造成死亡的主因，因此认定被告人罪名成立。上诉法院推翻了一审判决，认定殴打是独立于被告人的行为，是头部的伤害而不是烧伤加速了死亡，因此伤害才是致死原因。本案认定，被告人之外的第三方对死亡承担责任，基本上第三方的行为被视为介入因素，打断了因果关系链条，因此免除了被告人的责任。然而，如果被告人的行为与第三方并行，并不清楚谁导致了死亡的结果，两个人的行为就都被认定为导致死亡的实质性要素，都应当承担责任。③

共时性原因仅仅适用于在不同行为都对死亡具有加重或共同作用致死的情况。相对而言，其适用范围不大，很多问题都是通过下面要谈到的介入性原因而非共时性原因解决的。

（二）受害人既存的状况

和积极的作为或消极的不作为等一时出现的身体动静不同，在杀人案件中，受害人在被伤害之前既存的客观状况，与被告人的危害行为之间相

① 参见 *People v. Wattier*，51 Cal. App. 4th 948（1996）。
② 参见 *People v. Vernon*，89 Cal. App. 3d 853（1979）。
③ 参见 *People v. Lewis*，124 Cal. 551（1899）。

互作用，导致受害人的死亡结果的，一般认为，应当由被告人对死亡结果承担责任。被告人击打了受害人的头部，但是主张受害人死亡是其慢性酒精中毒的结果。加利福尼亚州最高法院认定，尽管慢性酒精中毒对受害人的器官功能有影响，但被告人击打受害人头部的行为加速了死亡的结果，因此应承担杀人罪的刑事责任。① 即使受害人的既有情况十分严重或十分危险，也并不具有因果力，相反，法庭关注的是被告人的行为是不是导致死亡结果的近因。例如，即使受害人罹患严重的心脏病，被告人因为实施抢劫导致被害人心脏病发作死亡的，仍然根据重罪谋杀规则，承认被告人的行为与死亡结果之间存在法律上的因果关系。② 即使受害人濒临死亡，如果被告人的作为或不作为加速了受害人的死亡，就仍然与该死亡结果具有因果关系，需要承担刑事责任。再如，被告人鼓动罹患罕见眼癌的女孩的父母，不能接受医院的所谓"实验性"手术，而是应当出院，接受自己提供的保守治疗，不久之后该女孩病发死亡，则被告人的行为与受害人的死亡结果之间具有因果关系。③

对此，学者总结，除了极其罕见的情况之外，受害人既存的身体状态在杀人罪的因果关系认定过程中并不起关键性作用，只有在其构成导致死亡的实质因素时，才可能免除被告人的刑事责任。也就是说，即使受害人的既存客观状态十分罕见或极其严重，如果检方能够证明被告人的行为加速了受害人的死亡，仍然有可能认定两者之间的因果关系。④ 当然，从某种程度上，死亡，与以特定方式、在特定时点死亡，是两个不同的概念，而这两个不同的概念，在刑法适用过程中的意义并未受到足够的关注，或者被人为无视了。

（三）介入性因果关系

在所有近因认定过程中，最为复杂且具有争议的，莫过于所谓因果关

---

① 参见 *People v. Moan*，65 Cal. 532（1884）。

② 参见 *People v. Stamp*，2 Cal. App. 3d 203（1969）。

③ 参见 *People v. Phillips*，64 Cal. 2d 574（1966）。

④ 参见 Laura Schiesl Goodwin，"Causation in California Homicide，" *Loy. L. A. L. Rev.* 36（2003）：1453。

系的介入问题了。一般情况下，如果被告人的行为与危害结果之间不存在任何特殊情况，自然可以根据条件关系以及相关情节最终认定两者之间的因果关系。但现实情况却十分复杂。介入性因果关系与共时性因果关系十分类似，两者最大的不同即在于介入性因果关系分为独立的介入因果关系与非独立的介入因果关系两类。其中，非独立的介入因果关系，是指被告人行为的自然且不可预见的结果，并不会减免被告人的刑事责任，这就和共时性因果关系十分类似。① 相反，独立的介入因果关系，将会中断被告人的行为与受害人死亡之间的因果链条，从而导致被告人的责任。恰恰是因为独立的介入因果关系的存在，才使得介入性因果关系获得了区别于共时性因果关系的独立性。对独立的介入因果关系与非独立的介入因果关系的区分，大部分情况下需要陪审团依据情节进行具体认定，因此区分起来较为复杂。例如，如果医生在救治被害人的过程中，基于故意心态，恶意致死病人的，或许可能中断之前被告人的杀伤行为与被害人死亡结果之间的因果关系，构成独立的介入行为。但如果被告人伤害受害人的方式非常危险或者相当于摧毁生命，那么即使医生技术不足、疏忽大意等过失是导致死亡的唯一原因，也不得视为具有可预见性的介入因素。又如，被告人开枪打中了受害人的腹部，受害人被直接送到了医院，虽然其伤情严重，却在 10 个小时之后才得到救助。尽管法庭认定医院手术的行为严重不符合医疗习惯，但仍然不构成介入性因果关系。② 这种观点并不罕见。再如，被告人刺伤受害人，即使受害人死亡的直接原因是医疗过程中的医生措施不当所导致的休克，被告人的行为与受害人死亡之间的因果链条仍然存在。③ 另外，一种常见的介入性因素来自第三方。如果危害结果在被告人行为时可以合理预见，而第三方并没有打破这一因果链条，即危害结果属于被告人行为所导致的结果之一，则第三方的行为并不构成介入性因果关系。例如，被告人犯罪后驾车逃逸，并与追

---

① 被告人造成船舶倾覆，受害人自行弃船，但在游向岸边的过程中溺水死亡。即使受害人的行为是轻率的，但属于可以预见的合理介入因素，被告人应承担受害人死亡的刑事责任。类似的推理亦参见 *People v. Armitage*，194 Cal. App. 3d 405（1987）。

② 参见 *People v. McGee*，31 Cal. 2d 229（1947）。

③ 参见 *People v. Nerida*，29 Cal. App. 2d 11（1938）。

捕的警察高速追逐，在这个过程中，警方的车辆失控撞死了第三方驾驶员的，法庭认为，该死亡结果与被告人之间存在的因果关系，并未因为警方的介入而中断。[1] 如果第三方介入行为在被告人行为的时候是无法预见的，也可能打断被告人的行为与受害人死亡结果之间的因果关系。例如，被告人在聚会中与其他帮派成员发生了冲突，并且枪击了该帮派成员，聚会随即变得混乱，对立帮派的成员在这个过程中发现了与被告人同属一个帮派的受害人，并当场枪杀了受害人。[2]

（四）重罪谋杀中的因果关系

根据重罪谋杀规则，被告人可以因在准备重罪的过程中实施的杀人而被判杀人罪。因此，重罪与死亡结果两者之间不需要具有严格的因果关系。如前所述，其实，这种做法从因果关系辨识与认定的角度看是一种取巧的办法。但需要注意的是，即使在重罪谋杀的语境下，因果关系的认定也并非毫无限制。例如，被告人与同伙实施抢劫，但在抢劫过程中，其同伙被受害人打死，司法实践一般认为，被告人不能因为重罪谋杀规则承担谋杀罪的刑事责任。只有在被告人或其共犯在从事其共同计划的过程中实施了杀人犯罪，才能认定重罪谋杀成立。[3] 当然，这并不意味着不可以基于其他的因果关系理论，如之前提到的介入性因果关系等，尝试认定被告人行为与死亡结果之间的因果联系。

三　犯意

杀人罪的成立要素，除了犯行、因果关系之外，还需要所谓犯意要素。和任何犯罪一样，犯行必须伴随有必要的犯意。但犯意恰恰也是最为复杂的犯罪要素，并成为区分不同层级杀人罪的关键标准。

---

① 参见 *People v. Schmies*，44 Cal. App. 4th 38（1996）。

② 参见 *People v. Cervantes*，26 Cal. 4th 860（2001）。

③ 参见 *People v. Washington*，62 Cal. 2d 777（1965）。

（一）加利福尼亚州法规定，一级谋杀要求杀人的事先恶意或转移故意[1]

事先恶意是指被告人在实施杀人行为之前形成的心态，检方也不需要证明被告人经历过深思熟虑或者经历任何特定的时期，[2] 有"明示恶意"（Express Malice）与"默示恶意"（Implied Malice）两种。二级谋杀建立在默示恶意的基础上。司法实践中，对事先恶意，并不要求检方证明被告人对受害人的仇恨或者敌意。默示恶意，一般是指没有蓄意的挑衅或情节证明杀人体现出一种"放任且恶意"的心态。[3] 司法实践中，只要能够证明：被告人故意从事犯罪行为；威胁他人生命是该犯罪行为自然且盖然的结果；被告人在行为时，知道自己的行为会危及他人的生命；行为人故意实施了任意不顾他人或胎儿生命的行为。加利福尼亚州最高法院最终判定，司法指导意见中"任意不顾他人或胎儿生命"的表述，不会使得陪审员在将其理解为一种对生命的威胁的主观判断方面产生误解。也就是说，一名理性的陪审员，如果认定被告人明知行为可能具有导致他人死亡的高度盖然性，仍然继续行为的，就属于任意不顾他人生命。[4] 在受害人是胎儿的，司法实践不要求被告人认识到胎儿的存在。例如，被告人枪杀了自己的前女友，导致其体内已经13周大的胎儿死亡。虽然当时受害人还没有表现出怀孕的体征，也没有证据证明被告人知道受害人怀孕，但法院仍然根据"默示恶意"，认定被告人谋杀罪名成立。[5] 尽管明示和默示的恶意被用来区分不同层级的谋杀，但重罪谋杀规则并不要求这一犯意。相反，因为公众关注在实施重罪的过程中，故意或过失导致他人死亡的情况，因此对此认定所谓的严格责任。[6] 如果实施重罪的犯罪人具有从事犯罪、帮助或教唆该重罪的犯意，就可以推定其存在于发生在这个重罪过程中的杀人之中。[7]

[1] 参见 Cal. Penal Code § 187（a）。

[2] 参见 CALCRIM No. 520。

[3] 参见 Cal. Penal Code § 188。

[4] 参见 *People* v. *Dellinger*，49 Cal. 3d 1212（1989）。

[5] 参见 *People* v. *Taylor*，32 Cal. 4th 863（2004）。

[6] 参见 Cal. Penal Code § 139。

[7] 参见 Shiva Shirazi Davoudian，"The Basic," *Loy. L. A. L. Rev.* 36（2003）：375。

早在 20 世纪初，美国大多数司法区就已经开始适用所谓"转移故意"的概念。这一概念起源于英国的普通法。其典型案例为假设 X 意图杀害 Y，但是子弹错过了 Y，而杀死了 Z，即使 X 的故意是为了杀死 Y 而不是 Z，但 X 的行为还是导致了他人的死亡，因此对其应当认定好像杀死了 Y。因此，所谓"转移故意"也经常被简单地描述为"随着子弹的故意"（the Intent Follows the Bullet）。[①] 法庭通常适用转移故意来避免行为人对其错误实施的非预见性的行为结果逃脱罪责。行为人的故意而不是其行为的结果，成为决定性的因素。[②] 例如，被告人在机动车内使用自动武器向公园内特定目标扫射，造成无辜第三方死亡的，被认为可以适用转移故意证明谋杀罪名成立。[③] 过失杀人是在没有事先恶意的情况下实施非法杀人的犯罪，包括三类情况，即自愿性过失杀人、非自愿性过失杀人以及机动车肇事致人死亡。加利福尼亚州成文法规定，谋杀要求事先恶意，而这也是区分谋杀与过失杀人的要素。

（二）安德森要素

事先恶意中的明示恶意，尽管一般被定义为既存的杀人意图，但单独的杀人意图，不足以支持对明示恶意的认定，[④] 还需要证明被告人存在反思。[⑤] 反思必须仔细、明智且具有意义，但这种反思，并不必然与一定的时间相对应[⑥]，换句话说，可能在极短的时间内，就完成反思。[⑦] 因为很难区分单纯的杀人意图与基于之前反思导致的杀人意图。[⑧] 在"加利福尼亚

---

① Elizabeth F. Harris, "1995–1996: Recent Decisions: The Maryland Court of Appeals," *Md. L. Rev.* 56 (1997): 744.

② 参见 Laura Schiesl Goodwin, "Causation in California Homicide," *Loy. L. A. L. Rev.* 36 (2003): 1453。

③ *People v. Scott*, 14 Cal. 4th 544 (1996).

④ 参见 *People v. Thomas*, 25 Cal. 2d 880 (1945)。

⑤ 参见 *People v. Bender*, 27 Cal. 2d 164 (1945)；亦参见 Cal. Penal Code § 189。

⑥ 参见 *People v. Hughes*, 27 Cal. 4th 287 (2002)。

⑦ 参见 Suzanne Mounts, "Premeditation and Deliberation in California: Returning to a Distinction Without a Difference," *U. S. F. L. Rev.* 36 (2002): 261。

⑧ 参见 Suzanne Mounts, "Malice Aforethought in California: A History of Legislative Abdication and Judicial Vacillation," *U. S. F. L. Rev.* 33 (1999): 313。

州诉安德森案"（*People* v. *Anderson*）① 中，需要通过被告人的行为是否有计

---

① 对此，可参见"加利福尼亚州诉安德森案"（*People* v. *Anderson*），本案判决书如下：

THE PEOPLE，Plaintiff and Respondent，

v.

ROBERT ARTHUR ANDERSON，Defendant and Appellant

Crim. No. 10603

Supreme Court of California

70 Cal. 2d 15；447P. 2d 942；73 Cal. Rptr. 550；1968 Cal. LEXIS 216

December 23，1968

审理法官：特布日勒（Tobriner）、特雷诺（Traynor）、彼得（Peter）以及匹克（Peek）表示支持，伯克（Burke）、麦克科姆（McComb）以及苏利文（Sullivan）表示反对。

判决主笔：特布日勒法官

判决

被告人被指控于 1962 年谋杀了 10 岁的女孩维多利亚·哈蒙德（Victoria Hammond）。陪审团认定被告人犯有一级谋杀罪，且神志清楚，判决其死刑。上诉审推翻了一审的定罪与量刑。参见 *People* v. *Anderson*，63 Cal. 2d 351（1965）。理由之一，即为其违反了之前的判例。参见 *Escobedo* v. *Illinois*，378 U. S. 478（1964）。

重审后，陪审团再一次认定被告人犯有一级谋杀罪，判处死刑。该判决自动上诉。参见 Pen. Code， § 1239，subd.（b）。

被告人正确地提出，审理该案的陪审员候选人排除不当，违反了联邦最高法院的判例。参见 *Witherspoon* v. *Illinois*，391 U. S. 510（1968）。因此，对其的死刑判决违宪。然而，本庭认为，没有必要将本案发回重审，因为相关证据不足以支持一级谋杀的判决，即：（a）事先决意以及蓄意谋杀；（b）违反相关法律，在预备或预备未遂过程中实施的谋杀。参见 Penal Code Section 288。

事实

被告人是一名出租车司机，案发前，他和哈蒙德女士以及她的 3 个孩子、17 岁的辛尼娅、13 岁的肯尼斯以及 10 岁的受害人维多利亚共同生活。案发当天，1962 年 12 月 7 日早 7 点半，哈蒙德女士离家上班。被告人当时还没有起床。在案发前的两天，被告人都没有去工作，并且大量饮酒。

附近酒类销售商证明，1962 年 12 月 7 日下午 1 点至 2 点左右，被告人曾经前来购买过 1 夸脱的威士忌。另外一名知晓案发前被告人行踪的证人，就是 13 岁的肯尼斯。

肯尼斯作证，12 月 7 日下午 3 点半，当他从学校回家的时候，发现前门上锁，因为这并没有什么异常，因此其转到后门，下到地下室，并开始摆弄自己的显微镜。不久，他听到楼上传来噪音，有移动东西的声音，好像有人正在打扫，并且还听到了浴室里有冲水的声音。后来警方证明，在地下室可以听到受害人房间以及浴室的声响。

肯尼斯说，当他从地下室上来，发现后阳台的纱门也锁着，这也没有什么不正常，于是肯尼斯将门挤开，来到自己的房间换了衣服，出来的时候，他发现厨房的门也锁着，敲门之后，被告人开门。肯尼斯发现被告人就穿了一条内裤。因为要参加学生的聚会，因此肯尼斯向被告人要 1 美元，被告人从衣服中找了 1 美元交给肯尼斯。这个时候，肯尼斯发现地板上有血，就问被告人怎么回事，被告人回答说割伤了自己。肯尼斯对此并未起疑，随即在 4 点之前离开了家。

肯尼斯接着提到，下午 3 点半至 4 点，也就是他在家期间，除了被告人 （转下页注）

（接上页注①）和自己，没有其他人在家。当6点半返回家中取忘带的钱包时，他的妈妈从前门出来，追问他手上的切伤，肯尼斯回答自己并没有被切伤。他的妈妈接下来问被告人血迹的问题，被告人说维多利亚切伤了自己，但不用担心，因为伤势并不严重。被告人告诉肯尼斯的妈妈，维多利亚去朋友家吃晚饭了。肯尼斯的妈妈于是要肯尼斯陪着去接维多利亚。肯尼斯回自己的房间取外套，因为有种奇怪的感觉，于是就顺路去维多利亚的房间看了下，他发现维多利亚赤裸着身体，浑身是血，身体上胡乱盖着些盒子和毯子。肯尼斯大叫着跑出门，高喊被告人杀死了维多利亚。哈蒙德女士看到了维多利亚的尸体之后，随即用邻居家的电话报警。

哈蒙德女士作证说，她于当天下午4点45分回到家中，前门锁着，在她按门铃之后，被告人开了门。哈蒙德女士注意到起居室地面有血，于是就询问被告人，被告人说肯尼斯在玩刀的时候割伤了自己，现在去和朋友跳舞了。之后，哈蒙德女士去了食杂店，大概5点半的时候返回。当时，被告人正在喝酒。这个时候肯尼斯也回来了，于是就发生了上面提到的一幕。

最后见到维多利亚的是她的一名同学，案发当天下午3点45分，她和维多利亚放学后，在维多利亚家门口分手。

警方于晚7点达到现场。现场门锁着，窗户上的百叶窗也拉得很紧。警方最终进入到现场，逮捕了被告人。警员作证，当时被告人穿着睡裤，没有穿鞋和袜子，身上没有血迹。

警员发现，维多利亚的尸体倒在床附近的血泊中。被告人沾血的内裤挂在起居室的椅子上，附近还有一把刀和被告人的袜子，在主卧发现了带血的脚印。警方的现场调查证明，受害人的血衣被被告人扯了下来，包括受害人的内裤，扔到了房间的各处，血脚印和被害人的吻合，包括厨房等地，到处散落血迹，并且有被清理的痕迹。

当时报道谋杀案件现场调查的记者、押送被告人前往警察局的警员，以及案发当晚询问被告人长达4个小时的警官，都证明被告人当时并没有表现出醉酒的样态。但该警员证明，当时被告人的确满嘴酒气。当晚7点45分，被告人的血液酒精含量被证明为0.3%，远高于酒驾犯罪中对所谓饮酒的界定。

被害人身上共有伤60余处，遍布全身，其中一处伤痕从直肠贯穿至阴道，另外被害人的舌头也被部分切掉。部分伤害，包括阴道处的伤害，是在死后造成的。在受害人身体、内裤及尸体摆放处，没有发现精斑。

检方认为，谋杀的动机是性侵。被告人主张自己因为精神失常，因此无罪。针对一级谋杀，法庭对陪审团做出了两项法律指导意见，包括事先决意与蓄意谋杀，实行或预备实行加州刑法典相关部分（Section 288 of the Penal Code）的犯罪，同时还对二级谋杀、自愿与非自愿过失杀人等都做出了法律指导意见。同时，法庭还就自愿迷醉所导致的责任能力减轻以及其与二级过失杀人的关系做出了法律指导意见。在陪审团认定，被告人构成一级谋杀。在将被告人的刑事责任减轻为二级谋杀之前，本庭首先驳回被告人主张起诉无效的观点。

1. 在被告人没有放弃反驳起诉权利的案件中，一审法庭拒绝被告人撤回其请求的，不属于滥用自由裁量权。

（1a）1962年，被告人被正式起诉。针对被告人与相关犯罪之间的联系，检方提交给大陪审团的唯一证据是一份违反相关判例的跨司法区供述。参见 *Escobedo v. Illinois*，supra，378 U.S. 478。见 *People v. Anderson*，supra，63 Cal. 2d 351，pp. 360-362。在第一次有罪判决被推翻后，进行重审之前，被告人希望撤回自己无罪的主张，从而使其能够（转下页注）

（接上页注）根据相关规定避免相关的指控。参见 Penal Code Section 995。一审法院驳回这一请求的做法，不属于滥用自由裁量权。

（2）根据被告人及时提出的动议，如果唯一的有罪证据是由法律上无效的证据所组成的，那么必须驳回相关指控。加州刑法典（Section 996 of the Penal Code）明确规定，如果在诉辩交易之前，没有及时提出上述动议，被告人就不得反驳提交给大陪审团的证据充分性。但相关法律规定并没有明确要求被告人这样做，因此被告人在首次提出上诉的时候，也可以提出相关主张。如果没有证据证明被告人放弃相关权利，被告人虽然没有按照相关法律规定提出动议，但在上诉的过程中，仍然可以提出。

（1b）在被告人与检方达成诉辩交易的时候，不可能知道相关指控所依据证据的本质，因此，从这一点来看，被告人并未放弃提出相关动议的权利。因此，第一次审理之后，被告人提出了上述动议，并且导致检方的指控被驳回。

在这种情况下，一审法官被要求认定，基于和重审相关的动议，是否应撤销被告人的无罪抗辩。如果本庭认定一审法官不能考察第一次审理时所采信的证据，就是在强迫检方在第二次提起公诉的时候进行形式意义上的重复劳动。因此，本庭认为，一审法官驳回被告人在一审再审之前提出的动议，并不构成滥用自由裁量权，一审存在大量充分的证据证明检方提起公诉的正当性。

2. 证据不足以支持一级谋杀的判决

本庭在没有证据支持一级谋杀的情况下，只能将判决减轻为二级谋杀。参见 *People v. Ford*，65 Cal. 2d 41（1966），以及 *People v. Wolff*，61 Cal. 2d 795（1964），*People v. Holt*，25 Cal. 2d 59（1944）。

（3）在大多数案件中，对谋杀层级一般交由陪审团通过自由裁量权加以认定。但自由裁量权必须建立在充分的事实基础上。和所有由陪审团解决的事实问题一样，所有认定的根据应当就其充分性得到相关的审查。陪审团必须使用法律确定的标准。陪审团有义务避免虚幻的理论以及不合理的推论，不能依靠想象或假设。参见 *People v. Holt*，supra，25 Cal. 2d，pp. 83，90。单纯的假设、推测或猜测，不等于合理的推定，也不构成证据。参见 *People v. Bender*，27 Cal. 2d 164（1945）。

在本案中，法庭为陪审团提出了两种可能的一级谋杀理论：①有意、蓄意及事先决意杀人；②在实行或预备实行该当特定犯罪（Penal Code section 288）过程中，实施谋杀。

从最有利于检方的观点来看，一级谋杀的判决建立在如下证据基础上：当肯尼斯放学回家的时候，他发现门上了锁；当警方前来逮捕被告人的时候，发现房屋正面的百叶窗都拉下；被告人明显试图清理染血的厨房，并且针对肯尼斯在厨房发现的血迹、哈蒙德女士在起居室发现的血迹、维多利亚的去向等编造前后矛盾的解释；被害人维多利亚的血衣在其床边被发现；被害人的鞋带被扯开，在主卧被发现；被害人染血的内裤被撕开；被告人的血衣是袜子和短裤，对此，检方认为，被告人在攻击的时候，几乎全身赤裸。本庭将从上述两种理论出发，考察是否有足够的证据证明被告人该当一级谋杀的判决。

（a）证据不足以认定存在事先决意与蓄意。

（4）杀人本身的残忍性，不足以证明杀人者的行为基于事先决意或蓄意，是已被广泛接受的规则。"如果证据仅仅证明对受害人实施了多重的暴力行为，那么其将不足以证明杀人是深思熟虑以及衡量相关考量的结果。"参见 *People v. Caldwell*，43 Cal. 2d 864（1965），亦参见 *People v. Tubby*，34 Cal. 2d 72（1949），以及 *People v. Bender*，supra，27 Cal. 2d 164 p. 180。

（转下页注）

（接上页注）（5）然而，事先决意与蓄意可以通过情节证据加以证明，参见 *People v. Robillard*，55 Cal. 2d 88（1960）；*People v. Morse*，60 Cal. 2d 631（1964）。检方承担排除合理怀疑证明杀人是事先决意且蓄意的结果的责任，因此，杀人是一级谋杀而非二级谋杀。参见 *People v. Holt*，supra，25 Cal. 2d 59，p. 91。

（6）考虑到一般情况下，缺乏正当性的杀人构成二级谋杀而非一级谋杀，因此在任何案件中，必须认定是否有足够的情节证据证明存在合理的根据，推定存在事先决意或蓄意。参见 *People v. Hillery*，62 Cal. 2d 692（1965）。或是否仅仅让陪审团推定或推测被告人杀人是达成或执行事先决意或蓄意的结果。参见 *People v. Bender*，supra，27 Cal. 2d 164，p. 179。

法庭可以通过不同的根据，将刑罚降格，表明（在区分以及谋杀和二级谋杀方面）概念上缺乏一致性。尽管对成文法和判例的学理解读存在缺陷，但法官仍然必须承担将犯罪区分为不同层级的任务。参见 *People v. Holt*，supra，25 Cal. 2d 59，pp. 88-89.

认识到需要区分不同层级的谋杀，以及确定一级谋杀的充分证据，本庭根据相关立法以及判例，对一级谋杀所必要的事先决意与蓄意加以界定。接下来，本庭还会研讨检方所依据的相关判例。最终，本庭认为，根据不断演进的标准及两个相关的判例［即 *People v. Granados*，49 Cal. 2d 490（1957）；*People v. Craig*，49 Cal. 2d 313（1957）］。在这些判例中，法官将一级谋杀降低为二级谋杀，本案中，缺乏让陪审团认定存在一级谋杀的情节证据。

（7）如本庭在相关判例，参见 *People v. Bender*，supra，27 Cal. 2d 164，183 中所言，没有迹象表明立法机构意图赋予蓄意及事先决意以其普通字面含义之外的特殊意义。而且，本庭一直指出，如果事先决意以及蓄意的含义，仅仅是杀人的直接故意，那么就没有理由区分一级谋杀与二级谋杀。参见 *People v. Wolff*，supra，61 Cal. 2d 795，p. 821；*People v. Caldwell*，supra，43 Cal. 2d 864，p. 869；*People v. Thomas*，25 Cal. 2d 880（1945）。

因此，本庭认为，基于事先决意杀人的，应当被视为一级谋杀而非二级谋杀。杀人的故意必须建立在事先存在的反思基础上，真正经历过事先的思考。参见 *People v. Thomas*，supra，25 Cal. 2d，pp. 900-901。本庭因此认为，一级谋杀判决只适用于杀人者经过仔细考虑，冷静开展杀人计划的情况。*People v. Bender*，27 Cal. 2d 164，183；*People v. Caldwell*，supra，43 Cal. 2d 864，p. 869.

（8）法庭认定，有足够证据证明存在事先决意或蓄意的情况，分为三类：（a）被告人在案发前所作所为表明其从事的行为直接指向且意图导致杀人，可以将其概括为"计划"行为。（b）被告人事先与被害人的交往或相互行为可以合理推断出其杀人的动机；加上（a）或（b）反过来支持推定杀人是事先决意或蓄意，而非单纯的非理智或激情所为。参见 *People v. Thomas*，supra，25 Cal. 2d 880，pp. 898，900，901。（c）杀人的事实本质，可以让陪审团推定，杀人的方式非常特别，被告人杀人一定是根据之前决定的计划剥夺受害人的什么，而陪审团可以合理推定存在事实（a）或（b）。

对判例的分析表明，支持一级谋杀判决的判例，通常包括上述三种证据，或至少包括非常有力的证据（a），或证据（b）与（a）或证据（c）。但本案缺乏这三种证据中任何一种。在"加利福尼亚州诉希拉里案"，即 *People v. Hillery*，supra，62 Cal. 2d 692 中，陪审团可以合理推定，被告人从事了下述扩展的行为过程：被告人将车停在受害人（15 岁的女孩）家附近，秘密潜入，控制住正在缝纫的受害人，并将其头用毛巾罩住从而防止受害人哭喊并认出自己，从另外的房间割了段绳子，从后面捆住受害人，带走了受害人和剪子，将受害人拽到了附近的灌渠，这也是受害人尸体被发现的地方，受害人曾与被告人发生过搏斗，被告人将剪子插入被害人腹中，导致其死亡。Id. p. 704.

（转下页注）

（接上页注）"加利福尼亚州诉希拉里案"代表的是典型的证据（a）：被告人潜入，完全控制
了受害人，将受害人带到了无人的地点，都可以被理解为执行杀人的计划行为。而且，
该案还存在有力的证据（c）：直接将致命的剪刀插入受害人的腹部，证明被告人具有蓄
意的杀人故意，而不是像本案这样深浅不一、轻重不同的大量无差别杀伤。

在"加利福尼亚州诉奎克案"，即 *People v. Quicke*, 61 Cal. 2d 155（1964）中，被告
人基于发生性行为的目的来到受害人居住的小镇，并且花了一个下午寻找目标。被告人
采取的做法，与其在两周之前得手的做法相同。在受害人不受被告人威胁的情况下，被
告人杀死了受害人，将其尸体运到了人迹罕至的地方，在充分准备之后，实施了奸尸行
为。法庭认定，可以从证据中合理推断出被告人之前深思熟虑，形成了犯罪计划，如果
受害人听从威胁，就和其发生性行为，如果受害人拒绝，就杀人奸尸。Id. p. 159.

"加利福尼亚州诉奎克案"和"加利福尼亚州诉希拉里案"类似，涉及实质证据（a），
即杀人之前的计划行为。在两个案件中，行为都可以被表述为导致受害人实际受害的结果。
而且，"加利福尼亚州诉奎克案"的事实记录也包括类型（b）的证据，因为被告人之前从
事过类似的行为。

在"加利福尼亚州诉坎普案"，即 *People v. Kemp*, 55 Cal. 2d 458（1961）中，被告人
在移除屏障后，从窗户进入受害人的公寓，发现受害人自己在床上，于是用裤袜捆住了
受害人的手脚与颈部，用抹布塞住了受害人的嘴，对其实施了强奸行为，之后勒死受害
人。"加利福尼亚州诉坎普案"和"加利福尼亚州诉希拉里案"类似，被告人秘密接近
受害人，采取措施防止受害人识别被告人或呼救，以及蓄意杀人的具体方式，这种证据
（a）以及（c）的存在，证明杀人不是一时冲动，而是处心积虑的结果。参见 *People
v. Anderson*, supra, 63 Cal. 2d, p. 360。

在"加利福尼亚州诉卡地亚案"，即 *People v. Cartier*, 54 Cal. 2d 300（1960）中，证据
证明被告人迁怒于妻子在酒吧与陌生人交谈火热，在回家之后，用钝器击打妻子的头部，
然后从厨房取出好几把刀，回到妻子身边，利用其所具有的屠夫技能，从妻子的身体中取
出了心脏和阴道，导致受害人死亡。"加利福尼亚州诉卡地亚案"代表的是典型的证据（c）
类判决，即杀人的方式是处心积虑计算的结果。而且，用钝器击打证明了被告人的计划行
为，即意图排除受害人的抵抗，其后来所选择的凶器也符合其所具有的屠夫经验，受害人
的伤害也符合性嫉妒案件中杀人的动机。因此，"加利福尼亚州诉卡地亚案"涉及上面提到
的三种类型的证据，都指向杀人的处心积虑。Id. p. 310.

在"加利福尼亚州诉科尔案"，即 *People v. Cole*, 47 Cal. 2d 99（1956）中，被告人和
穷困的受害人生活在一起，急于和富婆结婚。证据显示，被告人在案发前一周，从受害
人的抽屉里偷走了她的手枪，案发当晚，被告人将这把枪带在身边，并最终用其杀害了
受害人。还有证据证明被告人计划把那名富婆也拉下水，从而掩盖自己的罪责，消除自
己再婚计划的障碍。如审理该案的法官指出的那样，相关动机表明杀人是事先决意且深
思熟虑的结果。Id. p. 107. 此案属于通过证据类型（a）支持证据类型（b）的判例。

在"加利福尼亚州诉斯特普案"，即 *People v. Stroble*, 36 Cal. 2d 615（1951）中，受
害人是一名 6 岁的女孩，是被告人外孙女的朋友，之前遭到过被告人的猥亵。案发当天，
受害人去被告人女婿的家中找被告人的外孙女，发现只有被告人在家，在遭到被告人的
猥亵后，受害人大叫，为了让受害人安静，被告人掐昏了受害人。但受害人缓过来后，
被告人用锤子、冰凿、斧背，对受害人造成了致命的伤害。

"加利福尼亚州诉斯特普案"和"加利福尼亚州诉卡地亚案"类似，被告人选择特
定的工具从而使得被害人丧失反抗，即证据类型（a），之前和受害人之间的 （转下页注）

（接上页注）关系所形成的动机，即类型证据（b），以及故意对受害人施加的致死击打行为，即类型证据（c）。尽管在"加利福尼亚州诉斯特普案"中，从受害人的身体状况以及其他犯罪现场的物证，被告人在杀人前的行为以及其过去和受害人的关系角度思考，指向被告人在杀人方面的蓄意，但是本案中受害人的身体，被告人之前的行为以及和受害人的关系，只能表明是一种突发性而非蓄意性的杀人。因此，检方认为，"加利福尼亚州诉斯特普案"表明，可以从受害人尸体的状况以及现场的物证，推定杀人的事先决意，因此有充分的证据证明事先决意的观点，是站不住脚的。

　　本案非常类似"加利福尼亚州诉格兰纳达案"，*People v. Granados*，supra，49 Cal. 2d 490，在该案中，法庭将一级谋杀降低为二级谋杀，理由是在杀人过程中，没有充分的证据证明事先决意或蓄意。"加利福尼亚州诉格兰纳达案"的证据不足以支持一级谋杀，而本案的证据还不如前者，无法让陪审团合理推定被告人基于蓄意或事先决意实施杀人行为。参见 *People v. Holt*，supra，25 Cal. 2d 59，p. 91，引自 *People v. Howard*，211 Cal. 322（1930）。

　　在"加利福尼亚州诉格兰纳达案"中，被告人和受害人（一名13岁女孩）的母亲生活在一起。案发当天，被告人将受害人和她的哥哥带到了一间办公室，之后写了一张字条，要受害人的哥哥拿着字条回家向他的妈妈要钱。当男孩返回办公室的时候，被告人冲过来，要他去买些酒给失去知觉的妹妹。男孩注意到被告人手上有血，另外一只手藏在背后。男孩没有买到酒，被告人提议去叫救护车。这个时候，男孩注意到被告人洗了手。被告人将男孩带到一家药店，给了他50美分，并要求男孩等着自己，就此一去不归。被告人之后给受害人的母亲打电话，告诉她受害人中毒。受害人的母亲和一名朋友来到现场，发现受害人躺在地上，裙子被掀开，私处暴露，现场的墙壁、地板、受害人的头部以及一把大砍刀带有血迹。被告人供述，案发当时，他要求受害人帮助自己打扫办公室，接下来他问受害人是不是处女，受害人回答不关你事。因为受害人从来没有和被告人这样说过话，被告人用手推了受害人，但他不记得是否用刀。受害人的母亲作证，自己曾经警告过被告人，如果再骚扰自己的女儿，就报警。被告人威胁，如果敢报警，就杀死她们母女。检方认为，谋杀是基于性目的实施的。审理该案的法庭认为，证据不足以证明一级谋杀。

　　适用"加利福尼亚州诉格兰纳达案"所设定的相关标准，本庭认定，证据（a）被告人在杀人之前的行为，可以被认为具有杀人目的的计划行为，被告人很奇怪地将受害人的哥哥打发回家，从而和被害人单独相处。但这一证据高度模糊，因为从被告人的这一做法中，可以推定出不同的意图。（b）被告人之前对受害人的作为（被指控猥亵、触摸受害人的阴部）不足以合理推定被告人有杀死受害人的动机，以及用砍刀杀人是事先策划的结果。证据（c）杀人方式（残忍地砍人）并不能合理推定蓄意杀人。但是也有主审法官认为，"加利福尼亚州诉格兰纳达案"中的相关证据，足以认定存在事先决意：作案攻击的本质，尸体的状况，被告人在案发前十分蹊跷地打发走了被害人的哥哥；被告人之前曾威胁过受害人及家人。这一不同意见证明，尽管并不充分，但的确存在证明被告人具有事先决意的部分证据。但是在本案中，不存在下列证据：①推定被告人在杀人之前具有杀人计划的证据；②任何让陪审员可以合理推定被告人针对受害人维多利亚具有性侵或杀人的行为；③杀人的方式以及身体的状况，虽然和之前的"格兰纳达案"十分类似，但只能证明杀人的行为是任意的、暴力的、无差别的，而不是根据之前的计划蓄意而为。对比 *People v. Cartier*，supra，54 Cal. 2d 300；*People v. Stroble*，supra，36 Cal. 2d 615。

　　最后，在"加利福尼亚州诉格兰纳达案"中的被告人和本案被告人类似，都试图撒谎，掩盖罪行。尽管这类证据和被告人在杀人之后的心态有关，但其与认定被告人杀人前或杀人中的心态无关。回避的行为表明恐惧，而不能证明被告人有实施犯 （转下页注）

（接上页注）罪的计划，或者其具有事先决意或蓄意。

本案也类似于"加利福尼亚州诉格莱格案"，即 *People v. Craig*，supra，49 Cal. 2d 313，在该案中，法官将一级谋杀减轻为二级谋杀，理由是证据不足以支持在试图强奸的过程中发生的杀人具有事先决意。而该案中的证据也显强于本案。

在"加利福尼亚州诉格莱格案"中，被告人在杀人发生的当天早上，告诉某人想找人做爱。当晚，在酒吧当中，被告人曾经威胁过一名拒绝和自己跳舞的女士。后来，被告和一名男性离开酒吧，后者证明曾经在一个十字路口看到受害人。第二天凌晨，受害人被发现沉尸在该十字路口附近的服务区。很明显，受害人是被强行拖拽到现场的。受害人只穿着雨衣、睡衣以及内裤。所有的衣服都被掀开，从而身体的正面暴露了出来，腿部分开。受害人生前遭到连续打击，约为 20 次到 80 次。在受害人的衣服口袋中，发现了宾馆房间的钥匙。案发之后，被告人曾经告诉某人，我打了一名妇女。

法庭认为，从法律角度来看，证据只能支持二级谋杀判决，只能证明杀人的手段非常残忍，却无法证明任何事先决意或蓄意。"加利福尼亚州诉格莱格案"和本案不同，该案中存在证据证明被告人在杀人之前的行为，可以支持被告人想找女性发生性关系。但这种意图行为与杀害受害人的故意没有关系。和本案类似，"加利福尼亚州诉格莱格案"指出，从被告人和受害人的关系，陪审团可以得出杀害受害人的动机。在两个案件中，造成受害人死亡的方式，仅仅指向暴力、残忍的攻击，而不支持以特定方式故意造成伤害或推定的。最后，在"加利福尼亚州诉格莱格案"中，被告人的陈述与其在杀人之后的行为，只能说被告人进行了清洗或说谎。这种证据高度盖然证明被告人实施了该犯罪，但无法证明被告人在从事犯罪时的心态。

（9）本庭认为，在缺乏下列证据的情况下，不能认定存在事先决意或蓄意。①被告人在杀人之前的行为；②可以合理推定被告人意图杀死维多利亚的动机或理由；或③陪审团可以合理推定被告人故意导致受害人死亡的杀人方式。如在 *People v. Granados*，supra，49 Cal. 2d 490 以及 *People v. Craig*，supra，49 Cal. 2d 313 案中所揭示的那样，证据足以证明二级谋杀的判决。

（b）本案的证据不足以证明被告人具有实施刑法典 Section 288 中所列犯罪的直接故意。

（10）如果要根据被告人在预备实施相关法定犯罪的过程中实施杀人，因此构成一级谋杀的，检方必须证明其具有实施法定重罪的直接故意。参见 *People v. Sears*，62 Cal. 2d 737（1965）。除此之外，证据必须证明被告人在实施导致受害人死亡的行为之前或过程中，具有故意。如果证据证明被告人在从事致死行为之后才形成该意图的，不能支持相关的一级谋杀。参见 *People v. Hudson*，45 Cal. 2d 121（1955）。

（11）为了支持一级谋杀的判决，必须有足够的证据充分证明，或者可以合理推定被告人对维多利亚实施致死行为之前或过程中，被告人意欲对受害人的尸体实施淫秽行为，从而激发、迎合或满足其对维多利亚的性欲。本庭认为，证据无法充分证明被告人具有上述故意。

检方主张的证据在于，违反或试图违反 Section 288 的部分，和"加利福尼亚州诉格莱格案"中认定只构成二级谋杀的判决十分类似。检方认为，伤害的本质以及受害人的衣服、散布的血迹，被告人身上只有袜子和短裤有血迹，证明其在攻击维多利亚的时候几乎全身赤裸，并且拖拽其在数个房间行走，剥下了受害人的衣服，从而满足自己的性欲。"加利福尼亚州诉格莱格案"中，受害人的裙子被掀开，私处暴露，房间血迹四溅。两案唯一的区别在于，本案中受害人的生殖器部分被撕裂。然而，因为这些 （转下页注）

（接上页注）伤害是被告人随意实施伤害所造成的结果，因此这一单一证据，很难用来证明被告人特地这样做，从而满足自己的性欲。

而且，本案和"加利福尼亚州诉格兰纳达案"不同，检方没有在定罪阶段提出证据证明被告人针对维多利亚或其他人有过性想法或实施过威胁的行为。在"加利福尼亚州诉格兰纳达案"中，被告人供述对受害人针对其是不是处女话题的回答态度深感恼火，受害人的母亲作证说被告人曾威胁自己，如果去报警，就杀死她们母女。在"加利福尼亚州诉格兰纳达案"中，检方提出了受害人尸体状况以及被告人杀人行为之外的其他证据。这些证据证明被告人对受害人的性趣，以及如果这些问题曝光，他将报复。而在本案中，除了谋杀行为之外，检方没有提供任何证据证明存在刑法典 Section 288 中规定的犯罪。

本案还与"加利福尼亚州诉格莱格案"类似，在该案中，法庭认定，证据不足以证明强奸谋杀受害人的故意。在"加利福尼亚州诉格莱格案"中，受害人被发现仅仅穿着雨衣，以及里面的内裤和睡衣。这3件衣物都被掀开，从而使得受害人的正面暴露出来，受害人的腿分开。受害人遭到多处伤害。"加利福尼亚州诉格莱格案"以及"加利福尼亚州诉格兰纳达案"和本案不同，被告人在谋杀之前展现出对性行为的兴趣。在"加利福尼亚州诉格莱格案"中，被告人告诉某人自己想做爱，谋杀案发当晚，他威胁酒吧中不肯和其跳舞的女性。本庭认定，本案的被告人没有针对谋杀受害人的直接故意。

（12）本庭在"加利福尼亚州诉格莱格案"中的解释提出，没有充分的证据证明基于重罪谋杀理论认定一级谋杀的判决，而这一解释可以同样适用于本案。但杀人被证明是被告人实施的，除此之外没有其他的证据，那么法律推定需要存在恶意以及谋杀的行为。在这种情况下，谋杀属于二级谋杀，而不是一级谋杀。本案也没有充分的证据证明杀人发生在预备实施 Section 288 犯罪中或是在实施该当 Section 288 相关犯罪时发生的。即使证据证明谋杀的手段极其残忍，检方也只能认定被告人犯有二级谋杀。实际上，假定本庭认定像本案这样试图实施 Section 288 犯罪过程中出现的谋杀就足以支持一级谋杀判决，那么任何对不满 14 岁未成年人实施残忍谋杀的，就足以认定被告人具有性犯罪的动机，且其杀人构成一级谋杀。

因此，将本判决从一级谋杀减轻为二级谋杀。

异议法官：伯克法官与苏利文法官

异议

伯克法官：我表示反对。本案的实质性证据证明，被告人所实施的杀人行为是在其试图或实际针对受害人的尸体从事猥亵行为，违反了相关法律规定（Penal Code section 288），因此根据重罪谋杀规则，构成了一级谋杀。参见 Pen. Code，§ 189。

陪审团可以合理地从证据中推定，本罪的动机是性满足：被告人选择自己和受害人单独相处的时候实施犯罪，把窗户上的百叶窗拉下，锁上门。被告人一路尾随受害人，在不同的房间施加了不同伤害行为，剥掉了受害人的短裤，也将自己身上的衣服都脱了下来，从缺乏其他的血衣，以及案发之后就淋浴，进一步来说，攻击主要发生在床上，床垫上有大摊的血迹，最后，受害人遭受的很多伤害是具有性的本质的，特别是受害人在生殖器部位的伤害。

从相关证据来看，本庭不应该去衡量证据的证明效力，参见 *People v. Hillery*，62 Cal. 2d 692，702-703。

尽管我认为有充分的证据支持陪审团可以认定存在蓄意杀人，例如，锁门、攻击的持续时间、在不同的房间尾随受害人、多次伤害被告人、从一个房间取出谋杀（转下页注）

划、被告人的行为动机以及被告人的行为本质"三个要素，证明被告人的杀人意图经过反思与预谋。但需要强调的是，尽管"安德森要素"可以用来证明行为人对意图具有反思，却不具有强制性。"安德森分析模式作为一个框架，主要帮助法院评价是否有充分的证据让陪审团推定杀人是事先恶意或深思熟虑的结果。因此，其未改变一级谋杀或谋杀这一实体法律规则"，[1] 相反，仅仅为事先恶意提供了一种描述性的分析方式。[2] 例如，在只存在两个"安德森要素"的案件中，法庭仍然判决被告人一级谋杀。[3] 当然，包括犯意要素在内，加州成文法对杀人罪的规定远未达到明确的程度。[4]

第三节　加利福尼亚州杀人罪的分类

如前所述，加利福尼亚州刑法典中对杀人罪的区分主要建立在犯意基础上。但除了犯意之外，实施杀人的特定手段、方法等也被考虑进来。综合评价，可以将杀人分为两个类型：谋杀以及过失杀人。谋杀又进一步分为两类：一级谋杀或二级谋杀。[5] 而过失杀人包括自愿性过失杀人、非自愿性过失杀人以及机动车过失杀人。[6]

一　谋杀罪

加州法律区分了一级谋杀与二级谋杀。[7]

（接上页注）武器反复实施伤害，但没有必要将一级谋杀建立在这个基础上，因为证据足以支持根据重罪谋杀认定一级谋杀的责任。

　　根据多数派意见，本案与"加利福尼亚州诉格兰纳达案"不同。在"加利福尼亚州诉格兰纳达案"中，被告人突然爆发，用砍刀砍人，并没有伤及受害人的私处。

　　下略。

[1]　参见 People v. Sanchez, 12 Cal. 4th 1（1995）。

[2]　参见 People v. Perez, 2 Cal. 4th 1117（1992）。

[3]　参见 People v. Thomas, 2 Cal. 4th 489（1992）。

[4]　参见 Charles L. Hobson, "Reforming California's Homicide Law," Pepp. L. Rev. 23（1996）: 495。

[5]　参见 Cal. Penal Code § 189。

[6]　参见 Cal. Penal Code § 192。

[7]　参见 Cal. Penal Code § 189。

（一）一级谋杀

根据相关法律，一级谋杀，包括三个类型：（1）基于意欲、蓄意、事先恶意心态实施杀人行为；（2）通过毁灭性装置或爆炸物，大规模杀伤性武器，使用穿甲弹、毒药、截候、酷刑的方式实施杀人行为；（3）被告人在实施法定重罪过程中，造成他人死亡的行为。[①]

虽然一级谋杀本身看似简明，但与之相关的最大问题，却在于如前所述的其与死刑等刑罚之间的对应关系。根据加州相关法律规定，一级重罪谋杀该当的刑罚包括死刑、终身监禁不得假释、监禁 25 年。[②] 特别是加州法典中对一级谋杀规定了 20 余种量刑情节[③]，从而在相当程度上为一级谋杀

[①] 参见 *People* v. *Coefield*，37 Cal. 2d 865（1951）。

[②] 参见 Cal. Penal Code § 190。（a）犯有一级谋杀者，该当死刑、终身监禁不得假释或 25 年以上或终身监禁。具体适用参见 Cal. Penal Code § 190.1，190.2，190.3，190.4 以及 190.5。除了 Cal. Penal Code § 190.（b），（c），或（d）之外，犯二级谋杀者，该当 15 年以上或终身监禁。（b）除了情况（c）之外，如果二级谋杀的受害人是本法 Cal. Penal Code § 830.1（a），Cal. Penal Code § 830.2（a），（b），（c），Cal. Penal Code § 830.33（a）或 830.5 中列明的治安官员，且在履行职务过程中受害，被告人明知或应当知道上述情况的，得处 25 年以上或终身监禁。（c）如果二级谋杀的受害人是本法 Cal. Penal Code § 830.1（a），830.2（a），（b），（c），830.33（a）或 Cal. Penal Code § 830.5 中列明的治安官员，且在履行职务过程中受害，被告人明知或应当知道上述情况的，或被证明存在下列情况的，被告人在服刑期间不得假释：（1）被告人直接故意杀害、伤害治安官员；（2）被告人直接故意对治安官员造成法定伤害（Cal. Penal Code § 12022.7）；（3）被告人在实施犯罪的过程中亲自使用致命性武器或危险武器，违反了 Cal. Penal Code § 12022；（4）被告人在实施犯罪的过程中亲自使用了火器，违反了 Cal. Penal Code § 12022.5。（d）如果被告人基于伤害他人的目的向机动车之外的其他人发射火器，该当 20 年以上或终身监禁。（e）对符合本节规定的被告人，不得适用 Cal. Penal Code § 2930 减刑，在法定最低服刑期服满之前，不得假释。Cal. Penal Code § 190.03.（a）对实施了属于"仇恨犯罪"（A Hate Crime）的一级犯罪，该当终身监禁不得假释。（b）只有在检方提出，辩方承认，或经过陪审团认定，否则不得适用上述规定。对检方提出的上述指控，法庭除非为了司法公正，否则不得驳回，驳回时需要书面列明原因。（c）这里所说的"仇恨犯罪"，参见 Cal. Penal Code § 422.55。（d）本节规定不排除根据其他规定，对被告人适用更严重刑罚。

[③] 参见 Cal. Penal Code § 190.05。（a）一级谋杀犯之前曾经因为一级或二级谋杀在州监狱系统内服刑的，应判处终身监禁不得假释或 15 年以上或终身监禁。这里所说的服刑，是指被告人因为一级谋杀或二级谋杀，在被假释之前曾经被监禁。（b）所说的之前所服刑期，是指下列情况：（1）根据加州法所规定的一级谋杀或二级谋杀，在州或联邦刑事监狱，或在监狱医院或其他服刑设施内被囚禁时间。（2）被告人因为一级谋杀、二级谋杀，在未成年人惩教机构内受控制、受监视或受教育的期间。（c）对被告人曾因一级谋杀、二级谋杀服刑的主张，检方应在指控时提出，并经被告人承认，或者经陪审团认定，在没 （转下页注）

（接上页注③）有陪审团的情况下，由法庭通过诉辩交易或被告人放弃争辩来加以认定。（d）如果对被告人曾因一级谋杀、二级谋杀服刑存在合理怀疑，那么被告人有权主张这一指控不成立。（e）如果陪审团认定被告人曾因一级谋杀、二级谋杀服刑，除非（f）中规定的情况，否则必须在量刑前举行听证会。（f）如果非陪审团审理案件，除非被告人放弃，否则应当由陪审团进行上述听证。如果被告人通过诉辩交易或放弃抗辩被判有罪，除非被告人放弃，否则应当由陪审团进行上述听证。如果陪审团无法就被告人的刑罚达成一致意见，法庭应当解散陪审团，重新进行听证。法庭可以选择再次传召陪审团、被告人或自行判决被告人15年以上或终身监禁。（g）之前在任何审理程序中提出的无罪证据，包括根据 Cal. Penal Code § 1026 提出的精神失常证据，如果针对同一事实，在后续程序中不得考察。（h）在量刑程序中，针对加重、减轻情节，控辩双方均可就目前审理犯罪的本质或情节，提出包括但不限于之前重罪的前科，无论其是否涉及暴力犯罪，被告人使用或没有使用暴力，或通过明示或暗示的方式威胁，以及被告人的性格、背景、成长历程、精神状况以及身体状况。但不得针对其他未经判决的犯罪行为提出上述证据。然而，在任何情况下，都不得提出之前虽然被告人被指控，但最后被无罪开释的犯罪作为证据。但这一规定并不排除在其他情况下允许适用上述证据的可能。除非因为一级谋杀或二级谋杀，要求处被告人终身监禁不得假释，否则在法庭没有指定合理期限的情况下，检方不得提出相关加重情节的证据。在反驳辩方提出的减轻情节时，检方可以不受上述限制提出加重情节的证据。在定罪过程中，在存在相关性的情况下，事实的认定者可以考虑下列情况。（1）在本案中被告人的犯罪情节，以及其之前因为谋杀服刑。（2）是否存在被告人使用或试图使用暴力，或进行明示或默示暴力威胁的证据。（3）是否存在之前的重罪判决。（4）被告人是不是在极度心理或精神波动的情况下实施犯罪的。（5）受害人是否参与被告人的杀人犯罪，或同意参加该犯罪。（6）犯罪是否在被告人合理确信其行为具有道德正当性的情况下实施的。（7）被告人的行为是否受到他人的极度胁迫或实质主导。（8）在犯罪时，被告人是否能够认识到其行为的犯罪性，或遵守法律，或其因为迷醉或其他心理疾病，导致其守法能力削弱。（9）被告人犯罪时的年龄。（10）被告人是不是共犯，以及其参与犯罪程度是否相对较轻。（11）任何非法定减轻情节的减轻犯罪性情节。在所有证据调取完毕、听取控辩双方观点之后，事实发现者将考虑本节提到的加重或减轻情节，如果加重情节超越减轻情节，则需要判处其终身监禁不得假释。如果减轻情节超过加重情节，则需要判处被告人15年以上监禁或终身监禁。（i）本节的规定，不妨碍根据 Sections 190.1，190.2，190.3，190.4 以及 190.5 认定其他特定情节。Cal. Penal Code § 190.2.（a）如果 Section190.4 中规定的情节有一项或多项被认定存在，则可对被认定犯有一级谋杀的被告人适用死刑或终身监禁不得假释。（1）谋杀是为了图利而故意为之。（2）被告人之前曾被判一级谋杀或二级谋杀。本节所规定一级谋杀或二级谋杀，包括那些在其他司法区实施，但是在加州属于一级谋杀或二级谋杀。（3）被告人被判决多个一级谋杀或二级谋杀。（4）谋杀是行为人在知道或可以合理知道将导致多人死亡的场所，安装爆炸装置，在区域、住所、建筑物安放、隐藏或藏匿摧毁性装置、炸弹等方式实施的。（5）谋杀是为了拘捕或试图脱狱而实施。（6）谋杀是被告人通过邮寄或试图邮寄，或让别人邮寄摧毁性设施、炸弹或爆炸物实施，同时被告人明知或合理应当知道其行为将会对一人或多人造成严重死亡威胁。（7）受害人是 Section 830.1，830.2，830.3，830.31，830.32，830.33，830.34，830.35，830.36，830.37，830.4，830.5，830.6，830.10，830.11，或 830.12 中规定的治安官，其正在履行其职务，且被告人明知或合理知道该治安官正在履行职务。或者受害人是 （转下页注）

（接上页注）上述规定中规定的治安官、前治安官，且在履行职务的过程中被谋杀。（8）被故意杀害的受害人为履行其职务的联邦执法官或代理人，且被告人知道或合理知道该受害人为履行其职务的联邦执法官或代理人。（9）被故意杀害的受害人为 Section 245.1 规定的消防员，且正在履行职务，被告人知道或合理应该知道其所故意杀害的受害人是正在履行职务的消防员。（10）受害人作为证人被故意杀害从而不能在刑事审判或未成年人司法中作证，或者被故意杀害的受害人是刑事审判或未成年人司法的证人，未成年人司法是 Section602、707 of the Welfare and Institutions Code 中规定的相关程序。（11）受害人是联邦、本州或其他州检察官或助理检察官或前检察官、前助理检察官，而对其的谋杀是为了报复或防止受害人履行其职责。（12）受害人是联邦、本州或其他州法官或助理法官或前法官，而对其的谋杀是为了报复或防止受害人履行其职责。（13）受害人是联邦、本州或其他州选举或被指定的官员，而对其的谋杀是为了报复或防止受害人履行其职责。（14）谋杀特别邪恶、残忍、残酷、丧心病狂。这里所指的"邪恶、残忍、残酷、丧心病狂"意味着对受害人而言是不必要的折磨。（15）被告人故意通过截候的方式杀害受害人。（16）受害人因为其种族、肤色、宗教、国籍等遭到杀害。（17）谋杀是在被告人从事下列行为，或作为共犯帮助他人从事下列行为，或试图从事下列行为：（A）违反 Section 211 或 212.5 的抢劫罪。（B）违反 Section 207，209 或 209.5 的绑架罪。（C）违反 Section 261 的强奸罪。（D）违反 Section 286 的鸡奸罪。（E）违反 Section 288 对不满 14 周岁的人实施淫秽行为。（F）违反 Section 288a 的口淫。（G）违反 Section460 的一级或二级夜盗罪。（H）违反 Section 451 的纵火罪。（I）违反 Section 219 的颠覆列车罪。（J）违反 Section 203 的伤害罪。（K）违反 Section 289 的强奸罪。（L）违反 Section 215 的劫持汽车罪。（M）为了要证明（B）中规定的绑架这一特殊情节，或（H）中规定的纵火，如果存在杀人的直接故意，就仅仅要求有证据证明这些重罪的要素。如果能够证明，即使绑架或纵火的主要或唯一目的是帮助谋杀，也可以证明这两种特殊情节。（18）谋杀通过酷刑折磨的方式故意实施。（19）被告人故意通过投毒的方式杀害受害人。（20）受害人是本州或其他州各级法院登记在册的陪审员，而对其的谋杀视为报复或防止其履行职务。（21）谋杀以从机动车向外发射火器的方式故意实施，目的在于致死他人。这里的机动车定义参见 Section 415 of the Vehicle Code 的规定。（22）被告人积极参与街头犯罪团伙的过程中故意杀人，对街头犯罪团伙的定义，参见 Section 186. 22（f），而谋杀是为推进街头团伙犯罪而实施的。（b）除非像（a）所列特殊情节中所要求的杀人故意，杀人犯在实施被用来作为适用死刑或终身监禁不得假释的基础情节时，不需要其具有杀人的故意。（c）如果（a）中所列情节中的一种或几种被证明，那么任何基于杀人的故意，非杀人正犯帮助、教唆、建议、命令、要求实施一级谋杀犯罪的，该当死刑或终身监禁不得假释。（d）尽管存在（c）之规定，但任何非杀人正犯之外的其他人，基于对人的生命轻率无所谓的态度，参与、帮助、教唆、建议、命令、要求（a）之（17）中所列犯罪，导致他人死亡，被认定为一级谋杀，如果（a）之（17）中所列特殊情节被证明，则该当死刑或终身监禁不得假释。Cal. Penal Code § 190. 5. （a）尽管存在其他规定，但死刑不适用于犯罪时不满 18 周岁的行为人。被告人承担关于年龄的证明义务。（b）对犯有一级谋杀罪的被告人，如果证明存在 Section 190. 2 或 190. 25 中所列情节的一种或几种，虽然其在犯罪时已满 16 周岁不满 18 周岁，应被判终身监禁不得假释，或在法庭的要求下，判处 25 年以上监禁或终身监禁。（c）事实发现者可以根据 Section 190. 4 认定其他的加重情节。

的法定刑认定，特别是终身监禁不得假释刑罚的适用，提供了某种相对客观的量刑参照。

总结来看，对注释中所列法定量刑情节，加利福尼亚州最高法院主要是从程序法角度，认为对这种情节的司法认定程序具有特殊性，需要排除合理怀疑地对其加以证明，从而才能对被认定犯有一级谋杀的被告人适用死刑或终身监禁不得假释。[1]

除了对法定情节的程序法理解之外，加州刑法中规定的三类一级谋杀，虽然看似区别较大，但其具有某种可供观察的共性，值得思考。

首先，所谓一级谋杀的认定标准，应该是法定刑的相关适用。

一级谋杀的厘定，固然与杀人的犯意相关，但因为一级重罪谋杀的纳入，导致这一特征变得不具有共同代表性。相反，其与死刑或终身监禁不得假释等美国刑法中的极刑有绝对对应关系，换句话说，之所以要存在一级谋杀，很大程度上并非此类犯罪之间具有何种实质类似性，仅仅是因为其在司法适用上都对应最严重刑罚。

其次，一级谋杀的犯意要求，具有极大的幅度跨越。

如果说一级谋杀划定的初衷是为司法适用极刑，那么上面提到的量刑情节就显得非常必要。粗略统计，20 余个法定情节中大部分要求以杀人为目的的故意。另外的部分情节仅仅要求行为人具有认识要素，如行为人在知道或可以合理知道将导致多人死亡的场所，安装爆炸装置。[2]

这一认知符合美国联邦最高法院的判例精神。在"泰森诉亚利桑那州案"（*Tison v. Arizona*）[3] 中，犯罪人虽然实质参与犯罪，但是对受害人的死亡表现出一种"轻率的无所谓心态"（Reckless Indifference），而不是杀人的故意，对其判处死刑是否违反了宪法第八修正案？这一问题显然在相当程度上与本文上述总结相关。对此，美国联邦最高法院认定，明知自己从事的是高度危险的行为，同时对他人生命持轻率不顾心态，表明行为具有高度可责性，如果死亡是其犯罪行为自然的结果，即使不是不可避免，也可以据此认定死刑。

---

① 参见 *People v. Garcia*，36 Cal. 3d 539（1984）。
② 参见 Cal. Penal Code § 190. 2（a）（4）。
③ 参见 *Tison v. Arizona*，481 U. S. 137（1987）。

除了上述两点之外，另外值得一提的是所谓一级谋杀案件中的因果关系问题。对此，除重罪谋杀等特殊情况之外，具有一定的通用性。

如果没有该犯罪行为，就不会有该死亡结果，那么该死亡结果就是该行为直接、自然且盖然的结果。所谓"自然且盖然的结果"是指理性人知道，如果没有其他不自然的力量介入，就会发生的结果。在认定是否属于"自然且盖然的结果"时，需要该结果的可预见性。① 在导致死亡结果的原因有很多的情况下，如果某原因是导致死亡结果的"实质性原因"，就可以将其视为导致死亡结果的原因。所谓实质性原因，是指并非微不足道或者非常间接的因素。同时，实质性原因不需要是导致死亡结果的唯一因素。②

客观而言，加利福尼亚州法中对一级谋杀的规定，并没有太多结构性的问题。作为一个非常古老的概念，一级谋杀的定义经历了漫长的历史洗礼，呈现出较好的适应性。但是，也有学者认为，在具体的规定方式上，一级谋杀仍然需要改进。在其看来，一级谋杀包括三种不同类型：重罪谋杀、事先恶意杀人以及通过折磨、投毒、穿甲弹或爆炸物或毁灭性的装置杀人。问题在于后面两个定义，其所规定的谋杀方式，是否代表了最该当处罚的杀人类型？是否代表了最为冷血的犯罪人类型？从历史上来看，将通过折磨、投毒等方式实施杀人规定为犯罪，起源于普通法。据考证，1530 年，有人投毒杀死了英国罗切斯特主教邀请的很多穷人，因此英国政府将投毒升级为最高级的叛国罪，授权检方得烹煮行为人。与此类似，普通法将用刀捅杀视为不受教会特权赦免的犯罪，即使没有恶意。普通法也将特定杀人的方式，如截候，视为具有特别证据上的意义。③ 加州成文法中对一级谋杀的规定恰恰是这种实践的延续。但问题在于，这些区分意

---

① 针对因果关系是否应当包括可预见性部分，有不同意见，参见 *People v. Autry*, 37 Cal. App. 4th 351 (1995)。但是后来的判例驳回了被告人要求针对可预见性做出法律指导意见的请求，而倾向于适用标准的因果关系。参见 *People v. Temple*, 9 Cal. App. 4th 1750 (1993)。下列针对因果关系的法律指导意见被认为较为可行，"死亡结果如果要认定为被告人行为自然且盖然结果的话，必须是可以预见的"。如果法庭提出因果关系中可预见性无关紧要的话，显然是错误的，参见 *People v. Gardner*, 37 Cal. App. 4th 473 (1995)。在认定因果关系时，如果指导陪审团考虑被告人本来应当合理预见的危害结果的，是错误的。*People v. Roberts*, 2 Cal. 4th 271 (1992).

② 参见 CALCRIM No. 520。

③ 参见 Charles L. Hobson, "Reforming California's Homicide Law," *Pepp. L. Rev.* 23 (1996): 495。

义不大。因为事先恶意杀人已经是一级谋杀，明确各种冷血的方式，就是多余。进一步而言，对不同手段实施的杀人区分不同刑罚，意义不大。尽管与被告人的犯意和道德可责性相关，但杀人的方式却并不重要，毕竟无论什么方式都造成了被告人的死亡结果。唯一的例外是在特定犯罪方式能够明确表现出与事先恶意不同的犯意的情况，除了一级谋杀所需要的恶意之外①，通过折磨或酷刑方式实施的谋杀，还需要有造成受害人痛苦的故意。② 这种故意使得被告人更应该被重罚。除此之外，没有其他的理由加重刑罚。③

同时，对一级谋杀的合理建构还有另一个存在争议的问题，即在于事先恶意的规定是否需要。从立法目的来看，规定事先恶意，目的在于区分事先恶意与单纯的故意杀人，从而使得真正冷血的杀人犯不会逍遥法外。然而，在这个方面，司法实践并不成功，使得将事先恶意作为衡量可责性的工具存在疑问。最初，加利福尼亚州最高法院认定事先恶意和单纯的杀人故意存在实质要求上的差别，换言之，事先恶意可能会要求所谓的"反应时间"，但问题在于，立法与司法都没有明确到底需要多久的反应时间，只是笼统规定，必须从个人的情况出发。因此，案件的犯罪人不同，结果也会不同。因此，关键的并不是时间。④ 不幸的是，司法在精确度上只能做到这一点。除了情节证据之外，很难找到什么来证明事先恶意。加利福尼亚州最高法院试图建构一套体系认定事先恶意的存在，这套体系的内容包括：首先考察在杀人前被告人做了什么，是如何做的，是否属于计划行为；其次，被告人与受害人之间的交往事实，主要考察行为人的犯罪动机，从而证明杀人不是单纯的一时冲动，而是事前深思熟虑的结果；最后，考察杀人行为本身的情节与本质。⑤ 这一体系的复杂性也说明了对事先恶意认定的难度。值得一提的是，这一体系后来被推翻，理由是帮助法庭判断证据是否能够证明杀人是基于事先恶意，无助于理解一级谋杀的构

---

① 参见 *People v. Mattison*，481 P. 2d 193（Cal. 1971）。

② 参见 *People v. Proctor*，842 P. 2d 1100（Cal. 1992）。

③ 在受害人生前对其造成生理或心理折磨，属于适用死刑的充分条件。参见 *Walton v. Arizona*，497 U. S. 639（1990）。

④ 参见 *People v. Thomas*，156 P. 2d 7（Cal. 1945）。

⑤ 参见 *People v. Anderson*，447 P. 2d 942（Cal. 1968）。

成要素，或者改变对法律或杀人罪的理解。因此，不加反思地一味适用事先恶意，是不合适的。① 这种解读是描述性而非规范性的，只是帮助法庭确定被告人的杀人行为是否存在事先恶意。导致问题产生的原因在于法律概念本身，即对事先恶意概念很难理解，很难确定。与此相关的大量判例也没有太多帮助。

（二）二级谋杀

二级谋杀被称为"补漏"型谋杀，也就是说，虽然类似于一级谋杀，但被告人缺乏事先恶意心态，或者不属于法定类型的重罪谋杀，就应被认定为二级谋杀。如前所述，二级谋杀包括三种类型，即没有事先恶意或蓄意的意图杀人、基于默示恶意的谋杀、具有内在危险性的重罪谋杀。② 下面，择要分别做一介绍。

1. 没有事先恶意的意图杀人

因为二级谋杀所具有的补漏特色，司法实践中，只要检方能够证明被害人没有进行过明显的挑衅（Provocation），或有随附情节证明被告人基于放任且恶意心态实施杀人，就可以推定存在事先恶意。③ 缺乏足够挑衅的故意杀人，虽然基于恶意，但如果不伴随有事先恶意或蓄意或其他的加重情节，则属于二级谋杀。④ 这一类型的二级谋杀，虽然不要求证明被告人的杀人基于事先恶意，却要求检方证明被告人从事了杀人行为，被告人行为的目的是杀人，不要求杀人的动机是对受害人的仇恨。

2. 基于默示恶意的谋杀

被告人的行为如果存在导致他人死亡的高度盖然性，即使被告人并不具有杀人的故意，也可能认定其需要承担谋杀罪的责任。只要被告人的行为太过恣意且轻率，从而展现出一种对人的生命的无所谓态度，那么就可

---

① 参见 *People* v. *Thomas*，828 P. 2d 101（Cal. 1992）。

② 参见 Cal. Penal Code § 189。

③ 参见 Cal. Penal Code § 188。

④ 参见 Suzanne Mounts，"Malice Aforethought in California：A History of Legislative Abdication and Judicial Vacillation，" *U. S. F. L. Rev.* 33（1999）：313。

以认定存在杀人的默示恶意。① 美国有些司法区将其称为"丧心病狂的谋杀"（Depraved Heart Murder），《模范刑法典》则认定，当杀人基于轻率或极端无所谓心态时，属于故意杀人。② 轻率，如前所述，属于默示恶意的犯意，当行为人有意不顾对生命的实质且不正当危险，就展现出其对生命的极度无所谓态度。③ 加利福尼亚州根据所谓默示恶意理论，认定无论是丧心病狂还是默示恶意，或其他名号，满足下列条件，即使被告人没有杀人故意或意图，仍构成谋杀。④

首先，行为必须危及他人生命。这一要求看似明确，但在司法实践中，对什么行为属于危及他人生命并没有一个明确的统一标准。例如，被告人与受害人因为琐事发生争执，被告人回家取来上了子弹的手枪，挥舞着威胁受害人。对这种挥舞子弹上膛枪支的行为，也不能一概而论，仍然需要结合案件中的具体情节，考虑其是否危及他人的生命。⑤

其次，行为人认识到并且不顾上述危险。在认定过程中，一般借助之前提到的《模范刑法典》中对轻率的界定，也就是说，要证明被告人盖然理解，且一般接受其行为具有致死的危险性。⑥ 从司法实践来看，加州各级法院一般采用两种界定默示恶意的方式。如果能够证明被告人具有反社会动机、行为轻率、行为具有高度致死可能性，就可以认定被告人具有所谓默示恶意。例如，被告人持枪抢劫银行，劫持银行职员作为人质，并且在逃跑过程中打伤警官的行为。⑦ 另外，如果能够证明被告人明知自己的行为会危及他人生命，但表现出无所谓的态度。如明知道病人不接受手术可能会死亡，仍然坚持让其出院接受自己的所谓保守治疗，最终病人死亡。⑧

---

① 参见 Amanda Gamer, "Mens Rea: Unintentional Homicide," *Loy. L. A. L. Rev.* 36 (2003): 1425。

② 参见 MPC § 210.2 (1) (b)。

③ 参见 MPC § 2.02 (2) (c)。

④ 参见 Charles L. Hobson, "Reforming California's Homicide Law," *Pepp. L. Rev.* 23 (1996): 495。

⑤ 参见 *People v. Nieto Benitez*, 4 Cal. 4th 91 (1992)。

⑥ 参见 Amanda Gamer, "Mens Rea: Unintentional Homicide," *Loy. L. A. L. Rev.* 36 (2003): 1425。

⑦ 参见 *People v. Gilbert*, 63 Cal. 2d 690 (1965)。

⑧ 参见 *People v. Phillips*, 64 Cal. 2d 574 (1966)。

再次，从反向来看，缺乏被害人挑衅，就可推定被告人的行为是恶意的，往往构成二级谋杀。而挑衅的存在，可以反驳这种推定。挑衅，是受害人实施的一种行为，需要达到导致理性人失去控制、匆忙行动的程度，但挑衅的具体形式却并不明确，需要陪审团根据理性人标准加以认定。[①] 挑衅可以是行为，也可以是言语，但在杀人的时候，被告人基于一时激愤，必须形成激情而不是冷静的判断。[②] 对挑衅的问题，将在后文详述。这里要强调的是，这种反向证明的方法，因为采取的是推定的方式，而缺乏挑衅这种表述的最大问题在于其默示的推定。在涉及杀人罪，特别是通过推定适用默示恶意杀人规则的时候，美国联邦最高法院持非常明确的反对态度。在判例中，联邦最高法院曾明确表述，陪审团从推定而不是证据中得出被告人具有默示恶意的心态，是不充分的。[③] 因此，虽然加州立法机构也对默示恶意问题试图进行立法修订，但效果不佳。事实上，加州最高法院也长期反对默示恶意概念。[④] 在经历长期发展之后，在加州司法实践中，默示恶意被解读为，被告人故意实施明知其行为危及他人生命，但不顾他人生命的行为。[⑤] 而这，也体现出之前提到的关于默示恶意谋杀规则的立法与司法流变。

（三）重罪谋杀

如前所述，加利福尼亚州刑法将谋杀分为两类。基于意图或基于意愿、故意、事先恶意等直接故意，实施的杀人，构成了一级谋杀。在没有事先恶意的情况下意图杀人或基于轻率等默示恶意实施的杀人，构成二级谋杀。一级谋杀分为：（1）故意以及事先恶意谋杀；（2）法定的一级谋杀；（3）一级重罪谋杀。二级谋杀分为：（1）基于非事先明示恶意的谋杀；（2）默示恶意谋杀；（3）二级重罪谋杀。[⑥] 这里存在一个非常微妙但非常重要的问题，就是重罪谋杀，被分别规定在了一级谋杀与二级谋杀当中。

---

① 参见 *People* v. *Brooks*，185 Cal. App. 3d 687（1986）。
② 参见 *People* v. *Berry*，18 Cal. 3d 509（1976）。
③ 参见 *Yates* v. *Evatt*，500 U. S. 391（1991）。
④ 参见 Gerhard Meuller & Patrick Wall，"Criminal Law,"*Ann. Surv. Am. L.* 1964（1964）：33。
⑤ 参见 *People* v. *Watson*，637 P. 2d 279（Cal. 1981）。
⑥ 参见 Clayton T. Tanaka，"The Felony-murder Doctrine,"*Loy. L. A. L. Rev.* 36（2003）：1479。

重罪谋杀规则是对谋杀规则的替代规则，其特征在于并不涉及之前提到的犯意要求，如之前在对犯意问题的研究之中所言，重罪谋杀规则是否属于严格责任犯罪，是一个值得研究的问题。但无论如何，根据重罪谋杀规则，只要被告人在实施特定犯罪的过程中，出现了致人死亡的结果，就很有可能被认定为谋杀罪。换言之，利用重罪谋杀规则，实际上规避了一级谋杀中要求的意图与事先恶意①，规避了二级谋杀中缺乏事先恶意或挑衅的明确杀人意图。② 这就不难理解，为什么有法官认为，重罪谋杀规则实际上中和或者消弭了故意杀人与意外致人死亡等本质不同犯罪之间的应有区别。③

从历史上来看，重罪谋杀规则的适用经历了从普通法时期几乎毫无限制④，到包括加州在内的各司法区普遍适用成文法的今天，其实际适用的范围，已经受到了较大程度的限缩。例如，目前的司法判例认定，重罪谋杀规则仅仅应被用来打击过失或意外致人死亡的情况。而这种限制显示出对重罪谋杀规则适用可能导致的刑事责任扩大化效果的不满态度。⑤ 在"加利福尼亚州诉华盛顿案"（People v. Washington）⑥ 中，被告人和共犯抢劫加油站，加油站雇员开枪打死了共犯，法庭认为，虽然在被告人实施重罪的过程中，出现了有人死亡的情况，但认定，被告人仅仅对其实施的杀人负责，而不需要对警方或受害人实施的杀人负责。

重罪谋杀规则适用于一级谋杀以及二级谋杀。尽管这一规则产生的结果相同，但其适用的基础则完全不同。

1. 一级重罪谋杀规则的适用

加利福尼亚州刑法将一级重罪谋杀规则加以法定化，在列明的重罪中出现杀人的，规定为谋杀。检方只要证明罪犯表现出实施该重罪的独立目

---

① 参见 People v. Satchell, 6 Cal. 3d 28 (1971)。

② 参见 People v. Hansen, 9 Cal. 4th 300 (1994)。

③ 参见 People v. Coefield, 37 Cal. 2d 865 (1951)。

④ 普通法对重罪谋杀规则的适用几乎毫无限制的原因在于，当时所有的重罪都该当死刑。参见 People v. Aaron, 299 N. W. 2d 304 (1980)。

⑤ 参见 People v. Dillon, 34 Cal. 3d 441 (1983)。

⑥ 参见 People v. Washington, 62 Cal. 2d 777 (1965)。

的，就可以适用这一规则。① 根据重罪谋杀规则，杀人，无论是有意的还是无意的，都是在某些特定重罪实施过程中的谋杀。换言之，根据这一规则，如果死亡结果发生在法定的重罪谋杀过程之中，检方不需要证明相关犯意，就可以认定实施重罪者一级谋杀罪成立。

加利福尼亚州立法机关于 1850 年制定首部刑法时，将重罪谋杀规则规定在非自愿过失杀人部分中，将在非法故意行为实行过程中发生的杀人上升为谋杀。但是，谋杀只有一个层级且适用死刑。后来，在 1856 年，立法机构将谋杀分为两个层级，重罪谋杀自然被归入非自愿过失杀人的层级之内。1982 年，加州立法机关将这一部分从过失杀人罪中排除，但保留了谋杀的分级确定。因此，虽然有观点认为在 1872 年重罪谋杀规则就已经不再是成文法的规定，但这一立法意图反映在后续一级重罪谋杀规则的立法规定当中。② 长期以来，重罪谋杀规则大体上并未受到挑战。

从司法实践角度来看，一级重罪谋杀规则是一级谋杀规则的替代规则。所谓替代，是指在满足处罚感情的目标引领下，通过规则设置，减轻检方的证明责任，从而保障检方可以较为方便地起诉，节省司法成本。在重罪谋杀案件中，被告人实施了纵火、强奸、劫车、夜盗、伤害、绑架、颠覆列车、酷刑、肛交、淫秽行为、口交或强制性器进入等重罪，而对发生在这个过程中的死亡结果，无须证明被告人具有蓄意或直接故意，从而被视为严格责任。根据重罪谋杀规则，唯一要求的是实施基础重罪的犯罪故意。例如，在"加利福尼亚州诉科菲尔德案"（*People v. Coefield*）③ 中，被告人在抢劫过程中，使用枪支击打受害人头部，后枪支走火打死了受害人。虽然被告人主张自己当时并没有将手指搭在扳机上，但法庭仍然根据重罪谋杀规则认定被告人犯有一级谋杀罪。但如果检方无法证明被告人具

---

① "通过摧毁性装置或爆炸物、大规模杀伤性武器实施的谋杀，明知是穿甲弹而使用，通过投毒、截候、酷刑或其他意欲、蓄意或事先决意方式实施的杀人行为，或实施、试图实施任何形式的纵火、强奸、劫车、抢劫、夜盗、伤害、绑架、劫持列车以及其他任何根据 Section 206、286、288、288a 或 289 中所列犯罪，以及其他任何通过从机动车内向外开枪的方式实施的谋杀，都属于一级谋杀。其他类型的谋杀属于二级谋杀。"参见 Cal. Penal Code § 189。

② 参见 *People v. Dillon*, 34 Cal. 3d 441 (1983)。

③ 参见 *People v. Coefield*, 37 Cal. 2d 865 (1951)。

有实施基础重罪的故意，即使其犯罪手段令人发指，仍然无法适用重罪谋杀规则从而认定被告人一级谋杀罪名。例如，在"加利福尼亚州诉格雷格案"（*People v. Craig*）[①] 中，被告人虽然酒后攻击了一名陌生女性，但检方无法证明其具有杀人的事先恶意，更没有办法证明受害人遭到性侵，虽然犯罪手段非常残忍，法庭认定无法通过重罪谋杀的方式认定被告人一级谋杀罪名成立。

2. 二级重罪谋杀规则的适用

如果说一级重罪谋杀规则是一级谋杀规则的某种替代方式，那么二级重罪谋杀规则就可以被视为一级重罪谋杀规则的某种替代方式。与一级重罪谋杀的情况类似，二级重罪谋杀中，杀人也发生在重罪实施过程中，只是重罪的范围不同。尽管二级重罪谋杀和一级重罪谋杀的效果相同，但一级重罪谋杀规则的适用范围是有限的。虽然乍看起来，二级重罪谋杀规则适用范围更广，然而，二级重罪谋杀规则的要素证明，情况并非如此。加利福尼亚州实质上限制了二级重罪谋杀规则的适用范围，特别是将其限制在本质上对人类生命具有危险性的犯罪当中。事实上符合这一要求的犯罪很少。[②]

简单对比一级重罪谋杀与二级重罪谋杀，就可以明白为什么加利福尼亚州民众与加利福尼亚州法院之间，会对二级重罪谋杀这种普通法规则是否继续适用存在极大分歧。尽管加利福尼亚州最高法院不太支持这一规则，但该规则得到了民众的广泛支持，也具有道德正当性。[③] 根据普通法，重罪谋杀规则，因为检方不需要证明蓄意或事先恶意，因此其适用是否会

[①] 参见 *People v. Craig*，49 Cal. 2d 313（1957）。

[②] 非法堕胎致死的案例，参见 *People v. Balkwell*，76 P. 1017（Cal. 1904）。侵财犯罪的案例，参见 *People v. Bauman*，103 P. 2d 1020（Cal. Ct. App. 1940）。非法、恶意焚烧摩托车案例，参见 *People v. Nichols*，474 P. 2d 673（Cal. 1970）。故意或任意不顾他人人身或财产安全案例，参见 *People v. Johnson*，18 Cal. Rptr. 2d 650（Cal. Ct. App. 1993）。轻率持有爆炸物案例，参见 *People v. Morse*，3 Cal. Rptr. 2d 343（Cal. Ct. App. 1992）。通过暴力或威胁手段妨碍公务案例，参见 *Brooks v. Superior Court*，48 Cal. Rptr. 762（Cal. Ct. App. 1966）。无照行医案例，参见 *People v. Burroughs*，678 P. 2d 894（Cal. 1984）。非法监禁案例，参见 *People v. Henderson*，560 P. 2d 1180（Cal. 1977）。脱逃案例，参见 *People v. Lopez*，489 P. 2d 1372（Cal. 1971）。有重犯前科者持有火器案例，参见 *People v. Satchell*，489 P. 2d 1361（Cal. 1971）。共谋持有冰毒衍生物案例，参见 *People v. Williams*，406 P. 2d 647（Cal. 1965）。

[③] 参见 Clayton T. Tanaka，"The Felony-murder Doctrine," *Loy. L. A. L. Rev.* 36（2003）：1479。

毫无限制，显然是一个相当现实的问题。

恰恰是因为属于普通法规则，且司法实践反映出来的对二级重罪谋杀规则的不支持态度，有法庭认为，这一规则在没有证明犯意的情况下，认定被告人有罪是有问题的①，从而导致二级重罪谋杀规则的适用范围相对有限。从历史上来看，其从 1872 年第一次提出的时候，就被认为是一种缺乏法律根据的司法创制。② 作为结果，二级重罪谋杀规则强调重罪本身的危险性，仅仅适用于那些本质上对生命存在内在危险性的重罪。需要特别强调的是，这种危险与否的判断，是一种抽象判断，而非通过具体案件情节进行的个案判断。③ 二级重罪谋杀适用于重罪本身具有内在危险性的情况。重罪本身的重要性，是法律本身抽象认定的问题，而不是案件特定事实的问题。如果行为可以融合进入杀人案件中，那么就不适用二级重罪谋杀规则。加利福尼亚州最高法院适用抽象标准，目的就是排除二级重罪谋杀中考察个案中围绕死者死亡的情节。

除此之外，加利福尼亚州最高法院还试图适用所谓"合并规则"（The Merger Doctrine），融合二级重罪谋杀，限制其适用范围。根据这一规则，对被害人实施攻击重罪的，如在实施夜盗的过程中使用了致命性武器攻击受害人，不适用重罪谋杀规则，要求检方证明谋杀所必需的犯意。与此同时，对基础重罪不具有攻击性的情况，则需要证明其具有内在危险性，才能适用二级重罪谋杀规则。④ 除了"合并规则"之外，加利福尼亚州最高法院还通过对默示恶意的解读，有效地将二级重罪谋杀转换为默示恶意谋杀。默示恶意要求被告人主观认识到其行为的危险性。因为基本的重罪必须具有抽象的内在危险性，任何构成重罪意愿的行为，实际上都存在内在危险性。进一步而言，大多数实施此类重罪的人都会主观上认识到行为的危险性。⑤ 例如，对自己监护的未成年人，提供毒品致其死亡的，构成二级重罪谋杀。⑥ 这是因为，提供毒品给未成年人的行为本身具有内在危险

---

① 参见 *People v. Washington*, 62 Cal. 2d 777（1965）。

② 参见 *People v. Dillon*, 34 Cal. 3d 441（1983）。

③ 参见 *People v. Williams*, 63 Cal. 2d 452（1965）。

④ 参见 *People v. Wilson*, 1 Cal. 3d 431（1969）。

⑤ 参见 *People v. Watson*, 637 P. 2d 279（Cal. 1981）。

⑥ 参见 *People v. Poindexter*, 51 Cal. 2d 142（1958）。

性，且具有导致死亡的高度盖然性。二级重罪谋杀存在的目的在于，防止重罪过程中过失或意外导致的死亡结果。因此，大多数涉及重罪谋杀的案件，现在都关注具有内在危险性。[①]

3. 重罪谋杀认定的难点

重罪谋杀最为困难的部分在于如何根据这一规则认定责任。如果共犯实施了杀人行为，那么被告人是否需要承担责任？如果旁观者实施了杀人行为，该如何处理？如果死者是共犯，被告人是否应当承担责任？因为不要求犯意，那么因果关系就变得十分重要。[②]

首先，重罪谋杀中的因果关系认定问题。

在司法实践中，一级重罪谋杀规则不要求检方证明基础重罪与杀人之间的严格因果关系。但这也并不意味着重罪与杀人在一个过程中存在，就会引发重罪谋杀规则的适用，也就是说，在重罪的实施过程中发生的杀人需要与重罪具有某种联系。历史上，法庭使用所谓"代理理论"（The Agency Theory）[③] 来建构因果关系的。起先，这来自共谋理论，法庭首先开始适用共谋规则，而该规则被限制在涉及实施重罪而杀人的情况。因此，如果旁观者杀人，无须承担责任，因为其无法推动实现犯罪的目的。因此，杀人者的身份成为重罪谋杀规则中的责任认定门槛。代理理论被适用于大多数案件当中。[④] 但是现在的判例开始适用近因理论。这一理论来自侵权，被告人对可预见的损害需要承担赔偿责任。然而，如果介入因素打断了因果

---

① 在开枪时具有严重过失，参见 *People v. Clem*，78 Cal. App. 4th 346（2000）。制造冰毒，参见 *People v. James*，62 Cal. App. 4th 244（1998）。轻率驾驶误导治安官，参见 *People v. Johnson*，15 Cal. App. 4th 169（1993）。虐待儿童，参见 *People v. Caffero*，207 Cal. App. 3d 678（1989）。无资质行医，参见 *People v. Burroughs*，35 Cal. 3d 824（1984）。

② 参见 Michelle S. Simon，"Whose Crime Is It Anyway?: Liability for the Lethal Acts of Nonparticipants in the Felony," *U. Det. Mercy L. Rev.* 71（1994）：223。

③ 被告人涉入骚乱当中，法庭需要认定被告人是否构成重罪谋杀，因为在骚乱的过程中，一名镇压的士兵杀死了一名抵抗的群众。在解释重罪谋杀规则中的代理人范围时，法庭认定，从事非法行为的人需要为该非法行为所产生的所有自然且必要结果负责，并且如果其与其他人一起为了实现非法目的而行事，就需要为其他参与人实施的行为承担责任。代理是指一个人为了另外一个人从事行为的关系。相关判例参见 *Commonwealth v. Campbell*，89 Mass. 541（1863）。

④ 参见 *State v. Branson*，487 N. W. 2d 880（Minn. 1992）。

关系，则被告人不需要承担责任。①

在"加利福尼亚州诉斯坦普案"（*People v. Stamp*）② 中，被告人抢劫过程中，受害人因为受到惊吓，心脏病发作，之后不治身亡。法庭在认定重罪谋杀过程中，原则上不考虑可预见致死的情况。对这种缺乏可预见性的情况，是否适用重罪谋杀规则？对此，司法持肯定态度，认为受害人的死亡是抢劫的直接结果，而重罪谋杀规则中，要求死亡结果是重罪行为的自然且盖然结果。

其次，共犯中的重罪谋杀责任认定问题。

如果是共犯在重罪过程中杀人的，该如何认定责任？加利福尼亚州长期以来都认为，共犯中有人在重罪过程中实施杀人行为的，那么所有共犯都需要承担责任。③ 在"加利福尼亚州诉万奎兹案"（*People v. Vasquez*）④ 中，被告人与其他五人一起计划抢劫商店，但是在抢劫过程中，其他共犯开枪打死了旁观者。虽然被告人本人并没有开枪，且明确反对开枪，仍然被根据重罪谋杀规则认定构成了一级谋杀罪成立。根据"万奎兹案"的基本精神，如果共犯实施杀人是为了推动共同犯罪，则所有共犯都需要为杀人结果承担责任。除此之外，另外一类判例要求，杀人者需要与共犯共同实施杀人的重罪。加利福尼亚州上诉法院在"加利福尼亚州诉凯博特洛案"（*People v. Cabaltero*）⑤ 中，试图调和上述两条路径。在本案中，被告人和其他几名一起打工的菲律宾籍劳工合谋，抢劫老板的工资款。但是在抢劫过程中，一名被告人杀了另外一名当时正在放风的共犯，对此，法庭认为即使受害人是犯罪人，且发生在其积极参与犯罪的过程中，但对所有被告人仍然适用一级重罪谋杀规则，尽管杀死共犯完全不在之前的犯罪计划中，而且属于个别共犯的故意行为。虽然对共犯杀死共犯的情况，不同司法区的做法存在区别甚至对立⑥，但加利福尼亚州对这种情况适用重罪谋杀责任。

---

① 参见 Note，"Felony Murder: A Tort Law Reconceptualization," *Harv. L. Rev.* 99（1986）: 1918。

② 参见 *People v. Stamp*, 2 Cal. App. 3d 203（1969）。

③ 参见 *People v. Gilbert*, 22 Cal. 2d 522（1943）。

④ 参见 *People v. Vasquez*, 49 Cal. 560（1875）。

⑤ 参见 *People v. Cabaltero*, 31 Cal. App. 2d 52（1939）。

⑥ 参见 Lawrence Newman & Lawrence Weitzer, "Duress, Free Will and the Criminal Law," *S. Cal. L. Rev.* 30（1957）: 313。

尽管重罪犯需要为在犯罪过程中共犯实施的杀人负责，但如果杀人发生在其加入共犯结构之前，还是否可以适用重罪谋杀规则呢？在"得克萨斯州诉普利多案"（*People v. Pulido*）[1] 中，上诉人之前并没有认识到自己的叔叔也是本案的共犯，有抢劫当地加油站的意图，其是在其叔叔开枪杀人之后，被迫去打开收银机拿走钱款。因此，案件争议的焦点就变成了被教唆者是否需要对参与犯罪之前他人实施的杀人负责。对此，虽然原审法庭持否定态度，但本案的上诉人被上诉法庭认定为并非之后加入，而是在之前或在杀人的过程中加入了抢劫犯罪，因此仍然需要根据一级重罪谋杀规则，承担杀人罪的刑事责任。

最后需要强调的是，一直以来，美国学者对重罪谋杀规则的批判，往往集中于其并未考虑到行为人的犯意[2]，甚至有严格责任之嫌。对此，之前多有论述，这里并不重复。

二　过失杀人罪

在早期普通法中，过失杀人并不是独立的犯罪，它是从惩罚某种具有可责性但不该当死刑的犯罪演化而来的。最初，对谋杀和过失杀人的刑罚并无差别。两者都是重罪，且都被处以死刑。然而，在早期普通法当中，谋杀之外的较低层级的杀人罪，可以被处以"总体赦免"（General Pardon）。这是一种避免普通法严苛效果的做法，即"教士特权"（The Benefit of Clergy）。后期，法律将这种特权扩展至普通大众。这导致教士特权中的某些犯罪被转移出来。因此，根据普通法，是否适用教士特权，主要考察其是否该当死刑。司法实践区分了基于事先恶意的杀人与其他杀人，将其他的犯罪从教士特权中排除出去。被认为适用教士特权的非法杀人，不适用死刑。对此类杀人罪，普通法建构了新的概念——过失杀人，因为事先恶意区分死刑与非死刑，普通法将过失杀人定义为没有事先恶意情况下非法杀人。这种不同类型的过失杀人罪之间的区别是一种事实的非法律的区分，自愿与非自愿的过失杀人，都接受类似的刑罚——1 年监禁以及割掉大拇指。因此，无须废除过

---

[1]　参见 *People v. Pulido*, 15 Cal. 4th 713（1997）。

[2]　参见 Richard A. Rosen，"Felony Murder and the Eighth Amendment Jurisprudence of Death," *B. C. L. Rev.* 31（1990）: 1103。

失杀人的一般定义。①

但这种对过失杀人的传统做法没有理由继续。自愿、非自愿以及驾驶机动车过失致人死亡的犯罪存在不同的行为、犯意，所处刑罚也不同。没有理由认为其都属于非法的无恶意杀人。缺乏恶意，是界定自愿过失杀人的一种特别不适当的方式。自愿过失基于突发口角或激情杀人、非法故意杀人。② 根据加利福尼亚州法，故意杀人属于明示恶意，而自愿过失杀人属于基于恶意实施的犯罪。③ 根据《模范刑法典》，当过失的情况下杀人构成过失杀人。④ 行为人的行为如果归于过失，当应该认识到其行为对他人生命构成实质且非正当危险。被告人的行为必须在相同的情况下背离了理性人的行为，表现出对生命的不顾或无所谓心态。⑤ 过失杀人和谋杀之间，存在两个主要的区别。首先，过失杀人是在没有恶意的情况下实施的杀人行为，而谋杀要求事先恶意。事先恶意包括了杀人的意图，伴随有预见性或者是没有充分挑衅的情况下实施的意图杀人。⑥ 其次，和谋杀不同，要求行为人对人或胎儿的死亡承担责任的情况下，过失杀人不能适用缺乏恶意的情况下导致其死亡的情况。⑦

（一）自愿过失杀人

一级谋杀、二级谋杀以及自愿过失杀人，都要求杀人的故意。但是后者没有恶意，而是在突然发生口角或激情的情况下实施犯罪。⑧

例如，在"加利福尼亚州诉威廉姆斯案"（*People v. Williams*）⑨ 中，上诉法院驳回了上诉人的主张，上诉人认为自己应当被认定为自愿过失杀人罪，理由是检方没有足够的证据证明被告人的杀人行为是一时冲动。但上诉法院认为，经审理查明，本案被告人携带了上膛的手枪，其犯罪动机是为了

---

① 参见 Francis B. Sayre, "Mens Rea," 45 *Harv. L. Rev.* 975（1932）。

② 参见 *People v. Forbs*, 402 P. 2d 825（Cal. 1965）。

③ 参见 Charles L. Hobson, "Reforming California's Homicide Law," *Pepp. L. Rev.* 23（1996）: 495。

④ 参见 MPC § 210. 4。

⑤ 参见 MPC § 2. 02（2）（d）。

⑥ 参见 Julie Engels, "Mens Rea: Purpose to Kill Offenses," *Loy. L. A. L. Rev.* 36（2003）: 1401。

⑦ 参见 *People v. Dennis*, 17 Cal. 4th 468（1998）。

⑧ 参见 *People v. Lee*, 20 Cal. 4th 47（1999）。

⑨ 参见 *People v. Williams*, 40 Cal. App. 4th 446（1995）。

报复受害人，同时还有证据证明其具有杀人计划，因此可以认定上诉人具有杀人的预谋或事先恶意，一审认定其构成谋杀罪并无不当。

相反，如果有证据证明存在充分的挑衅，同时有证据让陪审团相信被告人形成了杀人的直接故意，一般就可以认定被告人的行为属于没有事先恶意的意图杀人。这也就意味着，挑衅与所谓没有事先恶意的意图杀人，是一种反证关系。挑衅必须使得一个普通人十分愤怒，以至于失去了理性和判断力。司法实践认为，发现自己的配偶有外遇，不足以构成影响理性人的挑衅。司法实践还认定，受害人抗拒犯罪的可预见行为不构成充分的挑衅。[①]

总体来说，挑衅要求在挑衅行为与杀人之间缺乏冷静的时间。如果存在充分的时间，法庭将推定被告人的激情冷却，因此排除挑衅。但对具体的时间限制，立法与司法都没有明确的规定，而是通常采取个案分析的方式。在很多情况下，激情杀人可能并不具有杀人的意图。行为人处于激情的情况下，客观上的杀人行为可能仅仅为了恐吓或造成伤害，而不是致人死亡。从犯意来看，自愿性过失杀人的判例往往涉及轻率，即尽管行为人认识到自己行为具有实质且非正当的危险，但基于吓唬或伤人的激情，实施了致人死亡的伤害行为。

法庭在指导陪审团时，如果没有存在挑衅的证据，就没有义务对自愿过失杀人犯罪提供法律指导意见，如果存在实质性的挑衅证据，就需要给陪审团提供自愿过失杀人的法律指导意见。[②]

加利福尼亚州最高法院认为，如果被告人诚实但不合理地确信，有必要采取措施避免迫近的生命以及严重身体威胁，则可以因此将谋杀减轻为自愿过失杀人。[③] 因为相关法律仅仅规定了如果存在突然发生的争吵或激情，可以依此将谋杀减轻为自愿过失杀人，但在司法实践中，存在瑕疵的自卫和缺乏能力一样，都可以帮助界定非法定的自愿过失杀人。在后续的判例中，加利福尼亚州司法实践，对恶意增加了新的要求，其已经认识到

---

① 参见 *People v. Jackson*，28 Cal. 3d 264（1980）。本案认定受害人在清醒的情况下，在遭遇抢劫时大叫是一种自然反应，不足以构成所谓充分的挑衅，因而不能使得被告人的罪名从谋杀降低为过失杀人。

② 参见 *People v. Breverman*，19 Cal. 4th 142（1998）。

③ 参见 *People v. Flannel*，603 P. 2d 1（Cal. 1979）。

在规范社会方面，应对行为规定一般义务，从而使得可以通过存在瑕疵的自卫否定恶意，将二级谋杀减轻为自愿过失杀人。①

（二）非自愿过失杀人

根据相关成文法，非自愿过失杀人一般被界定为，在实施非重罪的非法行为时，或实施合法行为时，因为行为方式违法，或者没有尽到适当谨慎义务导致死亡的情况。区别于自愿杀人，非自愿过失杀人并不要求杀人的故意。② 非自愿过失杀人较为复杂，且很难界定。法官给陪审团的指导意见是，非自愿过失杀人是非法杀人，没有事先恶意，没有杀人故意。

司法实践中区分非自愿过失杀人与其他类型杀人的根据，在于导致死亡的原因是轻率还是严重的犯罪过失。对此，较为具有指导性的判例是"加利福尼亚州诉佩尼案"（*People v. Penny*）③，被告人在没有资质的情况下，提供美容服务，主要是为女性提供自己调制的护肤品，主要成分为水、间苯二酚以及石炭酸。但受害人因为间苯二酚中毒死亡。上诉法庭认为，一审的问题部分在于对陪审员的法律指导混淆了民事过失与刑事过失，刑事过失要求加重、具有可责性的过失，或者轻率。

具体来说，如果证明行为人实际或可以推定其了解自己的行为会危及他人的生命，那么对过失行为的结果就是可以合理预见的。例如，行为人殴打受害人，非故意导致受害人死亡，可以被判构成非自愿过失杀人。④ 又例如，在"加利福尼亚州诉威尔茨案"（*People v. Welch*）⑤ 中，被告人和受害人在酒吧发生了口角，受害人要被告人和他出去，要给被告人点颜色看看。被告人几年之前因为遭遇某种事故，导致其血压极容易达到威及生命的程度，非常担心如果受害人动手，自己可能会死于非命。因此，被告人坚称自己率先开枪打死受害人是为了自卫，而不是为了杀人。法庭认定，被告人在开枪的时候并没有杀人的故意，在被枪击之前，受害人属于

---

① 参见 *People v. Conley*，411 P. 2d 911（Cal. 1966）。

② 参见 *People v. Welch*，137 Cal. App. 3d 834（1982）。

③ 参见 *People v. Penny*，44 Cal. 2d 861（1955）。

④ 被告人用拳头连续殴打受害人，导致其内出血，最终死亡。参见 *People v. Morgan*，275 Cal. 2d 603（1969）。

⑤ 参见 *People v. Welch*，137 Cal. App. 3d 834（1982）。

攻击者。如果陪审团认定自卫过程中的攻击行为过当，或者缺乏正当性，则需要认定被告人构成非自愿过失杀人罪。对犯罪过失，必须进行客观的评价，如果处于被告人位置的理性人能够认识到相关的危险，那么就能认定被告人有认识。[1] 与此类似，母亲没有尽到照顾子女的客观合理的义务，导致子女死亡的，也被起诉非自愿过失杀人。[2]

如前所述，普通过失不能满足非自愿过失杀人的要求。如果行为人能够认识到行为具有致伤或致死的高度危险性，就具有犯罪过失。而这也是所有过失案件中都被激烈争论的问题。因此，重点要考虑的就是被告人认识到非正当性的风险，或应当对危险有认识的情况。[3]

在很大程度上，非自愿过失杀人概念源自缺乏行为能力抗辩。换句话说，这个概念是在法律规定之外，在司法实践中逐渐成形的一种过失杀人罪的特殊位阶。这种"创制"出现在有瑕疵的自卫抗辩中。存在瑕疵的自卫缺乏成文法根据，却意外成为缺乏恶意情况下证明过失杀人的典型进路。[4] 这在很大程度上凸显出恶意概念本身的问题，加利福尼亚州杀人罪中的恶意，无论立法界定还是司法认定，都十分模糊，加利福尼亚州最高法院在没有得到任何法律授权的情况下，对责任能力较低或存在瑕疵的自卫做出调整。恶意现在变成了司法手里的一个玩物。直到今天，在很大程度上加利福尼亚州法院仍然适用上述做法，即通过认定防卫存在瑕疵，从而认定非自愿过失杀人罪的刑事责任。[5]

（三）机动车过失杀人

机动车过失杀人包括五种具体方式。[6] 不同类型机动车过失杀人之间

---

① 参见 *People v. Watson*，30 Cal. 3d 290，296（1981）。

② 参见 *Walker v. Superior Court of Sacramento County*，47 Cal. 3d 112（1988）。

③ 参见 *People v. Rodriguez*，186 Cal. App. 2d 433（1960）。

④ 在对主张部分缺乏犯罪能力的谋杀罪被告人进行审判过程中，因为法官没有对陪审团就自愿过失杀人、非自愿过失杀人以及重罪谋杀罪中的直接故意做出充分的法律指导，而这样做剥夺了被告人享有的由陪审团认定犯罪实质要素的权利，因此必须推翻之前的有罪判决。参见 *People v. Mosher*，1 Cal. 3d 380（Cal. 1969）。

⑤ 参见 *In re Christian S.*，872 P. 2d 574（Cal. 1994）。

⑥ 参见 Cal. Penal Code § 191. 5（a），Cal. Penal Code § 192（c）（1）－（3），以及 Cal. Penal Code § 191. 5。

的主要区别在于，死亡的结果是否属于严重过失的结果，司机是否受到酒精或毒品的影响，以及机动车事故是不是导致死亡的近因等。需要强调的是，只要存在相关事实证据，检方就有自由裁量权选择以二级谋杀而非机动车过失杀人起诉被告人。如果检方决定以机动车过失杀人指控被告人，则必须认定被告人的行为是基于严重过失。所谓严重过失，是指被告人没有尽到充分的注意义务，因此推定其对过失结果持有无所谓的心态。尽管这种严重过失的界定与二级谋杀中默示恶意谋杀的"极度轻率"非常类似，但加利福尼亚州最高法院认为，不能将两者简单等同。虽然这一要求看似明确，但在司法实践中适用时却极为困难，而这种困难在很大程度上，体现为普通机动车过失杀人罪与被作为谋杀的酒驾致人死亡之间的区分与重叠。

例如，2010 年 9 月 27 日，被告人酒后驾车，造成美国职业棒球大联盟著名投手及其两名伙伴死亡，被判谋杀罪名成立。案发之后，参与本案审理的陪审员在接受采访的时候，承认因为法官当时并未给出过失杀人罪的法律指导意见，因此陪审员一度感到十分难以做出决定。① 这一判例，较为典型地揭示出针对机动车过失杀人罪的认定在司法实践中出现的复杂局面。

酒后驾车致人死亡在加利福尼亚州被作为谋杀罪起诉并获判，最早出现在"加利福尼亚州诉沃特森案"（*People v. Watson*）② 中。"加利福尼亚州诉沃特森案"认定，如果司机在物质影响下驾车致人死亡，就可以认定其具有所谓的"默示恶意"，可以对其以二级谋杀罪名加以指控，但如果可以证明被告人仅仅存在"严重的过失"，则可以认定其犯有机动车过失致人死亡罪。法院提出，在下列要素被证明存在的情况下，可以认定被告人构成二级谋杀：（1）处于法律上的迷醉状态；（2）开车前往酒吧，并且明知自己之后还可能会开车；（3）推定其明知醉酒驾车的危害；（4）超速驾驶；（5）在致死交通事故前勉强避开了一起交通事故；（6）之后继续超速驾驶，并且在发生事故前试图刹车。但是，这一法律指导意见不适用于自愿迷醉，因为自愿迷醉可以否定默示的恶意。③ 这一判例在司法实践中产生了很大影

① 参见 Tobias Freestone，"Note and Comment：Elementary My Dear Waston：The Evolution to Strict Liability Murder Thirty Years After *People v. Waston*，" *Whittier L. Rev.* 33（2011）：243。

② 参见 *People v. Watson*，637 P. 2d 279（Cal. 1981）。

③ 参见 *People v. Martin*，93 Cal. Rptr. 2d 433（Ct. App. 2000）。

响，例如，之后在"美利坚合众国诉罗瑞娜案"（*United States v. Loera*）①
中，被告人喝了几个小时酒之后，驾车超越中线，导致对向车辆避让不及翻
入沟内，被告人的车接下来撞到另外一辆车，并且导致了对方死亡，被告人
被指控犯二级谋杀。案发时被告人的血液酒精浓度为 0.26%，属于醉酒驾
车。被告人之前有三次酒驾被捕的记录，并曾经被吊销过驾照。检方据此认
为被告人之前物质影响下驾驶机动车的判决，可以证明其具有恶意。法院明
确提出，在迷醉的情况下驾驶机动车，构成非自愿过失致人死亡罪。被告人
提出上诉，认为检方没有足够的证据证明其具有谋杀所需要的意欲心态，
而且之前酒驾的前科也不应作为证明其在本案中有罪的证据。对此主张，
上诉法院认为，因为本罪属于间接故意犯罪，因此只要被告人知道或应当
合理知道其行为是错误的，就满足了证明要求。对行为人所实施的非法且
轻率行为所导致的自然且盖然结果，可以推定行为人对上述结果具有意欲
心态。对被认定为谋杀的物质影响下驾驶机动车案件，司法机关往往不考
虑证据，也不认定其所包括的较低层级犯罪。例如，在"加利福尼亚州诉
桑切斯案"（*People v. Sanchez*）② 中，被告人被指控因为酒驾犯有二级谋杀
以及机动车过失杀人的加重犯罪。一审法院认定被告人二级谋杀罪名成立，
但中止了对其过失杀人罪的审理。被告人提起上诉，认为醉酒情况下的过失
杀人仅仅要求检方证明特定类型的非法杀人，而这又是其与谋杀罪的实质共
同要素，因此机动车过失杀人是谋杀所包括的较低层级犯罪。加州最高法院
认为谋杀罪的犯罪构成并不包括机动车过失杀人罪的所有构成，因此认定被
告人数罪的做法是适当的。本案中，被告人实施了一个行为，因此，一审法
院中止对被告人机动车过失杀人罪的审理的做法是适当的。

　　自从"加利福尼亚州诉沃特森案"之后，在加利福尼亚州，物质影响
下驾驶机动车致人死亡司法实践基本上沿用了严格责任。对此，学界多有
批判。③ 从司法实践的角度来看，对如物质影响下驾驶机动车等典型的机

---

① 参见 *United States v. Loera*，923 F. 2d 725（9th Cir. 1991）。

② 参见 *People v. Sanchez*，16 P. 3d 118（Cal. 2001）。

③ 参见 Miguel A. Mendez，"Solving California's Intoxication Riddle，" *Stan. L. & Pol'y Rev.* 13（2002）：
211；Paul H. Robinson & Michael T. Cahill，"The Accelerating Degradation of American Criminal
Codes，" *Hastings L. J.* 56（2005）：633。

动车过失杀人罪而言，最为关键的莫过于合理区分、正确认定被告人对自己在物质影响下驾驶机动车的心态，属于所谓"默示的恶意"还是"严重的过失"。尽管严重的过失以及默示的恶意都要求被告人对危害危险的认识，但两者在认识程度方面存在差别。法院将默示的恶意定义为任意的严重过失的行为，被告人实际上认识到所涉及的危险。[①] 沃特森主张，自己的迷醉程度使其无法形成恶意。法院认为，这一主张属于能力减轻抗辩，应当在一审的时候由陪审团加以认定。事实上，美国联邦最高法院拒绝将在物质影响下驾驶机动车视为一种暴力犯罪。[②] 虽然美国联邦最高法院的判例以及相关统计都显示，在物质影响下驾驶车辆本身并不具有一种危及生命的危险，但在加利福尼亚州，这样导致他人死亡的司机是否被以谋杀罪起诉，完全取决于检方。另外，因为机动车过失杀人罪并不被认为是谋杀罪所包括的较低层级犯罪，因此陪审员往往面临或者认定无罪或者认定谋杀罪的尴尬两难。如果物质影响下驾驶机动车致死的司机被起诉，那么很有可能被认定谋杀罪的严格责任。[③] 另外，同样迷醉的被告人以驾驶机动车之外的方式致死他人的，很可能被判处过失杀人罪。[④] 这就形成一种非常奇怪的对比。毕竟机动车和枪支、刀以及很多其他危险物品一样具有危险性，但是其他的情况并没有像机动车这样获得法律的关注并被加以单独规定。

有学者建议，可以在默示恶意之外，通过增加机动车肇事致人死亡罪的法定刑，解决公民处罚感情与法律混杂之间的矛盾状态。的确，因为交通肇事致人死亡的概率较低，因此增加法定刑要比以谋杀罪名指控更具有适当性。立法机构可以将驾驶机动车致人死亡的行为规定为"重罪酒驾谋杀"。[⑤] 还有学者认为，打击轻率犯罪行为的空间要远远大于打击故意犯罪行为的空间。例如，被指控故意犯罪的被告人，可以通过提供迷醉的证据否定所谓默示恶意，但是被指控默示恶意的被告人却无法提出类似的抗辩。如果陪审团相信迷醉的证据成立，意图实施犯罪的行为人将会被判定为非自愿

---

① 参见 People v. Phillips，414 P. 2d 353（Cal. 1966）。

② 参见 Begay v. United States，553 U. S. 137（2008）；Leocal v. Ashcroft，543 U. S. 1（2004）。

③ 参见 People v. Sanchez，16 P. 3d 118（Cal. 2001）。

④ 参见 People v. Parras，60 Cal. Rptr. 3d 850（Ct. App. 2007）。

⑤ 参见 Mark S. Levin，"People v. Watson：Drunk Driving Homicide-murder or Enhanced Manslaughter？" Calif. L. Rev. 71（1983）：1298。

过失杀人，而默示恶意的行为人将会被判定谋杀。对被指控谋杀的被告人，无论基于意图还是基于默示恶意，都应当被允许提出迷醉的证据。[①]

第四节　加利福尼亚州杀人罪的共犯
类型及抗辩事由

限于篇幅，加之之前多有论述，因此，仅以共谋杀人及自卫等典型类型为例，对加利福尼亚州法中杀人罪的共犯类型及抗辩事由加以说明。

一　共谋杀人犯罪

（一）普通杀人共犯责任[②]

加利福尼亚州法将所有帮助、教唆犯罪的人都规定为该犯罪的主犯，[③]改变了之前普通法将帮助犯和教唆犯视为二级主犯，在正犯被判有罪之前，帮助犯与教唆犯不得受审。[④] 相关立法实质排除了上述普通法规则，将所有主犯都纳入一个层级。如加利福尼亚州最高法院法官所言，帮助犯与教唆犯原则上仅对自己以及共犯的行为负责。从司法实践的角度，不必区分谁是帮助犯、谁是教唆犯、谁是实行犯，以及其在犯罪中所发挥的作用。[⑤]

1. 共犯责任的界定

根据共犯责任原则，帮助或教唆犯罪的人对其共犯实施的犯罪，承担主犯的责任。[⑥] 在美国学者看来，共犯责任的本质属于派生责任，即责任建立在他人犯罪行为的基础上。[⑦] 因为完全建立在正犯实施的犯罪基础上，共犯

---

① 参见 Miguel A. Mendez, "A Sisyphean Task: The Common Law Approach to Mens Rea," *U. C. Davis L. Rev.* 28 (1995): 407。

② 参见 Larry M. Lawrence, "Accomplice Liability: Derivative Responsibility," *Loy. L. A. L. Rev.* 36 (2003): 1524。

③ 参见 Cal. Penal Code § 31。

④ 参见 *People v. Butts*, 236 Cal. App. 2d 817 (1965)。

⑤ *People v. McCoy*, 25 Cal. 4th 1111 (2001).

⑥ 帮助犯与教唆犯如果可以合理预见被教唆者实施的犯罪，就需要承担主犯的责任。参见 *People v. Francisco*, 22 Cal. App. 4th 1180 (1994)。

⑦ 即使上诉人并没有实施该犯罪的故意，但基于派生责任，需要为帮助犯的犯罪承担责任。参见 *People v. Brigham*, 216 Cal. App. 3d 1039 (1989)。

责任不能被认为属于单独的刑事责任，而只是被指控犯罪责任的替代形式。

和通常理解不同，加州成文法中的"帮助"以及"教唆"被认为是共犯责任的两个要素，也就是说，在证明上述两个要素的情况下，就足以为共犯责任提供正当性。帮助要素，要求实施导致共犯涉入犯罪的行为，[①]典型的方式，包括提供帮助、进行鼓励、煽动犯罪行为。一旦一方当事人涉入犯罪就满足了帮助要素，无论多小的帮助。法律并不要求主犯涉入犯罪的程度。教唆一般是指认定责任的犯意要素，要求共犯认识到正犯实施犯罪的非法目的，故意促进正犯非法目的的达成。[②] 因此，如大多数犯罪一样，共犯责任也包括客观方面与主观方面两部分。[③]

首先，在客观方面，共犯责任针对的是实际帮助实施犯罪的人。[④] 所谓帮助，一般是指帮助正犯实施犯罪的行为或者帮助正犯实施犯罪的努力。这意味着，如果有人目睹强奸，但站在一边袖手旁观，只要其没有积极行为，就不应当认定其承担共犯责任。尽管这一不作为具有道德可责性，但其并不是犯罪责任的法律基础。共犯责任要求积极行为，即帮助加功行为。另外，共犯责任绝对不能被理解为惩罚思想犯的借口。[⑤]

其次，在主观方面，和大多数犯罪一样，如果仅仅要求帮助行为，那么共犯的责任可能会无限扩大[⑥]，这就意味着，在证明存在帮助行为的基础上，检方还需要证明，被告人在提供帮助时认识到了其所帮助的是犯罪行为，加利福尼亚州法院允许通过情节证据证明共犯认识到犯罪的存在。[⑦]但单纯在犯罪现场，并不能证明被告人是教唆犯或帮助犯。

2. 自然且盖然结果

共犯认识到正犯从事的犯罪且实际想要帮助的，需要承担共犯责任。

---

① 参见 *People v. Croy*，41 Cal. 3d 1 (1985)。认定对抢劫罪的帮助者或教唆者来说，正犯实施性犯罪也是可以合理预见的。

② *People v. Campbell*，25 Cal. App. 4th 402 (1994).

③ *People v. Fredoni*，12 Cal. App. 685 (1910).

④ 要求帮助行为出现在适用共犯责任之前，参见 *People v. Etie*，119 Cal. App. 2d 23 (1953)。

⑤ 被告人案发的时候在犯罪现场，这不能证明其应当承担教唆犯的责任。*People v. Hill*，77 Cal. App. 2d 287，294 (1946). 但这一情节可能和其他情节一起，使得陪审团认定被告人需要承担共犯的责任。参见 *People v. Villa*，156 Cal. App. 2d 128 (1957)。

⑥ 参见 *People v. Beeman*，35 Cal. 3d 547 (1984)。

⑦ 参见 *People v. Martin*，12 Cal. 2d 466 (1938)。

但如果共犯没有认识到正犯所从事的行为是犯罪，或者没有故意提供帮助的，情况又该如何？对此，加州司法意见采取了所谓"自然且盖然结果"规则，根据这一规则，如果危害结果是正犯行为自然且盖然的结果，即使对此没有认识，也可以让共犯承担责任。① 这实际上涉及的是共犯责任的射程问题，从加州司法实践来看，共犯责任的射程显然无法完全建立在主观说基础上，而是采取了"自然且盖然结果"这种客观的认定标准。

对"自然且盖然结果"的认定，需要结合具体案件事实和情节进行个案分析。一般来说，首先必须断定实际发生了什么犯罪；其次，法庭必须认定这些犯罪的合理可预见的结果包括哪些内容。从判例来看，共犯不一定需要为正犯的所有行为承担责任，共犯的罪责与正犯的犯罪行为的可预见性直接相关。②

在"加利福尼亚州诉布莱汉姆案"（*People v. Brigham*）③ 中，法庭明确，共犯责任建立在其合理预见的客观分析基础上，而不是共犯的主观认识基础上。所谓客观分析，是指陪审团必须认定，一个理性人在类似的情况下，是否会像被告人那样，认识到正犯实施的犯罪是被告人帮助或教唆的行为的合理可预见结果。这一认定需要考察正犯以及帮助或教唆行为的相关情节，不仅包括犯罪实施之前的情节，还必须包括参与人直接或间接帮助或教唆正犯的所有情节。"加利福尼亚州诉布莱汉姆案"中，上诉人和其同伙，同时也是名职业杀手，计划杀死受害人。两人携带枪支开车在犯罪现场附近转悠，看到有人从街上走来，上诉人宣称，当时他告诉其同伙，这个人并不是他们的目标，但是其同伙不顾上诉人反对，开枪打死了该行人。上诉人作为帮助犯、教唆犯，被判处一级谋杀罪名成立。上诉人认为，一审法院没有指导陪审员，杀人行为是其同伙的独立行为，因此有错误，从而提起上诉。但上诉法院维持了一审判决，认为即使同伙的杀人行为并非上诉人本意，但其作为帮助犯及教唆犯，其派生责任根据的共犯

---

① 认定帮助、教唆实施犯罪的人，即使案发时不在现场，也需要对其帮助或教唆犯罪的所有"自然且盖然结果"承担责任。参见 *People v. Kauffman*，152 Cal. 331，92 P. 861（1907）。如果是共犯行为的自然且盖然结果，帮助或教唆犯罪的人就需要承担责任。参见 *People v. Beltran*，94 Cal. App. 2d 197（1949）。

② *People v. Woods*，8 Cal. App. 4th 1570（1992）.

③ *People v. Brigham*，216 Cal. App. 3d 1039（1989）.

的犯罪是存在的，即上诉人和其共犯针对犯罪持有犯意不同，无论其共犯的犯罪是否属于故意，都不影响其共犯责任。

3. 共犯责任与正犯责任的关系

根据加利福尼亚州刑事司法实践，作为共犯的帮助犯和教唆犯，不能根据相同的证据，在同一个审判当中又被判其他更重的罪名。这是因为共犯责任建立在派生责任基础上，加利福尼亚州法承认，基于相同证据，在同一个审判当中，被告人不能基于同一个证据在同一个审判中，被判比正犯更重的犯罪。① 例如，在"加利福尼亚州诉麦克依案"（*People v. McCoy*）② 中，两名被告人被根据相同证据，在同一审判中，分别作为正犯以及共犯，判处谋杀及谋杀未遂。上诉法院推翻了这一判决，部分理由即在于作为帮助犯及教唆犯的被告人，基于相同证据，在同一审理过程中，不能承担比正犯更高的责任。

必须强调的是，即使基于相同证据，但如果分开审理，共犯仍有可能被判承担较重的责任。③

（二）共谋杀人④

如前所述，加利福尼亚州法将"共谋"定义为两人以上合意实施犯罪的行为。⑤ 除犯罪之外，共谋的对象还可以是危及公共健康、公共道德或干扰司法、法律适当执行的行为。成文法对共谋的界定十分宽泛，以至于任何对公共健康、公共道德产生危害的行为都可以引发司法自由裁量权，通过认定构成共谋对其加以惩罚。但检方很少适用共谋理论提起诉讼。⑥

对共谋而言，除了需要通过证据证明存在推动犯罪行为的合意之外，对犯罪客观层面的要求较低。一般认为，之所以通过立法规定共谋犯罪，原因在于共谋犯罪往往危害巨大，相较于个人犯罪而言，团伙计划、支持

---

① *People* v. *Williams*，75 Cal. App. 3d 731（1977）.

② 参见 *People* v. *McCoy*，79 Cal. App. 4th 67（2000）。

③ 参见 *People* v. *Garcia*，28 Cal. 4th 1166（2002）。

④ 参见 Benjamin S. Lin，"Conspiracy in Homicide," *Loy. L. A. L. Rev.* 36（2003）：1541。

⑤ 参见 Cal. Penal Code § 182（a）（1）。

⑥ 参见 Walton E. Tinsley，"Comment，Criminal Law—Conspiracy and Conspirators in California," *S. Cal. L. Rev.* 26（1952）：64。

犯罪，更容易对社会造成危害[1]，有必要在犯罪既遂之前将其制止。因此，共谋除了具有共同犯罪的特征之外，还具有未完成罪的特征。[2] 对共谋的打击相较于其他未完成犯罪包括未遂而言，都非常提前。[3] 这也使得共谋成为一种非常独特的犯罪类型。[4]

共谋在加利福尼亚州刑事司法中占据着重要位置。首先，作为一种未完成罪或预备罪，共谋使得检方在犯罪行为没有开始之前，就可以打击具有可责性的共谋行为。在一个人实施犯罪的时候，单纯的计划并不可罚，只有在其行为已经构成预备的时候才可罚。但两个人以上的时候，在未遂之前，即可对其实施的犯罪共谋加以处罚。其次，在加利福尼亚州，共谋属于独立的犯罪。[5] 这意味着如果和他人合谋杀人，即使最终没有实施，或在实施前被抓获了，仍然需要承担本罪的刑事责任。如果其成功地实施了杀人犯罪，则可能需要被判处共谋罪以及基本的杀人犯罪。这是因为这种犯罪十分危险，警方很难侦办，同时也需要在阶段就介入。[6]

从加利福尼亚刑事司法实践来看，对很多可以合理预见的犯罪，都规定了共谋责任，即使该人并没有意图以任何方式帮助犯罪，或促进、鼓舞犯罪。因此，如果有人同意参与实施任何犯罪，不一定是谋杀犯罪，而杀人是该犯罪的可预见的结果，是在推进共谋过程中发生的，其就应该对杀人承担责任，无论其是否对此有认识。对检方而言，共谋作为一种单独的犯罪，为检方提供了其他的诉讼选择。例如不仅有可能延长时效，还存在

---

[1] 因为参与人多，导致可以实现分工，刺激犯罪人实施更为复杂、更具野心的犯罪。而且，共谋者可以互相鼓舞，使得共谋犯罪不会像单独犯罪那样容易出现瞻前顾后的情况。参见 *People v. Alleyne*, 82 Cal. App. 4th 1256（2000）。

[2] 参见 Paul Marcus, "Conspiracy: The Criminal Agreement in Theory and in Practice," *Geo. L. J.* 65（1977）: 925。

[3] 未完成犯罪是一种预备罪，是对那些没有实施犯罪或没有达成目标，但同意参与犯罪的人加以惩罚。参见 Phillip E. Johnson, "The Unnecessary Crime of Conspiracy," *Cal. L. Rev.* 61（1973）: 1137。

[4] 共谋是未完成犯罪，并不要求实施实体犯罪作为共谋的目标。参见 *People v. Swain*, 12 Cal. 4th 593（1996）。共谋犯罪的既遂，并不要求实现共谋的目标，甚至不需要共谋出现实现的可能。参见 *People v. Liu*, 46 Cal. App. 4th 1119（1996）。

[5] *People v. Williams*, 101 Cal. App. 3d 711（1980）.

[6] 既然共谋是一种单独的犯罪，被告人可以同时被起诉共谋犯罪以及共谋意图实施的实体犯罪。参见 *People v. Cooks*, 141 Cal. App. 3d 224（1983）。

证据法上的意义。虽然有滥用的可能，但也具有极强的优势。①

1. 构成要素

司法实践中，为了证明共谋的存在，检方需要排除合理怀疑地证明如下几个要素的存在：两人以上形成合意，具有实施特定犯罪的直接故意，具有继续从事下一步犯罪的直接故意，以及当事人的一方或多方基于共谋的合意实施了犯罪行为。②

首先，合意及其证明。

共谋的精髓在于非法合意的存在。③ 合意行为是适用共谋责任的基础。但在没有推动共谋的客观行为的情况下，共谋并不可罚，而客观行为本身并不需要一定是犯罪行为。这种合意而非客观行为，构成了犯罪。④

早期共谋法中，对犯罪性的强调，在于对共同非法目的的互相交流。进一步来说，在普通法中，一旦达成合意，共谋罪就成立。然而，现在关注的焦点，从是否达成了合意转移到了是否存在合意。⑤ 也就是说，重要的问题在于如何证明合意的存在。

判例认为，共谋属于连续犯。在"加利福尼亚州诉冯·维拉斯案"（*People v. Von Villas*）⑥ 中，法庭认为合意是共谋的关键。不应将合意单纯理解为一种客观的现象。因为合意形成的准确时间很难确定，最好将其视为一个连续的过程，从而将共谋视为一种连续犯。总之，当代共谋中的犯罪行为，是针对共同犯罪目标的连续且理性的勾连。对合意的宽泛界定，反过来，可以用来证明客观行为。因为合意具有连续性，因此合意行为并不限于合意达成之后出现的行为。因此，一旦存在具有可罚性的合意，任何在共谋者之间的讨论或合意都构成推动共谋的客观行为。⑦

在司法实践中，一般并不存在关于合意的直接证据，其也很少被用来

---

① 参见 Benjamin S. Lin，"Conspiracy in Homicide," *Loy. L. A. L. Rev.* 36（2003）：1541。

② 参见 *People v. Herrera*，83 Cal. App. 4th 46（2000）。

③ 共谋犯罪打击的核心，是邪恶的联结，或者犯罪的合意。参见 *People v. Von Villas*，11 Cal. App. 4th 175（1992）。

④ 参见 *People v. Fenenbock*，46 Cal. App. 4th 1688（1996）。

⑤ 参见 "Developments in the Law：Criminal Conspiracy," *Harv. L. Rev.* 72（1959）：920。

⑥ 参见 *People v. Von Villas*，11 Cal. App. 4th 175（1992）。

⑦ 共谋的行为包括确定谁是共谋者，教唆他人参与共谋以及要求他人实施犯罪等。参见 *People v. Sconce*，228 Cal. App. 3d 693（1991）。

证明存在合意。一般认为，构成共谋，不需要书面的协议。① 相反，能够证明当事方对完成行为及非法计划的默示理解就已足够。这样的合意可以从当事方实施违法行为的共同目的中推导出来。② 例如，在"加利福尼亚州诉亚历山大案"（*People v. Alexander*）③ 中，在监狱中服刑的被告人挥舞刀具，拦住受害人的去路，导致其无法摆脱其他犯罪人的攻击，后来还站在楼梯上指挥其他人的攻击行为，骚乱结束后，被告人最后将刀从窗户扔了出去。犯罪人实施的攻击集中于致命区域，如面部、后背等，这些证据都支持认定被告人和其他犯罪人谋杀其他服刑犯的共谋。

其次，实施犯罪的直接故意。

共谋属于一种直接故意犯罪，所谓直接故意，一方面是指达成合意或存在共谋的故意，另一方面还包括从事目标犯罪的故意，如谋杀的意图。换句话说，如果要认定存在针对特定犯罪的共谋，检方必须证明共谋者意图合意，而且针对犯罪的要素具有故意。④

因为不存在没有合意的共谋，因此检方在证明共谋时，必须证明存在复数的故意。然而，达成合意的故意本身，并没有道德的内容，其错误性产生于通过合意达成的犯罪目标。因此，达成合意的故意和实施犯罪的故意相比，显得不那么重要，因为检方必须证明当事人具有特定的犯罪目标，否则很难证明存在共谋。共谋被认为是一种具体故意犯罪，因为这种犯意不仅仅是合意的故意。对刑事责任而言，必须证明实施特定行为或犯罪的故意。进一步而言，证明共谋从事特定实体犯罪，至少需要证明实体犯罪本身所需要的犯罪故意。如果实体犯罪是谋杀，从事该犯罪的共谋要求具备杀人的故意，不能建立在默示恶意的基础上。⑤

再次，从事合意的犯罪行为。

根据普通法，共谋包括非法的合意，但是并不要求客观的犯罪行为。

---

① 参见 *People v. Cooks*, 141 Cal. App. 3d 224（1983）。
② 可以通过情节证据证明存在共谋，不需要证明共谋者曾经会面，实际上合意从事特定的犯罪即可。参见 *People v. Superior Court*, 13 Cal. App. 4th 12（1993）。
③ 参见 *People v. Alexander*, 140 Cal. App. 3d 647（1983）。
④ 参见 *People v. Swain*, 12 Cal. 4th 593（1996）。
⑤ 加利福尼亚州承认三种类型的二级谋杀：（1）基于明示恶意的故意、非事先决意谋杀；（2）默示恶意谋杀或极端轻率地非故意谋杀；（3）二级重罪谋杀。

但这种做法多少有惩罚思想犯之嫌。现在加利福尼亚州和大多数州一样，要求客观行为的证据。那么，证明共谋成立，需要什么样的客观行为证据呢？尽管论者对此仍然存在极大争议，但基本都同意，在客观行为方面，要求不多。任何行为，无论什么行为，如果通过情节可以推定行为人实施该行为是为了推动之前达成的犯罪合意，即具有充分性。① 推动共谋的行为不需要其本质上具有犯罪性，即其不需要达到试图从事实体犯罪或帮助、教唆的程度，也不需要所有共谋者都从事该客观行为。② 共谋者之间的讨论与安排，就可以被视为构成了适当的客观行为。在共谋形成后加入的，仍然需要与之前的共谋者一样承担类似的刑事责任。③

2. 共谋责任范围

共谋，要求至少两名共犯。根据这一准则，如果两名共谋者中的一人被认定无罪，则不构成共谋。共谋需要至少两名参与者，在其他共谋者都被认定无罪的情况下就变得不协调。④

在加利福尼亚州，共犯行为人不仅需要对基本计划承担责任，还需要对计划的自然或盖然结果承担责任。⑤ 这与联邦共谋法相一致。共谋犯罪危害极大，因此部分行为需要承担全部责任。⑥ 另外，如前所述，共谋属于继续犯，因此持续时间对共谋来说在很多方面具有重要性。首先，连续的共谋包括不同的客观行为，在这个过程中，不仅存在诸多可以让检方证明犯意存在的客观事实，还存在让当事人放弃共谋的机会。被告人可以通

---

① 参见 Solomon A. Klein, "Conspiracy—The Prosecutor's Darling," 24 *Brook. L. Rev.* 1 (1957)。

② 诸如案发前会面或提供犯罪工具等，都属于共谋的客观方面。参见 *People* v. *Buono*，191 Cal. App. 2d 203 (1961)。

③ 共谋形成之后第三方加入的，一般认定第三方对其加入之前的共谋表示接受与赞成。参见 *People* v. *Anderson*，90 Cal. App. 2d 326 (1949)。

④ 加利福尼亚州相关立法与《模范刑法典》所采取的单边主义标准形成鲜明对比，后者不要求至少存在两名以上的共谋者，而仅仅要求具有可责性一方的犯意。参见 MPC § 5.03。

⑤ 通说认为，如果当事人合意从事任何非法行为，每个人都需要为其他人为推进这一共同计划所实施的任何行为承担责任。参见 *People* v. *Kauffman*，152 Cal. 331 (1997)。共谋规则在加利福尼亚州刑法中扮演如下角色：首先，共谋本身就是一种实体性犯罪；其次，共谋的证据可以被用来为对所有共谋者为推动共谋所实施的行为认定责任提供根据。参见 *People* v. *Superior Court*，58 Cal. App. 4th 833 (1997)。

⑥ 认定共谋者对其他共谋者在合理可预见范围内实施的实体犯罪承担责任。参见 *U. S.* v. *Pinkerton*，328 U. S. 640 (1946)。

过放弃共谋这一抗辩，避免为其他共谋者之后实施的犯罪承担责任。[1] 根据加利福尼亚州法，如果在实施共谋的客观行为之前撤出犯罪，那么放弃共谋就可以被视为一个充分的抗辩。但在总体上，不能改变的事实是，共谋规则的提出就是为了便利检方，因为其可以利用共谋规则较为便利地针对所有的共谋者提出指控。[2] 由此不难发现，在检方来看，共谋是非常重要的工具。但这也造成了检方权力过大，引发了很大的争议。然而，不可否认，共谋的犯罪性更强，而其犯罪的本质也使得检方很难证明。

二　杀人罪的抗辩

（一）自卫

1. 自卫的成立条件

根据加利福尼亚州相关法律规定，在抵御杀人行为的过程中实施的杀人行为具有正当性。[3] 但这一表述，并没有充分阐明自卫在杀人过程中具有的复杂性。[4] 自卫包括两个要素：（1）真诚相信自卫的需要；（2）合理确信需要防卫。[5] 被告人必须主观且实际确信需要防卫迫近的危害。这种确信必须具有合理性。如果被告人诚实但不合理地确信需要抵御迫近的危害，就是属于有瑕疵的自卫。在这种情况下，被告人可以被判处过失杀人，而非谋杀。因此，被告人不能被完全免责。[6]

杀人罪中的自卫抗辩，主要关注客观合理性的认定标准问题。自卫属于正当化事由的一种，因此自卫杀人在加利福尼亚州不可罚。[7] 对此，司

---

① 参见 *People v. Sconce*，228 Cal App. 3d 693（1991）。

② 参见 Paul Marcus，"Criminal Conspiracy Law: Time to Turn Back from an Ever Expanding, Ever More Troubling Area," *Wm. & Mary Bill Rts. J.* 1（1992）: 1。一旦共谋成立，便不必证明每个共谋者参与每个行为，因为根据共谋，每个共谋者都需要为其他共谋者的行为承担责任。亦参见 *People v. Cooks*，141 Cal. App. 3d 224（1983）。针对一个共谋者的行为的证据，可以用来证明其他共谋者的责任。参见 *People v. Tinnin*，136 Cal. App. 301（1934）。

③ 参见 Cal. Penal Code § 197。

④ 参见 Janet Grumer，"Self-defense," *Loy. L. A. L. Rev.* 36（2003）: 1575。

⑤ 参见 *People v. Flannel*，25 Cal. 3d 668（1979）。

⑥ 参见 *People v. Humphrey*，13 Cal. 4th 1073（1996）。

⑦ 如受害人有权使用暴力将被告人从自己的家中驱逐出去，被告人对此无权使用暴力加以反抗。参见 *People v. Hardin*，85 Cal. App. 4th 625（2000）。

法实践中存在较大争议。

　　虽然一般认为，针对重罪，如伤害或谋杀，实施自卫而杀人的行为具有正当性，即不仅无须负责，而且属于一种行使权利的行为。但这种权利并不是绝对的，也就是说，自卫具有一定的限度要求。被告人在自卫的过程中使用暴力必须适度。过度使用暴力就消除了自卫的正当性，使其变成了一种减轻责任的抗辩事由。例如，在"加利福尼亚州诉贝茨案"（*People v. Bates*）[①] 中，被告人和受害人等在自己家中的厨房内喝酒，因为口角，受害人用刀刺中了被告人的大腿，有证人证明，被告人夺下了刀，连续刺受害人的腹部。陪审团认定被告人犯有非自愿过失杀人罪。法庭认定，被告人主张的自卫抗辩不能成立。

　　除了防卫限度的要求之外，在司法实践中，认定自卫的另外一个重要因素在于如何正确认定危害的迫近性。对迫近的危害的担心，是自卫的实质要素，这种担心必须实质上足以导致理性人担心自己面对死亡或重伤的危害结果。然而，在某些情况下，迫近的危害并不是对谋杀的抗辩。[②] 例如，被告人吸毒之后产生幻觉，闯入受害人家中，宣称自己受到追杀。年迈的受害人要求被告人离开，被告人宣称当时受害人手里挥舞着一把锤子。被告人用这把锤子杀死了受害人，因此一审被判处二级谋杀。被告人提起上诉，认为自己闯入他人家中仅仅属于一种轻罪，自己并未对受害人实施任何其他重罪，因此有权进行自卫。但上诉法院驳回了上诉，认为根据法律规定，应推断房屋的主人对闯入者足以产生对危害迫近的合理担心，因此有权实施致命暴力打击入侵者。但如前所述，在"受殴打妇女综合征"等特殊情况当中，迫近危害的范围得到了实质性的扩大。

　　自卫的成立还需要自卫者实际确信需要防卫迫近的危害，被告人的确信必须从理性人的标准来看具有正当性。[③] 如果主观确信存在，但是客观上存在不合理性，属于存在瑕疵的自卫。在瑕疵自卫的情况下，被告人不构成谋

---

① 参见 *People v. Bates*，256 Cal. App. 2d 935（1967）。

② 参见 *People v. Hardin*，85 Cal. App. 4th 625（2000）。

③ 参见 *People v. McGee*，31 Cal. 2d 229（1947）。加利福尼亚州承认"受殴打妇女综合征"作为抗辩事由，可以证明家庭暴力受害人的认知、感受与行为的物理、精神或心理影响。参见 California Evidence Code § 1107。

杀，仅仅构成过失致人死亡。在杀人案件中，自卫的主观要素要求被告人诚实相信自己的什么面临迫近的危害，而这需要考察被告人的心态以及相关情节。① 主张自卫的被告人，有义务证明其实际认识到需要自卫。因此，被告人需要提出证据证明上述主张。② 性格证据、第三方的威胁证据，以及被告人的心态证据，都与此相关。③ 除了上述证据之外，在"受殴打妇女综合征"类的自卫中，专家证言十分重要。自卫中的合理性，主要考察处于被告人位置的理性人，是否认定被告人的行为具有合理性。理性人标准的难点之一在于如何将被告人个人的知识、信息以及经验，归结于一个所谓的理性人。④

2. 有瑕疵的自卫

如前所述，如果被告人主观确信面临迫近的危害需要自卫，但这种确信缺乏客观合理性，则其有权主张存在瑕疵的自卫。从司法效果来看，即便自卫存在瑕疵，也能排除所谓事先恶意，因此可以排除被告人的谋杀罪名，转而降格为自愿过失杀人（如果被告人在杀人的时候有故意），或非自愿过失杀人（如果被告人没有杀人的故意）。⑤ 尽管加州成文法废除了有限责任能力抗辩，但有瑕疵的自卫仍然属于有效的抗辩。根据加州法律，陪审团无须再考察被告人形成犯意的能力，但这并不意味着排除陪审团通过考察被告人是否可以真的形成犯意来认定其精神状况的做法。例如，在"加利福尼亚州诉葛利格力案"（*People v. Gregory*）⑥ 中，被告人主张，自己在杀人的时候处于某种幻觉的状态。一审时被告人聘请的律师并没有就有瑕疵的自卫对其进行法律咨询。对那些因为幻觉，真诚确信需要实施自卫的被告人来说，有瑕疵自卫的主张并不适用。这是因为被告人的判断并非建立在对相关情节的理性分析基础上。相反，被告人的行为证明，其无法进行推理，也无法理解或判断情况。也就是说，法庭有义务就有瑕疵抗辩对陪审团进行法律指导，从而让其判断是否有足够的证据证明被告人自卫的抗辩。例

---

① 参见 *In re Christian S.*, 7 Cal. 4th 768（1994）。

② 参见 *People v. Davis*, 63 Cal. 2d 648（1965）。

③ 参见 *People v. Minifie*, 13 Cal. 4th 1055（1996）。

④ 认定西班牙裔街头殴斗文化，与认定其是否实际确信自己面临死亡的迫近威胁，并无关系。参见 *People v. Romero*, 69 Cal. App. 4th 846（1999）。

⑤ 参见 *People v. Humphrey*, 13 Cal. 4th 1073（1996）。

⑥ 参见 *People v. Gregory*, 101 Cal. App. 4th 1149（2002）。

如，在"加利福尼亚州诉沃拉蒙特案"（*People v. Viramontes*）① 中，就是因为一审法院没有对陪审团就有瑕疵的自卫做出法律指导，并且辩护律师通过展示被告人外套上的一个枪眼证明其对自卫必要性的认识是有根据的，因此上诉法院认为，一审法院没有就有瑕疵的自卫进行法律指导属于严重的法律错误，因此推翻了一审判决。

长期以来，加利福尼亚州司法体系在对自卫的定义和测试标准方面，一直沿用二元测试标准，厘定针对需要实施自卫的真实、合理确信。同时，在"受殴打妇女综合征"等情况下，法庭适当放宽了认定理性标准的情节范围。存在瑕疵的自卫是否仅仅限于事实认识错误，目前尚未得出定论。在"受殴打妇女综合征"案件中，被告人的知识、信息、经验等都可以被用来作为评价危险迫近性的根据。② 但这种做法还没有扩展到诸如精神迟钝被告人、发展障碍以及受殴打儿童等情况，也不太可能适用于帮派犯罪、街头犯罪等情况。③ 总之，一个较为现实的课题是如何科学地将被告人本人的观点纳入自卫的司法判断当中。④

（二）精神失常抗辩⑤

如果说自卫是典型的正当化抗辩事由，那么精神失常就是典型的免责事由。

从 19 世纪开始，加利福尼亚州就基本上将"南顿规则"这一精神失

---

① 参见 *People v. Viramontes*, 93 Cal. App. 4th 1256（2001）。

② 在 1988 年的"堪萨斯州诉斯图尔特案"（*State v. Stewart*）中，法庭认定，"在涉及受虐配偶的案件时，客观方面的测试是有关受虐妇女如何理性地、慎重地觉察出攻击者的行为"。可见合理性的标准不可太客观。虽然一般来讲，法庭不允许太多的主观因素涉及对"受殴打妇女综合征"状况的分析。但是，在断定一个理性的妇女处在防卫者的角度会做出如何反应时，必须考虑到防卫者受虐的历史。也就是要从受虐妇女的角度出发，考虑当时情况下她的理性、慎重是什么样的。但防卫者自身特殊的心理，比如异常的压抑感、好斗的特性等不包括在考虑的范围内。参见 *State v. Stewart*, 763 P. 2d 572（1988）。转引自张君周、林杨《美国刑法中受虐妇女与自身防卫问题之研究》，《政法学刊》2003 年第 3 期，第 29 页。

③ 对街头犯罪或帮派犯罪，不适用所谓合理客观测试标准。参见 *People v. Romero*, 69 Cal. App. 4th 846（1999）。

④ 参见 Janet Grumer, "Self-defense," *Loy. L. A. L. Rev.* 36（2003）：1575。

⑤ 参见 Stephanie K. Lashbrook, "The Insanity Defense," *Loy. L. A. L. Rev.* 36（2003）：1596。

常认定规则作为刑事责任的判断标准。① 如前所述，根据"南顿规则"，如果行为人因为精神疾病无法理解犯罪的本质，或在犯罪的时候无法分清对错，就不需要对行为承担责任。②

随着司法实践的发展，加利福尼亚州对"南顿规则"做出了一些修正，如澄清"对错"中什么是错、什么是对，以及对暂时性精神失常的界定。③ 尽管法律上的错误，通常包括道德上的错误，但两者并不能直接等同。④ 例如，被告人可以理解杀人是非法的。然而，如果其感觉是上帝的意志，不能相信自己具有道德上的错误性。因此，检方虽然认识到其行为违反刑法的本质，但不能证明被告人不相信其行为道德上的错误性。⑤ 如果要适用刑罚，就必须证明被告人不仅必须知道其所从事的行为是犯罪，而且还必须理解行为的错误性。这一要求十分重要，因为如果没有这一规定，那么只要知道其所从事的行为是违法，尽管其没有认识到犯罪性的意义也可成立。也就是说，行为之所以是非法，是因为这些行为是错误的。⑥

尽管"南顿规则"作为精神失常的测试标准，本身并未出现实质性改变⑦，但仍然受到了批判。⑧ 因为这种批判等，加利福尼亚州最高法院在20世纪70年代末一度放弃"南顿规则"⑨，转而采用"美国法学会规则"。

---

① 参见 *People v. Reid*, 193 Cal. 491（1924）；*People v. Oxnam*, 170 Cal. 211（1915）；*People v. Pico*, 62 Cal. 50（1882）；*People v. Coffman*, 24 Cal. 230（1864）；*People v. Zari*, 54 Cal. App. 133（1921）；*People v. Ashland*, 20 Cal. App. 168（1912）。转引自 Michelle Migdal Gee, "Annotation, Modern Status of Test of Criminal Responsibility—State Cases," *A. L. R. 4th* 9（1981）：529。

② 针对"南顿规则"的司法适用，亦参见 Stephen J. Morse, "Excusing the Crazy: The Insanity Defense Reconsidered," *S. Cal. L. Rev.* 58（1985）：777。

③ 参见 *People v. Wolff*, 61 Cal. 2d 795（1964）。

④ 参见 *People v. Skinner*, 39 Cal. 3d 765（1985）。

⑤ 还存在所谓"上帝指令抗辩"（Deific Decree），如果被告人可以证明自己的犯罪行为是因为受到了上帝召唤而产生的幻觉，就可以免责。参见 Christopher Hawthorne, "Comment, 'Deific Decree': The Short, Happy Life of a Pseudo-doctrine," *Loy. L. A. L. Rev.* 33（2000）：1755。需要指出，这一抗辩不适用于加州，加州将其视为一种法律认识错误。

⑥ 参见 *People v. Wells*, 33 Cal. 2d 330（1949）。

⑦ 承认加州司法系统对精神失常适用"南顿规则"作为检测标准，参见 *People v. Phillips*, 83 Cal. App. 4th 170（2000）。

⑧ 对"南顿规则"的若干批判，如缺乏考量行为人的控制能力、缺乏对因果关系的考察、测试本身不科学等等，参见 *People v. Nash*, 52 Cal. 2d 36（1959）。

⑨ 参见 *People v. Drew*, 22 Cal. 3d 333（1978）。

根据"美国法学会规则",如果在行为时,精神疾病或缺陷导致行为人缺乏理解行为犯罪性或者缺乏保持行为合法的实质能力,就不需要承担刑事责任。但这一做法后又被推翻。1982 年,加利福尼亚州通过立法废除了对精神失常抗辩的 ALI 测试标准,转而重新通过立法承认"南顿规则"在认定精神失常方面的合法标准地位。① 随着立法重新承认"南顿规则",如何明确立法意图、正确理解"南顿规则"的立法原意,就成为加利福尼亚州各级法院致力解决的问题。② 最终,加利福尼亚州最高法院认定,如果做契合式解读的话,会导致处断过于严厉。因此放弃了这种解读方式。这意味着,只要被告人无法明知或理解其行为的本质,或其在行为的时候无法区分对错,都可以被认定为满足"南顿规则"的相关要求,属于精神失常。③

1. 杀人罪中"南顿规则"的合理解读

尽管加州刑事司法系统已经明确,需要将"南顿规则"的两种指标分开处理。但这并不是说精神失常抗辩已经尘埃落定或畅通无阻。表面上,"南顿规则"的适用包括两个方面:首先是行为测试,即行为人是否因为没有认识得到自己行为的本质而不需要承担责任;其次才是错误测试,主要是用来测试被告人区分对错的能力。另外,显然被告人如果主张精神失常抗辩的话,其实还必须满足第三个要求,即必须主张存在精神失常。也就是说,因为精神病,行为人不能理解自己行为的本质,或不能区分行为的对错。④ 这是因为,如果单纯从加利福尼亚州成文法规定来看,法律意义上的精神失常并没有提及行为人在行为的时候的精神状况。因此,从字面理解,即使行为人不罹患精神疾病,只要其无法分清行为的本质,或者无法分清行为的对错,就可以进行这种抗辩。然而,在"加利福尼亚州诉

---

① 参见 Jeff Brown, "Proposition 8: Origins and Impact—A Public Defender's Perspective," *Pac. L. J.* 23 (1992): 881。

② 参见 *People v. Coddington*, 23 Cal. 4th 529 (2000); *People v. Skinner*, 39 Cal. 3d 765 (1985); *People v. McCowan*, 182 Cal. App. 3d 1 (1986); *People v. Horn*, 158 Cal. App. 3d 1014 (1984)。

③ 司法者认为这一规定如果合并解读,将会和所谓"兽性测试"无异。参见 *People v. Horn*, 158 Cal. App. 3d 1014 (1984)。

④ 参见 *People v. Kelly*, 10 Cal. 3d 565 (1973)。

麦克卡瑟林案"（*People v. McCaslin*）① 中，这种解读方式遭到了否定。本案被告人在上诉时声称，一审法院指导陪审员必须认定被告人罹患某种精神疾病或缺陷，而这种法律指导是错误的。但上诉法院认为，被告人并不罹患精神疾患，因此无权主张精神失常抗辩。法院认为，从立法历史来看，在加州适用美国法学会标准时，曾要求被告人必须罹患某种精神疾病或缺陷。虽然这一测试标准后来被"南顿规则"取代，且立法机构没有在现行法律中明确这一问题，但从立法历史的脉络来看，现行立法也要包括相同的要求，只是没有明文规定而已。如果不这样解读，诸如反社会人格之类等情况，也可能被解读为精神失常。但反社会人格属于典型的罪犯性格，大量的犯罪人都具有这种情况，这意味着大量的犯罪分子都可以主张精神失常抗辩。②

必须承认，包括"南顿规则"在内的精神失常测试标准，本质上都属于一种法学判断。即便如此，精神失常本身无疑仍然属于一种医学疾患。因此，"南顿规则"究竟属于一种法律判断还是一种医学判断值得研究。判例认为，对精神失常的医学认定，不足以建构法律上精神失常的成立，因为医学上的精神失常不足以排除被告人辨别对错的可能。③ 然而，医学的见解无疑构成了法律判断的基础。④ 从医学标准来看，精神缺陷包括任何影响行为控制的实质精神损害。⑤ 极端反社会人士、精神变态者以及反社会个人人格等，这些精神异常并不属于法律上的精神缺陷。

在明确了精神失常的法律属性之后，接下来的问题就变成了精神疾病与实行行为之间的关系。换句话说，精神疾病的持续期间与实行行为之间是否需要重叠，自愿迷醉所导致的精神失常状态是否属于法律承认的精神失常，等等。

根据加利福尼亚州司法实践，精神失常状态并不需要具有永久持续

---

① 参见 *People v. McCaslin*，178 Cal. App. 3d 1（1986）。
② 被告人被指控实施的残忍罪行本身不能证明被告人精神失常。参见 *People v. Fields*，35 Cal. 3d 329（1983）。
③ 参见 *People v. Cowan*，38 Cal. App. 2d 144（1940）。
④ 参见 *People v. Drew*，22 Cal. 3d 333（1978）。
⑤ 参见 *McDonald v. United States*，312 F. 2d 847（1962）。本案的重要性在于，其对精神缺陷的界定，包括意志层面，但这一点并不包括在加州对精神失常的测试当中。

性，无论持续时间长短，只需要其与杀人行为之间具有时间上的重叠性即可。[①] 这也就是说，即使精神失常是暂时的，但如果在犯罪的时候具有这种状态，被告人就可以免责。

2. 杀人与自愿迷醉

根据加州法律规定，如果精神失常完全是自己吸食毒品或酒精的结果，就不能使用这种精神失常抗辩。这一规定，显著限制了暂时性的精神失常抗辩的适用，使其仅仅适用于组织性的精神疾病或缺陷。[②] 例如，在"加利福尼亚州诉斯科叻案"（*People v. Skinner*）[③] 中，上诉人吸毒之后杀死了自己的妻子。但是上诉人坚称，自己杀人是奉了上天的旨意，若干专家证明，上诉人杀人时的心态受到了毒品可卡因的影响。一审法院认为，虽然毒品可能会造成幻觉，但是上诉人充分了解吸毒之后可能会出现的精神状态，不管动机如何，其具有杀人的故意是明确无疑的。上诉法院认为，即使上诉人在杀人的时候处于所谓精神失常的状态，但是因为这种精神失常是由其自愿吸食毒品所导致的，因此不属于一种"确定"的状态。这样做的主要目的，当然是避免犯罪人将饮酒或吸毒等作为免责理由。但需要区分自愿迷醉与非自愿迷醉。尽管"加利福尼亚州诉斯科叻案"等判例试图对加利福尼亚州有关法律与道德错误的测试加以澄清，但这些判例并没有对认定被告人的确信方面的相关标准做出更多说明。[④]

当被告人因为精神失常没有被认定有罪的时，对其是否有能力受审也存在问题。这就需要通过单独的程序加以确定。[⑤] 一旦认定其有能力参与选举，

---

① 在 *People v. Kelly* 中，被告人吸毒之后，使用致命性武器攻击了自己的母亲。一审法院认为，虽然被告人在攻击时，因为吸毒，其精神状态符合"南顿规则"所界定的精神失常，但这种精神失常，需要具有"确定性及永久性"（Settled and Permanent），但上诉法院认为，精神失常状态并不要求永久性，因此以法律指导错误为由，推翻了原判。参见 *People v. Kelly*，10 Cal. 3d 565（1973）。

② 参见 Cal. Penal Code § 25.5。

③ 参见 *People v. Skinner*，185 Cal. App. 3d 1050（1986）。

④ 被告人关于对错的看法不同于法律的要求并不充分，还需要这种错误认识产生于某种心理疾病。无政府主义者认为所有政府或统治行为都是错误的，因此会违法。对邪教的虔诚笃信也会使得行为人违反守法义务。参见 *People v. Skinner*，39 Cal. 3d. 765（1985）。被告人对道德的说辞不能使其免除刑事责任，因为其与社会的总体规范不符。参见 *People v. Coddington*，23 Cal. 4th 529（2000）。

⑤ 参见 *People v. Lawley*，27 Cal. 4th 102（2002）。

那么刑事程序就将继续。根据加利福尼亚州规定，辩方承担提出精神失常抗辩的义务。被告人必须通过压倒性证据证明自己罹患精神失常。但这就引发了一类问题，即要根据何种证据证明被告人有罪？司法实践大体上通过专家证据以及针对案发事实和情节的普通人的证言两方面对其加以证明。[1]

司法实践中争议较多的问题还包括，是否可以将自愿迷醉作为默示恶意的抗辩事由。在"加利福尼亚州诉怀特菲尔德案"（*People* v. *Whitfield*）[2]中，屡次因为酒驾被逮捕的被告人，醉酒后开车，撞上了对面行驶的车辆，导致该车司机死亡，在对其进行的谋杀审判过程中，被告人辩称自己烂醉，根本无法形成所谓默示恶意。但陪审团仍然认定其二级谋杀罪名成立。上诉法院驳回了被告人主张的一审法院应当就非自愿过失杀人做出法律指导的要求。因为醉酒驾车，将公众置于危险之中，因此认定其具有默示恶意是没有问题的。这一判决存在的问题是，默示恶意的谋杀是否属于直接故意犯罪。从本案的判决来看，首先似乎根据立法历史，允许通过自愿迷醉否定默示恶意。其次，将默示恶意谋杀作为直接故意犯罪，符合区分直接故意与概括犯意的政策。这一区分意味着通过对特定犯罪减轻责任来处理迷醉的行为人。但从刑事政策角度来看，本案后来被推翻也就不足为奇了。理由是其与直接故意原则存在冲突。直接故意与概括故意二元分立主要用来解决迷醉行为人的问题，但其所导致的结论就是，自愿迷醉不应该否定这些犯罪的犯意，特别是当行为人迷醉更容易从事这些犯罪的情况。[3] 也正是出自这一原因，《模范刑法典》不允许用自愿迷醉否定轻率这一与默示恶意近似的犯意。

第五节　小结

在很大程度上，美国刑法中的杀人罪的发展，形式上与犯意的复杂化、层级化具有某种对应关系。

根据早期普通法，杀人罪与犯罪人的心态没有关系。随着普通法对杀

---

① 参见 *People* v. *Coddington*，23 Cal. 4th 529（2000）。

② *People* v. *Whitfield*，868 P. 2d 272（Cal. 1994）.

③ 参见 Charles L. Hobson，" Reforming California's Homicide Law，" *Pepp. L. Rev.* 23（1996）：495。

人罪采取不同的态度，开始出现所谓事先恶意的概念，从而区别于可以免责的杀人行为。这个时期，恶意和一种概括的故意类似，大体上和被告人的某种邪恶意志相关。到了 17 世纪，恶意被理解为一种杀人的蓄意。随着普通法谋杀概念的发展，恶意开始摆脱传统的邪恶意志概念。在布莱克斯通时代，恶意已经进入了当代阶段，摆脱了传统的普通法，进入明示恶意与默示恶意阶段。由此可见，恶意概念，一直残留在加利福尼亚州的杀人罪中，如何在成文法时代，辨别、剥离、利用这种普通法概念，成为加利福尼亚州刑事司法的恒久问题。① 尽管法官会就明示恶意与默示恶意，对陪审员做出法律指导意见②，但如果说作为非法律专业人士的陪审员，可以听法官一次性宣读连篇累牍的法律指导意见，然后马上能够全部理解，并且正确地将其适用于案件的认定当中，显然不可能。毕竟，法官和律师浸淫多年，也未必能够对其全部吃透。即使法庭认识到其重要性，要求陪审员优先得到法律指导，很多法律指导意见本质上也很难理解。③

杀人罪，作为最为重要、最为基本的犯罪类型，体现出最为基本的国民处罚感情与处罚方法。作为人类最早适用，很可能最后被废除的一种犯罪，针对包括美国各司法区杀人罪的研究刚刚开始，远未终结。

---

① 将恶意定义为一种邪恶的意志，而其不足以支持谋杀罪的判决。参见 *People v. Conley*，411 P. 2d 911（Cal. 1966）。

② 在 *People v. Phillips* 案中，加利福尼亚州最高法院认为，对默示恶意，不能通过放任的恶意心态加以界定，因为这将会使得陪审团将其与恶意心态相混淆。*People v. Phillips*，414 P. 2d 353（Cal. 1966）.

③ 参见 Robert Winslow，"The Instruction Ritual，" *Hastings L. J.* 13（1962）：456。

第十三章
性犯罪

　　性犯罪，从来都不是一个轻松的话题。毫不夸张地说，在美国的传统中，法律意义上安全的性行为只能是发生在异性夫妻之间。[①] 从普通法系司法实践的历史流变来看，布莱克斯通所处的时代，在伤害他人身体还不构成重罪时，强奸（Rape）就已经和杀人、纵火一样位列重罪。[②] 这一普通法传统在美国得到了承继，例如，1810 年，强奸就和谋杀、纵火以及叛国一道，被规定为马里兰州的 4 项死刑罪名。[③]

　　强奸罪等性犯罪之所以重刑化，原因在于美国文化土壤中夹杂着

---

① 在相当长的历史时期，美国几乎所有司法区都规定，未婚男女之间发生性关系的，属于法律意义上的淫乱。如果发生性关系一方有配偶，有配偶的一方构成通奸罪（The Crime of Fornication），而另一方归于淫乱。如果男人以结婚为借口吸引女人发生性关系，则构成诱奸罪。如果具有一定血缘关系的人之间发生性行为，可能构成乱伦罪。如果黑人与白人发生通婚，也可能遭到刑事指控。如果发生性关系的双方均为男性，则当事人构成鸡奸重罪。如果发生性关系的双方均为女性，虽然并未有对应的罪名，但也有观点认为可以比照兽奸对此加以惩处。即使合法夫妻，如果试图终止妊娠，也将面临刑事制裁。时至今日，美国仍然有部分司法区通过立法惩罚和非配偶发生的婚外性行为。据统计，20 世纪末，除了哥伦比亚特区之外，至少还有十多个州存在类似规定。参见 Note，"Constitutional Barriers to Civil and Criminal Restrictions on Pre- and Extramarital Sex," *Harv. L. Rev.* 104 （1991）：1660。

② 参见 Francis B. Sayre，"Mens Rea," *Harv. L. Rev.* 45（1932）：974。

③ 参见 Michael Milleman and Gary W. Christopher，"Preferring White Lives: The Racial Administration of the Death Penalty in Maryland," *RRGC* 5（2005）：1。

太多种族恩怨①、司法习惯与性别偏见②，更反映着国际社会对性犯罪的某种"共通处罚情感"。③ 与性有关的，不仅仅是个人权利，更牵扯到莫大的现实利益。在美国，合法色情产业的年产值就动以数十亿美元计。④

今天，情况已大为不同，正如理查德·波斯纳所提出的那样，通过1965 年至 1977 年的一系列判决，美国联邦最高法院创立了一项有关性和生殖自由的宪法权利，即"隐私权"。⑤ 借此，美国刑事立法与刑事司法中的性犯罪发展到一个全新阶段，呈现一种全新样态。

据统计，在美国，每两分钟就会发生一起性侵案件。⑥ 为了应对这一情况，自从 20 世纪 70 年代开始，美国各司法区的强奸成文法开始扩展、泛化。⑦ 这也直接导致 2013 年美国联邦最高法院通过了《针对妇女实施的暴力行为法案》（The Violence Against Women Act）⑧。从刑法理论的发展

① 据统计，1930 年至 1976 年，美国针对强奸杀人罪适用的死刑中，黑人被告人所占比例超过 90%，而同时期黑人占美国总人口比例一般不超过 12%。参见 Laurence A. Grayer，"A Paradox：Death Penalty Flourishes in U. S. While Declining Worldwide，" *Denv. J. Int'l L. & Pol'y* 23（1995）：555。

② 1977 年，在"库克诉佐治亚州案"（*Coker v. Georgia*）中，美国联邦最高法院认定，对成年妇女实施强奸行为的犯罪适用死刑属于第八修正案所禁止的残忍且过度的刑罚，并尖刻指出，在针对成年女性的强奸犯罪还适用死刑的时期，其也主要用来保障白人女性，而不是所有女性的权利。针对强奸的种族及性别偏见充斥于刑事司法体系之中。参见 Phyllis L. Crocker，"Special Issue Feminism and the Criminal Law：Is the Death Penalty Good for Women？" *Buff. Crim. L. R.* 4（2001）：917。

③ 有美国学者曾统计，20 世纪末，世界尚有 15 个国家对包括强奸、鸡奸、通奸以及乱伦之类的犯罪执行死刑。参见 Roger Hood，"The Death Penalty：The USA in World Perspective，" *J. Transnat'l L. & Pol'y* 6（1997）：517。

④ 参见 John A. Humbach，"'Sexting' and the First Amendment，" *Hastings Const. L. Q.* 37（2010）：433。

⑤ Richard A. Posner，*Sex and Reason*（Cambridge：Harvard University Press，1994），p. 324.

⑥ 在性侵案件中，90%的受害者是女性，80%的受害者不满 30 岁，15%的受害者不满 12 岁，93%的未成年性犯罪受害人认识犯罪人。事实上，大约 66%的性侵属于熟人作案。从统计数字来说，性侵者一般为 31 岁左右的白人男性，且为累犯。在包括强奸在内的所有性侵案件中，54%未报告警方，在报警的 46%中，5%会导致重罪判决。总体来说，只有 3%的强奸犯被绳之以法，97%则逍遥法外。参见 Myka Held，Juliana McLaughlin，"Rape & Sexual Assault，" *Geo. J. Gender & L.* 15（2014）：155。

⑦ 参见 Kathleen Daly & Brigitte Bouhours，"Rape and Attrition in the Legal Process：A Comparative Analysis of Five Countries，" *Crime & Just.* 39（2010）：565。

⑧ 42 U. S. C. § 13701 to § 14040.

脉络来看，过去的数十年间，美国刑法中变化较大的部分当属与性犯罪相关的规定。首先，强奸犯罪的打击范围出现了显著的扩张；例如，包括加州在内，美国绝大多数司法区已经放弃了《模范刑法典》[①] 所代表的传统观点，承认婚内强奸的犯罪性。[②] 其次，性犯罪者的民事责任与刑事责任苛重化倾向明显。[③] 例如，对性犯罪人，20 世纪末，联邦[④]与各州[⑤]开始设定各种版本的《梅根法》（Megan's Law）和《杰西卡法》（Jessica's Law），除了对性犯罪人加重刑罚之外，还增加了诸如住所登记制度、GPS 追踪以及其他民事义务。立法机构试图通过如此立法来抗制那些手段残忍、令人发指的严重性犯罪，特别是针对侵害未成年人的性犯罪。[⑥]

随之而来的问题就是，对性犯罪人加重处罚，甚至以"风险控制"之名提前介入，即"性犯罪人人身危险性极高、积习难改、自制力差，一旦重返社会极有可能重新犯罪"[⑦] 这一推定是否禁得住现实的检验？假设这一推定成立，即使不能对强奸罪适用死刑，那么严格适用报应刑论主义，是否意味着对付一名强奸犯人的最适当刑罚就是强奸他？[⑧] 假设这一推定不成立，是否意味着需要采取法经济学派的观点，像职业拳击之于殴斗

---

① 参见 MPC § 213.1。

② 参见 Michelle J. Anderson, "Marital Immunity, Intimate Relationships, and Improper Inferences: A New Law on Sexual Offenses by Intimates," *Hastings L. J.* 64 (2003): 1465。

③ 参见〔美〕麦克·韦泰洛《性犯罪者的刑事惩罚：初衷与实效的背离》，李立丰译，载赵秉志主编《刑法论丛》第 23 卷，法律出版社，2010，第 462 页。

④ 在联邦层级，这两部法律都可以被纳入"怀特令打击性侵妇女儿童犯罪项目"（Jacob Wetterling Crimes Against Children and Sexually Violent Offender Program）。参见 42 U.S.C. § 14071。转引自〔美〕麦克·韦泰洛《性犯罪者的刑事惩罚：初衷与实效的背离》，李立丰译，载赵秉志主编《刑法论丛》第 23 卷，法律出版社，2010，第 462 页。

⑤ 参见 Cal. Pen. Code § 290 (b)。

⑥ 参见 David A. Singleton, "Sex Offender Residency Statutes and the Culture of Fear: The Case for More Meaningful Rational Basis Review of Fear-Driven Public Safety Laws," *U. St. Thomas L. J.* 3 (2006): 600。

⑦ 参见 Jane A. Small, Note, "Who Are the People in Your Neighborhood? Due Process, Public Protection, and Sex Offender Notification Laws," *N. Y. U. L. Rev.* 74 (1999): 1451。

⑧ 参见 Andrew Oldenquist, "Honorable James J. Gilvary Symposium on Law, Religion, and Social Justice: Evolving Standards of Decency in 2003—Is The Death Penalty on Life Support?: Retribution and the Death Penalty," *Dayton L. Rev.* 29 (2004): 335。

罪那样,通过提供婚姻以及所谓"性市场"为强奸提供市场解决方案?①
姑且不论围绕性犯罪种种特别处遇措施对责任主义的巨大挑战,处罚性犯
罪者的司法经验,以及这种经验所彰显的立法初衷与司法实效之间的严重
背离,就成为极具意义的研究命题。如前所述,这里同样以加州相关立法
与司法实践作为研究摹本,尝试对上述问题加以回答。

第一节 美国刑法中性犯罪概述

对性犯罪的界定及反应,在很大程度上反映一个社会对这种现象的集体
焦虑。正如有学者所言,从道德恐慌和风险社会理论来看,美国联邦及各司
法区针对性犯罪的立法因为在风险识别过程出现扭曲而变得具有误导性。在
风险社会中,人们因为受到不能理解、无法控制的工业社会的威胁而变得不
知所措。因此,在风险社会语境下,严苛甚至多少有些泛化的有关性犯罪的
立法,成为有效控制风险、消除恐惧的方式。本质上来看,性犯罪立法的持
续增加属于一种持续的道德焦虑累积,是其在风险社会中的具体表现。②

一 性犯罪的话语背景

总体来说,美国刑法语境中的性犯罪,是指以强奸罪为主的一个犯罪
集群或犯罪束。"美国疾病控制与预防中心"(CDC)将性暴力定义为"任
何违背他人意志的性行为"。在某些州,"性侵"(Sexual Assault)或"性
攻击",与"强奸"一词可以互换使用。新泽西州等州将强奸罪界定为一
种具体的性攻击犯罪,从而凸显强奸等性犯罪所蕴含的暴力属性,转变长
久以来强奸罪对受害人的不当苛责,更多侧重被告人的行为。③ 但一般来

---

① 有观点认为,国家通过提供商品与服务,为盗窃提供了替代措施,因此,从经济学上的价值定
　义来看,即使因为卖淫违法,故不存在以双方合意形式出现的替代强奸的市场措施,也并不意
　味着强奸行为的价值就一定高于受害者丧失的价值,后者并非强制交易的交换成本。参见
　Richard A. Posner, "An Economic Theory of the Criminal Law," *Colum. L. Rev.* 85 (1985): 1193。

② 参见 Bela August Walker, "Essay: Deciphering Risk: Sex Offender Statutes and Moral Panic in
　a Risk Society," *U. Balt. L. Rev.* 40 (2010): 183。

③ 参见 Joshua Dressler, "Where We Have Been, and Where We Might Be Going: Some
　Cautionary Reflections on Rape Law Reform, the Sixty-eighth Cleveland-Marshall Fund Lecture,"
　Clev. St. L. Rev. 46 (1998): 409。

说，强奸与性侵或性攻击犯罪的区别在于，后者包括一系列并不包括性器插入的性犯罪，而强奸则不然。另外，在某些州，强奸的成立要求行为人使用暴力，而性侵仅仅意味着在非同意情况下的性交行为。甚至有学者认为，性侵作为一个概念之所以被创制出来，主要是因为 20 世纪 60 年代兴起的美国女权运动希望借此表达这样一种信号：强奸不是一种肉欲犯罪，而是一种暴力犯罪。[①] 概言之，虽然存在某些例外[②]，性犯罪无疑基本上都涉及出现在双方当事人之间的某种涉"性"行为，对这种话语的理解，需要特别注意如下几点。

（一）性别两分法的不完整性

性犯罪因为涉及"性"（Sex），似乎与二元的性别界分存在必然的联系。的确，一般来说，人们思维定式中的性犯罪，都是男性针对女性实施，但这种思维定式显然存在一定的片面性，起码没有从性别角度说明性犯罪的完整谱系。有学者指出，"美国社会认为只有两种性，男性和女性，在两性之下只有两种性别，雄性和雌性，而且所有人都属于这两个种类之一"。[③] 然而，这不是一个精确的全貌。"最常见的误解，是将性与作为生理或物理上的特征——阴茎或阴道画等号。"[④] 性是用于指代一个人的物理或生理属性的术语。在当今社会，一个具有阴茎的人被认为是男性，一个具有乳房和阴道的人被认为是女性。然而变性男性，生来具有阴道；变性妇女，生来带有阴茎和睾丸。相比之下，性别（Gender）是用于指代一个人向世界呈现自己的方式的术语。一个人可以呈现为男性也可以呈现为女性。因此，才有观点认为，性是人格的生物物理方面的符号，与"男人"和"女人"联系到一起，而性别是在社会结构上理解为"男性"和"女

---

① 参见 Myka Held, Juliana McLaughlin, "Rape & Sexual Assault," *Geo. J. Gender & L.* 15 (2014)：155。

② 例如，在加利福尼亚州，随地小便也被贴上性罪犯的标签。参见 Cal. Pen. Code § 314.1。

③ 参见 Patience W. Crozier, "Book Note, Forcing Boys to Be Boys：The Persecution of Gender Non-Conforming Youth," *B. C. Third World L. J.* 21 (2001)：123。

④ 参见 Francisco Valdes, "Queers, Sissies, Dykes, and Tomboys？：Deconstructing the Conflation of 'Sex', 'Gender', and 'Sexual Orientation' in Euro-American Law and Society," *Calif. L. Rev.* 83 (1995)：1。

性"或者"雄性"和"雌性"的符号。一个人的性与性别经常一致，男人展现出男性而女人展现出女性，但并非总是如此。一些男人比其他男人在行为上更加女性化，一些女人在着装和看待自己上要比其他女人更加男性化。因此，存在雌性的女人、雄性的女人、雌雄同体的女人，雌性的男人、雌雄同体的男人、雄性的男人。①

的确，基于性别二元论，使用"对女性的暴力"这类表述方式，往往被批判为具有偏见性，缺乏包容性，面临经验、理论、政治和实践的批评。特别是从二元论出发，显而易见，男性很难成为性侵害的受害者，同时也与同性性行为日益被合法化的趋势背道而驰。②

首先，即使从强奸罪这一最为典型的性犯罪出发，也可以发现男性受害人的身影。事实上，据不完全统计，在美国，有近 1/5 的女性遭到过强奸，与此同时，一个不容小觑的数字是，有此遭遇的男性大约占 1/71。③而根据美国司法部预估，超过 90% 的强奸受害者是女性④，换句话说，仍有大约 10% 的强奸受害人是非女性。

其次，虽然从 20 世纪 40 年代中期开始，美国各司法区曾普遍以打击"性变态"的名义扩展性犯罪的打击范围，例如，加利福尼亚州在 1947 年颁布所谓《全州登记法》，公开鼓励警察搜捕"变态者"，这实际上意味着警方可以据此逮捕出现在当地同性恋酒吧的任何人，而被抓捕的同性恋者则被监禁或送到教养所或精神病医院，接受专门针对同性恋者设计的休克疗法和厌恶疗法，甚至接受脑叶切除术。⑤ 但同性性行为除罪化乃至合法化的趋势却势不可挡。从历史发展脉络来看，普通法世界中，英国很早就

---

① 参见 Cynthia Lee, Peter Kwan, "The Trans Panic Defense: Masculinity, Heteronormativity, and the Murder of Transgender Women," *Hastings L. J.* 66 (2014): 77。

② 参见 Julie Goldscheid, "Gender Neutrality, the 'Violence Against Women' Frame, and Transformative Reform," *Umkc L. Rev.* 82 (2014): 623。

③ 参见 Moriah Silver, "The Second Rape: Legal Options for Rape Survivors to Terminate Parental Rights," *Fam. L. Q.* 48 (2014): 515。

④ 参见 John F. Decker, Peter G. Baroni, "'No' Still Means 'Yes': The Failure of the 'Non-Consent' Reform Movement in American Rape and Sexual Law," *J. Crim. L. & Criminology* 101 (2011): 1081。

⑤ 参见 Wayne A. Logan, "Criminal Justice Federalism and National Sex Offender Policy," *Ohio St. J. Crim. L.* 6 (2008): 51。

通过《1967 年性犯罪法》认可了 21 岁以上成年男子之间私下自愿的同性恋行为。① 在美国，一直到 20 世纪末，美国联邦最高法院仍然借由"鲍尔斯诉哈德威克案"（*Bowers v. Hardwick*）② 维持同性合意性行为犯罪化的合宪性，但 17 年后，借由"劳伦斯诉得克萨斯州案"（*Lawrence v. Texas*）③，美国联邦最高法院最终改变了这一看法，彻底实现了同性性行为的除罪化。④ 2015 年，美国联邦最高法院又进一步通过"奥博格菲尔诉霍杰斯案"（*Obergefell v. Hodges*）⑤，彻底完成了同性婚姻合法化。

再次，性别的二元对立在当今社会面临全新挑战，其中较为典型的就是变性人的问题。例如，加利福尼亚州刑法规定，"性别"意味着性，并包括一个人的性别认同和性别表达。所谓"性别表达"，是指与性别相关的外表与行为，无论这些外表与行为是否与其出生时的性别定式相一致。⑥ 加利福尼亚州在美国率先对变性人规定了很多非歧视保护措施，如为寻求变性的人士提供经济援助，保障变性人在就业、住房、培养孩子、组建家庭等方面的平等权利，打击包括性别认同问题在内的仇恨犯罪。⑦ 即便如

---

① 参见李居全《犯罪概念比较研究》，《法学评论》1998 年第 2 期，第 102 页。

② *Bowers v. Hardwick*，478 U. S. 186（1986）.

③ *Lawrence v. Texas*，539 U. S. 558（2003）.

④ 参见 Jed Rubenfeld，"Rape-by-Deception—A Response，"*Yale L. J. Online* 123（2013）：389。

⑤ 在本案中，美国联邦最高法院承认，同性伴侣也享有宪法第十四修正案"平等保护条款"以及"正当程序条款"所保障的"缔结婚约"这一根本权利。参见 *Obergefell v. Hodges*，576 U. S. ____（2015）。

⑥ 参见 Cal. Penal Code § 422.56（c）。

⑦ 参见 Cal. Penal Code § 422.5。值得一提的是，20 世纪 80 年代以前，美国并不存在仇恨犯罪的专业术语。这一术语首次出现在 1985 年由约翰·肯耶斯等三位议员提出的《仇恨犯罪统计法》法案中，作为法律术语及法律上的一类犯罪，是当代美国社会种族、性别和性取向意识不断增长的产物。随着 1990 年美国联邦《仇恨犯罪统计法》的通过，仇恨犯罪或偏见犯罪逐渐在国民中成为一种名副其实的犯罪类型，深深地嵌入了政治和法律的漩涡中。《暴力犯罪控制与法律执行法》要求美国《联邦量刑指南》在一个基本的联邦犯罪基础上规定一个具有三个"犯罪档次"的加重量刑标准。目前，《仇恨犯罪统计法》包括四种类型：提高量刑、独立存在的犯罪、公民权利条约、报告条例。2009 年 10 月 28 日，时任美国总统奥巴马签署了《2009 年联邦地方执行仇恨犯罪防治法》。该法扩大了仇恨犯罪的范围，将那些由于他人的性取向、性别意识或残障而对其加以暴力攻击的行为列为犯罪，在州和地方的仇恨犯罪法律不完备、州和地方的司法部门不愿意或者不能够有效侦查和起诉导致死亡或重伤害的仇恨犯罪时，司法部有协助并起诉仇恨犯罪的职责。由于美国的联邦体制，美国联邦和各州的仇恨犯罪概念不同。如 1990 年《仇恨犯罪统计法》对"偏见"的界定为："对一个群体的人基于其种族、宗教、族裔、民族血统或者性　　（转下页注）

此，目前在加利福尼亚州刑事司法系统中，仍然没有规定任何处理变性囚犯遭受性虐待的投诉机制与惩处措施。[①] 而导致这种结果出现的主要原因，即在于加利福尼亚州刑法所规定的性犯罪对象，无法明晰涵摄变性人这一超越传统男女性别界定二元范式的"第三性"。

最后，以儿童为保护对象的性犯罪立法俨然已经成为美国刑事立法与司法的关注焦点。事实上，从 20 世纪 70 年代末开始，对儿童的性虐待就已经演变成美国社会中的一个重大政治问题。从统计数据来看，美国性犯罪的被害人中在 25 岁之前遭遇性侵害的，约占总数的 67%。[②] 在这一时期，随着女权运动的兴起[③]，美国出现了一波反儿童色情的浪潮，随着儿童色情业的实际消亡，借由个体事件的渲染，之前针对儿童色情的重点打击转型为对熟人实施的性侵儿童事件的打击。[④] 近些年来，随着网络科技，特别是自媒体及社交工具的迅速普及，针对青少年的新型性犯罪开始抬头。根据相关公益组织的调查，在 13 岁到 19 岁的受访者中，有大约 20%曾经自己通过电子手段发送过具有性暗示的照片，30%曾收到过他人发送的全裸、半裸照片或视频。由于没有具体法律规制性短信，美国司法实践中，检察官往往依靠现有的刑事法规，以儿童色情、歧视恐吓等罪名加以指控，这也反映了公众对色情短信迅速扩散和其对儿童的潜在危险的关注。但一般来说，针对未成年人的性短信行为的定罪通常不超过轻罪或"轻微犯罪"。毕竟针对性短信的相关立法存在处罚范围过宽、检方权力过

（接上页注⑦）取向，表现出消极的观点或者态度"。而俄勒冈州、亚拉巴马州等州的条例包括了基于感觉的种族、肤色、宗教、民族血统、性取向、婚姻状况、政治信仰、劳动组织的成员、身体或者精神障碍、年龄、经济和社会地位及被害人的公民身份等产生的偏见。在美国，仇恨犯罪的立法化对警察、检察官、刑事法庭和审判法官、陪审团及量刑法官等带来了新的任务与挑战。参见孙道萃《美国仇恨犯罪介评与我国刑法理论的应对：兼及群体性事件的刑事治理观》，《四川警察学院学报》2012 年第 5 期，第 27 页。

① 参见 Erin B. Comartin, "Identifying Appropriate Sanctions for Youth Sexual Behavior: The Impact of Age, Gender, and Sexual Orientation," *New Crim. L. Rev.* 17 (2014): 652.

② 参见 John F. Decker, Peter G. Baroni, " 'No' Still Means 'Yes': The Failure of the 'Non-Consent' Reform Movement in American Rape and Sexual Law," *J. Crim. L. & Criminology* 101 (2011): 1081.

③ 参见 Amy Adler, "The Perverse Law of Child Pornography," *Colum. L. Rev.* 101 (2001): 209.

④ 参见 Bela August Walker, "Essay: Deciphering Risk: Sex Offender Statutes and Moral Panic in a Risk Society," *U. Balt. L. Rev.* 40 (2010): 183.

大、对青少年处罚过重乃至侵犯公民宪法权利等指摘。[①]

（二）性犯罪刑罚处遇方式的多元样态

有学者利用统计数据异常值监测方法发现，从 1995 年到 2012 年，美国至少有 46 个司法区的警察系统可能大量少统计了强奸报案数量。这意味着在过去的这段时间，美国的强奸发生率和其他的暴力犯罪一样没有下降。相反，因为警察局普遍存在少报强奸数据的现象，因此，该学者认为美国正处于性暴力危机之中。[②] 即使根据美国联邦调查局 2011 年的统计，全美当年共报告发生了 83420 万件强奸案件，这意味着每 10 万名女性公民中就会有 52.7 名强奸被害人，同时也意味着每 6.3 分钟就有一起强奸案件发生。对此，有学者依然认为，美国联邦调查局数据收集方面存在缺陷，导致这一报告的描述失真。首先，因为仅仅 16%～20% 的性侵案件会进入司法程序，故美国联邦调查局的数据只反映了报案的数据，容易导致人们对强奸犯罪情势的盲目乐观；其次，上述数据基于 20 世纪 20 年代的“强制性行为”概念，即“违反女性意志的强制性行为”，无法包括受害者为男性的情形。[③] 诚如美国联邦最高法院曾多次表示的那样，“性犯罪者在这个国家是一个严重的威胁”。司法者担心性犯罪者一旦获得释放重返社会，就可能导致重大危险犯罪数量增加，因此，美国各司法区的法院倾向对性犯罪者适用监禁刑。[④] 尤其针对性侵儿童的犯罪人，公众只想“把他们锁起来并且扔掉钥匙”。[⑤]

从历史发展的趋势与潮流来看，美国性犯罪刑罚除了一如既往地保持严苛之外[⑥]，还呈现从道德否定到行为控制的技术性转型。

---

① 参见 John Kip Cornwell, "Sexting: 21st Century Statutory Rape," *SMU Law Rev.* 66 (2013): 111。

② 参见 Corey Rayburn Yung, "How to Lie with Rape Statistics: America's Hidden Rape Crisis," *Iowa L. Rev.* 99 (2014): 1197。

③ 参见 Bradley A. Muhs, "Fighting the Unfair Fight: Post-Traumatic Stress Disorder and the Need for Neuroimaging Evidence in Rape Trials," *Women's Rts. L. Rep.* 35 (2014): 215。

④ 参见 *McKune* v. *Lile*, 536 U. S. 24 (2002)。

⑤ 参见 Eric M. Dante, "Tracking the Constitution: The Proliferation and Legality of Sex-offender GPS-tracking Statutes," *Seton Hall L. Rev.* 42 (2012): 1169。

⑥ 参见 Guy Goldberg & Gena Bunn, "Balancing Fairness & Finality: A Comprehensive Review of the Texas Death Penalty," *Tex. Rev. Law & Pol.* 5 (2000): 49。

在 19 世纪之前，美国各地类似于"红字"① 之类的羞辱刑曾十分普遍。② 例如，早期新罕布什尔州法规定，通奸的男女需要脖子上套着绞索，在绞刑架下示众一个小时然后被鞭笞。不仅如此，该男女将终身在衣服的前胸或后背可见处，绣上与衣服颜色存在对比、两英寸大小且与衣服成比例的大写字母 A。与此类似的刑罚还包括将标志犯罪的首字母烙印在犯罪人的皮肤上。③ 时至今日，这种彰显刑罚道德复原、重塑功能的羞辱刑作为刑罚或刑罚执行方式，依然有一定市场，例如，堪萨斯州、俄亥俄州公营电视台会播放与卖淫等风化犯罪相关的图片及个人信息。有法官要求在一名被释放出狱的猥亵儿童犯家门前竖立了一个警示牌，上写"未经法院允许，18 岁以下未成年人不得出现在该房屋内！"一名波士顿法官要求皮条客在招嫖的街道上清除随意丢弃的避孕套。在佛罗里达州，警方会对皮条客的家属发送告知信件。很多州通过成文法规定性犯罪人在被释放或者被假释之后，需要向其所居住的社区进行登记，原本此类信息仅供执法人员参考，但随着《1994 年暴力犯罪控制与执法法》（The Violent Crime Control and Law Enforcement Act of 1994）出台，符合该法要求的司法区可以进行适当的社区告知。俄勒冈州某法院将本法进一步推进，提出在已决的猥亵儿童犯家以及车上贴上"危险的性犯罪人"字样的贴条。④ 还有法院要求对性犯罪者，以及其他特定犯罪

---

① 北美新英格兰地区被清教视为罪不可赦的"通奸罪"的相关文学作品，可参见〔美〕霍桑《红字》，苏福忠译，上海译文出版社，2007。即便在中国古代，也有类似当今话语中"绿帽子"之类的羞辱刑，例如，唐人封演的《封氏闻见记》记："李封为延陵令，吏人有罪不加杖罚，但令裹碧头巾以辱之，随所犯轻重，以日数为等级，日满乃释，吴人著此服出入州乡，以为大耻，皆相劝励，无敢僭违。"参见杨鸿雁《中国古代耻辱刑考略》，《法学研究》2005 年第 1 期，第 128 页。

② 参见 Michelle Pia Jerusalem, "A Framework for Post-Sentence Sex Offender Legislation: Perspectives on Prevention, Registration, and the Public's 'Right' to Know," *Vand. L. Rev.* 48 (1995): 219。

③ 当然，这种羞辱刑并非例外规定，事实上，同一时期，对很多犯罪都存在类似的规定。如在罪犯的皮肤上烙印 R 代表逃跑的黑奴，烙印 M 代表谋杀，烙印 T 代表盗贼，等等。参见 Scott E. Sanders, "Scarlet Letters, Bilboes and Cable TV: Are Shame Punishments Cruel and Outdated or Are They a Viable Option for American Jurisprudence?" *Washburn L. J.* 37 (1998): 359。

④ 参见 Scott E. Sanders, "Scarlet Letters, Bilboes and Cable TV: Are Shame Punishments Cruel and Outdated or Are They a Viable Option for American Jurisprudence?" *Washburn L. J.* 37 (1998): 359。

的行为人在其住所附近张贴醒目的警告标识。有法官要求在猥亵儿童犯的家外面贴上醒目贴条："勿入！我正在接受监视居住！"[①]

与性犯罪道德谴责逐渐式微形成明显对比的是，随着科技的进步，美国大部分司法区基于对性犯罪人人身危险性的厌恶或恐惧，开始采取更为激进的技术手段，对性犯罪人加以监控。例如，加利福尼亚州法律要求性犯罪人无论实施的是重罪还是轻罪，无论实施犯罪时是未成年人还是成年人，都必须尽速[②]、持续[③]进行登记。登记的具体事项包括行为人的详尽记录、相片以及 DNA 标本。作为登记制度的保障措施，任何应该登记而未登记的行为都被视为犯罪，而此项犯罪的轻重与否取决于性犯罪者之前所实施的犯罪：如果之前此人实施的是属于重罪的性犯罪，那么其疏于登记的行为就应被视为重罪；如果之前此人实施的是属于轻罪的性犯罪，那么其疏于登记的行为就属于轻罪。[④] 当然，适用于性犯罪者的限制措施并不仅限于登记制度。在某些极端情况下，性犯罪者会被法庭判令实施某种现代意义上的"去势"。[⑤] 针对暴力性犯罪者的登记制度也要比一般登记制度严苛；[⑥] 登记的性犯罪者必须在假释期间佩戴 GPS 监控设备，并在经济能力许可的情况下自行支付相关费用。[⑦] 登记的性犯罪者不得在儿童经常出现的公园、学校等场所 2000 英尺之内生活。[⑧] 与此同时，其所生活的社区也可以在此基础之上提出其他限制要求。[⑨] 另外，美国司法部网站也为公众提供可以自由浏览的数据库，任何人都可以登录这

---

① 参见 Dan M. Kahan, "What Do Alternative Sanctions Mean?" *U. Chi. L. Rev.* 63 (1996): 591。

② 参见 Cal. Penal Code § 290 (b)。

③ 根据这一规定，任何在 1944 年之后被加利福尼亚、联邦或者军事法庭认定犯有特定性犯罪的罪犯，或者任何在 1944 年之后因性犯罪而入监服刑且服刑期满、中途保释、假释的罪犯，或者任何被认定为罹患精神疾病的性犯罪者都必须向有关机关登记。参见 Cal. Penal Code § 290 (c) 等。

④ 参见 *People* v. *Carmony*, 92 P. 3d 369 (Cal. 2004)。

⑤ Cal. Pen. Code § 645 (a) (b)。任何针对不满 13 岁受害人实施法定相关性犯罪的初犯，在假释期间，可以被判处接受醋酸甲羟孕酮治疗 (Medroxyprogesterone Acetate Treatment) 或类似的化学脱瘾治疗。上述措施若针对相关犯罪的累犯，是必须接受的非刑处遇措施。

⑥ Cal. Penal Code § 290.012 (a) - (b) (规定暴力性犯罪者必须每隔 90 天向有关部门报告一次，而非通常的 1 年)。

⑦ Cal. Penal Code § 3000.07 (a) - (b)。

⑧ Cal. Penal Code § 3003.5 (b)。

⑨ Cal. Penal Code § 3003.5 (c)。

个数据库并查找任何已登记的性罪犯的详尽个人信息与居住信息。[①] 性犯罪者在刑事审判过程中往往处于十分不利的地位。对那些主张自身所受刑罚过重的性犯罪者，美国联邦最高法院很少予以支持。[②] 另外，美国联邦最高法院还认定，针对性犯罪者的诸多非刑处遇措施，虽然给其造成了很多不便，但仍属于"民事性质"。[③] 这显然存在是否符合平等保护与罪刑相适应原则等方面的问题？的确，如何在对性犯罪者的处罚过程中坚持罪刑相适应原则是一个非常困难的问题。只要罪刑相适应原则仍然被视为一种限制性原则，那么如果刑罚超越了必要的限制，其就无法服务于任何刑罚目的。[④]

二　性犯罪的本质属性

尽管以强奸为代表的性犯罪所触及的是人类最为珍视的权利之一，但与之相关的刑法规制却呈现某种奇异的不稳定性，美国各个司法区对强奸罪的定义悬殊，在特定司法区内部，围绕强奸犯罪的内涵与外延也多有争议，远未达到十分确定的程度。[⑤] 导致这一局面出现的根本原因，在很大程度上在于性犯罪侵害的多元法益随着时代的发展不断演变。

例如，对重婚罪或法定强奸适用严格责任，反映的是以美国为代表的普通法社会的一种道德禁忌或社会风俗。也就是说，对越轨者，可以在不考虑个人罪过的情况下对其加以处罚。诸如重婚或法定强奸等结构性犯罪，从历史上看都是为了维护一夫一妻制这一婚姻形式。具体来看，重婚罪挑战的是单一配偶关系，而所有社会与政治组织都建立在这一稳定社会单元基础之上，破坏了婚姻关系，也就颠覆了整个社会的根基。[⑥] 虽然历史上，诸如重婚等犯罪也和法定强奸一样在某种程度上属于严格责任犯

---

① 参见〔美〕麦克·韦泰洛《性犯罪者的刑事惩罚：初衷与实效的背离》，李立丰译，载赵秉志主编《刑法论丛》第 23 卷，法律出版社，2010，第 462 页。

② 参见 *Ewing v. California*，538 U. S. 11（2003）。

③ 参见 *Kansas v. Hendricks*，521 U. S. 346（1997）。

④ 参见 H. L. A. Hart，*Punishment and Responsibility*（Oxford：Clarendon Press，1968），p. 237。

⑤ 参见 Nicole Fusill，"Note：New York State of Mind：Rape and Mens Rea，" *St. John's L. Rev.* 76（2002）：603。

⑥ 参见 John L. Diamond，"The Crisis in the Ideology of Crime，" *Ind. L. Rev.* 31（1998）：291。

罪，即不考虑行为人的犯意，只要再婚即可以适用，但后来，随着社会的发展，婚姻形态与结构日趋复杂，离婚率与再婚率上升，因此重婚罪不再被作为严格责任犯罪加以处理。① 法定强奸挑战的是英美社会中根深蒂固的家长主义，从这一文化背景出发，挑战父亲对不具有自主性的女儿的控制权的行为不能因为缺乏犯意而免责，从而最大限度保护父亲对女儿的专属控制，特别是其处女价值。这一初衷直到晚近才演变为保护未成年人避免受性的侵害。②

诸此种种，时至今日，借由"罗伊诉韦德案"③，美国联邦最高法院肯定了"性自主权"④ 这一权属，从而使得性侵犯罪的保护法益得以相对固定，也形成了对此问题加以研究的一个前提基点。强调"性自主权"的法益价值，一方面可以避免泛化刑罚打击范围与肆意提升打击程度，例如，可以据此否定认为强奸可能会导致心灵的严重创伤，甚至所谓精神死亡，因此被称为"灵魂谋杀"⑤ 的观点，从而为废止针对普通强奸的死刑适用提供合理根据；另一方面，强调惩罚性犯罪的本质在于保护性自主权，还可以用以解释针对未成年人、男性实施的性犯罪，以及所谓"婚内强奸"（Marital Rape），以及在受害人陷入认识错误或无法做出判断的情况下是否认定性犯罪等如何理解等问题。例如，从历史上来看，美国社会一般认为婚内强奸不属于强奸，换句话说，认为性自主权不是一种绝对权利，妻子无法通过主张性自主权来请求公权力惩罚自己的丈夫。虽然 1976 年内布拉斯加州第一个废除了这一强奸罪的例外规定，但到 2011 年，仍然有 35 个州规定了某种程度的此类豁免权。⑥

进一步而言，只要检方能够证明不具有豁免身份的行为人使用了暴力、威胁手段，或在性行为的相对方陷入无意识、不知情状态下与其发生

---

① 参见 *People v. Vogel*, 299 P. 2d 850（Cal. 1956）。

② 参见 John L. Diamond, "The Crisis in the Ideology of Crime," *Ind. L. Rev.* 31（1998）: 291。

③ 参见 *Roe v. Wade*, 410 U. S. 113（1973）。

④ 参见 Jed Rubenfeld, "Rape-by-Deception—A Response," *Yale L. J. Online* 123（2013）: 389。

⑤ 参见 Robin L. West, "Legitimating the Illegitimate: A Comment on Beyond Rape," *Colum. L. Rev.* 93（1993）: 1442。

⑥ 参见 Jessica Klarfeld, "A Striking Disconnect: Marital Rape Law's Failure to Keep Up with Domestic Violence Law," *Am. Crim. L. Rev.* 48（2011）: 1819。

性关系，就可以认定相对方的性自主权受到了侵害。例如，联邦法中的强奸犯罪被称为"加重型性虐待"（Aggravated Sexual Abuse）。[①] 和很多州法类似，联邦法中的相关犯罪并未规定受害者的性别，也未区分阴道插入及其他类型的插入。如果明知地使用下列方式与他人发生性关系，则构成加重型性虐待罪：对他人使用暴力，或威胁或使得他人陷入担心自己或他人面临死亡、严重身体伤害或被绑架的危险之中；如果被告人明知地使得他人陷入无意识状态，因此与他人从事了性行为，或通过暴力或胁迫，或在对方不知情，或在对方不允许的情况下，对其使用毒品、麻醉品或其他类似物质，从而使其显著丧失认识或控制力，并且与其发生性关系，或试图与其发生性关系；与不满 12 周岁未成年人发生或试图发生性关系。

（一）对性自由的暴力侵害

根据英国普通法传统，强奸罪的成立要求正犯对受害人使用暴力或威胁使用暴力。这个时期，英国法中的强奸被定义为"明知违背妇女意志，仍强行与其发生性行为"。早期美国法也在很大程度上沿用了这一定义。[②] 这一定义背后的逻辑在于，当时普通法社会主流价值观认为，如果将强奸保护的对象视为女性的贞操，那么如果一个女人想与她丈夫之外的其他人做爱，就变得不贞洁，不属于"真正的强奸"。这也可以解释为什么从历史上来看，强奸罪的司法认定往往要求强奸犯罪的被害人客观上实施了"最大限度的抵抗"。特别是当时还不存在所谓的性自主权，如果性行为发生在婚外，法院会怀疑所谓受害人之所以主张自己遭到强奸，是为了逃避乱伦或通奸的刑事责任。[③] 因此，暴力要素被许多人理解为区分贞洁的受害人与不贞洁的受害人的一种方法，贞洁的受害人能够被"真的强奸"，不贞洁的受害人不能被真的强奸。[④] 普通法传统给强奸罪的司法认定带来一定困难，特别是导致犯罪认定成功率较

---

① 参见 18 U. S. C. A. § 2241。

② 参见 Matthew R. Lyon, "Comment, No Means No?: Withdrawal of Consent During Intercourse and the Continuing Evolution of the Definition of Rape," *J. Crim. L. & Criminology* 95 (2004): 277。

③ 参见 Anne M. Coughlin, "Sex and Guilt," *Va. L. Rev.* 84 (1998): 1。

④ 参见 Susan Estrich, "Rape," *Yale L. J.* 95 (1986): 1087。

低。为此，20 世纪 50 年代，美国法学会在《模范刑法典》中提出，强奸罪的成立不再需要受害人提出曾进行客观抵抗的证明，取消任何受害人同意的表示，将强奸分为陌生人强奸和熟人强奸，并规定了不同刑罚。[①] 20 世纪 70 年代，女权主义运动积极游说，要求改变强奸的称谓，将其称为"性侵"，同时废除婚内强奸的豁免，废除女性受害人反抗要件，禁止在庭审过程中将女性之前的性经历作为证据使用。现在，大多数州都已将男性强奸、同性强奸以及其他形式的性侵犯（如强迫口交和肛交）犯罪化，同时废除了反抗要件，通过了强奸被害人保护法。约一半的州完成了婚内强制性交的犯罪化。[②] 至今，仍然有很多人认为，只要对方没有尖叫或给你一个耳光，拥抱、抚摸、狎淫等极具性意味的行为即属适当。[③]

根据针对性自由的违背，即受害人对相关性行为的"合意"是否存在的立法特点，有学者将美国各司法区分为"真实非合意州"、"矛盾非合意州"与"强制州"。在"真实非合意州"，如果能够证明受害人对性行为并未具有合意，即可认定被告人犯有性犯罪。检方不需要证明正犯或所谓实行犯针对受害人使用了暴力或威胁。有 17 个州针对性器插入犯罪规定了非合意条款。[④] 11 个州还对接触他人隐私部位犯罪规定了非合意条款。[⑤] 这 11 个州还对性器插入犯罪要求被告人暴力强制或被害人无能力表示合意。

在所谓"矛盾非合意州"，如果受害人没有积极对性行为表示合意，

[①] 参见 Christina E. Wells & Erin Elliott Motley, "Reinforcing the Myth of the Crazed Rapist: A Feminist Critique of Recent Rape Legislation," *B. U. L. Rev.* 81 (2001): 127。

[②] 参见 Jennifer McMahon-Howard, "Does the Controversy Matter? Comparing the Causal Determination of the Adoption of Controversial and Noncontroversial Rape Law Reforms," *Law & Soc'y Rev.* 45 (2011): 401。

[③] 参见 David P. Bryden & Maren M. Grier, "The Search for Rapists' 'Real' Motives," *J. Crim. L. & Criminology* 101 (2011): 171。

[④] 科罗拉多州、佛罗里达州、佐治亚州、夏威夷州、密苏里州、内布拉斯加州、内华达州、新罕布什尔州、纽约州、俄克拉何马州、俄勒冈州、宾夕法尼亚州、田纳西州、犹他州、佛蒙特州、华盛顿州、威斯康星州。参见 John F. Decker, Peter G. Baroni, "'No' Still Means 'Yes': The Failure of the 'Non-Consent' Reform Movement in American Rape and Sexual Law," *J. Crim. L. & Criminology* 101 (2011): 1081。

[⑤] 康涅狄格州、堪萨斯州、肯塔基州、路易斯安那州、缅因州、马里兰州、明尼苏达州、蒙大拿州、新墨西哥州、南达科他州、西弗吉尼亚州。参见 John F. Decker, Peter G. Baroni, "'No' Still Means 'Yes': The Failure of the 'Non-consent' Reform Movement in American Rape and Sexual Law," *J. Crim. L. & Criminology* 101 (2011): 1081。

就可以满足法律的要求，但在这些州，如果要证明缺乏合意，检方必须证明被告人或者使用了暴力强制，或者受害人没有能力做出合意。这种要求强制或缺乏合意能力的规定，完全否定了其所包括的非合意规定的立法意图。有 9 个州可以纳入此类。① 而这些"矛盾非合意州"中的 3 个州的立法中，包括至少一个真实的非合意型犯罪。②

进一步而言，尽管一些司法区适用了某种形式的非合意条款，但只有 2 个州要求被告人证明其收悉受害人积极表达的合意。③ 伊利诺伊州将合意界定为自由做出的同意表述，也要求被告人展示强制力，以证明被告人缺乏合意，从而否定了与相关性犯罪相关的成文法限制。

有 16 个州并没有规定任何非合意的性犯罪。④ 其中有 15 个州针对至少 1 个相关的性犯罪要求"暴力强制"或"无合意能力"，马萨诸塞州是唯一不考虑受害人合意能力的情况下要求证明暴力强制的州。

28 个"真实非合意州"倾向于在性犯罪中不要求强制力作为构成要素。⑤

---

① 亚拉巴马州、阿拉斯加州、亚利桑那州、达拉威尔州、艾奥瓦州、肯塔基州、蒙大拿州、纽约州、得克萨斯州。参见 John F. Decker, Peter G. Baroni, "'No' Still Means 'Yes': The Failure of the 'Non-Consent' Reform Movement in American Rape and Sexual Law," *J. Crim. L. & Criminology* 101 (2011): 1081。

② 肯塔基州、蒙大拿州、纽约州。参见 John F. Decker, Peter G. Baroni, "'No' Still Means 'Yes': The Failure of the 'Non-Consent' Reform Movement in American Rape and Sexual Law," *J. Crim. L. & Criminology* 101 (2011): 1081。

③ 伊利诺伊州规定合意意味着自由做出行为；威斯康星州将合意定义为表明自由做出合意的言行。参见 John F. Decker, Peter G. Baroni, "'No' Still Means 'Yes': The Failure of the 'Non-Consent' Reform Movement in American Rape and Sexual Law," *J. Crim. L. & Criminology* 101 (2011): 1081。

④ 阿肯色州、加利福尼亚州、爱达荷州、伊利诺伊州、印第安纳州、马萨诸塞州、密歇根州、密苏里州、新泽西州、北卡罗来纳州、北达科他州、俄亥俄州、罗得岛州、南卡罗来纳州、弗吉尼亚州、怀俄明州。参见 John F. Decker, Peter G. Baroni, "'No' Still Means 'Yes': The Failure of the 'Non-Consent' Reform Movement in American Rape and Sexual Law," *J. Crim. L. & Criminology* 101 (2011): 1081。

⑤ 科罗拉多州、佛罗里达州、佐治亚州、夏威夷州、密苏里州、内布拉斯加州、内华达州、新罕布什尔州、俄克拉何马州、俄勒冈州、宾夕法尼亚州、田纳西州、犹他州、佛蒙特州、华盛顿州、威斯康星州。参见 John F. Decker, Peter G. Baroni, "'No' Still Means 'Yes': The Failure of the 'Non-Consent' Reform Movement in American Rape and Sexual Law," *J. Crim. L. & Criminology* 101 (2011): 1081。

有 12 个州通过成文法界定了合意或缺乏合意。[①] 例如，在华盛顿州，强奸属于缺乏合意犯罪中第三严重的犯罪。[②] 立法机关将合意定义为"对性交或性接触通过真实言行自由表达的同意"。[③] 还有些州对合意的构成做出了十分详尽的解释。例如，科罗拉多州法将缺乏合意的性器插入作为性攻击罪加以处罚。[④] 该成文法规定，如果行为人通过结果上导致受害人屈从的方式，明知地对该受害人实施性器插入，即构成性攻击犯罪。

3 个"矛盾非合意州"，即肯塔基州、蒙大拿州及纽约州，对某些性犯罪规定了相反的定义。和其他非合意州不同，这 3 个州坚持保留至少一个无法通过要求强力的合意来加以否定的真正非合意犯罪。但这种真正的非合意规定，仅仅对非合意的性接触而不是非合意的性插入加以犯罪化。[⑤] 肯塔基州刑法典规定，在下列情况下可以认定缺乏合意：（a）暴力强制；（b）缺乏合意能力；（c）在性虐待犯罪的场合，除了暴力强制或缺乏合意能力之外的任何其他受害人对被告人的行为并没有明示或暗示表示同意的情况。有 9 个州的立法在其性攻击犯罪或强奸犯罪中弱化、矛盾化甚至完全废除了任何非合意的表述。[⑥]

---

① 科罗拉多州、佛罗里达州、肯塔基州、缅因州、明尼苏达州、密苏里州、内布拉斯加州、纽约州、佛蒙特州、华盛顿州、西弗吉尼亚州、威斯康星州。参见 John F. Decker, Peter G. Baroni, "'No' Still Means 'Yes': The Failure of the 'Non-Consent' Reform Movement in American Rape and Sexual Law," *J. Crim. L. & Criminology* 101 (2011): 1081。

② 参见 John F. Decker, Peter G. Baroni, "'No' Still Means 'Yes': The Failure of the 'Non-Consent' Reform Movement in American Rape and Sexual Law," *J. Crim. L. & Criminology* 101 (2011): 1081。

③ 参见 John F. Decker, Peter G. Baroni, "'No' Still Means 'Yes': The Failure of the 'Non-Consent' Reform Movement in American Rape and Sexual Law," *J. Crim. L. & Criminology* 101 (2011): 1081。

④ 参见 John F. Decker, Peter G. Baroni, "'No' Still Means 'Yes': The Failure of the 'Non-Consent' Reform Movement in American Rape and Sexual Law," *J. Crim. L. & Criminology* 101 (2011): 1081。

⑤ 参见 John F. Decker, Peter G. Baroni, "'No' Still Means 'Yes': The Failure of the 'Non-Consent' Reform Movement in American Rape and Sexual Law," *J. Crim. L. & Criminology* 101 (2011): 1081。

⑥ 阿拉斯加州、亚利桑那州、特拉华州、艾奥瓦州、肯塔基州、蒙大拿州、纽约州、得克萨斯州。参见 John F. Decker, Peter G. Baroni, "'No' Still Means 'Yes': The Failure of the 'Non-Consent' Reform Movement in American Rape and Sexual Law," *J. Crim. L. & Criminology* 101 (2011): 1081。

（二） 对性自由的非暴力侵害

对性自由的非暴力侵害，是指除使用暴力、胁迫手段之外，利用受害人年幼，或受害人陷入无意识或认识错误状态，推定其不具有发生性关系的合意的情况。例如，《模范刑法典》规定在被害人不满 10 岁的情况下，即使被告人对受害人已满 10 岁具有合理的错误认识也不可以作为性侵犯罪的抗辩，换句话说，对受害人年龄这一要素，《模范刑法典》承认严格责任。[①] 但必须承认的是，以未成年人无合意能力为理由，一律推定与未成年人发生性行为侵犯了其性自由，显然存疑，特别是在行为人与受害人一样都是未成年人，或者受害人是未成年人，行为人虽已成年，但与受害人年龄相差不多的情况。例如，现在有司法观点就已经明确认定，将年满 17 周岁的男子与年满 15 周岁的女子发生性关系规定为犯罪是不公平的。[②] 另外美国宪法第一修正案保护色情露骨的言论和图片，除非它们是"淫秽的"。[③] 而且，私人拥有色情图片，即使是淫秽的，也是受保护的。但从 1982 年"纽约州诉费伯案"（*New York v. Ferber*） 开始[④]，美国联邦最高法院承认了一个美国宪法第一修正案关于儿童色情作品例外的新的分类。[⑤] 许多评论家批评在涉及未成年人发送色情短信的案件中不应积极执法，为了保护未成年人而对其加以起诉的做法与立法意图相矛盾。[⑥]

[①] 参见 Kenneth W. Simons，"When is Strict Criminal Liability Just，" *J. Crim. L. & Criminology* 87（1997）：1075.

[②] 2005 年，威尔逊（Genarlow Wilson）因在 17 周岁时与 15 周岁的女孩发生性关系而被判处 10 年监禁。面对社会公众的抗议和起诉方的偏见（威尔逊是黑人），佐治亚州议会对青少年犯罪问题进行了重新分类，将以前做重罪处理的情形轻罪化。2007 年，佐治亚州最高法院认为对威尔逊的判决过重，所以释放了威尔逊。*Humphrey v. Wilson*，282 Ga. 520（2007）. 亦参见 Meredith Cohen，"Note & Comment，No Child Left Behind Bars：The Need to Combat Cruel and Unusual Punishment of State Statutory Rape Laws，" *J. L. & Pol'y* 16（2008）：717.

[③] 参见 *Miller* v. *California*，413 U. S. 15（1973）。

[④] 参见 *New York* v. *Ferber*，458 U. S. 747（1982）。

[⑤] 参见 Carissa Byrne Hessick，"The Limits of Child Pornography，" *Ind. L. J.* 89（2014）：1437.

[⑥] 参见 Julia Saladino，"Hold the Phone：The Incongruity of Prosecuting Sexting Teenagers Under the Prosecutorial Remedies and Other Tools to End Exploitation of Children Act of 2003，" *Whittier J. Child & Fam. Advoc.* 10（2011）：317.

发送色情短信是一个最好由家长和学校处理，而不是司法系统处理的事，[①]
对儿童色情作品的惩罚与发送色情短信的不当行为不成比例。[②] 未成年人
因为生理和心理的特殊性，无法领会他们行为的后果。更何况对未成年人
发送色情信息提起刑事诉讼是否违反美国宪法第一修正案所保护的表达自
由也不是没有问题。[③] 另外，单纯依据受害人年龄就推定受害人缺乏合意，
固然可以满足性自主权受到侵害的证明需求，却无法明晰行为人方面的主
观恶性或人身危险性，例如，假设行为人 A 因为对受害人感兴趣，明知受
害人未成年仍然与其发生性关系，假设行为人 B 基于和未成年人发生性行
为的癖好故意实施和儿童发生性关系的行为。A 更有可能和其感兴趣的某
一特定儿童发生性关系，B 更有可能与不特定的未成年人发生性关系。A
和 B 谁更具有危险性呢？[④]

除了针对未成年人的性犯罪适用合意拟制之外，大多数州还将具有一
定权势的行为人与屈从的受害人之间发生的性行为加以犯罪化。[⑤] 所谓
"权势"，是指被告人有机会对受害人实施其主导的行为，双方的关系例如雇
主与雇员、医生和病人、牧师和信徒、被照顾者和照顾者、老师和学生。截
至 2011 年，只有 8 个州没有类似的规定。[⑥] 有 5 个州缺乏合意的规定或未对

---

① 参见 Jamie L. Williams, "Teens, Sexts, & Cyberspace: The Constitutional Implications of Current Sexting & Cyberbullying Laws," *Wm. & Mary Bill Rts. J.* 20 (2012): 1017。

② 参见 David A. Bosak, "The Blurring Line Between Victim and Offender: Self-produced Child Pornography and the Need for Sentencing Reform," *Ohio St. L. J.* 73 (2012): 141。

③ 参见 John A. Humbach, " 'Sexting' and the First Amendment," *Hastings Const. L. Q.* 37 (2010): 433。

④ 参见 Robin Charlow, "Willful Ignorance and Criminal Culpability," *Tex. L. Rev.* 70 (1992): 1351。

⑤ 阿拉斯加州、亚利桑那州、阿肯色州、加利福尼亚州、科罗拉多州、康涅狄格州、佛罗里达州、佐治亚州、夏威夷州、爱达荷州、艾奥瓦州、堪萨斯州、肯塔基州、缅因州、马里兰州、密歇根州、明尼苏达州、密西西比州、密苏里州、蒙大拿州、内布拉斯加州、新罕布什维尔州、新泽西州、新墨西哥州、纽约州、北卡罗来纳州、北达科他州、俄亥俄州、俄克拉何马州、俄勒冈州、宾夕法尼亚州、南卡罗来纳州、南达科他州、田纳西州、得克萨斯州、犹他州、佛蒙特州、弗吉尼亚州、华盛顿州、威斯康星州。参见 John F. Decker, Peter G. Baroni, " 'No' Still Means 'Yes': The Failure of the 'Non-consent' Reform Movement in American Rape and Sexual Law," *J. Crim. L. & Criminology* 101 (2011): 1081。

⑥ 达拉威尔州、印第安纳州、路易斯安那州、马萨诸塞州、内布拉斯加州、罗得岛州、田纳西州、西弗吉尼亚州。参见 John F. Decker, Peter G. Baroni, " 'No' Still Means 'Yes': The Failure of the 'Non-consent' Reform Movement in American Rape and Sexual Law," *J. Crim. L. & Criminology* 101 (2011): 1081。

合意加以界定，从而使得被欺骗的受害人的同意不被认为是同意。① 在加利福尼亚州与阿拉斯加州，被告人通过欺骗获得受害人的合意，为证明被告人实施了相关特定犯罪提供了证明基础。② 在 4 个州，被告人通过欺骗与他人发生性行为构成犯罪。③ 有 7 个州将假装受害人配偶与其发生性关系的行为规定为犯罪，或将其视为证明受害人不同意的证据。④ 有 8 个州禁止在医疗过程中欺骗病人从事性行为或以治疗之外的目的与其发生性行为。⑤

（三）对性自由侵害的证明与证否

因为性犯罪往往仅仅涉及被告人与被害人之间发生的私密行为，且一般都在事后才被发现，故如何证明相关性行为确已发生，以及如何证明性行为是在没有受害人合意的情况下进行的，从而侵犯了受害人的性自主权，就成为一个非常棘手的技术性问题。根据英国普通法，当受害人与证人呼救时，所有听到的人都必须出手相救。这就是所谓的"呼号"原则（Hue and Cry）。与此类似，很多美国法中也曾规定过对强奸犯罪需要相关的佐证。这里仅就此问题做一总体描述，相关技术性问题见后文。

根据英国普通法，强奸被定义为"违反妇女意志，使用暴力与之发生性行为"。⑥ 传统强奸法强调受害人的抵抗，从而证明受害人不存在合意，或者

---

① 亚利桑那州、夏威夷州、蒙大拿州、内布拉斯加州、犹他州。参见 John F. Decker, Peter G. Baroni, "'No' Still Means 'Yes': The Failure of the 'Non-consent' Reform Movement in American Rape and Sexual Law," *J. Crim. L. & Criminology* 101 (2011): 1081.

② 阿拉斯加州、加利福尼亚州。参见 John F. Decker, Peter G. Baroni, "'No' Still Means 'Yes': The Failure of the 'Non-consent' Reform Movement in American Rape and Sexual Law," *J. Crim. L. & Criminology* 101 (2011): 1081.

③ 阿拉斯加州、加利福尼亚州、罗得岛州、田纳西州。参见 John F. Decker, Peter G. Baroni, "'No' Still Means 'Yes': The Failure of the 'Non-consent' Reform Movement in American Rape and Sexual Law," *J. Crim. L. & Criminology* 101 (2011): 1081.

④ 亚利桑那州、加利福尼亚州、科罗拉多州、路易斯安那州、俄亥俄州、犹他州、怀俄明州。参见 John F. Decker, Peter G. Baroni, "'No' Still Means 'Yes': The Failure of the 'Non-consent' Reform Movement in American Rape and Sexual Law," *J. Crim. L. & Criminology* 101 (2011): 1081。

⑤ 科罗拉多州、康涅狄格州、堪萨斯州、缅因州、密歇根州、明尼苏达州、犹他州、怀俄明州。参见 John F. Decker, Peter G. Baroni, "'No' Still Means 'Yes': The Failure of the 'Non-consent' Reform Movement in American Rape and Sexual Law," *J. Crim. L. & Criminology* 101 (2011): 1081。

⑥ 参见 Michelle J. Anderson, "Reviving Resistance in Rape Law," *U. Ill. L. Rev.* 11 (1998): 953。

被告人使用暴力。在普通法中，检方必须排除合理怀疑地证明受害人尽到了其最大能力来加以抵抗。换句话说，这意味着关注的重点不是被告人，而是被害人的行为。① 显然，这是一种较为另类的刑事责任举证倒置现象。以《模范刑法典》为代表的美国刑法主流观点试图摆脱普通法的束缚，意欲改变而不是消除抵抗的要求。② 尽管其在强奸犯的定义中消除了违反妇女意志的要求，但仍然保留了被告人强迫受害人屈从的规定。虽然大多数州都没有沿用这种取消女性抵抗的要求，但沿用了《模范刑法典》对暴力的强调，而不是对非合意的强调。③ 因此，在这些州的强奸法中受害人的抵抗被用来说明被告人使用了暴力，以及受害人缺乏合意。某些州对普通法中的抵抗要求进行了进一步优化改革，例如要求"真诚抵抗"（Earnest Resistance）、"合理抵抗"（Reasonable Resistance）或"抵抗"（Resistance），从而证明存在使用暴力或缺乏合意。只有一个州依然沿用受害人进行最大限度抵抗的要求。④ 有些州没有明确要求受害人抵抗，而是要求被告人违背受害人意志迫使其屈从。与此类似，有些州尽管没有通过抵抗来定义暴力或缺乏合意，但是要求受害人无法抵抗、不能抵抗等。

如前所述，虽然历史上曾长期认可婚内强奸属于免责事由，但现在在美国，已经没有完全意义上的婚内强奸的免责事由。具体来说，有 14 个州完全废除了婚内强奸作为免责事由。⑤ 35 个州及华盛顿哥伦比亚特

---

① 参见 Stacy Futter & Walter R. Mebane, Jr., "The Effects of Rape Law Reform on Rape Case Processing," *Berkeley Women's L. J.* 16 (2001): 72。

② 参见 MPC § 213.1 (1) (a)。

③ 值得一提的是，2013 年，美国法学会启动了《模范刑法典：性侵犯与相关犯罪》（Model Penal Code: Sexual Assault and Related Offenses）的相关审查，原因是相关立法在 1962 年时超前，但是后来已过时，对立法及司法再无指导意义。但在 2014 年美国法学会全体会议期间，相关草案未能通过，迄今为止，相关改革处于事实搁浅状态。参见陆凌《美国模范刑法典：超越与挑战》，《中国刑法杂志》2016 年第 4 期，第 143 页。

④ 路易斯安那州要求受害人对强奸尽自己最大的努力加以抵抗。

⑤ 佛罗里达州、印第安纳州、马萨诸塞州、密苏里州、内布拉斯加州、新泽西州、北卡罗来纳州、北达科他州、俄勒冈州、田纳西州、犹他州、佛蒙特州、威斯康星州、怀俄明州。参见 John F. Decker, Peter G. Baroni, "'No' Still Means 'Yes': The Failure of the 'Non-consent' Reform Movement in American Rape and Sexual Law," *J. Crim. L. & Criminology* 101 (2011): 1081。

区则在立法中规定了部分免责。① 值得一提的是，包括加利福尼亚州在内的 5 个州还对婚内不当性行为单独立法。②

从行为人层面，有的情况下，强奸犯因为处于迷醉状态，才对被害人的合意产生了错误认识。在美国，通过平衡可责性以及社会危险性，允许被告人提出诚实且合理的认识错误抗辩。如果受害人没有做出实质性抵抗，除非其根本无法这样做，否则都可以推定受害人对性行为持合意。同样，被害人的实质性抵抗，也可以用来驳斥被告人合理认识错误。③

除了传统的行为人、受害人双重面向之外，目前在美国刑事司法实践中，还出现了第三方责任的证明问题。例如，在"安诉太平洋广场购物中心案"（*Ann M. v. Pacific Plaza Shopping Center*）④ 中，上诉法院认定商场有义务保护受害人免受第三方的犯罪袭击。最高法院认为，太平洋广场购物中心对在其场所内的之前类似暴力犯罪并不知晓，被害人又不能证明向其提供安全义务的太平洋广场购物中心对第三方的犯罪袭击是足够可预见的。

---

① 亚拉巴马州、阿拉斯加州、亚利桑那州、阿肯色州、加利福尼亚州、科罗拉多州、康涅狄格州、特拉华州、华盛顿哥伦比亚特区、佐治亚州、夏威夷州、爱达荷州、伊利诺伊州、艾奥瓦州、堪萨斯州、肯塔基州、路易斯安那州、缅因州、马里兰州、密歇根州、密西西比州、密苏里州、蒙大拿州、新罕布什尔州、新墨西哥州、纽约州、俄亥俄州、俄克拉何马州、宾夕法尼亚州、罗得岛州、南卡罗来纳州、南达科他州、得克萨斯州、佛蒙特州、华盛顿州、西弗吉尼亚州。参见 John F. Decker, Peter G. Baroni, "'No' Still Means 'Yes': The Failure of the 'Non-consent' Reform Movement in American Rape and Sexual Law," *J. Crim. L. & Criminology* 101 (2011): 1081。

② 加利福尼亚州、康涅狄格州、爱达荷州、马里兰州、南卡罗来纳州。参见 John F. Decker, Peter G. Baroni, "'No' Still Means 'Yes': The Failure of the 'Non-consent' Reform Movement in American Rape and Sexual Law," *J. Crim. L. & Criminology* 101 (2011): 1081。

③ 参见 Arnold H. Loewy, "Culpability, Dangerousness, and Harm: Balancing the Factors on Which Our Criminal Law is Predicated," *N. C. L. Rev.* 66 (1988): 283。

④ 参见 *Ann M. v. Pacific Plaza Shopping Center*, 863 P. 2d 207 (1993). 原告独自在太平洋广场购物中心的一个偏僻的店铺工作的时候，在他人的胁迫之下被强奸了。购物中心所在的这个区曾经发生过暴力事件，路人经常在公共区域闲逛。虽然在购物中心没有发生过强奸事件，但是也有过抢钱包、抢银行的。太平洋广场购物中心并没有意识到这些犯罪，而且也没有提供安全巡逻。被害人提起过失诉讼，诉称太平洋广场购物中心没有提供足够的安全，违反了其保护她不受不合理伤害的风险的法定义务。尽管被害人没有提出之前强奸案件的证据，但是她还是认为路人出现在这个场所内，就引起了这种犯罪的可预见的风险。原审法院批准了太平洋广场购物中心方面的即决审判的申请，认定太平洋广场购物中心对被害人并不负有注意义务。上诉法院确认了即决审判，但不同意初审法院关于太平洋广场购物中心对被害人是否负有注意义务的观点。

在"香农诉艾蒙公司案"（*Sharon P. v. Arman*）① 中，法院拒绝强加给房东在一个地下商业停车场提供保安人员的义务，因为原告所受的性侵犯是不可预见的。在"M. W. 诉巴拿马布埃纳文图拉联合学校案"（*M. W. v. Panama Buena Vista Union Sch. Dist.*）② 中，一名智障的学生在学校的浴室遭到高年级学生的暴力性侵。在加州，司法已经明确，学校的注意标准要高于其他机构，即"学校当局的职责是时时刻刻监督在学校的孩子们，并且执行必要的规章制度对其加以保护"。在这种情况下，学校的预见性不应狭隘地局限于具体的事件，而是应针对特定类型的伤害具有预见性。③

简言之，可以通过表8，对美国各司法区关于强奸等性犯罪的立法改革图景做一概括。

表 8　美国各州采取的强奸法律改革措施

性别中性	反抗要件	将强奸重新定义 为性侵犯	强奸被害人保护法
阿拉斯加州	阿拉斯加州	阿拉斯加州	亚拉巴马州
亚利桑那州	亚利桑那州	亚利桑那州	亚利桑那州
阿肯色州	阿肯色州	阿肯色州	康涅狄格州
科罗拉多州	加利福尼亚州	科罗拉多州	佛罗里达州
康涅狄格州	科罗拉多州	康涅狄格州	乔治亚州
特拉华州	康涅狄格州	特拉华州	夏威夷州
佛罗里达州	特拉华州	佛罗里达州	伊利诺伊州
夏威夷州	佛罗里达州	夏威夷州	印第安纳州
伊利诺伊州	夏威夷州	爱达荷州	艾奥瓦州
艾奥瓦州	爱达荷州	伊利诺伊州	肯塔基州
路易斯安那州	伊利诺伊州	艾奥瓦州	路易斯安那州

---

① 参见 *Sharon P. v. Arman*，989 P. 2d 121（1999）。虽然有证据显示在此次袭击之前，在一楼有多个非暴力抢劫银行案件，在附近也有数百起犯罪事件（包括两起强奸案），在车库前也常有流浪汉睡觉或者小便，但是法院还是认定，没有足够的证据表明一个理性人会预见发生的攻击类型。表面上，法庭没有要求之前事件是相同的，却认为原告并没有提供一个高度必然的预见性来证明施加给车库提供保安的义务是合法的。

② 参见 *M. W. v. Panama Buena Vista Union Sch. Dist.*，110. Cal. App. 4th 508（2003）。

③ 参见 Brian Kabateck, Drew R. Ferrandini, "Determining Premises Liability for the Criminal Acts of Third Parties," *LALaw* 37（2015）：13。

续表

性别中性	反抗要件	将强奸重新定义 为性侵犯	强奸被害人保护法
缅因州	印第安纳州	堪萨斯州	缅因州
马萨诸塞州	艾奥瓦州	肯塔基州	马里兰州
密歇根州	堪萨斯州	路易斯安那州	马萨诸塞州
明尼苏达州	肯塔基州	马萨诸塞州	密歇根州
蒙大拿州	缅因州	密歇根州	明尼苏达州
内布拉斯加州	马萨诸塞州	明尼苏达州	密苏里州
内华达州	密歇根州	蒙大拿州	蒙大拿州
新罕布什尔州	明尼苏达州	内布拉斯加州	内布拉斯加州
新墨西哥州	蒙大拿州	内华达州	新罕布什尔州
纽约州	内布拉斯加州	新罕布什尔州	新泽西州
北达科他州	内华达州	新泽西州	纽约州
俄亥俄州	新罕布什尔州	新墨西哥	北卡罗来纳州
俄克拉何马州	新泽西州	北达科他州	北达科他州
俄勒冈州	新墨西哥州	俄亥俄州	俄亥俄州
宾夕法尼亚州	纽约州	俄克拉何马州	俄克拉何马州
罗得岛州	北达科他州	宾夕法尼亚州	俄勒冈州
南卡罗来纳州	俄亥俄州	罗得岛州	宾夕法尼亚州
南达科他州	俄克拉何马州	南卡罗来纳州	南卡罗来纳州
田纳西州	俄勒冈州	南达科他州	田纳西州
得克萨斯州	宾夕法尼亚州	田纳西州	得克萨斯州
犹他州	罗得岛州	得克萨斯州	犹他州
佛蒙特州	南卡罗来纳州	佛蒙特州	弗吉尼亚州
弗吉尼亚州	南达科他州	华盛顿州	佛蒙特州
华盛顿州	田纳西州	西弗吉尼亚州	西弗吉尼亚州
西弗吉尼亚州	得克萨斯州	威斯康星州	威斯康星州
威斯康星州	犹他州	怀俄明州	
怀俄明州	佛蒙特州		
	弗吉尼亚州		
	威斯康星州		

资料来源：转引自 Jennifer McMahon-Howard, "Does the Controversy Matter? Comparing the Causual Determinants of the Adoption of Controversial and Non-Controversial Rape Law Reforms," *Law & Soc'y Rev.* 45 (2011): 401。

第二节　加利福尼亚州性犯罪的构成：
以强奸罪为例

概括来说，加州成文法中性犯罪的规定，以侵害对象是否专门针对未成年人为界，大体分为两类。不考虑对象年龄段的普通性犯罪包括强奸①、口交（Oral Copulation）②、鸡奸（Sodomy）③、性器插入（Sexual Penetration）④、淫行罪（Lewd and Lascivious Act）⑤ 等。仅针对未成年人的性犯罪包括违法

① 具体包括通过暴力、恐吓或胁迫方式实施强奸或者婚内强奸的行为，参见 Cal. Penal Code § 261（a）（2），（6）&（7）；轮奸，参见 Cal. Penal Code § 264.1；强奸迷醉的妇女或配偶，参见 Cal. Penal Code §§ 261（a）（3），262（a）（2）；强奸意识不清的妇女或配偶，参见 Cal. Penal Code §§ 261（a）（4），262（a）（3）；强奸残障妇女，参见 Cal. Penal Code § 261（a）（1）；以及通过欺诈手段强奸，参见 Cal. Penal Code § 261（a）（5）。
② 具体包括通过暴力、威慑或胁迫手段实施口交，参见 Cal. Penal Code § 288a（c）（2）&（3），（k）；轮流实施口交，参见 Cal. Penal Code § 288a（d）；对迷醉的人实施口交，参见 Cal. Penal Code § 288a（a），（i）；对无意识的人实施口交，参见 Cal. Penal Code § 288a（a），（f）；对残障人士实施口交，参见 Cal. Penal Code § 288a（a），（g）；在精神病院对残障人士实施口交，参见 Cal. Penal Code § 288a（a），（h）；通过欺诈方式实施口交，参见 Cal. Penal Code § 288a（a），（j）；在被监禁期间实施口交，参见 Cal. Penal Code § 288a（a），（e）。
③ 具体包括通过暴力、恐吓或胁迫方式实施鸡奸，参见 Cal. Penal Code § 286（c）（2），（3），（k）；轮流实施鸡奸，参见 Cal. Penal Code § 286（d）；鸡奸迷醉的受害人，参见 Cal. Penal Code § 286（i）；鸡奸意识不清的受害人，参见 Cal. Penal Code § 286（f）；鸡奸残障受害人，参见 Cal. Penal Code § 286（g）；鸡奸精神病院中的残障人士，参见 Cal. Penal Code § 286（h）；通过欺诈手段实施鸡奸，参见 Cal. Penal Code § 286（j）；被监禁期间实施鸡奸，参见 Cal. Penal Code § 286（e）。
④ 具体包括通过暴力、恐吓或胁迫方式实施性器插入，参见 Cal. Penal Code § 289（a）（1），（2），（g）；轮流实施性器插入，参见 Pen. Code §§ 264.1，289（a）（1）；针对迷醉的受害人实施性器插入，参见 Cal. Penal Code § 289（e）；针对意识不清的受害人实施性器插入，参见 Cal. Penal Code § 289（d）；对残障人士实施性器插入，参见 Cal. Penal Code § 289（b）；对精神病院中的残障人士实施性器插入，参见 Cal. Penal Code § 289（c）；通过欺诈手段实施性器插入，参见 Cal. Penal Code § 289（f）。
⑤ 针对被抚养人的淫行罪，参见 Cal. Penal Code § 288（b）（2）&（c）（2）。

性交（Unlawful Sexual Intercourse）①、口交②、鸡奸③、性器插入④、淫行罪⑤及其他违法行为⑥。除以被害人年龄进行划分的标准之外，还存在一些特殊的性犯罪类型，如涉及淫秽物品的犯罪⑦，容留、介绍卖淫，卖淫⑧，在公开场合从事违法行为⑨，未履行登记手续⑩，乱伦（Incest）⑪及性虐待动物⑫

---

① 包括 21 周岁及以上被告人实施的此类犯罪，参见 Cal. Penal Code § 261.5（a）&（d）；与未成年被害人年龄差在 3 岁以上的被告人实施的此类犯罪，参见 Cal. Penal Code § 261.5（a）&（c）；与未成年被害人年龄差在 3 岁以内的被告人实施的此类犯罪，参见 Cal. Penal Code § 261.5（a）&（b）。

② 具体包括与不满 14 周岁未成年人实施口交行为，参见 Cal. Penal Code § 288a（c）（1）；21 周岁以上被告人与未成年人实施口交行为，参见 Cal. Penal Code § 288a（b）（2）；与不满 18 周岁未成年人实施口交行为，参见 Cal. Penal Code § 288a（b）（1）。

③ 具体包括与不满 14 周岁未成年人实施鸡奸，参见 Cal. Penal Code § 286（c）（1）；21 周岁以上被告人与未成年人实施鸡奸，参见 Cal. Penal Code § 286（b）（2）；与不满 18 周岁未成年人实施鸡奸，参见 Cal. Penal Code § 286（b）（1）。

④ 具体包括与 14 周岁以下未成年人实施性器插入，参见 Cal. Penal Code § 289（j）；21 岁以上被告人与未成年人实施性器插入，参见 Cal. Penal Code § 289（i）；与 18 周岁以下未成年人实施性器插入，参见 Cal. Penal Code § 289（h）。

⑤ 具体包括针对 14 周岁以下未成年人实施的，参见 Cal. Penal Code § 288（a）；通过暴力或者威慑手段实施的，参见 Cal. Penal Code § 288（b）（1）；14 岁或 15 岁儿童实施的，参见 Cal. Penal Code § 288（c）（1）。

⑥ 具体包括持续性虐待的，参见 Cal. Penal Code § 288.5（a）；在建筑物内猥亵或骚扰儿童的，参见 Pen. Code § 647.6（a）-（c）；猥亵或骚扰儿童的，参见 Cal. Penal Code § 647.6（a）-（c）；针对 14 周岁以下儿童实施性攻击犯罪的加重犯，参见 Cal. Penal Code § 269（a）；基于从事特定重罪的目的接触未成年人的，参见 Cal. Penal Code § 288.3（a）；基于猥亵目的安排与未成年人见面的，参见 Cal. Penal Code § 288.4（a）（1）；基于猥亵目的与未成年人见面的，参见 Cal. Penal Code § 288.4（b）。

⑦ 具体包括向未成年人展示、发送淫秽物品意在引诱，参见 Cal. Penal Code § 288.2（a）&（b）；传播展示未成年人性行为的淫秽物品，参见 Cal. Penal Code § § 311.1（a），311.2（b）；传播或者意图传播淫秽物品的，参见 Cal. Penal Code § 311.2（a）；现场展示淫秽行为，参见 Cal. Penal Code § 311.6；利用未成年人实施法律禁止的性行为，参见 Cal. Penal Code § 311.4（b），（c）。

⑧ 具体包括容留卖淫，参见 Cal. Penal Code § 266h；介绍卖淫，参见 Cal. Penal Code § 266i；介绍未成年人卖淫，参见 Cal. Penal Code § 266j；卖淫的亲手犯，参见 Cal. Penal Code § 647（b）；卖淫的教唆犯，参见 Cal. Penal Code § 647（b）；同意从事卖淫，参见 Cal. Penal Code § 647（b）；以卖淫为目的寻嫖，参见 Cal. Penal Code § 653.22（a）。

⑨ 具体包括露阴，参见 Cal. Penal Code § 314；淫行，参见 Cal. Penal Code § 647（a）；教唆淫行，参见 Cal. Penal Code § 647（a）。

⑩ 性犯罪人未登记，参见 Cal. Penal Code § 290（b）。

⑪ 参见 Cal. Penal Code § 285。

⑫ 参见 Cal. Penal Code § § 286.5，597f。

等特殊违法行为。限于篇幅，这里仅以强奸罪为例，对加利福尼亚州法中规定的性犯罪做一解剖。

一 加利福尼亚州法中强奸罪的规制现状

从立法角度来看，加利福尼亚州法中的强奸，主要是指在不具备或推定不具备合意的情况下，行为人与女性[①]发生阴道性交的行为。其又进一步可以被细分为典型强奸与非典型强奸两大类。

（一）典型强奸

所谓典型强奸，是指通过暴力、恐吓或胁迫实施的强奸及婚内强奸。[②]

对此，检方需要证明行为人通过特定手段在女性缺乏合意的情况下与其性交。[③] 这里的特定手段，在司法实践当中一般包括三种情况。第一，是指行为人对受害女性或第三方实施强制、暴力[④]、胁迫[⑤]或威胁[⑥]立

[①] 受害女性在强奸罪中的性交开始时，必须处于存活状态。参见 CALCRIM No. 1000。这一点也在判例中得到印证。例如，在一起轰动一时的连环杀人案中，法院强调，强奸罪的受害女性在性交时必须仍然在世，参见 *People v. Carpenter*，15 Cal. 4th 312（1997）。如果行为人意图与活人性交，那么与尸体发生性交的行为应属于强奸未遂，参见 *People v. Kelly*，1 Cal. 4th 495（1992）。

[②] 参见 Cal. Penal Code § 261（a）（2），（6）&（7）。

[③] 性交是指以任何形式将阴茎进入女性阴道或外生殖器的行为，不考虑进入程度，不要求射精。参见 CALCRIM No. 1000。

[④] 如果行为人使用的强制力足以压制受害女性的意志，就属于通过暴力实施性交。而强奸罪中的暴力，也不具有特殊的含义，法庭无须对其加以界定。参见 *People v. Griffin*，33 Cal. 4th 1015（2004）。对此，加利福尼亚州最高法院曾提出，对暴力一词的通常理解，或者强奸罪的立法规定本身，都不认为检方在强奸罪指控时使用的暴力一词，和通常合意性行为中伴生的所谓暴力存在实质性的差别。参见 *People v. Cicero*，157 Cal. App. 3d 465（1984）。相反，长期以来，强奸罪中的所谓暴力，检方只需证明行为人实施了违反受害女性意志的性交行为即可。参见 *People v. Young*，190 Cal. App. 3d 248（1987）。

[⑤] 胁迫是指直接或间接威胁使用强力、暴力、制造危险或实施报复，导致理性人不得不违心去做或屈服。在判断是否存在胁迫的时候，需要综合考察所有情节，包括受害女性的年龄及其与行为人的关系。如果受害女性真诚且合理害怕，或者虽然受害女性的担心是真诚但不合理的，但行为人明知并利用了这一点，则属于胁迫性交。行为人可以通过虚假或欺骗性表述制造恐惧，从而使得理性人在违反其意志的情况下行事，从而合意发生性行为。通过胁迫或恐吓的方式获得合意的情形，并不包括客观的暴力或强制。参见 *People v. Cardenas*，21 Cal. App. 4th 927（1994）。

[⑥] 威胁是指通过言行表达伤害某人的意愿。

即实施非法身体伤害。第二，是指行为人威胁将来对受害女性或第三方实施报复①，且行为人未来有合理可能实施该威胁，所谓"威胁报复"（A Threat to Retaliate）包括威胁绑架，非法拘禁，实施足以造成严重身体痛苦、伤害或死亡的行为。第三，是指具有公权者身份的行为人威胁使用公权力监禁、逮捕或驱逐某人。所谓公权者，是指受雇于联邦、州或地方政府，有权决定监禁、逮捕或驱逐的人。即使行为人并非上述人员，但如果被害人合理确信的，同样适用本项。②

女性受害人对性交的发生是否具有合意是司法认定典型强奸罪成否的关键。违反意愿即缺乏合意。③ 典型案例如"加利福尼亚州诉艾尔兰德案"（*People v. Ireland*）④。

---

① 报复是指复仇或以其他形式寻找平衡。参见 CALCRIM No. 1000。

② 参见 CALCRIM No. 1000。

③ 参见 *People v. Key*，153 Cal. App. 3d 888（1984）。

④ "加利福尼亚州诉艾尔兰德案"（*People v. Ireland*），本案的判决书如下：

188 Cal. App. 4th 328（2010）

114 Cal. Rptr. 3d 915

THE PEOPLE, Plaintiff and Respondent,

v.

ANTHONY IRELAND, Defendant and Appellant.

No. F057896

Court of Appeals of California, Fifth District

2010 年 9 月 18 日

判决意见

道森法官（Dawson, J.），

陪审团一审判决上诉人安东尼·艾尔兰德（Anthony Ireland）四项强奸罪罪名成立，即 Pen. Code § 261, subd.（a）（2）.〔1〕。针对每项指控，陪审团都认定上诉人使用了致命性武器，即 § 12022.3, subd.（a），同时针对多个受害人使用致命性武器实施了犯罪，即 § 667.61, subd.（e）（4），（5）。一审判决上诉人在州立监狱服刑 100 年，即 4 项 25 年监禁至终身监禁的有罪判决连续执行。上诉时，上诉人提出：（1）不存在充分证据证明其实施了强奸；（2）一审法院将 CALCRIM No. 1000 作为法律指导意见理由不充分；（3）一审法院将 CALCRIM No. 250 作为法律指导意见不正确；（4）一审法院错误地未将攻击及殴斗作为被包括的较低层级犯罪而提出法律指导意见；（5）一审法院错误地采信了针对未被指控犯罪行为的有关证据；（6）一审法院将 CALCRIM No. 1191 以及 2916 作为法律指导意见是错误的；（7）辩护律师未能有效履行辩护义务。对此，本庭认为不存在有损于上诉人诉讼利益的错误，故维持原判。

事实

针对被告人的每项强奸判决涉及的受害人不同，但情节类似。

指控 1：受害人化名 V. B.

（转下页注）

（接上页注④）2007 年 10 月末，卖淫女 V. B. 正在一间汽车旅馆的车道上待客，上诉人驾驶一辆 4 门的酒红色轿车接近受害人，并且要求与其"约会"，这在受害人理解是一种以支付一定金钱为对价发生性行为的合意。两人最终将价格谈拢，为 40 美金。受害人 V. B. 建议在其租住的机车旅馆房间内交易，但遭到了上诉人的拒绝，上诉人说自己曾经在汽车旅馆内遭遇过"仙人跳"，故建议开一段路之后停车解决。受害人同意。于是两人在附近的铁路路口附近停了下来。

上诉人告诉 V. B. 前往车辆的后座，V. B. 照做。就在其进入后座的时候，受害人感觉一把刀搁在了自己的脖子上。V. B. 开始哭泣，哀求上诉人不要伤害自己。在后来的庭审过程中，受害人作证说自己当时十分害怕，不想就这样死去。上诉人威胁受害人，如果受害人保持安静并且按照其所说的去做，就不会伤害受害人。V. B. 担心，如果不照做，自己就会被捅或者被割伤。

上诉人接下来用刀架在受害人脖子上，同时与其发生了性关系。V. B. 证实，上诉人当时使用的是一把刀刃长约 7 英寸、木柄的大型剔骨刀。受害人整个过程都哭得"很大声"，上诉人在射精后，从车里爬了出来，将用过的安全套扔进了树丛。这个时候 V. B. 询问自己是否可以离开，上诉人回答，是。于是 V. B. 从车里爬出来跑掉。上诉人并未支付嫖资。

V. B. 之前从未与上诉人谋面。在性行为发生时并不存在合意，在进入车后座的时候，也不同意上诉人用刀。但因为自己是卖淫者，故 V. B. 并未第一时间报案。

指控 2：受害人化名 J. W.

在 2007 年 9 月底 10 月初，卖淫女 J. W. 正在揽客，上诉人驾驶一辆酒红色的 4 门轿车接近受害人，并要求"约会"，当时 J. W. 十分疲惫想回家，故要价 100 美金，心想上诉人不会同意。但是上诉人同意了这个价格，于是 J. W. 上车，虽然受害人告知上诉人自己在汽车旅馆租住有房间，但上诉人告诉受害人自己曾经在这种地方有过不愉快经历，于是两人开车 5 分钟后停车。两人同意在车里发生性关系，因此受害人爬到了车后座，上诉人离开驾驶席，走向后门，在开门的时候，受害人要求支付嫖资，上诉人回答，"哦，好吧"，并伸手摸向自己的腰部，拽出了一把刀刃长达 10 英寸的大刀。

上诉人爬入后座，压在受害人身上，同时将刀子放在受害人的脖子边。当受害人询问这是做什么的时候，上诉人回答"闭嘴！"这时受害人感觉到上诉人已经勃起，于是要求其戴上安全套。上诉人要求受害人为其戴上，受害人担心被割喉而死，只好配合。

整个过程中，上诉人都将刀放在受害人的脖子上。受害人非常害怕，要求上诉人将刀子拿开，但是遭到了上诉人的拒绝，理由是这样受害人就会大叫。上诉人叫受害人不许大叫，不许突然活动，否则就会动刀。因为担心被刺杀，因此受害人只好照办。

上诉人与受害人发生了性关系。之后，上诉人从车里出来，将用过的安全套扔在地上，并且未向受害人支付嫖资。受害人在刀架在脖子上的情况下，不得已与上诉人发生性行为。

虽然受害人并未报警，却将发生的遭遇告诉了其他人。在这一事件之后，受害人曾经在一家卖酒的商店看到上诉人，并曾大喊让他离开，同时还告诉其他人，"就是这个家伙，不能进到他的车里"。

警方后来曾接触受害人，询问其是否知道在这一地区骚扰女性的人，受害人也曾经将这一遭遇告知警方。

指控 3：受害人化名 A. H.

（转下页注）

（接上页注）2007年10月，上诉人驾驶一辆红色的4门轿车，在卖淫女 A. H. 前停下来，要求"约会"。两人讲好嫖资为60美元。受害人上车，两人前往一处墓地并且停车。

之后，两人下车来到后座，受害人要求上诉人付钱，上诉人告诉她会给钱，但是之后就拿出刀来，并且将刀放在受害人的脖子边，受害人说"不"，但上诉人用刀顶着受害人的喉咙，并且要求受害人为其戴上安全套，同时脱下自己的内裤跪着，受害人担心自己被伤害，于是照办。上诉人与受害人发生了性行为，之后受害人离开了车，上诉人并未支付嫖资。

受害人与上诉人素昧平生，也不同意上诉人用刀。受害人因为自己之前虽然报警，但警方毫无作为，故这次并未报警。后来，在警方询问时，受害人才全盘告知。

指控4：受害人化名 C. S.

2007年11月，时年15岁的受害人（有时又被称为 Baby）是卖淫女，上诉人驾驶一辆酒红色的4门汽车靠近受害人，要求"汽车约会"。两人讲好价钱为80美金，虽然受害人建议前往汽车旅馆，但是上诉人建议开车去公墓，受害人同意。

两人到达公墓之后，来到车的后座，受害人要求上诉人支付嫖资，上诉好像要掏钱，但掏出的是一把刀，刀刃长10英寸，并将其按在受害人脖子上，说"按我说的做，否则就会受到伤害"。受害人当时吓呆了，十分害怕自己会被杀死。上诉人之后与受害人发生了阴道性交，整个过程中，上诉人都将刀放在受害人脖子上。虽然对此受害人并不同意，但为了避免受到伤害，还是按照上诉人的要求做了。之后，受害人要求上诉人带自己一程，上诉人同意了。上诉人并未支付嫖资。

一周后，受害人在街上走的时候被警方临检，因为当时已经半夜，且受害人看起来十分年轻。一名警官提及这一地区发生了强奸案。受害人向警方报告了自己的遭遇，并且描述了行为人的体貌特征以及车辆等信息。

警方调查

2007年10月，负责性犯罪的警探尼尔·库尼（Neal Cooney）从其他同事那里获知了最近连续发生的强奸卖淫女的案件线索，受害人对犯罪人的描述、车辆信息以及作案手法都出奇一致。

2007年10月6日，在执行监视任务的过程中，库尼探员与受害人 J. W. 有过交谈，后者告诉他自己在5周之前曾经在刀的威胁下被强奸。而受害人的描述与其之前收到的线索吻合。

当天晚上，库尼看到了与受害人描述一致的嫌疑车辆，于是通知交通警察截住了这辆车，当时车里只有上诉人，上诉人同意警方搜查，并告知警方自己身上带有刀具。库尼暂扣了刀具，并且逮捕了上诉人。

受害人 V. B. 、J. W. 与 A. H. 后来通过照片检索的方式，指认上诉人为强奸自己的犯罪人。

库尼探员和自己的同事在警局讯问了上诉人。根据审判时公布的录音，上诉人告诉警方自己携带剔骨刀是为了防身。上诉人还承认自己曾经和4名卖淫女发生过性关系，其中一人为金发白人、一人为亚裔、两人为黑人。

上诉人最开始声称，所有性交易都是合意进行的，他对其中的一名白人受害人使用刀，是因为这样才能让她兴奋。虽然上诉人否认将刀放在受害人的脖子上，但是承认将刀放在了受害人身上。

在进一步讯问之后，上诉人承认曾对昵称为 Baby 的受害人使用了刀， （转下页注）

（接上页注）但受害人并不想这样。但他当时告诉受害人，我喜欢就让我做吧。因为他答应不伤害受害人，因此受害人也同意了。当时他把刀放在受害人的乳房稍上部位。

上诉人接下来承认其还对一名黑人卖淫女用了刀，但因为其被吓坏了，就放弃了这一做法。该受害人告诉上诉人，自己不想这样做那个事，上诉人回答，你都答应了，在发生性行为之后，该受害人从车上跳起来逃走，没有拿钱。

接下来，上诉人承认自己和另外一名黑人女孩发生了性关系，最初他支付了嫖资，但在性行为进行过程中，他抽出了刀，事后，他又把钱拿了回来。

上诉人还说自己曾经拉过一名拉美裔女性，在其脱衣服的时候，上诉人拔出了刀，该女性要上诉人离开，并且不要伤害自己，后来跳车逃走。警方讯问上诉人，在开车拉着受害人的时候，是否身上带了钱，他回答自己可能就带了一些钱，还继续补充说："我不敢告诉她们，因为……她们就是喜欢你这样干……你知道，无论如何我知道，她会自己偷偷想，基本上，他要伤害我，诸如此类……"

上诉人为自己让受害人担惊受怕表示了悔意，并且同意写一封道歉信。虽然上诉人宣称自己并不想伤害受害人，但承认自己可能会这样做。上诉人提出，自己无法改变过去发生的一切，但对未来将会做更好的选择。"或许是因为我被抓了，无论如何，我知道怎样才最好。"

证据法 Section 1108

根据 Evidence Code Section 1108，检方有权将上诉人之前从事的未被起诉的犯罪行为作为证据加以提出。女性 S. M. 作证，自己在 2007 年 9 月位于克拉沃斯（Clovis）的家中洗澡，刚出浴室就看到有人正在摆弄窗户的把手，这个人戴着草帽、眼镜，穿着黑色衣服，并且正在从窗户往里看。随即 S. M. 报警。警方到达现场后，从窗户上提取了嫌疑人的指纹，并且在窗前的灰尘上提取了嫌疑人的鞋印。

上诉人后来在 S. M. 家前面的院子里被发现，并且完全符合 S. M. 向警方的描述，指纹也吻合。虽然上诉人辩称自己只是在找朋友，但是后来承认自己看到了 S. M. 的乳房。

讨论

1. 证据的充分性

上诉人认为，没有充分的证据证明其实施了强奸。特别是每名受害人都同意通过接受金钱与其发生性行为，尽管对过程中使用刀子表示反对，但并不因此自动否定合意。上诉人认为没有充分的证据证明每名受害人在和上诉人的交流过程中撤回了自己的合意。对此，本庭表示反对。

在判断是否有充分的证据支持有罪判决时，上诉庭需要考察所有案卷资料，以最有利于原判的方式评估证据，特别是陪审员可能从证据当中推断出来支持判决的每一个事实。问题就变成了这样评价案卷资料是否具有合理、可信且确定的价值，从而使得理性的事实认定者可以排除合理怀疑地发现犯罪构成要素。即 *People v. Carter*（2005）36 Cal. 4th 1114，1156〔32 Cal. Rptr. 3d 759，117 P. 3d 476〕。

（1）上诉人被依据 Section 261 subdivision（a）(2)，判决 4 项强奸罪罪名成立，该法规定，强奸是指通过强制、暴力、胁迫、恐吓或威胁对受害人或第三方立即实施违法身体伤害，违背受害人意志实施非法性交。

缺乏合意是强奸犯罪的构成要素。而"合意"在 Section 261.6 当中被定义为"基于意志自由对行为或态度的积极配合"。行为人必须认识到行为或交易的本质，并且具有行动自由。CALCRIM No.1000 这一法律指导意见提出，所谓"合意"，是指 （转下页注）

（接上页注）行为人必须行动自由且自愿，明了行为的本质。

必须区分实际的合意与屈从（submission），受害人因为害怕受到身体伤害而决定屈服于攻击者的性要求，不属于合意，因为这种决定并非自愿且自由做出的（§261.6）。受害人两害相权取其轻，即是被强奸还是在抵抗的情况下遭到攻击者的暴力，很难说是一种自由意志的体现，参见 *People v. Giardino*（2000）82 Cal. App. 4th 454, 460, fn. 3〔98 Cal. Rptr. 2d 315〕。

如果女性缺乏合意没有表达，或者无法被合理感知，被告人或许不构成强奸罪。被告人合理且真诚地确信行为人从事行为是基于合意，可以作为抗辩。参见 *People v. Mayberry*（1975）15 Cal. 3d 143, 153-158〔125 Cal. Rptr. 745, 542 P. 2d 1337〕。

在本案中，法庭对陪审员的指导意见如下："当事人要求使用避孕套或其他计生工具的证据，本身不足以构成抗辩"（参见 CALCRIM No. 1000），并且如果实际且合理确信女性对性行为具有合意，则不构成强奸。检方承担排除合理怀疑地证明上诉人并不实际且合理认定当事人具有合意的义务。

（2）合意的撤回可以出现在任何时候，参见 *In re John Z.*（2003）29 Cal. 4th 756, 762〔128 Cal. Rptr. 2d 783, 60 P. 3d 183〕。本案中，法庭对撤回合意给出的是标准的法律指导意见，即起初合意性交的女性，得在性交过程中改变主意。如果发生此类改变，根据相关法律，在满足下列条件的情况下，性交将被视为在非合意情况下进行：她向被告人表达自己反对性交行为，并试图停止该行为；她通过言行所表达的反对，足以使得理性人理解其对性交缺乏合意；被告人不顾受害女性反对，依然强行继续性交（参见 CALCRIM No. 1000）。

上诉人认为，所有受害人最初都对性行为有合意，而其在行为过程中使用刀具本身不足以自动否定这种合意，没有充分的证据证明受害人向其表达撤回合意。另外，被上诉人则认为，决定性的问题不是是否受害人传递撤回合意的信息，相反，在被上诉人看来，上诉人使用道具，以及其明示或暗示如果不从就伤害受害人的表示，的确实际上否定了受害人之前的合意。

本庭认同被上诉人的分析。毫无疑问，在每个案件当中，受害人都是同意发生性行为的。但是上诉人后来又向受害人传递了明示或暗示的威胁，即如果不合作，就将用顶在受害人喉咙上的刀子伤害这些受害人。例如，针对受害人 V. B.，证言显示上诉人告诉她要合作就不会被伤害。受害人 J. W. 询问上诉人要干什么，上诉人告诉 J. W. 闭嘴，J. W. 照做，因为担心否则将会被割开喉咙。受害人 A. H. 在上诉人用刀指着脖子的时候说不，但被要求给上诉人戴上安全套，脱下内裤并且跪着。受害人不得不服从，因为她认为不这样做自己可能会被杀死。对受害人 C. S.，上诉人说，"按我说的做，否则就会受到伤害。"受害人因为害怕，只能照做。

和上诉人坚持认为的没有充分证据证明其亮出刀子并且威胁受害人之后受害人缺乏性行为合意的观点不同，有充分的证据证明所有受害人在此之后从事的都是非合意的性行为。

另外，上诉人还认为，受害人在最初做出合意之后，如果要撤回合意，需要以明示或暗示的方式表达这种撤回。对此，本庭无法认同。

合意的实质在于出自自由意志。这也是为什么合意可以被撤回的原因。尽管在强奸罪中存在被告人主张合理且实际确信被害人存在合意的抗辩，参见 *People v. Dominguez*（2006）39 Cal. 4th 1141, 1148〔47 Cal. Rptr. 3d 575, 140 P. 3d 866〕，*People v. Mayberry*，（supra, 15 Cal. 3d at pp. 153-158），但本庭认为，并不要求受害人表达这种 （转下页注）

（接上页注）缺乏合意，参见 *People v. Maury*（2003）30 Cal. 4th 342，403〔133 Cal. Rptr. 2d 561，68 P. 3d 1〕〔缺乏合意不需要通过直接证据证明，而是可以通过使用暴力或胁迫来加以推断〕。本庭也不要求受害人做出抵抗，参见 *People v. Griffin*（2004）33 Cal. 4th 1015，1024-1025〔16 Cal. Rptr. 3d 891，94 P. 3d 1089〕。而这一点，也是上诉人所主张的观点之一。

在犯罪时，上诉人要求受害人合作，否则就伤害受害人，现在上诉人主张受害人需要表达其不配合的意愿。这显然不是法律所意图表达的意思。当上诉人动刀，并且明示或暗示威胁受害人的时候，在缺乏受害人表示其继续同意的情况下，之前的合意无论在法律上还是在事实上都不再存在，参见 *People v. Washington*（1962）203 Cal. App. 2d 609，610〔21 Cal. Rptr. 788〕，"威胁下的合意，根本就不是合意。"

进一步来说，即使本庭说受害人应该向上诉人表达出缺乏合意的意思，本庭仍然发现有足够的证据证明有罪判决。受害人 V. B. 作证说她从来没有同意过在脖子上架着刀的时候发生性行为。在上诉人这样做的时候，她害怕得哭了，并且告诉上诉人，"不要伤害我，不要伤害我。"受害人 J. W. 作证说，当上诉人用刀架在自己脖子上的时候，曾询问上诉人要干什么，并且要求他把刀拿开。但上诉人让其闭嘴，并且因为担心受害人大叫而未将刀子拿开。受害人 A. H. 作证说，在上诉人将刀放在她脖子上的时候，自己吓呆了，害怕自己会被杀死，而上诉人在其供述当中也承认，C. S. 告诉自己不想他拿着刀。

从所有的证据来看，很明显，受害人在上诉人用刀架在脖子上的时候已经不再对发生性行为具有合意，上诉人也知道这一点。因此，如果受害人需要向上诉人表达这种撤回合意的意思，她们实际上做到了。

有充分的证据证明每起强奸罪，因此本庭驳回上诉人的相关主张。

2. CALCRIM No. 1000

上诉人认为，一审法院作为法律指导意见的 CALCRIM No. 1000 对撤回合意这一问题解释得不充分。被上诉人认为，首先，上诉人因为没有在一审的时候要求法官对这一法律指导意见做出修正，因此放弃了将其提交给上诉审考察的权利；其次，即使这一法律指导意见存在错误，也是无害的错误。本庭同意，上诉人的确放弃了将这一问题提交给上诉审的权利，虽然如此，本庭仍然审查了这一问题，认为相关的错误不具有可撤销性。参见 *People v. Alvarez*（1996）14 Cal. 4th 155，222〔58 Cal. Rptr. 2d 385，926 P. 2d 365〕；*People v. Johnson*（1993）6 Cal. 4th 1，52〔23 Cal. Rptr. 2d 593，859 P. 2d 673〕；*People v. Rogers*（2006）39 Cal. 4th 826，878-879〔48 Cal. Rptr. 3d 1，141 P. 3d 135〕。

一审中，根据 CALCRIM No. 1000，法庭对合意与撤回合意的法律指导意见为"如果要达成性交合意，女性必须明知行为的本质，且可以自由且自愿行动"，"起初合意性交的女性，得在性交过程中改变主意。如果发生此类改变，根据相关法律，在满足下列条件的情况下，性交将被视为在非合意情况下进行：她向被告人表达自己反对性行为，并试图停止该行为；她通过言行所表达的反对，足以使得理性人理解其对性交缺乏合意；并且被告人不顾受害女性反对，依然强行继续性交"。

上诉人认为，这一法律指导意见意味着与撤回合意相关的规则仅仅适用于性交过程之中，而不是之前。在其看来，这一法律指导意见不当地将撤回合意的情境限制在受害人在性交过程中，因此使得陪审员无法理解这些女性必须通过表达撤回其在性交之前达成的合意。

如上诉人所言，在"加利福尼亚州诉维拉案"，即 *People v. Vela*（1985）（转下页注）

　　一般认为，作为合意存在的前提，女性必须明知行为的本质，且可以自由且自愿行动。需要强调的是，加州司法实践中认定，女性对是否及如何进行性交，随时存在撤回合意的权利。换句话说，即使起初合意性交的女性，也可在性交过程中改变主意。[①] 如果发生此类改变，根据相关法律，在满足下列条件的情况下，性交将被视为在非合意情况下进行：女性向行为人表达自己反对性交行为，并试图停止该行为，这种通过言行所表达的反对，足以使得理性人理解其对性交缺乏合意，在这种情况下，行为人仍不顾受害女性反对，强行继续性交。[②] 受害女性表达反对性交的时间点并不重要，重要的是其向行为人表达了这一信息。[③] 强奸罪中，并不要求受

　　（接上页注）172 Cal. App. 3d 237，242〔218 Cal. Rptr. 161〕中，法庭认为，合意可以在插入前撤回，但不能在插入之后撤回。在后续判决中，加利福尼亚州最高法院对此表达了异议，认为只要明确表达，合意可以在任何时候，包括性交过程中撤回。参见 *In re John Z.*，supra，29 Cal. 4th 756，763之中，上诉人认为其一审过程中相关法律指导意见体现了被上述判例所禁止的人为限制，重复了"加利福尼亚州诉维拉案"的覆辙。换句话说，上诉人认为，这一规则针对的是在妇女被插入之后放弃合意的规定，因此暗示着没有规定女性放弃被插入之前达成的合意。上诉人进一步认为，这种法律指导意见中存在的错误，加上检方提出的（a）因为在性交发生之前上诉人就拔刀，因此这一关于撤回合意的法律指导意见不适用，以及（b）因为上诉人在性交前就拔刀，因此自动使得性交丧失合意性，不要求该女性表达任何撤回合意。

　　本庭同意上诉人所主张的，撤回合意的法律指导意见具有一定的迷惑性，但是如本庭在第一部分所言，没有证据证明任何一名受害人同意在刀架在脖子上的情况下发生性行为。被害人的言行都证明她们不同意这样做，换句话说，她们已经撤回了之前的合意。在这种情况下，不要求进一步的撤回合意表示。因此，上诉人所主张的法律指导意见关注性交之后撤回合意，而不关注之前的合意的观点，就变得并不重要。

　　即使这样的法律指导意见存在错误性，其在任何标准之下也都是无害的。参见 *Chapman v. California*（1967）386 U. S. 18，24〔17 L. Ed. 2d 705，87 S. Ct. 824〕；*People v. Watson*（1956）46 Cal. 2d 818，836〔299 P. 2d 243〕。除了检方必须证明受害人没有合意之外，一审法院还要求检方必须证明上诉人并没有实际且合理地确信受害人存在合意（参见 CALCRIM No. 1000）。本庭必须推定一审法院忠实地履行了这一要求，参见 *People v. Cline*（1998）60 Cal. App. 4th 1327，1336〔71 Cal. Rptr. 2d 41〕，因此，本庭认定一审陪审团排除合理怀疑地证明上诉人知道受害人并不同意，或者已经撤回了合意。

　　不存在足以推翻原判的错误，维持原判。

①　行为人在行为过程中始终真诚且合理确信对方对性交的合意。如果性交开始时基于合意，但后来受害女性改变主意的，受害女性必须清楚无误地告知行为人其不再同意继续性交。然而，如果行为人开始时通过缺乏合意的威胁、暴力、胁迫等方式实施性交的，后续受害女性缺乏合意，可以通过情节加以推定，无须受害女性加以表达。参见 *People v. Ireland*，188 Cal. App. 4th 328（2010）。

②　参见 CALCRIM No. 1000。

③　参见 *In re John Z.*，29 Cal. 4th 756（2003）。

害女性的抵抗，任何对此要求的法律指导意见都是错误的。①

一般来说，因为性交行为发生时往往没有第三方在场，因此，司法机关在认定受害女性是否具有合意时，往往还需要参考间接证据。但加州司法实践一般认为，对间接证据的运用应当特别慎重，例如，行为人与受害女性约会、结婚、曾经结婚的证据本身，不能单独证明合意的存在；受害女性向行为人要求、建议、表达使用安全套或其他计生器具的证据本身，不能单独证明合意的存在。②

当然，如果行为人真诚且合理确信受害女性同意性交，并且真诚且合理确信其通过性交表达了此种合意，则其不构成强奸罪。但行为人不得以自身性发育不良，无法完成正常人相关活动为由，针对合意主张事实认识错误。③

检方承担排除合理怀疑地证明行为人并非真诚且合理确信该女性具有合意的义务。如果检方无法履行上述义务，则必须认定行为人无罪。④ 如果有实质证据证明相关暧昧行为足以导致行为人合理确信存在合意，则法庭必须向陪审团就合理确信做出法律指导。⑤ 如果受害人能够证明在特定时段内出现了特定的行为及其频率，那么就不需要通过其他证据证明受害女性证言的充分性。有法院认定，即使证人无法对特定性犯罪发生的具体时间、地点做出准确描述，但只要满足特定条件，检方仍然可以据此对被告人加以起诉。如果不存在让陪审员就特定淫秽行为达成一致意见的合理可能，而案件的唯一问题又在于行为人是否实际上从事了所有相关行为，则可以对一致性意见要求加以修正，即允许陪审团在一致接受受害女性所描述的行为的情况下，做出有罪判决。⑥

对典型强奸的犯罪纵向样态来说，只要行为人的性器插入女性阴道，进入不论程度，都视为强奸的既遂。因为美国刑法中并不存在类似于大陆

---

① 参见 *People v. Barnes*, 42 Cal. 3d 284（198）。

② 参见 *People v. Barnes*, 42 Cal. 3d 284（1986）。

③ 参见 *People v. Castillo*, 193 Cal. App. 3d 119（1987）。

④ 参见 CALCRIM No. 1000。

⑤ 参见 *People v. Williams*, 4 Cal. 4th 354（1992）。

⑥ 参见 *People v. Jones*, 51 Cal. 3d 294（1990）。

法系的罪数问题，因此，每次进入，都可以视为一次单独的犯罪成立。①

对典型强奸的犯罪横向样态来说，存在共犯的认定问题。需要强调的是，加州司法实践中，强奸共犯是单独的犯罪，不是加重情节。② 加州成文法中对共犯的区分，也是从区分实行犯和教唆犯、帮助犯入手的。如果行为人亲自实施了强奸，并且自愿与其他帮助犯或教唆犯实施强奸，或者行为人自愿帮助、教唆亲自实施强奸的行为人，都构成强奸罪的共犯。③ 这里必须要强调的一点是，针对是否所有形式的强奸都可以作为强奸共犯的基础犯罪，存在不同看法。例如，有法院认为，只有涉及暴力、强制手段实施的强奸，才能作为强奸共犯的基础犯罪。④ 换句话说，以胁迫、恐吓、威胁等方式实施的强奸不能作为强奸共犯的基础犯罪。⑤ 但也有判例认为，以任何非法强制包括威胁伤害方式实施的强奸，都可以作为强奸共犯的基础犯罪。⑥ 总体来看，加州司法实践的主流做法还是认为强奸共犯只能建立在通过强制、暴力手段实施的强奸基础上。另外，强奸共犯的成立，并不要求共犯实施强奸的实行行为。例如对出现在强奸犯罪实施的现场，即使其并没有亲自实施强奸行为依然可以构成强奸共犯。⑦ 但是，加州最高法院并没有明确那些为犯罪提供帮助，但是并没有出现在犯罪现场的行为人是否构成强奸共犯，例如，为强奸犯提供相关信息，但是并未到达案发现场的行为人是否构成强奸共犯。⑧

（二）非典型强奸

所谓非典型强奸，是指行为人明知性交对象无法做出有效合意，仍以任何形式将阴茎插入该女性阴道或外生殖器的行为。非典型强奸，具体表现为如下几种类型。

---

① 参见 *People v. Harrison*，48 Cal. 3d 321（1989）。
② 参见 *People v. Ramirez*，189 Cal. App. 3d 603（1987）。
③ 参见 CALCRIM No. 1001。
④ 参见 *People v. Mom*，80 Cal. App. 4th 1217（2000）。
⑤ 参见 *In re Jose M.*，21 Cal. App. 4th 1470（1994）。
⑥ 参见 *People v. Wheeler*，71 Cal. App. 3d 902（1977）。
⑦ 在另外一个房间用枪指着受害人家人的行为人，构成强奸共犯。参见 *People v. Champion*，9 Cal. 4th 879（1995）。
⑧ 参见 *People v. Champion*，9 Cal. 4th 879（1995）。

1. 迷奸，即受害女性处于迷醉状态下的强奸或婚内强奸①

这种情况是指行为人违法在受害人处于迷醉状态下，以任何形式将阴茎进入受害女性阴道或外生殖器的行为。对此，检方必须证明迷醉、麻醉、管制物品的效果使得受害女性无法反抗，并且行为人明知或合理知道该迷醉、麻醉、管制物品的效果将会导致受害女性无法反抗。所谓无法反抗，是指因为迷醉，无法做出法律意义上的同意。如果要做出法律意义上的同意，该人必须能够进行理性判断。换句话说，其必须能够理解并衡量行为的客观本质、道德属性以及可能后果。在了解行为本质的基础上，相关方自愿、自由做出的合意，就是法律上的合意。

如果行为人真诚且合理确信受害女性同意性交，并且真诚且合理确信其通过性交表达了此种合意，则其不构成强奸罪。检方承担排除合理怀疑证明行为人并非真诚且合理确信该女性具有合意的义务。如果检方无法履行上述义务，则必须认定行为人无罪。与此相关，任何人为了使得或意图帮助对方当事人实施重罪，从而为其开具任何三氯甲烷、乙醚、鸦片酊或者其他受管制物质、麻醉剂或迷醉品的，都单独构成重罪。②

2. 受害女性处于无认识状态下的强奸或婚内强奸③

这种情况是指行为人违法在受害人对行为的本质属性无认识④的情况下，以任何形式将阴茎进入女性阴道或外生殖器的行为，不考虑进入程度，不要求射精。为此，加州司法实践一般要求检方必须证明受害女性因为对行为本质无认识因此无法抵抗，同时行为人明知受害女性因为对行为的本质无认识因此无法抵抗。所谓受害女性对行为的本质属性无认识，是指受害女性丧失意识或睡着，或并没有认识到正在进行的行为，或因为行为人耍诈、撒谎或隐藏信息，从而没有认识到行为的特征，或行为人谎称进入可以实现某种专业目的，但实际上非基于此种目的，导致被害人并没有认识到该行为的

---

① 参见 CALCRIM No. 1002。

② 参见 Cal. Penal Code § 222。

③ 参见 CALCRIM No. 1003。

④ 成文法中对"无认识"一词的描述包括没有认识到、明知、意识到，或者对发生行为没有认识等。在这些表述中，区别并不明显，因此在法律指导意见中，统一使用"认识到"一词。

本质特征。① 女性的"事先合意"（Advance Consent）或男性对女性事后合意的确信，都不能否定行为人明知剥夺女性在性行为开始及进行过程中相关认识的错误性。② 换言之，法律保障女性在性行为全过程中的性自主权。

3. 受害女性属于残疾人的强奸③

这种情况是指行为人违法以任何形式将阴茎进入心理或生理存在缺陷的女性阴道或外生殖器的行为，不考虑进入程度，不要求射精。加州司法实践中认为，对此检方需要证明行为人与受害女性在性交时没有结婚，同时还需要证明受害女性罹患智障、发育不良或生理残疾，使得其无法做出法律意义上的合意，行为人明知或合理应当知道该女性罹患智障、发育不良或生理残疾，使得其无法做出法律意义上的合意。本条适用的焦点，在于如何界定何谓"残疾人"，司法实践中，立法机构对医学或法律概念往往并未试图加以限制。当然，可能会对特定案件的陪审团做出十分有针对性的法律指导。但这并非一项法定义务，例如，对相关法律中规定的发育不良④，法庭没有义务主动做出法律指导。⑤

4. 骗奸⑥

这种情况是指，行为人与以任何形式将阴茎进入女性阴道或外生殖器的行为，不考虑进入程度，不要求射精，行为人与该女性在性交时并没有结婚，受害女性因为相信行为人是其丈夫才同意发生性关系；并且行为人欺骗了受害人，向受害人撒谎（使用手段或伪称）或向其隐藏信息从而使其相信彼此处于婚姻状态。根据美国的一般司法实践，如果受害人因为陷入事实认识错误而同意性交，换句话说，受害人因为受到欺骗，并不了解自己同意的事项是与行为人发生性关系，那么这种同意就是无效的，换句话说，行为人这样做违反了受害人的自由意志。但如果受害人知道自己要和对方发生性关系，但发生性关系的理由是行为人的虚假陈述导致其陷入了认识错误的状态，则不得据此认为受害人缺乏性交的合意。有学者举例

---

①　参见 CALCRIM No. 1003。

②　参见 *People v. Dancy*, 102 Cal. App. 4th 21（2002）。

③　参见 CALCRIM No. 1004。

④　参见 Cal. Penal Code § 1370.1（a）（1）。

⑤　参见 *People v. Mobley*, 72 Cal. App. 4th 761（1999）。

⑥　参见 CALCRIM No. 1005。

称，如果医生谎称将外科手术用具插入女性阴道，实际上插入的是该医生的性器官，就构成强奸。但如果医生谎称和自己性交可以治病，导致受害人信以为真与发生性关系，就不得认定其构成强奸。

二 加利福尼亚州法中强奸罪的规制特点

一直以来，强奸都被视为针对女性的典型性犯罪。如何理解强奸罪中性别的性质，在很大层面深刻地反映着特定社会、特定历史阶段乃至特定文化背景中关于"性"的宏观法律问题。正因如此，美国著名刑法学家德雷斯勒教授为强奸罪的讨论设定了如下几个前提①。

前提1，强奸罪造成严重的心理伤害，因此立法将其等同于谋杀，并非毫无道理。有人更将强奸视为"灵魂谋杀"。② 受新教道德影响，美国历史上长期将强奸视为对女性贞洁的破坏，甚至有司法判决这样表述，"（强奸）抢劫了女人无价的宝石，这让她被毁了，悲哀的座右铭镌刻在其额"。③ 正如后世学者所类比的那样，"毁坏的住处可以重建，但谁能修复道德荒凉？"④

前提2，长期以来，强奸罪的相关规定，包括女性在强奸罪中的地位等，存在严重的瑕疵或弊端。许多人同意从现实角度考虑，男性可能被强奸。但是，似乎在监狱环境之外，很难找到一个讨论男性作为性侵受害者的案例或者新闻。但事实显然并非如此，例如，非常著名的"华盛顿州诉呙纳吉亚斯案"（*State v. Gounagias*）⑤。有学者认为，刑法中应包括隐形的

---

① 参见 Joshua Dressler, "Where We Have Been, and Where We Might Be Going: Some Cautionary Reflections on Rape Law Reform, the Sixty-eighth Cleveland-Marshall Fund Lecture," *Clev. St. L. Rev.* 46 (1998): 409。

② 参见 Lynne Henderson, "Rape and Responsibility," *Law & Philosophy* 11 (1992): 127。

③ *Biggs v. State*, 29 Ga. 723 (1860).

④ Melissa Murray, "Teaching Genders as a Core Value: The Softer Side of Criminal Law," *Okla. City U. L. Rev.* 36 (2011): 525.

⑤ *State v. Gounagias*, 153 P. 9 (Wash. 1915). 呙纳吉亚斯与一个朋友在庆祝希腊复活节时喝醉，失去了意识，在此期间，遭到了朋友的鸡奸，并在之后遭受到来自其他朋友及社区成员的"嘲笑性的评论和暗示性的手势"，最终，呙纳吉亚斯不堪忍受，拿着武器，杀死了性侵自己的朋友。大多数情况下，本案被用来解释挑衅防卫，也就是说对冲动杀人的犯罪人传统上会减轻处罚。本案中，呙纳吉亚斯因为在被性侵3周之后才选择从事杀人行为，因此存在所谓冷静思考的时间，故通常讨论其是否仍然属于冲动杀人，而忽略了其属于性侵受害人的事实。

强奸男性情形。①

　　前提 3，推定无辜这一宪法原则不得被用来作为打击犯罪或社会控制的代价。即使有放纵罪犯的可能，但在极端情况下，更应该倾向于行为人无辜。美国联邦法院前任大法官哈兰曾在判例中提出，在刑事案件当中，我们不认为可以将误判无辜者所带来的社会无用性与放纵有罪者带来的社会无用性相提并论。要求排除合理怀疑地证明行为人有罪的要求是我们这个社会的基石，误判无辜者带来的危害要远远高于放纵有罪者。②

　　前提 4，在预防强奸罪这一问题上，男性、女性应当承担相同责任，传统一般认为女性应当自己防止被强奸，刑法改革应当增加男性的责任，但女性也不应该是单纯的消极对象，女性应当更多地承担清楚表达对性关系的态度。

　　前提 5，在民主国家，个人自由具有相对优先性，刑法应当具有谦抑性，不应该将所有错误行为犯罪化。对不当性行为，还存在侵权法③、调解④等其他非刑处遇措施。区分刑罚与非刑处遇的关键在于为刑罚提供正当性的社会谴责。⑤

　　前提 6，刑法的合理建构需要为刑罚设定与犯罪相对应的层级。⑥ 强奸法律所界定的攻击是涉及特定的身体部位的一种特殊犯罪——刑法中最为严重的一种犯罪，直到 20 世纪 70 年代仍被判处死刑，⑦ 而且直到今天仍然经常被判终身监禁。⑧ 在适用严酷刑罚方面，强奸犯罪是独一无二的。

---

①　参见 Bennett Capers, "Real Rape Too," *Cal. L. Rev.* 99 (2011)：1259。

②　参见 *In re Winship*, 397 U.S. 358 (1970)。

③　参见 Nora West, "Rape in the Criminal Law and the Victim's Tort Alternative：A Feminist Analysis," *U. Toronto Fac. L. Rev.* 50 (1992)：96。

④　参见 Deborah Gartzke Goolsby, "Using Mediation in Cases of Simple Rape," *Wash. & Lee L. Rev.* 47 (1990)：1183。

⑤　参见 Henry M. Hart, Jr., "The Aims of the Criminal Law," *Law & Contemp. Probs.* 23 (1958)：231。

⑥　参见 Joshua Dressler, "Where We Have Been, and Where We Might Be Going：Some Cautionary Reflections on Rape Law Reform, the Sixty-eighth Cleveland-Marshall Fund Lecture," *Clev. St. L. Rev.* 46 (1998)：409。

⑦　参见 *Coker v. Georgia*, 433 U.S. 584 (1977)（主张对强奸罪适用死刑违宪）；参见 *Kennedy v. Louisiana*, 554 U.S. 407 (2008)。

⑧　参见阿拉斯加州、阿肯色州，《性犯罪法》(Sexual Offences Act), 2003, c.42, § 1 (4) (U.K.)。

结合加州成文法中强奸罪的相关规定以及上述讨论的前提预设，就强奸罪的规制特点分析如下。

（一）加州成文法中强奸罪的构成特质

1. 强奸罪的主观要素

历史上，普通强奸罪通常要求女性受害人实施一定客观行为，包括对性攻击的极度反抗。① 根据普通法传统，丈夫即使通过暴力、胁迫方式与妻子发生性行为，也无须承担强奸罪的刑事责任。即使 1955 年出台的《模范刑法典》仍然延续了这一传统，甚至有所扩大，认为男女之间无论有无婚姻关系，只要共同生活，即可对强奸罪免责。② 但《模范刑法典》最主要的革新在于将强奸定义为男性使用武力或者威胁使用更大的暴力而迫使女性屈从。这就消除了传统意义上行为人的不同意要求以及行为人需要做出身体反抗要求。③ 从 20 世纪 70 年代开始，在女权主义团体的影响下，规制强奸犯罪的成文法发生了十分明显的变化。例如，除了取消受害人指控之外的佐证要求以及废止要求女性受害人坚决抗暴等苛刻条件之外，很多司法区承认婚内强制性行为也属于强奸。某种程度上这样的一种改革可以被视为立法改革的结果，但在某些情况下司法机关对强奸犯罪法定构成的自主解读也成为诱因之一。④ 这里必须提到一个案例，就是发生在 1976 年曾经引发轰动的"女王诉摩根案"（*Regina v. Morgan*）⑤，本案被告人摩根与 3 名年轻的英国皇家空军飞行员后辈外出饮酒。因为没有吸引到女性的青睐，摩根建议这些年轻人跟自己回家并和自己的妻子发生性关系。根据这 3 名年轻被告人的供述，摩根告诉他们他的妻子可能会假意抵抗，但这样做的原因是因为她有此类的性怪癖并且需要通过这样的癖好而到达高潮。事后证明，摩根夫人的确有过抵抗，而这些人被控强奸，本罪

---

① 参见 *People v. Barnes*，721 P. 2d 110（Cal. 1986）。

② 参见 MPC § 213.6。

③ 参见 Sanford H. Kadish，"Fifty Years of Criminal Law：An Opinionated Review，" *Calif. L. Rev.*（1999）：943。

④ 参见〔美〕麦克·韦泰洛《性犯罪者的刑事惩罚：初衷与实效的背离》，李立丰译，载赵秉志主编《刑法论丛》第 23 卷，法律出版社，2010，第 462 页。

⑤ 参见 *Regina v. Morgan*，1976 App. Cas. 182。

要求行为人对受害人不同意这一要素具有"了解"（Knowledge）的犯意。
行为人提出，对受害人的同意，自己具有真诚但是错误的确信，因此提出
上诉，理由是一审法院错误地指导陪审团：认定行为人的错误是真诚且合
理的即可。上诉审同意了被告人根据法律提出的抗辩，但仍然根据无害错
误原则维持了判决。① 以 4∶3 的判决，英国上议院在"摩根案"中认为强
奸罪不成立，上议院的判决产生了很大的争议，批评家认为那些有从事合
理行为能力的行为人没有这样做，而通过这样的不作为，做出具有可责性
的选择，从而其可以被正当地加以惩罚。② "摩根案"判决的争议点在于，
首先，其所建构的证据是从事强奸的犯意存在与否的主观标准，而不考虑
客观的证据。主观主义实质上就是通过所有的证据来推断可责性，如果被
告人的辩解和证据似乎是可信的，那么陪审团就有可能对其加以开释，因
为只有他才能解释其内心是怎样的。而这对强奸犯罪而言是错误的做法。
其次，其将强奸纳入具体犯意犯罪之中，而使得证明标准要严苛于对概括
故意犯罪所必需的程度。最后，其所传递的信息就是对强奸犯罪受害人权
利的保护要次于对被告人权利的保护。本案错误地将强奸纳入具体犯意犯
罪当中，本罪的客观方面应是和事实上不同意的对象发生性行为。如果起
诉方可以证明性交行为是故意的，那么犯意要求就应该被满足。不太可能
像认定抗辩理由那样认定针对一个犯罪要素的犯意。检方的证据在多大程
度上可以满足证明犯意的要求还是不确定的。③

　　本案彰显出传统观点排除婚内强奸非法性的弊端，因为如果承认婚内
强奸的合法性，那么本案中相关行为人的做法是否违法就成为问题。从这
个意义上来看，加州成文法中强奸罪的成立与否不直接与婚姻关系存在必
然联系，同时不要求女性受害人做出任何抵抗的做法，具有一定合理性。
但另外，其所导致的对强奸罪主观要素的纷繁争议，却远未终结。晚近围
绕强奸和性攻击犯罪的争论多集中在本罪的客观方面，即行为人应当通过何
种暴力、威胁或者恐吓，或者关注受害者的适格性、不同意的表达方式、各

---

① 参见 Jeffrey S. Parker, "The Economics of Mens Rea," *Va. L. Rev.* 79（1993）：741。

② 参见 David P. Bryden, "Redefining Rape," *Buff. Crim. L. Rev.* 3（2000）：317。

③ 参见 Dolly F. Alexander, "Twenty Years of Morgan：A Criticism of the Subjectivist View of Mens Rea and Rape in Great Britain," *Pace Int'l L. Rev.* 7（1995）：207。

种抗辩事由的设定等，很少关注性犯罪所要求的犯意，从而使得在很多司法区，究竟对本罪要求何种犯意都成为一个无法准确回答的问题。[①]

弗莱彻针对"摩根案"中出现的问题，提供了自己的解决办法。第一，对刑法的禁止规范不存在正当化事由、正当化事由的根据或者认识错误。第二，针对正当化事由的错误只能导致免责。第三，强奸中受害人的不同意问题是独立于强奸罪成立的正当化问题。因此，弗莱彻认为，受害人不同意并非强奸罪构成要素，因此对其所产生的不合理认识错误无法免责，摩根应当承担强奸罪的刑事责任。历史上，强奸罪被视为一种暴力犯罪，而非一种性犯罪，因此，使用或威胁使用暴力也就成为强奸罪的实质构成要素。在这个意义上，使用暴力与违反女性的性自主权，应被视为强奸罪成立的两大核心变量。[②] 对此，反对意见认为，在加州强奸法当中，暴力要素完全服从于非同意要素：暴力被认为是非同意要素的不必要的组成部分，而单纯缺少暴力不能使得受害人不同意不成立。如果保护性自主权是强奸犯罪的主要根据，不同意很难被认为是强奸犯罪的相关议题。对强奸犯罪当中的不同意的过错的证明至少存在三种替代办法。第一种就是不要求任何的过错，将本罪作为严格责任犯罪来加以处理。第二种是仅仅要求过失，要求一种非故意类型的犯意的证据。第三种就是使用不同种类的非故意过错标准，例如极端的无所谓态度，其不是根据错误的合理性而是根据被告人针对非同意要素的态度。在法定强奸案件中，如果女性未成年就推定不存在合意性行为的前提在于，受害女性被认为太过年轻从而无法提供有效合意。显然，这一推定与犯意无关，而与哪些人能、哪些人不能提供法律意义上的合意有关。另外，强奸罪中对"不法"这一犯意组成要素的要求，可以通过行为人和婚约之外的妇女在不存在合意的情况下发生性关系加以总体证明。当然，如果行为人误认为该妇女是自己的妻子可以作为抗辩。[③]

---

① 参见 Kenneth W. Simons, "Model Penal Code Second: Good or Bad Idea?: Should the Model Penal Code's Mens Rea Provisions Be Amended?" *Ohio St. J. Crim. L.* 1 (2003): 179。

② 参见 Kyron Huigens, "Twenty-five Years of George P. Fletcher's Rethinking Criminal Law: Fletcher's Rethinking: A Memoir," *Tulsa L. Rev.* 39 (2004): 803。

③ 参见 Jeremy M. Miller, "Mens Rea Quagmire: The Conscience or Consciousness of the Criminal Law?" *W. St. U. L. Rev.* 29 (2001): 21。

一般来说，强奸罪要求行为人具有实施性行为的意图，一般被认为是指概括故意或间接故意，即所谓的"错误意图"（Wrongful Intent）。① 根据加州上诉法院的观点，错误意图可以通过被告人从事法律禁止的行为来加以证明。在强奸案件当中，被告人必须意图完成其性活动并且通过暴力或者威胁来克服受害人的反抗。作为结果，在强奸情况当中，错误的意图是意图和受害人从事性活动，以及通过暴力或者恐吓来完成这样的一种意图。有学者认为，强奸不同于攻击，因此可以不通过暴力来加以实施，其根本危害在于排除受害人的选择，以及通过行为人会采用的任何胁迫手段对这样的选择施加影响。法律保护的不仅仅是身体的完整权，而且包括拒绝性活动的权利。② 德雷斯勒曾经指出，被指控强奸的行为人错误地相信受害人同意和自己发生性行为，但实际上受害人并没有这样的同意，对这样的概括故意犯罪，一旦存在非合意性行为，决定行为人可责性的关键就变成了行为人的误信是否合理。如果行为人的误信不合理，因为不合理错误不具有任何减轻效果，因此对其处罚应该和通常的强奸罪没有区别。假设行为人在性行为发生之前被捕，其被指控以强奸的犯意实施攻击，后者属于具体故意犯罪。对概括故意犯罪而言，错误的合理性是决定要素，而对具体犯罪而言，这样的情况下错误（即使是不合理的错误）也否定具体犯意的存在，因此行为人被认定不具有罪责。③

但是其他的情节，如受害人不能是行为人的妻子、受害人对与行为人发生性行为的反对意见等，对强奸罪的成立同样十分关键。对这些情节，轻率甚至是过失，可能就已经足够，但另外，对发生性关系这一实体要素，则需要意图犯意的存在。④ 轻率或其类似概念，在美国之外也有出现，例如，某些英国判例以及学说也开始强调所谓"无所谓"的概念，同样的

① 参见 Cal. v. Burnham, 222 Cal. Rptr. 630 (App. 5th Dist. 1986)。
② 参见 Craig T. Byrnes, "Putting the Focus Where it Belongs: Mens Rea, Consent, Force, and the Crime of Rape," Yale J. L. & Feminism 10 (1998): 277。
③ 参见 Norman J. Finkel and Jennifer L. Groscup, "When Mistakes Happen: Commonsense Rules of Culpability," Psych. Pub. Pol. and L. 3 (1997): 65。
④ 参见 Herbert Wechsler, "On Culpability and Crime: The Treatment of Mens Rea in The Model Penal Code," The Annals of the American Academy of Political and Social Science 339 (1962): 24。

情况还出现在德国和苏俄等国刑法中。这些国家法律中的所谓"间接故意"（Dolus Eventualis）被定义为针对结果的无所谓态度，或者以某种危害结果为代价实现自己目的的心态。著名学者弗莱彻就曾举例，将手放在受害人嘴上而不考虑其性命的强奸犯所具有的就是此种心态。但间接故意更关注行为人的意志因素，而轻率则类似大陆法中的所谓"有认识过失"（Conscious Negligence）。[①] 在强奸案件当中，美国法院一般认为，被告人必须尽到显著的努力义务来认定其性伙伴的性要求。和"摩根案"相反，在大多数州，强奸罪的被告人不能基于其对性伙伴的意图的确信而提出免责，除非在当时的情况下这样的确信是合理的。[②] 某些司法区似乎走得更远，认为只要被告人使用暴力，那么其对被害人的同意的确信就是不成立的，即使这样的确信是十分合理的。虽然在这些司法区，在强奸过程中使用暴力会使得当事人的合意变得不合理，但这一推理并不适用于那些对所谓强制的要求仅仅是保证性行为完成的最低限度的司法区。[③] 或许不需要决定强奸罪的犯意是什么，意识到认识标准过于狭隘就足够了。行为人所表现的或许是对他人权利的严重的无所谓心态——足以该当刑罚——然而却缺乏对非同意的实际认识。[④]

　　虽然《模范刑法典》否认过失强奸，认为强奸罪属于特定情况下两性之间实施的性行为，即男性通过暴力强迫女性就范或通过投放药物降低女性的判断力或者在女性丧失意识的情况下与其发生性行为，或者与不满10周岁的女性发生性行为。[⑤] 但强奸罪的犯意，主要是指被告人针对受害人不同意这一要素的犯意，换句话说，根据《模范刑法典》中规定的四阶层犯意及要素分析模式，在强奸罪中，应关注被告人在未获同意的情况下希望发生性行为、明知其没有获得对方的同意、针对自己获得了对方的同意

---

① 参见 Kenneth W. Simons，"Rethinking Mental States，" *B. U. L. Rev.* 72（1992）：463。

② 参见 *People* v. *Mayberry*，542 P. 2d 1337（Cal. 1975）。

③ *People* v. *Williams*，841 P. 2d 961（Cal. 1992）. 这些司法区仅仅要求针对被害人的合意具有过失心态。

④ 参见 Samuel H. Pillsbury，"Crime or Indifference，" *Rutgers L. Rev.* 49（1996）：105。

⑤ 参见 MPC § 213.1。

具有轻率或者过失。① 在美国，只有很少几个司法区通过立法明确规定了强奸罪成立所需犯意，大多数州并未对强奸罪的犯意层级问题提出明确意见。② 某些州在强奸的成文法定义中③规定了缺乏受害人合意或受害人被迫合意，却没有在成文法中对其明确可责性。有几个州在成文法中似乎建构了"了解"这一层级的犯意。④ 有少数州提出其他被规定为默示故意的要求。⑤ 在大多数司法区，成文法对强奸的定义并没有包括明确的心态要素的要求，而将犯意问题交给司法来认定。在这些司法区，如加州，往往通过判例认定对缺乏受害人合意这一要素，行为人至少需要具有轻率的心态。⑥ 事实上，加州司法实践中一般也认为，对强奸行为人的犯意要求是至少针对受害人缺乏合意存在过失。⑦

但值得反思的是，一方面，加州刑法中对强奸罪的成立不要求被害人

---

① 参见 Robin Charlow, "Bad Acts in Search of a Mens Rea: Anatomy of a Rape," *Fordham L. Rev.* 71 (2002): 263。

② 参见 Dana Berliner, "Rethinking the Reasonable Belief Defense to Rape," *Yale L. J.* 100 (1991): 2687。

③ Cal. Penal Code 261 (a) (2).

④ 亚利桑那州强奸法对犯意的规定是，故意或明知在缺乏合意的情况下实施性交行为，参见 Ariz. Rev. Stat. 13-1406。科罗拉多州强奸法对犯意的规定是，在下列情况下明知地从事性器插入：(a) 行为人通过实施强制或暴力导致受害人屈从；(b) 行为人通过威胁立即杀人、伤害、绑架或造成身体严重痛苦等方式迫使受害人屈从。参见 Colo. Rev. Stat. Ann. 18-3-402。夏威夷州法中对强奸罪犯意的规定是，通过强制迫使他人屈从实施性器插入，参见 Haw. Rev. Stat. Ann. 707-730。印第安纳州法中对强奸罪犯意的规定是，在下列情况下，明知或故意与异性从事性交：(1) 通过暴力强制受害人，或者以立即实施暴力威胁受害人；(2) 受害人没有意识到性交或其他性行为正在发生；(3) 受害人有精神缺陷或障碍，没能力对性交或其他性行为表示同意。参见 Ind. Code Ann. 35-42-4-1。蒙大拿州法对强奸罪犯意的规定是，明知在不存在合意的情况下从事性交，参见 Mont. Code Ann. 45-5-503。得克萨斯州法对强奸罪犯意的规定是，故意或明知在未经受害人同意的情况下实施性器插入，参见 Tex. Penal Code Ann. 22.011。俄亥俄州法对强奸罪犯意的规定是，通过排除受害人采取通常的方式进行抵抗，明知地迫使其就范，参见 Ohio Rev. Code Ann. 2907.03。

⑤ 特拉华州法规定强奸罪的犯意是故意与他人性交，而性交未获得他人同意，参见 Del. Code Ann. tit. 11, 772；俄亥俄州法对强奸罪犯意的规定是意图通过威胁或强制，迫使他人屈从，参见 Ohio Rev. Code Ann. 2907.02；怀俄明州法单独规定了一级性攻击犯罪，其中将犯罪定义为通过实际适用合理算计导致受害人屈从，或客观强制或强制拘禁来迫使受害人屈从，参见 Wyo. Stat. Ann. 6-2-302 (i)。

⑥ 参见 *People* v. *Williams*, 841 P.2d 961 (Cal. 1992)。

⑦ 参见 *People* v. *Mayberry*, 542 P.2d 1337 (Cal. 1975)。

提供曾进行抵抗的证据，另一方面，又针对行为人对受害人是否具有合意，根据要素分析方法要求至少存在过失心态。这就导致了一个非常奇怪的问题，一方面，在行为人实施了暴力行为或者明确威胁使用暴力的强奸案件中，这些犯行的证据可以很好证明针对暴力要素以及针对非合意要素的犯意。那些殴打或者威胁杀害受害人的被告人很难令人信服地证明自己不是在明知地使用暴力。但是在其他情况当中，被告人针对暴力的犯意或许并不十分明晰，从要素分析①的角度来看，如果不考虑针对暴力要素的犯意，就会感觉很奇怪。② 另一方面，在美国，除了某些较轻的犯罪之外，一般不会在犯意层级如此之低的情况下做出有罪认定。尽管强奸的犯行具有两个非常关键的构成要素——暴力和缺少合意，而强奸罪的犯意问题几乎也是围绕着非合意这个要素展开的，但很少有人会注意可适用于暴力要素的犯意，也就是说，被告人的针对暴力出现的心态要素。例如，在讨论强奸罪的犯意类型时，有观点认为，在强奸罪中事实认识错误抗辩总是针对行为人对受害人的合意而非对暴力要素产生。③ 当然，对第一方面，也有观点认为，强奸中犯意的问题最近才得到重视，因为从历史上来看，作为一个实践问题，犯行证明犯意，也就是说，如果男性使用或者威胁使用暴力来完成性行为，那么就可证明其意图或者明知地从事了非合意的性行为，但是如果继续讨论犯意问题，那么其就只能针对非合意要素，而不是针对暴力要素。④

　　传统上，检方在起诉强奸犯罪时，需要证明被告人使用了暴力，同时证明受害人缺乏同意。用布莱克斯通的话来说，强奸是指暴力且认识或者

---

① 《模范刑法典》认为，明确的分析要求犯罪成立需要就其所包含的每个实质要素认定法律所要求的不同类型可责性。但需要指出的是，虽然大多数州的立法机关采用了这种针对犯意的所谓要素分析模式，但在司法实践中，基于长期以来的犯罪分析模式，很多法院仍然从刑事政策的角度适用未经立法明确的含混犯意概念。参见 Paul H. Robinson and Jane A. Grall, "Element Analysis in Defining Criminal Liability: The Model Penal Code and Beyond," *Stan. L. Rev.* 35 (1983): 681。

② 参见 Patricia J. Falk, "Rape by Fraud and Rape by Coercion," *Brooklyn L. Rev.* 64 (1998): 39。

③ 参见 Douglas N. Husak & George C. Thomas Ⅲ, "Date Rape, Social Convention, and Reasonable Mistakes," *Law & Phil.* 11 (1992): 98。

④ 参见 Kit Kinports, "Rape and Force: The Forgotten Mens Rea," *Buff. Crim. L. R.* 4 (2001): 755。

了解妇女不存在合意而与其发生性关系。在美国的大多数司法区都要求暴力和缺乏合意的证据来支持强奸罪的判决。传统的暴力和不同意的合并模式最近受到了很广泛的批评。① 美国有少数司法区对缺乏合意这一要素不要求被告人具有任何的犯意要求，其理由是强奸罪的成立在于暴力和缺乏合意，因此，在立法机构没有做出相反规定的情况下，即使合理、诚实的认识错误都不能构成抗辩。② 这是因为，尽管男方可能认为存在合意，女方仍然面临遭遇非合意性行为的局面。③ 加州最高法院在"加利福尼亚州诉梅博利案"（*People v. Mayberry*）当中认定，被告人对受害人的同意的认识错误只有在诚实且合理的情况下才可以作为抗辩的观点。④

2. 强奸罪的客观要素

在美国，暴力强制要求往往是由法令规定，19 世纪的法院有一个明确的拒绝以欺骗方式强奸的表态："强奸是通过使用暴力和违背妇女的意愿与之发生性关系"以及"欺诈不是暴力"。⑤ 因此，美国司法实践曾长期将强奸定义为胁迫或者使用暴力，或者威胁使用暴力情况下发生的性行为。⑥ 有一些州采取的是与此不同但实质类似的立法，如禁止暴力强制发生性行为，或者禁止暴力违背妇女意志地发生性行为。⑦ 有少数州在立法中，简单地通过暴力来界定强奸罪。⑧ 另外少数州简单地禁止没有同意的情况下

① 参见 Donald A. Dripps, "Beyond Rape: An Essay on the Difference Between the Presence of Force and the Absence of Consent," *Colum. L. Rev.* 92 (1992): 1780。

② 参见 Beverly Balos & Mary Louise Fellows, "Guilty of the Crime of Trust: Nonstranger Rape," *Minn. L. Rev.* 75 (1991): 599。主张在熟人强奸的问题，应当坚持严格责任，理由是熟人间的亲近感促使女性丧失警惕性，因此，如果受害人由此表现出合理的信任感，而被告人滥用了这种信任感的话，就产生出为刑事判决提供正当性的更高义务标准。

③ 参见 Toni Pickard, "Culpable Mistakes and Rape: Relating Mens Rea to the Crime," *U. Toronto L. J.* 30 (1980): 75。

④ 参见 *People v. Mayberry*, 542 P. 2d 1337 (Cal. 1975)。德雷斯勒等教授认为，判例中的这一观点属于美国的通说观点。

⑤ 参见 *Wyatt v. State*, 32 Tenn. 394 (1852)。认为欺诈不能取代暴力成为强奸罪的构成要件。

⑥ 如佛蒙特州法规定，在下列情况下属于强迫他人与其从事性行为：（A）没有得到对方同意，或（B）通过威胁或恐吓他人；或（C）让对方担心包括其在内的任何人可能马上面临身体伤害。参见 Vt. Stat. Ann. tit. 13, 3252。

⑦ 如华盛顿州法相关规定，参见 Ala. Code 13A-6-61。

⑧ 例如华盛顿哥伦比亚特区法将强奸界定为通过使用暴力或威胁，使他人陷入对生命、人身安全或人身自由的担心之中而被迫从事性行为，参见 D. C. Code Ann. 22-4102。在这些司法区，合意被明确承认为一种抗辩事由。

发生性行为。① 在上述规定当中都没有明确任何的心态要素。由此不难看出，强奸罪的客观要素在其成立方面所发挥的重要作用。这一观点的逻辑前提在于，强奸所危害的是性自主权，即"以任何原因拒绝与任何人做爱的自由"。② 强奸的不法性在于侵犯了属于"专属私权"的个人身体。这就意味着需要区分指代"实际性交或威胁身体的暴力"的"强奸"，以及"非暴力地干扰性自主权"的"性虐待"。③

随之而来的问题就变成了，为什么以非暴力的欺骗方式性侵女性的行为就不属于强奸？对某些司法区而言，答案是强奸不仅需要未同意，它还需要暴力，然而欺骗并非暴力。④ 但是这个答案几乎没有回答这个问题，它没有解释为什么强奸需要暴力，从而限缩了强奸罪的合理空间，使得女性因为社会压力、酒精及其他手段被强迫或被操纵进行性行为，以及被利用女性弱点和悲观情绪与其发生性行为的都无法评价，并因此导致几乎所有研究强奸罪的当代学者都想修改或废止将暴力作为强奸罪客观构成要素的做法，并在一些司法区获得进展。例如，在 20 世纪七八十年代，警方与检方往往在女性没有实施肢体反抗的情况下，不对熟人之间的性行为加以调查与追诉。而这就意味着在这一时期，强奸犯罪当中争议的主要问题在于施暴者的身份。⑤ 20 世纪 90 年代以后，越来越多的司法区开始将暴力从强奸罪的客观构成要素中排除。⑥

如果强奸法律真的消除暴力要求，那么以欺骗方式发生性关系应被定义为强奸，因为强奸的法律定义将成为不同意的性行为和因欺骗"同意"的性行为，类似于强迫并且不同意。这本身是一个相当大的挑战，涉及什么是强奸以及法律应该如何定义这一最基本的问题。这一问题的法律斗争

---

① 例如，有判例提出，尽管陪审团在考察受害人是否具有合意的过程中，会关注暴力或胁迫这一要素，但这不意味着暴力或者对暴力的合理认识是本罪成立的必要条件。参见 *Sanders* v. *State*, 586 So. 2d 792（Miss. 1991）。

② 参见 *People* v. *Cicero*, 204 Cal. Rptr. 582（Ct. App. 1984）。

③ 参见 Donald A. Dripps, "Beyond Rape: An Essay on the Difference Between the Presence of Force and the Absence of Consent," *Colum L. Rev.* 92（1992）: 1780。

④ 参见 *Suliveres* v. *Commonwealth*, 865 N. E. 2d 1086（Mass. 2007）。

⑤ 参见 Robert A. Weninger, "Factors Affecting the Prosecution of Rape: A Case Study of Travis County, Texas," *Va. L. Rev.* 64（1978）: 357。

⑥ 参见 David P. Bryden, "Redefining Rape," *Buff. Crim. L. Rev.* 3（2000）: 317。

是在几条战线上展开的，包括：主流观点认为，法律规制强奸，为性自由提供了保护伞。因此性自由似乎为美国性犯罪法律的制定提供了一个单一的、清晰的、有吸引力的基础。但是这一立法体系中有一个异类：通过欺骗方式发生性关系。根据自由派的观点，欺诈与暴力同等邪恶。倘若未能惩罚以欺骗方式进行的性行为，性法律便不能证明性自由。这个"失败"似乎使强奸法律处于一种紧张状态，即不仅有自己的中心原则，而且包含其他类型的性犯罪的立法。[①]

这似乎就导致了一种两难局面，或者在强奸罪中坚持暴力要素，或者将以欺骗方式从事性行为犯罪化。是否存在第三条道路，即用强制要求取代暴力要素，一方面满足强奸罪中违背受害人意志的客观性，另一方面将以欺骗方式奸淫排除出刑法之外。

有观点强调强奸应具有暴力属性，但另一派观点则声称所有违背受害人意愿的性行为都应在法律中被平等地视为重罪，换句话说，强奸的本质不在于是否具有暴力属性，因为这样就无法包含应当被视为强奸的全部罪行。正常的性行为也存在一定程度的强力和强迫，或者至少强力或强迫的存在并不一定表明缺乏同意。普通法中强奸成立需要四个要件，即受害人抵抗、不存在婚姻关系、确凿的证据和警示说明应予停止。目前各个司法区在认定强奸罪成立与否的过程中，采取的是所谓理性人标准，但有学者认为，强奸罪应该采取"合理的女人标准"。根据这一标准，首先，如果性侵时没有女方的同意，就是强奸；其次，如果女方用语言表示不同意，或者在性行为时推、哭或者试图离开的，男方没有停止就构成强奸；再次，女方的穿着、工作、婚姻状况、既往性史、迷醉程度，或陪一个男人在他的车里、房间或公园亲吻、抚摸或从事类似的行为本身，并不意味着同意与其发生性行为。即使女方从事了性前戏，应该仍然保持说"不"的权利。只有在女方没有明确说"不"，同时还激情热吻、拥抱和性接触的情况下，才可以合理推断存在性交的合意。[②] 支持明确同意的观点声称"不行就是不行"的方法是不够的，任何人在明知未获得对方明确许可的

---

① 参见 Jed Rubenfeld, "Rape-by-Deception—A Response," *Yale L. J. Online* 123 (2013)：389。
② 参见 David P. Bryden, "Redefining Rape," *Buff. Crim. L. Rev.* 3 (2000)：317。

情况下实施性交的，就应该被判强奸罪。这就是说，如果男性可以提出认识错误抗辩的话，那么女性就是被一个不是强奸犯的人所强奸。① 将女性的不作为视为同意进行性行为的观点十分蹩脚。即使男性真诚地认为女性的口头反对是欲拒还迎，那么法律也应该承担起教化这些妄自尊大的男性的责任。进一步而言，批评者也提出美国刑法的主流观点仍然根本不考虑强奸等性犯罪受害人的感受。② "强奸罪的法律主要是保护女人意志的完整性和未经其同意进行的性行为的隐私权。"③ 但欺骗性行为是没有征得同意情况下的性行为，正如美国诸多司法区司法实践始终反复强调的那样，通过欺骗获得的同意，是"不同意"。④ 在田纳西州，强奸已经被定义为包括"通过欺诈发生性关系"。⑤ 在爱达荷州，当男方通过"技巧、虚假或隐瞒"使女方相信他是"某人"并与之做爱时，构成了强奸罪。⑥

（二）加州成文法中强奸罪的刑罚处遇

强奸和性侵害导致受害人面临生理及心理的多重伤害，如抑郁和创伤后症候群、身体机能失调、自杀未遂或既遂、慢性盆腔疼痛等妇科问题，以及严重危及生命的其他生理伤害等，更遑论与此相关的直接或间接经济损失了。⑦ 强奸犯罪甚至被美国联邦最高法院视为除杀人之外暴力犯罪的顶点。⑧ 但另外，实证调查显示，规制暴力性侵的法律严苛与否，对与性相关的谋杀、暴力强奸或儿童性侵犯没有明显的影响，甚至对淋病等性传

---

① 参见 Catherine A. MacKinnon, "Feminism, Marxism, Method, and the State: Toward Feminist Jurisprudence," *Signs* 8 (1983): 635。

② 参见 Charlene L. Muehlenhard & Lisa C. Hollabaugh, "Do Women Sometimes Say No When They Mean Yes?: The Prevalence and Correlates of Women's Token Resistance to Sex," *J. Personality & Soc. Psychol.* 54 (1988): 872。

③ *People v. Cicero*, 204 Cal. Rptr. 582 (Ct. App. 1984).

④ 如"以欺骗方式获取的同意其实质上是不同意"，参见 *McClellan v. Allstate Ins. Co.*, 247 A. 2d 58 (D. C. 1968); "通过哄骗或欺诈手段获得的同意实际上没有同意"，参见 *Johnson v. State*, 921 So. 2d 490 (Fla. 2005); "因错误代表导致的同意是无效的"，参见 *United States v. Cavitt*, 550 F. 3d 430 (5th Cir. 2008)。

⑤ Tenn. Code Ann. § 39—13—503 (a) (4).

⑥ Idaho Code Ann. § 18—6101 (8).

⑦ 参见 Matthew J. Breiding & George W. Ryan, "Chronic Disease and Health Behaviors Linked to Experiences of Non-consensual Sex Among Women and Men," *Pub. Heath* 125 (2011): 9。

⑧ 参见 *Coker v. Georgia*, 433 U. S. 584 (1977)。

播疾病的发病率也没有影响。^① 因此，有学者从成本收益角度入手，提出对抗暴力性犯罪人的特别刑罚处遇措施适用对象极为有限，但总成本高昂，甚至每年超过数亿美元，这么高的成本迫使一些州减少执法和暴力预防项目的资金。以加州为例，如果不是每年为监禁暴力性侵者支付每人16.6万美元，就可以将这笔预算分配到司法阶段，用以起诉数以十倍计的强奸犯。^②

20世纪初，著名法学家庞德曾指出，刑罚处遇的目的最好被理解为事先预防而非事后惩罚。^③ 在持这种观点的学者看来，刑法的关注点并非防止个人的权利免于干涉，相反，在于保护社会法益，也就是说，应当将以刑罚形式出现的国家干涉锁定在那些被明晰标定出来的反社会个人和反社会行为上。在这个意义上，刑法或刑罚的预防性被提升到显著的位置。但限于民主机制，单纯依据犯意就定罪的做法，显然不具有合法性，强调社会法益的观点退而求其次，主张将个人从刑罚当中完全排除出去，无论是行为人还是受害人。犯罪人成为一种反社会的个人表征，以科学的犯罪学名义可以解释为什么"教化"作为刑罚的目的之一会日趋没落。^④ 1977年美国联邦最高法院在"库克诉佐治亚州案"中^⑤，规定对强奸成年女性的罪犯适用死刑违宪，似乎为此论调提供了有力佐证。但需要指出的是，导致这一判决的重要原因之一在于，一直以来强奸罪的死刑适用所面临的问题主要是严重的种族歧视。作为一种法律问题乃至社会问题，种族歧视在美国的法律体系内外都大量存在，早期黑人男性往往因为针对白人女性实施了强奸行为而被私刑处死。后来，虽然私刑被逐渐废止，对强奸也不再适用死刑，但是在与强奸相关的司法实践中，种族问题仍一直存在。针对

---

① 参见 Tamara Rice Lave, Justin McCrary, "Do Sexually Violent Predator Laws Violate Double Jeopardy or Substantive Due Process?: An Empirical Inquiry," *Brook. L. Rev.* 78 (2013): 1391。

② 参见 Erin B. Comartin, Poco D. Kernsmith, Roger M. Kernsmith, "Identifying Appropriate Sanctions for Youth Sexual Behavior: The Impact of Age, Gender, and Sexual Orientation," *New Crim. L. Rev.* 17 (2014): 652。

③ 转引自 Thomas A. Green, "Freedom and Criminal Responsibility in the Age of Pound: An Essay on Criminal Justice," *Mich. L. Rev.* 93 (1995): 1915。

④ 参见 Markus Dirk Dubber, "Policing Possession: The War on Crime and the End of Criminal Law," *J. Crim. L. & Criminology* 91 (2001): 829。

⑤ 参见 *Coker* v. *Georgia*, 433 U. S. 584 (1977)。

强奸杀人案件所产生出来的愤怒分散了包括量刑者在内社会民众对被告人个人背景以及心理状态的充分关注，从而使其没有办法去深入考虑造成行为人实施相关犯罪行为的深层次原因。[①]

之所以要花费大量成本反思、设计、践行对强奸罪的刑罚处遇，应当立足于刑罚的道德谴责属性。"我确信，刑民界分的标准，也是唯一能够区分二者的标准，就是伴随刑罚适用并为其提供正当性的社会谴责性。"[②] 的确，刑事责任理论存在所谓"规范性"（Normative）与"描述性"（Descriptive）之分。规范性刑法理论认为，刑事责任的存在和程度都取决于行为人的道德可责性，即认为刑法不可避免具有价值属性，因此，将具有道德意义的术语以及概念从刑法当中抽离出去，从而建构一种价值中立的刑法的努力不仅有误导性，而且注定要失败。[③] 相反，描述性刑法理论认为刑法应尽可能地压缩规范性概念所代表的主观判断，同时通过刑事程序的公平性确保刑法所要求的中性标准。换言之，描述性刑法理论认为刑事责任的存在和程度应建立在将刑罚作为整个体系的概念论争而非特定的道德理论的基础上。[④] 为了达成罪刑法定、责任主义等刑事司法目标，避免过度适用刑罚，同时满足刑事政策的效率考量，就需要在立法、司法与刑罚适用全过程中进行各种技术性考量与平衡。[⑤]

除了传统的刑罚处遇之外，极端的观点，如从法经济学来看，如果施害者与受害者之间不能达成妥协，就应当在考虑案件侦破难度的情况下，允许强奸犯购买强奸的权利。[⑥] 除此之外，一种较为温和但颇为有力的观点认为，恢复性司法可能会比传统的刑罚在保护强奸受害人方面更加成功。[⑦]

[①] 参见 Phyllis L. Crocker, "Is the Death Penalty Good for Women?" *Buff. Crim. L. R.* 4 (2001)：917。

[②] Henry M. Hart, Jr., "The Aims of the Criminal Law," *Law & Contmp. Probes.* 23 (1958)：401.

[③] 参见 Sanford H. Kadish, "The Decline of Innocence," *Cambridge L. J.* 26 (1968)：273。

[④] 参见 Daniel M. Mandil, "Chance, Freedom, and Criminal Liability," *Colum. L. Rev.* 87 (1987)：125。

[⑤] 参见 Steven Shavell, "Strict Liability Versus Negligence," *J. Legal Stud.* 9 (1980)：1。

[⑥] 参见 Claire Finkelstein, "Book Review：Mens Rea and Other Criminal Inefficiencies," *Crim. L. F.* 8 (1997)：143。

[⑦] 参见 Clare McGlynn, "Feminism, Rape and the Search for Justice," *Oxford J. Legal Stud.* 31 (2011)：825。

恢复性司法有很多形式，例如，可以由训练有素的调解员在受害人与罪犯之间居中调解，受害人和罪犯面对面就相关问题进行对谈。恢复性司法支持者认为，不像传统刑罚，恢复性司法给受害人提供了开始治疗的机会。恢复性司法专注于制造受害人和罪犯之间的理解氛围，它关注对受害人需求的回应。恢复性司法并不是一个发现事实的过程，而是让罪犯承认责任，要求罪犯解释自己的行为并倾听他们带来的伤害。证据表明受害人在恢复性司法中听到罪犯陈述后有所感受，同时获得追问自己关心问题的机会，可以得到更大的满足。[1] 恢复性司法的宗旨不在于封闭受害人，而是让受害人从罪犯身上获得力量，从而有能力继续前进。[2]

---

[1] 参见 Janine Geske, "Achieving the Goals of Criminal Justice: A Role for Restorative Justice," *Quinnipiac L. Rev.* 30（2012）: 527。

[2] 根据美国某恢复性司法项目负责人马蒂·普莱斯（Marty Price）的实地观察，恢复性司法重视个人和治疗，不是把犯罪视为违法行为，而是强调一个根本事实，即谁实施了犯罪？何种法律遭到了破坏？如何对待或惩罚犯罪人？同时强调以下三个问题：因犯罪而导致的伤害的性质是什么？未来改正错误行为或修复伤害需要做什么？谁负责弥合创伤？恢复性司法是理解和回应犯罪与司法问题的别样方式。传统而言，负责任被理解成遵守规定或接受惩罚。但是接受惩罚是被动的，不需要犯罪人主动。恢复性司法通过制订和执行补偿协议包括赔偿等方式让罪犯承担责任，具体方式包括召开家庭群体会议、社区量刑、赔偿、恢复性社区服务、讨论对受害人和社区的影响以及提高受害人防卫意识等。其中，受害人与犯罪人之间的调解与和解是最常见的恢复性司法适用方式。在调解中，由于犯罪人了解到其行为产生的结果，所以使得犯罪个性化。受害人有机会向最应该听的人表达他们的看法和感受，有助于受害人创伤的愈合。受害人脑子里萦绕不去的那些只有犯罪人能回答的问题也有了答案。最常问的问题是"你为什么这样对我？这是我的错吗？我原本能预防这事发生吗？你在跟踪或看着我吗？"即使受害人得到的答案比他们原本担心的还要糟糕，他们的心理也会恢复平静。通过调解，犯罪人与受害人达成赔偿协议，以任何可能的方式弥补受害人的损失，犯罪人因而得以为其行为负责，并保证犯罪人将赔偿自觉理解为一种道德义务，而不是法庭强加给他们的没有人情味的罚款。需要注意的是，调解并非对所有犯罪、所有受害人和所有犯罪人都适用。根据规定，调解员和受害人、调解员与犯罪人单独初次碰面需要仔细拍摄下来并且需要根据既定的标准加以评估。预备会议对案件发展来说非常必要，它使参与者完全做好准备，确保安全和成功调解。如果不是各自对调解员建立了信任，犯罪人和受害人有时很难甚至不可能开始对话。最好的调解是让双方对话，在二者之间产生同情和理解，而不是达成赔偿协议。借此可以保证安全和相互尊重。双方达成的协议对双方来说反映出有价值的公正，这种公正不受狭义的法律定义限制。在国际研究中，压倒多数的调解参与者在调解后的采访和调查表中回答他们得到了公正和满意的结果。需要强调的一点是，在民事纠纷中，调解员不站在任何一方的立场上，对是非的判断不属于调解员的职责。但是对大多数犯罪的调解因情况特殊，所以中立性的概念也就不同。在大部分犯罪案件中，接受调解的双方一个是被侵犯者，另一个是犯错者，二者之间力量不均衡，对这种关系来说，这种不均衡是正常的。调解员力求均衡二者的力量，确保双方完全且有意义地参与调解过程。（转下页注）

第三节　加利福尼亚州性犯罪的特殊规定

除了男女之间非合意的阴道性交这种所谓典型强奸之外，加州成文法中还规定了其他类型的性犯罪，同时还存在一些较为特殊的立法规定，这里，仅以是否涉及典型的双方当事人，以及涉及当事人的年龄、性别等变量，对这些所谓特殊的性犯罪择一二加以例说。

一　涉及未成年人的性犯罪

年龄是和性别同样重要的一大变量，美国法律中年龄计算以当事人的生日为原则，进入生日当日，而不是生日的前一日，就算满一周岁。[①] 之所以如此关注年龄，是因为其不仅涉及强奸等性侵犯罪的保护客体，还涉及犯罪的成立与否及刑罚适用等一系列问题。

在美国相关法律中，对性的法定合意年龄经历了三个发展阶段。19 世纪 90 年代之前，美国沿袭英国普通法，对法定强奸适用严格责任，保护

（接上页注②）如果让犯罪人真正负责，通常要求调解员帮助犯罪人承认他们做错了并且承认应因此而负责。这种调解方式需要调解员接受冲突解决基本技巧以外的培训，学习如何引导受害人和犯罪人的情感。在涉及严重暴力的犯罪案件中，调解员还需要接受高级培训。现在美国也对暴力攻击犯罪包括强奸罪进行调解。在严重犯罪案件的调解中，通常是在对案件进行一年甚至更长时间的调查以后才开始调解的。调解对刑事司法程序的任何阶段来说都可能有用。作为一种社会价值，我们希望犯罪的人老实认罪、及时修补和改过自新。讽刺的是，对抗性的刑事司法体制常常有悖于这些观念。辩方律师建议其委托人什么也不承认，什么也不说。而被告人的这种否认责任或缺乏自省的态度使得受害人所感觉到的可以被理解的愤怒和痛苦愈发加重。可悲的是，在很多案件当中被告人在辩护人的建议下，压抑了自己真诚的试图向受害人道歉的渴望。抗辩式的争端解决机制程序复杂烦冗，耗费了意图伸张正义一方的大量金钱、精力和情感。其中太多都没有达成一个公正的结果而仅仅是减少了损失，草草了事。或许从恢复性正义实践当中学到的最为重要的教训就是实现正义的关键不在于法律而在于承认和尊重人际关系。如果适用恢复性司法原则可以带来正义并且对那些遭受严重伤害的人给予治疗的话，就必须考虑其他领域更为有效的争端解决办法。相关内容亦参见 Julian V. Roberts & Loretta J. Stalans，"Restorative Sentencing：Exploring the Views of the Public，" *Soc. Just. Res.* 17（2004）：315。

① 参见 Fam. Code § 6500。

10 周岁至 12 周岁年轻白人女孩的贞操这种"财产权"。① 如果该白人女孩
事后被证明本来就是"不贞洁"的，如果该白人女孩参与乱交行为，包括
被强奸，都将丧失法律的保护，这意味着这一时期惩罚性犯罪所保护的，
根本不是受害人本人的人身权利，而是他人的财产权利。② 19 世纪 90 年代
之后，工业化、城市化导致的移民潮带来大量未成年女孩卖淫的隐忧，美
国大多数州开始将法定性合意年龄提高到 16 周岁或者 18 周岁。③ 战后法
律的自由化思潮、《模范刑法典》的起草、第二次女权运动的兴起以及 20
世纪 60 年代性权利运动，使得越来越多的人开始关注年龄差而不是年龄本
身，立法者的注意力也从保存性别关系和消除权力滥用转移开来。④ 目前
在美国，大多数州将法定的性合意年龄规定为 16 周岁，但也有一部分州规
定为 17 周岁或 18 周岁。这意味着，一些州对未成年人定罪是因为他与未
成年人或法定年龄以下的人发生性关系。对未成年人发生性行为定罪谴责
的是性行为本身而不是对性的强制，这损害了年轻人的性自主权，而且也
是不尊重他们性选择的体现。⑤

　　美国联邦最高法院多数意见认为，加州的法律专门惩罚男性性侵未成
年少女的情形并没有违反宪法第十四修正案关于平等保护的规定。多种观
点认为，防止少女怀孕是基于保障性别特殊性的立法目的。⑥ 法定强奸罪
案件数量的不断增加、严厉的刑事处罚措施以及有失平衡的财政投入严重
影响了社会福利、关注儿童服务和社会工作体系。20 世纪 90 年代对法定
强奸以及未婚先孕问题作为犯罪加以处罚而不是作为社会关注的焦点在某

---

① 参见 Michelle Oberman，"Girls in the Master's House: Of Protection, Patriarchy, and the Potential for Using the Master's Tools to Reconfigure Statutory Rape Law," *DePaul L. Rev.* 50 (2001): 799。

② 参见 J. Shoshanna Ehrlich，"You Can Steal Her Virginity But Not Her Doll: The Nineteenth Century Campaign to Raise the Legal Age of Sexual Consent," *Cardozo J. L. & Gender* 15 (2009): 229。

③ 参见 Michelle Oberman，"Regulating Consensual Sex with Minors: Defining a Role for Statutory Rape," *Buff. L. Rev.* 48 (2000): 703。

④ 参见 Frances Olsen，"Statutory Rape: A Feminist Critique of Rights Analysis," *Tex. L. Rev.* 63 (1984): 387。

⑤ 参见 Kate Sutherland，"From Jailbird to Jailbait: Age of Consent Laws and the Construction of Teenage Sexualities," *Wm. & Mary J. Women & L.* 9 (2003): 313。

⑥ 参见 *Michael M.* v. *Superior Court*，450 U. S. 464 (1981)。

种意义上加剧了社会的不平等。① 各州的立法不同而且都较为复杂，但总体来说，很多州采用的是双层体系。在这种体系下，超过 16 周岁、18 周岁或其他法定年龄上限的行为人，如果与 12 周岁或者 13 周岁的人发生性关系，就属于第一层次的性侵行为。② 除此之外，还存在程度较轻的第二层次性侵行为，即所谓的"法定强奸"。在有些州，将只要与低于法定年龄的未成年人发生性关系的行为都解释为第二个层次的性侵犯罪。但在大多数州，行为人必须比受害人要年长方能构成此罪，即所谓"年龄跨度条款"。③ 对一般意义上的法定强奸，在之前有所提及，这里仅以加州刑法相关规定，对涉及未成年行为人和未成年受害人的性犯罪加以介绍。

（一）非法性交

1. 标准非法性交④

所谓"标准非法性交"，是指已满 21 周岁的被告人违法与行为当时未与其缔结婚约⑤的不满 16 周岁的受害人进行性交，这里的性交，是指男性生殖器以任何形式、任何程度插入阴道或肛门的行为，并不要求射精。对此，被告人不得以受害人同意作为抗辩事由。但被告人如果合理且真诚相信对方年满 18 周岁（注意，不是 16 周岁）⑥，就不构成犯罪。对此，必须有证据证明被告人合理且实际确信对方当事人已满 18 周岁。如果证明被告人的确有此种确信，就必须认定其无罪。⑦ 按照这种定义，参与非法性交的两名当事人，在性交发生时，必须有一名年满 21 周岁，一名小于 16 周岁。如果真正参与者都小于 21 周岁，那么帮助犯或教唆犯年满 21 周岁，

---

① 参见 Joseph J. Fischel, "Per Se or Power? Age and Sexual Consent," *Yale J. L. & Feminism* 22 (2010): 279。

② 参见 Charles A. Phipps, "Children, Adults, Sex, and the Criminal Law: In Search of Reason," *Seton Hall Legis J.* 22 (1997): 1。

③ 参见 Patrick McCreery, "Beyond Gay: 'Deviant' Sex and the Politics of the ENDA Workplace," *Soc. Text* 61 (1999): 39。

④ 参见 Cal. Penal Code § 261.5 (a) & (d)。

⑤ 需要注意的是，即使未成年受害人与被告人结婚，或者曾经结婚，被告人仍然可能需要承担非法性交罪的责任。参见 *People v. Courtney*, 180 Cal. App. 2d 61 (1960); *People v. Caldwell*, 255 Cal. App. 2d 229 (1967)。

⑥ 参见 *People v. Scott*, 83 Cal. App. 4th 784 (2000)。

⑦ 参见 CALCRIM No. 1070。

无法用来作为认定其共犯责任的根据。根据相关判例的要求，正犯必须比不满 14 周岁的受害人大 10 岁以上。①

2. 非标准非法性交②

所谓"非标准非法性交"，是指适用前述"年龄跨度条款"的犯罪形式，主要分为两种。

首先，被告人与行为时比自己小 3 岁以上且不满 18 周岁的未成年人非法性交。如果有证据证明被告人合理且真诚相信对方年满 18 周岁，就必须认定其无罪。③ 受害人是未成年人的事实，并不排除将其作为正犯加以起诉的可能。④ 然而，非法性交的未成年受害人，无法作为本罪的帮助犯、教唆犯、共谋犯或共犯加以起诉。⑤

其次，被告人与行为时比自己小 3 岁以内且不满 18 周岁的未成年人非法性交。如果有证据证明被告人合理且真诚相信对方年满 18 周岁，就必须认定其无罪。⑥ 和上面提到的犯罪不同，年龄差不满 3 岁的非法性交属于轻罪。

（二）口交

口交是指一人的嘴部与另外一人的性器官或肛门的任何接触，不考虑程度，不要求进入。对方当事人同意口交的事实，无法作为本罪的抗辩事由。

1. 受害人不满 14 周岁⑦

被告人被指控与不满 14 周岁且比被告人小 10 岁以上的受害人口交。⑧ 司法实践一般认为，被告人对受害人年满 14 周岁的认识错误，不得作为对不满 14 周岁的受害人实施淫秽、淫亵行为的抗辩事由。⑨

---

① 参见 *People v. Culbertson*，171 Cal. App. 3d 508（1985）。
② 参见 Cal. Penal Code § 261.5（a）&（b）&（c）。
③ 参见 CALCRIM No. 1071。
④ 参见 *In re T. A. J.*，62 Cal. App. 4th 1350（1998）。
⑤ 参见 *In re Meagan R.*，42 Cal. App. 4th 17（1996）。
⑥ 参见 CALCRIM No. 1072。
⑦ 参见 Cal. Penal Code § 288a（c）（1）。
⑧ 参见 CALCRIM No. 1080。
⑨ 参见 *People v. Olsen*，36 Cal. 3d 638（1984）。

2. 21 周岁以上被告人与未成年人口交①

被告人在自己年满 21 周岁之后，与行为时不满 16 周岁的人口交。如果有证据证明被告人合理且真诚相信对方年满 18 周岁，就不构成犯罪。②

3. 与不满 18 周岁的人口交③

被告人与不满 18 周岁的人口交。如果有证据证明被告人合理且真诚相信对方年满 18 周岁，就必须认定其无罪。④ 如果有证据证明未成年行为人对行为的错误性有认识，不满 14 周岁的未成年人也可以因为本罪承担责任。⑤

（三）鸡奸

所谓"鸡奸"，是指以任何形式将阴茎进入对方肛门的行为，不考虑进入程度，不要求射精，对方当事人即使同意肛交，也无法作为本罪的抗辩。⑥

1. 与 14 周岁以下未成年人鸡奸⑦

被告人对行为时不满 14 周岁且比被告人至少小 10 岁的对方当事人实施鸡奸。司法实践中，被告人对受害人已满 14 周岁的错误认识，不得作为涉及淫秽、淫亵行为指控的抗辩。⑧

2. 21 周岁及以上被告人与不满 16 周岁未成年人鸡奸⑨

年满 21 周岁的被告人对行为时不满 16 周岁的受害人实施鸡奸。如果有证据证明被告人合理且真诚相信对方年满 18 周岁，就必须认定其无罪。⑩

3. 与不满 18 周岁的人鸡奸⑪

被告人对不满 18 周岁未成年人实施鸡奸。如果有证据证明被告人合理且真诚相信对方年满 18 周岁，就必须认定其无罪。⑫

---

① 参见 Cal. Penal Code § 288a（b）（2）。
② 参见 CALCRIM No. 1081。
③ 参见 Cal. Penal Code § 288a（b）（1）。
④ 参见 CALCRIM No. 1082。
⑤ 参见 *In re Paul C.*，221 Cal. App. 3d 43（1990）。
⑥ 参见 CALCRIM No. 1090。
⑦ 参见 Cal. Penal Code § 286（c）（1）。
⑧ 参见 *People* v. *Olsen*，36 Cal. 3d 638（1984）。
⑨ 参见 Cal. Penal Code § 286（b）（2）。
⑩ 参见 CALCRIM No. 1091。
⑪ 参见 Cal. Penal Code § 286（b）（1）。
⑫ 参见 CALCRIM No. 1092。

（四）性器进入①

性器进入是指，基于性虐待、性唤起，或者性满足的目的，无论程度，凭借任何异物、物品、装置，或者器具，或者凭借任何不明物体，进入任何人的外生殖器或肛门，或者让他人如此进入被告人或另一人的外生殖器或肛门。异物、物品、装置，或者器具，可以包括，除生殖器之外的身体任何部位。不明物体可以包括，异物、物品、装置、器具，或者（如果不知道究竟是什么进入的话）包括生殖器在内的身体任何部位。

1. 与不满 14 周岁未成年人实施性器进入②

被告人与行为时不满 14 周岁且与被告人年龄差为 10 岁之内的被害人实施性器进入。对方当事人对行为具有合意，不构成抗辩。③ 在司法实践中，被告人误认为受害人已满 14 周岁，不得作为针对不满 14 周岁未成年人实施淫秽、威胁行为的抗辩。④

2. 已满 21 周岁的被告人与未成年人实施性器进入⑤

被告人被指控在其已满 21 周岁时，与行为时不满 16 周岁的未成年人实施性器进入。如果被告人合理且实际确信对方当事人已满 18 周岁，则不构成本罪。检方必须排除合理怀疑地证明，被告人并未合理且实际确信对方当事人已满 18 周岁。如果检方未满足这一证明义务，陪审员必须认定被告人无罪。⑥

3. 与不满 18 周岁未成年人实施性器进入⑦

如果被告人合理且实际确信对方当事人已满 18 周岁，则不构成本罪。检方必须排除合理怀疑地证明，被告人并未合理且实际确信对方当事人已满

---

① 参见 Cal. Penal Code § 289（k）。
② 参见 Cal. Penal Code § 289（j）。
③ 参见 CALCRIM No. 1100。
④ 参见 *People* v. *Olsen*，36 Cal. 3d 638（1984）。
⑤ 参见 Cal. Penal Code § 289（i）。
⑥ 参见 CALCRIM No. 1101。
⑦ 参见 Cal. Penal Code § 289（h）。

18 周岁。如果检方未满足这一证明义务，陪审员必须认定被告人无罪。[1] 在检方依据相关法律[2]提起公诉的案件中，法庭曾经判定强制自我性器进入也属于该法规制的范围。[3] 这一判例是否包括对未成年人的性器进入，是否要求实行犯参与该行为，目前尚未得到澄清，在这一问题未被上级法院做出明确认定之前，性器进入的定义不应包括强制自我性器进入。

（五）淫秽或淫亵行为

1. 对不满 14 周岁儿童实施淫秽或淫亵行为[4]

被告人对不满 14 周岁的儿童实施淫秽或淫亵行为，即被告人有意触摸儿童身体的任何部位，无论是否隔着衣服；或者被告人有意让儿童触摸自己身体的任何部位，无论是否隔着衣服。被告人从事上述行为的目的，是为了唤起、迎合、满足自己或该儿童的性欲、情绪或欲念。本罪的成立，并不要求实际唤起、迎合或满足被告人或儿童的欲念、渴望或性欲。儿童对行为表示同意，并不构成抗辩。[5]

需要注意的是，本罪与其他犯罪之间的逻辑关系。司法实践认为，骚扰或猥亵 18 周岁以下儿童[6]并不是本罪包含的较低层级犯罪。[7] 另外，所谓淫秽或淫亵行为，包括针对相关法律中[8]所列人员实施的任何性攻击行为。例如，与不满 14 周岁的儿童非法性交，也可以构成本罪，可择一适用。任何满足本罪规定的个体行为，都可以构成新的单独犯罪。[9] 例如，如果被告人基于法定犯意，玩弄未成年人的身体，就会导致数罪的出现，并不以性活动过程或短暂停顿作为分离标准。[10]

---

① 参见 CALCRIM No. 1102。
② 参见 Cal. Penal Code § 289 (a)。
③ 参见 *People v. Keeney*, 24 Cal. App. 4th 886 (1994)。
④ 参见 Cal. Penal Code § 288 (a)。
⑤ 参见 CALCRIM No. 1110。
⑥ 参见 Cal. Penal Code § 647. 6。
⑦ 参见 *People v. Lopez*, 19 Cal. 4th 282 (1998)。
⑧ 参见 Cal. Penal Code § § 261-368; Cal. Penal Code § 288 (a)。
⑨ 参见 *People v. Scott*, 9 Cal. 4th 331 (1994)。
⑩ 参见 *People v. Jimenez*, 99 Cal. App. 4th 450 (2002)。

2. 通过暴力或胁迫实施淫秽或淫亵行为[①]

被告人被指控通过暴力或胁迫针对不满 14 周岁的儿童实施淫秽或淫亵行为，在实施上述行为时，被告人使用强制、暴力、胁迫、威胁对该儿童或他人立即实施不法身体伤害。需要注意的是，所谓"强制"必须与完成行为本身所需部分存在实质差别，或者显著大于后者。[②] 所谓"胁迫"是指直接或间接威胁使用强力、暴力、制造危险或实施报复，导致理性人不得不违心去做或屈服。在判断是否存在胁迫的时候，需要综合考察所有情节，包括受害人的年龄及其与被告人的关系。所谓"报复"是指复仇或以其他形式寻找平衡。所谓"威胁"是指通过言行表达伤害某人的意愿。如果受害人真诚且合理害怕，或者虽然受害人的担心是真诚但不合理的，但被告人明知并利用了这一点，则属于胁迫。儿童对行为表示同意，并不构成抗辩。[③] "强制"以及"威胁"等术语在淫行的语境下具有一定的技术性，对此陪审员未必明了[④]，本罪中使用的强制力与其他性犯罪成文法中的概念不同[⑤]，在其他性犯罪，如强奸罪的界定中，强制力并不具有技术性含义，也没有界定这一概念的要求。[⑥] 如果涉及针对儿童通过胁迫实施淫行，需要综合考察案件情节，包括威胁伤害受害人，在受害人试图抵抗时对其加以物理控制，警告受害人如果告发就伤害其家人。受害人所表述的被告人并未使用暴力或威胁并不一定导致认定不存在胁迫，这一表述需要从其年龄以及与被告人之间的关系中加以考虑。[⑦]

3. 对 14 周岁或 15 周岁儿童实施淫秽或淫亵行为[⑧]

被告人针对 14 周岁或 15 周岁且比被告人小 10 岁以上的未成年人实施淫秽或淫亵行为，儿童对行为存在合意不构成抗辩。[⑨]

---

① 参见 Cal. Penal Code § 288（b）（1）。

② 参见 *People v. Cicero*，157 Cal. App. 3d 465（1984）。

③ 参见 CALCRIM No. 1111。

④ 参见 *People v. Iniguez*，7 Cal. 4th 847（1994）。

⑤ 参见 *People v. Cicero*，157 Cal. App. 3d 465（1984）。

⑥ 参见 *People v. Griffin*，33 Cal. 4th 1015（2004）。

⑦ 参见 *People v. Cochran*，103 Cal. App. 4th 8（2002）。

⑧ 参见 Cal. Penal Code § 288（c）（1）。

⑨ 参见 CALCRIM No. 1112。

（六）其他犯罪

1. 对不满 14 周岁未成年人实施持续性虐待[1]

被告人对不满 14 周岁的未成年人持续实施性虐待，要求被告人与未成年儿童生活共同生活或反复接触；被告人与该儿童从事了 3 次以上实质性行为或淫秽或淫亵行为；第一次与最后一次行为之间间隔超过 3 个月。所谓"实质性行为"（Substantial Sexual Conduct）是指被告人与该儿童口交或手淫，或由他人生殖器或任何异物插入该儿童或被告人的阴道、直肠的行为。[2] 司法实践中，除非所有陪审员都同意在至少 3 个月间隔期内被告人从事了 3 次以上的行为，否则无法认定被告人有罪[3]，但不需要就具体的行为达成合意，儿童对行为存在合意，不构成抗辩。[4] 针对同一被害人，在同一时期实施持续性虐待与特定性犯罪的，只能起诉其中的一个罪名。在这些情况下，排除数罪。

2. 在建筑物中骚扰、调戏儿童[5]

被告人在建筑物中骚扰（Annoy）、调戏（Molest）儿童[6]，是指被告人在未经同意的情况下进入住所、建筑物局部、房车后，直接对儿童实施了相关行为，成年人会因为被告人的这种行为感觉被打扰、激怒、冒犯或伤害，被告人实施上述行为的动机在于针对该儿童的非自然、非正常性兴趣。本罪的成立，不要求该儿童实际被激怒或被打扰，也不要求该儿童实

---

① 参见 Cal. Penal Code § 288.5（a）。

② 如果涉及手淫，参见 *People v. Chambless*，74 Cal. App. 4th 773（1999）。

③ 被告人并不要求被告人在连续 3 个月的时间段内，连续与受害儿童同居或接触。而是仅仅要求第一次猥亵与最后一次猥亵之间不超过 3 个月。参见 *People v. Vasquez*，51 Cal. App. 4th 1277（1996）。

④ 参见 CALCRIM No. 1120。

⑤ 参见 Cal. Penal Code § 647.6（a）-（c）。

⑥ 骚扰与调戏是同义词，都指打扰、激怒、冒犯、伤害或至少意图伤害他人的行为，参见 *People v. Lopez*，19 Cal. 4th 282（1998）。骚扰意味着打扰或激怒，特别是通过连续或持续的行为，而调戏意味着在毫无正当性的情况下介入或胡闹，从而造成伤害或打扰。参见 *People v. Pallares*，112 Cal. App. 2d Supp. 895（1952）。如摄像师通过将未成年人的照片以一种冒犯且激怒他人的方式展示，属于骚扰他人。参见 *Ecker v. Raging Waters Group, Inc.*，87 Cal. App. 4th 1320（2001）。并不要求淫秽的行为，参见 *People v. Thompson*，206 Cal. App. 3d 459（1988）。

际被触摸，该儿童对行为表示合意，不得作为抗辩。如果被告人合理且实际确信对方当事人已满 18 周岁，陪审员必须认定被告人无罪。① 司法实践中，法律并不要求被告人被发现仍在建筑物内部时从事调戏行为，只要被告人进入建筑物内部之后从事了该行为，并且在进入建筑物与调戏之间存在联系，就已经足够。②

3. 骚扰、调戏儿童③

被告人"骚扰"或"调戏"儿童，是指被告人直接针对儿童实施了相关行为，成年人会因为被告人的行为感觉被打扰、激怒、冒犯或伤害，被告人实施上述行为的动机在于针对该儿童的非自然、非正常性兴趣。本罪的成立，并不要求该儿童实际被激怒或被打扰，也不要求该儿童实际被触摸，该儿童对行为表示合意，不得作为抗辩。如果被告人合理且实际确信对方当事人已满 18 周岁，陪审员必须认定被告人无罪。④ 司法认定中，如果不存在明确的前科，则骚扰或调戏未成年人属于轻罪，如果被告人基于符合要求的前科被起诉了某种重罪，则本罪为其所包括的较为轻缓的犯罪⑤，或者加功于未成年人的轻罪⑥。

4. 对不满 14 周岁的儿童实施加重型性攻击⑦

被告人对不满 14 周岁且比自己小 7 岁以上的未成年人实施了加重类型的性攻击，即强奸、共同强奸或性器插入、鸡奸、口交。

5. 以实施特定犯罪为目的与未成年人接触⑧

被告人与明知或应当合理知道对方当事人是未成年的人接触或沟通，或试图接触或沟通，意图从事涉及未成年人的特定犯罪。这里所讲的与未成年人接触或沟通，包括直接或间接的交流或沟通，还包括个人或使用代理或平面媒体或邮政服务，或共同的载体，或共同沟通载体，或任何电子

---

① 参见 Cal. Penal Code § 647.6（a）-（c）。
② 参见 *People* v. *Mendoza*，118 Cal. App. 4th 571（2004）。
③ 参见 Cal. Penal Code § 647.6（a）-（c）。
④ 参见 CALCRIM No. 1122。
⑤ 参见 *People* v. *Greene*，34 Cal. App. 3d 622（1973）。
⑥ 参见 *People* v. *Romero*，48 Cal. App. 3d 752（1975）。
⑦ 参见 Cal. Penal Code § 269（a）。
⑧ 参见 Cal. Penal Code § 288.3（a）。

沟通系统，或任何电信、电报、计算机，或无线电设施或系统进行沟通。①

6. 基于淫秽目的安排与未成年人见面②

被告人出于对儿童非自然或非正常的性兴趣，为了淫秽目的，安排与未成年人或其认为是未成年人的人见面，并且意图在见面时暴露自己的外生殖器、阴部或肛周部，或者让该儿童暴露其外生殖器、阴部或肛周部，或者从事淫秽、淫亵行为。

7. 基于淫秽目的动身去与未成年人见面③

被告人出于对儿童非自然或非正常的性兴趣，为了淫秽目的，安排与未成年人或其认为是未成年人的人见面，并且意图在见面时暴露自己的外生殖器、阴部或肛周部，或者让该儿童暴露其外生殖器、阴部或肛周部，或者从事淫秽、淫亵行为，然后被告人在或在大约在计划时间，动身前往安排见面的地点。

8. 与 10 周岁以下未成年人实施鸡奸或性交④

行为时已满 18 周岁的被告人与不满 10 周岁的未成年人实施性交或鸡奸。

9. 与 10 周岁以下未成年人从事口交或性器进入⑤

行为时已满 18 周岁的被告人与 10 周岁以下未成年人从事口交或性器进入。

二 不涉及直接被害人的性犯罪

这里所谓不涉及直接被害人，是指不同于强奸等性犯罪，不存在明确被害人，或者说被害人具有不确定性的性犯罪。根据加州成文法，这类犯罪主要包括如下几种类型。

（一）传播淫秽或有害物品

所谓"传播"（Distribute），是指改变所有权，无论是否涉及金钱或其他对价。所谓"淫秽""有害"，应由陪审员判断，其标准为以明显令人反

---

① 参见 CALCRIM No. 1124。
② 参见 Cal. Penal Code § 288.4（a）（1）。
③ 参见 Cal. Penal Code § 288.4（b）。
④ 参见 Cal. Penal Code § 288.7（a）。
⑤ 参见 Cal. Penal Code § 288.7（b）。

感的方式展示或描述性行为；理性人会认为其对未成年人来说缺乏严肃的文学、艺术、政治或科技价值；并且普通成年人，根据当下州内标准[1]，将认为其是为了迎合淫欲。所谓"淫欲"，是指对裸体、性或分泌物的令人感到羞耻或被禁止的兴趣。所谓"物品"（Material），是指书籍、杂志、报纸、音像制品或其他印刷品，或任何图片、画作、相片、动画或任何图像载体，或任何雕像或人偶，或任何记录、誊写或机械、化学或电子复制品，或任何其他文章、装备、机械，或物质，包括在商业传输过程中作为一部分传播或发送的真实或录音短信。司法实践中一般认为，有害物品可以通过现场或录音的电话信息方式加以传播。

1. 播放或散发有害物品引诱未成年人[2]

本罪是指行为人通过电子邮件、互联网或商业在线服务，向未成年人播放、发送、传播或提议播放或传播有害物品，行为时已明知该物品的实质淫秽有害属性。行为人行为时，需要明知他人是未成年人或没有尽到合理谨慎判断未成年人实际年龄的义务，但意图唤起、迎合或者满足其本人或未成年人的性欲、渴望、激情。意图向未成年人展示或传播该物品，性诱未成年人，即唆使未成年人从事包括引诱者与未成年人之间涉及身体接

---

[1] 适用当下州内标准，意味着用当前的标准判断该物品对州内所有可能接触该物品的人的效果，换句话说，其对州内普通人的影响。普通人是指被拟制的代表整个社会的人，包括男性与女性，新教徒与非新教徒，不同年龄阶段、受教育程度、经济阶层、种族、民族的人。当下州内标准意味着州内社会作为一个整体，而不是某些个人所接受的标准。因此，并非陪审员个人根据自身个人、社会或道德的标准进行的评价。在判断当下州内标准的时候，可以考察当地社区的标准，但是，不能将后者独立作为判断州内标准的唯一根据。只有在理性人认定，整体来看该物品缺乏文学、艺术、政治或科技价值的情况下，才能认定其有害。在做出此类认定时，不需要衡量其价值与其淫秽性。赤裸裸的描绘本身并不一定具有有害性。如果要认定包括赤裸裸描绘的物品有害的，其必须刻画性活动，并且满足上述危害物品的相关要求。性活动的描述本身并不一定具有有害性。如果要认定包括性活动的描述是有害的，其必须满足上述有害物品的相关要求，检方必须证明被告人知道该物品的属性，但不需要证明被告人明知该物品是否满足有害物品的要求。如果从物品的本质或当时的情况来看其明显为特定性变态组织所设计，则这些物品的属性需要根据其所指向的受众来加以判断；在判断物品的本质以及其是否缺乏严肃的文学、艺术、政治或科技价值时，需要考察其因为具有淫秽倾向因此具有商业牟利的生产、表现、销售、传播、散布、公开的情节。在给出这一证据的时候，必须衡量其所具有的证据力，在考虑是否使用这种当下州内标准判断该物品具有淫秽属性时，必须判断该物品是否在陪审员生活的社区具有公开性。参见 CALCRIM No. 1140。

[2] 参见 Cal. Penal Code § 288.2（a）&（b）。

触的性活动。但如果父母或监护人为了进行合法的性教育，或如果被告人是为了进行合法的科学或教育活动，则不构成本罪。检方必须排除合理怀疑地证明被告人的目的不是进行合法的性教育或进行合法的科学研究与教学活动。如果检方没有满足这一证明义务，陪审员必须认定被告人无罪。[①]

2. 传播含有未成年人性行为的淫秽物品[②]

本罪是指行为人明知是含有不满 17 周岁未成年人性行为的淫秽物品仍携带、持有、提议传播或实际传播的行为，意图将该物品加以销售或传播、展示或交换给某人，也可以是为了获得经济或其他商业利益实施上述行为。本罪中的"携带"，是指被告人发送或携带淫秽物品进入加利福尼亚州，或导致此类物品发送或携带进入加利福尼亚州的行为；"持有"是指被告人持有、准备、发表、制造、冲洗、复制、打印淫秽物品的行为。如果被告人是为了进行合法的科学或教育活动，则不构成本罪。检方必须排除合理怀疑地证明被告人的目的不是进行合法的科学或教育活动。如果检方没有满足这一证明义务，陪审员必须认定被告人无罪。在缺乏成文法或案例法法源的情况下，被告人需要通过压倒性证据支持这一抗辩。[③] 雇佣、适用、劝说未成年人从事或帮助他人从事涉及未成年人性活动的商业、非商业影片或其他媒介的摆姿势或做模特，根据本条的规定都是重罪。制作儿童色情物品上传到网上，引诱他人在没有金钱对价的情况下制作类似物品进行交换的，满足本条中规定的商业目的。[④] 但电话公司并不因为承载或传播描绘本节包括的信息或通过提供电话服务而构成本罪。检方与辩方都不需要就物品的淫秽本质提出目击证人的要求。[⑤]

3. 传播或意图传播淫秽物品[⑥]

行为人在明知物品属性的情况下，基于向他人销售或传播或展示的意图，发送、携带、持有、提议传播或实际传播淫秽物品的行为。本法涉及的相关概念大体与之前提到的犯罪类似，这里不做重复，但需要强调的

---

① 参见 CALCRIM No. 1140。

② 参见 Cal. Penal Code § 311.1 (a), 311.2 (b)。

③ 参见 *People v. Mower*, 28 Cal. 4th 457 (2002)。

④ 参见 *People v. Cochran*, 28 Cal. 4th 396 (2002)。

⑤ 参见 CALCRIM No. 1141。

⑥ 参见 Cal. Penal Code § 311.2 (a)。

是，本罪的主体，可以包括个人、合伙、工厂、联盟、有限责任公司或其他法律实体，两人以上可以同时持有同一物品。在判断物品的属性以及其是否缺乏严肃的文学、艺术、政治或科技价值的时候，需要考察其制作、呈现、销售、散布、传播、公开的情节，从而证明因为其所具有的淫秽性而牟利。在考虑上述情节证据时，必须衡量证据力。在判断是否持有时，不需要其实际拿着或接触该物品。如果某人亲自或安排他人控制或有权控制，仍然可以被视为持有。为了本人使用而持有淫秽物品的，不构成本罪。①

4. 现场淫秽行为②

行为人从事或参与、管理、制造、资助、展示或表现淫行。本罪需要行为人明知其行为的属性，并且淫行所在的是公开场所或向公众开放的场所、公共空间或公共视野。现场行为是指行为人自己或和他人一起实施的客观行为，包括但不限于舞蹈、表演、刺激、哑剧、歌唱或演讲。上述行为是否满足淫行的要求，需要由陪审员进行判断，其判断的标准为，该行为是否以明显令人反感的方式表现或描绘性行为，理性人是否会认为该行为缺乏严肃的文学、艺术、政治或科技价值，以及普通人根据当下州内标准，是否会认定其迎合淫秽目的。具体的判断标准与判断过程大体同上，需要强调的是，本罪的行为人可以是个人、合伙、工厂、组织、公司或其他法律实体。在判断行为的本质以及其是否缺乏严肃的文学、艺术、政治或科技价值时，需要考察其因为具有淫秽倾向因此具有商业牟利的生产、表现、销售、传播、散布、公开的情节。判断根据当下州内标准，行为是否为了满足淫欲，必须考察该行为是否在州内公开。在给出这一证据的时候，必须评价证据的效力。如果有充分的证据证明被告人从事合法科技或教育活动，在缺乏成文法或案例法法源的情况下，被告人需要通过压倒性证据支持这一抗辩，检方必须承担排除合理怀疑地证明该抗辩不适用。③

5. 利用未成年人从事法律禁止的行为④

行为人在明知的情况下怂恿、雇用、利用、说服、引诱、胁迫不满 14

---

① 参见 CALCRIM No. 1142。

② 参见 Cal. Penal Code § 311.6。

③ 参见 CALCRIM No. 1143。

④ 参见 Cal. Penal Code § 311.4（b）。

周岁或已满 14 周岁不满 18 周岁的未成年人，单独或和其他人一道摆特定姿势或做模特；或者控制不满 14 周岁或已满 14 周岁不满 18 周岁的未成年人的父母或监护人，在明知道情况下允许未成年人自己或和其他人摆特定姿势或做模特，或帮助他人摆特定姿势或做模特的行为，意图准备未成年人自己和他人或和动物从事性行为的物品，并将该物品用于商业目的。

（二）淫媒、拉客、卖淫

1. 淫媒（Pimping）[1]

行为人明知他人是卖淫者，仍然将该卖淫者所赚金钱或所得部分或整体占为已有，抑或将卖淫或曾卖淫地点的管理者从卖淫者处借得、预支、收取的费用全部或部分占为已有，或者为他人卖淫拉客从中索要或收受金钱的行为。司法实践中认为，充当裸体模特不构成卖淫，因此，为裸体模特寻找客户，不构成本罪。[2] 本罪的主观方面一般被认定为概括故意，判例规定，违反本法，仅仅要求从明知他人是卖淫者这一点寻求支持，不要求具体故意。本条所要求的拉客，仅仅要求明知他人是卖淫者的情况下，从为其介绍客人方面获得补偿。如果被告人从事拉客即使其并没意图实际获得报酬，也犯有本罪。[3] 所有形式的淫媒都不是具体故意犯罪。[4] 对卖淫，不存在帮助犯和教唆犯。[5] 司法实践还认为，建筑物的一个房间或其他场所就足以构成卖淫场所，管理此类场所的人可以为他人从事卖淫行为提供帮助。[6] 以卖淫者收入为生或从中获益并不要求证据证明被告人直接从卖淫者处获得金钱，或者被告人从卖淫者处获得金钱完全用来支付其生活费。[7] 淫媒这种犯罪必须具有持续性本质，并且并不要求陪审团必须对特定行为或构成犯罪的行为达成一致意见。[8] 以卖淫收入为生或获得支持

---

① 参见 Cal. Penal Code § 266。

② 参见 *People v. Hill*，103 Cal. App. 3d 525（1980）。

③ 参见 CALCRIM No. 1150。

④ 参见 *People v. McNulty*，202 Cal. App. 3d 624（1988）。

⑤ 参见 *People v. Gibson*，90 Cal. App. 4th 371（2001）。

⑥ 参见 *People v. Frey*，228 Cal. App. 2d 33（1964）。

⑦ 参见 *People v. Navarro*，60 Cal. App. 180（1922）。

⑧ 参见 *People v. Dell*，232 Cal. App. 3d 248（1991）。

是一种正在进行的持续犯，并不要求被告人与卖淫者之间的持续关系。①

2. 拉客（Pandering）②

行为人违法实施拉客行为，是指行为人意图影响他人成为卖淫者，说服、招揽他人成为卖淫者；或使用承诺、威胁、暴力或任何其他的设施或计划导致、说服、鼓励、诱使他人成为卖淫者；或者安排、招揽他人在卖淫场所或其他鼓励或允许卖淫发生的场所实施卖淫；或者承诺、威胁、使用暴力导致他人留下，使用承诺、威胁、暴力或任何其他的设施或计划导致、说服、鼓励、诱使他人在卖淫场所或其他鼓励或允许卖淫发生的场所实施卖淫；或使用欺骗、圈套或胁迫或滥用信任、权威，安排、招揽他人在卖淫场所或其他鼓励或允许卖淫发生的场所实施卖淫；或收受、给予、同意收受、同意给予金钱或其他有价值的东西来交换、说服、试图说服、招揽、试图招揽他人成为卖淫者，或以卖淫为目的进出加利福尼亚州。拉客要求卖淫发生在被告人之外的其他当事人之间。

3. 介绍儿童卖淫③

介绍儿童卖淫，是指行为人故意为他人提供、运输、供给或提供便利，从而使其与该儿童实施淫行；或行为人建议他人与该儿童实施淫行；或行为人导致、说服、引诱儿童与他人从事淫行，并且行为时该儿童不满16周岁。

4. 从事卖淫行为④

被告人犯有本罪，检方必须证明被告人故意从事了性交或淫行，目的是获得金钱或其他补偿。⑤ 司法实践认为，"没有法律及判例要求需要向提供性服务者直接提供报酬"。⑥

5. 教唆卖淫⑦

教唆他人从事卖淫行为，是指行为人要求他人从事卖淫行为，或意图

---

① 参见 *People* v. *Jackson*，114 Cal. App. 3d 207（1980）。

② 参见 Cal. Penal Code § 266i。

③ 参见 Cal. Penal Code § 266j。

④ 参见 Cal. Penal Code § 647（b）。

⑤ 参见 CALCRIM No. 1153。

⑥ 参见 *People* v. *Bell*，201 Cal. App. 3d 1396（1988）。

⑦ 参见 Cal. Penal Code § 647（b）。

与被教唆者从事卖淫行为，对方接收到了其所要表达的信息。① 有判例认为，被教唆者必须收到了教唆的内容。② 唆使要求具体故意。③

6. 合意从事卖淫行为④

合意从事卖淫行为，是指被告人同意且意图与他人从事卖淫的行为，除了合意之外，被告人还从事了推动卖淫的活动，该活动可以发生在卖淫行为之前、之中与之后。⑤

7. 以卖淫为目的的游荡⑥

基于卖淫的目的游荡，是指行为人在没有合法目的的情况下，在公共场所徘徊或迟滞，意图卖淫。这里所说的公共场所，是指向公众开放的区域，如过道、广场、公园、车道、停车场、机动车，向公众开放的建筑物包括提供食宿或娱乐的场所、门厅或建筑物的入口，或环绕建筑物或住宅的空地。如果行为人意图通过与他人发生性行为获得金钱或其他补偿，就属于意图卖淫。卖淫不包括作为舞台演出、表演或其他面向公众的娱乐活动一部分的性行为。从事卖淫的意图可以通过行为人的行为方式及相关情节来加以证明，在判断的过程中，需要考察如下情节：反复招手、拦截、搭讪或试图拦截或搭讪路人，显示其目的在于招嫖；反复以打招呼、做手势或试图与司机或乘客搭讪的方式，拦截或试图拦截机动车，显示其目的在于招嫖；开车兜圈，招手、拦截、搭讪或试图拦截或搭讪路人，显示其目的在于招嫖；在因本案被逮捕之前 6 个月，曾实施了有卖淫迹象的行为；在因本案被逮捕之前 5 年之内，曾因为涉及卖淫被判有罪。陪审员还应当考虑上述行为是否发生在公众所熟知的卖淫高发区。上述要素并非穷尽了所有的可能，而仅仅是举例帮助我们判断被告人的目的是不是实施卖淫。可以考察本案中所有可能的证据来帮助陪审员判断行为人的意图，并且由陪审员自行判断证据的证明力。⑦

---

① 参见 CALCRIM No. 1154。
② 参见 *People v. Saephanh*，80 Cal. App. 4th 451（2000）。
③ 参见 *People v. Dell*，232 Cal. App. 3d 248（1991）。
④ 参见 Cal. Penal Code § 647（b）。
⑤ 参见 CALCRIM No. 1155。
⑥ 参见 Cal. Penal Code § 653. 22（a）。
⑦ 参见 CALCRIM No. 1156。

（三）公然行为

1. 露阴[①]

露阴，是指行为人有意在他人在场的情况下暴露自己的外生殖器，使得他人可能会因此受到骚扰或冒犯。在被告人暴露自己的时候，其从事淫行的目的是吸引公众对其外生殖器的注意，从而让自己或他人获得性唤起或性满足，或者性冒犯他人。上述行为也可以发生在行为人未经允许进入他人住宅、建筑物的局部或房车之后。并不要求行为人意图违法、伤害他人或获得任何好处，并不要求他人实际看到了被暴露的外生殖器。露阴未遂的轻罪并不因为累犯而上升为重罪。[②]

如果缺乏符合要求的前科并且没有发生在有人居住的住宅内，则露阴属于轻罪，如果被告人被指控满足上述某个要素，并且被上升为重罪，则轻罪属于其所包括的较为轻缓的犯罪。重罪露阴可以作为夜盗罪的基础犯罪。[③]成文法并未要求被告人在进入房屋内部的时候暴露自己的生殖器，只要被告人在进入房屋之后实施该行为，且该行为与进入房屋存在明显的联系即可。[④]

2. 公然从事淫行[⑤]

公然从事淫行，是指行为人有意触摸自己或他人的外生殖器、臀部或女性乳房的行为，目的是让其自己或他人获得性唤起或性满足，或骚扰、冒犯他人，在行为人从事行为时，其处于公共场所、向公众开放场所或处于公众视野所及的场所，可能有被冒犯的人在场，并且行为人明知或合理应当知道在场的他人可能会被其行为所冒犯。如果行为存在特定目的或者故意为之，则属于意欲为之。司法实践的做法是，"检方不需要证明观察者实际上被冒犯，仅仅需要证明被告人应当知道观察者可能被冒犯即可"。[⑥]

3. 教唆他人公然从事淫行[⑦]

教唆他人公然从事淫行，是指行为人要求或唆使他人触摸自己或他人

---

① 参见 Cal. Penal Code § 314。

② 参见 *People v. Finley*, 26 Cal. App. 4th 454（1994）。

③ 参见 *People v. Rehmeyer*, 19 Cal. App. 4th 1758（1993）。

④ 参见 *People v. Mendoza*, 118 Cal. App. 4th 571（2004）。

⑤ 参见 Cal. Penal Code § 647（a）。

⑥ 参见 *People v. Rylaarsdam*, 130 Cal. App. 3d Supp. 1（1982）。

⑦ 参见 Cal. Penal Code § 647（a）。

外生殖器、臀部或女性乳房的行为。在被告人要求的时候，其处于公共场所或向公众开放场所或处于公众视野所及的场所；被告人意图让行为发生在公共场所或向公众开放场所或处于公众视野所及的场所；被告人提出要求时，是为了让自己或他人获得性唤起、性满足，或骚扰或冒犯他人；被告人明知或应当合理知道在场的某人可能会被这样要求的行为所冒犯，且他人接收到了传递的信息。①

（四）　未能作为性犯罪人登记②

未能作为性犯罪人进行登记，是指在加利福尼亚州境内，实际明知其作为性犯罪人依法有义务进行登记并且必须在法定事件出现之后 5 个工作日内进行登记而未登记。这里所说的法定事件包括改变居住地，即在来到或改变住址 5 个工作日内，没有作为性犯罪人向市的警察局长、郡的警长、校园或其他设施的警长登记报告；或没有作为性犯罪人每年在自己的生日之后 5 个工作日之内，向市的警察局长、郡的警长、校园或其他设施的警长进行更新登记。本条所规定的住所，是指某人经常居住的一个或多个住所，不考虑其生活的时间，可以是与道路门牌相关的窝棚或建筑物。住所包括但不限于房屋、公寓、建筑物、汽车旅馆、宾馆、无家可归者之家、康复设施以及机动车。③ 本条所指的法定义务，主要是指根据加利福尼亚州刑法典及相关司法实践，履行登记义务的性犯罪人必须做到如下三点。

（1）告知登记机构其最后登记的住址以及新住址或者任何名称的改变，无论是否在加州境内。④ 司法实践中，允许通过书面方式告知住址的改变，因此，即使当局没有收到，只要被告人寄出告知信件也可以免责。⑤在搬出司法区的时候，必须实际认识到应当告知执法部门。⑥

---

① 参见 CALCRIM No. 1162。
② 参见 Cal. Penal Code § 290（b）。
③ 参见 CALCRIM No. 1170。
④ 参见 *People v. Smith*，32 Cal. 4th 792（2004）。
⑤ 参见 *People v. Annin*，116 Cal. App. 4th 725（2004）。
⑥ 参见 *People v. Franklin*，20 Cal. 4th 249（1999）。

（2）无论是否经常居住，也要登记所有的多个住所。①

（3）如果被告人属于暂住者，则需要至少每 30 日报告一次。

司法实践中，被释放的性攻击犯罪人必须在 90 日内报告自己的住所，并且确认受雇佣场所，这其中包括性犯罪人被录取、受雇于大学、学院、社区大学或其他高等学府或在上述场所度假。在登记表上提供虚假信息，也违反本条规定。② 如果被告人实际明知其登记义务，但是忘记了登记，不属于抗辩事由。③

被判决与未成年人发生合意口交的被告人承担终身登记的义务，但并未对与未成年人发生合意性行为的被告人规定此类义务。这种对合意口交者的登记要求无效，因为其违反了平等保护原则。④ 与未成年人发生合意口交的被告人被要求根据法官的自由裁量权，进行登记。但是改变一次住所，没有对前后两个司法区加以告知，因此两次违反了本条规定的登记义务，但仅做一次处理。进一步来说，如果被告人在一个郡被指控违反登记义务，而第二个郡的检方也认识到了之前的起诉，第二个郡不能再起诉这一被告人。⑤

（五）其他犯罪

1. 乱伦⑥

乱伦，是指父母与孩子、祖父母与孙子女、同父异母或同母异父的兄弟姐妹、叔父或舅父与侄女或外甥女、姑姑或阿姨与侄子或外甥之间的性交，即阴茎与阴道或外生殖器任何程度的插入，不要求射精。⑦ 如果涉及未成年人，司法实践认为，未成年人是乱伦罪的受害人，而非共犯。在涉及未成年人的乱伦罪中，共犯的法律指导不适用。可能的例外是，两个参与乱伦的都是未成年人，这样，两个人都是受害人。⑧ 自愿参与乱伦行为

---

① 参见 *People* v. *Edgar*，104 Cal. App. 4th 210（2002）。

② 参见 *People* v. *Chan*，128 Cal. App. 4th 408（2005）。

③ 参见 *People* v. *Barker*，34 Cal. 4th 345（2004）。

④ 参见 *People* v. *Hofsheier*，37 Cal. 4th 1185（2006）。

⑤ 参见 *People* v. *Britt*，32 Cal. 4th 944（2004）。

⑥ 参见 Cal. Penal Code § 285。

⑦ 参见 CALCRIM No. 1180。

⑧ 参见 *People* v. *Tobias*，25 Cal. 4th 327（2001）。

的成年女性是从犯，其证言必须存在旁证。① 司法实践禁止具有部分血缘关系的兄妹之间的性关系。② 然而，司法实践不禁止具有部分血缘关系的舅舅与外甥女之间的性关系。如果被告人作为受害人的舅舅提出受害人的母亲实际上和自己仅仅具有部分血缘关系，那么法官应指导陪审员推定，如果被告人的母亲与其可能的丈夫在孕育被告人的时候生活在一起，则该丈夫为被告人的父亲，因此被告人是受害人母亲完全意义上的兄弟。③ 还没有案例认为缺乏对相关关系的认识可以构成乱伦罪的抗辩事由。

2. 对动物的性虐待④

对动物实施了性虐待，是指行为人为了使得自己获得性唤起或性满足，对动物实施了性攻击。

三　相关评述

加州刑法典规定，和不满 18 周岁的人发生性关系完全违法。⑤ 这也使得加州成为少数几个将所有涉及未成年人的性行为都规定为犯罪的州之一。但在加州 2011 年被逮捕的 149563 名少年犯中，有 520 人属于"猥亵和色情犯罪"，560 人属于"其他性犯罪"（460 名男性，100 名女性）。刑罚大多数是假释，计有 496 人，还有 59 人被释放，5 人被移交。只有 2 名犯"非法性交"和 2 名犯"其他性侵犯罪"的少年犯因为犯重罪被移交成人法庭。⑥ 对涉及未成年人等特殊类型的性犯罪，结合既有分析，也限于篇幅，下面择要加以评述。

（一）涉及青少年的卖淫

20 世纪 80 年代，越来越多的人意识到儿童虐待问题的严重性，伴随

---

① 参见 *People v. Stratton*，141 Cal. 604（1904）。

② 参见 *People v. Baker*，69 Cal. 2d 44（1968）。

③ 参见 *People v. Russell*，22 Cal. App. 3d 330（1971）。

④ 参见 Cal. Penal Code § 286.5, 597f。

⑤ 参见 Cal. Penal Code § 261.5（a）。

⑥ 参见 Sonya Laddon Rahders，"Do as I Say, Not as I Do：Sexual Health Education and the Criminalization of Teen Sexuality in the United States，" *Hastings Women's L. J.* 26（2015）：147。

着美国经济衰退，失业率飙升，大量青少年由于家庭不能维持生计而流离失所。据统计，贫困儿童数量已由 2007 年的 1330 万人激增至 2009 年的 1550 万人，为数众多的儿童流落街头并且依靠性来交换基本的生存资料。此外，由于互联网接入的普及，人们可以更容易地认识和接触到有生活需求想要卖淫的儿童。① 有鉴于此，美国各司法区开始试图通过立法追究卖淫行业中不同身份的参与者，如皮条客人、卖淫者以及嫖客的刑事责任。这也显示出美国对有偿性服务的一贯态度，事实上，除了内华达州特定郡内有资质机构可以合法卖淫外，其他州无一例外都将卖淫列为非法，只有 5 个州将不满特定年龄的未成年人卖淫排除在外，例如密歇根州规定，只有已满 16 周岁的未成年人卖淫才需负法律责任。② 纽约州将不满 18 周岁的青少年卖淫者定义为"受性剥削孩子"，并将其交由家事法庭审理，包括 16 周岁到 18 周岁之间并且符合指定标准的被控卖淫行为的青年。③ 在这个框架中，绝大多数州定义的卖淫罪不考虑被告人的年龄，其中难以理解的是，在这些州中未成年人可以同意性交的最小年龄往往超过青少年因卖淫被起诉的年龄。这种情况下导致的结果是，尽管事实上 12 周岁或 13 周岁低龄的儿童在另一法律体系下是属于太年幼以至于不能合法地拥有与他人发生性关系的同意权，但他们却仍因为卖淫被起诉，这就意味着他们可能会被同时认为是"罪犯"和"受害者"。在这个意义上，在立法中规定年龄差，从而避免将发生在青少年间的性行为犯罪化的做法值得肯定。④ 除此之外，由加州旧金山警察局、地区检察官办公室等于 1995 年联合建立的"卖淫初犯程序"也值得肯定，根据这一程序，被警方抓获的嫖客在付费学习之后将被免于刑事起诉，罚金被用来帮助卖淫妇女和少女离开这一行业，取得了一定效果。⑤

① 参见 Tamar R. Birckhead, "The 'Youngest Profession': Consent, Autonomy, and Prostituted Childern," *Wash. U. L. Rev.* 88 (2011): 1055。
② Mich. Comp. Laws § 750. 448.
③ N. Y. Soc. Serv. Law § 447—a (1).
④ 参见 Tamar R. Birckhead, "The 'Youngest Profession': Consent, Autonomy, and Prostituted Childern," *Wash. U. L. Rev.* 88 (2011): 1055。
⑤ 参见 Norma Hotaling & Leslie Levitas-Martin, "Increased Demand Resulting in the Flourishing Recruitment and Trafficking of Women and Girls: Related Child Sexual Abuse and Violence Against Women," *Hastings Women's L. J.* 13 (2002): 117。

（二）涉及儿童的报复色情

随着信息网络特别是自媒体、社交网络的兴起，美国很多司法区开始立法规制涉及青少年的色情信息，但客观来说，很多州的立法滞后于技术进步，区别度亦不足，例如，未成年人发布自己赤裸的或者带有性暗示的照片和人们传播儿童色情信息在法律上没有区别。在加州，任何持有或者传播未成年人性图片的行为都是重罪。^① 为了应对新情势，加州刑法典 2013 年 5 月将通过网络或通信工具蓄意散布裸照这种"报复性色情传播"犯罪化，规制任何人通过任何手段拍摄或者记录可辨认的他人私密器官的影像，并且双方都认为或者理解这些影像属于隐私，并且行为人随后分发影像，意图给他人造成精神痛苦，事实上也使他人遭受精神痛苦的行为。^② 这一做法并不罕见，比如，科罗拉多州将用电脑向儿童发送色情信息列为网络传播儿童色情信息罪的一种手段，^③ 2009 年犹他州立法规定，"散布色情信息或者对其他未成年人造成实质伤害的未成年人将会被判处刑罚"。儿童色情法和法定强奸法一样，目的是保护未成年人免受性侵犯。但是，随着年轻人越来越适应科技，这些本来目的在于保护未成年人的法律变成了一柄双刃剑，很可能会造成打击本来应被保护的未成年人。例如，在 2010 年的一起案件中，三名被怀疑传播色情图片的未成年人面临刑事指控。在诉讼中，其中一名被告人的母亲特别反对自己的女儿因为发了一张泳装照就被说成触犯了宾夕法尼亚州的儿童色情法，她认为这种认定未成年人行为不道德的看法是错误的，反倒使得她的女儿成为受害人。^④

虽然在美国，著作权法、商标法等既有法律确实可以有效调节言论，

---

① 参见 Cal. Penal Code § 311.11。

② 参见 Cal. Penal Code § 647.4（A）。这一规定出台的前因，是加利福尼亚北部的一名年仅10 余岁的少女在其与 3 个男孩发生性关系的照片散出后自杀。虽然涉案的 3 名青少年因攻击犯罪在少管所待了一段时间，但他们没有因为散发照片被起诉，理由之一即为检察官没有足够的证据证明这些男孩意图广泛传播上述照片。

③ 参见 Colo. Rev. Stat. § 13-21-1002（1）。

④ 参见 *Miller* v. *Mitchell*，598 F. 3d 139（3d Cir. 2010）。转引自 Dawn C. Nunziato，"Romeo and Juliet Online and in Trouble：Criminalizing Depictions of Teen Sexuality（C U L8r：G2g 2 Jail），" *NW. J. Tech. & Intell. Prop.* 10（2012）：57。

却很难调节个人之间的私人言论。此外，尽管复仇色情作品内容可能是有害的，但它在传统诽谤法或著作权法保护下并不被禁止。在这个意义上，《加利福尼亚复仇色情作品法》的通过意义重大，也引发了其他各州争相效仿。然而，加州上述立法规定仍存在一定问题，例如，违反《加利福尼亚复仇色情作品法》是轻罪，最多可判处 6 个月的监禁和最高 1000 美元的罚金。与可处最多 1 年监禁和最高 1000 美元罚金的《网络跟踪法》相比，加州对违反《复仇色情作品法》的处罚显然较轻，另外，违反本法者还可以辩称自己的意图并非引发受害者情绪抑郁从而脱罪，相关立法也没有规定对纵容甚至煽动他人发布复仇色情作品的网站管理员的责任认定。[①]

（三）涉及未成年性犯罪人的特殊处遇措施

加州成文法中对特定类型的性犯罪人规定了按时登记的义务，借此试图减少性犯罪，特别是针对未成年人的性犯罪问题。但研究表明，性罪犯再犯率的降低和居住限制之间并没有什么关联。事实上，尽管有这些限制，性犯罪人仍然可以接近孩子。除非极少数的情况，政府管理的是性犯罪人的居住地，而不是这些人的生存场所。换句话说，这些人依然可以去孩子们经常活动的场所，如公交车站、停车场或者公园。另外，据统计，性侵 12 周岁以下儿童的案件中 84% 是发生在家里的，具体来说，其中 42.9% 发生在受害者的家里，另外 41.8% 发生在罪犯家中。这就引发了一个非常吊诡的逻辑结论，一名性犯罪人可以住在某名青少年的隔壁，却不能住在学校附近，因此这些居住限制除了给一些人以安全的假象以外没有实际的意义，甚至可能适得其反，片面提高了性犯罪人回归社会的难度，从而使得再犯率居高不下。居住限制使得犯罪人不能居住在他们的家乡，甚至不能和他们的亲人居住在一起。居住限制增加隔离，创造了经济和情感上的困难，导致了稳定性的降低。这些罪犯被强迫到乡村或者其他荒凉的区域。这些没有固定居所的人没法让假释官对他们进行注册，使得他们

---

① 参见 Snehal Desai, "Smile for the Camera: The Revenge Pornography Dilemma, California's Approach, and Its Constitutionality," *Hastings Const. L. Q.* 42 (2015): 443。

中很大一部分人脱离了政府的监管。据不完全统计，全加州有超过 62 万性犯罪人需要注册，而至少 10 万人现在已经脱离了监管。[1]

除此之外，值得一提的还包括据称迄今为止颁布的最严厉的加利福尼亚州的《性犯罪者跟踪法》，即被称为针对性捕食者的刑事打击法案"杰西卡法"，通过对性犯罪者进行风险评估，由专门机构对具有再犯可能性的罪犯终身进行 GPS 电子监控，这一加州模式未提到任何追诉程序，实际适用范围也远远超过了性犯罪且罪犯一被假释就可以实施，且从程序中删除所有司法自由裁量权。但问题在于，应当明确区分法定的本质上具有惩罚性的规定和那些非惩罚性的公民监管方案。[2] 尽管法院认定，针对性犯罪人的 DNA 采样和注册要求在本质上不具有惩罚性，但这并没有解决 GPS 跟踪是否具有惩罚性这一问题，毕竟法律不能溯及既往。虽然加州地方法院认定，"杰西卡法"不具有追溯效力，仅适用于调整预期的行为，但仍然没有从根本上合理解释上述疑问。这也是为什么迄今为止，只有 7 个州效法加州订立类似追踪法案的原因。[3]

第四节　加利福尼亚州性犯罪的证明

一个经常被人忽视但无比重要的事实是，熟人强奸比暴力强奸的受害人更少报警。[4] 导致这一局面产生的原因很多，但其中至关重要的莫过于熟人情境下此类指控证明起来十分困难。[5] 如前所述，程序法与证据法在美国刑事法中发挥着极其重要的作用，特别是在性犯罪之中，因为犯罪性

---

[1] 参见 Bela August Walker, "Essay: Deciphering Risk: Sex Offender Statutes and Moral Panic in a Risk Society," *U. Balt. L. Rev.* 40 (2010): 183。

[2] 参见 *Smith* v. *Doe*, 538 U. S. 84 (2003)。

[3] 佐治亚州 [Ga. Code Ann. § 42—1—14 (e)]；马里兰州 [Md. Code Ann., Crim. Proc. § 11—723 (c) (1) (i), (d) (3) (i)]；密歇根州 [Mich. Comp. Laws Serv. § 750.520n (1)]；密苏里州 (Mo. Rev. Stat. § 217.735)；北卡罗来纳州 [N. C. Gen. Stat. § 14—208.40, 208.40A (c)]；罗得岛州 [R. I. Gen. Laws § 11—37—8.2.1]；威斯康星州 (Wis. Stat. § 301.48)。参见 Eric M. Dante, "Tracking the Constitution: The Proliferation and Legality of Sex-Offender GPS-Tracking Statutes," *Seton Hall L. Rev.* 42 (2012): 1169。

[4] 参见 Richard B. Felson & Paul-Philippe Paré, "The Reporting of Domestic Violence and Sexual Assault by Nonstrangers to the Police," *J. Marriage & Fam.* 67 (2005): 597。

[5] 参见 Katharine K. Baker, "Sex, Rape, and Shame," *DePaul J. Health Care L.* 8 (2004): 179。

质的特殊性，其在证明义务、证明标准等方面也存在区别于普通犯罪的诸多特别之处，这里结合加州刑法典的相关规定、法律指导意见与司法实践，对其加以说明。

一　加州性犯罪证明的一般规则

正如之前所谈到的那样，伴随着性犯罪立法规范与司法实践的演进，传统性犯罪中要求女性尽到最大抵抗义务的规定逐渐遭到废除，加州成文法规定，对性攻击犯罪可以仅凭受害人的证言判决有罪。①

除此之外，加州性犯罪的法律证明还存在另外一项较为特殊之处，即允许检方提出被告人实施的其他并未在本案中被指控的其他犯罪，包括被指控犯罪之后出现的性犯罪②，借以证明被告人有实施相同类型性犯罪的倾向。只有在检方通过压倒性证据证明被告人实施了上述未被指控犯罪的情况下，法庭才可以考察这些证据。所谓压倒性证据，与排除合理怀疑证明标准不同。如果陪审员认为很可能存在，而不是不存在，就属于得到了压倒性的证明。③ 如果陪审员认定被告人从事了未被指控的犯罪，就可以但不是必须，认定被告人注定或倾向从事性犯罪，并且根据这些判断，认定被告人犯有本案被指控的犯罪。④ 换句话说，在加州刑法实践中，习性证据本身不足以排除合理怀疑地证明犯罪成立。⑤ 反过来，排除合理怀疑地证明犯罪成立，可以用来作为犯罪习性的证据。⑥ 总之，其他性犯罪的证据，包括犯罪习性的证据，不足以支持认定本罪成立。检方必须排除合理怀疑地证明本罪的每个构成要素成立。当检方提出相关性犯罪习性的证据时，辩方可以以意见证据、名誉证据或类似情况下特定行为的证据作为反驳。⑦

性犯罪证明过程中，和犯罪习性证据同样重要，但更为复杂的一类证

---

① 参见 CALCRIM No. 1190。

② 参见 *People* v. *Medina*，114 Cal. App. 4th 897（2003）。

③ 参见 *People* v. *James*，81 Cal. App. 4th 1343（2000）。

④ 参见 CALCRIM No. 1191。

⑤ 参见 *People* v. *Hill*，86 Cal. App. 4th 273（2001）。

⑥ 参见 *People* v. *Villatoro*，54 Cal. 4th 1152（2012）。

⑦ 参见 *People* v. *Callahan*，74 Cal. App. 4th 356（1999）。

据，是所谓"强奸创伤综合征"这类专家证言。此类专家证言不能用来证明被告人对受害人实施过任何犯罪，只有在判断被告人对受害人实施的行为与被受害人的反应是否一致及受害人证言可信度的时候才可以考察此类证据。① 与此类似的专家证言，还包括"儿童性虐待适应综合征"，同样，此类专家证言，并非证明被告人对儿童实施任何犯罪的证据，而只能用来判断是否受害人的遭遇与其他被虐待的受害人的情况一致，或者评价其证言的可信度。司法实践中，可以利用这种专家证言消除未成年人的误解或反驳针对受害人可信度的指控。必须让陪审员理解，针对"儿童性虐待适应综合征"的研究是假定虐待存在基础上用来描述儿童对此类经历的通常反应。然而，就专家证言假定虐待实际发生做出法律指导存在不必要的迷惑性。② 专家还可以就为什么父母没有及时报告儿童遭到虐待的问题作证。③

在证明受害人对性行为具有合意的问题上，辩方可以提出之前两人合意发生性行为的证据，但此类证据仅适用于陪审员判断是否受害人对被指控行为存在合意，以及是否被告人合理且诚信地认为受害人对被指控行为存在合意，不得以任何其他目的考虑本证据。④

二 性犯罪的证明制度设计

对美国刑法而言，或许没有其他的普通法犯罪比强奸罪在定义和证明问题上更受争议了。统计数据反映了刑事司法系统对强奸受害人的方式是"结构上、哲学上和文化上的不利"。⑤ 较早之前，美国各司法区刑法中强奸罪的犯罪构成要素往往包括女性受害人进行了全力抵抗这一要求，除此之外，检方还需要用其他证据佐证强奸的确发生，这种明显苛重的要求使得对强奸罪的打击举步维艰。⑥ 《强奸犯罪受害人保护法》（Rape Shield Laws）在很大限度上限制了强奸等性犯罪审理过程中，辩方律师在交叉质

---

① 参见 CALCRIM No. 1192。
② 参见 *People v. Gilbert*，5 Cal. App. 4th 1372（1992）。
③ 参见 *People v. McAlpin*，53 Cal. 3d 1289（1991）。
④ 参见 CALCRIM No. 1194。
⑤ 参见 Aya Gruber，"Rape, Feminism, and the War on Crime," *Wash. L. Rev.* 84（2009）：581。
⑥ 参见 Vivian Berger，"Man's Trial, Woman's Tribulation: Rape Cases in the Courtroom," *Colum. L. Rev.* 77（1977）：1。

证过程中对受害人之前性经历的调查。司法实践证明，有超过 70% 的强奸或者暴力性行为发生在认识的人、朋友甚至亲属之间。假设一对熟识的男女发生了性关系，事后女性坚持这样做违反了自己的本意，而男性则宣称自己认为女性是同意的。[①] 如果嫌情况不够复杂的话，还可以进一步假设在男性提出或者实施性行为的过程中女性曾经口头表示过反对。在这种情况下双方当事人可能都正确吗？可以肯定，女性的性自主权受到了侵犯。有些司法实践认为对此种行为应当作为强奸罪处理。[②]

　　如表 9 所示，从 2005 年到 2009 年，LAPD 与 LASD 两个机构通过例外方式撤销的强奸案件数量都非常巨大。需要注意的是，LAPD 的总体案件撤销率接近全美统计口径下暴力强奸案件的撤销率。根据联邦调查局报告，全美 2009 年有 41.2% 的暴力强奸犯罪通过逮捕或例外方式被撤销。[③] 上述统计明确无误地证明了性犯罪在司法实践中难以发现、难以调查，特别是难以证明的尴尬现实。

表 9　2005~2009 年 LAPD 和 LASD 对强奸和强奸未遂案件的处理结果

单位：起，%

案件结果	LAPD (N=5031)		LASD (N=2891)	
	数量	百分比	数量	百分比
案件撤销	2300	45.7	2569	88.9
通过逮捕撤销	615	12.2	1002	34.7
通过例外方式撤销	1685	33.5	1567	54.2
未被发现	546	10.9	30	1.0
仍处于案件调查中	2185	43.4	292	10.1

注：LAPD，是 Los Angeles Police Department 的简称，即洛杉矶市警察局的简称。其与 LASD，Los Angeles Sheriff's Department 的简称，即洛杉矶郡警察局，在管辖范围、内设机构、警员遴选条件等方面存在区别。

---

① 参见 Andrew E. Taslitz, "Willfully Blinded: On Date Rape and Self-Deception," *Harv. J. L. & Gender* 28 (2005): 381。

② 参见〔美〕麦克·韦泰洛《性犯罪者的刑事惩罚：初衷与实效的背离》，李立丰译，载赵秉志主编《刑法论丛》第 23 卷，法律出版社，2010，第 462 页。

③ 参见 Cassia Spohn, Katharine Telli, "Justice Denied?: The Exceptional Clearance of Rape Cases in Los Angeles," *Alb. L. Rev.* 74 (2010-2011): 1379。

　　事实上，20 世纪 70 年代之前，美国刑事司法中的强奸犯罪极难认定，规定了检方提供受害人抵抗、报警和贞洁的要求，而这些要求在其他类似犯罪中并不常见。20 世纪 60 年代的一项研究表明，相比于其他指控，陪审员更可能在强奸案中认定行为人无罪。[①]

　　过去，强奸受害人面临的第一个障碍就是确证要求。[②] 这是因为很多学者认为，现代精神病学的成果表明，女性的心理容易因为病变、紊乱、不良的社会环境、临时性生理或情感上的激烈变动出现缺陷扭曲，容易虚构、歪曲、伪造被性侵而诬告他人。[③] 因此要求主张遭到强奸的受害人除了自身陈述外，还需要提供诸如阴道损伤、身体上的深划痕或伤口、衣服撕裂或邻居听到求救呼叫等证据或证言。[④] 1886 年，纽约州立法机关颁布了第一个关于确证的法令，规定对强奸等案件，除了受害人陈述外，如果没有其他证据支持，对被告人可判无罪。[⑤] 至 1970 年，已经有 15 个州采用了某种形式的确证要求。《模范刑法典》也认为，在受害人的证词未经证实的情况下，被指控的性犯罪人应被判无罪。[⑥]《模范刑法典》支持确证的原因显而易见，性侵证明起来十分困难，同时对私人之间发生的性行为也需要尊重。[⑦]

　　即使受害人确证了强奸，美国各州强奸法还曾长期要求受害人提交其客观上反抗性侵的证据。[⑧] 例如，曾有判例认为，"强奸案件的成立，不仅

[①]　参见 Lewis Field, "The Fear of the Vindictive Shrew: Using Alternative Forms of Punishment to Change Societal Sentiment About Rape Laws," *J. Gender Race & Just.* 17 (2014): 515。对确证性等具体要求的介绍，也多见此文，下文中不一一标注。

[②]　参见 Note, "The Rape Corroboration Requirement: Repeal Not Reform," *Yale L. J.* 81 (1972): 1365。

[③]　参见 Izabelle Barraquiel Reyes, "The Epidemic of Injustice in Rape Law: Mandatory Sentencing as a Partial Remedy," *UCLA Women's L. J.* 12 (2003): 355。

[④]　参见 Richard Klein, "An Analysis of Thirty-Five Years of Rape Reform: A Frustrating Search for Fundamental Fairness," *Akron L. Rev.* 41 (2008): 981。

[⑤]　参见 Michelle J. Anderson, "The Legacy of the Prompt Complaint Requirement, Corroboration Requirement, and Cautionary Instructions on Campus Sexual Assault," *B. U. L. Rev.* 84 (2004): 945。

[⑥]　参见 MPC § 213. 6 (5)。

[⑦]　参见 Paul H. Robinson & Markus D. Dubber, "The American Model Penal Code: A Brief Overview," *New Crim. L. Rev.* 10 (2007): 319。

[⑧]　参见 Izabelle Barraquiel Reyes, "The Epidemic of Injustice in Rape Law: Mandatory Sentencing as a Partial Remedy," *UCLA Women's L. J.* 12 (2003): 355。

必须证明缺乏受害人精神上的合意，还必须证明受害女性在其能力范围之内进行过最大程度的抵抗，这种抵抗除特殊情况外，应一直持续到犯罪行为完成为止。所谓特殊情况，是指受害人受到威胁或精疲力尽等"。① 这一最大程度的反抗的要求不切实际，事实上反而会导致用尽最大可能反抗的受害人往往遭受比没有这样做的受害人遭受更严重的身体伤害。因此，大多数州放弃了这一要求，转而采用合理反抗要求。与最大程度的反抗要求相比，合理反抗要求更依赖于个案的具体分析。在合理反抗要求下，如果遭到犯罪人用武器袭击，或者袭击发生在荒凉的公路，受害人可以不必反抗。②

所谓报告要求，是指在 19 世纪 80 年代早期，美国法院通常允许被告人提出受害人没能大声呼救的证据来进行抗辩。甚至《模范刑法典》草案中还规定了对性犯罪的 3 个月告诉限制。也就是说，如果受害人在性犯罪发生后 3 个月内不向有关机关提出告诉，则禁止检方对犯罪人提出指控，从而避免围绕性侵犯出现的敲诈勒索或报复性捏造诉讼等现象。③

所谓贞洁要求，是指在性侵案件中，行为人为了脱罪，经常提出受害人一贯作风放荡的证据。从普通法传统来看，以《圣经》"申命记"为例，据受害人案发时是否为处女，规定了不同惩罚。到了 20 世纪初期，处女与否虽然已不再决定强奸犯罪人获得的惩罚，却转化为强奸案件中的证据规则。特别是，法庭允许关于受害人性史的两种证据类型：妇女淫荡声誉的证据和妇女的淫荡行为，包括与行为人的淫荡行为、和其他男性的淫荡行为以及暗示贞操缺乏的非性行为。这个证据被用于怀疑受害人的信用或者证明受害人的合意。尽管很多州对哪种或者多大程度的证据能够承认做法不一，但是大多数法庭允许至少在某些证据上说明受害人的淫荡本质。一些加州法庭采用的标准的陪审团指令证明了这些证据是如何使用的："淫荡的妇女能够成为强奸的受害人，但是可以推定，一个女人曾同意性交更

---

① *State* v. *Hoffman*, 280 N. W. 357 (Wis. 1938).

② 参见 Lewis Field, "The Fear of the Vindictive Shrew: Using Alternative Forms of Punishment to Change Societal Sentiment About Rape Laws," *J. Gender Race & Just.* 17 (2014): 515。

③ 参见 Lewis Field, "The Fear of the Vindictive Shrew: Using Alternative Forms of Punishment to Change Societal Sentiment About Rape Laws," *J. Gender Race & Just.* 17 (2014): 515。

有可能再次同意了。"[1] 在对受害人进行交叉质证时，辩方律师通常会就受害人既往性史进行提问，目的在于羞辱受害人，降低受害人指控的可信度，从而让陪审员认为受害人不配得到法律的保护。[2] 而这种"残忍"的审判技巧也大量适用于由陌生人实施的强奸犯罪审判当中，尽管众所周知，在这种情况下极少出现合意性行为。[3]

在过去的数十年当中，很多司法区都取消了对那些可能被判决犯有强奸罪的人的性以及婚姻的限制，重新定义了其中涉及的性行为并且改变了对强奸起诉的证明规则，如取消丈夫的豁免权、事实上取消对受害人的佐证要求、取消受害人客观实施抵抗的要求、取消或修正了强制手段、涵盖除了阴茎进入阴道之外的性行为、限制在交叉质问过程中对受害人性经历的过多涉及等。[4] 20 世纪 70 年代的性犯罪立法改革彻底废除了确证要求，并且在许多司法管辖区废止了反抗的要求，同时禁止在审判中提起受害人过去性史的证据。在被指控的强奸案中，受害人的行为存疑的——她没能大声抗议，检方现在可能要求专家证人证明可能解释受害人行为的强奸创伤综合征。[5] 检察官可以根据现行的证据标准，在强奸审判中提出证明被害人因罹患强奸创伤综合征遭受痛苦的神经影像证据，虽然在其实施的过程中有很多需要注意的事项，但这些困难并不是十分重要且不能克服。无论如何，这些问题并没有影响将新的司法鉴定证据应用到强奸罪审判程序的必要性，神经影像技术也存在适用范围的有限性，但应用到强奸罪审判中这种改变，显然值得尝试。[6] 侦查人员强调通过考察嫌疑人刑事犯罪历史记录，可以在很大程度上证实被害人对犯罪事实陈述的准确性。与此相

---

[1]　参见 Harriet Galvin, "Shielding Rape Victims in the State and Federal Courts: A Proposal for the Second Decade," *Minn. L. Rev.* 70 (1986): 763。

[2]　参见 Joshua Dressler, "Where We Have Been, and Where We Might Be Going: Some Cautionary Reflections on Rape Law Reform, the Sixty-Eighth Cleveland-Marshall Fund Lecture," *Clev. St. L. Rev.* 46 (1998): 409。

[3]　参见 Susan Estrich, "Rape," *Yale L. J.* 95 (1986): 1087。

[4]　参见 Samuel H. Pillsbury, "Crime or Indifference," *Rutgers L. Rev.* 49 (1996): 105。

[5]　参见 Lewis Field, "The Fear of the Vindictive Shrew: Using Alternative Forms of Punishment to Change Societal Sentiment About Rape Laws," *J. Gender Race & Just.* 17 (2014): 515。

[6]　参见 Bradley A. Muhs, "Fighting the Unfair Fight: Post-Traumatic Stress Disorder and the Need for Neuroimaging Evidence in Rape Trials," *Women's Rts. L. Rep.* 35 (2014): 215。

关，如果嫌疑人因重罪被捕，则必须将其 DNA 数据录入美国国家 DNA 数据库。① 如果嫌疑人以后又实施了性侵犯并留下了法医证据，则可以通过将现场遗留的 DNA 与 DNA 数据库中的比对，从而确定嫌疑人的身份。这在很大程度上弥补了取消确证要求所带来的证明难题。

三　性犯罪中受害人合意的证伪

很多性犯罪中，犯罪成立与否是通过受害人是否具有合意来加以推定的。为了规避受害人合意对此类犯罪成立与否的重大影响，加州立法机关在性犯罪立法中采用了不同的方法，例如，针对未成年人的性犯罪，往往直接规定受害人是否具有合意并不重要，这种在法定强奸中针对未成年女子的合意这种情节要素规定的严格责任，从一个侧面可被理解为针对情节要素排除检方证明犯意义务的一种简便证明方式。②

除此之外，另外很重要的一种证明方式，就是从认识错误角度入手，规避受害人是否存在合意这个问题。在 1859 年之前，还没有出现针对受害女性年龄合理认识错误的判例。从当代刑法将犯意作为责任前提条件的视角来看，这种空白显得非常奇怪。一定会有些被告人对受害人年龄具有合理的认识错误。③ 在熟人强奸案件中，被告人和受害人之间之前存在的某种社会关系对针对同意的错误问题提出了严肃的挑战。在强奸案件中，此类案件占据相当大的比例，并且比陌生人强奸的暴力特征要少。关于性的交流的困难、年轻性伙伴的经验的缺乏，以及现在仍然十分有影响的性别双重标准都对某些情况下的关于性的同意造成了严重的理解上的混淆。④

具体来说，如果被告人合理确信受害人具有合意，则应该被判无罪，无论该确信是否正确。没有理由禁止陪审团在缺乏犯意的情况下做出对被告人有利的判决。因此，这里的核心问题是，被告人的确信是否合理。也就是说，被告人享有接受陪审团审理的宪法权利，在这个意义上，法官并

---

① Cal. Penal Code 296. 1 （a）（2）（A）.

② 参见 Herbert L. Packer，"Mens Rea and the Supreme Court," *Sup. Ct. Rev.* （1962）：107。

③ 参见 Gerald Leonard，"Towards a Legal History of American Criminal Theory: Culture and Doctrine from Blackstone to the Model Penal Code," *Buff. Crim. L. R.* 6 （2003）：691。

④ 参见 Douglas N. Husak & George C. Thomas Ⅲ，"Date Rape, Social Convention, and Reasonable Mistakes," *Law & Phil.* 11 （1992）：95。

不应该越俎代庖。宪法要求检方排除合理怀疑地证明所有犯罪构成要素，但是并没有强制检方承担对犯罪抗辩的说明义务。因此，只有被告人在提出相关抗辩的某种可信证明基础上，法官才需要就这一抗辩对陪审团做出法律指导。从诉讼公平的角度来看，法官不应剥夺被告人告知陪审团自己提出抗辩的机会。[①] 被指控强奸的被告人错误地相信受害人同意和其发生性行为，而实际上受害人并没有这样的同意，对这样的概括犯意犯罪，就可以认定被告人在未得到同意的情况下与被害人发生性行为。但这就会导致存在认识错误的被告人与根本没有认识错误甚至事先预谋的被告人在定罪、处罚方面毫无差别。另外，如果被告人是在性行为发生之前被捕，被指控犯有基于强奸的犯意实施攻击，对这种具体犯意犯罪而言，错误甚至是不合理的认识错误，也会否定具体犯意的存在，因而否定该罪的刑事责任，而这显然不合理。[②] 归责也可以通过"被替代的可责性"的方式来实现，这一原理适用于将行为人认为他正在实施的犯罪的可责性作为归责他事实上所实施的犯罪所要求的意图的基础。因此，行为人实施了强奸幼女罪，但是因为他对性对象真实身份的认识错误，相信自己实施的是乱伦罪，那么他仍要承担强奸幼女罪之责。他对性对象未达法定年龄所缺失的可责性，根据他认为他实施了其他犯罪即乱伦罪而归责于他。他实施乱伦罪的意图"被转移"为符合强奸幼女罪所要求的意图。[③]

总体来看，陪审团对合意或认识错误的认定，依然采取的是一种类似于大陆法系客观主义基础上的主观综合认定。《联邦证据规则》第 403 条规定，"法院可以排除相关证据，如果它的价值远远被一个或多个危险超越：例如，不公平的偏见、混淆问题、误导陪审团、无故拖延、浪费时间，或不必要地呈现累积证据"。[④] 与此类似，《加利福尼亚州证据规则》

---

① 参见 Joshua Dressler, "Where We Have Been, and Where We Might Be Going: Some Cautionary Reflections on Rape Law Reform, the Sixty-eighth Cleveland-Marshall Fund Lecture," *Clev. St. L. Rev.* 46 (1998): 409。

② Norman J. Finkel and Jennifer L. Groscup, "When Mistakes Happen: Commonsense Rules of Culpability," *Psych. Pub. Pol. and L.* 3 (1997): 65.

③ 参见〔美〕波尔·H. 罗宾逊《美国刑法的结构概要》（下），何秉松、王桂萍译，《政法论坛（中国政法大学学报）》2005 年第 3 期，第 98 页。

④ 参见 Fed. EvId. Code § 403。

第 352 条规定，法院可以自由裁量排除这样的证据，如果证据的证明力被其他因素远远超越：（a）不适当地耗费时间，（b）具有产生不适当的偏见的危险，造成困惑，或误导陪审团。这种自由裁量反映了《联邦证据规则》第 609 条，这一规则决定的是行为人的犯罪前科的证据的可采性①，也反映了《联邦证据规则》第 412（b）（2）条，这一规则决定的是原告的性经历在民事性侵犯案件中的可采性。② 这两种情况下，证据规则的制定者识别出了这样的风险：陪审团将在不正当目的的要求下采纳证据——将这些证据用来证明行为人的犯罪行为倾向而不是行为人不真诚的品行，或者用来证明被害人性滥交。因此，规则的制定者规定证据的采信应当服从自由裁量的平衡试验，只有证据的证明力超过了它自身的偏见影响时，证据才可以被采信。《联邦证据规则》第 412 条规定，"证明被害人先前性行为和被害人性倾向的证据不能在刑事性侵犯诉讼中适用"。③ 同样，《加利福尼亚州证据规则》第 1103（c）（1）条规定，"在任何性侵犯案件的起诉中，意见证据、名声证据或原告自己为遭受性侵犯做出的证明，或其他任何证据，不允许被行为人利用来证明被害人是同意的"。④

四 迷奸中的证明责任与证明标准⑤

加利福尼亚州法律对"迷奸"的规定为：行为人知道或者应当知道他人由于摄入酒精、麻醉剂或者其他具有控制效果的物质，失去反抗能力，而与其实施性交行为。⑥ 并对其规定了 3 年、6 年或者 8 年的监禁刑。⑦ 迷

---

① 参见 Fed. R. EvId. 609。
② 参见 Fed. R. EvId. 412（b）（2）。
③ 然而，证据规则在刑事审判中确定了三个例外，规定"法院在刑事案件中接受以下证据：（a）在具体的受害人遭受性侵犯案件中，证明精液、伤害或其他物理证据来自第三人而不是被告人的证据；（b）就被告人的性行为针对特定被害人的案件中，如果被告人提出或者由检察官提供的受害人同意的证明；（c）排除这样的证据会侵犯被告人的宪法性权利。
④ Cal. EvId. Code § 1103（c）（1）.
⑤ 参见 Clare Carlson,'This Bitch Got Drunk and Did This to Herself:' Proposed Evidentiary Reforms to Limit 'Victim Blaming' and 'Perpetrator Pardoning' in Rape by Intoxication Trials in California," *Gender & Society* 29（2014）：285。下文对此多有参考，不再一一标注。
⑥ 参见 Cal. Penal Code § 261（a）（3）。
⑦ 参见 Cal. Penal Code § 264（a）。

奸的组成要素包括：被告人与女性性交，性交时迷醉、麻醉、管制物品的使用使得受害女性无法反抗并且被告人对此明知或合理知道。①

根据相关法官指导意见以及判例，"如果一个被害人没有给予同意的能力，那么就不涉及事实上的同意问题"。② 与此相对，醉态以及其他可能导致的精神损害必须达到使被害人不能进行理性判断的程度。司法实践关注的问题，不是被害人是否喝多，而是被害人是否因为醉态不清楚自己的行为以及周围的事态。③ 值得注意的是，加利福尼亚州法律规定，迷奸行为人的刑事责任不取决于被害人迷醉状态的来源。其他州规定，只有在违背被害人意志或未经其同意情况下陷入的迷醉状态才能导致行为人承担刑事责任。这就是说，在加利福尼亚州，不管被害人是自愿醉态或是非自愿醉态，行为人都要承担责任。更为重要的是，他们关注的不是被害人陷入醉态的根源，而是被害人没有做出同意实施性行为决定的能力。④ 女性不因自愿陷入迷醉状态而放弃上述权利、承担遭遇性侵的风险，以保证自愿陷入醉态的女性说不的权利。⑤

另外，行为人必须知道或被推定知道被害人处于醉态。也就是说，被害人的醉态必须被行为人明知或者有合理的理由证明行为人应当知道。也就是说，被告人应当知道被害人的醉态，但不需要知道被害人无做出同意决定的能力，只要一个理性行为人知道或应当知道被害人处于醉态而与之发生性关系，就该当该罪的主观构成要素。⑥ 这一法律推定导致行为人无法使用两个法定的辩护事由。首先，加州上诉法庭提出，强奸是一个概括故意的犯罪，而因醉态而丧失能力使它变成一个具体故意的犯罪，所以行

---

① 参见 CALCRIM No. 1002。

② *People v. Giardino*, 98 Cal. Rptr. 2d 315 (2000).

③ 参见 Valerie M. Ryan, "Intoxicating Encounters: Allocating Responsibility in the Law of Rape," *Cal. W. L. Rev.* 40 (2004): 407。

④ 参见 Clare Carlson, " 'This Bitch Got Drunk and Did This to Herself:' Proposed Evidentiary Reforms to Limit 'Victim Blaming' and 'Perpetrator Pardoning' in Rape by Intoxication Trials in California," *Gender & Society* 29 (2014): 285。

⑤ 参见 Clare Carlson, " 'This Bitch Got Drunk and Did This to Herself:' Proposed Evidentiary Reforms to Limit 'Victim Blaming' and 'Perpetrator Pardoning' in Rape by Intoxication Trials in California," *Gender & Society* 29 (2014): 285。

⑥ 参见 Cal. Penal Code § 261 (a) (3)。

为人就不能提出受害人故意醉态的辩护事由。① 其次，行为人同样不能使用对同意认识错误的辩护事由，即所谓"Mayberry 抗辩"，即行为人合理并真诚地相信被害人同意与其性交。这一抗辩事由由主客观两部分组成：主观方面，对被害人同意性交的错误认识必须是基于行为人"诚实而真诚"的理解；客观方面，上述认识错误必须具有客观合理性，也就是基于周围的情状来看是合理的。自愿陷入迷醉状态的行为人一般不能使用这一抗辩事由，因为其这个时候关于被害人同意的认识不可能符合客观合理的条件。② 这样做，一方面可以明确陷入自愿醉态不能充当被害人承担被性侵责任的理由；另一方面，通过要求行为人只需要有推定的明知而非事实上的明知，立法强调行为人的自愿醉态不能充当减轻行为人刑事责任的理由。③

从学理上来说，性犯罪语境下的迷醉问题的影响，主要集中于两个方面，即性犯罪行为人是否有罪，以及被害人和行为人的责任分配问题。有学者认为，处于迷醉状态的被害人应承担更多责任。④ 参与模拟实验的研究者很少会在被害人处于迷醉的情况下对行为人进行定罪。⑤ 对此，防御性归因理论认为，一个观察者在谴责被害人时，习惯将自己放在被害人同样的位置上，感知被害人的被害可能性。如果此种情况下被害可能性增大，则观察者就会潜意识调低被害人的法律责任。⑥ 陪审员在应用被害人和行为人自愿迷醉的证据时存在一定问题。实证研究中，模拟陪审员们往往并不关注陈述过程，他们没有考虑到一个称职的律师可能会消除陪审员对被害人或被告人的重大偏见。不合理的责任分配的影响超出了判决本身，它们不仅影响了对最初的侦查的决策和决定逮捕的决定，更重要的

---

① 参见 *People* v. *Potter*，77 Cal. App. 3d 45（1978）。

② 参见 *People* v. *Williams*，4 Cal. 4th 354（1992）。

③ 参见 Clare Carlson，"'This Bitch Got Drunk and Did This to Herself:' Proposed Evidentiary Reforms to Limit 'Victim Blaming' and 'Perpetrator Pardoning' in Rape by Intoxication Trials in California," *Gender & Society* 29（2014）：285。

④ 参见 Deborah Richardson & Jennifer L. Campbell，"Alcohol and Rape: The Effect of Alcohol on Attributions of Blame for Rape," *Personality & Soc. Psychol. Bull.* 8（1982）：468。

⑤ 参见 Calvin M. Sims，Nora E. Noel & Stephen A. Maisto，"Rape Blame as a Function of Alcohol Presence and Resistance Type," *Addictive Behav.* 32（2007）：2766。

⑥ 参见 Amy Grubb & Emily Turner，"Attribution of Blame in Rape Cases: A Review of the Impact of Rape Myth Acceptance, Gender Role Conformity, and Substance Use on Victim Blaming," *Aggression & Violent Behav.* 17（2012）：443。

是，影响了警方处理这件事情的态度。① 研究显示，警察在涉及迷奸的判断时，通常会根据受害人和行为人醉态程度的不同认定责任，他们发现迷醉程度越高的被害人越是不可信，越对性交感兴趣，并因此应当负更多的责任。行为人饮酒或处于迷醉状态对性侵行为的司法评估而言意义不大，受害人的可信度和被告人定罪的可能性才起主要作用。②

性侵案件中，立案决定和逮捕决定受到受害人的品德和她参与的冒险行为等超法规因素的影响。如果受害人被认为不诚实、缺乏良好声誉，将不太可能导致立案或逮捕。检察官在乎的是案件的胜诉率与可诉性，也就是说，检察官会考虑陪审员或者辩护方等其他诉讼参与人对案件的反应或看法。③《美国联邦检察官手册》在"迷奸起诉"的部分，赋予检察官极大自由裁量权。例如，检察官必须特别关注"受害人的被害可能性"这一问题。一个独自在酒吧喝得酩酊大醉的人，很容易成为犯罪目标。指导手册指出，这样的受害人很容易引起陪审团的怀疑和厌恶，会让陪审团得出这样的结论：她自己的行为导致她陷入危险的境地，她接受了这样的风险，或者说她的行为与"同意"具有相当性。④《加利福尼亚州证据规则》第 352 条规定，"法官在对陪审员做法律指导时，可以将导致不公正偏见的证据加以排除"。⑤ 在迷奸案件的庭审中，一审法院可以据此限制被害人自愿醉态证据的滥用。根据《加利福尼亚州证据规则》第 355 条，一审法院有义务严格限制证据的运用范围并且引导陪审团在采纳证据时应当考虑有限目的，而且他们必须保证证据的采纳是为了达到这样的目的而不是其他目的。这样的限制看起来是无效的，但也许可以限制陪审团的偏见。在涉及被害人自愿迷醉的强奸案件审理的初始阶段，陪审团将首先判断受害

---

① 参见 Julie Taylor, "Rape and Women's Credibility: Problems of Recantations and False Accusations Echoed in the Case of Cathleen Crowell Webb and Gary Dotson," *Harv. Women's L. J.* 10 (1987): 59。

② Megan Alderden & Sarah E. Ullman, "Creating a More Complete and Current Picture: Examining Police and Prosecutor Decision-making When Processing Sexual Assault Cases," *Violence Against Women* 18 (2012): 525.

③ 参见 Dawn Beichner & Cassia Spohn, "Modeling the Effects of Victim Behavior and Moral Character on Prosecutors' Charging Decisions in Sexual Assault Cases," *Victims & Violence* 27 (2012): 3。

④ 参见 Jeffrey W. Spears & Cassia C. Spohn, "The Effect of Evidence Factors and Victim Characteristics on Prosecutors' Charging Decisions in Sexual Assault Cases," *Just. Q.* 14 (1997): 501。

⑤ Cal. EvId. Code § 352.

人是否处于高度醉态，从而没有同意进行性行为的能力，在此阶段，推定被告人作为一个理性人，应该知道受害人处于醉态且没有同意性交的能力。如果陪审团认定被害人并非处于醉态，审判将进行到第二阶段，陪审团将判定被害人是否真的同意进行性行为。[1]

第五节　小结

美国著名学者吉墨林（Franklin E. Zimring）教授指出，"目前美国刑事政策的建构基础是某些学者所提出的虚幻图谱，而与事实情况相去甚远。不同性犯罪行为人之间特质的显著差别从来没有纳入立法机构的考虑范围。从某种角度而言，目前美国针对性犯罪者的立法是迫于受害人和社会舆论压力的一种'急就章'，草草立法，应付了事"。[2]

导致这一局面出现的根本原因，可以从理论与实践层面加以探讨。

从理论层面来看，强奸等性犯罪所保护的，是否真的是所谓的"性自主权"？的确，基于保障性自由而设定强奸罪这一观点建立在意思自治这一主流理念基础上，即认为"性犯罪法规所保护的核心价值是性自主权"[3]，例如，德国刑法将那些"违背性自由"的性侵犯视为犯罪。英国学者运用性自由来解释英格兰强奸律例的改革。[4] 正是从性自主权这一逻辑前提出发，诸如性别、抵抗、既有性史等要素才被逐一剥离，作为性自主权程序法表达载体的受害人合意，开始成为性犯罪的核心要素。"任何由被告人从事的没有受害人对特定行为表示同意和许可的性行为，都构

---

① 参见 Clare Carlson，"'This Bitch Got Drunk and Did This to Herself:' Proposed Evidentiary Reforms to Limit 'Victim Blaming' and 'Perpetrator Pardoning' in Rape by Intoxication Trials in California," *Gender & Society* 29（2014）：285。

② 参见 Franklin E. Zimring，*An American Travesty*：*Legal Responses to Adolescent Sexual Offending*（Chicago：University of Chicago，2004）：xiii。转引自〔美〕麦克·韦泰洛《性犯罪者的刑事惩罚：初衷与实效的背离》，李立丰译，载赵秉志主编《刑法论丛》第 23 卷，法律出版社，2010，第 462 页。

③ 参见 Patricia J. Falk，"Rape by Drugs：A Statutory Overview and Proposals for Reform," *Ariz. L. Rev.* 44（2002）：131。

④ 参见 Vanessa E. Munro，"Constructing Consent：Legislating Freedom and Legitimating Constraint in the Expression of Sexual Autonomy," *Akron L. Rev.* 41（2008）：923。

成了犯罪。"① 强调性自主权，也暗合刑法的道德谴责属性，"强奸的道德谴责性在于违反个人的性自主权，并且强奸的严重性来源于我们特别重视的性自主权"。② 的确，如果将性自主权解释为进行性行为的正式前提，就必须承认性暴力的表现形式以及其他一些权力因素对两性关系的影响。③ 例如，心理咨询师与患者之间的性行为是否违法，职业本身是否暴力，是否可以在无形间造成某种强制力，或者说，患者是否基于错误的心理认识与咨询师达成了合意？④ 一方面，个人享有性自主权，另一方面，法律规定大部分的欺骗性性行为并不构成强奸甚至犯罪，对此又该如何解释？⑤

从实践层面来看，对受害人合意的证明，依然面临责任归属、认定标准的合理界定问题。许多评论家担心，既有立法过于偏重保护受害人，实际上造成了歧视被告人的不当后果，甚至可能导致强奸罪等性犯罪司法认定的严格责任。⑥ 很多学者认为，性犯罪涉及的各方在证明责任方面不能设置失当或干脆平均分配。⑦ 例如，在"加利福尼亚州诉赫南德兹案"（*People v. Hernandez*）⑧ 中，加州最高法院认定，行为人合理认定受害人达到法定年龄，可以作为法定强奸罪的抗辩事由。这一判决推翻了之前司法实践树立的严格责任，要求行为人至少针对法定强奸受害人同意，存在轻率或过失的心态。⑨ 这种司法认定看似合理，却在未遂等犯罪边缘样态遭遇到严

---

① Richard Klein, "An Analysis of Thirty-five Years of Rape Reform: A Frustrating Search for Fundamental Fairness," *Akron L. Rev.* 41 (2008): 981.

② Donald A. Dripps, "Beyond Rape: An Essay on the Difference Between the Presence of Force and the Absence of Consent," *Colum. L. Rev.* 92 (1992): 1780.

③ 参见 Martha C. Nussbaum, "'Whether from Reason or Prejudice': Taking Money for Bodily Services," *J. Legal Stud.* 27 (1997): 693。

④ 参见 Joseph J. Fischel, "Per Se or Power? Age and Sexual Consent," *Yale J. L. & Feminism* 22 (2010): 279。

⑤ 参见 Rubenfeld, "Rape-by-Deception—A Response," *Yale L. J. Online* 123 (2013): 389。

⑥ 参见 Joshua Dressler, "Where We Have Been, and Where We Might Be Going: Some Cautionary Reflections on Rape Law Reform," *Clev. St. L. Rev.* 46 (1998): 409。

⑦ 参见 Meredith J. Duncan, "Sex Crimes and Sexual Miscues: The Need for a Clearer Line Between Forcible Rape and Nonconsensual Sex," *Wake Forest L. Rev.* 42 (2007): 1087。

⑧ 参见 *People v. Hernandez*, 61 Cal. 2d 529 (1964)。

⑨ Matthew T. Fricker and Kelly Gilchrist, "Case Comment: *United States* v. *Nofziger* and The Revision of 18 U.S.C § 207: The Need for a New Approach to the Mens Rea Requirements of Federal Criminal Law," *Notre Dame L. Rev.* 65 (1990): 803.

峻的挑战。换句话说，法定强奸是否存在未遂，如果存在未遂，那么行为人是否必须以性对象未满法定年龄为目的，或者对此满足轻率心态就已足够。[①] 也有学者认为，对实质犯罪适用的责任认定以及层级判断功能也可以在未遂犯罪当中加以适用。如果针对性伴侣的年龄的认识错误足以认定成立法定强奸的可责性的话，为什么对法定强奸的未遂不可以？[②]

在性犯罪的立法界定与司法认定过程中，美国社会或者特定区域内政治、文化、历史乃至特定利益集团的博弈，通过重塑不同时期主流价值观，直接或间接影响着这一犯罪集束的外延与内涵、实质与形式、标准与取向。大胆预测未来或许是盲目的，但未来的某些片段，一定会以某种形式，出现在过往，或者正在上演。

---

① 有司法区在司法实践中肯定法定强奸未遂。参见 *State* v. *Davis*，229 A. 2d 842（N. H. 1967）。
② 参见 Paul H. Robinson，"A Functional Analysis of Criminal Law," *Nw. U. L. Rev.* 88（1994）：857。

第十四章
侵犯人身权犯罪

　　某个清晨，朝阳似火，洛杉矶某小学学前班的家长们齐聚一堂，庆祝他们的 23 个小家伙顺利"毕业"。令人心情愉悦的淡蓝色教室内墙，以及上面挂着的整洁告示牌，都在欢迎家长——大多数是妈妈——参加这个讨喜的仪式。典礼结束后就是拍照环节，每名"毕业生"头戴毕业礼帽，身着礼袍，摆出姿势，拍下标志着自己踏上这条被寄予厚望、承载成功与幸福之路的纪念写真。但某位妈妈，在给自己刚刚拍完照的孩子更换这身行头时，似乎耗时太久——至少在下一位等候拍照孩子的妈妈眼中，情况是这样。于是，这位苦苦等待的妈妈对此表达了看法，带着些许不满。而前一位妈妈则回敬了一些远非同情的话语。后面的妈妈遂推了前面的妈妈一把，前面的妈妈则反推后面的妈妈，最后双方干脆挥起拳头。混乱局面很快演变为三场不同的撕打，并最终演变为一场大乱斗。只有少数几名家长作壁上观，其中有三人还掏出了手机，摄录下了整个过程。有人报了警。几名家长因为涉嫌"攻击罪"（Assault）遭到逮捕。[①] 类似的情况，其实每天都在上演，无论是在酒吧因吃醋向情敌动手的莽汉，在学校因唆使发生厮打的高中生，抑或是一气之下向妻子挥起拳头的丈夫[②]，都可能会面临

---

　①　参见〔美〕保罗·罗宾逊、莎拉·罗宾逊：《海盗、囚徒与麻风病人：关于正义的十二堂课》，李立丰译，北京大学出版社，2018，第 3 页。

　②　早期根据英国的普通法和经验法则，丈夫可以用拇指粗细或小于结婚戒指半径的棍子殴打妻子，这被认为是男人控制妻子的必要手段，履行的是他的法律责任，也是男人作为家庭领袖的权威的自然延伸。有报告显示，在美国每年有多达 600 万以上的妇女遭到丈夫殴打。参见 David Brown, "Crimes Against the Person: Amend Punishment for Any Person Who Commits the Offense of Simple Battery or Battery Against a Sport Offical of （转下页注）

攻击伤害等犯罪的指控。

第一节　美国刑法中侵犯人身权犯罪概述

一　侵犯人身权犯罪的普通法流变

由于美国刑法中攻击伤害罪的情况较为复杂，请先考察如下八种情况[①]：

（1）A 故意推 B，B 倒地被擦伤。

（2）C 故意推 D，D 的头触地后伤及大脑。

（3）E 将 F 从窗户推下楼，意图致其重伤，但仅仅造成 D 轻微擦伤。

（4）G 用刀子捅了 H 的腿，但 H 仅受轻伤。

（5）I 用刀子捅了 J 的腿，虽未造成太大损害，但 J 因受惊吓精神失常。

（6）K 向 L 胸部投掷飞刀，意图重伤 L，但被其成功躲开。

（7）M 将 N 从窗户推下楼，意图重伤 N，结果 N 全身严重骨折，彻底瘫痪。

（8）O 向 P 胸部投掷飞刀，意图重伤 P，结果扎穿 P 的肺部。

在美国大多数司法区，对 A 的处罚未必比 C 更轻，同样，对 M 的处罚也未必显著超越 E。我国学者认为，美国刑法对伤害类犯罪的规制存在"密而不严"的特征，并将此类犯罪划分为三种，即造成伤害结果的攻击伤害罪、造成伤害危险的攻击伤害罪，以及造成伤害相威胁的攻击伤害罪，是存在一定合理性的。在此意义上，美国刑法中的伤害类犯罪外延十分宽泛。仅就殴打罪而言，不仅可能包括我国刑法中的猥亵、侮辱行为，也可能包括德日刑法中的暴行罪。例如，冒犯性摸女子乳房、强行接吻都可能构成殴打罪；甚至，故意向别人吐口水也可以构成此罪。正如有学者指出，法律不能准确划分不同程度暴力的界限，因此完全禁止从最轻微到最严重的各种程度的暴力行为。没有人有权利以即使最轻微的方式去伤害

（接上页注②）Amateur Contest," *Ga. St. U. L. Rev.* 17（2009）：89。

①　相关案例的讨论，参见 Arnold H. Lowey, "Culpability, Dangerousness, and Harm：Balancing the Factors on Which Our Criminal Law Is Predicated," *N. C. L. Rev.* 66（1988）：283。

别人。① 侵害人身权的犯罪之所以特殊，在于其与侵犯生命权、自由权、财产权乃至性自由权的各种犯罪关系密切，更在于其作为一种自然法意义上的犯罪所具有的悠久历史根源。从普通法的视角来看，在《旧约》中，就有如下经典表述，"若有别害，就要以命偿命，以眼还眼，以牙还牙，以手还手，以脚还脚，以烙还烙，以伤还伤，以打还打。人若打坏了他奴仆或是婢女的一只眼，就要因他的眼放他去得以自由。若打掉了他奴仆或是婢女的一个牙，就要因他的牙放他去得以自由"。②

的确，在普通法传统中，故意伤害（包括残害他人肢体）一直属于和谋杀、强奸、抢劫以及纵火类似的重罪，在 13 世纪之后，重罪通常会执行绞刑。而在此之前，除了绞刑之外，英国国王有时还会决定对重罪罪犯挖

---

① 我国学者认为，美国刑法中的殴打罪，是指"对他人身体非法使用暴力"的情形，英国刑法中也对该罪有相同的界定。殴打既可以是与被害人身体直接接触，也可以是间接接触，前者如用拳头击打被害人，后者如用卡车撞击被害人。但无论怎样，行为都是"违法的"，例如，在行为人使用未经登记的火器的情形下，即使不用证明行为人轻率的心理状态也可以认定殴打罪。就结果而言，不要求殴打的行为造成身体伤害，在许多州，作为最低限度的标准，甚至只要符合"侵犯性接触"即可，而当对"侵犯性"的含义产生不同理解时，法官通常根据一般人标准进行判断。就心理状态而言，现代刑法要求殴打罪的成立以故意为前提，一些州也承认轻率和疏忽。"攻击"，在早期普通法中和侵权法中具有不同的含义，在刑法中是指"实施殴打而未遂"，在民法中则是指"使他人产生立即受到殴打的恐惧"，两者需要承担的责任完全不同。现代刑法中吸收了民法中的内容，将攻击分为"殴打未遂攻击"和"暴力威胁攻击"，前者造成了被害人身体伤害的危险，后者则是引起了被害人的心理恐惧。虽然如此，每个州的规定不尽相同，在包括加利福尼亚的一些州，只承认"殴打未遂攻击"这种类型；而在包括纽约的一些州，将殴打罪包含在攻击罪之中。攻击罪要求行为人具备"攻击的能力"，换言之，如果行为人用一把空枪指向被害人，由于不存在造成身体损害的危险，因而不成立攻击罪，判例的观点也是如此。单纯语言攻击也可能成立攻击罪，如一名男子对一名女子说"跟我来，不然捅死你"，就成立攻击罪；除此以外，邮件、信件等媒介方式，只要造成了被害人的心理恐惧，均可以成立攻击罪。加重殴打罪由普通法中的重伤罪演变而来。重伤罪是古老的普通法犯罪，在普通法理论中缺少加重的殴打或攻击的情形下，重伤罪作为暴力攻击的重罪而被设置。不过，随着殴打罪与攻击罪被确立，大部分州已经取消了重伤罪的罪名，将其作为加重殴打罪的一类。《模范刑法典》也采用了这种立法模式。虽然在普通法理论中重伤罪依然作为一项独立罪名但实践中已经作为殴打罪的加重情节被承认。加重殴打罪中最重要的一类即殴打行为造成伤害结果的情形，例如佛罗里达州的刑法规定，蓄意或明知引起他人严重身体伤害、永久性残疾或永久性毁容的，构成加重殴打罪。参见陈文昊、郭自力《美国刑法中酷刑罪的特点与借鉴》，《山西大同大学学报》（社会科学版）2017 年第 2 期，第 39 页。

② 《圣经》"出埃及记"21：23。

眼或者砍手断脚。[①] 而从 19 世纪后，法院就开始强调条件性犯意原则，也就是说，被告人提出，如果被害人不满足特定要求——如从事特定的作为或不作为——就要实施伤害，就可将这种条件性犯意作为其最终可能实施其所威胁的危害行为的一种客观可能性证明。[②]

在早期英国普通法中，当一个人恶意剥夺他人身体部位，或借此减少对手的进攻或防卫能力时，就会导致残害的情形。[③] 正如著名法学家布莱克斯通所指出的那样，规定残害罪的主要目的，不是单单保护受害者，而是防止残害行为造成劳动力乃至战斗力的永久丧失，危及整个王室乃至社会。据此，只有残疾性质的伤害，才能成为犯罪的基础。例如，当行为人切下受害者的手指，或使手残疾[④]、戳瞎眼睛或敲掉前牙时，可能会造成残害。阉割也构成了残害。相反，切下受害者的鼻子、嘴唇或耳朵并不构成残害罪，理由在于，受害人的战斗力不会因此受到损害。根据 1403 年开始施行的一系列英国法规，残害罪范围扩大到包括其他不直接妨碍受害者战斗能力的伤害。后来，又在 17 世纪 60 年代，进一步扩展至单纯毁人容貌的行为。一般认为，这与 17 世纪 60 年代考文垂勋爵（Lord Coventry）因在英国议会发表政见被暴徒当街蓄意毁容，割掉鼻子的事件有关。由此，在 18 世纪后期，英国法律对残害罪的定义是："残害罪是恶意致残或恶意毁人容貌的行为。"这意味着，这一时期残害罪的立法目的，已经演变为保护人的自然状态的完整性和人的脸及身体的正常外观。进而出现的问题便是这种改变，是否需要具有永久性，或者我们所说的不可恢复性。最初，对犯有残害罪的罪犯的惩罚是伤害和受害者所遭受的一样的身体部位。根据布莱克斯通的观点，这种"以眼还眼"形式的惩罚应被废除，因

---

① 参见 David J. Seippa, "The Distinction Between Crime and Tort in the Early Common Law," *B. U. L. Rev.* 76 (1996)：59。

② 参见 Samuel E. Peckham, "*Holloway v. United States*：The United States Supreme Court Examines 'Conditional Intent' in the Anti Car Theft Act of," *Seton Hall L. Rev.* 30 (2000)：602。

③ "毫无疑问，我们认为，残害（Maim）作为一个名词，和传统的表述 Mayhem 相同，只不过是后者的全新表现形式而已，也有的司法区，用前者指代本罪所要造成的损害结果，而用后者表示残害罪本身。"参见 *State v. Johnson*，58 Ohio St. 417 (1898)。残害的直接故意，并不是本罪成立的必要条件。参见 *Carpenter v. People*，31 Colo. 284 (1903)。

④ 例如，普通法判例认为，行为人用热水烫伤受害人的脚，使得受害人的脚趾粘连，进而丧失战斗力的行为，构成残害罪。参见 *State v. McDonie*，89 W. Va. 185 (1921)。

为它对多个犯罪行为是不够的，"因为对一个重复的罪行，不能重复惩罚"。监禁而不是肢体伤害，早在布莱克斯通时代之前就已经成为残害罪可被接受的刑罚。"考文垂法案"后对故意致残提供了更多的惩罚，包括可能判处财产刑。在传统普通法中，残害罪要求伤害的永久性。[①] 因此，暂时性使身体部位丧失机能，或者划破嘴唇但不会留下永久伤害的行为，不构成残害罪。罪犯应同伴的要求切断了后者的手，让他的朋友可以成为一个收益更高的乞丐时，被告人犯有残害罪。另外，经病人同意，为了保住病人的生命而切掉肢体时，医生显然是不构成残害罪的。残害罪所需要的主观状态在不同司法管辖区之间有所不同。一些州使用"非法和恶意"来描述犯罪必要的犯意。[②] 如果只有伤害的故意而没有意图致残的故意而造成伤害时，罪犯会构成残害罪。其他司法管辖区要求造成的伤害是以特定的致残意图或毁损意图实施；然而，对于具体损伤的造成不要求直接故意。一些州要求一种类似于普通法的谋杀罪的主观表现。这些州或者要求存在一个致残故意，或者虽然不要求致残的意图，但也需要行为人预见到很可能导致的这种结果。如果没有特殊的法律规定，仅仅是非法和轻率的行为还不足以构成残害罪。

除了犯罪成立条件强调犯意与犯行的综合评价之外，从总体上看，现今美国刑法对于攻击伤害类犯罪的处罚，基本上也要兼具可责性与危害性的综合评价。例如，在加州，殴打罪的加重犯（Aggravated Battery）和过失杀人（Involuntary Manslaughter）被做相同的惩罚。前者虽然客观结果较轻，但由于故意施加非法暴力而具有较大的可责性，而后者虽然仅仅具有可责性较低的犯罪过失，却具有致人死亡的较高危害性。正是从这种整体评价的角度出发，攻击罪的加重犯（Aggravated Assault）与

---

① 在现代法律规定中，足以构成残害罪的伤害行为，包括让受害人的胳膊、手、腿、脚、手指或脚趾脱离人体或永久致残。同样，挖下眼睛或严重损害视力，切断或割开鼻子、唇、耳朵或者舌头也足以构成残害罪。同样可能构成本罪的行为包括损坏门牙（不包括其他牙齿）、阉割等。用刀子划破喉咙、打破下巴、用棍棒打裂头骨等行为，不构成本罪。参见 *United States v. Perkins*，446 A. 2d 19（D. C. App. 1982）。

② 直接的残害故意，并不是残害罪的必要要素。参见 *Carpenter v. People*，31 Colo. 284，289（1903）。

殴打罪的加重犯的刑期一致。[1] 对此，将在具体犯罪的相关研讨过程中予以具体介绍评价。

二　美国攻击、伤害类犯罪情况概述

攻击、伤害类犯罪常见多发，类型多样，具体类型、构成区分也比较大，对此，将在后文详述。但除此之外，还有一些相关情况亟须概说。

首先，考虑到美国持枪合法化的现实情况，需要对攻击伤害罪的加重事由之一，即使用危险的或致命的武器加以说明。一般来说，致命武器对此类犯罪而言并不是必要的。如果用枪支指向受害者，并发生了直接暴力损伤，则构成加重攻击罪。如果被告人除持有武器外不存在其他形式的伤害结果，那么若被告人没有使用其所持有的武器，也没有使用的打算，则不构成伤害的加重罪。理由在于，持有危险武器的攻击行为的意图旨在制造恐惧，是否能够产生客观的恐慌效果才是重要的。在这个意义上，受害人的主观行为意识是无关紧要的。除此之外，武器的危险或致命的特性，同样取决于其产生的效果。任何工具都可以被解读为一种危险的或致命的武器。从法律效果角度来看，在以一般的方式使用枪炮刀剑时，因其设计和用途，造成死亡或身体伤害的概率与效果很大。换句话说，这是一个事实问题。那么，被告人使用未装填子弹的武器进行攻击，是否可以成立攻击罪的加重犯呢？对此，虽然司法实践中的做法并不一致，但如果遵循客观的事实判断，那么受害人见到枪指向自己，在合理的躲避中受到身体伤害，那么无论子弹是否上膛，都加剧了攻击的罪行。总之，考虑到案件的具体情况，美国刑事司法实践中，曾将汽车、牙齿、狗、电话、仿真枪、笔、尺子、棍子、猎刀、折叠刀、凿子、大石头、瓶子、棒子乃至塑料椅子等作为致命武器加以认定。[2]

其次，与家庭暴力有关的虐待等侵犯人权犯罪状况。家庭暴力涉及关系特殊人群之间的精神或身体暴力乃至控制行为。家庭暴力可能发生在配偶、前配偶、同居者、前同居者身上，或者发生在被告人和与之有孩子的

---

[1]　参见 Mitchell Keiter，"With Malice Toward All：The Increased Lethality of Violence Reshapes Transferred Intent and Attempted Murder Law，" *U. S. F. L. Rev.* 38（2004）：261。

[2]　参见 Mary G. Leary，"Criminal Defense：Assault and Battery Cases，" *Am. Jur. Trials* 92（2016）：1。

人身上，或者被告人和与之有约会或订婚关系的人身上，可能影响不同年龄、种族、宗教信仰、教育背景、收入或性偏好的各行各业的人。在美国，每年有超过 100 万名妇女遭受与她们关系密切的人对其实施的致命暴力，至少 1/3 的成年女性曾经历过其他家庭成员实施的一次以上的人身攻击。虐待老人在美国是一个严重的问题。美国的老龄化问题非常严重，根据相关统计，2003 年美国年龄 65 岁以上的人口约为 3590 万人，占总人口的 12%。据估计，到 2030 年，65 岁以上的人口将达到 7200 万人，占总人口的 20%。在加州，这一趋势尤为明显。① 据美国联邦司法部部长估计，在加州，每年有 20 万老年人成为虐待的受害者。时任加州总检察长也指出，受虐待的老年人通常生活在无声的绝望中，不愿意寻求帮助，因为他们相信他们的求救声将被置之不理，他们害怕施虐者的报复。许多老年人用保持沉默来保护施虐的家庭成员免受法律惩罚，或者羞于承认自己成了捕食者的牺牲品。② 老年人会因为自身年龄、健康状况和资源有限性等，面临协调性、视觉、听觉、运动机能等方面的弱化，以及其他生理和心理障碍。③ 此外，1995 年，美国每 10 秒钟就会报告 1 例儿童虐待事件。"美国儿科学会"（AAP）将体罚定义为针对不良行为施加某种形式的生理疼痛，其范围从打孩子的手到烫伤、火烧等。1996 年，平均每天有超过 3 名儿童由于虐待而死亡。自 1985 年以来，遭虐待死亡的儿童人数增加了 34%。据统计，约有 20% 的家长管教子女的行为达到了身体虐待的程度。在确定是否承担刑事责任时，通常的重点是体罚的目的和对身体造成的伤害。但体罚不仅可能造成永久性或严重的身体伤害，还可引起心理伤害。因此，父母管教的抗辩只能对使用体罚的父母提供有限度的支持。只有非暴力体罚，如专门定义的打屁股，应该在抗辩的允许范围之内。④ 除了所谓体罚

---

① 参见 Seymour Moskowitz, "Golden Age in the Golden State: Contemporary Legal Developments in Elder Abuse and Neglect," *Loy. L. A. L. Rev.* 36 (2003): 589。

② 参见 John B. Breaux & Orrin G. Hatch, "Confronting Elder Abuse, Neglect, and Exploitation: The Need for Elder Justice Legislation," *Elder L. J.* 11 (2003): 207。

③ 参见 Arthur Meirson, "Prosecuting Elder Abuse: Setting the Gold Standard in the Golden State," *Hastings L. J.* 60 (2008): 431。

④ Kimberlie Young, "An Examination of Parental Discipline as a Defense of Justification: It's Time for a Kinder, Gentler Approach," *Naval L. Rev.* 46 (1999): 1。

管教之外，对于儿童的身体虐待，还有很多，如女性割礼[1]等行为，在美国尚无明确禁止的法令，虽然可以通过虐待儿童等具体法律加以处罚，但相关个案却十分罕见。有报道称1986年，曾有一名护士割去了两岁侄女的阴蒂，但最终该护士因为各种原因被无罪释放。到目前为止，在美国还没有关于这个问题的公开案例。然而，立法机关对这个问题已经给予了一些关注。值得一提的是，联合国禁止酷刑委员会的最新报告建议美国颁布和实施联邦法令，禁止在美国司法区之外实施酷刑行为，同时，该委员会还敦促美国通过明确的法律绝对禁止酷刑。[2] 因此，当我们讨论美国刑法中的攻击、伤害等侵犯人身权的犯罪时，必须注意到上述背景知识。

第二节　加利福尼亚州侵犯人身权犯罪的类型例举

一　殴打罪（Battery）

美国刑法中的殴打罪，一般是指对他人使用暴力，导致危害或冒犯性身体接触的行为，因此，其涵盖范围较广，甚至还包括基于性目的的身体接触。虽然在普通法当中，普通殴打罪仅仅属于一种轻罪，但基于被殴打对象的不同，一般需要对于加重型殴打罪加以细分。下面就结合美国加利

---

① 女性割礼又被称为阴蒂切除。阴蒂切除术，有时被称为sunna，是切除阴蒂包皮的过程，即切除保护阴蒂本身的包皮。除此之外，还有所谓中间包皮环切术，包括切除包皮、阴蒂和阴唇。另外，所谓法老的割礼，包括切除包皮、阴蒂、阴唇，大阴唇和外阴的缝合，仅留下一个小洞供排尿和月经。手术后，女性的双腿被绑在一起数周，以形成疤痕组织。这之后可能会导致感染、排水不良或尿潴留。参见 O. M. T. Odujinrin et al. , "A Study of Female Circumcision in Nigeria," *W. Afr. J. Med.* 8 (1989)：183。女性割礼，最早可以追溯至公元前2000年。这些程序的理由因维护传统、宗教、贞洁、纯洁、清洁和女性卫生而异。然而，这种做法实质上是为了控制妇女的性行为，从而保障妇女的婚姻和未来的安全。在西方世界，这种做法被用于治疗色情狂、癔症、精神病、抑郁症和癫痫。在法国，一名母亲因安排了她的两个女儿1岁和2岁时的割礼而被判入狱。在法国，10年前就开始了对切除生殖器的起诉。法国法律将生殖器切割视为虐待儿童的一种严重形式，任何对儿童造成伤害的暴力行为都是一种犯罪行为。1991年，法国陪审团判决一名妇女被控对17名儿童实施割礼5年监禁。与此类似，荷兰也将女性生殖器切割视为虐待儿童的一种形式，并将那些负责手术的人绳之以法。参见 Joleen C. Lenihan, "Comment：A Physician's Dilemma：Legal Ramifications of an Unorthodox Surgery," *Santa Clara L. Rev.* 35 (1995)：953。

② 参见 Julianne Harper, "Defining Torture：Bridging the Gap Between Rhetoric and Reality," *Santa Clara L. Rev.* 49 (2009)：823。

福尼亚州相关立法规定，以及《加利福尼亚州司法委员会刑事陪审法律指导》的相关规定，对于殴打罪的基本样态及其加重样态加以说明。

（一）普通殴打

根据加州相关法律（Pen. Code §§ 242）及司法判例，一般认为，普通殴打罪的成立，要求被告人故意且非法地以危险或有攻击性的方式接触不具有特殊身份的被害人。这里的故意，仅指行为人对自己接触行为的有意性，并不要求证明被告人希望通过接触被害人获得任何好处。而所谓接触，并不要求程度，只要求具有危险性或攻击性即可[1]，换句话说，哪怕是最轻微的接触[2]都足以构成殴打。接触不一定造成任何形式的疼痛或伤害，还可以借由他人或物体实施，例如，隔着受害人的衣物等。[3] 对于普通殴打行为，可以提起父母通过体罚管教子女的正当化事由抗辩。在"加州诉怀特赫斯特案"（*People v. Whitehurst*）[4] 中，被告人对不断打扰自己与他人对话的未成年孩子实施了暴力行为，但没有造成任何外伤。对此，法院认定，从普通法的传统来看，承认父母对子女享有合理体罚的权力[5]，但父母故意实施的不合理惩戒仍需承担民事及刑事责任。换句话说，体罚是否合理，作为一个关键问题，应当由陪审团结合个案的具体情况来加以判断。而体罚能否阻却殴打罪的成立，需要同时考察其必要性及合理性。

（二）性殴打

根据加州相关法律规定，即 Pen. Code § 243.4（e）（1），基本形态的普通性殴打犯罪，是指被告人为了获得性兴奋、性满足或性虐待[6]的特殊目的，违背受害人意愿，接触其私密部位的行为。成立本罪，要求被告

---

① 参见 *People v. Martinez*，3 Cal. App. 3d 886（1970）。

② 参见 *People v. Myers*，61 Cal. App. 4th 328（1998）。

③ 参见 CALCRIM No. 937。

④ 参见 *People v. Whitehurst*，9 Cal. App. 4th 1045（1992）。

⑤ 参见 *People v. Curtiss*，116 Cal. App. Supp. 771（1931）。

⑥ 为了性虐待的目的，在司法实践中一般被认为属于"接触行为旨在导致疼痛、伤害或者不适，被告人不一定获得任何性兴奋或满足"。参见 *People v. White*，179 Cal. App. 3d 193（1986）。

人必须具有上述直接故意的主观心态①，同时必须接触受害人的私密部位。② 所谓私密部位是指女性的乳房或任何人的肛门、腹股沟、性器官或臀部。③ 这里所用的接触意味着与他人进行身体接触，接触包括通过衣服实施，换句话说，成立本罪不要求被告人与受害人之间存在皮肤接触。④ 对于本罪，被告人可以抗辩，主张自己真诚合理地认为受害人同意自己这样做。对此，法院必须就"错误但真诚合理的同意"这一抗辩事由，对陪审团做出法律指导意见。⑤

除了普通性殴打犯罪之外，还存在重罪形式的性殴打。和普通性殴打不同，重罪形式的性殴打犯罪，需要非法限制以及皮肤接触等两项额外的成立条件。所谓非法限制，是指被害人被他人的语言、行为或他人的权力所控制，且该限制违背他的意愿。被告人的非法限制行为，应当不仅仅是完成性接触所需要的物理力量。同时，一个人若是以合法的目的而合法使用权力，则不会非法限制他人。⑥ 所谓皮肤接触，是指被告人强迫被害人用裸露的皮肤通过被告人的衣服接触被告人的私密部位；或者被告人强迫被害人用裸露的私密部位接触被告人的身体部位，无论被告人是否穿衣服；或被告人直接或通过衣服接触被害人裸露的私密部位。⑦

根据加州相关法律，即 Pen. Code §§243.4（b）&（d），对被医学留置的受害人，或者严重残疾的人，或者医学上无行为能力的被害人实施上述性殴打行为的，就属于针对被专门机构留置的受害人实施性殴打。其中，所谓被医学留置，是指在医院、医疗机构、疗养院、急诊护理机构或精神病院接受治疗；所谓严重残疾，是指存在身体或感官的严重障碍；所谓医学上无行为能力，是指受害人因为服用处方中的镇静剂、麻醉剂或其他药物而丧失认识或控制能力。⑧

---

① 参见 *People v. Chavez*，84 Cal. App. 4th 25（2000）。

② 参见 *People v. Elam*，91 Cal. App. 4th 298（2001）。

③ 参见 CALCRIM No. 938.

④ 参见 *People v. Dayan*，34 Cal. App. 4th 707（1995）。

⑤ 参见 *People v. Andrews*，234 Cal. App. 4th 590（2015）。

⑥ 参见 CALCRIM No. 935。

⑦ 参见 *People v. Elam*，91 Cal. App. 4th 298（2001）。

⑧ 参见 CALCRIM No. 936。

（三）其他类型的殴打罪

首先，结果加重型殴打罪。

根据加州相关法律规定，即 Pen. Code §§ 243（d），结果加重型殴打罪是指被告人殴打他人致重伤结果的行为。本罪的成立条件，包括被告人故意违法以危险或有攻击性的方式接触被告人，导致后者因暴力而造成严重的人身伤害。需要强调的是，本罪并不要求被告人对于自己的行为违法性存在认识，只需要证明其故意实施伤害行为即可。这里所谓严重的身体伤害，是指身体状况严重受损。这种损害包括但不限于意识丧失、脑震荡、骨折、任何身体部位或器官永久丧失或功能受损、需要大面积缝合、严重的体貌或外形损害等。对此，应当作为一个事实问题由陪审团加以判断。①

其次，针对特定对象或者在特定地点的殴打罪。

根据加州相关法律规定，对于具有特定身份的对象，如治安官、监所工作人员②、军职人员③、押解人员④、学校雇员⑤、陪审员⑥以及在校园、公园或者医疗设施内实施殴打的行为⑦，应分别定罪处罚。限于篇幅，这里仅就殴打治安官的犯罪行为成立条件做一介绍。根据加州相关法律规定，即 Pen. Code §§ 243（b），（c）（2），成立本罪，要求被告人以危险或有攻击性的方式故意并且违法接触履行治安官职责的受害人，致其受伤的行为。被告人在实施上述行为时，需要知道或有理由应该知道受害人是履行职责的治安官。⑧ 需要注意的是，和普通殴打罪一样，成立本罪，最轻微的接触就足够，不必要造成任何疼痛或伤害。在此类指控中，陪审团必须确定案件涉及的受害人是一名治安官。⑨

---

① 参见 CALCRIM No. 937。

② 参见 Pen. Code § § 243. 1。

③ 参见 Pen. Code § § 243. 10。

④ 参见 Pen. Code § § 243. 3。

⑤ 参见 Pen. Code § § 243. 6。

⑥ 参见 Pen. Code § § 243. 7。

⑦ 参见 Pen. Code § § 243. 2。

⑧ 参见 CALCRIM No. 945。

⑨ 参见 *People v. Brown*，46 Cal. 3d 432（1988）。

二 攻击罪（Assault）

在美国刑法中，攻击罪一般被理解为殴打罪的预备罪。但基于一行为一评价一罪名的基本原则，攻击罪该当独立定罪处罚。但整体而言，除非针对特定对象，或者行为人系累犯，普通的攻击行为仅仅属于轻罪。其成罪标准较低，在美国大多数司法区，即便行为人本身并没有殴打的故意，但只要让受害人合理感觉自己可能遭受身体伤害，即可构成本罪。但不同司法区的立法又多少存在差别。这里，仅以加州相关规定作为范例加以说明。

（一）普通攻击罪

根据加州相关法律规定，即 Pen. Code § 240，普通攻击罪是指被告人故意实施直接或可能导致对某人施加暴力的行为。一方面，被告人在实施该行为时，主观上应意识到其行为本质上会使一个理性人认为将直接且盖然地导致对某人使用暴力。本罪不要求行为人对自己行为的违法性具有合理认识。检方无须证明被告人在实施行为时确实意图对某人使用暴力。①

---

① 参见"加利福尼亚州诉威廉姆斯案"（*People v. Williams*），本案的判决书如下：

26 Cal. 4th 77929 P. 3d 197，111 Cal. Rptr. 2d 114，01 Cal. Daily Op.

Serv. 7342，2001 Daily Journal D. A. R. 9071

THE PEOPLE，Plaintiff and Respondent，

v.

LEBARRON KEITH WILLIAMS，Defendant and Appellant

No. S076262.

Supreme Court of California

2001 年 8 月 23 日

判决意见

布朗法官（Brown，J.）

30 年前，加州法院曾对攻击罪的犯意做出过认定，认为成立攻击罪，仅需要间接故意或者概括犯意即可，无须证明被告人对于造成伤害结果具有直接故意。参见 *People v. Rocha*（1971）3 Cal. 3d 893，899〔92 Cal. Rptr. 172，479 P. 2d 372〕。7 年前，加州法院重新肯定了这一判决，认定攻击犯罪属于间接故意犯罪。参见 *People v. Colantuono*（1994）7 Cal. 4th 206，215-216〔26 Cal. Rptr. 2d 908，865 P. 2d 704〕。在本案中，加州法院进一步解释道，"攻击罪的犯意，建立在证明被告人有意从事了本质上会盖然且直接引发他人伤害结果，如殴打的基础上"。Id. at p. 214. 现在，本庭再次对攻击罪的犯意加以明确，提出攻击罪的犯意可以通过证明行为人实际明知其行为本质上将直接且盖然地导致对某人使用暴力即可。如果能够说明这一点，任何技术性错误都不影响 （转下页注）

（接上页注①）判决的有效性。

事实

格里高利·金（Gregory King）与黛博拉·尼科尔森（Deborah Nicholson）于 1989 年结婚。两人的婚姻关系仅仅维持了两个礼拜，但一直保持着性关系。1992 年，尼科尔森开始与本案被告人勒巴伦·凯斯·威廉姆斯（Lebarron Keith Williams）发展出恋爱关系。1994 年 11 月，尼科尔森产下一子，但无法确定其生父究竟是金还是被告人。孩子诞生后，被告人与金开始争风吃醋。两人之间的冲突不断升级，最终酿成本案。

本案发生前，金不断给尼科尔森打电话，试图说服她陪自己和两个十几岁的孩子一同外出旅游。尼科尔森挂断电话之后，金带着孩子驱车前往尼科尔森家，并将自己的皮卡车停放在她家门前的路边。此时，被告人的皮卡车也停放在尼科尔森家的车道上。金走到尼科尔森家正门，在门上留了一张字条，之后敲了几下门，返回自己的车上，期望尼科尔森能够出来和自己谈上几句。

被告人打开门，告诉金离尼科尔森远点。之后，被告人返回自己的卡车，拿出了一支霰弹枪，上面装满了 12 发霰弹。被告人走出房间，边向金驾乘车辆副驾驶一侧后轮开枪，用他自己的话说，"警示射击"。根据被告人的供述，在其开枪射击时，在他和金之间，隔着金的皮卡车，当时他看到金蹲在离卡车后挡泥板大约一英尺半的地方。被告人还供述说，开枪之前从未见过金的儿子，只是后来才注意到他们站在卡车附近的路边上。然而，金却证明，当被告人开枪时，他的两个儿子都在车里。

尽管被告人并未打中金及其儿子，但的确击中了金的卡车。其后轮轮毂、底盘与油箱也都留有弹痕。被告人被指控犯有一项向有人乘坐的机动车开枪的罪名，参见 Pen. Code §246，以及三项使用火器攻击的罪名，参见 §245, subd.（a）（2），其中一项针对金本人，两项针对金的两个儿子。每项指控都包括使用火器。参见 §12022.5, subd.（a）（1）。一审法院对陪审团做出的法律指导意见是标准的攻击罪。参见 Former CALJIC No. 9.00（1994 rev.）（5th ed. 1995 supp.）。该指导意见相关部分认为，攻击罪的成立要素包括：1. 行为人故意非法实施了本质上将直接盖然性对他人施加作用力的行为；2. 在行为时，该行为人有能力对他人实施上述作用力。陪审团认定被告人使用枪支攻击了金，但在其余的罪名上僵持不下。审判庭后来从维持刑事司法的角度，驳回陷入僵局的指控。

上诉时，上诉法院认为原审法院对于攻击罪的法律指导意见存在错误，因为其并未正确表述该罪成立所需犯意。裁定指导意见存在错误有损公正后，上诉法院撤销了对被告人攻击罪的判决。

本庭批准审理此案，以明确攻击罪的主观犯意。

讨论

I

原审法院在对陪审团的法律指导意见中表示，只有"行为人故意非法实施了本质上将直接盖然性对他人施加作用力的行为"，才能构成攻击罪。参见 CALJIC No. 9.00, supra。上诉法院裁定这一法律指导意见存在错误，因为其所描述的是一种过失的心理状态，从而允许陪审团"客观地看待事实……在行为人对其他人施加暴力是合理可预见的情况下便可认定犯罪成立"。上诉法院认为，该法律指导意见错误描述了攻击罪的心理状态，并认定，攻击罪要求行为人或者希望对他人实施暴力，或者实质确信这种暴力将会实施。参见 *People v. Smith*（1997）57 Cal. App. 4th 1470〔67 Cal. Rptr. 2d 604〕。

检方要求本庭推翻上诉法院的判定。他们认为，攻击罪只需要间接故意，而上诉法院通过导入目的和明知的概念，将攻击罪错误地转化为一种直接故意犯罪，（转下页注）

（接上页注）不当地转变为特定的意图犯罪。如下所述，本庭同意上诉法院对攻击罪犯意的描述是错误的，并且判定，攻击罪是一种间接故意犯罪。我们进一步得出结论，攻击罪要求行为人需要对犯罪行为本质上将直接盖然性地导致对他人实施暴力的存在实际了解。

相关立法自从 1872 年被确认以来，从未有过任何修订改变。该法将攻击罪定义为"非法力图（Attempt），且具备能力，对他人的人身造成暴力伤害"。几十年来，加州法院一直在努力调整这个 1872 年的法律规定，使其适应不断发展变化的犯意。首先，我们曾判定陪审团无须在认定攻击罪犯意时考察被告人自愿迷醉的问题。参见 *People v. Hood* (1969) 1 Cal. 3d 444, 452–459〔82 Cal. Rptr. 618, 462 P. 2d 370〕。在本案中，加州法院认定，所谓直接故意与间接故意的问题，在 1872 年法律制定时，还不属于既定的法律术语，因此，当代法院必须努力将这一历史概念纳入直接故意与间接故意的框架之中。Id. at pp. 457–458. 然而，在该案中，因为"区分直接故意与间接故意"与自愿迷醉是否构成攻击罪抗辩之间并无关系，因此本案对此不予置评。Id. p. 458.

大约 1 年之后，加州法院直接遇到了解决攻击罪犯意问题的机会。参见 *Rocha*, supra, 3 Cal. 3d p. 899, 在本案中，加州法院认定，攻击罪的成立，不要求行为人具有导致任何特定伤害，或者重伤他人，或者以制造身体伤害方式实施行为的直接故意。相反，仅仅要求行为人意识到其行为本质上将直接且盖然地导致对某人使用暴力即可。Ibid.

23 年后，加州法院试图再次解读攻击罪，以及使用致命武器实施攻击罪的犯意问题，参见 *Colantuono*, supra, 7 Cal. 4th p. 213. 本案中，加州法院提出，此前的判例（*Rocha*）十分精准地把将焦点放在被告人行为具有导致暴力伤害结果这一问题上，而不是一个造成伤害的独立故意问题，但也同样留下了"一种可以理解的分析不确定性"，参见 *Colantuono*, supra, 7 Cal. 4th p. 215. 为了解决这一不确定性，加州法院重申，攻击罪属于一种间接故意犯罪而非直接故意犯罪。Id. p. 216, fn. omitted. "关键问题在于行为人意图实施可能引发暴力结果的行为，而不是其是否意图造成特定伤害结果。" Id. p. 218, fn. omitted. 加州法院还强调，即便导致了他人伤害的结果，轻率行为本身也不构成攻击罪或殴打罪。Id. p. 219, 援引 *People v. Lathus* (1973) 35 Cal. App. 3d 466, 469〔110 Cal. Rptr. 921〕；亦参见 *People v. Carmen* (1951) 36 Cal. 2d 768, 776〔228 P. 2d 281〕。

尽管已经断定攻击罪属于间接故意犯罪，但最近加州法院认识到这样一种区分本身无法精准描述所有犯罪的犯意。参见 1 Witkin & Epstein, *Cal. Criminal Law* (3d ed. 2000) Elements, § 2, pp. 199–201〔尽管众所周知，间接故意属于犯意之一种，但法院在将其适用于具体犯罪的过程中，依然遇到很多困难〕。因此，在后续的判例中，即 *People v. Hering* (1999) 20 Cal. 4th 440, 445〔84 Cal. Rptr. 2d 839, 976 P. 2d 210〕，加州法院警告称，不能僵化适用间接故意与直接故意的区分，同时提出，这种区分仅仅在考察自愿迷醉或精神疾病、精神失常、缺陷时才具有必要性。参见 *People v. Rathert* (2000) 24 Cal. 4th 200, 205〔99 Cal. Rptr. 2d 779, 6 P. 3d 700〕。很显然，攻击罪便是适用间接故意容易出现困难的范例。

有鉴于此，再次回头来看攻击罪。遵循惯例，我们从成文法开始入手，试图厘定当时的立法意图。参见 *People v. Garcia* (2001) 25 Cal. 4th 744, 758〔107 Cal. Rptr. 2d 355, 23 P. 3d 590〕〔法院必须确定立法时的立法意图〕。攻击罪被定义为"非法力图，且具备能力，对他人的人身造成暴力伤害"。参见 § 240, italics added. 因为这一部分立法制定于 1872 年，并且从未被修订过，这就意味着，法院必须解读 1872 年本法制定时的立法意图。

如果要厘定攻击罪的犯意，就必须首先明确力图一词的含义。1872 年时，该词显然具有三种含义：(1) 试图实施犯罪，不仅仅是单纯的犯罪预备，但最终完全没有（转下页注）

（接上页注）着手实施，参见 1 *Bouvier's Law Dict.*（1872）p. 166；（2）意图从事某种行为，并且着手实施了该行为，但没有达成希望的结果；（3）意图从事某种行为，而该行为一旦实施，就会因其自身性质或可能引发的自然且盖然结果而该当追诉。Ibid. 就犯罪而言，第三种定义仅仅要求行为人具有行为的故意，而不是对于达成特定目标的直接故意，同时仅仅关注该行为的客观本质。第一种定义相对含混，虽然关注了行为的本质，但是否要求"完成犯罪"的故意却语焉不详。第二种定义所描述的是一种传统上要求直接故意的刑法意义上的"力图"。

考察立法机关究竟在制定攻击罪定义时对于"力图"一词选择了何种含义，就必须对普通法中攻击罪的定义加以考察。参见 Code commrs. note foll. Ann. Pen. Code § 240（1st ed. 1872, Haymond & Burch, commrs.-annotators）pp. 104-105。"刑法上攻击概念的出现，整体上早于力图概念"，参见 *Colantuono*, supra, 7 Cal. 4th at p. 216, quoting Perkins on Criminal Law（2d ed. 1969）ch. 2, § 2, pp. 118-119。攻击罪并非其他犯罪（如犯罪未遂）的附属品，而是一种独立的犯罪，是法律明确规定的殴打罪的前序犯罪。参见 *Colantuono*, p. 216。和犯罪未遂这种"离构成重罪还相去甚远"的犯罪类型不同，攻击罪是导致后续殴打行为的行为，是殴打犯罪的前序行为。参见 Perkins & Boyce, *Criminal Law*（3d ed. 1982）p. 164。实际上，很久以来，加州刑法就认为攻击罪与未遂罪之间存在根本区别，应当分别独立看待。参见 Compare § 240 with § § 663, 664。

因此，犯罪未遂与攻击罪要求不同的犯意。因为构成犯罪未遂的行为，并不需要实施实体犯罪的最后步骤，因此需要具有实施该罪的直接故意。参见 *People v. Kipp*（1998）18 Cal. 4th 349, 376〔75 Cal. Rptr. 2d 716, 956 P. 2d 1169〕。相比之下，攻击罪始终关注行为的本质，而不是行为人的直接故意。只要其行为接下来马上会导致殴打罪成立，便可成立攻击罪。参见 Perkins, supra, p. 164, 因此，攻击罪的重点在于其处于与殴打罪存在连续关系的行为之中，属于殴打罪的前序或未完成形态，而殴打罪属于攻击罪的完成形态。参见 *Colantuono*, supra, 7 Cal. 4th p. 216。也就是说，攻击罪不需要直接故意便可依据行为本身具有的属性构成。

因此，1872 年攻击罪立法中的"力图"一词，并非指代要求直接故意的犯罪未遂。相反，立法机关遵循一直以来对于攻击罪的理解，似乎在 1872 年立法中选择了第三种定义模式，即"意图从事某种行为，而该行为一旦实施，就会因其自身性质或可能引发的自然且盖然结果而该当追诉"，参见 1 *Bouvier's Law Dict.*, supra, p. 166。因此，加州法院才会在判例中指出，"攻击罪的犯意，建立在证明被告人有意从事了本质上会盖然且直接引发他人伤害结果，如殴打的基础上"。参见 *Colantuono*, supra, 7 Cal. 4th p. 214, italics added；亦参见 *Rocha*, supra, 3 Cal. 3d p. 899〔攻击罪的犯意，是指从事将会直接、自然、盖然引发一旦成功将会导致他人伤害结果的行为的间接故意〕。

尽管在上述判例中，加州法院将攻击罪的犯意描述为反映了立法机关在 1872 年时对于"力图"的含义选择，但其对于间接故意的过分倚重依然导致了很多问题。*Hering*, supra, 20 Cal. 4th p. 445. 我们或许可以将上述问题归结于攻击行为人实施的暴力或者可能实施的暴力将会导致严重身体伤害的可能性。参见 *People v. McCaffrey*（1953）118 Cal. App. 2d 611, 618-619〔258 P. 2d 557〕，因为攻击罪将可能发生的行为，而不是已经发生的行为加以犯罪化，因此其所要求的犯意中包括了盖然性的表述，也就是说，可能引发直接、自然且盖然的结果。然而，这种表述暗示着一种类似于过失的客观责任。参见 *Smith*, supra, 57 Cal. App. 4th p. 1480。

认识到相关判例可能让人感到困惑，我们现在再来明确攻击罪的犯意。（转下页注）

（接上页注）基于 1872 年成文法中对于"力图"一词的使用，被告人就只能在其行为如果实施完毕，因其本身的性质或可能引发的自然且盖然结果，会导致殴打罪并被加以追诉的情况下，才能构成攻击罪。参见 1 *Bouvier's Law Dict.*，supra，p. 166。从逻辑上来讲，被告人只有在实际明知（Actual Knowledge）自己的行为一旦实施，就会因其自身性质或可能引发的自然且盖然结果而该当殴打罪追诉的情况下，才能构成本罪。Cf. § 7, subd. 5〔实际明知意味着行为人明知自己的行为属于法律规定的作为或不作为〕。换句话说，如果攻击罪成立，被告人必须认识到自己的行为会让一个理性人认识到该行为会直接、自然、盖然地导致殴打罪的结果。如果应当认识到而没有认识到，则不应判定被告人有罪。然而，不要求行为人主观上认识到可能发生殴打罪的危险。

接受这种明知要求，并不会对此前的判例产生干扰。攻击罪依然属于概括故意犯罪，参见 *Colantuono*，supra，7 Cal. 4th pp. 215-216; *Rocha*，supra，3 Cal. 3d p. 899，陪审员不得在判断被告人是否实施了攻击犯罪时，考察自愿迷醉等抗辩事由。参见 *Hood*，supra，1 Cal. 3d p. 459。与此类似，单纯的轻率或过失无法满足攻击罪的犯意要求，参见 *Colantuono*，supra，7 Cal. 4th，p. 219。因为仅仅基于被告人应当知道但实际不知的事实，无法判定行为人构成攻击罪，参见 *Walker v. Superior Court*（1988）47 Cal. 3d 112, 136〔253 Cal. Rptr. 1, 763 P. 2d 852〕〔对犯罪过失必须进行客观评价〕。

我们同样明确，攻击罪并不要求被告人具有伤害受害人的直接故意。参见 *Rocha*，supra，3 Cal. 3d p. 899。如前所述，否认本罪要求直接故意的观点，与攻击罪的历史发展一脉相承。虽然此前判例中对此问题多有疏漏，但立法机构后来的做法显然意味着现在无须对此问题加以纠正。

首先，加州成文法相关部分对于犯罪未遂的规定，也是犯罪未遂首次入刑，其背后的立法历史强烈暗示立法机关赞成此前的相关判例，即 *Rocha*，supra，3 Cal. 3d p. 899。该条规定，犯罪未遂包括两个要素：一个是犯罪的直接故意，另一个是直接但未果的行为。上述判例做出 16 年后，即 1986 年入刑的犯罪未遂目的仅仅是将"现在对陪审团使用的法律指导意见加以立法化"，参见 Assem. Com. on Public Safety，Rep. on Sen. Bill No. 1668（1985-1986 Reg. Sess.）as amended May 28, 1986，p. 5。立法机关并不打算借此影响对其他陪审团的指导意见，也不打算推翻此前判例拒绝承认攻击罪属于直接故意犯罪的认定。事实上，立法机关显然打算让犯罪未遂的规定，"与判例法和其他有关司法观点相一致"——其中理应包括围绕攻击罪的相关判例，即 *Rocha*，supra，3 Cal. 3d p. 899。参见 Assem. Com. Rep.，supra，p. 5。因此，立法机关立法规制犯罪未遂，间接承认攻击罪和犯罪未遂是两种在法律上独立的犯罪，具有不同的犯意。

其次，1982 年相关立法修订再次证明其对于相关判例，即 *Rocha*，supra，3 Cal. 3d p. 899 的支持态度。1982 年，加州议会通过立法，明确自愿迷醉只能否定直接故意的成立，无法否定间接故意的成立。参见 Stats. 1982，ch. 893，§ 2，p. 3317；亦如此 *People v. Whitfield*（1994）7 Cal. 4th 437, 448〔27 Cal. Rptr. 2d 858, 868 P. 2d 272〕。在上述修法过程中，立法机关希望能够保持既有法律的稳定，其中也包括认定自愿迷醉不得作为攻击罪抗辩的判例，即 *Rocha*，supra，3 Cal. 3d p. 899。因此，根据相关立法修订，攻击罪并不要求导致伤害结果的直接故意。否则，自愿迷醉的证据就可以被用来否定攻击罪的成立。

立法机关对于犯罪未遂的修订验证了上述结论。相关未遂法明确要求，犯罪未遂要求直接故意，因此，根据自愿迷醉的事实，可以用来否定被告人具有犯罪未遂所需要的犯意。如果相关立法规定的不是未遂而是攻击罪，那么自愿迷醉自然可以 （转下页注）

（接上页注）用来作为攻击罪的抗辩。显然，立法机关并不希望此类结果的出现。参见 *Whitfield*, supra, 7 Cal. 4th p. 448, 1982 年的相关修正再次暗示相关判例，即 *Rocha*, supra, 3 Cal. 3d p. 899, 以及其坚持攻击罪不需要直接故意的认定成立。

最终，立法机构有 30 年的时间否定相关判例，或做出修正，但显然其没有这样做。尽管立法机构的不作为不能作为决定证据，但加州法院后续对于相关判例，即 *Rocha*, supra, 3 Cal. 3d p. 899, 的沿用，暗示立法机关了解这一点，同时接受攻击罪属于间接故意犯罪的结论。参见 *Cel-Tech Communications*, *Inc. v. Los Angeles Cellular Telephone Co.*（1999）20 Cal. 4th 163, 178〔83 Cal. Rptr. 2d 548, 973 P. 2d 527〕〔在立法机构很多年毫无动作，且司法部门众口一词的情况下，立法机关拒绝否定相关司法解释〕。在这种情况下，应当有立法机关在其认为适当的情况下对此加以修订。Ibid.

与此相对应，我们认为，攻击罪并不要求导致受害人受伤害的直接故意，或者对于此类危害可能发生的主观认识。相反，攻击罪仅仅要求行为人从事了故意行为，同时实际了解相关行为事实因其自身性质或可能引发的自然且盖然结果而该当追诉。

Ⅱ

现在，回头来看本案中涉及的法律指导意见，本庭认为，该意见存在内在的模糊性。因为"自然且盖然结果测试"属于一种客观测试，*Smith*, supra, 57 Cal. App. 4th p. 1480, 仅仅要求陪审团认定被告人有意且违法从事了本质上可能对他人构成暴力的行为，也就是说，即便行为人主观上没有认识，但客观上应当有此认识的，也构成本罪。因此，根据这一法律指导意见，即便行为人主观上真的没有认识到其行为本质将盖然直接引发殴打罪成立的后果，依然认定攻击罪成立。

然而，上述法律指导意见中存在的错误，大体上是技术性的，并不会影响案件的认定结果，因为被告人对于事实情节的认知，很少存在争论。实际上，本案的情况就是典型例证。首先，被告人承认自己的枪中压满了子弹，其次，被告人还承认，他知道受害人金蹲在地上，而在他和金之间，隔着金的皮卡车，最后，被告人承认他在明知金就在附近的情况下，仍向皮卡车开枪射击。考虑到上述供述，被告人无疑明知自己的行为本质将会直接、自然、盖然导致殴打的结果。至于对其他两名受害人行为的认定僵局，恰恰说明了陪审团并未受到误导。因此，可以排除合理怀疑地认为，指导意见中的相关模糊性并不存在实质错误性。参见 *Neder v. United States*（1999）527 U. S. 1, 7–10〔119 S. Ct. 1827, 1833–1834, 144 L. Ed. 2d 35〕。

判决

本庭据此推翻上诉法院的判决，将本案发回，按照本判决相关解读重新审理。

首席法官乔治（George, C. J.）、巴克斯特法官（Baxter, J.）以及秦法官（Chin, J.）附议赞成。康纳德法官（KENNARD, J.）表示反对。

此前，法院试图厘定攻击罪犯意的判例，参见 *People v. Colantuono*（1994）7 Cal. 4th 206〔26 Cal. Rptr. 2d 908, 865 P. 2d 704〕。在本案中，多数派意见认为，攻击罪从其立法规定，即 Penal Code Section 240 的内容来看，不属于直接故意犯罪，不要求检方证明被告人故意伤害受害人。参见 *Colantuono*, supra, pp. 217–219。对此观点，本人存在异议。从攻击罪的法律定义上来看，很显然，"非法力图，且具备能力，对他人的人身造成暴力伤害"。参见 Pen. Code § 240, 亦参见 code commrs. note foll. Ann. Pen. Code § 240（1st ed. 1872, Haymond & Burch, commrs.-annotators）p. 104（认为，如果不存在导致受害人伤害的结果，就不存在攻击犯罪），本人认为，攻击罪要求被告人具有造成伤害结果的故意，因此，攻击罪属于直接故意犯罪。参见 *Colantuono*, supra, p. 226　　（转下页注）

换句话说，攻击罪属于概括犯意或间接故意犯罪。^① 另一方面，客观上，被告人在实施上述行为时有能力对他人使用暴力。"施加暴力"一词意味着以危险或有攻击性的方式接触某人。如果以粗鲁或者暴躁的方式完成，最轻微的接触就足够。通过某人的衣服就可以达到与他人接触。接触不必造成任何疼痛或伤害。接触可以通过使物体或其他人接触到另一个人来间接地完成，检方不需要证明被告人实际接触了某人。^②

除了施加暴力之外，普通攻击罪还可以通过附条件威胁的方式实施。

（接上页注）（conc. & dis. opn. of Kennard, J.）; Id. pp. 225-228。

　　因为此前判例，即 *People v. Colantuono*（1994）7 Cal. 4th 206 中的多数派意见，从未明确解释什么是攻击罪所需的犯意，而只是说明其犯意不是什么，所以本庭需要再次面临定义攻击罪所需的犯意的任务。重新审视这个问题时，本庭的多数派重蹈覆辙，错误认为攻击罪的被告人，只需要明知自己的行为会让理性人意识到将直接、自然、盖然导致殴打罪的结果即可，即便被告人真诚确信自己的行为不会导致殴打的结果。对此，本人在此表示反对。

I

　　多数派意见的分析过程，从对攻击罪的定义，即 Pen. Code § 240 开始，同时宣称必须从考察相关立法意着手分析。又因为攻击罪被立法规制后从未发生过任何变化，多数派意见遂提出，需要对 1872 年时的相关立法目的加以解读。

　　对此方法，本人表示赞同，事实上，这正是本人此前在相关判例中发表不同意见时采用的方法。参见 *Colantuono*, supra, 7 Cal. 4th 206。

　　为了确定 1872 年立法机关在规制作为最初刑法一部分的攻击行为的成文法含义时的意图，多数派意见主要依据 1872 年版的《布维尔法律词典》（*Bouvier's Law Dictionary*）中对"力图/未遂"的三个定义中的第三个定义，即"意图从事某种行为，而该行为一旦实施，就会因其自身性质或可能引发的自然且盖然结果而该当追究"。多数派意见断言，这种对"力图/未遂"的定义支持其结论，即 1872 年时立法机关打算确定攻击罪的犯意，是指意图从事某种行为，该行为如果成功完成，其直接、自然和盖然的后果将会导致他人受伤。

　　多数派意见一带而过，驳斥了 1872 年版的《布维尔法律词典》中的"力图/未遂"的第一和第二种定义，因为这些定义对支持其立场而言多有不便。的确，当应用于攻击罪时，这两种定义都会导致这样的结论，即需要证明攻击行为人意图施加殴打，即具有伤害的直接故意。多数派意见选择第三种定义来解释相关攻击罪的立法规定，因为乍看起来，这一定义可以用来支持此前判例，即 *Colantuono*, supra, 7 Cal. 4th 206 中的错误判决。然而，是否真的属于支持意见，颇为值得怀疑。如果"力图"需要"故意"实施"如果完成，将会起诉"的行为，并且如果攻击是"力图"实施殴打，那么攻击必须要求故意实施将被作为殴打罪惩罚的行为，即非法使用武力，换言之，伤害他人的直接故意。

　　下略。

① 参见转移犯意原则不适用于间接故意犯罪，例如攻击罪。参见 *People v. Lee*, 28 Cal. App. 4th 1724（1994）。

② 参见 CALCRIM No. 915。

即无权这样做的行为人，故意威胁对他人使用暴力，迫使他人立即实施被告人要求的行为。主观上，被告人基于间接故意实施威胁行为，并不需要意图违法伤害他人或获得利益。客观上，当被告人做出威胁时，其有能力对他人使用其所威胁的暴力。[①] 无论多么冒犯的语言和不具有威胁性的行为，都不能成为攻击或殴斗的正当化理由。[②]

（二）使用武器实施的攻击罪

首先，使用致命性武器实施的攻击罪。根据加州相关法律，即 Pen. Code § § 245（a）（1）-（4），（b），该罪指行为人故意使用致命性武器，即除火器以外的致命武器[③]、火器[④]、半自动步枪[⑤]、机枪[⑥]、攻击性武器[⑦]、0.50 BMG 弹药的步枪[⑧]的攻击行为；以及并未使用武器，但行为人故意实施的行为显然会直接或可能作用于人，并且易于导致严重身体伤害的行为。本罪的主观方面属于概括故意，即要求行为人认识到一个理性人能够认识到其行为显然会直接或可能作用于受害人施力，并不要求行为人具有违法性认识，即故意违反法律、伤害他人或获取利益。检方也不需要证明被告人在行为时实际故意对他人使用暴力。本罪的客观方面是，犯罪成立并不要求有人实际因被告人的行为而受伤害。但如果导致他人受到伤害，在认定被告人是否构成攻击罪，如果构成，构成何种攻击罪时，可以同其他所有证据一起考虑。另外，所谓严重身体伤害，是指显著或者实

---

① 参见 CALCRIM No. 916。

② 参见 CALCRIM No. 917。

③ 除火器以外的致命武器是具有固有的致命属性或使用时能够造成或易于造成死亡或严重身体伤害的任何物体、器具或武器。

④ 火器是用来作为武器使用的任何装置，可以在爆炸或其他形式的燃烧的作用力之下通过枪管发射或推出发射物。

⑤ 半自动步枪是指每次退出一个燃烧完毕的弹壳，并在每次扣动扳机时击发新装药的火器。

⑥ 机枪是可以进行射击，可被设计用于射击或可随时转换进行射击的任何武器，一次触发自动打出一发及以上的弹药且无须手动重新装弹。

⑦ 攻击性武器包括相关法律，即 Pen. Code § 30510 中列举的特定攻击性武器。

⑧ 0.50 BMG 步枪是一种可以发射 0.50 BMG 弹药的步枪，0.50 BMG 弹药是一种意在从中心点火发射的弹药，并具有以下三个特征：（1）从弹壳底部到子弹尖端总长度 5.54 英寸；（2）弹头直径从 0.510 英寸到 0.511 英寸，包括 0.511 英寸；（3）弹壳的底座直径从 0.800 英寸到 0.804 英寸，包括 0.804 英寸。

质性的身体伤害，也就是说，超过轻微伤或者一般伤害程度的伤害。① 根据加州相关法律，针对消防员、治安官②，监所公职人员③，运输人员和乘客④使用致命性武器实施的攻击罪，需要根据相关规定加重处罚。

其次，使用电击枪或者其他非致命性武器实施的攻击罪。根据加州相关法律规定，即 Pen. Code §§ 240，244.5（b），使用电击枪或者其他非致命性武器实施的攻击罪，是指行为人故意使用电击枪、非致命性武器对他人实施作用力的行为。此种攻击行为的构成，大体类似于使用致命性武器实施攻击犯罪的成立条件，需要明确的是，所谓的电击枪是除非致命性武器以外的任何用来或故意用来或攻击或防御的武器，能够通过释放电荷暂时击晕他人。所谓非致命性武器是通过任何设计出或改装出的低致命性的弹药，对人体施加所有使其丧失机能，失去行动能力或通过施加包括身体疼痛或不适在内的任何低于致死的打击的所有装置的统称。该武器不会造成任何持久或永久性失能、不适、疼痛、其他伤害或残疾。非致命弹药是用于所有非致命性武器或所有其他类型武器，包括但不限于手枪、猎枪、步枪和使用弹簧、压缩空气和压缩气体武器的所有弹药的统称。在使用非致命性武器或其他武器时，低致命性弹药旨在通过对人体状况、功能或感觉（包括身体疼痛或不适）造成非致命性伤害，使人无法行动、失去能力或昏迷。⑤ 根据加州法律，对使用电击枪或其他非致命性武器攻击消防员、治安官⑥的行为，需要加重处罚。

三　虐待罪

如前所述，侵犯人身权犯罪中较为特殊的一个类型，就是存在特定身份关系者之间出现的所谓虐待问题。结合相关法律规定，根据虐待对象的不同，可以将加州法律中的虐待类犯罪具体划分为不同类型，限于篇幅，

---

① 参见 CALCRIM No. 875。
② 参见 Pen. Code §§ 245（c）&（d）。
③ 参见 Pen. Code §§ 245.3。
④ 参见 Pen. Code §§ 245.2。
⑤ 参见 CALCRIM No. 876。
⑥ 参见 Pen. Code §§ 244.5（c）。

这里仅结合对虐待儿童①行为的处罚加以说明。

所谓虐待儿童罪，根据加州相关法律规定，即 Pen. Code § 273a（a），是指行为人故意对儿童施加不合理②的身体痛苦或者精神痛苦的行为，或者故意导致或允许儿童遭受不合理的身体痛苦或者精神痛苦，或者在照顾或监护③儿童时，故意导致或允许儿童人身、健康受到伤害，或者在照顾或监护儿童时，故意导致或允许将儿童置于人身、健康可能遭受伤害的危险中。除了上述故意犯罪形态的虐待儿童罪之外，还存在过失形态的虐待儿童罪，即被告人在可能产生严重身体伤害或死亡的情况或条件下，基于过失④心态，使儿童遭受痛苦，导致或默许儿童受伤或处于危险之中。⑤ 值得一提的是，体罚儿童的行为也可能构成犯罪。根据相关法律规定，即 Pen. Code § 273d（a），如果行为人故意对儿童实施了残忍或不人道的体罚或伤害，同时被告人的惩罚对儿童的身体造成了创伤，则构成犯罪。如果是父母对子女的责打，这种责打应不属于合理的管教。⑥

根据加州相关法律规定，即 Pen. Code § 273ab（a），对 8 周岁以下的儿童施暴可能造成严重人身伤害的行为，如果导致儿童死亡，检方在对其加以指控时，如果要指控被告人犯有虐待儿童罪⑦，则必须证明行为人故意对其照顾或监护的不满 8 周岁的儿童实施了就其性质而言将直接、盖然造成严重身体伤害的暴力行为。一方面，本罪属于间接故意犯罪⑧，行为人主观上应意识到自己的行为将使一个理性人认识到这种行为本质上将直

---

① 在加州，儿童是指不满 18 岁的未成年人。同时，本条规定不适用于未出生的胎儿。参见 *Reyes v. Superior Court*, 75 Cal. App. 3d 214（1977）。

② 如果疼痛或痛苦的必要性或合理性存在争议，可参见相关司法界定。参见 *People v. Curtiss*, 116 Cal. App. Supp. 771（1931）。

③ "照顾或监护"一词并不意味着在家庭关系中，而仅仅意味着愿意承担起照顾者角色的相对应的职责。参见 *People v. Cochran*, 62 Cal. App. 4th 826（1998）。

④ 犯罪过失不仅仅是普通不注意、不仔细或者判断错误。所谓犯罪过失，是指：（1）行为人的行为方式导致了致死或者致人重伤的高度危险；（2）行为人的行为相当于对生命或者行为的结果无所谓的心态；并且（3）一个理性人应当知道这种行为自然且盖然的结果就是会对他人造成伤害。参见 *People v. Valdez*, 27 Cal. 4th 778（2002）。

⑤ 参见 CALCRIM No. 821。

⑥ 参见 CALCRIM No. 822。

⑦ 其罪名又被称为"虐待儿童杀人罪"，参见 *People v. Malfavon*, 102 Cal. App. 4th 727（2002）。

⑧ 参见 *People v. Albritton*, 67 Cal. App. 4th 647（1998）。

接并盖然对该儿童造成严重的身体伤害；另一方面，行为人在行为时客观上具有对儿童造成严重身体伤害的能力。行为人的行为并不属于合理管教的范畴，导致了受害儿童的死亡。[①]

四　其他侵犯人身权犯罪例举

（一）残害罪（Mayhem）

根据加州相关法律规定，即 Pen. Code § 203，所谓残害罪，是指行为人故意非法剥夺某人[②]身体的一部分；或者使他人残疾[③]或使其身体的某一部分丧失功能，而这种残疾不仅仅是轻微的或暂时的；或者使某人永久性毁容[④]；或者把某人的舌头割掉或者使其丧失功能，或者割破某人的鼻子、耳朵、嘴唇，或者把某人的眼睛挖出来或者伤害某人的眼睛，使其视力大大减弱或者失去常规视力的行为。[⑤]根据 Pen. Code § 205，残害罪的加重犯，是指行为人客观上非法和恶意地使某人永久残疾或毁容，或者剥夺他人的身体的一部分，而在被告人实施犯罪行为时，主观上存在故意，从而表明了其对他人身心健康的极度漠视。[⑥]换句话说，残害罪必须是直接故意犯罪。[⑦]

（二）炫示枪支或枪击行为

众所周知，美国宪法保证公民合法持有枪支的权利。因此，在危害人身权犯罪一类中，也或多或少涉及与枪有关的具体犯罪。根据相关法律，在公共场所炫示火器或其他具有威慑性火器的[⑧]，以及在机动车乘员在场

---

① 参见 CALCRIM No. 820。
② 受害人在残害行为发生时必须还活着。参见 *People v. Kraft*，23 Cal. 4th 978（2000）。
③ 例如踝关节严重损伤持续 6 个月以上的，即属于永久残疾，参见 *People v. Thomas*，96 Cal. App. 3d 507（1979）。
④ 值得一提的是，即使相关损伤结果在美容修复上具有可行性，依然可以认定其具有永久性毁容。参见 *People v. Hill*，23 Cal. App. 4th 1566（1994）。
⑤ 参见 CALCRIM No. 801。
⑥ 参见 CALCRIM No. 800。
⑦ 具有致人伤残的直接故意。参见 *People v. Ferrell*，218 Cal. App. 3d 828（1990）。
⑧ 参见 Pen. Code § 417.4 以及 Pen. Code § 417（a）（2）（A）。

的情况下炫示火器的行为①，在治安官在场情况下炫示火器的行为②，拘捕时炫示火器或者致命性武器的行为③，开枪射击无人居住的房屋或者无人驾驶的机动车的④，开枪射击无人在内的航空器的⑤，甚至从机动车内或允许他人向外射击的行为⑥，以严重过失的方式开枪射击或者发射 BB 弹的行为⑦等，都是犯罪。考虑到相关篇幅，这里仅仅选取其中较重的一项犯罪，即开枪射击有人居住的房屋或者有人驾驶的机动车的犯罪行为，加以说明。

根据相关法律，即 Pen. Code § 246，如果行为人在缺乏正当化事由或免责事由的情况下，故意恶意向有人居住的房屋、有人居住的房车、有人居住的露营车、有人在的建筑、有人驾驶的机动车辆、有人驾驶的飞机开枪，即构成本罪。⑧ 一般认为，本罪属于间接故意犯罪。⑨ 而从客观层面来看，所谓有人居住，是指如果有人将房屋、房车、露营车用作住所，而不论在被指控的枪击发生时是否有人在里面。即便因为自然灾害或其他灾害导致将房屋、房车、露营车用作住所的人离开，也属于有人居住。但如果居民迁出并不打算返回，即使一些个人财产留在里面，被放置的房屋、房车、露营车也是没有人居住。⑩ 根据相关司法判例，这里所谓的房屋包括任何附于房屋并在功能上与之相连的结构、车库、办公室。⑪ 所谓的机动车辆包括乘用车、摩托车、机动滑板车、巴士、校车、商用车、卡车拖拉机和拖车。所谓房车是最初设计或永久改装的机动车辆，其配备可供人居住，或露营车永久地附在其上。而露营车是一种被设计来安装于汽车上

---

① 参见 Pen. Code § 417. 3。

② 参见 Pen. Code § 417（c）&（e）。

③ 参见 Pen. Code § 417. 8）。

④ 参见 Pen. Code § 247（b）。

⑤ 案件 Pen. Code § 247（a）。

⑥ 参见 Pen. Code § 26100（c）&（d）以及 Pen. Code § 26100（b）。

⑦ 参见 Pen. Code § 246. 3。

⑧ 但在公寓内部开枪，例如，坐在沙发上开枪射击自家电视机，并不属于向建筑物开枪。参见 *People v. Stepney*，120 Cal. App. 3d 1016（1981）。

⑨ 例如有判例明确，不要求被告人有射击建筑物的故意。参见 *People v. Cruz*，38 Cal. App. 4th 427（1995）。

⑩ 参见 CALCRIM No. 965。

⑪ 参见 *People v. Adams*，137 Cal. App. 3d 346（1982）。

的结构，并为人类居住或露营提供设施。①

第三节 侵犯人身权犯罪的证明与辩护

因为侵犯人身权的犯罪往往发生在较为亲密的人际关系之间以及相对隐秘的私人空间，很多犯罪具有长期性和渐变性，对于相关犯罪的证明与辩护具有一定特殊性，这里仅结合加州相关证据规则与辩护实践做法，对于其中较为具有代表性的知识点加以介绍。

一 相关证明

如前所述，在侵犯人身权的犯罪，如殴打犯罪中，存在"受殴打妇女症候群"②，在涉及未成年人的攻击、殴打犯罪中，可能会涉及"儿童性虐待适应综合征"（Child Sexual Abuse Accommodation Syndrome）等抗辩事由。③ 从证据规则的角度来看，加州司法实践一般认为，相关专家证人在出庭发表意见时如果提出"受殴打妇女症候群"抗辩，即使没有证据表明被告人与受害人之间曾发生过暴力事件，仍可以被采纳。④

除此之外值得一提的证据问题，还包括未被指控的家庭暴力的证据如何采信的问题。对于所谓的家庭暴力，在加州刑法与婚姻家庭法中的定义稍有不同，根据刑法相关条文的规定，即 Pen. Code §13700，家庭暴力是指对配偶或前配偶，同居⑤者或前同居者，与被告人育有孩子的或与被告人曾有约会或正在约会的，与被告人订婚或曾订婚的成人，以及完全获得

---

① 参见 *People* v. *Buttles*，223 Cal. App. 3d 1631（1990）。

② 值得一提的是，在加州，2004 年加州立法机构修订的证据规则，即 Evidence Code § 1107（d），将所有提及的"受殴打妇女症候群"重新命名为"亲密伴侣虐待及其影响"（Intimate Partner Battering and Its Effects）。

③ 参见 CALCRIM No. 850 以及 *People* v. *Mateo*，243 Cal. App. 4th 1063（2016）。

④ 参见 *People* v. *Brown*，33 Cal. 4th 892（2004）。

⑤ 同居是指两个无关的人在一段相当长的时间内生活在一起，导致了这种关系的某种永久性。可能认定同居的因素包括但不限于：（1）双方在同处一室时的性关系；（2）共享收入或支出；（3）共同使用或拥有财产；（4）双方当事人以配偶/家庭伴侣自居；（5）关系的连续性；以及（6）关系的时长。参见 Pen. Code § 13700（b）。

自主权的未成年人（A Fully Emancipated Minor）① 实施虐待。而根据加州婚姻家庭法，即 Fam. Code § 6211，家庭暴力是指对被告人的子女、孙子女、外孙子女、父母、祖父母、外祖父母、兄弟姐妹实施虐待的行为。只有当检方通过证据优势证明被告人实际上实施了没有被指控的家庭暴力时，陪审员才可以考虑这一证据。证据优势的证明是一种不同于合理怀疑的证据举证责任。如果陪审员认为这个事实是真实的可能性比较大，那么这个事实就可以通过证据优势来证明。如果检方没有承担这一举证责任，陪审员必须完全地排除这一证据。如果陪审员认为被告人犯有未被指控的家庭暴力，陪审员可以但不必须从证据中得出，被告人倾向于或趋向于犯家庭暴力，并且基于这一观点，也可以从中得出被告人有可能犯有涉及家庭暴力的特定犯罪，正如被指控的那样。如果陪审员认为被告人犯有未被指控的家庭暴力，这一结论是唯一需要同其他所有证据一起考虑的因素，仅凭该孤证并不能充分证明被告人犯有涉及家庭暴力的被指控的罪，检方仍然必须排除合理怀疑②地证明每一项指控。不能出于其他目的考虑这一证据。③

二　相关辩护

　　侵犯人身权犯罪看似很简单，但或许会带来非常复杂的证明或辩护问题。首先要考虑委托人如何进行攻击，然后考虑法律意义上的人身攻击；且根据相应的案件事实，被告人的攻击可能是防御性质的。接着调查典型的伤害案件，通过相关的判例情况来说明，之后完成对故意伤害或其他类似情形的认定。按照时间先后顺序，可以将辩护律师与攻击伤害罪犯罪嫌疑人之间的互动关系，划分为初次接触、争取保释、会见以及与之相关的费用收取问题。与委托人的初次会面至关重要，可以为律师与其委托人的关系定下基调，也提供给律师一个最大的机会来获取信息、获取委托人的

---

① 是指虽然不满 18 周岁，但通过结婚、为美国军队服役或者依法被宣布独立而获得某些成人权利的个体。参见 Fam. Code § 7000。

② 根据加州刑事司法实践，不能凭具有压倒性优势的孤证定罪，孤证不能排除合理怀疑。参见 *People v. Younger*，84 Cal. App. 4th 1360（2000）。

③ 参见 CALCRIM No. 852A。

好感、了解委托人的需求。代理的每个阶段都需要使用与委托人会面过程中收集的信息。与委托人的会面应获得详尽的确切的信息，没有什么事实是应被认定为是微不足道的。会面的次数取决于案件的复杂性。如果委托人有特殊需要，比如委托人存在听力障碍或英语不是其擅长的语言，则翻译或任何其他必要人员与设备应在第一次会面中提供。辩护律师应在与委托人的会面中，在委托人对案件的记忆尚且清楚的时候，尽快了解案件相关的情况。会面最好是在一个不被打扰的房间中进行。应该为第一次会面提供较长的时间，委托人必须告知在案件中经历的详情。对不一致或矛盾的委托费用问题双方应该进行充分讨论，如果可能的话辩护律师应尽量详尽地做出解释。应鼓励委托人坦率地说明相关事实，不要隐瞒情况。律师应向委托人言明，律师除非全权代理，否则不能充分代表委托人。第一次会面中，律师与委托人之间的保密协议必须准确和详尽地被言明。因为律师和委托人之间的关系是高度信托的性质，其具有非常微妙、严格、机密的特征，需要高度的忠诚和诚信。律师应该一开始就建议，所有与律师之间的沟通，由律师与委托人保密特权所保护，委托人可以对任何提供给律师的隐私抱以最坚定的信心。在会面中，律师也应该就人身攻击、法律上的伤害、共犯的相关法律规定和潜在的防御等法律相关信息，为委托人做出说明，并向其说明其他任何可能出现的重大法律问题及各种可能的结果。因此建议应该给委托人一个关于他的案件将如何进行的简短说明，说明律师为了给委托人一个可能的最佳结果而需要什么证据。这样的说明是很有价值的，在将对委托人最有效的事实展现给他的情况下，建立委托人对律师的信心，并说明委托人所面临的问题是什么，让委托人明白他提供的信息的重要性。应当允许委托人用自己的话来谈谈对案件的见解和想法，尽可能少干扰。律师可能会向委托人提问，以求在委托人的叙述中获得更详尽的信息。律师应该试图调和委托人的叙述中存在的矛盾，以求澄清事实真相。律师应该问开放式的问题，不能用封闭式的提问，让委托人用简单的"是"或"否"来回答，因为开放式的提问更有可能真实地表明委托人的实际信息和委托人的期望。律师还会为委托人提供机会来表达对他而言什么是重要的。应要求委托人提供证人的列表包括事故目击者以及潜在的不在场证明或品行证明。律师希望获得所有必要的信息，包括委托人给警察签署的任何陈述、任何关于委托人的陈述的记录、委托人的书面确认及其建议、米兰达规则确定的委托人的权利、任何官方警察报告、目击者的陈述，以及关于委托人的任何测试，如测谎结果或血液检测结果或滥用药物测试结果。会面结束时，律师应建议委托人提供更多的相关证据，并建议其报告任何更多的信息或者回忆有关情况。同样，律师将新发现的任何信息及时提供给委托人。律师应该进一步建议，除了与律师或其律师事务所的代表进行会谈外，不要与任何人就案情进行相关的会谈，或与任何人讨论此案。书面协议应该写明律师为委托人代理会收取的费用，这样做是确保当委托人与律师的初次会面结束后，委托人可以相信律师会倾力为其代理此案，律师将履行他的职责，并对委托人保持最大程度的诚信。下面就是律师会见侵犯人身权犯罪嫌疑人时需要逐项核实的确认表，罗列如下，仅供参考。[①]

委托人个人信息

☐名字

☐性别

☐生日

☐被告人的住址

——居住时长

——共同居住者

☐被告人曾住处住址

——居住时长

☐电话号码

☐现职业或最近的职业

——工作地点

——工作主管人员

——工作时长

---

① 参见 Mary G. Leary，"Criminal Defense：Assault and Battery Cases，" *Am. Jur. Trials* 92（2016）：1。相关列表亦转引于此，不再一一作注。

□所属工会

——工会地址

——成为会员时长

□曾经的工作

□其他收入

□证明书

□财务信息

——所选择的金融机构

——债权人

——负有多少债务

——社会保障号码

□婚姻状况

——配偶姓名

——配偶工作

——之前是否有过其他婚姻，状况如何

——子女状况

□父母姓名及联系方式

□其他社会关系

□受教育情况

——学历

——英语能力

□军事服务相关信息

——兵役状况

□先前受逮捕与审判情况

——时间

——地点

——处置结果

——监禁

——缓刑

——假释

☐所受其他犯罪指控

——时间

——地点

——曾委托的代理人

☐健康状况

——疾病情况

——住院情况

——主治医生

——家族精神病史

——药物成瘾情况

——药物主要化学成分

——时间

——治疗情况

逮捕和预审信息

☐日期

☐时间

☐地点

☐实行逮捕的人员

——识别特征

——警徽

——制服

☐被捕时财产状况

☐搜查情况

——证明材料

——人员

——载具

——居所

☐查获结果

——在搜查期间

——在逮捕期间

☐逮捕的目击者

☐讯问情况

——时间

——地点

——讯问人员

——给予的适当警告

——指控的建议

☐报告情况

——口述材料

——签字材料

——音频材料

——测谎仪检测情况

☐勘验情况

——物理情况

——精神情况

——化学成分检测

——样本采集

——血液样本

——毛发样本

☐指纹

☐警员暴力情况

——实施行为的人员

——所造成的伤害

☐指认情况

——时间

——其余被指认者数量

——其余被指认者外貌

——指认者

——委托人许可

□保释情况

——总数

——类型

——现金

——抵押

——专业担保

——保证人及其联系方式

——合签者

——其他人员

——预付保证款

——负责报告委托人的下落

——先前非保释的获释

——时间

——地点

□逮捕时其有价证券

——兑现人

案情信息

□出庭情况

——预审

——陪审团

——起诉书

——罪名数量

——所控罪名

——其他法律诉讼

□共犯

——起诉书

——指控

□中止动议

——时间

——结果

□证人

——控方证人

——被告证人

——目击者

——不在场证明

——品行报告

目击者鉴定信息

□对委托人当时行为所进行的描述

——年龄

——身高

——体重

——发色与发型

——眼睛颜色

——肤色

——胡须

——明显特征

——疤痕

——文身

——穿孔

——不寻常的标记

□对被害人在案发当天所穿衣服的描述

——上衣的款式与颜色

——裤子或裙子的款式与颜色

——鞋或靴子的款式与颜色

——腰带的款式与颜色

——外套与手套的款式与颜色

——帽子的款式与颜色

——珠宝首饰的位置与款式

——领带的系法

——口罩手帕的款式与颜色

——手里拿着什么东西

——手提包的款式、颜色与系带的方式

——眼镜的款式

□光照条件

——案发地附近的光线条件

——案发地附近的人工光源

——案发地附近的自然光源，如阳光、月光

——案发地附近的可见度

□天气条件

——雨、雪、冰雹、雨夹雪、结冰、湿气

——阴天、晴天

——风速

——温度

□发生于室内的案件的日期和准确时间

——室内装饰

——下列物品的类型和位置

——家具

——工艺品

——照明和其他设施

——电子设备

□发生于室外的案件的日期和准确时间

——一般外观的描述

——树木的类型和位置

——围栏的类型、颜色和位置

——下列物品的类型与位置

——汽车

——其他路标

□发生于车内的案件的日期和准确时间

——车辆的年份、颜色和式样

——车辆状况

——外观

——内饰

——车轮的种类

——窗户是开是关

——车内物品的类型与位置

☐现场附近的其他证人

——身份（如果知道的话）

——案发发生时的一般物理描述

——案发发生时的衣着描述

——优势地形（如果知道的话）

关于行为的信息

☐委托人所说的挑衅的言语

☐受害人所说的挑衅的言语

☐所有带有敌意倾向的肢体言语

——谁先引起

——有敌意的肢体接触

——关键的肢体接触

——自动武器或其他类似物品

——造成伤害的敌意的肢体接触

——造成财产损失的敌意的肢体接触

☐所有报复性的有敌意的肢体言语

——谁先进行报复

——报复倾向的类型

——关键的肢体接触

——自动武器或其他类似物品

——造成伤害的敌意的肢体接触

——造成财产损失的敌意的肢体接触

——报复性的敌意的肢体接触前的反应时间

☐武器的使用

——所有委托人所使用的武器的类型与颜色

——所有受害人所使用的武器的类型与颜色

——对抗中每个武器最先被使用的时间

——对抗中每个武器所处的位置

□对抗中被告人的精神状况

第四节　小结

以加州为代表的侵犯人身权刑事立法、刑事司法与刑事辩护实践，作为普通刑事犯罪的典型，充分彰显出美国刑事立法细密繁复、刑事司法侧重证明、刑事辩护侧重程序的倾向，限于篇幅，仅能从加州刑事立法中选择若干立法与司法实践作为讨论的素材，难免出现挂一漏万的情况，但可以肯定的是，对于加州刑法中侵犯人身权的犯罪研究，应当立足于对最新立法动向与司法动向的跟踪，在这个意义上，这里的介绍并不是结论性的说明，只能算是启发性的例举。

人民陪审员制度改革语境下犯罪故意
要素分析模式的澄清与适用

相较于侵权法等其他部门法，刑法的本质在于其所具有的"污名化"功能。而近代刑法的发展史，更在很大程度上体现为行为的"对错"评价与行为人的"善恶"评价之间的此消彼长、循环往复。这种动态平衡关系，显然与刑法文本中犯意特别是故意①的存否及涵摄，存在莫大干系。具体到本土语境，如何在来势汹汹的风险社会浪潮前捍卫刑法固有的道德否定评价属性，在很大程度上取决于我国刑法中"故意"的规范与释明是否合理。从立法文本上来看，无论是总则中对于犯罪故意②的实质性规定，还是分则中具体犯罪故意的大量列明③，都为故意的司法解读预留了充足

---

① 日本刑法通说，根据该国刑法第三十八条第一款之规定，认为"犯意就是故意"。当然，对此也有不同看法，参见〔日〕齐藤信宰「故意と犯意」中央学院大学法学论丛 14 卷（1/2 号）、2001、45 頁。我国刑法学界，则一般将犯意视为故意与过失的上位概念，本文亦采用这一看法，特此说明。

② 虽然有学者认为，我国刑法第十四条、第十五条的规定，不是"故意"与"过失"的规定，而是"故意犯罪"与"过失犯罪"的规定，从中推不出什么是"故意"、什么是"过失"。从而，完全可以将我国刑法上的"故意"与"过失"与德日刑法上的"故意"与"过失"做同样的理解。参见蔡桂生《论故意在犯罪论体系中的双层定位——兼论消极的构成要件要素》，《环球法律评论》2013 年第 6 期，第 71 页。但这种观点的提出，显然是为了扫清直接借鉴德日刑法理论所面临的立法文本障碍，故不足取。

③ 例如，我国刑法分则中的很多犯罪都包括对行为对象、行为状态等的所谓"明知"，其规定数量之多，在世界各国刑法中实属罕见。参见陈兴良《刑法分则规定之明知——以表现犯为解释进路》，《法学家》2013 年第 3 期，第 83 页。

的理论空间，同时也设置了足够的现实挑战。① 本文认为，相较于其他理论构型，美国刑法理论与实践中的要素分析模式，能够更加合理地解决传统故意理论与风险社会刑事立法与刑事司法活动之间存在的天然矛盾，同时更契合以人民陪审员制度改革为契机的刑事司法认定模式创新。为此，需要澄清既有话语中的犯罪故意要素分析模式的误读，同时结合人民陪审员制度中事实审与法律审的相互关系②，为我国刑法分则中具体故意的司法认定建构应然的制度进路。

一 问题的提出

（一）犯罪故意要素分析模式讨论的情境预设

［情况一］甲明知收费站有执勤人员检查，为逃避检查，驾驶机动车在逆行车道上高速强行冲关，致使前方赶来的执勤人员被撞死。③

［情况二］乙看到身着加油站制服的人（事后查明该人当时突发精神病）在加油站附近追赶手拿挎包的被害人，以为发生抢劫，本着见义勇为的想法驾驶机动车高速追撞被害人致其死亡。④

［情况三］丙在抢劫过程中使用暴力致被害人昏迷，误认为被害人已经死亡，为毁灭罪证又实施放火行为造成被害人窒息死亡。⑤

［情况四］丁身为幼儿园园长，明知该园的面包车车况差，亟须检修，仍要求司机驾驶该车送儿童回家。途中油路不畅以及司机违规操作，导致

---

① 例如，有学者指出，我国刑法中对犯罪故意的内容规定明确，但在现实中却面临挑战，需要对其进行规范释明。参见付玉明、杨卫《犯罪故意的规范释明与事实认定——以"复旦投毒案"为例的规范分析》，《法学》2017年第2期，第183页。

② 事实审和法律审的有效区分机制，是决定人民陪审员制度改革能否取得实效的关键一环，而故意的司法认定，又恰恰是事实审与法律审的关键问题之一。相关争议可参见李立丰《我国人民陪审员制度改革中事实审、法律审分离模式之提倡》，《湖北警官学院学报》2018年第1期，第5页。

③ 具体案情及相关判决结果，参见《陈孙铭交通肇事抗诉刑事二审案》，《中华人民共和国最高人民法院公报》1999年第4期。

④ 具体案情及相关判决结果，参见《蔡永杰故意伤害罪案》，（2012年）穗中法刑一初字第385号。

⑤ 具体案情及相关判决结果，参见《魏建军抢劫、放火案》，《刑事审判参考》2006年第4期。

汽车着火，造成面包车烧毁，车上数名儿童死亡。①

　　[情况五] 戊明知自己患有艾滋病，隐瞒患病事实，在未采取任何安全防护措施的情况下，先后与不特定对象多次发生性行为。②

　　[情况六] 己驾驶套牌的非法改装摩托车与他人赛车，在人口密集、车流密集的闹市中长时间超速驾驶、强行并线、反复穿插并多次闯红灯，后被警察当场抓获。③

　　此前，国内提倡使用犯罪故意要素分析模式的代表学者一般认为，这种特定的故意要素分析模式，是为了解决以具体危害结果的出现为犯罪成立客观条件的特定法定犯的故意认定问题，做出的一种理论反思。④ 的确，与 [情况六] 类似，围绕以"造成严重后果"作为处罚条件的法定犯，如丢失枪支不报罪的罪过形式，存在故意说、过失说与复合罪过说等⑤诸多争议。但本文认为，犯罪故意要素分析模式，具有普遍适用性，换句话说，不仅可以用其来分析以具体危害结果为犯罪成立或处罚条件的所谓法定犯，也可以用来分析 [情况一] 所涉及的传统自然犯，更可以用来分析如 [情况二] 所涉及的违法性认识错误，以及如 [情况三] 所涉及的事实认识错误，乃至故意与过失的区分等更广谱系的刑法问题。也正是从这一前提出发，本文从我国刑事司法实践中选取了上述六个真实裁判例作为讨论素材，涉及犯罪故意相关问题的各个主要方面，旨在证明，犯罪故意要素分析模式在我国刑法中具有普遍适用性。

（二）传统犯罪故意分析模式的问题归结

　　有学者指出，无论是大陆法系国家刑法理论中的有责性问题，还是社会主义刑法理论中的罪过，抑或是英美刑法理论中的犯意，就其本质而

---

① 具体案情及相关判决结果，参见《高知先教育设施重大安全事故案》，《中华人民共和国最高人民法院公报》2005 年第 1 期。
② 具体案情及相关判决结果，参见《刘文明、红梅以危险方法危害公共安全案》，（2017）内 2223 刑初 7 号。
③ 具体案情及相关判决结果，参见《张纪伟、金鑫危险驾驶一审案》，《中华人民共和国最高人民法院公报》2013 年第 12 期。
④ 参见劳东燕《犯罪故意的要素分析模式》，《比较法研究》2009 年第 1 期，第 45 页。
⑤ 参见林维《刑法归责构造的欠缺——以丢失枪支不报罪为中心》，《刑事法评论》2000 年第 2 卷，第 217 页。

言，都是一个主观恶性的问题。① 这种观点的正确之处在于明确了犯罪主观方面所承载的"道德污名化"这一社会否定评价功能。事实上，现代社会中法律与道德之间依然仅仅存在形式上的矛盾悖论关系。虽然法治要求强调法律规制与道德规制的应然区分，但现代国家中的"民意"趋从性又使得刑事立法与司法活动必须迎合社会主流道德。只有通过刑罚适用，给基于主观恶性实施危害社会行为的人②贴上"罪犯"这一标签，将其所实施的反社会行为贴上"犯罪"这一标签，才可以最大程度满足社会民众对于刑法的预期，才可以使其获得独立于侵权法、行政法等其他部门法的正当性。③ 同时，由于现代国家角色的限缩，以及有效运用相对有限的司法资源的考量，刑法的适用范围也随之紧缩，应主要适用于那些故意实施侵犯他人人身以及财产权利的行为人。④ 特别是在人民陪审员制度改革的大背景下，考虑到我国刑法理论及相关裁判中故意要素分析模式的混乱现状，专业法官如何向作为普通人参与刑事司法审判的人民陪审员明确说明"何为故意"，就成为一个亟待解决的技术问题。⑤

虽然我国刑法第十四条第一款规定的究竟是故意犯罪，还是犯罪故意存在争议，但应围绕这一刑法条文开展故意问题的讨论，却是无可争辩的事实。我国刑法通说，一般将"明知自己的行为会发生危害社会的结果，并且希望或者放任这种结果发生，因而构成犯罪的，是故意犯罪"这一立法规定，从理论上划分为以"明知"为标识的认识因素，以及以"希望或者放任"为标识的意志因素。同时，我国刑法通说一般认为，故意中的认

---

① 参见陈兴良《主观恶性论》，《中国社会科学》1992年第2期，第169页。

② 在这个意义上，德国刑法不处罚法人犯罪的做法，在某种程度上也是因为对于法人无法实施道德否定评价，无法发挥积极的一般预防效果。

③ 参见李立丰《刑法的道德属性：以美国刑法中耻辱刑为视角的批判与反思》，载高鸿钧、於兴中主编《清华法治论衡》第23辑，清华大学出版社，2015，第254页。

④ 参见李立丰《美国法的"刑"与"非刑"》，《环球法律评论》2009年第2期，第101页。

⑤ 事实上，近几年，日本刑法学界因应裁判员制度改革，着手研究裁判员制度对于传统实体刑法理论特别是解释论带来的冲击，并产出了若干颇具理论深度与自省意识的学术研究成果。可参见〔日〕松泽伸、高桥则夫、桥爪隆、稗田雅洋、松原英世『裁判员裁判と刑法』成文堂、2018。另外，日本司法实务界也积极行动起来，尝试编写供法曹三者使用的工具性书籍。可参见〔日〕司法研修所编『難解な法律概念と裁判員裁判』法曹会、2009。

识与意志之间存在"对立统一的矛盾关系"①，即便张明楷教授也认为，二者"有机统一"②，更有学者断言，故意中的"意志占主导地位，认识属辅助地位"。③ 必须承认，上述观点立足于我国实际立法文本，一方面得到大陆法系刑法故意理论相关学说特别是"容认说"的理论加持，另一方面又可以在形式上解决所谓间接故意与过于自信过失的类型划分④，因此具备一定合理性，并长期得到我国刑法学界的支持。

但客观而言，以"容认说"⑤为代表的我国犯罪故意理论通说，并未考虑到我国刑法第十四条第一款相较于日本等大陆法系国家刑法文本的立法特殊性，简单适用大陆法系中犯罪故意"容认说"的相关理论解释我国刑法，存在先天性的理论不足，更无法有效应对风险社会对传统刑法理论的尖锐挑战。

首先，随着共犯正犯化、预备行为实行化刑事立法趋势的抬头，结果要素在刑法中的地位与作用逐渐式微，因此才有学者立足风险社会这一视角，提出强调意志因素的传统故意理论难以满足刑法控制风险的需要，无法对某些犯罪的罪过形式做出合理的解释。⑥［情况五］中，戊虽然明知自己是艾滋病病毒（HIV）感染者，却恶意隐瞒患病事实，在未采取任何安全防护措施的情况下，先后与不特定对象多次发生性行为。对此，如果套用"容认说"，因为本案现有证据不能证明被害人已经感染艾滋病病毒，即并未发生实际危害结果，而仅仅对不特定多数人的人身安全造成威胁，故只能按照以危险方法危害公共安全罪处理。但假设案件中的受害人并非不特定的多数人，那么戊的行为显然不能构成以危险方法危害公共安全罪，且由于没有发生实际危害结果，缺乏故意伤害罪的全部构成要件，而

---

① 参见高铭暄、马克昌主编《刑法学》，北京大学出版社，2017，第4章相关部分。
② 张明楷：《刑法学》，法律出版社，2016，第252页。
③ 周光权：《刑法总论》，中国人民大学出版社，2007，第159页。
④ 有学者甚至认为，所谓的"容认说"，完全是为解决间接故意的认定而提出的。参见黎宏《刑法总论问题思考》，中国人民大学出版社，2007，第253页。
⑤ 我国学者在论述"容认说"妥当性的时候，一般认为，容认与积极希望一样，反映了行为人积极侵害法益的主观态度，还可以区分间接故意与过于自信的过失，具有相对于其他故意学说的理论优势。参见张明楷《刑法学》，法律出版社，2016，第254页。
⑥ 参见劳东燕《犯罪故意理论的反思与重构》，《政法论坛》2009年第1期，第82页。

"间接故意犯罪意志因素的特性决定其不存在未完成形态"[①]，坚守罪刑法定原则，只能认定戊的恶劣行为不构成犯罪。这一认定结论显然与普通人的法感情相去甚远。事实上，和［情况一］以及［情况六］中作为受害人的交通管理者或交通参与人不同，［情况五］中受害人显然对于自己从事性行为感染 HIV 的"日常性"或"业务性"缺乏心理预判，因此，德、日刑法理论才认为"这种行为的无价值性很高"[②]，机械适用"容认说"显然无法合理解决风险社会中与 HIV 传染类似的高度风险性行为。

其次，犯罪故意作为一种主观心理活动，一般只能由司法人员通过组织证据链条的方式加以认定。但这样显然会造成司法标准无法统一、司法人员自由裁量不受制约等弊端。为此，我国最高人民检察院、最高人民法院往往会各自或联合发布司法解释，但这样做又会造成标准失之于严、缺乏灵活性等问题。尤其是在区分间接故意与过于自信过失这对类似概念的过程中，"容认说"并不会像我国刑法通说观点那样，发挥明确的定分止争功能。以［情况一］为例，虽然我国司法实践将甲的行为定性为交通肇事致人死亡，换言之，一般意义上的过失犯罪，但如果坚持"容认说"，在类似案件中，认定闯关行为人持有何种主观心理状态，关键就变成了死亡结果发生的可能性大小判断。因此，我国有学者认为，闯关行为人将拦截民警的生命置于危险境地，对民警可能因无法及时躲避而被撞倒的结果持一种放任的心理态度，因而对该行为人应以间接故意杀人罪论处。[③] 由此可见，根据"容认说"导出的结论不仅无法为司法实践的做法提供合理性背书，其本身也并未阐明闯关行为人甘愿将拦截民警置于危险境地的行为与其甘愿接受致死他人结果的必然关系。事实上，为了回避仅以行为危险性为理由的故意认定，德国联邦最高法院（BGH）曾尝试通过"阻止

---

① 参见冯骁聪《HIV 感染者与多人无保护性行为之刑法性质探析——从大连赵某案切入》，《贵州警官职业学院学报》2018 年第 5 期，第 28 页。

② 参见〔日〕大庭沙織「故意の意的要素の必要性」早稲田法学会誌 65 巻 1 号、2014、162 頁。

③ 参见陈兴良《刑法中的故意及其构造》，《法治研究》2010 年第 6 期，第 13 页。

阈"概念，弥补"容认说"本身的实践不足。①

再次，"容认说"作为一种犯罪故意的理论构型，本身也存在无法弥补的理论缺陷。在刑法理论与裁判例基本采用"容认说"的日本，就有学者批判，"容认"，不能作为"裁判官方面对行为人认识到结果发生的高度危险依然实施该行为这一事态的整体评价"，应"以行为人的一种现实心理状态加以理解"。②换句话说，不能因为判例采用了"铤而走险"（あえて）的表述，就认为裁判所采取的是"容认说"。因为如果从动机说或认识说的立场出发，也可以认为"铤而走险"之类的表述只不过是裁判官对行为人认识到犯罪实现的可能性却仍实施相关行为的评价而已。③说到底，"容认"这一概念的意义不尽相同。④从"希望实现"、"渴望实现"等积极的容认，到"即使实现也没有办法"、"怎么都好"等消极的容认，不一而足。如果认为除了认识之外还要求容认，并认为这一点对故意来说具有决定性，那么在行为人对犯罪结果的实现感到困扰，不希望实现的场合，就不应该认定其成立故意，并因此导致故意犯的成立范围过分狭窄。如此一来，因为故意犯的成立范围过于狭窄，因此对"容认"的含义做广义理解，就会导致其在事实层面丧失与"认识"不同的心理状态的地位，进而

---

① 1982 年，德国联邦最高法院在"警察路障事件"中首次提出"阻止阈"概念。本案中，行为人意识到警察正在距离自己约 100 米的前方铺设路障，但为了突破路障，依然保持 70 公里的时速继续行驶，但警察设法避开了行为人的车辆。德国联邦最高法院认为，在杀人的故意中，存在有比故意危险化更高的阻止阈值。换句话说，只有在行为人采取行动突破了这种常人难以突破的心理障碍后，才能讨论故意的成否问题。相关介绍可参见〔日〕樋笠尧士「致死的な攻撃の逸脱一方法の錯誤 StGB §§212, 16（海外法律事情 ドイツ刑事判例研究（88））」比較法雑誌 48 卷 3 号、2014、408 頁；〔日〕大庭沙織「未必的な殺人の故意と連邦通常裁判所の『抑制をかける心理的障壁論』」早稲田法学 88 卷 2 号、2013、329 頁；以及〔日〕菅沼真也子「殺人の未必の故意の認定における『阻止閾の理論』について」比較法雑誌第 45 卷 3 号、2011、314 頁。
② 参见〔日〕玄守道「故意に関する一考察（六・完）未必の故意と認識ある過失の区別をめぐって」立命館法学 313 号、2007、86 頁。
③ 参见〔日〕松宮孝明『刑法総論講義［第 4 版］』成文堂、2009、180 頁。
④ 德国刑法学家普珀（Puppe）认为，体现为"认可"（Billigen）、"甘受"（InKaufnehmen）、"接受"（Akzeptieren）、"承认"（Sichdamitabfinden）等模式的"容任说"，在很大程度上，不是正向而是负向地明确了意志要素，换句话说，"甘受""认可""接受"并不是说对行为人来说无所谓，而是以结果产生的表象首先不令行为人满意为前提。没有必要自己付出牺牲的人，就不会甘受这个牺牲。对结果漠不关心的人没有必要接受结果，也不需要接受。参见〔日〕関根徹「故意の概念と故意の証明」高岡法学 20 卷 1/2 号、2009、86 頁。

使得在判断故意时，重视对犯罪实现的可能性的认识有无，使得"容认"作为故意的认定基准，变得形骸化。① 这一点，在适用"容认说"处理类似〔情况二〕之类假想防卫过当等涉及复杂的违法性排除事由案件时，遭遇到了明显困难。虽然相较于日本刑法理论中故意的"多元化"与"形式化"，我国刑法中的犯罪故意具有实质性，且规定有无限防卫权，因此无须采取日本刑法中的所谓"二分法"来加以处理。② 但因为传统的四要件犯罪构成理论缺乏独立的违法性判断环节，我国实务在假想防卫过当的认定中，一改通行的行为无价值论，基于"容认说"，采取了一种更接近于结果无价值论立场的思考方式，"也正是在这种思考方式的支配之下，防卫限度的标准被过于严格地把握，防卫人动辄被认定构成防卫过当，并按故意犯罪来处罚"。③

二　话语的澄清

面对以"容认说"为代表的犯罪故意认定模式存在的诸多问题，我国学者提出了若干解决方案，其中不乏真知灼见，但也存在大量误读，亟待澄清。

（一）应当恪守故意与过失的二元犯意类型划分

为了解决故意特别是间接故意与过于自信过失之间的区分难题，有人主张直接从前提解决问题，换句话说，放弃一罪一犯意的基本原则，主张所谓"复合罪过"，即主张针对同一罪名的犯罪心态，既有间接故意也有过失。④ 例如，〔情况四〕中所涉及的教育设施重大安全事故罪，在很多人看来，便是将故意和过失"合二为一"，因为相关法条既不写明故意也不写明过失，且在其看来，间接故意与过于自信过失的主观恶性差异不大，

---

① 〔日〕大庭沙織「故意の意的要素の必要性」早稲田法学会誌65卷1号、2014、163頁。
② 参见李立丰《从"误想防卫过剩"到"假想防卫过当"：一种比较法概念的本土化解读》，《清华法学》2018年第3期，第116页。
③ 参见劳东燕《结果无价值逻辑的实务透视：以防卫过当为视角的展开》，《政治与法律》2015年第1期，第24页。
④ 参见储槐植、杨书文《复合罪过形式探析——刑法理论对现行刑法内含的新法律现象之解读》，《法学研究》1999年第1期，第53页。

因而可以适用相同档次法定刑。① 除此之外，还有学者提出主要罪过说，认为应当区分主要罪过与次要罪过，而搜寻过程中的"次要罪过"中的故意、过失概念和刑法上所规定的即规范意义上的完整的故意、过失概念可能会有些许差别，前者是事实意义上的犯罪故意，后者是规范意义上的故意。② 显然，从逻辑上来讲，认为同一法条既可以被理解为故意犯罪，又可以被理解为过失犯罪，突破了我国刑法的罪刑法定及罪刑相适应等基本原则。同时，也不能用刑罚适用结果相差无几反推故意与过失之间不需要加以区分。即便根据日本刑法学理论中的所谓"准故意说"，对于被告人的量刑仍然需要依据违法性的过失程度加以具体化，如果存在较大过失，才可以作为例外，比照或"准用"故意犯的量刑规则。③

事实上，只有恪守故意与过失的二元类型划分，才可以确保错误论作为"故意论的反面"④，在现代刑法理论中获得独立属性与独立地位，成为故意论的延长线，在故意无法成立的情况下，确保行为人依然有接受过失评价的机会及可能性，避免矫枉过正，让刑事责任的范围陷入过紧或过松的怪圈。坚持故意与过失的二元区分，同时确保二者与相关行为的分离，"才有承认和正确处理事实认识错误的可能"⑤，也才能为究竟坚持行为无价值论还是结果无价值论提供解说根据。事实上，无论是坚持行为无价值还是结果无价值，一般都承认，故意、动机与目的等主观要素是行为无价值论和结果无价值论的关键对立点之一。⑥ 总而言之，在讨论犯罪故意的认定模式时，恪守故意与过失的二元犯意类型划分，不仅符合我国刑法总则部分的相关规定，符合包括社会一般民众在内的整体社会认知，更与包

---

① 参见欧锦雄《复合罪过形式之否定——兼论具有双重危害结果之犯罪的罪过形式认定》，《广西政法管理干部学院学报》2005 年第 4 期，第 3 页。

② 参见周光权《论主要罪过》，《现代法学》2007 年第 2 期，第 40 页。

③ 参见〔日〕山本雅子「準故意説（草野説）に関する覚書」中央学院大学法学論叢 24 卷 3 号、2011、54 頁。

④ 〔日〕石井徹哉「故意責任の構造について——『素人領域における平行評価』と違法性の意識」早稲田法学会誌 38 号、1998、1 頁。

⑤ 张明楷：《行为无价值论的疑问——兼与周光权教授商榷》，《中国社会科学》2009 年第 1 期，第 205 页。

⑥ 参见周光权《行为无价值论与主观违法要素》，《国家检察官学院学报》2015 年第 1 期，第 78 页。

括错误论、违法责任论乃至刑事司法中的存疑有利于被告原则等诸多刑事一体化视野下的相关问题存在密切关系，牵一发而动全身，贸然消解二者的界限，弊大于利，不足取。

（二）应当明确犯罪故意理论的实质就是故意证明的方法论

一般认为，"构成要件"最初来源于拉丁语的"罪体"（Corpus Delicti），而所谓罪体，本来指刑事程序需证明的犯罪事实，属于诉讼法上的概念。[①]虽然从大陆法系刑法的角度出发，故意是否可以进入构成要件，以及所谓构成要件故意与责任故意之间的区分，不乏争议[②]，但犯罪故意理论的实质在于故意证明方法论的论点，依然可以成立。毕竟，和实体法角度相比，从程序法角度反思故意更加必要，在这个意义上，法教义学中的故意概念在重要性方面相形见绌。

在很大程度上，"问题不在于故意的概念，而在于故意的证明"。[③]这是因为，从刑事司法的角度来看，故意存在与否实际上是一种经验判断，而非法律判断。[④]例如，在与〔情况二〕类似的一个日本裁判例中，被告人和自己的哥哥与受害人等人发生口角，遭到某人使用凶器的攻击，被告人逃入停在附近停车场的家用轿车内时，发现在车辆后方，自己的哥哥和该人正在争夺凶器，情急之下为了保护哥哥，决意开车去撞对方，随即发动车，朝向该人的方向，以时速约 15 到 20 公里的速度倒车，虽然撞到该人，但同时还撞到了自己的哥哥，导致哥哥肝脏挫伤，后因出血性休克死亡。裁判所认为，检方提供的证据，无法证明被告人成立故意犯。同时，因为被告人当时受到了强烈刺激，很难认定存在被告人过失责任的基础，

---

① 参见〔日〕大谷实《刑法讲义总论》，黎宏译，中国人民大学出版社，2008，第 98 页。

② 参见〔日〕团藤重光『刑法纲要总论』创文社、1990、429 頁。

③ 〔日〕関根徹「故意の概念と故意の証明」高岡法学 20 巻 1/2 号、2009、86 頁。

④ 正如德国联邦最高法院所认为的那样，如果行为人明知会发生导致被害人死亡的结果，仍然实施危险行为，就认定其具有杀人故意，否则必须得出相反的结论。但是，对于其内容或根据并无太多说明，因此，其还不能算作一种成熟的理论。也就是说，故意成立与否，根本无法用语言对其理论构成加以说明，而仅仅是一种经验判断。参见李立丰《从"误想防卫过剩"到"假想防卫过当"：一种比较法概念的本土化解读》，《清华法学》2018 年第 3 期，第 106 页。

即注意义务。因此，认定被告人无罪。① 虽然如此，但日本裁判所得出行为人不具有杀人故意的分析，却稍显苍白。事实上，即便在德国，在讨论未必故意，即我们所谓的间接故意时提出了所谓"阻止阈理论"这一更为充分的证据评价规则，但仍然被批判——对于故意认定的讨论过于简单，缺乏所需的整体考察及对故意的认识要素和意志要素的说明，以至于无法令人信服地确定性证明或排除杀人的故意。② 的确，不容否认的一点便是，针对无法像实物那样可以现场观察并加以描摹的故意心态，司法工作者往往缺乏对包括故意在内的犯罪主观要素的证明意识，即使有证明意识，也往往缺乏对主观要素的证明手段。③

　　为了解决犯罪故意的证明问题，一般认为存在三种解决方案，即调整认定方法、变更待证事实或降低对待证事实和认定方法的要求。④ 如前所述，试图消弭故意与过失的区别即变更待证事实的路径选择，弊大于利，不足取。相较之下，调整认定方法的路径选择，似乎更具可行性。一般认为，刑事司法实践中，通过事实进行的推定⑤，"往往是能够证明被告心理状态的唯一手段"。⑥ 推定是对主观要素的一种证明方法。主观要素本来就是客观存在的，通过推定而使其获得证明。这与对不同行为赋予相同的法律后果的立法拟制与司法拟制显然不同。⑦ 但事实上，即便明确了推定的

---

① 参见大阪高判平成 14·9·4（判夕1114 号 293 页）。转引自〔日〕百合草浩治「いわゆる『誤想防衛』の一事例?：いわゆる『緊急救助（＝他人のための正当防衛）の失敗』事例」名古屋大學法政論集 205 号、2004、283 頁。

② 参见〔日〕菅沼真也子「海外法律事情 ドイツ刑事判例研究（85）未必の故意：殺人における『阻止閾の理論』について StGB§§15，211，212」比較法雑誌第 47 卷 2 号、2013、298 頁。

③ 参见陈兴良《目的犯的法理探究》，《法学研究》2004 年第 3 期，第 80 页。

④ 参见褚福民《证明困难的解决模式——以毒品犯罪明知为例的分析》，《当代法学》2010 年第 2 期，第 98 页。

⑤ 例如最高人民检察院公诉厅根据各地公安机关、法院、检察院实践中的工作经验，在 2005 年 4 月 25 日制定并下发的《毒品犯罪案件公诉证据标准指导意见》中，就使用了"推定"的概念，规定了须具备的具体情形。参见陈国庆《主观故意的证明标准与推定》，《人民检察》2007 年第 21 期，第 30 页。

⑥ 张明楷：《"存疑有利于被告"原则的适用界限》，《吉林大学社会科学学报》2000 年第 1 期，第 60 页。

⑦ 参见陈兴良《为他人谋取利益的性质与认定——以两高贪污贿赂司法解释为中心》，《法学评论》2016 年第 4 期，第 9 页。

认定方法，依然在面对诸如［情况六］① 等复杂的真实案情时，如何认定被告人的主观犯意缺乏可操作性，甚至出现了主张将"民事推定结论可直接适用于刑事案件"② 的奇怪主张。必须承认，推定的适用受到诸多条件的限制，需要科学、合理地界定推定的基础事实，同时在程序设计上应允许被告人进行反驳，在这个意义上，推定仅仅是证明行为人犯罪故意的一种主要证明手段，并不能起到"一推解千愁"的效果。③

既然调整认定方法、变更待证事实都在证明犯罪故意方面存在这样或那样的困难，降低对待证事实和认定方法的要求就成为唯一的思考进路。在此方面，我国学者借用美国《模范刑法典》针对犯意的所谓要素分析模式，虽然存在一定误读，却抓住了犯罪故意司法认定的关键问题，值得进一步加以澄清及讨论。

（三）要素分析模式的溯源与适用

虽然和主张"客观的超过要素学说"④、将数额和情节纳入罪量要素中的"罪体罪责罪量学说"⑤、"主要罪过说"等一样，我国学者主张的要素分析模式也试图突破一罪一犯意的整体分析思维，但相较于仅仅"具有要素分析法的雏形"⑥，在形式上依然维持整体性单一罪过形式的客观超过要素等学说而言，其所特有的缺省式证明方式，对故意犯罪，必须要证明针对行为或结果的某种犯意，同时对于其他实质性要素，证明低于直接故意

---

① 本案两被告人到案后对行为时各自的主观心态，先后分别具体供述称，"自己手痒，心里面想找点享乐和刺激"，"有段时间没开过了，手痒，心里想感受驾驶这种车辆的快感，所以就一起驾车去了"，"开这种世界顶级摩托车心里感到舒服、刺激、速度快"，"享受这种大功率世界顶级摩托车的刺激感"。同时，两被告人又分别供述"只管发挥自己的驾车技能"，"在道路上穿插、超车，得到心理满足"，在面临红灯时"相信自己操控车辆的技能闯过去不会出事"，"相信自己的驾车技能"，"刹车不舒服、逢车必超"，"从前面两辆车的夹缝穿过去"，"前方有车就变道曲折行驶再超越"。参见《张纪伟、金鑫危险驾驶一审案》，《最高人民法院公报》2013 年第 12 期。
② 孙万怀、刘宁：《刑法中的"应知"引入的滥觞及标准限定》，《法学杂志》2015 年第 9 期，第 32 页。
③ 王新：《我国刑法中"明知"的含义和认定——基于刑事立法和司法解释的分析》，《法制与社会发展》2013 年第 1 期，第 75 页。
④ 参见张明楷《"客观的超过要素"概念之提倡》，《法学研究》1999 年第 3 期，第 23 页。
⑤ 参见陈兴良《口授刑法学》，中国人民大学出版社，2007，第 235 页。
⑥ 余倩棠：《犯罪主观心理的要素分析方法》，《江西社会科学》2017 年第 2 期，第 205 页。

的犯意。换句话说，过失犯罪，仅仅需要证明对于结果存在过失。而故意犯罪，则需要证明对于其他实体要素至少具有轻率。①

必须承认，要素分析模式相较于犯罪分析方式，在尊重现行法律的前提下，解释能力与解释空间更大，可以更好地发挥刑法保护法益、保障人权的功能。但目前国内对于要素分析模式的理解与适用存在诸多误区，而这些失之偏颇的理解严重影响到了要素分析模式作为一种犯罪故意认定模式的实用价值，亟待澄清。

首先，要素分析模式的提出背景与我国目前围绕故意认定问题产生的争论具有实质类似性。国内一些研究者认为，《模范刑法典》所确立的要素分析模式，"是反功利主义的"②。其论证根据在于，美国刑法虽然向来推崇实用主义，但要素分析法却属于一种理论自省。这种观点显然忽视了要素分析模式的提出背景。事实上，《模范刑法典》是二战后美国立法进程的产物，是一种赤裸裸的刑事政策导向立法，体现出一种非常直接的实用主义。③ 而要素分析模式的提出，与其说是一种理论自省，莫不如说是为了解决此前积弊已深的犯意认定，特别是某些州对个罪或者类罪要求整体上具备一种可责性心态的所谓"犯罪分析模式"的问题，而采取的一种实用主义解决对策。根据犯罪分析这种解读模式，"总体而言，某一具体犯罪仅要求单一犯意"。④ 其弊端在于，"首先，犯罪分析适用普通法概念来定义犯意。然而，普通法的概念是含混的。其次，因为犯罪分析仅仅要求一个犯罪具备一个犯意，因此针对不同犯罪要素的犯意认定过于机械简单"。⑤ 在这个意义上，美国刑法中的犯罪分析模式，与我国刑法理论中的

---

① 参见劳东燕《犯罪故意的要素分析模式》，《比较法研究》2009 年第 1 期，第 45 页。

② 王华伟：《要素分析模式之提倡——罪过形式难题新应》，《当代法学》2017 年第 5 期，第 77 页。

③ Markus Dirk Dubber, "Penal Panopticon: The Idea of a Modern MPC," *Buff. Crim. L. R* 4 (2000): 223.

④ Paul H. Robinson and Jane A. Grall, "Element Analysis in Defining Criminal Liability: The MPC and Beyond," *Stan. L. Rev.* 35 (1983): 681.

⑤ Martin T. Lefevour, "Requires Mens Rea to the Physical Characteristics of the Weapon," *J. Crim. L. & Criminology* 85 (1988): 1136.

所谓"整罪分析模式"① 如出一辙，也正因如此，要素分析模式才可以被用来作为比较研究的参考模板，为我国刑法中的犯罪故意改革提供借鉴。

其次，要素分析模式的关键，在于对犯罪要素的划分。要素分析模式与宪法意义上的证明责任有关，美国联邦最高法院通过判例，要求刑事审判过程中，检方必须用充分的事实证据排除合理怀疑地证明被指控犯罪的所有实体构成要素。②《模范刑法典》将犯罪要素区分为：行为、随附情状和结果。③ 从司法适用的角度来看，可以将"管辖权或者审判地"之外的其他要素，称为实体要素。我国有学者在介绍相关情况时，将前者称为"单一要素"④，将后者称为"实体要素"。笔者以为此处区分称之为程序要素和实体要素似乎更为妥帖。在此需要特别指出的是，由于该部分规定将正当化事由以及免责事由也包括在实体要素的规定当中，因此使得对《模范刑法典》犯意规定进行要素分析时，不仅仅涉及厘定犯罪是否适格的问题，还涉及被告人提出的"正向抗辩"（Affirmative Defense）是否成立。⑤ 在明确了实体要素的定义和种类之后，如何分析《模范刑法典》当中所规定的四种可责性呢？根据《模范刑法典》的相关规定，可以得出如下结论。

结论一，如果行为人不具有法律规定的针对犯罪实体要素的四种可责性，那么其就不构成该犯罪。但这是建立在另外的一个基础之上的，亦即此种犯罪不属于《模范刑法典》规定的"绝对责任犯罪"（Absolute Crime）。⑥

---

① "整罪分析模式"强调罪过对象的整体性、罪过形式的单一性和不同罪过之间的对立性，在故意犯罪中所有客观构成要素的罪过形式都是单一的故意，而且故意犯罪中不包括过失，过失犯罪中也容不得故意。参见陈银珠《法定犯时代传统罪过理论的突破》，《中外法学》2017 年第 4 期，第 943 页。

② Peter Tillers and Jonathan Gottfried, "Case Comment *United States v. Copeland*, 369 F. Supp. 2d 275（E. D. N. Y. 2005）: A Collateral Attack on the Legal Maxim That Proof Beyond a Reasonable Doubt Is Unquantifiable?" *Law*, *Probability and Risk*, Issue 5（2007）: 135.

③ MPC § 1. 13（9）.

④ 例如，有学者将 Simple Element 译为单一要素，似乎考虑了对其定义当中"专属"（Exclusive）一词的使用。参见 Richard G. Singer and John Q. La Fond,《刑法》（注译本），王秀梅等注，中国方正出版社，2003。但是笔者认为，此种译法没有考虑到，如果这样理解，那么明显作为实体要素的行为，也有被误认为是单一要素的可能，因此值得商榷。

⑤ 参见 Joshua Dressler, *Understanding Criminal Law*（New York: Matthew Bender, 1995）: 85.

⑥ 《模范刑法典》只在很有限的情况，例如交通犯罪等允许出现绝对责任。

但从犯意要素分析的角度考量，将其作为论证的逻辑起点，可将其视为关注有或者无的问题。

结论二，也是作为前提的结论一的结论，在解决了有无问题的基础上，这一部分关注的是此或者彼的问题。既然犯罪需要可责性，那么其需要的是哪种可责性呢？其实准确的说法是此（些）和彼（些）可责性的问题。因为直白理解《模范刑法典》的要素分析模式，既然对犯罪的诸多实体要素都需要可责性相对应，就有可能出现一个犯罪定义当中不同实体要素对应不同可责性的情况。对犯罪的每个要素而言都必须要求某种程度的犯意要素，所以在犯罪定义当中可明确规定两种以上的犯意。《模范刑法典》要求对犯罪的所有要素，而不是犯罪本身规定可责性。根据《模范刑法典》的规定，如果成文法没有明确规定适用何种可责性的话，那么就可以适用除过失之外的其他犯意。针对不同类型的实体要素，除过失之外的其他三种可责性要素的适用并不是等同。《模范刑法典》认为，对所有的随附情状要素和结果要素需要"轻率"。并且，因为《模范刑法典》没有规定轻率行为，也就是刑法语境当中的行为并不能基于轻率这种心态，而是需要"明知"。①

结论三，也是作为前提的结论二的结论，就是在明确了某一成文法的规定当中要求的可责性要素的基础上，如何将其和该法所包括的实体要素组合起来。立法者可以从《模范刑法典》对轻率的定义当中发展出两种方式。其一，正如上文所述，立法者可以通过明确规定可责性，而不是通过对特定的客观要素推定最低要求轻率犯意的方式修正犯罪定义；其二，立法者可以对一个犯罪的所有要素规定一种犯意。第二种解决方案规定在《模范刑法典》中，规定了成文法解释的总体原则，要求一个明文规定的可责性概念可以适用到犯罪的所有要素之上。②

对此，持反对意见的学者认为，《模范刑法典》所适用的要素分析模式并不彻底，也就是说，在其犯意规定当中，可以发现犯罪分析模式的遗迹。具体来说，《模范刑法典》的规定中反映了两种不同的分析方法，即

① 这样说的主要原因是《模范刑法典》对轻率的定义并没有参考行为。因此可以认为轻率不适用于行为。

② MPC § 2.02 (4).

要素分析模式和犯罪分析模式。某些规定将特定故意适用于所有的犯罪要素，从而体现出来的是犯罪分析模式的意味。① 而作为主体解读形式的要素分析模式，要求将不同的可责性要求适用到不同的犯罪要素之上。"事实上犯意部分是作为要素分析的核心部分存在的。"② 另外，《模范刑法典》的犯意规定所存在的内在问题包括 "无法明确区分行为、结果、随附情状的客观要素"。③ 事实上，这种问题是包括《模范刑法典》在内的当代法典所存在的通病，即在具体概念的选择和表述上更多地沿用日常语言习惯，较为含混和模糊。《模范刑法典》大量出现像 "损害"（Damage）④、"阻碍"（Obstruct）⑤ 等集合了行为和结果的词，而像 "强迫"（Compel）⑥ 等词包括行为和随附情状。这样的结合导致了含混性，并且危及了法律的运作。

三　模式的建构

应当承认，国内一些学者试图通过效仿《模范刑法典》中犯意要素分析模式的方法，解决我国刑法中犯罪主观方面特别是故意在结果主义本位立法日益消解的今天所遭遇到的立法与司法困境。⑦ 这一思路把握住了犯罪故意理论的本质属于故意的证明方法这一正确前提，同时敏锐捕捉到要素分析模式的核心，即对于特定犯罪要素的犯意进行缺省性证明，值得肯定。但同时，因为要素分析模式的本土化研究刚刚起步，不仅对要素分析模式存在之前提到的诸多错讹之处，更为系统性建构起一套适用于中国刑法，特别是刑事司法实践需要的方法论体系，导致水土不服现象明显，缺乏可操作性，亟待进一步完善。

---

① MPC § 2.02 (4).

② 参见 Paul H. Robinson and Jane A. Grall, "Element Analysis in Defining Criminal Liability: The MPC and Beyond," *Stan. L. Rev.* 35 (1983): 681。

③ 参见 Paul H. Robinson, "Rethinking Federal Criminal Law: Reforming The Federal Criminal Code: A Top Ten List," *Buff. Crim. L. R* 1 (1997): 5。

④ MPC § 220.3（寻衅滋事罪）。

⑤ MPC § 250.7（阻碍高速公路交通罪）。

⑥ MPC § 213.1 (1) (a)（强奸罪）。

⑦ 明知故犯论代表的是从整罪分析模式向要素分析模式过渡的中间形态，客观的超过要素理论与罪量要素说则已经具有典型的要素分析的特性，而主要罪过说则完全以要素分析作为理论成立的逻辑前提。参见劳东燕《犯罪故意的要素分析模式》，《比较法研究》2009 年第 1 期，第 52 页。

（一）犯罪故意要素分析模式本土化适用的前提廓清

首先，应当严格区分总则中的"一般故意"与分则中的"特别故意"。

和《模范刑法典》的做法类似，在我国主张要素分析模式的学者，也将我国犯罪的客观构成要素区分为行为、结果和随附情状三种。[1] 但这种观点的问题在于混同了我国刑法总则对于一般犯罪故意的规定与刑法分则中对于具体犯罪故意的规定。事实上，根据我国刑法总则关于故意的规定，显然不存在所谓随附情状所讨论的空间。而所谓随附情状，恰恰是刑法分则中经常在行为与结果之外加以规定的其他客观要素。是否需要对其认定犯意，以及对其认定何种犯意，才是在我国刑法语境下借鉴要素分析模式的根本问题。换句话说，之所以需要借鉴要素分析模式，就是希望获得一种能够更为精确、合理解释、说明并最终认定具体犯罪故意的方法论。我国刑法第十四条第一款的规定，是对犯罪故意的一种正向描述，是一种必要条件的说明，从逻辑上来讲，司法实践中认定的犯罪故意，必须满足刑法总则对于犯罪故意的认识及意志要求。但绝对不能说只要满足了刑法总则对于犯罪故意的规定，就可以认定具体犯罪构成故意犯罪，在这个意义上，要素分析模式的引入，打破了犯罪故意认定过程中刑法总则相关规定，即所谓"一般故意"的垄断地位。与此相对，在认定具体犯罪的故意，也就是所谓"特别故意"时，除了满足刑法总则一般故意的相关要求这个必要条件之外，还需要司法者根据分则具体犯罪的规定，就其中列明的"随附情状"所涉及的犯意要素是否存在加以说明，完成对于具体犯罪故意的充分必要条件确证。

在这样做的过程中，应当避免两个误区。其一，应当否定针对"行为的故意"或者针对"结果的故意"这种提法。我国学者在尝试通过要素分析模式解读我国故意类型的时候，经常会自觉或不自觉地使用上述概念。[2] 但是，从我国刑法总则的规定来看，只有针对行为的明知，针对危害结果

---

① 参见劳东燕《犯罪故意的要素分析模式》，《比较法研究》2009年第1期，第52页。

② 相关学者在其所列举的涵盖犯罪故意认定中存在的所有可能情形的六组公式中，都使用了行为故意、结果故意等概念。参见劳东燕《犯罪故意的要素分析模式》，《比较法研究》2009年第1期，第55页。

的希望或放任，并不存在不考虑行为人对危害结果希望或放任意志的单纯行为故意，也不存在不考虑对于行为明知的单纯结果故意，即便在行为犯或危险犯（包括抽象及具体危险犯）①中，也不存在对于行为的故意和危险的故意，而只存在行为犯的故意或危险犯的故意。一方面提及行为故意，另一方面又去考察针对结果及随附情状的心态，是对于要素分析模式的一种错误适用，混淆了要素分析与作为要素分析结果的整罪分析，并不足取。其二，一般故意中所谓直接故意和间接故意的类型划分，其实是行为、结果两个客观要素，与明知、希望、放任等三个主观要素的排列组合关系，并在这种排列组合中做出有意义的司法遴选。质言之，无论是从现实还是从逻辑上，都不能排除对于行为的希望或放任，或者对于结果的明知，只不过这种组合或者缺乏立法支持，或者在规范评价上没有意义，而被排除掉了。同理，对于特别故意的认定，其实就是在上述排列组合中加入了随附情状这一客观要素而已，其判断的路径是在一般故意成立的基础上，是否需要对随附情状认定犯意要素，如果认定，需要认定明知、希望还是放任的规范性选择问题。如此一来，主张针对随附情状适用所谓"轻率"的观点，不仅没有准确把握轻率这一美国刑法犯意概念的本质，更无视我国刑事立法的罪刑法定原则，颇有些天马行空的感觉，因此更多的仅仅具有一种立法建议的价值。

其次，应当坚持对于我国刑法中的故意做实质化理解。

我国刑法总则第十四条第一款对于一般故意的界定，区分了行为和结果两大客观构成要件要素，并用"会发生危害社会的结果"这一表述，通过将不法意识加入故意，从而将行为与结果，将事实判断和价值判断合为一体，属于一种"实质故意概念"②。这意味着，犯罪故意中的结果，不是

---

① 对此问题，刑法学界存在不同看法。第一种观点认为，无论是具体的危险犯还是抽象的危险犯，都不需要对危险有认识。第二种观点认为，具体的危险犯中的危险是构成要件要素，所以需要认识，而抽象的危险犯中的危险是拟制的危险，所以可以不需要认识。第三种观点认为，无论是具体的危险犯还是抽象的危险犯，都需要对危险有认识。参见陈家林《外国刑法通论》，中国人民公安大学出版社，2009，第216页。

② 蔡桂生：《论故意在犯罪论体系中的双层定位——兼论消极的构成要件要素》，《环球法律评论》2013年第6期，第71页。

一种具体的结果，而是一种"抽象意义上的法益侵害后果"。① 这不仅是因
为如果对结果坚持具体化理解，势必导致前面提到的行为犯或危险犯中的
故意遭遇法教义学上的解释困境。还因为从我国刑法故意的立法规定来
看，"危害社会的结果"这种规范性要素②，不仅包括社会危害性认识，
而且包括违法性认识。对此，有观点批判称，社会危害性评级作为一种
价值评价，应当由法官来评价，行为人不需要评价自己是否制造违法事
实，只需要判断自己是否制造能够体现实质违法性或社会危害性的基础
事实即可。③ 其错误之处在于，既然将实质违法性等同于社会危害性，既
然承认行为人能够认识到作为社会危害性的基础事实，单纯将规范评价的
主体限定于司法者而非行为人，并借此否定行为人对于行为的抽象结果即
社会危害性具有认识，显然与行为人刑法不符，并会直接导致"社会危害
性个体化认识不能作为区分罪与非罪的标准"④ 这一问题彻底丧失解决机
会。没有人否认社会危害性认识是行为人主观恶性的载体及表征，这也是
为什么即便在德日等大陆法系国家，"法官在面对故意犯时，其任务乃在
于需判断，如此之社会危害性意识是否存在"⑤ 的原因。如果说将社会危
害性作为结果要素，是我国刑法总则犯罪故意规定的应有之义，那么是否
需要通过对于结果要素的实质化理解，将违法性认识包括在内，就已完全
跳脱了成文法解读的范畴，成为法学理论博弈的一部分。大陆法系三阶层
理论最为常见的一种说法，便是违法是客观的，责任是主观的。⑥ 主张行
为人对于违法性的主观犯意，显然是对上述准则的僭越。为了捍卫上述立
场，不承认形式违法性和实质违法性属于故意的认识对象，有学者将"构
成要件要素"划分为"作为构成要件要素的基础事实"和"不法构成要件

---

① 劳东燕：《犯罪故意理论的反思与重构》，《政法论坛》2009 年第 1 期，第 87 页。
② "故意不是一个心理概念，而是一个规范概念"。冯军：《刑法问题的规范理解》，北京大学出版社，2009，第 67 页。
③ 参见柏浪涛《规范性构成要件要素的错误类型分析》，《法商研究》2019 年第 1 期，第 81 页。
④ 武亚非：《犯罪故意认识对象中规范评价要素的辨析》，《宁夏社会科学》2017 年第 4 期，第 60 页。
⑤ 李瑞杰：《犯罪故意的比较考察——基于中国、德国、日本三国刑法典的研究》，《中财法律评论》2018 年第 1 期，第 290 页。
⑥ 参见〔日〕福田平『刑法総論』有斐阁、2001、137 頁。

要素"①，或者区分"风险"及"危险"。② 对此，暂且不论"从事实意义上来说，违法性认识是犯罪故意不可或缺的内容"③，暂且不论我国刑事司法实践通常情况下会考虑主观违法要素的现实，最为简单也最为便宜的论证逻辑便是，既然违法性存在形式（法律）违法性和实质（事实）违法性④，既然实质违法性可以等同于社会危害性，那么只要承认行为人需要对于抽象危害结果所表征的社会危害性存在故意，就可以反推违法性在故意中的存在。在这个意义上，本文所坚持的基本观点，与目前学界所谓"行为无价值"论说观点存在很大的契合之处。否认主观违法要素的结果无价值论，被诟病为无法有效保护法益，或存在方法论上的弊端。⑤ 但行为无价值论承认主观违法要素，可以有效限定构成要件的成立范围，向国民明确传递信息，为积极的一般预防提供可能，为区分故意与过失提供根据，能更为合理地解决类似于［情况二］假想防卫过当等复杂案件。

最后，应当坚持由陪审员对行为的规范属性进行平行评价。

如前所述，故意中的行为，以及"会发生危害社会的结果"这一行为的规范属性，都只能作为明知这一认识要素的对象及内容。这就带来一个问题，司法者如何判定行为人明知自己的行为"会发生危害社会的结果"呢？即便将犯罪人实施犯罪时的主观认知作为一种业已存在的客观事实，单纯依赖裁判者结合具体案情，依据逻辑、经验、理性、良心形成的自由心证或内心确信加以判断，因为缺乏统一的客观评价标准，仍无法为公民提供合理预期，且容易滋生腐败。为了解决这一问题，作为主观要素证明手段的推定方法开始滥觞。而这，其实是一种行为人主义与行为主义、事前评价与事后评价、行为标准与一般人标准的一种调和。基于特定事实，

---

① 参见张明楷《犯罪构成体系与构成要件要素》，北京大学出版社，2010，第197页。

② 参见劳东燕《风险分配与刑法归责：因果关系理论的反思》，《政法论坛》2010年第6期，第82页。

③ 陈兴良：《论主观恶性中的规范评价》，《法学研究》1991年第6期，第14页。

④ 所谓事实意义上的违法性认识是指以对自己行为的社会危害性的认识为内容的违法性认识，所谓法律意义上的违法性认识是指以对法律条文的具体规定的认识为内容的违法性认识。参见陈银珠《论美国刑法中的要素分析法及其启示》，《中国刑事法杂志》2011年第6期，第123页。

⑤ 参见周光权《行为无价值论与主观违法要素》，《国家检察官学院学报》2015年第1期，第78页。

推定行为人是否具有特定认识的方法，关键在于判断主体和判断标准的置换。由所谓社会一般人，依据一般的社会常识，而非专业法律知识对明知的内容加以确认，便是所谓"外行的平行评价"（Die Parallelwertung in der Laiensphäre）①。由代表社会价值的外行人，对行为的规范属性进行事后判断，可以最大限度规避自由心证或内心确信所带来的"司法独裁"②。因为"会发生危害社会的结果"中的因果关系的"可能性"与结果的"社会危害性"，都依赖于一种普遍的价值判断，借此补强认识认定的可操作性、可评价性、可还原性。正因如此，行为无价值论，甚至不少结果无价值论者，都支持"社会一般人的评价基准"。③ 当然，对此也存在若干反对意见。甚至将"外行的平行评价"定性为"类推"而非"推定"，并认为相较于这种平行评价，上位概念与下位概念的垂直涵摄为故意的认识要求提供了更充分的理由。④ 或者认为"外行的平行评价"降低了故意的认识要求，应借助中间概念，鉴别真正的构成要件错误与不重要的涵摄错误。⑤ 姑且不论"推定"与"类推"之间的关系究竟为何，"外行的平行评价"的成功之处，同时也是其失败之处，即在于其本质上属于一种实体法对于程序法、一种专业法曹对于普通公民的模拟，在奉行"常识、常理、常情"⑥ 的经验法则中，由于只要普通人认识了特定事实，就可以认定其认识到与其相对应的社会危害性，导致被内行（法官）模拟的外行（普通人）实质空心化、虚置化。如果不能从根本上让"外行"获得真正的判断主体地位，就只能像反对者那样，走回头路，重新投身到传统的司法体系中，讨论如何通过技术性手段，限制或者规制专业法曹的价值判断。只有

① 这一认定范式，一般认为由德国刑法学家宾丁提出，主要解决规范性构成要件要素的认识问题。参见〔德〕汉斯·海因里希·耶赛克、托马斯·魏根特《德国刑法教科书》，许久生译，中国法制出版社，2001，第356页。
② 李立丰：《政治民主与司法"独裁"悖论的制度破解：以日本裁判员制度为视角》，《比较法研究》2015年第3期，第155页。
③ 周光权：《行为无价值二元论与未遂犯》，《政法论坛》2015年第3期，第38页。
④ 参见柏浪涛《规范性构成要件要素的错误类型分析》，《法商研究》2019年第1期，第84页。
⑤ 参见劳东燕《风险分配与刑法归责：因果关系理论的反思》，《政法论坛》2010年第6期，第82页。
⑥ 马荣春：《刑事案件事实认定的常识、常理、常情化》，《北方法学》2014年第2期，第80页。

通过人民陪审员制度改革，由更具代表性的普通人，以更为有效的方式参与，甚至完全负责作为认识内容的"可能性"及"危害性"判断，才能彻底解除困扰法教义学多年的价值判断主体及表征的司法拟制问题，由真正的普通公民拟制民意①，完成对于上述规范事实的价值判断。

（二）犯罪故意要素分析模式本土化适用的方法建构

结合上述前提论述，可以明确的一个阶段性结论便是，要素分析模式，虽然在诸多立场上与所谓行为无价值论贴近，但最多也只是殊途同归的不同次元概念而已。本书所倡导之犯罪故意的要素分析模式本土化适用，不会也不可能僭越我国刑法的立法文本，不想也不应该过度涉入犯罪构成理论或所谓教义学的精致论述。犯罪故意要素分析模式本土化适用，便是要让司法实践"疏离"② 这种文字游戏，重新回归司法认定方法，也就是说，寻找一种可供复制、可供检验的认定刑法分则中具体犯罪主观要件的标准思维流程。

首先，具体犯罪故意的认定，始于对于故意犯罪的确定，重点在于具体犯罪的要素确定。

如前所述，围绕我国刑法总则第十四条第一款的规定究竟是故意犯罪还是犯罪故意存在争议，但之所以产生这种争论，恰恰在于混同了刑法总则与刑法分则，以及一般故意与特别故意之间的区别。事实上，我国刑法总则第十四条第一款承载了双重职能，一方面，可以借此对于刑法分则中规定的具体犯罪是否属于故意犯罪加以确认。另一方面，在明确个罪属于故意犯罪的前提下，便可以适用要素分析模式，对该故意犯罪的主观构成要素，即成立该罪所需要的"故意"加以认定。

之所以强调具体犯罪故意的认定始于对于故意犯罪的确定，是因为学界不乏过失盗窃、过失强奸的说法。如"误以为他人占有的财物是自己占有的

---

① 参见李立丰《民意的司法拟制——论我国刑事审判中人民陪审制度的改革与完善》，《当代法学》2013 年第 5 期，第 117 页。

② 就连德国学者自己都承认，德国刑法理论在某些教义学问题上对细枝末节的过度分析几近荒唐。在解决一定的问题时如果所引入的教义学区分过度精微而导致这种区分在实践中完全不能被验证，那么司法实践对教学的疏离也便不足为奇。参见〔德〕埃里克·希尔根多夫《德国刑法学：从传统到现代》，江溯、黄笑岩等译，北京大学出版社，2015，第 179 页。

财物而取走的，客观上也是盗窃行为，只不过缺乏盗窃罪的故意而已。再如，误以为女方已满十四周岁而与之发生性交的，客观上也是强奸行为，只不过没有故意罢了"。① 之所以出现这种观点，很大程度上就在于其并未区分一般故意与具体故意，同时并未对具体犯罪的故意适用要素分析模式加以区分。前者的关键点，在于盗窃罪是否包括"非法占有目的"这一随附情状，而后者的关键点，则在于法律拟制②的犯罪行为，是否依然需要与被拟制的犯罪做同样的犯罪要素划分。由此可见，即便是众所周知的所谓故意犯罪，依然可能因为混同一般故意与具体故意，特别在具体故意犯罪的认定过程中并未适用要素分析，因而形成了很多似是而非的假问题、伪答案。

其次，具体故意犯罪的要素分析步骤。

具体故意犯罪的要素分析，可按照时间顺序，区分为如下四个步骤：步骤一，确定刑法分则中的实质要素；步骤二，对于行为明知的认定；步骤三，对于结果意志的认定；步骤四，对于随附情状的认识因素的认定。下面，结合本文开篇提到的若干真实案例，对于上述要素分析模式加以实际演示。

以［情况六］为例，己驾驶套牌的非法改装摩托车与他人赛车，在人口密集、车流密集的闹市中长时间超速驾驶、强行并线、反复穿插并多次闯红灯，但未造成实际危害结果。法院依据我国刑法第一百三十三条第一款判定己构成危险驾驶罪。相关法条规定，"在道路上驾驶机动车，有下列情形之一的，处拘役，并处罚金：（一）追逐竞驶，情节恶劣的"。在这一司法认定过程中，在明确相关行为符合上述条文的前提下③，同时根据刑法总则第十四条第一款的相关规定，将上述条文确定为故意犯罪后，便

---

① 张明楷：《行为无价值论的疑问——兼与周光权教授商榷》，《中国社会科学》2009 年第 1 期，第 204 页。

② 强奸是以暴力、胁迫或者其他方法强行与妇女发生性行为的犯罪。而奸淫幼女则包含并不采用暴力、胁迫或者其他方法，而是在幼女的同意之下与其发生性行为，二者在行为特征上显然不同，但立法机关并未将奸淫幼女作为独立犯罪加以规定，而是将其拟制为强奸，适用强奸罪的法定刑。参见陈兴良《为他人谋取利益的性质与认定——以两高贪污贿赂司法解释为中心》，《法学评论》2016 年第 4 期，第 9 页。

③ 虽然上述分析过程大体类似于阶层式构成要件模式，如构成要件（行为）符合性、违法性及有责性等典型的逻辑判断过程，但这绝对不是说传统的四要件理论无法实现类似的效果，事实上，我国司法实践中大量刑事案件的判断，也都是沿着客体、客观、主体、主观的逻辑顺序展开，四个要件根本不会也无法同时满足、同时判断。在这个意义上，在入罪过程中讨论摒弃四要件，转用阶层论，似乎存在缺乏实质必要性之嫌。

可适用要素分析模式，确认已针对不同要素的主观犯意是否满足法定要求。具体来说，第一百三十三条之一第一款中的实质要素包括"以追逐竞驶的方式驾驶机动车"这一行为要素、"情节恶劣"这一结果要素，以及"在道路上"这一随附情状。对于行为，检方需要证明被告人已具有"明知"这一认识要素，对于结果，检方需要证明被告人已至少具有放任的意志要素。因为二者都不属于规范要素，因此可由专业法官根据案情基于自由心证加以判断。但对于行为和结果之间的因果关系，即"以追逐竞驶的方式驾驶机动车"是否"情节恶劣"，则需要由人民陪审员作为外行对其做出规范性评价。需要加以说明的是对于随附情状的主观要素认定问题。如前所述，刑法总则第十四条第一款是刑法分则中具体故意犯罪的判断标准，决定了何种犯罪是故意犯罪，但其同时也只是故意犯罪成立的必要条件，而非充分必要条件，换句话说，法官在认定具体故意犯罪成立的时候，除了要针对行为、结果等实质要素分别认定认识因素和意志因素之外，还需要认定行为人对于随附情状的认识心态。

（三）犯罪故意要素分析模式本土化适用的若干澄清

首先，正确把握要素分析模式中的"明知"。

如前所述，刑法总则中规定的一般故意是刑法分则中规定的特别故意成立的必要条件，除却后者的成立还需要厘定行为人对于随附情状的认识情况之外，还因为二者虽然都包括认识因素，但认识因素的对象不同，前者仅仅要求对于作为抽象危害结果的社会危害性具有因果认知，而后者则是对于具体行为客体的确定性的明知。其逻辑内核在于，行为人对属于特定犯罪构成要件要素的具体行为对象存在认识，在这一事实基础上进而规范评价，认定其对自己的行为会发生特定的危害结果存在所谓"明知"。也正因如此，从刑法理论角度出发，一般才认为在行为犯的情况下，刑法分则规定明知的犯罪都只能是直接故意。例如，明知他人有配偶而与之结婚，行为人的主观心理显然是直接故意。[①] 从刑事司法角度，一般认为刑

① 参见陈兴良《刑法分则规定之明知以表现犯为解释进路》，《法学家》2013年第3期，第93页。

法分则中关于"明知"的规定都属于注意规定，换句话说，没有规定明知不代表具体犯罪不需要明知。①

其次，合理认识"意志要素"在具体犯罪故意认定中的关键作用。

"故意内涵的演化史，就是意欲要素的独立史。"② 一方面，包括我国刑法总则中的一般故意，都是特别关注认识因素的作用。质言之，故意犯中的行为人，只有在认识到作为客体的具体行为对象时，才能够直面该犯罪规范。对此，才会形成所谓反对动机，并且在此基础上，超越该规范，实施实行行为。这样一来，当行为人僭越规范时，才是追究其刑事责任的时间点。③ 也就是说，"如果没有对对象的特定明知，就不存在犯罪的意志"。④ 正因如此，才有学者会为了迎合所谓风险社会的现实需要，提倡"放弃或放宽意欲要素的要求而将关注重心放在认识因素之上"。⑤ 本书认为，"放宽"意志要素在故意认定中的作用，是我国刑法中一般故意规定的应有之义，这一点已经在之前关于一般故意中的意志对抽象法益侵害的阐述中讨论得十分彻底。但"放宽"不等于"放弃"。毕竟目前来看，除了考虑意志要素，还没有办法有效区分所谓间接故意⑥与有认识的过失，只能从是否真挚地拒绝危险发生，是否存在可能侵害法益的意志要素出发加以判断。⑦如果单纯考虑"明知"，显然没有办法回避我国刑法分则乃至大量司法解释中对于"明知"的庞杂适用。事实上，〔情况四〕涉及的教育设施重大安全事故罪等典型过失犯罪中，也大量使用了"明知"的字样。虽然对此

---

① 参见舒洪水《生产、销售有毒、有害食品罪中"明知"的认定》，《法学》2013 年第 8 期，第 147 页。

② 参见许玉秀《主观与客观之间——主观理论与客观归责》，法律出版社，2008，第 46 页。

③ 参见〔日〕樋笠尧士「因果関係の錯誤について：行為計画に鑑みた規範直面時期の検討」嘉悦大学研究論集 58 巻（2 号）、2016、45 頁。

④ 陈兴良：《主观恶性论》，《中国社会科学》1992 年第 2 期，第 171 页。

⑤ 劳东燕：《犯罪故意理论的反思与重构》，《政法论坛》2009 年第 1 期，第 88 页。

⑥ 日本刑法理论中，未必故意，也就是我们所说的间接故意，存在四种基本理论构型，而其中三种，都要求认识因素之外的某种意志因素，或者日语所谓意思因素。A 说：故意＝认识（结果发生的认识），B 说：故意＝认识（结果发生的认识＋结果发生的否定意识的不存在），C 说：故意＝认识（结果发生的认识）＋意思（结果发生的否定意思的不存在）、D 说：故意＝认识（结果发生的认识）＋意思（认可）。参见〔日〕樋笠尧士「構成故意の推認対象と未必の故意の要素—『特段の事情を素材に』—」大学院研究年報第 47 号、2018、57 頁。

⑦ 参见〔日〕関根徹「故意危険の理論について」高岡法学 20 巻 1/2 号、2006、97 頁。

可以通过故意关注的是犯罪事实的认识，而过失则关注犯罪事实的认识可能性①，抑或认为故意与过失中危害结果发生的可能性认识程度存在差别，但即便是所谓"盖然性"，本质上仍然是一种可能性，对其加以精确把握，"几乎是不可能的"。② 对此问题，在立法没有将明知严格限制在故意犯范畴，没有将"教育设施重大安全事故罪"中的"明知"修改为"已经预见"③ 之前，依然应当承认"意志要素"在具体犯罪故意认定中的关键作用。如此一来，不仅可以避免在犯罪故意认定过程中突兀引入诸如"轻率"等异质概念，造成不必要的麻烦，同时还可以有效避免认为"行为人对滥用职权行为是故意的，而对其后引发的危害后果则是过失的"④ 这种一个犯罪行为分别针对行为和结果认定所谓犯意的情况。

再次，正确把握要素分析模式中对于随附情状的认识。

适用要素分析模式的过程中，除了行为、结果等实质要素之外，还存在非常重要的随附情状及其相关认识问题。本书认为，随附情状在很大程度上契合"客观的超过要素"，因为缺乏总则的强制性规范，根据罪刑法定原则，不能对其使用明知等主观认识要素，在这个意义上，对其采取"负向"认定模式是合适的，具体来说，当随附情状这种客观要素影响到具体犯罪的认定时，要求检方证明行为人至少对这种随附情状的存在具有预见可能性。⑤ 与此同时，诸如目的、动机等所谓"主观的超过要素"，则不属于随附情状的概念范畴，对其不得使用上述"负向"认定模式。因为要素分析模式建立在一罪一故意这一基础上，因此，不能将寻衅滋事罪中的所谓"流氓动机"视为"故意之外的一种主观内容"⑥，而是应当将其和目的一道，视为直接故意的意志要素。⑦ 其实，刑法分则中的动机和目的，与刑法分则中的明知一样，都属于提示性

---

① 参见〔日〕高山佳奈子「未必の故意」成城法学 55 号、1998、35 页。

② 陈兴良：《刑法中的故意及其构造》，《法治研究》2010 年第 6 期，第 4 页。

③ 王新：《我国刑法中"明知"的含义和认定——基于刑事立法和司法解释的分析》，《法制与社会发展》2013 年第 1 期，第 67 页。

④ 周光权：《论主要罪过》，《现代法学》2007 年第 2 期，第 40 页。

⑤ 参见张明楷《"客观的超过要素"概念之提倡》，《法学研究》1999 年第 3 期，第 29 页。

⑥ 张明楷：《寻衅滋事罪探究》（下篇），《政治与法律》2008 年第 2 期，第 123 页。

⑦ 我国也有学者指出，"以非法占有为目的"包含了直接故意的意志因素。参见欧阳本祺《目的犯研究》，中国人民大学出版社，2009，第 59 页。

的注意规定，即要求司法者意识到相关具体犯罪，属于要求特定意志要素的直接故意犯罪，而非希望或放任一般抽象社会危险性的普通故意犯罪。

四　结论

本书倡导以要素分析作为犯罪故意的司法认定模式，一方面，可以在尊重现行法律及司法惯例的基础上，最大限度解决立法与司法、法理与共识的矛盾。另一方面，还可以借由人民陪审员参与刑事案件事实与法律审理的契机，对犯罪故意的规范性要素真正实现"外行的平行评价"，提高犯罪故意司法认定的可靠性与可信性，为刑法寻找除法教义学研究之外的其他可行进路。

参考文献

英文专著

Adam Jay Hirsch, *The Rise of the Penitentiary*: *Prisons and Punishment in Early America* (New Haven: Yale University Press, 1992).

Albert Edward McKinley, *The Suffrage Franchise in the Thirteen English Colonies in America* (Philadelphia: University of Chicago Press, 1905).

Arthur S. Link, *American Epoch*: *A History of the United States Since 1890s* (New York: Knopf, 1962).

Christopher B. Mueller, Laird C. Kirkpatrick, *Evidence*, *Aspen Treatise Series* (New York: Aspen Publishers, 2009).

Clarence Thomas, *My Grandfather's Son*: *A Memoir* (New York: Harper Collins Publishers, 2007).

David J. Bodenhamer, *The Pursuit of Justice*: *Crime and Law in Antebellum Indiana* (Oxfordshire: Taylor & Francis, 1986).

Dean J. Champio et al. , *Criminal Courts*: *Structure, Process and Issues* (New Jersey: Prentice Hall, 2011).

Deborah B. McGregor & Cynthia M. Adams, *International Lawyers Guide to Legal Analysis & Communication in US* (New York: Aspen Publishers, 2008).

Douglas Husak, *The Philosophy of Criminal Law*: *Selected Essays* (London: Oxford University Press, 2010).

Franklin E. Zimring, *An American Travesty*: *Legal Responses to Adolescent*

Sexual Offending (Chicago： University of Chicago, 2004).

Gary Minda, *Postmodern Legal Movements： Law and Jurisprudence at Century's End* (New York： New York University Press, 1995).

George H. Fletcher, *Rethinking Criminal Law* (Columbus： Little, Brown and Company, 1978).

Gerhard O. W. Mueller, *Crime, Law and the Scholars* (Portsmouth： Heinemann Educational, 1969).

Glanville Williams, *Criminal Law： The General Part* (London： Stevens & Sons, Ltd. , 1961).

H. L. A. Hart, *Essays in Jurisprudence and Philosophy* (London： Oxford University Press, 1983).

H. L. A. Hart, *Punishment and Responsibility* (Oxford： Clarendon Press, 1968).

H. L. A. Hart, *Legal Responsibility and Excuses, in Punishment and Responsibility： Essays in the Philosophy of Law* (London： Oxford University Press, 1968).

Hyman Gross, *A Theory of Criminal Justice* (London： Oxford University Press, 1979).

Jennifer Nedelsky, *Private Property and the Limits of American Constitutionalism： The Madisonian Framework and Its Legacy* (Chicago： University of Chicago Press, 1990).

Jerome Hall, *General Principle of Criminal Law* (New York： The Boss－Merrill Company, 1947).

Joel Feinberg, *The Expressive Function of Punishment, Philosophy of Law： Crimes and Punishments* (Columbus： Little Brown, 1994).

John D. Greenwood, *Introduction to the Future of the Folk Psychology* (London： Cambridge University Press, 1991).

Joshua Dressler, *Understanding Criminal Law* (New York： Matthew Bender, 1995).

Lacey Nichola, *State Punishment, Political Principles and Community Values* (London： Routledge, 1988).

Lawrence M. Friedman, *A History of American Law* (New York: Simon Schuster, 1985).

Lawrence M. Friedman, *Crime and Punishment in American History* (New York: BasicBooks, 1993).

Leon F. Litwack, *North of Slavery: The Negro in the Free States* (Philadelphia: University of Chicago Press, 1961).

Linda E. Carter & Ellen Kreitzberg, *Understanding Capital Punishment Law* (Eagan: West Publishing Co., 2004).

Marjorie D. Rombauer, *Legal Problem Solving: Analysis, Research and Writing* (Eagan: West Publishing Co., 1978).

Matthew Lippman, *Contemporary Criminal Law: Concepts, Cases, and Controversies* (Thousand Oaks, California: Sage Publications, Inc., 2015).

Michael Meranze, *Laboratories of Virtue: Punishment, Revolution, and Authority in Philadelphia, 1760–1835* (Durham, North Carolina: University of North Carolina Press, 1996).

Mortimer R. Kadish and Sanford H. Kadish, *Discretion to Disobey: A Study of Lawful Departures from Legal Rules* (Redwood City: Stanford University Press, 1973).

New York State Division of Criminal Justice Services, *1990 Crime and Justice Annual Report* (New York: Bureau of Criminal Justice Statistical Services, 1991).

Paul H. Robinson & John M. Darley, *Justice Liability and Blame: Community Views and the Criminal Law* (Boulder: Westview Press, 1995).

Paul H. Robinson and Sarah M. Robinson, *Pirates, Prisoners, and Lepers: Lessons from Life Outside the Law* (Lincoln: The University of Nebraska Press, 2015).

Paul W. Tappen, *Delinquent Girls in Court: A Study of the Wayward Minor Court of New York* (New York: Columbia University Press, 1947).

Randall Coyne and Lyn Entzeroth, *Capital Punishment and the Judicial Process* (Durham, North Carolina: Carolina Academic Press, 2006).

Richard E. Ellis, *The Jeffersonian Crisis: Courts and Politics in the Young*

Republic（Oxford：Oxford Press，1971）.

Richard G. Singer and John Q. La Fond，《刑法》（注译本），王秀梅等注，中国方正出版社，2003。

Richard G. Singer，John Q. La Fond，*Criminal Law：Examples and Explanations*（Alphen aan den Rijn：Aspen Publishing，Inc.，1995）.

Richard Weisberg，*The Failure of the Word*（New Haven：Yale University Press，1992）.

Robert M. Bohm，*Deathquest：An Introduction to the Theory and Practice of Capital Punishment in the United States*（Lexington，KY：Anderson Publishing，1999）.

Roger Hood，*The Death Penalty：A World-Wide Perspective*，（London：Oxford University Press，1996）.

Rollin M. Perkins and Ronald N. Boyce，*Cases and Materials on Criminal Law and Procedure*（Eagan：Foundation Press，1982）.

Sandra Beatriz，*The Discourse of Court Interpreting：Discourse Practices of the Law, the Witness and the Interpreter*（Amsterdam：John Benjamins Publishing，2004）.

Stephen Botein，*Early American Law and Society*（New Yrok：Random House，1983）.

Stephen E. Brown，*Finn–Aage Esbensen and Gilbert Geis，Criminology, Explaining Crime and Its Context*（New York：Anderson，2010）.

Stuart Banner，*The Death Penalty：An American History*（Cambridge：Harvard University Press，2003）.

Thomas A. Mauet，*Trial Techniques*（New York：Aspen Publishers，2002）.

Thomas J. Gardner，*Criminal Law：Principles and Cases*（Boston：Wadsworth Publishing，2006）.

Wayne R. LaFave & Austin W. Scott，*Criminal Law*（Eagan：West Publishing Co.，1972）.

英文论文

Aaron S. Book，"Shame on You：An Analysis of Modern Shame Punishment as an Alternative to Incarceration," *Wm. & Mary L. Rev.* 40 （1999）.

Adam Candeub, "Consciousness & Culpability," *Ala. L. Rev.* 54 （2002）.

Aid Parush, "The Courtroom as Theater and the Theater as Courtroom in Ancient Athens," *Israel L. Rev.* 35 （2001）.

Akhil Reed Amar, "The Bill of Rights as a Constitution," *Yale L. J.*, 100 （1991）.

Alan A. Stone, "Law & Film: Teaching Film at Harvard Law School," *Legal Stud. Forum* 24 （1999）.

Alan Brudner, "Owning Outcomes: On Intervening Causes, Thin Skulls, and Fault-undifferentiated Crimes," *Can. J. L. & Juris.* 11 （1998）.

Alan C. Michaels, "'Rationales' of Criminal Law Then and Now: For a Judgmental Descriptivism," *Colum. L. Rev.* 100 （2000）.

Alan C. Michaels, "Acceptance: The Missing Mental States," *S. Cal. L. Rev.* 71 （1998）.

Alan C. Michaels, "Constitutional Innocence," *Harv. L. Rev.* 112 （1999）.

Alan Clarke, "Habeas Corpus: The Historical Debate," *N. Y. L. Sch. J. Hum. Rts.* 14 （1998）.

Alan M. Dershowitz, "Criminal Sentencing in the United States: An Historical and Conceptual Overview, Annals of the American Academy of Political and Social Science," *Annals Am. Acad. Pol. & Soc. Sci.* 423 （1976）.

Alan M. Dershowitz, "Torture Without Visibility and Accountability Is Worse than with It," *U. Pa. J. Const. L.* 6 （2003）.

Alan Saltzman, "Strict Criminal Liability and the United States Constitution: Substantive Criminal Law Due Process," *Wayne L. Rev.* 24 （1978）.

Albert Coates, "The Story of the Law School at the University of North Carolina," *N. C. L. Rev.* （1968-1969）.

Albert J. Harno, "Intent in Criminal Conspiracy, University of Pennsylvania Law Review and American Law Register," *U. Pa. L. Rev.* 89 （1941）.

Albert W. Alschuler and Andrew G. Deiss, "A Brief History of the Criminal Jury in the United States," *U. Chi. L. Rev.* 61 （1994）.

Alexis Dowling, "Post-Atkins: Problems Enforcing the Supreme Court's Ban on Executing the Mentally Retarded," *Seton Hall L. Rev.* 33 (2003).

Alison Tsao, "Fetal Homicide Laws: Shield Against Domestic Violence or Sword to Pierce Abortion Rights?" *Hastings Const. L. Q.* 25 (1998).

Allan D. Johnson, "The Illusory Death Penalty: Why America's Death Penalty Process Fails to Support the Economic Theories of Criminal Sanctions and Deterrence," *Hastings L. J.* 52 (2001).

Alun Griffith, "Comment: *People* v. *Ryan*: A Trap for the Unwary," *Brooklyn L. Rev.* 61 (1995).

Alvin K. Klevorick, "Legal Theory and the Economic Analysis of Torts and Crimes," *Colum. L. Rev.* 85 (1985).

Amanda Gamer, "Mens Rea: Unintentional Homicide," *Loy. L. A. L. Rev.* 36 (2003).

Amy Adler, "The Perverse Law of Child Pornography," *Colum. L. Rev.* 101 (2001).

Amy Grubb & Emily Turner, "Attribution of Blame in Rape Cases: A Review of the Impact of Rape Myth Acceptance, Gender Role Conformity, and Substance Use on Victim Blaming," *Aggression & Violent Behav.* 17 (2012).

Amy M. Thorson, "From Parens Patriae to Crime Control: A Comparison of the History and Effectiveness of the Juvenile Justice Systems in the United States and Canada," *Ariz. J. Int'l & Comp. Law* 16 (1999).

Amy R. Mashburn, "Can Xenophon Save the Socratic Method," *T. Jefferson L. Rev.* 30 (2008).

Andrea Keilen and Maurie Levin, "Moving Forward: A Map for Meaningful Habeas Reform in Texas Capital Cases," *Am. J. Crim. L.* 34 (2007).

Andrea Shapiro, "Unequal Before the Law: Men, Women and the Death Penalty," *Am. U. J. Gender Soc. Pol'y & L.* 8 (2000).

Andrew Ashworth, "Criminal Attempts and the Role of Resulting Harm Under the Code, and in the Common Law," *Rutgers L. J.* 19 (1988).

Andrew C. Hanson, "Section 309 (c) of the Clean Water Act: Using the MPC to Clarify Mental State in Water Pollution Crimes," *Pace Envtl. L. Rev.* 20 (2003).

Andrew C. Hanson, "Section 309 (c) of the Clean Water Act: Using the MPC to Clarify Mental State in Water Pollution Crimes," *Pace Envtl. L. Rev.* 20 (2003).

Andrew E. Lelling, "Comment: Eliminative Materialism, Neuroscience & the Criminal Law," *U. Pa. L. Rev.* 141 (1993).

Andrew E. Taslitz, "Willfully Blinded: On Date Rape and Self-deception," *Harv. J. L. & Gender* 28 (2005).

Andrew Hammel, "Diabolical Federalism: A Functional Critique and Proposed Reconstruction of Death Penalty Federal Habeas," *Am. Crim. L. Rev.* 39 (2002).

Andrew Ingram, "Parsing the Reasonable Person: The Case of Self-defense," *Am. J. Crim. L.* 39 (2012).

Andrew M. Levine, "Note, Denying the Settled Insanity Defense: Another Necessary Step in Dealing with Drug and Alcohol Abuse," *B. U. L. Rev.* 78 (1998).

Andrew Oldenquist, "Honorable James J. Gilvary Symposium on Law, Religion, and Social Justice: Evolving Standards of Decencyin 2003—Is The Death Penalty on Life Support?: Retribution and the Death Penalty," *Dayton L. Rev.* 29 (2004).

Angela P. Harris and Cynthia Lee Fall, "Commentary Symposium: Criminal Law, Casebooks, and Legal Education: Teaching Criminal Law from a Critical," *Ohio St. J. Crim. L.* 7 (2009).

Anne M. Coughlin, "Sex and Guilt," *Va. L. Rev.* 84 (1998).

Ann Hopkins, "Mens Rea and the Right to Trial by Jury," *Calif. L. Rev.* 76 (1988).

Ann K. Pollack, "Note, the Role of Injunctive Relief and Settlements in Superfund Enforcement," *Cornell L. Rev.* 68 (1983).

Ann Woolhandler, "Demodeling Habeas," *Stan. L. Rev.* 45 (1993).

Anthony E. Cook, "The Death of God in American Pragmatism and Realism: Resurrecting the Value of Love in Contemporary Jurisprudence," *Geo. L. J.* 82 (1994).

Anthony Granucci, "Nor Cruel and Unusual Punishments Inflicted: The Original Meaning," *Cal. L. Rev.* 57 (1969).

Anthony Kronman, "Forward: Legal Scholarship and Moral Education," *Yale L. J.* 80 (1981).

Anthony T. Kronman, "The Socratic Method and the Development of the Moral Imagination," *U. of Tol. L. Rev.* 31 (2000).

April Walker, "From *State of California* v. *Scott Peterson* to *State of Utah* v. *Mark Hacking* Will More States Adopt Fetal Protection Laws," *Crim. L. Brief* 4 (2009).

Arnold H. Loewy, "Culpability, Dangerousness, and Harm: Balancing the Factors on Which Our Criminal Law is Predicated," *N. C. L. Rev.* 66 (1988).

Arnold N. Enker, "Mens Rea and Criminal Attempt," *Am. Bar Foundation Research J.* 2 (1977).

Arron L. Jackson, "Habeas Corpus in the Global War on Terror: An American Drama," *A. F. L. Rev.* 65 (2010).

Arthur Allen Leff, "Law And," *Yale L. J.* 87 (1978).

Arthur Allen Leff, "The Leff Dictionary of Law: A Fragment," *Yale L. J.* 94 (1985).

Arthur H. Sherry, "Criminal Law Revision in California," *J. L. Reform* 4 (1971).

Arthur Leavens, "A Causation Approach to Criminal Omissions," *Calif. L. Rev.* 76 (1988).

Arthur Meirson, "Prosecuting Elder Abuse: Setting the Gold Standard in the Golden State," *Hastings L. J.* 60 (2008).

Aya Gruber, "Rape, Feminism, and the War on Crime," *Wash. L. Rev.*

84（2009）.

Baher Azmy, "Executive Detention, Boumediene, and the New Common Law of Habeas," *Iowa L. Rev.* 95 （2010）.

Barbara Baum Levenbook, "Prohibiting Attempts and Preparations," *UMKC L. Rev.* 49 （1980）.

Barbara Kritchevsky, "Criminal Attempt—Murder Two: The Law in Tennessee After *State* v. *Kimbrough*," *U. Mem. L. Rev.* 28 （1997）.

Barbara Margaret Farrell, "Pennsylvania's Treatment of Children Who Commit Murder: Criminal Punishment Has Not Replaced Parens Patriae," *Dick. L. Rev.* 98 （1994）.

Barry C. Feld, "Juvenile and Criminal Justice Systems' Responses to Youth Violence," *Crime & Just.* 24 （1998）.

Barry Capp, "A Little Knowledge Can Be a Dangerous Thing—*State of New Jersey* v. *Robertson* & Mens Rea in the Freshwater Wetlands, Protection Act of 1987," *Pace Envtl. L. Rev.* 15 （1998）.

Barry Friedman, "The History of the Countermajoritarian Difficulty, Part Four: Law's Politics," *U. Pa. L. Rev.* 148 （2000）.

Barry Friedman, "The History of the Countermajoritarian Difficulty, Part One: The Road to Judicial Supremacy," *N. Y. U. L. Rev.* 73 （1998）.

Barry Friedman, "A Tale of Two Habeas," *Minn. L. Rev.* 247 （1988）.

Baruch Weiss, "What Were They Thinking?: The Mental States of the Aider and Abettor and the Causer Under Fedeal Law," *Fordham L. Rev.* 70 （2002）.

Bela August Walker, "Essay: Deciphering Risk: Sex Offender Statutes and Moral Panic in a Risk Society," *U. Balt. L. Rev.* 40 （2010）.

Ben Rosenberg, "The Growth of Federal Criminal Common Law," *Am. J. Crim. L.* 29 （2002）.

Benjamin B. Sendor, "Crime and Communication: An Interpretive Theory of the Insanity Defense and the Mental Elements of Crime," *GEO. L. J.* 74 （1986）.

Benjamin C. Zipursky, "Self-defense, Domination, and the Social Contract," *U. Pitt. L. Rev.* 57 (1996).

Benjamin S. Lin, "Conspiracy in Homicide," *Loy. L. A. L. Rev.* 36 (2003).

Bennett Capers, "Real Rape Too," *Calif. L. Rev.* 99 (2011).

Bernard E. Gegan, "Criminal Homicide in the Revised New York Penal Law," *N. Y. L. F* 12 (1966).

Bernard E. Harcourt, "The Collapse of the Harm Principle," *J. Crim. L. & Criminology* 90 (1999).

Bernard J. Ward, "The Problem Method at Notre Dame," *Legal Educ.* 11 (1958).

Beverly Balos & Mary Louise Fellows, "Guilty of the Crime of Trust: Nonstranger Rape," *Minn. L. Rev.* 75 (1991).

Bill Haltom, "Contracts and Socratic Method Should Make Way for Real-Life Issues: Goodbye, Professor Kingsfield," *Tenn. B. J.* 42 (2006).

Binny Miller, "Papers Presented at the UCLA/IALS Conference on 'Problem Solving' in Clinical Education: Teaching Case Theory," *Clinical L. Rev.* 9 (2002).

Bradley A. Muhs, "Fighting the Unfair Fight: Post-traumatic Stress Disorder and the Need for Neuroimaging Evidence in Rape Trials," *Women's Rts. L. Rep.* 35 (2014).

Bradley W. Miller, "A Common Law Theory of Judicial Review," *Am. J. Juris.* 52 (2007).

Brent E. Newton, "A Case Study in Systemic Unfairness: The Texas Death Penalty, 1973-1994," *Tex. F. on C. L. & C. R.* 1 (1994).

Brian C. Duffy, "Note, Barring Foul Blows: An Argument for a Per Se Reversible-error Rule for Prosecutors' Use of Religious Arguments in the Sentencing Phase of Capital Cases," *Vand. L. Rev.* 50 (1997).

Brian Z. Tamanaha, "Pragmatism in U. S. Legal Theory: It's Application to Normative Jurisprudences, Socio Legal Studies, and the Fact-value Distinction," *Am. J. Juris* 41 (1996).

Brigid Harington, "A Proposed Narrowing of the Clean Water Acts Criminal Negligence Provisions: It's Only Human?" *B. C. Envtl. Aff. L. Rev.* 32 (2005).

Bron McKillop, "Review of Convictions After Jury Trials: The New French Jury Court of Appeal," *Sydney L. Rev.* 28 (2006).

Bruce Chapman, "Agency and Contingency: The Case of Criminal Attempts," *U. T. L. J.* 38 (1988).

Bruce L. Ackerman, "The Conclusive Presumption Shuffle," *U. PA. L. Rev.* 125 (1977).

Bruce Ledewitz, "Mr. Carroll's Mental State or What is Meant by Intent Presumption," *Am. Crim. L. Rev.* 38 (2001).

Bruce R. Bryan, "The Battle Between Mens Rea and the Public Welfare: *United States* v. *Laughlin* Finds a Middle Ground," *Fordham Envtl. L. Rev.* 6 (2011).

Bryan A. Stevenson and Ruth E. Friedman, "Deliberate Indifference: Judicial Tolerance of Racial Bias in Criminal Justice," *Wash. & Lee L. Rev.* 51 (1994).

Burnele V. Powell, "A Defense of the Socratic Method: An Interview with Martin B. Lewis (1934–94)," *N. C. L. Rev.* 73 (1995).

C. Edwin Baker, "Press Rights and Government Power to Structure the Press," *U. Miami L. Rev.* 34 (1980).

Calvin M. Sims, Nora E. Noel, & Stephen A. Maisto, "Rape Blame as a Function of Alcohol Presence and Resistance Type," *Addictive Behav.* 32 (2007).

Candace Courteau, "Comment: The Mental Element Required for Accomplice Liability: A Topic Note," *La. L. Rev.* 59 (1998).

Carissa Byrne Hessick, "Motive's Role in Criminal Punishment," *S. Cal. L. Rev.* 80 (2006).

Carissa Byrne Hessick, "The Limits of Child Pornography," *Ind. L. J.* 89 (2014).

Carol S. Steiker & Jordan M. Steiker, "The Seduction of Innocence: The

Attraction and Limitations of the Focus on Innocence in Capital Punishment Law and Advocacy," *J. Crim. L. & Criminology* 587 （2005）.

Carol Sanger, "Infant Safe Haven Laws: Legislating in the Culture of Life," *Colum. L. Rev.* 106 （2006）.

Carolyn B. Ramsey, "Restructuring the Debate over Fetal Homicide Laws," *Ohio St. L. J.* 67 （2006）.

Cass R. Sunstein, "Interpreting Statutes in the Regulatory State," *Harv. L. Rev.* 103 （1989）.

Cass R. Sunstein, "Naked Preferences and the Constitution," *Colum. L. Rev.* 84 （1984）.

Cass R. Sunstein, "On the Expressive Function of Law," *U. Pa. L. Rev.* 144 （2000）.

Cassia Spohn, Katharine Telli, "Justice Denied?: The Exceptional Clearance of Rape Cases in Los Angeles," *Alb. L. Rev.* 74 （2010-2011）.

Catharine A. MacKinnon, "Reflections on Sex Equality Under Law," *Yale L. J.* 100 （1991）.

Catharine Pierce Wells, "Why Pragmatism Works for Me," *S. Cal. L. Rev.* 74 （2000）.

Catherine A. Salton, "Comment, Mental Incapacity and Liability Insurance Exclusionary Clauses: The Affect of Insanity upon Intent," *Cal. L. Rev.* 98 （1990）.

Chad Flanders, "Shame and the Meanings of Punishment," *Clev. St. L. Rev.* 54 （2006）.

Charlene L. Muehlenhard & Lisa C. Hollabaugh, "Do Women Sometimes Say No When They Mean Yes? The Prevalence and Correlates of Women's Token Resistance to Sex," *J. Personality & Soc. Psychol.* 54 （1988）.

Charles A. Phipps, "Children, Adults, Sex, and the Criminal Law: In Search of Reason," *Seton Hall Legis J.* 22 （1997）.

Charles L. Hobson, "Reforming California's Homicide Law", *Pepp. L. Rev.* 23 （1999）.

Charles M. Sevilia, "Anti-Social Personality Disorder: Justification for the Death Penalty?" *J. Contemp. Legal Issues* 10 (1999).

Charles V. Laughlin, "In Support of the Thayer Theory of Presumptions," *Mich. L. Rev.* 52 (1953).

Charles Walter Schwartz, "Eighth Amendment Proportionality Analysis and the Compelling Case of William Rummel," *J. Crim. L. & Criminology* 71 (1980).

Chet Kaufman, "Should Florida Follow the Federal Insanity Defense?" *Fla. ST. U. L. Rev.* 15 (1987).

Chilton Williamson, "Property, Suffrage and Voting in Windham," *Vt Hist* 25 (1957).

Chris Baniszewski, "Comment, Supreme Court Review of Excessive Prison Sentences: The Eighth Amendment's Proportionality Requirement," *Ariz. St. L. J.* 25 (1993).

Christina E. Wells & Erin Elliott Motley, "Reinforcing the Myth of the Crazed Rapist: A Feminist Critique of Recent Rape Legislation," *B. U. L. Rev.* 81 (2001).

Christine Sistare, "Agent Motives and the Criminal Law," *Soc. Theory & Prac.* 13 (1987).

Christopher Bello, "Annotation, Construction and Application of State Statute Governing Impossibility of Consummation as Defense to Prosecution for Attempt to Commit Crime," *A. L. R. 4th* 41 (1985).

Christopher Hawthorne, "Comment, 'Deific Decree': The Short, Happy Life of a Psuedo-Doctrine," *Loy. L. A. L. Rev.* 33 (2000).

Christopher Kutz, "Torture, Necessity and Existential Politics," *Cal. L. Rev.* 235 (2007).

Clair Wilcox, "Parole: Principle and Practice," *J. Crim. L. & Criminology* 20 (1929).

Claire Finkelstein, "Book Review: Mens Rea and Other Criminal Inefficiencies," *Crim. L. F.* 8 (1997).

Claire Finkelstein, "Is Risk a Harm?" *U. Pa. L. Rev.* 151 (2003).

Claire Finkelstein, "The Inefficiency of Mens Rea," *Calif. L. Rev.* 88 (2000).

Claire Oakes Finkelstein, "On the Obligation of the State to Extend a Right of Self-defense to Its Citizens," *U. Pa. L. Rev.* 146 (1999).

Clare Carlson, " 'This Bitch Got Drunk and Did This to Herself: Proposed Evidentiary Reforms to Limit 'Victim Blaming' and 'Perpetrator Pardoning' in Rape Intoxication Trials in California," *Wis. J. L. Gender & Soc'y* 29 (2014).

Clare McGlynn, "Feminism, Rape and the Search for Justice," *Oxford J. Legal Stud.* 31 (2011).

Clarke D. Forsythe, "Homicide of the Unborn Child: The Born Alive Rule and Other Legal Anachronisms," *Val. U. L. Rev.* 21 (1987).

Clarke D. Forsythe, "The Historical Origins of Broad Federal Habeas Review Reconsidered," *Notre Dame L. Rev.* 70 (1995).

Clayton T. Tanaka, "The Felony-murder Doctrine," *Loy. L. A. L. Rev.* 36 (2003).

Clifford Fisher, "The Role of Causation in Science as Law and Proposed Changes in the Current Common Law Toxic Tort System," *Buff. Envt' l. L. J.* 9 (2001).

Comment, "The Cost of Taking a Life: Dollars and Sense of the Death Penalty," *U. C. Davis L. Rev.* 18 (1985).

Conference: "The Death Penalty in the Twenty-first Century," *Am. U. L. Rev.* 45 (1995).

Corey Rayburn Yung, "How to Lie with Rape Statistics: America's Hidden Rape Crisis," *Iowa L. Rev.* 99 (2014).

Courtney Guyton Persons, "Sex in the Sunlight: The Effectiveness, Efficiency, Constitutionality, and Advisability of Publishing Names and Pictures of Prostitutes' Patrons," *Vand. L. Rev.* 49 (1996).

Craig Haney & Mona Lynch, "Comprehending Life and Death Matters: A

Preliminary Study of California's Capital Penalty Instructions," *Law & Hum. Behav.* 18 （1994）.

Craig M. Bradley, "A （Genuinely） Modest Proposal Concerning the Death Penalty," *Ind. L. J.* 72 （1996）.

Craig S. Lerner and Nelson Lund, "Judicial Duty and the Supreme Court's Cult of Celebrity," *Geo. Wash. L. Rev.* 78 （2010）.

Craig T. Byrnes, "Putting the Focus Where it Belongs: Mens Rea, Consent, Force, and the Crime of Rape," *Yale J. L. & Feminism* 10 （1998）.

Cynthia G. Hawkins-León, "Literature as Law: The History of the Insanity Plea and a Fictional Application Within the Law & Literature Canon," *Temp. L. Rev.* 72 （1999）.

Cynthia H. Finn, "The Responsible Corporate Officer, Criminal Liability, and Mens Rea Limitations on the Rco Doctrine," *Am. U. L. Rev.* 46 （1996）.

Cynthia K. Y. Lee, "The Act-belief Distinction in Self-defense Doctrine: A New Dual Requirement Theory of Justification," *Buff. Crim. L. Rev.* 2 （1998）.

Cynthia Lee, Peter Kwan, "The Trans Panic Defense: Masculinity, Heteronormativity, and the Murder of Transgender Women," *Hastings L. J.* 66 （2014）.

D. Brooks Smith, "Judicial Review in the United States," *Duq. L. Rev.* 45 （2007）.

D. Michael Bitz and Jean Seipp Bitz, "Incompetence in the Brain Injured Individual," *St. Thomas L. Rev.* 12 （1999）.

D. Ross Martin, "Conspiratorial Children? The Intersection of the Federal Juvenile Delinquency Act and Federal Conspiracy Law," *B. U. L. Rev.* 74 （1994）.

Dale E. Bennett, "The Louisiana Criminal Code: A Comparison with Prior Louisiana Criminal Law," *La. L. Rev.* 5 （1942）.

Dallin. H. Oaks, "Legal History in the High Court-habeas Corpus," *Mich. L. Rev.* 64 （1966）.

Damien P. Horigan, "Of Compassion and Capital Punishment: A Buddhist

Perspective on the Death Penalty," *Am. J. Juris.* 41 (1996).

Dan M. Kahan, "The Theory of Value Dilemma: A Critique of the Economic Analysis of Criminal Law," *Ohio St. J. Crim. L* 1 (2004).

Dan M. Kahan, "What Do Alternative Sanctions Mean?" *U. Chi. L. Rev.* 63 (1996).

Dan Markel, "Are Shaming Punishments Beautifully Retributive? Retributivism and the Implications for the Alternative Sanctions Debate," *Vand. L. Rev.* 54 (2001).

Dan Markel, "Wrong Turns on the Road to Alternative Sanctions: Reflections on the Future of Shaming Punishments and Restorative Justice," *Tex. L. Rev.* 85 (2007).

Dana Berliner, "Rethinking the Reasonable Belief Defense to Rape," *Yale L. J.* 100 (1991).

Dane S. Ciolino, "The Mental Element of Louisiana Crimes: It Doesn't Matter What You Think," *Tul. L. Rev.* 70 (1996).

Daniel A. Farber, "Legal Pragmatism and the Constitution," *Minn. L. Rev.* 72 (1988).

Daniel G. Moriarty, "Extending the Defense of Renunciation," *Temp. L. Rev.* 62 (1989).

Daniel J. Nusbaum, "The Craziest Reform of Them All: A Critical Analysis of the Constitutional Implications of 'Abolishing' the Insanity Defense," *Cornell L. Rev.* 87 (2002).

Daniel Kanstroom, "Law, Torture, and the Task of the Good Lawyer' — Mukasey Agonistes," *B. C. Int'l & Comp. L. Rev.* 32 (2009).

Daniel L. Rotenberg, "An Essay on Criminal Liability for Dutyless Omissions That Cause Results," *Brooklyn L. Rev.* 62 (1996).

Daniel M. Mandil, "Chance, Freedom, and Criminal Liability," *Colum. L. Rev.* 87 (1987).

Daniel R. Williams, "*Roper v. Simmons* and the Limits of the Adjudicatory Process," *Mich. St. L. Rev.* 2005 (2005).

Daniel S. Reinberg, "The Constitutionality of the Illinois Death Penalty Statute: The Right to Pretrial Notice of the State's Intention to the Death Penalty," *Nw. U. L. Rev.* 85 (1990).

Danielle E. Finck, "Judicial Review: The United States Supreme Court Versus the German Constitutional Court," *B. C. Int'l & Comp. L. Rev.* 20 (1997).

Danielle R. Oddo, Note, "Removing Confidentiality Protections and the 'Get Tough' Rhetoric: What Has Gone Wrong With the Juvenile Justice System?" *B. C. Third World L. J.* 18 (1998).

Dannye Holley, "Culpability Evaluations in the State Supreme Courts from 1977 to 1999: A 'Model' Assessment," *Akron L. Rev.* 34 (2001).

Dannye Holley, "The Influence of the MPC's Culpability Provisions on State Legislatures: A Study of Lost Opportunity, Including Abolishing the Mistake of Fact Doctrine," *Sw. U. L. Rev.* 27 (1997).

Dapo Akande and Thomas Lieflnder, "Clarifying Necessity, Imminence, and Proportionality in the Law of Self-defense," *A. J. I. L.* 107 (2013).

Darryl K. Brown, "Judicial Instructions, Defendant Culpability, and Jury Interpretation of Law," *St. Louis U. Pub. L. Rev.* 21 (2002).

David A. Anderson, "The Origins of the Press Clause," *UCLA L. Rev.* 30 (1983).

David A. Bosak, Note, "The Blurring Line Between Victim and Offender: Self-produced Child Pornography and the Need for Sentencing Reform," *Ohio St. L. J.* 73 (2012).

David A. Gordon, "Protecting Public Welfare: Mens Rea Under Section 3008 (d) (2) (A) of the Solid Waste Disposal Act," *U. Chi. Legal F.* (1997).

David A. Singleton, "Sex Offender Residency Statutes and the Culture of Fear: The Case for More Meaningful Rational Basis Review of Fear-driven Public Safety Laws," *U. St. Thomas L. J.* 3 (2006).

David A. Strauss, "Common Law Constitutional Interpretation," *U. Chi. L. Rev.* 63 (1996).

David Blumberg, "Habeas Leaps from the Pan and into the Fire: *Jacobs v. Scott* and the Antiterrorism and Effective Death Penalty Act of 1996," *Alb. L. Rev.* 61 (1997).

David Brown, "Crimes Against the Person: Amend Punishment for Any Person Who Commits the Offense of Simple Battery or Battery Against a Sport Offical of Amateur Contest," *Ga. St. U. L. Rev.* 17 (2009).

David C. Baldus, et al., "Racial Discrimination and the Death Penalty in the Post-furman Era: An Empirical and Legal Overview, with Recent Findings from Philadelphia," *Cornell L. Rev.* 83 (1998).

David D. Garner, "Socratic Misogyny? —Analyzing Feminist Criticisms of Socratic Teaching in Legal Education," *B. Y. U. L. Rev.* (2000).

David Dolinko, "Three Mistakes of Retributivism," *UCLA L. Rev.* 39 (1992).

David Gauthier, "Self-defense and the Requirement of Imminence: Comments on George Fletcher's Domination in the Theory of Justification and Excuse," *U. Pitt. L. Rev.* 57 (1996).

David Hardy, "The Firearms Owners' Protection Act: A Historical and Legal Perspective," *Cumb. L. Rev.* 17 (1987).

David J. Novak, "Trial Advocacy: Anatomy of a Federal Death Penalty Prosecution: A Primer for Prosecutors," *S. C. L. Rev.* 50 (1999).

David J. Seipp, "The Distinction Between Crime and Tort in the Early Common Law," *B. U. L. Rev.* 76 (1996).

David Lanham, "Felony Murder—Ancient and Modern," *Crim. L. J.* 7 (1983).

David L. Hoeffel, "Ohio's Death Penalty: History and Current Developments," *Cap. U. L. Rev.* 31 (2003).

David M. Trubeck, et al., "The Costs of Ordinary Litigation," *U. C. L. A. L. Rev.* 31 (1983).

David M. Gold, "The Tradition of Substantive Judicial Review: A Case Study of Continuity in Constitutional Jurisprudence," *Me. L. Rev.* 52 (2000).

David M. Treiman, "Recklessness and the MPC," *Am. J. Crim. L.* 9 (1981).

David P. Bryden & Maren M. Grier, "The Search for Rapists' 'Real' Motives," *J. Crim. L. & Criminology* 101 (2011).

David P. Bryden, "Redefining Rape," *Buff. Crim. L. Rev.* 3 (2000).

David Rabban, "The Emergence of First Amendment Doctrine," *U. Chi. L. Rev.* 50 (1983).

David S. Friedman, "The Supreme Court's Narrow Majority to Narrow the Death Penalty," *Human Rights* 28 (2001).

David S. Kris, "Law Enforcement as a Counterterrorism Tool," *J. Nat'l Security L. & Pol'y* 5 (2001).

David Dow, "Teague and Death: The Impact of Current Retroactivity Doctrine on Capital Defendants," *Hsting Const. L. Q.* 19 (1991).

Davison M. Douglas, "God and the Executioner: The Influence of Western Religion on the Death Penalty," *Wm. & Mary Bill of Rts. J.* 9 (2000).

Dawn Beichner & Cassia Spohn, "Modeling the Effects of Victim Behavior and Moral Character on Prosecutors' Charging Decisions in Sexual Assault Cases," *Victims & Violence* 27 (2012).

Dawn C. Nunziato, "Romeo and Juliet Online and in Trouble: Criminalizing Depictions of Teen Sexuality (C U L8r: G2g 2 Jail)," *NW. J. Tech. & Intell. Prop.* 57 (2012).

Deborah Gartzke Goolsby, "Note, Using Mediation in Cases of Simple Rape," *Wash. & Lee L. Rev.* 47 (1990).

Deborah L. Heller, "Death Becomes the State: The Death Penalty in New York State—Past, Present and Future," *Pace L. Rev.* 28 (2008).

Deborah M. Weiss, "Scope, Mistake, and Impossibility: The Philosophy of Language and Problems of Mens Rea," *Colum. L. Rev.* 83 (1983).

Deborah Richardson & Jennifer L. Campbell, "Alcohol and Rape: The Effect of Alcohol on Attributions of Blame for Rape," *Personality & Soc. Psychol. Bull.* 8 (1982).

Deborah Tuerkheimer, "Conceptualizing Violence Against Pregnant Women," *Ind. L. J.* 81 (2006).

Deborah W. Denno, "Crime and Consciousness: Science and Involuntary Acts," *Minn. L. Rev.* 87 (2002).

Debra Moss Curtis, "Everything I Wanted to Know About Teaching Law School I Learned From Being a Kindergarten Teacher: Ethics in the Law School Classroom," *BYU Educ. & L. J.* (2006).

Dennis J. Baker, "The Harm Principle vs Kantian Criteria for Ensuring Fair, Principled and Just Criminalisation," *Austl. J. Legal Phil.* 33 (2008).

Dennis Patterson, "Wittgenstein and the Code: A Theory of Good Faith Performance and Enforcement Under Article Nine," *U. Pa. L. Rev.* 137 (1988).

Dolly F. Alexander, "Twenty Years of Morgan: A Criticism of the Subjectivist View of Mens Rea and Rape in Great Britain," *Pace Int'l L. Rev.* 7 (1995).

Donald A. Dripps, "Beyond Rape: An Essay on the Difference Between the Presence of Force and the Absence of Consent," *Colum. L. Rev.* 92 (1992).

Donald A. Dripps, "The Constitutional Status of the Reasonable Doubt Rule," *Cal. L. Rev.* 75 (1987).

Donald H. Regan, "Rewriting *Roe* v. *Wade*," *Mich. L. Rev.* 1569 (1979).

Donald L. Beschle, "Why Do People Support Capital Punishment? The Death Penalty as Community Ritual," *Conn. L. Rev.* 33 (2001).

Donna DiGiovanni, "The Bumper Sticker: The Innovation That Failed," *New Eng. L. Rev.* 22 (1988).

Donna M. Bishop, et al., "The Transfer of Juveniles to Criminal Court: Does it Make a Difference?" *Crime & Delinq.* 42 (1996).

Douglas A. Berman, "Appreciating Apprendi: Developing Sentencing Procedures in the Shadow of the Constitution," *Crim. Law Bull.* 37 (2001).

Douglas A. Berman, "Originalism and the Jury: Article: Making the Framers' Case, and a Modern Case, for Jury Involvement in Habeas

Adjudication," *Ohio St. L. J.* 71 （2010）.

Douglas A. Kash, "*The United States* v. *Adam Gadahn*: A Case for Treason," *Cap. U. L. Rev.* 37 （2008）.

Douglas Husak, "Attempts and the Philosophical Foundations of Criminal Liability: R. A. Duff, Criminal Attempts," *Crim. L. F* 8 （1997）.

Douglas Husak, "Is the Criminal Law Important?" *Ohio St. J. Crim. L.* 1 （2003）.

Douglas Husak, "The Act Requirement: Rethinking the Act Requirement," *Cardozo L. Rev.* 28 （2007）.

Douglas Linder, "Without Fear or Favor: Judge James Edwin Horton and the Trial of the 'Scottsboro Boys'," *UMKC L. Rev.* 68 （2008）.

Douglas N. Husak & George C. Thomas Ⅲ, "Date Rape, Social Convention, and Reasonable Mistakes," *Law & Phil.* 11 （1992）.

Douglas N. Husak and Craig A. Callender, "Willful Ignorance, Knowledge, and the 'Equal Culpability' Thesis: A Study of the Deeper Significance of the Principle of Legality," *Wis. L. Rev.* （1994）.

Douglas N. Husak, "Book Review: The Relevance of the Concept of Action to the Criminal Law," *Crim. L. F.* 6 （1995）.

Douglas N. Husak, "Retribution in Criminal Theory," *San Diego L. Rev.* 37 （2000）.

Douglas N. Husak, "Varieties of Strict Liability," *Can J. L. & Jurisprudence* 8 （1995）.

Douglas N. Husak, "The Act Requirement: Rethinking the Act Requirement," *Cardozo L. Rev.* 28 （2007）.

Duncan M. Kennedy, "Form and Substance in Private Law Adjudication," *Harv. L. Rev.* 89 （1976）.

Edmund P. Power, "Too Young to Die: The Juvenile Death Penalty After *Atkins* v. *Virginia*," *Cap. Def. J.* 15 （2002）.

Edward A. Purcell, "On the Complexity of 'Ideas in America': Origins and Achievements of the Classical Age of Pragmatism Louis Menand. The

Metaphysical Club: A Story of Ideas in America," *Law & Soc. Inquiry* 27 (2002).

Edward J. Bloustein, "Criminal Attempts and the 'Clear and Present Danger' Theory of the First Amendment," *Cornell L. Rev.* 74 (1989).

Edward J. Imwinkelried, "A More Modest Proposal Than a Common Law for the Age of Statutes: Greater Reliance in Statutory Interpretation on the Concept of Interpretative Intention," *Alb. L. Rev.* 68 (2005).

Edward J. Imwinkelried, "The Use of Evidence of an Accused's Uncharged Misconduct to Prove Mens Rea: The Doctrines That Threaten to Engulf the Character Evidence Prohibition," *Mil. L. Rev.* 130 (1990).

Edward L. Rubin and Malcolm Feeley, "Federalism: Some Notes on a National Neurosis," *UCLA L. Rev.* 41 (1994).

Edwin H. Byrd, Ⅲ, "Comment, Reflections on Willful, Wanton, Reckless and Gross Negligence, *La. L. Rev.* 48 (1988).

Edwin Matthews, Jr., "Death Penalty Symposium: Essay: What Justice Takes," *U. Tol. L. Rev.* 35 (2004).

Edwin R. Keedy, "Criminal Attempts at Common Law," *U. Pa. L. Rev.* 102 (1954).

Edwin R. Keedy, "Ignorance and Mistake in the Criminal Law," *Harv. L. Rev.* 22 (1908).

Edwin W. Scott, "Criminal Law—Causation—Tort Concept of Proximate Cause Is Inapplicable in Criminal Prosecution," *Vill. L. Rev.* 7 (1962).

Elaine M. Chiu, "The Challenge of Motive in the Criminal Law," *Buff. Crim. L. R.* 8 (2005).

Elizabeth F. Harris, "1995—1996: Recent Decisions: The Maryland Court of Appeals," *Md. L. Rev.* 56 (1997).

Elizabeth Marie Reza, "Gender Bias in North Carolina's Death Penalty," *Duke J. Gender L. & Pol'y* 12 (2005).

Elizabeth Rapaport, "Equality of the Damned: The Execution of Women on the Cusp of the 21st Century," *Ohio N. U. L. Rev.* 26 (2000).

Elizabeth Rapaport, "The Death Penalty and Gender Discrimination,"

Law & Society Review 25 （1991）.

Ellen Byers, "Mentally Ill Criminal Offenders and the Strict Liability Effect: Is There Hope for a Just Jurisprudence in an Era of Responsibility/Consequences Talk?" *Ark. L. Rev.* 57 （2004）.

Ellen Marrus & Irene Merker Rosenberg, "After *Roper* v. *Simmons*: Keeping Kids Out of Adult Criminal Court," *San Diego L. Rev.* 42 （2005）.

Emilio S. Binavince, "The Ethical Foundation of Criminal Liability," *Fordham L. Rev.* 33 （1964）.

Eric A. DeGroff & Kathleen A. McKee, "Learning Like Lawyers: Addressing the Differences in Law Student Learning Styles," *BYU Educ. & L. J.* 13 （2006）.

Eric A. Posner, Symbols, "Signals, and Social Norms in Politics and the Law," *J. Legal Stud.* 27 （1998）.

Eric M. Dante, "Tracking the Constitution—The Proliferation and Legality of Sex-Offender Gps—Tracking Statutes," *Seton Hall L. Rev.* 42 （2012）.

Eric Rasmusen, "Stigma and Self-Fulfilling Expectations of Criminality," *J. Law & Econ.* 39 （1996）.

Eric Tennen, "The Supreme Court's Influence on the Death Penalty in America: A Hollow Hope?" *B. U. Pub. Int. L. J.* 14 （2005）.

Erin B. Comartin, "Identifying Appropriate Sanctions for Youth Sexual Behavior: The Impact of Age, Gender, and Sexual Orientation," *New Crim. L. Rev.* 17 （2014）.

Erwin Chemerinsky, "The Rehnquist Court and the Death Penalty," *Geo. L. J.* 94 （2006）.

Erwin S. Barbre, "Annotation, What Felonies Are Inherently or Forceably Dangerous to Human Life for Purposes of Felony-murder Doctrine," *A. L. R. 3d* 50 （1973）.

Eugene J. Chesney, "Eugene J. Chesney, Concept of Mens Rea in the Criminal Law," *J. Crim. L. & Criminology* 29 （1939）.

Eugene R. Milhizer, "Justification and Excuse: What They Wear, What They Are, and What They Ought to Be," *St. John's L. Rev.* 78 （2004）.

Evan Tsen Lee, "The Theories of Federal Habeas Corpus," *Wash. U. L. Q.* 72 (1994).

Eve Brensike Primus, "A Structural Vision of Habeas Corpus," *Calif. L. Rev.* 98 (2010).

Evelyn M. Tenenbaum, "Revitalizing Informed Consent and Protecting Patient Autonomy: An Appeal to Abandon Objective Causation," *Okla. L. Rev.* 64 (2012).

Ezra Ripley Thayer, "Public Wrong and Private Action," *Harv. L. Rev.* 27 (1914).

Felix S. Cohen, "Field Theory and Judicial Logic," *Yale L. J.* 59 (1950).

Felix S. Cohen, "Transcendental Nonsense and the Functional Approach," *Colum. L. Rev.* 35 (1935).

Fran Wright, "The Theory of Justification and Excuse and Its Application to Self-defence," *J. Commonwealth L. and Legal Educ.* 6 (2008).

Frances Olson, "Statutory Rape: A Feminist Critique of Rights Analysis," *Tex. L. Rev.* 63 (1984).

Francis A. Allen, "Criminal Law and the Modern Consciousness: Some Observations on Blameworthiness," *Tenn. L. Rev.* 44 (1977).

Francis Allen, "The Erosion of Legality in American Criminal Justice: Some Latter-day Adventures of the Nulla Poena Principle," *Ariz. L. Rev.* 29 (1987).

Francis B. Sayer, "Mens Rea," *Harv. L. Rev.* 45 (1932).

Francis B. Sayre, "Criminal Conspiracy," *Harv. L. Rev.* 35 (1922).

Francis B. Sayre, "Public Welfare Offenses," *Colum. L. Rev.* 33 (1933).

Francis B. Sayre, "The Present Signification of Mens Rea in the Criminal Law," *Harvard Legal Essays* (1934).

Francis Bowes Sayre, "Criminal Responsibility for the Acts of Another," *Harv. L. Rev.* 43 (1930).

Francis T. Cullen, Bonnie S. Fisher, and Brandon K. Applegate, "Public Opinion About Punishment and Corrections," *Crime and Justice* 27 (2000).

Francisco Munoz Conde, "Putative Self-defense: A Borderline Case Between Justification and Excuse," *New Crim. L. R.* 11 (2008).

Francisco Valdes, "Queers, Sissies, Dykes, and Tomboys?: Deconstructing the Conflation of 'Sex', 'Gender', and 'Sexual Orientation' in Euro-American Law and Society," *Calif. L. Rev.* 83 (1995).

Frank B. Cross, "Shattering the Fragile Case for Judicial Review of Rulemaking," *Va. L. Rev.* 85 (1999).

Frank Easterbrook, "Criminal Procedure as a Market System," *J. Legal Stud.* 12 (1983).

Frank Horack, Jr., "The Multiple Consequences of a Single Criminal Act," *Minn. L. Rev.* 21 (1937).

Frank J. Remington & Orrin L. Helstad, "The Mental Element in Crime—A Legislative Problem," *Wis. L. Rev.* 1952 (1952).

Frank W. Dunham, Jr., "The Thirty-second Kenneth J. Hodson Lecture on Criminal Law: Where Moussaoui Meets Hamdi," *Mil. L. Rev.* 183 (2005).

Fred D. Gray, "The Sullivan Case: A Direct Product of the Civil Rights Movement," *Case W. Res* 42 (1992).

Frederick M. Lawrence, "Civil Rights and Criminal Law: The Mens Rea of Federal Civil Rights Crimes," *Tul. L. Rev.* 67 (1993).

Frederick Schauer, "An Essay on Constitutional Language," *Ucla, L. Rev.* 29 (1982).

Frederick Schauer, "Slippery Slopes," *Harv. L. Rev.* 99 (1985).

G. Edward White, "The Lost Origins of American Judicial Review," *Geo. Wash. L. Rev.* 78 (2010).

Gary Becker, "Crime and Punishment: An Economic Approach," *J. Pol. Econ.* 76 (1968).

Gary Goodpaster, "Symposium on Current Death Penalty Issues: Judicial Review of Death Sentences," *J. Crim. L. & Criminology* 74 (1983).

Gary J. Simson & Stephen P. Garvey, "Knockin on Heaven's Door: Rethinking the Role of Religion in Death Penalty Cases," *Cornell L. Rev.* 86

（2001）．

Gary Peller，"In Defense of Federal Habeas Corpus Relitigation，" *Harv. C. r. -C. L. L. Rev.* 16（1982）．

Gary R. Ostos-Irwin，"Comment：Wisconsin's Party to a Crime Statute：The Mens Rea Element Under the Abiding and Abetting Subsection，and the Aiding and Abetting-Choate Conspiracy Distinction，" *Wis. L. Rev.*（1984）．

Gary V. Dubin，"Mens Rea Reconsidered：A Plea for a Due Process Concept of Criminal Responsibility，" *Stan. L. Rev.* 18（1966）．

George A. Costello，"Average Voting Members and Other 'Benign Fictions'：The Relative Reliability of Committee Reports，Floor Debates，and Other Sources of Legislative History，" *Duke L. J.*（1990）．

George C. Thomas Ⅲ，"When Constitutional Worlds Collide：Resurrecting the Framers' Bill of Rights and Criminal Procedure，" *Mich. L. Rev.* 100（2001）．

George D. Brown，"Punishing Terrorists：Congress，the Sentencing Commission，the Guidelines，and the Courts，" *Cornell J. L. & Pub. Pol'y* 23（2014）．

George K. Gardner，"Bailey v. Richardson and the Constitution of the United States，" *B. U. L. Rev.* 33（1953）．

George P. Fletcher，"Dogmas of The MPC，" *Buff. Crim. L. R* 2（1998）．

George P. Fletcher，"Punishment，Guilt，and Shame in Biblical Thought，" *ND J. L. Ethics & Pub Pol'y* 18（2004）．

George P. Fletcher，"Reflections on Felony Murder，" *Sw. U. L. Rev.* 12（1980-1981）．

George P. Fletcher，"The Fall and Rise of Criminal Theory，" *Buff. Crim. L. R* 1（1998）．

George P. Fletcher，"The Meaning of Innocence，" *Univ. of Toronto L. J.* 48（1998）．

George P. Fletcher，"The Right and the Reasonable，" *Harv. L. Rev.* 98（1985）．

George P. Fletcher，"What Law Is Like，" *SmuL. Rev.* 50（1997）．

George S. Christie, "The Defense of Necessity Considered from the Legal and Moral Points of View," *Duke L. J.* 48 (1999).

Gerald F. Uelmen, "Catholic Jurors and the Death Penalty," *J. Cath. Leg. Stud.* 44 (2005).

Gerald F. Uelmen, "Justice Thurgood Marshall and the Death Penalty: A Former Criminal Defense Lawyer on the Supreme Court," *Ariz. St. L. J.* 26 (1994).

Gerald Gunther, "Learned Hand and the Origins of Modern First Amendment Doctrine: Some Fragments of History," *Stan. L. Rev.* 27 (1975).

Gerald L. Neuman, "The Habeas Corpus Suspension Clause After *Boumediene* v. *Bush*," *Colum. L. Rev.* 110 (2010).

Gerald Leonard, "Towards a Legal History of American Criminal Theory: Culture and Doctrine from Blackstone to the MPC," *Buff. Crim. L. R* 6 (2003).

Gerald Leonard, "Culture and Doctrine from Blackstone to the MPC," 6 *Buff. Crim. L. R* 691 (2003).

Gerhard Meuller & Patrick Wall, "Criminal Law," *Ann. Surv. Am. L.* 1964 (1964).

Gerhard O. W. Mueller, "On Common Law Mens Rea," *Minn. L. Rev.* 42 (1958).

Gideon Rosen, "Causation, Counterfactual Dependence and Culpability: Moral Philosophy in Michael Moore's Causation and Responsibility," *Rutgers L. J.* 42 (2011).

Glenn L. Pierce & Michael L. Radelet, "Death Sentencing in East Baton Rouge Parish, 1990-2008," *La. L. Rev.* 71 (2011).

Gordon S. Wood, "The Origins of Judicial Review Revisited, or How the Marshall Court Made More Out of Less," *Wash. & Lee L. Rev.* 56 (1999).

Grace E. Mueller, "The Mens Rea of Accomplice Liability," *S. Cal. L. Rev.* 61 (1988).

Graham Hughes, "Criminal Omissions," *Yale L. J.* 67 (1957–1958).

Guy Goldberg & Gena Bunn, "Balancing Fairness & Finality: A

Comprehensive Review of the Texas Death," *Tex. Rev. Law & Pol.* 5 （2000）.

Guyora Binder, "Felony Murder and Mens Rea Default Rules: A Study in Statutory Interpretation," *Buff. Crim. L. R* 4 （2000）.

Guyora Binder, "Punishment Theory: Moral or Political," *Buff. Crim. L. Rev.* 5 （2002）.

Guyora Binder, "The Origins of American Felony Murder Rules," *Stan. L. Rev.* 57 （2004）.

H. Morley Swingle, "Criminal Attempt Law in Missouri: The Death of a Tale of Two Theories," *J. Mo. B.* 56 （2000）.

H. Morley Swingle, "Criminal Conspiracy Law in Missouri," *J. Mo. Bar* 48 （1992）.

H. L. A. Hart & A. M. Honore, "Causation in the Law," *L. Q. Rev.* 72 （1956）.

H. L. A. Hart, "Social Solidarity and the Enforcement of Morality," *U. Chi. L. Rev.* 35 （1967）.

Hamish Stewart, "The Centrality of the Act Requirement for Criminal Attempts," *Univ. of Toronto L. J.* 51 （2001）.

Harriet Galvin, "Shielding Rape Victims in the State and Federal Courts: A Proposal for the Second Decade," *Minn. L. Rev.* 70 （1986）.

Harry J. Philips, Jr. , "Comment, The Insanity Defense: Should Louisiana Change the Rules?" *La. L. Rev.* 44 （1983）.

Heidi M. Hurd, "Duties Beyond the Call of Duty," *Ann. Rev. Law & Ethics* 6 （1988）.

Heidi M. Hurd, "Justification and Excuse, Wrongdoing and Culpability," *Notre Dame L. Rev.* 74 （1999）.

Heidi M. Hurd, "The Deontology of Negligence," *B. U. L. Rev.* 76 （1996）.

Heidi Margaret Hurd, "Relativistic Jurisprudence: Skepticism Founded on Confusion," *S. Cal. L. Rev.* 61 （1988）.

Henry J. Friendly, "Is Innocence Irrelevant? Collateral Attack on Criminal

Judgments," *U. Chi. L. Rev.* 38（1970）.

Henry M. Hart, "The Aims of the Criminal Law," *L. & Contemp. Probs.* 23（1958）.

Henry P. Monaghan, "Our Perfect Constitution," *NYU L. Rev.* 56（1981）.

Herbert Hovenkamp, "The Marginalist Revolution in Legal Thought," *Vand. L. Rev.* 46（1993）.

Herbert L. Packer, "Mens Rea and Superme Court," *Sup. Ct. Rev.*（1962）.

Herbert L. Packer, "The MPC and Beyond," *Colum. L. Rev.* 63（1963）.

Herbert Wechsler & Jerome Michael, "A Rationale of the Law of Homicide I," *Colum. L. Rev.* 37（1937）.

Herbert Wechsler, et al., "The Treatment of Inchoate Crimes in the MPC of the American Law Institute: Attempt, Solicitation, and Conspiracy," *Colum. L. Rev.* 61（1961）.

Herbert Wechsler, "Codification of Criminal Law in the United States: The MPC," *Colum. L. Rev.* 68（1968）.

Herbert Wechsler, "General Principles of Criminal Law," *Colum. L. Rev.* 49（1949）.

Herbert Wechsler, "On Culpability and Crime: The Treatment of Mens Rea in The MPC," *The Annals of the American Academy of Political and Social Science* 339（1962）.

Herbert Wechsler, "The American Law Institute: Some Observations on Its Model Penal Code," *A. B. A. J.* 42（1956）.

Herbert Wechsler, "The Challenge of a MPC," *Harv. L. Rev.* 65（1952）.

Herbert Wechsler, "Toward Neutral Principles of Constitutional Law," *Harv. L. Rev.* 73（1959）.

Hertz & Weisberg, "In Mitigation of the Penalty of Death: *Lockett* v. *Ohio* and the Capital Defendant's Right to Presentation of Mitigating Circumstances,"

Calif. L. Rev. 69 （1981）.

Hilary A. Converse, "Note and Comment: The Fetal Homicide Fallacy: A Comparison of Carlifornia's Inconsistent Statutes to Other States," *T. Jefferson L. Rev.* 25 （2003）.

Hon. Roger J. Miner, "Crime and Punishment in the Federal Courts," *Syracuse L. Rev.* 43 （1992）.

Howard J. Brookman, "To Drink or Not to Drink: The Supreme Court Delivers a Sobering Blow to the Intoxication Defense by Placing Due Process on the Rocks," *Seton Hall L. Rev.* 28 （1997）.

Huaiming Wang, "Chinese and American Criminal Law: Some Comparison, The Journal of Criminal Law," *Criminology and Police Science* 46 （1956）.

Ian D. Elliott, "Responsibility for Involuntary Acts: *Ryan* v. *the Queen*," *Australian L. J.* 41 （1968）.

Ingeborg Paulus, "Strict Liability: Its Place in Public Welfare Offenses," *Crim. L. Q.* 445 （1977-1978）.

Ingrid Patient, "Some Remarks About the Element of Voluntariness in Offenses of Absolute Liability," *Crimial L. Rev.* （1968）.

Ira M. Schwartz, et al., "Nine Lives and Then Some: Why the Juvenile Court Does Not Roll Over and Die," *Wake Forest L. Rev.* 33 （1998）.

Ira Mickenberg, "A Pleasant Surprise: The Guilty But Mentality Ill Verdict Has Both Succeeded in Its Own Right and Successfully Preserved the Traditional Role of The Insanity Defense," *U. Cin. L. Rev.* 55 （1987）.

Ira P. Robbins, "Attempting the Impossible: The Emerging Consensus," *Harv. J. on Legis.* 23 （1986）.

Ira P. Robbins, "Double Inchoate Crimes," *Harv. J. on Legis.* 26 （1989）.

Irene Merker Rosenberg & Yale L. Rosenberg, "The Erroneous Invocation of 'Eye for Eye' in Support of the Death Penalty," *Crim. L. Bull.* 35 （1999）.

Izabelle Barraquiel Reyes, "The Epidemic of Injustice in Rape Law: Mandatory Sentencing as a Partial Remedy," *UCLA Women's L. J.* 12 （2003）.

J. R. du Plessis, "Hans Welzel's Final-conduct Doctrine—An Importation from Germany We Could Well Do Without," *S. AFR. L. J.* 101 (1984).

J. Shoshanna Ehrlich, "You Can Steal Her Virginity But Not Her Doll: The Nineteenth Century Campaign to Raise the Legal Age of Sexual Consent," *Cardozo J. L. & Gender* 15 (2009).

J. M. Kaye, "The Early History of Murder and Manslaughter—Part I," *Law Q. Rev.* 83 (1967).

J. T. Dillon, "Paper Chase and the Socratic Method of Teaching Law," *J. Legal Educ* 30 (1980).

Jacobo Dopico Gomez-Aller, "Criminal Omissions: A European Perspective," *New Crim. L. R.* 11 (2008).

Jaegwon Kim, "Causes and Events: Mackie on Causation," *J. PHIL.* 68 (1971).

James B. Brady, "Strict Liability Offenses: A Justification," *Crim. L. Bull* 8 (1972).

James B. Steinberg and Miriam R. Estrin, "Harmonizing Policy and Principle: A Hybrid Model for Counterterrorism," *J. Nat'l Security L. & Pol'y* 7 (2014).

James E. Harrison, "The Juvenile Death Penalty in Florida: Should Sixteen-year-old Offenders Be Subject to Capital Punishment?" *Barry L. Rev.* 1 (2000).

James J. Hippard, Sr., "The Unconstitutionality of Criminal Liability Without Fault: An Argument for a Constitutional Doctrine of Mens Rea," *Hous. L. Rev.* 10 (1973).

James J. Tomkovicz, "The Endurance of the Felony-murder Rule: A Study of the Forces That Shape Our Criminal Law," *Wash. & Lee L. Rev.* 51 (1994).

James Liebman, "Apocalypse Next Time?: The Anachronistic Attack on Habeas Corpus/Direct Review Parity," *Colum. L. Rev.* 92 (1992).

James P. McLoughlin, Jr., "Deconstructing United States Sentencing

Guidelines Section 3A1. 4: Sentencing Failure in Cases of Financial Support for Foreign Terrorist Organizations," *Law & Ineq.* 28 (2010).

James Q. Whitman, "What Is Wrong with Inflicting Shame Sanctions?" *Yale L. J.* 107 (1998).

James Robertson, "Quo Vadis, Habeas Corpus?" *Buff. L. Rev.* 55 (2008).

James S. Liebman, "Apocalypse Next Time?: The Anachronistic Attack on Habeas Corpus/Direct Review Parity," *Colum. L. Rev.* (1992).

James S. Liebman, "The Overproduction of Death," *Colum. L. Rev.* 100 (2000).

Jamie L. Williams, "Note, Teens, Sexts & Cyberspace: The Constitutional Implications of Current Sexting & Cyberbullying Laws," *Wm. & Mary Bill Rts. J.* 20 (2012).

Jane A. Small, Note, "Who Are the People in Your Neighborhood? Due Process, Public Protection, and Sex Offender Notification Laws," *N. Y. U. L. Rev.* 74 (1999).

Jane Stapleton, "A Tribute to Professor David Fischer: Choosing What We Mean by 'Causation' in the Law," *Mo. L. Rev.* 73 (2008).

Janet Grumer, "Self-defense," *Loy. L. A. L. Rev.* 36 (2003).

Janine Geske, "Achieving the Goals of Criminal Justice: A Role for Restorative Justice," *Quinnipiac L. Rev.* 30 (2012).

Jason D. Hughes, "Comment, The Tri-Chemical Cocktail: Serene Brutality," *Alb. L. Rev.* 72 (2009).

Jay Sigler, "A History of Double Jeopardy," *Am. J. Leg. Hist* 7 (1963).

Jed Rubenfeld, "Rape-by-Deception—A Response," *Yale L. J. Online* 123 (2013).

Jeff Brown, "Proposition 8: Origins and Impact—A Public Defender's Perspective," *Pac. L. J.* 23 (1992).

Jeffrey D. Jackson. "Socrates and Langdell in Legal Writing: Is the Socratic Method a Proper Tool for Legal Writing Courses?" *Cal. W. L. Rev.* 43 (2007).

Jeffrey F. Ghent, Annotation, "What Constitutes Attempted Murder",

A. L. R. 3d 54 （1974）.

Jeffrey K. Sawyer, "'Benefit of Clergy' in Maryland and Virginia," *Am. J. Leg. Hist.* 34 （1990）.

Jeffrey Rosen, "A Biography of the 1st Amendment," *Montana Lawyer* 33 （2008）.

Jeffrey S. Parker, "The Economic of Mens Rea," *Va. L. Rev.* 79 （1993）.

Jeffrey W. Spears & Cassia C. Spohn, "The Effect of Evidence Factors and Victim Characteristics on Prosecutors' Charging Decisions in Sexual Assault Cases," *Just. Q.* 14 （1997）.

Jenna Bednar, "The Dialogic Theory of Judicial Review: A New Social Science Research Agenda," *Geo. Wash. L. Rev.* 78 （2010）.

Jennifer L. Czernecki, "The Double Jeopardy Clause of the Pennsylvania Constitution Does Not Bar the Death Penalty upon Retrial After the Trial Judge Grants a Life Sentence on Behalf of a Hung Jury: *Commonwealth* v. *Sattazahn*," *Duq. L. Rev.* 40 （2001）.

Jennifer M. Collins, "Crime and Parenthood: The Uneasy Case for Prosecuting Negligent Parents," *Nw. U. L. Rev.* 100 （2006）.

Jennifer McMahon-Howard, "Does the Controversy Matter? Comparing the Causal Determinants of the Adoption of Controversial and Non-controversial Rape Law Reforms," *Law & Soc'y Rev.* 45 （2011）.

Jennifer Ponder, "The Attorney General's Power of Certification Regarding State Mechanisms to Option to Streamlined Habeas Corpus Procedure," *Crim. L. Brief* 6 （2011）.

Jenny E. Carroll, "Images of Women and Capital Sentencing Among Female Offenders: Exploring the Outer Limits of the Eighth Amendment and Articulated Theories of Justice," *Tex. L. Rev.* 75 （1997）.

Jeremy Horder, "A Critique of the Correspondence Principle in Criminal Law," *Crim. L. Rev.* 1995 （1995）.

Jeremy Horder, "Gross Negligence and Criminal Culpability," *Univ. of Toronto L. J.* 47 （1997）.

Jeremy M. Miller, "Mens Rea Quagmire: The Conscience or Consciousness of the Criminal Law?" *W. St. U. L. Rev.* 29 (2001).

Jeremy Waldron, "Void for Vagueness: Vagueness in Law and Language: Some Philosophical Issues," *Calif. L. Rev.* 82 (1994).

Jeremy Waldron, "Self-defense: Agent-neutral and Agent-relative Accounts," *Cal. L. Rev.* 88 (2000).

Jerome Hall, "Comment on Justification and Excuse," *Am. J. Comp. L.* 24 (1976).

Jerome Hall, "Concerning the Nature of Positive Law," *Yale. L. Sch.* 58 (1946).

Jerome Hall, "Criminology and a Modern Penal Code," *J. Am. Inst. Crim. L. & Criminology* 27 (1936).

Jerome Hall, "Interrelations of Criminal Law and Torts: I," *Colum. L, Rev.* 43 (1943).

Jerome Hall, "Intoxication and Criminal Responsibility," *Harv. L. Rev.* 57 (1944).

Jerome Hall, "Mental Disease and Criminal Responsibility," *Colum. L. Rev.* 45 (1945).

Jerome Hall, "Negligent Behavior Should Be Excluded from Penal Liability," *Colum. L. Rev.* 63 (1963).

Jerome Hall, "Psychiatry and Criminal Responsibility," *Yale. L. J.* 65 (1956).

Jerome Hall, "Criminal Attempt—A Study of Foundations of Criminal Liability," *Yale L. J.* 49 (1940).

Jessica Klarfeld, "A Striking Disconnect: Marital Rape Law's Failure to Keep Up with Domestic Violence Law," *Am. Crim. L. Rev.* 48 (2011).

Jessie Manchester, "Beyond Accommodation: Reconstructing the Insanity Defense to Provide an Adequate Remedy for Postpartum Psychotic Women," *J. Crim. L. & Criminology* 93 (2003).

Jill M. Cochran, "Courting Death: 30 Years Since Furman, Is the Death

Penalty Any Less Discriminatory? Looking at the Problem of Jury Discretion in Capital Sentencing," *Val. U. L. Rev.* 38 （2004）.

Jo Anne C. Adlerstein, "Felony-Murder in the New Criminal Codes," *Am. J. Crim. L.* 4 （1975-1976）.

Joachim Hruschka, "Imputation," *B. Y. U. L. Rev.* （1986）.

Joan MacLeod Heminway, "Caught in （or on） the Web: A Review of Course Management Systems for Legal Education," *Alb. L. J. Sci. & Tech.* 16 （2006）.

Joan W. Howarth, "Executing White Masculinities: Learning from Karla Faye Tucker," *Ore. L. Rev.* 81 （2002）.

Joanna Baltes, et. al. , "Convicted Terrorists: Sentencing Considerations and Their Policy Implications," *J. Nat'l Security L. & Pol'y* 8 （2016）.

Joel R. Cornwell, "The Confusion of Causes and Reasons in Forensic Psychology: Deconstructing Mens Rea and Other Mental Events," *U. Rich. L. Rev.* 33 （1999）.

Joel Waldfogel, "Does Inter-judge Disparity Justify Empirically Based Sentencing Guidelines?" *Int'l Rev. L. & Econ.* 18 （1998）.

John A. Humbach, " 'Sexting' and the First Amendment," *Hastings Const. L. Q.* 37 （2010）.

John B. Breaux & Orrin G. Hatch, "Confronting Elder Abuse, Neglect, and Exploitation: The Need for Elder Justice Legislation," *Elder L. J.* 11 （2003）.

John B. Leete, "They Grow Up So Fast: When Juveniles Commit Adult Crimes: Treatment and Rehabilitation or Hard Time: Is the Focus of Juvenile Justice Changing," *Akron L. Rev.* 29 （1996）.

John Blume, Theodore Eisenberg & Martin T. Wells, "Explaining Death Row's Population and Racial Composition," *J. Empirical L. Stud.* 1 （2004）.

John Brigham, "New Federalism: Unusual Punishment: The Federal Death Penalty in the United States," *Wash. U. J. L. & Pol'y* 16 （2004）.

John C. Lore Ⅲ, "Pretrial Self-incrimination in Juvenile Court: Why a

Comprehensive Pretrial Privilege is Needed to Protect Children and Enhance the Goal of Rehabilitation," *U. Louisville L. Rev.* 47 (2009).

John C. McAdams, "Wisconsin Should Adopt the Death Penalty," *Marq. L. Rev.* 79 (1996).

John Calvin Jeffries, Jr. & Paul B. Stephan Ⅲ, "Defenses, Presumptions, and Burden of Proof in the Criminal Law," *Yale L. J.* 88 (1979).

John Calvin Jeffries, Jr., "Legality, Vagueness, and the Construction of Penal Statutes," *Va. L. Rev.* 71 (1985).

John F. Decker, "The Mental State Requirement for Accomplice Liability in American Criminal Law," *S. C. L. Rev.* 60 (2008).

John F. Decker, Peter G. Baroni, "'No' Still Means 'Yes': The Failure of the 'Non-Consent' Reform Movement in American Rape and Sexual Law," *J. Crim. L. & Criminology* 101 (2011).

John Gardner, "Fletcher on Offences and Defences," *Tulsa L. Rev.* 39 (2004).

John H. Blume and Sheri Lynn Johnson, "Don't Take His Eye, Don't Take His Tooth, and Don't Cast the First Stone: Limiting Religious Arguments in Capital Cases," *Wm. & Mary Bill of Rts. J.* 9 (2000).

John H. Blume and Sheri Lynn Johnson, "Killing the Non-Willing: Atkins, the Volitionally Incapacitated, and the Death Penalty," *S. C. L. Rev.* 55 (2003).

John H. Garvey & Amy V. Coney, "Catholic Judges in Capital Cases," *Marq. L. Rev.* 81 (1998).

John H. Langbein, "On the Myth of Written Constitutions: The Disappearance of Criminal Jury Trial," *Harv. J. L. & Pub. Pol.* 15 (1992).

John H. Robinson, "Crime, Culpability, and Excuses," *ND J. L. Ethics & Pub Pol'y* 10 (1996).

John Hagemann, "Is There a Place for Shame, H Hiding from Humanity: Disgust, Shame, and the Law by Martha C. Nussbaum," *S. D. L. Rev.* 50 (2005).

John Hasnas, "The Century of a Mistake: One Hundred Years of Corpopate Criminal Liability," *Am. Crim. L. Rev.* 46 (2009).

John J. Costonis, "The MacCrate Report: Of Loaves, Fishes, and the Future of American Legal Education," *J. Legal Education* 43 (1993).

John Kaplan, "The Problem of Capital Punishment," *U. Ill. L. Rev.* (1983).

John Kip Cornwell, "Sexting: 21st Century Statutory Rape," *SMU Law Rev.* 66 (2013).

John L. Bowers, & J. L. Boren, "The Constitutional Prohibition against Cruel and Unusual Punishment—Its Present Significance," *Vand. L. Rev.* 4 (1951).

John L. Diamond, "The Crisis in the Ideology of Crime," *Ind. L. Rev.* 31 (1998).

John L. Diamond, "The Myth of Morality and Fault in Criminal Law Doctrine," *Am. Crim. L. Rev.* 34 (1996).

John M. M. Greabe, "Spelling Guilt Out of a Record? Harmless-error Review of Conclusive Mandatory Presumptions and Elemental Misdescriptions," *B. U. L. Rev.* 74 (1994).

John P. Rutledge, "The Definitive Inhumanity of Capital Punishment," *Whittier L. Rev.* 20 (1998).

John R. Lott, Jr., "Should the Wealthy Be Able to 'Buy Justice'?" *J. Pol. Econ.* 95 (1987).

John Robinson, "Crime, Culpability, and Excuses," *ND J. L. Ethics & Pub. Pol'y* 10 (1996).

John Rockwell Snowden, "Second Degree Murder, Malice, and Manslaughter in Nebraska: New Juice for an Old Cup," *Neb. L. Rev.* 76 (1997).

John S. Strahorn, Jr., "The Effect of Impossibility on Criminal Attempts," *U. Pa. L. Rev.* 78 (1930).

John Schmolesky, "County Court of *Ulster* v. *Allen* and *Sandstrom* v. *Montana*:

The Supreme Court Lends an Ear But Turns Its Face," *Rutgers L. Rev.* 33 (1981).

John Shepard Wiley, Jr., "Not Guilty by Reason of Blamlessness: Culpability in Federal Criminal in Interpretation," *Va. L. Rev.* 85 (1999).

John T. Pardun, "Good Samaritan Laws: A Global Perspective," *Loy. L. A. Int'l & Comp. L. Rev.* 20 (1998).

John T. Parry, "Culpability, Mistake, and Official Interpretations of Law," *Am. J. Crim. L.* 25 (1997).

John T. Parry, "The Virtue of Necessity: Reshaping Culpability and the Rule of Law," *Hous. L. Rev.* 36 (1999).

Johnson. C. Smith, "The Element of Chance in Criminal Liability," *Crim. L. Rev.* 1971 (1971).

Joleen C. Lenihan, "Comment: A Physician's Dilemma: Legal Ramifications of an Unorthodox Surgery," *Santa Clara L. Rev.* 35 (1995).

Jonathan Harris and Lothlorien Redmond, "Executive Clemency: The Lethal Absence of Hope," *Crim. L. Brief* 3 (2007).

Jonathan L. Hafetz, "The Untold Story of Non-criminal Habeas Corpus and the 1996 Immigration Acts," *Yale L. J.* 107 (1998).

Jonathan R. Sorensen & James W. Marquart, "Prosecutorial and Jury Decision-Making in Post-furman Texas Capital Cases," *N. Y. U. Rev. L. & Soc. Change* 18 (1991).

Jordan Steiker, "Incorporating the Suspension Clause: Is There a Constitutional Right to Federal Habeas Corpus for State Prisoners?" *Mich. L. Rev.* 92 (1994).

Joseph E. Cole, "Environmental Criminal Liability: What Federal Officials Know (or Should Know) Can Hurt Them," *A. F. L. Rev.* 54 (2004).

Joseph H. Beale, Jr., "Criminal Attempts," *Harv. L. Rev.* 16 (1903).

Joseph J. Fischel, "Per Se or Power? Age and Sexual Consent," *Yale J. L. & Feminism* 22 (2010).

Joseph L. Hoffmann & Nancy J. King, "Rethinking the Federal Role in

State Criminal Justice," *N. Y. U. L. Rev.* 84 （2009）.

Joseph M. Farber, "Justifying Judicial Review: Liberalism and Popular Sovereignty," *Cap. U. L. Rev.* 32 （2003）.

Joseph Margulies, "Tinkering Through Time: A History of America's Experiment with the Death Penalty," *Geo. L. J.* 92 （2004）.

Joseph P. Chamberlain, "Presumptions as First Aid to the District Attorney," *A. B. A. J* 14 （1928）.

Joseph W. Singer, "Should Lawyers Care About Philosophy?" *Duke L. J.* （1989）.

Joshua Dressler, "Does One Mens Rea Fit All?: Thoughts on Alexander's Unified Conception of Criminal Culpability," *Calif. L. Rev.* 88 （2000）.

Joshua Dressler, "Justifications and Excuses: A Brief Overview of the Concepts in the Literature," *Wayne L. Rev.* 33 （1987）.

Joshua Dressler, "New Thoughts About the Concept of Justification in the Criminal Law: A Critique of Fletcher's Thinking and Rethinking," *UCLA L. Rev.* 32 （1984）.

Joshua Dressler, "Reassessing the Theoretical Underpinnings of Accomplice Liability: New Solutions to an Old Problem," *Hastings L. J.* 37 （1985）.

Joshua Dressler, "Reflections on Excusing Wrongdoers: Moral Theory, New Excuses, and the MPC," *Rutgers L. J.* 19 （1988）.

Joshua Dressler, "Reforming Complicity Law: Trivial Assistance as a Lesser Offense?" *Ohio St. J. Crim. L.* 5 （2008）.

Joshua Dressler, "Where We Have Been, and Where We Might Be Going: Some Cautionary Reflections on Rape Law Reform, the Sixty-Eighth Cleveland-Marshall Fund Lecture," *Clev. St. L. Rev.* 46 （1998）.

Joshua M. Lott, "The End of Innocence? Federal Habeas Corpus Law After in Re Davis," *Ga. St. U. L. Rev.* 27 （2011）.

Joyce Lee Malcolm, "Whatever the Judges Say It Is? The Founders and Judicial Review," *J. L. & Politics* 26 （2010）.

Judith A. Morse & Gregory K. Thoreson, "Comment, Criminal Law—

United States v. *Lyons*：Abolishing the Volitional Prong of the Insanity Defense，" *Notre Dame L. Rev.* 60 （1984）.

Julia Saladino，"Hold the Phone：The Incongruity of Prosecuting Sexting Teenagers Under the Prosecutorial Remedies and Other Tools to End Exploitation of Children Act of 2003，" *Whittier J. Child & Fam. Advoc.* 10 （2011）.

Julian H. Wright, Jr，"Life-Without-Parole：An Alternative to Death or Not Much of a Life at All?" *Vand. L. Rev.* 43 （1990）.

Julian Hermida，"Convergence of Civil Law and Common Law in the Criminal Theory Realm，" *U. Miami Int'l & Comp. L. Rev.* 13 （2005）.

Julian V. Roberts & Loretta J. Stalans，"Restorative Sentencing：Exploring the Views of the Public，" *Soc. Just. Res.* 17 （2004）.

Julianne Harper，"Defining Torture：Bridging the Gap Between Rhetoric and Reality，" *Santa Clara L. Rev.* 49 （2009）.

Julie Engels，"Mens Rea：Purpose to Kill Offenses，" *Loy. L. A. L. Rev.* 36 （2003）.

Julie Goldscheid，"Gender Neutrality, the 'Violence Against Women' Frame, and Transformative Reform，" *Umkc L. Rev.* 82 （2014）.

Julie Taylor，"Rape and Women's Credibility：Problems of Recantations and False Accusations Echoed in the Case of Cathleen Crowell Webb and Gary Dotson，" *Harv. Women's L. J.* 10 （1987）.

Kate Sutherland，"From Jailbird to Jailbait：Age of Consent Laws and the Construction of Teenage Sexualities，" *Wm. & Mary J. Women & L.* 9 （2003）.

Katharine Folger，"Note, When Does Life Begin or End?：The California Supreme Court Redefines Fetal Murder in *People* v. *Davis*，" *U. S. F. L. Rev.* 29 （1994）.

Katharine K. Baker，"Sex, Rape, and Shame，" *DePaul J. Health Care L.* 8 （2004）.

Katherine A. Drew，"Diminished Capacity as a Result of Intoxication and Addiction：The Capacity to Mitigate Punishment and the Need for Recognition in Texas Death Penalty Litigation," *Tex. Wesleyan L. Rev.* 5 （1998）.

Kathleen Daly & Brigitte Bouhours, "Rape and Attrition in the Legal Process: A Comparative Analysis of Five Countries," *Crime & Just.* 39 （2010）.

Kathryn Maza, "Issues in the Third Circuit: Necessity Defense to Felon-in-Possession Charges: The Third Circuit Justifies a Federal Justification Defense in *Virgin Islands* v. *Lewis*," *Vill. L. Rev.* 56 （2012）.

Kathy Diener and Teisha C. Johnson, "Federal Criminal Conspiracy," *Am. Crim. L. Rev.* 42 （2005）.

Keith E. Whittington, "Judicial Review of Congress Before the Civil War," *Geo. L. J.* 97 （2009）.

Kelly A. Herten, "Downward Departure Under the Federal Sentencing Guidelines: Lack of Self-control as Grounds for Departure After *United States* v. *McBroom*," *Dick. L. Rev.* 103 （1998）.

Kenneth A. De Ville & Loretta M. Kopelman, "Fetal Protection in Wisconsin's Revised Child Abuse Law: Right Goal, Wrong Remedy," *J. L. Med. & Ethics* 27 （1999）.

Kenneth A. Shepsle, "Congress Is a 'They', Not an 'It': Legislative Intent as Oxymoron," *Int'l Rev. L. & Econ.* 12 （1992）.

Kenneth Feinberg, "Toward a New Approach to Proving Culpability: Mens Rea and the Proposed Federal Criminal Code," *Am. Crim. L. Rev.* 18 （1980）.

Kenneth Mann, "Punitive Civil Sanctions: The Middle Ground Between Criminal and Civil Law," *Yale L. J.* 101 （1992）.

Kenneth Miller and David Niven, "Mixed Messages: The Supreme Court's Conflicting Decisions on Juries in Death Penalty Cases," *Crim. L. Brief* 5 （2009）.

Kenneth W. Simons, "Model Penal Code Second: Good or Bad Idea?: Should the Model Penal Code's Mens Rea Provisions Be Amended?" *Ohio St. J. Crim. L.* 1 （2003）.

Kenneth W. Simons, "Rethinking Mental States," *B. U. L. Rev.* 72

（1992）.

Kenneth W. Simons, "Self-defense, Mens Rea, and Bernhard Goetz," *Colum. L. Rev.* 89 （1989）.

Kenneth W. Simons, "When Is Strict Criminal Liability Just?" *J. Crim. L. & Criminology* 87 （1997）.

Kenneth Williams, "The Deregulation of the Death Penalty," *Santa Clara L. Rev.* 40 （2000）.

Kent. Greenawalt, "Distinguishing Justifications from Excuses," *Law & Contemporary Problems* 49 （1986）.

Kent Greenawalt, "The Perplexing Borders of Justification and Excuse," *Colum. L. Rev.* 84 （1984）.

Kent Greenawalt, "Uncontrollable Actions and the Eighth Amendment: Implications of *Powell* v. *Texas*," *Colum. L. Rev.* 69 （1969）.

Kent S. Scheidegger, "Habeas Corpus, Relitigation, and the Legislative Power," *Colum. L. Rev.* 98 （1998）.

Kevin Clancy, et al., "Sentence Decision Making: The Logic of Sentence Decisions and the Extent and Sources of Sentence Disparity," *J. Crim. L. & Criminology* 72 （1981）.

Kevin Heller, "Beyond the Reasonable Man?: A Sympathetic But Critical Assessment of the Use of Subjective Standards of Reasonableness in Self-defense and Provocation Cases," *Am. J. Crim. L.* 26 （1998）.

Kevin L. Keeler, "Direct Evidence of State of Mind: A Philosophical Analysis of How Facts in Evidence Support Conclusions Regarding Mental State," *Wis. L. Rev.* 1985 （1985）.

Kevin M. Doyle, "Catholics and the Death Penalty Penal Discussion," *J. Cath. Leg. Stud.* 44 （2005）.

Kevin McNally, "Race and the Federal Death Penalty: A Nonexistent Problem Gets Worse," *DePaul L. Rev.* 53 （2004）.

Kevin Thompson, "Criminal Appellate Procedure—Insanity Defense—The Proper Standard of Appellate Review When Reviewing a Jury Decision on

Sanity," *Tenn. L. Rev.* 70 （2003）.

Kevin W. Saunders, "Voluntary Acts and the Criminal Law: Justifying Culpability Based on the Existences of Volition," *U. Pitt. L. Rev.* 49 （1988）.

Kimberlie Young, "An Examination of Parental Discipline as a Defense of Justification: It's Time for a Kinder, Gentler Approach," *Naval L. Rev.* 46 （1999）.

Kimberly D. Kissler, "Comment: The Role of Luck in the Criminal Law," *U. Pa. L. Rev.* 142 （1994）.

Kimberly Kessler Ferzan, "Don't Abandon the MPC Yet! Thinking Through Simons's Rethinking," *Buff. Crim. L. R.* 6 （2002）.

Kimberly Kessler Ferzan, "Opaque Recklessness," *J. Crim. L. & Criminology* 91 （2001）.

Kimberly Kessler Ferzan, "The Unsolved Mysteries of Causation and Responsibility," *Rutgers L. J.* 42 （2011）.

Kit Kinports, "Rape and Force: The Forgotten Mens Rea," *Buff. Crim. L. R.* 4 （2001）.

Kristin L. Caballero, "Blended Sentencing: A Good Idea for Juvenile Sex Offenders," *St. John's J. L. Comm.* 19 （2005）.

Kyle Graham, "Facilitating Crimes: An Inquiry into the Selective Inovacation of Offenses Within the Continuum of Criminal Procedures," *Lewis & Clark L. Rev.* 15 （2011）.

Kyle Welch, "The Patriot Act Crisis Legislation: The Unintended Consequences of Disaster Lawmaking," *Cap. U. L. Rev.* 43 （2015）.

Kyron Huigens, "Twenty-five Years of George P. Fletcher's Rethinking Criminal Law: Fletcher's Rethinking: A Memoir," *Tulsa L. Rev.* 39 （2004）.

L. A. Zeibert, "Philosophical Analysis and the Criminal Law," *Buff. Crim. L. R.* 4 （2000）.

Lani Guenier, et al., "Becoming Gentlemen: Women's Experiences at One Ivy League Law School," *U. Pa. L. Rev.* 143 （1994）.

Larry Alexander & Frederick Schauer, "On Extrajudicial Constitutional

Interpretation," *Harv. L. Rev.* 110 (1997).

Larry Alexander and Lawrence B. Solum, "The People Themselves: Popular Constitutionalism and Judicial Review," *Harv. L. Rev.* 1118 (2005).

Larry Alexander, "Insufficient Concern: A Unified Conception of Criminal Culpability," *Calif. L. Rev.* 88 (2000).

Larry Alexander, "Negligence, Crime, and Tort: Comments on Hurd and Simons," *B. U. L. Rev.* 76 (1996).

Larry Alexander, "Self-defense, Justification and Excuse," *Phil. & Pub. Aff.* 22 (1993).

Larry Alexander, Kimberly D. Kessler, "Mens Rea and Inchoate Crimes," *J. Crim. L. & Criminology* 87 (1997).

Larry D. Kramer, "The Supreme Court 2000 Term, Foreword: We the Court," *Harv. L. Rev.* 115 (2001).

Larry M. Lawrence, "Accomplice Liability: Derivative Responsibility," *Loy. L. A. L. Rev.* 36 (2003).

Larry W. Yackle, "Explaining Habeas Corpus," *N. Y. U. L. Rev.* 60 (1985).

Laura E. Little, "Envy and Jealousy: A Study of Separation of Powers and Judicial Review," *Hastings L. J.* 52 (2000).

Laura Reider, "Toward a New Test for the Insanity Defense: Incorporating the Discoveries of Neuroscience into Moral and Legal Theories," *UCLA L. Rev.* 46 (1998).

Laura Schiesl Goodwin, "Causation in California Homicide," *Loy. L. A. L. Rev.* 36 (2003).

Laurence A. Grayer, "A Paradox: Death Penalty Flourishes in U. S. While Declining Worldwide," *Denv. J. Int'l L. & Pol'y* 23 (1995).

Laurence Claus, "The Antidiscrimination Eighth Amendment," *Harv. J. L. & Pub. Pol'y* 28 (2004).

Laurence Eldredge, "Culpable Intervention as Superseding Cause," *U. Pa. L. Rev.* 86 (1938).

Laurence H. Tribe, "The Puzzling Persistence of Process-based Constitutional

Theories," *Yale L. J.* 59 （1980）.

Laurie A. Briggs, "Presumptive Mens Rea: An Analysis of the Federal Judiciary's Retreat from *Sandstrom* v. *Montana*," *Notre Dame L. Rev.* 64 （1989）.

Lawrence Crocker, "Justice in Criminal Liability: Decriminalizing Harmless Attempts," *Ohio St. L. J.* 53 （1992）.

Lawrence Crocker, "The Upper Limit of Just Punishment," *Emory L. J.* 41 （1992）.

Lawrence Newman & Lawrence Weitzer, "Duress, Free Will and the Criminal Law," *S. Cal. L. Rev.* 30 （1957）.

Lawrence S. Hirsh, "State Waive of the Exhaustion Requirement in Habeas Corpus Cases," *Geo. Wash. L. Rev.* 52 （1984）.

Leading Cases, "Necessary and Proper Clause-civil Commitment: *United States* v. *Comstock*," *Harv. L. Rev.* 124 （2010）.

Lee Kovarsky, "Original Habeas Redux," *Va. L. Rev.* 97 （2011）.

Leon Green, "Are There Dependable Rules of Causation?" *U. Pa. L. Rev.* 77 （1929）.

Leslie A. Leatherwood, "Sanity in Alaska: A Constitutional Assessment of the Insanity Defense Statute," *Alaska L. Rev.* 10 （1993）.

Leslie J. Harris, "Constitutional Limits on Criminal Presumptions as an Expression of Changing Concepts of Fundamental Fairness," *J. Crim. L. & Criminology* 77 （1986）.

Leslie Yalof Garfield, "A More Principled Approach to Criminalizing Negligence: A Prescription for the Legislature," *Tenn. L. Rev.* 65 （1985）.

Lewis Field, "The Fear of the Vindictive Shrew: Using Alternative Forms of Punishment to Change Societal Sentiment About Rape Laws," *J. Gender Race & Just.* 17 （2014）.

Linda Kealey, "Patterns of Punishment: Massachusetts in the Eighteenth Century," *Am. J. Legal Hist.* 30 （1986）.

Linda Ross Meyer, "When Reasonable Minds Differ," *N. Y. U. L. Rev.* 71 （1996）.

Lisa McLennan Brown, "Feminist Theory and the Erosion of Women's Reproductive Rights: The Implications of Fetal Personhood Laws and in Vitro Fertilization," *Am. U. J. Gender Soc. Pol'y & L.* 13 (2005).

Lisa McNaughton, "Celebrating 100 Years of Juvenile Court in Minnesota: Extending Roper's Reasoning to Minnesota's Juvenile Justice System," *Wm. Mitchell L. Rev.* 32 (2006).

Lon L. Fuller, "The Case of the Speluncean Explorers," *Harv. L. Rev.* 62 (1949).

Lori L. Outzs, "A Principled Use of Congressional Floor Speeches in Statutory Interpretation," *Colum. J. L. & Soc. Probs* 28 (1995).

Louis Michael Seidman, "Acontextual Judicial Review," *Cardozo L. Rev.* 32 (2011).

Louis Westerfield, "The Mens Rea Requirement of Accomplice Liability in American Criminal Law—Knowledge or Intent," *Miss. L. J.* 51 (1980).

Luis E. Chiesa, "Reassessing Professor Dressler's Plea for Complicity Reform: Lessons from Civil Law Jurisdictions," *N. E. J. on Crim. & Civ. Con.* 40 (2014).

Luke Cooperrider, "Causation in the Law," *Mich. L. Rev.* 58 (1960).

Lynne Henderson, "Rape and Responsibility," *Law & Philosophy* 11 (1992).

M. Diane Barber, "Fair Warning: The Deterioration of Scienter Under Environmental Criminal Statutes," *Loy. L. A. L. Rev.* 26 (1992).

M. Minow and E. Spelman, "In Context," *S. Cal. L. Rev.* 63 (1990).

M. Susan Doyle, "Note, *People* v. *Patterson*: California's Second Degree Felony-murder Doctrine at 'The Brink of Logical Absurdity'," *Loy. L. A. L. Rev.* 24 (1990).

M. Varn Chandola and Anoop Chandola, "A Cognitive Framework for Mens Rea and Actus Reas: The Application of Contactics Theory to Criminal Law," *Tulsa L. J.* 35 (2000).

Maeva Marcus, "Is the Supreme Court a Political Institution?" *Geo. Wash. L. Rev.* 72 (2003).

Malvina Halberstam, "Judicial Review, a Comparative Perspective: Israel, Canada, and the United States," *Cardozo L. Rev.* 31 （2010）.

Manly Parks, "The Public Welfare Rationale: Defining Mens Rea in RCRA," *Wm. & Mary J. Envtl. L* 18 （1993）.

Manuel Velasquez, "Debunking Corporate Moral Responsibility," *Bus. Ethics Q.* 13 （2003）.

Marc D. Falkoff, "Back to Basics: Habeas Corpus Procedures and Long-term Executive Detention," *Denv. U. L. Rev.* 86 （2009）.

Marcelo Ferrant, "Causation in Criminal Liability," *New Crim. L. R.* 11 （2008）.

Margaret Isabel Hall, "Duty, Causation, and Third-party Perpetrators: The Bonnie Mooney Case," *McGill L. J.* 50 （2005）.

Margaret J. Radin, "Reconsidering the Rule of Law," *B. U. L. Rev.* 69 （1989）.

Margaret Jane Radin, "Cruel Punishment and Respect for Persons: Super Due Process for Death," *S. Cal. L. Rev.* 53 （1980）.

Margo Schlanger, "Inmate Litigation," *Harv. L. Rev.* 166 （2003）.

Marjorie M. Shultz, "Abortion and Maternal-fetal Conflict: Broadening Our Concerns," *S. CaL. Rev. L. & Women's Stud.* 1 （1992）.

Marjorie Weinzweig, "Discriminatory Impact and Intent Under the Equal Protection Clause: The Supreme Court and the Mind-body Problem," *Law & Ineq. J.* 1 （1983）.

Mark Kelman, "Interpretive Construction in the Substantive Criminal Law," *Stan. L. Rev.* 33 （1981）.

Mark S. Levin, "*People* v. *Watson*: Drunk Driving Homicide-murder or Enhanced Manslaughter?" *Calif. L. Rev.* 71 （1983）.

Markus D. Dubber, "Criminalizing Complicity: A Comparative Analysis," *J. Int'l Crim. Just.* 5 （2007）.

Markus Dirk Dubber, "American Plea Bargains, German Lay Judges, and the Crisis of Criminal Procedure," *Stan. L. Rev.* 49 （1997）.

Markus Dirk Dubber, "Penal Panopticon: The Idea of a Modern MPC," *Buff. Crim. L. R* 4 (2000).

Markus Dirk Dubber, "Policing Possession: The War on Crime and the End of Criminal Law," *J. Crim. L. & Criminology* 91 (2001).

Markus Dirk Dubber, "Theories of Crime and Punishment in German Criminal Law," 53 *Am. J. Comp. L.* 679 (2005).

Markus Dirk Dubber, "Toward a Constitutional Law of Crime and Punishment," *Hastings L. J.* 55 (2004).

Markus Dirk Dubber, "The Historical Analysis of Criminal Codes," *Law & Hist. Rev.* 18 (2000).

Martha C. Nussbaum, " 'Whether from Reason or Prejudice': Taking Money for Bodily Services," *J. Legal Stud.* 27 (1997).

Martha Grace Duncan, "Essay: Beauty in the Dark of Night: The Pleasure of Form in Criminal Law," *Emory L. J.* 59 (2010).

Martin J. McMahon, "Annotation, Application of Felony-murder Doctrine Where Person Killed Was Co-felon," *A. L. R. 4th* 89 (1991).

Martin R. Gardner, "The Mens Rea Enigma: Observations on the Role of Motive in the Criminal Law Past and Present," *Utah L. Rev.* (1993).

Martin T. Lefevour, "26 U. S. C. 5861 (d) Requires Mens Reas as to the Physical Characteristics of *the Weapon Staples* v. *United States*, 114 S. Ct. 1793 (1994)," *J. Crim. L. & Criminology* 85 (1995).

Martin T. Lefevour, "Requires Mens Rea to the Physical Characteristics of the Weapon," *J. Crim. L. & Criminology* 85 (1988).

Marvin E. Frankel, "The Search for Truth: An Umpiral View," *U. Pa. L. Rev.* 123 (1975).

Mary Brigid McManamon, "The History of the Civil Procedure Course: A Study in Evolving Pedagogy," *ARIz. ST. L. J.* 30 (1998).

Mary G. Leary, "Criminal Defense: Assault and Battery Cases," *Am. Jur. Trials* 92 (2016).

Matthew C. Campbell, "Crossing the Rubicon: An Argument for Adopting the MPC Formulation of Criminal Attempt in Massachusetts," *New Eng. L. Rev.* 47（2013）.

Matthew C. Stephenson, "'When the Devil Turns': The Political Foundations of Independent Judicial Review," *J. Legal Stud.* 32（2003）.

Matthew D. Adler, "Expressive Theories of Law: A Skeptical Overview," *U. Pa. L. Rev.* 148（2000）.

Matthew D. Adler, "Judicial Restraint in the Administrative State: Beyond the Countermajoritarian Difficulty," *U. Pa. L. Rev.* 145（1997）.

Matthew D. Adler, "Risk, Death and Harm: The Normative Foundations of Risk Regulation," *Minn. L. Rev.* 87（2003）.

Matthew J. Breiding & George W. Ryan, "Chronic Disease and Health Behaviors Linked to Experiences of Non-consensual Sex Among Women and Men," *Pub. Heath* 125（2011）.

Matthew Jones, "Overcoming the Myth of Free Will in Criminal Law: The True Impact of the Genetic Revolution," *Duke L. J.* 52（2003）.

Matthew R. Lyon, "Comment, No Means No?: Withdrawal of Consent During Intercourse and the Continuing Evolution of the Definition of Rape," *J. Crim. L. & Criminology* 95（2004）.

Matthew T. Fricker and Kelly Gilchrist, "Case Comment: *United States v. Nofziger* and the Revision of 18 U. S. C § 207: The Need for a New Approach to the Mens Rea Requirements of Federal Criminal Law," *Notre Dame L. Rev.* 65（1990）.

Maya Mei-Tal, "The Criminal Responsibility of Psychopathic Offenders," *ISR. L. Rev.* 36（2002）.

Mayo Moran, "The Reasonable Person: A Conceptual Biography in Comparative Perspective," *Lewis & Clark L. Rev.* 14（2010）.

Megan Alderden & Sarah E. Ullman, "Creating a More Complete and Current Picture: Examining Police and Prosecutor Decision-making When Processing Sexual Assault Cases," *Violence Against Women* 18（2012）.

Megan C. Hogan, "Neonaticide and the Misuse of the Insanity Defense,"

Wm. & Mary J. Women & L. 6 (1999).

Megan Greer, "Recent Development, Legal Injection: The Supreme Court Enters the Lethal Injection Debate: *Hill* v. *McDonough*," 126 *S. Ct.* 2096 (2006).

Meir Dan-Cohen, "Thinking Criminal Law," *Cardozo L. Rev.* 28 (2007).

Melanie Wachtell & David Thompson, "An Empirical Analysis of Supreme Court Certiorari Petition Procedures," *Geo. Mason U. L. Rev.* 16 (2009).

Melissa Beach, "Note, When Mercy Seasons Justice," *St. John's J. Legal Comment.* 23 (2008).

Melissa Murray, "Teaching Genders as a Core Value: The Softer Side of Criminal Law," *Okla. City U. L. Rev.* 36 (2011).

Melody J. Stewart, "How Making the Failure to Assist Illegal Fails to Assist: An Observation of Expanding Criminal Omission Liability," *Am. J. Crim. L.* 25 (1998).

Meredith Cohen, "Note & Comment, No Child Left Behind Bars: The Need to Combat Cruel and Unusual Punishment of State Statutory Rape Laws," *J. L. & Pol'y* 16 (2008).

Meredith J. Duncan, "Sex Crimes and Sexual Miscues: The Need for a Clearer Line Between Forcible Rape and Nonconsensual Sex," *Wake Forest L. Rev.* 42 (2007).

Michael A. Cokley, "Whatever Happened to That Old Saying 'Thou Shall Not Kill?': A Plea for the Abolition of the Death Penalty," *Loy. J. Pub. Int. L.* 2 (2001).

Michael C. Harper, "Comment on the Tort/Crime Distinction: A Generation After," *B. U. L. Rev.* 76 (1996).

Michael Corrado, "Is There an Act Requirement in the Criminal Law," *U. Pa. L. Rev.* 142 (1994).

Michael Davis, "Strict Liability: Deserved Punishment for Faultless Conduct," *Wayne L. Rev.* 33 (1987).

Michael Dowd, "Dispelling the Myths About the 'Battered Woman's

Defense': Towards a New Understanding," *Fordham Urb. L. J.* 19 (1992).

Michael E. Tigar, "Habeas Corpus and the Penalty of Death," *Colum. L. Rev.* 90 (1990).

Michael G. Giles, "Special Feature: Elements of a Self-defense Claim in Nevada," *Nevada Lawyer* 22 (2014).

Michael G. Heyman, "The Natural and Probable Consequences Doctrine: A Case Study in Failed Law Reform," *Berkeley J. Crim. L.* 15 (2010).

Michael H. Crew, "Should Voluntary Abandonment Be a Defense to Attempted Crimes?" *Am. Crim. L. Rev.* 26 (1988).

Michael H. Hoeflich, "Legal Ethics in the Nineteenth Century: The 'Other Tradition'," *Kan. L. Rev.* 47 (1999).

Michael Heyman, "Losing All Sense of Just Proportion: The Peculiar Law of Accomplice Liability," *St. John's L. Rev.* 87 (2013).

Michael J. Songer and Isaac Unah, "The Effect of Race, Gender, and Location on Prosecutorial Decisions to the Death Penalty in South Carolina," *S. C. L. Rev.* 58 (2006).

Michael J. Zydney Mannheimer, "When the Federal Death Penalty Is 'Cruel and Unusual'," *U. Cin. L. Rev.* 74 (2006).

Michael Kent Curtis, "History Teaching Values: William E. Nelson, *Marbury* v. *Madison*: The Origins and Legacy of Judicial Review," *Green Bag* 2d 5 (2002).

Michael Kuhn, "House Bill 200: The Legislative Attempt to Reinstate Capital Punishment in Texas," *Hous. L. Rev.* 11 (1974).

Michael L. Perlin, "'The Borderline Which Separated You from Me': The Insanity Defense, the Authoritarian Spirit, the Fear of Faking, and the Culture of Punishment," *Iowa L. Rev.* 82 (1998).

Michael L. Radelet & Ronald L. Akers, "Deterrence and the Death Penalty: The Views of the Experts," *J. Crim. L. & Criminology* 87 (1996).

Michael L. Radelet, "The Role of Organized Religions in Changing Death Penalty Debates," *Wm. & Mary Bill of Rts. J.* 9 (2000).

Michael Milleman and Gary W. Christopher, "Preferring White Lives: The Racial Administration of the Death Penalty in Maryland," *RRGC* 5 (2005).

Michael Moore, "For What Must We Pay? Causation and Counterfactual Baselines," *San Diego L. Rev.* 40 (2003).

Michael S. Moore, "Act & Crime: Reply: More on Act and Crime," *U. Pa. L. Rev.* 142 (1994).

Michael S. Moore, "Causation and the Excuses," *Cal. L. Rev.* 73 (1985).

Michael S. Moore, "Causing, Aiding, and the Superfluity of Accomplice Liability," *U. Pa. L. Rev.* 156 (2007).

Michael S. Moore, "Choice, Character, and Excuse," *Soc. Phil. and Pol'y* 7 (1990).

Michael S. Moore, "Prima Facie Moral Culpability," *B. U. L. Rev.* 76 (1996).

Michael S. Moore, "The Independent Moral Significance of Wrongdoing," *J. Contemp. Legal Issues* 5 (1994).

Michael S. Moore, "The Interpretive Turn in Modern Theory: A Turn for the Worse?" *Stan. L. Rev.* 41 (1989).

Michael S. Moore, "The Metaphysics of Causal Intervention," *Cal. L. Rev.* 88 (2000).

Michael T. Cahill et al., "The Five Worst (and Five Best) American Criminal Codes," *Nw. U. L. Rev.* 20 (2000).

Michael T. Cahill, "Attempt, Reckless Homicide, and the Design of Criminal Law," *U. Colo. L. Rev.* 78 (2007).

Michael. M. O'Hear, "Sentencingthe Green-collar Offender: Punishment, Culpability, and Environmental Crime," *J. Crim. L. & Criminology* 95 (2004).

Michele Cotton, "Back with a Vengeance: The Resilience of Retribution as an Articulated Purpose of Criminal Punishment," *Am. Crim. L. Rev.* 37 (2000).

Michelle J. Anderson, "Marital Immunity, Intimate Relationships, and Improper Inferences: A New Law on Sexual Offenses by Intimates," *Hastings*

L. J. 64 （2003）.

Michelle J. Anderson, "Reviving Resistance in Rape Law," U. Ill. L. Rev. 11 （1998）.

Michelle J. Anderson, "The Legacy of the Prompt Complaint Requirement, Corroboration Requirement, and Cautionary Instructions on Campus Sexual Assault," B. U. L. Rev. 84 （2004）.

Michelle Migdal Gee, "Annotation, Modern Status of Test of Criminal Responsibility—State Cases," A. L. R. 4th 9 （1981）.

Michelle Oberman, "Girls in the Master's House: Of Protection, Patriarchy, and the Potential for Using the Master's Tools to Reconfigure Statutory Rape Law," DePaul L. Rev. 50 （2001）.

Michelle Oberman, "Regulating Consensual Sex with Minors: Defining a Role for Statutory Rape," Buff. L. Rev. 48 （2000）.

Michelle Pia Jerusalem, "A Framework for Post-sentence Sex Offender Legislation: Perspectives on Prevention, Registration, and the Public's 'Right' to Know," Vand. L. Rev. 48 （1995）.

Michelle S. Simon, "Whose Crime Is It Anyway?: Liability for the Lethal Acts of Nonparticipants in the Felony," U. Det. Mercy L. Rev. 71 （1994）.

Miguel A. Méndez, "A Sisyphean Task: The Common Law Approach to Mens Rea," U. C. Davis L. Rev. 28 （1995）.

Miguel A. Méndez, "Solving California's Intoxication Riddle," Stan. L. & Pol'y Rev. 13 （2002）.

Miguel Schor, "Squaring the Circle: Democratizing Judicial Review and the Counter-constitutional Difficulty," Minn. J. Int'l L. 16 （2007）.

Mihajlo M. Aćimović, "Conceptions of Culpability in Contemporary American Criminal Law," La. L. Rev. 26 （1965）.

Mike Arnold, "Criminal Attempt, Conspiracy, and Solicitation: Allow for Person to Be Convicted of Conspiracy to Commit Crime Despite Completion of That Crime by Others," Ga. St. U. L. Rev. 13 （1996）.

Mitchell Keiter, "With Malice Toward All: The Increased Lethality of

Violence Reshapes Transferred Intent and Attempted Murder Law," *U. S. F. L. Rev.* 38（2004）.

Mitchell N. Berman, "Justification and Excuse, Law and Morality," *Duke L. J.* 53（2003）.

Mohammed Saif-Alden Wattad, "The Meaning of Guilt: Rethinking Apprendi," *N. E. J. on Crim. & Civ. Con.* 33（2007）.

Monroe H. Freedman, "Atticus Finch—Right and Wrong," *Ala. L. Rev.* 45（1994）.

Mordechai Kremnitzer, "Constitutionalization of Substantive Criminal Law: A Realistic View," *Isr. L. Rev.* 33（1999）.

Moriah Silver, "The Second Rape: Legal Options for Rape Survivors to Terminate Parental Rights," *Fam. L. Q.* 48（2014）.

Murray L. Schwartz, "Ethical Perspectives on Legal Practice: Comment," *Stan. L. Rev.* 37（1985）.

Myka Held, Juliana McLaughlin, "Rape & Sexual Assault," *Geo. J. Gender & L.* 15（2014）.

Nancy J. King and Susan R. Klein May, "Essential Elements," *Vand. L. Rev.* 54（2001）.

Nancy Keir, "*Solem* v. *Helm*: Extending Judicial Review Under The Cruel and Unusual Punishments Clause to Require 'Proportionality' of Prison Sentences," *Cath. U. L. Rev.* 33（1984）.

Neal Kumar Katyal, "Conspiracy Theory," *Yale L. J.* 112（2003）.

Neal Kumar Katyal, "Deterrence's Difficulty," *Mich. L. Rev.* 95（1997）.

Neal Kumar Katyal, "Digital Architecture as Crime Control," *Yale L. J.* 112（2002）.

Neil McFeeley, "Habeas Corpus and Due Process: From Warren to Burger," *Baylor L. Rev.* 28（1976）.

Nicole Fusill, "Note: New York State of Mind: Rape and Mens Rea," *St. John's L. Rev.* 76（2002）.

Nora West, "Rape in the Criminal Law and the Victim's Tort Alternative:

A Feminist Analysis," *U. Toronto Fac. L. Rev.* 50 (1992).

Norma Hotaling & Leslie Levitas Martin, "Increased Demand Resulting in the Flourishing Recruitment and Trafficking of Women and Girls: Related Child Sexual Abuse and Violence Against Women," *Hastings Women's L. J.* 13 (2002).

Norman Abrams, "Criminal Liability of Corporate Officers for Strict Liability Offenses—A Comment on Dotterweich and Park," *Ucla L. Rev.* 28 (1981).

Norman J. Finke, "Prestidigitation, Statistical Magic, and Supreme Court Numerology in Juvenile Death Penalty Cases," *Psych. Pub. Pol. and L.* 1 (1995).

Norman J. Finkel and Jennifer L. Groscup, "When Mistakes Happen: Commonsense Rules of Culpability," *Psych. Pub. Pol. and L.* 3 (1997).

Norval Morris, "The Felon's Responsibility for the Lethal Acts of Others," *U. Pa. L. Rev.* 105 (1956).

Norval Morris, "Towards Principled Sentencing," *Md. L. Rev.* 37 (1977).

Note, "A Reevaluation of the Use of Legislative History in the Federal Courts," *Colum. L. Rev.* 52 (1952).

Note, "Constitutional Barriers to Civil and Criminal Restrictions on Pre- and Extramarital Sex," *Harv. L. Rev.* 104 (1991).

Note, "Developments in the Law—Criminal Conspiracy," *Harv. L. Rev.* 72 (1959).

Note, "Disproportionality in Sentences of Imprisonment," *Colum. L. Rev.* 79 (1979).

Note, "Felony Murder as a First Degree Offense: An Anachronism Retained," *Yale L. J.* 66 (1957).

Note, "Felony Murder: A Tort Law Reconceptualization," *Harv. L. Rev.* 99 (1986).

Note, "The Proposed Penal Law of New York," *Colum. L. Rev.* 64 (1964).

Note, "The Rape Corroboration Requirement: Repeal Not Reform," *Yale L. J.* 81 (1972).

Note, "What Is Cruel and Unusual Punishment?" *Harv. L. Rev.* 24 (1910).

Note, "Parties to Crime in Texas—Principal or Accomplice," *SW. L. J.* 18 (1964).

Note, "A Matter of Life and Death: The Effect of Life-Without-Parole Statutes on Capital Punishment," *Harv. L. Rev.* 119 (2006).

O. M. T. Odujinrin, et al., "A Study of Female Circumcision in Nigeria," *W. Afr. J. Med.* 8 (1989).

Omri Ben-Shahar & Alon Harel, "The Economics of the Law of Criminal Attempts: A Vitm-centered Perspective," *U. Pa. L. Rev.* 145 (1996).

Orrin Hatch, "Legislative History: Tool of Construction or Destruction," *Harv. J. l. & Pub. Pol'y* 11 (1988).

Orrin K. McMurray, "Seventy-five Years of California Jurisprudence," *Cal. L. Rev.* 13 (1925).

Owen M. Fiss, "Objectivity and Interpretation," *Stan. L. Rev.* 34 (1982).

Pamela S. Karlan, "Discriminatory Purpose and Mens Rea: The Tortured Argument of Invidious Intent," *Yale L. J.* 93 (1983).

Patience W. Crozier, "Book Note, Forcing Boys to Be Boys: The Persecution of Gender Non-conforming Youth," *B. C. Third World L. J.* 21 (2001).

Patricia J. Falk, "Rape by Drugs: A Statutory Overview and Proposals for Reform," *Ariz. L. Rev.* 44 (2002).

Patricia J. Falk, "Rape by Fraud and Rape by Coercion," *Brooklyn L. Rev.* 64 (1998).

Patricia M. Wald, "The Sizzling Sleeper: The Use of Legislative History in Construing Statutes in the 1988–89 Term of the United States Supreme Court," *Am. U. L. Rev.* 39 (1990).

Patrick J. Callans, "Sixth Amendment—Assembling a Jury Willing to Impose the Death Penalty: A New Disregard for a Capital Defendant's Rights: *Wainwright* v. *Witt*," *S. Ct.* 105 (1985).

Patrick M. Garry, "Judicial Review and the 'Hard Look' Doctrine," *Nev. L. J.* 7 (2006).

Patrick M. O' Neil, "The Moral Blindness of the Positivistic Legal Hermeneutic and the Non-proximate Mens Rea in the Law of Criminal Negligence," *Am. J. Juris* 41 (1996).

Patrick McCreery, "Beyond Gay: 'Deviant'sex and the Politics of the ENDA Workplace," *Soc. Text* 61 (1999).

Paul Calvin Drecksel, "The Crisis in Indigent Defense," *Ark. L. Rev.* 44 (1991).

Paul Campos, "That Obscure Object of Desire: Hermeneutics and the Autonomous Legal Text," *Minn. L. Rev.* 77 (1993).

Paul D. Halliday & G. Edward White, "The Suspension Clause: English Text, Imperial Context, and American Implications," *Va. L. Rev.* 94 (2008).

Paul H. Robinson and Jane A. Grall, "Element Analysis in Defining Criminal Liability: The MPC and Beyond," *Stan. L. Rev.* 35 (1983).

Paul H. Robinson & John M. Darley, "The Utility of Desert," *Nw. U. L. Rev.* 91 (1997).

Paul H. Robinson & Markus D. Dubber, "The American Model Penal Code: A Brief Overview," *New Crim. L. Rev.* 10 (2007).

Paul H. Robinson & Michael T. Cahill, "The Accelerating Degradation of American Criminal Codes," *Hastings L. J.* 56 (2005).

Paul H. Robinson & Robert Kurzban, "Concordance and Conflict in Intuitions of Justice," *Minn. L. Rev.* 91 (2007).

Paul H. Robinson and John M. Darley, "The Utility of Desert," *Nw. U. L. Rev.* 91 (1997).

Paul H. Robinson& Michael T. Cahill, "The Accelerating Degradation of American Criminal Codes," *Hastings L. J.* 56 (2005).

Paul H. Robinson, "A Brief History of Distinctions in Criminal Culpability," *Hastings L. J.*, 31 (1980).

Paul H. Robinson, "A Functional Analysis of Criminal Law," *Nw. U. L.*

Rev. 88（1994）.

Paul H. Robinson，"A Theory of Justification：Societal Harm as a Prerequisite for Criminal Liability，" *UCLA L. Rev.* 23（1975）.

Paul H. Robinson，"Are Criminal Codes Irrelevant?" *S. Cal. L. Rev.* 68（1994）.

Paul H. Robinson，"Causing the Conditions of One's Own Defense：A Study in Limits of Theory in Criminal Law Doctrine，" *Va. L. Rev.* 71（1985）.

Paul H. Robinson，"Criminal Law Defenses：A Systematic Analysis，" *Colum. L. Eev.* 82（1982）.

Paul H. Robinson，"Criminal Law：Criminal Law Scholarship：Three Illusions，" *Theoretical Inq. L.* 2（2001）.

Paul H. Robinson，"Element Analysis in Defining Criminal Liability：The MPC and Beyond，" *Stan. L. Rev.* 35（1983）.

Paul H. Robinson，"Fair Notice and Fair Adjudication：Two Kinds of Legality，" *U. Pa. L. Rev.* 154（2005）.

Paul H. Robinson，"Imputed Criminal Liability，" *Yale L. J.* 93（1984）.

Paul H. Robinson，Michael T. Cahill and Usman Mohammad，"American Criminal Codes，" *Nw. U. L. Rev.* 95（2000）.

Paul H. Robinson，"Rethinking Federal Criminal Law：Reforming The Federal Criminal Code：A Top Ten List，" *Buff. Crim. L. R.* 1（1997）.

Paul H. Robinson，"Rules of Conduct and Principles of Adjudication，" *U. Chi. L. Rev.* 57（1990）.

Paul K. Ryu，"Causation in Criminal Law，" *U. Pa. L. Rev.* 106（1958）.

Paul M. Bator，"Finality in Criminal Law and Federal Habeas Corpus for State Prisoners，" *Harv. L. Rev.* 76（1963）.

Paul Marcus，"Criminal Conspiracy Law：Time to Turn Back from an Ever Expanding，Ever More Troubling Area，" *Wm. & Mary Bill Rts. J.* 1（1992）.

Paul Marcus，"Conspiracy：The Criminal Agreement in Theory and in Practice，" *Geo. L. J.* 65（1977）.

Paul R. Hoeber，"The Abandonment Defense to Criminal Attempt and

Other Problems of Temporal Individuation," *Calif. L. Rev.* 74 （1986）.

Paul Roberts, Paul Robinson, "Philosophy, Feinberg, Codification, and Consent: A Progress Report on English Experiences of Criminal Law Reform," *Buff. Crim. L. R.* 5 （2001）.

Peggy M. Tobolowsky, "What Hath Penry Wrought: Mitigating Circumstances and the Texas Death Penalty," *AM. J. Crim. L.* 19 （1992）.

Percy H. Winfield, "The Myth of Absolute Liability," *L. Q. Rev* 42 （1926）.

Peter Aranella, "Character, Choice, and Moral Agency: The Relevance of Character to Our Moral Culpability Judgments," *Soc. Phil. & Pol'y* 7 （1990）.

Peter Arenella, "Convicting the Morally Blameless: Reassessing the Relationship Between Legal and Moral Accountability," *UCLA L. Rev.* 39 （1991）.

Peter Arenella, "Reflections on Current Proposals to Abolish or Reform the Insanity Defense," *Am. J. L. & Med.* 8 （1982）.

Peter J. Henning, "Supreme Court Review: Foreword: Statutory in Interpretation and the Federalization of Criminal Law," *J. Crim. L. & Criminology* 86 （1996）.

Peter Tillers and Jonathan Gottfried, "Case Comment—*United States* v. *Copeland*, 369 F. Supp. 2d 275 （E. D. N. Y. 2005）: A Collateral Attack on the Legal Maxim That Proof Beyond a Reasonable Doubt Is Unquantifiable?" *Law, Probability and Risk*, *Issue* 5 （2007）.

Peter W. Low, "The MPC, the Common Law, and Mistakes of Fact: Recklessness, Negligence, or Strict Liability?" *Rutgers L. J.* 19 （1988）.

Peter Westen, "Impossibility Attempts: A Speculative Thesis," *Ohio St. J. Crim. L.* 5 （2008）.

Phaedra Athena O'Hara Kelly, "The Ideology of Shame: An Analysis of First Amendment and Eighth Amendment Challenges to Scarlet Letter Probation Conditions," *N. C. L. Rev.* 77 （1999）.

Phil Dowe, "A Counterfactual Theory of Prevention and 'Causation' by

Omission," *Australasian J. Phil.* 79 （2001）.

Philip B. Kurland, "Judicial Review Revisited: 'Original Intent' and 'The Common Will'," *U. Cin. L. Rev.* 55 （1987）.

Philip E. Johnson, "The Unnecessary Crime of Conspiracy," *Cal. L. Rev.* 61 （1973）.

Philip Hamburger, "A Tale of Two Paradigms: Judicial Review and Judicial Dut," *Geo. Wash. L. Rev.* 78 （2010）.

Philip P. Frickey and Steven S. Smith, "Judicial Review, the Congressional Process, and the Federalism Cases: An Interdisciplinary Critique," *Yale L. J.* 111 （2002）.

Phillip E. Areeda, "The Socratic Method," *Harv. L. Rev.* 109 （1996）.

Phillip E. Johnson, "The Unnecessary Crime of Conspiracy," *Cal. L. Rev.* 61 （1973）.

Phyllis L. Crocker, "Special Issue Feminism and the Criminal Law: Is the Death Penalty Good for Women?" *Buff. Crim. L. R.* 4 （2001）.

Pierre N. Leval, "Strangers on a Train: Make No Law: The Sullivan Case and the First Amendment by Anthony Lewis," *Mich. L. Rev.* 91 （1993）.

R. A. Duff, "Criminalizing Endangerment," *La. L. Rev.* 65 （2005）.

R. A. Duff, "Virtue, Vice, and Criminal Liability: Do We Want an Aristotelian Criminal Law?" *Buff. Crim. L. R.* 6 （2002）.

R. M. Jackson, "Absolute Prohibition in Statutory Offences," *Cambridge L. J.* 6 （1938）.

Rachel A. Van Cleave, "A Matter of Evidence or of Law? Battered Women Claiming Self-defense in Carlifornia," *UCLA Women's L. J.* 5 （1994）.

Rachel E. Barkow & Kathleen M. O'Neill, "Delegating Punitive Power: The Political Economy of Sentencing Commission and Guideline Formation," *Tex. L. Rev.* 84 （2006）.

Rachel E. Barkow, "Sentencing Guide Lines at the Crossroads of Politics and Expertise," *U. Pa. L. Rev.* 160 （2012）.

Rachel J. Littman, "Adequate Provocation, Individual Responsibility, and the Deconstruction of Free Will，" *Alb. L. Rev.* 60（1997）.

Rachel E. Barkow，"Recharging the Jury：The Criminal Jury's Constitutional Role in an Era of Mandatory Sentencing，" *U. Pa. L. Rev.* 152（2003）.

Raffaele Rodogno，"Shame and Guilt in Restorative Justice，" *Psych. Pub. Pol. and L.* 14（2008）.

Randi-Lynn Smallheer，"Sentence Blending and the Promise of Rehabilitation：Bringing the Juvenile Justice System Full Circle，" *Hofstra L. Rev.* 28（1999）.

Randolph N. Jonakait，"The Mens Rea for the Crime of Providing Material Resources to a Foreign Terrorist Organization Fall，" *Baylor L. Rev.* 6（2004）.

Randy E. Barnett，"The Original Meaning of Judicial Power，" *S. Ct. Econ. Rev.* 12（2004）.

Rebecca L. Brown，"Accountability，Liberty，and the Constitution，" *Colum. L. Rev.* 98（1998）.

Regina Austin，"The Shame of It All：Stigma and the Polictical Disenfranchisement of Formerly Convicted and Incarcerated Persons，" *Colum. Human Rights L. Rev.* 36（2004）.

Reid Griffith Fontaine，"A Symposium on Self-defense：An Attack on Self-defense，" *Am. Crim. L. Rev.* 47（2010）.

Reid Griffith Fontaine，"Adequate Provocation and Heat of Passion as Excuse Not Justification，" *U. Mich. J. L. Reform* 43（2009）.

Rex A. Collings，Jr.，"Negligent Murder—Some Stateside Footnotes to *Director of Public Prosecutions* v. *Smith*，" *Cal. L. Rev.* 49（1961）.

Richard A. Devine，"Book Review：The Death Penalty Debate：A Prosecutor's View：Scott Turow，Ultimate Punishment：A Lawyer's Reflections on Dealing with the Death Penalty，" *J. Crim. L. & Criminology* 95（2003）.

Richard A. Posner，"An Ecnomic Theory of the Criminal Law，" *Colum. L. Rev.* 85（1985）.

Richard A. Posner，"Law and Literature：A Relation Reargued，" *Va. L.*

Rev. 72 （1986）.

Richard A. Posner, "The Decline of Law as an Autonomous Discipline: 1962-1987," *Harv. L. Rev.* 100 （1987）.

Richard A. Posner, "What Has Pragmatism to Offer Law?" *S. Cal. L. Rev.* 63 （1990）.

Richard A. Rosen, "Felony Murder and the Eighth Amendment Jurisprudence of Death," *B. C. L. Rev.* 31 （1990）.

Richard A. Wasserstrom, "Strict Liability in the Criminal Law," *Stan. L. Rev.* 12 （1960）.

Richard B. Felson & Paul-Philippe Paré, "The Reporting of Domestic Violence and Sexual Assault by Nonstrangers to the Police," *J. Marriage & Fam.* 67 （2005）.

Richard C. Bold, "The Construction of Responsibility in the Criminal Law," *U. Pa. L. Rev.* 140 （1992）.

Richard Fumerton, "Moore, Causation, Counterfactuals, and Responsibility," *San Diego L. Rev.* 40 （2003）.

Richard G. Cohn-Lee, "Mens Rea and Permit Interpretation Under the Clean Water Act: *United States* v. *Weitzenhoff*," *Envtl. L* 24 （1994）.

Richard G. Singer, "Foreword to Symposium, the 25th Anniversary of the MPC," *Rutgers L. J.* 19 （1988）.

Richard G. Singer, "Strict Criminal Liability: Alabama State Courts Lead the Way into the Twenty-first Century," *Ala. L. Rev.* 46 （1994）.

Richard G. Singer, "The Resurgence of Mens Rea: Ⅲ—The Rise and Fall of Strict Criminal Liability," *B. C. L. Rev.* 30 （1989）.

Richard G. Singer, "The Resurgence of Mens Rea: I—Provocation, Emotional Disturbance, and the MPC," *B. C. L. Rev.* 27 （1986）.

Richard G. Singer & Douglas Husak, "Of Innocence and Innocents: The Supreme Court and Mens Rea Since Herbert Packer," *Buff. Crim. L. Rev.* 3 （1999）.

Richard Klein, "An Analysis of Thirty-five Years of Rape Reform: A

Frustrating Search for Fundamental Fairness," *Akron L. Rev.* 41 （2008）.

Richard Lowell Nygaard, "Free Will, Determinism, Penology and the Human Genome: Where's a New Leibniz When We Really Need Him?" *U. Chi. L. Sch. Roundtable* 3 （1996）.

Richard O. Lempert, "Desert and Deterrence: An Assessment of the Moral Bases of the Case for Capital Punishment," *Mich. L. Rev.* 79 （1981）.

Richard Scheines, "Causation, Statistics, and the Law," *J. L. & Pol'y* 16 （2007）.

Richard Singer, "Strict Criminal Liability: Alabama State Courts Lead the Way into the Twenty-first Century," *Ala. L. Rev.* 46 （1994）.

Richard T. Bowser, "A Matter of Interpretation: Federal Court and the Law," *Campbell L. Rev.* 19 （1997）.

Richard W. Wright, "Causation in Tort Law," *Calif. L. Rev.* 73 （1985）.

Richard Warner, "Why Pragmatism? The Puzzling Place of Pragmatism in Critical Theory," *U. Ill. L. Rev.* （1993）.

Richard Wasserstrom, "Strict Liability in the Criminal Law," *Stan. L. Rev.* 12 （1960）.

Richard K. Sherwin, "Nomos and Cinema," *UCLA. L. Rev.* 48 （2001）.

Robert A. Burt, "Disorder in the Court: The Death Penalty and the Constitution," *Mich. L. Rev.* 85 （1987）.

Robert A. Weninger, "Factors Affecting the Prosecution of Rape: A Case Study of Travis County, Texas," *Va. L. Rev.* 64 （1978）.

Robert Batey, "Judicial Exploitation of Mens Rea Conclusion, at Common Law and Under the MPC," *Ga. St. U. L. Rev.* 18 （2001）.

Robert Blecker, "Heaven or Hell? Inside Lorton Central Prison: Experiences of Punishment Justified," *Stan. L. Rev.* 42 （1990）.

Robert C. Berring, "A. W. Brian Simpon's Cannibalism and the Common Law," 73 *Cal. L. Rev.* 252 （1985）.

Robert C. Post and Reva B. Siegel, "Equal Protection by Law: Federal Antidiscrimination Legislation After Morrison and Kimmel," *Yale L. J.* 110

（2000）.

Robert G. Lawson, "Criminal Law Revision in Kentucky: Part I—Homicide and Assault," *Ky. L. J.* 58 (1970).

Robert H. Skilton, "The Mental Element in a Criminal Attempt," *U. Pitt. L. Rev.* 3 (1937).

Robert J. Sech, "Note, Hang 'Em High': A Proposal for Thoroughly Evaluating the Constitutionality of Execution Methods," *Val. U. L. Rev.* 30 (1995).

Robert M. Bohm, "Toward an Understanding of Death Penalty Opinion Change in the United States: The Pivotal Years, 1966 and 1967," *Human. & Soc'y* 16 (1992).

Robert M. Cover, "The Supreme Court, 1982 Term—Foreword: Nomos and Narrative," *Harv. L. Rev.* 97 (1983).

Robert M. Lloyd, "Hard Law Firms and Soft Law Schools," *N. C. L. Rev.* 83 (2004).

Robert P. George, "Colloquium Natural Law: Colloquium Natural Law, the Constitution, and the Theory and Practice of Judicial Review," *Fordham L. Rev.* 69 (2001).

Robert W. Adler & Charles Lord, "Environmental Crimes: Raising the Stakes," *Geo. Wash. L. Rev.* 59 (1991).

Robert Weisberg, "Reappraising Complicity," *Buff. Crim. L. Rev.* 4 (2000).

Robert Winslow, "The Instruction Ritual," *Hastings L. J.* 13 (1962).

Robert Woll, "The Death Penalty and Federalism: Eighth Amendment Constraints on the Allocation of State Decision Making Power," *Stan. L. Rev.* 35 (1983).

Roberta M. Harding, "The Gallows to the Gurney: Analyzing the (Un) Constitutionality of the Methods of Execution," *B. U. Pub. Int. L. J.* 6 (1996).

Robin Charlow, "Willful Ignorance and Criminal Culpability," *Tex. L. Rev.* 70 (1992).

Robin Charlow, "Bad Acts in Search of a Mens Rea: Anatomy of a

Rape," *Fordham L. Rev.* 71 （2002）.

Robin L. West, "Legitimating the Illegitimate: A Comment on Beyond Rape," *Colum. L. Rev.* 93 （1993）.

Rollin M. Perkins, "A Rationale of Mens Rea," *Harv. L. Rev.* 52 （1939）.

Rollin M. Perkins, "Criminal Liability Without Fault: A Disquieting Trend," *Iowa L. Rev.* 68 （1983）.

Rollin M. Perkins, "Ignorance and Mistake in Criminal Law," *U. Pa. L. Rev.* 88 （1939）.

Ronald C. Den Otter, "Democracy, Not Deference: An Egalitarian Theory of Judicial Review," *Ky. L. J.* 91 （2002/2003）.

Ronald J. Allen, "Common Sense, Rationality, and the Legal Process," *Cardozo L. Rev.* 22 （2001）.

Ronald J. Tabak, "The Death Penalty, Religion, & the Law: Is our Legal System's Implementation of Capital Punishment Consistent with Judaism or Christianity?" *Rutgers J. Law & Relig.* 4 （2002/2003）.

Ronald L. Gainer, "Federal Criminal Code Reform: Past and Future," *Buff. Crim. L. R* 2 （1998）.

Ronald L. Gainer, "Report to the Attorney General on Federal Criminal Code Reform," *Crim. L. F.* 1 （1989）.

Ronald L. Gainer, "The Culpability Provisions of the MPC," *Rutgers L. J.* 19 （1988）.

Ronald R. Inderbitzin, "Note: Criminal Law—The A. L. I. MPC Insanity Test," *Tul. L. Rev.* 44 （1969）.

Rory K. Little, "Myths and Principles of Federalization," *Hastings L. J.* 46 （1995）.

Rory K. Little, "The Federal Death Penalty: History and Some Thoughts about the Department of Justice's Role," *Fordham Urb. L. J.* 26 （1999）.

Rubenfeld, "Rape-by-Deception—A Response," *Yale L. J. Online* 123 （2013）.

Rudolph J. Gerber, "Death Is Not Worth It," *Ariz. St. L. J.* 28 （1996）.

Ruth Anna Putnam, "Justice in Content," *S. Cal. L. Rev.* 63 (1990).

Ruth Colker and James J. Brudney, "Dissing Congress," *Mich. L. Rev.* 100 (2001).

Ryan H. Rainey, Dyanne C. Greer, "Cirminal Charging Alternatives in Child Fatality Cases," *Prosecutor* 29 (1995).

Ryan W. Scott, "Inter-judge Sentencing Disparity After Booker: A First Look," *Stan. L. Rev.* 63 (2010).

S. Adele Shank, "The Death Penalty in Ohio: Fairness, Reliability, and Justice at Risk—A Report on Reforms in Ohio's Use of the Death Penalty Since the 1997 Ohio State Bar Association Recommendations Were Made," *Ohio St. L. J.* 63 (2002).

Saikrishna B. Prakash and John C. Yoo, "The Origins of Judicial Review," *U. Chi. L. Rev.* 70 (2003).

Samuel E. Peckham, "*Holloway* v. *United States*: The United States Supreme Court Examines 'Conditional Intent' in the Anti Car Theft Act of," *Seton Hall L. Rev.* 30 (2000).

Samuel H. Pillsbury, "Crime or Indifference," *Rutgers L. Rev.* 49 (1996).

Samuel H. Pillsbury, "Evil and the Law of Murder," *UC Davis L. Rev.* 24 (1990).

Samuel J. Levine, "Capital Punishment and Religious Arguments: An Intermediate Approach," *Wm. & Mary Bill of Rts. J.* 9 (2000).

Samuel Kramer, "An Economic Analysis of Criminal Attempt: Marginal Deterrence and the Optimal Structure of Sanctions," *J. Crim. L. & Criminology* 81 (1990).

Samuel W. Cooper, "Considering 'Power' in Separation of Powers," *Stan. L. Rev.* 46 (1994).

Sandeep Gopalan, "Shame Sanctions and Excessive CEO Pay," *Del. J. Corp. L.* 32 (2007).

Sander N. Rothchild, "Note & Comment: Beyond Incarceration: Juvenile Sex Offender Treatment Programs Offer Youths a Second Chance," *J. L. & Pol'y*

4 （1996）.

Sandra Guerra Thompson, "The White-collar Police Force: 'Duty to Report' Statutes in Criminal Law Theory," *Wm. & Mary Bill Rts. J.* 11 （2002）.

Sandra L. Smith, "Note, Fetal Homicide: Woman or Fetus as Victim? A Survey of Current State Approaches and Recommendations for Future State Application," *Wm. & Mary L. Rev.* 41 （1999）.

Sanford H. Kadish, "Codifiers of Criminal Law: Wechsler's Predecessors," *Colum. L. Rev.* 78 （1978）.

Sanford H. Kadish, "Complicity, Cause and Blame: A Study in the Interpretation of Doctrine," *Cal. L. Rev.* 73 （1985）.

Sanford H. Kadish, "Excusing Crime," *Cal. L. Rev.* 75 （1987）.

Sanford H. Kadish, "Fifty Years of Criminal Law: An Opinionated Review," *Calif. L. Rev.* 87 （1999）.

Sanford H. Kadish, "Reckless Complicity," *J. Crim. L. & Criminology* 87 （1997）.

Sanford H. Kadish, "The Decline of Innocence," *Cambridge L. J.* 26 （1968）.

Sanford H. Kadish, "The MPC's Historical Antecedents," *Rutgers. L. J.* 19 （1988）.

Sanford H. Kadish, "Why Substantive Criminal Law—A Dialogue," *Clev. St. L. Rev.* 29 （1980）.

Sanford J. Fox, "Physical Disorder, Consciousness, and Criminal Liability," *Colum. , L. Rev.* 63 （1963）.

Sanford Kadish, "Causation and Complicity: A Study in the Interpretation of Doctrine," *Calif. L. Rev.* 73 （1985）.

Sanford Levinson, "Law as Literature," *Tex. L. Rev.* 60 （1982）.

Sara Sun Beale, "Too Many and Yet Too Few: New Principles to Define the Proper Limits for Federal Criminal Jurisdiction," *Hastings L. J.* 46 （1995）.

Sarah Rose Weinman, "Note: The Potential and Limits of Death Penalty Commissions as Tools for Reform: Applying Lessons from Illinois and New

Jersey to Understand the California Experience," *Berkeley J. Crim. L.* 14 (2009).

Scott A. Anderegg, "The Voluntary Intoxication Defense in Iowa," *Iowa L. Rev.* 73 (1988).

Scott E. Sanders, "Scarlet Letters, Bilboes and Cable TV: Are Shame Punishments Cruel and Outdated or Are They a Viable Option for American Jurisprudence?" *Washburn L. J.* 37 (1998).

Scott Graves and Paul Teske, "State Supreme Courts and Judicial Review of Regulation," *Alb. L. Rev.* 66 (2003).

Scott M. Noveck, "Is Judicial Review Compatible with Democracy?" *Cardozo Pub. L. Pol'y & Ethics J.* 6 (2008).

Scott W. Howe, "The Failed Case for Eighth Amendment Regulation of the Capital-sentencing Trial," *U. Pa. L. Rev.* 146 (1998).

Seymour Moskowitz, "Golden Age in the Golden State: Contemporary Legal Developments in Elder Abuse and Neglect," *Loy. L. A. L. Rev.* 36 (2003).

Shai Lavi, "Symposium on Punishment and Freedom: A Liberal Theory of Penal Law: Justice, Plurality, and Crimianl Law: A Review of Alan Brudenr's Punishment and Freedom: A Liberal Theory of Penal Law," *New Crim. L. R.* 14 (2011).

Sharon C. Lynch, "Drug Kingpins and Their Helpers: Accomplice Liability Under 21 USC Section 848," *U. Chi. L. Rev.* 58 (1991).

Shawn Armbrust, "Reevaluating Recanting Witnesses: Why the Red-headed Stepchild of New Evidence Deserves Another Look," *B. C. Third World L. J.* 28 (2008).

Shawn Gunnarson, "Using History to Reshape the Discussion of Judicial Review," *B. Y. U. L. Rev.* (1994).

Sheldon Eckland-Olson, "Structured Discretion, Racial Bias, and the Texas Death Penalty," *POL. SCI. Q.* 69 (1988).

Shiva Shirazi Davoudian, "Developments in California Homicide Law: Introduction: The Basic," *Loy. L. A. L. Rev.* 36 (2003).

Snehal Desai, "Smile for the Camera: The Revenge Pornography Dilemma,

California's Approach, and Its Constitutionality," *Hastings Const. L. Q.* 42 (2015).

Solomon A. Klein, "Conspiracy—The Prosecutor's Darling," *Brook. L. Rev.* 24 (1957).

Sonya Laddon Rahders, "Do as I Say, Not as I DO: Sexual Health Education and the Criminalization of Teen Sexuality in the United States," *Hastings Women's L. J.* 26 (2015).

Sotirios A. Barber, "Judicial Review and the Federalist," *U. Chi. L. Rev.* 55 (1988).

Stacy Caplow, "The Gaelic Goetz: A Case of Self-defense in Ireland," *Cardozo J. Int'l & Comp. L.* 17 (2009).

Stacy Futter & Walter R. Mebane, Jr., "The Effects of Rape Law Reform on Rape Case Processing," *Berkeley Women's L. J.* 16 (2001).

Stanislaw Frankowski, "Mens Rea and Punishment in England: In Search of Interdependence of the Two Basic Components of Criminal Liability (A Historical Perspective)," *U. Det. L. Rev.* 63 (1986).

Stanislaw Pomorski, "Reflections on the First Criminal Code of Post-Communist Russia," *Am. J. Comp. L.* 46 (1998).

Stephanie K. Lashbrook, "The Insanity Defense," *Loy. L. A. L. Rev.* 36 (2003).

Stephanie Ritrivi McCavitt, "Note, The 'Born Alive' Rule: A Proposed Change to the New York Law Based on Modern Medical Technology," *N. Y. L. Sch. L. Rev.* 36 (1991).

Stephanos Bibas, "Judicial Fact—Finding and Sentence—Enhancements in A World of Guilty Pleas," *Yale L. J.* 110 (2001).

Stephen B. Bright, "Advocate in Residence: The Death Penalty as the Answer to Crime: Costly, Counterproductive and Corrupting," *Santa Clara L. Rev.* 35 (1995).

Stephen B. Chapman, "Are Obnoxious Wastes More Like Machineguns or Hand Grenades? Mens Rea Under the Resource Conservation and Recovery Act

After *Staples* v. *United States*," *Kan. L. Rev.* 43 (1995).

Stephen Breyer, "The 1991 Justice Lester W. Roth Lecture: On The Uses of Legislative History in Interpreting Statutes," *S. Cal. L. Rev.* 65 (1992).

Stephen Gillers, "1986 Survey of Books Relating to the Law: Ⅱ. The Legal Process and Profession: Can a Good Lawyer Be a Bad Person?" *Mich. L. Rev.* 84 (1986).

Stephen Gillers, "Deciding Who Dies," *U. Pa. L. Rev.* 129 (1980).

Stephen J. Morse, "Act & Crime: Acts, Choice & Coercion: Culpability and Control," *U. Pa. L. Rev.* 142 (1994).

Stephen J. Morse, "Excusing the Crazy: The Insanity Defense Reconsidered," *S. Cal. L. Rev.* 58 (1985).

Stephen J. Morse, "Inevitable Mens Rea," *Harv. J. L. & Pub. Pol'y* 27 (2003).

Stephen J. Morse, "Undiminished Confusion in Diminished Capacity," *J. Crim. L. & Criminology* 75 (1984).

Stephen J. Schulhofer & Ilene H. Nagel, "Negotiated Pleas Under the Federal Sentencing Guidelines: The First Fifteen Months," *Am. Crim. L. Rev.* 27 (1989).

Stephen J. Schulhofer, "Harm and Punishment: A Critique of Emphasis on the Results of Conduct in the Criminal Law," *U. Pa. L. Rev.* 122 (1974).

Stephen L. Carter, "When Victims Happen to Be Black," *Yale L. J.* 97 (1988).

Stephen P. Garvey, "Can Shaming Punishments Educate?" *U. Chi. L. Rev.* 65 (1998).

Stephen P. Garvey, "Note, Politicizing Who Dies," *Yale L. J.* 101 (1991).

Stephen R. Munzer, "Persons and Consequences: Observations on Fried's Right and Wrong," *Mich. L. Rev.* 77 (1979).

Stephen Saltzburg, "Burdens of Persuasion in Criminal Cases: Harmonizing the Views of the Justices," *Am. Crim. L. Rev.* 20 (1983).

Steve C. Gold, "When Certainty Dissolves into Probability: A Legal

Vision of Toxic Causation for the Post-genomic Era," *Wash & Lee L. Rev.* 70 (2013).

Steven D. Clymer, "Unequal Justice: The Federalization of Criminal Law," *S. Cal. L. Rev.* 70 (1997).

Steven F. Shatz & Nina Rivkind, "The California Death Penalty Scheme: Requiem for Furman?," *N. Y. U. L. Rev.* 72 (1997).

Steven Friedland, "How We Teach: A Survey of Teaching Techniques in American Law Schools," *Seattle U. L. Rev* 20 (1996).

Steven R. Morrison, "The System of Modern Criminal Conspiracy," *Cath. U. L. Rev.* 63 (2014).

Steven R. Morrison, "Toward a History of American Criminal Law Theory," 32 *U. La Verne L. Rev.* 47 (2010).

Steven Sarno, "In Search of a Cause: Addressing the Confusion in Proving Causation of a Public Nuisance," *Pace Envtl. L. Rev.* 26 (2009).

Steven Semeraro, "Two Theories of Habeas Corpus," *Brooklyn L. Rev.* 71 (2006).

Steven Shavell, "Criminal Law and the Optimal Use of Nonmonetary Sanctions as a Deterrent," *Colum. L. Rev.* 85 (1985).

Steven Shavell, "Strict Liability Versus Negligence," *J. Legal Stud.* 9 (1980).

Steven Wisotsky, "Crackdown: The Emerging 'Drug Exception' to the Bill of Rights," *Hastings L. J.* 38 (1987).

Stuart P. Green, "The Universal Grammer of Criminal Law," *Mich. L. Rev.* 98 (2000).

Stuart P. Green, "Why It's a Crime to Tear the Tag off a Mattress: Overcriminalization and the Moral Content of Regulatory Offenses," *Emory L. J.* 46 (1997).

Sudha Setty, "Country Report on Counterterrorism: United States of America," *Am. J. Comp. L.* 62 (2014).

Sudha Setty, "What's in a Name? How Nations Define Terrorism Ten

Years After 9/11," *U. Pa. J. Int'l L.* 33 （2011）.

Susan Estrich, "Rape," *Yale L. J.* 95 （1986）.

Susan F. Mandiberg, "The Dilemma of Mental State in Federal Regulatory Crimes: The Environmental Example," *Envtl. L* 25 （1995）.

Susan Haack, "On Legal Pragmatism: Where Does The Path of the Law Lead US?" *Am. J. Juris* 50 （2005）.

Susan W. Brenner, "S. C. A. R. F. A. C. E.: A Speculation on Double Jeopardy and Compound Criminal Liability," *New Eng. L. Rev.* 27 （1993）.

Suzanne Mounts, "Malice Aforethought in California: A History of Legislative Abdication and Judicial Vacillation," *U. S. F. L. Rev.* 33 （1999）.

Suzanne Mounts, "Premeditation and Deliberation in California: Returning to a Distinction Without a Difference," *U. S. F. L. Rev.* 36 （2002）.

Suzanne Shale, "The Conflicts of Law and the Character of Men: Writing Reversal of Fortune and Judgment at Nuremberg," *U. S. F. L. Rev.* 30 （1996）.

Tamar R. Birckhead, "The 'Youngest Profession': Consent, Autonomy, and Prostituted Childern," *Wash. U. L. Rev.* 88 （2011）.

Tamara Rice Lave, Justin McCrary, "Do Sexually Violent Predator Laws Violate Double Jeopardayor Substantive Due Process? An Empirical Inquiry," *Brook. L. Rev.* 78 （2013）.

Tanya M. Maerz, "Death of the Challenge to Lethal Injection? Missouri's Protocol Deemed Constitutional Yet Again," *Mo. L. Rev.* 75 （2010）.

Tara Kole & Laura Kadetsky, "The Unborn Victims of Violence Act," *Harv. J. on Legis.* 39 （2002）.

Tatjana Hörnle, "Theory of Criminalization: Comments on A. P. Simester/ Andreas von Hirsch: Crimes, Harms and Wrongs. On the Principles of Criminalisation. Hart Publishing: Oxford and Portland, Oregon. 2011," *Crim. L. & Phil.* 10 （2016）.

Theodore Eisenberg, Stephen P. Garvey and Martin T. Wells, "Forecasting Life and Death: Juror Race, Religion, and Attitude Toward the Death Penalty," *J. Legal Stud.* 30 （2001）.

Theodore Y. Blumoff, "On the Nature of the Action-Omission Network," *Ga. St. U. L. Rev.* 24 （2008）.

Thomas A. Green, "Freedom and Criminal Responsibility in the Age of Pound: An Essay on Criminal Justice," *Mich. L. Rev.* 93 （1995）.

Thomas D. Eisele, "The Poverty of Socratic Questioning: Asking and Answering in the Meno," *U. Cin. L. Rev.* 63 （1994）.

Thomas F. Cotter, "Legal Pragmatism and the Law and Economics Movement," *Geo. L. J.* 84 （1996）.

Tobias Freestone, "Note and Comment: Elementary My Dear Waston: The Evolution to Strict Liability Murder Thirty Years After *People* v. *Waston*," *Whittier L. Rev.* 33 （2011）.

Tom R. Tyler, "Public Trust and Confidence in Legal Authorities: What Do Majority and Minority Group Members Want from the Law and Legal Institutions?" *Behav. Sci. & L.* 19 （2001）.

Tom Stacy, "Acts, Omissions, and the Necessity of Killing Innocents," *Am. J. Crim. L.* 29 （2002）.

Toni M. Massaro, "Shame, Culture, and American Criminal Law," *Mich. L. Rev.* 89 （1991）.

Toni Pickard, "Culpable Mistakes and Rape: Relating Mens Rea to the Crime," *U. Toronto L. J.* 30 （1980）.

Tracey L. Meares, "It's a Question of Connections," *Val. U. L. Rev.* 31 （1997）.

Tsvi Kahana, "The Easy Core for Judicial Review," *J. of Legal Analysis* 2 （2010）.

Tyler B. Robinson, "A Question of Intent: Aiding and Abetting Law and the Rule of Accomplice Liability Under 924 （c）," *Mich. L. Rev.* 96 （1997）.

Ursula Bentele, "The Not So Great Writ: Trapped in the Narrow Holdings of Supreme Court Precedents," *Lewis & Clark L. Rev.* 14 （2010）.

V. F. Nourse, "Hearts and Minds: Understanding the New Culpability," *Buff. Crim. L. R* 6 （2002）.

Valerie M. Ryan, "Intoxicating Encounters: Allocating Responsibility in the Law of Rape," *Cal. W. L. Rev.* 40 (2004).

Vanessa E. Munro, "Constructing Consent: Legislating Freedom and Legitimating Constraint in the Expression of Sexual Autonomy," *Akron L. Rev.* 41 (2008).

Vicki C. Jackson, "Constitutional Dialogue and Human Dignity: States and Transnational Constitutional Discourse," *Mont. L. Rev.* 65 (2004).

Victor L. Streib, "Death Penalty for Female Offenders," *U. Cin. L. Rev.* 58 (1990).

Victor L. Streib, "Women as Perpetrators of Crime: Rare and Inconsistent: The Death Penalty for Women," *Fordham Urb. L. J.* 33 (2006).

Victor L. Streib, "Standing Between the Child and the Executioner: The Special Role of Defense Counsel in Juvenile Death Penalty Cases," *Am. J. Crim. L.* 31 (2003).

Victoria F. Nourse, "Reconceptualizing Criminal Law Defenses," *U. Pa. L. Rev.* 151 (2003).

Vincent Chiao, "Action and Agency in the Criminal Law," *Legal Theory* 15 (2009).

Vivian Berger, "Man's Trial, Woman's Tribulation: Rape Cases in the Courtroom," *Colum. L. Rev.* 77 (1977).

Wadie E. Said, "Humanitarian Law Project and the Supreme Court's Construction of Terrorism," *B. Y. U. L. Rev.* (2011).

Wadie E. Said, "Sentencing Terrorist Crimes," *Ohio St. L. J.* 75 (2014).

Wallace Mendelson, "The Influence of James B. Thayer upon the Work of Holmes, Brandeis, and Frankfurter," *Vand. L. Rev.* 31 (1978).

Walter C. Long, "Karla Faye Tucker: A Case for Restorative Justice," *Am. J. Crim. L.* 27 (1999).

Walter E. Oberer, "The Deadly Weapon Doctrine—Common Law Origin," *Harv. L. Rev.* 75 (1962).

Walter H. Hitchler, "Motive as an Essential Element of Crime," *Dick. L.*

Rev. 35 （1931）.

Walter W. Cook, "Act, Intention and Motive in the Criminal Law," *Yale L. J.* 26 （1917）.

Walton E. Tinsley, "Comment, Criminal Law—Conspiracy and Conspirators in California," *S. Cal. L. Rev.* 26 （1952）.

Wayne A. Logan, "Criminal Justice Federalism and National Sex Offender Policy," *Ohio St. J. Crim. L.* 6 （2008）.

Wayne A. Logan, "When the State Kills: Capital Punishment and the American Condition by Austin Sarat," *Mich. L. Rev.* 100 （2002）.

Wechsler & Michael, "A Rationale of the Law of Homicide I," *Colum. L. Rev.* 37 （1937）.

William E. Mikell, "The Proposed Criminal Code of Pennsylvania," *U. Pa. L. Rev.* 71 （1923）.

William E. Shipley, "Annotation, Mistake or Lack of Information as to Victim's Age as Defense to Statutory Rape," *A. L. R. 3d* 8 （1966）.

William G. Young, "Vanishing Trials, Vanishing Juries, Vanishing Constitution," *Suffolk U. L. Rev.* 40 （2006）.

William J. Bowers & Benjamin D. Steiner, "Death by Default: An Empirical Demonstration of False and Forced Choices in Capital Sentencing," *Tex. L. Rev.* 77 （1999）.

William J. Stuntz, "The Pathological Politics of Criminal Law," *Mich. L. Rev.* 100 （2001）.

William N. Eskridge, Jr., "Dynamic Statutory Interpretation," *U. Pa. L. Rev.* 135 （1987）.

William N. Eskridge, Jr., "The Case of the Speluncean Explorers: Twentieth Century Statutory Interpretation in a Nutshell," *Geo. Wash. L. Rev.* 61 （1993）.

William S. Fields, "Assessing the Performance of the Burger Court: The Ascent of Pragmatism," *Mil. L. Rev.* 129 （1990）.

William S. Laufer, "Corporate Bodies and Guilty Minds," *Emory L. J.* 43

（1994）.

William Simon, "Ethical Discretion in Layering," *Harv. L. Rev.* 101 （1988）.

William W. Berry Ⅲ, "Ending Death by Dangerousness a Path to the de Facto Abolition of the Death Penalty," *Ariz. L. Rev.* 52 （2010）.

William. Brennan, Jr., "Neither Victims Nor Executioners," *Notre Dame J. of Law*, *Ethics & Public Policy* 8 （1994）.

Willie Dudley, "The Insanity Defense: Developing Proper Standards for Use of Expert Testimony," *How. L. J.* 26 （1983）.

Yosal Rogat, "Mr. Justice Holmes: A Dissenting Opinion," *Stan. L. Rev.* 36 （1963）.

Youngjae Lee, "The Constitutional Right Against Excessive Punishment," *Va. L. Rev.* 91 （2005）.

中文专著

〔美〕埃德加·博登海默：《法理学—法哲学及其方法》，邓正来、姬敬武译，华夏出版社，1987。

〔德〕埃里克·希尔根多夫：《德国刑法学：从传统到现代》，江溯、黄笑岩等译，北京大学出版社，2015。

〔美〕艾德华·H. 列维：《法律推理引论》，庄重译，中国政法大学出版社，2002。

〔美〕安东尼·刘易斯：《美国宪法第一修正案简史》，徐爽译，法律出版社，2010。

〔美〕安东尼·刘易斯：《批评官员的尺度：〈纽约时报〉诉警察局长沙利文案》，何帆译，北京大学出版社，2011。

〔美〕保罗·罗宾逊、莎拉·罗宾逊：《海盗、囚徒与麻风病人：关于正义的十二堂课》，李立丰译，北京大学出版社，2018。

〔美〕本杰明·卡多佐：《司法过程的性质》，苏力译，商务印书馆，1998。

〔美〕彼得·萨伯：《洞穴奇案》，陈福勇、张世泰译，生活·读书·

新知三联书店，2009。

〔德〕伯恩哈德·格罗斯菲尔德：《比较法的力量与弱点》，孙世彦、姚建宗译，清华大学出版社，2002。

〔美〕伯纳德·施瓦茨：《美国法律史》，王军等译，法律出版社，2007。

〔美〕布莱恩·兰斯伯格：《终获自由：〈1965年选举权法〉幕后的司法战》，李立丰译，上海三联书店，2017。

〔美〕布鲁斯·阿克曼：《美利坚合众国的衰落》，田雷译，中国政法大学出版社，2011。

陈家林：《外国刑法通论》，中国人民公安大学出版社，2009。

陈界融译著《美国联邦证据规则（2004）译析》，中国人民大学出版社，2005。

陈世伟：《论共犯的二重性》，中国检察出版社，2008。

陈兴良：《口授刑法学》，中国人民大学出版社，2007。

储怀植：《美国刑法》，北京大学出版社，2005。

〔日〕川端博：《刑法总论二十五讲》，余振华译，中国政法大学出版社，2003。

〔美〕大卫·斯卡贝克：《黑帮的逻辑：帮派治理美国监狱秘辛》，李立丰译，中国政法大学出版社，2016。

〔美〕道格拉斯·N.胡萨克：《刑法哲学》，谢望原等译，中国人民公安大学出版社，2004。

邓正来：《中国法学向何处去——建构"中国法律理想图景"时代的论纲》，商务印书馆，2006。

冯建妹：《耶鲁精神：感受耶鲁大学及其法学院》，法律出版社，2007。

冯军：《刑法问题的规范理解》，北京大学出版社，2009。

冯象：《木腿正义》，北京大学出版社，2009。

高铭暄、马克昌主编《刑法学》，北京大学出版社，2017。

〔美〕汉密尔顿、〔美〕杰伊、〔美〕麦迪逊：《联邦党人文集》，程逢如等译，商务印书馆，1980。

〔德〕汉斯·海因里希·耶赛克、托马斯·魏根特：《德国刑法教科书》，许久生译，中国法制出版社，2001。

何帆：《大法官说了算：美国司法观察笔记》（增订版），法律出版社，2016。

洪福增：《刑法理论之基础》，中国台湾刑事法杂志社，1977。

〔美〕杰弗里·图宾：《九人：美国最高法院风云》，何帆译，上海三联书店，2010。

〔美〕凯斯·R. 桑斯坦：《就事论事——美国最高法院的司法最低限度主义》，泮伟江、周武译，北京大学出版社，2007。

〔美〕科林·埃文斯：《证据：历史上最具争议的法医学案例》，毕小青译，生活·读书·新知三联书店，2007。

〔德〕克劳斯·罗克辛：《德国刑法学（总论）》（第 1 卷），王世洲译，法律出版社，2005。

〔美〕克里斯托弗·沃尔夫：《司法能动主义》，黄金荣译，中国政法大学出版社，2004。

黎宏：《刑法总论问题思考》，中国人民大学出版社，2007。

李海东：《刑法原理入门（犯罪论基础）》，法律出版社，1998。

李立丰：《美国刑法犯意研究》，中国政法大学出版社，2009。

李立丰：《民意与司法：多元维度下的美国死刑及其适用程序》，中国政法大学出版社，2013。

〔美〕理查德·A. 波斯纳：《道德和法律理论的疑问》，苏力译，中国政法大学出版社，2001。

〔美〕理查德·A. 波斯纳：《超越法律》，苏力译，中国政法大学出版社，2001。

〔苏〕列宁：《哲学笔记》，转引自杨寿堪、王成兵《实用主义在中国》，首都师范大学出版社，2002。

刘瑜：《民主的细节》，上海三联书店，2009。

〔美〕罗伯特·麦克洛斯基：《美国最高法院》（第三版），任东来等译，中国政法大学出版社，2005。

〔美〕罗伯特·史蒂文斯：《法学院——美国法学教育百年史：19 世纪 50 年代至 20 世纪 80 年代》，李立丰译，北京大学出版社，2017。

〔美〕罗纳德·德沃金：《自由的法：对美国宪法的道德解读》，刘丽君译，上海人民出版社，2001。

〔美〕罗斯克·庞德：《普通法的精神》，唐前宏等译，法律出版社，2001。

〔美〕迈克尔·卡门：《自相矛盾的民族——美国文化的起源》，王晶译，江苏人民出版社，2006。

〔美〕迈克尔·瑞斯曼：《看不见的法律》，高忠义等译，法律出版社，2007。

〔美〕迈克尔·桑德尔：《公正：该如何做是好?》，朱慧玲译，中信出版社，2012。

〔美〕美国法学会编《美国模范刑法典及其评注》，刘仁文等译，法律出版社，2005。

〔法〕孟德斯鸠：《论法的精神》，张雁深译，商务印书馆，1987。

〔美〕莫顿·霍维茨：《沃伦法院与正义的追求》，信春鹰、张志铭译，中国政法大学出版社，2003。

〔英〕尼尔·麦考密克：《法律推理与法律理论》，姜峰译，法律出版社，2005。

潘维大等编《英美法导读》，法律出版社，2000。

〔美〕乔治·P. 弗莱彻：《刑法的基本概念》，蔡爱惠等译，中国政法大学出版社，2004。

〔美〕乔治·弗莱彻：《反思刑法》，邓子滨译，华夏出版社，2008。

任东来、胡晓进等：《在宪政舞台上——美国最高法院的历史轨迹》，中国法制出版社，2007。

〔日〕日高义博：《不作为犯的理论》，王树平译，中国人民公安大学出版社，1992。

〔日〕山口厚：《从新判例看刑法》，付立庆等译，中国人民大学出版社，2009。

〔苏〕斯·勒·齐扶斯：《美国刑法的反动本质》，李浩培译，法律出版社，1955。

孙有中：《美国精神的象征——杜威社会思想研究》，上海人民出版社，2002。

〔美〕汤姆·麦克尼克尔：《电流大战：爱迪生、威斯汀豪斯与人类首次技术标准之争》，李立丰译，北京大学出版社，2018。

佟德志主编《宪政与民主》，江苏人民出版社，2007。

王进喜：《美国〈联邦证据规则〉条解》，中国法制出版社，2012。

〔美〕威廉·詹姆士：《彻底的经验主义》，庞景仁译，上海人民出版社，1965。

〔德〕乌尔里希·贝克：《风险社会》，何博闻译，译林出版社，2004。

〔德〕乌尔斯·金德霍伊泽尔：《刑法总论教科书》（第六版），蔡桂生译，北京大学出版社，2015。

许玉秀：《主观与客观之间——主观理论与客观归责》，法律出版社，2008。

〔美〕亚历山大·M.比克尔：《最小危险部门——政治法庭上的最高法院》，姚中秋译，北京大学出版社，2007。

杨寿堪、王成兵：《实用主义在中国》，首都师范大学出版社，2002。

〔美〕约翰·杜威：《杜威五大演讲》，胡适译，安徽教育出版社，1999。

〔美〕约翰·杜威：《确定性的寻求》，傅统先译，上海世纪出版集团，2005。

〔美〕约翰·哈特·伊利：《民主与不信任》，朱中一等译，法律出版社，2003。

曾粤兴：《刑法学方法的一般理论》，人民出版社，2005。

张明楷：《犯罪构成体系与构成要件要素》，北京大学出版社，2010。

张明楷：《刑法学》，法律出版社，2016。

赵秉志主编《英美刑法学》，中国人民大学出版社，2004。

周光权：《刑法总论》，中国人民大学出版社，2007。

中文论文

〔美〕E.阿伦·法恩斯沃思：《美国的判例法》，陶正华译，《环球法律评论》1985年第6期。

〔美〕E.弗洛姆：《马克思关于人的概念》，涂纪亮译，《哲学译丛》

1979 年第 5 期。

柏浪涛：《规范性构成要件要素的错误类型分析》，《法商研究》2019 年第 1 期。

柏元海：《实事求是与詹姆士实用主义比较分析》，《暨南学报》（哲学社会科学版）1999 年第 5 期。

〔美〕保罗·罗宾逊：《为什么刑法需要在乎常人的正义直观？——强制性与规范性犯罪控制》，王志远译，载陈兴良主编《刑事法评论》第 29 卷，北京大学出版社，2001。

〔美〕波尔·H. 罗宾逊：《美国刑法的结构概要》（下），何秉松、王桂萍译，《政法论坛（中国政法大学学报）》2005 年第 3 期。

蔡桂生：《论故意在犯罪论体系中的双层定位——兼论消极的构成要件要素》，《环球法律评论》2013 年第 6 期。

蔡曦蕾：《美国刑法理论视野下正当事由与宽宥事由的宏观探析——区分之理、存在之据与影响之果》，曹廷生：《美国金融刑法中的 Scienter 及对我国证券、期货犯罪立法的启示》，《唯实》2009 年第 12 期。

曹兴华：《论美国矫治刑罚目的观复兴的四重面向》，《山东社会科学》2017 年第 11 期。

车剑锋：《美国刑法中的罪刑法定原则内涵辨正及其启示》，《武陵学刊》2017 年第 1 期。

陈大刚、魏群：《论判例法方法在我国法制建设中的借鉴作用》，《比较法研究》1988 年第 1 期。

陈国庆：《主观故意的证明标准与推定》，《人民检察》2007 年第 21 期。

陈文昊、郭自力：《美国刑法中酷刑罪的特点与借鉴》，《山西大同大学学报》（社会科学版）2017 年第 2 期。

陈兴良：《法治国的刑法文化——21 世纪刑法学研究展望》，《人民检察》1999 年第 11 期。

陈兴良：《论主观恶性中的规范评价》，《法学研究》1991 年第 6 期。

陈兴良：《目的犯的法理探究》，《法学研究》2004 年第 3 期。

陈兴良：《为他人谋取利益的性质与认定——以两高贪污贿赂司法解释为中心》，《法学评论》2016 年第 4 期。

陈兴良：《刑法分则规定之明知——以表现犯为解释进路》，《法学家》2013 年第 3 期。

陈兴良：《刑法中的故意及其构造》，《法治研究》2010 年第 6 期。

陈兴良：《主观恶性论》，《中国社会科学》1992 年第 2 期。

陈银珠：《法定犯时代传统罪过理论的突破》，《中外法学》2017 年第 4 期。

陈银珠：《论美国刑法中的要素分析法及其启示》，《中国刑事法杂志》2011 年第 6 期。

陈运生：《从美国的判例看教师的教学自由及其限度》，《比较教育研究》2011 年第 9 期。

陈朱承：《谈谈美国刑法中的罪和刑》，《国外法学》1985 年第 1 期。

成凡：《波斯纳法理学的三位一体：实用主义·经济学·自由主义》，《学术研究》2003 年第 2 期。

储槐植：《提倡折中——法学研究范式检讨》，《浙江社会科学》2005 年第 3 期。

储槐植、汪永乐：《刑法因果关系研究》，《中国法学》2001 年第 2 期。

储槐植、杨书文：《复合罪过形式探析——刑法理论对现行刑法内含的新法律现象之解读》，《法学研究》1999 年第 1 期。

褚福民：《证明困难的解决模式——以毒品犯罪明知为例的分析》，《当代法学》2010 年第 2 期。

邓正来、邹立君：《"理想图景"、"世界结构"与"定义中国"——与邓正来谈〈中国法学向何处去〉》，《河北法学》2006 年第 12 期。

第 23 辑，清华大学出版社，2015。

丁启明、李韧夫：《英美刑法犯罪心理若干问题论》，《大庆高等专科学校学报》2003 年第 3 期。

董茂云：《英美两国判例法之比较》，《政治与法律》1998 年第 1 期。

樊百乐：《普通法视野中的刑事类推与罪刑法定——以美国法为例》，载陈兴良主编《刑事法评论》第 19 卷，北京大学出版社，2006。

范进学：《美国宪法解释方法之要素分析》，《北方法学》2011 年第 1 期。

范扬：《庞德实用主义法学批判》，《复旦学报》1958 年第 1 期。

冯晓聪：《HIV 感染者与多人无保护性行为之刑法性质探析——从大连赵某案切入》，《贵州警官职业学院学报》2018 年第 5 期。

付玉明、杨卫：《犯罪故意的规范释明与事实认定——以"复旦投毒案"为例的规范分析》，《法学》2017 年第 2 期。

高长见：《美国刑法中的重罪谋杀罪规则评析》，《西南政法大学学报》2009 年第 6 期。

谷永超：《英美刑法的理性人标准及其启示》，《中国刑事法杂志》2017 年第 4 期。

顾佳：《司法审查正当性的证成路径及其困难》，《厦门大学法律评论》总第 11 辑，厦门大学出版社，2006。

郭自力：《论美国刑法中的行为要件》，《法治研究》2013 年第 7 期。

韩铁：《新英格兰殖民地刑事司法重点的转移》，《史学月刊》2010 年第 11 期。

韩中节：《论强化过错在认定因果关系中的基本功能》，《法学杂志》2009 年第 7 期。

何向东、吕进：《论实用主义的"真理论"》，《哲学研究》2007 年第 2 期。

〔德〕赫尔曼、〔苏〕阿苏勒：《联邦德国和美国刑法中的若干问题》，周密、王世洲编译，《中外法学》1991 年第 1 期。

胡云腾：《一个大法官与案例的 38 年情缘》，《民主与法制》2017 年第 20 期。

黄何：《美国刑法解释中的从宽解释规则及其启示》，《湖北社会科学》2018 年第 3 期。

黄明东：《试析实用主义思想对美国教育立法的影响》，《法学评论》2003 年第 6 期。

贾海龙：《普通法中的两类主要推理依据》，《华南理工大学学报》（社会科学版）2011 年第 5 期。

蒋熙辉：《权利发展与刑法改革》，《法制与社会发展》2005 年第 5 期。

瞿灵敏：《指导性案例类型化基础上的"参照"解读：以最高人民法

院指导性案例为分析对象》，《交大法学》2015年第3期。

〔美〕卡尔·卢埃林：《美国判例法制度》，黄列译，《环球法律评论》1989年第5期。

康均心、董邦俊：《罪过责任之思考——兼评严格责任之冲突》，《法学评论》2000年第5期。

郎贵梅：《美国联邦最高法院判例汇编制度及其启示》，《法律文献信息与研究》2008年第2期。

劳东燕：《犯罪故意的要素分析模式》，《比较法研究》2009年第1期。

劳东燕：《犯罪故意理论的反思与重构》，《政法论坛》2009年第1期。

劳东燕：《风险分配与刑法归责：因果关系理论的反思》，《政法论坛》2010年第6期。

劳东燕：《公共政策与风险社会中的刑法》，《中国社会科学》2007年第3期。

劳东燕：《结果无价值逻辑的实务透视：以防卫过当为视角的展开》，《政治与法律》2015年第1期。

黎宏：《"见死不救"行为定性分析——兼论不真正不作为犯的作为义务的判断》，《国家检察官学院学报》2011年第8期。

李安：《归纳法在判例主义法律推理中的有效性与论证》，《法律科学》2007年第2期。

李波：《当代美国刑事政策发展新趋势及其启示》，《法商研究》2016年第6期。

李红海：《判例法中的区别技术与我国的司法实践》，《清华法学》2004年第6辑。

李洁：《中国有权刑法司法解释模式评判》，《当代法学》2004年第1期。

李洁、李立丰：《美国刑法中主观罪过表现形式初探》，《法学评论》2005年第1期。

李居全：《犯罪概念比较研究》，《法学评论》1998年第2期。

李居全：《浅议英美刑法学中的行为概念——兼论第三行为形态》，《法学评论》2002年第1期。

李立丰：《从"误想防卫过剩"到"假想防卫过当"：一种比较法概念的本土化解读》，《清华法学》2018 年第 3 期。

李立丰：《基于道德立场的追问：杰罗米·霍尔刑法学思想评述——兼评〈刑法基本原则〉》，《云南大学学报》2009 年第 2 期。

李立丰：《简论美国刑法理论中的"南顿"（M'Naghten）规则》，载赵秉志主编《刑法论丛》第 12 卷，法律出版社，2007。

李立丰：《美国法的"刑"与"非刑"》，《环球法律评论》2009 年第 2 期。

李立丰：《美国刑法中犯意要求边缘化研究》，《环球法律评论》2007 年第 6 期。

李立丰：《民意的司法拟制——论我国刑事审判中人民陪审制度的改革与完善》，《当代法学》2013 年第 5 期。

李立丰：《上帝与死囚：基督教视野中的美国死刑问题》，《世界宗教研究》2010 年第 5 期。

李立丰：《涉恐犯罪刑罚政策的理性反思——以美国联邦量刑指南的司法适用经验为视角》，《湖北警官学院学报》2016 年第 3 期。

李立丰：《我国人民陪审员制度改革中事实审、法律审分离模式之提倡》，《湖北警官学院学报》2018 年第 1 期。

李立丰：《刑法的道德属性：以美国刑法中耻辱刑为视角的批判与反思》，载高鸿钧、於兴中主编《清华法治论衡》第 23 辑，清华大学出版社，2015。

李立丰：《政治民主与司法"独裁"悖论的制度破解：以日本裁判员制度为视角》，《比较法研究》2015 年第 3 期。

李立景：《诉诸舆论的司法：耻辱刑的现代流变及启示》，《南京师大学报》（社会科学版）2006 年第 5 期。

李牧、楚挺征：《美国量刑委员会制度探略——兼评我国最高人民法院司法解释制度》，《武汉理工大学学报》（社会科学版）2011 年第 4 期。

李韧夫、董进、于靖民：《论犯罪心理概念的发展对当代美国刑法的影响》，《当代法学》2009 年第 3 期。

李瑞杰：《犯罪故意的比较考察——基于中国、德国、日本三国刑法典的研究》，《中财法律评论》2018年第1期。

廖万里：《略论美国刑法中的警察圈套及其借鉴意义》，《法学家》2001年第2期。

林维：《刑法归责构造的欠缺——以丢失枪支不报罪为中心》，《刑事法评论》2000年第2卷。

林维：《刑法解释中的行政解释因素研究》，《中国法学》2006年第5期。

刘士心：《不纯正不作为犯的等价性问题研究》，《法商研究》2004年第3期。

刘士心：《英美刑法介入原因规则及其对中国刑法的借鉴意义》，《政治与法律》2017年第2期。

刘晓莉：《刑法解释的主体》，《吉林大学社会科学学报》2003年第2期。

刘艳红：《重构我国刑法学研究的"方法群"》，《法商研究》2003年第3期。

刘远：《刑法的道德性与政治性》，《华东政法大学学报》2007年第5期。

刘哲玮：《美国联邦最高法院先例形成过程探析——兼论对我国案例指导制度之启示》，《中国法律》2011年第3期。

卢建平：《国际人权公约视角下的中国刑法改革建议》，《华东政法学院学报》2006年第5期。

陆凌：《美国模范刑法典：超越与挑战》，《中国刑事法杂志》2016年第4期。

骆梅芬：《英美法系刑事法律中严格责任与绝对责任之辨析》，《中山大学学报》1999年第5期。

马洪伦：《论美国联邦最高法院宪法解释的创造性》，《现代法学》2011年第5期。

〔美〕马库斯·德克·达博：《积极的一般预防与法益理论——一个美国人眼里的德国刑法学的两个重要成就》，杨萌译，徐久生校，载陈兴良主编《刑事法评论》第21卷，北京大学出版社，2007。

马庆林：《法律语言学、法律语言——兼谈法律英语的特点》，《西安外国语学院学报》2003 年第 3 期。

马荣春：《刑事案件事实认定的常识、常理、常情化》，《北方法学》2014 年第 2 期。

〔美〕玛卓莉·米勒：《中美文化发展中的实用主义主题》，李红、韩东晖译，《自然辩证法研究》1999 年第 4 期。

〔美〕麦克·韦泰洛：《性犯罪者的刑事惩罚：初衷与实效的背离》，李立丰译，载赵秉志主编《刑法论丛》第 23 卷，法律出版社，2010。

南连伟：《风险刑法理论的批判与反思》，《法学研究》2012 年第 4 期。

欧锦雄：《复合罪过形式之否定——兼论具有双重危害结果之犯罪的罪过形式认定》，《广西政法管理干部学院学报》2005 年第 4 期。

彭文华：《美国联邦量刑指南的历史、现状与量刑改革新动向》，《比较法研究》2015 年第 6 期。

齐文远：《刑法学人学术品格的重塑》，《法商研究》2003 年第 3 期。

〔美〕乔治·弗莱彻：《美国刑法理论的形成》，蔡爱惠译，王世洲校，《中外法学》2009 年第 2 期。

秦前红、刘新英：《美国民事诉讼法的宪法渊源及其成因与启示》，《法学评论》2001 年第 6 期。

邱兴隆：《折中刑的理性反思》，《法学评论》1999 年第 3 期。

饶艾、严玥：《判例法的灵魂——对“遵循先例”原则的再认识》，《广西社会科学》2004 年第 2 期。

任东来、颜廷：《探究司法审查的正当性根源：美国学界几种司法审查理论述评》，《南开大学学报》2009 年第 2 期。

沈琪：《英美刑法中的近因判断及其启示》，《比较法研究》2014 年第 2 期。

石文英：《从归责的历史发展看严格责任》，《焦作工学院学报》2002 年第 2 期。

舒洪水：《生产、销售有毒、有害食品罪中“明知”的认定》，《法学》2013 年第 8 期。

〔美〕斯蒂芬·休特：《有宪限制与无宪限制——美国刑法与英国刑法比较》，王文华译，《法学杂志》2004年第4期。

孙道萃：《美国仇恨犯罪介评与我国刑法理论的应对：兼及群体性事件的刑事治理观》，《四川警察学院学报》2012年第5期。

孙万怀、刘宁：《刑法中的"应知"引入的滥觞及标准限定》，《法学杂志》2015年第9期。

唐世月：《当代美国的死刑制度》，《时代法学》2007年第5期。

田雷：《美国宪法偶像的破坏者》，《读书》2013年第6期。

王昶：《美国联邦最高法院2010—2011年度回顾》，《法律文献信息与研究》2011年第4期。

王钢：《美国刑事立法与司法中的紧急避险——对功利主义模式的反思》，《清华法学》2016年第2期。

王华伟：《要素分析模式之提倡——罪过形式难题新应》，《当代法学》2017年第5期。

王焕婷：《Vera Bergelson的比较责任理论及批判》，《中国刑事法杂志》2016年第2期。

王焕婷：《以被害人为视角的美国刑法理论》，《江西警察学院学报》2016年第4期。

王瑞君：《美国的刑法解释及其启示》，《甘肃政法学院学报》2008年第4期。

王世洲：《刑法方法理论的若干基本问题》，《法学研究》2005年第5期。

王新：《我国刑法中"明知"的含义和认定——基于刑事立法和司法解释的分析》，《法制与社会发展》2013年第1期。

王星译：《精神失常抗辩及其刑事证明——以美国法为视角》，《证据科学》2014年第4期。

王亚新：《判例研究中新的视角及方法探求》，《昆明理工大学学报》（社会科学版）2011年第1期。

王志祥：《美国犯罪构成论的基本问题》，《法治研究》2018年第2期。

魏胜强：《为判例制度正名——关于构建我国判例制度的思考》，《法律科学（西北政法大学学报）》2011 年第 3 期。

魏治勋：《判例法的"溯及力困境"及其制度性克服》，《北方法学》2011 年第 5 期。

〔德〕乌尔斯·金德霍伊泽尔：《安全刑法：风险社会的刑法危险》，刘国良编译，《马克思主义与现实》2005 年第 3 期。

吴璘芝：《美国刑法中未遂犯的行为要件探析》，《西部学刊》2017 年第 12 期。

武亚非：《犯罪故意认识对象中规范评价要素的辨析》，《宁夏社会科学》2017 年第 4 期。

肖世杰：《法律的公众认同、功能期许与道德承载——对刑法修正案（八）的复眼式解读》，《法学研究》2011 年第 4 期。

肖永平：《论英美法系国家判例法的查明和适用》，《中国法学》2006 年第 5 期。

谢晖：《论判例规则——兼论法官判案的创造》，《金陵法律评论》2002 年第 2 期。

谢晖：《判例法与经验主义哲学》，《中国法学》2000 年第 3 期。

薛晓源、刘国良：《法治时代的危险、风险与和谐——德国著名法学家、波恩大学法学院院长乌·金德霍伊泽尔教授访谈录》，《马克思主义与现实》2005 年第 3 期。

〔美〕亚瑟·利文斯：《因果关系视角下的不作为犯罪》，高娜、李立丰译，载赵秉志主编《刑法论丛》第 37 卷，法律出版社，2014。

闫显明、冯建军：《英美刑法中的严格责任制度及其借鉴意义》，《武汉理工大学学报》（社会科学版）2001 年第 4 期。

阎二鹏、吴飞飞：《帮助犯因果关系检讨——以共犯处罚根据论为视角》，《法治研究》2012 年第 8 期。

杨峰：《对庞德"近代司法的问题"批判——从实用主义法学谈到现代修正主义的国家观点》，《学术月刊》1958 年第 6 期。

杨鸿雁：《中国古代耻辱刑考略》，《法学研究》2005 年第 1 期。

杨建勇、郭海容：《美国刑法中的警察圈套合法辩护》，《法学杂志》1999 年第 2 期。

杨磊：《英美刑法中的遵循先例原则述评》，《中国刑事法杂志》2005年第 5 期。

杨岩：《美国刑法中的正当防卫对我国刑法的借鉴意义——以完善家庭暴力防卫权为视角的考察》，《科学经济社会》2016 年第 4 期。

姚建龙：《美国少年司法严罚刑事政策的形成、实践与未来》，《法律科学》2008 年第 3 期。

叶名怡：《过错及因果关系推定与证明责任倒置——从事实到价值的思考》，《北方法学》2007 年第 4 期。

叶志坚：《实用主义基本理论倾向、阶级属性、社会作用之辨析》，《中共福建省委党校学报》2002 年第 10 期。

余高能、代水平：《美国判例法的运作机制》，《西安电子科技大学学报》2007 年第 7 期。

余倩棠：《犯罪主观心理的要素分析方法》，《江西社会科学》2017 年第 2 期。

俞飞：《"道德恐慌"阴影下，刑法不能承受之重》，《东方法学》2012年第 1 期。

载陈兴良主编《刑事法评论》第 26 卷，北京大学出版社，2010。

曾尔恕、郭琛：《本土法和外国法：美国的经验》，《政法论坛》2000年第 2 期。

张德政：《美国法学中的"预防性刑法"》，《法学研究》1964 年第 3 期。

张君周、林杨：《美国刑法中受虐妇女与自身防卫问题之研究》，《政法学刊》2003 年第 3 期。

张明楷：《"存疑有利于被告"原则的适用界限》，《吉林大学社会科学学报》2000 年第 1 期。

张明楷：《"客观的超过要素"概念之提倡》，《法学研究》1999 年第 3 期。

张明楷：《死刑的废止不需要终身刑替代》，《法学研究》2008 年第 2 期。

张明楷：《行为无价值论的疑问——兼与周光权教授商榷》，《中国社会科学》2009 年第 1 期。

张明楷：《学术之盛需要学派之争》，《环球法律评论》2005 年第 1 期。

张明楷：《寻衅滋事罪探究》（下篇），《政治与法律》2008 年第 2 期。

张千帆：《认真对待实用主义——也谈中国法学应该向何处去》，《现代法学》2007 年第 2 期。

张淑芳、林俊辉：《美国刑法共谋者替代责任规则之演进述评》，《福建警察学院学报》2012 年第 2 期。

张旭、张磊：《刑法学发展报告》，《当代法学》2005 年第 7 期。

张旭、卓黎黎：《构建刑法学研究方法体系》，《河北法学》2006 年第 3 期。

张颖玮：《霍姆斯刑法思想评析》，《中国刑事法杂志》2001 年第 5 期。

张之沧：《"实用主义真理观"辨析》，《求是学刊》2004 年第 3 期。

张智辉：《刑法改革的价值取向》，《中国法学》2002 年第 6 期。

赵秉志：《全球化时代中国刑法改革中的人权保障》，《吉林大学社会科学学报》2006 年第 1 期。

赵秉志、王鹏祥：《不纯正不作为犯的等价性探析》，《河北法学》2012 年第 10 期。

〔美〕珍妮特·艾斯沃思：《限制警察讯问中的强权：米兰达诉亚利桑那案——失效的诺言》，田荔枝、张婷婷译，载陈金钊、谢晖主编《法律方法》第 15 卷，山东人民出版社，2014。

郑玺：《论美国判例法制度的运行——以历史进程为视角的考察》，载曾宪义主编《法律文化研究》第 5 辑，中国人民大学出版社，2009。

郑祝君：《英美法：时代性背景下的制度变迁》，《法商研究》2002 年第 2 期。

周长军、谢鹏：《刑法与道德的视界交融——西原春夫刑法理论国际研讨会综述》，《山东警察学院学报》2008 年第 4 期。

周光权：《论主要罪过》，《现代法学》2007 年第 2 期。

周光权：《刑法理论应在对抗、论争中求发展》，《法商研究》2003 年第 3 期。

周光权：《刑法学的西方经验与中国现实》，《政法论坛（中国政法大学学报）》2006 年第 2 期。

周光权：《行为无价值二元论与未遂犯》，《政法论坛》2015 年第 3 期。

周光权：《行为无价值论与主观违法要素》，《国家检察官学院学报》2015 年第 1 期。

周少华：《法典化制度下刑事判例的制度功能》，《环球法律评论》2010 年第 6 期。

日文文献

〔日〕団藤重光『刑法綱要総論』創文社、1990。

〔日〕関根徹「故意の概念と故意の証明」高岡法学 20 巻 1/2 号、2009。

〔日〕玄守道「故意に関する一考察（六・完）未必の故意と認識ある過失の区別をめぐって」立命館法学 313 号、2007。

〔日〕高山佳奈子「未必の故意」成城法学 55 号、1998。

〔日〕山本雅子「準故意説（草野説）に関する覚書」中央学院大学法学論叢 24 巻 3 号、2011。

〔日〕司法研修所編『難解な法律概念と裁判員裁判』法曹会、2009。

〔日〕松宮孝明『刑法総論講義［第 4 版］』成文堂、2009。

〔日〕松原芳博『刑法総論』日本評論社、2013。

〔日〕松澤伸、高橋則夫、橋爪隆、稗田雅洋、松原英世『裁判員裁判と刑法』成文堂、2018。

〔日〕菅沼真也子「海外法律事情ドイツ刑事判例研究（85）未必の故意：殺人における『阻止閾の理論』についてStGB§§15，211，212」比較法雑誌第 47 巻 2 号、2013。

〔日〕菅沼真也子「殺人の未必の故意の認定における『阻止閾の理論』について」比較法雑誌第 45 巻 3 号、2011。

〔日〕石井徹哉「故意責任の構造について――『素人領域における平行評価』と違法性の意識」早稲田法学会誌 38 号、1998。

〔日〕大庭沙織「故意の意的要素の必要性」早稲田法学会誌 65 巻 1 号、2014。

〔日〕大庭沙織「未必的な殺人の故意と連邦通常裁判所の『抑制を かける心理的障壁論』」早稲田法学 88 巻 2、2013。

〔日〕島田聡一郎『共犯・正犯の基礎理論』東京大学出版会、2002。

〔日〕樋笠尭士「構成故意の推認対象と未必の故意の要素─『特段 の事情を素材に』─」大学院研究年報第 47 号、2018。

〔日〕樋笠尭士「因果関係の錯誤について：行為計画に鑑みた規範 直面時期の検討」嘉悦大学研究論集 58 巻 2 号、2016。

〔日〕樋笠尭士「致死的な攻撃の逸脱─方法の錯誤 StGB §§212, 16（海外法律事情ドイツ刑事判例研究（88））」比較法雑誌 48 巻 3 号、2014。

〔日〕百合草浩治「いわゆる『誤想防衛』の一事例?：いわゆる 『緊急救助（＝他人のための正当防衛）の失敗』事例」名古屋大學法政 論集 205 号、2004。

〔日〕福田平『刑法総論』有斐閣、2001。

〔日〕齊藤信宰「故意と犯意」中央学院大学法学論叢 14 巻 1/2 号、 2001。

A Castle Doctrine　城堡原则

A Public Nuisance　妨害社会理论

A Substantial Factor　实质因素

A Threat to Retaliate　威胁报复

Abet　教唆

Abnormal Step Approach　异常步骤测试

Abortion　堕胎

Absolute Crime　绝对责任犯罪

Accountability　归责

Act　行为

Action　举动

Actus not facit reum nisi mens sit rea　行为无罪，除非内心邪恶

Actus Reus　行为诸要素

Acute Battering Phase　实际殴打阶段

Adversary System　对抗式庭审模式

Affirmative Defense　正向抗辩

Aggravated Sexual Abuse　加重型性虐待

Agree　同意

Aid　帮助

Ambiguity　模糊性

Annoy　骚扰

Appellate Jurisdiction　上诉司法管辖

Argument Skills　辩论能力

Ask　询问

A Substantial Step Appooach　实质步骤测试

Attribution　归因

Authority　法源

Battered Women's Defense　受殴打妇女（症候群）抗辩

Beyond a Reasonable Doubt　排除合理怀疑

Binding　约束力

Blameworthiness　该当谴责性

Branding　刺字

Burden of Production　证明标准

But for　必要条件

Canon Law　教会法

Caption　案件标题

Catholicism　天主教

Child Sexual Abuse Accommodation Syndrome　儿童性虐待适应综合征

Christian　基督教

Clean Water Act　《清洁水法》

Clear and Convincing Evidence　清楚无误的证据

Clear and Objective Standards　明确且客观的标准

Clear and Present Danger　明确且迫近的危险

Clemency　特赦

Coercing　恐吓

Cognitive Psychology　认知心理学

Commanding　命令

Community Service Sentences　社区服务制度

Compel　强迫

Conclusive Presumption　结论性推定

Concurring and Dissenting Opinion　法官附议及反对意见

Confessions　认罪

Conscious Negligence　有认识过失

Consciousness　意识性

Consequentialism　结果主义

Conspiracy　共谋

Contestability　可争议性

Contextualism　文脉主义

Conventionalist Theories　习惯主义理论

Corpus Act of 1679　《1679 年人权法》

Corrections　矫治

Corruptive Motive　堕落的动机

Counterfactual Dependence　反事实联系

Court-Ordered Castration　强制阉割

Courts-Martia　军事法院

Crime with No Fault　无过错犯罪

Crime　犯罪

Criminal Negligence　犯罪过失

Critical Thinking Skills　批判思维的能力

Culpability　可责性

Damages　损害

Dangerous Proximity Doctrine　危险接近性原则

Deific Decree　上帝指令抗辩

Derivative Responsibility　衍生责任

Designedly　预谋地

Detainee Treatment Act　《被监禁者处遇法》

Determinism　决定论

Dictum　法官建议

Disposition　案件审理结果

Distribute　传播/分销

Doctrine　法律准则

Dolus Eventualis　间接故意

Double Jeopardy　双重告诉

Double Prevention　双重阻却

Due Process　正当程序

DUI with Injury　物质影响下驾驶机动车致人重伤罪

Earnest Resistance　真诚抵抗

Electrocution　电刑

Element Analysis　要素分析模式

Encourage　鼓励

Entrapment　警察圈套

Entreat　请求

Evidence　证据

Evil Woman Theory　邪恶女性理论

Excluded Middle　排中律

Exclusive　专属

Express Malice　明示的恶意

Expressive Mechanism　表达机制

Extraneous Causes　外部因果关系

Facts　案件事实

False Imprisonment　非法拘禁

Fault　过错

Federal Rules of Evidence　《联邦证据规则》

Federalist Papers　《联邦党人文集》

Feloniously　恶毒地

Felony Murder　重罪谋杀

Feticide　杀婴罪

Folk Psychology　大众心理学

Forced Birth Control　强制绝育

Forced Charitable Contributions　强制慈善捐款

Ford Foundation　福特基金会

Foreseeability　可预见性

Fraudulently　欺诈地

Free Will　意志自由论

Fundamental Rights　根本权利

Furlough Programs　暂不执行制度

Gender　性别

General Defenses　一般抗辩事由

General Intent　间接故意

General Pardon　总体赦免

Good and Evil Test　善恶辨别测试

Good Samaritan Law　见义勇为法

Goodness　对

Gregorian Calendar　格里高利历

Gross Deviation　严重背离

Grossly Negligent　严重过失

Guilt　罪过

Guilty Mind　罪责心态

Habeas Corpus　人身保护令

Hate crime　仇恨犯罪

Holdings　案件审理法律根据

Home Surveillance Systems　监视居住制度

Homicide　杀人罪

Hue and Cry Principle　"呼号"原则

Human Being　人类

Impairment Defenses　责任能力削弱抗辩

Imperfect Self-defense　自卫瑕疵

Implied Malice　默示的恶意

Implore　哀求

Inadvertence　疏忽大意

Incest　乱伦

Indeterminacy 不确定的

Indispensable Element Test 不可缺乏要素测试

Inquisitorial System 纠问式庭审模式

Insanity Defense Reform Act of 1984 《1984 年精神失常抗辩法》

Insanity 精神失常

Instructional Duty 指导义务

Intentionalism 原意主义

Intention 故意

Intermediate Scrutiny 中等严格审查

Interpretation 解读

Intervening Causes 介入性因果关系

Intoxication 迷醉

Involvement 涉入

Irresistible Impulse 不可抗拒冲动

Isolating Causes 独立性因果关系

Issues 案件争议问题

Jacob Wetterling Crimes Against Children and Sexually Violent Offender Program 怀特令打击性侵妇女儿童犯罪项目

Jessica's Law 杰西卡法

Judicial Council Advisory Committee on Criminal Jury Instructions 刑事陪审法律指导司法咨询委员会

Judicial Council of California Criminal Jury Instructions 《加利福尼亚州司法委员会刑事陪审法律指导》

Judicial Waiver 司法移送

Jurisdiction 司法区

Kidnapping 绑架

Larceny 侵财犯罪

Legal Defense 法律辩护事由

Legal Positivism 法律实证主义

Lewd and Lascivious Act 淫行罪

Lincolns'Inn　林肯律师学院

LWOP，Life Sentence Without Parole　终身监禁不得假释

Lying in Wait　截候

M'Naghten　"南顿"规则

Maiming　残害

Mandatory Presumption　强制推定

Marital Rape　婚内强奸

Material Contribution　实质加功

Material Element　实体要素

McGeorge School of Law　麦克乔治法学院

Megan's Laws　梅根法

Mens Rea　犯意要素

Mental Disease or Defect　精神疾病与精神缺陷

Mentes Rea　诸犯意

Military Commissions Act of 2006　《2006 年军事委员会法》

Minimal Scrutiny　最小审查标准

Misdemeanor　轻罪

Model Community-Based Treatment Programs　社区处遇模式

Model Penal Code　《模范刑法典》

Molest　调戏

Monomania　偏执症

Moral Guilt　道德过错

Narcotic Drug Act　《毒品法》

Natural and Probable Consequence　自然且盖然的结果

Necessity　必要性/紧急避险

New Treatmentism　新处遇主义

Nonconsummate Crime　未完成罪

Norman Law　诺曼法

Normative Theory　规范理论

Nulla Poena Sine Lege　法无明文不为罪（合法性原则）

Objective Retributivism　客观的报应主义

Obstruct　阻碍

Omission　不作为

Oral Copulation　口交

Original Jurisdiction　初审管辖

Ostrich Instruction　鸵鸟式指导意见

Pandering　拉客

Parens Patriae　家长监护权

Permissive Inference　可允许的推论

Permissive Presumptions　可允许的推定

Persuasive　说服力

Phrenology　骨相学

Physical Proximity Doctrine　客观接近性原则

Pimping　淫媒

Plea Bargaining　诉辩交易

Political Liberalism　政治民主主义

Post-traumatic Stress Syndrome　创伤后压力症候群

Pragmatism　实用主义

Presumption of Fact　事实的推定

Prima Facie Presumption　初步性推定

Principal　主犯

Proactive Corporate Fault　预防型法人罪责模式

Probable Desistance Test　盖然性抵御测试

Procedural History　案件历次审理过程

Preponderance Evidence Rule　压倒性证明标准

Prosecutorial Waiver　检方移送

Prostitution　卖淫

Protestantism　新教

Provocation　挑衅

Proximate Cause　近因标准

Prurient Interest 淫欲

Public Admonishment 公开劝诫

Purposely 意图地

Quickening 胎动

Rape by Intoxication 迷奸

Rape Shield Law 《强奸犯罪受害人保护法》

Rape Trauma Syndrome 强奸创伤综合征

Rational Basis Scrutiny 合理性标准审查

Rationale 案件审理判决根据

Re A，［2001］2 WLR 480 "连体婴儿事件"

Reactive Corporate Fault 应对型法人责任模式

Reasoning 法律推理

Reckless Indifference 轻率的无所谓心态

Recklessness 轻率

Reflex or Convulsion 条件反射

Rehabilitation 教化

Remoteness 接近性

Retribution 报应

Right and Wrong Test 是非辨别测试

Rightness 善

Rivers and Harbors Act of 1899 《1899年河流和港口法》

Rule of Lenity 从宽解释规则

Scienter 明知

Sedition Act of 1798 《1798年诽谤法案》

Self-defense and Defense of Another 自卫以及防卫他人

Self-preservation 自保

Semantic Ambiguity 语义学的模糊性

Sentencing Factors 量刑情节

Settled and Permanent 确定性及永久性

Sexual Assault 性侵

Sexual Intercourse 性交

Sexual Penetration 性器插入

Sex 性

Shame 耻辱

Shaming Punishments 羞辱刑

Sign Wearing 挂牌示众

Simple Battery 普通殴斗罪

Sine qua Non 必要条件

Slayer 杀人者

Slippery Slopes Theory 斜坡理论

Socratic Method 苏格拉底教学法

Sodomy 鸡奸

Special Probation 特殊缓刑

Specific Intent 直接故意

Stare Decisis 遵从先例

Statute Rape 法定强奸

Statutory Waiver 法定移送

Stigma 污名

Strict Liability 严格责任

Strict Scrutiny 严格审查标准

Substantial Factor Test 实质要素测试

Substantial Sexual Conduct 实质性行为

Substantial Step 实质步骤

Superseding Causes 压倒性因果关系

Supreme Court Reporter 《联邦最高法院案例汇编》

The Adam Walsh Child Protection and Safety Act of 2006 《2006 年亚当·威尔士儿童安全保护法》

The Agency Theory 代理理论

The Air Force Court of Criminal Appeals 空军刑事上诉法院

The American Bar Foundation 美国律师基金会

The American Law Institute　美国法学会

The Army Court of Criminal Appeals　陆军上诉法院

The Bankruptcy Court　联邦破产法院

The Benefit of Clergy　教士特权

The Board of Overseers　监事会

The Board of Veterans' Appeals　老兵诉请委员会

The Butterfly Effect　蝴蝶效应

The California Rules of Court　《加利福尼亚州法院规则》

The Coast Guard Court of Criminal Appeals　海岸警卫队刑事上诉法院

The Commentaries on the Laws of England　《英国法释义》

The Commerce Clause　通商条款

The Common Law　《普通法》

The Continuing Criminal Enterprise Statute　《持续参与犯罪组织法》

The Crime of Fornication　私通罪

The Drug Kingpin Statute　《毒枭法案》

The Federal Judiciary Act　《联邦司法法》

The Federal Reporter　《联邦判例汇编》

The Federal Supplement　《联邦判例补充汇编》

The Habeas Corpus Act of 1640　《1640 年人身保护令法》

The Habeas Corpus Act of 1867　《1867 年人身保护令法》

The Judiciary Act of 1789　《1789 年联邦司法法》

The Last-wrongdoer Rule　最后介入原则

The Magna Carta　《英国大宪章》

The Merger Doctrine　合并规则

The Navy-Marine Corps Court of Criminal Appeals　海军及海军陆战队刑
事上诉法院

The Principle of Legality　合法性原则

The Problem Method　问题解决法

The Reasonable Person Standard　理性人标准

The Rules of the United States Supreme Court　《美国联邦最高法院规则》

The Sentencing Commission　量刑委员会

The Sentencing Reform Act of 1984　《1984 年量刑改革法》

The Supreme Court of California　加利福尼亚州最高法院

The Therapeutic Abortion Act　《医疗性堕胎法》

The U. S. Court of Appeals for the Federal Circuit　美国联邦巡回上诉法院

The U. S. District Courts　美国联邦地区法院

The Unborn Victims of Violence Act　《未出生胎儿暴力受害法案》

The Uniform Code of Military Justice　《统一军法典》

The United States Code　《美国联邦法典》

The United States Court of Appeals for the Armed Forces　美国武装力量上诉法院

The United States Court of Federal Claims　联邦索赔法院

The United States Court of International Trade　美国国际贸易法院

The United States Criminal Code　《美国刑法典》

The United States Customs Court　美国关税法院

The United States Reports　《美国联邦法院判例汇编》

The United States Sentencing Guidelines　《联邦量刑指南》

The United States Tax Court　美国联邦税法法院

The Violence Against Women Act　《针对妇女实施的暴力行为法案》

The Violent Crime Control and Law Enforcement Act of 1994　《1994 年暴力犯罪控制与执法法草案》

Threatening　威胁

Three Strikes Law　三振出局法

Transferred Intent　转移故意

Treatment　处遇

U. S. Court of Appeals for Veterans Claims　美国联邦老兵索赔上诉法院

Unequivocality Test　明确无误测试

Unlawful Sexual Intercourse　违法性交

Unlawfully　非法地

USA PATRIOT Improvement and Reauthorization Act　《美国爱国法完善

与再授权法》

Utilitarism　功利主义

Vagueness　含混性

Versus　诉

Viability　生存力

Vicarious Responsibility　代理责任

Violent Crime Control and Law Enforcement Act of 1994　《1994 年暴力犯
罪控制与执法法》

Void for Vagueness　因含混而无效

Volition　意志性

Voluntariness　自愿性

Voluntary Act　自愿行为

Wantonly　任意地

Wild Beast Test　兽性测试

Willful　意欲

Will　意志性

Writ of Certiorari　调卷令

图书在版编目（CIP）数据

美国刑法评解：全二册／李立丰著. --北京：社
会科学文献出版社，2024.1

（吉林大学哲学社会科学学术文库）

ISBN 978-7-5228-1697-5

Ⅰ.①美…　Ⅱ.①李…　Ⅲ.①刑法-研究-美国
Ⅳ.①D971.24

中国国家版本馆 CIP 数据核字（2023）第 066883 号

· 吉林大学哲学社会科学学术文库 ·

美国刑法评解（全二册）

著　　者／李立丰

出　版　人／冀祥德
组稿编辑／恽　薇
责任编辑／郭瑞萍　陈凤玲
责任印制／王京美

出　　版／社会科学文献出版社（010）59367226
　　　　　　地址：北京市北三环中路甲 29 号院华龙大厦　邮编：100029
　　　　　　网址：www.ssap.com.cn
发　　行／社会科学文献出版社（010）59367028
印　　装／三河市龙林印务有限公司

规　　格／开　本：787mm × 1092mm　1/16
　　　　　　印　张：71　字　数：1190 千字
版　　次／2024 年 1 月第 1 版　2024 年 1 月第 1 次印刷
书　　号／ISBN 978-7-5228-1697-5
定　　价／398.00 元（全二册）

读者服务电话：4008918866